함무라비 법전 석비 고대 바빌로니아 제1왕조 제6대 왕 함무라비가 BC 1750년 무렵 제정한 세계 최초의 성문법. 225 ×65cm 크기의 섬록암 석비 아랫부분에는 28개조의 법률 조항이 새겨져 있다.

▲〈아테네인들의 반대에 맞서 자신의 법을 지지하는 솔론〉 노엘 쿠아펠. 1672. 베르사유 궁전

◀아테네의 현자이자 입법자, 시인인 솔론
솔론의 정치 개혁은 진정한 민주제로 나아가는 중요한 발판을 마련하였다. 솔론은 정치 개혁뿐 아니라 경제 개혁도 단행하였다. 또한 가난한 사람들의 채무를 탕감해 주고 노예로 팔려가는 것을 금지하였다.

▼《뉘른베르크 연대기》에서 학자로 묘사된 솔론

▲〈에갈레오 산에서 살라미스 해전을 지켜보는 페르시아 왕 크세르크세스 1세〉 H.M. 에르제
제3차 페르시아 전쟁 중 살라미스 해전에서 그리스 연합군이 대승을 거두었다.
국민이 크게 공헌한 성공은, 국민에게 자만심을 주어 집정자를 선망하게 되고 마침내 국가 조직의 적이 된다. 결국 살라미스의 승리는 아테네 공화정체를 부패시켰다.

▶〈향연〉 퀼릭스 술잔의 그림, BC 480. 이탈리아 불치 출토
민주정체의 원리는 평등 정신을 잃을 때뿐 아니라 선출된 자와 평등해지려고 할 때 부패한다. 크세노폰은 《향연》에서 국민이 평등을 남용한 사례를 묘사하였다.

▲〈코끼리 떼를 몰고 알프스를 넘는 한니발〉
야코보 리판다의 프레스코화. 1510. 로마, 카피톨리노미술관
제2차 포에니 전쟁에서 패한 한니발이 카르타고로 돌아왔을 때 그의 눈에 비친 것은, 나랏돈을 횡령하고 권력을 남용하는 집정관과 유력자들이었다. 즉 집정관의 덕성도 원로원의 권위도 떨어져 있었다. 한니발은 카르타고의 멸망을 재촉하는 어두운 그림자를 본 것이다.

◀〈트레비아 전투〉 BC 218년 카르타고와 로마 공화정 군대와의 전투. 제2차 포에니 전쟁 중 한니발과 로마군 사이에 벌어진 첫 번째 대규모 전투였다.

▲〈전쟁터에서의 키루스 2세〉
클로드 오드랑 2세. 베르사유 궁전
BC 546년 리디아(터키)를 점령한 키루스 대왕은 리디아인들에게 천한 직업 외에 종사하지 못하도록 하는 법을 만들었다. 그는 리디아인의 반란에만 유의하고 침략당할 것은 생각하지 않았다. 그러나 침략이 닥쳐오고 두 민족은 함께 부패해졌다.

▶〈유대인을 해방시키는 키루스 2세〉 장 푸제
키루스 대왕은 바빌론 점령 뒤 관용 정책으로 바빌론에 포로로 잡혀 있던 유대인들을 해방시켜 예루살렘으로 돌아가게 하고 유대인의 신성한 예루살렘 성전을 짓도록 허락했다.

▲〈폴타바 전쟁〉 피에르 드니 마르탱. 1726. 성 페테르부르크
1709년 러시아군과 스웨덴군이 드네프르 강 유역의 폴타바에서 격돌한 전쟁. 폴타바 싸움에서 표트르에게 크게 패한 칼(찰스) 12세는 오스만제국으로 피신했다. 그러자 표트르는 오스만을 침략하여 러시아·오스만 전쟁이 일어났다. 1718년 칼 12세는 노르웨이를 공략, 스웨덴을 둘러싸고 있는 적국들의 봉쇄망을 뚫고자 했으나 전투 도중 적탄에 맞아 전사하였다.

◀칼 12세(1682~1718, 재위 1697~1718) 스웨덴 왕

▼〈폴타바의 드네프르 강가에서 칼 12세와 마계바(카자흐 왕)〉

▲〈이수스 전투, 알렉산드로스와 다리우스 3세〉 부분 모자이크 프레스코화, BC 333.

알렉산드로스는 정복한 민족의 습속을 그대로 두었을 뿐 아니라 그들의 시민법도, 때로는 국왕도 그대로 남겨두었다. 그들을 슬프게 만들지 않기 위해 스스로 그들의 습속을 따르기도 했다. 그 때문에 다리우스의 가족에 대해서 대단한 절도와 경의를 표했던 것이다.

▶〈이수스 전투 뒤 다리우스 3세 가족을 대면하는 알렉산드로스〉 파울로 베로네제. 런던, 내셔널 갤러리

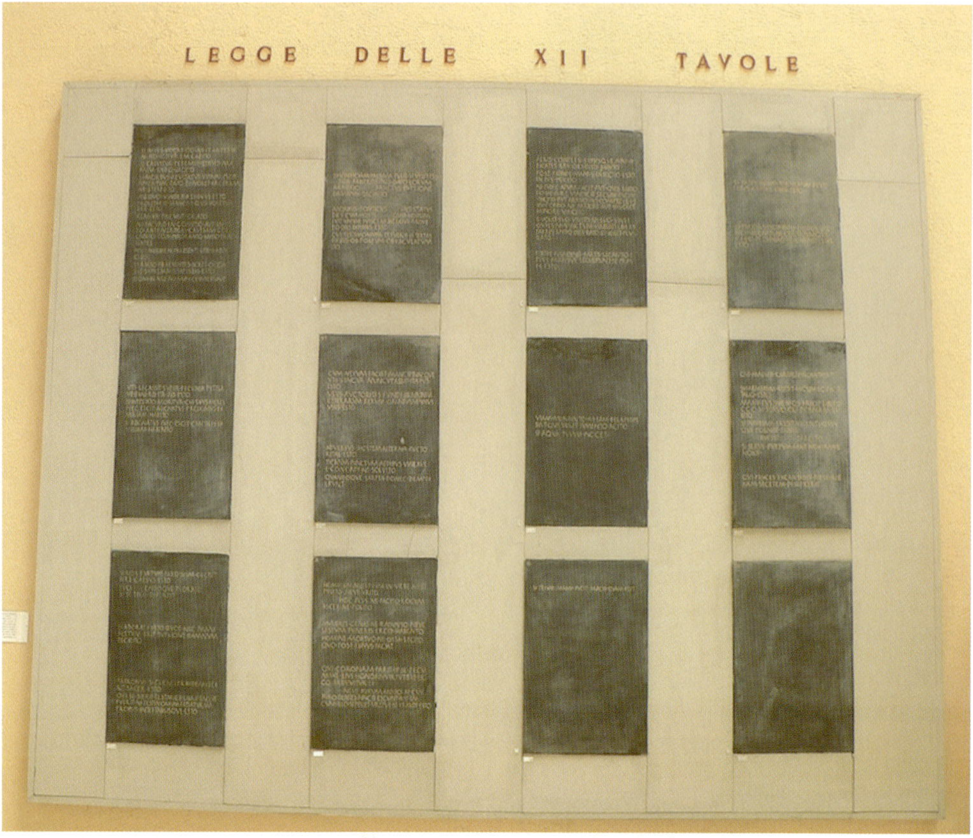

▲12표법을 재현한 동판 로마 EUR, 로마나박물관
BC 450년에 공표된 이 12동판법은 로마법의 원전으로, 로마 공화정 정체의 근간이었다. 내용은 민사소송법·채무·상속법·재산권·부동산·불법행위·헌정원칙·장례규정·결혼·형법 등으로 이루어졌다.

◀〈키케로의 연설〉체사레 마카리, 1889, 프레스코화, 이탈리아, 마다마 궁
로마 원로원은 로마의 입법 자문기관이며, 공화정 초기에는 최상급 신분인 종신의원 300명으로 구성되었다.

〈평민회의에서 연설하는 가이우스 그라쿠스〉
그라쿠스 형제가 원로원으로부터 재판권을 빼앗았을 때 원로원은 시민에게 저항할 수 없었다. 그라쿠스 형제는 시민의 자유를 조장하기 위해 전체의 자유를 깨뜨린 것이다. 그러나 BC 121년 원로원은 '비상 결의'를 발동시켜 가이우스 그라쿠스(동생)와 그 지지자들을 학살하였다. 원로원은 이 권한을 자신들의 정적을 축출하는 데 계속 사용하였다.

〈가이우스 그라쿠스의 죽음〉 장 밥티스트 토피노 르브룅. 1792. 마르세유미술관
두 친구가 자살하려는 가이우스에게서 칼을 빼앗으며 멀리 도망치라고 당부하고 있다.

▲⟨조세징수인⟩ 마리누스 반 레이메르스바엘. 1542. 조세를 징수하는 자의 몫은 부(富)이며, 이 부의 보수는 부 그 자체이다. 직접 징세는 자기 수입을 자기가 직접 경제적으로 올바르게 징수하는 선량한 가부장의 관리이다. 직접 징세에 의해서 군주는 국가를 위해 수세청부인의 막대한 이익을 덜 수 있다. 수세청부인은 수많은 방법으로 국가를 가난하게 만든다.

◀⟨은행가와 그의 아내⟩ 마리누스 반 레이메르스바엘. 1539. 마드리드, 프라도박물관
16세기 징세 업무는 주로 은행가나 대금업자가 맡았는데, 실제로 그들이 전국에 내보낸 부하들이 세금을 거두러 다녔다.

〈고대 로마시대의 노예 모자이크〉 2세기, 튀니지 두가
술병을 들고 있는 전형적인 노예 복장을 한 두 노예. 왼쪽과 오른쪽에 노예 소년이 수건과 꽃바구니를 들고 있다. 고대 그리스·로마는 전형적인 노예제 사회였다.

〈여주인의 시중을 드는 두 여성 노예〉 고대 로마시대 모자이크

▲〈스웨덴 칼 10세 구스타프와 타타르인들과의 결투〉 요한 필립 렘케. 1684.

타타르인은 동료들끼리는 온화하고 인정이 많으나 매우 잔혹한 정복자이다. 그들은 도시를 갖지 않기 때문에 그들에게 저항하는 것은 만민법에 어긋난다 생각하여 점령한 도시의 주민들을 베어 죽인다. 타타르인 사회의 상속인은 막내아들인데, 그것은 윗형제들은 목축을 위해 떠나 있어 집에 남는 것은 아버지와 막내이기 때문이다.

◀〈시게트바르 전투에서 선두로 내달리는 오스만군과 타타르인들〉 로크만. 1566.

▼코카서스의 타타르인 여성들

▲〈살리카 법전 편찬을 지시하는 클로비스 1세〉

▶〈클로비스 1세(466~511, 재위 481~511)
게르만족의 하나인 살리족의 클로비스 1세가 게르만족들과 정복 전쟁을 벌여 갈리아 지역 대부분을 차지하고 프랑크 왕국을 세웠다. 정복지 원주민과의 화합이 필요했던 클로비스는 그들 대부분이 로마 가톨릭인 것을 알고 종교문제로 그 실마리를 풀게 된다. 아내 클로틸드의 가톨릭 개종 제안을 조건부로 받아들여 알라망족과 전쟁을 벌인 것이다. 전쟁에 승리한 클로비스는 승전기념으로 가톨릭 세례를 받고 프랑크 왕국 성립을 확고히 한다. 또한 클로비스는 교회법의 살리카 법전을 성문화시켰다.

▶〈성 레미기우스로부터 세례를 받는 클로비스 1세〉
생 질 수도원장. 1500. 워싱턴DC, 국립예술미술관

▼〈톨비악 전투, 알라망과 전투에서 승리한 클로비스 1세〉(496) 아리 셰퍼. 19세기 무렵

▲파운틴스 수도원 폐허
헨리 8세는 영국 교회를 개혁하기 위해 수도원을 폐지했다. 수도원은 게으른 단체이며 게으른 시민들이 수도원을 떠돌며 일생을 보내기 때문이라는 것이었다. 또 구제원도 폐지했다. 하층민들이 생활수단으로 이용한다는 이유였다. 이러한 개혁 이래 상공업 정신이 영국에 확립되었다.

◀헨리 8세(1491~1547, 재위 1509~47)

▼아라곤의 캐서린, 헨리 8세의 여섯 아내 중 첫 번째 아내

▲닛코 도쇼 궁의 요메이 문 일본 도치기 현 소재

지나친 형벌은 전제정체를 부패시킬 수 있다. 일본에서는 거의 모든 죄를 죽음으로써 처벌한다. 위대한 군주에 대한 불복종은 대단한 범죄이기 때문이다. 재판관 앞에서 행하여진 거짓말은 죽음으로써 처벌된다. 곳곳에서 겁을 먹고 잔혹해진 일본인의 정신은 보다 더 큰 잔혹성에 의하지 않고는 지도될 수 없게 되었다. 이것이 일본법의 기원이고 정신이다.

일본법은 아주 작은 불복종도 처벌한다. 그리스도교를 포기하지 않는 것은 불복종인 것이다. 그러므로 그 죄는 처벌되었다. 순교자들의 노랫소리는 반역행위로 여겼다. 순교자는 집정자를 격노하게 만들었다.

▶도쿠가와 이에야스(1543~1616) 에도 막부의 초대 쇼군(장군)

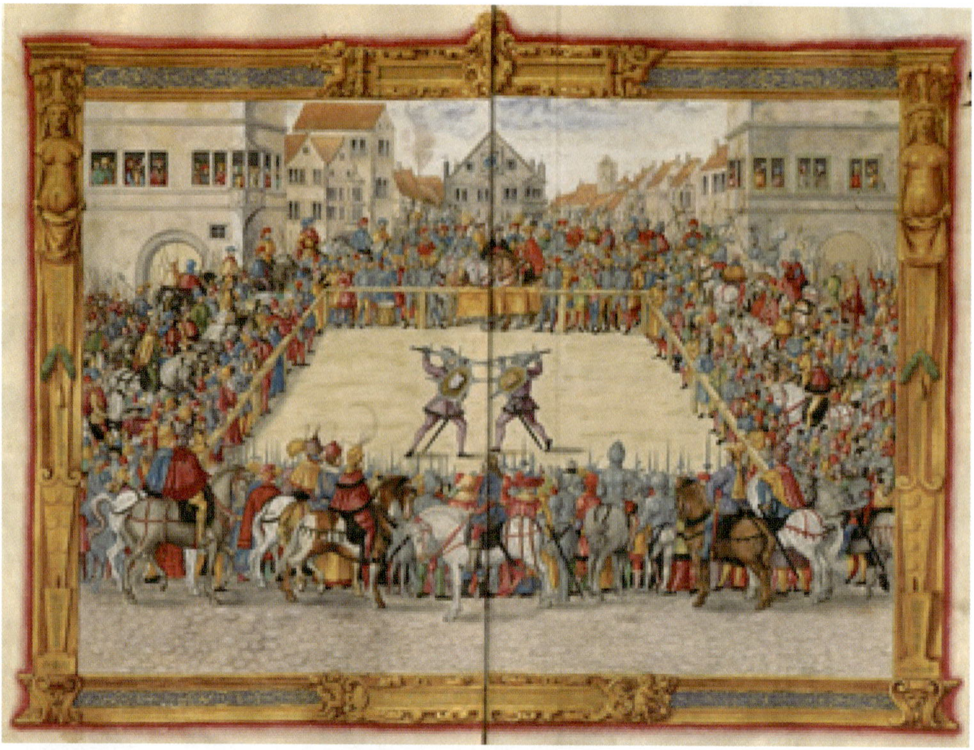

▲〈아우크스부르크의 결투재판〉(1409) 파울루스 헥토르 마이어. 1540.
결투재판은 게르만법의 하나로, 증인이나 증거가 부족한 사건을 해결하기 위해 두 당사자가 결투를 한다. 결투에서 이긴 자가 무죄, 패한 자가 유죄가 되는 합법적인 결투이다. 재판상의 절차와 규칙은 성 루이의 《법령집》에 제시하였다.
결투에 앞서 심판관은 세 가지를 공시한다. 첫째 당사자의 친족들은 철수해야 하고, 둘째 일반인은 침묵을 지켜야 하며, 셋째 당사자는 어느 편에게나 구원하는 것이 금지되었다.
국왕의 법정에서 내려진 판결은 오판이라도 상소할 수 없었다. 국왕과 맞설 자가 없었기 때문이다. 성 루이는 영주들의 법정에서 오판이 내려졌을 경우 오판상소를 할 수 있도록 허가하였다.

◀〈프랑스 왕, 성 루이〉 엘 그레코. 1615~30. 톨레도, 엘 그레코박물관

World Book 13
Montesquieu
DE L'ESPRIT DES LOIS
법의 정신
몽테스키외/하재홍 옮김

동서문화사

디자인 : 동서랑 미술팀/표지그림 : 인권선언

법의 정신
차례

머리글 … 31
지은이가 전하는 주의 사항 … 34

제1부
제1편 법 일반 … 39
제1장 여러 존재와의 관계에서의 법/제2장 자연법/제3장 실정법

제2편 정체의 본성에서 직접 생기는 법 … 46
제1장 세 가지 정체의 본성/제2장 공화정체 및 민주정체에 관한 법/제3장 귀족정체의 본성에 관한 법/제4장 군주정체의 본성에 관한 법/제5장 전제정체의 본성에 관한 법

제3편 세 가지 정체의 원리 … 57
제1장 정체의 본성과 원리의 차이/제2장 여러 정체의 원리/제3장 민주정체의 원리/제4장 귀족정체의 원리/제5장 덕성은 결코 군주정체의 원리가 아니다/제6장 군주정체에서 덕성의 결여를 보충하는 방법/제7장 군주정체의 원리/제8장 명예는 결코 전제국가의 원리가 아니다/제9장 전제정체의 원리/제10장 제한정체와 전제정체에서의 복종 차이/제11장 모두에 관한 고찰

제4편 교육법과 정체의 원리의 관계 … 67
제1장 교육법/제2장 군주정체의 교육/제3장 전제정체의 교육/제4장 고대와 현대의 교육 효과/제5장 공화정체의 교육/제6장 그리스인의 몇 가지 제도/제7장 이런 제도가 좋은 경우/제8장 풍습에 관한 고대인의 모순 설명

제5편 입법자가 제정하는 법과 정체의 원리의 관계 … 78
제1장 본편의 대의/제2장 정치적 국가의 덕성/제3장 민주정체에서 공화국에 대한 사랑/제4장 평등과 순박함에 대한 사랑을 고취하는 방법/제5장 법이 민주정체 속에 평등을 수립하는 방법/제6장 민주정체에서 법이 순박함을 유지하는 방법/제7장 민주정체 원리에 적합한 방법/제8장 귀족정체에서 법과 정체 원리의 관계/제9장 민주정체에

서 법과 그 원리의 관계/제10장 군주정체에서의 신속한 집행권/제11장 군주정체의 우수성/제12장 군주정체의 우수성(계속)/제13장 전제정체의 관념/제14장 법과 전제정체의 원리의 관계/제15장 법과 전제정체의 원리의 관계(계속)/제16장 권력의 전달/제17장 선물/제18장 주권자가 주는 상여/제19장 세 정체의 원리 및 기타 결과

제6편 시민법과 형법의 단순성·재판 절차·형 결정 등에 관한 여러 정체의 원리들과 그 영향 … 108

제1장 여러 정체에서 민법의 단순성/제2장 여러 정체에서 형법의 단순성/제3장 법조문에 따라 정확히 재판할 수 있는 정체와 경우/제4장 판결을 내리는 방법/제5장 주권자가 재판관이 될 수 있는 정체/제6장 군주정체에서 위정자는 재판하면 안 된다/제7장 단독법관/제8장 정체에서의 탄핵/제9장 정체에서 형벌의 준엄성/제10장 프랑스의 옛법/제11장 국민이 덕이 있을 때에는 많은 형벌이 필요치 않다/제12장 형벌의 힘/제13장 일본 법의 무력/제14장 로마 원로원의 정신/제15장 형벌에 관한 로마인의 법/제16장 죄와 벌의 올바른 균형/제17장 죄인에 대한 고문 또는 심문/제18장 금전형 및 체형/제19장 반좌법/제20장 자식의 죄로 인한 아버지의 처벌/제21장 군주의 사면

제7편 사치금지법, 사치와 여성 지위에 관한 세 가지 정체의 원리들 … 131

제1장 사치/제2장 민주정체의 사치금지법/제3장 귀족정체의 사치금지법/제4장 군주정체의 사치금지법/제5장 사치금지법이 군주정체에서 유익한 경우/제6장 중국의 사치/제7장 중국에서 사치의 치명적 결과/제8장 공적 절조/제9장 여러 정체에서 여자의 지위/제10장 로마의 가정재판소/제11장 로마에서 함께 이루어진 제도와 정체의 변화/제12장 로마에서 여자의 후견/제13장 여자의 방탕에 내린 형벌/제14장 로마의 사치금지법/제15장 여러 정체에서 지참금 및 혼인의 이득/제16장 삼니움인의 아름다운 관습/제17장 여자의 행정

제8편 세 가지 정체 원리의 부패 … 146

제1장 본편의 대의(大意)/제2장 민주정체 원리의 부패/제3장 극단의 평등 정신/제4장 국민 부패의 특수 원인/제5장 귀족정체 원리의 부패/제6장 군주정체 원리의 부패/제7장 군주정체 원리의 부패(계속)/제8장 군주정체 원리의 부패 위험/제9장 군주를 옹호하는 귀족의 태도/제10장 전제정체 원리의 부패/제11장 미덕과 부패의 자연스러운 결과/제12장 미덕과 부패의 자연스러운 결과(계속)/제13장 유덕한 시민의 선서효과/제14장 국가구조의 사소한 변화에 수반되는 원리의 붕괴/제15장 원리의 보전에 가장 유효한 세 가지 방법/제16장 공화정체의 특성/제17장 군주정체의 특성/제18장 에스파냐 군주정체의 특수한 경우/제19장 전제정체의 특질/제20장 위 여러 장의 결론/제21

장 중국이라는 제국

제2부

제9편 법과 방어력의 관계 … 165

제1장 공화국의 안전대비책/제2장 연방 구조는 동질 국가, 특히 공화국으로 구성돼야 한다/제3장 연방적 공화정체에서 필요한 다른 여러 가지 점/제4장 전제국가가 안전을 위해서 대비하는 방법/제5장 군주국가가 안전을 위해 대비하는 방법/제6장 국가의 방어력 일반/제7장 성찰/제8장 한 나라의 방어력이 그 공격력보다 떨어지는 경우/제9장 국가의 상대적인 힘/제10장 약소한 이웃나라

제10편 법과 공격력의 관계 … 172

제1장 공격력/제2장 전쟁/제3장 정복권/제4장 피정복민의 이익/제5장 시라쿠사왕 겔론/제6장 정복하는 공화국/제7장 정복하는 공화국(계속)/제8장 정복하는 공화국(계속)/제9장 군주정체의 정복/제10장 군주정체를 정복하는 군주정체/제11장 피정복민의 풍속/제12장 키루스 왕의 법/제13장 샤를 12세/제14장 알렉산드로스/제15장 정복을 보전하기 위한 새로운 방법/제16장 정복하는 전제국가/제17장 정복하는 전제국가(계속)

제11편 국가 구조와의 관계에서 정치 자유를 구성하는 법 … 187

제1장 일반적 관념/제2장 자유라는 말의 몇 가지 의미/제3장 자유란 무엇인가/제4장 자유란 무엇인가(계속)/제5장 다양한 정체들이 추구하는 목적 또는 관점/제6장 영국의 국가 구조/제7장 우리가 아는 군주정체/제8장 고대인이 군주정체에 관하여 명확한 관념을 갖지 못한 원인/제9장 아리스토텔레스의 사고방식/제10장 다른 정치가의 사고방식/제11장 그리스 영웅시대의 여러 왕/제12장 로마 왕정 및 삼권분배 양식/제13장 국왕 추방 뒤 로마의 상태에 관한 일반 고찰/제14장 국왕 추방 뒤에 시작된 삼권분배 변화/제15장 로마 공화정이 번영 상태에서 갑자기 자유를 잃은 원인/제16장 로마 공화정의 입법권/제17장 공화정의 집행권/제18장 로마 통치에서의 재판권/제19장 로마의 주정치/제20장 끝맺음

제12편 정치 자유를 구성하는 법과 시민의 관계 … 220

제1장 개념/제2장 시민의 자유/제3장 시민의 자유(계속)/제4장 자유는 형벌의 성질과 비례에 따라서 촉진된다/제5장 특별한 중용과 신중함이 필요한 특정한 탄핵/제6장 자연에 어긋나는 죄/제7장 불경죄/제8장 신성모독죄·불경죄의 명칭 오용/제9장 신성모독죄·불경죄의 명칭 오용(계속)/제10장 신성모독죄·불경죄의 명칭 오용(계속)/제11

장 사상/제12장 경솔한 말/제13장 글/제14장 범죄 처벌에 따른 정결의 침해/제15장 주인을 탄핵하기 위한 노예해방/제16장 불경죄와 관련된 중상/제17장 음모의 폭로/제18장 공화정체에서 불경죄를 지나치게 벌하는 것의 위험성/제19장 공화정체에서 자유의 행사를 멈추게 하는 방법/제20장 공화정체에서 시민의 자유에 유리한 법/제21장 공화정체에서의 채무자에게 가혹한 법/제22장 군주정체에서 자유를 해치는 것/제23장 군주정체에서 밀정/제24장 익명의 편지/제25장 군주정체에서 통치법/제26장 군주정체에서 군주는 접근하기 쉬운 존재여야 한다/제27장 군주의 풍속/제28장 군주가 신하에게 가져야 할 경의/제29장 전제정체에서 자유가 조금 뒤섞인 것에 어울리는 시민법/제30장 전제정체에서 자유가 조금 뒤섞인 것에 어울리는 시민법(계속)

제13편 조세 징수 및 국가 수입과 자유의 관계 … 244

제1장 국가 수입/제2장 조세가 많다는 것만으로 만족하는 것은 오류이다/제3장 농노제가 있는 나라의 조세/제4장 같은 경우의 공화정체/제5장 같은 경우의 군주정체/제6장 같은 경우의 전제정체/제7장 농노제가 없는 나라의 조세/제8장 착각을 유지하는 방법/제9장 악질 조세/제10장 조세 크기는 정체 성격에 의존한다/제11장 몰수형/제12장 조세 크기와 자유의 관계/제13장 조세가 늘어나는 정체/제14장 조세 성격과 정체의 관계/제15장 자유의 남용/제16장 이슬람교인의 정복/제17장 군대 증강/제18장 조세 감면/제19장 조세 청부와 직접 징수 가운데 군주 및 국민에게 어울리는 것/제20장 수세청부인

제3부

제14편 법과 풍토의 관계 … 261

제1장 대의(大意)/제2장 풍토에 따른 인간의 차이점/제3장 어떤 남방민족에게 나타나는 성격의 모순/제4장 동양 여러 나라에서 종교·풍속·생활양식·법률이 변하지 않는 원인/제5장 나쁜 입법자는 풍토의 결점을 돕는 자, 좋은 입법자는 이에 저항한 자/제6장 더운 풍토에서의 토지 경작/제7장 수도원제도/제8장 중국의 좋은 관습/제9장 근면을 장려하는 방법/제10장 절제에 관한 여러 민족의 법/제11장 풍토병에 관한 법/제12장 자살에 대비하는 법/제13장 영국 풍토에서 생기는 결과/제14장 풍토에서 생기는 그 밖의 결과/제15장 풍토 차이에 따라 법이 국민에게 주는 서로 다른 신뢰

제15편 시민 노예제의 법과 풍토성의 관계 … 275

제1장 시민 노예제/제2장 로마 시민이라는 범주 안에서 본 노예제 권리의 기원/제3장 노예제 권리의 다른 기원/제4장 노예제 권리의 또 다른 기원/제5장 흑인 노예제/제6

장 노예제 권리의 참된 기원/제7장 노예제 권리의 다른 참된 기원/제8장 우리 사이의 노예제의 무용성(無用性)/제9장 시민 자유가 널리 확립된 여러 국민/제10장 노예제 종류/제11장 노예제에 관하여 법이 할 일/제12장 노예제 남용/제13장 많은 노예들의 위험/제14장 무장한 노예/제15장 무장한 노예(계속)/제16장 제한정체에서 취해야 할 예방 조치/제17장 주인과 노예 사이의 규칙/제18장 해방/제19장 자유민과 환관

제16편 가내 노예제 법과 풍토성의 관계 … 292

제1장 가내 노예제/제2장 남부 지방에서는 양성간에 자연스러운 불평등이 있다/제3장 다처제는 부양 수단에 크게 의존한다/제4장 다처제에 관한 여러 사정/제5장 말라바르 법의 근거/제6장 다처제 그 자체/제7장 다처제에서 대우의 평등/제8장 여자와 남자의 분리/제9장 가정과 국정(國政)의 관계/제10장 동양의 도덕 원리/제11장 다처제와 관계 없는 가내 노예제/제12장 자연스러운 수치심/제13장 질투심/제14장 동양의 가정/제15장 협의이혼과 일방적 이혼/제16장 로마의 일방적 이혼과 협의이혼

제17편 정치 노예제 법과 풍토성의 관계 … 305

제1장 정치 노예제/제2장 용기에 대한 민족 차이/제3장 아시아의 풍토/제4장 이 일의 결과/제5장 아시아 북부 민족과 유럽 북부 민족 정복의 결과의 차이/제6장 아시아의 노예상태와 유럽의 자유에 관한 새롭고 자연스러운 원인/제7장 아프리카와 아메리카/제8장 제국의 수도

제18편 법과 토지 성질의 관계 … 312

제1장 토지 성질이 법에 끼치는 영향/제2장 토지 성질이 법에 끼치는 영향(계속)/제3장 가장 잘 경작된 지방/제4장 국토의 비옥과 불모의 새로운 결과/제5장 섬 민족/제6장 인간의 부지런함으로 이룩된 토지/제7장 인간의 부지런함/제8장 법의 일반 관계/제9장 아메리카 토지/제10장 생활필수품을 얻는 방법과 그에 따른 인간 수의 관계/제11장 미개 민족과 야만 민족/제12장 토지를 경작하지 않는 국민의 국민법/제13장 토지를 경작하지 않는 시민의 시민법/제14장 토지를 경작하지 않는 국민의 정치적 상태/제15장 화폐를 사용할 줄 아는 민족/제16장 화폐를 사용할 줄 모르는 민족의 시민법/제17장 화폐를 사용하지 않는 민족의 정법(政法)/제18장 미신의 힘/제19장 아라비아인의 자유와 타타르인의 노예제/제20장 타타르인의 만민법/제21장 타타르인의 시민법/제22장 게르만 민족의 시민법/제23장 프랑크 왕의 장엄한 장식/제24장 프랑크 왕의 결혼/제25장 힐데리히/제26장 프랑크 왕의 성년/제27장 프랑크 왕의 성년(계속)/제28장 게르만인의 양자/제29장 프랑크 왕의 피를 좋아하는 성미/제30장 프랑크인의 국민회의/제31장 제1왕통에서 성직 계급의 권위

제19편 국민의 일반정신·풍속·도덕을 이루는 원리에 관한 법 … 333
제1장 이 편의 주제/제2장 가장 좋은 법을 받아들이는 데 필요한 국민의 마음가짐/제3장 폭정/제4장 일반정신/제5장 국민의 일반정신이 바뀌지 않도록 주의하는 방법/제6장 모든 것을 바로잡아서는 안 된다/제7장 아테네인과 스파르타인/제8장 사교성이 있는 기질의 효과/제9장 국민의 허영과 오만/제10장 에스파냐인의 성격과 중국인의 성격/제11장 성찰/제12장 전제국가의 생활양식과 풍속/제13장 중국인의 품행/제14장 국민의 풍속과 생활양식을 바꾸는 자연스러운 방법/제15장 가정(家政)이 국정(國政)에 미친 영향/제16장 입법자들이 혼동한 인간을 지배하는 여러 원리/제17장 중국 정체의 특성/제18장 앞장의 귀결/제19장 중국인 사회에서 종교·법·습속·생활양식의 통일이 가져온 효과/제20장 중국인에 관한 역설(逆說)의 설명/제21장 법이 풍속 및 생활양식과 관계하는 방법/제22장 법이 풍속 및 생활양식과 관계하는 방법(계속)/제23장 법이 풍속을 따르는 방법/제24장 법이 풍속을 따르는 방법(계속)/제25장 법이 풍속을 따르는 방법(계속)/제26장 법이 풍속을 따르는 방법(계속)/제27장 법이 민족의 풍속·생활양식·성격 형성에 이바지하는 방법

제4부

제20편 상업법의 본질과 특성 … 361

제1장 상업/제2장 상업 정신/제3장 백성들의 빈곤/제4장 여러 정체에서의 상업/제5장 경제성 있는 상업을 행한 국민들/제6장 대항해의 상당한 결과/제7장 영국의 상업 정신/제8장 경제성 있는 상업은 때로 어떻게 방해되었는가/제9장 상업상 배제/제10장 경제성 있는 상업에 알맞은 제도/제11장 경제성 있는 상업에 알맞은 제도(계속)/제12장 통상의 자유/제13장 이 자유를 파괴하는 것/제14장 상품 몰수에 관한 통상법/제15장 상인의 신체 구속/제16장 훌륭한 법/제17장 로도스법/제18장 상업 재판관/제19장 군주는 상업에 종사해서는 안 된다/제20장 군주는 상업에 종사해서는 안 된다(계속)/제21장 군주정체에서 귀족의 상업/제22장 개인 차원에서의 고찰/제23장 상업에 종사하는 것이 불리한 나라

제21편 상업법의 세계적인 변혁에 따른 고찰 … 377

제1장 몇 가지 일반 고찰/제2장 아프리카 여러 국민들/제3장 남부 국민과 북부 국민의 욕망은 서로 다르다/제4장 고대인의 상업과 현대 상업의 주요 차이/제5장 그 밖의 차이/제6장 고대인의 상업/제7장 그리스인의 상업/제8장 알렉산드로스와 그의 정복/제9장 알렉산드로스 죽음 뒤 그리스 왕의 상업/제10장 아프리카 회항/제11장 카르타고와 마르세유/제12장 델로스섬—미트리다테스/제13장 해군에 영향을 준 로마인의

특별한 기질/제14장 상업에 영향을 준 로마인의 특별한 기질/제15장 로마인의 이민족과의 상업/제16장 로마인의 아라비아 인도와의 상업/제17장 서로마 제국 멸망 뒤의 상업/제18장 특별한 규정/제19장 동방에서의 로마 세력 쇠퇴 뒤의 상업/제20장 상업이 유럽에서 야만 상태를 돌파한 방법/제21장 두 군데 신세계 발견이 유럽에 끼친 영향/제22장 에스파냐가 아메리카에서 끌어낸 부/제23장 문제점

제22편 화폐 사용에 관한 법 … 421

제1장 화폐 사용의 이유/제2장 화폐의 성질/제3장 관념 화폐/제4장 금과 은의 양/제5장 금과 은의 양(계속)/제6장 아메리카 발견 뒤 금리가 반감한 이유/제7장 부의 표징 변동에 따라 정해지는 물건값/제8장 부의 표징 변동에 따라 정해지는 물건값(계속)/제9장 상대성을 띠는 금과 은의 희소성/제10장 환(換)/제11장 화폐에 관한 로마인의 조치/제12장 로마인이 정화의 가치를 변동시킨 사정/제13장 황제시대의 화폐 조처/제14장 환이 전제국가에 방해가 되는 이유/제15장 이탈리아 몇몇 지방의 관행/제16장 국가가 은행으로부터 끌어낼 수 있는 원조/제17장 공채/제18장 공채 지급/제19장 이자가 붙는 대출(貸出)/제20장 바다의 고리(高利)/제21장 로마에서의 계약에 따른 대출과 고리/제22장 로마에서의 계약에 따른 대출과 고리(계속)

제23편 법과 주민 수의 관계 … 449

제1장 종의 번식으로 본 인간과 동물/제2장 혼인/제3장 자식의 신분/제4장 가문/제5장 합법적 여성의 여러 범주/제6장 각 정체에서의 사생아/제7장 아버지의 혼인 동의/제8장 아버지의 혼인 동의(계속)/제9장 처녀/제10장 혼인을 결의시키는 것/제11장 통치의 가혹성/제12장 여러 나라의 여아와 남아/제13장 항구/제14장 다수 또는 소수의 일손이 필요한 토지 생산물/제15장 공업과 주민 수의 관계/제16장 종 번식을 보는 입법자의 관점/제17장 그리스와 그 주민 수/제18장 로마 이전 인구 상태/제19장 세계의 인구 감소/제20장 종 번식을 위한 법을 만들어야 했던 로마인/제21장 종 번식을 내용으로 하는 로마인의 법/제22장 친자 유기/제23장 로마 멸망 뒤의 세계 상태/제24장 유럽 인구 변화/제25장 유럽 인구 변화(계속)/제26장 결론/제27장 종 번식을 부추기기 위해 프랑스에서 만들어진 법/제28장 인구 감소를 막는 방법/제29장 구제원

제5부

제24편 교의와 그 자체로 살펴본 종교에 관한 법 … 477

제1장 종교 일반/제2장 베일의 역설/제3장 온건한 정체는 그리스도교에, 전제정치는 이슬람교에 좀 더 적합한가/제4장 그리스도교 성격과 이슬람교 성격의 결과/제5장 가

톨릭교는 군주정체에, 개신교는 공화정체에 더 적합한가의 여부/제6장 베일의 다른 역설/제7장 종교에서의 완전한 법/제8장 도덕법과 종교법의 관련성/제9장 에세네파/제10장 스토아파/제11장 명상/제12장 고행(苦行)/제13장 씻을 수 없는 죄/제14장 종교가 시민법에 미치는 영향/제15장 시민법이 거짓 종교를 교정하는 방법/제16장 종교법이 정체의 결함을 바로잡는 방법/제17장 종교법이 정체의 결함을 바로잡는 방법(계속)/제18장 종교법이 시민법의 효과를 가지는 방법/제19장 교리가 사회에 유익하거나 위험한 것은, 그 진실과 허위보다는 오히려 그 이용과 악용에 있다/제20장 교리가 사회에 유익하거나 위험한 것은, 그 진실과 허위보다는 오히려 그 이용과 악용에 있다(계속)/제21장 윤회/제22장 아무렇지도 않은 것에 종교가 일으키는 혐오의 위험/제23장 제전/제24장 지방 종교법/제25장 종교를 한 나라에서 다른 나라로 이동하는 일의 어려움/제26장 종교를 한 나라에서 다른 나라로 이동하는 일의 어려움(계속)

제25편 종교 설립과 그 대외정책에 관한 법 … 495

제1장 종교에 느끼는 감정/제2장 여러 종교에 느끼는 애착의 동기/제3장 교당/제4장 사제/제5장 법이 성직계급의 재산에 가해야 할 제한/제6장 수도원/제7장 미신의 사치/제8장 사제장의 위치/제9장 종교에 관한 관용/제10장 종교에 관한 관용(계속)/제11장 종교 변경/제12장 형법/제13장 에스파냐 포르투갈에서 종교재판관에게 올리는 경건한 건의/제14장 일본이 그리스도교를 그토록 증오하는 이유/제15장 선교

제26편 법이 판정하는 사물 질서 관계에서의 법 … 510

제1장 개요/제2장 신법과 인법/제3장 자연법에 어긋나는 시민법/제4장 자연법에 어긋나는 시민법(계속)/제5장 자연법의 원리를 수정하고 시민법의 원리에 따라 판단하는 경우/제6장 상속 순서는 정법이나 시민법의 원리에 따르며, 자연법의 원리에 따르지 않는다/제7장 자연법의 규범 사항을 종교의 규율로써 결정해서는 안 된다/제8장 시민법의 원리에 따라 규정하는 사물을 이른바 카논법의 원리에 따라 규정해서는 안 된다/제9장 시민법의 원리에 따라 규정되어야 할 것과 종교법의 원리에 따라 규정되는 것은 다르다/제10장 허용하는 시민법에 따라야 하는 경우와 금지하는 종교법을 따라서는 안 되는 경우/제11장 내세에 관한 재판소의 격률로 인간의 재판소를 규정해서는 안 된다/제12장 내세에 관한 재판소의 격률로 인간의 재판소를 규정해서는 안 된다(계속)/제13장 종교법을 따르는 혼인과 시민법을 따르는 혼인/제14장 자연법에 따라 규정되는 친족간 혼인과 시민법에 따라 규정되는 친족간 혼인/제15장 시민법의 원리에 따른 사항을 정법의 원리에 따라 정하면 안 된다/제16장 정법의 규정에 따라 결정해야 할 경우에 시민법의 규정에 따라 결정해서는 안 된다/제17장 정법의 규정에 따라 결정해야 할 경우에 시민법의 규정에 따라 결정해서는 안 된다(계속)/제18장 서

로 모순되는 듯이 보이는 법은 같은 질서에 속하는지 아닌지를 조사해야 한다/제19장 가법에 따라 결정되어야 할 것을 시민법에 따라 결정해서는 안 된다/제20장 만민법에 따라 결정되어야 할 것을 시민법의 원리에 따라 결정해서는 안 된다/제21장 만민법에 따라 결정되어야 할 것을 정법에 따라 결정해서는 안 된다/제22장 잉카 황제 아타우알파의 불행한 운명/제23장 정법이 국가를 파괴하게 되는 사정에 처하게 될 때, 국가를 보전하기 위해서는 때때로 만민법이 되는 다른 정법에 의해 결정해야 한다/제24장 경찰 규칙은 다른 시민법과 별개의 질서에 속한다/제25장 그 자체 성질에서 끌어내는 특수한 규정에 따라야 할 사물과 관련된 경우에는 시민법의 일반 규정에 따라서는 안 된다

제6부
제27편 상속에 관한 로마법 기원과 변천 ··· 535
상속에 관한 로마법

제28편 프랑스인의 시민법 기원 및 변천 ··· 545

제1장 게르만족 법의 서로 다른 성질/제2장 이민족의 법은 모두 속인법이었다/제3장 살리카법과 서고트법·부르고뉴 법의 주요한 차이/제4장 로마법이 프랑크인이 지배하는 지방에서 사라지고, 고트인·부르고뉴인이 지배하는 지방에서 유지된 이유/제5장 로마법이 프랑크인이 지배하는 지방에서 사라지고, 고트인·부르고뉴인이 지배하는 지방에서 유지된 이유(계속)/제6장 로마법이 롬바르디아인 영토에서 유지된 이유/제7장 로마법이 에스파냐에서 사라진 이유/제8장 가짜 칙령/제9장 만민법과 칙령이 사라진 과정/제10장 만민법과 칙령이 사라진 과정(계속)/제11장 만민법·로마법·칙령을 잘못 활용하게 되는 다른 원인들/제12장 지방 관습, 만민법과 로마법의 변천/제13장 살리카법 또는 살리계 프랑크인법과 라인강변 프랑크인 및 그 밖의 만민법의 차이/제14장 그 밖의 다른 점/제15장 성찰/제16장 살리카법으로 만든 뜨거운 물에 의한 증명/제17장 우리 조상들의 사고방식/제18장 결투에 의한 증명이 퍼져 나간 과정/제19장 살리카법·로마법 및 칙령을 망각한 새로운 이유/제20장 체면의 기원/제21장 게르만인 체면에 대한 새로운 고찰/제22장 결투 습속/제23장 결투 재판이라는 법제/제24장 결투 재판에서 설정된 규칙/제25장 결투 재판의 관행에 가해진 제한/제26장 당사자 한 사람과 증인 한 사람의 결투 재판/제27장 당사자 한쪽과 영주의 중신 한 사람의 결투 재판. 오판 상소/제28장 재판 거절의 상소/제29장 성 루이의 치세 시대/제30장 상소 고찰/제31장 상소 고찰(계속)/제32장 상소 고찰(계속)/제33장 상소 고찰(계속)/제34장 소송 절차가 비밀로 된 이유/제35장 소송비/제36장 원고관/제37장 성 루이의

《율령집》이 망각된 이유/제38장 성 루이의 《율령집》이 망각된 이유(계속)/제39장 성 루이의 《율령집》이 망각된 이유(계속)/제40장 교회의 재판형식이 채용된 이유/제41장 종문 재판권과 세속 재판권의 성쇠/제42장 로마법의 부흥과 그 결과·재판의 변화/제43장 로마법의 부흥과 그 결과·재판의 변화(계속)/제44장 증인에 의한 증거/제45장 프랑스의 관습법

제29편 법을 만드는 방법 … 604

제1장 입법자 정신/제2장 입법자 정신(계속)/제3장 입법자 의도에서 멀어진 듯 보이는 법이 적합한 경우가 흔하다/제4장 입법자의 의도에 어긋나는 법/제5장 입법자의 의도에 어긋나는 법(계속)/제6장 같아 보이는 법이 언제나 꼭 같은 효과가 있지는 않다/제7장 같아 보이는 법이 언제나 꼭 같은 효과가 있지는 않다(계속). 법을 올바르게 만들 필요성/제8장 같아 보이는 법의 동기가 언제나 똑같지는 않다/제9장 그리스법과 로마법은 자살을 벌했으나, 그 동기는 서로 달랐다/제10장 서로 다르게 보이는 법이 때로는 같은 정신에서 유래한다/제11장 어떤 방법으로 두 가지 다른 법을 비교할 수 있는 방법/제12장 같아 보이는 법이 실제로는 다르다/제13장 법을 그 제정 목적에서 분리해선 안 된다. 도둑질에 관한 로마법/제14장 법을 그 제정 사정에서 분리해서는 안 된다/제15장 법이 스스로를 바로잡는 것이 때로는 적당하다/제16장 법을 만들 때 지켜야 할 사항/제17장 법을 그릇되게 만드는 방법/제18장 획일된 관념/제19장 입법자(권위자)

제30편 군주정치 확립 관계에서 프랑크인의 봉건법 이론 … 619

제1장 봉건법/제2장 봉건법의 연원/제3장 가신제의 기원/제4장 가신제의 기원(계속)/제5장 프랑크인의 정복/제6장 고트인·부르고뉴인·프랑크인/제7장 갖가지 토지 분배법/제8장 갖가지 토지 분배법(계속)/제9장 토지 분배에 관한 부르고뉴인 법과 서고트인 법의 올바른 적용/제10장 농노제/제11장 농노제(계속)/제12장 이민족에게 분배된 토지는 조세를 내지 않았다/제13장 프랑크인 군주정체에서 로마인·갈리아인이 진 부담/제14장 센서스(census)/제15장 센서스는 농노에게만 부과되고 자유인에게는 부과되지 않았다/제16장 근위 무사(leudes) 또는 가신(vassaux)/제17장 자유인의 병역/제18장 이중 역무/제19장 만민의 속죄금/제20장 그 뒤에 영주 재판권이라고 부른 것/제21장 교회의 영지 재판권/제22장 이런 재판권이 제2 왕통 말기 전에 확립되어 있었다/제23장 뒤 보스 신부의 《갈리아에서의 프랑크 왕국 건설》에 대한 일반 관념/제24장 뒤 보스 신부의 《갈리아에서의 프랑크 왕국 건설》에 대한 일반 관념(계속). 이 대략적인 체계의 기본 고찰/제25장 프랑스 귀족

제31편 프랑크인 봉건법 이론과 그 군주정체 변천 관계 … 660

제1장 관직 및 봉토 변화/제2장 시민정치 개혁/제3장 궁재의 권위/제4장 궁재에 관한 국민의 특성/제5장 궁재가 군의 지휘권을 얻게 된 이유/제6장 제1 왕통 국왕 쇠퇴의 제2기/제7장 궁재 밑의 중요 관직과 봉토/제8장 자유 소유지가 봉토로 바뀐 이유/제9장 교회의 재산이 봉토로 바뀐 이유/제10장 성직자의 부/제11장 샤를마르텔 시대의 유럽 상황/제12장 십일조(dimes) 설정/제13장 주교직과 수도원장 성직 녹봉 임명권/제14장 샤를마르텔의 봉토/제15장 샤를마르텔의 봉토(계속)/제16장 왕권과 궁재권의 혼합. 제2 왕통/제17장 제2 왕통에서 국왕을 선거한 특수 사정/제18장 샤를마뉴/제19장 샤를마뉴(계속)/제20장 루이 유화왕/제21장 루이 유화왕(계속)/제22장 루이 유화왕(계속)/제23장 루이 유화왕(계속)/제24장 자유인이 봉토를 소유할 수 있게 되었다/제25장 제2 왕통이 쇠퇴한 주요 원인. 자유 소유지의 변화/제26장 봉토의 변화/제27장 봉토의 다른 변화/제28장 요직 및 봉토의 변화/제29장 샤를 대머리왕의 치세와 봉토/제30장 샤를 대머리왕의 치세와 봉토(계속)/제31장 제국이 샤를마뉴 가문 밖으로 옮겨간 이유/제32장 프랑스 왕위가 위그 카페 가문으로 옮겨간 이유/제33장 봉토의 영구성이 낳은 몇 가지 결과/제34장 봉토의 영구성이 낳은 몇 가지 결과(계속)

몽테스키외 생애와 사상

몽테스키외 생애와 사상 … 707
1. 출생/2. 시대 배경
3. 《법의 정신》까지의 사상 형성 과정
4. 《법의 정신》에 대하여

몽테스키외 연보 … 731

일러두기

1. 이 책은 몽테스키외의 《법의 정신(De L'esprit des lois)》을 완역한 것이다. 번역대본으로는 《*The Spirit of Laws*》, in Great Books of The Western World, Encyclopædia Britannica inc., London, 1952를 사용했다.
2. 이 책의 초판과 이후 판과의 차이는 《라 플레이야드 문고》의 주(註)를 주로 이용했다.
3. 옮긴이의 주(註)와 원저자의 주를 각주로 표시했다.
4. 인지명은 될 수 있는 대로 현지음을 따랐다.

머리글

이 책에 쓰인 수많은 사항 가운데 만일 기대했던 것과는 반대로 독자를 화나게 하는 사항이 있다 할지라도 적어도 악의로 그리한 것은 아니다. 나는 타고나기를 남을 중상하는 성질이 못된다.

플라톤은 소크라테스 시대에 태어난 것을 하늘에 감사했다. 나 또한 지금 살고 있는 정부 아래에 삶을 주시어 나에게 사랑하고 복종할 사람들을 정하여 주신 하늘에 감사하고 있다.

나는 독자에게 관용을 구하고자 하는데, 그것이 받아들여지지 않을까 두렵다. 다름 아닌 20년에 걸친 역작을 잠시 속독함으로써 판단하지 말아 달라는 점이다. 두세 구절이 아니라 이 책 전체를 칭찬하거나 나무라 주기 바란다. 독자가 지은이의 의도를 찾아내고자 한다면, 그것은 이 책의 구상 안에서만 확실하게 찾아 낼 수 있기 때문이다. 나는 먼저 인간을 검토했다. 그리고 이 제도와 풍속의 수많은 모습 속에서 인간은 단순히 그 자신의 생각에 따라서만 움직이지는 않는다고 믿게 되었다.*1

나는 여러 원리를 설정했다. 그랬더니 개개의 사례가 마치 스스로 그 원리들에 따르는 것처럼 보였다. 모든 국민의 역사는 그 원리의 귀결에 지나지 않고, 모든 개별적 법률은 다른 법률에 결합되어 있거나 좀 더 일반적인 법률에 부속되어 있음을 알았다. 고대로 되돌아가 나는 고대의 정신을 파악하기에 애썼다. 실제로 다른 사례를 같은 것으로 간주하거나, 같은 것처럼 보이는 사례의 차이를 놓치는 일이 없도록 했다.

나는 나의 원리를 결코 나의 편견으로부터 끄집어내지는 않았다. 나는 그것을 사물의 본성으로부터 끄집어냈다. 따라서 진리의 대부분은 그것과 서로 연결짓고 있는 다른 진리와의 연쇄관계를 이해한 뒤에야 알게 될 것이다. 세부적

---

*1 몽테스키외는 여기서 그가 발견한, 그리고 그가 따로 연구한 방법을 말하려 하고 있다.

인 것에 대하여 숙고하면 할수록 원리의 확실성이 느껴지게 될 것이다. 그 세부적인 것에 대해서 나는 모두를 말하지는 않았다. 왜냐하면 참을 수 없을 만큼 따분하지 않고서야 누구라도 그 모두를 이야기할 수는 없을 것이기 때문이다.

여기서는 오늘날 여러 저작물의 특색처럼 보이는, 저 재기(才氣)를 뽐내는 표현은 찾아보지 못할 것이다. 사물을 어느 정도 넓은 시야로 본다면 재기 같은 것은 사라지고 만다. 그것은 보통 정신이 다만 한쪽 면에만 집중되고 다른 모든 면이 고려되지 않는 데에서 생겨난다.

나는 어떤 나라이건 그곳에 설정되어 있는 것을 비판하기 위해 이 책을 쓰지는 않았다. 여러 나라 국민은 이 책에서 자기 나라의 윤리의 원칙인 도덕을 발견할 것이다. 그리고 그 변경을 제안할 수 있는 권리는 운 좋게 천재적으로 한 나라의 국제(國制)를 통찰할 만한 능력을 가지고서 태어난 사람에게만 갖추어져 있다는 결론을 마땅히 내리게 될 것이다.

사람들이 계몽되었는가 그렇지 못했는가는 사소한 일이 아니다. 위정자의 편견은 국민이 갖는 편견으로부터 비롯된다. 무지몽매한 시대에는 가장 큰 악을 행할 때에도 사람들은 아무런 의혹도 품지 않는다. 계몽된 시대에는 가장 큰 선을 행할 때조차 사람들은 겁을 먹는다. 사람들은 예부터 내려오는 폐해를 감지하며 그 교정(矯正)을 이해한다. 그러나 사람들은 그 위에 바로잡은 개혁의 폐해도 알아차린다. 최악을 두려워해 악을 방치하고 최선을 의심해 선을 방치한다. 오직 총체를 판단하기 위해서만 부분을 고찰하고, 모든 결과를 이해하기 위해서만 모든 원인을 검토한다.

만일 모든 사람이 자신의 의무, 자신의 군주, 자신의 조국, 자신의 법률을 사랑하는 새로운 이유를 발견하고, 또 자신이 놓여 있는 저마다의 나라, 저마다의 정부, 저마다의 지위에 놓인 행복을 좀 더 잘 감지하게 될 수 있다면, 나는 스스로 삶을 누리는 모든 사람 가운데에서도 가장 행복한 사람이라고 확신할 것이다. 만일 통치에 임하는 사람들이 스스로 명령해야 할 사항에 대하여 지식을 키우고, 또 복종하는 사람들이 복종하는 일에서 새로운 기쁨을 발견하게 된다면, 나는 스스로 삶을 누리는 모든 사람 가운데에서도 가장 행복한 사람이라고 확신할 것이다.

만일 사람들이 자기의 편견을 스스로 고칠 수 있게 된다면 나는 나 자신을 삶을 누리는 모든 사람 가운데에서 가장 행복한 사람이라고 확신할 것이다.

여기서 내가 편견이라고 부르는 것은 사람으로 하여금 어떠한 사항에 대하여 무지하게 만드는 것을 말하는 것이 아니고, 사람으로 하여금 자신에 대하여 무지하게 만들고 있는 것을 말한다.

만인에의 사랑을 포함한 저 보편적인 덕을 실천할 수 있는 것은 인간을 교육하는 노력으로써 가능하다. 인간, 이 유연한 존재는 사회에서는 타인의 사고(史考)나 이상을 숨기면 그 본성을 그 감각에 이르기까지 잃어버릴 수도 있다. 나는 이 저작을 쓰다가 여러 차례 손을 떼기도 했다. 초고를 몇천 번이나 바람부는 대로 맡겼다.*2 날마다 아버지의 손이 떨어지는 듯했다.*3 구상도 하지 않고 대상을 추구했다. 규칙도 예외도 알지 못했다. 진리를 발견해도 그것을 곧 잃어버리고 말았다. 그러나 한 번 나의 원리를 발견하게 되자 찾고 있던 모든 것이 나에게로 모여왔다. 그리하여 20년간에 걸쳐서 나의 저술은 시작되고 성장하고 앞으로 나아갔으며 마무리되었다.

만일 이 저작이 성공을 거둔다면, 그것은 주제의 장대(壯大)함에 따르는 것이리라. 그러나 나는 내가 전혀 천분이 부족하다고는 생각지 않는다. 나 이전에 프랑스·영국·독일에서 그토록 많은 위인들이 쓴 것을 보았을 때 나는 감탄했다. 그러나 나는 결코 용기를 잃지 않았다. 코레조처럼 나 또한 말하리라. "나는 화가다*4"라고.

---

*2 베르길리우스의 《아에네이스》.
*3 《아에네이스》 6·75. 다이달로스가 자기 아들 이카로스의 낙하하는 모습을 조각하려고 시도했으나, 너무나 고통스러운 나머지 손을 떨어뜨렸다는 고사에 따름.
*4 라파엘로의 그림 앞에서 코레조가 했다고 일컬어지는 말.

지은이가 전하는 주의 사항[*1]

이 책의 처음 네 편을 이해하기 위해서는 다음과 같은 사항에 주의해야 한다.

첫째로 내가 공화국에서의 '덕성'이라고 부르는 것은 조국에의 사랑, 즉 평등에의 사랑이라는 점에 주의해야 한다. 그것은 결코 도덕적인 덕성도, 그리스도교적 덕성도 아닌 '정치적' 덕성이다.

그리고 그것은 명예가 군주정체(君主政體)를 움직이는 태엽이듯이 공화정체를 움직이는 태엽인 것이다. 따라서 나는 조국과 평등에의 사랑을 '정치적 덕성'이라고 불렀다. 나는 새로운 관념을 얻었다.

그래서 새로운 말을 찾아내든가, 아니면 낡은 말에 새로운 뜻을 부여하지 않을 수 없었다. 이 점을 이해하지 못하는 사람들은 나에게 부조리한 말을 하게 만든 결과가 되었다. 그리고 세계 어느 나라에서든 사람은 도덕을 바라는 바이므로 이 부조리한 말들은 세계 어느 나라에서나 언어도단으로 여겨졌을 것이다.

둘째로, 어떤 자질, 영혼의 양상, 또는 덕성이 어떤 정체를 움직이는 태엽이 아니라는 것과, 그것이 그 정체에서는 전혀 존재하지 않는다는 것 사이에는 아주 큰 차이가 있다는 점에 주의해야 한다. 내가 어떤 큰 톱니바퀴나 작은 톱니바퀴가 이 시계를 움직이는 태엽이 아니라고 말했다고 치자. 그렇게 말했다고 해서 사람들은 그 큰 톱니바퀴나 작은 톱니바퀴가 시계 안에 없다고 결론을 내릴 것인가?

도덕적, 그리스도교적 덕성이 군주정체에서 배제되어 있다고 하는 말은 결코 아니다. 정치적 덕성이 배제되어 있다는 말도 아니다. 한마디로 명예는 공화제에 존재하지만, 공화제의 태엽은 어디까지나 정치적 덕성인 것이며, 정치적

[*1] 이 글은 사후 간행된 1787년판에 처음으로 붙여졌다.

덕성은 군주제에 존재하지만, 군주제의 덕성은 어디까지나 명예인 것이다.
  끝으로 제3편 제5장에서 문제가 되고 있는 덕이 있는 사람이란, 그리스도교적인 덕이 있는 사람을 뜻하는 게 아니라 내가 말한 정치적 덕성을 가진 정치적으로 덕이 있는 사람을 의미한다. 그것은 자기 나라 법을 사랑하고 자기 나라 법에 대한 사랑으로써 행동하는 인간이다. 나는 이런 사항들에 대하여 이 판(版)에서는 관념을 다시 더 명확하게 하고 새로운 해명을 부여해 두었다. 그리고 '덕성'이라는 말을 사용했던 대부분의 구절은 '정치적 덕성'으로 바꾸었다.

제1부

제1편
법 일반

제1장 여러 존재와의 관계에서의 법

가장 넓은 뜻에서 법이란 사물의 본성에서 유래하는 필연적인 관계를 말한다.*1 이 뜻에서는 모든 존재가 그 법을 가진다. 신(神)은 신의 법을 가지고, 물질계는 물질계의 법을 가지며, 인간보다 뛰어난 지적 존재(天使)도 그 법을 가지고, 짐승은 짐승의 법을 가지며, 인간은 인간의 법을 가진다.

맹목적인 운명이 이 세상에서 우리가 보는 모든 결과를 낳았다고 말하는 사람들은 심한 부조리를 이야기했던 것이다. 지적 존재가 무분별한 운명의 소산이라는 것보다 더한 부조리가 또 있겠는가? 따라서 원초적 이성(理性)이 있는 것이며, 법이란 그것과 여러 가지 존재 사이에 있는 관계, 그리고 이들 여러 가지 존재 서로간의 관계이다.

신은 우주에 대하여 그 창조자 및 유지자로서의 관계를 갖는다. 그러므로 신이 우주를 창조한 법은 그에 따라서 신이 우주를 유지하게 되는 것이다. 신이 이 규칙들에 따라 행동하는 것은 신이 그것을 알기 때문이고, 신이 그것을 알고 있는 것은 그것들을 만들었기 때문이며, 그것들을 만든 까닭은 그 규칙들이 신의 예지와 힘에 관계되기 때문이다. 우리가 보는 바와 같이 세계는 물질 운동에 따라서 형성되어 지성이 없음에도 언제나 존재하고 있는 것이므로, 그 운동은 불변의 규칙을 가지고 있을 것이다. 그리고 만일 이 세계 이외의 다른 세계를 상상할 수 있다 하더라도 그 세계 또한 항구적인 법칙을 가지고 있을 것이다. 그렇지 않으면 그것은 파괴되고 말 것이기 때문이다.

이렇게 자의적인 행위처럼 보이는 창조도 무신론자가 주장하는 숙명과 같은 정도로 불변의 규칙을 전제로 한다. 창조자가 이 규칙들 없이 세계를 지배

---
*1 법은 모든 죽는 것 및 죽지 않는 것의 여왕이라고 플루타르코스는 서술하고 있다. 《도덕론》 "군주는 반드시 학자이어야 한다." (원주)

할 수 있다는 것은 세계가 그 규칙들 없이 존재할 수 없기 때문에 부조리하다는 것이다. 이 규칙들은 항구적으로 정해진 관계이다. 어떤 운동체와 다른 운동체 사이에서는 모든 운동이 질량과 속도의 관계에 따라 받아들여지고 늘어나거나 줄어들고 이어진다. 개개의 다양성은 '균일'이며, 개개의 변화는 '항구'이다.

모든 지적 존재는 자기가 만든 법을 가지고 있으나, 또 만들지 않은 법도 가지고 있다. 지적 존재가 존재하기 이전에도 그것들은 존재가 가능했으므로 그 존재들은 가능해질 수 있는 관계를 따라서 자기의 법을 가질 수 있었다. 실정법이 존재하기 이전에 정의(定義)할 수 있는 관계가 존재했기 때문이다. 실정법이 명하거나 금하는 것 이외에는 정의(正義)도 부정(不正)도 없다고 말하는 것은, 원이 그려지기 전에는 모든 반경이 같지 않았다고 말하는 것과 같다. 따라서 그것을 확정하는 실정법에 앞서 형평의 관계가 있다는 것을 인정해야 한다. 그 형평의 관계란, 예를 들면 다음과 같다. 즉 인간 사회가 있다고 한다면, 그 사회의 법에 따르는 것이 옳을 것이다. 어떤 지적 존재가 다른 존재로부터 어떤 은혜를 받았을 때 그는 그것에 감사해야 할 것이다. 만일 어떤 지적 존재가 다른 지적 존재를 창조했다고 한다면, 창조된 것은 그 기원으로부터 짚어지고 있는 종속의 관계에 머물러 있어야 할 것이다. 다른 지적 존재에게 해를 준 지적 존재는 같은 해를 받는 것이 마땅할 것이다, 등등.

그렇지만 지적 세계가 물질 세계처럼 잘 지배되고 있다고는 도저히 말하지 못한다. 왜냐하면 지적 세계도 법을 가지며, 그 법은 본성이 불변하다고는 하나, 지적 세계는 물질적 세계가 그 법에 따르듯이 항구적으로 그 법에 따르지 않기 때문이다. 그 이유는 다음과 같다. 즉 개개의 지적 존재는 그 본성이 유한하므로, 따라서 오류가 있을 수 있다.

그러나 다른 한편으로 지적 존재가 자기 스스로 행동하는 것은 그 본성이다. 따라서 그것은 꼭 항구적으로 그 원초적인 법에 따르지는 않는다. 뿐만 아니라 지적 존재는 스스로 자신에게 준 법에서조차 늘 따르지는 않는다.

짐승이 운동의 일반 법칙에 따라서 지배되고 있는지, 아니면 고유의 동인(動因)에 따라서 지배되고 있는지 우리는 알지 못한다. 아무튼 그것은 물질계, 그 밖의 부분보다 신에 대하여 좀 더 가까운 관계를 가지고 있지는 않다. 그리고 감각은, 그들이 그들끼리의 사이라든가, 다른 개별적 존재와의 사이라든가,

또는 그것 자체에 대하여 갖는 관계에서밖에 쓰이지 않는다. 쾌감의 매력으로써 그것들은 자기 존재를 유지하고, 같은 매력에 따라서 그것들의 종(種)을 유지한다. 그것들은 자연법을 가지고 있다.

왜냐하면 그것들은 감각에 의하여 서로가 결합되기 때문이다. 그것들은 실정법은 갖지 않는다. 왜냐하면 오성(悟性)에 따라서 결합되지는 않기 때문이다.

그러나 그것들은 그 자연법에 변함없이 따르는 것은 아니다. 식물에서는 오성도 감성도 인정할 수 없으나, 그 식물 쪽이 좀 더 완전하게 법칙에 따른다.

짐승에게는 우리가 가지고 있는 최고 수준의 우월성이 없다. 그러나 우리에게 없는 이점이 있다. 그것들은 우리처럼 희망은 갖지 않지만 두려움 또한 갖지 않는다. 그것들은 우리와 마찬가지로 죽음을 피할 수 없으되 그 죽음을 알지 못한다. 그것들은 대부분이 우리보다 더 잘 자기를 보존하고, 그 정념을 우리처럼 악용하는 일이 없다.

인간은 물질 존재로서는 다른 물체와 마찬가지로 불변의 법칙에 따라서 지배되고 있다. 지적 존재로서의 그는 신이 정한 이 법칙을 끊임없이 다스리고 또 스스로 정한 법칙을 새롭게 고친다. 그는 스스로 길을 정해야만 한다. 그는 한정된 존재에서 모든 유한의 지성과 마찬가지로 무지나 오류를 면할 수 있다. 그렇지만 그가 갖는 빈약한 오성, 그것마저도 인간은 잃어버린다. 감성을 지니는 빈약한 오성, 그것마저도 인간은 잃는다. 감성을 지니는 피조물로서 인간은 수없이 많은 정념에 사로잡힌다. 이러한 존재는 모든 순간에 그 창조자를 잊기도 한다. 신은 종교의 법으로써 그를 자기에게로 불렀다. 이러한 존재는 모든 순간에 스스로를 잊을 수 있었다. 철학자는 그에게 도덕의 법으로써 경고했다. 사회 속에서 살아가도록 창조되어 있는 데도 그는 사회 속에서 타인을 잊기도 한다. 입법자는 정법(政法)과 시민법으로써 그로 하여금 그 의무로 돌아가게 했다.

제2장 자연법

이런 모든 법 이전에 자연법이 있다. 자연법이라고 불리는 까닭은, 그것들이 우리 존재의 구조에서만 비롯되기 때문이다. 그 자연법들을 잘 이해하려면 사회가 성립되기 이전의 인간을 살펴보아야 한다. 자연법이란 이 같은 상태에서 사람이 받는다고 생각되는 법일 것이다. 우리의 마음 속에 창조자의 관념을 새겨 주고, 우리를 신에게로 이끄는 그 법이 자연법의 순서에 따라서가 아니라 그 중요성으로 말미암아 자연법 가운데 제1의 법이 된다. 인간은 자연 상태에서는 지식을 갖는다기보다도 차라리 인식 능력을 갖고 있을 것이다. 그 최초의 관념이 사변적(思辨的) 관념이 아님은 확실하다. 그는 자기 존재의 기원을 탐구하기 전에 그 유지를 생각할 것이다. 이런 인간은 먼저 그 약함밖에 느끼지 않으므로 매우 소심할 것이다. 만일 이 점에 대해서 경험의 증명이 필요하다면 숲 속에 살고 있던 미개인을 들 수 있다.*2 그들은 모든 것에 겁먹고 모든 것으로부터 달아나려고 했다. 이런 상태에서는 저마다가 스스로를 열등하게 느낀다. 저마다가 서로 평등하다고 느끼는 일은 거의 없다. 따라서 그들은 서로 공격할 것을 원치 않으므로 평화가 제1의 자연법이 될 것이다.

홉스가 인간은 무엇보다 서로를 정복하려는 욕망을 갖고 있다고 주장한 것은 합리적이지 않다. 지배와 정복의 관념은 매우 복잡해서 다른 많은 관념에 의존하므로, 그것은 인간의 첫째 관념은 아닐 것이다. 홉스는 "만일 인간이 본디 전쟁 상태에 있는 것이 아니라면, 어찌하여 인간은 언제나 무장하고 걷는가, 또 무엇 때문에 집을 단속할 때 열쇠로 잠가 두는가" 묻고 있다. 그러나 이렇게 물을 때 그는 사회가 설립된 그다음밖에 생길 수 없는 것, 그때 서로가 싸우고 서로가 지킬 동기를 사람으로 하여금 발견케 만드는 것을 사회가 성립되기 이전의 사람에게 부여하고 있다는 사실을 깨닫지 못하고 있는 것이다.

열약한 감정에 덧붙여 인간은 육체적으로 필요한 감정을 가질 것이다. 그래서 제2의 자연법은 인간으로 하여금 먹을 것을 찾는 마음을 일으키게 하는 것이리라. 나는, 두려움은 인간을 서로 피하게 만들 것이라고 말했다. 그러나 서로가 두려워하고 있다는 사실을 안다는 조짐은 곧 인간으로 하여금 서로 접근하도록 이끌 것이다. 한편 인간은, 동물이 같은 종류의 다른 동물이 접근할 때 느끼는 쾌감에 따라서도 서로가 접근하게 될 것이다. 그리고 남녀 두 성(性)이 서로의 차이에 따라서 자극을 주는 그 매력은 이 쾌감을 높일 것이다. 그러므로 두 성이 언제나 서로 사모하는 자연스러운 소원이 제3의 자연법일 것이다.

인간은 처음에 갖는 감정 외에 그것에 덧붙여 지식을 갖게 된다. 그리고 인

---

*2 하노버의 숲 속에서 발견되었는데, 조지 1세 치하의 영국에서 볼 수 있었던 미개인이 그 증거이다. 〔원주〕

간은 다른 동물에게서 볼 수 없는 제2의 유대를 갖는다. 그래서 인간은 서로가 결합되는 새로운 동기를 갖게 되며, 사회 생활을 누리는 욕구가 제4의 자연법을 이룬다.

제3장 실정법

인간은 사회생활을 누리게 되자 곧 연약함의 감각을 잃는다. 일찍이 서로에게 있었던 평등은 끝나고 전쟁이 시작된다. 각 개별 사회는 그 힘을 깨닫기 시작하고, 그 사실은 민족 사이의 전쟁 상태를 조성한다. 각 사회에서 개인은 그 힘을 자각하기 시작하고, 그들은 그 사회의 주된 이익을 자기 개인에게 이롭도록 돌리고자 애쓴다. 그것은 그들 사이에 전쟁 상태를 조성한다.

이 두 가지 전쟁 상태가 인간 사이에 법률을 제정케 한다. 이처럼 넓고도 서로 다른 민족의 존재가 필연적인 듯한 이 행성 주민으로서 살펴본다면, 인간은 그 민족들이 서로간에 가지는 관계에서 법률을 갖는다. 그것이 만민법(萬民法)이다. 하나의 유지되어야 할 사회에서 생활하는 존재로서 고찰한다면, 그들은 통치하는 자가 통치당하는 자와의 사이에 갖는 관계에서의 법률을 갖는다. 그것이 바로 정법(政法)이다. 그들은 또 모든 시민 서로가 갖는 관계에서도 법률을 갖는다. 그것이 시민법이다.

만민법은 마땅히 다음 원칙 위에 성립한다. 여러 민족은 저마다 참된 이익을 손상하는 일 없이 평시에는 최대한의 선(善)을, 전시에는 최소한의 악(惡)을 서로 행해야 한다.

전쟁의 목적, 그것은 승리이며, 승리의 목적, 그것은 정복이며, 정복의 목적, 그것은 유지이다. 이 원칙과 이보다 앞서는 원칙으로부터 만민법을 이루는 모든 법률이 파생되어야 한다. 모든 민족이 만민법을 가지고 있다. 포로를 잡아먹는 이로쿼이 민족도 하나의 만민법을 가지고 있다. 그들은 외교사절을 보내거나 또는 받아들이며, 교전권(交戰權)과 강화권(講和權)을 알고 있다. 나쁜 것은 이 만민법이 참다운 원칙에 입각하지 않는다는 점이다.

모든 사회에 관련되는 만민법 외에 각 사회마다 정법(政法)이 있다. 사회는 정부 없이는 존속할 수 없을 것이다. 참으로 이탈리아 시민법학자 그라비나인의 말과 같이 "모든 개별적 힘의 통합이 이른바 정치 상태를 구성하는 것이다." 전체의 힘은 오직 한 사람의 손안에도, 또는 다수자의 손안에도 둘 수 있다. 어떤 사람들은, 자연이 부권(父權)을 만들었으므로 유일자의 정체(政體)가 가장 자연에 알맞다고 생각했다. 그러나 부권의 예는 아무런 증명이 되지 못한다. 왜냐하면 만일 아버지 권력이 유일자의 정체와 관계가 있다고 하더라도, 아버지 죽음 뒤에는 형제의, 또는 형제의 죽음 뒤에는 종형제의 권력이 다수자의 정체와 관계가 있게 되기 때문이다. 정치 세력은 필연적으로 여러 가족의 결합을 포함한다.

차라리 자연에 가장 알맞은 정체란, 그것이 설정되는 국민의 체질에 그 고유의 체질이 좀 더 잘 일치되는 정체라고 말하는 편이 낫다.

모든 의지가 서로 결합하지 않으면 개별의 힘은 결합할 수 없다. 이 또한 그라비나의 매우 당연한 말처럼 "이들 의지의 통합이 시민 상태라 불리는 것"이다.

일반적으로 법이란 인간 이성(理性)이다. 그리고 개개의 국민의 정법(政法) 및 시민법은 바로 이 인간 이성이 적용된 특수한 경우여야 한다. 그들의 개별적인 법률은 그것들이 만들어진 민족에게 아주 적합한 것이어야 하므로 어느 한 국민의 법률이 다른 국민에게도 적합할 수 있는 일이 있다면 그것은 매우 드문 우연한 경우이다. 그 법률들은 성립된, 또는 성립하고자 하는 정체의 성질과 원리에 걸맞는 것이어야 한다. 법률은 또는 정법같이 정체를 구성하고, 또는 시민법처럼 정체를 유지한다.

그것은 국토의 '자연 조건'인 기후의 한랭·무더위·온랭(溫冷), 토지의 성질·위치·크기와 상대적으로 농경·수렵·유목 등에 따르는 그 민족의 생활 양식에 관련된 것이어야 한다. 그것들은 정체가 허용할 수 있는 자유의 정도, 주민의 종교, 그들의 성향·부(富)·수효·상업·풍습·습관과 걸맞는 것이어야 한다. 끝으로 법률은 그것들 상호간에 관계를 갖는다. 법률은 그것들 자체의 기원(起源), 입법자 의도, 그것이 만들어진 기초가 되는 사물의 질서 등과 관계된다. 법은 바로 이런 모든 관점에서 생각하고 연구해야 한다. 이것이 바로 내가 이 책에서 시도해 보려는 점이다. 나는 이런 모든 관계를 검토할 것이다. 이런 모든 관계들이 모여서, 말하자면 법의 정신을 이루는 것이다.

나는 정법과 시민법을 분리하지 않았다. 왜냐하면 나는 법률을 다루는 것이 아니라 법의 정신을 다루며 또 이 정신이란 법률이 다른 사물과도 가질 수 있는 온갖 관계에 있으므로, 따라서 나는 법의 자연적인 질서보다도 오히려 이들 사물이나 관계의 질서에 따라야 했기 때문이다. 나는 먼저 법률이 각 정체의 본성 및 원리와의 사이에 갖는 관계를 검토할까 한다. 정체의 원리는 법률에 절대적인 영향을 주는 것이므로 그것을 충분히 알도록 노력하고자 한다. 그리고 만일 원리를 확정할 수만 있다면, 온갖 법률은 샘에서 솟아나듯이 그 원리로부터 흘러나오는 것을 볼 수 있게 될 것이다. 그런 다음에 나는 좀 더 특수하다고 여겨지는 다른 관계로 옮길 작정이다.

제2편
정체의 본성에서 직접 생기는 법

제1장 세 가지 정체의 본성

세 가지의 정체가 있다. 공화정체(共和政體)·군주정체(君主政體)·전제정체(專制政體)가 그것이다. 그 본성을 발견하려면, 교육 수준이 낮은 사람들이 그것들에 대해 가지고 있는 관념을 보면 충분하다. 나는 세 가지 정의(定義), 아니 정의라기보다도 사실을 머리에 떠올리고 있다. 첫째로 공화정체란 국민 전체, 또는 단순히 몇몇 국민이 주권을 갖는 정체이고, 둘째로 군주정체란 유일인이 정해진 제정법에 따라서 통치하는 형태이며, 셋째로 전제정체는 유일인이 법도 준칙도 없이 자신의 의지나 자의에 따라 모든 일을 휘두른다는 것이다. 이것이 내가 말하는 각 정체의 본성이다. 이 본성으로부터 직접 결과되는 법, 따라서 제1의 기본법인 법이 무엇인가를 살펴보아야 한다.

제2장 공화정체 및 민주정체에 관한 법

공화정체에서 국민 전체가 주권을 갖는다면, 그것은 '민주정체'이고, 주권이 몇몇 국민 손안에 있다면 그것은 '귀족정체'라 불린다. 국민은 민주정체에 있어서 어떤 면에서는 군주이고 다른 면에서는 신하이다. 국민은 그들의 의지인 투표로서만 군주가 될 수 있다. 주권자의 의지는 주권자 자체이다. 따라서 투표권을 정하는 법률이 정체에서는 기본이다. 사실 여기서 어떻게 하여, 누구에 의하여, 누구에 관하여, 무엇에 대하여 투표가 행해져야 하는가를 규정하는 것은, 군주정체에서 누가 군주이며, 어떠한 방법으로 군주는 다스려야 하는가를 규정하는 것과 마찬가지로 중요하다.

그리스의 소피스트 리바니우스는 "아테네에서는 국민 집회에 끼어든 외국인이 사형에 처해졌다" 서술하고 있다.[*1] 집회를 성립하는 데 필요한 시민의 수효를 정해 두는 것은 중요하다. 그렇지 않으면 국민이 말하고 있는지, 단순히 몇몇 국민이 말하고 있는지를 구분하지 못할 것이다. 라케다이몬(스파르타의 정식 명칭)에서는 1만 명의 시민이 필요했다. 소도시로 시작했으면서도 위대해지도록 정해졌던 로마, 운명의 모든 변화와 추이를 체험하도록 정해졌던 로마, 어떤 때는 거의 모든 시민을 시구역 밖에 가지고 있고, 어떤 때는 온 이탈리아와 일부 영토를 시구역 안에 가지고 있던 그 로마에서는, 이 수효가 끝내 정해진 일이 없었다.[*2] 그리고 이 사실이 몰락의 큰 원인 가운데 하나가 되었다.

주권을 갖는 국민은 자기가 능히 할 수 있는 일은 모두 자기가 행해야 한다. 그리고 자기가 할 수 없는 일은 대리자를 통해서 하도록 해야 한다. 대리자는, 국민이 이를 임명한 것이 아니라면 결코 국민의 것이 못된다. 따라서 국민이 대리자, 즉 집정관을 임명하는 것이 이 정체의 근본 원칙이었다.

국민은 군주와 마찬가지로, 때로는 군주 이상으로 자문회의, 즉 원로원에 의하여 인도되어야 한다. 그러나 그것이 신뢰를 얻으려면 국민이 그 의원을 선출해야만 한다. 또는 아테네처럼 국민이 스스로 그 의원을 선출하든가, 또는 로마에서 어떤 시기에 행해졌듯이 국민이 정한 집정관에 따라 선출되는 경우에도 그렇다. 국민이 자신의 권익의 일부를 맡겨야 할 사람을 선출할 때에는 감탄할 만한 데가 있다. 국민은 완전히 알지 못할 수 없는 일이다. 그 식견 범위 안의 사실에 따라서 결정하기만 하면 된다. 어떤 사람이 싸움터에 나가 이러이러한 전과를 거두었다는 등의 일을 국민들은 잘 알고 있으므로, 따라서 장군을 능히 선출할 수가 있다. 국민은 또 어떤 재판관이 부지런해서 많은 사람들이 그의 판결에 만족해 법정을 물러나고, 그리고 그의 부정행위가 확인된 일이 없었다는 것 등을 잘 알고 있다. 법무관을 선출하는 데는 이런 것으로써 충분하다. 국민이 어떤 시민의 사치나 부(富)에 놀란다고 치자. 경리(警吏)를 선출하기 위해서는 그로써 충분하다. 이런 것들은 모두 궁전에 있는 군주보다도 공공의 광장에 있는 국민들 쪽이 더 잘 알 수 있는 일이다. 그러나 국민이 정무를 처리하고 그 장소·기회·시기를 알고 그것을 이용할 수가 있을까. 아니, 국민은 그렇지 못할 것이다.

만일 국민이 갖는, 인간의 장점을 판별하는 자연적인 능력을 의심하는 사람이 있다면, 아테네인과 로마인이 행한 저 일련의 놀라운 선택에 눈을 돌리기

＊1 《웅변술집》 17 및 18. 〔원주〕
＊2 《로마 성쇠 원인론》 제9장. 〔원주〕

만 하면 될 것이다. 아마 누구나 그것을 우연으로 돌리지는 않을 것이다. 누구나 알다시피 로마에서는 국민이 평민을 공직에 취임시키는 권리를 부여받고 있으면서도 평민을 선출할 결심을 해볼 수 없었다. 아테네에서는 아리스티드(기원전 5세기 아테네의 장군·정치가)의 법에 따라서 집정관은 모든 계급에서 뽑아 낼 수 있었으나, 크세노폰의 말에 따르면,*3 하층민이 자기들의 안녕이나 영광에 관계를 가질 수 있는 공적을 요구하는 일은 결코 없었다.

  시민 대부분이 선거에 참가하는 데는 충분한 능력이 있으면서도 선출되기에 충분한 능력은 갖지 못하는 것과 마찬가지로 국민은 타인에게 관리의 보고를 하는 데는 충분한 능력이 있지만, 스스로 관리하는 데는 알맞지 않다.

  정무는 진척되어야 하지만, 지나치게 빠르지도 않고 너무 느리지도 않은 보조로 진전되어야 한다. 그런데 국민은 늘 지나치게 행동을 많이 하든가 또는 너무 적게 한다. 때로는 그들은 10만의 팔을 가지고 모든 것을 뒤집어놓고, 때로는 10만의 발을 가지고 벌레처럼밖에 걷지 못한다.

  민중국가(민주정체국가를 가리킴)에서 국민은 몇 계급으로 나누어진다. 위대한 입법자는 이 분할 방법으로써 그 이름을 세상에 떨쳤다. 그리고 민주정체의 번영과 지속은 언제나 그것에 달려 있었다.

  세르비우스 툴리우스는 그 계급을 편성할 때 귀족정체의 정신에 따랐다. 티투스 리비우스와*4 드니 달리카르나스*5(할리카르나수스의 디오니시우스)의 《로마사》를 읽어보면, 그가 어떻게 하여 투표권을 주요한 시민의 손안에 두었는가를 알 수 있다. 그는 로마 국민을 여섯 계급을 이루는 193의 백인대(百人隊)로 나누었다. 그리하여 소수 부자를 제1급의 백인대에 넣고, 그보다는 가난하나 다수의 사람을 다음 가는 백인대에다 넣고, 많은 극빈자 무리를 맨 나중의 백인대에 포함시켰다. 그러나 각 백인대가 한 표밖에 가지지 않았으므로*6 투표를 하는 것은 사람이라기보다도 부와 재산이었다.

  솔론은 아테네 국민을 네 계급으로 나누었다. 그가 민주정체의 정신에 따라 이 계급을 만든 것은 선거인을 정하기 위해서가 아니라 피선거인을 정하기 위

---

*3 Wechelius판 (1596년 간행) 691~692면. 〔원주〕
*4 제1권. 〔원주〕
*5 제4권 15면 이하. 〔원주〕
*6 《로마 성쇠 원인론》 제9장. 〔원주〕

해서였다. 그리고 그는 모든 시민에게 선거권을 주면서도 재판관은 저마다 이 네 계급에서 선출할 수 있으나, 집정관은 부유한 시민이 있는 상위 세 계급에서만 선출할 수 있기를 바랐다.*7

투표권을 가지는 자의 구분이 공화정체에서 기본법의 하나이듯이 투표의 방법을 정하는 법률은 다른 하나의 기본법이다. 추첨에 따른 투표는 민주정체의 성질을 가지고*8 선택에 따른 투표는 귀족정체의 성질을 갖는다. 추첨은 그 누구도 괴롭히지 않는 선거 방법이다. 그것은 각 시민에게 조국에 봉사하고자 하는 매우 당연한 희망을 준다. 그러나 그것은 그 자체로써 결함을 지니므로 위대한 입법자들은 그것을 규제하고 바로잡기 위해 서로 겨루었다.

아테네에서는 솔론에 의하여 모든 군직(軍職)이 선택으로 임명되고 원로원 의원과 재판관은 추첨으로 선출되도록 정해졌다. 그는 많은 비용이 필요한 정무관은 선택에 따라서 주어지고, 다른 직은 추첨으로 주어지기를 바랐다.

그러나 추첨을 수정하기 위하여 그는 입후보자 가운데서밖에 선출 못한다는 것, 선출된 자는 재판관이 심사해야 한다는 것,*9 누구나가 선출된 자를 부적격하다고 탄핵할 수 있다는 것을 규정했다.*10 그것은 동시에 추첨 및 선택과도 상통하고 있었다. 정무관이 끝날 때는 그는 자기가 행동한 방법에 대해 또 한번 심사를 받아야만 했었다. 틀림없이 무능한 사람들은 추첨에 자기 이름을 내놓기를 크게 꺼렸을 것이다.

투표 방법을 정하는 법률도 민주정체에서는 또 하나의 기본법이다. 투표가 비밀이어야 하는가, 공개해야 하는가는 큰 문제거리이다. 키케로는*11 로마공화국 말기에 투표를 비밀로 한 법률이*12 그 몰락의 주요 원인 가운데 하나였다고 기록하고 있다. 그것은 여러 공화국에서 가지가지로 행해지고 있으므로 나는 다음과 같이 생각해야 한다고 믿는다. 즉 국민이 투표할 때에는 투표가 공

---

*7 드니 달리카르나스 《이소크라테스 찬미》 92면(제2권). 〔원주〕
*8 아리스토텔레스 《정치학》 제4권 제9장.
*9 데모스테네스의 연설 《거짓 사자》 및 티마르코스에 대한 연설 참조. 〔원주〕
*10 한 자리에서 두 가지 추첨이 행해졌다. 한 가지는 그 자리를 주는 것이고, 또 한 가지는 그 사람이 배제되는 경우 그 뒤를 이을 자를 지명하기 위한 것이었다. 〔원주〕
*11 《법률론》 제1편 제3편.
*12 그것은 '투표법'이라고 불리었다. 각 시민에게는 두 장의 표가 주어졌다. 첫째 표에는 '반대'를 의미하는 A가, 둘째 표에는 '찬성'을 의미하는 U와 R이 찍혀 있었다. 〔원주〕

개되어야 하며,*13 이 점은 민주정체의 기본법으로 간주해야 할 것이다. 영세민은 중요한 자리에 있는 사람에 의하여, 계발되고 뛰어난 사람들이 갖는 사려로써 다스려져야 한다. 따라서 로마공화국에서는 투표를 비밀리에 함으로써 모든 것을 파괴하고 말았다. 바야흐로 자멸의 길을 걸어가는 민중을 계발한다는 것은 불가능했다. 그러나 귀족정체에서 귀족단(貴族團)*14이, 또 민주정체에서 원로원*15이 투표하는 경우, 거기서는 당쟁을 막는 것만이 문제이기 때문에 투표는 아무리 비밀리에 해도 비밀일 수가 없다.

당쟁은 원로원에서는 위험하다. 그것은 귀족단에서도 위험하다. 그러나 그 본성의 정념에 따라 행동하는 국민의 경우에 그것은 위험하지 않다. 국민이 전혀 통치에 참가하지 않는 나라들의 경우에는 국민은 정치에 열광하듯이 어떤 관리에도 열광할 것이다. 공화국의 불행은 이미 당쟁이 사라졌을 때이다. 그것은 국민을 금전으로 타락시켰을 때 생긴다. 국민은 냉혈이 되어 금전에는 집착하지만 정치에는 집착하지 않고 통치, 또는 거기에 제안되는 것에 관심을 갖지 않고 묵묵히 보수를 기다린다. 그리고 국민만이 법률을 만든다는 것이 민주정체의 또하나의 기본법이다. 그렇지만 원로원이 법령을 내릴 필요가 있는 경우도 수없이 많다. 또 법률을 제정하기 전에 그것을 시험해 보는 것이 적당한 경우도 있다. 로마의 제도와 아테네의 제도는 아주 현명했다. 원로원의 결의*16는 1년 동안 법률로서의 힘을 가졌으나, 국민의 의지에 의하지 않고는 항구적인 법률이 되지 못했다.

제3장 귀족정체의 본성에 관한 법

귀족정체에서 주권은 일정한 수효의 사람들의 손아귀에 있다. 그들이 법을 만들고 집행하므로 나머지 국민은 그들에 대해 기껏해야 군주정체에서 관리와 백성이 군주에 대하는 것과 같을 따름이다. 여기서는 선거가 결코 추첨으로 이루어져서는 안 된다. 좋지 못한 점만 나올 뿐이다. 사실 이미 가장 심한

---

*13 아테네에서는 손을 들었다. (원주)
*14 일례로 베네치아와 같이. (원주)
*15 아테네 30인의 참주는 최고재판소 재판관의 선거를 공개하고자 했는데, 그것은 그들을 마음대로 조종하기 위해서였다. 리시아스 《아고라트에 대한 반박》 제8장. (원주)
*16 드니 달리카르나스 《로마사》 제4권 및 제9권. (원주)

차별이 세워진 정체에서는 어떤 사람이 추첨으로 뽑히건 그로써 조금이나마 언짢은 것이 덜어지지는 않는다. 사람이 부러워하는 것은 귀족이지 집정관은 아니다.

귀족이 많을 때는 귀족단이 결정할 수 없는 정무를 처리하고, 그들이 결정하는 정무를 준비하는 원로원이 필요하다. 그럴 경우에는 말하자면 귀족정체는 원로원에 있고 민주정체가 귀족단에 있으므로 국민은 없다고 할 수 있다. 만일 어떤 간접 방법으로 국민을 그 절망으로부터 끌어낼 수 있다면, 귀족정체에서는 매우 바람직한 일일 것이다. 그와 같은 예로서 제노바의 산타조르쥬 은행은 대부분이 국민들 가운데 주요한 사람들에 의하여 운영되어*[17] 국민에게 얼마쯤 정치적 영향을 주었으므로, 정치는 국민에게 아주 큰 번영을 가져오고 있었다.

원로원 의원은 결원이 된 사람을 스스로 보충할 권리를 결코 가져서는 안 된다. 이 권리만큼 나쁜 폐단을 항구화하는 것은 없다. 로마 초기에는 일종의 귀족정체였지만, 거기서는 원로원이 스스로 결원을 보충하는 일이 없었다. 새 원로원 의원은 국세조사관(國勢調査官)이 임명했다.*[18]

공화정체에서 과도한 권익이 갑자기 한 시민에게 주어지면 군주정체 또는 군주정체 이상의 것이 형성된다. 군주정체에서는 법률이 국가제도로서 갖추어져 있거나 또는 거기에 적응해 있다. 정체의 원리가 군주를 제약한다. 그러나 한 시민이 과도한 권력을 장악한 공화정체*[19]에서는 법률은 그 점을 예상하고 있지 않으며, 그를 제약할 아무런 수단도 없으므로 이 권력의 악폐는 좀 더 크다. 이 원칙에 대한 예외는 국가의 구조가 과도한 권력을 가진 정무관을 필요로 할 때와 같은 경우이다. 로마와 독재관, 베네치아와 국가심문관이 그 예이다. 그것은 무서운 정무관으로 국가를 폭력으로써 자유에로 복귀시킨다. 그런데 이들 관직이 어째서 이 두 공화국에서 이토록 다른 것일까. 로마가 그 귀족정체의 잔해를 국민들로부터 지키려 했던 데 반해, 베네치아는 그 국가심문관을 귀족에 맞서 귀족정체를 유지하는 데 사용했기 때문이다. 그 결과 로마에서는 독재가 짧은 기간밖에 존속할 수 없었는데, 그것은 국민이 격앙에 따

*17 애디슨의 《이탈리아 여행기》 16면. 〔원주〕
*18 처음에는 집정관에 따라 지명되었다. 〔원주〕
*19 이것이 로마공화국을 망친 것이다. 《로마 성쇠 원인론》 제14장 및 제16장. 〔원주〕

라 행동할 뿐 의도를 갖고 행동하지 않았기 때문이다. 이 정무관은 과감하게 행사되어야만 했다. 그것은 국민을 처벌하는 데 있었던 게 아니라 국민을 위협하는 데 있었고, 독재관은 어떤 단일 사건을 위해서만 선정되고, 그 단일 사건과의 관계에서만 무제한의 권위를 가졌으며, 또 그것은 언제나 예상되지 않는 사태에 대응하고자 설정되었기 때문이다. 이에 반해 베네치아에서는 상설적인 정무관을 필요로 한다. 그것은 거기서 음모가 시작되고, 나아가고, 멈추며, 다시 시작될 수 있을뿐더러 개인의 야심이 한 가족의 야심으로, 한 가족의 야심이 여러 가족의 야심으로 옮겨지기 때문이다. 그들이 처벌하는 죄는 언제나 뿌리 깊이 숨어서 은밀하게 기도되므로 숨겨진 정무관이 필요하다. 그들은 사람들에게 알려진 악을 막는 것이 아니라, 사람들이 알지 못하는 악도 미리 막을 것을 임무로 삼기 때문에 이 정무관은 모든 일에 대한 폭넓은 수사권도 가져야 한다. 요컨대 이 정무관은 혐의 있는 죄에 보복하기 위하여 설정되어 있다. 그런데 로마의 독재관은 죄를 지은 자가 자백하는 죄에 대해서조차 형벌보다는 오히려 위협을 사용한 것이었다.

모든 정무관에게서 권력의 강대함은 그 짧은 임기로써 바로잡아야만 한다. 대부분의 입법자들이 정한 기간은 1년이다. 그보다 더 긴 기간은 위험하며, 짧은 기간은 그 임무의 성질에 어긋난다. 자기집 살림을 그런 식으로 다스리고자 하는 사람이 어디 있겠는가. 라구사*[20](시칠리아섬의 도시)에서 공화국의 우두머리는 다달이 바뀌고, 다른 관리는 매주, 요새의 사령관은 날마다 바뀐다. 이런 일은 무서운 강국에 둘러싸여 쉽사리 그 말단 관리들이 매수당할 우려가 있는 소공화국에서만*[21] 볼 수 있다.

가장 좋은 귀족정체는 권력에 참가하지 않는 국민이 매우 드물고, 또 가난하기 때문에 지배층이 그들을 억압하는 데 아무런 관심도 갖지 않는 귀족제도이다. 예를 들면 안티파테르*[22]는 아테네에서 2천 드라크마가 없는 자는 투표권에서 제외한다고 정하고, 될 수 있는 대로 최선의 귀족제도를 만들었다. 왜냐하면 이 기준액은 매우 적은 액수였으므로 매우 적은 수의 사람만이 제

---

*20 투르느포르 《여행기》. 〔원주〕
*21 루카(이탈리아의 토스카나 지방의 도시)에서는 집정관이 고작 두 달밖에 그 지위에 머물지 못했다. 〔원주〕
*22 《Diodorus》 제18편 601면. 〔원주〕

외되었으며, 도시에서 조금이라도 평가를 받는 사람이면 누구나 제외되지 않았기 때문이다.

따라서 귀족의 가족은 되도록이면 국민적이어야 한다. 귀족정체는 민주정체에 접근할수록 완전하고, 군주정체에 접근할수록 불완전하게 된다. 귀족제도 가운데 가장 불완전한 것은, 농민이 귀족의 노예인 폴란드의 귀족제도처럼, 복종하는 국민이 지배층 시민의 예속 아래에 있는 경우이다.

제4장 군주정체의 본성에 관한 법

종속적이고 의존적인 중간권력은 군주정체, 즉 오직 한 사람이 기본법에 따라 지배하는 제도의 본성을 이룬다. 종속적으로 의존적인 중간권력이라고 나는 말했다. 실제로 군주정체에서는 군주가 정치·시민 권력의 원천이기 때문이다. 이들 기본법은 필연적으로 권력이 흐르는 물길을 상정한다. 왜냐하면 만일 국가에 오직 한 사람의 일시적이고 방자한 의지밖에 존재치 않는다면 고정적인 것이라고는 아무것도 있을 수 없고, 따라서 어떠한 기본법도 있을 수 없기 때문이다. 가장 자연스러운 종속적 중간권력은 귀족권력이다. 귀족 신분은, 말하자면 군주정체의 본질에 들어가므로 '군주가 없으면 귀족이 없고, 귀족이 없으면 군주가 없다'는 것이 군주제도의 기본 법칙이다. 귀족이 없으면 전제군주가 나타난다.

유럽의 몇몇 나라에서 모든 영주재판(領主裁判)을 폐지하려고 생각한 사람이 있었다. 그들은 자기들이 영국 의회가 행한 바를 하려 한다는 것을 미처 알지 못했다. 만일 군주제도에서 영주나 성직자나 귀족이나 도시의 특권을 폐지한다면, 얼마 지나지 않아 민중국가나 아니면 전제국가가 출현할 것이다.

유럽의 어떤 대국의 법정은 여러 세기 이래 끊임없이 영주의 세습적 재판권과 성직자의 재판권에 타격을 가하고 있다. 우리는 매우 현명한 재판관들을 비난하려고는 생각지 않는다. 그러나 그것으로 말미암아 국가제도가 얼마나 변할 수 있는가 하는 판단만은 남겨 둔다. 나는 성직자의 특권에 덮어놓고 호의적으로 대할 생각은 전혀 없다. 그러나 한번 분명하게 그들의 재판 관할이 확정되기를 바랄 따름이다. 그것이 설정될 이유가 있는가의 여부를 아는 것이 문제가 아니다. 문제는 그것이 설정되어 있는가, 국법의 일부를 이루고 있는가, 다른 법률과 모든 점에서 연관되어 있는가, 독립으로 인정되는 두 가지 권력 사이에서 조건이 상호적이어서는 안 되는가, 또 선량한 신하에게 군주의 재판권을 옹호하는 것과 모든 시대에 걸쳐서 이 재판권에 가해져 온 한계를 옹호하는 것과는 같은 것이 아닌가 하는 점 등이다.

공화정체에서 성직자의 권력이 위험하다고 한다면, 군주정체, 특히 전제로 기울어져 가는 군주정체에는 그것이 적합하다. 법을 잃어버린 뒤부터의 에스파냐나 포르투갈은 만일 자의적인 권력을 가로막는 이 유일한 세력이 없었다면 어떻게 되었을 것인가. 그것은 다른 장벽이 없을 때는 언제나 좋은 장벽이다.

전제는 인간성에 무서운 해를 끼치므로 그것을 제한하는 악마저도 선인 것이다. 대지를 덮어 버릴 것같이 보이는 바다도 기슭의 풀이나 자갈로 가로막히듯이, 그 권력이 무제한으로 보이는 군주도 가장 작은 장애로 말미암아 저지당하고, 그의 타고난 거만을 억제하며 호소나 탄원의 목소리에 따르게 되는 것이다.

영국인은 자유를 신장하기 위하여 군주정체를 구성하는 모든 중간권력을 제거했다. 그들이 이 자유를 지키려고 하는 것은 확실히 옳다. 만일 그것을 잃어버리는 날이면, 그들은 지상에서 가장 노예와도 같은 민족의 하나가 될 것이다.

로[*23]는 공화국 제도와 군주국 제도에 대해서 다 같이 무지하였던 까닭에 일찍이 유럽에서 볼 수 있었던 전제의 가장 강력한 지도자가 되었다. 그가 행한 전대미문의 변혁 말고도 그는 여러 중간 계급을 제거하고, 정치단체를 전멸시키고자 했다. 그는 그 환상적인 상환에 의하여 위험하게도 군주제도를 무너뜨릴 뻔했다.[*24] 그리고 군주제도 그 자체를 다시 상환하는 것처럼 보였다.

군주정체에는 중간 신분이 있는 것만으로는 충분하지 않다. 다시 법의 기탁소가 필요하다. 이 기탁소는 정치단체 말고는 있을 수가 없으며, 그것은 법이 만들어졌을 때에 알리고, 잊었을 때 상기시킨다. 귀족에 있기 쉬운 무지나 무

[*23] John Law(1671~1729)는 에든버러 사람으로 프랑스 정부에 등용되었다. 그는 그 재정제도를 실천하기 위해 강력한 왕권을 원했다. 또 귀족과 성직자의 면세특권 폐지를 제안했다. 《페르시아 사람의 편지》.

[*24] 아라곤 왕 페르난도(페르난도 2세, 국토 회복을 완성)는 몸소 수도회의 우두머리가 되었다. 그것만으로도 국가 구조는 변질했다. [원주]

관심 및 민정(民政)에 대한 경멸은 법을 그 매몰된 먼지 속에서 쉴새없이 끄집어낼 정치단체를 필요로 한다. 군주의 자문회의는 적당한 기탁소가 아니다. 그것은 그 본성부터 집행하는 군주의 일시적인 의지의 기탁소이지 기본법의 기탁소는 아니다. 게다가 국왕의 자문회의는 언제나 변하여 항구적인 것이 아니다. 그것은 인원이 다수일 수 없다.

그것은 충분히 국민의 신뢰를 얻지 못하고 있다. 따라서 그것은 난국을 당하여 국민에게 길을 가르치거나 국민을 복종으로 이끌 수 있는 상태에 있지 않다.

전제국가에는 기본법이 없으므로 법의 기탁소 또한 없다. 그래서 이런 국가에서는 대부분 종교가 매우 강력했다. 그것은 종교가 기탁소 역할을 하기 때문이다. 만일 종교가 아니면 관습이 법 대신 준수된다.

제5장 전제정체의 본성에 관한 법

전제권력의 본성 자체에 따라서 그것을 행사하는 유일한 인간은 그것을 마찬가지로 단 한 사람에게 행사하게 하는 결과를 낳는다. 그 오관(五官)에 의하여 줄곧 그가 모두이고 타인은 무(無)라고 배우고 있는 인간은 당연히 게으르고 무지하고 향락적이다.

따라서 그는 그 정무를 포기한다. 만일 그가 정무를 여러 사람에게 맡긴다고 한다면, 그들 사이에서 싸움이 벌어질 것이다. 그들은 제1의 노예가 되고자 음모를 꾀할 것이다. 군주는 행정에 개입하지 않을 수 없을 것이다.

따라서 그와 동등한 권력을 갖는 한 사람의 재상*[25]에게 권력을 맡기는 편이 간단하다. 재상의 설정이 이 국가에서는 기본법이다.

어떤 교황은 그 선거에 즈음하여 자기의 무능력을 잘 알고 있었으므로, 처음에는 한없이 이의를 제기했다. 그는 결국 이를 받아들이고 모든 정무를 조카에게 맡겼다. 그는 감탄하며 "이렇게 쉬운 일인 줄은 생각지도 못했다" 했다 한다.

동양의 군주에 대해서도 마찬가지이다. 감옥에서 내시에 의하여 몸과 마음이 약화되어 때로는 자기 신분조차 분별 못할 만큼 방치되었다가 왕위에 오르

---

*25 샤르댕에 따르면 동방의 국왕은 늘 재상(vizir)을 두고 있었다 한다. 〔원주〕

기 위해 감옥에서 끌려 나가게 되면 그들은 처음에는 매우 놀란다. 그러나 재상을 정하고 후궁들과 함께 가장 동물적인 욕정에 몸을 맡기고 기죽은 대신들 속에서 가장 어리석고도 방자한 짓에 열중할 때, 그들은 이렇게 쉬운 일인 줄은 꿈에도 알지 못했다고 말할 것이다.

　제국이 넓으면 넓을수록 후궁들은 많아지고, 따라서 군주는 더욱더 쾌락에 빠지게 된다. 이렇게 하여 이런 나라에서는 군주는 통치해야 할 국민을 가지면 가질수록 통치를 생각지 않고, 정무가 크면 클수록 정무를 의논하는 일이 적어지게 된다.

제3편
세 가지 정체의 원리

제1장 정체의 본성과 원리의 차이

각 정체의 본성에 관련되는 법을 살펴본 다음에는 그 원리에 관련되는 법을 보아야 한다. 정체의 본성과 원리에는 다음과 같은 차이가 있다.*1

즉 본성이란, 그 정체로 하여금 그렇게 존재하게 만드는 것이고, 원리란 그것을 움직이는 것이다. 전자는 그 고유의 구조이고 후자는 그것을 움직이는 인간의 생각이다. 그런데 법은 각 정체의 본성과 마찬가지로 그 원리에도 관련되어야 한다.

따라서 먼저 이 원리가 무엇인가를 찾아내야 한다. 바로 이것이 이 편에서 내가 하고자 하는 바이다.

제2장 여러 정체의 원리

이미 말한 바와 같이 공화정체의 본성은 국민 전체이든가 아니면 특정한 몇 가문이 주권을 가지고 있는 것이고, 군주정체의 본성은 군주가 주권을 가지되 그것을 정해진 법에 따라서 행사하는 것이며, 전제정체의 본성은 오직 한 사람이 자신의 의지와 자의로써 지배하는 것이다. 이들 정체의 세 원리를 찾아내는 데는 이것만으로 충분하다. 원리는 거기서 자연히 파생된다. 공화정체로부터 시작해 먼저 민주정체에 관해 말하기로 한다.

제3장 민주정체의 원리

군주정체나 전제정체가 유지되고 지지받기 위해서는 청렴함과 성실함이 크게 필요하지 않다. 군주정체에서는 법의 힘이, 전제정체에서는 언제나 쳐들고

---
*1 이 차이는 매우 중요한 것이므로 나는 거기서 많은 귀결을 끄집어낼 것이다. 그것은 무수한 법의 열쇠이다. [원주]

있는 군주의 팔이 모든 것을 처리하고 억제한다. 그러나 민중국가에는 다른 하나의 태엽이 필요한데, 그것은 덕성이다.

내가 말하는 바는 역사로써 확증되었으며, 사물의 자연현상에 매우 적합한 것이다. 왜냐하면 법을 집행시키는 자가 자신을 법 위에 있다고 생각하는 군주정체에서는, 법을 집행시키는 자가 자신도 그것에 복종하고 있으므로 그 무게를 짊어지고 있다고 느끼는 민중국가보다도 덕성을 덜 필요로 한다는 것은 명백한 사실이기 때문이다. 그리고 또 나쁜 조언이나 부주의 때문에 법의 집행을 게으르게 한 군주는 쉽사리 잘못을 고칠 수 있다는 것도 명백하다. 군주는 고문관을 바꾸든가 이 부주의 자체를 고치면 된다. 그러나 민중정체에서 법이 집행되지 않게 되었을 때는 그런 사태는 공화국의 부패의 결과로서만 생기는 것이므로 국가는 이미 파멸하고 있다.

영국인이 그들 사이에 민주정체를 수립하고자 기울인 이런저런 헛된 노력은 지나간 세기에서 아주 재미난 구경거리였다. 정무를 담당한 사람들이 덕성을 갖추지 않았으므로 그들의 야심은 가장 대담한 자의 성공[*2]에 자극되고, 당파심은 다른 당파심에 따라서만 억압되었기 때문에 정부는 끊임없이 변했다. 놀란 국민은 민주정체를 찾았으나 어디에서도 발견되지 않았다. 결국 온갖 움직임, 충격과 동요를 겪은 뒤에 바로 그 폐지한 정체에 기댈 수밖에 없었다.

술라가 로마에 자유를 회복시키고자 했을 때, 로마는 이미 그것을 받아들일 수가 없었다. 로마는 이미 덕성의 찌꺼기밖에 가지고 있지 않았으며, 그 후에도 그것은 더욱더 줄어들 뿐이었으므로 카이사르·티베리우스·카이우스·클라우디우스·네로·도미티아누스로 계속된 지배자의 교체 뒤에도 눈을 뜨기는 커녕 더욱더 노예화될 따름이었다. 타격은 전적으로 압제자에게만 가해지고, 압정 자체에는 가해지지 않았다.

민주정체 아래에 살고 있던 그리스 정치가는, 자기를 지탱할 힘으로서 덕성의 힘 말고는 인정하지 않았다. 오늘날의 정치가는 제조업이나 상업, 금융이나 부(富), 그리고 사치 그 자체에 관해서밖에 말하지 않는다. 이 덕성이 사라질 때 야심은 그것을 받아들일 수 있는 마음 속에 들어가고 탐욕은 모든 마음 속에 들어간다. 욕망은 대상을 바꾸므로 사람은 사랑하던 것을 사랑하지

[*2] 크롬웰. (원주)

않게 된다. 법에 의하여 자유로웠던 자가 법에 대하여 자유로워지기를 바란다. 각 시민은 마치 주인 집을 도망쳐 나온 노예와 같다. 규율을 가혹한 것이라 부르고, 준칙을 구속이라 부르며, 친절을 위협이라고 부른다. 오늘날 인색이라 함은 검소를 뜻하는 것이지 탐욕이 아니다. 옛날에는 개인의 복리가 국고(國庫)를 이루었지만, 이제는 국고가 개인의 가산이 된다. 공화국은 빈껍데기일 뿐 그 힘은 이제 소수 시민의 권력과 만인의 자의(恣意)에 지나지 않는다.

아테네는 커다란 영광을 가지고 지배했을 때에도, 큰 굴욕을 가지고 종속되었을 때도, 그 시내에는 같은 병력을 가지고 있었다. 페르시아인에 맞서 그리스인을 지켰을 때, 스파르타와 패권을 겨루었을 때, 시칠리아를 공격했을 때, 아테네는 2만의 시민을 가지고 있었다.[3] 데메트리우스 팔레레우스(기원전 4세기 철학자·정치가)가 시장에서 노예를 세는 것처럼 그 수를 헤아렸을 때[4] 아테네는 2만의 시민을 가지고 있었다. 필립이 그리스를 지배하려고 아테네의 성문에 나타났을 때 아테네는 그때까지도 시간을 잃은 데 지나지 않았다. 데모스테네스를 읽어보면, 아테네를 각성시키는 데 얼마나 노고가 필요했던가를 알 수 있다. 아테네에서 필립은 자유의 적으로서가 아니라 쾌락의 적으로서 두려움을 주고 있었다.[5] 일찍이 그렇게도 많은 패배에 견디어 내고 파괴된 뒤에도 다시 일어났던 이 도시는 케로네아에서 패배하고 나서는 영원히 패하고 말았다. 필립이 모든 포로를 돌려보냈다고 하여 그것이 무슨 소용이 있겠는가. 그는 사람들을 돌려보내지 않았다. 아테네의 병력에 이기는 것은 언제나 쉬웠지만, 그 덕성에 이기는 것은 늘 그 병력에 이기는 것만큼 어려웠다.

카르타고는 어떻게 하여 자기를 보존할 수 있었던가. 한니발이 최고 집정관이 되어 고관들의 공화국 약탈을 방어하려 했을 때, 고관들은 그를 로마인에 대하여 고발하려 하지 않았던가. 저주받은 자들 같으니! 국가도 가지지 않고 시민이고자 원하며, 그 파괴자의 손으로 스스로의 재산을 지키려고 하다니! 얼마 지나지 않아 로마는 그들에게 인질로서 그 유력한 시민 300명을 요구했

---

[3] 그 결과 2만1천 명의 시민, 1만 명의 외국인, 40만 명의 노예가 있었다. 《아테네》 제6권 참조. 〔원주〕

[4] 아테네는 2만 시민을 가지고 있었다. 데모스테네스 《반아리스토게이톤》 참조. 〔원주〕

[5] 그들은 극장을 위해 사용할 돈을 전쟁비용으로 변경할 것을 제안하는 자에게는 사형에 처하는 법을 만들었다. 〔원주〕

다. 로마는 무기와 선박을 빼앗고 이어 그들에게 선전포고를 했다. 무장을 해제당한 카르타고에서 절망으로 말미암아 행해진 사건들*6을 보면, 병력이 있을 경우 만일 덕성도 있었다면, 카르타고가 어느 정도의 일을 할 수 있었던가를 알 수 있을 것이다.

제4장 귀족정체의 원리

민주정체에 덕성이 필요하듯이 귀족정체에도 덕성은 필요하다. 그러나 귀족정체에서는 덕성이 그처럼 절대적으로 필요하지는 않다.

민중은, 귀족이 군주에게 복종하듯이, 그들의 법에 따라 힘이 억제된다. 따라서 이 민중은 민주정체에서의 민중만큼은 덕성을 필요로 하지 않는다. 그러나 귀족들은 어떻게 하여 억제되는 것일까. 자기의 동료에 대하여 법을 집행시켜야 할 사람은 처음에는 자기 자신에 대하여 행동하는 것처럼 느낄 것이다. 따라서 그 구조의 본성으로 보아 이 단체 안에는 덕성이 필요하다.

귀족정체는 그 자체에서 민주정체가 지니지 않은 어떤 힘을 가지고 있다. 그래서 귀족은 하나의 단체를 형성하며, 그 단체는 이 특권에 따라서 자기 고유의 이익을 위해 민중을 압제한다. 이 점으로 보아 법이 집행되는 데는 법이 존재하는 것만으로 충분하다.

그러나 이 단체가 남을 억압하기 쉬운 것만큼 마찬가지로 자기 자신을 억압하는 것도 어렵다.*7 귀족정체 구조의 본성이 이런 것이므로 그 구조 자체가 같은 사람들을 법의 지배 아래에 놓으면서 동시에 또 법의 지배로부터 해방시켜 주는 것처럼 보인다.

그런데 이 같은 단체가 자기를 억제할 수 있는 것은 다음 두 가지 방법밖에 없다. 즉 귀족을 국민과 어떤 점에서 평등하게 만드는 위대한 덕성에 따라서든가, 아니면 귀족을 적어도 그들 자신 사이에서 서로 평등케 하는 일종의 절제(節制)인 좀 더 작은 덕성에 따라서든가이다. 전자는 위대한 공화국을 형성할 수 있고, 후자는 귀족의 보전(保全)을 가져온다.

---

*6 이 전쟁은 3년 동안 계속되었다.
*7 이 단체에서는 공적인 죄는 처벌될 수 있을 것이다. 그것은 모든 사람의 관심사이므로. 그러나 사적인 죄는 처벌되지 않을 것이다. 모든 사람들의 관심사가 그것을 처벌하지 않는 데 있기 때문이다. (원주)

따라서 절제가 이들 제도의 정신이다. 내가 말하는 것은 덕성에 의거하는 절도이지 무기력이나 정신의 게으름에서 유래하는 절도가 아니다.

제5장 덕성은 결코 군주정체의 원리가 아니다

군주정체에서의 정치는 되도록 최소한의 덕성을 가지고 큰 일을 하게 만든다. 가장 뛰어난 기계처럼 기술은 가능한 한 적은 운동·힘·도르래밖에 사용하지 않는다. 조국애, 참다운 영광의 희망, 극기심, 가장 귀중한 이익의 희생, 그리고 고대인에서 찾아볼 수 있으나 우리는 그 이야기를 들어서 알 따름인 저 모든 영웅적인 덕성, 이러한 모든 것으로부터 국가는 독립되어 존속한다.

군주정체에서는 법률이 이 모든 것들을 대신하므로 덕성은 전혀 필요치 않다. 국가가 군주들에게 그것을 면제시켜 준다. 거기서는 은밀하게 행해진 행위가, 말하자면 아무래도 상관 없는 일인 것이다.

모든 범죄는 그 본성으로 볼 때 공적임에도 불구하고 참으로 공적인 범죄와 사적인 범죄가 구별된다. 사적인 범죄라고 불리는 것은 그것이 사회 전체보다도 한 개인을 손상시키기 때문이다. 그런데 공화국에서는 사적인 범죄가 더 공적이다. 즉 개인보다도 국가의 구조에 더 타격을 준다. 그리고 군주국에서는 공적인 범죄가 더 사적이다. 즉 국가의 구조 자체보다도 개인의 안전에 더 타격을 준다.

내가 한 말 때문에 독자들께서 기분이 상하는 일이 없기를 바란다. 나는 모든 역사에 따라서 이야기하고 있는 것이니까. 덕 있는 군주가 드물지 않다는 것을 나는 잘 알고 있다. 그러나 군주정체에서는 국민이 덕을 갖추기가 아주 어렵다고 말하는 것이다.*8

모든 시대의 역사가 군주의 궁정에 대하여 서술하고 있는 대목을 읽어 주기 바란다. 모든 나라 사람들이 궁정인의 비천한 성격에 대해 주고받는 대화를 떠올려 주기 바란다. 그것은 이론적인 사실이 아니라 슬픈 경험적 사실이다. 무위도식 속의 야심, 거만함 속에 숨어 있는 저열함, 일하지 않고 부자가 되고자

---

*8 내가 여기서 말하는 것은 정치적 덕성에 관한 것인데, 그것이 일반의 복지에도 인도된다는 의미로는 도덕적 덕성이다. 사적인 도덕적 덕성에 관해서는 거의 이야기하지 않았고, 계시적 진리와 관계하는 그 덕성에 관해서는 전혀 이야기하지 않았다. 이 사실은 제5편 제2장에서 잘 알게 될 것이다. (원주)

하는 욕망, 진리에의 혐오, 아첨, 배반, 부실(不實), 모든 책임의 포기, 시민 의무의 경멸, 군주의 덕성에의 두려움, 그 나약함에 대한 기대, 그리고 그보다도 더 덕성에 대한 끊임없는 비웃음이 때와 장소를 초월해 대부분의 궁정인들의 두드러진 특징을 이루고 있다.

그런데 한 나라의 윗자리에 있는 사람의 대다수가 부실한 인간이고 하층계급의 사람이 덕 있는 사람이다. 전자가 사기꾼이고 후자가 줄곧 속기만 해야 한다는 것은 매우 어려운 일이다.

만일 국민 가운데 누군가 정직하게 살아가지만 행복하지 못한 자[*9]가 있다면, 군주는 그를 등용치 않도록 조심해야 한다고 리슐리외 추기경은 그 정치적 유언(遺言)에서 암시하고 있다.[*10] 덕성이 이 정체의 동력이 아니라는 것은 이와 같이 진리이다. 확실히 덕성은 배제되고 있지 않으나 그것이 동력은 아니다.

제6장 군주정체에서 덕성의 결여를 보충하는 방법

군주정체를 풍자하고 있다는 인상을 주지 않도록 나는 서둘러 큰 발걸음으로 나아가련다, 그렇지 않다고. 그것은 하나의 태엽이 없더라도 다른 태엽은 갖고 있다. 명예, 즉 저마다 다른 신분이 갖는 편견이 앞에서 말한 정치적 덕성의 위치를 차지하고, 모든 점에서 그 대역을 맡는다. 그것은 군주정체에서 사람들을 가장 뛰어난 행위로 몰아붙일 수 있다. 그것은 법의 힘과 결합해 덕성과 마찬가지로 사람들을 통치의 목적에까지 이끌 수가 있다.

이렇듯 잘 조정된 군주정체에는 모든 사람이 거의 선량한 시민이지만, 덕 있는 사람을 찾아 낸다는 것은 드물 것이다. 덕 있는 사람[*11]이 되려면 덕 있는 사람이 되고자 하는 의도를 가지고 국가를 제 자신을 위해서보다도 국가 자체를 위해서 사랑해야만 하기 때문이다.

[*9] '*8'의 의미로 이해해 주기 바란다. (원주)
[*10] '하층 사람들을 사용해서는 안 된다. 그들은 너무 엄격하고 또 까다롭다'고 그는 말했다. (원주)
[*11] 덕 있는 사람이라는 이 말이 여기서는 정치적 의미로만 알려지고 있다. (원주)

제7장 군주정체의 원리

앞에서 말한 바와 같이 군주정체는 신분적 권위·지위, 그리고 출생에 따른 귀족체계를 전제로 한다.

명예의 본성은 편애와 특전을 구하는 데 있다. 따라서 명예는 이 점으로 볼 때 자연히 이 정체에 자리하게끔 되어 있다. 야심은 공화정체에는 나쁘나 군주정체에는 좋은 결과를 갖는다. 그것은 이 제도에 생명을 준다. 그리고 그것은 이 제도에서는 줄곧 억압될 수 있으므로 위험하지 않다는 이점을 갖는다.

이 제도는 마치 만물을 중심으로부터 줄곧 멀리하게 하는 힘과, 그것들을 중심으로 되돌리는 중력이 있는 우주 체계와 같다고 할 수 있을 것이다.

명예는 정치 체계의 모든 부분을 움직인다. 그것은 그 작용에 따라 이런 단체의 여러 부분을 결합함으로써 저마다 자기의 특수 이익을 향하고 있다고 믿으면서 공동의 선(善)을 향하는 것이 된다.

철학적으로 분명하게 말한다면, 이 국가의 모든 부분을 이끌고 있는 것은 거짓의 명예이다. 그러나 이 거짓의 명예는 참된 명예가 그것을 가질 수 있는 개인에게 유익하듯이 공공에게 유익하다.

그리고 인간에게 그 행위에 대한 영광과 칭찬 말고는 아무런 보상도 없이, 곤란할 뿐만 아니라 노력까지도 필요로 하는 행위를 시키다니, 이 어찌 큰 일이 아니겠는가.

제8장 명예는 결코 전제국가의 원리가 아니다

전제국가의 원리는 결코 명예가 아니다. 거기서는 인간이 모두 평등하므로 아무도 남보다 자신을 우선할 수는 없다. 거기서는 인간이 모두 노예이므로 아무도 자신을 물건보다 우선할 수는 없다. 게다가 명예는 고유의 법과 규칙을 가지고 있어 굴종할 줄을 모르고 그것 자체의 자의(恣意)에 강하게 의존하고 있어서 타인의 자의로부터는 독립된 것이므로, 정체가 일정하고 확고한 법을 갖는 국가에서밖에 볼 수가 없다.

명예가 전제군주 아래에서 어떻게 허용되겠는가. 그것은 생명을 가벼이 여김을 영광으로 아는데, 전제군주가 힘을 갖는 것은 완전히 그가 생명을 박탈할 수 있기 때문이다. 어떻게 하여 명예가 전제군주를 허용할 수 있겠는가. 그것은 따라야 할 규칙과 지속되는 자의를 가지나 전제군주는 아무런 규칙도 갖지 않으며, 그 자의는 다른 모든 것을 파괴한다. 명예는 전제국가에서 알려지지 않아서 거기서는 그것을 표현하는 말도 없지만, 군주제에서는 지배적이다.*12 그것이 여기서는 모든 정체 체계에, 법률에, 그리고 덕성에까지 생명을 준다.

제9장 전제정체의 원리

공화정체에는 덕성이, 군주정체에는 명예가 필요하듯이 전제정체에는 두려움이 필요하다. 여기서 덕성은 전혀 필요치 않고 명예는 위험할 것이다. 군주의 막대한 권력이 여기서는 군주가 그것을 맡기는 사람에게 일관되어 옮겨진다. 자기를 높이 평가할 수 있는 사람들이 여기서는 혁명을 일으킬 수 있을지도 모른다. 따라서 여기서는 두려움이 모든 사람들의 마음을 짓눌러서 조그만 야심마저도 없어야 한다.

제한정체는 바라는 대로 어떤 위험 없이 그 태엽을 늦출 수 있다. 그것은 그 법과 그 힘 자체로써 유지된다. 그러나 전제정체에서 군주가 잠시라도 팔을 늦춰 일을 중단할 때에는, 또 군주가 가장 높은 지위에 있는 자를 곧바로 없앨 수 없을 때에는*13 모두 잃게 된다. 왜냐하면 정체의 태엽인 두려움이 이미 존재치 않아 국민은 이제 아무런 보호자도 없게 되기 때문이다.

군주가 그렇게 함으로써 권위가 제한될 경우에는 말이나 서약을 지킬 것이 강요되지 않는다고 카디(이슬람 세계에서의 재판관)가 주장하는 것은 틀림없이 이런 의미에서이다.*14 국민은 법에 따라서 심판받고 권문세족은 군주의 자의로써 심판받아야 한다.

가장 하위에 있는 관원과 백성의 목은 안전하고 고관의 목은 늘 위험한 상태에 놓여 있어야 한다. 이 무서운 제도에 관해서 몸서리치지 않고는 이야기할 수 없다.

최근(1727년)에 미르 바이스(아프가니스탄 길자이족의 우두머리)에 의하여 왕위를 빼앗긴 페르시아의 왕은 충분히 피를 흘리지 않은 까닭에 정체가 정복되기에 앞서 멸망해 가는 것을 보았다.

---

*12 페리 《대러시아의 현상》 447면. 〔원주〕
*13 군사적 귀족정체에서 때때로 일어나듯이. 〔원주〕
*14 리코 《오스만제국의 상태》. 〔원주〕

역사*15가 말하는 바에 따르면 도미티아누스 황제의 무서운 잔인무도함은 지사(知事)들을 크게 위협했으므로, 그 때문에 그의 치하에서 국민은 조금 안심했을 정도였다고 한다.*16 이와 같이 세찬 물줄기 기슭 양켠을 황폐케 하는 한편, 다른 면으로는 전원을 남김으로써 멀찍이 몇 개의 목초지를 바라보게 했다.

제10장 제한정체와 전제정체에서의 복종 차이

전제정체에서는 정체의 본성이 극도의 복종을 요구한다. 그리고 군주의 의지는 일단 알려지기만 하면, 다른 공을 향해 던져진 공이 가져야 할 효과와 마찬가지로 틀림없이 효과를 발휘해야 한다. 완화·변경·타협·한계·준용(準用)·교섭·건언(建言) 등은 존재하지 않는다. 같은 것을, 또는 더 좋은 것을 제안할 수도 없다. 인간은 의지를 갖는 다른 피조물에 복종하는 피조물이다. 거기서 사람은 미래의 일에 관한 불안도 갖지 못하며 불행한 상황을 운명의 장난으로 돌려 변명할 수도 없다. 거기서 인간의 숙명은 짐승처럼 본능과 복종과 처벌이 있을 뿐이다.

자연스러운 감정, 즉 아버지에 대한 존경, 아이나 아내에 대한 자애, 명예의 법, 건강 상태 같은 것을 말해 보아야 아무런 소용이 없다. 명령을 받으면 그로써 충분하다.

페르시아에서는 국왕이 어떤 사람에게 형을 선고했을 경우, 그 누구도 그 사람에 대해 국왕에게 이야기할 수도 없거니와 사면을 요청할 수도 없다. 만일, 예컨대 국왕이 취해 있거나 바른 정신이 아니었다 하더라도 판결은 집행되어야 할 것이다.

그렇지 않으면 국왕이 모순을 저지르는 셈이 되겠지만 법은 모순을 범할 수 없기 때문이다.*17 이러한 사고 방식이 전제정체에서는 어느 시대에나 있었다. 아하스에로스(페르시아 국왕 크세르크세스의 별명)가 내린 유대인을 멸종시키라는 명령은 철회할 수가 없었으므로 그들에게 자기를 방위할 방법은 허락하기로 결정되었다.

---

*15 이 혁명의 역사에 대해서는 뒤 세르소 신부의 저서 참조. 〔원주〕
*16 그의 정체는 군사적이었다. 그것은 전제정체의 하나이다. 〔원주〕
*17 샤르댕 《페르시아와 아시아 여러 지방 여행》《페르시아와 인도 기행》 참조. 〔원주〕

그렇지만 때로 군주의 의지에 대치할 수 있는 것이 하나 있다.*18 그것은 종교이다. 만일 군주가 명령하면 인간은 아버지를 버리고, 아버지를 죽이기조차 할 것이다. 그러나 만일 군주가 그것을 바라고 명령하더라도 인간은 술을 마시지는 않는다. 종교의 법은 군주의 머리 위에도 신하의 머리 위에도 주어지므로 초월적인 법이다. 그러나 자연법에 관해서는 그렇지 않다. 군주는 벌써 사람이 아닌 것으로 간주되기 때문이다.

제한군주국에는 권력은 그 동력을 이루는 것으로 말미암아 제약받는다. 내가 말하고자 하는 것은 제왕과 같이 군주도 백성도 지배하는 명예를 말한다. 군주에게 종교의 법을 끄집어 내어 말하려는 사람은 아무도 없을 것이다. 그런 짓을 하면 대신은 제자신을 우습게 여길 것이다. 언제나 군주에게는 명예의 법이 원용될 것이다.

그로 말미암아 복종에 필연적인 변화가 생긴다. 명예는 본디 자의에 따르는 것이므로 복종도 그 모든 자의에 따를 것이다.

이 두 가지 제도에서 복종 방법은 다르다 할지라도 권력은 마찬가지이다. 국왕은 어느 방향으로 향하건 우위를 차지하므로 균형을 뒤엎고 복종을 받는다. 군주정체에의 모든 차이점은, 군주는 계몽되었고 중신들은 전제국가에서보다 훨씬 더 수완이 능숙해 숙련되어 있다는 데 있다.

제11장 모두에 관한 고찰

세 정체의 원리는 다음과 같다. 즉 어떤 특정한 공화국에서 사람들이 덕 있다는 것을 뜻하는 것이 아니라 사람들이 덕 있어야 한다는 것을 의미한다. 그리고 이것은 어떤 특정한 군주국 아래에서 사람들이 명예를 가지고 있다는 것, 어떤 전제국가에서는 두려움을 가지고 있다는 것을 증명하는 것이 아니라 그것은 명예나 두려움을 가져야 한다는 것을 증명하는 것이다. 그런 것들이 없으면 정체는 불완전하다.

---

*18 '*17' 참조. [원주]

제4편
교육법과 정체의 원리의 관계

제1장 교육법
　교육법은 우리가 받는 최초의 법이다. 그리고 그것은 우리를 시민이 되도록 준비하는 것이므로, 개개의 가족은 그 모두를 포함하는 대가족의 관점에서 다스려져야 한다.
　모든 국민이 하나의 원리를 가지고 있다면, 그것을 이루는 부분, 즉 가족도 그것을 가지고 있을 것이다. 따라서 교육의 법은 각종 정체에서 다를 것이다.
　군주정체에서는 그것은 명예를 목적으로 할 것이다. 공화정체에서는 덕성을, 전제정체에서는 두려움을 목적으로 할 것이다.

제2장 군주정체의 교육
　군주정체에서 사람이 주요한 교육을 받는 것은 결코 어린이를 교육하는 학교에서가 아니다. 교육이 어떤 형태로 시작되는 것은 사회에 들어갔을 때부터이다. 사회가 곳곳에서 우리를 지배해야 할 이 보편적인 지배자, 즉 사람이 명예라고 부르는 바의 학교인 것이다. 거기서 사람은 늘 다음 세 가지 사항을 듣고 본다. 즉 "덕에는 고귀함을, 품행에는 솔직함을, 행동에는 예의바름을 가져야 한다"는 것을. 거기서 우리에게 표시되는 덕성이란 늘 타인에 대해 지고 있는 것이라기보다도 자기 자신에게 지고 있는 것이다. 그것은 우리를 동포 시민 쪽으로 불러들이기보다도 차라리 동포 시민으로부터 구별지으려는 것이다.
　거기서는 인간의 행위가 선한 것으로서가 아니라 아름다운 것으로서 평가받는다. 올바른 것으로서가 아니라 위대한 것으로서, 이치에 맞는 것으로서가 아니라 비범한 것으로서 평가받는다.
　명예가 인간 행위의 어떤 고귀한 점을 발견하게 되면 명예는 그것을 정당화하는 재판관이나 그것을 변증하는 궤변가가 된다. 명예는 여자에 대한 정사(情

事)를, 그것이 참된 관념 또는 정복의 관념과 결합되어 있을 때는 허용한다. 그것이 군주정체에서 풍속이 공화정체에서 만큼 결코 순수하지 않다는 것의 참된 이유이다.

명예는 교활한 지혜를, 그것이 정신의 위대함이나 사업의 위대함의 관념과 결합되어 있을 때에는 허용한다. 정치에서 정치상의 술책이 명예를 손상하지 않는 것과 같다.

명예가 추종을 금하는 까닭은 그것이 입신 출세의 관념으로부터 떠나 오로지 자기가 비열하다는 감정에만 결합되어 있기 때문이다. 나는 품행에 관한 군주정체의 교육은 그것에 어떤 솔직함을 가져야 한다고 말했다. 따라서 거기서는 진실성이 있는 이야기가 요구된다. 그런데 그것은 진실성에 대한 사랑에 따라서일까? 전혀 그렇지 않다. 그것이 요구되는 까닭은, 진실을 말하는 사람은 대담하고 자유스러워 보이기 때문이다.

사실 이런 사람은 사실에만 지배되고, 남이 그것을 어떻게 받아들이느냐에 대해서는 지배되지 않는 듯하다.

거기서는 이 점이, 이런 종류의 솔직함이 추천되고 장려되면 될수록 다른 한편에서는 진실과 단순함밖에 목적으로 삼지 않는 민중의 솔직함이 더욱 경멸당한다는 이유가 되겠다.

끝으로 군주정체에서 교육은 행동에 예의바름을 요구한다. 공동 생활을 하도록 태어난 인간은 또 서로가 마음에 들도록 태어난 것이다. 따라서 예의를 지키지 않는 사람은 함께 살아가는 모든 사람들의 감정을 해치게 되어, 마침내 아무런 선행도 할 수 없을 만큼 신용을 잃을 것이다. 그러나 보통 예의바름의 원천을 이루는 것은 그다지 깨끗한 샘으로부터가 아니다. 그것은 자기를 돋보이게 하고자 하는 소망에서 비롯된다. 우리가 예의바른 것은 자존심에서 우러난 것이다. 우리는 자기가 천한 신분이 아니며, 남에게 버림받은 이런 종류의 사람들과 태어난 이래 함께 생활한 일이 없다는 것을 증명하는 예의범절을 가짐으로써 자존심을 채우는 것같이 느낀다.

군주정체에서는 예의가 궁정으로 옮겨지고 있다. 지나치게 위대한 인간은 다른 모든 인간을 왜소하게 보이게 한다. 따라서 경의(敬意)는 모든 사람에게 돌려져야 하므로, 예의는 예의바르게 행동하는 사람도, 그러한 예의로써 대우받는 사람도 마찬가지로 만족시키는 것이 된다. 왜냐하면 예의는 사람이 궁정 사람이라는 것, 또는 궁정 사람답다는 것을 알게 하여 주는 것이기 때문이다.

궁정풍(風)이란, 자기 자신의 위대함을 버리고 빌려 온 위대성을 몸에 지니는 데 있다. 궁정인에게는 자신의 것보다도 빌려 온 것이 더 좋다. 그것은 정중하면서도 무례한 느낌을 준다. 그리고 그 정중한 무례함은 멀리까지 퍼지는데, 이 위대성이 원천으로부터의 거리에 따라서 그 거만함은 자기도 모르는 사이에 줄어들어 버린다.

궁정에는 모든 일에 대하여 섬세한 취미가 엿보인다. 그것은 큰 자산이 남아돌아가는 부(富)를 끊임없이 쓰고 있다는 데 유래한다. 그리고 쾌락의 가짓수와 다채로움, 특히 그에 대한 권태에, 또는 기분 좋은 것이면 무엇이든지 받아들여 혼란까지 자아낸 좌흥(座興)의 다양함에 유래한다.

이런 모든 사항에 대하여 교육은 이 정체에서 요구되는 모든 덕성, 모든 자질을 갖추는, 이른바 그 성실한 인간을 만들 것을 지향한다. 거기서는 명예가 곳곳에 개입한다. 사고 방법, 느끼는 방법 등 모든 것 속에 들어가서 원리마저 지배한다. 이 기묘한 명예의 결과 덕성이란 명예가 바라는 것, 그리고 명예가 바라는 것밖에 아닌 것이 된다. 명예는 우리가 명령받는 모든 일에 관해 독단적으로 규칙을 정한다. 그것은 우리의 의무를 제멋대로 늘이고 줄인다. 그 의무의 기원이 종교에 있건 정치에 있건, 또는 도덕에 있건 아랑곳하지 않는다.

군주정체에서는 법·종교 및 명예가 명하는 것 가운데 군주의 의지에 복종하라는 것만큼 더 큰 것은 없다. 그러나 이 명예는, 군주가 명예를 더럽히는 행위를 우리에게 명해서는 안된다고 정하고 있다. 그렇지 않으면 그런 행동은 우리로 하여금 국왕에게 봉사하는 것을 불가능하게 만들 것이기 때문이다.

크리옹은 기즈 공을 암살하기를 거부했으나 그와의 결투를 앙리 4세에게 신청했다. 성 바르톨로메오를 학살한 뒤 샤를르 9세는 모든 총독에게 위그노의 학살을 명했는데, 바이온느를 통치하던 도르트 자작은 국왕에게 다음과 같은 내용의 글을 썼다.

"폐하, 저는 주민과 병사들 가운데서 선량한 시민, 용감한 병사를 볼 뿐이오며, 사형 집행인은 한 사람도 찾아볼 수가 없사옵니다. 따라서 그들과 더불어 저는 저희의 팔과 생명을 가능한 일을 위해 사용해 주실 것을 폐하께 간원드리는 바이옵니다."

이 위대하고 고결한 정신은 비열한 행위를 불가능한 일로 간주했던 것이다.

명예가 귀족에게 명하는 바, 전쟁에서 군주에게 봉사하라는 것 이상으로 큰 것은 없다. 사실 그것은 탁월한 직업이다. 그 위험과 승리는 물론이거니와 불운마저 위대함으로 이끈다. 그러나 명예는 이 법을 과하면서도 그 심판자가 되고자 한다. 만일 자신이 해침을 당하면 명예는 싸움터에서 물러갈 것을 요구하고 또는 용인한다. 명예는 모든 직업을 구별 없이 구하거나 거부할 수 있기를 바란다. 그것은 이 자유를 입신출세 자체보다도 상위에 둔다.

명예는 이렇게 최고의 준칙을 가지고 있으므로 교육은 그것에 따라야 한다.*1 그 주요한 것은 다음과 같다.

첫째로 자신의 지위를 지키는 것은 허락되나, 그것을 위해 목숨을 버리는 것은 절대로 금지되고 있다.

둘째로 한 번 어떤 지위에 놓이게 되면, 이 지위보다 자신을 낮게 보이게 하는 행위는 결코 해선 안 되며, 또 남이 그렇게 보는 것을 참아서도 안 된다.

셋째로 명예가 금지하는 것을 법이 금지하지 않을 때는 더욱 엄격하게 금지되며, 명예가 요구하는 것을 법이 요구하지 않을 때에는 더 강하게 요구된다.

제3장 전제정체의 교육

군주정체에서 교육이 오로지 정신을 높이는 데에만 노력하는 것과 마찬가지로 전제국가에서는 교육이 오로지 정신을 낮추는 일밖에 하지 않는다. 거기서는 교육이 노예적이어야 한다. 누구든 동시에 노예가 되지 않고서는 폭군이 될 수가 없으므로 노예와도 같은 교육을 받는 것은 지배자가 되는 데에도 좋을 것이다.

극단적인 복종은 복종하는 사람의 무지를 전제로 한다. 그것은 명령하는 사람의 무지도 전제로 한다. 그는 검토하거나 의심하거나 이성(理性)을 쓸 필요가 없다. 바라기만 하면 된다. 전제국가에서는 각 가정이 독립된 제국(帝國)이다. 교육은 주로 다른 사람과 생활하는 데에서 성립되는데, 따라서 전제국가에서는 매우 한정된다. 그것은 마음속에 두려움을 불어넣고 정신에 아주 단순한 종교적 원리의 지식을 조금 주는 일에 다다른다. 지식은 거기서 위험하고, 경쟁심은 불길하다. 아리스토텔레스는 어떤 덕성이 있다고 믿지 않았

---

*1 여기서 말하는 것은 현재 있는 일이지 있어야 하는 일은 아니다. 명예는 편견이므로, 종교는 이 편견을 파괴하거나 규제하도록 작용한다.

다.*² 이것은 이 정체에서 교육을 매우 한정할 것이다.

따라서 이 정체에서는 말하자면 교육은 전혀 없다. 무엇인가를 주기 위해서는 모든 것을 약탈해야 하고 좋은 노예를 만들기 위해서는 나쁜 신하를 만드는 일부터 시작해야 한다. 도대체 어떻게 하여 교육이 공공의 불행에 참가하는 선량한 시민을 키우려고 애쓰는 일이 있을 수 있겠는가. 만일 그 시민이 나라를 사랑한다면, 정체의 태엽을 늦추고자 하는 유혹에 빠질 것이다. 그리고 만일 그것을 성공하지 못하면 그는 자신을 망치게 될 터이고, 성공하면 자신과 군주 및 제국을 멸망시키는 위험을 저지르게 될 것이다.

제4장 고대와 현대의 교육 효과

고대 민족의 대부분은 덕성을 원리로 하는 정체 아래에 살고 있었다. 그리고 덕성이 힘을 지녔을 때, 오늘날은 이미 볼 수 없지만, 그들은 우리의 작은 혼을 놀라게 하는 일을 행했다. 그들의 교육은 우리의 교육과 비교할 때 또 하나의 이점을 가지고 있었다. 그것은 결코 나중에 지워지는 일이 없다는 점이었다. 에파미논다스(기원전 4세기 테베의 장군·정치가)는 그의 생애 만년에도 교육을 받기 시작하던 때와 똑같은 말을 하고, 보고 또 행했다.

오늘날 우리는 세 가지 다른, 때로는 상반되는 교육을 받는다. 즉 부모의 교육, 스승의 교육, 사회 교육이다. 마지막의 교육에서 배우는 것은 앞의 두 가지 관념을 모두 뒤엎는다. 그것은 어느 정도 우리 사이에서 볼 수 있는 종교 의무와 사회 의무 사이의 대조적인 상이함에서 비롯한다. 그것은 고대인이 전혀 몰랐던 일이었다.

제5장 공화정체의 교육

공화정체는 교육이 갖는 힘의 모두를 필요로 한다. 전제정체에서의 두려움은 협박과 형벌에서 저절로 생긴다. 군주정체에서의 명예는 정념(情念)에 따라서 키워지고 또 반대로 정념을 키운다. 그러나 정치적 덕성이란 극기심이므로 그것은 언제나 매우 어려운 사항이다. 이 덕성은 법과 조국에의 사랑이라고 정의할 수 있다. 이 사랑은 자기 자신의 이익보다 공공의 이익을 끊임없이 앞세

---

*2 《정치학》 제1편 제3장. (원주)

울 것을 요구하여 모든 개별적 덕성을 낳는다. 모든 개별적 덕성에 앞서 이러한 공공의 이익이 우선한다.

이 사랑은 무엇보다 민주정체 특유의 것이다. 민주정체에서만 정체가 각 시민에게 맡겨진다. 그런데 정체도 이 세상의 모든 것과 마찬가지이다. 그것을 유지하려면 그것을 사랑해야 한다. 국왕이 군주정체를 사랑하지 않는다든가 전제군주가 전제를 미워한다는 이야기는 들어 본 적이 없다. 따라서 공화정체에서는 모든 것이 이 사랑을 확립하는 데 달려 있다. 그리고 이 사랑을 북돋는 일에 참으로 교육은 조심스러워야 한다. 그러나 아이들이 이 사랑을 가지게 되는 한 가지 확실한 수단이 있다. 그것은 어버이 자신이 그것을 갖는다는 것이다.

어버이는 보통 아이에게 지식을 마음대로 줄 수 있는 힘을 지녔다. 정념을 주는 데에서는 더욱 그렇다. 만일 그렇게 되지 않는다면, 그것은 어버이의 가정에서 형성된 것이 외부의 인상으로 말미암아 파괴당하기 때문이다.

타락하는 것은 탄생되어 가는 국민(젊은 세대)이 아니다. 그것이 망하는 것은 어른들이 이미 부패해 있을 때뿐이다.

제6장 그리스인의 몇 가지 제도

고대 그리스인은, 민주정체 아래에서 살고 있는 민족은 덕 있는 사람으로서 교육되어야 한다는 것의 필요성을 통감해서 덕성을 북돋기 위해 특이한 제도를 만들었다. 리쿠르고스 전기 중에서 그가 라케다이몬 사람에게 준 법률을 보면, 세바람브 사람 이야기*3를 읽고 있는 것처럼 느껴질 것이다. 크레타의 법률이 라케다이몬 법의 원형이고, 플라톤의 법률은 그 수정이었다.

모든 전통적 관습을 뒤흔들고 모든 덕을 교란함으로써 온 세계에 자기의 예지를 표시하게 된다는 것을 이 입법자들이 알리면, 그들에게 얼마만큼 광대한 천부의 재주가 필요했던가에 대해서 조금이라도 주의를 돌려 주기 바란다. 리쿠르고스는 절도와 정의의 정신을, 가장 가혹한 예속과 극도의 자유를, 가장 잔인한 감정과 최대한의 절도를 섞음으로서 그의 도시에 안정을 주었다. 그는 그 도시로부터 모든 자원·예술·상업·화폐·성벽을 제거한 듯했다. 그곳에선 사

---

*3 가공의 오스트레일리아 원주민을 다룬 토머스 모어의 《유토피아》와 비슷한 공상소설. 도니 바렌스 작.

람들이 좀 더 잘 될 수 있는 희망도 없이 야심을 품고 있었다.

그곳에선 사람들이 자연적인 감정을 가지고 있는 데도 아들도 남편도 아버지도 아니었다. 순결로부터 수치심마저 제거되었다. 스파르타가 위대한 영광으로 인도된 것은 이 길에 따라서인데, 그러나 그 제도의 완벽함은 그 정치 조직을 약탈하지 못하고서는 싸움에서 이긴다 하더라도 아무것도 되지 않는다는 정도의 것이었다.*4

크레타와 라코니아(스파르타)는 이런 법으로써 통치되었다. 라케다이몬은 마케도니아인에게 항복한 마지막 도시이고, 크레타는 로마의 마지막 밥이 되었다.*5 삼니움 사람(고대 이탈리아의 민족, 기원전 3세기 초에 로마에 정복됨)도 같은 제도를 가지고 있었다. 그리고 그 제도는 저 로마인들에게 스물 네번이라는 전승(戰勝)을 필요로 하게 만들었다.*6

그리스의 제도에서 볼 수 있었던 이 특이한 점을 우리는 현대의 더러움과 부패 속에서*7 다시 발견했다. 군자랄 수 있는 입법자가 어떤 국민을 형성했다. 거기에서는 스파르타인들 사이에서 용기가 자연스러웠듯이 성실이 자연스럽게 보인다.

펜(윌리엄 펜, 미국 식민지의 지도자)은 정녕 현대의 리쿠르고스이다. 리쿠르고스가 전쟁을 목적으로 한 것에 대하여 펜은 평화를 목적으로 했지만, 그럼에도 그들은 저마다 국민을 따르게 한 특이한 길, 자유로운 인간에 대하여 가졌던 영향력, 타파한 편견, 극복한 정념에서 서로 비슷하다.

파라과이가 또 하나의 예를 보여 주고 있다. 사람들은 명령하는 것의 기쁨을 인생의 하나뿐인 행복으로 알고 있다고 해서 교단(敎團)*8을 비난하려고 했다. 그러나 사람을 보다 행복하게 만들면서 지배한다는 것은 언제나 훌륭한

---

*4 필로페멘은 라케다이몬 사람들에게도 그 육아법을 버리게 했다. 그렇게 하지 않으면 그들이 언제나 위대한 혼과 고결한 마음을 가지리라는 것을 알고 있었기 때문이다. 플루타르코스《필로페멘 전》,《티투스 리비우스》. (원주)
*5 크레타는 3년 동안 그 법과 그 자유를 지켰다. 그녀는 가장 위대한 국왕들보다 잘 저항했다. 앞에서 든《티투스 리비우스》및 플로루스의《로마사》참조. (원주)
*6 플로루스《로마사》. (원주)
*7 키케로《로마의 진재(塵滓) 속에서》. (원주)
*8 제수이트를 말함. 제수이트는 16세기 말 이후, 파라과이 남부에서 원주민을 지도하고 공화국을 만들었다. 거기서는 공동 노동의 조직과 재산의 공유가 행해졌고, 에스파냐 식민지의 수탈을 막기 위해 엄중한 격리 정책이 취해졌다. (원주)

일일 것이다.*9 이 교단이 이 지방에 인류애의 관념에 결합된 종교의 관념을 처음으로 가져오게 한 것이었다는 것은 영광스러운 일이다. 에스파냐인에 의한 황폐를 회복하고, 교단은 인류가 일찍이 받은 가장 깊은 상처의 하나를 치유하기 시작했다.

이 교단이 명예라고 부르는 모든 것에 품는 높고 우아한 감정, 그것을 설명하는 사람보다도 거기에 귀를 기울이는 사람을 겸허하게 만드는 종교에의 열정이 교단으로 하여금 대사업을 기도하게 했다. 그리고 거기에 성공했다. 교단은 숲 속에 흩어진 주민들을 불러냈다. 그들에게 식량을 확보해 주고 의복을 주었다. 만일 그것에 따라서 사람들 사이에 생산 활동이 증가된 데 지나지 않는다 하더라도 교단은 많은 일을 했다고 할 수 있을 것이다.

이와 같은 제도를 만들고자 하는 사람은 플라톤의 《국가》에서 볼 수 있는 재산의 공유, 신(神)에 대한 숭배, 풍속 유지를 위한 외국인으로부터의 분리, 시민이 아니라 도시국가에 의한 교역을 수립할 것이다. 그들은 우리의 기예를 주고 우리의 사치를 버릴 것이며, 우리의 필요물을 주고, 우리의 욕망을 버릴 것이다. 그들은 화폐를 금할 것이다. 화폐의 효과는 자연히 설정한 경계를 넘어서 재산을 늘리고, 모은 것을 쓸데없이 유지할 것을 가르쳐 주고, 욕망을 끝없이 키우고, 그리고 자연은 우리의 정념을 자극해 서로 타락하게 만드는 수단을 아주 한정된 것밖에 주지 않았는데, 그 자연을 대신하는 데 있다.

"에피다니안 사람들은 야만인과의 교섭에 따라 그 풍속이 부패되는 것을 느끼자 도시를 위해 도시의 이름으로 모든 상거래를 행하는 행정관을 선출했다."*10

이럴 경우 상업은 국가제도를 부패시키는 일이 없고 국가제도는 사회로부터 상업의 이익을 빼앗는 일이 없다.

제7장 이런 제도가 좋은 경우

앞서 설명한 제도가 공화정체에는 알맞을 수 있다. 정치적 덕성이 그 원리이기 때문이다. 그러나 군주정체에서 사람들을 명예로 이끌고, 전제정체에서 두

---

*9 파라과이 원주민은 특정한 지배자에게 복종하고 있지는 않다. 그들은 조세의 5분의 1만 치르고 몸을 지키기 위해 총을 가지고 있다.

*10 《그리스에 관한 문답》. 〔원주〕

려움을 돋우기 위해서는 이런 노고는 필요 없다. 이런 제도는 또 공통된 교육을 줄 수가 있고 모든 백성을 한 가족처럼 보살필 수 있는 조그만 나라에밖에 존재할 수 없다.

미노스·리쿠르고스·플라톤 등의 법률은 모든 시민이 서로간에 특별한 주의를 할 것을 전제로 한다. 큰 나라에서 볼 수 있는 혼란·무관심·규모의 크기 속에서는 그것을 기대할 수 없다. 이런 제도에는 앞에서 말한 바와 같이 화폐는 추방되어야 한다. 그러나 거대한 사회에서는 거래의 다수나 다양함, 장애·규모·구입의 쉬움, 교환의 지체에 따라 공통된 기준이 필요하게 된다. 곳곳에 이 기준의 힘을 미치게 하거나 그 힘을 지키기 위해 사람들이 언제나 힘을 부여해 온 것을 가지고 있어야 한다.

제8장 풍습에 관한 고대인의 모순 설명

폴리비오스, 저 판단력 있는 작가 폴리비오스는 말한다. 날씨가 음울하고 추운 나라에서 살고 있던 아르카디아인의 풍습을 부드럽게 하기 위해서는 음악이 필요했다. 시네에트의 주민들은 음악을 경시했는데, 잔인성에서 모든 그리스인을 능가했고, 또 이처럼 범죄가 많았던 도시는 볼 수가 없었다고[*11] 플라톤도 다음과 같이 단언하고 있다.[*12] "국가의 구조에 변화가 생기지 않고는 음악에 변화를 줄 수 없다." 아리스토텔레스는 플라톤의 이야기에 맞서기 위해 《정치학》을 쓴 것처럼 보이지만, 풍습에 대한 음악의 힘에 관해서는 그와 의견이 같다.[*13] 테오프라스투스·플루타르코스[*14] 등 모든 옛 사람들도 똑같이 생각했다. 이것은 오랜 고민 없이 발표된 의견이 아니다. 그들의 정치학 원리의 하나인 것이다.[*15] 이와 같이 그들은 법을 부여했다. 이와 같이 도시국가가 통치되기를 그들은 바랐던 것이다.

나는 이것을 설명할 수 있다고 믿는다. 먼저 염두에 두어야 할 것은 그리스의 도시, 특히 전쟁을 주목적으로 삼던 도시에서는 금전을 얻을 가능성이 있

[*11] 《역사》 제4편 제20장 및 제21장.
[*12] 《국가》 제4편 '음악'에 웅변·술·시·역사를 넣고 있었다.
[*13] 《정치학》 제8편 제5장.
[*14] 《펠로피다스 전》. 〔원주〕
[*15] 플라톤 《법률》 제7편. 《국가》 제3편. 〔원주〕

는 모든 노동, 모든 직업이 자유인에게 알맞지 않는 것으로 간주되었다는 점이다. 크세노폰은 말한다.*[16] "대부분의 기예는 그것을 행하는 자의 몸을 손상케 한다. 그것은 그들로 하여금 볕이 들지 않는 곳이나 불 옆에 하는 수 없이 앉게 만든다. 친구를 위해서도 국가를 위해서도 봉사할 틈을 가질 수 없다." 민주정체가 조금 부패했을 때에만 수공업자가 시민이 될 수 있었다. 이것은 아리스토텔레스가 우리에게 가르치는 바이며,*[17] 또 그는 좋은 공화국은 그들에게 시민권을 주어서는 안 된다고 주장한다.*[18]

농업 또는 노예적인 직업이었다. 그리고 보통 그것에 종사한 것은 피정복 민족이었다. 스파르타에서의 일로트인, 크레타에서의 페리에시안인, 테살리아의 페네스트인, 그 밖의 공화국에는 또 그 밖의 노예와도 같은 민족이 있었다.*[19]

끝으로 모든 천한 상업*[20]이 그리스에서는 불명예스러운 것이었다. 이런 장사를 하면 시민이 노예나 숙박인이나 외국인에 대해 서비스를 하지 않을 수 없었을 것이기 때문이다. 이것을 생각하니 그리스의 자유 정신을 견딜 수가 없었다. 그러므로 플라톤은 그 《법률》*[21]에서 상업에 종사하는 시민을 처벌할 것을 바라고 있다.

그래서 그리스 여러 공화국에 위정자는 매우 난처했다. 시민들을 상업에도 농업에도 수공업에도 종사시키고 싶지 않았다. 그러나 마찬가지로 그들이 게으름뱅이가 되는 것도 바라지 않았다.*[22] 그래서 시민들은 육체의 단련과 전쟁 관계 단련에서 일을 찾아 낸 것이다.*[23] 제도가 그들에게 그 이외의 일을 주지

---

*16 《명언집》 제5편 「경제론」. [원주]
*17 《정치학》 제3편 제4장. [원주]
*18 《정치학》 제2편 제7장에서 아리스토텔레스는 말한다. "예전에 디오판트는, 아테네에서 수공업자는 국가의 노예여야 한다고 정했다."
*19 그래서 플라톤과 아리스토텔레스는 노예가 토지를 경작할 것을 바라고 있다《법률》《정치학》. 농업이 모든 지방에서 노예에 의하여 행해지지 않았다는 것은 사실이다. 뿐만 아니라 아리스토텔레스가 말하듯이《정치학》 가장 좋은 공화국은 시민이 그것에 열성적인 나라였다. 그러나 그것은 민주정체로 된 고대국가의 부패에 따라서만 생겨났다. 왜냐하면 처음 그리스의 도시는 귀족정치 아래에 있었으니까. [원주]
*20 Cauponatio(접객업). [원주]
*21 아리스토텔레스 《정치학》. [원주]
*22 《정치학》 제10편. [원주]
*23 아리스토텔레스 《정치학》 제8편. [원주]

않았다. 그러므로 그리스 사회를 투기사(鬪技士)와 전사(戰士)의 사회로 간주해야 한다. 그런데 사람들을 엄격하고 야성적으로 만드는 데 매우 알맞은 이 단련*24은 풍속을 부드럽게 하는 다른 훈련으로써 완화될 필요가 있었다. 음악은 육체의 여러 기관에 의하여 정신에 연결되는 것이므로 이것에는 매우 적합했다. 이것은 사람을 냉혹하게 하는 육체의 단련과 사람을 비사교적으로 하는 사변(思辨)의 학문의 중간이다. 음악이 덕성을 마음에 불어넣는다고는 말할 수 없다. 그런 것은 생각도 할 수 없다. 그러나 음악은 제도의 냉엄성 효과를 방해하고, 영혼이 교육 가운데서 갖지 못했을지도 모르는 지위를 갖게 한 것이었다.

우리 가운데 사냥에 열중해서 그것만 하고 있는 사람들의 한 무리가 있다고 가정하자. 반드시 그들은 그 때문에 천하고 상스러움에 물들게 될 것이다. 만일 똑같은 이 사람들이 음악에도 취미를 갖게 된다면, 그들의 생활 양식이나 풍습에서 곧 서로 다른 점을 발견할 것이다. 결국 그리스인의 단련은 정념의 한 부문, 난폭함이라든가 노여움이라든가, 잔혹함 같은 것을 그들 속에 자극했을 따름이었다. 음악은 모든 감정과 생각을 자극한다. 그래서 영혼에 유화·연민·애정·사랑 등을 느끼게 할 수 있다. 우리의 도학자들은 우리 사회에서 연극을 심하게 금지했는데, 그것은 음악이 우리에게 가지고 있는 힘을 충분히 느끼게 한다.

내가 말한 사회에 만일 북과 나팔의 곡밖에 부여하지 않는다고 하면, 우아한 음악이 주어진 경우보다 그 목적을 이루기 어렵다는 것은 진실이 아니겠는가. 때문에 특정한 경우에 고대인이 풍속을 위해서 다른 선법(旋法)을 버리고 어떤 선법을 택했을 때 그들이 한 일은 정당하다고 하겠다.

그러나 왜 하필이면 음악을 택하는가 말하는 사람도 있을 것이다. 그것은 감관의 모든 쾌락 중에서 영혼을 부패시키는 일이 이보다 적은 것은 없기 때문이다. 테베 사람이 그 나라 청년들의 풍속을 부드럽게 하기 위해 온 세계 모든 국민에 따라서 금지되어야 마땅한 어떤 종류의 연애를 법률로써 정해 두었다는 것을 플루타르코스의 책에서 읽고 우리는 얼굴을 붉힌다.

---

*24 아리스토텔레스는 말한다. "스파르타인의 자식들은 이런 단련을 아주 어릴 때부터 시작하였는데, 그 때문에 너무나 잔학성에 물들어 있었다."《정치학》. 〔원주〕

제5편
입법자가 제정하는 법과 정체의 원리의 관계

제1장 본편의 대의

우리는 교육에 관한 법이 각 정체 원리와 관련되어야 한다는 것을 보아 왔다. 입법자가 사회 전체에 주는 법에 대해서도 마찬가지이다. 이 법과 원리와의 관련은 정체의 모든 태엽을 긴장시킨다. 원리 또한 거기서부터 새로운 힘을 얻는다. 운동에 언제나 작용·반작용이 따르듯이 나는 각 정체에서 이 관계를 검토하고자 한다. 덕성을 원리로 하는 공화정체 국가부터 시작해 보자.

제2장 정치적 국가*1의 덕성

덕성이란 공화국에서는 매우 단순한 것이다. 그것은 공화국에 대한 사랑이다. 그것은 감정이지 모든 지식의 귀결은 아니다. 한 나라의 가장 낮은 계층의 인간은 물론 가장 높은 계층의 인간도 똑같이 이 감정을 가질 수 있다.

민중은 한 번 우수한 규율을 가지게 되면, 이른바 환경이 좋은 사람들보다 더 오랫동안 그것에 집착한다. 부패가 민중으로부터 시작되는 일은 드물다. 가끔 민중은 한쪽으로 치우치지 않은 지식으로부터 기존 사물에 대한 좀 더 강한 애착심을 끄집어낸다.

조국애는 선량한 풍속으로 이끌고, 선량한 풍속은 조국애로 이끈다. 우리는 개별적인 정념을 충족할 수 없으면 없을수록 더욱더 보편적인 정념에 몸을 바친다. 어째서 수도사들은 그토록 자기들의 수도회를 사랑하는 것일까. 분명 그것은 견디기 어려운 것으로 만들고 있는 그 점에 따라서이다. 그 규율은 보통의 정념이 몸의 지탱으로 삼는 모든 것을 그들로부터 앗아 간다. 따라서 그들을 괴롭히는 이 규율 자체에 대한 정념만이 남게 된다.

---

*1 État Politique 어원적으로는 폴리스(국가)를 구성하는 평등한 인간의 집단 Politeia이다. 따라서 공화정체와 거의 같은 뜻이 된다.

그것이 엄하면 엄할수록, 즉 그것이 그들을 자연의 성향으로부터 떼어 놓으면 놓을수록 규율은 규율이 남겨 주는 성향에 더욱 힘을 주는 셈이 된다.

제3장 민주정체에서 공화국에 대한 사랑

민주정체에서 공화국에 대한 사랑이란 민주정체에 대한 사랑이다. 민주정체에 대한 사랑이란 평등에의 사랑이다. 민주정체에 대한 사랑이란 나아가 순박함을 사랑하는 것이다.

거기서는 저마다가 같은 행복, 같은 이익을 가져야하므로 같은 쾌락을 맛보고 같은 희망을 품어야 한다. 그것은 사회 전체의 순박함으로부터밖에 기대할 수 없다.

평등에의 사랑은, 민주정체에서 야심을 오직 한 가지의 욕망으로, 즉 다른 시민보다도 조국에 더 큰 봉사를 한다는 단 한 가지의 행복으로 한정한다. 모두가 조국에 대해 똑같이 봉사할 수는 없다. 그럼에도 누구나 동등하게 봉사하지 않으면 안 된다. 이렇게 하여 태어났을 때 사람은 조국에 대해 절대로 치를 수 없는 막대한 부채를 계약한다. 따라서 운 좋게 완수한 봉사나, 뛰어난 재능으로 말미암아 평등이 상실되는 것처럼 보이는 경우에도 거기에서는 차별이 평등의 원칙에서 생기는 것이다.

순박함에의 사랑은 소유욕을, 자기 가족을 위해 필요한 물건을 확보하는 데 필요한 관계만으로 제한해 버린다. 부(富)는 힘을 부여하지만 사람은 그것을 개인을 위해서 쓸 수는 없다. 그렇지 않으면 그는 평등한 것이 아니게 된다.

부는 또 향락을 가져오지만, 사람은 그것으로 즐길 수는 없다. 향락 또한 평등에 타격을 주게 될 것이기 때문이다.

그러므로 우수한 민주정체는 가정의 순박함을 확립함으로써 아테네나 로마에서 행해졌듯이 공공의 지출을 위해서 문을 열어 놓았다. 이때 아름다움과 풍성함이 순박함 그 자체에서 생겨났다. 그리고 신들에게 공물을 바치기 위해서는 손이 깨끗하기를 종교가 요구하듯이, 사람들이 조국에 몸을 바치기 위해서는 그 풍속이 순박할 것을 법률은 바랐다.

개인의 양식과 행복은 대부분 그 재능과 자산의 중용에 달려 있다. 법이 수많은 중용의 사람들을 만들어 낼 수 있었던 공화국은 지혜로운 사람들에 따라 이루어지므로 현명하게 통합될 것이며, 또한 그것은 행복한 사람들에 따라 이루어지므로 매우 행복할 것이다.

제4장 평등과 순박함에 대한 사랑을 고취하는 방법

평등에의 사랑, 순박함에의 사랑은 이미 법에 의하여 평등과 순박함이 다같이 확립된 사회에 사람들이 살고 있을 경우면 다름아닌 평등과 순박함 그 자체로써 극도로 높여진다. 군주정체나 전제국가에서는 아무도 평등을 지향하지 않는다. 그것은 생각조차 되지 않는다. 누구나 거기서는 우월을 지향한다. 가장 낮은 처지의 사람들도 모호한 상태로부터 벗어나려고 하는데, 그것은 오직 남의 지배자가 되기 위해서이다.

순박함에 관해서도 마찬가지이다. 그것을 사랑하기 위해서는 그것을 즐겨야 한다. 순박한 삶을 사랑하는 이들은 결코 쾌락으로써 타락한 사람들은 아닐 것이다. 만일 자연스럽고 보통의 일이었다면 알키비아데스가 온 세계의 경탄을 불러일으키지는 못했을 것이다.

순박함을 사랑하는 이들은 남의 사치를 부러워하거나 찬탄하는 사람들도 아닐 것이다. 부자나 자기와 같은 빈곤한 사람밖에 안중에 없는 사람들은 빈곤의 실제적 의미나 관점을 파악하지 못한 채 오직 자기의 빈곤을 혐오한다. 따라서 공화국에서 사람들이 평등과 순박함을 사랑할 수 있기 위해서는 먼저 법이 그것들을 확립해야 한다는 것이 매우 옳은 법칙이다.

제5장 법이 민주정체 속에 평등을 수립하는 방법

옛날의 어떤 입법자, 리쿠르고스나 로물루스는 토지를 균등하게 분배했다. 이 같은 일은 새로운 공화국이 창립되는 경우나 아니면 낡은 공화국이 매우 부패해서 가난한 사람은 이 같은 구제책을 찾지 않을 수 없다고 믿고, 부자도 그것을 용인하지 않을 수 없다고 생각할 만큼 인심이 기울어져 있을 때가 아니고는 행해질 수 없었다. 입법자가 이러한 균등 분배를 행할 경우, 만일 그것을 유지하기 위한 법을 부여하지 않는다면, 그는 일시적인 국가 조직을 만든 것에 지나지 않는다. 불평등은 법이 방어하지 않았던 부문으로 침입하여 공화정체는 멸망될 것이다.

그러므로 이러한 균등 분배를 유지하기 위해서는 여자의 결혼비용·증여·상속·유언 등 결국 모든 계약 방법을 규정해야 한다. 왜냐하면 만일 사람들이 그 바라는 자에게, 그 바라는 방법으로 자기 재산을 주는 일이 허용된다고 하면, 저마다의 개별적 의지가 기초법의 규정을 어지럽힐 것이기 때문이다.

솔론은 아테네에서 자식이 없는 경우*2 유언에 따라 그 재산을 그가 바라는 사람에게 줄 수 있다는 것을 용인했다. 그런데 이것은 그가 재산은 유언자의 가족 안에 남아 있어야 한다고 정했던 옛 법*3에 어긋나는 것이었고, 또 그 자신의 법에도 위반된 것이었다. 왜냐하면 채무를 파기했을 때 그는 평등을 요구했기 때문이다.

두 개의 상속 재산을 얻는 것을 금지한 법은 민주정체로서 좋은 법이었다.*4 이 법은 토지의 평등한 분배와 각 시민에게 주어지는 할당분에서 그 기원을 취하고 있었다. 이 법은 한 사람이 많은 할당분을 얻는 것을 바라지 않았던 것이다.

가장 가까운 친족이 상속인인 여자와 결혼할 것을 명한 법도 같은 기원에서 생겨났다. 이 법은 이와 같은 토지 분할이 있은 뒤 유대에서도 부여되었다. 플라톤*5은 그의 법을 이 균등 분배에 기초를 두고 있으므로 마찬가지로 이 법을 부여했는데, 그것은 본디 아테네의 법이었다.

아테네에 한 가지 법이 있었는데, 그 정신은 내가 아는 범위 안에서는 누구도 이해하지 못한 것 같다. 어머니가 다른 자매와의 결혼은 허용되었으나 아버지가 다른 자매와의 결혼은 허용되지 않았다.*6 이 관습은 그 기원을 공화국에 두고 있다. 공화국의 정신은 토지 할당분의 2인분과, 따라서 두 개의 상속 재산을 동일인에게 주지 않는 점이었다. 어떤 남자가 아버지가 다른 여자 형제와 결혼했을 경우, 그는 유산을 한 사람 몫만, 즉 아버지의 상속 재산을 가질 수 있을 따름이다. 그러나 아버지가 다른 여자 형제와 결혼할 경우에는, 이 여자 형제의 아버지가 아들이 없을 때 그의 유산을 딸에게 남겨 주는 일이

---

*2 플루타르코스 《솔론전》. (원주)
*3 플루타르코스 《솔론전》. (원주)
*4 코린트의 필로라우스는 아테네에서 ('테베에서'라고 읽어야 할 것인지?) 토지 분할의 수와 상속 재산의 수가 늘 같도록 정했다. (원주)
*5 《국가》 제8편. (원주)
*6 Cornelius Nepos, in prafat. 이 관습은 매우 예전부터의 것이다. 그러므로 아브라함도 사라에 관해서 말하고 있다. "같은 아버지의 피를 받은 누이입니다. 어머니가 달라서 내 아내가 된 것입니다"(《창세기》 제20장). 같은 이유가 다른 국민들 사이에 같은 법을 제정케 한 것이다.

있을 수 있다. 따라서 그녀와 결혼한 그녀의 동생이나 오빠가 두 사람 몫의 유산을 가지게 되는 일이 일어날 수 있다.

필론의 설에 따라서 나에게 반대해서는 안 된다. 그의 설에 따르면, 아테네에서는 아버지가 다른 여자 형제와는 결혼할 수 없으나 어머니가 다른 여자 형제와는 결혼할 수 있고 스파르타에서는 아버지가 다른 여자 형제와는 결혼할 수 있으나 어머니가 다른 여자 형제와는 결혼할 수 없었다는 것이다. 내가 이렇게 말하는 것은 스트라본[*7]의 책에서 내가 발견한 것이, 스파르타에서 여자가 남자 형제와 결혼할 경우에 그녀도 그 결혼 자금으로서 남자 형제에게 주어지는 유산의 절반을 결혼 지참금으로 받았기 때문이다. 이 둘째 법은 첫째 법의 나쁜 결과를 예방하기 위해서 만들어진 것만은 틀림없다. 여자의 가족에 속한 재산이 형제의 가족에게 넘어가는 것을 막기 위해서 여자에게 형제의 재산 반을 결혼 자금으로서 주었던 것이다.

자기의 여동생과 결혼한 실라누스에 대해 이야기할 때 세네카는 말하고 있다. 아테네에서는 그러한 사례에 대해 제한적으로 허용했으나 알렉산드리아에서는 일반적이었다고.[*8] 1인 통치의 정체에서는 재산 균분을 유지한다는 것이 그다지 문제가 되지 않았다.

민주정체에서 토지의 균분을 유지하기 위해 여러 명의 자식을 가진 아버지는 그중 하나만을 골라서 자기에게 할당된 토지를 물려주고,[*9] 다른 아이들은 자식이 없는 사람에게 양자로 주어서 시민의 수가 언제나 할당된 토지의 수와 같게 하려고 한 법은 좋은 법이었다.

칼케돈의 팔레아스[*10]는 재산이 평등하지 않은 공화국에서 재산을 평등하도록 만드는 방법을 연구했다. 그것은, 부자는 가난한 자에게 자기 딸을 결혼 지참금을 주어서 보내되 자기 쪽에서는 지참금을 받지 않는 것, 가난한 자는 딸을 출가시킬 때 돈을 받는 것, 그리고 자기 쪽에서는 돈을 주지 않는 것이었다. 그러나 이러한 법규에 만족하는 공화국이 있었던지의 여부는 나도 알지

---

*7 《스트라본》 제10편. (원주)
*8 세네카는 다만 근친상간의 의문에 대해 암시를 주었을 따름이다. 로마에서 이 같은 결혼이 공공연하게 허용되지는 않았을 것이다.
*9 플라톤은 이와 같은 법을 만들고 있다. 《법률론》 제5편. (원주)
*10 아리스토텔레스 《정치학》 제2편 제7장. (원주)

못한다. 이런 규칙은 시민들을 신분 차별이 매우 두드러지는 상태에 두는 것이므로, 그들은 사람들이 도입하고자 하는 바로 평등 그 자체를 미워하게 될 것이다. 법이란, 법이 세우고 있는 목적을 향해 매우 성급하게 돌진하고자 하는 태도를 보이지 않는 것이 때로는 좋다.

민주정체에는 현실의 평등이 국가의 정신이라고는 하나, 이것을 정립시키기는 매우 어려우므로 이 점에 대한 극도의 엄정함이 늘 꼭 적당하다고만은 할 수 없다. 빈부의 차를 줄이고, 어느 선에서 멈추게 하는 호구 조사 제도를 만드는 것으로 충분하다.*11 그 뒤에 불평등을 개선해 평등화하는 것이 특수한 법의 임무로, 부자에게는 세금을 무겁게, 가난한 자에게는 세금을 가볍게 하는 것이다. 이런 종류의 제도는 오직 중간층의 부자만이 용납할 수 있다. 왜냐하면 큰 부자들은 자신들에게 힘이나 명예를 주지 않는 모든 것을 일종의 모욕으로 여기기 때문이다.

민주정체에서 모든 불평등은 민주정체의 본성과 평등의 원리에서 끄집어내야 한다. 예를 들면 생활을 하기 위해 줄곧 노동해야 하는 사람이 공직을 맡아보게 되어 너무 가난해지거나, 또는 그 직무를 소홀히 맡아보거나, 소공업자가 지나치게 거만해지거나, 해방 노예의 수가 너무 많아서 본디 시민보다 세력이 강해지거나 하는 것을 민주정체에서 염려해야 할 경우가 있다. 이럴 때에는 시민들간의 평등이 민주정체에서 그 제도의 이익을 위하여 폐지되기도 한다.*12 그러나 폐지는 외관상의 평등에 지나지 않는다. 왜냐하면 공직 때문에 파산한 사람은 다른 시민보다 나쁜 상태에 있기 때문이다. 그리고 어쩔 수 없이 게으르게 직무를 본 그 같은 인간은 다른 시민을 자기보다 더 나쁜 상태에 놓기 때문이다. 그 밖의 경우는 생략한다.

제6장 민주정체에서 법이 순박함을 유지하는 방법
좋은 민주정체에서는 토지 배분이 평등한 것만으로는 충분치 않다. 로마에

---

*11 솔론은 네 개의 계급을 정했다. 첫째는 곡물 및 과일즙을 팔아 5백 미누의 소득이 있는 사람들의 계급. 둘째는 3백 미누의 수입을 가지고 말 한 필을 가질 수 있는 사람들의 계급. 셋째는 2백 미누의 수입 밖에 없는 계급. 넷째는 그 노동력으로 하루하루를 이어가는 모든 사람의 계급. 플루타르코스 《솔론전》. 〔원주〕

*12 솔론은 넷째 계급의 모든 사람들을 공직에서 제외했다. 〔원주〕

서처럼 그 배당분이 많지 않아야 된다. 큐리우스는 병사들에게 말했다. "작은 토지라도 한 인간을 먹여 살리는 데는 충분하다고 생각하는 시민만이 신의 마음에 든다."[13] 재산의 평등이 순박함을 유지하듯이 순박함은 재산의 평등을 유지한다. 이 두 가지는 서로 다르지만 어느 한쪽이 없이는 다른 한쪽도 존속할 수 없을 만큼 밀접하다. 그것들 저마다 원인이자 결과이다. 만일 어느 한쪽이 민주정체로부터 자취를 감추면 다른 쪽도 반드시 그것을 따른다.

민주정체가 상업을 기초로 할 경우에는, 몇몇 개인이 거대한 재부(財富)를 가지면서도 풍속이 부패하지 않는 것이 가능하다. 그것은 상업의 정신이 그에 따라 순박함·검약·절제·노동·현명·평온·질서·규율 등의 정신을 가져오기 때문이다. 이렇듯 이 정신이 이어지는 한 그것이 낳은 재부는 아무런 나쁜 효과를 낳지 않는다. 부의 과잉이 이 상업의 정신을 파괴할 때 악이 생긴다. 갑자기 여태껏 모르고 지냈던 불평등의 혼란이 한꺼번에 생기는 것을 볼 수 있다.

상업 정신을 유지하기 위해서는 주요한 시민이 스스로 그 상업에 종사해야 한다. 이 정신이 단독으로 지배를 하고 다른 정신과 뒤섞여서는 안 된다. 모든 법률이 그것을 조장해야 한다. 그와 같은 법률이 그 규정에 따라 상업 자산을 늘려감에 따라 자산을 분할하고, 가난한 시민에게는 모두 안락한 생활을 부여하여 다른 시민과 마찬가지로 일할 수 있도록 하고, 부유한 시민은 중용의 상태에 두어 재산을 유지하거나 얻기 위해서 일할 필요가 있게 하여야 한다.

상업 공화국에서는 상속에 즈음하여 모든 자식들에게 유산을 균등하게 할당해 주는 법률이 매우 좋은 법률이다. 그로 말미암아 아버지가 아무리 큰 재산을 만들어 놓더라도 그 자식들은 반드시 그 아버지보다 부자가 될 수 없기 때문에 사치를 피하고 아버지처럼 일하게 된다. 나는 상업 공화국에 관해서만 말하는 것이다. 그렇지 않은 공화국에 대해서는 입법자가 다른 많은 규칙을 만들어야 하기 때문이다.[14]

그리스에는 두 종류의 공화국이 있었다. 하나는 스파르타처럼 군사적이고 다른 하나는 아테네처럼 상업적이었다. 전자에서는 시민이 게으를 수밖에 없

---

*13 병사들은 정복한 토지에 대해 좀 더 많은 할당을 주장했던 것이다(플루타르코스 《고대의 국왕과 명장의 생애》). (원주)

*14 거기서는 여자의 결혼지참금을 매우 제한하지 않으면 안 된다. (원주)

었고, 후자에서는 노동을 사랑하게 하려고 애썼다. 솔론은 무위를 죄로 보고 시민이 저마다 생계를 유지하는 방법을 보고하기를 바랐다. 사실 뛰어난 민주정체에서는 사람이 필요한 것에 대해서만 지출해야 하므로 저마다 필요로 하는 것을 소유하고 있어야 한다. 만일 그렇지 않고는 그 누구로부터도 그것을 얻을 수 없기 때문이다.

제7장 민주정체 원리에 적합한 방법

토지의 균분을 모든 민주정체에서 제정할 수는 없다. 이러한 조치는 실행할 수 없고 위험하며, 국가의 기본 구조마저 흔들어 놓는 경우도 있다. 반드시 늘 극단적인 길을 취해야만 되는 것은 아니다. 어떤 민주국가에서 풍속을 유지하기 위한 이 균등 분배가 그 나라에는 알맞지 않다는 것을 알면 다른 방법을 써야 마땅하다.

그 자체가 풍속의 규율이 될 만한 상설 단체, 즉 고령·덕행·근엄·공로 등으로 자격이 주어지는 원로원을 설치한다면, 원로들은 국민의 눈에 신처럼 보이게 되어 고귀한 감정을 사람들 마음에 심고, 그것이 모든 가정에까지 스며들게 될 것이다. 이 원로원은 특히 그 전부터의 제도에 애착을 가지고 국민과 위정자가 그것을 버리지 않도록 하여야 한다.

풍속에 관해서 말하자면, 옛 관습을 지키면 큰 이익이 있다. 부패한 국민이 위대한 사업을 한다는 것은 드문 일이므로, 사회를 만들거나 도시를 건설하거나 법을 제정한 일은 거의 없었다. 그와 반대로 순박하고 엄격한 풍속을 지녔던 국민이 대부분의 제도를 정했으므로, 사람들에게 옛날의 규율을 상기시킨다는 것은 보통 그들을 덕행으로 인도하는 것이 된다.

게다가 어떤 혁명 같은 것이 일어나 국가에 새로운 형태가 주어졌을 경우에도, 그것은 꾸준한 고민과 노력을 치르지 않고 게으름과 부패한 풍속 아래에서 행해진 적은 거의 없다. 혁명을 일으킨 사람들 자신은 그 혁명을 사람들이 똑같이 음미하여 줄 것을 바랐지만, 좋은 법에 기대지 않고는 그것에 성공한 적이 거의 없다. 그러므로 옛 법은 보통 풍속을 교정하지만 새 법은 이를 해친다. 오랜 통치를 하는 동안 사람은 알지 못하는 사이 악으로의 길을 걷게 되므로 노력에 기대지 않고는 선으로 되돌아갈 수가 없다.

우리가 지금 말하고 있는, 원로원 의원이 종신제이어야 하는가, 일정한 기간을 정해야 하는가는 늘 문제가 되었다. 물론 그들은 종신의원이어야 한다. 로마*15나 스파르타*16에서, 또는 아테네에서 행해졌던 것처럼. 왜냐하면 아테네에서 원로원이라고 불리던 것—이것은 3개월마다 바뀌는 단체였다—과 아레오파고스(최고재판소)를 혼동해서는 안 된다. 후자의 구성원은 종신관으로서, 영속적인 모범으로서 선택된 것이다.

일반적인 격률로서 다음과 같이 말할 수 있다. 풍속의 규준이며, 말하자면 그 수탁소(受託所)가 되도록 만들어진 원로원에는 의원이 종신이어야 하고, 사건을 조사하기 위해 만들어진 원로원에서는 위원은 바뀔 수 있다.

아리스토텔레스는 말한다.*17 정신도 육체와 마찬가지로 늙어간다고. 이 성찰은 단임제의 집정관에게만 적용되지, 원로원 의원들의 모임에는 적용되지 않는다.

아레오파고스 외에 아테네에는 풍속의 수호자와 법의 수호자가 있었다.*18 스파르타에서는 모든 노인이 감찰관이었다. 로마에서는 두 사람의 특정한 관리가 감찰을 맡아 보았다. 원로원이 국민을 감시하므로 감찰관은 국민과 원로원에게 눈을 집중시켜야 한다. 그들은 공화국 안에서 타락한 모든 것을 원상으로 돌려야 하므로 부주의를 견책하고 게으름을 비판하여, 범죄는 법이 처벌하고 있으므로, 비행을 교정하여야 한다.

간통 고소는 누가 해도 상관없다고 정한 로마법은 깨끗한 풍속을 유지하기 위해서는 매우 좋은 방법이었다. 그것은 여성들을 위협했지만, 동시에 여성을 감시해야 할 사람도 위협했다.

노인에 대한 청년의 복종만큼 풍속을 유지하는 것은 없다. 서로가 제약될 것이다. 전자는 노인에 대한 존경에 따라서, 그리고 후자는 자기 자신에 대한 존경에 따라서.

집정관에 대한 시민들의 복종만큼 법에 힘을 주는 것은 없다. 크세노폰은

---

*15 거기서는 집정자의 임기가 1년이고 원로원 의원은 종신이었다. 〔원주〕

*16 크세노폰은 말한다. 《스파르타공화국(de Repub. Lacedaem., 제10장)》. "리쿠르고스는 원로원 의원을 노인 중에서 뽑기로 했다. 그것은 그들로 하여금 늘그막에도 게으르지 않도록 하기 위해서이다. 또 그들을 청년의 용기에 대한 재판관으로 함으로써 전자의 노령을 후자의 체력보다 존경해야 하는 것으로 정했다. 〔원주〕

*17 《정치학》 제2편 제9장.

*18 아레오파고스 자체가 감찰을 받고 있었다. 〔원주〕

말한다.*19 "리쿠르고스가 스파르타와 다른 도시 사이에 만든 큰 차이는, 그가 무엇보다도 시민들로 하여금 법에 복종하게 한 데 있다. 그들은 집정관이 부르면 즉시 달려가야 한다. 그러나 아테네에서는 부유한 사람이 자기가 집정관에게 존속되어 있다는 것을 남이 알면 절망할 것이다."

부권(父權)도 좋은 풍속을 유지하는 데 매우 유익하다. 이미 말한 바와 같이 공화정체에는 다른 정체에서처럼 억제적인 힘이 없다. 그러므로 법은 이 결함을 어떻게 해서든지 보충해야 한다. 법은 그것을 부권으로써 행한다.

로마에서는 아버지가 그 자식을 살리고 죽일 수 있는 권리를 가지고 있었다. 스파르타에서 아버지는 누구든지 타인의 자식을 징계하는 권리가 있었다.

아버지의 권력은 로마에서 공화정체와 더불어 끝났다. 군주정체에는 이렇게 순수한 풍속이 필요치 않으므로 저마다가 집정관의 권력 아래에서 살도록 요구되고 있다.

로마 법은 청년이 부권에 복종하는 데 익숙하게 만들었으므로 긴 미성년 기간을 정했다. 우리가 이 관습을 채용한 것은 아마 잘못되었을 것이다. 군주정체에는 그만한 강제가 필요치 않은 것이다.

공화정체에서 이러한 종속은—아버지가 살고 있는 동안 자식들의 재산을 지배할 수 있는—로마에서 정했던 것처럼 필요할지 모른다. 그러나 그것은 군주정체의 정신에는 속하지 않는다.

제8장 귀족정체에서 법과 정체 원리의 관계

만일 귀족정체에서 백성들이 덕이 있다면, 사람들은 거기서 거의 민중적 정체와 같은 행복을 누리고 또 국가는 강대해질 것이다. 그러나 사람들의 재산이 이처럼 불평등한 곳에서 많은 덕성이 있다는 것은 드문 일이므로 법은 될 수 있는 대로 절제의 정신을 주어서, 국가 구조가 필연적으로 앗아가는 저 평등을 회복하도록 노력해야 한다. 절제 정신은 귀족정체에서 덕성이라고 불리는 것이므로 거기에서는 민중 국가에서 평등 정신의 지위를 차지한다.

국왕을 둘러싼 사치와 화려함이 그들 권력의 일부를 이루고 있다고 하면, 절도와 꾸밈 없고 진실한 생활양식은 귀족정체에서 귀족의 힘을 이루고 있

---

*19 《스파르타공화국》 제8장. 〔원주〕

다.*20 귀족이 잘난 척하지 않고 국민과 교류하고, 국민과 같은 옷을 입고, 국민들에게 자기들의 모든 쾌락을 나누어 가질 경우에는, 국민은 자기의 약함을 잊어버리고 만다.

각 정체는 그 본성과 원리를 갖는다. 그러므로 귀족정체는 군주정체의 본성과 원리를 가져서는 안 된다. 그러나 만일 귀족이 그들의 단체와 따로이 개인적인 특수한 권리를 갖는다면, 앞선 경우가 일어나게 될 것이다. 특권은 원로원을 위해서 있어야 하고, 원로원 의원에는 단순한 경의가 있기만 하면 된다.

귀족정체 국가에는 분쟁의 원천이 두 가지 있다. 통치자와 다스림을 받는 이들 사이의 극단적인 불평등, 그리고 통치단의 여러 구성원들 사이의 불평등이 그것이다. 이 두 가지 불평등에서 증오와 질투가 생겨나므로 법은 그것을 예방하든가 막아야 한다.

이 첫째 불평등은 주로 유력자들의 특권이 국민에게 부끄러움을 주기 때문에 명예가 되는 그런 경우에 볼 수 있다. 로마에서 귀족과 서민의 결혼을 금지한 법*21이 바로 그것이다. 이것은 한편으로 귀족을 더욱 거만하게 하고 다른 한편으로는 더욱 미움을 받게 하는 데밖에 도움이 되지 않았다. 이 문제를 호민관이 그 연설에서 어떻게 이용했는가를 알아볼 필요가 있다.

이 불평등은 조세에 관한 시민들의 조건이 달라지는 경우에도 찾아 볼 수 있다. 그것은 네 가지 형태로 일어난다. 귀족들이 전혀 조세를 내지 않는 특권을 자신들에게 줄 경우, 그것을 면하기 위해 탈세 행위를 하고 있을 경우,*22 그들이 그 행하는 직무에 대한 보수 또는 봉급이라는 명목으로 조세를 자기의 것으로 하는 경우, 끝으로는 국민을 조공인(租貢人)으로서 취급하고 그들이 국민들로부터 징수하는 세금을 분배하는 경우이다. 이 마지막의 경우는 드물지만, 이런 상태의 귀족정체는 모든 정체 가운데서 가장 가혹하다.

로마가 귀족정체로 기울어져 있는 동안은 이런 불편을 매우 잘 피했다. 집정관들은 그들의 공직에서 결코 봉급을 받지 않았다. 공화국의 유력자들도 다른

---

*20 지금의 베네치아 사람은 많은 점에서 매우 현명하게 처세해 왔는데, 교회에서의 지위에 관한 어떤 베네치아 귀족과 대륙의 신사와의 싸움에 대하여, 베네치아 밖에서는 베네치아 귀족은 다른 시민에 대해 전혀 우위를 갖지 않는다고 결정했다. (원주)
*21 이 법은 10대관에 따라서 마지막의 두 표 가운데 넘겨졌다. 《드니 달리카르나스》 참조. (원주)
*22 오늘날 몇몇 귀족정체에서와 같다. 이처럼 국가를 약화시키는 것은 없다. (원주)

사람들과 마찬가지로 세금을 매겼다. 좀 더 많이 매겨지기도 했다. 그리고 때로는 그들만이 과세되었다. 끝으로 국가의 수입을 나누어 가지기는커녕 국고로부터 그들이 꺼낼 수 있는 모든 것, 행운이 그들에게 준 모든 재물을 자기들에게 주어진 영예의 보상으로서 국민에게 분배했다.*23

국민에 대해 행하여지는 분배가 민주정체에서 나쁜 결과를 가져오는 것과 같은 정도로 귀족정체에서 좋은 결과를 불러온다는 것은 근본적인 원칙이다. 민주정체에서는 시민 정신을 잃게 하지만, 귀족정체에서는 시민 정신으로 되돌아가게 한다.

수입을 국민에게 분배하지 않을 경우에는 그것이 잘 관리되고 있음을 국민에게 알려야 한다. 그것을 국민에게 알리는 것은 어떤 의미에서 그것을 누리게 하는 것이 된다. 베네치아에서 국민들이 볼 수 있도록 한 저 황금 사슬, 개선식 때 운반된 수많은 재물, 사투르누스의 신전에 보관해 두었던 보물 등은 참으로 국민의 재산이라 할 만한 것이었다.

귀족정체에서는 귀족이 조세 징수 일을 맡아보지 않는 것이 특히 중요하다. 로마에서는 국가의 제1 계급은 그런 일에 전혀 관계하지 않았다. 그것은 제2 계급에 맡겨졌다. 그런데 그마저도 어느덧 큰 불편을 일으켰다. 귀족이 조세를 징수하는 귀족정체에는 모든 개인이 징세업자들의 자의대로 될 것이다. 상급재판소는 그들을 징계할 수 없을 것이다. 그들 가운데 폐해를 제거하기 위해 임명된 사람들은 그 폐해를 누리는 것을 도리어 좋아할 것이다. 때문에 귀족들은 전제국가의 군주와 같게 될 것이다. 그들은 마음내키는 대로 아무에게서나 재산을 빼앗는다. 얼마 지나지 않아 거기서 얻는 이익은 일종의 세습 재산으로 간주되고, 그것을 탐욕이 제멋대로 키울 것이다. 세금 청부는 인하되고 국고 수입은 전혀 없어지게 되고 말 것이다. 이렇게 하여 어떤 나라들은 눈에 띌 만한 실패를 일으킨 일도 없는데 약화되는 바람에 이웃나라뿐만 아니라 시민 자체도 놀라게 되는 것이다.

법은 귀족에 대해 상업도 금지해야 한다. 이렇게 권세 있는 상인은 모든 종류의 독점을 행할 것이기 때문이다. 상업은 평등한 처지에 있는 사람들의 직업이다. 그러므로 전제국가 가운데에서도 가장 비참한 것은 군주가 상인인 국

---

*23 《스트라본》 제14편에서 로도스 사람이 이 점에 관해 어떻게 행동했는가를 참조하라. (원주)

가이다.

　베네치아의 법*24은 비록 악의가 없더라도 지나친 부를 얻게 할지도 모르는 상업을 귀족에게 금지했다. 법은 귀족이 국민의 권리를 인정하도록 하기 위해 가장 유효한 수단을 써야 한다. 법이 호민관을 설치하지 않았다면 법 스스로가 호민관이 되어야 한다.

　법의 집행에 대한 어떠한 종류의 피난처도 귀족정체를 멸망시킨다. 따라서 참주정체가 일어나게 된다. 법은 모든 시대에서 지배의 거만을 제압해야 하므로 잠정적 또는 상설적으로 귀족을 두렵게 만드는 사법관의 존재가 필요해진다. 스파르타의 민선장관이나 베네치아의 종교재판소 판사처럼 어떠한 형식에도 얽매이지 않는 사법관이 그것이다. 이런 정체는 매우 강력한 태엽이 필요하다. 베네치아에서는 돌의 입*25이 모든 밀고자를 위해 열려 있다. 마치 참주정체의 입이거나 한 것 같다.

　귀족정체에서 이 같은 참주적 관직은 민주정체의 감찰직과 관계가 있다. 민주정체는 그 성질로 볼 때 귀족정체 못지않게 독립적이다. 사실 감찰관은 그 감찰에 임해서 행한 일에 대하여 문책당해서는 안 된다. 그들에게는 신임을 주고 결코 낙담을 주어서는 안 된다. 로마인은 감탄할 만했다. 거기서는 모든 집정관에 대해 그들의 행위를 설명케 할 수 있었으나 감찰관은 예외였다.*26

　귀족정체에서 위험한 것이 두 가지 있다. 즉 귀족의 극단적인 가난과 그들의 넘치는 재산이다. 그들의 가난을 예방하기 위해서는 무엇보다도 일찍감치 그들의 채무를 치르도록 강제해야 한다. 그들의 재부(財富)를 억제하기 위해서는 현명한 눈에 띄지 않는 규정이 필요하다. 재산의 몰수라든가 토지균분법이라든가, 채무 면제 같은 것은 안 된다. 이런 것은 헤아릴 수 없는 해를 남긴다.

＊24 아믈로 드 라 우세 《베네치아의 통치에 관하여》 제3부. 크로디아법은 원로원 의원에 대해 40부셸 이상 실을 수 있는 어떤 배도 해상에서 가지 못하도록 금지하고 있었다(《티투스 리비우스》 제21편 제63장). 〔원주〕

＊25 밀고자는 거기에 그들의 서장(書狀)을 던져 넣는다. 총독의 궁정에는 아직도 이러한 도구가 표시되어 있다. 〔원주〕

＊26 《티투스 리비우스》 제49편 참조. 감찰관은 감찰관에 의하여서도 방해당할 수 없었다. 각자는 그 동료의 의견을 묻지 않고서 그의 비판을 작성한 것이다. 그리고 그 이외의 방법을 했을 때는, 말하자면 그러한 감찰은 무효로 간주되었다. 〔원주〕

법은 귀족들 사이에서는 장자상속권을 폐지해야 한다.*27 그것은 끊임없는 상속 분할로써 재산이 언제나 평등으로 돌아가게 하기 위해서이다. 대습상속인(代襲相續人) 지정이나 친족의 환매권, 귀족세습재산, 양자 등은 전혀 필요치 않다. 군주정체에서 가문의 세력을 영속하기 위해 고안된 모든 수단은, 귀족정체에서는 행할 수 없을 것이다.*28

법이 가족의 평등화를 행했을 때 다음에 남는 문제는 가족간의 결합을 유지하는 일이다. 귀족의 분쟁은 신속하게 해결되어야 한다. 그렇지 않으면 개인 간의 분쟁이 가족간의 분쟁이 된다. 중재재판관은 쟁송을 종결하고, 또는 그것을 방지할 수도 있다.

끝으로 법은 집안이 좀 더 고귀하다든가, 좀 더 오래라든가 하는 구실 아래에 허영심이 생기게 하는 차별을 부추겨서는 안 된다. 이 같은 허영은 개인의 약점에 머물러야 한다.

스파르타로 한 번 눈을 돌리기만 하면 된다. 그러면 민선장관이 국왕의 약점, 권문귀족의 약점, 그리고 국민의 약점을 어떻게 막을 수 있었던가를 알 수 있을 것이다.

제9장 민주정체에서 법과 그 원리의 관계

명예가 이 정체의 원리이므로 법은 그것과 관계하지 않으면 안된다. 법은, 말하자면 명예의 아버지이기도 하고 아들이기도 한 저 귀족을 유지하도록 노력해야 한다.

법은 귀족을 세습제로 만들어야 하는데, 그것은 군주의 권력과 민중의 무력함 사이의 경계표가 되기 위해서가 아니라 그 둘의 유대를 이어주기 위해서이다.

상속인 지정제도는 재산을 같은 가족 안에서 보전하는 것인데, 그것이 다른 정체에서는 알맞지 않지만 이 정체에서는 매우 유용하다.

환매권은 어느 한 친족이 낭비로 매도한 토지를 귀족의 집으로 되돌려 줄 것이다.

---

*27 베네치아에서는 그렇게 전해져 있다(아믈로 드 라 우세 30 및 31면). (원주)
*28 몇몇 귀족정체 국가의 목적은 국가를 유지한다기보다도 그 국가들이 그들의 귀족 계급이라 부르고 있는 것을 유지하는 데 있는 것 같다. (원주)

귀족의 토지는 귀족의 인격과 마찬가지로 특권을 가질 것이다. 군주의 존엄은 왕국의 존엄과 분리할 수 없다. 귀족의 존엄 또한 봉토의 존엄으로부터 분리할 수는 없을 것이다.

이 특권들이 귀족에게 고유한 것이라서 만일 정체의 원리에 충격을 줄 것을 원치 않고, 귀족의 힘과 민중의 힘을 함께 약화시킬 것을 원치 않는다면 결코 민중에게까지 미치지는 않을 것이다.

상속인 지정은 상업의 방해가 된다. 친족의 환매권은 끝없는 소송을 필요로 한다. 그리고 왕국의 모든 매각된 토지 재산은 적어도 1년 동안은 그 어떤 방법으로 주인 없는 토지가 된다.*29 봉토에 딸린 특권은 그 해를 입는 사람으로서는 매우 부담이 될 권력을 귀족에게 준다. 그것은 귀족 신분에 고유한 무례함인데, 이 무례함은 귀족 신분이 자아내는 전반적인 효용 앞에서는 사라진다. 그러나 만일 그것을 민중에게도 나누어 준다면, 모든 원칙을 쓸데없이 흔드는 셈이 된다.

군주정체에서는 재산의 대부분을 아들 한 사람에게 남겨주는 일이 허용될 수 있다. 이 허가는 군주정체에서만 적당하다. 법은 이 정체의 구조와 양립할 수 있는 모든 상업*30을 조장해야 한다.

그것은 신하가 줄곧 재생되는 군주와 궁정의 욕구를 피폐함이 없이 채워줄 수 있도록 하기 위해서이다.

법은 조세의 징수 방법에 어떤 질서를 주어야 한다. 그것은 징수 방법이 세금 자체보다 부담이 되지 않도록 하기 위해서이다. 과세 무게는 먼저 지나친 노동을 낳는다.

노동이 지나치면 쇠약을 낳으며 쇠약은 게으른 정신을 낳는다.

제10장 군주정체에서의 신속한 집행권

군주정체는 공화정체에 비해 큰 장점을 갖는다. 즉 정무가 단 한 사람에 따라서 지휘되므로 집행이 좀 더 신속하다. 그러나 그 속도가 너무 빠르면 퇴폐로 변할지도 모르므로 법 집행은 어느 정도의 완만성을 지녀야 한다. 법은 다

---

*29 귀족의 환매권을 행사하기 위해서는 1년과 1일의 유예기간이 있었다. (원주)
*30 상업은 국민에게만 허용되어 있다. De Comm. et mercatoribus 법전 제3법을 보라. 그것은 양식으로 가득차 있다. (원주)

만 각각의 정체의 본성을 조장할 뿐만 아니라 이 본성의 결과로서 생길지도 모르는 폐해를 교정해야 한다.

리슐리외 추기경*31은 민주정체에서는 모든 일에 어려움을 일으키는 결사의 가시에 찔리지 않도록 피해야 한다고 말하고 있다. 예컨대 그 인물이 가슴 속에는 전제주의를 가지고 있지 않았다 하더라도 머릿속에는 그것을 품고 있었을 것이다.

법 처분을 맡아보는 기구는 느린 걸음으로 걸을 때, 그리고 군주의 정무에 대해서 국가의 법에 관한 궁정의 무지로부터도, 고문회의 성급함으로부터도 기대하기 어려운 저 숙고를 할 때만큼 사람들이 잘 따르는 일은 결코 없다. 군주들이 자기의 활달한 마음이 쏠리는 대로 한없는 용기와 충성으로써 이루어진 공적에 대하여 한없는 보상을 주고자 했을 때, 만일 법관들이 그 완만한 호소, 그 간원으로써 국왕의 덕행 자체의 진행을 막지 않았더라면, 세계에서 가장 아름다운 군주국*32은 어떻게 되어 있었을 것인가.

제11장 군주정체의 우수성

군주정체는 전제정체에 비해 큰 이점을 가지고 있다. 군주 아래에 그 제도에 근거하는 몇 가지 신분이 있는 것이 그 본성이므로 국가는 더 안정적이고, 제도는 더 흔들림이 없고, 통치자의 일신은 더 안전하다.

키케로*33는 로마의 호민관 설치가 공화국으로서는 구원이었다고 믿었다. 그는 말한다. "사실 우두머리를 가지지 않는 민중의 힘은 더 무서운 것이다. 우두머리는 자기가 정치의 주인공이라는 것을 느끼고 있으므로 정치를 생각한다. 그러나 민중은 일단 날뛰기 시작하면 자기가 어떤 위험에 몸을 던지고 있는가를 전혀 알지 못한다."

이 고찰은 전제국가와 군주정체에도 적용할 수 있다. 말하자면 전제국가는 민중이 호민관을 가지지 않고, 군주정체는 민중이 호민관*34을 가지고 있다.

---

*31 《정치적 유언》. 〔원주〕
*32 프랑스왕국. 다음 장에서 예가 되고 있는 것도 이 왕국이다.
*33 《법률》 제3편 제10장. 〔원주〕
*34 프랑스의 고등법원(Parlement). 국왕의 명령은 고등법원이 기록하여야만 법의 효력이 발생한다.

사실 곳곳에서 볼 수 있듯이 전제정체가 변할 때에는, 국민은 자기 자신의 정념에 이끌려 상황을 그가 닿을 수 있는 극단까지 밀고 나아간다. 그들이 저지르는 질서의 파괴는 모두 극단적이다. 그에 비해 군주정체에서는 사물이 지나치게 추진되는 일은 매우 드물다.

우두머리는 자기 자신의 가치에 대하여 불안해진다. 그들은 버림받을 것을 두려워한다. 종속적인 중간 권력은 민중이 지나치게 강해지기를 바라지 않는다.[35] 국가의 여러 지방 귀족들이 모두 부패한다는 것은 드물다. 군주는 이들 여러 지방 귀족들에 의존하고 있다. 따라서 선동적인 자는 국가를 전복할 의지도 희망도 없으므로 군주를 넘어뜨릴 수도 없거니와 바라지도 않는다.

이런 상황에서는 지혜와 권위 있는 사람이 조정에 나선다. 사람들은 타협안을 택하고 화해를 하고 잘못을 고친다. 법률은 힘을 되찾고 다시 준수된다. 그래서 우리나라 역사는 혁명 없는 내전으로 가득차 있으나 전제국가의 역사는 내전 없는 혁명으로 가득차 있다.

몇몇 국가의 내란 역사를 쓴 사람들이, 그리고 바로 내란을 꾀한 사람들이 충분히 증명하듯이 군주가 어떤 신분에 봉사의 대상(代償)으로서 부여하는 권위는 군주에게 거의 의혹의 여지없이 믿을 만한 것이어야 한다. 왜냐하면 일을 그르쳤을 때라도 그들은 오로지 법과 자기의 의무만을 바라고, 격분하여 혈기에 내맡기는 반란자를 도와주기보다는 오히려 제약했던 것이다.[36]

리슐리외 추기경은 아마 자기 나라의 여러 지방 귀족들을 지나치게 멸시했다고 생각했으리라. 국가를 지탱하는 데 군주와 대신들의 덕성에 의지하려 했다.[37] 그는 그들에게 너무나 많은 것을 요구했는데, 사실 그만한 주의력·지력·기개·식견을 가질 수 있는 자는 천사 말고는 있을 것 같지 않다. 그러니까 앞으로 모든 군주국이 멸망해 사라지는 날까지 이 같은 국왕이나 대신이 나타날 수 있으리라고는 거의 기대할 수 없는 일이다.

우수한 사회 질서 아래에 생활하는 국민이 규칙도 우두머리도 없이 숲 속을 방황하는 사람들보다 행복하듯이, 마찬가지로 그 나라의 기본법 아래에 삶을 영위하는 군주는 그 국민의 마음이나 자기의 마음을 규제할 수 있는 어떤

---
[35] 이 책 제2편 제4장 주석 1 참조. (원주)
[36] 《추기경 드 레스의 메모》 및 그 밖의 역사서. (원주)
[37] 《정치적 유언》. (원주)

것도 가지고 있지 않은 전제군주보다 행복하다.

제12장 군주정체의 우수성(계속)
전제국가에서 활달과 도량을 구해서는 안 된다. 그곳의 군주는 그 자신이 가지고 있지 않은 존귀를 결코 주지는 못할 것이다. 그곳에는 영광이 존재치 않는다.

여기서만 저마다가 이른바 넓은 자리를 차지하고 독립적이 아닌 존귀를 영혼에게 주는 여러 덕행을 거둘 수 있다.

제13장 전제정체의 관념
루이지애나에 사는 야만인은 과일이 먹고 싶으면 나무를 뿌리째 베어 넘겨서 과일을 딴다. 이것이 전제정체이다.*38

제14장 법과 전제정체의 원리의 관계
전제정체는 두려움을 원리로 한다. 그러나 겁이 많고 무지하고 기력을 잃은 국민에게는 많은 법률이 필요치 않다. 거기서는 모든 일이 두세 가지 관념에 의거한다. 그러므로 새로운 관념은 필요치 않다. 가축을 조련할 경우 여러분은 조련사나 훈련과목이나 과정을 바꾸는 일을 피한다. 또 그 머리에 두세 가지 운동을 새겨 넣지만 그 이상은 하지 않는다.

군주가 후궁에 갇혀 있을 경우 그들을 낙담시키지 않고 쾌락의 거처를 나올 수는 없다. 그들은 군주의 일신과 권력이 남의 손안에 옮겨가는 것을 용인할 수 없다. 그래서 군주가 몸소 싸움터로 가는 일이 드물고, 또 대리 장군으로 하여금 싸움을 하게 할 용기도 좀처럼 갖지 않는다. 이런 군주는 궁전에서 아무런 반항도 받지 않는 데 익숙한 상태이므로 무기를 가지고 하는 저항에 격노한다. 그래서 그는 보통 분노나 복수심으로 이끌린다. 한편 그는 참된 영광의 관념을 가질 수 없다. 따라서 거기서는 자연스러운 포학성으로 전쟁이 행해지므로, 만민법(萬民法)은 다른 정체보다 좁은 범위밖에 가지지 못할 것이다.

이런 군주는 너무나 결함이 많으므로 자기의 타고난 어리석음을 온 세상에

---
*38 몽테스키외 전후로 많이 사용된 비유. "농부가 땔감을 필요로 할 때, 가지는 자르지만 나무의 뿌리는 베지 않는다."

드러내는 것을 두려워한다. 그는 몸을 숨기고, 세상 사람들은 그 거처를 알지 못한다. 다행히도 이런 나라에서는 사람들 또한 자기들을 다스리는 사람의 이름밖에 필요로 하지 않게 되어 있다.

샤를 12세는 벤데르*39에 있을 때 스웨덴 원로원이 약간의 저항을 표시한 것을 알자 장화 한 짝을 그들에게 보내면서 그것이 명령하도록 시키겠다고 써 보냈다. 이 장화는 전제군주처럼 통치했을 것이다.

만일 군주가 사로잡히면 그는 죽은 것으로 간주되어 다른 사람이 왕좌에 오른다. 포로가 맺은 조약은 무효이다. 그의 후계자는 그것을 승인하지 않을 것이다. 사실 그는 법률이고 국가이자 군주이므로, 그리고 군주가 아니면 아무것도 아닌 것이 되기 때문에 만일 죽은 것으로 간주되지 않으면 국가는 무너지고 말 것이다.

터키인으로 하여금 표트르 1세와 단독 강화를 할 것을 결의하게 만든 가장 큰 원인은, 러시아 사람이 터키 재상에게 스웨덴에서는 다른 왕을 왕조에 앉혔다고 말한 점이었다.*40

국가의 보전이란 군주의 보전, 아니 오히려 군주가 머무는 궁전의 보전에 지나지 않는다. 직접적으로 궁전이나 수도를 위협하는 것이 아니면 무지하고 거만하고 편견으로 가득찬 사람들에게 아무것도 영향을 주지는 않는다. 그리고 잇따른 사건에 관해서는 그들은 그것을 따라가지도 못하고 예견하지도 못하고 생각조차 못한다. 정치와 그 동력 및 그 법이 여기서는 매우 한정되어 있을 것이 틀림없다. 그리고 국정은 민정과 마찬가지로 간단하다.*41 모든 것이 국정 및 민정과 가정(家政)을 조화시키고, 국가 관리와 후궁 관리를 조화시키는 일로 귀착한다. 그런 국가는 그것이 세계에서 유일하다고 여겨질 수 있는 경우나, 사막으로 둘러싸여 야만인이라 부르는 다른 민족으로부터 격리되어 있을 경우에 가장 좋은 상태에 있다고 할 수 있을 것이다. 국민적 군대를 의지할 수 없으므로 자기의 일부를 파괴하는 것이 좋을 것이다.

전제정체의 원리가 두려움이라고 한다면, 그 목적은 정적(靜寂)이다. 그러나

---

*39 이 유명한 스웨덴 왕(1682~1718)은 그때 벤데르가 아니라 데모치카에 있었다고 지적되고 있다.
*40 푸펜도르프 《세계사》의 계속 〈스웨덴론〉 제10장. 〔원주〕
*41 샤르댕에 따르면 페르시아에는 자문회가 없다.

그것이 평화는 아니다. 그것은 바로 적에게 점령되려는 도시의 침묵이다. 힘은 국가에 있는 것이 아니라 국가를 세운 군대에 있으므로 국가를 지키기 위해서는 이 군대를 유지해야 할 것이다. 그러나 이 군대가 군주로서는 두려운 존재이다. 따라서 국가의 안전과 국왕의 일신의 안전을 어떻게 해서 조화시킬 것인가.

보라, 러시아 정부가 얼마나 열심히 전제로부터 벗어나려고 노력하고 있는가를. 전제는 국민 자체에게보다도 이 정부에게 좀 더 무거운 짐인 것이다. 그것은 대군단을 해산했다. 형벌을 경감했다. 재판소를 설치했다. 법률을 알기 시작했다. 국민을 교육했다. 그러나 그 어떤 특유한 원인이 있어서 러시아 정부는 아마 그들이 벗어나고자 한 불행으로 또 한번 되돌아가게 될 것이다.

이런 국가에서는 다른 어느 국가보다도 종교가 큰 영향력을 갖는다. 종교는 두려움에 부가된 것이다. 이슬람교인들의 여러 제국에서는, 국민이 군주에게 품는 놀라운 존경심을 일부분은 종교로부터 우러나오게 하고 있다. 터키의 국가 구조를 조금이나마 수정하는 것은 종교이다. 신하는 국가의 영광과 위대함에 대해, 명예에 따라서는 결합되지 않지만 힘과 종교의 원리로 말미암아 결합되어 있다.

모든 전제정체 가운데에서 군주 스스로가 모든 토지의 소유자이며 그 신하 전체의 상속인이라고 선언하는 정체만큼 자기 자신을 약화하는 것은 없다. 그것은 반드시 토지 경작을 포기하는 일을 가져오게 한다. 그리고 또 국왕이 상인이라고 한다면 모든 종류의 경제 활동이 무너진다. 이런 나라에서는 사람들이 아무것도 고치지 않고 개선하지도 않는다.*42 집을 짓는 것은 한 세대만 살기 위한 것이므로 하수도도 파지 않고 나무도 심지 않는다. 땅으로부터 모든 것을 끄집어 내기만 하고 아무것도 돌려주지 않는다. 모든 국토가 황야이고 사막이다.

토지소유권과 재산상속권을 뺏는 법률이 권문의 인색과 탐욕을 줄인다고 여러분은 생각하는가? 그렇지 않다. 이러한 법률은 이 인색과 탐욕을 더욱더 자극할 것이다. 혹독한 학대를 더하게 만들 것이다. 훔치든가 숨기든가 할 수 있는 금이나 은밖에 자기 재산으로서 가질 수 없다고 생각하기 때문이다.

---

*42 리코 《오스만제국에 대하여》 1678년판 참조. 〔원주〕

모든 것을 잃지 않도록 군주의 탐욕이 어떤 관습으로써 억제되는 것이 좋다. 터키에서는 군주가 민중의 상속 재산으로부터 보통 3퍼센트를 갖게 함으로써 만족하고 있다.*43 그러나 군주는 토지의 대부분을 군대에게 주어서 그것을 마음내키는 대로 처분하고 제국 관리의 상속 재산을 몰수하므로, 그리고 어떤 남자가 아들을 갖지 못하고 죽었을 때에는 군주가 소유권을 가지고 딸은 용익권(用益權) 밖에 갖지 못하므로, 이 나라의 재산 대부분은 불안정한 방법으로 소유되고 있는 데 지나지 않게 된다.

밴텀*44의 법률에 따르면, 국왕은 모든 상속 재산·아내·자녀·집까지도 빼앗는다. 이 법률의 가장 잔혹한 규정을 벗어나기 위해서는 아이가 아버지의 상속 재산 가운데 불행한 한 부분이 되지 않도록 아이들을 여덟 살이나 아홉 살, 열 살, 또는 그보다 더 어릴 때 결혼시켜야 한다.

기본법이 전혀 없는 국가에서는 왕위계승이 정해지지 않을 것이다. 거기서는 왕위가 군주에 따라 왕실 가문 안 또는 그 가족 밖에서 선출된다. 맏아들이 계승한다고 정해 놓아도 소용이 없을 것이다. 군주는 언제나 다른 사람을 선출할 수 있을 것이다. 계승자는 군주 자신에 따라서든가, 그 대신들에 따라서든가 또는 내란으로 결정될 것이다. 이렇게 하여 이 국가는 군주정체보다도 해체의 원인을 하나 더 가지게 된다.

왕가의 모든 왕자가 똑같이 선출될 능력을 가지고 있기 때문에 왕좌에 오른 자는 먼저 터키의 경우처럼 그 형제를 교살하게 한다. 또는 페르시아의 경우처럼 장님으로 만든다. 또는 몽골처럼 미치광이로 만든다. 또는 만일 이러한 조치를 취하지 않으면 모로코처럼 왕좌가 빌 때마다 끔찍한 내란이 일어난다.

러시아 정부의 제도를 정한 기초법*45에 따르면 황제는 그 후계자를 자기 가족 안에서든 가족 밖에서든 바라는 대로 정할 수 있다. 이러한 계승제도는 수없이 많은 혁명을 일으키며, 계승이 자의적인 것과 마찬가지로 왕좌를 불안정한 것으로 만든다. 계승의 순위는 국민으로서 알아야 할 가장 중요한 사항의 하나이므로, 가장 좋은 순위는 출생과 출생의 일정한 순서처럼 무엇보다 명료

---

*43 터키의 상속에 관해서는 《고대와 현대의 스파르타》 참조. 역시 리코 《오스만제국에 대하여》 참조. [원주]
*44 자바 섬의 옛 왕국.
*45 여러 가지 기초법, 특히 1772년의 그것을 참조.

하게 알 수 있는 것이 낫다. 이 같은 규정은 음모를 막고 야심을 억압한다. 벌써 병약한 군주의 마음을 붙잡으려고도 하지 않고, 또 죽어 가는 자에게 말을 시키지도 않는다.

계승 순위가 기본법으로 정해져 있을 경우에는 단 한 사람의 왕자가 계승자이므로 그 형제는 왕위를 다툴 아무런 권리도 갖지 못한다. 부왕의 개인 의지를 추측할 수도 주장할 수도 없다. 따라서 국왕의 아우이건 다른 신하의 누구이건간에 이를 체포하거나 암살케 할 필요가 없다.

그러나 군주의 형제가 군주의 노예임과 동시에 적대자이기도 한 전제국가에서는 조심스럽게 그들의 신병을 구속해 두는 편이 낫다. 특히 종교가 전쟁의 승리나 성공을 신의 심판으로 간주하는 이슬람 나라에서 그렇다. 그래서 이런 나라에서는 그 누구도 권리에 따라서 군주가 되는 일이 없으며, 오직 사실에 따라서 군주가 될 따름이다.

왕자들이 만일 왕좌에 오르지 않으면 살해되든가 유폐당할 것을 알고 있는 나라에서는, 야심이 우리 사이에서보다도 훨씬 더 강하게 자극된다. 우리 나라에서는 친왕들이 야심을 충분히 채우지 못할지언정 온화한 욕망이라면 아마 보다 잘 만족시킬 수 있는 처지를 누리고 있다.

전제국가의 군주는 언제나 결혼을 악용해 왔다. 그들은 보통 아내를 여럿 두었는데, 특히 세계에서 전체가 풍토화된 지방인 아시아에서 그렇다. 그래서 그들은 매우 많은 자식을 가지므로 자식에 대해 거의 애정을 품지 않고 자식들도 그 형제들에게 애정을 느끼지 않는다. 왕의 집은 국가와 비슷하다. 이 가족은 지나치게 약하고 그 가장은 너무 강하다. 가족은 대규모로 보이나 실상은 무(無)로 돌아간다. 아르타크세르크세스*46는 그에 대하여 음모를 꾸몄다고 해서 그 자식들을 모두 처형했다.*47 50명의 자식이 아버지에 대해 음모를 꾸몄다는 것은 있을 법 하지 않다. 아버지가 애첩을 맏아들에게 양보할 것을 거부했기 때문에 음모를 꾸몄다는 것은 더더욱 의심스럽다. 차라리 저 동양의 후궁들의 간계가 있었다고 생각하는 편이 간단하다. 그곳에서는 책략과 악의와 교활한 꾀가 침묵 속에서 지배를 하며, 두터운 밤의 어둠에 싸여 있다. 그리고

＊46 Justin 참조. 〔원주〕
＊47 아르타크세르크세스에게는 115명의 자식이 있었는데, 음모를 꾸미다가 사형당한 것은 50명이었다고 한다.

나날이 무기력해지는 늙은 국왕은 궁전의 첫째 가는 수인(囚人)이다.

앞서 말한 모든 점으로 볼 때 인간의 본성은 언제나 전제정체에 반항하는 것으로 생각될 것이다. 그러나 인간이 자유를 사랑하고 폭력을 증오한다 하더라도 대부분의 민족이 이 제도에 복종하고 있다. 이것은 쉽사리 이해할 수 있다. 제한정체를 이루기 위해서는 여러 힘을 결합하고 근접하고 억제하고 작동시켜야 한다. 말하자면 어떤 힘에 모래 주머니를 달아 다른 힘에 맞설 수 있는 상태에 놓아야 한다. 그것은 입법의 걸작이므로 우연히 만들어 낸다는 것은 드물고 또 사람의 생각으로 만들어 내는 일도 드물다. 전제 정치는 이와 반대로 말하자면 누구의 눈에도 명백하다. 그것은 어디서나 매한가지이다. 그것을 수립하는 데는 정념을 필요로 할 뿐이므로 누구나 할 수 있다.

제15장 법과 전제정체의 원리의 관계(계속)

보통 전제주의가 지배하는 풍토에서는 정념이 비교적 빨리 나타나고 또한 빨리 쇠퇴한다.[48] 정신도 빨리 성취된다. 거기서는 재산 탕진의 위험이 좀 더 적고 임신의 기회도 한결 적다. 집안에 틀어박혀 있는 젊은이들 사이엔 교제가 적고, 거기서는 사람들이 좀 더 일찍 결혼한다. 그러므로 유럽의 풍토에서 더욱 빨리 어른이 될 수 있다. 터키에서는 성년기가 열다섯 살부터 시작된다.[49]

재산을 내맡기는 일은 여기서 행해질 수 없다. 아무도 확실한 소유권을 갖지 않는 제도 아래서는 돈 빌리기가 재산보다도 사람에 대하여 행해진다. 재산을 내맡기는 일은 제한정체, 특히 공화정체에서는 당연히 행해진다. 시민들의 성실에 대하여 주어져야 할 최대의 신뢰를 위해서, 그리고 저마다가 자기 자신에게 준 것처럼 생각되는 통치 형태가 사람들의 마음에 준 온화함 때문에 그렇게 되는 것이다.

만일 로마공화국에서 입법자들이 재산을 내맡기기로 정했더라면[50] 그 같은 폭동이나 내분에 빠지지는 않았을 것이다. 그리고 병폐의 위험도 그 치료

---

*48 이 책 제15편 〈풍토와의 관계에서의 법률〉 참조. 〔원주〕
*49 리규티에르 《고대와 현대의 스파르타》 463면. 〔원주〕
*50 재산을 맡기는 일은 줄리아법(De Cessione bonorum)에 따라 설정되었을 따름이다. 투옥은 피할 수 있게 되었다. 그래서 재산을 맡기는 일은 부끄러운 것이 아닐 수 있게 되었다(《법전》 제2권 제12편). 〔원주〕

의 위험도 낳지 않았을 것이다. 빈곤과 재산의 불안정이 전제국가에서 높은 금리를 풍토화한다. 돈을 빌려주는 데 따르는 위험에 비례해서 누구나가 자기 돈의 가치를 올리기 때문이다. 이런 불행한 나라에서는 궁핍이 모든 방면에서 찾아온다. 거기서는 모든 것을 빼앗긴다. 돈을 차용하는 수단까지도.

그 결과 거기서는 상인이 큰 장사를 할 수 없다는 것이 된다. 그는 하루살이를 하게 된다. 만일 그가 많은 상품을 사들인다면 상품으로 버는 이상으로 상품 때문에 치르는 이자로 말미암아 손해를 보게 될 것이다. 때문에 거기서는 상업에 관한 법이 거의 없다. 그것은 다만 단속 규정에 머무를 뿐이다.

정부는 그 부정을 행하는 손을 갖지 않고서는 부정을 저지를 수가 없을 것이다. 그런데 이 손이 사리사욕 때문에 사용되지 않는다는 것은 불가능하다. 그러므로 공금 횡령이 전제국가에서는 자연스럽다.

이 같은 범죄가 거기서는 흔한 일이므로 여기서는 몰수가 유효하다. 이로써 국민은 위안을 받게 되고, 이것에서 얻어지는 돈은 막대한 세금 대신이 될 수 있다. 이러한 돈을 군주가 영락한 시민들로부터 징수하기란 어려운 일이다. 게다가 이런 나라에는 사람들이 남기고자 하는 그 어떤 가족도 없다.

제한국가에서는 사정이 전혀 다르다. 몰수는 재산의 소유를 불안정하게 할 것이다. 죄없는 아이들을 벌거숭이로 만들 것이다. 한 사람의 죄인을 처벌해야 할 경우에 온 가족을 파멸케 할 것이다. 공화국에서는 어떤 시민으로부터 가장 기본적인 생활을 위해 꼭 필요한 것을 빼앗음으로써 공화정체의 기본 정신인 평등을 해치는 잘못을 저지르게 될 것이다.*51

로마의 어떤 법은 극악한 대역죄인 경우 말고는 몰수를 행하지 않는다고 정하고 있다.*52 이 법의 정신에 따라서 몰수를 인정한 범죄에 한정한다는 것은 매우 현명한 처사일 것이다. 보당*53이 자기 취득 재산 말고는 몰수해서는 안 된다고 한 것은 매우 정당하다.

제16장 권력의 전달

전제정체에서 권력은 그것을 위탁받은 사람들의 손안에 모두 옮겨진다. 대

---

*51 아테네 공화국에서는 몰수를 지나치게 한 것 같다.
*52 Authentica bona damnatorum. 〔원주〕
*53 《국가》 제5편 제3장. 〔원주〕

신은 전제군주 자신이며 개개의 관리는 대신이다. 군주정체에서 권력은 더 간접적으로 행사된다. 군주는 그것을 줄 때 제한한다. 그는 그 권력의 분배를 권력의 좀 더 많은 부분을 보류하지 않고서는 권력의 일부분을 주지 않는다는 식으로 한다.

이와 같이 군주국에서는 각 도시의 대신들이 좀 더 군주에게 종속하지 않고서 주지사에게 종속하는 일은 없으며, 군대의 각 장교도 군주에 종속하는 이상으로 장군에 종속하는 일은 없다.

대부분의 군주국에서 조금 폭넓은 명령권을 가지고 있는 자는 어떤 군대에도 소속하지 않도록 정해 놓았는데, 이는 현명한 일이다. 그래서 그들은 군주의 특별한 의지로써만 명령권을 가지고 있는 것이니, 군주는 그들을 사용할 수도 있고 사용하지 않을 수도 있기 때문에 그들은 어떤 의미로는 근무를 하는 셈이고 또 어떤 의미로는 근무 밖에 있는 셈이다.

이것은 전제정체와는 양립할 수 있다. 왜냐하면 만일 현재 근무하지 않는 자가 여전히 특권이나 칭호를 유지한다면, 국내에 오직 그 자신에 따라서 고위층을 차지하는 인간이 있는 셈이 되고 말 것이기 때문이다. 이것은 이 제도의 본성을 손상할 것이다.

도시의 대신이 주지사로부터 독립해 있다고 하면, 둘을 조화시키기 위해 날마다 타협책이 필요할 것이다. 이것은 전제국가에 불합리한 일이다. 뿐만 아니라 도시의 대신이 복종하지 않는 수도 있으므로 상대는 목을 걸고 자기의 주(州)에 책임을 질 수가 없을 것이다.

이런 제도에서는 권력이 언제나 평형을 잃어버린다. 가장 낮은 관리의 권력도 전제군주의 그것에 못지않게 흔들리고 있다. 제한국가에서는 법이 어떤 점에서도 신중할 뿐만 아니라 완전히 알려져 있으므로 가장 낮은 관리도 그것에 따를 수가 있다. 그러나 전제주의 아래에서는 법이 군주의 의지에 지나지 않으므로 비록 군주가 현명하다고 하더라도 관리가 어떻게 자기가 모르는 의지를 따라갈 수 있겠는가. 그는 자기 자신의 의지에 따르는 수밖에 도리가 없다.

그 밖에도 문제가 있다. 그것은 법이 군주가 의욕하는 바에 지나지 않는데다가, 또 군주는 자기가 아는 것밖에 의욕할 수가 없으므로 그를 대신해서 그에게 보조를 맞추어서 의욕을 갖는 수많은 사람들이 필요하다는 것이다.

끝으로 법은 군주의 순간적인 의지이므로 그를 대신해서 의욕을 갖는 사람들도 그의 순간적인 의욕에 따라야 한다.

제17장 선물

윗사람에게 접근할 때는 그것이 누구이든, 국왕일지라도 선물을 하는 것이 전제국가의 관습이다. 몽골제국 황제[*54]는 무엇인가를 받지 않고는 신하의 청원을 결코 수리하지 않았다. 이들 군주는 자기 자신의 은혜를 부패시키고 있는 것이다.

누구도 시민이 아닌 제도, 상급자는 하급자에게 아무런 의무가 없다는 사상이 행해지는 제도, 사람들의 무리가 다른 무리에게 행하는 응징으로써만 서로 결합된다고 믿어지는 제도, 정무가 적어서 사람들이 고관 앞에 나가서 그에게 진정을 하거나 불평을 제의하는 일이 드문 제도에서는 언제나 이렇게 되지 않을 수 없다.

공화국에서는 선물을 꺼린다. 왜냐하면 덕성이 그것을 필요로 하지 않기 때문이다. 군주국에서는 명예가 선물보다 강한 동기를 이룬다. 그러나 전제국가에서는 명예도 덕성도 없으므로 사람은 생활이 안락해지리라는 희망에 기대지 않고는 행동을 결정하지 못한다.

공화정 사상에 따라서 플라톤은 자기 의무를 완수하기 위해 선물을 받는 자들을 사형에 처할 것을 바랐다. 그는 말했다. "좋은 일을 위해서도 나쁜 일을 위해서도 그것을 받아서는 안 된다"[*55]

1년 동안 1백 에퀴를 넘지 않는 한, 얼마쯤 선물[*56]을 받아도 좋다는 것을 관리에게 허용한 로마의 법은 나쁜 법이었다. 아무것도 받지 않는 자는 아무것도 바라지 않는다. 조금이나마 받은 자는 얼마 지나지 않아 그보다 조금 더 받기를 바라고, 이어서 많이 받기를 바라게 된다. 그리고 또 아무것도 받아서는 안 되는데, 무엇인가를 받는 자의 유죄를 증명하는 쪽이 좀 더 적게 받아야 할 텐데 더욱 많이 받은 자, 그리고 그것을 위해서는 언제나 구실이나 변명, 그럴 듯한 근거나 이유를 찾아 내는 자의 유죄를 증명하기보다 쉽다.

[*54] 《동인도회사 설립에 도움이 된 여행기집》 제1권 80면.
[*55] 《법률》 제12편. (원주)
[*56] Munuscula(향신료). (원주)

제18장 주권자가 주는 상여

전제정체에는 이미 말한 바와 같이 사람들은 생활이 안락해지리라는 희망에 따라서만 행동을 결정하므로 군주가 상을 주려면 금전을 주는 수밖에 없다. 명예만이 지배하는 군주국에서는, 만일 명예에 따라서 결정된 영예라는 것이 필연적으로 금전의 필요를 주는 사치와 결합되지 않는다면 군주는 다만 영예만으로 상을 주겠지만, 여기서 군주는 부유함으로 이끄는 영예로운 직책에 의하여 상을 준다. 그러나 덕성이 지배하는 공화정체에서는—덕성은 자족적 동기이며, 다른 모든 동기를 배제하므로—국가는 이 덕성의 증명으로만 상을 줄 따름이다.

군주정체나 공화정체에서 큰 상여는 그 정체의 쇠미의 조짐이라고 하는 것이 일반 원칙이다. 왜냐하면 이 상여는 정체의 원리가 부패했다는 것을 증명하며, 한편에서 명예의 관념이, 다른 한편에서 시민이라는 자격이 이전만큼 무게를 지니지 않게 되었기 때문이다.

가장 나쁜 로마 황제는 상여를 가장 많이 준 사람들이었다. 예를 들면 칼리굴라·클라우디우스·네로·오토·비텔리우스·콤모두스·엘라가발루스·카라칼라 등이다. 가장 좋은 황제 아우구스투스·베스파시아누스·안토니누스 피우스·페르티낙스·마르쿠스 아우렐리우스 등은 절약가였다. 좋은 황제 아래에서는 국가가 그 원리를 되찾았다. 명예의 보고가 그 밖의 보고를 보충해 주었다.

제19장 세 정체의 원리 및 기타 결과

나의 세 가지 원리를 좀 더 적용해 보지 않고는 본편을 끝낼 생각이 나지 않는다.

문제 1 법은 시민으로 하여금 공직을 맡을 것을 강제해야 하는가.

공화정체에서는 그래야 하나, 군주정체에서는 그렇지 않다고 나는 주장한다. 공화정체에서는 공직은 덕성의 증명이며, 조국이 한 시민에게 맡기는 위탁물이므로 그 시민은 조국을 위해서만 생존하고 행동하고 사고해야 한다. 그러므로 그는 그것을 거절할 수 없다.[*57] 군주정체에서는 공직은 명예의 증명이다.

[*57] 플라톤은 그 《국가》 제8권에서 이 같은 거절을 공화제 부패의 조짐으로 헤아리고 있다. 그의 《법률》 제6편에서, 그것을 벌금에 따라 처벌하라고 말하고 있다. 베네치아에서는 그것을 추방에 따라 처벌한다. 〔원주〕

그런데 명예란 매우 기묘한 것이어서 그것이 바랄 때와 그 바라는 방법이 아니라면 어떤 공직도 수락하지 않는다는 방법을 선택할 수 있다.

세상을 떠난 사르디니아 왕*⁵⁸은 그의 나라 영예나 관직을 거절한 자를 처벌했었다. 그는 공화정체를 이해하지 못하고 그 관념만 따랐던 것이다. 그러나 그의 통치법은 그것이 그의 의도가 아니었음을 충분히 나타내고 있다.

문제 2 시민이 군대에서 전에 차지했던 지위보다 낮은 지위를 수락하도록 강제당할 수 있는 것은 좋은 격률이겠는가.

로마에서는 대장이 다음해에 그 부관 밑에서 일하는 것을 때때로 볼 수 있었다.*⁵⁹ 이는 공화국에서 사람이 국가를 위해 자기 자신과 자기 혐오를 줄곧 희생할 것을 덕성이 바라고 있었기 때문이다. 그러나 군주국에서는 명예가 참이건 거짓이건 격식이 떨어지면 용인할 수 없다.

전제국가에서는 명예는 물론 관직과 위계가 함께 남용되므로 태연히 군주를 부하군사로 만들거나 부하군사를 군주로 만들거나 한다.

문제 3 문무관 두 직을 한 사람에게 겸하게 하여도 좋을 것인가.

공화정체에서는 둘을 결합시켜야 하고 군주정체에서는 분리해야 한다. 공화정체에서는 군직을 특수한 계급으로 하여 문관의 계급과 다른 것으로 함은 매우 위험할 것이다. 그런데 군주국에서는, 이 두 가지 직무를 한 사람에게 주는 것은 그에 못지 않는 위험이 있다.

공화정체에서는, 법과 조국의 방위자로서만 사람들이 무기를 잡는다. 어느 기간 군인이 되는 것은 사람들이 시민이기 때문이다. 그런데 문무 두 계급이 있다고 하면, 군무에 종사하면서 자기를 시민으로 알고 있는 사람도 곧 자기는 군인에 지나지 않는다고 느끼게 될 것이다. 군주정체에서는 군인은 영예 또는 적어도 명예나 재산만을 목적으로 삼고 있다. 이런 사람들에게는 문관직을 주지 않도록 충분히 주의해야 한다. 뿐만 아니라 그들은 문관에 따라 제약되어야 하며, 또 같은 사람들이 국민의 신임과 그것을 함부로 쓸 힘을 동시에 갖지 않도록 해야 한다.

---

*58 빅토르 아메데. 그는 최초의 시칠리아·사르디니아 국왕이 되었다.
*59 일부 백인대장이 전에 차지했던 위치에 돌아갈 것을 요구하기 위해 국민에게 호소했을 때, 한 백인대장이 말했다. "나의 동료들이여, 여러분이 조국을 지키기 위한 모든 지위를 명예스러운 것으로 생각함이 정당하다." (원주)

공화정체가 군주정체의 형태 아래에 감추어져 있는 나라*60에서, 사람들이 얼마나 군인이라는 특수 계급을 두려워하는가. 그런데도 군인이 여전히 시민으로 존재하고, 또 때로는 공직자가 되는 것을 보라. 그것은 시민과 공직자의 자격이 조국에 대한 담보가 되어 조국을 결코 잊는 일이 없도록 하기 위해서이다.

공화정체를 잃은 뒤에 로마인이 행한 문무관직의 양분은 자의적인 것이 아니었다. 그것은 로마의 구조가 변화한 결과이며 군주정체의 성질에 속하는 것이었다. 그리고 아우구스투스*61의 치세 때에 시작되었던 것에 지나지 않은 것을 다음의 여러 황제들은 군국정체를 완화하기 위해서 어쩔 수 없이 끝마쳐야 했던 것이다.

그래서 발렌스와 제위를 다툰 플로코피우스가 페르시아의 왕족인 호르미스다스에게 지방 총독이라는 현직(顯職)을 주는 과정에서, 전에 있던 군의 지휘권을 그 관직에 다시 주었을 때, 그는 이 문제를 전혀 이해하지 못했던 것이다. 그에게 특별한 사정이 있었다면 별문제이지만. 주권을 손에 넣고자 열망하는 인간은 국가의 이익보다 자기의 이익을 좇는 법이다.

문제 4 관직이 주권으로서 매매되는 것은 옳은가.

전제국가에서는 옳지 않다. 거기서는 시민들이 군주에 따라서 곧바로 임명되거나 파면되거나 할 것이기 때문이다.

매관제도가 군주국에서는 좋다. 왜냐하면 그것은 덕성을 위해서 하거나 하지 않는 일을 가업으로서 사람들에게 하도록 만들어, 저마다 그 의무를 수행케 하고 국가의 여러 질서들을 더욱더 영속적으로 만들기 때문이다. 아나스타시우스가 모든 관직을 팔아서 제국을 하나의 귀족정체로 바꾸어 버렸다고 수이다스가 한 말은 옳다.*62

플라톤은 이 매관제도를 인정할 수가 없었다.*63 그는 말한다. "이것은 마치 배 안에서 그가 가진 돈 사정에 따라 어떤 사람을 수로 안내자로 만들거나 수

---

*60 영국을 가리킴.
*61 아우구스투스는 원로원 의원·지방 총독·지사로부터 무기를 가지는 권리를 빼앗았다(《디온》 제33편). 〔원주〕
*62 콘스탄틴 프로피로게니토스의 《미덕과 악덕》에서 발췌.
*63 《국가》 제8권. 〔원주〕

부로 만드는 것과 같다. 이런 규칙이 인생의 다른 어떤 일에도 나쁜데, 다만 국가를 운영하기 위해서만 좋다는 일이 있을 수 있겠는가."

그러나 플라톤이 말하는 국가는 덕성에 기초를 두는 공화정체의 이야기이고, 우리가 이야기하고 있는 것은 군주정체에 대해서이다. 그런데 관직을 국가의 규칙으로 매매하지 못하게 하더라도 궁정귀족의 빈곤과 탐욕은 여전히 그것을 팔 것이다. 우연 쪽이 군주의 선택보다도 좋은 신하를 줄 것이다. 끝으로 부유함으로 영달하는 방식은 노동을 북돋고 함양한다.*64 이는 이런 종류의 정체가 매우 필요로 하는 것이다.*65

문제 5 어떤 제도에 감독관이 필요한가.

공화정체이다. 거기서는 제도의 원리가 덕성이기 때문이다. 덕성을 파괴하는 것은 다만 범죄만이 아니라 태만, 과실, 과감하지 못한 조국애, 나쁜 예나 타락의 싹 등, 법을 침해하는 것은 아니더라도 법망을 뚫는 것, 법을 파괴하는 것은 아니지만 약화시키는 것, 이런 모든 것은 감독관에 따라 교정되어야 한다. 매에 쫓겨 품속으로 도망쳐 들어온 참새를 죽인 아테네 최고 법원 판사의 처벌을 보고 우리는 놀란다. 그 최고 법원이 자기 새의 눈을 도려낸 소년을 죽였다는 말을 듣고 모두 깜짝 놀란다. 그러나 여기서 문제는 범죄에 대한 선고가 아니라 좋은 풍속의 기초 위에 있는, 한 공화국의 풍속 재판이라는 점에 주의해야 한다.

군주국에서는 감독관이 필요없다. 군주정체는 명예의 토대 위에 서 있으며 명예의 성질은 사회전체를 감독관으로 하는 데 있다. 명예를 잃은 자는 전혀 명예를 가지고 있지 않는 자의 비난까지 받아야 한다. 여기에 감독관을 두면 그들은 바로 그들이 교정해야 할 사람들에 따라 부패될 것이다. 그들은 군주정체의 부패에 대해서는 쓸모가 없지만, 군주정체의 부패는 그들이 저항하기에는 지나치게 강할 것이다.

전제정체에서 감독관이 필요없다는 것은 누구나 잘 아는 일이다. 중국의 예는 이 규칙에 어긋나는 것 같다. 그 제도의 특별한 이유를 뒤에 설명할 작정이다.

---

*64 리슐리외의 《정치적 유언》에서 빌려 온 고찰이라고 라블레는 말하고 있다.
*65 에스파냐의 태만. 거기서는 모든 관직이 헐값으로 팔린다. (원주)

제6편
시민법과 형법의 단순성·재판 절차·
형 결정 등에 관한 여러 정체의 원리들과 그 영향

제1장 여러 정체에서 민법의 단순성

군주정체는 전제정체와 같이 간단한 법을 허용할 수 없다. 거기에는 재판소가 필요하다. 이들 재판소가 판결을 내린다. 주어진 판결은 보존되고 습득되며, 어제 판결된 것과 같이 오늘도 판결되도록, 또 시민의 재산과 생명이 국가의 구조와 마찬가지로 안전하고 확실하도록 해야 한다.

군주국에서는 생명 및 재산뿐만 아니라 명예에 속하는 일도 판결을 내리는 것이므로 재판을 시행하는 데는 신중한 심사가 필요하다. 재판관의 신중성은 그에게 맡겨진 일의 크기에 따라 비례하고, 그가 판결을 내리는 이익의 중요성에 비례해서 커진다. 그러므로 이런 국가의 법에서 많은 규칙과 제한과 확장을 발견하고, 그것들이 특수한 경우를 증대하여 이성(理性) 자체를 한낱 기술로 만드는 것같이 보이더라도 놀라서는 안 된다.

위계·출생·신분 차이는 군주정체에 설정되어 있는데, 이것이 재산의 성질에서 차별을 가져온다. 그리고 이런 정체의 구조에 관계 있는 법이 이런 차별의 수를 키우는 수가 있다. 그래서 우리나라에서 재산은 남편이나 아내의 특유재산, 획득재산이나 취득재산, 결혼지참금, 지참금 외 아내재산, 아버지측 재산, 어머니측 재산, 여러 가지 동산, 자유상속재산, 한정 상속재산, 세습재산과 양도재산, 귀족적 자유 소유지와 평민적 자유 소유지, 지대(地代)와 연금 등이 있다. 각 종류의 재산은 특유한 규칙에 따르므로 그것을 처분하려면 그 규칙들을 지켜야 한다. 그것이 또 단순성을 잃게 한다.

우리의 여러 정부에서 봉토는 세습적인 것이 되었다. 귀족은 일정한 재산을 가질 필요가 있었다. 즉 봉토에는 일정한 면적이 필요했다. 봉토의 소유자가 군주에게 봉사할 수 있기 위해서이다. 이 점이 많은 종류를 낳게 했다. 예를 들면 봉토를 형제들 사이에 분할할 수 없었던 지방도 있으나, 동생들이 좀 더 많은 면적에서 그들의 생활 수단을 얻을 수 있었던 지방도 있었다.

국왕은 자기 주를 하나하나 잘 알고 있으므로, 다양한 법을 제정할 수도, 다른 관습을 용인할 수도 있다. 그러나 전제군주는 아무것도 알지 못하므로 무슨 일에도 주의를 돌릴 수가 없다. 그래서 그는 일반적인 태도가 필요하기 때문에 어디서든지 같은 엄격한 의지로써 통치한다. 그의 발 밑에서는 모든 것이 평탄하게 된다.

군주국에서 재판소의 판결이 많아짐에 따라 때로 법률은 서로 모순되는 판결로 가득 차게 된다. 그 이유는, 뒤를 잇는 재판관의 견해가 다르기 때문이거나, 같은 사건이라도 변호가 잘되기도 하고 나쁘게 되기도 하기 때문이며, 인간의 손을 거치는 모든 것 속에 끼어드는 수없이 많은 악폐의 결과이다. 이것은 일종의 필요악인 제한정체의 정신에도 어긋나는 것으로서, 입법자는 이를 때때로 바로잡는다. 왜냐하면 사람이 어쩔 수 없이 재판소에 고소할 필요가 있는 것은 국가 구조의 성질로부터 생겨 나는 것이지 법의 모순이나 불안정에 따라 생겨나서는 안 될 것이기 때문이다.

사람들 사이에 필연적으로 차별이 있는 정체에서는 특권이 있어야 한다. 이것은 단순성을 더욱 줄어들게 하고 수많은 예외를 만든다.

사회에 대해서, 또는 특히 특권을 주는 자에 대해서 가장 부담이 적은 특권의 하나는 어떤 다른 재판소보다도 일정한 재판소에 소송을 제기하는 특권이다. 그러나 어느 재판소에 소송을 제기할 것이냐가 문제가 될 때 이것은 또 새로운 문제를 일으킨다.

전제국가의 국민은 전혀 다른 처지에 놓여 있다. 이런 나라에서는 무엇에 의거해서 입법자가 법을 제정하고, 또 재판관이 재판을 할 수 있는가를 나는 알지 못한다. 토지는 군주에게 속해 있으므로 토지 소유권에 관해서는 거의 민법이 존재치 않는다. 주권자가 신민의 재산에 대해 상속권을 가지므로 상속에 대해서도 또 민법이 없다. 몇몇 국가에서 주권자가 행하는 독점적 교역은 상업에 대한 모든 종류의 법을 쓸모없게 만든다. 여기서 노예의 딸과 행하는 결혼은 지참금이나 아내의 이익에 관해 거의 민법이 없도록 만들어 버린다. 게다가 놀랄 만큼 노예의 수효가 많기 때문에 자기 고유의 의지를 가지고 재판관 앞에서 자기의 행동에 책임을 질 만한 사람이 거의 없게 된다. 대부분의 도덕적 행위는 아버지의 의지, 남편의 의지, 주인의 의지에 지나지 않은 것이므로 그런 사람들에 따라 단속되는 것이지 재판관에 따라서 단속되는 것은 아니다.

이제까지 말하는 것을 잊고 있었는데, 우리가 명예라고 부르는 것은 이들 국가에서는 거의 알려지지 않았으므로 우리 사이에서는 매우 중대한 사항인 이 명예에 관한 모든 사건도 여기서는 전혀 문제가 되지 않는다. 전제주의는 자족적이다. 그 주위는 모두 공허이다. 그러므로 여행자가 전제주의가 행해지는 나라들을 묘사할 때 그들이 우리에게 민법에 대해서 이야기하는 일은 드물다.*1

논쟁과 고소의 모든 기회가 여기서는 빼앗기고 있다. 여기에서 소송광(訴訟狂)이 심한 학대를 받는 이유의 일부는 이것이다. 즉 그들이 청원한 부정(不正)은 감추어지지도 않고 적당히 꾸며지지도 않고 수많은 법에 따라서 보호되지도 않으므로 곧 폭로되어 버리는 것이다.

제2장 여러 정체에서 형법의 단순성

재판은 어디서나 터키에서 행해지는 것처럼 행해져야 한다고 늘 말한다. 그렇다면 이 세상에서 사람이 알아야 할 가장 중요한 것을 분명하게 이해하는 것은 모든 국민 중에서도 가장 무지한 국민들이라는 말인가? 자기의 재산을 회복하기 위해서, 또는 어떤 권리 침해에 대한 배상을 얻기 위해서, 시민이 치르는 노고의 관계로 볼 때 재판 수속이 지나치게 복잡하게 느껴질 것이다.

그러나 만일 그것을 시민의 자유와 안전과의 관계에서 본다면 그것은 너무 간소하다고 느껴질 것이다. 그리고 재판에 따르는 수고나 비용, 그것의 지체, 그 위험마저도 시민마다 자기의 자유를 위해서 치르는 대가임을 알게 될 것이다.

터키에서는 신하의 재산이나 생명이나 명예에는 거의 주의가 기울여지는 일이 없으며, 그곳에서는 모든 쟁송이 어떻게 되었든 빠르게 처리된다. 처리만 되

---

*1 Mazulipatam에서는 성문법이 있었던지의 여부를 발견할 수가 없었다. 《동인도회사 설립에 도움이 된 여행기집》 참조. 인도인은 재판에서 어떤 관습에 의거해서만 심판받는다. 《브라만 경전》이나 그것과 비슷한 다른 문헌에는 민법이 없고 종교적 규범이 있다. 《포교서간》 제14집 참조. 〔원주〕 여기서 몽테스키외의 판단은 지나친 속단이라고 일컬어진다. 예를 들면 아라비아인에게는 종교법에서 나온 일종의 민법과 아주 정묘한 판례가 있다.

면 그 방법은 아무래도 좋다. 총독은 먼저 사정을 듣고 나면 마음내키는 대로 함부로 소송인들의 발바닥을 몽둥이로 때리고 집으로 돌려보낸다. 그러므로 그 나라에서는 소송열(訴訟熱)을 가진다는 것이 분명 위험한 일일 것이다. 소송열은 자기에게 이익을 부여받고자 하는 뜨거운 욕구·증오·정신작용·끈기 있는 추구를 필요로 한다. 그것들은 두려움 이외의 감정을 가져서는 안되며, 모든 것이 갑자기 사람이 예견할 수 없는 대변동으로 이끄는 이 정체에서는 모두 피해야 할 것이다. 저마다가 자기의 풍문이 관리의 귀에 들어가서는 안된다는 것과, 몸의 안전은 자기를 조그맣게 무(無)로 하는 데에만 달려 있음을 알아야 한다.

그러나 가장 비천한 시민의 목이라도 존중되는 제한정체에서는 오랜 조사를 거친 뒤가 아니면, 그 명예와 재산을 빼앗지 않는다. 그 생명을 빼앗는 것은 조국 자체가 그를 고발할 때뿐이다. 그리고 조국이 고발을 할 경우라도 조국은 그에게 생명을 지킬 모든 가능한 수단을 반드시 남겨 준다. 이렇게 하여 어떤 인간이 자기를 좀 더 절대화하려 할 때에는 그[*2]는 먼저 법률을 단순화할 것을 생각한다. 이런 나라에서는 군주는 그가 전혀 염두에도 두지 않는 신하의 자유보다도 먼저 하나하나의 불편함에 눈길을 빼앗긴다.

공화정체는 적어도 군주정체와 같을 정도의 재판 수속이 필요하다는 것을 알 수 있다. 그 어느 정체에서도 수속들은 시민의 명예·재산·생명·자유가 중시될수록 복잡해진다.

공화정체에서는 인간이 모두 평등하다. 전제정체에서도 평등하다. 그것은 공화정체에서는 인간이 전부이기 때문이고, 전제정체에서는 무(無)이기 때문이다.

제3장 법조문에 따라 정확히 재판할 수 있는 정체와 경우

제도가 공화정체에 접근하면 할수록 재판 방법은 고정적인 것이 된다. 그래서 민선 장관이 그들을 이끌어야 할 법도 갖지 않고 자의적으로 재판한 것이 스파르타공화국으로서는 하나의 결함이었다. 로마에서 초기의 집정관들은 민선 장관과 마찬가지로 재판했다. 그러다가 불편을 느끼게 되어 명확한 법이 만

---

*2 카이사르, 크롬웰, 그 밖의 많은 인물들.〔원주〕

들어졌다. 전제국가에는 법이 없다. 재판관 자신이 규율이다. 군주국에는 법이 있다. 그리고 법이 명확한 경우에는 재판관은 그것을 따르고 그렇지 않을 때에는 그 법의 참뜻을 탐구한다.

공화정체에서는 재판관이 법조문에 따르는 것이 국가 구조의 본성에 속한다. 시민의 재산과 명예 또는 생명이 문제가 될 경우에는 그에게 불리하게 법을 해석한다는 것은 용납되지 않는다.[*3]

로마에서는 재판관이 단순히 피고가 어떠어떠한 범죄를 저질렀다는 취지만을 선고했다. 그러면 형벌은 법 가운데서 저절로 발견되었던 것이다. 그 무렵에 제정된 여러 법에서 그 사실을 알 수 있다. 마찬가지로 영국에서는 배심원이 그들 앞에 제소된 사실에 대해 피고가 유죄인가의 여부를 결정한다. 그리고 그가 유죄라는 것을 배심원이 결정지으면, 재판관은 그 사실에 대해 법이 과하는 형벌을 선고한다.

그리고 그것을 위해서는 재판관은 조문을 읽을 눈이 필요할 따름이다.

제4장 판결을 내리는 방법

위에서 말한 것의 결과로서 판결을 내리는 방법이 여러 가지 생겨난다. 군주국에서는 재판관이 중재재판의 방법을 취한다. 그들은 함께 심의하고 서로 의견을 나누며 타협한다. 자기의 의견을 타인의 의견에 맞게 하기 위해 수정한다. 가장 적은 의견은 가장 많은 의견 쪽으로 끌려간다. 이것은 공화정체의 본성에 맞지 않는다. 로마와 그리스 도시국가에서는 재판관은 결코 협의하지 않았다. 저마다는 다음 세 가지 방법 가운데 하나로써 그 의견을 표명했다. 즉 "나는 무죄를 선고한다. 나는 유죄를 선고한다. 나로서는 분명치 않다."[*4] 이것은 시민이 재판하거나 또는 재판했다고 간주되었기 때문이다. 그러나 시민은 법학자가 아니다. 그러므로 중재재판의 모든 수정이나 참작은 시민에게 알맞지 않은 것이다.

그에게는 단 한 가지 목적, 한 가지만의 사실이 부여되어야 하므로 유죄를 선고해야 하는가, 무죄를 선고해야 하는가, 아니면 판결을 연기해야 하는가를 알기만 하면 되게 해야 한다.

---

*3 베카리아 《경범죄와 형벌》.
*4 Non liquet. (원주)

로마인은 그리스인의 예를 따라 여러 소송 방식을 도입하고, 각 사건을 그것에 특유한 소송으로써 처리할 필요를 정했다. 이것이 그들의 재판 방법에서는 필요했다.

쟁송점을 시민이 늘 눈앞에서 볼 수 있도록 하기 위해서는 쟁송점의 상태를 고정할 필요가 있었다. 그렇지 않으면 큰 사건의 진행 중에는 이 쟁송점의 상태가 줄곧 변할지도 모르며, 그렇게 되면 벌써 그것을 분간 못하게 될 것이기 때문이다.

따라서 로마의 재판관은 다만 형식대로의 청구를 허가할 뿐, 아무것도 덧붙이거나 빼거나 고치거나 하지 않았다. 그런데 재판관은 이른바 성의소송(誠意訴訟)*5이라 불리는 다른 소송 방식을 고안했다.

이 방법에서는 판결 방법이 재판관의 재량에 좀 더 많이 의존했다. 이것은 군주정체의 정신에 더욱 적합했다. 그러므로 프랑스의 법률가는 이렇게 말했다. "프랑스에서는 모든 소송이 성의소송이다."*6

제5장 주권자가 재판관이 될 수 있는 정체

마키아벨리는 피렌체가 자유를 잃은 원인을, 시민에게 지은 대역죄를 로마에서처럼 모든 시민이 재판하지 않았다는 것에 돌리고 있다.*7 이 목적을 위해서는 8명의 재판관이 정해져 있었다. "그러나" 하고 마키아벨리는 말한다. "소수는 소수에 따라 부패된다"라고. 나는 이 위대한 인물의 원칙을 채용하고 싶지만, 이 같은 경우에는 정치적 이익이, 말하자면 시민적 이익을 무시하기 때문에—왜냐하면 시민 스스로가 자기가 받은 모욕을 재판한다는 것은 언제나 불편한 일이다—그것을 바로잡기 위해서 법이 힘 닿는 데까지 개인의 안전을 위해 대비해야 한다.

이런 관점에서 로마의 입법자들은 두 가지 일을 행했다. 그들은 피고에게 판결 전*8에 망명할 것을 허용했다.*9 게다가 유죄 언도를 받은 자의 재산을 시

---

*5 그 소송 방식에는 "성의에 의하여"라는 말이 붙어 있었다. 〔원주〕
*6 프랑스에서는 그 채무액 이상을 청구받은 자는 그 채무액을 제공하고 공탁하지 않으면 그 소송 비용을 지급하라는 명령을 받는다. 〔원주〕
*7 《티투스 리비우스의 책 중 처음 10권의 연설》 제1권 제7장. 〔원주〕
*8 데모스테네스에 따르면 이는 아테네에서의 법이었던 것 같다. 〔원주〕
*9 이것은 키케로의 연설 *Pro Coecina*의 끝 부분에 분명하게 설명되어 있다. 〔원주〕

민이 몰수할 수 없도록 불가침이라는 것을 정했다. 제11편에서 우리는 시민이 갖는 재판 전에 가해진 그밖의 제한을 볼 수 있을 것이다.

솔론은 시민이 형사재판에서 그 권력을 함부로 쓰는 것을 교묘하게 예방할 수 있었다. 그는 최고 법원의 사건을 재심해야 한다는 것, 또 피고가 부당하게 무죄 선고를 받았다고 생각될 경우*[10]에는 그를 새로이 시민들 앞에서 탄핵해야 한다는 것, 그가 부당하게 유죄 선고를 받았다고 생각될 때*[11]에는 형 집행을 멈추고 시민으로 하여금 사건을 재심케 해야 한다는 것을 정했다. 이 훌륭한 법은 시민을 가장 존경하는 재판직으로부터의 비난과 시민 자신의 비난에까지 복종케 하는 것이었다. 이런 종류의 사건은 얼마쯤 늦추는 것이 옳다. 피고가 감금되어 있을 때엔 특히 그렇다. 시민이 침착하고 냉정하게 판결할 수 있게 하기 위해서이다. 전제국가에서는 군주가 스스로 재판할 수 있다. 군주국가에서는 그것이 불가능하다. 즉 국가 구조가 파괴되고 중개적·종속적 권력은 절멸되고 말 것이다. 모든 판결 방식도 폐지될 것이다. 두려움이 모든 사람의 정신을 사로잡아 사람들의 안색은 창백해지고, 신의와 명예는 물론, 사랑도 안정도 군주 권력도 사라져 버리게 될 것이기 때문이다.

여기에 다른 고찰이 있다. 군주정체에서는 군주가 당사자이므로 피고를 소추해 그들에게 벌을 주거나 무죄로 하거나 한다. 만일 그 자신이 재판을 한다고 하면, 그는 재판관인 데다가 공범이 되어 버린다. 이런 국가에서는 군주가 몰수품을 손에 넣을 수 있다. 그러므로 그가 범죄를 재판한다면 그는 재판관이면서 또 공범이 되는 것이다. 게다가 그는 그 주권의 가장 훌륭한 속성, 즉 은사(恩赦)를 행하는 속성을 잃어버리게 될 것이다.*[12] 자기 손으로 판결을 내리거나 취소한다는 것은 어리석은 노릇일 것이다. 그는 자가당착에 빠지기를 바라지 않을 것이다. 이것은 모든 관념을 어지럽힐 뿐만 아니라, 어떤 사람이 무죄가 되고 또 은사를 받게 되는지 사람들은 알 수가 없게 될 것이다.

루이 13세가 발레트 공작의 소송*[13]에서 재판관이 되고자 고등법원의 여러

---

*10 데모스테네스 《왕관에 관하여》. 〔원주〕
*11 필로스트라토스 《소피스트전》. 〔원주〕
*12 플라톤 《서간》 8)은 국왕은 성직자이기 때문에―라고 그는 말한다―사형·유형·징역을 선고하는 재판에 참여할 수 있으리라고는 생각되지 않는다. 〔원주〕
*13 드 라 발레트 공작에 대해 행해진 소송의 보고를 참조하라. 그것은 몬트레조르의 《회고록》에 나와 있다. 〔원주〕

관리와 몇 명의 추밀고문관을 집무실에 소집해 놓고 그들에게 체포명령에 대한 의견을 진술케 했을 때 벨리에르 의장은 다음과 같이 말했다.

"이 사건에는 한 가지 기괴한 점이 있다. 군주 되는 사람이 그 신하 한 사람의 소송에 대하여 의견을 진술한다는 것이 바로 그 점이다. 본디 국왕은 은사권을 자기를 위해 보류했을 뿐이며, 죄의 선고는 관리에게 맡겼던 것이다. 그런데 폐하는 심문대 위의 인물을 직접 보고자 한다. 더욱이 그는 폐하의 판결에 따라서 한 시간 뒤면 저 세상으로 가게 되어 있는 사람인데, 곳곳에 은총을 내리는 군주의 얼굴은 이 같은 일을 직접 보고자 한다. 폐하의 모습이 나타나면 교회의 성무정지(聖務停止)가 해제되는 것이다. 사람들은 반드시 만족해서 군주 앞에서 물러날 것이다."

이 의장은 판결이 내려졌을 때 그 의견 가운데에서 다음과 같이 말했다.*14 "프랑스 국왕이 재판관 자격으로 자신의 의견에 따라서 귀족을 사형에 처한다는 것은 예가 없는 판결이다. 더욱이 오늘에 이르기까지 과거의 모든 예에 어긋나는 판결이다."

군주가 내리는 판결은 부정과 폐해가 그치지 않는 원천이 될 것이다. 신하들은 뻔뻔스럽게 그의 판결을 강요하려 할 것이다. 몇몇 로마 황제는 자기가 직접 재판하는 일에 열중했다. 어떤 치세도 그 불공정함으로 말미암아 세상을 놀라게 하지는 않았다.

타키투스는 말한다.*15 "클라우디우스는 소송 판결과 재판관 직무를 자기 손안에 넣고 모든 종류의 오직(汚職)이 저질러질 기회를 주었다." 그래서 클로디우스 다음에 제위에 오른 네로는 인심을 얻고자 다음과 같이 선언했다. "나는 스스로 모든 사건의 재판관이 될 것을 애써 피할 것이다. 그것은 원고와 피고가 재판소 안에서 해방 노예들의 편파적인 권력의 희생양이 되지 않도록 하기 위해서이다."*16

조지무스는 말한다. "아르카디우스 치세 때는 참언자의 종족이 퍼져 궁정을 둘러싸고 궁정을 오염시켰다."*17 누구든지 사람이 죽으면 그에게는 자식이 없

---

*14 이 판결은 그 뒤에 이르러 취소되었다. 같은 보고 제2권 236면을 보라. (원주)
*15 타키투스 《연대기》 제11편 제5장. (원주)
*16 타키투스 앞의 책 제13편 제4장. (원주)
*17 《역사》 제5편. (원주)

는 것으로 간주되어서 그 재산은 칙지(勅旨)로써 남에게 주어졌다.*18 그 이유인즉, 군주가 놀랄 만큼 어리석은 데다가 황후가 극단적으로 일을 즐겼기 때문에, 그녀는 자기의 하인이나 측근 시녀들의 끝없는 탐욕에 봉사한 것이었다. 그 때문에 성실한 사람들로서는 죽음보다 더 바람직한 것은 없었다."

프로코피우스는 말한다.*19 "옛날에는 궁정에 극소수의 사람밖에 없었다. 그런데 유스티니아누스의 치세 때 재판관은 이미 재판할 자유가 없었으므로 그들의 재판소는 텅텅 비게 되고, 그 반대로 궁정은 소송 사건 운동을 하러 오는 원고와 피고들의 요란한 외침 소리가 울려퍼졌다." 궁정에서 판결이 어떻게 매매되었으며 또 법 그 자체조차 매매되었다는 것은 누구나 다 알고 있는 바이다.

법은 군주의 눈이다. 군주는 그것을 통해서, 눈 없이는 볼 수 없는 것을 본다. 군주가 재판관 직무를 수행하고자 한다면, 그는 자신을 위해서가 아니라 자기의 이익과는 반대로 유혹자들을 위해 일하는 것이 된다.

제6장 군주정체에서 위정자는 재판하면 안 된다

군주정체에서 위정자 자신이 재판한다는 것도 크게 불합리한 일이다. 오늘날도 아직 재정에 관한 사건을 재판하기 위한 재판관이 많이 있는데도 불구하고 위정자들이 그것을 재판하려 하는(누가 그런 말을 믿을 수 있겠는가!) 나라가 있다. 그래서 생각해야 할 일이 숱하게 많지만 나는 다음 고찰로 그치기로 한다.

아주 자연스럽게 군주의 자문회의와 그 재판소 사이에는 일종의 상반점이 있다. 즉 국왕의 고문부(顧問府)는 아주 적은 몇몇 사람들로 이루어져야 하고 사법재판소는 많은 사람이 필요하다. 그 이유는 다음과 같다. 국왕의 고문부는 사무가 일종의 열정을 가지고 취급되며 그 관리도 마찬가지로 열정을 가지고 이루어져야 한다. 그것은 그 일을 자기 일로 삼는 너덧 사람에게서만 기대할 수 있는 일이다. 이와 반대로 냉정한 사법재판소, 어떤 의미로는 모든 사건에 대해 무관심한 재판소가 필요하다.

---

*18 같은 혼란이 소(小) 테오도시우스 치세 때에도 일어났다. (원주)
*19 《비사(祕史)》. (원주)

제7장 단독법관

이러한 집정자는 전제정체가 아니고는 있을 수 없다. 로마사에서 단독재판관이 어느 정도까지 그 권력을 함부로 쓸 수 있었던가를 볼 수 있다. 아피우스가 어떻게 법을 경멸하지 않았다 하겠는가. 그는 자기가 만든 법마저도 어겼다. 티투스 리비우스는 이 10대관(十大官 ; 아피우스 클라우디우스)의 부정한 특권을 우리들에게 전해 준다. 그는 사람을 고용하여 자기 앞에서 비르지니[20]를 자기의 노예 계집으로서 요구케 했다.

비르지니의 친족들은 아피우스에게 그가 만든 법에 따라서 그녀를 마지막 판결까지 그들에게 인도할 것을 요구했다. 그러나 그는, 그의 법이 아버지를 위해 만들어진 것이므로 비르지니의 아버지 비르지니우스가 부재중이니, 이 법은 적용될 수 없다고 선고했다.

제8장 정체에서의 탄핵

로마[21]에서는 시민이 다른 시민을 탄핵할 수 있도록 허락되어 있었다. 이것은 공화정체의 정신에 따라 정해진 것이다. 즉 공화정체에서는 각 시민이 공익을 위해서 끝없는 열의를 가져야 하고, 또 각 시민은 조국의 모든 권리를 자기 손안에 가지고 있는 것으로 간주되기 때문이다. 황제의 치하에도 사람들은 공화정체의 원칙에 따랐다. 그랬더니 곧 불길한 인간의 종족, 밀고자라는 한 무리가 나타났다.

많은 악덕과 재능을 가지고 몹시 비천한 영혼과 야망에 불타는 정신을 가진 자는 누구나 그 처형이 군주의 마음에 들 것 같은 범죄자를 찾아다녔다. 그것이 입신과 재산을 만들기 위한 길이었다.[22] 이런 일은 우리나라에서는 결코 볼 수 없는 바이다.

오늘날 우리는 훌륭한 법을 가지고 있다. 그것은 법을 집행하기 위해 그 지위에 올라 있는 군주는 각 재판소에 관리를 임명하고,[23] 군주의 이름으로 모

---

[20] 백인대장 아우루스 비르지니우스의 딸. 기원전 449년, 그녀의 아버지는 아피우스에게 딸을 욕보이게 하기보다는 차라리 죽이는 게 낫다고 자기 손으로 그녀를 죽였다. 그것이 10대관의 실추를 초래했다. (원주)

[21] 다른 여러 도시 국가에 있어서. (원주)

[22] 타키투스 《연대기》에서 이 밀고자들에게 주어진 보상을 보라. (원주)

[23] 이것은 오늘날에도 검찰총장의 직무이며, 1심 재판소 검사의 직무가 되었다.

든 범죄를 소추시킨다. 이렇게 하여 밀고자의 일은 우리나라에서는 알려져 있지 않다.

그것은, 만일 이 공공의 복수자가 그 직권을 남용했다고 혐의를 받게 되었을 경우 그는 어쩔 수 없이 그 고발인의 이름을 밝히지 않을 수 없을 터이기 때문이다.

플라톤은 《법률》에서, 법관에게 통지하는 것을 게을리하거나 또는 그들에게 협력하기를 게을리한 자를 처벌해야 한다고 했다. 그러나 이것이 오늘날에는 알맞지 않다. 검사가 시민을 대신해서 감시한다. 검사가 활동하는 덕분에 시민은 평온을 누린다.

제9장 정체에서 형벌의 준엄성

가혹한 형벌은 명예나 덕성을 태엽으로 삼는 군주정체나 공화국보다도 두려움이 그 원리인 전제정체에 좀 더 알맞다. 제한국가에서는 조국애나, 비난당하는 것에 대한 부끄러움과 두려움이 많은 범죄를 막는 자제의 동기가 된다. 악행에 대한 가장 무거운 벌은 유죄를 입증하는 일일 것이다. 따라서 시민법은 보다 쉽게 교정하게 될 것이므로 그렇게 하는 데 그다지 많은 노력이 필요하지 않을 것이다.

이런 나라에서는, 뛰어난 입법자는 죄를 벌하기 보다도 그것을 예방하는 일에 힘쓰고, 형벌을 가하기보다는 미풍양속을 심는 일에 마음을 쓸 것이다.

중국의 저술가들이 거듭 지적하는 바에 따르면,*24 그들의 제국에서는 체형이 증가할수록 혁명이 가까워진다고 한다. 그것은 미풍양속이 사라져 감에 따라 형벌이 증가하기 때문이다.

모든 유럽, 또는 거의 모든 나라들이 자유에 접근하거나 멀어지는 것에 따라서 형벌이 감소하거나 늘어났다는 것을 증명하기란 쉬운 일이다. 전제국가에서는 사람들이 너무 불행하므로 생명을 잃는 것을 아쉬워하기보다도 죽음의 고통을 두려워한다. 그러므로 이런 나라에선 신체의 자유를 빼앗는 형벌이 좀 더 엄격해야 한다. 온건한 국가에서는 사람들이 죽음 자체를 두려워하기보다 생명을 잃어버리는 것을 두려워한다. 그러므로 거기서는 생명을 빼앗는 형

---

*24 나는 중국이 이 점에 관해서는 공화정체 또는 군주정체의 경우에 해당한다는 것을 뒤에 말할 작정이다. (원주)

벌만으로 충분하다.

　극단적으로 행복한 사람과 극단적으로 불행한 사람은 다 같이 가혹해지는 경향이 있다. 수도사와 정복자가 그 증거이다. 중용과 행복·불행의 혼합만이 평온함을 가져다주고 동정을 베푼다.

　개별 인간에서 볼 수 있는 점은 여러 국민에게서도 볼 수 있다. 매우 천하고 상스러운 생활을 영위하는 미개 민족에서도, 또 단 한 사람만이 엄청난 행운을 맞고 다른 모두가 불운에 짓눌려 있는 전제정체의 국민에서도 사람들은 마찬가지로 잔학하다. 부드러움은 제한정체에 충만하다. 역사책에서 황제의 잔학한 판결의 예를 읽을 때 우리는 일종의 괴로움으로써 인간 본성의 사악함을 느낀다.

　온건한 정체에서는 우수한 입법자는 모든 것을 형벌로 이용한다. 스파르타에서는 아내를 남에게 빌려 줄 수도 없거니와 남의 아내를 빌릴 수도 없으며, 처녀 말고는 그 어떤 여성도 집안에 들일 수 없다는 것이 주된 형벌의 하나였다. 참으로 기묘한 일이라 하겠다. 요컨대 법률이 형벌이라고 부르는 것은 모두가 실제로 형벌인 것이다.

제10장 프랑스의 옛법

　확실히 프랑스의 옛법에서는 군주정체의 정신을 엿볼 수 있다. 벌금형의 경우 귀족이 아닌 자는 귀족보다 가볍게 처벌받는다. 그러나 범죄의 경우는 전혀 반대이다. 귀족은 명예와 법정에서 발언권을 잃어버리지만, 평민은 잃어버릴 명예가 없으므로 체형을 받는다.

제11장 국민이 덕이 있을 때에는 많은 형벌이 필요치 않다

　로마 국민은 성실했다. 이 성실성의 힘이란 대단해서, 입법자가 국민에게 선을 베풀도록 만들기 위해서는 그들에게 선이 무엇인가를 제시해 주기만 하면 될 정도였다. 법령 대신 국민에게 충고를 주는 것만으로 충분한 것 같았다.

　왕정시대 법의 형벌이나 십이동판법(十二銅版法)의 형벌은, 또는 발레리아법*25

---

*25 이 법은 국왕 추방 뒤 얼마 안 가서 발레리우스 푸블리콜라가 만들었다. 이 법은 같은 가족의 집정자가 두 번 개정했다고 티투스 리비우스는 말하고 있다. 이 법에 따라서 많은 힘을 주는 것이 문제가 아니라 그 규정을 개선하는 것이 문제였다. 〔원주〕

의 결과로서 또는 포르키아법*26의 결과로서 공화정체에서는 거의 폐지되었다. 그 때문에 국가의 단속이 나빠졌다고는 볼 수 없었다. 그리고 그 때문에 아무런 국가적 손해도 생기지는 않았다. 이 발레리아법은 시민에게 호소한 시민에 대해서 집정자는 어떤 폭력 행위도 하지 못하도록 금지했으나, 그것은 위반한 자에게는 악인이라고 불리는 벌을 과했을 따름이었다.

제12장 형벌의 힘

경험에 따르면, 형벌이 가벼운 나라에서는 국민의 정신이 그 가벼운 벌로써 타격받는 것은 다른 엄한 형벌의 나라와 마찬가지로 타격을 받는다. 국내에 무슨 불편한 일이 생기면 강권적인 정부는 갑자기 그것을 바로잡고자 낡은 법을 집행하려는 생각 대신 곧바로 해악을 막을 가혹한 형벌을 설정한다. 그러나 정부의 동력은 그것으로써 소모된다. 즉 상상력이 이보다 가벼운 벌에 익숙해졌듯이 이 무거운 벌에도 익숙해져 버린다. 그리고 무거운 벌에 대한 두려움이 줄어들어 머지않아 더욱더 무거운 벌을 설정하지 않을 수 없게 된다. 어떤 나라에서 노상 강도가 곧잘 행해졌다. 정부는 그것을 막기 위해 수레바퀴형(수평으로 놓은*27 수레바퀴 위에 손발을 쇠몽둥이로 짓쫭어서 죽을 때까지 내버려두는 형벌)을 고안했더니 얼마 동안은 범죄가 일어나지 않았다. 그러나 그 뒤 또 다시 전과 마찬가지로 노상 강도가 성행했다.

요즈음은 탈영이 매우 빈번해졌다. 그 결과 탈영병에게 사형을 가하기로 했으나 그래도 탈영은 줄지 않았다. 그 이유는 매우 당연하다. 병사는 날마다 그 생명을 위험 속에 내놓는 일에 익숙해져 있으므로 그 위험을 가볍게 여길 뿐만 아니라 경시함을 자랑으로 삼는다. 그런데 그들은 매일같이 치욕을 두려워하는 데 익숙했다. 그러므로 일생 동안 불명예를 짊어지게 할 형벌을 남겨두었어야 했다.*28 형벌을 무겁게 한다는 것이 실제로는 가볍게 하고 만 격이었다.

인간을 과격한 수단으로 다루어서는 안된다. 그들을 지휘하도록 자연이 우리에게 주는 수단을 적당히 사용해야 한다. 모든 이완의 원인을 살펴본다면,

---

*26 이 법은 로마를 건국한 지 454년 만에 만들어졌다. [원주]
*27 여기서 저자는 프랑스를 가리키고 있다.
*28 코를 도려내거나 귀를 자르거나 했다. [원주]

이완은 범죄를 처벌하지 않았던 것의 결과이지 형벌을 경감한 결과가 아니라는 것을 알 수 있을 것이다. 자연을 따르자. 그것은 인간에게 치욕을 그들의 징벌로서 주고 있다. 그리고 형벌의 가장 큰 부분이 그것에 처해지는 치욕이기를 바란다.

사람이 형벌을 받고도 부끄럽지 않다고 생각하는 나라가 있다면 그것은 폭정의 결과이다. 폭정은 악당에게나 정직한 사람에게나 같은 형벌을 가해 왔기 때문이다. 그리고 만일 잔혹한 형에 따라서만 사람들이 억압된 나라가 있다고 하면 그것도 대부분이 정부의 폭력 결과라고 간주해야 한다. 그러한 정부는 이런 형을 가벼운 죄에도 행사해 왔기 때문이다.

악폐를 바로잡고자 하는 입법자는 가끔 그 교정밖에 생각지 않는다. 그의 눈은 이 대상에 향해서 열려 있기는 하나 그것에서 비롯되는 불평에 대해서는 닫혀 있다. 한번 그 악폐가 교정되면 사람들의 눈에는 벌써 그 입법자의 가혹함밖에 보이지 않는다. 게다가 국가에는 이 가혹함이 자아낸 결함이 남는다. 즉 인심이 부패해 전제주의에 습관화된다.

리산드로스*29가 아테네에 승리를 거두었을 때 포로 재판이 행해졌다. 아테네인은 2척의 군함에 실었던 포로 모두를 바다 속에 던지고, 또 회의에서 앞으로 잡게 될 포로는 모두 손목을 자르라는 의결을 했다고 해서 탄핵되었다. 그들은 오직 한 사람 그 명령에 반대한 아디만테스를 제외하고는 모두 학살되었다. 리산드로스는 필로클레스를 처형하기에 앞서 그를 이렇게 문책했다. "너는 인심을 황폐하게 만들고 그리스 온 땅에 잔학의 교훈을 주었노라."

플루타르코스는 이렇게 말한다.*30 "아르고스 사람이 그 시민 가운데 1천5백 명을 처형했을 때 아테네는 속죄의 제물을 신전에 바쳐 놓고, '아테네인의 마음으로부터 이 같은 잔혹한 관념을 털어 주소서' 하고 기도했다."

타락에는 두 가지 종류가 있다. 그 하나는 국민이 법을 지키지 않는 경우이고, 다른 하나는 국민이 법에 의하여 타락당하는 경우이다. 이것은 고칠 수 없는 병폐이다. 왜냐하면 타락이 치료법 자체에 들어 있기 때문이다.

---

*29 크세노폰 《역사》. 〔원주〕
*30 《국무를 조종하는 사람들에 관하여》. 〔원주〕

제13장 일본 법의 무력

지나친 형벌은 전제정체를 부패시킬 수도 있다. 일본으로 눈을 돌리기로 하자. 이 나라에서는 거의 모든 죄를 죽음으로써 처벌한다.*³¹ 그 이유는 일본의 황제(德川幕府를 가리킴)처럼 위대한 황제에 대한 불복종은 대단한 범죄이기 때문이다. 죄인을 교정하는 것이 문제가 아니라 더럽혀진 군주의 위엄을 복수하는 것이 문제인 것이다. 이런 관념은 재산의 소유자이기 때문에 모든 범죄는 직접 그의 이익에 어긋나 행해진다는 것에 주로 기인되는 것이다.

재판관 앞에서 행해진 거짓말은 죽음으로써 처벌된다. 이것은 자연적 방위권에 어긋나는 일이다.*³² 범죄의 외관을 갖지 않는 일이라도 이 나라에서는 엄중히 처벌된다. 예를 들면 자기 재산을 도박에 거는 사람은 사형에 처한다.

이 완고하고 방자하고, 대담하고 괴상하고, 또 어떤 위험도 어떤 불행도 문제시하지 않는 이 국민의 놀라운 성격은, 언뜻 그 입법자들로 하여금 그들이 만든 법의 잔혹성을 무리가 아닌 일로서 용납하는 것같이 보인다. 그렇지만 천성적으로 죽음을 가벼이 여기고 매우 하찮은 자의(恣意) 때문에 걸핏하면 할복하기를 좋아하는 사람들을 어떻게 끊임없는 처형을 보여 줌으로써 교정하거나 막을 수 있을 것인가. 그것에 도리어 익숙해지고 말 것이 아니겠는가.

어린이는 부드럽게 다루어야 한다. 왜냐하면 그들은 벌에 대하여 외고집이 되기 때문이다. 또 노예는 지나치게 가혹하게 다루어서는 안 된다. 왜냐하면 그들은 곧 자기 방어에 나서기 때문이라고 여행한 사람들은 일본의 교육에 관해 우리들에게 말해 주고 있다. 가정에서 지배해야 할 정신에 따라서 국정 및 시민정에서 위정자가 가져야 했던 정신을 판단할 수 있지 않았을까? 현명한 입법자라면 형벌과 보상의 올바른 균형에 따라서, 또 일본인의 성격에 적합한 철학·도덕·종교의 격률에 따라서, 명예의 규율의 올바른 적용에 따라서, 치욕의 책고(責苦)로써, 항구적인 행복과 기분 좋은 안온(安穩)의 향유로써 인심을 교화하려고 노력했을 것이다. 그리고 만일 가혹한 형벌에 따라서만 억제당하도록 익숙해진 인심이 보다 더 온화한 형벌에 따라서는 억제당하지 않을 염려가 있다면, 입법자는 넌지시 남이 알아차리지 못할 방법으로 행동했을 것이다.*³³

---

*31 쾸페르(독일인 의사)의 《일본 및 샴의 역사》 참조. (원주)
*32 《동인도회사 설립에 도움이 된 여행기집》 제3권 제1부 428면. (원주)
*33 인심이 너무 엄격한 형벌에 따라 손상당한 경우에서 실제적인 원칙으로서, 이를 잘 유념해

먼저 가장 용서할 수 있는 특별한 경우에 죄에 대한 형벌을 가볍게 하고, 마침내는 그 형벌을 모든 경우에 줄일 수 있도록 노력할 것이다. 그러나 전제주의는 이런 동력을 전혀 모른다. 그래서 이런 방법으로는 행동하지 않는다. 그것은 자기를 혹사할 수 있다. 그러나 그것이 그가 할 수 있는 모두이다. 일본에서 전제주의는 크게 노력했다. 그 결과 그 자체보다 더 가혹하게 되어 버렸다.

곳곳에서 겁을 먹고 잔혹해진 일본인의 정신은 좀 더 큰 잔혹성을 쓰지 않고는 지도할 수 없게 되었다. 이것이 일본 법의 기원이고 정신이다. 그러나 일본의 법은 힘보다도 열광을 더 많이 가지고 있다. 그것은 그리스도교를 파괴하는 데 성공했다. 그렇지만 이 미증유의 노력은 일본의 법이 무력하다는 것의 한 증거이다. 그것은 좋은 제도를 설정하고자 했으나 일본 법의 약점을 보다 뚜렷이 나타냈을 뿐이다.

수도의 막부와 천황의 회담(會談) 견문기를 읽어 보는 게 좋을 것이다. 거기서 악한들에게 혼이 나거나 살해당한 사람의 수는 믿기 어려울 만큼 많았다. 어린 소녀나 소년은 걸핏하면 약취당했는데, 그들을 찾고 보면, 그들이 지나간 길을 모르도록 발가벗겨 자루에 넣어져서 아닌 밤중에 광장에 놓여 있곤 했다. 사람들은 무엇이든지 바라는 것을 훔쳤다. 말을 타고 가는 사람을 떨어뜨리기 위해서 말의 배를 가르는 자도 있었다. 귀부인들을 발가벗기기 위해서 마차를 뒤엎었다. 네덜란드인들은 다다미 위에서 밤을 새우면 암살당한다는 말을 듣고 거기서 내려갔다.

또 하나 다른 사실에 대해 간단하게 말해 두기로 한다. 막부 장군은 부끄러운 쾌락(男色을 말함)에 빠져서 결혼을 하지 않았다. 그래서 후계자없이 죽을 염려가 있었다. 천황은 그에게 매우 아름다운 두 처녀를 보냈다. 장군은 경의를 표하고 그중 하나를 아내로 맞이했으나 그녀와는 아무런 관계도 갖지 않았다. 그의 유모는 온 나라 안에서 가장 아름다운 여자를 찾아내게 했다. 그러나 모든 일이 허사였다. 그러던 중 마침내 무기상의 딸이 그의 기호를 채워주었다. 그의 마음은 결정되었다. 그 처녀로부터 아들 하나를 얻었다. 내전(內殿)의 귀녀들은 장군이 그런 천한 태생의 여자를 자기들보다 더 좋아한 데 분노하여 그 아이를 질식사시켜 버렸다. 이 범죄를 장군에게는 알리지 않았다. 만

두어야 한다.

일 그가 알았다면 폭포수 같은 피를 흘리게 되었을 텐데. 그러므로 법의 잔혹성이 도리어 법의 집행을 방해하는 것이다. 형벌이 엄청나게 심하면 때때로 형벌을 주기보다도 어쩔 수 없이 불벌(不罰)을 택하지 않을 수 없게 된다.

제14장 로마 원로원의 정신

아킬리우스 글라브리오와 피존의 집정관 정체에서 도당을 예방하기 위해 아킬리아법이 만들어졌다.*³⁴ 디온이 말하기를 원로원은 집정관들에게 그 법을 제안하도록 권했다. 왜냐하면 호민관인 C. 콜네리우스가 이 죄에 대해서 무서운 형벌을 설정케 하려고 결심했고, 시민도 그것에 매우 기울어져 있었기 때문이라고 했다. 지나친 형벌은 분명히 인심에 두려움을 던져 주기는 하겠지만, 그런 형벌은 탄핵하기 위해서도, 단죄하기 위해서도 이젠 누구도 찾아볼 수 없게 될 것이다. 이와 반대로 사소한 형벌을 제안한다면 재판관도 탄핵자도 얻을 수 있을 것이라고 원로원은 생각했다.

제15장 형벌에 관한 로마인의 법

나는 로마인을 나의 편으로 삼을 때 나의 원칙에 자신을 갖는다. 그리고 이 위대한 시민이 정법(政法)을 바꿈에 따라 그 점에 대해서 시민법을 바꾸는 것을 볼 때 형벌은 정체의 성질과 관계가 있다고 생각한다. 도망자·노예·부랑배들로 이루어진 시민을 위해서 만들어진 왕정의 법은 매우 엄격했다. 공화정체의 정신은 10대관이 이 같은 법을 십이동판법에 넣지 않을 것을 요구했을 것이다. 그러나 참주정체를 바란 사람들은 공화정체의 정신에 따를 생각이 없었다.

툴리우스 호스틸리우스에 따라 두 대의 수레로 끌려 찢어지도록 선고된 알브의 독재자 메티우스 슈페티우스의 처형에 대하여 티투스 리비우스는 이것이 바로 인도(人道)의 기억을 잃었음을 사람이 보여준 처음이자 마지막 형벌이었다고 말했다.*³⁵ 그러나 그것은 잘못이다. 십이동판법은 아주 잔혹한 규정으로 가득차 있다.*³⁶

---

*34 이 죄를 범한 자는 벌금에 처해졌다. 그들은 이미 원로원 의원이 될 수도 없거니와 어떠한 공직에도 임명될 수 없었다. 《디온》
*35 이 책 제1편 제28장. (원주)
*36 십이동판법에는 화형, 대부분의 경우인 사형과 절도에 대한 사형으로 처벌된다. (원주)

10대관의 의도를 가장 잘 폭로한 법은 풍자적인 작품의 저자와 시인에게 선고된 사형이다. 이것은 결코 공화정체의 특성에 속하는 것이 아니다. 공화정체에서는 시민이, 높은 벼슬을 하는 사람이 창피당하는 것을 보기 좋아하는 법이다. 그런데 자유를 파괴하고자 하던 사람들은 자유의 정신을 불러 일으킬 염려가 있는 저작을 두려워했던 것이다.*37

10대관 추방 뒤 형벌을 정한 거의 모든 법이 제거되었다. 그것이 명시적으로 폐지된 것은 아니나, 포르키아 법이 로마 시민을 사형하는 것을 금하므로 그것들은 이미 적용할 수 없게 되었던 것이다. 이것이 실로 티투스 리비우스가 로마인에 관해서 "이제껏 시민이 이처럼 형벌 완화를 애호한 적은 없다"고 말한 시대인 것이다.*38 만일 형벌의 관대성에 피고가 가지고 있던 판결 전에 퇴거할 권리를 덧붙인다면, 공화정체에는 마땅한 것이라고 내가 말한 정신에 로마인이 따르고 있었음을 잘 알 수 있을 것이다.

술라는 참주정체·무정부·자유를 혼동하고 코르넬리아법을 제정했다. 그는 범죄를 만들기 위해서만 법규를 만든 것 같았다. 그런 까닭에 수많은 행위에 살인의 명칭을 붙이고, 곳곳에서 살인자를 발견했다. 그리고 지나치게 모방된 방법으로 그는 모든 시민이 걸어다니는 길에 함정을 파고 가시를 뿌리고 덫을 걸었다.

술라의 법 거의 모두는 물과 불의 금지(국외추방)만을 정하고 있었다. 카이사르는 여기에 재산 몰수를 덧붙였다. 왜냐하면 부자가 추방 중에도 그 세습재산을 보유하고 있으면 범죄를 저지르는 데 더욱더 대담해지기 때문이다.

황제들은 군국적인 정체를 수립했으나, 이 정체가 신민에게도 그들 자신에게도 마찬가지로 무서운 것이 된다는 것을 알게 되었다. 그래서 그들은 이 정체를 완화하려고 노력했다. 그들은 영예와 영예에 대해 사람들이 갖는 경의가 필요하다고 생각했다. 그러자 정체는 조금 군주정체에 접근했다. 그리고 형벌이 3등급으로 구분되었다. 즉 하나는 국가의 주요 인물에 관한 것, 이것은 상당히 너그러웠다. 둘째는 좀 더 하급 사람들에 가해진 것인데, 이것은 좀 더 엄격했다. 셋째는 천한 신분에만 관계되는 것으로 이것은 가장 가혹했다.

---

*37 10대관과 같은 정신의 소유자인 술라는 그들과 같이 풍자 작가에 대한 형벌을 늘렸다. (원주)

*38 이 책 제1편 제28장. (원주)

광포하고 우매한 막시미누스는 온건화해야 했을 군국정체를 더욱더 자극했다. 카피톨리누스의 말에 따르면, 어떤 자는 십자가에 못박히고 어떤 자는 짐승의 밥이 되고, 또는 갓 잡은 짐승 가죽으로 싸여져 영예에 대해서는 아무런 고려도 되지 않았음을 원로원은 보고받았다는 것이다. 그는 군사적 훈련을 하고자 했던 것 같다. 이 훈련을 모범으로 하여 그는 민치(民治)를 규정하려고 꾀했던 것이다.

나의 저서 《로마 성쇠 원인론》에서 독자들은 콘스탄티누스가 어떻게 해서 군국적 전제정체를 군국적 및 문치적 전제정체로 바꾸어서 군주정체로 접근했던가를 알 수 있게 될 것이다. 그 문헌을 통해서 이 국가의 여러 변혁의 발자취를 더듬어 갈 수 있고, 어떻게 해서 그 국가가 엄격함에서 온화로, 온화에서 무벌(無罰)로 옮겨갔는가를 볼 수 있을 것이다.*[39]

제16장 죄와 벌의 올바른 균형*[40]

형벌 상호간에 조화가 있어야 한다. 왜냐하면 작은 죄보다 큰 죄를 피하고 사회를 해치는 작은 사항보다 그것에 타격을 주는 더욱 큰 것을 피하는 게 더 중요하기 때문이다.

콘스탄틴 듀카라고 자칭하는 사기꾼*[41]이 콘스탄티노플에 큰 반란을 일으켰다. 그는 체포되어 태형에 처해졌다. 그러나 그가 유력자들을 비난했던 바 비방자로서 화형에 처해졌다. 반란죄와 비방죄에 이와 같이 형벌을 안배했다는 것은 묘한 일이다.

이 사실은 영국 왕 찰스 2세의 다음과 같은 말을 상기시킨다. 그는 형틀에 한 사나이가 묶여 있는 것을 지나다가 보고, 무슨 일로 형틀에 묶여 있는지 물었다.

"폐하, 저놈이 폐하의 대신들에 대한 비방 문서를 썼기 때문입니다."

"이런, 바보 같으니. 어찌하여 나에 대해서 쓰지 못했느냐. 그랬더라면, 아무런 처벌도 받지 않았을 것을."

---

*[39] 이 책 제6편 제17장. 〔원주〕
*[40] 베카리아의 《범죄와 형벌》은 바로 이 문제를 제기했다. 이 책은 각국 말로 번역되어 프랑스에도 큰 영향을 주었다.
*[41] 콘스탄티노플의 대주교 니케포루스의 《역사》. 〔원주〕

70명의 사람들이 바질 황제에 대하여 음모를 꾸몄다.*⁴² 그는 그들을 붙잡아서 태형에 처하고 머리칼과 털을 불로 태우게 했다. 또 어느 날 사슴이 황제의 허리끈에 뿔을 걸었으므로 시종 한 사람이 칼을 뽑아 허리끈을 잘라 그를 구했다. 그는 그 시종의 목을 자르게 했다. 나를 향해 칼을 뽑았기 때문이라고 그는 말했다. 같은 황제 밑에서 이 두 가지 판결이 내려졌다고 누가 생각할 수 있을 것인가.

우리나라에도 큰길에서 도둑질한 자와, 도둑질하고 사람까지 죽인 자에게 같은 형벌이 가해지고 있는 것은 큰 결함이다. 공공의 안녕을 위해서는 형벌에 어떤 차별을 두어야 함은 명백한 사실이다.

중국에서는, 잔학한 도둑은 몸을 갈가리 찢겼으나 다른 도둑은 그렇지 않았다. 이 차별의 결과로 중국에서는 도둑질은 하지만 살인은 행해지지 않는다.

모스크바공국에서는 도둑과 살인의 형이 같으므로 많은 살인이 일어난다. 그곳에서는 죽은 사람에게는 입이 없다고들 사람들은 말한다.

형벌에 차별이 없을 때에는 은사(恩赦)의 가능성에 차별을 두어야 한다. 영국에서는 살인이 전혀 일어나지 않는다. 도둑은 식민지로 보내질 희망이 있지만, 살인자에게는 그것이 없기 때문이다.

은사장은 제한정체의 유력한 동력이다. 군주가 지닌 이 사면권은 현명하게 집행되면 훌륭한 효과를 가질 수 있다.

전제정체의 원리는 용서치 않고 또 누구에게도 절대로 용서받을 수 없는 것이므로, 군주로부터 이런 이점을 빼앗아 버린다.

제17장 죄인에 대한 고문 또는 심문

인간은 사악하기 때문에 법은 인간을 실제보다도 선량한 존재로 간주하지 않을 수 없다. 그래서 두 사람의 증인 진술이면 모든 죄를 처벌하는 데 충분한 것이다. 법은 그 증인들을 마치 그들이 진리의 입을 빌려 말하는 것처럼 믿는다. 또 결혼 중에 임신한 아이는 정실 자식으로서 판단한다.

어머니를 마치 정결 그 자체이거나 한 것처럼 믿는다. 그러나 죄인에 대한 심문은 위와 같은 부득이한 사항이 못된다. 오늘날 우리는 매우 문명화한 국

---

*42 니케포루스의 《역사》. 〔원주〕

민*⁴³이 아무런 불편도 없이 그것을 폐지한 것을 보고 있다. 그러므로 그것이 본질적으로는 필요치 않은 것이다.*⁴⁴

매우 많은 현인재자(賢人才子)들이 이 관행에 반대론을 썼으므로 나는 그들 뒤를 이어 말하는 것을 삼가고자 한다. 두려움을 자극하는 것이라면 무엇이든지 제도의 힘이 되는 전제정체에서는, 심문이 적당할 것이라는 말을 하고자 했다. 로마인이나 그리스인 아래에서 노예를 말하려고 했다. 그러나 나를 비난하며 부르는 자연의 소리가 들린다.

제18장 금전형 및 체형

우리 조상 게르만인은 금전형 말고는 거의 인정하지 않았다. 이 자유롭고 호전적인 사람들은 그들의 피는, 무기를 손에 들지 않고서는 흘려선 안 된다고 생각했던 것이다. 이와 달리 일본인*⁴⁵은, 부자는 처벌을 면제당할는지도 모른다는 이유로 이런 종류의 형벌을 배척한다.

그러나 부자는 그들의 재산을 잃을 것을 무서워하지 않을까? 금전형은 재산에 비례할 수 없는 것일까? 그리고 끝으로 이 형벌들에 오욕을 부가할 수 없는 것일까?

좋은 입법자는 중용을 취한다. 그는 언제나 꼭 금전형을 명하지도 않거니와 또 언제나 꼭 체형을 가하지도 않는다.

제19장 반좌법

반좌법(反坐法)은 간단한 법을 좋아하는 전제국가에서 흔히 사용된다.*⁴⁶ 제한국가도 때로는 이것을 채용하나 전자가 이것을 엄격히 행하는 데 비해서 후자는 거기에 늘 참작을 가한다는 차이가 있다.

십이동판법도 그 두 가지를 인정했다. 이 법은 고소인을 만족시킬 수 없었

---

*43 영국 국민. [원주]
*44 아테네 시민은 불경죄 외에는 고문을 받지 않았다(Lysias, Orat. contra Agorat). 고문은 형이 언도되고부터 30일이 지난 뒤에 행해졌다. 예비적 고문은 존재치 않았다. 로마인의 경우에는 출생·영전·군직 등에 따라 불경죄의 경우를 빼고 고문으로부터 면제될 수 있음을 나타내고 있다. 서고트족의 법이 이 관습(고문)에 대해 행한 현명한 제한을 보라. [원주]
*45 켐페르 참조. [원주]
*46 반좌법은 《코란》에도 규정되어 있다. 〈암소에 관하여〉의 장 참조. [원주]

던 경우에만 반좌에 처했다. 형이 선고된 뒤에도 손해배상을 치를 수가 있었다. 그러면 체형이 금전형으로 변경되는 것이었다.

제20장 자식의 죄로 인한 아버지의 처벌

중국에서는 자식의 죄 때문에 아버지가 처벌된다. 이것은 페루의 습관이기도 했다.*47 이 또한 전제적 관념에서 유래하는 것이다. 중국에서 아버지를 처벌하는 것은, 자연이 설정하고 법 자체가 확대한 그 부권을 행사하지 않기 때문이라고 말해봤자 그것은 소용 없는 이야기다. 그것은 중국인들 사이에 명예가 전혀 존재치 않는다는 것을 전제로 한다. 우리 사이에서는, 자식이 처형된 아버지 및 아버지가 처형된 자식*48은 중국에서 생명을 잃음으로써 처벌되는 것과 같을 정도로, 치욕으로써 처벌되는 것이다.

제21장 군주의 사면

사면은 군주의 특성이다. 공화정체에서는 덕성을 원리로 하므로 사면이 그다지 필요치 않다. 전제국가에서는 두려움이 지배하므로 그것은 더욱 행해지지 않는다. 왜냐하면 국가의 높은 벼슬자리를 엄격한 실례에 따라서 제압해야 하기 때문이다. 명예로써 다스려지는 군주국에서는 명예가 때때로 법이 금하는 것을 요구하기 때문에 사면은 더더욱 필요하다. 군주의 나무람을 받게 되는 것이 여기서는 형벌에 해당된다. 재판 수속마저도 여기서는 처벌인 것이다. 그것은 치욕이 모든 방편에서 특별한 종류의 형을 만들어 내기 때문이다.

여기서는 현관들이 명예를 잃음으로써, 또는 그들의 재산·세력·교제·쾌락(때에 따라서는 상상에 지나지 않는)을 잃음으로써 큰 벌을 받은 거나 마찬가지가 되므로 그들을 준엄하게 대할 필요는 없다. 준엄은 신하가 군주를 사랑하는 마음, 그리고 마땅히 공무직과 지위를 존경하는 마음을 빼앗을 수 있다.

높은 지위의 불안정이 전제정체의 특성에 속하듯이 그들의 지위의 안전은 군주정체의 성질에 속한다. 군주는 사면으로써 얻는 바가 많다. 그것은 큰 애정으로 보답받는다. 군주는 거기서부터 많은 영광을 얻게 되므로 사면을 베푸

---

*47 가르실라소 《에스파냐 내란사》. 〔원주〕
*48 플라톤은 말했다. "자식을 처벌하는 대신 아버지를 닮았느냐의 여부에 따라 그들을 칭찬하여야 한다." 《법률》 〔원주〕

는 기회를 갖는다는 것이 거의 늘 그들에게는 행복한 것이다. 그런데 우리들의 국가에서는 거의 언제나 그것을 행할 수 있다.

군주 권력의 어떤 한 부분은 혹시 경쟁 상대를 발견할 때가 있을지 모르나, 권력의 모두가 다투어지는 일은 거의 없다.

그리고 때로 그들이 왕위를 위해 싸우기는 하나 절대로 생명을 위해 싸우지는 않는다. 그러나 어느 때 처벌해야 하는가, 어느 때 용서해야 하는가고 묻는 사람이 있을 것이다. 이것은 명령으로보다도 깨달아 알 수 있는 일이다. 사면에 위험이 따를 경우 그런 위험은 아주 알아보기 쉽다. 군주를 멸시하게 만들거나, 또는 처벌조차 못하는 무력(無力)으로 이끄는 저 무기력과 사면은 쉽사리 구별할 수 있다.

모리스 황제는 결코 신민의 피를 흘리게 하지 않겠다는 결심을 했다. 아나스타시우스 황제는 절대로 범죄를 처벌하지 않았다. 이삭 안젤루스 황제는 자기의 치세 동안에는 누구도 사형에 처하지 않겠다고 맹세했다. 그리스 황제들은 그들이 검(劍)을 차고 있는 것이 한낱 멋이 아니라는 사실을 잊었던 것이다.

제7편
사치금지법, 사치와 여성 지위에 관한 세 가지 정체의 원리들

제1장 사치

사치는 언제나 재산의 불평등과 비례한다. 어떤 나라에 부(富)가 평등하게 분배되어 있다면 사치는 존재하지 않을 것이다. 왜냐하면 그것은 남의 노동으로 주어지는 안락에만 기초를 두기 때문이다. 부가 평등하게 분배되기 위해서는 법이 저마다에게 그 육체적 필요를 충족하는 것 이상을 주지 않을 필요가 있다. 그 이상을 가지게 되면 어떤 사람들은 소비하고 또 다른 사람들은 획득함으로써 가치가 성립될 것이다.

육체가 필요로 하는 것을 주어진 바의 일정한 액과 같다고 가정하면, 필요한 것만을 가지고 있는 자의 사치는 제로(0)와 같다. 그 2배를 가지는 자는 1에 해당하는 사치를 하게 될 것이다. 이 두 번째 사람의 재산의 배를 갖는 자는 3에 해당하는 사치를 하게 될 것이다. 다시 그 2배를 가질 때에는 7에 해당하는 사치를 할 것이다. 이리하여 다음에 오는 개인의 재산이 언제나 앞 사람의 두 배라고 가정하면, 사치는 0, 3, 7, 15, 31, 63, 127이라는 급별로 2배 더하기 1의 단위만큼 증가해 갈 것이다.

플라톤의 공화국*1에서는 사치가 정확하게 계산될 수 있었을 것이다. 네 종류의 급별이 정해져 있었다. 첫째는 바로 빈곤이 끝나는 한계였다. 둘째는 첫째의 2배, 셋째는 3배, 넷째는 4배였다. 제1급에서 사치는 제로와 같고, 제2급에서는 1과 같고, 제3급에서는 2와 같고, 제4급에서는 3과 같았다. 이렇게 하여 사치는 산술적 비례를 따르는 것이었다.

서로 다른 여러 민족의 사치를 그 상호 관계에서 고찰하면, 그것은 각 국가에서 시민 사이에 있는 재산의 불평등과 여러 나라의 부의 불평등과의 복비

---

*1 제1급은 세습적인 토지 소득이었다. 그리고 플라톤은 사람들이 다른 동산에서 세습 토지 소득의 3배 이상을 가질 수 있기를 원치 않았다. 《법률론》 (원주)

(複比)로 되어 있다. 예를 들면 폴란드에서는 재산이 지나치게 불평등하나, 전체의 빈곤이 좀 더 부유한 국가에서와 같은 정도의 사치가 존재할 것을 방해하고 있다.

사치는 또 도시, 특히 수도의 크기에 비례한다. 따라서 그것은 국가의 부와 개인 재산의 불평등과 특정한 장소에 집중한 사람 수와의 복비이다.

함께 있는 사람의 수효가 많으면 많을수록 그들은 허영심이 일어나, 하찮은 것으로 이름을 팔고자 하는 욕망이 마음 속에 생겨남을 느낀다.[2] 대부분의 사람들이 서로 모를 만큼 많은 인원수가 되면 눈에 띄고 싶다는 욕망이 배가 된다. 성공의 희망이 더욱 커지기 때문이다. 사치가 이 희망을 준다. 각자는 자기 지위를 초월하는 지위의 특징을 단다. 그러나 남의 눈에 띄고자 원한 결과로 모두가 평등해져서 사람들은 이미 남의 눈에 띄지 않게 된다. 모든 사람이 남의 눈에 띄고자 바라기 때문에 사람들은 아무도 알아보지 못하게 된다.

이런 모든 것으로부터 하나의 공통된 불편함이 생겨난다. 어떤 뛰어난 전문가들은 그들의 기술에 그 바라는 가격을 붙인다. 그러면 가장 재능이 뒤떨어진 사람들도 이 예에 따른다. 따라서 욕망과 그 충족 수단 사이에는 이미 조화가 존재치 않게 된다. 내가 어쩔 수 없이 소송하게 될 경우에는 변호사를 댈 돈이 필요하며, 내가 병이 걸렸을 때에는 의사를 부를 돈이 필요하다.

어떤 사람들은 많은 사람들을 수도에 모아 놓으면 서로의 교제가 줄어들 것이라고 생각했다. 그것은 사람들이 이미 서로 일정한 거리를 두고 살고 있지 않기 때문이다. 그러나 나는 그렇게 생각지 않는다. 사람들이 함께 있으면 좀 더 많은 욕구와 욕망, 좀 더 많은 호기심을 갖는 법이다.

제2장 민주정체의 사치금지법

부가 평등하게 분배된 공화정체에서는 사치가 있을 수 없다고 나는 방금 말했다. 또 제5편에서 본 바[3]와 같이 이 분배의 평등이 공화정체의 우수성을 이루는 것이므로, 공화정체에서 사치가 적으면 적을수록 그 제도는 더욱 완전하

---

[2] 《꿀벌 이야기》의 저자 맨더빌은, "대도시에서는 사람들이 군중들로부터 실제 이상으로 평가받기 위해 자기 신분 이상의 복장을 한다. 이것이 약한 인간에게는 욕구가 달성된 기쁨만큼 거의 같은 정도로 큰 기쁨인 것이다"라고 말한다. (원주)

[3] 이 책 제7편 제3장 및 제4장. (원주)

다는 결론이 된다. 초기 로마인들 사이에는 사치란 조금도 없었다. 스파르타인들 사이에도 조금도 없었다. 그러나 평등이 완전히 상실되지 않는 공화정체에서는 상업·근로·덕행의 정신이 각자로 하여금 저마다의 재산에 따라 생활할 수 있게 하고, 또 그렇게 생활할 것을 바라게 함으로써 약간의 사치밖에 할 수 없도록 만들고 있다.

약간의 공화정체에서 매우 열렬하게 요구되었던 농지의 신분배법은 그 본성에는 유익한 것이었다. 그것은 급격한 행동으로서만 위험한 것이다. 갑자기 어떤 사람으로부터 부를 빼앗고, 마찬가지로 갑자기 다른 사람의 부를 키우기 때문에 그것은 각 집안 안에 하나의 혁명을 일으키고, 국가 안에도 일반적인 혁명을 일으키게 만든다.

공화정체 속에 사치가 확립됨에 따라 사람의 정신은 개인적 이익 쪽으로 향한다. 생활에 필요한 것 외엔 아무것도 필요치 않은 사람들은 조국의 영광과 자기 자신의 영광밖에 바랄 것이 없다. 그렇지만 사치로 말미암아 타락한 영혼은 다른 많은 욕구를 가진다. 얼마 지나지 않아 그것은 자기에게 방해가 되는 법의 적(敵)이 된다. 레지(이탈리아 남부 도시)의 위수부대가 사치를 알고부터 그곳 주민을 학살케 했다.

로마인이 타락하자마자 그들의 욕구는 방대한 것이 되었다. 그것은 그들이 물건에 매긴 값으로써 판단할 수 있다. 팔레르노 포도주*4 한 병이 로마 화폐 1백 데나리우스로 팔렸다. 폰(소아시아 옛 왕국)의 소금에 절인 고기가 작은 상자 하나에 1백 데나리우스까지 치솟았다. 좋은 요리사는 한 사람에 4백 데나리우스이었다. 미소년(美少年)의 값은 한정이 없었다. 일반적인 맹렬성으로 모든 사람들이 쾌락을 찾게 되었을 때 덕성은 어떻게 되었을까.

제3장 귀족정체의 사치금지법

구조에 결함이 있는 귀족정체에는 귀족이 그곳에서 부를 가지면서도 소비를 해서는 안 된다는 불행이 있다. 절욕의 정신에 어긋나는 사치는 그곳으로부터 추방되어야 한다. 그곳에서 받아들일 수 없는 매우 가난한 사람과, 돈을 쓸 수 없는 큰 부자만 있는 격이 된다.

---

*4 Falernum. 고대 로마에서 유명한 술.

베네치아에서는 법이 강제적으로 귀족의 욕심을 억제했다. 그들은 저축에 매우 익숙했으므로 창부들이 아니고는 그들의 돈을 쓰게 할 수가 없다. 이 나라는 부지런함을 유지하기 위해 이 방법을 쓰는 것이다. 가장 천한 여자들이 거기서는 위험성 없이 돈을 쓰고 있고, 그것에 대해 그녀들에게 돈을 바치는 사람들은 추잡한 생활을 하는 것이다. 그리스의 좋은 공화정체는 이 점에 대해서 감탄할 만한 제도를 가지고 있었다. 부자는 그들의 돈을 제례에, 합창 공연에, 경주용 수레나 말에, 부담이 무거운 명예직에 사용했다. 거기서는 부도 빈곤과 마찬가지로 부담스러운 것이었다.

제4장 군주정체의 사치금지법

타키투스는 말한다. "게르만족의 수이온 사람은 부를 존경한다. 그 결과 그들은 단 한 사람의 통치 아래에 생활하고 있다."

이 사실은, 사치가 유독 군주정체에 적합한 것이므로 이 제도에서 사치금지법이 있어서는 안 된다는 것을 잘 나타내고 있다.

군주정체의 기본 구조를 볼 때 부가 불평등하게 배분되어 있으므로 분명 사치가 존재해야 한다. 만일 부자가 많이 소비를 하지 않으면 가난한 자는 굶어 죽을 것이다. 그리고 부자는 재산의 불평등에 비례해서 소비해야 하며, 앞에서 말한 바와 같이 사치도 이 비례로 늘어나야 한다. 어떤 사람의 부가 늘어나는 것은 그것이 시민의 일부로부터 생활필수품을 빼앗기 때문이다. 그러므로 그것은 그들에게로 되돌려져야 한다.

이처럼 군주국가가 유지되기 위해서는, 사치는 농민으로부터 기술자·상인·귀족·사법관·대영주·주요한 징세 청부인·왕족으로 단계를 좇아서 증가해야 한다. 그렇지 않으면 모든 것을 다 잃고 말 것이다.

엄격한 집정관이나 법률가나, 원시 시대의 관념으로 머리가 꽉 찬 사람들로 이루어진 로마 원로원에서 어떤 사람이 아우구스투스 치세 때의 풍속과 여자의 사치를 바로잡을 것을 제안했다. 아우구스투스가 어떤 술책으로 이들 원로원 의원들의 시대에 뒤떨어진 욕구를 피했던가를 디온의 책[*5]에서 읽어본다는 것은 재미있다. 즉 아우구스투스는 군주정체를 수립해 공화정체를 해체

[*5] Dion Cassius 제54편 제16장. (원주)

하고 있었던 것이다.

티베리우스 시대에 경무관들은 원로원에서 지난날의 사치금지법의 부활을 제안했다. 현명한 이 군주는 이에 반대했다. "국가란, 현재 상태로는 존속할 수 없을 것이다." 그는 말했다. "로마는 어떻게 하여 살아나갈 수 있을 것인가? 여러 주는 어떻게 하여 살아나갈 수 있을 것인가? 단순한 한 도시의 주민이었을 때에는, 우리는 소박함을 지니고 있었다. 오늘날 우리는 온 세계의 부를 소비하고 있다. 사람들은 우리를 위해 주인과 노예를 일하게 만들고 있다." 벌써 사치금지법이 있어서는 안 된다는 것을 그는 잘 알고 있었다.

같은 황제 아래에 주지사의 아내가 규율을 어지럽힌다는 이유로 그가 아내를 임지로 데리고 가는 것을 금지해야 한다는 법안이 원로원에 제출되었을 때, 그것은 부결되었다. 사람들은 말했다. "옛날 사람들의 엄격함의 모범은 더 쾌적한 생활 방법으로 변했다." 사람들은 다른 풍속이 필요하다는 것을 느끼고 있었다.

그러므로 사치가 군주국가에서는 필요하다. 그것은 전제국가에서도 필요하다. 군주국가에서 사치는 사람들이 자기가 가지고 있는 것을 자유로이 사용하는 일이고, 전제국가에서는 자기의 예종(隷從)에 따르는 이점을 함부로 쓰는 일이다. 다른 노예에게 사나운 위세를 휘두르기 위해 주인에게 선발된 노예는 오늘의 행운을 내일도 유지할 수 있느냐가 확실치 않으므로 교만함과 욕망과 나날의 쾌락을 충족시키는 즐거움 이외에는 아무것도 없다.

위의 모든 것은 하나의 자연스런 현상으로 귀결된다. 공화국은 사치로 말미암아 끝나고 군주국은 빈곤으로 끝난다.

제5장 사치금지법이 군주정체에서 유익한 경우

13세기 중엽에 아라곤에서 사치금지법을 제정한 것은, 공화정체의 정신을 따랐던가, 아니면 약간의 특수한 경우에 있어서였다. 제임스 1세[*6]는 국왕도 신민도 저마다 식사할 때에는 두 종류를 넘는 고기를 먹어서는 안 된다는 것, 또 고기는 자기가 잡은 것이 아닌 한 반드시 단 한 가지 방법으로만 조리하여야 한다고 명령했다. 오늘날 스웨덴에서도 사치금지법을 제정했으나 그것은 아

＊6 (1213~76년). 정복왕이라는 별명이 있음.

라곤의 그것과는 목적이 다르다.

국가는 절대적인 소박함을 목적으로 하여 사치금지법을 만들 수 있다. 그것은 공화정체의 사치금지법의 정신이다. 그리고 그것이 아라곤의 사치금지법의 목적이었던 것은 사물의 본질상 분명하다.

사치금지법은 또 상대적인 소박함을 목적으로 할 수도 있다. 즉 국가가 지나치게 값비싼 외국 상품이 그 나라 상품의 수출을 매우 필요로 하게 만들기 때문에, 전자로 말미암아 국가가 그 욕망을 채울 수 있기보다도 후자에 따른 욕망 충족을 보다 더 억제당하게 되리라고 생각하여 그 상품의 수입을 절대로 금지하는 경우가 그것이다. 그리고 이것이 최근 스웨덴에 제정된 법[7]의 정신이다. 이것이 군주제에 적합한 유일한 사치금지법이다.

일반적으로 나라가 가난하면 가난할수록 그것은 상대적인 사치로 말미암아 멸망한다. 따라서 상대적 사치금지법이 더욱 필요해진다. 국가가 부유하면 부유할수록 상대적인 사치는 나라를 번창하게 만든다. 그러므로 거기서는 상대적인 어떤 사치금지법도 만들지 않도록 해야 한다.

이 점은 상업에 관한 편에서 더 자세히 설명하겠다. 여기서는 절대적인 사치[8]를 논하는 것으로 그치겠다.

제6장 중국의 사치

어떤 나라에서는 그 나라의 특유한 이유에서 사치금지법이 필요해진다. 자연 환경의 영향으로 국민이 지나치게 많이 불어나서, 한편으로는 그 국민을 생활하게 하는 수단이 불확실해지는 일이 일어날 수 있다. 그럴 경우에는 국민 전체를 토지 경작에 전념케 하는 것이 좋다. 이런 나라에서는 사치가 위험하므로 사치금지법은 엄중해야 한다. 따라서 사치를 장려해야 할 것인가, 금지해야 할 것인가를 알기 위해서는 먼저 인구수와 주민을 생활하게 만드는 일의 쉽고 어려움에 대한 관계에 주목해야 한다.

영국에서는 토지가, 토지를 경작하는 사람과 옷감이나 옷을 공급하는 사람을 기르는 데 필요한 양보다 훨씬 더 많은 양의 곡식을 산출한다. 그래서 그곳에는 쓸데없는 공예가, 따라서 사치가 존재할 수 있다. 프랑스에서는 농민과 제

---

[7] 그곳에서는 고급 포도주 및 그 밖의 값비싼 상품을 금지했다. (원주)
[8] 《페르시아인의 편지》. 이 책 뒤에 나오는 제20편 제20장 참조. (원주)

조업에 고용된 사람을 기르는 데 충분한 밀이 산출된다. 게다가 외국 무역이 쓸데없는 물품 대신에 많은 필요한 물품을 가져오므로 거기서는 사치가 거의 두려워할 것이 못 된다.

반대로 중국에서는 여성이 아이를 많이 낳아 인구가 매우 많이 늘어나므로 토지가 아무리 경작되어도 가까스로 주민을 부양할 수 있을 정도이다. 어떠한 공화국에서와 마찬가지로 노동과 절약의 정신이 요구된다.[*9] 필요한 공예에만 전념할 뿐 향락의 공예는 피해야 한다. 이것이 중국의 황제들이 내린 우수한 칙령의 정신이다. 당나라의 어떤 황제[*10]는 다음과 같이 말했다. "우리의 조상들은 다음의 말을 격언으로 삼았다. 만일 밭갈이하지 않는 남자, 실을 뽑지 않는 여자가 있다면 제국 안에는 누군가 추위나 굶주림 때문에 괴로워하는 자가 있을 것이다……." 그리고 이 원칙에 따라 그는 수많은 사원을 헐게 했다.

제21대 왕조의 제3대 황제[*11]는 어떤 광산에서 보석을 발견하여 그것을 가지고 온 자가 있게 되자 그 광산을 폐쇄했다. 국민에게 의식(衣食)을 줄 수 없는 물건 때문에 국민을 일하게 하여 피로하게 만드는 것을 바라지 않았던 것이다.

"우리나라의 사치가 너무 심해서, 국민들은 어린아이들의 신을 수놓아 장식할 정도이다"라고 가의(賈誼 : 한나라 정치가·문인)는 문제(文帝—한나라 5대 황제)에게 말하고 있다.[*12] 단 한 사람의 옷을 만드는 데 그토록 많은 사람이 필요하다면, 어떻게 많은 사람들에게 의복이 부족하지 않도록 할 수 있겠는가. 한 사람의 농민에 대해 토지의 수익을 먹는 열 명의 사람이 있다고 치자. 어떻게 많은 인간에게 식량이 부족하지 않도록 할 수 있겠는가.

제7장 중국에서 사치의 치명적 결과
중국 역사를 보면 잇달은 22개 왕조가 있었음을 알 수 있다. 그것은, 중국이 무수했던 특수한 경우는 꼽지 않더라도 22개 전반적인 혁명을 겪었다는 것이 된다. 최초의 세 왕조는 현명하게 다스려졌으며 그 지배 영역도 후대에 비해서

[*9] 여기서 사치는 언제나 금지되어 있다. (원주)
[*10] 뒤 알드 신부에 따라 보고된 어떤 칙령 속에 있다. (원주)
[*11] 뒤 알드 신부 저 《중국의 역사》. (원주)
[*12] 뒤 알드 신부에 따라 보고된 연설에서. (원주)

좁았기 때문에 매우 오래 지속했다. 그러나 일반적으로 이들 왕조는 모두 처음에는 상당히 잘되어 가고 있었다 할 수 있다.

중국에서 덕성·조심·경계심을 필요로 하는 것은 그 왕조의 시초에는 그것들이 있었지만 말기에는 그것들이 부족해진 데서 엿볼 수 있다. 사실 전쟁의 고생 속에서 자라 왔던 쾌락에 빠진 일족을 옥좌에서 끌어내리는 데 성공한 황제들이, 그토록 유용함을 몸소 알게 된 덕성을 유지하려 하고 그토록 몰락을 그 눈으로 직접 본 쾌락을 두려워하는 것은 마땅한 일이었다. 그러나 이 최초의 3대 또는 4대 황제 뒤에는 부패·사치·나태·쾌락이 후계자를 사로잡아 버린다. 그들은 궁전에 틀어박히게 되어 정신은 약해지고, 그 수명은 짧아지고, 가계는 쇠퇴한다. 대관들이 고개를 쳐들게 되고 내시가 신뢰를 얻는다.

사람들은 어린아이밖에 옥좌에 앉히지 않는다. 궁전은 제국의 적이 된다. 궁전에서 사는 무위도식자가 일하는 국민을 파멸시킨다. 황제는 횡령자에게 암살되거나 멸망당하고 그 횡령자가 왕조를 세우는데, 그 3대 및 4대째의 후계자는 또 다시 궁전에 틀어박히게 된다.

제8장 공적 절조

여성들이 덕성을 잃어 많은 폐단이 드러난다. 그 정신 전체가 이것으로 말미암아 매우 타락한다. 이 주요한 방호물이 제거되면 다른 많은 방호물도 잃기 때문에 민중국가에서 공적 무절조(無節操)는 불행 가운데에서도 가장 큰 것, 국가 구조의 확실한 변화로 간주해도 좋을 정도이다. 그래서 공화정체의 좋은 입법자들은 여성으로부터 풍속상의 일정한 엄숙함을 요구해 왔다. 그들은 그들의 공화국으로부터 악덕뿐만 아니라 악덕의 의관마저도 추방했다. 그들은 타락을 낳는 미태적 교제까지도 배척했다.

이 교제는 여자가 타락하기에 앞서 남을 타락시키고 모든 하찮은 것에 가치를 주는 반면, 소중한 것의 가치를 떨어뜨리고 여자가 잘하고 있는 조소의 원칙에 따라서만 사람으로 하여금 행동케 하는 것이다.

제9장 여러 정체에서 여자의 지위

군주정체에서는 여자가 그다지 근신하지 않는다. 그것은 위계 구별이 그녀들을 궁정에 부르기 때문에 그녀들은 궁정에서 군주정체에서 인용되는 거의 유일한 것인 저 자유의 정신에 물들기 때문이다. 각자는 자기의 입신출세를 위해 그녀들의 애교와 열정을 이용한다. 그리고 그녀들의 섬약함은 그녀들에게 자부심을 허용하지 않고 허영심을 허용할 뿐이므로, 거기서는 사치가 언제나 그녀들과 더불어 번성한다.

전제국가에서는 여자가 사치를 채택하지 않지만 여자 그 자체가 사치품이다. 그녀들은 극단적으로 노예가 되어야만 한다. 저마다 정체의 정신에 따라 밖에서 행하여지는 것을 자기 집으로 옮겨들인다. 거기서는 법이 준엄해서 곧바로 집행되므로 사람들은 여자의 자유가 귀찮은 일을 일으키지나 않을까 겁을 먹는다. 그녀들의 반목·불근신·싫어함·성벽(性癖)·질투·원한이라든가, 간사한 자와 여자가 훌륭한 사람들의 마음을 끄는 그 기교가 거기서는 중대한 결과를 일으키고야 만다. 뿐만 아니라 이런 국가에서는 군주가 인간성을 무시하기 때문에 그들은 많은 처첩을 둔다. 그래서 여러 가지 생각에서 그녀들을 가두지 않을 수 없다.

공화정체에서는 여자가 법으로는 자유나 풍속에 따라 억제당한다. 사치는 그곳에서부터 추방되고, 그와 더불어 타락도 악덕도 추방된다. 그리스의 여러 도시, 남성들간에서도 풍속의 순결이 덕성의 일부가 되어야 한다고 정해 놓은 저 종교 아래에 사람들이 살지 않았던 맹목적인 어떤 악습이 제멋대로 행해졌던 그리스의 여러 도시, 사랑이란 입에 담기조차 조심스러운 한낱 형식밖에 갖고 있지 않았고 결혼 생활에는 다만 우정만이 틀어박혀[13] 있던 그리스의 도시에서는 여자의 덕성·천진성·순결은 대단한 것이어서, 이 점에 관해 좀 더 좋은 질서를 가진 민족이란 이제껏 없을 정도이다.[14]

제10장 로마의 가정재판소[15]

로마인은 그리스인처럼 여자의 행동을 감시하는 특별한 재판관을 가지고 있지 않았다. 감찰관은 공화국 외의 사람들에 대하는 것과 같은 주의밖에 여

---

[13] 플루타르코스는 이렇게 말한다. "진실한 사랑에 관해서 여자는 조금도 개의치 않는다."《도덕론집》〈사랑론〉. 그는 그즈음의 사람들에 대해 말한 것이다. 크세노폰의 대화《히에론》참조. (원주)
[14] 아테네에는 여자의 행동을 감시하는 특별한 관리가 있었다. (원주)
[15] 로물루스가 이 재판소를 설립했다.《드니 달리카르나스(=할리카르낫소스의 디오니시오스)》에 의함. (원주)

자에게 돌리지 않았다. 가정재판소 제도가 그리스에 설치되었던 저 재판관 대신이 되었다.*16

남편은 아내의 친족을 불러 그들 앞에서 그녀를 재판했다.*17 이 재판소가 공화국 안의 풍속을 유지했다. 그 이유는 이 재판소는 단순히 법의 침해뿐만 아니라 풍속의 침해도 재판해야 했는데, 풍속의 침해를 재판하기 위해서는 풍속을 가지고 있어야만 했던 것이다. 이 재판소의 형벌은 자의적이었다.

그리고 사실 그러했다. 왜냐하면 풍속에 관한 모든 것, 겸양의 규율에 관한 모든 것을 법전에 포함한다는 것은 거의 불가능한 일이기 때문이다. 타인에 대해 해야 할 바를 법으로써 규정하는 것은 쉬우나, 자기 자신에 대해 해야 할 바를 법 속에 포함한다는 것은 어렵다.

가정재판소는 여자의 일반적 행동을 감시했다. 그런데 이 재판소의 비판 외에 또 국가의 탄핵에도 복종해야 할 하나의 범죄가 있었다. 그것은 간통이었다.

그것은 공화국에서 그처럼 큰 풍속의 침해가 정체에 관계되기 때문이건, 아내의 난행이 남편의 태도에도 의혹을 가지게 만들기 때문이건, 또 성실한 사람들마저도 이 범죄를 처벌하기보다도 모르는 척할 것을 택하기 때문이건간에 탄핵되어야 할 범죄였던 것이다.

제11장 로마에서 함께 이루어진 제도와 정체의 변화

가정재판소가 풍속을 전제로 한 것처럼 공적 탄핵도 그것의 존재를 전제로 했다. 그리고 그 결과 이 두 가지 것은 풍속과 더불어 넘어지고 공화정체와 더불어 사라졌다. 상설 사문회(査問會)의 설립, 즉 법무관 사이에서 재판권의 분할과 이들 법무관이 스스로 모든 사건을 재판하는 습관*18의 확대가 가정재판소의 사용을 약화했다. 이 사실은 티베리우스가 이 재판소에 따라서 내리게

---

*16 《티투스 리비우스》. 바커스제의 음모에서 이 재판소의 사용을 보라. 여자와 청년의 풍속을 어지럽힌 회합을 사람들은 공화국에 대한 음모라고 불렀다. (원주)
*17 《드니 달리카르나스》 제2편에 따르면, 로물루스 제도에 의하여 남편은 보통의 경우 아내의 친족 앞에서 단독으로 재판을 했으나 중대한 범죄의 경우에는 친족들 중 다섯 사람과 함께 재판했던 것 같다. 그래서 울피아누스는 풍속 재판에서 중대한 것과 그렇지 않은 것을 구별했다. Mores graviores, mores leviores. (원주)
*18 Judicia extraordinaria (특별심리수속). (원주)

한 판결은 기이한 사실, 낡은 관행의 재홍이라고 본 역사가들의 놀라움에 따라 밝혀졌다.

군주정체의 설립과 풍속의 변화는 또 공공의 탄핵을 종식시켰다. 불성실한 사나이가 여자로부터 받은 경멸에 화를 내고 배척당한 것을 분개하고 그 절조의 꿋꿋함에 격분해 그 여자를 파멸하고자 음모를 꾀할는지도 모른다는 것도 염려해야 했던 것이다. '율리아 법'은 간통으로 여자를 탄핵하려면 아내의 난행을 조장했다는 이유로 그녀의 남편을 탄핵한 뒤가 아니고는 행할 수 없다고 정했다. 이것이 이 탄핵을 크게 제한했으며, 말하자면 그것을 소멸케 했다.[*19] 교황 섹스투스 5세는 공공의 탄핵을 재홍시키고자 원했던 것 같다.[*20] 하지만 이런 법이 그의 나라 같은 왕국에 있어서는 모든 다른 왕국에 있어서보다 더 부적당하다는 것을 알기에는 조금의 생각으로써도 충분하다.

제12장 로마에서 여자의 후견

로마인의 여러 제도는 여자를 "부권(夫權) 아래에 있지 않는 한"[*21] 영구적으로 후견 밑에 두었다. 이 후견의 지위는 가장 가까운 남계 친족에게 주어졌다. 그리고 통속적인 표현에 따르면 그녀들은 상당히 자유가 제한되었던 것 같다. 그것이 공화제 밑에서는 좋았으나 군주정체 아래에서는 전적으로 불필요했다.[*22]

여러 야만민족의 법전에 따르면 초기의 게르만인들 사이에서도 여자는 영구적 후견 아래에 있었던 것 같다.[*23] 이 관행은 그들이 건설한 여러 왕국에 전해졌다. 그러나 남아 있지는 않았다.

[*19] 콘스탄티누스는 이것을 완전히 폐지했다. 그는 "평온한 혼인이 제3자의 무치(無恥)에 의하여 어지럽혀진다는 것은 당치 않은 일이다"라고 말했다.
[*20] 섹스투스 5세는 아내의 방탕을 고소하지 않는 남편은 사형에 처한다고 정했다. 레티《섹스투스 5세전》참조. (원주)
[*21] Nisi convenissent in manum viri. (원주)
[*22] 파피아법은 세 사람의 자식을 갖는 여자는 이러한 후견의 권외(圈外)에 있다고 아우구스투스의 치세 때에 고쳤다. (원주)
[*23] 이 후견은 게르만인들 사이에서는 Mundeburdium이라고 불렀다. (원주)

제13장 여자의 방탕에 내린 형벌

율리아법은 간통에 대한 형벌을 정했다. 그러나 이 법과, 그 뒤 이 점에 관해 만들어진 법은 미풍양속을 지키고 있다는 상징이기는커녕 퇴폐의 상징이었다.

여자에 관한 모든 정치대계(政治大系)는 군주정체 아래에서 바뀌었다. 이미 여자의 풍속의 순결을 유지하는 것이 문제가 아니라 그녀들의 범죄를 처벌하는 것이 문제였다. 이런 범죄를 처벌하기 위해 새 법이 만들어진 것은 이런 범죄에까지 이르지 않는 위반 행위는 벌써 처벌하지 않게 되어 있었기 때문에 지나지 않았다.

풍속이 무서우리만큼 자유분방한 것은 황제로 하여금 방탕을 어느 지점에서 막기 위해 법을 만들지 않을 수 없게 했다. 그러나 그들의 의도는 풍속 일반을 교정하는 일이 아니었다. 역사가 전하는 구체적 사실은, 이런 법 전체가 그 반대를 증명할 수 있는 이상으로 그 점을 증명한다. 이 점에 관한 아우구스투스의 행동과 그에 대해 행해진 청구를 그 법무관직에서나 그 감찰관직에서 어떻게 회피했던가를 우리는 디온에 따라 알 수 있다.*24

역사가가 전하는 바에 따라서 아우구스투스나 티베리우스의 치하에서 몇몇 로마 귀부인의 음탕한 행동에 대해 내려진 엄격한 판결을 확실히 볼 수 있다. 그런데 이 역사가들은 이런 치세의 정신을 우리에게 알려줌과 동시에 이런 판결의 정신을 우리에게 가르쳐준다.

아우구스투스와 티베리우스는 주로 그 친족 여자들의 방탕을 처벌하려고 생각했다. 그들은 풍속의 변조를 처벌한 것이 아니라 그들이 고안해 낸 일종의 불충죄 또는 반역죄를 처벌한 것이다. 그것은 제위의 존엄을 위해서나 그들 자신의 복수를 위해서도 유익했다. 로마의 저술가들이 이 포학에 대해 완강히 반대하고 일어서는 이유는 여기에 있다.

---

*24 전에 부정한 관계에 있던 여자와 결혼한 젊은이가 그의 앞에 끌려 나왔을 때, 그는 오랫동안 주저하며 이를 용인하지도 않고 처벌하지도 않았다. 드디어 정신을 차리고 말했다. "반란은 큰 재난의 원인이었다. 그것을 잊어버리도록 하자"《디온》, liv. 16). 원로원 의원들이 여자의 풍속에 대한 단속 규정을 그에게 요구했을 때 그는 이 요구를 회피하고 자기가 자기 아내를 교정하는 것처럼 그들의 아내를 교정하도록 하라고 말했다. 그 말에 대해 그들은 그가 어떻게 그 아내를 다루고 있는가를 가르쳐 달라고 했다(매우 무례한 질문이라고 나는 생각한다). (원주)

율리아법의 형벌은 가벼웠다.*25 황제들은 판결을 내릴 때 재판관이 그 만든 법의 형벌을 무겁게 할 것을 바랐다. 이것이 역사가들의 매도의 대상이 되었다. 그들은 여자가 처벌받을 만한가의 여부는 검토하지 않고 그녀들을 처벌함으로써 법이 침해되었는가의 여부를 검토했던 것이다.

티베리우스의 주요한 폭정의 하나는 그가 행한 옛법의 악용이었다. 그가 어떤 로마의 귀부인을 율리아법이 정한 형 이상으로 처벌코자 했을 때 그녀를 욕보이기 위해 가정재판소를 부활시킨 것이었다. 여자에 관한 이런 규정은 원로원 의원의 가족에게만 해당하고 시민의 가족에게는 관계가 없었다. 고위관리에 대한 탄핵의 구실이 요구되었던 것인데, 여자의 방탕은 수없이 그 구실을 제공할 수 있었던 것이다.

끝으로 내가 말한 것, 즉 풍속의 선량함은 1인 통치의 원리가 아니라는 것이 이 최초의 황제들 치하에서 가장 잘 증명되었다. 그리고 만일 그것을 의심하는 이가 있다면 타키투스·수에토니우스·유베날리스 및 마르티알리스를 읽으면 될 것이다.

제14장 로마의 사치금지법

우리는 공적인 방탕에 관해서 이야기해 왔는데, 그것은 사치와 결합되어서 언제나 사치를 동반한다. 심정의 활동을 자유로이 방임한다면, 어떻게 정신적인 허약을 억제할 수 있겠는가.

로마에서는 일반적인 규정 외에, 감찰관은 집정자로 하여금 여자를 검소하게 만들기 위해 여러 특별법을 만들게 했다. 파니안법·리시니안법·오피안법은 이 목적을 가지고 있었다.*26 여자들이 오피안법의 철폐를 요구했을 때 원로원이 얼마나 흥분했던가를《티투스 리비우스》에서 읽어보라. 발레리우스 막시무스는 로마의 사치 시대를 이 법의 폐지에서 찾고 있다.

---

*25 이 법은《법률전집》에 실려 있지만, 거기에는 형벌이 기록되어 있지 않다. 그것은 유형에 지나지 않았으리라고 판단된다. 그 이유는 근친상간죄가 유형에 지나지 않았기 때문이다. [원주]

*26 "이 세 가지 법이 감찰관의 청원 또는 청구에 따라 정해졌다는 것은 어디에도 기록되어 있지 않다. 그것을 정한 집정관이나 호민관은 직권에 따라서 행동한 것이므로, 감찰관의 직무에 따라 자극될 필요는 없었다. 파니안법과 리시니안법은 특히 여자를 대상으로 하는 것이 아니라, 식탁 때문에 소비를 규정하고 억제한 것이었다." (라블레의 재기록에 의한 크레비에의 주석.)

제15장 여러 정체에서 지참금 및 혼인의 이득

군주정체에서는 남편이 그 신분을 유지하고 재래의 사치를 유지할 수 있도록 하기 위해서는 지참금이 상당한 금액이어야 한다. 공화정체에서는 사치가 지배적이어서는 안 되고 중용을 택해야 할 것이다.*27 그리고 여자가 노예인 전제국가에서도 그것은 거의 없어야 한다.

프랑스법에 따라서 채택된 부부간의 재산의 공유가 군주정체에는 매우 적당하다. 왜냐하면 그것은 여자로 하여금 집안일에 관심을 갖게 하여 가정에 관심을 돌리게 만들어 놓기 때문이다. 그것은 공화정체에서는 그다지 적당치 않다. 왜냐하면 거기서는 여자가 좀 더 많은 덕성을 가지고 있기 때문이다. 그것이 전제국가에서는 이치에 어긋날 것이다. 거기서는 여자 그 자체가 주인 재산의 일부분이기 때문이다.

여자는 그 성격상 충분히 결혼 생활을 바라므로 남편의 재산에 대해 법이 그녀들에게 주는 이득은 소용이 없다. 하지만 그것이 공화정체에서는 매우 위험한 것이 되는지도 모른다. 왜냐하면 그녀들의 개인적인 부는 사치를 낳기 때문이다. 전제국가에서는 혼인에 따른 이득은 그녀들의 생활비로 끝나야 하고 그 이상 어떤 것이 되어서도 안 된다.

제16장 삼니움인의 아름다운 관습

삼니움인은 소공화국에서, 특히 그들이 놓인 그런 처지에서 놀라운 효과를 올릴 수 있는 하나의 관습을 가지고 있었다. 그들은 모든 젊은이들을 모아 놓고 심사했다. 모든 사람 가운데서 가장 훌륭하다고 인정받은 사람은 그가 바라는 처녀를 아내로서 선택했다. 그 다음 가는 투표를 얻은 자가 다음으로 선택했다. 그리고 그 다음도 마찬가지였다. 청년의 자산 중에서 그 미점(美點)과 조국에 대한 봉사만을 문제로 삼았으니 이 얼마나 훌륭한 일인가. 이런 종류의 자산에 가장 뛰어난 자가 온 국민 가운데서 한 처녀를 선택했던 것이다. 사랑·미·순결·덕성·출생·부 그 자체까지 말하자면 모두가 덕성에 대한 지참금이었던 것이다. 보상으로서 이처럼 고상하고 위대하고, 소국으로서 이처럼 부담이 적고, 양성(兩性)에 대해 이처럼 강하게 작용할 수 있는 것은 상상하기 힘

---

*27 마르세유는 그 당시 공화국 중에서 가장 현명했다. 즉 지참금은 금전으로 1백 에퀴, 의복으로 5에퀴를 넘을 수 없었다고 스트라본은 말한다. (원주)

든 일이다.

그런데 삼니움인은 스파르타인의 후예였는데, 플라톤 또한 그 여러 제도를 리쿠르고스법을 개선해서 만들긴 했어도 그들과 같은 법을 부여했다.*28

제17장 여자의 행정

이집트에서 행해지고 있는 것 같은 여인천하는 이성(理性)에도 자연에도 어긋나지만*29 여자가 천하를 다스린다는 것은 그렇지 않다. 첫째 경우에는 여자가 놓인 약자의 상태가 그녀들에게 우위를 용납하지 않는다. 둘째 경우에는 그녀들이 약자라는 사실 자체가 그녀들에게 더욱더 유화와 조심성을 준다. 그것은 엄격하고 잔인한 덕성 따위보다 오히려 더 좋은 정치를 할 수 있게 한다.

인도에서는 여성의 통치가 아주 잘 이루어지고 있다. 그래서 남자가 같은 혈통의 어머니에게서 태어나지 않았을 때는 왕통의 어머니가 낳은 여자가 계승한다고 정해져 있다. 그녀들이 통치의 부담을 감당할 수 있도록 돕기 위해 일정한 수의 사람들이 주어진다. 스미스에 따르면 아프리카에서도 여성의 통치가 훌륭히 행해지고 있다고 한다. 여기에 러시아와 영국의 예를 덧붙이면, 여자가 제한정체이건 전제정체이건 마찬가지로 성공하고 있음을 알 수 있을 것이다.

---

*28 플라톤은 그들에게 더 자주 만날 것을 허락하기까지 했다. 〔원주〕
*29 《페르시아인의 편지》 참조.

제8편
세 가지 정체 원리의 부패

제1장 본편의 대의(大意)

여러 정체의 부패는 거의 언제나 원리의 부패에서 시작된다.

제2장 민주정체 원리의 부패

민주정체의 원리는 사람들이 평등 정신을 잃을 때뿐만 아니라, 극도의 평등 정신을 가져서 저마다가 자기를 지배하도록 선출한 자와 평등해지려고 바랄 때에도 부패한다. 그렇게 되면 국민은 자기가 위임한 권력마저도 견딜 수가 없어서 원로원을 대신해 심의하고, 집정관을 대신해서 집행하고, 모든 재판관을 파면하고, 모든 것을 그 자신이 하려고만 한다.

국가에는 이미 덕성이 존재하지 않는다. 국민은 이미 존경받지 못하는 집정관의 직능을 행하기를 바란다. 원로원의 심의는 결국 무게가 없어진다. 그래서 사람들은 원로원 의원에게도 경의를 표하지 않게 되고, 따라서 노인에게도 경의를 나타내지 않게 된다.[*1] 노인을 존경하지 않으면 어버이도 존경하지 않을 것이다. 남편도 그 이상의 존경을 받을 만한 가치는 없을 터이고 주인도 복종을 받지 못한다. 누구나가 이 자유스러운 방종을 사랑하게 될 것이다. 명령의 구속은 복종의 그것과 마찬가지로 쇠약해질 것이다. 여자·아이·노예는 누구에게 복종하지 않을 것이다. 이렇게 되면 미풍양속도 사라지고, 질서에 대한 사랑도 없어지고, 마침내는 덕성도 없어질 것이다.

크세노폰의 《향연(饗宴)》에서, 국민이 평등을 남용한 공화국의 매우 소박한 묘사를 볼 수 있다. 초대객은 저마다 무엇 때문에 자기에게 만족하고 있는가의 이유

---

*1 그다지 고상하지 못한 재담. 원로원 의원(Sénateur)=노인(vieillard)=Senem.

를 말한다.

"나는 가난하기 때문에 자신에게 만족하고 있다." 샤미데스는 말한다. "부자였을 때에는 밀고자*2들의 비위를 맞춰야 했다. 내가 그들에게 해를 끼치기보다도 해를 입기 쉬웠기 때문이다. 국가는 늘 새로운 세금을 요구해 왔다. 외출할 수도 없었다. 가난해진 뒤부터 나는 권세를 얻었다. 누구도 나를 위협하지 않고 내 쪽이 남을 위협한다. 외출할 수도 있고 집에 있을 수도 있다. 이제는 부자가 일어나 자리를 나에게 양보한다. 이제는 내가 왕이지만 전에는 노예였다. 전에는 국가에 세금을 바쳤지만 지금은 국가가 나를 보살펴 준다. 이제는 무엇인가를 잃을 염려가 없고 얻는 기대가 있을 뿐이다."

국민의 신탁을 받은 사람들이 자신의 부패를 숨기기 위해 국민을 부패시키려고 할 때 국민은 이러한 불행에 빠진다. 그들은 국민이 자기들의 야심을 알아차리지 못하도록 오직 국민에게는 국민의 위대성만을 이야기한다. 그들의 탐욕을 눈치채지 못하도록 국민의 탐욕을 부채질한다.

부패는 부패를 일삼는 자들 사이에서 커질 것이고, 또 이미 부패한 자들 사이에서도 늘어날 것이다. 국민은 모든 국고금을 서로 분배할 것이다. 그리고 그들이 게으르면서도 나랏일을 관리하듯이 가난하면서도 사치의 즐거움을 누리고자 할 것이다. 그러나 그들의 게으름과 사치 때문에 그 대상이 될 수 있는 것은 국고금 말고는 없을 것이다.

만일 투표가 돈에 따라 이루어지는 것을 보았다 하더라도 놀라서는 안될 것이다. 국민으로부터 더 빼앗지 않고는 국민에게 많은 것을 줄 수가 없다. 그러나 더 많이 빼앗기 위해서는 국가를 전복시켜야 한다. 국민이 자기의 자유로부터 보다 많은 이익을 끄집어내는 것처럼 보이면 보일수록 그들은 자유를 잃어버릴 시기에 좀 더 접근하게 된다. 그럴 때는 단 한 사람의 압제자가 나타나고, 국민은 모든 것을, 그 부패 이익마저도 잃게 될 것이다.

따라서 민주정체는 두 가지 극단을 피해야 한다. 즉 그것은 귀족정체 또는 1인 통치제도로 인도할 불평등 정신, 그리고 그것을 1인 전제정체로 인도할—1인 전제정체가 결국 정복이 되는 경우의—극단적인 평등 정신이다.

그리스의 여러 공화국을 부패시킨 사람들이 반드시 참주였던 것은 아니다.

---

*2 여기서는 특히 아테네에서 행한 무화과의 밀수출이나 그것을 빼돌린 사람을 밀고한 자를 가리킴.

모든 그리스인의 가슴 속에 공화정체를 뒤집어엎으려는 자에 대한 뿌리뽑을 수 없는 증오심이 있었던 것 외에 그들은 무술보다도 변설에 더욱 더 애착을 가졌기 때문이다.

그 결과로서 무정부 상태는 참주정체로 전환하는 대신 궤멸 상태에 빠졌다.

그러나 저 시라쿠사—참주정체로 전환한 많은 소과두제(小寡頭制) 속에 있었던*³ 시라쿠사는 역사서에는 거의 기록되지 않았지만, 원로원*⁴을 가지고 있어서 보통의 부패가 가져올 수 없는 특유한 불행을 입었다.

이 도시는 언제나 방종*⁵과 억압 아래에 있어서 그 자유와 예종에 다같이 작용되므로 늘 자유와 예종을 폭풍우같이 받았고, 그 대외적 힘에도 언제나 매우 작은 외력으로 말미암아 혁명이 일어나도록 운명지어져 있었다. 그들은 참주를 가지느냐 아니면 스스로가 참주가 되느냐 하는 잔혹한 두 길밖에 없었다.

제3장 극단의 평등 정신

하늘이 땅으로부터 멀리 떨어져 있듯이 참된 평등 정신은 극단적인 평등 정신으로부터 멀리 떨어져 있다. 전자는 모든 사람이 지배를 하거나, 아무도 지배를 받지 않도록 하는 것이 아니라, 동등한 인간에게 복종하고 동등한 인간을 지배하도록 하는 데 있다. 그것은 지배자를 전혀 가지지 않을 것을 구하는 것이 아니라 지배자로서 동등한 인간만을 가질 것을 구한다. 자연 상태에서는 인간은 분명히 평등한 존재로 태어난다. 그러나 사람이 자연 상태에 머물러 있을 수는 없을 것이다. 사회는 평등을 잃게 만든다. 그리고 인간은 법에 따라서만 다시 평등해진다.

조직된 민주정체와 그렇지 않은 민주정체의 차이는 크다. 전자에서는 사람이 시민으로서만 평등한 것에 비하여, 후자에서는 또 집정관으로서, 원로원 의원으로서, 재판관으로서, 아버지로서, 남편으로서, 주인으로서도 평등해진다.

---

*3 플루타르코스《티몰레온전》·《디온전》참조. [원주]
*4 디오도루스 제19편 제5장에서 서술된 6백 명의 원로원이다. [원주]
*5 참주들을 추방했을 때 그들은 외국인이나 용병을 시민으로 삼았다. 그것이 내란의 원인이 되었다. 시민이 아테네에 대한 전승의 원인이었으므로 공화정체를 변경시켰다. 두 사람의 젊은 장관들 가운데 한 사람이 상대의 소년을 빼앗고, 다른 한 사람이 그의 아내를 타락시켰다는 색정 문제가 이 공화국의 형태를 바꾸게 했다. 아리스토텔레스《정치학》. 참조 [원주]

덕성의 자연스러운 위치는 자유 옆에 있다. 그러나 그것이 극단적인 자유 옆에는, 예종 옆에 그것이 없는 것과 마찬가지로 존재하지 않는다.

제4장 국민 부패의 특수 원인

위대한 성공, 특히 국민이 거기에 공헌하는 바가 큰 성공은 국민에게 아주 큰 자만심을 주게 되어 따라서 그 지도가 불가능하게 되며, 더욱이 집정자를 선망해 마침내 집정자의 직책을 바라기에 이른다. 통치자의 적(敵)으로부터 더 나아가서는 국가 조직의 적이 된다. 이리하여 페르시아인에 대한 살라미스의 승리는 아테네의 공화정체를 부패시켰고,*6 아테네인의 패배는 시라쿠사를 멸망시켰다.*7

마르세이유의 공화정체는 이런 쇠약에서 강대에의 과정을 체험한 적이 없다. 그런 까닭에 이 공화정체는 언제나 지혜롭게 통치되었고, 그런 까닭에 그 원리를 보존한 것이다.

제5장 귀족정체 원리의 부패

귀족정체는 귀족의 권력이 자의적으로 될 때 부패한다. 지배하는 자에게도, 지배당하는 자에게도 덕성은 존재할 수 없게 된다. 지배하는 여러 가문이 법을 지키고 있을 경우에는 그것이 다수의 군주를 갖는 제도이므로 그 본성으로 볼 때 좋은 군주정체이다. 이들 군주 거의가 법률로써 구속되고 있다. 그것이 만일 법을 지키지 않으면 다수의 전제군주를 갖는 전제국가이다.

이럴 경우 공화국은 귀족에 관해서만, 그리고 귀족들 사이에만 존재한다. 공화국은 통치자 집단에 있고, 전제국가는 피통치자 집단에 있다. 그것은 이 세상에서 가장 극단적인 서로 다른 두 집단을 만들어 낸다.

극단의 부패는 귀족이 세습인 경우에 생겨난다.*8 그들은 거의 절도를 가질 수 없게 된다. 그들이 소수이면 그들의 권력은 더 커지지만 그 안전은 줄어든다. 그들이 다수이면 그들의 권력은 보다 작고 안전은 보다 크다. 그 결과 그들의 목에 과도한 권력과 위험이 걸려 있는 전제군주에 이르기까지, 권력은 점증

---

*6 《정치학》. 〔원주〕
*7 《정치학》. 〔원주〕
*8 귀족정체는 과두정체로 변화한다. 〔원주〕

되고 안전은 절감된다.

따라서 귀족수가 많다는 것은 세습적 귀족정체에서는 정치를 제한하게 만들 것이다. 그러나 거기에 덕성이라고는 거의 없을 터이므로 무관심·태만·방임의 정신에 빠지게 되어 그 결과 국가는 권위도 원동력[*9]도 잃게 될 것이다.

만일 법률이 귀족들에게 지배의 즐거움보다도 그 위험과 노고를 좀 더 통감하게 만든다면, 또는 국가가 어떤 두려워해야 할 외적을 가지고 있으므로 안전은 내부로부터 생기고 불안정은 외부로부터 생기는 상태에 있다면 귀족정체는 그 원리의 힘을 유지할 수 있다.

어느 정도의 자신감이 군주국의 영광과 안전을 가져오듯이 그것과는 반대로 공화국은 무엇인가를 두려워해야 한다.[*10]

페르시아인에 대한 두려움이 그리스에서는 법을 유지했다. 카르타고와 로마는 서로 위협했고, 또 그 바람에 서로 강해졌다. 이상한 일이지만 이들 국가는 안전하면 할수록 조용한 물처럼 부패하기가 쉬웠다.

제6장 군주정체 원리의 부패

국민이 원로원·집정관·재판관으로부터 그 기능을 빼앗을 때 민주정체가 멸망하는 것과 마찬가지로, 군주정체는 국왕이 차츰 여러 단체의 특권이나 도시의 특권을 빼앗을 때 부패한다. 전자의 경우는 그것이 만인의 전제정체에 이르고, 후자의 경우는 단 한 사람의 전제정체에 이른다.

중국의 어떤 저술가는 다음과 같이 말하고 있다. "진(晉)과 수(隋) 왕조를 멸망시킨 것은, 군주가 일반 감찰로 그치지 않고 옛사람들이 행했듯이 모든 일을 직접 자기가 통치하려고 한 데 있다."[*11] 이 저술가는 여기서 거의 모든 군주정체의 부패 원인을 말해 주고 있다.

군주정체는 군주가 사물의 질서에 따르기보다도 그것을 바꿈으로써 좀 더 자기의 힘을 발휘한다고 믿을 때, 또는 어떤 사람으로부터 그 본래 직능을 빼

[*9] 베네치아는 그 법에 따라서 세습 귀족제의 결함을 가장 잘 교정한 공화국의 하나이다. (원주)
[*10] 로마의 역사가 유스티니아누스는 아테네에서 덕성의 소멸을 에파미논다스의 죽음으로 돌리고 있다. 이미 경쟁 상대가 없으므로 그들은 그 수입을 축전에 소비했다. 마케도니아인이 일어난 것은 이때부터이다. (원주)
[*11] 명조저작편(明朝著作篇). 뒤 알드 신부 《중국지(中國誌)》에 보고되어 있다. (원주)

앗아서 그것을 다른 사람에게 제멋대로 줄 때, 그리고 의지보다도 방자함을 좋아할 때 무너진다.

군주정체는 군주가 모든 것을 오직 자기 자신에게만 관계시키고, 국가를 자기의 수도에, 수도를 자기의 궁정에, 궁정을 자기 일신에 의존시킬 때 멸망한다.[*12]

끝으로 군주가 자신의 권위와 신분, 그리고 국민에 대한 사랑을 가벼이 여길 때, 그리고 전제군주가 자신의 몸이 위험 속에 있다고 믿어야 하는 것처럼, 군주는 자기 몸이 안전하다는 것을 판단할 줄 알아야 한다는 것을 잘 모를 때 군주정체는 멸망한다.

제7장 군주정체 원리의 부패(계속)

군주정체의 원리는 최고 관직이 최고 예종의 표징으로 나타날 때, 그리고 그 지위에 있는 자로부터 국민의 존경을 빼앗아 그들을 자의적인 권력의 비천한 도구로 삼을 때 부패한다. 그것은 또 명예와 영전을 구하는 사람들로 하여금 나쁜 평판과 고위관직을 동시에 지니게 하는 모순을 초래했을 때 부패한다.[*13] 그것은 군주가 자기의 정의(正義)를 가혹화할 때, 로마 황제같이 자기의 가슴 위에다 메두사의 머리를 놓을 때, 코모두스 황제가 자신의 상(像)에게 주게 한 저 위협적이고 무서운 모습을 취했을 때 부패한다.

군주제의 원리는 비열하기 이를 데 없는 자들이, 예종에 의하여 얻을 수 있었던 권세에 자만심을 가지고 군주로부터 모든 것을 힘입고 있는 것이므로, 조국으로부터는 아무 혜택도 입고 있지 않다고 생각할 때에 부패한다. 그러나 어느 시대에나 볼 수 있었던 것처럼 군주의 권력이 커질수록 그 안전은 줄어든다는 것이 사실이라고 한다면, 이 권력을 그것이 변질할 정도로까지 부패시킨다는 것은 군주에 대한 대역죄가 아니겠는가.

제8장 군주정체 원리의 부패 위험

국가가 어떤 제한정체로부터 다른 제한정체로, 이를테면 공화정체로부터 군주정체, 또는 군주정체로부터 공화정체로 이행하는 데에는 불편이 없다. 그러

---

*12 분명히 루이 14세를 풍자하고 있다.
*13 섭정시대에 위력을 떨치며 도덕을 어긴 뒤 부아 추기경을 풍자했다고 전해진다.

나 그것이 제한정체로부터 전제정체로 급변할 때에는 그렇지 않다.

유럽 여러 민족의 대부분은 아직도 풍속으로써 다스려지고 있다. 그러나 만일 권력의 오랜 남용이나 큰 정복에 따라서 전제주의가 어느 정도까지 확립된다면 풍속도 풍토도 이에 저항할 수 없을 것이다. 그리고 인간성은 세계의 이 아름다운 부분에서도 세계의 다른 세 부분에서 가해지고 있는 모욕을 적어도 일시적으로는 입게 될 것이다.

제9장 군주를 옹호하는 귀족의 태도

영국의 귀족은 찰스 1세와 더불어 왕위의 잔해 밑에 매몰되었다. 그리고 그보다 앞서 필립 2세가 프랑스 사람들에게 자유라는 말을 들려 주어 유혹했을 때 왕관은 늘 이 귀족에 따라 지지되었다.

이 귀족들은 국왕에게 복종하는 것을 명예로 알고, 권력을 국민과 나누어 가지는 것을 가장 큰 굴욕으로 생각했다.

누구나 다 아는 바와 같이 오스트리아 왕가는 끊임없이 헝가리 귀족을 억압하는 데 노력해 왔다.

오스트리아 왕가는 헝가리 귀족이 뒷날 얼마나 가치 있는 존재가 될 것인지를 알지 못했다.

오스트리아 왕가는 그 민족들로부터 조금밖에 없는 화폐를 요구하며 거기에 있는 많은 사람들은 보지도 않았다.

그 국가를 그토록 많은 제후들이 서로 나누어 가졌을 때 그 왕국의 여러 부분은 움직이지 않았으며, 아무런 행동도 하지 않고, 말하자면 차례차례 무너졌다.

생명은 그 귀족에게밖에 없었다. 그들은 분노하여 모든 것을 잊어버리고, 죽거나 또는 용서하는 일이 그 명예라고 믿었다.*14

제10장 전제정체 원리의 부패

전제정체의 원리는 그 본성부터 부패되었기 때문에 줄곧 부패한다. 다른 정

---

*14 왕위계승법이 여성의 즉위를 인정하지 않기 때문에, 오스트리아 왕가가 붕괴하려 했을 때 헝가리 귀족이 "우리의 왕 마리아 테레지아를 위해서 죽으리라"고 선서하고 싸운 것을 가리킴.

체가 멸망하는 것은 우연한 사건이 그 원리를 깨뜨리기 때문이다. 그러나 전제정체는 어떤 우연한 원인이 그 원리의 부패를 방해하지 않으면, 그 내적인 악으로 말미암아 멸망된다.

따라서 그것이 유지되는 것은 오직 풍토나 종교·환경·국민의 천분 등에서 생기는 여러 조건이 결합해 그것이 이 제도로 하여금 어떤 질서에 따르게 하고, 어떤 규제에 견뎌 낼 것을 강제할 때뿐이다. 이들 사태는 정체의 본성을 강제하지만 바꾸지는 않는다. 그 잔학성은 그대로 남는다. 잠시 습관이 된 것이다.

제11장 미덕과 부패의 자연스러운 결과

정체의 원리가 한번 부패하면 가장 좋은 법도 악법이 되어서 국가에 위배되는 것이 된다. 그 원리가 건전하면 악법도 좋은 법의 효과를 가진다. 원리의 위력이 모든 것을 이끈다.

크레타인은 최고 집정관들의 법에 대한 종속을 유지하기 위해 아주 기묘한 수단을 썼다. 그것은 반란이라는 수단이었다. 일부 시민들이 반란을 일으켜 고관들을 쫓아내고, 이어서 개인 자격으로 다시 귀국시켰다. 이것은 법에 따라 행해진 것으로 간주되었다. 권력 남용을 막기 위해 반란을 제도로서 정하는 이러한 형태는 모든 공화국을 전복시켜 버릴 것이 틀림없다고 여겨질 것이다. 그러나 그것이 크레타공화국을 파괴하지는 않았다. 다음이 그 이유이다.[*15]

옛날 사람들은 조국을 가장 사랑하는 국민에 대해 말하고자 할 때 대부분은 크레타인을 인용했다. "조국, 크레타인에게 그렇게도 정다운 이름"이라고 플라톤은 말하고 있다.[*16] 그들은 조국을 어머니의 자식에 대한 애정을 뜻하는 명사로써 부르고 있었다.[*17] 그런데 조국애는 모든 사물을 바꾼다.

폴란드 법률에서도 반란이 인정되었다. 그러나 그것에 유래하는 모든 불편은 크레타 국민만이 이러한 구제법을 교묘하게 사용할 수 있는 조건에 있었다는 사실을 명확하게 나타내고 있다.

---

*15 사람들은 먼저 외적에 대해 반드시 집합했다. 그것은 Syncrétisme(크레타인의 집합, 바꾸어 이설의 종합)이라고 불리었다. 플루타르코스 《도덕론집》. (원주)
*16 플라톤 《국가》. (원주)
*17 플루타르코스 《도덕론집》 가운데 〈노인은 나랏일에 간섭해야 하는가〉. (원주)

제8편 세 가지 정체 원리의 부패 153

그리스에서 행해졌던 체육 훈련도 마찬가지로 정체의 원리의 양호함에 의존했다. "그들로 하여금 세계에서 그토록 두드러진 위치를 유지하게 만든 저 유명한 체육장을 개설케 한 것은 라케다이몬인과 크레타인이었다." "처음에는 수치심이 일어났다. 그러나 그 수치심은 공익에 자리를 양보했다"고 플라톤은 말했다.[18] 플라톤 시대에는 이 제도[19]가 칭찬할 만했다. 그것은 위대한 목표, 즉 군사 기술과 결합되어 있었다. 그러나 그리스인이 덕성을 잃어버렸을 때 그것은 군사 기술 자체를 파괴했다. 사람들이 경기장에 나가는 것은 이미 자기를 단련하기 위해서가 아니라 자기를 부패시키기 위해서였다.[20]

플루타르코스의 말[21]에 따르면, 그 시대 로마인은 이런 경기가 그리스인이 빠진 예종 상태의 주요한 원인이었다고 생각했다. 사실은 반대로 그리스인의 예종 상태가 이런 경기를 부패시킨 것이다. 플루타르코스 시대[22]에는 사람들이 나체로 싸우는 투기장이나 투기가 청년을 비열하게 만들었고, 부끄러운 사랑으로 이끌었고, 곡예사로 만들었을 뿐이었다. 그러나 에파미논다스 시대에는 투기가 테베 사람으로 하여금 레우크트라 싸움에서 이기게 만들었다.[23] 국가가 원리를 잃지 않았을 때에는 좋지 않은 법률이란 거의 없다. 그리고 에피쿠로스가 부(富)에 관해서 "썩는 것은 결코 술이 아니라 그릇이다" 말한 것처럼.

제12장 미덕과 부패의 자연스러운 결과(계속)

로마에서는 재판관이 원로원 의원 계급에서 채용되었다. 그라쿠스 형제는 이 특전을 기사(騎士)에게 옮겼고, 드루수스는 이를 원로원 의원과 기사에게

---

[18] 《국가》. (원주)

[19] 체육은 2부로 나뉘었다. 무도와 레슬링이 그것이다. 크레타섬에서는 큐레트(신관직)의 무장(武裝) 무용이 행해졌다. 스파르타에서는 카스토르와 폴루크스의, 아테네에서는 팔라스의 무장 무용이 모두 전장에 나가기에는 아직 이른 사람들에게 매우 적당한 것으로 행해졌다. 레슬링은 전쟁의 표상이라고 플라톤은 말한다. 《법률》참조. 그는 고대인이 평화적 무용과 호전적 무용의 두 가지만을 정한 것을 칭찬하고 있다. 후자가 얼마나 전술에 적당했던가를 플라톤은 《법률》에서 말하고 있다. (원주)

[20] 마르티알리스 제4편 촌철시(寸鐵詩) 참조.

[21] 플루타르코스 《도덕론집》 중 〈로마의 사정에 관한 질문〉. (원주)

[22] 〈로마의 사정에 관한 질문〉. (원주)

[23] 플루타르코스 〈식탁의 말〉. (원주)

주었다. 술라는 원로원 의원에게만 주었고, 코타는 원로원 의원·기사 및 국고 출납관에게 주었으나, 카이사르는 후자를 제외했다. 안토니우스는 원로원 의원·기사 및 백인대장의 재판관 단체[*24]를 만들었다.

공화정체가 부패했을 때는, 부패를 없애고 원리를 회복치 않고서는 거기서 생기는 어떠한 병폐도 고칠 수 없다. 다른 어떠한 교정법도 무익하거나 또는 새로운 병폐를 더할 따름이다. 로마가 그 원리를 유지하던 동안은 재판이 원로원 의원의 손안에 있어도 폐해가 생기지 않았다. 그렇지만 로마가 부패했을 때에는 재판을 어떤 단체의 손에 옮겨도 원로원 의원·기사·국고·회계관, 또는 이들 단체의 둘 또는 세 단체 모두, 나아가서는 다른 어떤 단체의 손에 맡겨도 늘 잘되지 않았다. 기사는 원로원 의원 이상으로 덕성을 지녔을 리 없었으며, 후자는 백인대장과 같은 정도로 덕(德)이 없었다.

로마의 시민이 귀족 계급 독점의 관직에 참가할 권리를 얻게 되자 그 추종자들이 즉각 정치를 좌우할 것이라고 생각하는 것이 마땅했다. 그러나 그렇지 않았다. 관직을 서민에게도 평등하게 한 이 시민은 여전히 귀족을 선택했던 것이다. 시민은 유덕했으므로 도량도 넓었다. 자유가 있으므로 권력을 멸시했다. 그런데 이 시민이 그 원리를 잃게 되자 권리를 가지면 가질 수록 절도를 잃어 버리고, 마침내는 자기 자신의 참주가 되고 자기 자신의 노예가 되어서 강력한 자유를 잃고 무력한 방종에 빠지게 되었던 것이다.

제13장 유덕한 시민의 선서효과

《티투스 리비우스》에는 모든 민족 가운데서 퇴폐의 발생이 늦은 점과, 절도와 청빈이 오랫동안 존경된 점에서는 로마인을 따를 민족이 없다고 씌어 있다.

선서는 이 시민들 사이에 매우 큰 힘을 가지고 있어서 법을 지키게 하는 데 이보다 더 좋은 것은 없었다. 이 시민들은 선서를 지키고자 영광을 위해서나 조국을 위해서는 결코 하지 않았을지도 모를 행동을 감히 여러 차례나 취했다. 집정관 퀸티우스킨키나투스가 에키콜레스 사람과 볼스키 사람에 대하여 로마 시에서 군대를 불러모으려 했을 때 호민관들은 이에 반대했다.

그는 "좋다" 말했다. "작년의 집정관에 대해서 선서를 한 자는 모두 내 깃발

[*24] Decuria는 본디 10인조를 뜻하는 말인데, 바뀌어서 재판관 단체를 의미한다. Decuria senatoria라고 하면 원로원 의원으로 구성되는 재판관 단체를 말한다.

아래로 나오라."*25 호민관들은 외쳤다. 그 선서에는 구속력이 없다느니, 사람들이 그 선서를 했을 때 퀸티우스는 한낱 개인이었다느니 하고. 그러나 그 외침은 소용이 없었다. 시민은 자기네들을 지도하려고 열중한 사람들보다 더 신심이 깊었다. 그들은 호민관들이 내린 판정에도 해석*26에도 귀를 기울이지 않았다.

이러한 시민들이 성스러운 산으로 은거하려 했을 때, 관리들을 따라 전장에 나가겠다고 집정관에게 한 선서에 구속되어 있다는 느낌을 갖게 되었다.*27 그래서 그들을 죽일 계획을 세웠으나, 그들을 죽여도 여전히 선서는 남을 것임을 깨닫게 되었다. 이 시민이 지으려 한 범죄에 따라서도 그들이 선서의 파기에 대해 어떤 관념을 가지고 있었던가를 알 수 있다.

칸네 전쟁에서 한니발에게 패한 뒤 겁을 먹은 시민들은 시칠리아로 퇴각하려고 했다. 스키피오는 그들에게 로마에 머물러 있을 것을 선서시켰다. 선서 파기의 두려움은 다른 모든 두려움을 극복했다. 로마는 폭풍우 속에서 종교와 풍속이라는 두 개의 닻으로 매어진 배였다.

제14장 국가구조의 사소한 변화에 수반되는 원리의 붕괴

아리스토텔레스가 카르타고공화국에 대하여 말하고 있는 바는 매우 잘 규정된 공화국이라는 점이다. 폴리비우스의 말로는, 그로부터 100년 뒤 제2차 포에니전쟁 때는 원로원이 그 권위 거의 모두를 잃어버렸다는 결함을 카르타고는 드러냈다.

《티투스 리비우스》가 말하는 바로는 한니발이 카르타고로 돌아왔을 때 그의 눈에 비친 것은, 집정관이나 시민의 유력자가 국고 수입을 횡령하고 권력을 함부로 쓰고 있다는 사실이었다. 즉 집정관의 덕성도 원로원 의원의 권위도 함께 떨어진 것이다. 모든 것이 동시에 원리로부터 떨어진 것이다.

로마에서 감찰직의 훌륭한 업적은 누구나 다 아는 바이다. 그것이 부담이 된 시대도 있었으나, 로마의 부패는 아직도 그 사치에 미치지 못했으므로 그

---

*25 《티투스 리비우스》. (원주)
*26 사실은 지난해의 집정관이 아니라, 그해의 집정관으로서, 살해되었기 때문에 퀸티우스로 대치된 사람이다. 그러므로 선서에는 구속력이 있다. '지난해의 것'이라면 구속력이 없다.
*27 《티투스 리비우스》. (원주)

제도는 지지되었다. 클라우디우스가 그것을 약화시켰다.

그리고 그 약화로 말미암아 부패는 사치보다도 더욱더 심해졌다. 이렇게 하여 감찰직은 말하자면 저절로 폐지된 것이다.

이 제도는 방해받고, 요청되고, 되살아나, 포기된 뒤 무익한 것으로 될 때에 이르러 완전히 중지되었다. 즉 아우구스투스 및 클라우디우스 황제의 치세 때까지이다.

제15장 원리의 보전에 가장 유효한 세 가지 방법
다음 네 장을 읽은 뒤에 내 설명을 계속하려 한다.

제16장 공화정체의 특성
그 본성으로 볼 때 공화국은 작은 영토밖에 가지지 못한다. 그렇지 않으면 그것은 거의 존속할 수 없을 것이다. 거대한 공화국에는 큰 재산이 존재하므로 그 결과 인심에는 절도가 거의 없다. 한 시민의 손안에 맡기기에는 너무나 큰 기탁물이 있다. 즉 이해관계가 서로 특수한 것이 된다. 어떤 사람이 조국 없이도 행복해질 수 있고, 위대해질 수 있으며 영광을 누릴 수 있다고 느낀다. 그러면 얼마 지나지 않아 그는 자기만이 조국의 폐허 위에서 위대해질 수 있다고 생각하게 된다.

거대한 공화국에서는 공공의 복지가 한없는 개인적인 고려의 희생이 된다. 그것은 여러 예외에 종속당하며 우연한 일에 의존한다. 작은 공화국에서는 공공의 복지가 좀 더 잘 느껴지고, 더욱 잘 알려져서 각 시민의 보다 더 가까운 곳에 있다. 남용이 퍼지는 일이 좀 더 작고, 따라서 보호되는 범위도 좁다.

라케다이몬이 그토록 오래 지속한 이유는 그 모든 전쟁이 있은 뒤에도 언제나 처음의 영토 그대로 머물러 있었던 데 있다. 라케다이몬의 유일한 목표는 자유였다. 그 자유의 유일한 이익은 영광이었다.

그 법률과 마찬가지로 영토로 만족하는 것이 그리스 여러 공화국의 정신이었다. 아테네가 야심을 품고 라케다이몬에게 그것을 전했다. 그러나 그것은 노예를 지배한다기보다도 자유로운 시민을 이끌고자 하는 것이었고, 동맹을 깨뜨린다기보다 동맹의 우두머리에 서고자 하는 것이었다. 한결 확대를 지향하는 정신을 가진 군주정체가 일어났을 때 모든 것이 붕괴되었다.

특수한 여러 조건*28이 없는 한, 단일 도시에 공화정체가 아닌 다른 제도가 존속한다는 것은 어려운 일이다. 이런 작은 나라의 군주는 자연히 압제를 지향하게 될 것이다. 그는 강대한 권력을 가지고 있으면서도 그것을 이용하거나 존경하게 만드는 수단을 갖지 못하기 때문이다. 따라서 그는 국민을 크게 압박할 것이다.

한편 이런 군주는 쉽사리 외부 선택이나 내부 세력에 따라 억압될 것이다. 국민은 언제라도 모여서 그에 대해 동맹할 수 있을 것이다. 그러나 한 도시의 군주가 그 도시로부터 추방당하면, 사건은 그것으로 끝나 버린다. 만일 그가 여러 개의 도시를 가지고 있다면 사건은 시작된 데 지나지 않은 것이다.

제17장 군주정체의 특성

군주국가는 중용의 크기여야 한다. 만일 작다면 공화정체 형태를 취할 것이다. 만일 너무 드넓다면 국가의 주된 사람들은, 그들 자신의 힘으로 강해져서 군주의 눈이 미치는 곳에 있지 않고 궁정 밖에 자기들의 궁정을 만드는 반면, 법과 풍속에 따라서 신속한 처형으로부터는 몸을 보호받고 있으므로 복종하지 않을 수 있을 것이다. 지나치게 느리고 너무도 멀리 떨어져 있는 형벌을 그들은 두려워하지 않을 것이다.

그래서 샤를마뉴는 제국을 건설하자마자 분할해야 했다. 지방 총독들이 복종하지 않았기 때문에, 그들을 좀 더 잘 복종시키기 위해서는 제국을 몇 개의 왕국으로 분할해야 할 필요가 있었기 때문이다.

알렉산드로스가 죽자 제국은 나뉘었다. 그리스와 마케도니아의 무장들—자유스러운, 아니면 적어도 드넓은 정복 지역에 흩어진 정복자들의 수령—이었던 그들이 어떻게 복종 따위를 할 수 있었겠는가.

아틸라가 죽은 뒤 그 제국은 해체되었다. 이미 억제받지 않게 된 많은 왕들이 다시 속박 아래에 들어선다는 것은 있을 수 없었다. 이런 경우에는 무제한의 권력을 신속하게 확립하는 것이 해체를 막는 방법이다. 확대를 가져온 불행에 잇단 새로운 불행! 강물은 흘러서 바다에서 서로 섞인다.

군주정체는 서로가 서로를 멸망시켜 가며 전제정체에 이른다.

---

*28 작은 나라의 원수가 두 큰 나라 사이에 끼여서 상호간의 시기 덕분에 나라를 유지하는 경우와 같다. 하지만 그 존재는 불안정한 것에 지나지 않는다.

제18장 에스파냐 군주정체의 특수한 경우

나의 설에 대한 반증으로서 에스파냐의 예를 들어서는 안 된다. 그것은 오히려 나의 설을 입증한다.

그런데 에스파냐는 아메리카대륙을 놓치지 않기 위해서 전제주의도 감히 하지 않을 짓을 했다. 그곳 주민을 멸망시킨 것이다. 그래서 에스파냐는 그 식민지를 지키기 위해서 자기 자신의 뼈를 깎아 가면서까지 이를 종속시켜야만 했다.

에스파냐는 네덜란드에서 전제주의를 시도했다. 그리고 에스파냐가 그 시도를 포기하자마자 곤혹스러움은 늘어갔다. 한편으로 왈룬 사람은 에스파냐 사람에게 지배되기를 바라지 않고, 다른 한편으로 에스파냐 병사는 왈룬 사람 사관에게 복종할 것을 원치 않았다.[*29]

에스파냐가 이탈리아에 머무를 수 있던 것은 상대를 부유케 하고 자기가 파산한 덕분에 지나지 않는다. 왜냐하면 에스파냐 왕을 내쫓고 싶었던 사람들도 그를 내쫓음으로써 그의 재산마저 단념하고 싶은 생각은 없었기 때문이다.

제19장 전제정체의 특질

대제국이 존립하는 데에는 그 전제로서 통치자에게 전제적 권위가 있어야 한다. 신속한 결정이 먼 거리의 제약을 보충하고, 두려움이 멀리 떨어져 있는 총독이나 장관의 게으름을 저지해야 한다. 법은 한 사람의 머릿속에 존재해야 하며, 또 그것은 국가의 크기에 비례해서 나라 안에서 끊임없이 격증하는 사건과 마찬가지로 법도 늘 변화할 필요가 있다.

제20장 위 여러 장의 결론

작은 국가의 자연적 특질이 공화정체로서 통치되는 데 있고, 중간 정도 국가의 그것이 군주에게 복종하는 데 있고, 큰 제국의 그것이 전제군주에게 지배되는 데 있다고 한다면, 그로부터 귀결되는 것은 기존 정체의 원리를 유지하기 위해서는 나라의 크기를 현상대로 유지해야 하며, 또 국가는 경계를 줄이거나 확장하는 데 따라 국가의 정신이 바뀌리라는 이론에 이르게 된다.

---

*29 르 클레르의 *Histoire des Provinces-Unies* 참조. (원주)

제21장 중국이라는 제국

본편을 끝마치기에 앞서, 이제까지 말해 온 데 대해서 가해질 수 있는 한 가지 반대론에 답하기로 하겠다.

우리 선교사들은 중국의 드넓은 제국에 대해 말하기를, 그 원리 속에 두려움과 명예와 덕행을 함께 뒤섞은 훌륭한 정체라고 했다. 그렇다면 내가 세 개 정체의 여러 원리를 정한 것은 쓸데없는 구별을 한 것이 된다.

무슨 일이든 지팡이로 때려야만 시킬 수 있는 국민*[30]에게서 이른바 명예가 어떤 것인지 나는 모른다. 게다가 우리 상인들이 전하는 바는 선교사가 말한 그 덕성과는 매우 다르다. 즉 중국 대신들이 행하는 약탈 행위에 관해 사람들이 하는 말을 들어 봄이 좋을 것이다.*[31] 나는 또 위대한 항해가 앤슨 경을 증인으로서 들어본다.

그 밖에 황제가 비위에 맞지 않는, 개종한 왕족에 대해 행하게 한 기소에 관하여 파레닝 신부가 보낸 서한은, 언제나 실행되고 있는 포학의 설계도와 규칙적으로 즉 냉정하게 인간성에 가해지는 오욕을, 우리에게 보여 주고 있다. 우리는 또 메랑 씨와 이제 말한 파레닝 신부의 서한을 가지고 있다. 매우 상식적인 질문과 해답을 읽어 보았더니 의문은 사라져 버렸다.

선교사들이 외관만의 질서에 속은 것은 아니었을까? 오직 한 사람의 의지의 끊임없는 행사에 놀란 것은 아니었을까? 그들 선교사 자신도 오직 한 사람의 의지의 끊임없는 행사에 지배되고 있으며, 그들은 그것을 인도의 여러 왕의 궁정에서 발견하기를 매우 좋아하는 것이다. 왜냐하면 그들이 그곳에 사는 것이 오직 큰 변혁을 행하기 위해서이기 때문에, 군주들에게 그들의 만능을 설득해 주는 편이 국민에게 그들이 모든 것을 참을 수 있다는 것을 이해시키기보다도 쉽기 때문이다.

끝으로 오류 자체에도 때로는 어떤 진리가 있다. 조금 특수한, 아마도 지금껏 유례 없는 사정이 중국의 정체에 마땅히 있어야 할 정도의 부패를 막는 수도 있다. 풍토라는 외면적 조건에서 대부분 유래하는 여러 원인이 이 나라의 내면적 원리를 침범해 여러 가지 기적을 행하는 일도 있을 수 있다.

중국 풍토는 인구 증가를 뚜렷하게 촉진하게끔 되어 있다. 여성의 다산 현

---

*30 "중국을 다스리는 것은 지팡이다"라고 뒤 알드 신부는 말한다. (원주)
*31 특히 랑주(Lange)의 담화를 보라. (원주)

상은 세상에 그 유례가 없을 정도이다. 그 이상 없을 가혹한 학정도 번식의 진행을 조금도 막지 못한다. 이 나라의 군주는 이집트의 파라오처럼 "절도를 가지고 압제하겠다"고는 말하지 못한다. 오히려 네로 황제와 같이 인류는 단 하나의 머리만을 가져야 한다는 희망을 어쩔 수 없이 가지게 될 것이다. 학정에도 중국은 풍토의 힘에 따라서 줄곧 인구가 늘어나서 학정을 극복하게 될 것이다.

쌀이 나는 모든 나라처럼 중국도 자주 기근이 일어난다. 국민이 굶어 죽게 되면 여기저기로 흩어져서 먹을 것을 찾아나선다. 곳곳에 세 사람, 네 사람 또는 다섯 사람의 도적떼가 만들어진다. 처음에는 대부분이 전멸하나, 다음에는 늘어나고 나서 마찬가지로 전멸한다.

그러나 중국처럼 수가 많고, 또 멀리 떨어져 있는 주(州)가 있으면 때로는 어떤 집단이 요행을 거머잡는 수도 있다. 그것이 존속하며 강해져서 군단화하여 수도로 진격하면 그 우두머리가 옥좌에 오른다.

중국에서 나쁜 정부는 곧 처벌되도록 되어 있다. 거기서는 무질서가 느닷없이 생겨난다. 왜냐하면 이 거대한 백성은 식량이 모자라기 때문이다. 다른 나라에서는 악정이 쉽게 교정되지 않는 것은 그 영향이 예민하게 느껴지지 않기 때문이다. 거기서는 군주가 중국처럼 신속하게 우렁찬 경고를 받지 않는 것이다.

중국의 군주는 우리나라 군주들처럼 악정을 행하면 내세에 불행하게 된다든가, 세상에서 부강해지지 않으리라는 것은 결코 생각지 않을 것이다. 즉 자기 정치가 나쁘면 자기 제국은 물론, 목숨도 잃어버리게 된다는 것을 알고 있을 것이다. 아이를 버려도 중국에서는 줄곧 인구가 늘어나므로 그것을 키우기에 족한 식량을 토지에서 생산케 하기 위해 끊임없는 노동이 필요하다. 이것이 정부의 중대 관심사이다. 정부는 늘 모든 사람이 노동 성과를 남에게 빼앗길 염려 없이 일할 수 있도록 유의한다. 이것은 시정(市政)이기보다도 오히려 가정(家政)이어야 한다.

이렇게도 사람들의 화제에 올랐던 온갖 규칙은 이렇게 해서 생긴 것이다. 법을 전제주의와 더불어 군림케 하려는 것이 목적이었으나, 전제주의와 결합하게 된 것에는 이미 그 위력이 사라진다. 전제주의는 불행에 쫓긴 나머지 스스로를 속박하고자 했으나 소용이 없었다. 전제주의는 쇠사슬로 무장해 더욱더 두려운 것이 된다.

　그러므로 중국은 전제국가이고 그 원리는 두려움이다. 처음 몇몇 왕조 시대에는 제국이 아직도 그다지 드넓지 않았으므로 정치가 얼마쯤 이 정신에서 벗어나고 있었을지도 모른다. 그러나 이제는 그렇지 않다.

제2부

제9편
법과 방어력의 관계

제1장 공화국의 안전대비책

국가가 작을 때는 외세의 힘에 파괴되고 클 때는 내부 결함으로 말미암아 멸망한다. 이 이중의 결함은 민주정체이든 귀족정체이든, 그것이 좋든 나쁘든 마찬가지로 해가 되는 것이다. 병은 사물 그 자체에 있으므로 그것을 고칠 어떠한 정체도 존재하지 않는다.

그러므로 만일 공화정체의 모든 대내적 장점과 군주정체의 대외적 세력을 아울러 가지는 국가 구조를 고안해 내지 않았더라면, 사람은 결국 1인 통치의 정체 아래에 영구히 살아야 했을 것이다. 내가 말하는 것은 연방적 공화정체를 가리킨다.

이 정치형태는 하나의 협정이므로, 그로 말미암아 많은 정치단체가 형성코자 하는 좀 더 큰 국가의 시민이 되는 일에 동의하는 것이다. 이것은 여러 사회가 합쳐서 하나의 새로운 사회를 만드는 것이므로, 새 가입자에 따라서 전체의 안전을 보장할 수 있을 만큼 그 위력이 결합된 상태에까지 확대될 수 있다.

그리스라는 줄기에 오래오래 꽃을 피우게 한 것도 이들 연합이었다. 이것으로써 로마인은 세계를 공격했고, 또 이것에 따라서만 세계는 로마인을 방어했다. 그리고 로마가 번성의 절정에 이르렀을 때 도나우강 및 라인강 저편에서의 여러 연합, 즉 두려움이 만들어 낸 연합에 따라서 다른 국가와 민족들은 능히 로마에 저항할 수 있었던 것이다.

네덜란드[*1]·독일·스위스연방이 영구적 공화국이라고 유럽에서 간주되고 있는 것은 바로 이 때문이다. 도시 연합은 지난날에는 오늘날보다 더 긴요했었

[*1] 네덜란드는 서로 다른 50여 개 공화국으로 형성되어 있다. 재니슨의 《네덜란드합중국》. (원주)

다. 무력한 도시국가는 보다 큰 위험 앞에 놓여 있었다. 정복은 그들에게 오늘날과 같이 집행권·입법권을 상실케 할 뿐만 아니라 나아가 사람들이 소유하고 있는 모든 것을 잃게 했던 것이다.*2

외적세력에 저항할 수 있는 공화국은 내부가 부패하는 일 없이 그 위세를 유지할 수 있다. 그 결사 형태가 모든 불편을 예방하는 것이다.

강력한 권력 찬탈을 바라는 자도, 모든 가맹국으로부터 똑같은 권위와 신용을 얻을 수는 없을 것이다. 그가 한 나라 안에서 지나치게 강력해지면, 다른 모든 나라에 두려움을 품게 만들 것이다. 그가 일부분을 제압하면, 아직도 자유로운 다른 부분이 그가 찬탈한 병력과 독립된 병력을 가지고 그에게 맞서 천하를 다스리는 사업을 성취하기도 전에 그를 압도할 수 있는 것이다.

가맹 국가 가운데 어느 하나에 동란이 일어나더라도 다른 가맹국이 진정시킬 수 있다. 어딘가에 악폐가 스며들더라도 그것은 건전한 부분으로 말미암아 교정된다. 그러므로 이런 국가는 어떤 부분이 멸망하더라도 다른 부분은 멸망하지 않을 수 있다. 동맹은 해지하는 수가 있으나 가맹국은 여전히 독립국으로서 머무는 것이다.

이 국가는 소공화국으로 이루어지므로 각 공화국의 국내정치의 장점을 가지면서도 외부에 대해서는 연합의 힘에 따라서 큰 군주국의 모든 장점을 가지고 있다.

제2장 연방 구조는 동질 국가, 특히 공화국으로 구성돼야 한다

가나안족이 멸망한 것은 소군주국으로 나누어져서 결코 동맹을 하지 않고 공동으로 방위하지 않았기 때문이다. 소군주국의 본성은 동맹에 있지 않다. 독일의 연방은 자유 도시와 군주에 종속하는 소국으로써 이루어진다. 경험에 따르면, 그것은 네덜란드 및 스위스의 연방보다도 불완전하다.

군주정체의 정신은 전쟁과 영토 확장이다. 공화정체의 정신은 평화와 절도이다. 이 두 종류의 국가는 어쩔 수 없는 경우가 아니고는 같은 연방 안에 머무를 수 없다. 그러므로 로마사가 나타내는 바로는, 베이 사람이 국왕을 선임하자 토스카나 지방의 모든 소공화국은 그들을 버렸다. 그리스에서는 마케도

---

*2 서민적 자유·재산·처자·사원·묘지까지도. 〔원주〕

니아 왕이 암픽티온(신전보호연합회)에서 의석을 얻었을 때 모든 것은 끝났다.

여러 군주 및 자유시로 이루어진 독일연방이 존속하는 것은 그것이 한 사람의 우두머리*3를 가지고 있기 때문이다. 그는 어떤 점에서는 연방의 관리이고 어떤 점에서는 군주이다.

제3장 연방적 공화정체에서 필요한 다른 여러 가지 점

네덜란드공화국에서 한 주는 다른 주의 동의 없이 동맹을 체결할 수 없다. 이 법은 매우 좋은 법이어서 연방적 공화정체에서는 필요하기도 하다. 이 법이 게르만 국가조직에는 없지만, 이것이 있으면 구성원 가운데 어떤 자의 경솔함, 야망 또는 탐욕 때문에 모두에게 내리게 될 많은 불행을 피할 수 있었을 것이다. 정치적 연맹에 따라서 결합한 공화국은 자기의 모두를 제공했기 때문에 더 이상 줄 아무것도 가지고 있지 않다.

가맹국이 같은 크기와 세력을 가진다는 것은 어렵다. 리키아인의 공화국*4은 23개 도시의 연합이었다. 대도시는 공동평의회에서 3표를 가지고, 중도시는 2표, 소도시는 1표를 가지고 있었다. 네덜란드공화국은 크고 작은 7개 주로 이루어졌고, 각 주는 1표를 가지고 있다. 리키아의 도시는 투표권의 비례에 따라 국비를 부담했다.*5 네덜란드의 여러 주는 이 비례가 아니라 세력 비례에 따라야 했다.

리키아에서는 도시의 재판관 및 집정자는 공동평의회에 따라서 위의 비례에 따라 선출되었다. 네덜란드공화국에서는 그들이 공동평의회에서 선출되는 것이 아니라 각 도시가 집정자를 임명한다. 훌륭한 연방공화정의 예를 들라고 한다면 나는 리키아공화국을 들 것이다.

제4장 전제국가가 안전을 위해서 대비하는 방법

공화국이 서로 결합함으로써 안전에 대비하듯이 전제국가는 서로가 분리하여, 말하자면 고립함으로써 그것을 행한다. 이런 나라는 국토의 일부를 희생해서 국경을 황폐하게 만들어 사람이 살지 않는 곳으로 만든다. 이리하여 국가

---

*3 독일 황제를 가리킴.
*4 《스트라본》 제14편. (원주)
*5 《스트라본》 제14편. (원주)

의 주요부는 접근하기 어려운 것이 된다.

물체의 면적이 크면 클수록 그 주위가 상대적으로 보다 작아진다는 것은 기하학에서 인정하고 있다. 그러므로 국경을 황폐케 만드는 이런 방법은 중위의 국가에서보다 대국에서 더욱 허용되어야 할 일이다.

전제국가는 잔혹한 적, 그들이 막아 낼 수 없는 적이 행할 수 있는 모든 재해를 자기 자신이 스스로 행하고 있는 것이다.

전제국가는 또 하나 다른 종류의 분리로써 자기를 유지한다. 그것은 먼 곳에 있는 여러 주를 그 봉신(封臣)인 한 군주의 손에 맡김으로써 행해진다. 몽골·페르시아·중국의 황제들은 봉신을 가지고 있다. 터키는 적과 자국 사이에 타타르·몰디브·왈레이키아, 또 전에는 트란실바니아 사람을 두었던 것을 매우 만족하고 있다.

제5장 군주국가가 안전을 위해 대비하는 방법

군주국은 전제국가처럼 자기 자신을 파괴하지는 않는다. 그러나 중간 정도의 국가는 곧 침략당할 염려가 있다. 그래서 국경을 지킬 요새와 요새를 지키기 위한 군대를 갖는다. 아주 작은 지점이라도 거기서는 교묘하고 용감하고 집요하게 쟁탈된다. 전제국가는 서로가 침략을 행한다. 전쟁을 하는 것은 군주국가뿐이다.

요새는 군주정체의 것이다. 전제국가는 그것을 가지기를 두려워한다. 전제국가는 그것을 감히 누구에게도 맡기지 않는다. 왜냐하면 거기서는 아무도 국가와 군주를 사랑하지 않기 때문이다.

제6장 국가의 방어력 일반

한 나라가 방위를 할 수 있는 상태에 있기 위해서는 그 나라에 대해 행할 수 있는 공격의 속도와 공격을 무효로 만들 수 있는 조치의 신속함이 국토의 넓이에 골고루 미쳐야 한다. 먼저 공격하는 쪽이 어디서든지 나타날 수 있으므로 수비하는 쪽 또한 어디서든지 나타날 수 있어야 한다. 따라서 국토의 크기는 자연이 인간에게 부여한 한 지점에서 다른 지점으로 이동하는 속도에 어울리게 중용을 지니고 있어야 한다.

프랑스와 에스파냐가 바로 적당한 크기이다. 각 군(軍)은 서로간에 아주 잘

연락하고 있으므로 단번에 필요한 지점으로 갈 수가 있다. 군대는 그곳에 집결해 신속하게 어떤 국경에서 다른 국경으로 이동한다. 실행하는 데 시간이 걸릴 염려는 아무것도 없다.

프랑스에서는 매우 다행스럽게도 수도가 다른 국경들과 떨어져 그들의 약함에 적당히 비례해 위치하고 있다. 그러므로 군주는 수도에 있으면서 그 나라의 각 부분을, 그것이 외적 앞에 놓여 있으면 있을수록 더 잘 관찰할 수가 있다.

그러나 페르시아 같은 드넓은 나라가 공격당할 경우에는 흩어진 군대가 집결하는 데 몇 달이 걸린다. 그리고 15일간의 강행군을 시키는 상태로 이렇게 오랫동안 강행군을 시키지는 못한다. 국경에 있는 군대가 격파당하면 퇴거 지점이 가까이 없기 때문에 틀림없이 흩어져 버린다. 이긴 적군은 아무런 저항도 받지 않고 진격을 거듭하여 수도의 전면에 나타나 이를 포위한다. 그때가 되어서야 겨우 지방의 총독들은 원군을 보내라는 시달을 받게 된다. 혁명이 가까와졌음을 깨달은 사람들은 복종하지 않음으로써 혁명을 촉진시킨다. 왜냐하면 한결같이 처벌이 가까이에 있기 때문에 충성을 바쳤던 사람들은 믿기가 어려울 정도로 충성을 버리게 되기 때문이다. 그들은 자기의 개인 이익에 따라서 움직인다. 제국은 해체된다. 수도는 점령당한다. 그리고 정복자는 총독들과 지방의 여러 주를 쟁탈한다.

군주의 참된 힘은, 그가 정복을 행하는 일의 손쉬움보다도 그를 공격하는 일의 어려움에 있다. 감히 말한다면 그 지위가 흔들리지 않기 때문이다. 그러나 국가의 확대는 공격이 가능한 새로운 측면을 외적에게 표시하는 것이 된다. 따라서 군주는 자기의 힘을 늘리는 데 현명해야 하듯이 마찬가지로 그 힘을 억제하도록 신중해야 한다. 약소에 따르는 불편을 없애는 반면 그들은 강대함에 따르는 불편에도 언제나 눈을 돌려야 한다.

제7장 성찰

매우 오랫동안 군림한 어떤 위대한 군주[*6]의 적은 이성(理性)보다도 두려움에 의거한 일이라고 나는 생각하는데, 군주가 세계 왕국의 계획을 만들고 그

---

*6 루이 14세를 말함.

실현을 꾀했다 해서 여러 차례 비난당했다. 만일 그가 계획대로 성공했다면 유럽, 또는 그의 옛날부터의 신하에 대해, 자신에 대해, 그리고 그의 가족에 대해 그 이상으로 파멸적인 일은 없었을 것이다. 참다운 이익을 알고 있는 하늘은 그 군주에게 승리로써 도움이 되어 준 이상으로 패배로써 도움이 되어 주었던 것이다. 그를 유럽 유일의 군주로 만드는 대신 하늘은 그를 모든 군주들 가운데에서 가장 강력한 군주로 만듦으로써 더 좋은 대우를 해주었던 것이다.

그의 국민은 외국에 있으면서도 자기가 남겨 놓고 온 것 말고는 결코 감명을 받는 일이 없다. 그들이 고국을 떠남에서는 영광을 가장 높은 선(善)으로 생각하나 먼 나라에서는 그것을 귀국을 위한 장애로 본다. 이 국민은 좋은 성격을 지녔으면서도 남의 기분을 상하게 한다. 왜냐하면 그들은 남을 경멸하는 것처럼 보이기 때문이다.

그들은 부상이나 위험이나 피로는 견뎌내나 자신의 쾌락을 잃는 것은 견뎌내지 못한다. 그들은 무엇보다도 기쁨을 추구하므로 싸움에 지더라도 장군에 대한 조소의 노래로 위안을 얻는다. 이런 국민은, 한 나라에 실패하면 다른 모든 나라에서도 실패할 터이고 한 번 실패하면 영원히 실패를 면치 못할 그런 계획을, 결코 수행하지는 않을 것이다.

제8장 한 나라의 방어력이 그 공격력보다 떨어지는 경우

"영국인은 그 본토에서 가장 약하므로 가장 정복하기 쉽다." 이 말은 드 쿠시 경이 국왕 샤를 5세에게 한 것이었다. 이는 로마인에게도 해당되는 바이며, 카르타고의 경우에도 마찬가지이다. 이것은 자국 내에서 정치 또는 시민적 이익에 따라 분열된 사람들을 규율과 병권의 힘으로 다시 결합시키기 위해 먼 곳에 군대를 보낸 모든 국가에서 일어날 수 있는 일이다. 국가는 아직도 낫지 않은 병 때문에 약해져 있다. 그리고 그 치료법에 따라서 더욱 약화된 것이다.

드 쿠시 경의 원칙은 원정을 기도해서는 안 된다는 일반 원칙에 대한 예외이다. 그리고 이 예외는 원칙을 확인한다. 왜냐하면 그것은 스스로 원칙을 깨뜨린 사람들에 대해서만 일어나기 때문이다.

제9장 국가의 상대적인 힘

권세·병력·권력은 모두 상대적이다. 그러므로 실질적인 권세를 높이고자 상대적인 권세를 줄이지 않도록 주의해야 한다.

루이 14세 치세 중기에 프랑스는 그 상대적 권세의 최고점에 있었다.

독일은 그 무렵까지 그 뒤에 가졌던 것 같은 위대한 군주를 가지지 못했다. 이탈리아도 같은 사정이었다. 스코틀랜드와 잉글랜드는 군주정체를 전혀 형성하고 있지 않았다. 에스파냐로부터 분리된 부분은 그 때문에 약해지고, 또 에스파냐를 약화하고 있었다.

러시아는 크리미아와 같은 정도로밖에 유럽에 알려지지 않았다.

제10장 약소한 이웃나라

이웃나라가 쇠운에 빠져 있을 때에는 그 멸망을 촉진하지 않도록 조심해야 한다. 왜냐하면 이 점에서 자기 나라는 더없이 행복한 지위에 있기 때문이다. 그리고 군주로서는 자기 대신 운명의 모든 타격과 모든 박해를 받아 주는 다른 군주 옆에 있는 것만큼 편리한 일은 없다. 게다가 이런 국가를 정복함으로써, 상대적인 힘의 상실과 같은 정도로 참다운 힘을 증대하는 일은 거의 없다.

제10편
법과 공격력의 관계

제1장 공격력
공격력은 만민법에 따라서 규정되어 있다. 만민법은 여러 민족들 사이의 관계에서 고찰된 정법(政法)이다.

제2장 전쟁
국가의 생명은 인간의 생명과 같다. 인간은 자연 상태에서 자기를 지켜야 할 경우에는 사람을 죽일 권리가 있다. 국가도 자기 보존을 위해서는 전쟁을 할 권리가 있다.

자연적 방위의 경우 나는 죽일 권리를 갖는다. 나를 공격하는 자의 생명이 그의 것이듯이 나의 생명은 나의 것이기 때문이다. 마찬가지로 국가도 전쟁을 한다. 국가의 자기 보존도 다른 모든 보존과 마찬가지로 정당하기 때문이다. 시민들 사이에서 자연적 방위의 권리란 공격의 필요가 따르는 것이 아니다. 공격 대신 재판소에 가서 고소만 하면 된다. 따라서 그들은 방위권을 다만 법의 구원만을 기다리다가는 살아 남지 못할 일시적인 경우에만 행사할 수 있다. 그런데도 사회 사이에서는 자연적 방위권에 때로 공격이 따르기도 한다. 즉 그 이상의 평화는 상대 민족을 멸망시키는 다른 힘을 주게 되고, 따라서 이 순간에 자기의 멸망을 막는 유일한 방법은 공격이라고 인정하는 경우가 그렇다.*1

이 사실에서 알 수 있는 것은, 작은 사회는 큰 사회보다도 더 자주 전쟁을 할 권리를 갖는다는 점이다. 왜냐하면 전자는 파멸당할 위기에 부딪히는 경우

---

*1 《페르시아인의 편지》에서, 몽테스키외는 전쟁에 대해 훨씬 소극적이었다. "정당한 전쟁은 두 가지밖에 없다. 하나는 공격하는 적을 격퇴하기 위해서 하는 것이고, 또 하나는 공격당한 동맹국을 구원하는 것이다. 《법의 정신》에서는 예방 전쟁을 인정하게 되었다. 그래도 여전히 공격이 자기의 멸망을 구원하는 유일한 수단인 객관성이 있을 경우로만 국한한다.

가 더 많기 때문이다. 그러므로 전쟁의 권리는 최대한의 필요와 정의로부터 생겨나는 것이다. 군주의 양심 또는 자문회의를 좌우하는 사람들이 이를 지키지 않는다면 모든 일은 끝장이다. 때문에 영광·의례·이익 같은 자의적인 원리를 채용한다면, 유혈의 물결이 땅을 덮을 것이다. 특히 군주의 영광 따위를 주장해서는 안 된다. 그의 영광은 단순히 그의 거만에 지나지 않을지도 모른다. 그것은 하나의 정념이지 정당한 권리가 아니다.

군주의 위세에 대한 비평이 그 나라의 힘을 키울 수도 있다는 것이 옳은 말이기는 하나, 그의 정의에 대한 비평이 그것을 더 키울 것이다.

제3장 정복권

교전권으로부터 이 정복권이 파생한다. 따라서 정복권은 교전권의 정신에 따라야 한다. 한 국민이 정복당했을 경우 정복자가 갖는 권리는 다음 네 가지 법에 따른다.

첫째는 자연법으로서 그것이 만물로 하여금 종(種)의 보존으로 향하게 만드는 것이고, 둘째는 인간 본성의 지혜 법으로서 그것이 남이 자기에게 해주었으면 하는 바를 남에게도 하라고 바라는 바이고, 셋째는 정치 사회를 형성하는 법으로서, 정치 사회는 그 지속이 자연에 따라 한정되지 않는 존재이다. 넷째는 사물 자체에서 유래하는 법이다.

정복이란 획득이다. 획득의 정신은 유지와 의욕의 정신이 따르는 것이지 파괴의 정신을 수반하는 것이 아니다.

다른 나라를 정복한 나라는 정복당한 나라를 다음 네 가지 방법 가운데 하나로 다스린다. 정복당한 나라의 법률에 따라서 그 나라를 계속 통치하고 국정과 시민정의 행사만을 손안에 장악하든가, 새로운 국정과 시민정을 부여하든가, 사회를 파괴하고 분산시키든가, 끝으로 모든 시민을 없애버리든가 하는 것이다.

첫째 방법은 오늘날 우리가 따르는 만민법과 같고, 넷째 방법은 로마인의 만민법에 좀 더 가깝다.[*2] 이 점에 대해 우리가 고대인보다 얼마나 진보했는가는 독자의 판단에 맡겨두기로 한다. 여기서 우리는 우리의 현대에, 현재의 이

[*2] 로마인은 정복한 곳에서 모든 것을 뿌리 뽑지는 않았다.

성에, 오늘의 종교에, 우리의 철학에, 우리의 풍속에 경의를 표해야 할 것이다.

오늘날의 공법학자들은 고대사를 근거로 하는 바람에 엄밀하게 필요한 사례로부터 벗어나 큰 오류에 빠졌다. 그들은 자의에 치우쳐서 어떤 권리인지는 알지 못하나 정복자에게 살육할 권리가 있다고 생각했다. 이 사실은 그들에게 원리와 마찬가지로 무서운 결론을 끄집어내게 하여, 정복자 자신이 이성만 조금 가지고 있다면 결코 취하지 않았을 그런 원칙을 세우게 했다. 정복이 완료되었을 땐 정복자는 이미 자연적인 자기 방위나 자기 보존의 경우에 있는 것이 아니므로 죽일 권리는 갖지 못한다는 것은 명백하다. 그들이 이렇게 생각한 것은, 정복자는 사회를 파괴할 권리를 갖는다고 믿었던 것에 따른다. 거기서부터 그들은 정복자가 그 사회를 구성하는 인간까지 파괴할 권리를 갖는다고 결론을 내렸다. 그것은 그릇된 원리로부터 인도된 그릇된 귀결이다. 왜냐하면 사회를 없앤다는 것에서 그 구성원까지 없애야 한다는 것은 결코 아니기 때문이다. 사회는 인간의 결합이지 인간 자체는 아니다. 시민은 망해도 인간은 살아 남을 수 있다.

정복자들의 죽이는 권리로부터 정치가들*3은 노예로 만들어 버리는 권리를 끄집어냈다. 그러나 이 귀결도 원칙적인 근거를 갖지 않는다. 사람이 피정복자를 노예로 만들 권리를 갖는 것은 노예가 정복의 유지에 필요한 경우뿐이다. 정복의 목적은 유지이다. 노예가 정복의 목적은 결코 아니다. 그러나 그것이 유지에 필요한 수단일 수는 있다.

이 경우 노예가 영구적이라는 것은 사물의 본성에 어긋난다. 노예가 된 국민은 신민이 될 수 있어야 한다. 정복에서 예속은 우연한 일이다. 일정한 시간이 지나서 정복국의 모든 부분이 피정복국의 모든 부분과 관습·혼인·법률·결사, 그리고 정신상의 어느 정도의 일치에 따라 서로가 결합했을 때 노예는 없어져야 한다. 왜냐하면 정복자의 권리는 이런 것들이 상반되어 두 국민 사이에 거리가 있어서 한쪽이 다른 한쪽을 믿을 수 없는 사태에만 근거를 두기 때문이다. 따라서 한 국민을 노예로 만든 정복자는 그들을 거기서부터 해방하는 수단(이 수단은 헤아릴 수 없다)을 언제나 유보해 두어야 한다.

나는 여기서 막연한 말을 하는 것이 아니다. 로마제국을 정복한 우리 조상

---

*3 공법학자를 말함.

들은 이처럼 행동했다. 전쟁의 흥분 속에서, 그리고 전승의 교만한 기쁨 속에서 만든 법률을 그들은 완화했다. 그들의 법률은 가혹했다. 그들은 그것을 공평하게 했다. 부르고뉴인·고트인·롬바르디아인은 로마인이 피정복 민족이기를 언제나 원했다. 유리크(서고트 왕)·고드보(부르고뉴 왕)·로테르(롬바르디아 왕)의 법률은 야만인과 로마인을 동포 시민으로 만들었다.*4

샤를마뉴는 작센 사람을 제압하기 위해서 자유인의 지위와 재산소유권을 빼앗았다. 루이 르 데보네르 왕은 그들을 해방시켰다.*5 이것이 모든 치세를 통하여 그가 한 가장 뛰어난 일이었다. 시간과 노예제가 그들의 풍속을 유화시켰으므로 그들은 언제나 충성스러웠다.

제4장 피정복민의 이익

정복권으로부터 그런 파괴적인 결론을 끄집어 내는 대신 정치가들은 그 권리가 때로는 피정복민에게 가져다 줄 수도 있는 이익에 관해 말하는 편이 나았을 것이다. 만일 우리의 만민법(萬民法)이 정확히 지켜지고, 또 그것이 온 세계에 수립되어 있었더라면 그들도 그것을 더 잘 감지했을 것이다. 정복당한 국가는 보통 그 본디 제도로부터 퇴화된다. 부패가 그곳에 들어가 있다. 거기서는 법이 집행되지 않게 되므로 정부는 압제적이 된다. 정복이 파괴적이 아닌 한 이런 국가가 정복으로부터마저 얼마쯤의 이익을 얻을 수 있다는 것은 그 누구도 의심치 않을 것이다. 이미 스스로 개조할 수 없는 상태에 빠진 국가가 남에 따라 개조된다고 해서 무엇을 잃을 것인가 말이다. 한없는 술책과 위계로써 부자가 남몰래 숱한 국고 약탈 방법을 실행해 온 나라, 가난한 자가 악폐로 믿던 것이 법이 됨을 보고 고민하며 압제 속에 있으면서도 그것을 느끼는 것이 잘못이라고 믿는 나라, 그런 나라에 들어가는 정복자는 내가 볼 때 모든 것을 방향 전환할 수 있다. 이리하여 엉큼한 폭정을 펴던 자들이 정복자의 폭력 앞에 놓이게 될 맨 처음의 대상일 것이다.

예를 들면 세금을 거두어들이는 청부인에게 압제당하던 국가가 정복자에 따라 무거운 짐이 덜어지는 것을 사람들은 보았다. 그에게는 정통의 군주가 가지고 있던 도리에 벗어난 빚도 낭비벽도 없었기 때문이다. 악폐는 정복자가 교

*4 《야만족 법전》 및 이 책 제28편 참조. 〔원주〕
*5 뒤시엔느의 《집록》 제2권. 저자 미상의 《루이 르 데보네르 왕전》 참조. 〔원주〕

제10편 법과 공격력의 관계　175

정하지도 않았는데 바로잡아진 셈이다.

때로는 정복 국민의 순박함이 정통의 군주 아래서는 약탈되었던 생활 필수품을 피정복자에게도 주게 되었다. 정복은 해로운 편견을 파괴하고, 이런 표현이 허용될지는 모르나, 국민을 좀 더 좋은 수호자 아래에 둘 수도 있는 것이다.

에스파냐 사람은 멕시코 사람에게 어떤 좋은 일을 하지 못했던 것일까. 그들은 멕시코인에게 주어야 할 온화한 종교를 가지고 있었다. 그런데도 그들에게 준 것은 광포한 미신이었다. 그들은 노예를 자유롭게 만들어 줄 수 있었을 텐데도 자유인을 노예로 만들었다.

그들은 사람을 제물로 삼는 악폐로부터 멕시코인을 일깨울 수 있었을 텐데, 그러기는커녕 멕시코인을 파괴하고 말았다. 에스파냐 사람이 하지 않았던 모든 좋은 일, 또 그들이 한 모든 나쁜 일을 이야기하려면 끝이 없을 것이다.

자기가 행한 일부분을 보상하는 것은 정복자의 의무이다. 나는 정복의 권리를 다음과 같이 정의한다. 인간성에 대한 보상으로서 막대한 채무를 영원히 치르게 하는 데 필요하고도 정당한, 그러나 불행한 권리라고.

제5장 시라쿠사왕 겔론

역사에 전해지는 가장 훌륭한 강화조약은 겔론이 카르타고인과 맺은 조약이다. 그는 카르타고 사람들이 자기 자식을 제물로 삼는 습관을 폐지하라고 요구했다.*6 칭찬할 만한 일이 아니겠는가. 30만의 카르타고 군대를 격파한 뒤에 그는 그들을 위해서만 이로운 조건을 요구했던 것이다. 아니 그보다도 인류를 위해서 그는 약정한 것이다.

박트리아인은 그들의 늙은 어버이를 큰 개에게 먹이고 있었다. 알렉산드로스는 이를 금지했다.*7 이것은 그가 미신에 대해서 이겨 낸 승리였다.

제6장 정복하는 공화국

얼마 전 스위스에 일어났던 것*8처럼 연방정체에 연맹한 한 나라가 다른 한

---

*6 드 바르베일락의 집록 《고대집약사》 암스테르담 1739년 참조. (원주)
*7 《스트라본》 제11편.
*8 토켄부르그에 관하여. (원주)

나라를 정복한다는 것은 그 제도의 본질에 어긋난다. 그러나 작은 공화국과 작은 군주국 사이의 집단인 혼합연합국에서는 이것이 그다지 불합리하지 않다. 그리고 또 민주공화국이 민주주의의 영역에 들어갈 수 없는 여러 도시를 정복하는 것도 사물의 본질에 어긋나지 않는다.

로마인이 처음에 정했던 것처럼 피정복민이 주권의 여러 특권을 누릴 수 있도록 해야 한다. 정복은 민주정체를 위해서 적합한 시민의 인원수에 국한되어야 한다.

만일 민주국가가 어떤 국민을 신하로서 지배하기 위해 정복한다면, 이는 자기 자신의 자유를 위태롭게 하는 것이다. 왜냐하면 그것은 피정복 국가에 파견해야 할 집정관에게 지나친 권력을 맡길 것이기 때문이다.

만일 한니발이 로마를 점령했더라면 카르타고공화국은 어떤 위험에 빠졌을까? 패전 뒤에 자기의 도시(카르타고)에 그토록 많은 혁명을 일으킨[*9] 이 사람이 전승 뒤였더라면 거기서 어떤 일을 했을지 모른다.

안논[*10]이 자기의 시기심에 근거해서만 의논했더라면 한니발에게 원군을 보내지 않도록 원로원을 설득할 수 없었을 것이다. 아리스토텔레스는 이 원로원을 매우 현명한 것이었다고 말했는데(그리고 그 사실은 이 공화국의 번영이 아주 잘 보여 준다), 확실한 이유가 없이 결의하는 일은 결코 없었다. 매우 어리석지 않은 한, 300리 밖에 있는 군대가 필연적으로 보상을 필요로 하는 손실을 입으리라는 것을 원로원이 모를 리 없었던 것이다.

안논의 당파는 한니발이 로마인에게 넘어가기를 바랐다.[*11] 그즈음 그들은 로마인을 두려워할 줄 몰랐다. 그러나 한니발은 두려워했다.

그들은 한니발이 성공을 거두고 있었던 사실을 믿을 수 없었던 것이라고 말하는 사람도 있을 것이다. 그러나 어떻게 성공을 의심할 수 있었겠는가? 온 세계에 퍼져 있던 카르타고인이 이탈리아에서 일어난 일을 알지 못했을까. 안논은 그것을 잘 알고 있었기 때문에 한니발에게 원군을 보내고자 하지 않았던 것이다.

[*9] 그는 도당을 지휘하고 있었다. 〔원주〕
[*10] 대(大) 안논. 기원전 3세기 카르타고의 장군.
[*11] 안논이 한니발을 로마인에게 인도할 것을 바란 것은, 카토가 카이사르를 갈리아인에게 인도할 것을 바랐던 것과 같은 이치로 이해될 수 있다. 〔원주〕

트레비 전쟁 뒤, 트라시메누스 전쟁 뒤, 그리고 칸네 전쟁 뒤 안논의 결의는 더욱더 굳어졌다. 커진 것은 그의 시기심이 아니라 두려움이었던 것이다.

제7장 정복하는 공화국(계속)

민족국가에 따라서 이루어지는 정복에는 또 다른 하나의 불편이 있다. 피정복국으로서는 이런 나라의 통치가 언제나 꺼려지는 법이다. 그 통치가 외관은 군주정체 같지만, 모든 시대, 모든 나라의 경험이 밝혀 주었던 것처럼 그것은 군주정체의 통치보다 더 가혹하다. 거기서는 피정복 국민이 슬픈 상태에 놓인다. 그들은 공화정체의 이익도 군주정체의 이익도 누리지 못한다.

내가 민중국가에 대해서 한 말은 귀족정체에도 적용된다.

제8장 정복하는 공화국(계속)

이와 같이 공화국이 어떤 국민을 그 종속 아래에 둘 때에는 좋은 정법(政法)과 좋은 시민법을 주어서, 그 일의 성질에서 마땅히 생기는 불편에 보충하도록 노력해야 한다.

이탈리아의 한 공화국이 섬 국민을 그 지배 아래에 두고 있었다. 그러나 그들에 대한 정법에도 시민법에도 결함이 있었다. 앞으로는 총독의 개인 지식에 근거해서 그들에게 체형을 과하지 않으리라고 정해 놓은 대사령(大赦令)을 사람들은 기억하고 있다. 사람들은 때때로 여러 국민이 특권을 청원하는 것을 보았다. 그러나 여기서는 주권자가 모든 국민에게 공통된 권리를 주고 있을 따름이다.

제9장 군주정체의 정복

군주국이 영토 확장으로 말미암아 약화되기 전에 오랫동안 생존할 수 있으면 그것은 두려운 것이 되어서, 그 힘은 이웃의 여러 군주국에 따라 압박되면서도 지속할 것이다. 이 한계를 넘자마자 신중은 정지를 명령한다. 이런 종류의 정복에서는 모든 것을 본디 그대로 두어야 한다. 같은 재판소, 같은 관습, 같은 특권, 군대와 주권자의 명칭 말고는 아무것도 바꾸어서는 안 된다.

군주정체가 이웃의 여러 주를 정복해 그 경계를 확대한 경우에는 너그럽게 다루어야 한다.

오랫동안 정복에 힘을 쏟아 온 군주정체에서는 옛 영토의 여러 주가 대부분은 심하게 착취받고 있다. 여러 주는 새로운 악폐와 낡은 악폐 때문에 고통을 받아야 한다. 그리고 때때로 반대한 수도가 모든 것을 삼켜버리기 때문에 여러 주의 인구를 빼앗고 있다. 그런데 이 영토의 주변을 정복한 뒤에도 만일 피정복 국민을 옛 신민과 마찬가지로 취급한다면 국가는 무너질 것이다. 정복당한 여러 국가가 조세로서 수도에 보내는 것은 이미 그 주에 되돌아오지 않을 것이다. 변경의 주민은 멸망해 가고, 따라서 한층 더 약해질 것이다.

그곳 국민은 난리를 바라게 될 것이다. 변경에 머물러서 활동해야 할 군대의 식량은 좀 더 불안정하게 될 것이다.

정복을 하는 군주정체의 필연적인 상태는 다음과 같다. 수도에서의 걷잡을 수 없는 사치, 거기서부터 떨어져 있는 여러 주의 궁핍, 변경에서의 풍요. 마치 우리 지구와 비슷하다. 불이 중심에 있고, 표면에는 녹음이 우거지고, 그 둘 사이에 여위고 차가운 불모의 땅이 있다.

제10장 군주정체를 정복하는 군주정체

때로는 어떤 군주정체가 다른 군주정체를 정복하기도 한다. 후자가 작으면 작을수록 요새로써 제압하는 것이 좋다. 그것이 크면 클수록 식민지를 만들어서 보전함이 좋다.*12

제11장 피정복민의 풍속

이런 정복에서는 정복당한 국민에게 그 본디의 법을 남겨 준다는 것만으로는 충분하지 않다. 그 풍속을 남겨 주는 것이 더 필요할 것이다. 왜냐하면 국민은 언제나 법보다도 풍속 쪽을 더 잘 알고 사랑하며 더 잘 지키기 때문이다.

역사가는 이렇게 말한다.*13

"프랑스인은 아홉 번이나 이탈리아에서 추방당했다. 그 이유는 유부녀나 처녀에 대한 그들의 무례함 때문이다."

국민으로서 정복자의 교만함과 호색, 그 뻔뻔스러움이 아마 더욱 불쾌할 것이다. 왜냐하면 그것은 능욕을 한없이 커지게 하기 때문에 견디기가 너무나 힘

---

*12 마키아벨리 《군주론》 제3장.
*13 푸펜도르프 《세계사》를 통독하라. [원주]

든 일이다.

제12장 키루스 왕의 법

키루스 왕*14이 리디아인에게 천한 직업이나 파렴치한 직업 외에는 종사하지 못하도록 만든 법을 나는 좋은 법이라고 보지 않는다. 그는 가장 위급한 것, 즉 리디아인의 반란에만 유의하고 침략당할 것은 생각지 않았다. 그러나 곧 침략은 닥쳐왔다. 그러자 페르시아·리디아 두 민족은 합쳐져서 모두 부패했다. 나는 법으로써 피정복 민족의 유약함을 유지하기보다는 법에 따라 정복 민족의 순박함을 보전하는 편을 좋아한다.

쿠마에의 폭군 아리스토데무스*15는 젊은이의 용기를 없애고자 노력했다. 소년은 소녀처럼 머리를 기르고, 그 머리를 꽃으로 장식하고 발꿈치까지 닿는 색색의 긴 옷을 입고 무용과 음악 선생을 찾아갈 때는 여자가 그들을 위해 양산이나 향수나 부채를 들고, 목욕할 때에는 여자가 그들에게 빗과 거울을 내주도록 하라고 정했다. 이런 교육이 스무살까지 이어졌다. 이것은 생명을 지키기 위해 자기의 주권을 거는 작은 폭군에게만 적합하다.

제13장 샤를 12세

자기의 힘밖에 의지하지 않았던 이 군주는 오랜 전쟁으로만 실현할 수 있는 계획을 세움으로써 자기의 몰락을 결정적인 것으로 만들었다. 그것은 그의 왕국이 지탱할 수 없는 것이었다. 그가 전복하고자 꾀했던 것은 붕괴 과정에 있는 국가가 아니었다. 탄생하고 있는 제국이었다. 러시아인들은 그가 수행해 온 전쟁을 학교처럼 이용했다. 패배할 때마다 그들은 승리로 접근했다. 그리하여 밖에서는 잃으면서 안으로는 자위하는 법을 배웠다.

샤를은 폴란드를 황야로 만들고 자기를 세계의 지배자로 여겼다. 그가 황야를 헤매는 동안—말하자면 스웨덴은 그곳까지 연장되어 있었던 것이다—그의 주요한 적은 그에 대해 방비를 굳히고 그에게 육박해 발트해에 진을 치고 리보니아를 점령하거나 격파했다. 스웨덴은 마치 수로가 바뀌면서 수원(水源)에서 물이 끊긴 강과 비슷했다.

---

*14 페르시아제국의 창설자이자 서아시아의 지배자. 대왕이라고 불린다.
*15 《드니 달리카르나스》 제7편. 〔원주〕

샤를을 파멸시킨 것은 결코 폴타바*16가 아니었다. 만일 그가 여기서 지지 않았더라도 그는 다른 곳에서 지고 말았을 것이다. 운명이 가져온 우연은 쉽사리 회복할 수 있다. 그러나 사물의 본질에서 끊임없이 생기는 사건은 몸을 지킬 수 없게 한다. 그러나 자연도 운명도 그에 대해 그 자신만큼 강하게 거스르지는 않았다. 그는 결코 사물의 현실적 성질에 따라서 행동하지 않고, 자기가 택한 하나의 본보기에 따라서 행동했다. 더욱이 그는 그 본보기에 매우 서투르게 따랐다. 그는 결코 알렉산드로스가 아니었다. 그러나 알렉산드로스의 가장 좋은 병사이기는 했을 것이다. 알렉산드로스의 계획이 성공한 까닭은 오직 그것이 합리적이었기 때문이다.

페르시아인이 그리스에 대해 행한 침입의 실패, 아게실라우스(스파르타 왕)의 정복과 1만인의 퇴각은 전투 방법과 무기의 양식에서 그리스인의 우위를 뚜렷이 알게 만들었다. 그리고 페르시아인이 자기를 교정하기에는 지나치게 오만했다는 것은 잘 알려진 사실이었다. 그들은 이미 그리스를 분열로써 약화할 수는 없었다. 그리스는 그때 한 사람의 우두머리 아래에 집결했다. 그 우두머리는 그리스인의 눈으로부터 그들 자신의 노예 상태를 숨기기 위해 그들의 영원한 적을 격멸하여 아시아 정복의 희망을 눈에 아른거리게 했는데, 그보다 그들을 홀리는 좋은 수단은 없었다. 세계에서 가장 부지런한 데다 종교의 원리를 가지고 토지를 경작하는 국민에 따라 양육되었으므로, 풍요롭고 모든 물건이 풍성한 제국은 적이 그 땅에 머무는 데 모든 편의를 제공해 주었다. 헛되이 패배를 거듭하여 분해하고 있던 이들 국왕의 오만함으로 미루어, 그들이 줄곧 전쟁을 걸어 옴으로써 자신의 몰락을 재촉하리라는 것, 또 주의를 둘러싼 아부, 추종으로 말미암아 자기의 위대함을 절대로 의심치 않으리라는 것을 사람들은 쉽게 판단할 수 있었다.

그리고 계획이 현명했을 뿐만 아니라, 그것은 현명하게 이루어졌다. 알렉산드로스는 신속한 행동과 불같이 격렬한 감정에서도 감히—이 같은 말을 사용한다고 하면—그를 인도하는 힘찬 이성(理性)을 가지고 있었다. 그리고 그의 생애를 문학으로 형상화하고자 하는 사람들, 그보다 부패한 정신을 가졌던 사람들도 우리의 눈으로부터 그 이성을 숨길 수는 없었다.

---

*16 우크라이나 도시, 1705년 샤를은 이곳에서 결정적으로 패배함.

제14장 알렉산드로스

그가 정복에 나선 것은 이웃한 이민족(異民族)으로부터 마케도니아를 확보하고 그리스인을 정복한 뒤였다. 이 굴복을 그는 그 계획을 수행하는 데에만 이용했다. 그는 스파르타인의 시기심을 무력케 했다. 해변의 여러 주를 공격할 때 지상군을 해변을 따라 나아가게 해 그의 함대로부터 절대로 떨어지지 않게끔 했다. 다수에 대항하기 위해 놀랄 만큼 규율을 잘 사용했다. 절대로 식량이 모자라는 일이 없었다. 그러므로 승리가 그에게 모든 것을 주었다는 것이 진실이라고 하더라도 그 또한 승리를 얻기 위해 최선을 다했던 것이다.

그가 일을 처음 계획했을 때, 즉 한 가지 실패라도 그를 실각시킬 염려가 있는 시기에는 아주 하찮은 일만 우연에 맡겼다. 좋은 운이 그를 개개의 사건에 좌우되지 않을 만한 지위에 놓았을 때, 때로는 무모함도 그의 한 수단이 되었다. 정도에 오르기 전 트리발인 및 일리리아인을 공격했을 때는, 그 뒤 카이사르가 갈리아에서 행한 전쟁과 같은 것을 볼 수 있었다.*17 그리스에 돌아왔을 때*18 테베를 점령하고 파괴한 것은 그의 뜻에 어긋나는 것이었다. 그 도시 부근에서 야영을 하며, 그는 테베인이 강화 체결을 바라기를 기다렸던 것이다. 그런데도 그들은 스스로 파멸을 촉구했다. 페르시아 해군과 싸울 때 대담했던 것은 그의 부하 장수 파르메니온이었고, 절도를 보인 쪽은 오히려 알렉산드로스였다. 그의 책략은 페르시아인을 해변에서 떠나게 하여 어쩔 수 없이 그들이 우위를 유지하던 해군을 스스로 포기하게끔 만드는 데 있었다. 티르는 원칙적으로 페르시아에 속해 있어서 페르시아가 무역과 해군 없이는 배겨나지 못하므로 알렉산드로스는 그곳을 무너뜨렸다. 그가 이집트를 정복한 것은, 다리우스가 다른 세계에 헤아릴 수 없는 군대를 집결하는 동안 그곳에 군대가 텅 비어 있었기 때문이다. 그라니쿠스가 강을 건넌 일은 알렉산드로스를 그리스 식민지의 주인공으로 만들었다. 이수스 전쟁은 그에게 티르와 이집트를 주었다. 아르벨라 전쟁은 온 세계를 주었다.

이수스 전쟁 뒤 그는 다리우스가 도망치는 것을 추격하지 않고 점령지를 굳히고 정돈하는 일에만 힘썼다. 아르벨라 전쟁 뒤에는 갑자기 다리우스의 추격을 시작해 제국 안에는 어떤 은신처도 남기지 않았다. 다리우스는 도시나 주

---

*17 아리안 《알렉산드로스의 원정》. 〔원주〕
*18 아리안 《알렉산드로스의 원정》. 〔원주〕

에 들어가도 곧 물러나야 했다. 알렉산드로스의 진군은 매우 신속했으므로 세계의 패권은 전승의 상품이라기보다도 그리스의 경기에서처럼 경주의 상품이라는 느낌이 들 정도였다. 그의 정복 태도는 이러했다. 이제 그 결과를 어떻게 확보했는가를 보기로 하자.

그는 그리스인을 주인으로 대우하고 페르시아인을 노예로 취급하기를 바란 사람들에게 반대했다.[*19] 그는 다만 두 국민을 결합해 정복 민족과 정복당한 민족의 차별을 없애는 것만을 염두에 두었다. 정복을 한 뒤에는, 그가 정복하는 데 필요했던 모든 편견을 버렸다. 페르시아인에게 그리스의 풍속을 따르게 하여서 그들을 슬프게 만들지 않기 위해 자기 스스로 페르시아인의 풍속을 따랐다. 그런 까닭에 그는 다리우스의 아내에 대해서나 그 어머니에게 큰 경의를 표했고 또 아주 큰 절도를 표시한 것이었다. 자기가 정복한 모든 민족으로부터 그 죽음을 애도받은 이 정복자는 대체 어떤 사람인가? 그가 옥좌로부터 내쫓은 자의 가족이 그의 죽음에 눈물을 흘렸다는 찬탈자란 대체 어떤 사람인가? 이것이 바로 그의 생애의 한 특질로서, 다른 어떤 정복자에게도 그런 장점은 발견할 수 없었다고 역사가는 말한다.

두 민족간의 결혼에 따른 결합만큼 정복을 굳게 하는 것은 없다. 알렉산드로스는 그가 정복한 국민 가운데서 몇 사람의 아내를 맞아들였다. 그리고 그의 궁정 사람들도 그렇게 하기를 바랐다. 다른 마케도니아인도 이 예를 따랐다. 프랑크족·부르고뉴인은 이런 결혼을 허용했다.[*20] 서고트인은 에스파냐에서 이것을 금지했으나[*21] 나중에 그것을 허용했다. 롬바르디아인은 단순히 그것을 허용했을 뿐만 아니라 장려했다.[*22] 로마인이 마케도니아를 무력화하려 했을 때는 그곳 여러 주의 시민들간에 결혼에 의한 결합이 생기지 못하게끔 정했다.

두 민족을 결합하려고 애쓴 알렉산드로스는 페르시아 안에 많은 그리스 식민지를 만들고자 생각했다. 그는 많은 도시를 건설했다. 그리고 이 새 제국의

[*19] 이것은 아리스토텔레스의 충고였다. 플루타르코스 《도덕론집》 〈알렉산드로스의 호운에 관하여〉. 〔원주〕
[*20] 부르고뉴법 제12편이 제5조 참조. 〔원주〕
[*21] 서고트법. 이것은 신분의 차이보다 민족의 차이를 중시하던 고대법을 폐기하는 것이라고 서술되어 있다. 〔원주〕
[*22] 롬바르디아법 참조. 〔원주〕

모든 부분을 너무나 잘 결합했으므로 그가 죽은 뒤 무서운 내란으로 지리멸렬하는 바람에 그리스인이 자멸한 뒤에도 페르시아의 어떤 주도 반란을 일으키지 않았을 정도이다.

그리스와 마케도니아를 피폐하게 만들지 않기 위해서 그는 알렉산드리아에 유대인 식민을 보냈다.*23 이들 국민이 그에게 충실하기만 하면 그들이 어떤 풍속을 지녔건 그에게는 문제가 되지 않았던 것이다.

그는 정복한 민족의 풍속을 그대로 두었을 뿐만 아니라 나아가 그들의 시민법도, 또 가끔 이제까지의 국왕이나 총독까지도 그대로 남겨 두었다. 군대의 수뇌로는 마케도니아인을 두었지만,*24 정부의 수뇌가 위험을 당하는—그에게도 그런 일은 때때로 일어났다—편이 일반적인 반란의 위험을 당하는 것보다 낫다고 여겼기 때문이다. 그는 예부터의 전통과 여러 국민의 영광, 또는 허영의 기념 건축물을 모두 존중했다. 페르시아의 여러 왕들은 그리스인·바빌로니아인·이집트인의 사원을 파괴했으나 그는 그것들을 되살렸다.*25 그는 그에게 복종한 모든 국민의 제단에 제물을 바치지 않은 일이 거의 없었다. 그의 정복 목적은, 각 국민의 개별적인 군주가 되고 각 도시의 최고 시민이 되기 위해서인 것 같았다. 로마인은 모든 것을 파괴하고자 모든 것을 정복했지만, 그는 모든 것을 보존하기 위해서 모든 것을 정복코자 했던 것이다. 어떤 고장을 순시하더라도 그의 첫째 생각, 첫째 기도는 반드시 그 땅의 번영과 강대함을 키울 수 있는 어떤 일을 해야겠다는 데 있었다. 그것을 위한 첫째 수단을 자기의 위대한 재능 속에서, 둘째 수단을 그 소박함과 개인적인 검약 가운데*26에서, 셋째 수단을 장대한 사물에 대한 대규모적인 사치 속에서 찾아냈다. 그의 손은 사적 지출에는 닫히고, 공적 지출에는 열려 있었다. 가정을 다스릴 때에는 그는 마케도니아인이었다. 그러나 병사들에게 채무를 지급하고, 자기의 전리품을 그리스인에게 나누어 주고, 군대의 각 개인에게까지 아끼지 않을 때에는 알렉산드로였다.

---

*23 시리아의 왕들은 제국 건설자들의 계획을 버리고 유대인에게 그리스의 풍속을 따르도록 강제코자 했다. 이것이 그들의 나라에 무서운 전쟁을 일으켰다. 〔원주〕
*24 아리안 《알렉산드로스의 원정》, 기타 참조. 〔원주〕
*25 《알렉산드로스의 원정》. 〔원주〕
*26 《알렉산드로스의 원정》. 〔원주〕

그는 두 번 나쁜 행위를 했다. 페르세폴리스를 불태운 것과 클리투스를 죽인 일이었다. 그러나 그 행위들은 그가 후회하는 태도로 말미암아 유명해졌다. 그래서 사람들은 그의 범죄와도 같은 행위를 잊어버렸고, 그의 덕성에 대한 경의만을 기억하는 것이다. 그러므로 그것은 그의 본디의 것이라고 생각되지 않고 오히려 우연한 재난으로 간주되었다. 때문에 후세 사람들은 그의 격노나 약점과 거의 같게 그의 영혼의 아름다움을 발견했던 것이다. 그래서 그에게 동정할 수밖에 없었다. 그리고 그를 도저히 미워할 수 없게 되었던 것이다.

그를 카이사르와 비교해 보기로 하자. 카이사르는 아시아의 국왕을 닮고자 했을 때, 순전히 허영에 속하는 것 때문에 로마인을 절망시켰다. 알렉산드로스는 아시아의 국왕을 본받고자 했을 때 그의 정복 계획 범위 안의 일을 실행했던 것이다.*27

제15장 정복을 보전하기 위한 새로운 방법

군주가 대국을 정복할 때 전제주의를 완화하는 데에도, 정복을 보전하는 데에도 마찬가지로 적당히 찬양할 만한 실행 방법이 있다. 중국의 정복자들은 이 방법을 사용했다. 피정복 국민을 실망시키지 않고, 또 정복자를 오만하게 만들지 않기 위해서, 정부가 군국적으로 되는 것을 막기 위해서, 또 두 민족을 그들의 의무 속에 억압해 두기 위해서였다. 현재 중국에 군림하는 타타르 왕조는 두 국민의 질투심이 그들을 그 의무에 얽매이게 하기 위해 각 주에서 군대가 반은 중국인, 반은 타타르인으로 구성되게끔 정했다. 재판소도 마찬가지로 반은 중국인, 반은 타타르인이었다. 이것은 몇 가지 좋은 결과를 낳았다. ① 두 국민은 서로 견제한다. ② 둘 다 문무의 권력을 가지고 있어서 그 한편이 다른 한편에게 멸망당하는 일이 없다. ③ 정복 국민이 전토에 퍼지더라도 약해지지도 않고 소멸하지도 않을 가능성이 있다. 그리고 정복 국민은 내란이나 외국과의 전쟁에 저항할 수 있게 된다.

이것은 아주 이치에 맞는 제도여서 이런 제도를 갖지 않았던 것이 거의 모든 세계 정복자들을 멸망시킨 것이다.

---

*27 이 변호론으로 몽테스키외는 현대인들 가운데 알렉산드로스를 새로이 본 최초의 한 사람이 되었다.

제16장 정복하는 전제국가

정복이 대대적으로 행해질 경우에는 전제적 권력을 전제로 한다. 이때 군대는 여러 주에 흩어져 있으므로 충분치 않다. 군주의 주변에는 언제나 특별 심복의 군대, 제국 안에서 동요할지도 모르는 부분에 언제든지 습격할 수 있는 군대가 존재할 필요가 있다. 이 군대는 다른 군대를 억제하고, 또 제국 안에서 군주가 어쩔 수 없이 어느 정도의 권력을 준 모든 사람들을 위협한다. 중국 황제의 주위에는 언제나 긴급한 상황을 대비해서 몸을 감추고 있는 타타르인의 큰 군대가 있다. 몽골과 터키, 그리고 일본에도 군주에게 고용된 군대가 있는데, 그것은 토지의 소득으로 부양되는 보통 군대와 다르다. 이런 특수한 병력이 일반 병력을 위압하고 있는 것이다.

제17장 정복하는 전제국가(계속)

전제군주가 정복하는 여러 국가는 봉신(封臣) 아래에 있어야 한다고 우리는 말했다. 역사가는 그 정복한 군주에게 왕관을 되돌려 준 정복자들의 아량을 칭찬한다. 그런 까닭에 로마인은 매우 너그러웠다. 그리고 곳곳에 국왕을 만들었는데, 그것은 예속제의 도구를 가지기 위해서였다. 이런 행위는 어쩔 수 없이 필요하다. 만일 정복자가 피정복국을 보유한다면, 그가 파견하는 총독은 시민을 억제하지 못할 것이고, 그 자신도 총독들을 억제 못할 것이다. 그는 어쩔 수 없이 새 영토에 군대를 대비하기 위해 옛 영토로부터 군을 철수시켜야 될 것이다. 이 두 국가의 모든 불행은 공통된 것이 될 것이다. 한쪽의 내란은 다른 쪽의 내란이 된다. 이와 반대로 정복자가 정통의 군주에게 왕관을 돌려 주면 그는 필요한 동맹자를 가지게 되므로, 후자는 자기 자신의 병력을 가지고 정복자의 병력을 증대하게 된다. 우리는 얼마 전 나디르 샤가 몽골제국을 정복해 보고(寶庫)를 손에 넣었는데, 상대에게는 힌두스탄을 남겨주었음을 보았다.

제11편
국가 구조와의 관계에서 정치 자유를 구성하는 법

제1장 일반적 관념
나는 국가 구조와의 관계에서 정치 자유를 구성하는 법과, 시민과의 관계에서 그것을 구성하는 법을 구별한다. 전자가 본편의 주제이며, 후자는 다음 편에서 다룬다.*1

제2장 자유라는 말의 몇 가지 의미
자유라는 말만큼 다른 의미가 많이 주어져서 사람들의 주의를 여러 가지로 끈 것은 없다. 어떤 사람은 그것을 그들이 전제 권력을 준 사람을 쉽게 물러나게 할 수 있다는 의미로 받아들였다. 다른 사람은 그들이 복종해야 할 사람을 선택하는 능력이라고 이해했다. 또 어떤 사람은 무장을 하고 폭력을 행사할 수 있는 권리의 의미로 해석했고, 어떤 사람은 자기 나라 국민의 한 사람 또는 그들 자신의 법률로서만 통치되는 권리로 해석했다.*2 어떤 국민은 오랫동안 자유란 수염을 길게 기르는 관습이라고 생각했다. 어떤 사람들*3은 이 자유라는 이름을 정체의 한 형태에 결부짓고 다른 형태를 그것으로부터 배제했다. 공화정체의 맛을 안 사람들은 자유의 의미를 그 정체에 두었다. 군주정체를 누린 사람들은 자유의 위치를 그 정체에 두었다.*4 요컨대 사람들은 저마다 자기의 습관, 자기의 성향에 맞는 정체를 자유라고 불렀다. 그리고 공화정체에서는 사람들의 불평이 대상이 되는 악을 부추기는 기관이 언제나 눈앞에—그것도 뚜

---
*1 정체 이론은 끝내고 이제 다른 문제로 옮겨 간다.
*2 키케로는 말했다. "나는 스카에볼라의 고시를 베꼈는데, 이는 그리스인에게 그들 상호간의 불화에 대해 그들의 법에 따라서 종결할 것을 허용하는 것이다. 이것이 그들로 하여금 자기를 자유로운 민족으로 생각케 하고 있는 것이다. [원주]
*3 러시아인은 표트르대제가 그들에게 수염을 자르게 한 것이 견딜 수 없었다. [원주]
*4 카파도키아인은 로마인이 그들에게 준 공화정체를 거부했다. [원주]

렷한 것이 아니고—존재하며, 또 법이 거기서는 좀 더 많이 이야기하고 법의 집행자는 좀 더 적게 이야기하는 것으로 여겨지므로 사람들은 자유를 보통 공화정체에 두고 군주정체로부터는 그것을 제외했다. 끝으로 민주정체에는 국민이 거의 자기가 바라는 바를 하는 것같이 보이므로 사람들은 자유를 이런 종류의 제도에 두었다. 그리고 국민의 권리를 국민의 자유와 혼동했다.

제3장 자유란 무엇인가

민주정체에는 국민이 자기가 바라는 바를 하고 있는 듯이 보인다. 그러나 정치적 자유란 바라는 바를 행하는 일은 결코 아니다. 국가, 즉 법이 존재하는 사회에서는 자유란 바라는 것을 행할 수 있고 바라지 않는 것을 강제당하지 않는 데 있다.*5

독립이란 무엇인가, 그리고 자유란 무엇인가 하는 것을 명심해 두어야 한다. 자유란 법이 허용하는 모든 일을 할 수 있는 권리이다. 그러므로 만일 어떤 시민이 법이 금하는 바를 행할 수 있다면 다른 시민 또한 마찬가지로 그 가능성을 가지게 될 터이므로 그는 자유를 잃게 될 것이다.

제4장 자유란 무엇인가(계속)

민주정체와 귀족정체는 그 본성으로 볼 때 결코 자유로운 국가는 아니다. 정치적 자유는 제한정체에서만 찾아볼 수 있다. 그러나 그것이 언제나 제한정체에 있다는 것은 아니다. 그것은 권력이 남용되지 않을 때에만 존재한다. 그러나 권력을 가진 자는 모두 그것을 함부로 쓰기 마련이다. 이 점을 지금까지의 경험이 알려 주는 바이다. 그것은 한계점을 발견할 때까지 나아간다. 그러나 그 누가 아는가, 덕성조차도 한계를 필요로 함을.

사람이 권력을 남용하지 못하게 하기 위해서는 사물의 본질에 따라 권력이 권력을 저지하도록 해야 한다. 국가 구조는 그 누구도 법이 강제하지 않는 바를 행하도록 강제당하지 않고, 또 법이 허용하는 바를 행하지 못하도록 강제당하는 일이 없어야 한다.

---

*5 유명한 정의이다. *Les Considérations* 참조.

제5장 다양한 정체들이 추구하는 목적 또는 관점

모든 국가는 일반적으로 자기를 유지한다는 같은 목적을 가지고 있다. 그러나 모든 국가는 또 저마다 고유의 목적을 가지고 있다. 영토 확장이 로마의 목적이었고, 전쟁이 스파르타의 목적, 종교가 유대법의 목적이었다. 상업은 마르세이유의 목적이었다. 공공의 안녕이 중국법의 목적이었다.[*6] 항해가 로도스섬 주민 법의 목적이었다. 자연적 자유가 야만인의 정책의 목적이며, 일반적으로 군주의 쾌락이 전제국가의 목적이고, 군주의 영광과 국가의 영광이 군주국의 목적이었다. 각 개인의 독립이 폴란드 법률의 목적이었으나, 그로부터 오는 결과는 모든 사람의 억압이었다.[*7]

세상에는 또한 정치적 자유를 그 국가 구조의 직접적인 목적으로 삼는 국민이 있다. 우리는 이제부터 그 국민이 정치적 자유를 어떤 원리 위에 기초짓고 있는가를 검토하기로 하자. 만일 그 원칙이 좋으면 자유는 거울에 비치듯이 거기에 나타날 것이다. 정치 자유를 국가 구조에서 발견하는 데에는 그다지 큰 노력이 필요하지 않다. 만일 자유를 그 존재하는 곳에서 볼 수 있다면, 그것은 머지않아 발견될 터이므로 그것을 찾으려 할 필요가 없다.

제6장[*8] 영국의 국가 구조

각 국가에는 세 종류의 권력이 있다. 입법권·만민법[*9]의 집행권 및 시민법의 집행권이다.[*10]

첫째 권력에 따라서 군주나 집정관은 일시적 또는 항구적인 법률을 정하고, 또 이미 정해진 법률을 수정하거나 폐지한다. 둘째 권력에 따라서 그는 강화나 선전포고를 행하고, 대사를 교환하고, 안전을 보장하고, 침략을 예방한다. 셋째 권력에 따라서 그는 죄를 처벌하고 개인의 소송을 심판한다. 우리는 마지막 것을 재판권이라 부르고, 다른 하나를 국가의 집행권이라고 부를 것이다.

[*6] 밖으로 적을 갖지 않고 또는 만리장성에 따라 적을 막았다고 믿고 있는 국가의 당연한 목적.〔원주〕
[*7] '자유로운 거부권'의 불편.〔원주〕
[*8] 《법의 정신》 중에서 가장 유명한 장의 하나이다. 이것은 1215년의 대헌장을 대상으로 하고 있다. 몽테스키외 이하 논문은 로크의 《통치론》의 영향에 의한다.
[*9] droit des générales 즉 국제법.
[*10] 즉 사법권.

한 시민에게 정치 자유란 저마다가 자기의 안전에 대해 가지는 의견에서 유래되는 정신의 안정*11이다. 그리고 이 자유를 가질 수 있기 위해서는 한 시민이 다른 시민을 두려워할 이유가 없는 정체여야만 한다. 한 사람 또는 한 집정관 단체의 손안에 입법권과 집행권이 결합되어 있을 때에는 자유란 없다. 왜냐하면 같은 군주 또는 같은 원로원이 폭정과도 같은 법률을 만들고 그것을 폭정적으로 집행할 우려가 있기 때문이다.

재판권이 입법권과 집행권으로부터 분리되지 않을 때도 자유는 없다. 만일 그것이 입법권에 결합되어 있으면 시민의 생명과 자유를 지배하는 권력은 자의적일 것이다. 왜냐하면 재판관이 입법자이기 때문이다. 만일 그것이 집행권에 결합되어 있으면 재판관은 압제자의 힘을 가지게 될 것이다. 만일 한 사람, 또는 귀족이나 시민 중 주요한 사람의 한 단체가 이 세 가지 권력, 즉 법률을 만드는 권력, 공공의 결정을 실행하는 권력, 죄나 개인의 소송을 심판하는 권력을 행사한다면 모든 것은 잃고 말 것이다.

대부분의 유럽 왕국에서는 정체가 제한적이다. 왜냐하면 군주가 첫째와 둘째 권력은 행사하나 셋째 권력은 신하에게 맡기기 때문이다. 이 세 가지 권력이 황제의 손에 집중되어 있는 터키인들에게는 무서운 전제정체가 지배하고 있다.

이들 세 권력이 결합되어 있는 이탈리아공화국에서는 자유란 우리의 군주국보다도 한결 적다. 따라서 정체는 자기를 유지하는 데 터키인의 제도와 같은 정도로 폭력적인 수단을 필요로 한다. 국가심문관*12과 밀고자가 언제든지 고발장을 던질 수 있는 고소함(告訴函)이 그 증거이다. 이런 공화국에서 시민의 처지가 어떻게 되겠는가를 보라. 동일한 집정관의 기구가 입법자로서 주어진 모든 권력을 법률의 집행자로서도 가진다. 그것은 국가를 그 기구의 일반 의지에 따라서 황폐케 만들 수 있을 뿐만 아니라 나아가 재판권까지 가지고 있으므로 각 개인을 그 기구의 특수 의지로써 파멸시킬 수가 있다. 모든 권력이 거기서는 하나이다. 그리고 거기에 전제군주를 표시하는 외관의 화려성은 전혀 없지만, 언제나 그 존재가 느껴진다.

그러므로 독단적인 존재가 되고자 하는 군주는 모두가 언제나 자기의 일신에 모든 관직을 모으는 일부터 시작했다. 그래서 몇몇 유럽 국왕은 그 나라의

---

*11 《영국에 관한 기록》. (원주)
*12 베네치아에서의. (원주)

대관직을 자신에게 집약했다.

확실히 이탈리아공화국의 순수한 세습적 귀족정체는 아시아의 전제정체에 완전히 일치하지 않는다고 나는 생각한다. 집정관 수가 많기 때문에 때로는 집정관직이 제한된다. 모든 귀족이 언제나 같은 의도에 협력한다고는 할 수 없다. 여러 법정이 만들어지고 그것들은 서로를 약화시킨다. 이를테면 베네치아에서는 대평의회가 입법을 다루고, 6인회(프레가디)가 집행을, 40인 법정(콰란티아)이 재판권을 다루고 있다.[*13] 그런데 나쁜 점은, 이들 여러 법정이 한 기구에 속하는 집정관에 따라서 구성되는 점이다. 그 결과 거의 단일한 권력과 다름없는 것이 된다.

재판권을 상설적인 원로원에 주어서는 안 된다. 그것은 해마다 일정한 시기에 법률이 정하는 수속에 따라서 필요한 기간에 한하여 존속하는 법정을 구성해야 하며, 또 그러한 시민 단체로부터 선출된 사람들에 따라서 행사되어야 한다.[*14]

이렇게 하면 사람들이 매우 두려워하는 재판권은 특정한 신분이나 특정한 직업에 결합되지 않으므로, 말하자면 눈에 보이지 않아 무(無)로 변한다. 재판관은 언제나 사람들의 눈앞에 있지 않다. 사람들은 재판관직을 두려워하지만 재판관은 두려워하지 않는다.

다른 두 가지 권력은 한쪽이 국가의 일반 의지이고, 다른 쪽이 그 일반 의지의 실행에 지나지 않아서 어떠한 특정 개인에 대해서도 행사될 수 있는 것이 되지 못하므로 오히려 항구적인 기구 또는 집정관에 주어도 좋을 것이다.[*15] 중대한 고발에서는 범죄인이 법과 협동해서 스스로 재판관을 선출해야 한다. 또는 적어도 많은 수의 재판관을 기피할 수 있어서 남은 사람이 그가 선택한 사람으로 간주되도록 되어야 한다.

재판소가 고정적이어서는 안 되지만, 그러나 판결은 그것이 법률의 정확한 조문이어야 한다는 정도로 고정적이어야 한다. 만일 그것이 한 재판관의 개인 견해라고 한다면, 사람들은 그들 의무의 본질이 무엇인지를 모르고 사회에서 생활하는 거나 다름없는 것이 될 것이다. 그리고 재판관은 피고와 같은 신분

[*13] 대평의회는 귀족 단체에 따라서 형성되며, 그 인원수는 1500명에 이른다.
[*14] 아테네에서처럼. [원주]
[*15] 집행권과 입법권은 장관과 의회에 부여되어야 한다는 뜻이다.

의 사람 즉 동등한 사람이어야 하는데, 그것은 피고가 자기에게 폭력을 휘두를 것 같은 사람들의 수중에 빠진 것이 아닌가 하고 생각하는 일이 없도록 하기 위해서이다.

입법권이 집행권에 대해, 자신의 행동에 관하여 보증할 수 있는 시민을 투옥할 권리를 남기고 있다면 자유는 벌써 없다. 다만 그들이 법에 따라 극형으로 정해져 있는 고발에 즉각 답변하기 위해 체포되었을 경우는 다르다. 후자는 법의 힘에 복종한 것에 지나지 않으므로 그들은 사실상 자유인 셈이다. 그러나 만일 국가에 대한 어떤 비밀의 음모나 외적과의 내통에 따라서 입법 권력이 위험에 놓여 있다고 생각될 때, 입법 권력은 한정된 짧은 기간만, 의심스러운 시민을 체포하는 것을 집행 권력에 허가할 수 있는 것이다. 체포된 시민은 한때 자유를 잃지만, 그것은 영구히 자유를 유지하기 위해서이다. 그리고 이것이 '에포루스' 같은 전제적인 관직이나 그에 못지 않게 전제적인 베네치아의 '국가심문관'을 대신하는 이성(理性)에 맞는 유일한 수단이다.

자유국에서는, 자유로운 마음을 갖는다고 여겨지는 모든 인간은 자신에 따라서 통치되어야 하므로 단체로서의 국민이 입법권을 가져야 할 것이다. 그러나 이것은 큰 나라에서는 불가능하며, 작은 나라에서도 많은 불편을 피하기 어려우므로 국민은 자신이 할 수 없는 일을 대표자에 따라서 행해야 한다. 사람은 자기네 도시가 필요로 하는 것을 다른 도시가 필요로 하는 것보다 훨씬 더 잘 알고 있다. 또 자기의 이웃사람을 다른 동포보다도 더 잘 판단할 수 있다. 그러므로 입법체의 구성원은 국민 전체로부터 전국적으로 선출되어서는 안 된다. 차라리 각 주요 지점에서 주민이 한 사람의 대표를 뽑는 것이 바람직하다.

대표자의 큰 이점은 그들이 정무를 의논할 능력을 지녔다는 점이다. 국민은 전혀 그것에 알맞지 않다. 그 점이 민주정체의 큰 결함의 하나를 이룬다. 대표자는 그들을 선출한 사람들로부터 일반적인 지시를 받으나, 독일 국회에서 행해지는 것같이 정무의 하나하나에 관해 특정한 지시를 받을 필요는 없다. 그렇게 하면 의원 발언은 분명히 국민의 소리를 좀 더 정확하게 표현할 것이다. 그러나 그것은 끝없는 장광설로 빠지게 되고, 각 의원으로 하여금 다른 모든 의원의 지배자가 되게 하며, 또 가장 긴급한 사태에서 국민의 모든 힘이 다만 하나의 자의(恣意)에 따라서 저해당할 수 있게 될 것이다.

시드니가 말하고 있듯이 의원이 네덜란드처럼 국민의 한 단체를 대표할 때에는 그들은 위임한 사람들에게 보고하여야 하나, 영국같이 선거구에 따라서 선출되었을 경우에는 사정이 전혀 다르다. 모든 시민이 각자 저마다의 지구에서 대표를 선출하는 투표권을 가지고 있어야 한다. 자기의 의지 따위는 전혀 가지고 있지 않다고 여겨질 만큼 낮은 지위에 있는 사람은 제외된다.

고대 공화국의 대부분에는 하나의 큰 결점이 있었다. 그것은 국민이 어떤 집행을 요하는 능동적인 결정을 행할 권리를 가지고 있었다는 점이다. 이것은 국민이 전혀 할 수 없는 일이다. 국민은 그 대표자를 선출하기 위해서만 정치에 참가해야 하며, 그 선출은 국민이 아주 잘할 수 있는 일이다. 왜냐하면 사람 능력의 정확한 정도를 아는 사람은 거의 없다 할지라도 저마다는 일반적으로 자기가 선택하는 사람이 다른 여러 사람보다 식견이 있는지 없는지는 알 수 있기 때문이다. 대표자 단체 또한 어떤 능동적인 결정을 행하기 위해 선출되는 것이어서는 안 된다. 대표자 단체는 법을 제정하고, 또 제정한 법이 잘 집행되고 있는가를 보기 위해 선출되어야 하며, 이는 대표자 단체가 아주 잘할 수 있는 일일뿐더러 이를 잘해 낼 수 있는 것은 대표자 단체 말고는 없다고도 말할 수 있다.

국가에는 언제나 출생과 재산 또는 명예 부분에서 뛰어난 사람들이 있는데 만일 그들이 일반 국민들 사이로 흡수된다면, 그리고 다른 사람들과 마찬가지로 한 표밖에 갖지 않는다면, 만인 공통의 자유는 그들에게 예속이 되므로 그들은 이 자유를 지키는 데 아무런 이익도 갖지 못하게 될 것이다. 왜냐하면 그것은 결정의 대부분이 그들의 이익에 어긋나는 것이 될 것이기 때문이다. 따라서 그들이 입법에 참여하는 비례는 그들이 국가 안에서 가지고 있는 다른 우위에 걸맞아야 한다. 그것은 그들이, 국민이 행하고자 하는 바를 가로막는 권리를 갖는 단체를 구성함으로써 실현될 것이다. 이 경우 국민도 그들이 행하고자 하는 바를 막을 권리를 갖는다.

이렇게 하여 입법권은 귀족 단체와 국민의 대표로 선출된 단체에게 맡겨지는데, 이들 두 단체는 각각 회의를 열고 따로따로 심의를 하여 저마다 독립된 견해와 이해관계를 가지게 될 것이다. 앞서 말한 세 가지 권력 가운데 재판을 행하는 권력은 어떤 의미로는 무력하다.[16] 따라서 두 가지 권력밖에 남지 않

---

*16 이것은 능동적인 권력이 아니기 때문이다.

는다. 그리고 이들 권력은 그것을 억제하는 규제 권력을 필요로 하는데, 입법부의 귀족으로 구성되는 부분이 이 효과를 발휘하는 데*17 매우 알맞다.

　귀족 단체는 세습적이어야 한다. 그것은 첫째 그 본성에서 세습적이다. 한편 그것은 자기의 특권을 유지하는 데 많은 관심을 가져야 하는데, 특권은 국민의 비난을 받는 것이어서 자유국가에서는 언제나 위험한 상태에 놓여 있게 될 것이다. 그러나 세습 권력은 자기의 특수 이익에 따라서 국민의 이익을 잊어버리도록 이끌 수 있으므로 금전의 징수에 관한 법률의 경우처럼, 이 귀족의 권력을 부패케 함으로써 몇몇 사람에게 크나큰 이익이 되는 사항에 대해서는, 이 권력은 제정하는 능력을 가지고서가 아니라 저지하는 능력을 가지고서만 입법에 참여해야 한다.

　내가 '제정하는 능력'이라고 하는 것은 스스로 명령하거나 또는 타인이 명령한 것을 수정하는 권리를 말하는 것이고, '저지하는 능력'이라고 하는 것은 어떤 타인에 따라 이루어진 결정을 무효로 할 수 있는 권리를 말한다. 후자는 로마의 호민관이 가졌던 권리였다. 그리고 저지하는 능력을 가진 자는 동의할 능력도 가질 수 있는데, 이 경우 이 동의란 저지 능력을 행사하지 않는다는 뜻의 표명에 지나지 않으므로, 따라서 이 능력에 유래되는 셈이다.

　집행권은 군주의 손안에 있어야 한다. 통치의 이 부분은 거의 언제나 순간적인 행동을 필요로 하므로 많은 사람보다도 한 사람에 따라서 좀 더 잘 처리되기 때문이다. 그것은 입법권에 속하는 일이 한 사람보다도 많은 사람에 따라서 좀 더 잘 처리되는 것과는 반대이다. 만일 군주가 존재하지 않고 집행권이 입법부에서 선출된 몇 사람에게 맡겨진다면 자유는 벌써 존재하지 않는다. 그것은 두 가지 권력이 결합되어서 한 사람이 언제든지 그 두 권력에 참가할 가능성이 있게 되기 때문이다.

　만일 입법부가 매우 오랜 기간에 걸쳐서 회의를 열지 않고 있다면 벌써 자유는 존재치 않는다. 다음 두 가지 사태 중 어느 한 가지가 발생하기 때문이다. 즉 이미 입법상의 결정이 이루어지지 않고 국가가 무질서 상태에 빠졌든가, 아니면 이들 결정이 집행권에 따라 이루어져서 집행권이 절대화하기 때문이다.

---

　*17 이것이 '탁월한 사람들'에 의한 제3의 권력이다. 몽테스키외의 '삼권'의 이론이 두 가지 있다는 것을 주의하라.

입법부가 언제나 모여 있을 필요는 없다.*18 그것은 대표자에게 불편할 것이고, 한편 또 지나치게 집행권을 번거롭게 만들어서 집행권의 집행은 전혀 생각지 않고 자기의 특권과 집행할 권리를 지킬 것만을 생각하게 될 것이다. 만일 입법부가 스스로 정회(停會)하는 권리를 갖는다면, 그것은 계속 정회하지 않을 수도 있을 것이다. 그것은 입법부가 집행권을 침해하려 할 경우에는 위험하다. 한편 입법부의 집회는 집회하기 좋을 때가 있고 그렇지 않은 때가 있다. 따라서 회의 시기와 기간을 사정에 따라 정하려면, 그것을 알고 있는 집행권이 있어야 한다. 만일 집행권이 입법부의 기도를 저지하는 권리를 갖지 않는다면 입법부는 전제적으로 되어 버릴 것이다. 왜냐하면 입법부는 그 상상할 수 있는 모든 권리를 자기에게 부여할 수가 있으므로 다른 모든 권리를 절멸시키고 말 것이기 때문이다.

그러나 반대로 이에 대해 입법권이 집행권을 막는 능력을 가져서는 안 된다. 왜냐하면 집행은 그 본성으로 볼 때 한계를 지니므로 그것을 제한할 필요가 없는 데다, 집행권은 언제나 일시적인 사항에 관해 행사되기 때문이다. 따라서 로마 호민관의 권력이 입법뿐만 아니라 집행까지도 저지한 점에서 좋지 못했다. 그것은 많은 폐단을 불러왔다.

그러나 자유국에서 입법권은 집행권을 저지하는 권리를 가져서는 안 되지만, 그것은 만들어진 법이 어떤 방법으로 집행되고 있는가를 검사할 권리를 가진다. 또한 그 능력을 가져야만 한다. 그리고 이 점이, 이 정체가 크레타나 라케다이몬의 정체보다 뛰어난 것이다. '코스모'나 '에포루스'는 시정에 관하여 보고하지 않았다.*19

그러나 이 검사가 어떤 것이든 입법부는 집행자의 일신뿐만 아니라 그 행위에 대해서도 재판하는 권력을 가져서는 안 된다. 그 일신은 신성해야 한다. 왜냐하면 국가에서는 입법부가 전제적으로 되지 않기 위해서 그가 필요한 것이므로, 고발당하거나 재판을 받거나 한다면 그 순간부터 벌써 자유는 존재치 않게 되기 때문이다.

그런 경우에, 국가는 결코 군주정체가 아니라 자유롭지 못한 공화정체가 될

---

*18 "입법권의 영속적이고도 빈번한, 그리고 장기간의 무익한 집합은 국민의 부담이 될 뿐, 그러는 동안에 위험한 불편이 생길지도 모른다." 로크의 《통치론》 제12장.
*19 행정의 보고를 하지 않는 프랑스의 대신을 풍자함.

것이다. 그러나 집행자는 인간으로서 법률의 은혜를 받고 있음에도 장관으로서 법률을 미워하는 사악한 고문관들만 없다면 잘못 집행되는 일이 있을 수 없으므로 이들 고문관을 추방하고 처벌하게 된다. 그리고 이것이 그니두스의 정체에 대한 이 정체의 뛰어난 점이다. 그니두스에서는 법률의 시행이 끝나고서도 아미모네스[20]를 재판에 부를 것을 허용하지 않았으므로[21] 국민은 자기가 입은 부정에 관해 전혀 변명할 길이 없었다. 일반적으로 재판권은 입법권의 어떤 부분에도 결합해서는 안 되지만, 재판받아야 할 사람의 특수한 이해관계에 입각한 다음 세 가지 말고는 따라야 한다.

권력자는 언제나 선망의 대상이 되고 있으므로 만일 그들이 국민에 따라서 재판을 받는다면 그들은 위험에 빠지게 될 것이며, 자유국에서 가장 미천한 시민마저 가지는 특권, 즉 동등한 신분을 가진 사람에 따라서 재판받는다는 특권을 누리지 못하게 될 것이다. 따라서 귀족은 국민들의 보통 법정이 아니라, 귀족으로 이루어지는 입법부의 어느 부분에 소환되어야 한다.

통찰력을 갖추고 있으나 동시에 맹목적이기도 한 법률은 어떤 때엔 지나치게 가혹할 수도 있다. 그러나 국민의 재판관은 앞에서 말한 것처럼 법조문을 선언하는 입의 역할밖에 하지 못한다. 말하자면 그 힘도 엄격함도 조절하지 못하는 무생물이다. 따라서 지금, 다른 경우에 필요한 법정으로서 말한 바 있는 그 입법부의 일부분이 이 경우에는 필요하게 된다. 법률이 기록하는 것보다 더 제한된 판결을 함으로써 법률 자체의 이익을 위해서 법률을 완화한다는 것은 입법부의 이 부분이 갖는 가장 중요한 권위이다.

그리고 또 어떤 시민이 공적인 집행으로써 그의 권리를 침해받았는데도 법이 정한 집정관이 그를 처벌할 수 없다든가, 또는 처벌할 것을 원치 않는 그런 죄를 저지를 수가 있을 것이다. 그러나 일반적으로 입법권은 재판할 수가 없다. 그리고 입법권이 이해관계자가 한편인 시민을 대표하는 경우에는 더욱이 그렇다. 입법권은 이 경우 고발자밖에 되지 않는다. 그리고 누구에 대하여 고발한단 말인가. 자기보다 아래에 있는 일반 재판소에 허리를 굽혀 고발한단 말인가? 그러나 이 재판소를 구성하는 사람들은 마찬가지로 시민인 것이니, 이토

---

[20] 이것은 국민이 해마다 선출한 집정관을 말한다. Etienne de Byzance 참조. (원주)
[21] 로마의 집정관은 그가 퇴직한 후에 고소할 수 있었다. 《드니 달리카르나스》의 호민관 게누티우스 사건을 참조. (원주)

록 위대한 고발자를 대하면 그 권위에 끌려들게 될 것이다. 그런 일이 있어서는 안 된다. 시민의 존엄과 개인의 안전을 유지하기 위해서는, 시민의 입법 부분이 귀족의 입법 부분에 대하여 고발해야 한다. 귀족의 입법 부분은 시민의 입법 부분과 같은 이해관계를 가지고 있지 않을 뿐만 아니라 같은 정념도 가지고 있지 않다.

이것은 대부분의 고대 공화국에 비하여 이 정체가 뛰어난 점이다. 고대 공화국에서는 시민이 재판관이기도 하고 동시에 고발자이기도 한 폐단이 있었다. 집행권은 앞에서 말했듯이 저지 능력을 가지고 입법에 참가해야 한다. 그렇지 않으면 얼마 안 가 그 특권을 빼앗기고 말 것이다. 그러나 만일 입법권이 집행에 참가한다면 마찬가지로 집행권도 파멸할 것이다. 만일 군주가 결정권을 가지고 입법에 참가한다면 자유는 사라질 것이다. 그러나 군주는 특권을 지키기 위해서 입법에 참가해야 하므로 저지 능력을 가지고 참가해야 한다. 로마에서 정체가 변한 원인은 집행권의 일부를 가졌던 원로원과 다른 부분을 가졌던 원로원이 시민처럼 저지 능력이 없었던 점에 있었다. 따라서 우리가 문제삼는 정체의 기본 구조는 다음과 같다.

입법부가 거기서는 두 부분으로 구성되어 있어서 그 두 부분은 서로간에 저지 능력을 갖고 상대를 구속한다. 그것은 둘 다 집행권에 따라 묶여 있는데, 집행권 그 자체도 입법권에 따라 묶여 있다. 이들 삼권은 정지 또는 부동 상태를 조성할 것이다. 그러나 인간의 필연적 운동에 따라서 진행하도록 강제되므로 진행하지 않을 수 없게 된다.

집행권은 저지하는 능력에 따라서만 입법권에 참가하기 때문에 그것은 정무 토론에는 참가하지 못한다. 그것은 제안을 하는 일마저 필요로 하지 않는다. 왜냐하면 언제든지 의결에 반대할 수 있으므로, 행해지지 말았으면 싶은 제안에 대한 결정은 거부할 수 있기 때문이다. 고대의 몇몇 공화국에서는 시민 전체가 정무를 논했는데, 그럴 경우에는 집행권이 그것을 제안해 시민과 더불어 논하는 것이 자연스러웠다. 그렇지 않으면 의결에 묘한 혼란이 일어났을 것이다.

만일 집행권이 그 동의 이외의 방법으로 조세 징수에 관해 정한다면 자유는 사라질 것이다. 왜냐하면 그럴 경우 집행권이 입법의 가장 중요한 점에서 입법에 관여하게 되기 때문이다. 만일 입법권이 1년마다가 아니고 항구적으로 조세 징수에 관해 제정한다면, 그것은 스스로의 자유를 잃을 위험을 낳는다. 집행권은 벌써 입법권에 종속하지 않게 되기 때문이다. 그리고 이 같은 권리를 항구적으로 보유할 것 같으면 그 권리가 자신에서 유래되는 것인가, 타인에서 유래되는 것인가는 그리 문제가 되지 않게 된다. 만일 집행권에 맡겨야 할 육군과 해군의 힘에 대해서 입법권이 1년마다가 아니고 항구적으로 정한다면 그 경우에는 같은 말을 할 수 있을 것이다.

집행자가 국민을 억압하지 못하게 하기 위해서는 그에게 맡겨진 군대가 마리우스 시대까지 로마에서 그랬던 것처럼 국민으로 이루어져야 하며, 국민과 같은 정신을 가지고 있어야 한다. 또한 그러기 위해서는 두 가지 수단밖에 없다. 첫째는 군대에 고용되는 자가 다른 시민에 대해 자기의 행동을 충분히 책임질 만한 재산을 가지고, 또 로마에서 행해졌듯이 1년 동안만 병역에 편입하는 경우이다. 둘째는 상비군을 가질 때 병사가 국민의 가장 천한 부분으로 구성될 경우인데, 후자의 경우에 입법권은 그 원하는 때에 상비군을 해체할 수 있어야 하고, 병사는 시민과 더불어 생활해야 하므로 격리된 주둔지도 병영도 요새도 있어서는 안 된다.

군대는 한번 설치되면 당장 입법부에 종속해서는 안 되며 집행권[22]에 종속되어야 한다. 그리고 이것은 사물의 본질상 그 행위가 심의보다도 행동에서 이루어지기 때문이다. 인간의 본질에는 두려움보다도 용감함을, 신중함보다도 행동을, 의견보다도 실력을 존중하는 경향이 있다. 군대는 언제나 원로원을 경멸하고 자기의 상관을 존중할 것이다. 군대는 겁쟁이 또는 자기들에게 명령할 자격이 없다고 여겨지는 사람들로 이루어진 단체로부터 발표된 명령 따위는 결코 존중하지 않을 것이다. 따라서 군대가 완전히 입법부에 종속한다면, 곧 정체는 군국적인 것이 될 것이다.[23] 만일 그렇지 않은 경우에는 그것은 어떤 특이한 사태의 결과이다. 즉 그 경우는 군대가 언제나 격리되어 있기 때문이다. 또는 군대가 저마다 고유의 주에 종속하는 여러 군단으로 구성되기 때문이다. 또는 수도가 좋은 위치에 있어서 그 입지 조건만으로 자기 방위를 하여 그곳에는 부대가 전혀 없기 때문이다.

네덜란드는 베네치아보다도 더 안전하다. 네덜란드는 반란군을 물에 빠뜨리

---

[22] 육·해군의 대원수인 국왕을 가리킴.
[23] 입법부의 소멸의 결과.

거나 굶어죽게 만들 것이다. 그 군대는 양식을 공급받을 수 있는 도시에 있지 않다. 그래서 당연히 그 양식은 정부에 달려 있는 것이다.

군대가 입법부에 지배되고 있을 때는 만일 특수한 상황으로 말미암아 정체가 군사적으로 되는 것이 저지되었다 하더라도 다른 불편에 부딪히게 될 것이다. 결국 군대가 정부를 망치든가 정부가 군대를 약화하든가 둘 중 하나밖에 있을 수 없다. 그리고 이 약체화는 분명 치명적인 원인에서 비롯할 것이다. 그것은 다름아닌 정체의 약화에서 생길 것이다.

타키투스의 놀라운 저작 《게르마니아》를 읽어보면*24 영국인은 자기들의 정치 체제에 관한 생각을 게르만인으로부터 빌려 온 것임을 알 수 있다. 이 훌륭한 체제는 숲 속에서 창안되었다.

인간적인 것에 종말이 있듯이, 우리가 말하는 국가도 언젠가는 자유를 잃을 것이다. 그것은 멸망할 것이다. 로마도 스파르타도 카르타고도 망하지 않았던가. 입법권이 집행권 이상으로 부패할 때 그것은 멸망할 것이다.*25

영국인이 현재 이 자유를 누리고 있는가 없는가를 검토하는 것은 나의 역할이 아니다. 자유가 그들의 법률에 따라서 확립되어 있다는 것을 논하면, 나로서는 그로써 충분하므로 그 이상은 추구하지 않는다. 나는 이런 것을 가지고 다른 정체를 비방하려는 것은 결코 아니다. 또 이 극단적인 정치적 자유가 온건한 자유밖에 갖지 못한 사람들을 모욕할 것이라는 말을 하려는 것도 아니다. 이성(理性)이 지나친 것도 좋지 않다고 알고 있을뿐더러 사람은 거의 늘 극단보다도 중용에 한결 잘 순응하는 것이라고 믿는 내가 어떻게 그런 말을 하겠는가.

해링턴(영국의 공화파 정치사상가) 또한 《오세아나공화국》에서 한 국가의 구조가 이를 수 있는 자유의 최고도가 어떤 것인가를 살펴보았다. 그러나 말하자면 이 자유를 잘못 본 뒤에 그것을 탐구한 데 불과하며, 비잔티움의 언덕을 눈앞에 보고서야 칼케돈을 세웠다*26고 말할 수 있을 것이다.

---

*24 《드니 달리카르나스》 제11장. 일상의 사무에 대해서는 국민 전체이다. 그러나 모든 자유인이 해결해야 할 이런 문제도 미리 우두머리들 앞에서 다루어진다. [원주]
*25 이 대목과 그 다음 것에 대해서는 《영국에 관한 기록》 참조.
*26 이상적 정체를 그린 정치소설. 보스포러스해협 연안에 칼케돈의 도시를 세우고자 마음먹었다. 그러나 그 건너편에 콘스탄티노플이 있었으니 완전히 헛수고가 되었을 것이다.

제7장 우리가 아는 군주정체

우리가 알고 있는 여러 군주정체는 앞에서 말한 군주정체처럼 자유를 직접적인 목적으로는 삼고 있지 않다. 그것은 시민·국가·군주의 영광만을 지향한다. 그러나 이 영광으로부터 어떤 자유의 정신이 우러나며, 이 자유의 정신은 그런 나라에서 자유와 마찬가지의 큰 일을 할 수 있고, 아마 마찬가지 정도로 행복에 공헌할 수 있을 것이다.

여기서는 삼권이 우리가 말한 국가 정체를 모범으로 하여 배분되지도, 구성되지도 않는다. 그것은 각각 독자적인 배분을 가지고 있어 그 배분에 따라서 정치적 자유로 접근하지 않으면 군주정체는 전제정체로 타락할 것이다.

제8장 고대인이 군주정체에 관하여 명확한 관념을 갖지 못한 원인

고대인은 귀족 단체에 기초를 두는 정체는 전혀 알지 못했고, 국민의 대표에 따라서 이루어진 입법부에 기초를 두는 정체는 더욱이 알지 못했다. 그리스와 이탈리아의 여러 공화국은 각각 그 정부 형태를 가지고 성벽 안에 시민을 집결한 도시였다. 로마인이 이 모든 공화국을 병합하기까지는 이탈리아·갈리아·에스파냐·독일 등 그 어디에도 거의 국왕은 존재하지 않았다.[*27] 이 모두가 작은 민족이거나 작은 공화국이었다. 아프리카조차 어떤 큰 공화국에 종속되어 있었다. 소아시아는 그리스 식민도시의 지배를 받고 점령되어 있었다. 따라서 도시의 대표도 신분의회 같은 것도 전혀 볼 수 없었다. 단 한 사람이 지배하는 정체를 찾아보기 위해서는 페르시아까지 가야만 했다.

연방제 공화국이 있었던 것은 사실이다. 몇 개의 도시가 하나의 회의에 대표를 보냈다. 그러나 이를 본보기 삼은 군주정체는 전혀 없었다고 나는 말할 수 있다. 우리가 알고 있는 군주정체의 처음 윤곽은 다음과 같이 형성되었다. 로마제국을 정복한 게르만 여러 민족은 누구나 다 알다시피 매우 자유로웠다. 그 점에 대해서는 타키투스의 《게르마니아》를 보는 것으로 충분하다. 정복자들은 전국에 퍼졌다. 그들은 농촌에 주로 살고 도시에 사는 사람은 거의 없었다. 게르마니아에 있었을 때에는 온 국민이 집합할 수가 있었다. 정복당하여 흩어지고 나자 이미 그것은 불가능하게 되었다. 그렇지만 정복 이전에 행했던

[*27] 그러나 같은 시대에 마케도니아·시리아·이집트 등에 왕이 있었다.

것처럼 국민이 그 정무에 관해 협의할 필요는 있었다. 국민은 그것을 대표에 따라서 행했다. 이것이 우리 사이에서의 고트적 정체의 기원이다. 처음에 그것은 귀족정체의 요소와 군주정체의 요소가 혼합되어 있었다. 그것은 하층민이 노예라는 좋지 못한 점을 가지고 있었으나 그것 자체 속에 좀 더 잘될 수 있는 가능성을 가진 좋은 정체였다. 해방장(解放狀)을 부여하는 관습이 생기자 곧 시민의 시민적 자유와 귀족과 사제족의 특권, 그리고 국왕의 권력은 매우 훌륭한 조화를 이루게 되었다. 그리고 이 조화가 이어진 시대의 유럽 각 부분의 정체만큼 훌륭하게 중용을 얻은 정체가 지구상에 또 있었다고 나는 믿지 않는다. 어떤 정복 민족의 정체의 부패가 사람이 상상할 수 있는 한의 가장 좋은 종류의 정체를 형성했다고 하는 것은 참으로 놀라운 일이다.

제9장 아리스토텔레스의 사고방식

아리스토텔레스의 곤혹은 그가 군주정체를 논했을 때 똑똑히 볼 수 있다.*28 그는 다섯 종류의 군주정체를 만들어 놓았다. 그러나 그는 그것을 국가 구조의 형태에 따라서 구별하지 않고 군주의 덕성이라든가 악덕 같은 우연적 사정, 또는 폭정의 찬탈이라든가 폭정의 상속 같은 본질적이지 않은 사정에 따라서 구별한다.

아리스토텔레스는 페르시아제국은 물론 스파르타왕국도 군주정체 계열에 놓았다. 그러나 한쪽은 전제국가이고, 다른 한쪽은 공화국이었다는 것을 모르는 사람이 있을 것인가.

고대인은 1인 통치 제도에서의 삼권의 배분을 알지 못했기 때문에 군주정체에 관해 정확한 지식을 가질 수 없었다.

제10장 다른 정치가의 사고방식

1인 통치 제도를 완화하기 위해서 에피루스 왕 아리바스는 공화정체밖에 생각할 줄을 몰랐다. 몰로스인(고대 에피루스의 시민)은 같은 권력을 어떻게 제한하면 좋을지 몰라 두 사람의 국왕을 두었다.*29 그 때문에 그들은 명령권 이상

---

*28 아리스토텔레스 《정치학》 제3편 제14장. (원주)
*29 《정치학》 제5편 제11장. (원주) 몽테스키외는 아리스토텔레스를 잘못 읽었다. 에피루스에는 왕이 한 사람밖에 없었다고 한다.

으로 국가를 약화시켰다. 그들은 경쟁자를 두고자 했으나 적을 만들어 내고 말았다.

두 국왕은 스파르타 외에서는 있을 수 없는 것이었다. 그들은 스파르타의 국가 구조를 형성하는 것은 아니었으나 국가 구조의 일부분이었다.

제11장 그리스 영웅시대의 여러 왕

그리스 영웅시대에는 일종의 군주정체가 세워졌으나 오래 지속되지는 않았다.[*30] 기예를 발명한 자, 국민을 위해 전쟁을 한 자, 흩어져 있는 사람들을 모은 자, 또는 그들에게 토지를 나누어 준 자는 왕권을 획득하고 그것을 그들의 자손에게 전했다. 그들은 국왕이고 사제이자 재판관이었다. 이는 아리스토텔레스가 말하는 다섯 종류의 군주정체[*31] 가운데 하나로, 군주정체의 관념을 불러일으킬 수 있는 유일한 것이다. 그러나 이 정치 구조의 설계는 오늘날 우리 군주국의 그것과는 반대된다.

거기서는 삼권이 다음과 같이 나뉘어 있었는데, 즉 국민은 입법권을 가지고[*32] 국왕은 집행권과 재판권을 가지고 있었다. 이와 달리 우리가 알고 있는 군주정체에서는, 군주는 집행권과 입법권을, 또는 적어도 입법권의 일부를 가지나 재판은 하지 않는다.

영웅시대 여러 왕의 정체에서는 삼권의 분배 방법이 나빴다. 이런 군주정체는 존속할 수 없었다. 왜냐하면 국민이 입법권을 손에 넣자마자 어디서나 그러했듯이 그는 아주 사소한 방자함으로 인해 왕정을 폐지할 수 있었기 때문이다.

입법권을 갖는 자유로운 국민, 도시 안에 틀어박힌 국민―거기서는 존재하는 모든 싫증나는 것이 더욱더 싫증나게 된다― 가운데 재판권을 어디 둘 것이냐를 옳게 안다면 그것은 훌륭한 입법이라 하겠다. 그러나 재판권이 집행권을 이미 가지고 있는 자의 손안에 놓이는 것만큼 나쁜 것은 없었다. 그 순간부터 군주는 무서운 것이 되었다. 그렇지만 동시에 그는 입법권을 가지고 있지 않았으므로 입법권에 대해서 방어할 수는 없었다. 즉 그는 지나치게 큰 권력

[*30] 《정치학》 제3편 제14장. (원주)
[*31] 《정치학》 제3편 제14장. (원주)
[*32] 플루타르코스가 《테세우스전》에서 말하고 있는 것을 참조. (원주)

을 가지면서도 충분한 권력을 갖지 못했다.

군주의 참다운 직능은 재판관을 두는 일이지 스스로 재판하는 일이 아니라는 것을 사람들은 아직 깨닫지 못했다. 그와 상반되는 정치가 1인 통치의 정체를 지탱할 수 없는 것으로 만들었다. 이런 국왕은 모두 쫓겨났다. 그리스인은 1인 통치제도에서 삼권의 참된 분배를 생각해 내지 못했다. 그들은 다수 통치의 정체에서만 그것을 머리에 그릴 수 있었다. 그리고 이런 종류의 정체를 폴리스*[33]라고 불렀다.

제12장 로마 왕정 및 삼권분배 양식

로마 왕정은 그리스의 영웅시대 왕정과 조금 비슷하다. 그것은 후자와 마찬가지로 그 일반적 결점 때문에 망했다.

그러나 그 자체의 특수한 성질에서 그것은 매우 이로운 것이었다.

이 정체를 잘 설명하기 위해서 나는 최초의 5인 제도와 세르비우스 툴리우스의 그것과 타르퀸의 그것과를 구별하고자 한다.

왕위는 선거제였다. 그리고 최초의 5인의 왕 밑에서는 원로원이 선거에 가장 큰 세력을 가지고 있었다. 국왕이 죽으면, 원로원은 기존의 통치 형태를 유지해야 하는가의 여부를 심사했다. 원로원이 그것을 유지하는 것이 적당하다고 판단하면 원로원은 그 단체 가운데서 선출된 1명의 법무관을 임명하고*[34] 그 법무관이 국왕을 선출한다. 원로원이 그 선출을 승인하고, 국민이 그것을 확인하고, 새의 점(鳥占)이 그것을 신이 인정하는 것으로서 보증한다. 이 세 가지 조건 가운데 하나라도 빠지면 또 다른 선거를 해야만 했다.

정체는 군주정체와 귀족정체의 성격과 아울러 민중정체의 성격도 지니고 있다. 그리고 권력도 잘 조화를 일구었기 때문에 당초의 통치에서는 시기도 분쟁도 일어나지 않았다. 국왕은 군을 통치하고 희생에 대한 감독권이 있었다. 그는 민사*[35] 및 형사 재판권을 가지고 있었다.*[36]

---

*[33] 《정치학》 제4편 제8장. (원주) 폴리비우스가 '민주정체'라고 부른 것과 같다.
*[34] 《드니 달리카르나스》 제2편 제4편. (원주)
*[35] 《드니 달리카르나스》 제2편 118쪽과 제3편 171쪽 참조. (원주)
*[36] 《티투스 리비우스》 제1편 중 타나킬의 연설 및 《드니 달리카르나스》 제4편의 세르비우스 툴리우스의 규정 참조. (원주)

그는 원로원을 소집하고 국민을 모이도록 해서 어떤 종류의 사무는 이 모임에 자문하고 나머지 일은 원로원과 더불어 이를 처리했다.[*37]

원로원의 권위는 매우 컸다. 국왕은 때때로 원로원 의원을 선택해서 그들과 함께 재판을 했다. 또 정무를 국민에게 토의에 부칠 때에는 미리 원로원에게 심의케 했다.[*38] 국민은 공직자를 선거하고[*39] 새 법을 승낙할 권리를 가지며, 또 국왕이 그것을 허가하면 선전 포고와 강화의 권리도 가졌다. 그러나 재판권은 전혀 없었다. 툴리우스 호스틸리우스가 호라티우스의 재판을 국민에게 부친 것은 특수한 이유가 있었다. 그것은 《드니 달리카르나스》를 읽어 주기 바란다.[*40]

이 정체는 세르비우스 툴리우스 아래에서 바뀌었다.[*41] 원로원은 그의 선거에 관여하지 않았다. 그는 국민을 시켜서 자기를 왕으로 선포케 했다. 그는 민사재판권을 내놓고[*42] 형사재판권만을 그의 손에 보유했다. 그는 모든 정무를 직접 국민 토의에 부쳤고, 국민의 조세를 줄이고 그 부담을 모두 귀족에게 부과했다. 이와 같이 그는 왕권과 원로원의 권력을 약화함으로써 국민의 권력을 증대시켰던 것이다.[*43]

타르퀸은 원로원에 따라서도 국민에 따라서도 선출되고자 하지 않았다. 그는 세르비우스 툴리우스를 찬탈자로 간주하고, 왕위를 자기 상속권으로서 손에 넣었다. 그는 대부분의 원로원을 말살했다. 그중 남은 사람들에게도 의논하지 않았다. 그리고 재판을 할 때도 그들을 소집하지 않았다.[*44] 그의 권력은 커졌다. 그러나 이 권력에 깃든 좋지 못한 것은 갈수록 더 나빠졌다. 그는 국민의 권력을 찬탈했다. 그는 국민에게 자문하지 않고 법을 만들었다. 국민의 뜻

[*37] 툴리우스 호스틸리우스가 알바 파괴를 위해서 파병한 것은 원로원 결의에 따라서였다. (원주)
[*38] 《드니 달리카르나스》 제4편 276쪽. (원주)
[*39] 《드니 달리카르나스》 제2편. (원주)
[*40] 《드니 달리카르나스》 제3편 159쪽. (원주)
[*41] 《드니 달리카르나스》 제4편. (원주)
[*42] 그는 왕권의 반을 버렸다고 드니 달리카르나스는 말한다. (원주)
[*43] 만일 그가 타르퀸의 방해를 받지 않았다면 그는 민주주의 제도를 설정했을 것이라고 믿어진다. 《드니 달리카르나스》 제4편 243쪽. (원주)
[*44] 《드니 달리카르나스》 제4편. (원주)

을 거슬러서까지 만들었다.*45 그의 일신에 삼권이 다시 통일된 것 같았다. 그러나 국민이 한 번 자기들이 입법자임을 상기하게 되자 곧 타르퀸은 망해 버리고 말았다.

제13장 국왕 추방 뒤 로마의 상태에 관한 일반 고찰

사람들은 결코 고대 로마로부터 떠날 수가 없다. 오늘날도 로마의 도시를 방문하는 사람들은 새로 지어진 궁전은 제쳐놓고 폐허를 찾아 헤매는 것이다. 초원에 활짝 핀 백화(百花)를 보기에 지친 눈은 거친 바위나 산을 보고 싶어 한다.

귀족 가문은 모든 시대에서 큰 특권을 가지고 있었다. 이러한 특별 대우는 이미 국왕 시대에도 있었지만, 국왕이 추방된 뒤 점점 더 중대한 것으로 되었다. 그것은 평민의 시기를 불러일으키게 되어 평민들은 귀족의 지위를 끌어내리기를 원했다. 싸움으로 말미암아 국가 구조는 타격을 받았으나 정체가 약화되는 일은 없었다. 왜냐하면 집정관이 권위를 유지하는 한 집정관인 사람이 어떤 가문에 속해 있느냐 하는 것은 그리 문제가 되지 않았기 때문이다.

로마와 같은 선거제 군주정은 필연적으로 그것을 떠받치는 강력한 귀족 집단을 전제로 한다. 그것이 없으면 군주정체는 전제국가나 민중국가로 변한다. 그러나 민중국가는 자기를 유지하기 위해서 이런 가문의 차별을 필요로 하지 않는다. 일찍이 국왕시대에 국가 구조의 필요한 부분이었던 귀족이 집정관시대에 무용한 부분이 된 것은 이 때문이다. 국민은 자신들을 망치는 일 없이 귀족을 끌어내렸고 국가 구조를 부패시키지 않고 바꿀 수가 있었다.

세르비우스 툴리우스가 귀족의 지위를 끌어내렸을 때 로마는 국왕의 손에서 국민의 손으로 옮겨져야 했다. 그러나 국민은 귀족을 끌어내림으로써 국왕의 수중에 또다시 빠질 것을 두려워할 필요는 없었다. 국가는 두 가지로 바뀔 수 있다. 국가 구조가 자기를 교정했기 때문에 변화하든지, 국가 구조가 부패했기 때문에 변화하든지 둘 중 하나이다. 만일 한 나라가 그 원리를 유지하고서도 국가 구조가 변한다면 그것은 자기 교정이 행해진 것이다. 만일 한 나라가 그 원리를 잃어서 국가 구조가 변한다면 그것은 부패한 것이다.

---

*45 《드니 달리카르나스》 제4편. [원주]

로마는 국왕이 추방된 뒤 민주정체였다. 국민은 이미 입법권을 가지고 있었다. 국왕을 추방한 것은 만장일치의 표결이었다. 그리고 만일 국민이 그 의지를 계속 고집하지 않았다면 타르퀸 일족은 언제든지 되돌아올 수 있었다. 국민이 타르퀸 일족을 추방한 것이 몇 가문에만 예속하기 위한 것이었다고 주장하는 것은 이치에 맞지 않는다. 그래서 사태는 로마가 민주정체가 될 것을 요구하고 있었다. 그러나 로마는 민주정체가 되지 않았다. 그러기 위해서는 권문세족의 권력을 억제하고 법률이 민주정체로 향해야 했다. 때때로 국가는 어떤 국가 구조로부터 다른 제도로 눈에 보이지 않게 이행할 때에 이들 국가 구조의 어느 쪽에 있을 때보다도 번창한다. 그때 정체의 모든 태엽은 긴장하며, 온 시민이 포부를 가지고 서로 다투거나 또는 위로한다. 그리고 무너져 가는 국가 구조를 지키는 사람과 그것보다 좋은 제도를 추천하는 사람 사이에 차원 높은 싸움이 일어나는 것이다.

제14장 국왕 추방 뒤에 시작된 삼권분배 변화

네 가지 일이 주로 로마의 자유를 손상하고 있었다. 즉 귀족이 모든 종교·정치·민사·군사 공직을 독점하고 있었고, 집정관직에는 터무니없는 권력이 주어졌으며, 또 국민에게는 때때로 모욕이 가해졌다. 끝으로 국민에게는 투표에서 거의 아무런 영향력도 남아 있지 않았다. 이런 네 가지 폐해를 국민이 바로잡은 것이다.

(1) 국민은 평민도 지위에 오를 수 있는 공직이 있도록 규정케 했다. 그리고 가왕(假王)[46]의 자리를 제외하고는 국민도 차츰 모든 직에 취임할 수 있게 되었다.

(2) 집정관직은 없어지고 그 대신 많은 관직이 만들어졌다. 법무관[47]이 창설되어 이에 사적 사건의 재판권이 주어졌다. 공적 범죄를 재판하기 위해 심사관(또는 검찰관)이 임명되었다.[48] 안찰관(按察官)을 설치하여 이에 경찰권을 주었다. 회계관[49]이 설치되어 공금을 관리했다. 끝으로 호구 조사관의 창설에

---

[46] 왕위가 공백 상태일 때 국왕의 직무대리 집행을 위촉받은 관리.
[47] 《티투스 리비우스》. (원주)
[48] *Quoestores parricidii*—Pomponius Leg, 2, § 23, *ff. de orig jur.* (원주)
[49] 플루타르코스 《푸블리콜라전》. (원주)

따라서 집정관으로부터 입법권 중 시민의 풍속을 규정하는 부분과 국가 여러 기관의 일시적 단속권이 빼앗겨졌다. 집정관에게 남겨진 주요한 특권은 국민의 대회의*50를 주재하고 원로원을 소집하고 군대를 지휘하는 일이었다.

(3) 신성법은 호민관을 설치했는데, 이는 귀족들의 침해를 언제든지 막을 수 있고 사적 손해뿐만 아니라 공적 손해도 예방했다.

(4) 끝으로 평민은 공적 의결에서 그 세력을 증대했다. 로마인은 셋으로 구별되었다. 즉 백인대(百人隊)와 종족, 부락에 따라서 구별되었다. 그리고 국민이 투표할 때에는 이 세 가지 방법 중 하나에 따라서 소집되었다.

첫 번째 구분에서는 귀족·유력자·부자·원로원―모두가 거의 같았다―이 거의 모든 권력을 가지고 있었으나, 두 번째에는 그 권력이 보다 적고, 세 번째에는 더욱더 적었다. 백인대에 의한 구분은 사람의 구분이라기보다도 토지나 재산에 따른 구분이었다. 모든 국민은 193개의 백인대*51로 나뉘어져 저마다가 한 표를 가지고 있었다. 귀족과 유력자는 그중 98개 조를 이루고 나머지 시민은 다른 95개 조로 흩어져 있었다. 따라서 이 구분에서는 귀족이 투표의 지배자였다.

종족에 따른 구분*52에서는 귀족이 위와 같은 이점을 갖지 못했다. 그러나 어쨌든 이점을 가지고 있었다. 즉 새의 점(鳥占)을 칠 필요가 있었는데, 새 점쟁이가 귀족들의 세력 아래에 있었던 것이다. 또 여기서는 이미 원로원에 제출되어 원로원 의결에 따라서 인가된 안 외에는 국민에게 제안할 수 없었다. 그러나 부락에 따른 구분에서는 새의 점도 원로원도 문제되지 않았다. 그래서 귀족은 거기서 제외되었다. 그런데 국민은 언제나 백인대에 의한 관례였던 집회를 종족별로 행하고, 종족별로 행해지던 집회를 부락별로 하도록 힘썼다. 그 결과 정무는 귀족의 손에서 평민의 손으로 옮겨졌다.

이리하여 평민이 귀족을 재판하는 권리를 얻게 되자―이는 코리올라누스 사건*53 때부터 시작되었다―평민은 그들을 백인대가 아닌 부락에 따라서 집

---

*50 *Comitiis centuriatis*. (원주)
*51 《티투스 리비우스》 제1편 제43장, 《드니 달리카르나스》 제4편·제7편 참조. (원주)
*52 《드니 달리카르나스》 제7편. (원주)
*53 코리올리를 격파한 카이우스 마르티우스의 별명. 기원전 5세기의 유명한 장군. 뒤에 볼스크인과 손을 잡고 로마에 반기를 들었다.

합케 하여 재판하고자 했다.*⁵⁴ 그리고 국민을 위해 호민관과 안찰관 등의 새 관직*⁵⁵이 설치되었을 때 국민은 그들을 임명하기 위해 종족에 따라서 집회하는 허가를 얻었다. 그리고 그 권력이 확립되자 그들이 부락의 집회에서 임명될 수 있는 허가를 얻었다.*⁵⁶

제15장 로마 공화정이 번영 상태에서 갑자기 자유를 잃은 원인

귀족과 평민 사이의 불같은 논쟁 가운데 평민은 앞으로 판결이 제멋대로 움직이는 의지나 자의적인 권력의 결과가 되지 않도록 고정된 법이 주어질 것을 요구했다. 숱한 저항 끝에 원로원은 그에 동의했다. 이런 법을 작성하기 위해서 10대관(十大官)이 임명되었다. 사람들은 그들에게 큰 권력이 주어져야 한다고 믿었다. 그것은 그들이 서로를 용납하지 않는 두 당사자에게 법을 부여할 임무가 있다고 생각했기 때문이다. 거의 모든 관직에 대한 임명이 정지되었다. 그리고 민회(民會)에서 그들 10대관은 공화국의 유일한 관리자로서 뽑혔다. 그들은 집정관의 권력과 호민관의 권력을 가지게 되었다. 그중 한 권력이 그들에게 원로원의 소집권을 주었다. 다른 한쪽이 민중을 소집하는 권리를 주었다. 그러나 그들은 원로원도 시민도 소집하지 않았다. 공화국에서 열 사람만이 모든 입법권, 집행권 및 재판권을 장악했다. 로마는 타르퀸의 폭정과 같은 정도로 잔혹한 폭정에 복종케 되었다. 타르퀸이 그 포학을 행했을 때 로마는 그가 찬탈한 권력에 대해서 분개했다. 10대관이 그들의 포학을 제멋대로 했을 때 로마는 자기가 준 권력에 놀랐던 것이었다.

그러나 이것은 말할 수 없이 기묘한 폭정 제도였다. 폭정은 시민적 사무의 지식만으로 정치·군사 권력을 획득한 데 지나지 않는 사람들, 바로 그때 안으로는 순순히 통치되는 대로 따르도록 시민들의 유약함을 필요로 하고, 밖으로는 자기들을 지켜 주기 위한 시민들의 용기를 필요로 하던 사람들에 따라서 만들어졌던 것이다. 정조와 자유를 위해서 자기 아버지의 손에 희생된 비르지니의 죽음 광경은 10대관의 권력을 소멸시켰다. 모든 사람은 자유로이 되었다.

---

*54 옛 관행에 어긋나는 것.《드니 달리카르나스》제5편 320쪽에 서술되어 있는 대로이다. 〔원주〕
*55 《드니 달리카르나스》제6편 410~411쪽. 〔원주〕
*56 《드니 달리카르나스》제9편 605쪽. 〔원주〕

그것은 모든 사람이 모욕당했기 때문이다. 모든 사람은 시민이 되었다. 그것은 모든 사람이 아버지였기 때문이다. 원로원과 시민은 우스꽝스러운 폭군들에게 맡겨졌던 자유를 되찾았다. 로마의 시민은 다른 시민들보다도 특히 구경거리에서 쉽게 감동을 받았다. 루크레티우스의 피에 물든 몸을 보자 왕정을 폐지했다. 상처투성이로 광장에 나타난 채무자의 모습은 공화정체의 형태를 바꾸었다. 비르지니의 모습은 10대관을 추방시켰다. 만리우스*[57]를 단죄하기 위해서는 시민들에게 카피톨을 보이지 말아야 했다. 카이사르의 피로 물든 옷은 로마를 또다시 노예 상태에 빠지게 했다.

제16장 로마 공화정의 입법권

10대관 밑에서는 서로 빼앗는 권리가 없었다. 그러나 자유가 돌아오자 시기가 재연되었다. 귀족들에게 특권이 조금이라도 남아 있기만 하면 평민들은 그들로부터 그것을 빼앗았다. 만일 평민이 귀족들로부터 그 특권을 빼앗는 것만으로 만족하고, 귀족들의 시민으로서의 자격까지 해치지 않았더라면 재난은 크지 않았을 것이다. 시민이 종족 또는 백인대에 따라서 집합했을 경우, 그것은 원로원 의원, 귀족 및 평민에 따라서 구성되었다. 논쟁에서 평민은 귀족과 원로원을 빼놓고 평민들만으로 법을 만들 수 있다는 주장을 관철시켰다.*[58] 이것은 평민회 의결이라 불렸다. 그리고 이런 법에 따라서 만들어진 민회는 부족에 의한 민회라고 불렸다. 이리하여 귀족*[59]이 전혀 입법권에 참가하지 않음에도*[60] 국가의 다른 단체의 입법권에 복종하는 경우가 있었다. 이것은 자유의 착란 상태라고나 할 만했다. 시민은 민주정체를 세우기 위해서 그것의 원리 자체를 깨뜨린 것이다. 이처럼 터무니없는 권력이 원로원 권력을 틀림없이 소멸시킬 것같이 여겨졌다. 그러나 로마는 몇몇 경탄할 만한 제도를 가지고

---

*57 갈리아인에게 포위된 카피톨리움 언덕에 있는 주피터 신전을 구했기 때문에 만리우스 카피톨리누스라고 불린 로마의 집정관. 로마인은 이 신전이 보이는 곳에서는 그를 사형할 수 없었다.
*58 《드니 달리카르나스》 제11편 725쪽. 〔원주〕
*59 《드니 달리카르나스》 제6편 410쪽 및 제7편 430쪽. 〔원주〕
*60 10대관 추방 뒤에 만들어진 법에 의하여 귀족은 민회에서 투표를 할 수 없음에도 평민회 의결에 복종치 않으면 안되었다 《티투스 리비우스》 제3편). 그리고 이 법은 로마 기원 416년, 독재관 푸블리우스 필론에 따라서 확인되었다 《티투스 리비우스》 제8편. 〔원주〕

있었다. 특히 두 가지 훌륭한 제도를 가지고 있었다. 그 하나로써 시민의 입법권은 규정되었다. 그리고 다른 하나로써 그것은 제한되었다.

호구조사관이, 그리고 그 이전에는 집정관*61이 5년마다, 말하자면 시민 단체를 형성하고 만들었던 것이다. 그들은 입법권을 가지는 단체 자체에 대해서 입법권을 행사했다. 키케로는 이렇게 말했다.

"호구조사관 티베리우스 그라쿠스가 해방된 자를 도시의 부락으로 옮긴 것은 그 웅변이 아니라 한마디 말과 하나의 행동에 따라서였다. 만일 그가 그렇게 하지 않았더라면 오늘날 우리가 겨우 지탱하는 공화정체는 전혀 존재하지 않을 것이다."

한편, 원로원은 임시독재관의 창설에 따라서 공화정체를 시민의 손으로부터 빼앗을 권력을 가지고 있었다. 이 독재관 앞에서는 주권자도 머리를 숙이고, 가장 민중적인 법도 침묵에 머물렀다.*62

제17장 공화정의 집행권

시민은 그 입법권에는 애착을 가졌으나 집행권에 대해서는 그렇지 않았다. 그들은 그것을 거의 모두 원로원이나 집정관에게 맡기고, 자기는 공직자를 선임하고, 원로원과 장군의 행위를 확인하는 권리만을 가졌다.

그 열정은 지휘하는 데 있고, 그 야망은 모두를 복종시키는 데 이제껏 찬탈을 일삼아 왔으면서도 여전히 찬탈을 멈추지 않던 로마는, 줄곧 중대한 사건을 일으키고 있었다. 그리고 로마의 적이 그에 대해 음모를 꾸미든가 아니면 로마가 그의 적에 대해 음모를 꾸미고 있었다.

한편으로는 영웅과도 같은 용기를 가지고, 다른 한편으로는 완전한 영지(英知)를 가지고 행동하지 않을 수 없게 된 로마에서는 사태가 원로원이 정무지휘권을 가질 필요가 있게 되었다. 시민은 입법권의 모든 부문에 대해 원로원과 싸웠다. 왜냐하면 그들은 자기의 자유를 아깝게 여겼기 때문이다. 그러나 집행권의 여러 부문에 대해서는 원로원과 싸우려 하지 않았다. 왜냐하면 그들은 그 영예에 애착을 느꼈기 때문이다.

---

*61 로마 기원 312년, 《드니 달리카르나스》 제9편에 따르면 집정관은 아직도 호구조사를 하고 있었다고 생각된다. (원주)

*62 모든 집정관 명령에 대해 시민으로 하여금 호소할 수 있도록 허락한 법처럼(원주).

원로원의 집행권에 대한 참여는 매우 커서 폴리비우스*⁶³의 설에 따르면, 외국인은 모두 로마를 귀족정체로 알고 있었다. 원로원은 공금을 처리하고 국고 수입을 청부했다. 그것은 동맹국 사이에 일어난 사건의 중재자 역할을 했다. 또한 전쟁과 강화를 결정했으므로 이 점에서는 집정관을 지휘했다. 그것은 로마 군대와 동맹국 군대의 수를 정했고, 여러 주와 군대의 지휘를 집정관 또는 법무관에게 분배했다. 그리고 지휘관의 임기가 끝나면 후계자를 선임할 수 있었다. 그리고 승리를 선언했다. 외교사절을 파견하고 접수했다. 여러 왕을 임명하고, 보상하고, 처벌하고, 재판하고, 그들에게 로마 시민의 동맹자라는 칭호를 주거나 또는 잃게 했다.

집정관은 그들이 전쟁에 인솔할 군대를 소집하고, 육·해군을 지휘하고, 동맹국의 군대를 배치했다. 그들은 주에서 공화국의 모든 권력을 가지고 있었다. 정복당한 국민에게 평화를 주고, 그들에게 평화의 조건을 과하고, 또는 원로원에 회부했다.

초기에 시민이 전쟁과 강화에 관한 일에 어느 정도 참여했을 무렵에는 시민은 집행권보다 오히려 입법권을 행사했다. 시민은 다만 국왕, 그리고 그 뒤에서는 집정관 또는 원로원이 행한 일을 확인할 뿐이었다. 시민이 전쟁의 결재자이기는커녕 집정관이나 원로원이 때때로 호민관의 반대에도 전쟁을 한 것을 우리는 보았다.

그러나 번영에 도취해서 시민은 집행권을 증대시켰다. 그래서 시민은 스스로 군단장을 임명했다.*⁶⁴ 이것은 그때까지 장군이 임명하던 것이었다. 그리고 제1차 포에니전쟁 바로 전에는 시민만이 선전 포고할 권리를 갖는다고 정했다.*⁶⁵

제18장 로마 통치에서의 재판권

재판권은 시민·원로원 장관 또는 특정한 재판관에 주어졌다. 그것이 어떻게

---

*63 이 책 제6편 〔원주〕. Polybius. 그리스의 저명한 역사가. 40편에 이르는 《로마사》가 있다.
*64 로마 기원 444년 《티투스 리비우스》 제1부. 제9편 제30장. 마케도니아왕 페르세우스에 대한 전쟁이 위태롭게 되었을 때 원로원 의원은 이법의 정지를 명령하고 시민도 이에 동의했다) 《티투스 리비우스》 제5부 제2편. 〔원주〕
*65 프라인슈미우스(Frein-shemius)는 "국민은 그것을 원로원으로부터 빼앗았다"고 말한다. 〔원주〕

분배되었는가를 살펴볼 필요가 있다. 먼저 민사사건부터 시작하기로 한다.

국왕이 추방된 뒤는 집정관이 재판을 했다.*66 집정관 다음에는 법무관이 재판을 했다. 세르비우스 툴리우스는 민사사건 재판을 하지 않았다. 집정관 또한 민사사건 재판을 하지 않았다. 매우 드문 경우—따라서 비상(非常)*67이라고 불리었다—를 제외하고는 그들은 재판관을 임명하고 재판할 재판소를 설치함으로써 만족했다.《드니 달리카르나스》에 나오는 아피우스 클라우디우스의 연설*68에 따르면, 로마 기원 259년 이래 이것은 로마에서 확정된 관습으로 간주되었던 것 같다. 그러므로 이 관습을 세르비우스 툴리우스에게로 돌린다는 것은 시대를 매우 고대로 거슬러 올라가는 셈이 되지는 않는다.

해마다 법무관은 집무 기간 동안에 매년 재판관의 직무를 수행하기 위해 선출된 사람들의 명부*69 또는 표를 작성했다. 각 사건에 관해 넉넉한 인원수를 거기서부터 추려냈다. 이것은 영국에서도 거의 마찬가지로 행해지고 있다. 그리고 자유를 위해서 매우 유리했던 것*70은 법무관이 당사자의 동의를 얻어서 재판관을 택한 점이다.*71 오늘날 영국에서 많은 자주 기피되는 것은 주로 이 관행에 따르고 있는 것이다.

이들 재판관은 실제 문제만을 처리했다. 예를 들면 어떤 금액이 지급되었는가, 어떤 불법 행위가 행해졌는가를 처리했다. 그러나 법률 문제는 얼마쯤 능력을 필요로 하므로 그것은 백인 법원에 제출되었다. 왕은 형사 사건의 재판은 자기의 수중에 보유했다. 이에 대해서는 집정관도 왕을 좇았다. 이 권력에 의거해서 집정관 브루투스는 자기 아들과 타르퀸 왕가를 위해 음모를 꾸민 모든 자를 사형에 처했던 것이다. 이 권력은 도리에 어긋난 것이었다. 집정관은 이미

---

*66 법무관이 창설되기 전까지는 집정관이 민사재판권을 가지고 있었다는 것을 의심할 나위가 없다.《티투스 리비우스》제1부 제2편 제1장,《드니 달리카르나스》제10편.〔원주〕

*67 때때로 호민관만으로 재판했다. 이보다 더 그들을 미운 존재로 만든 것은 없다.《드니 달리카르나스》제11편 709쪽.〔원주〕

*68 *Judicia extraordinaria* 참조. 유스티니아누스《법학제요》제4편.〔원주〕

*69 *Album Judicium*.〔원주〕

*70 키케로는 말한다. "우리들의 조상은 당사자가 동의하지 않은 사람이, 시민의 명예에 대해서만이 아니라 사소한 금전적 사건에 대해서도 재판관이 되는 것을 원치 않았다.〔원주〕

*71 세르빌리아법·코르넬리아법, 그 밖의 다른 법들에 대해 이들 법이 처벌하고자 하는 범죄에서 어떤 방법으로 재판관을 정했는가를 보라. 때때로 그들은 선택, 때로는 추첨에 따라서, 또는 끝으로 선택을 가미한 추첨에 따라서 정했다.〔원주〕

군사권을 가지고 있었으므로 그것을 시(市)의 정무에까지 행사했다. 그리고 그들의 수속은 재판 형식이 빠져 있었기 때문에 판결이라기보다는 오히려 폭력 행위였다. 이것이 발레리아법을 만들게 한 것이다. 이 법은 시민의 생명을 위태롭게 할지도 모를 모든 집정관의 명령으로부터 시민으로 하여금 호소할 수 있도록 허용했다. 집정관은 이제 시민의 의지에 따르지 않고는 로마 시민에게 사형을 언도할 수 없었다.

타르퀸 왕가 부흥의 첫 음모에서는 집정관 브루투스가 범인을 재판했으나 두 번째에는 재판을 하기 위해 원로원과 민회가 소집되었다.*72 신성법(神聖法)이라고 불린 법은 평민에게 호민관을 부여했는데, 호민관은 한 집단을 형성하고 처음에는 막대한 요구를 가지고 있었다. 평민들이 요구하는 오만한 대담성과 원로원이 주는 관용, 또는 우유부단성 중 어느 쪽이 더 컸는지는 우리로서 알 수 없다. 발레리아법은 국민, 즉 원로원 의원·귀족·평민으로 이루어진 국민에게 상소를 허용했다. 평민은 그들에 대해 상소가 제출되어야 한다고 정했다. 얼마 지나지 않아 평민이 귀족을 재판할 수 있는가 하는 것이 문제되었다. 이것은 코리올라누스 사건으로 말미암아 일어났다. 그 사건과 함께 끝난 논쟁의 제목이었다. 코리올라누스는 호민관에 따라서 시민 앞에 탄핵되었는데, 자기는 귀족이므로 집정관이 아니고는 어떤 사람에게도 재판받을 수 없다고 발레리아법의 정신에 어긋나는 주장을 했던 것이다. 평민은 평민대로, 그는 평민이 재판해야 한다고 그들 또한 그 법에 어긋나는 주장을 내세우며 그를 재판했다.

십이동판법(十二銅版法)은 이것을 수정했다. 이 법은 시민의 생사를 결정짓는 일은 시민의 대의회*73에서만 할 수 있다고 정했다. 이리하여 평민 단체, 또는 같은 것이지만 부족에 의한 민회는 이제 금전형에 해당하는 범죄 말고는 재판을 하지 않았다. 사형에 처하는 데는 법이 필요했다. 금전형에 처하는 데는 평민 의결을 필요로 할 뿐이었다. 십이동판법의 이 규정은 아주 현명했다. 그것은 평민 단체와 원로원 사이에 훌륭한 타협을 이루었다. 왜냐하면 둘의 권한은 형벌 크기와 범죄 성질에 의존했으므로 서로 협의해야만 했기 때문이다.

발레리아법은 영웅시대 그리스 여러 왕의 정체와 어떤 관계가 있는 로마 정

---

*72 《드니 달카르나스》 제5편 322쪽. 〔원주〕
*73 백인대에 의한 민회. 이리하여 만리우스 카피톨리누스는 이런 민회에서 재판받았다. 〔원주〕

체의 잔존물을 모조리 없애버렸다. 집정관은 범죄의 처벌에 권력을 갖지 못하게 되었다. 모든 범죄가 공적이라고는 하지만 시민 서로간의 관계에 더욱 관련을 갖는 것과, 국가와 시민의 관계에 더욱 관련을 갖는 것을 구별해야 한다. 전자는 사적 범죄이고 후자는 공적 범죄이다. 시민은 공적 범죄를 스스로 재판했다. 그리고 사적 범죄에 대해서는 각 범죄마다 특별한 위원회에 따라서 그것을 소추할 검찰관을 임명했다. 시민이 선임한 것은 때때로 장관 한 사람이고 때로는 민간인이었다. 사람들은 이를 형사검찰관이라고 불렀다. 그것에 관한 기술이 십이동판법에 있다.

검찰관은 심문판사라고 불리는 사람을 임명했는데, 그는 재판관을 추첨하여 재판소를 구성하고 그 밑에서 재판을 주재했다.[*74] 이 점에 관해 권력이 어떻게 균형 잡혀 있었던가를 보기 위해 여기서 검찰관의 임명에 대한 원로원의 참여 상황을 지적함이 적당할 것 같다. 때로는 원로원이 검찰관 직무를 행하게 하기 위해 독재관을 뽑았다.[*75] 또 때로는 원로원은 검찰관을 임명하기 위해 시민이 호민관에 따라 소집될 것을 명령했다.[*76] 끝으로 시민은 때로 한 사람의 관리를 임명하고, 그로 하여금 특정한 범죄에 대해 원로원에 보고하도록 하고 검찰관을 임명하도록 원로원에 요구케 했다. 《티투스 리비우스》에 나오는 스키피오 재판[*77]에서와 같다.

로마 기원 604년에 이 위원회 중 어떤 것은 상설적으로 되었다. 모든 형사사건은 조금씩 여러 부문으로 나뉘어져 상설사문회(常設査問會)라고 불리었다. 이런저런 법무관이 창설되고 그 각각에 사문회의 어느 것인가가 할당되었다. 그들에게는 1년 동안 그에 속하는 범죄의 재판권이 주어졌다. 그리고 그 뒤에 그들은 그들의 주를 통치하러 떠났다.

카르타고에서는 백인 원로원은 종신 재판관으로서 구성되어 있었다.[*78] 그러

[*74] 우르비아누스의 한 단편 참조. 그것은 코르넬리아법의 다른 단편을 인용하고 있다. 그것은 《이슬람교법과 로마법의 대조》 참조. (원주)
[*75] 그것은 특히 이탈리아에서 일어난 범죄에서 발생했다. 거기서는 주된 감독을 원로원이 행했다. (원주)
[*76] 로마 기원 340년, 포스투미우스의 죽음 소추에서는 그러했다. 《티투스 리비우스》 제4편 제50장 참조. (원주)
[*77] 이 재판은 로마 기원 567년에 행해졌다. (원주)
[*78] 그것은 《티투스 리비우스》 제33편 제46장에 따라서 증명된다. 이에 따르면 한니발은 그들

나 로마에서 법무관은 임기가 1년이었다. 그리고 재판관은 사건마다 정해졌으므로 1년 임기도 갖지 못했다. 본편 제6장에서 어떤 종류의 정체에서는 이 규정이 얼마나 자유를 위해 유리했던가를 우리는 보았다. 재판관은 그라쿠스 형제 시대까지 원로원 의원 계급에서 뽑혔다. 티베리우스 그라쿠스[*79]는 그것을 기사 계급에서 선출하는 법을 통과시켰다. 이는 중대한 변화여서 호민관을 단 한 가지 법안으로 원로원 계급의 신경을 끊어버렸다고 자랑했을 정도이다.

삼권이 시민의 자유와의 관계에서는 그다지 잘 분배되어 있지 않더라도 정체의 자유와의 관계에서는 잘 분배되어 있을 수 있다는 점에 주의해야 한다. 로마에서는 시민 입법권의 최대 부분, 집행권 일부, 그리고 재판권 일부를 가지고 있었기에 그것은 매우 큰 권력이어서 다른 권력에 따라 균형을 이루어야만 했다. 원로원이 집행권의 일부를 가지고 입법권의 어떤 부문을 가졌던 것은 분명하나, 그것이 시민의 힘을 평형시키기에는 충분치 못했다. 원로원은 재판권에 참여할 필요가 있었다. 그리고 재판관이 원로원 의원 사이에서 선출되었을 때는 참여했다. 그라쿠스 형제가 원로원 의원으로부터 재판권을 빼앗았을 때[*80] 원로원은 시민에게 저항할 수 없었다. 그라쿠스 형제는 시민의 자유를 부추기기 위해서 전체의 자유를 깨뜨린 것이었다. 그러나 전자는 후자와 더불어 망하고 말았다. 이 때문에 숱한 재난이 일어났다. 내분의 화염 속에서 거의 정체가 존재치 않았을 때에 사람들은 그 제도를 바꾸었다. 기사는 이미 시민을 원로원에 결부시키는 중간 계급이 아니었다. 그래서 정체의 연쇄는 끊기고 말았던 것이다.

재판권을 기사 계급에 옮기는 것을 방해해야 할 특수한 이유도 있었다. 로마의 정체는 국가에 대해서 자기 행동에 책임을 질 만한 재산을 가진 자는 군인이 되어야 한다는 원리 위에 세워졌다. 기사는 가장 부유한 자로서 군단의 기병을 형성하고 있었다. 그러나 그들의 위엄이 커졌을 때 그들은 벌써 그런 자격으로 병역에 복무할 것을 거부해 다른 기병을 징집해야 했다. 그리하여 마리우스는 그의 군대에 모든 계급의 사람을 채용했으나 곧 공화국은 망해 버

　　의 임기를 1년으로 정했다. 〔원주〕
*79　그라쿠스에는 티베리우스와 카이우스 두 사람이 있다. 여기 나온 것은 카이우스이며, 티베리우스가 아니다. 〔원주〕
*80　630년. 〔원주〕

렸다.

그뿐만 아니라 기사는 국가의 세금을 거두는 청부인이었다. 그들은 탐욕스러웠다. 불행 위에 불행을 뿌리고 공적 결핍으로부터 결핍을 자아내게 했다. 이런 인물에게 재판권을 주기는커녕 이런 자는 재판관의 눈 밑에 끊임없이 감시받아야 했을 것이다. 이것을 이야기할 때 우리는 프랑스의 옛법을 상찬해야 할 것이다. 이런 법은 청부인에 대해서 사람이 적을 대할 때 갖는 조심성을 가지고 대했다. 로마에서 재판권이 수세 청부인에게 옮겨졌을 때, 그때는 이미 덕성은 물론, 치안도 법도 관직도 관료도 없어지고 말았다.

시칠리아의 디오도루스 및 디온의 어떤 단장(斷章) 가운데 이에 대한 매우 소박한 묘사를 볼 수 있다. 디오도루스는 말한다.[81] "무키우스 스카에볼라는 옛 풍습을 회복하고 자기의 재산으로 착실하고 검소하게 훌륭한 생활을 하고자 했다. 그것은 그의 선임자들이 그즈음 로마에서 재판권을 가지고 있던 수세 청부인과 결탁하고 있어서 각 주로 하여금 모든 종류의 범죄로 가득 채워놓았기 때문이다. 그러나 스카에볼라[82]는 수세 청부인들을 처벌하고 남을 투옥한 자들을 감옥으로 보냈다."

디온은 우리에게 말한다.[83] "스카에볼라의 보좌관으로, 기사들로서는 스카에볼라 못지 않게 미움 받았던 푸블리우스 루틸리우스는, 귀환할 때 선물을 받았다는 이유로 탄핵되어 벌금이 부과되었다." 그는 곧바로 재산을 양도했다. 그러자 그의 재산이 그가 빼앗았다고 탄핵된 금액보다도 훨씬 적었다는 사실과, 그가 부동산등기증을 제시함으로써 그의 결백이 명백해졌다. 그러나 그는 그러한 사람들과 함께 그 도시에 머무르기를 바라지 않았다.

디오도루스는 또 말한다. "이탈리아인은 그들의 밭을 갈고 가축을 돌보게 하기 위해 시칠리아에서 많은 노예를 샀으나 그들에게 생활 필수품을 주지 않았다. 그래서 그 노예들은 창이나 몽둥이로 무장하고, 짐승 가죽을 입고 큰 개를 끌고 다니면서 노상 강도질을 하지 않을 수 없게 되었다. 그 지방 전체가 황폐해져 그곳 주민들은 도시의 성벽 안에 있는 자 말고는 자기 것이라도 자기 것이라고 말을 못할 수 없게 되었다. 그러나 이 혼란에 반대할 수 있거나

---

[81] 《*Constantine Porphyrogenitus*》의 〈덕성과 악덕에 관하여〉에 있는 이 저자의 단편. 〔원주〕
[82] 이때 그는 아시아의 주(州) 장관이었다.
[83] 〈덕성과 악덕에 관하여〉로부터 인용한 그의 역사의 단편. 〔원주〕

반대하기를 바라는 노예들을 감히 처벌할 수 있는 지방 총독도 법무관도 없었다. 왜냐하면 노예들의 주인은 기사들이고, 그들이 로마에서 재판권을 가지고 있었기 때문이다."*84 정녕 이것이 노예 전쟁 원인의 하나였던 것이다.

나는 한마디만 덧붙이고자 한다. 이익의 목적만을 가진 직업, 언제나 구하면서도 남에게는 아무것도 줄 수 없는 직업, 부(富)를 가난하게 하고 가난을 더욱 가난하게 하는 직업 등의 냉혹하고 무도한 직업들은 로마에서 절대로 재판권을 가져서는 안 되었다.

제19장 로마의 주정치

도시 로마에서는 삼권이 나누어져 있었으나 주(州)에서의 권력 분배는 결코 그렇지 않았다. 자유는 중앙에 있었고 폭정은 변경에 있었다. 로마가 이탈리아에서만 지배하던 동안은 여러 국민이 연맹국으로서 다스려졌고 각 공화국의 법은 지켜졌다. 그러나 로마가 정복을 확대해 원로원의 눈이 주에 직접 미치지 않게 되고, 로마에 있는 집정관들이 제국을 통치할 수 없게 되었을 때 법무관이나 지방 총독을 파견할 필요가 생겼다. 그렇게 되자 삼권 조화는 이미 존재하지 않게 되었다. 파견된 사람들은 로마의 모든 관직의 권력을 합친 권력을 가지고 있었다. 뿐만 아니라 원로원의 권력과 시민의 권력도 가졌던 것이다.*85 그것은 먼 파견지에 아주 알맞는 전제적 집정자였다. 그들은 삼권을 행사했다. 이런 표현이 허용된다면, 그들은 공화국의 파샤(터키의 지방 총독)였다.

다른 대목에서도 말했지만, 공화정체에서는 한 시민이 문무 두 직을 가져야 했다. 그 결과 정복하는 공화국은 그들 자국의 정체를 감염시켜서 정복당한 국가를 자기 나라와 같은 정치 형태 아래에 통치하기는 힘들었다. 사실 공화국이 통치를 하기 위해 파견하는 집정관은 문무의 집행권이 있으므로 분명 입법권도 가져야 한다. 왜냐하면 그 외에 법을 만드는 자가 없기 때문이다. 그는 재판권 또한 가질 필요가 있다. 그를 떠나서 재판하는 자가 없기 때문이다. 이리하여 공화국이 파견하는 총독은 로마 여러 주에서와 같이 삼권을 갖지 않을 수 없다.*86

---

*84 〈덕성과 악덕에 관하여〉 제34편의 단편. 〔원주〕
*85 그들은 주에 들어가자 곧 그 포고를 만들었다. 〔원주〕
*86 이 책 제5편 제19장. 또 제2편·제3편·제4편·제5편도 참조할 것. 〔원주〕

군주정체는 좀 더 쉽게 그 정체를 감염시킬 수 있다. 왜냐하면 파견하는 관리의 어떤 자는 문치(文治)에 관한 집행권을 가지고 다른 자는 군사에 관한 집행권을 가지기 때문이다. 그것은 전제주의를 가져오지 않는다. 시민에 의하지 않고서는 재판될 수 없다는 것이 로마 시민에게는 아주 중대한 특권이었다. 이것이 없었으면 로마 시민은 주에서 지방 총독이나 대관(代官)의 자의적 권력에 복종하게 되었을 것이다.

로마시는 조금도 폭정을 느끼지 않았다. 폭정은 정복당한 국민에 대해서만 행해졌다.

이런 까닭에 로마 제국에서는 스파르타에서와 같이 자유로운 사람은 매우 자유롭고, 노예는 비참할 만큼 부림을 당했다. 시민들이 세금을 낼 때 그것은 매우 공정하게 징수되었다. 모든 시민은 부(富)의 순서에 따라 6급으로 나누고, 그 조세 부담 부분을 저마다가 정치에 참여하는 범위에 비례해서 정한 세르비우스 툴리우스의 제도가 준수되었다. 그 결과 조세 부담이 많다는 것은 권력이 크다는 것으로서 참을만해 지고, 권력이 작다는 것은 조세가 적다는 이유로서 참을만해 지는 셈이 되었다.

칭송할 만한 일이 또 한 가지 있었다. 즉 세르비우스 툴리우스의 계급 분할(그는 로마 시민을 여섯 계급으로 나누었다)은 말하자면, 국가 구조의 근본 원리로서 조세 징수에서의 공평성이라는 것은 정체의 근본 원리에 의거했기 때문에, 그것과 둘 다 한꺼번에가 아니면 폐지될 수가 없었다. 그러나 로마시가 조세를 고통없이 지급하든지 또는 전혀 지급하지 않든지간에[*87] 각 주(州)는 기사들에 따라 황폐해졌다. 그들은 공화국의 수세 청부인이었던 것이다. 우리는 그들의 무도한 강탈에 대해 이미 이야기한 바 있다. 그리고 역사 전체가 그것을 말해 주고 있다. 미트리다트는 말했다.[*88] "온 아시아는 구조자로서 나를 기다리고 있다. 지방 총독의 약탈이나 수세인(收稅人)의 징발, 또는 재판의 부정들[*89]이 로마인에게 무서운 증오를 불러일으킨 것이다."

주(州)의 힘이 공화국의 힘에 아무런 보탬도 되지 않고, 반대로 그것을 약화

[*87] 마케도니아 정복 이후부터 로마에서는 조세가 폐지되었다. (원주)
[*88] 《유스티누스》 제38편 제4장에 보고되었는데, 트로구스 폼페이우스에서 인용한 연설. (원주)
[*89] 게르만인이 반란을 일으킨 것이 바루스 재판소 때문이었다는 것은 사람들이 모두 알고 있다. (원주)

했을 따름이었던 이유는 위와 같다. 주가 로마의 자유의 소멸을 가지고 자기들의 자유의 창설 시대로 간주한 이유도 위와 같다.

제20장 끝맺음

나는 우리가 알고 있는 모든 제한정체에 대하여 삼권의 배분이 어떤 것인가를 살피고, 그것으로써 저마다 누릴 수 있는 자유의 정도를 재려고 마음먹었다.

그러나 언제나 독자에게 할 일을 아무것도 남기지 않을 정도로 문제를 다 밝혀 버려서는 안 될 것이다. 읽게 하는 것이 아니라 생각하게 하는 것이 중요하다.

제12편
정치 자유를 구성하는 법과 시민의 관계

제1장 개념
정치 자유를 국가기본법과의 관계에서만 논하는 것은 충분하지 못하다. 이 자유를 시민과의 관계에서 밝혀 두어야 한다. 나는 첫째 경우에는 그것이 삼권(三權)의 배분으로 형성된다고 말했다. 그러나 둘째 경우에는 다른 관념 아래에서 그것을 살펴보아야 한다. 그것은 안전 또는 사람이 자기의 안전에 대해서 갖는 견해에 있다.

국가 구조는 자유롭지만 시민은 조금도 자유롭지 않은 일이 있을 수 있다. 반대로 시민은 자유로운데 국가 구조는 그렇지 않은 수도 있다. 이런 경우에 국가 헌법은 법률상 자유이면서 사실상 그렇지 않고, 시민은 사실상 자유이지만 법률상 자유롭지 않은 것이다.

국가 헌법과의 관계에서 자유를 만드는 것은 법 규정, 특히 기본법의 규정 밖에 없다. 그러나 시민과의 관계에서는 풍속·생활양식·관례 등이 그것을 발생케 하므로 본편에서 설명하는 바와 같이 특별한 경우 시민법이 그것을 조성할 수 있다. 그리고 또 대부분의 국가에서는 자유가 그 국가 헌법이 요구하는 이상으로 구속과 방해를 받고 억눌려 있으므로 각 헌법에서 각국의 저마다 인정할 수 있는 자유의 원리를 북돋거나 또는 방해할 수 있는 개개의 법에 대해서 논하는 것이 옳다.

제2장 시민의 자유
철학의 자유는 자기 의지의 행사, 또는 적어도(모든 철학 체계에 따라서 말해야 한다고 하면) 사람이 가지는, 자기 의지를 행사하고 있다는 의견에 있다. 정치 자유는 안전 또는 적어도 자기 자신의 안전에 대해 사람이 갖는 의견에 있다. 공적 또는 사적인 고발 이상으로 이 '안전'을 위협하는 것은 없다. 그러므로 시민의 자유는 주로 형법의 양호함에 의존한다.

  형법은 하루 아침에 완성되지 않는다. 사람들이 가장 자유를 추구한 곳에서도 자유란 언제나 발견된 것이 아니었다. 쿠마에[*1]에서는 고발자의 친족이 증인이 될 수 있었다고 아리스토텔레스는 우리에게 말해 주고 있다.[*2]

  로마 왕정에서는 법률이 몹시 불완전했으므로, 세르비우스 툴리우스는 장인인 국왕을 암살했다는 이유로 고발된 안쿠스 마르키우스의 자식들에게 어버이가 저지른 죄를 물어 처형을 내렸다. 프랑크의 초기 왕정에서는 클로타르(1세, 메로빙거왕조 최성기를 이룩)가 법률을 제정했는데, 피고가 청문을 받는 일 없이는 유죄가 되는 일이 없도록 했다.

  이 사실은 어떤 특수한 경우 또는 어떤 야만 민족에게는 이와 반대되는 관행이 있었음을 보여준다. 위증에 대한 재판을 시작한 것은 샤론다스였다. 시민의 결백이 보장되지 않으면 자유 또한 보장되지 않는다.

  형사재판에서 취할 수 있는 가장 확실한 준칙에 대해서 어떤 나라(영국)에서 얻은, 또는 다른 나라에서 얻을 수 있는 지식은 인류에게 이 세상에 존재하는 그 어떤 것보다도 더한 관심사이다. 이런 지식을 실천할 때에만 자유는 확립될 수 있다. 이 점에 관해 가능한 한 최선의 법을 가지고 있는 국가에서는 재판을 받고 내일 교수형에 처해질 사람이라도 터키 총독보다 자유로울 것이다.

제3장 시민의 자유(계속)

  단 한 사람 증인의 진술을 바탕으로 사람을 사형에 처하는 법은 자유로울수록 치명적이다. 이성(理性)은 두 사람의 증인을 요청한다. 왜냐하면 긍정하는 증인과 부정하는 피고로서는 옳고 그름이 같은 수이기 때문이다. 그래서 그것을 처리하는 제3자가 필요하게 된다.

  그리스인과 로마인은 유죄를 선고할 때 한 표 더 많은 수를 요구했다. 우리 프랑스 법은 두 표 더 많은 수가 필요하다.[*3] 그리스인은 그들의 관행이 신들에 따라서 성립되었다고 주장했으나 신들에 따라 성립된 것은 우리의 관행이다.

[*1] 이탈리아 서남부 캄파니아 해안에 있는 고대 그리스 식민지.
[*2] 《정치학》 제2편 제8장. (원주)
[*3] 이 점에 대해서는 루아젤(Loisel)의 '한 사람의 표는 가치없는 표'가 인증된다. (원주)

제4장 자유는 형벌의 성질과 비례에 따라서 촉진된다

형벌이 죄의 고유한 본질로부터 저마다의 형벌을 끄집어 낸다면, 그때는 자유가 승리한다. 모든 자의는 멎게 되고, 형벌은 입법자의 방자한 마음에서 생기는 것이 아니라 사물의 본질에서 생겨난다. 사람이 사람에게 폭력을 휘두르는 것이 아니게 된다.

종교에 관계되는 범죄 부류에 모든 단순한 신성모독 행위[*4]처럼 그것을 직접 저지르는 죄는 시민의 평온과 그 안전을 위협하는 성질의 것이므로, 이들 부류에 넣어야 하기 때문이다. 단순한 신성모독에 대한 형벌이 이러한 본질에서 끄집어낸 것이 되기 위해서는,[*5] 형벌은 종교가 주는 모든 이점의 약탈에 있어야 한다. 즉, 사원으로부터의 추방, 일시적 또는 영구적인 종교 사회로부터 배제, 신성모독자의 출석기피·저주·배척·위협 등이다.

국가의 평온이나 안전을 어지럽히는 사항에 대해서는 숨은 행위도 인간의 재판 관할에 속한다. 그러나 신을 손상하는 일에 대해서는 공공연한 행위가 없는 경우 범죄 사실도 없다. 그럴 경우에는 모든 것이 인간과 신 사이에서 진행되는 것이며, 신은 복수의 수단과 때를 알고 있다. 만일 법관이 사물을 혼동해서 숨은 신성모독죄까지 좇는다면, 그는 전혀 불필요한 종류의 행위에까지 수사를 미치게 하여, 시민에게 소심한 열중을, 또는 외람된 의식을 갖추도록 자극해 그 자유를 파괴하는 것이 된다.

신을 위해 보복해야 한다는 관념에서 폐단이 일어난다. 그러나 신은 찬양해야 할 대상이지 결코 보복해야 할 대상은 아니다. 사실 후자와 같은 생각에 이끌린다고 하면, 형벌의 목적은 무엇일까? 만일 인간의 법이 무한한 존재의 보복을 해야 하는 것이라면, 그 법은 그 존재의 무한성에 따라서 정해져야 하는 것이지 인간 본성의 약함·무지·자의에 바탕을 두고 정해지는 것은 아닐 것이다.

프로방스의 한 역사가[*6]는 신을 위해 보복한다는 관념이 지성이 뒤떨어진

[*4] 한결같이 종교적이어서 타인이나 사회에 영향을 갖지 않는 신성모독죄.
[*5] 성 루이(프랑스왕 루이 9세)는 모독적인 언사를 쓴 사람들에 대해서 지나치게 엄격한 벌을 만들었기 때문에, 교황은 스스로 그에게 그것을 알려야 한다고 생각했다. 이 군주는 그 결심을 억제하고 자기가 만든 법을 완화했다. 그의 《법령》 참조. [원주]
[*6] 신부 루즈렐(Rougerel). [원주]

사람에게 무엇을 야기하는가를 교묘하게 묘사한 하나의 사실을 보고하고 있다. 어느 유대인이 성모를 모독했다는 이유로 고발되어 살가죽을 벗기는 형을 선고받았다. 복면을 하고 손에 단도를 쥔 기사들이 자기들 손으로 성모의 손상된 명예를 보복하겠다면서 처형대에 올라가 사형 집행인을 내쫓았다. 나는 독자 여러분의 반성을 기대할 마음은 없다.

제2의 것은 풍속에 대한 죄이다. 공적·사적인 정결, 즉 감각기관의 사용과 육체의 결합에 따르는 쾌락을 누릴 방법에 관한 규율을 어기는 일이 그것이다. 이들 죄에 대한 형벌도 사물의 본질에서 끄집어 낸 것이어야 한다. 사회가 순결한 풍속에 주는 이익의 박탈, 벌금·치욕·강제·근신, 공공연한 모욕, 도시와 사회로부터의 추방 등 요컨대 두 성(性)의 일탈을 억압하는 데는 경범죄 재판권에 속한 형벌로 충분하다. 사실 이런 일들은 악의보다도 오히려 자기를 잊거나 가벼이 여기는 것에서 비롯된다. 여기에서는 오직 풍속에만 관계되는 죄가 문제이지 유괴나 폭행과 같이 공공의 안전까지 해치는 죄는 문제로 삼지 않는다. 그것은 제4종에 속한다.

제3종 범죄는 시민의 평온을 해치는 것이다. 그에 대한 형벌은 사물의 본질에서 끄집어 내어져 이 평온과 관계 있는 것이어야 한다. 즉 투옥·추방·징계, 그 밖에 인심의 불안을 가라앉히고 질서로 돌아가게 만드는 형벌이다.

나는 평온에 대한 죄를 단순한 질서의 침해를 포함한 사항으로 한정한다. 왜냐하면 평온을 어지럽힘과 동시에 안전도 위협하는 사항은 제4종의 부류에 넣어져야 하기 때문이다. 이들 마지막 부류의 죄에 대한 형벌은 이른바 체형이다. 이것은 하나의 응보형으로서, 사회는 사회로부터 안전을 빼앗은 시민 또는 다른 시민으로부터 안전을 빼앗으려 한 시민에게는 안전을 거부하는 것이다. 이 형벌은 사물의 본질로부터 나오며, 이성(理性)과 선악의 원천에 의거한다. 시민이 타인의 생명을 빼앗을 만큼 안전을 침해했을 때나 생명을 빼앗으려고 꾀했을 때에는 사형에 해당한다. 이 사형은 말하자면 병든 사회에 대한 치료법이다. 재산에 관한 안전을 침해했을 때 형벌이 아주 무거워질 이유도 있을 수 있다. 그러나 재산의 안전에 대한 죄의 형벌은 재산의 상실에 따라서 처벌하는 것이 적당할 것이고, 또한 그 성질에 알맞을 것이다. 그리고 만약 재산이 공유되거나 또는 평등하다면 그렇게 되어야 한다. 그러나 재산이 전혀 없는 자는 남의 재산을 해치기 쉬우므로 체형에 벌금형을 보충해야 했다.

내가 말한 모든 것은 자연 현상에 바탕을 둔 것이므로 시민의 자유에서 매우 유익하다.

제5장 특별한 중용과 신중함이 필요한 특정한 탄핵

마술이나 이단을 기소할 때에는 매우 신중해야 한다. 이것은 중대한 원칙이다. 이 두 가지 범죄의 탄핵은, 만일 입법자가 그것을 제한할 줄 모르면 극도로 자유를 침해하고 무한한 폭정의 원천이 될 수 있다. 왜냐하면 그것은 직접적으로 시민의 행동에 기인하는 것이 아니라 오히려 그 시민의 성격에 대해 사람들이 품고 있는 관념에 비롯하는 것이므로, 그것은 시민의 무지에 비례해서 위험한 것이 된다. 그리고 이럴 경우 시민은 언제나 위험에 처해 있다. 왜냐하면 세계에서 가장 좋은 행동도, 가장 순수한 도덕도, 모든 의무의 실천도 이런 죄의 혐의에 대한 보장이 될 수는 없기 때문이다.

마누엘 콤네누스 황제 치세 때 항의자[7]는 황제에 대해 음모를 꾸며 사람의 눈을 보이지 않게 하는 어떤 비법을 썼다는 이유로 탄핵되었다. 이 황제 전기[8]에 아론이 그것을 읽으면 몇몇 악마의 무리들이 나타난다는 솔로몬의 책을 읽고 있다가 발각되었다는 대목이 있다. 그런데 사람들은 마술에 지옥을 무장케 하는 힘이 있는 것으로 생각하고, 거기서 출발해 마술사라 불리는 자를, 사회를 어지럽히고 전복하는 데 이 세상에서 가장 알맞은 인간으로 간주하여 그들을 극도로 엄벌에 처하고 싶어하는 것이다.

마술에 종교를 파괴하는 힘이 있다고 할 때 분노는 커진다. 콘스탄티노플의 역사[9]가 우리에게 전하는 바에 따르면, 한 개인의 요술 때문에 기적이 사라졌다는 계시를 어떤 사교(司敎)가 받았기 때문에 그와 그의 아들이 사형에 처해졌다. 이 범죄는 참으로 많은 이해하기 어려운 사항에 의존하고 있었다. 즉 계시가 주어진다는 것은 신기한 일이 아니라는 것, 사교가 그 하나를 얻었다는 것, 그 계시는 진짜였다는 것, 기적이 있었다는 것, 그 기적이 사라졌다는 것, 마술이 있었다는 것, 마술은 종교를 전복할 수 있다는 것, 그 개인이 마술사였다는 것, 끝으로 그가 마술 행위를 했다는 것 등이다.

---

[7] 니케타스 《마누엘 콤네누스전》. (원주)
[8] 니케타스 《마누엘 콤네누스전》. (원주)
[9] 테오필라크투스의 《모리스 황제의 역사》. (원주)

그리스 황제 디오도로스 라스카리스는 자신의 병을 마술의 소치로 돌렸다. 그 죄로 탄핵된 사람들은 단 쇠를 손으로 만지고도 데지 않는 일 이외엔 누명을 변명할 방법이 없었다. 그러니까 그리스에서는 자기가 마술사가 아님을 입증하려면 차라리 마술사가 되는 편이 좋았을는지도 모른다. 결국 그리스인의 어리석음은 세계에서 가장 불확실한 범죄에 가장 불확실한 증거를 결부시켜 버렸던 것이다.

필립 5세(14세기 프랑스 왕) 치세에는 유대인이 천형병자(문둥병자)를 시켜서 우물에 독을 부었다는 죄로 탄핵되어 프랑스에서 쫓겨났다. 이 사리에 어긋나는 탄핵은 일반인의 증오에 기초를 두는 모든 탄핵을 의심케 만든다.

나는 결코 이단을 처벌해서는 안 된다고 말하는 것은 아니다. 처벌하려면 매우 신중해야 한다는 것이다.

제6장 자연에 어긋나는 죄

나는 결코 종교·도덕 및 정치가 다 같이 금지하는 죄에 대해 사람들이 갖는 혐오감을 줄이려는 생각은 없다. 단순히 그 범죄가 한쪽 성(性)에게 다른 쪽 성의 약점을 알려서 수치스러운 청년 시절로 말미암아 오욕적인 노년 시절로 이끄는 것뿐이라 하더라도 이것을 추방해야 할 것이다. 내가 그에 대해 말하는 것은 조금도 그 오욕을 줄이려는 것이 아니라, 사람들이 그에 대해 가질 혐오 그 자체를 악용할 염려가 있는 폭정에 대해 말할 따름이다.

이 죄의 특성은 숨겨지는 데 있으므로 입법자가 한 어린이의 진술에 따라서 그것을 처벌한 일도 때때로 있었다. 이는 비방에 대해서 매우 널리 문호를 개방하는 일이 되었다. 프로코피우스는 다음과 같이 말했다.*10

"유스티니아누스 황제는 이 죄에 대해서 한 가지 법을 공포했다. 그는 그 법 이후뿐만 아니라 이전에도 그런 죄를 저지른 자를 수색케 했다. 한 사람의 증인, 때로는 한 명의 어린이, 한 명의 노예 진술로써 충분했다. 특히 부자 및 녹색파에 속하는 자에 대해서는 더욱 그랬다."

우리 사이에서 세 가지 범죄, 즉 마술·이단·남색, 그 첫째에 대해서는 그것이 존재치 않는다는 것, 둘째에 대해서는 그것이 무수한 구별·해석·제한을 할

---

*10 《비사(祕史)》〔원주〕

수 있다는 것, 셋째에 대해서는 매우 때때로 그것이 모호하다는 사실이 입증될 수 있을 텐데도 세 가지 모두 화형으로 처벌되었다는 것은 기묘한 일이다.

나는 생각한다. 자연에 어긋나는 죄는 만일 시민이 다른 어떤 습관으로—예를 들면 젊은이가 모두 나체 체조를 한 그리스에서처럼, 또 가정교육이 행해지지 않는 우리의 경우처럼, 또는 어떤 사람들은 많은 아내를 두고 그녀들을 업신여기는 데 반해 또 어떤 사람들은 아내를 가질 수 없는 아시아에서처럼—조장되지 않는 한 결코 사회에서 큰 진보를 이룰 수는 없을 것이다. 우리는 이 범죄의 온상을 만들지 않도록 하고, 모든 풍속 위반과 마찬가지로 그것을 정확한 단속으로써 금지해야 한다. 그렇게 하면 곧 자연이 그 권리를 옹호하고, 또는 그 권리를 회복하는 것을 사람들은 볼 수 있을 것이다. 자연은 부드럽고 친절하고 매력적인, 아낌없는 수법으로 쾌락을 뿌렸다. 그리고 자연은 우리를 환희로써 가득 채워 주면서, 말하자면 우리를 재생시키는 어린아이들을 줌으로써 이런 환희 자체보다 더 큰 만족을 받을 준비를 우리에게 시키는 것이다.

제7장 불경죄

중국의 법은 천자에게 경의가 없는 자는 누구든지 죽음으로 처벌받아야 한다고 정해 놓았다. 그러나 그 법은 경의를 갖지 않는다는 것이 무엇을 의미하는가를 정해 놓지 않았기에 어떤 일이든 바라는 대로 사람의 생명을 빼앗고, 바라는 대로, 가족을 뿌리 뽑기 위한 구실이 될 수 있다.

궁정신문*11을 만드는 직책에 있는 두 사람이 어떤 사실에 대해 사실이 아닌 정황을 가하였으므로, 궁정신문에 거짓을 싣는다는 것은 궁정에 대해 존경하는 마음이 없는 소행이라 하여 사형에 처해졌다. 어떤 황족은 황제가 주필(朱筆)로 서명한 각서에 잘못하여 무엇인가를 써넣는 바람에 그는 황제에 대해 경의가 없는 자로 결정되었다. 이 원인으로 그의 가족은 이제까지 볼 수 없었던 무서운 박해를 받았다. 불경죄(不敬罪)가 명확성을 잃으면 그것만으로도 정체가 전제주의로 빠지기에 충분하다. 이 점에 대해서는 〈법의 제정에 관하여〉라는 편에서 더 자세히 논할 작정이다.

---

*11 이 명칭은 아마도 공상으로 만들어 낸 것인 듯하다.

제8장 신성모독죄·불경죄의 명칭 오용

불경죄의 이름을 그렇지 않은 행동에 대해서 주는 것은 심한 남용이다. 황제들*12의 어떤 법은 군주의 판결을 문제로 삼고, 군주가 어떤 공직을 위해서 선택한 사람들의 재능을 의심한 자를 신성모독죄로서 소추했다. 이 범죄를 설치한 것은 바로 관방(官房)과 총신들이었다. 다른 법은 군주의 대신 및 조정 신하에 대해서 음모를 꾸미는 자는 마치 군주 자체에 대해 음모를 꾸민 것같이 불경죄로 한다고 정했다.*13 이 법은 역사상 무력함으로 널리 알려진 두 군주*14에 따라서 우리에게 남겨졌다. 이 두 군주는 양 떼가 목자에게 이끌리듯이 그들의 대신에 따라 인도되었다. 그들은 궁전에서는 노예였고, 국가 회의에서는 어린애였고, 군대에 대해서는 무지했고, 날마다 제국을 사람들에게 줌으로써만 제국을 유지했던 것이다. 이들 총신 가운데 어떤 자가 황제에 대해서 음모를 꾸몄다. 아니, 그뿐만 아니라 그들은 제국에 대해 음모를 꾸미며 그곳에 야만족을 끌어들였다. 사람들이 그들을 가로막고자 했을 때, 국가는 이미 말할 수 없이 무력해서 이들 총신을 처벌하기 위해서는 황제의 법을 어기고 불경죄를 저질러야 했다.

그러나 드 생크 마르*15의 보고 판사는 이 법을 근거로 하여 생크 마르가 추기경 리슐리외를 재상에서 내쫓으려 한 것은 불경죄에 해당된다는 것을 입증하려고 다음과 같이 말했다. "군주의 용인(用人), 즉 대신의 신체를 침범하는 죄는 황제들의 법에 따라 황제의 신체를 침범하는 죄와 같은 중요성으로서 간주되고 있다. 대신은 군주와 국가에 봉사한다. 대신을 그 둘로부터 빼앗는다는 것은 마치 군주로부터 한 팔을 빼앗고 국가로부터 권력의 일부를 빼앗는 것과 같다."

발렌티니아누스·테오도시우스 및 아르카디우스의 다른 법*16은 화폐 위조자를 불경죄에 처한다고 선고하고 있다. 이것은 사물의 관념을 혼동한 것이 아닌가? 다른 죄에 불경죄의 이름을 뒤집어씌우는 것은 불경죄에 대한 혐오를

---

*12 그라티안·발렌티니안 및 테오도시우스. 〔원주〕
*13 ad leg, Jul. maj. 《법전》 제5법. 〔원주〕
*14 아르카디우스와 호노리우스. 〔원주〕
*15 몽트레조르의 《회상록》. 〔원주〕 생크 마르는 루이 13세의 총신 리슐리외에 대해서 음모를 꾸몄다고 해서 살해되었다.
*16 이것이 《테오도시우스법전》의 제9법 〈위조화폐에 관하여〉이다. 〔원주〕

감소하는 것이 아닌가?

제9장 신성모독죄·불경죄의 명칭 오용(계속)

파울리누스가 세베루스 황제*17에게 "황제 칙령에 어긋나는 판결을 내린 재판관을 불경죄로 소추할 작정"이라고 써보냈더니, 황제는 이에 답하여 "오늘날 같은 시대에는 간접적인 불경죄란 존재치 않는다"고 했다. 포스티니안이 이 황제에 대해 "폐하의 생명을 걸고 노예를 용서하지 않겠다고 맹세한 까닭에 불경죄가 되지 않도록 노여움을 계속할 수밖에 없었다"는 뜻을 써보냈더니, 황제는 대답하기를 "그대는 쓸데없는 두려움을 품었던 것이다. 그리고 그대는 나의 원칙을 모른다"고 했다.

어떤 원로원 의결은 폐물이 된 황제 상(像)을 녹인 자는 불경죄로서 문책받지 않는다고 정했다. 황제 세베루스와 안토니누스는 폰티우스에게 글을 보내어 축성(祝聖)되지 않은 황제의 상을 판 자는 불경죄에 걸리지 않는다고 말했다. 이 황제들은 또 율리우스 카시아누스에게 글을 보내어, 우연히 황제의 상에 돌을 던진 자는 불경죄로서 소추되어서는 안 된다고 말했다. 율리아법은 이런 종류의 수정을 필요로 했다. 왜냐하면 이 법은 황제의 상을 녹이는 자뿐만 아니라 그와 비슷한 행위를 한 자도 불경죄로 몰고 있었는데, 그것은 이 범죄를 자의적인 것으로 보았기 때문이다. 여러 종류의 불경죄를 설정한 이상 마땅히 이런 죄를 구별해야만 했다. 그러므로 법학자 울피아누스*18는 불경죄의 소추는 범인의 죽음으로서 소멸되지 않는다고 말한 뒤에, 이것은 율리아법이 설정한 모든 불경죄에는 관계 없이 단순히 제국에 대한, 또는 황제의 설명에 대한 침범을 뜻하는 불경죄에만 해당된다고 덧붙였다.

제10장 신성모독죄·불경죄의 명칭 오용(계속)

헨리 8세 치하에 반포된 영국의 어떤 법은 국왕의 죽음을 예언하는 자를 모두 대역죄로서 벌한다고 선언했다. 이 법은 몹시 모호했다. 전제주의는 매우 무서운 것이어서 그것을 행하는 자에게마저 그 피해가 돌아올 정도였다. 이 국왕이 마지막 병에 걸렸을 때 의사들은 그가 위험 상태에 있음을 감히 말하려

---

*17 로마 황제 알렉산더 세베루스를 가리킴.
*18 로마의 법학자. 알렉산더 세베루스 황제의 고문. 그의 병사들에게 학살되었다.

하지 않았다. 그러나 그들이 말을 하지 않았던 것은 매우 마땅한 일이다.*19

제11장 사상

마르샤샤라는 사람이 디오니시우스*20의 목을 찌른 꿈을 꾸었다. 디오니시우스는 그를 죽이게 하고서 말했다. "그가 낮에 실제로 그런 생각을 하지 않았다면 밤에 그런 꿈을 꾸지 않았을 것이다." 이것은 대단한 폭정이다. 왜냐하면 예컨대 그가 그런 생각을 했다 하더라도 아직 실행하지는 않았기 때문이다.*21 법은 외부적 행동 이외의 것을 벌할 임무는 없다.

제12장 경솔한 말

경솔한 말을 그 내용으로 하는 경우만큼 불경죄를 자의적인 것으로 만드는 것은 없다. 말이란 해석을 아무렇게라도 할 수 있는 것이다. 그리고 경솔과 악의와의 사이에는 아주 큰 거리가 있는데도 약자에 사용되는 표현에는 그 거리가 매우 적으므로, 법이 명시적으로 벌할 말을 선언하지 않는다면 법은 말만을 가지고는 사형에 처할 수 없다.

말은 다만 관념 속에 남을 뿐 결코 명백한 행위를 형성하지 않는다. 부분의 경우 그것은 그것 자체로는 의미가 없고 말투로써 의미를 갖는다. 때때로 같은 말을 되풀이해도 같은 뜻을 갖지 않는 수가 있다. 그 의미는 말이 다른 것과의 사이에 갖는 관계에 의존한다. 때로는 침묵이 모든 발언 이상의 뜻을 나타낸다. 어쨌든 모두가 이처럼 모호한 것은 없다. 그런데 어떻게 이것을 불경죄로 몰 수가 있겠는가. 이런 법이 만들어지는 곳에서는 어디든지 자유란 존재하지 않을 뿐만 아니라 그 그림자마저도 사라지게 되어 버린다.

고(故) 러시아 여황제가 올고루키*22 집안에 대해 부여한 선언서에서, 그 공작 집안의 한 사람은 여황제의 일신에 관해 무례한 말을 썼으므로 사형에 처해지고, 또 다른 한 사람은 제국을 위한 그녀의 현명한 조치를 악의를 가지고

---

*19 뷔르네 《종교개혁사》 참조. 〔원주〕
*20 플루타르코스 《디오니시우스전》. 〔원주〕 시라쿠사의 참주. 의심이 많은 자로 유명하다.
*21 사상은 어떤 행동에 결부되어 있어야 한다. 〔원주〕
*22 1740년. 〔원주〕 이반 올고루키. 표트르 2세의 총신으로 노브고로드에서 거형(車刑)에 처해짐.

해석하고 경의를 담지 않은 말로써 그녀의 신성한 일신을 모독했다는 죄목으로 사형에 처해졌다.

나는 군주의 명예를 손상하려는 자에 대해서 사람들이 마땅히 갖는 바 분노를 줄어들게 할 생각은 없다. 내가 말하고자 하는 것은 전제주의를 누그러뜨릴 생각이라면 이런 경우에는 단순한 경범죄와도 같은 처벌 쪽이 불경죄의 탄핵보다 적당하리라는 것이다. 불경죄의 탄핵은 무고한 자에게도 언제나 무서운 것이다.

날마다 명백한 행위가 있는 것이 아니라 많은 사람의 눈에 띄고 있다. 사실에 관한 거짓 탄핵은 쉽게 발각이 난다. 어떤 행위에 결부된 말은 그 행위의 성질을 취한다. 그러므로 공공의 광장에서 신민들에게 반란을 권하는 자는 불경죄를 지은 것이 된다. 왜냐하면 말이 행위에 결부되어서 그 행위의 성질을 띠기 때문이다. 이럴 경우, 말을 처벌하는 것이 아니라 그 말 속에 사용된 범죄 행위를 처벌하는 것이다. 말이란 범죄 행위를 준비하고 그에 수반되거나 그에 따르는 경우 말고는 범죄가 되지 않는다. 말을 다만 극죄(極罪)의 표징으로 보지 않고 말을 극죄로 본다면 모든 일이 어지러워지고 만다.

테오도시우스·아르카디우스 및 호노리우스 등 여러 황제들은 근위 사령관 루피누스에게 다음과 같은 글을 써 보냈다.

"누가 나의 일신 또는 나의 정부에 대해 욕을 한다 해도 나는 그를 벌할 생각은 없다. 그가 경솔하게 말했다면 그를 경멸해야 한다. 또 분별없이 말한 것이라면 그를 불쌍히 여겨야 한다. 그것이 모욕이라고 한다면 그를 용서해야 한다. 그러므로 모든 것을 그대로 내버려두고 경(卿)은 그것을 나에게 보고하라. 내가 인물에 따라서 말을 판단하고, 그 말을 처벌할 것인가 또는 내버려둘 것인가를 잘 생각할 수 있도록."

제13장 글

글은 말보다 영속적인 무엇인가를 가지고 있다. 그러나 그것이 사람을 불경죄로 이끌지 않는 한 글은 이 죄에 해당되지 않는다. 그런데도 아우구스투스와 티베리우스는 글에 불경죄의 벌을 과했다.[23] 즉 아우구스투스는 존귀한

---

*23 타키투스《연대기》제7편. 이는 다음의 여러 치세에도 계속 행해졌다. (원주)

남성 및 여성에 대해서 씌어진 글에 대해서, 티베리우스는 자기에 대해 썼다고 믿은 글이 원인이 되어 그렇게 한 것이다. 로마의 자유에 이처럼 치명적인 것은 없었다. 크레무티우스 코르두스가 탄핵당한 것은 그 연대기에서 카시우스를 마지막 로마인이라고 불렀기 때문이었다.*24

풍자적인 글은 전제국가에서는 거의 알려지지 않는다. 거기서는 한편에서는 낙심 상태가, 다른 한편에서는 무지가 그것을 만들 재능도 의지도 주지를 않는다. 민주정체에서는 1인 통치에서 그것을 금지하는 것과 같은 이유에 따라서 그것은 금지되지 않는다. 그런 글은 보통 유력한 사람들을 공격하기 위해 만들어지는 것이므로 민주정체에서는 통치하는 국민의 장난기와 영합하는 것이다. 군주정체에서는 그런 것을 금지한다. 그러므로 중대 범죄로서보다도 오히려 단속의 대상으로서이다. 그것은 일반 사람들의 장난기를 즐겁게 하고, 불평분자를 위로하고, 지위에 대한 선망을 줄이고, 국민에게 괴로움을 참게 해주고, 자신의 괴로움을 웃음으로 넘겨버릴 수 있다.

귀족정체는 풍자적인 글을 가장 심하게 금지하는 제도이다. 여기서 집정자들은 작은 주권자이므로 욕설을 경멸할 수 있을 만큼 하지 못한 것이다. 군주정체에서는 풍자의 화살이 군주에게 던져진다 하더라도 군주가 매우 높은 자리에 있으므로 화살은 거기까지 이르지 못한다. 그러나 귀족정체의 영주는 그 화살에 맞고 만다. 그래서 일종의 귀족정체를 구성하는 10대관은 풍자적인 글을 사형으로 처벌했다.*25

제14장 범죄 처벌에 따른 정결의 침해

세계의 거의 모든 국민에게 준수되는 정결(貞潔)의 규칙이 몇 가지 있다.

언제나 질서의 회복을 목적으로 해야 할 범죄의 처벌에서 그것을 침해한다는 것은 불합리하다고 말하지 않을 수 없다.

동양인이 좋지 못한 형벌용으로 길들인 코끼리에게 여자를 내맡기곤 하던 것은 법으로써 법을 침범케 하려고 했던 것일까?

로마인의 옛 관습은 결혼적령기에 이르지 않은 여자를 죽이는 것을 금했다. 티베리우스 황제는 그런 여자를 형장에 보내기 전에 사형 집행인으로 하여

---

*24 타키투스 《연대기》 제1편. 〔원주〕
*25 십이동판법(十二銅板法). 〔원주〕

금 강간케 하는 편법(便法)을 생각해 냈다.*26 교활하고 잔인한 폭군이던 그는 관습을 유지하기 위해 도덕을 깨뜨린 것이다.

일본의 집정자가 공공 광장에 나체의 여자를 사람들 앞에 내놓고 짐승처럼 기어가게 했을 때, 사람들의 정결은 충격을 받았다.*27 그러나 그들이 어머니를 강제하고…… 자식을 강제하고…… (나는 차마 끝까지 쓸 수가 없다) ……하기를 바랐을 때 자연 자체마저 전율시켰다.*28

제15장 주인을 탄핵하기 위한 노예해방

아우구스투스는 그에 대해 음모를 꾸민 자들의 노예는 그 주인에게 불리한 증언을 할 수 있도록 공매(公賣)된다고 정했다.*29 큰 범죄의 발견에 도움이 되는 일은 어떤 일이든지 등한히 해서는 안 된다. 그러므로 노예가 있는 국가에선 그들이 밀고자가 될 수 있다는 것은 당연하다. 그러나 그들이 증인으로는 될 수 없을 것이다.

빈덱스는 타르퀸의 복위(復位)를 위한 음모를 밀고했다. 그러나 그는 브루투스의 아들들 범죄에 대한 증인이 될 수는 없었다. 조국에 대해서 이처럼 큰 공헌을 한 자(밀고자 노예 빈덱스)에게 자유를 주는 것은 정당했다. 그러나 그가 조국에 이런 공헌을 했기 때문에 자유가 주어진 것은 아니다. 그러므로 타키투스 황제*30는 불경죄에서도 노예는 주인에게 불리한 증인이 될 수 없다고 정했다.*31 이 법은 유스티니아누스 법전 편찬에는 채용되지 않았다.

제16장 불경죄와 관련된 중상

로마 황제들에 대해서는 공정해야 한다. 즉 그들이 만든 좋지 못한 법을 가장 먼저 생각해 낸 것은 그들이 아니었다. 황제들에게 결코 중상자(中傷者)를

---

*26 Suetonius, *In Tiberio*, Chap. LXI. 〔원주〕 수에토니우스는 로마 역사가로 《12황제전》의 저자. 이것은 문헌적 흥미가 있는 일화로 가득 차 있다.
*27 《동인도회사 설립에 도움이 된 여행기집》. 〔원주〕
*28 《동인도회사 설립에 도움이 된 여행기집》. 〔원주〕
*29 디온의 《쿠시필리누스》에서. 〔원주〕 타키투스는 이 법을 아우구스투스에게가 아니라 티베리우스에게로 돌리고 있다.
*30 로마 황제. 엄격하고 성실하여 재위 6개월 만에 암살되었다.
*31 플라비우스 보피스쿠스 《타키투스 황제전》. 〔원주〕

처벌해서는 안 된다는 것을 가르친 사람은 술라였다.*32 그 결과 얼마 뒤 중상자에게 상을 주게까지 되었다.

제17장 음모의 폭로
"너희 어느 형제나, 아들이나 딸이나, 너희 품에 안긴 아내나 너희가 목숨처럼 아끼는 벗들 가운데서 누군가가 너희와 너희 조상이 일찍이 알지 못한 다른 신들을 섬기러 가자고 가만히 꾀는 경우가 있을 것이다. ……그 말에 귀를 기울이지 마라. 그 말을 듣지 마라. ……반드시 죽여야 한다. 죽일 때에는 네가 맨 먼저 쳐야 한다. 그러면 온 백성이 뒤따라 칠 것이다."

이 〈신명기(申命記)〉의 법은 우리가 알고 있는 대부분의 국민에게는 시민법이 될 수 없다. 왜냐하면 그것은 그 나라에서 모든 죄에 대해 문을 열어 줄 것이기 때문이다.

이에 못지않게 가혹한 것은, 대부분의 나라에서 "자기가 가담하지 않은 음모를 폭로하라, 그렇지 않으면 사형에 처하겠다" 명령하는 법이다.*33 이러한 법이 군주정체에서 정해졌을 때에는 그것에 어떤 제한을 가하는 것이 옳다. 그것은 제1급 불경죄 이외에는 엄격성만을 가지고 적용해서는 안 된다. 이런 나라에서는 범죄의 각 등급을 혼동하지 않는 것이 매우 중요하다. 법이 사람의 이성(理性)의 모든 관념을 전복하는 일본에서는 폭로하지 않는다는 죄는 보통의 사건에도 적용된다.

어떤 견문록*34은 못이 가득히 꽂힌 궤짝 안에 죽을 때까지 갇혔던 두 젊은 귀부인—그 한쪽은 불의를 저질렀다는 죄목으로, 또 다른 한쪽은 그것을 폭로하지 않았기 때문에—에 대한 것을 우리에게 말해 준다.

제18장 공화정체에서 불경죄를 지나치게 벌하는 것의 위험성
어떤 공화국이 그 전복을 계획한 사람들을 멸망시켰을 때에는 복수나 형벌

---

*32 술라는 일종의 불경죄법을 만들었다. 거기에 대해서는 키케로의 《연설집》에 서술되어 있다. 법을 삽입했는데, 다른 사람들이 그것에다 추가했다. 〔원주〕
*33 재상 리슐리외에 대한 생크 마르의 음모를 폭로하지 않았기 때문에 그의 친구 드 토우는 처형되었다.
*34 《동인도회사 설립에 도움이 된 여행기집》. 〔원주〕

이나 또는 보상마저도 빠르게 폐지해야 한다.

몇몇 시민 손에 큰 권력을 쥐어 주지 않고는 대규모적인 처벌, 따라서 큰 변혁을 이룰 수가 없다. 그러므로 이럴 경우 심하게 벌하는 것보다는 많이 용서하고, 많이 추방하는 것보다는 적게 추방하고, 몰수를 늘리는 것보다는 재산을 방치하는 편이 낫다. 그렇지 않으면 공화정체의 복구라는 구실 아래에 복구자의 폭정이 수립될지도 모른다. 모반자를 멸망시키는 것이 문제가 아니라 모반을 없애는 것이 문제인 것이다. 가능한 한 빨리 이 정체의 상도(常道)로 되돌아가야 한다. 그렇게 되면 벌이 모든 사람을 보호하므로 누구에 대해서도 무장하는 일이 없다.

그리스인은 참주, 또는 그들이 참주의 혐의를 걸었던 자에 대해서 행한 복수에 제한을 가하지 않았다. 그들은 아이들을 죽이고,*35 때로는 가장 가까운 친족 가운데 다섯 사람까지 죽였다. 그들은 수없이 많은 가족을 추방했다. 그들의 공화국은 그 때문에 흔들리게 되었다. 추방 또는 추방자의 돌아옴이 언제나 정체의 변혁을 나타내는 시기였다.

로마인은 이들보다 현명했다. 카시우스가 참주 정체를 노렸기 때문에 처형되었을 때 그의 자식들을 죽일 것인가의 여부가 문제되었다. 그 결과 자식들은 아무런 벌도 받지 않았다. 드니 달리카르나스는 말한다.*36 "마르스인의 전쟁*37과 내란 뒤에 이 법을 바꾸고 술라에 따라 추방된 자의 아들을 공직에서 제외하려던 자들은 크게 비난받아 마땅하다."

마리우스와 술라의 전쟁에서 로마인의 정신이 어느 정도까지 차츰 거칠어졌는가를 엿볼 수 있다. 이처럼 잔혹한 일은 이제 다시는 되풀이 되지 않을 것이라고 믿어졌다. 그러나 삼두정치(三頭政治) 밑에서는 사람들이 더욱 잔인하면서도 좀 더 적게 잔혹한 외관을 유지하고자 했다. 잔혹이 사용한 궤변을 보는 것은 노여운 일이다. 아피안*38은 추방의 공식을 우리에게 보여 준다. 그것을 보면 사람들은 공화국의 복지만을 목적으로 하고 아주 큰 냉정함을 가지

---

*35 드니 달리카르나스 《로마 고대 문명》 제8편. [원주]

*36 이 책 제8편. [원주]

*37 마르스인이란 라티움 시민으로 로마인의 동맹국이다. 마르스인 전쟁이라 불린 사회전쟁에서 로마를 위해 크게 이바지했다.

*38 《내란에 대하여》 제4편. [원주] 2세기 그리스 역사가, 《로마사》 지음.

고 주장하므로 국가에 매우 이익이 된다는 것을 나타내며, 그들이 취하는 수단은 다른 수단보다도 매우 바람직한 일이어서 부자는 안전할 것이고 가난한 사람도 마음을 놓을 수 있고 시민의 생명을 위태롭지 않도록 염려하고 있으며, 군인의 위무에도 아주 마음을 기울이고 있으므로 마침내 공화국으로서 대단히 큰 행복이 예상된다고 할 수 있다는 것 같다.

레피두스*[39]가 에스파냐에 승리를 거두었을 때, 로마는 피의 홍수를 입었다. 그리고 전대미문의 어리석은 짓이지만, 그는 추방되고 싶지 않거든 기뻐하고 즐거워하라고 명령했다.

제19장 공화정체에서 자유의 행사를 멈추게 하는 방법

자유를 가장 존중하는 나라들에서는 모든 사람들에게 자유를 지켜 주기 위해 어떤 한 사람으로부터 그것을 박탈하는 법이 있다. 영국에서 특별체포장*[40]이라는 것이 그것이다. 이것은 한 개인을 벌할 것을 규정한 아테네의 법*[41]—이것은 시민 6천 명의 찬성 투표로서 만들어져야 한다—과 관계가 있다. 이것은 로마에서 개인인 시민에 대해 만들어져 예외법*[42]이라고 불린 법과 관계가 있다. 이런 법은 시민의 대회의에서만 만들어졌다. 그러나 어떤 방법으로 시민이 그것을 만들었든 그것은 폐지되어야 한다고 키케로는 주장한다. 왜냐하면 법의 힘은 그것이 모든 사람에게 규정하는 것에만 존재하기 때문이다. 그러나 이제까지 지상에 있었던 가장 자유로운 시민의 관습은, 신들의 상(像)에 덮개를 덮어 두는 경우가 있듯이 일시적으로 자유에 베일을 덮어야 할 경우가 있다고 나로 하여금 믿게 한다.

---

*39 Marcus Aemilius Lepidus. 안토니우스·옥타비우스와 더불어 삼두정치를 했다.
*40 영국 왕국의 재판소에서는 재판관이 받아들일 수 있는 증거만 가지고는 충분치 않다. 그리고 그 증거가 형식에 맞는, 즉 법으로 정해진 것이어야 한다. 게다가 법은 피고에게 불리한 두 사람의 증인이 필요하다. 다른 증거로는 충분치 않다. 그런데 이른바 대역죄의 혐의가 있는 자가 증인이 밀리할 수단을 발견하고 법으로써 그를 처벌하지 못하도록 했을 경우, 정부는 그에 대해 특별체포장을 낼 수 있다. 즉 그의 일신에 대해 단독의 법을 만들 수 있다. 만드는 방법은 다른 법안의 경우와 같다. 양원(兩院)을 통과하고 국왕의 재가를 얻어야만 법률, 즉 입법부의 판결이 된다. 피고는 그 변호인으로 하여금 그 법안에 반대케 할 수 있다. 그리고 의원은 그 법안을 위해 변호를 할 수 있다. [원주]
*41 이것이 오스트라시즘이라고 일컬어진 것이다. [원주]
*42 Privilegium. 어떤 개인에게만 해당하는 예외적인 법률.

제20장 공화정체에서 시민의 자유에 유리한 법

민중국가에서는 탄핵이 공개적이므로 모든 사람이 바라는 자를 탄핵할 수 있는 경우가 때때로 일어난다. 그래서 시민의 결백을 보호하기 위해 적당한 법이 정해졌다. 아테네에서는 투표의 5분의 1 찬성을 얻지 못하는 탄핵인은 1천 드라크마의 벌금을 치렀다. 크테시폰을 탄핵한 아이스키네스는 이에 해당하는 벌금을 치렀다. 로마에서는 부정한 탄핵인은 파렴치한 인간이라는 낙인이 찍히고,*43 이마에는 K자가 새겨졌다.*44 탄핵인에게는 재판관이나 증인을 매수하지 못하도록 감시인을 붙였다.*45

피고가 판결 이전에 퇴거할 것을 허용한 아테네 및 로마의 법에 대해서는 이미 말했다.

제21장 공화정체에서의 채무자에게 가혹한 법

어떤 시민이 다른 시민에게 돈을 빌려 주었을 때—돈을 빌린 사람은 소비하기 위해서만 꾸었기 때문에 따라서 이미 가지고 있지 않을 때—빌려준 사람은 빌린 사람에게 꽤 큰 우월을 갖는다. 법이 이 예속 상태를 더욱더 키운다면 공화국에서 그 결과는 어떻게 될 것인가.

아테네와 로마*46에서는 처음엔 파산한 채무자를 팔 수 있었다. 솔론은 아테네의 이 관행을 시정해서 누구도 민사 채무 때문에 신체를 구속당하지 않는다고 정했다. 그러나 10대관은 로마의 관행을 이것*47과 같이 개혁하지는 않았다. 그리고 솔론의 규정이 눈앞에 있었음에도 그들은 그에 따르고자 하지 않았다.

십이동판법에서 민주주의 정신을 침해하려는 10대관의 의도가 엿보이는 것은 이것뿐이 아니다.

채무자에게 가혹한 이런 법은 때때로 로마공화국을 위태롭게 했다. 상처투

---

*43 Remmia법에 따라서. [원주]
*44 옛날 철자법인 Kalumnia(중상·무고)의 첫 글자.
*45 플루타르코스의 논문 《자기의 적보다 더 많은 이익을 얻을 수 있는 방법》. [원주]
*46 많은 사람들이 그 빚을 갚기 위해 자식을 팔고 있었다(플루타르코스 《솔론전》). [원주]
*47 역사에 따르면 이 관행은 십이동판법 이전에 로마에 이미 성립되어 있었다(《티투스 리비우스》). [원주]

성이 사나이가 그 채권자의 집에서 도망쳐서 광장에 나타났다.*⁴⁸ 시민은 이 광경을 보고 감동했다. 채권자들이 이제 굳이 억류하려 하지 않았던 다른 시민들도 그들의 지하 감옥에서 나왔다. 그들에게는 약속이 주어졌으나 그것은 어겨졌다. 시민은 성산(聖山)으로 물러갔다. 시민은 그런 법의 폐지를 이루지 못했으나 시민을 옹호해 줄 관리*⁴⁹를 얻었다. 사람들은 무정부 상태에서 막 빠져나왔는데, 폭정에 빠질 위험이 닥쳐왔다. 즉 만리우스가 인기를 얻으려고, 채권자가 노예 상태로 빠뜨린 시민들을 전자의 속에서 끌어내려 했던 것이다.*⁵⁰ 그의 의도는 간파되었다. 그러나 해악은 여전히 남아 있었다. 몇 가지 특별법이 채무자에게 지급의 편의를 주었다.*⁵¹ 그리고 로마 기원 428년, 집정관은 채무자를 자기 집에 노예로서 억류할 권리를 채권자로부터 빼앗는 법*⁵²을 만들었다. 파피리우스라는 고리대금업자는 철사로 묶어 놓았던 푸블리우스라는 젊은이의 정결을 더럽히고자 했다. 섹스투스*⁵³의 범죄는 로마에 정치적 자유를 주고, 파피리우스의 범죄는 로마에 시민적 자유를 주었다.

옛날의 범죄가 이루어낸 자유를 새로운 범죄가 확인한다는 것이 이 도시의 운명이었다. 비르기니아에 대한 아피우스의 폭행은 루크레티아의 불행이 국민에게 준 폭군에 대한 혐오를 재연시켰다. 더러운 파피리우스의 범죄가 있은 37년 뒤*⁵⁴ 똑같은 범죄*⁵⁵ 때문에 백성은 자니쿨로스산*⁵⁶으로 물러가고, 채무자 안전을 위해 만들어진 법이 새로운 힘을 회복하게 되었다. 이때부터 채무자가 채권자에게 지급을 하지 않았기 때문에 소추되기보다도 오히려 채권자가

---

*48 드니 달리카르나스《로마 고대문명》제6편. [원주]
*49 호민관.
*50 플루타르코스《푸리우스 카밀루스전》. [원주] 만리우스는 로마의 카피톨을 갈리아인의 포로로부터 구하고 집정관이 되었다. 귀족 출신으로서 참주가 되기 위해 평민들의 편을 들었기 때문에 귀족들에 따라 사형에 처해졌다.
*51 이 책 제22편 제22장 참조. [원주]
*52 십이동판법의 120년 뒤. [원주]
*53 루크레티아를 강간하여 타르퀸 왕가를 멸망시킨 섹스투스 타르퀸을 말함.
*54 로마 기원 465년. [원주]
*55 베투리우스의 정결을 범한 플라우티우스의 범죄(《발레리우스 막시무스》). 이 두 가지 사건을 혼동해서는 안된다. 그것은 같은 인물도 같은 때도 아니다. [원주]
*56 드니 달리카르나스《덕성과 악덕》발췌 가운데 한 단장(斷章). 티투스 리비우스《적요(摘要)》,《프라인슈미우스》참조. [원주]

제12편 정치 자유를 구성하는 법과 시민의 관계 237

높은 금리 단속법을 침범했다는 이유로 채무자에게 소추되었다.

제22장 군주정체에서 자유를 해치는 것

이 세상에서 군주에게 가장 쓸데없는 것이 때때로 군주정체에서 자유를 약화한 일이다. 즉 한 개인을 재판하기 위해 때때로 임명되는 위원이다. 군주가 이 위원들로부터 얻는 바는 매우 적으므로, 이 때문에 사물의 질서를 변경한다는 것은 쓸데없는 짓이다. 그는 그의 위원들보다도 성실과 정의의 정신을 갖고 있다는 것을 마음으로 확신하고 있다. 군주는 그의 명령이나, 막연한 국가 이익이나, 그에 따른 위원의 임명이나 그들의 불안 그 자체로써 자기를 충분히 죄를 면한 사람으로 믿고 있는 것이다.

헨리 8세 시대에는 대귀족에 대해 소송이 벌어졌을 때, 상원에서 뽑힌 위원이 그를 재판하기로 되어 있었다. 이 방법으로 왕은 죽이고 싶은 모든 대귀족을 죽였다.

제23장 군주정체에서 밀정

군주정체에서 밀정(密偵)이란 필요한가. 보통 훌륭한 군주의 관행에서는 그것을 쓰지 않는다. 어떤 사람이 법에 충실하다면 그는 군주에게 봉사해야 할 의무를 완수한 것이다. 적어도 그 사람은 안주할 곳으로서 자기 집을 가질 수 있고, 또 그의 행동은 안전해야 할 것이다. 밀정도 훌륭한 인물이 행한다면 용인할 수 있을 것이다. 그러나 밀정을 행하는 인물의 필연적인 오욕이 그 행해지는 오욕을 판단할 수 있게 만든다. 군주는 신민에 대해 아이와 같은 마음, 솔직함과 신뢰를 가지고 행동해야 한다. 많은 불안과 의혹과 근심을 가지는 군주는 자기 역할을 연출할 때 당황해하는 배우와 같다. 법이 일반적으로 지켜지고 존중되고 있을 경우, 군주는 자기가 안전하다고 판단해도 좋다. 사람들의 태도가 모든 개인의 태도를 그에게 보증해 준다. 그가 아무런 두려움도 품지 않는다면, 그로서는 믿기지 않을 만큼 국민은 그를 사랑하고 싶어질 것이다.

그렇다, 무엇 때문에 국민이 그를 사랑하지 않겠는가. 그는 행해지고 있는 거의 모든 좋은 일의 원천이며, 행해지는 모든 처벌은 법의 소치로 돌려진다. 그는 언제나 명랑한 얼굴로 국민들 앞에 나타난다. 그의 영광 자체가 우리에게 전해지고, 그의 권력은 우리의 기둥이다. 사람들이 그를 사랑하는 한 가지 증거는 그를 믿고 있다는 것, 즉 대신이 거절하더라도 임금님 같으면 허락했을 것이라고 생각하는 것이다. 국가의 재난에서조차 국민은 그의 일신을 규탄하지 않는다. 그가 그릇된 정보를 받고 있다는 것, 부패한 인물들로 둘러싸여 있음을 사람들은 한탄한다. "만일 폐하께서 이것을 알아주신다면!" 하고 국민들은 말한다. 이런 말은 하나의 기원이며, 또한 국민이 그에게 갖는 믿음의 증거이다.

제24장 익명의 편지

타타르인은 화살에, 그것이 누가 쐈는가를 알 수 있게끔 자기 이름을 표시할 것이 강제되었다. 마케도니아의 필립이 어떤 도시를 에워싸고 공격하다가 부상당했을 때, 그 투창에는 "필립에게 이 치명상을 입힌 사람은 아스테르이다"라고 적혀 있었다.*57 사람을 탄핵하는 자가 공공의 복지를 위해 그것을 한다면 군주 앞에서가 아니라 재판관 앞에서 탄핵할 것이다. 왜냐하면 군주는 쉽게 편견에 사로잡히는데 재판관은 중상자에게만 무서운 규칙을 가지고 있기 때문이다. 그들이 자기와 탄핵자의 사이에 법을 마음대로 활용하기를 바라지 않는다고 한다면, 그것은 그들이 법을 두려워할 이유가 있다는 증거이다. 그리고 그들에게 가해야 할 가장 작은 벌은 그들이 하는 말을 믿지 않는 것이다.

보통 재판이 늦어지는 것을 참을 수 없는 경우, 그리고 군주의 안부에 관한 경우를 제외하고는 그것에 주의를 돌릴 수 없다. 이런 예외의 경우에는 탄핵자가 노력했기 때문에 그것이 그의 혀를 놀리게 하여 말을 하게 한 것이라고 생각할 수 있다. 그러나 그 밖의 경우에는 콘스탄티누스 황제처럼 이렇게 말해야 할 것이다.

"적은 있는데 탄핵자가 없었던 사람을 우리는 의심할 수 없다."

제25장 군주정체에서 통치법

왕자(王者)의 권위는 소리도 없이 쉽게 움직여야 하는 큰 원동기이다. 중국

---

*57 플루타르코스 《그리스와 로마사의 비교》 제2권 제487쪽. 〔원주〕

인의 말에 따르면, 그들의 황제 가운데 한 사람은 하늘과 같이, 즉 규범에 따라서 통치했다고 찬양한다.

권력은 전면적으로 활동해야 할 경우가 있으며, 그 말단에 따라서 활동해야 할 때도 있다. 선정의 비결은 여러 경우에서 행사할 권력의 분량을 명확하게 아는 데 있다.

우리의 여러 군주정체에서는 모든 행복이 정부의 온정을 믿는 국민의 의견에 있다. 졸렬한 대신은 국민이 노예임을 언제나 국민에게 알리려고 한다. 만일 그렇다고 하더라도 그는 그것을 알리지 않도록 해야 옳다. 그가 국민에 대해서 말하거나 쓰는 것이란 언제나 임금님은 분노하고 있다든가, 놀랐다든가, 질서를 회복할 것이라는 등등의 말에 지나지 않는다. 명령 안에는 어떤 너그러움이 있어야 한다. 군주는 격려를 일삼고 위협하는 것은 법이 해야 한다.

제26장 군주정체에서 군주는 접근하기 쉬운 존재여야 한다

이 원칙은 반대의 경우를 찾아봄으로써 더욱더 뚜렷하게 알 수 있다. 페리는 말한다.*58

"러시아 황제 표트르 1세는 새로 명령을 내려서 그의 관리에게 두 번 청원을 제출한 뒤가 아니고는 그에게 제출하지 못하도록 했다. 재판을 거절당했을 경우는 제3의 청원을 황제에게 제출할 수 있다. 그러나 청원서를 제출한 자가 잘못되었을 때에는 목숨을 잃어야 한다. 그 뒤부터 어떤 사람도 황제에게 청원을 제출하지 않았다."

제27장 군주의 풍속

군주의 품행은 자유에 대해서 법과 같은 정도로 이바지한다. 군주는 법과 마찬가지로 인간을 짐승으로 만들고, 짐승을 인간으로 만들 수 있다. 그가 자유로운 인간을 사랑한다면 신민을 얻고, 천하고 비열한 인간을 사랑한다면 노예를 얻을 것이다. 그가 군림하기 위한 위대한 기술을 알고자 한다면, 명예와 덕성을 몸에 가까이하고 개인적 재간을 불러들여야 한다. 그는 때때로 재능에 눈길을 던질 수도 있다. 사람들이 재간 있는 자라고 부르는 이들 경쟁자를 두

---

*58 1717년 파리판 《대러시아국》 제173쪽. (원주)

려워 마라. 그가 그들을 사랑하자마자 그는 그들과 대등한 사람이 되는 것이다. 사람의 마음을 얻어라. 그러나 정신을 사로잡아서는 안 된다. 그는 인망을 모아야 한다. 신민들 가운데 가장 천한 자의 사랑이라도 기뻐해야 한다. 그들 또한 사람이기 때문이다. 국민은 매우 조그마한 고려를 요구할 따름이므로 그것을 국민에게 주는 것이 정당하다. 통치자와 국민 사이의 무한한 거리는 국민이 원수를 괴롭히는 일을 충분히 방해한다. 청원에 대해서는 온화하고, 이권의 요구에는 엄연한 태도를 취해야 한다.

국민은 언제나 그로부터 거부만 당하고, 달콤한 물을 빨아먹고 있는 것은 신하들이라는 것을 그는 알아야 한다.

제28장 군주가 신하에게 가져야 할 경의

군주는 조롱에 대해서는 극도로 삼가야 한다. 그것이 조심성 있게 행해질 때는 친밀해지는 수단을 주므로 사람들이 좋아한다. 그러나 신랄한 조롱은 최하급의 신하에 대해서보다도 군주에게 훨씬 더 용납될 수 없는 일이다. 왜냐하면 언제나 치명적으로 사람을 손상시키는 사람은 군주된 자이기 때문이다. 또 더욱이 군주는 노골적인 모욕을 신하 한 사람에게 주어서는 안 된다. 군주는 용서하고 처벌하기 위해서 그 지위에 있는 것이지 결코 모욕하기 위해서 있는 것이 아니다.

군주가 신민을 모욕할 때 그들은 터키인이나 러시아인이 그 신하를 취급하는 것보다 훨씬 더 잔인하게 신하를 다루는 것이 된다. 후자가 모욕할 경우, 창피를 주나 명예를 잃게 하지 않는다. 그러나 군주의 경우는 창피를 주고도 명예를 잃게 한다.

아시아인의 선입관은 매우 강해서, 군주에 따라 이루어진 모욕을 부성애적 자애의 결과로 볼 정도이다. 이와 달리 모욕을 당했다는 심한 울분 말고는 이 불명예는 씻을 수가 없다는 절망감을 결합시키는 것은 우리 사고방식이다.

명예가 생명보다도 소중하므로 용기의 동인(動因)임과 같을 정도로 충성의 동인이 따르는 신하를 갖는다는 것을 군주는 기뻐해야 한다. 신하를 모욕했기 때문에 군주에게 일어난 불행을 우리는 떠올릴 수 있다. 케레아*[59]의 복수, 환

---

*59 로마 호민관으로서 칼리굴라 황제를 암살했다.

관 나르세스*60의 복수 및 백작 줄리앙*61의 복수가 그것이다. 끝으로 비밀히 하고 있던 실수를 폭로한 앙리 3세에 분노해 일생 동안 그를 괴롭힌 몽팡시에 공작 부인*62의 복수가 있다.

제29장 전제정체에서 자유가 조금 뒤섞인 것에 어울리는 시민법

전제정체와 본질은 어디서든지 같지만 여러 사정, 즉 종교적 견해·편견·채용된 범례·독자적인 성향·예의·풍속 등에 꽤 큰 차이가 생길 수 있다. 어떤 특별한 관념이 거기에 수립된다는 것은 좋은 일이다. 이리하여 중국에서는 군주가 백성의 아버지로 여겨졌고, 아라비아 제국의 초기에는 군주가 설교자였다. 아라비아에 코란, 페르시아인에게 조로아스터의 서(書), 인도인에게 베다, 중국인에게는 사서오경처럼 규율로서 쓰이는 신성한 책이 있는 것이 좋다. 종교 경전이 시민 법전을 대신해서 자의적인 권력에 일정한 제한을 준다.

진위를 가리지 못하는 사건에서 재판관이 사제에게 의논하는 것은 나쁘지 않다. 그래서 터키에서는 재판관은 몰라크*63와 상담한다. 만일 사건이 사형에 해당할 경우에는 — 만일 그런 자가 있다면 — 특별한 재판관이 총독의 의견을 물어서 시민 권력과 교회 권력이 다시 정치 권위로써 조절되도록 함이 적당할 것이다.

제30장 전제정체에서 자유가 조금 뒤섞인 것에 어울리는 시민법(계속)

아버지의 총애를 잃는 것이 처자의 그것과 함께 한다고 정한 것은 전제적 광포이다. 그들은 범죄자가 되지 않더라도 이미 불행하다. 게다가 군주는 피고와 그 자신 사이에 청원자 또는 중재자가 끼어들 여지를 주고, 자신은 분노를 누그러뜨려서 그로 하여금 정의를 변명하게끔 만들어 주어야 한다.

영주가 총애를 잃으면, 그는 그 총애를 되찾기까지 날마다 국왕의 비위를

---

*60 유스티니아누스 황제의 환관이자 장군. 이탈리아 태수.
*61 서고트 왕 로돌리그 밑에 있던 안달루시아 총독. 왕에게 복수를 하기 위해 무어인을 에스파냐로 끌어넣었다.
*62 Montpensier(Catherine-Morie de Lorraine, duchesse de). 프랑수아 드 기즈의 딸로, 칼뱅교인 배척동맹에서 활약했다. 자크 클레망을 부추겨서 앙리 3세를 암살했다는 이유로 탄핵되었다.
*63 몽테스키외는 몰라크와 무프티를 혼동하고 있다. 몰라크는 상급 재판관이다.

맞추기 위해 찾아간다는 것은 몰디브제도의 좋은 관습이다.*[64] 그가 나타나는 것이 군주의 노여움을 가라앉히는 것이다.

총애를 잃은 자를 위해서 군주에게 말하는 것이 군주에 대한 경의의 부족으로 여겨지는 전제국가*[65]가 있다. 이런 군주는 너그러움의 덕을 버리기 위해 모든 노력을 하고 있는 것처럼 보인다.

아르카디우스와 호노리우스는, 내가 이미 말한 법*[66]에서 죄인을 위해 그들에게 탄원을 감히 하는 자는 용서치 않는다고 말했다. 이 법은 나쁜 법이다. 왜냐하면 그것은 전제정체 자체에서도 나쁘기 때문이다.

희망하는 자에게는 누구에게나 국외로 나가는 것을 허가한 페르시아의 관습은 매우 좋다. 식민을 노예로 간주하고,*[67] 국외로 나가는 것을 도망 노예로 생각하는 전제정체에서는 이와 반대의 관행에 연원을 두지만, 페르시아의 이 관행은 전제정체로서도 매우 좋은 것이다. 거기서는 (출국이 자유로우면) 부채자의 도망 또는 탈출의 염려 때문에 총독이나 수세 관리의 박해가 저지되거나 완화하기 때문이다.

---

*[64] 프랑수아 필라르 참조. 〔원주〕 몰디브제도는 실론섬 남서쪽에 있는 인도양의 섬들.
*[65] 샤르댕의 보고로는, 오늘날 페르시아에서 볼 수 있는 것과 같다. 이 관행은 매우 오래되었다. 프로코피우스는 말한다. "카바드는 망각의 성에 유폐되었다. 이곳에 갇힌 자에 대해서 이야기하거나 또는 그 이름조차 말하는 것을 금하는 법이 있다. 〔원주〕
*[66] 이 책 제12편 제8장. 〔원주〕
*[67] 군주정체에서는 공직자가 군주의 재가 없이 국외로 나가는 것을 금하는 법이 있는 경우가 흔하다. 이런 법은 공화국에서도 제정되어야 한다. 그러나 특이한 제도를 갖는 공화국에서는 외국의 풍속을 가지고 돌아오지 못하도록 출국금지가 널리 시행되어야 한다. 〔원주〕

제13편
조세 징수 및 국가 수입과 자유의 관계

제1장 국가 수입

　국가의 수입이란 국민이 저마다 재산의 다른 부분을 안전하게 유지하기 위해, 또는 그것을 안락하게 누리기 위해 제공하는 그 재산의 일부이다. 이 수입을 정당하게 정하기 위해서는 국가와 시민의 필요에 대해서 똑같이 고려되어야 한다. 국가의 상상적 필요 때문에 국민으로부터 그 현실적 필요를 빼앗아서는 안 된다.

　상상적 필요란 통치하는 사람들의 정념과 약점, 터무니없는 계획이 갖는 매력, 덧없는 영광에 대한 병적인 갈망 및 방자함에 대한 일종의 정신적 무력에서 생겨난 것이다. 때때로 군주 밑에서 정무를 주재하는, 정신이 안정되지 못한 사람들은 국가의 필요를 바로 자신들의 야비한 요구와 동일시하는 경향이 있다. 시민으로부터 무엇을 거두어들이고, 무엇을 남겨 두어야 하는가에 대해서는 뛰어난 지혜와 깊은 사려가 필요하다.

　국가 수입은 국민이 제공할 수 있는 것에 따라서 정하지 않고, 국민이 제공해야만 할 것에 따라야 한다. 따라서 만약 국민이 제공할 수 있는 것으로서 이를 정한다면 그것은 적어도 국민이 언제나 제공할 수 있는 것에 따라야 한다.

제2장 조세가 많다는 것만으로 만족하는 것은 오류이다

　어떤 왕국에서는 조세가 면제되는 작은 지방인데도 세금에 압박받는 주변의 지방과 같이 가난한 것을 볼 수 있다. 그 주된 이유는, 작은 나라는 그 주위를 둘러싸고 있는 큰 나라에 따라 한없는 방법으로 방해를 받기 때문에 공업이나 소공업 및 제조업을 그들 스스로 가질 수 없는 데 있다. 그를 에워싼 대국가는 공업·제조·수공업으로써 그 모든 이익을 얻을 수 있는 규칙을 만든다. 따라서 소국가는 아무리 조세를 적게 물더라도 어쩔 수 없이 가난해진다. 그러나 통치자들은 이들 속국이 빈곤하기 때문에 시민을 부지런하게 만들기 위해서는 세금을 무겁게 매길 필요가 있다고 결론지었다. 사실은 무거운 세금을 매겨서는 안 된다고 결론짓는 쪽이 옳았을 것이다. 이런 지방에 아무 하는 일 없이 살고자 모여드는 것은 모두가 주변의 가난한 자들이다. 그들은 이미 노동의 괴로움에 지친 나머지 모든 행복을 게으름에서 찾는 것이다.

한 나라의 부(富)의 효과는 모든 사람들의 마음에 향상심을 갖게 하는 데 있다. 이와 달리 가난의 효과는 그들의 마음속에 절망을 안겨 주는 데 있다. 향상심은 노동으로 자극되고, 절망은 게으름으로 위로받는다. 자연은 인간에게 공정하다. 자연은 인간의 노고에 보상을 준다. 좀 더 큰 노동에 대해서는 더욱 큰 보상을 결합시키므로 인간으로 하여금 부지런하게 만든다. 그렇지만 만일 자의적인 권력이 자연의 보상을 빼앗는다면 사람들은 또 노동을 꺼리고 하는 일 없이 지내는 것이 유일하게 좋은 것처럼 여기게 된다.

제3장 농노제가 있는 나라의 조세

농노제란 때로는 정복 뒤에 성립된다. 이럴 경우 경작하는 노예는 주인과 수익을 분할하는 소작인*1이어야 한다. 노동하도록 운명지어진 사람들과 향락하도록 운명지어진 사람들을 화해시킬 수 있는 것은 그들 서로간의 연결밖에 없다.

제4장 같은 경우의 공화정체

공화국이 다른 국민을 자기 대신 토지를 경작해야만 하도록 만들었을 때, 시민이 노예의 부과를 늘릴 수 있도록 허용해서는 안 된다. 스파르타에서는 결코 그것을 허용하지 않았다. 농노는 그 소작료가 늘어나지 않으리라는 점을 알 때 좀 더 잘 토지를 경작할 것이라고 사람들은 생각했던 것이다. 또 주인은 관습상으로 받게 되는 것 이상으로 바라지 않을 때 더욱 좋은 시민이 될 것이

---

*1 Colon portiaire. 지주와의 계약에 따라 수확물을 분할하는 소작인. 보통의 소작인(fermier)이 해마다 약속한 일정한 액수의 돈 또는 물건으로 납부한다면, 이 소작인은 흉작 풍작에 따라 액수가 일정하지 않다. 지주와 수확물을 반씩 나누는 사람을 특히 반타작 소작인(métayer)이라고 한다.

라고 사람들은 믿었다.

제5장 같은 경우의 군주정체

군주정체의 국가에서도 귀족이 정복당한 민족으로 하여금 자기를 위해 토지를 경작시킬 때 마찬가지로 부과(賦課)를 늘려서는 안 된다.*² 그리고 또 군주는 그 직할령과 군역(軍役)만으로 만족하는 것이 좋다. 그러나 군주가 귀족의 노예들에게 부과금을 매기고자 한다면, 영주가 부과의 보증인이 되어*³ 노예 대신 그것을 치르고 다시 노예로부터 거두어 들여야 한다. 이 규칙에 따르지 않는 때에는, 영주와 군주의 징세관이 번갈아 노예를 괴롭혀서 노예는 가난 때문에 죽든가 숲 속으로 도망치게 될 때까지 끊임없이 핍박당할 것이다.

제6장 같은 경우의 전제정체

내가 앞서 말한 것은 전제국가의 경우에는 더욱 필요하다. 언제 어느 때 토지와 노예를 빼앗길는지 모르는 영주는 그것들을 유지하려고 온갖 노력을 다하지 않는다. 표트르 1세는 독일 관행을 채용하여 부과금을 징수하고자 매우 현명한 규정을 만들었는데, 그것은 아직도 러시아에서 행해지고 있다. 귀족은 농민에게 조세를 매기고 그것을 황제에게 지급한다. 농민의 수효가 줄어도 그는 똑같이 지급한다. 농민의 수효가 늘어도 그 이상은 지급하지 않는다. 따라서 농민을 괴롭히지 않는 것이 그의 이익이 된다.

제7장 농노제가 없는 나라의 조세

국가의 경우 모든 개인이 자유인이고 군주가 그 대권으로써 제국을 소유하듯이, 각 개인이 그 재산을 소유하는 때에는 인간·토지 또는 상품에서 그 둘에 대해 또는 이상 셋 모두에 대해 세금을 매길 수 있다. 사람에 대한 과세의 경우에 불공정한 비례는 확실히 재산의 비례에 따른 것일 것이다. 아테네에서는 시민을 네 계급으로 나누었다. 즉 액상(液狀) 또는 건조한 과실의 5백 포대

---

*² 이것을 준거로 삼아 샤를마뉴는 이 점에 관한 그의 훌륭한 여러 제도를 만들었다. 《법령집》 참조. (원주)
*³ 이것은 독일에서 그렇게 행해지고 있다. (원주)

를 얻는 사람은 국가에 1달란트를 바쳤다. 3백 포대를 얻는 사람은 0.5달란트를 바쳐야 했다. 2백 포대를 얻는 사람은 10미누, 1달란트의 6분의 1을 바치고, 제4계급의 사람들은 아무것도 바치지 않았다.*4 이 과세는 비례적이지는 않았지만 공정했다. 그것이 재산의 비례에는 따르지 않았더라도 욕망의 비례에는 따르고 있었다. 사람들은 다음과 같이 생각했다. "개인에게는 저마다 평등한 육체적 필수(必需)가 있다. 이 육체적 필수에는 과세를 해서는 안 된다. 유용(有用)이 그 다음이며, 그것에는 과세를 해야 하나 나머지보다는 적게 과세해야 한다. 또 나머지에 대한 과세가 크다는 것은 나머지를 방해할 것이다."

토지에 대한 과세는, 납세 장부를 만들어서 거기다 토지의 여러 등급을 기입한다. 그러나 이 차이를 알기는 매우 어려우며, 또한 그 차이를 무시하는 데 관심을 갖지 않는 사람들을 발견하기는 더욱 어렵다. 따라서 거기에는 두 가지의 부정이 있다. 국민의 부정과 사물의 부정이다. 그러나 일반적으로 과세가 무겁지 않고 국민에게 생활에 필요한 부분을 풍부하게 남겨 놓아준다면 이런 개별적 부정은 그리 큰 것이 못된다. 이와 반대로 국민에게 가까스로 살 수 있을 정도로밖에 남겨 주지 않는다면 매우 적은 불균형이라 하더라도 가장 중대한 결과를 불러오게 될 것이다.

몇몇 시민들이 충분히 바치지 않는다는 것은 큰 해악이 되지 않는다. 그들의 안락은 끝에 가서 국가에 이익을 가져온다. 몇몇 개인이 징수가 지나칠 때, 그들의 파멸은 국가에 손실이 된다. 만일 국가가 그 재산을 개인의 재산에 비례시킨다면 개인의 안락은 곧 국가의 재산을 늘릴 것이다. 모든 것은 시기(時期)에 따라 달라진다. 국가가 먼저 그 국민을 가난하게 만듦으로써 스스로 부강해지려 할 것인가, 아니면 시민이 안락하게 되어서 국가를 부강하게 만드는 것을 기다릴 것인가. 첫째 이익을 취할 것인가, 아니면 둘째 이익을 취할 것인가. 먼저 부유해지려고 하는가, 또는 끝에 가서 부유해지려고 하는가.

상품에 대한 과세는 국민이 가장 적게 부담을 느낀다. 왜냐하면 국민에게 명시적인 청구가 행해지지 않기 때문이다. 이 조세는 국민이 그것을 바치고 있다는 데 대해서 거의 느끼지 못할 만큼 교묘하게 안배할 수 있다. 그러기 위해서는 상품을 파는 사람이 세금을 내도록 하는 것이 매우 중요하다. 상인은 자

---

*4 그것은 그들이 재산이 없었기 때문이다. 그들은 급여생활자에 지나지 않았다.

기를 위하여 조세를 바치는 것이 아님을 잘 알고 있다. 더욱이 실질적으로 납부를 하며 사는 사람은 이 조세를 가격과 혼동한다. 어떤 저자는 말했다. 네로는 매각되는 노예의 25분의 1조세를 폐지했다고. 그러나 그는 다만 이 조세를 사는 사람 대신 파는 사람이 바치도록 명령했음에 지나지 않는다. 조세를 그대로 남긴 이 규칙은 마치 세금을 없앤 것처럼 보였던 것이다.

유럽에는 음료에 매우 높은 세금을 매긴 왕국이 둘 있다.*5 한편에서는 양조업자만이 조세를 바치고, 다른 한편에서는 소비하는 모든 국민에게 무차별하게 이 조세를 거두어들인다. 전자의 경우에는 아무도 조세의 가혹함을 알아차리지 못한다. 후자의 경우는 그것이 무거운 세금으로 여겨진다. 전자의 경우 국민은 그들의 납부 의무만을 느낀다. 더욱이 국민으로 하여금 납부하게 하기 위해서는 그 주택을 쉴새없이 수색해야만 한다. 이보다 자유에 어긋나는 것은 없다.

그러므로 이런 종류의 조세를 정한 사람들은 이 점에 대해 가장 좋은 시행 방법을 찾아내는 행복을 갖지 못했던 것이다.

제8장 착각을 유지하는 방법

구매자의 머릿속에서 물건의 가격과 세금이 혼동될 수 있게 하기 위해서는, 상품과 조세 사이에 어떤 비례가 있고, 가격이 낮은 상품에 지나친 세금을 매기는 일이 없도록 해야 한다. 조세가 상품 가격의 17배가 넘는 나라가 있다.*6 이렇게 되면 군주는 그 국민이 품고 있던 착각을 빼앗는 것이 된다. 국민은 자기들이 부당하게 대우받고 있다는 것을 확실히 알게 된다. 이 사실은 그들에게 그 노예 상태를 가장 강하게 느끼도록 한다. 따라서 군주가 물건 가격에 불균형한 조세를 거두려면 군주 그 자신이 그 상품을 팔고, 국민은 다른 곳에서는 그것을 살 수 없게 하여야 한다. 이런 방법은 헤아릴 수 없이 많은 불편을 가져온다. 이럴 때 밀매가 매우 성행하므로 이성(理性)이 요구하는 자연적 형벌, 즉 그 상품의 몰수로는 그것을 막아낼 수 없게 된다. 이 상품이 정상적인 것이라면 매우 값이 쌀 것이므로 더욱 그렇다. 따라서 보통을 넘는 형벌, 가장 큰 범죄에 주어지는 형벌을 가해야 한다. 형벌과 형벌의 모든 비례는 없어진다.

---

*5 두 왕국은 영국과 프랑스이다. 프랑스에선 이 세를 droit d'aides(御用金)라 불렀다.
*6 지은이는 프랑스의 염세(鹽稅, gabelle)를 풍자하고 있다.

악인으로 볼 수 없는 사람들*⁷이 큰 죄인으로서 벌을 받는다. 이는 제한정체의 정신에 더 없이 어긋나는 일이다.

나는 덧붙이거니와 국민에게 수세청부인을 속일 기회를 주면 줄수록 국민은 가난해지고, 수세청부인은 넉넉해진다. 밀매를 막기 위해서는 수세청부인에게 비상한 박해 수단을 주어야 하는데 그렇게 되면 모든 것이 끝장이다.

제9장 악질 조세

이 기회에 어떤 나라에서 사법상(私法上) 계약된 각종 조목에 설치된 조세*⁸에 관해 말하기로 하겠다. 이것들은 매우 미묘한 논의 대상이 되기 때문에 많은 지식이 없다면 수세청부인으로서 몸을 지켜낼 수가 없다. 따라서 수세청부인은 군주의 규칙을 해석하고, 재산에 자의적인 권력을 행사한다. 계약이 기재된 서류에 대해 과세하는 편이 훨씬 낫다는 것은 경험으로 뚜렷하게 나타내고 있다.

제10장 조세 크기는 정체 성격에 의존한다

전제정체에서는 조세가 매우 가벼워야 한다. 그렇지 않으면 누가 거기서 고생스럽게 토지를 일구려고 하겠는가. 더욱이 시민이 준 것에 대해서 아무런 보상도 주지 않는 제도에 어떻게 많은 조세를 납부할 수 있겠는가. 군주의 놀라운 권력과 시민의 이상할 정도의 무기력 사이에는 어느 경우에나 모호함이 없도록 해야 한다. 조세는 징수하기 쉽도록 매우 명확하게 정해져 있고, 징수자에 따라서 늘어나거나 줄지 않도록 해야 한다. 토지 산물의 일부, 인두세, 상품에 대한 몇 퍼센트의 세금 등만이 적당한 조세이다.

전제국가에는 상인의 몸에 호위가 딸려 그들의 몸과 재산을 존중하는 관습이 있다는 것은 좋은 일이다. 그렇지 않으면 상인은 군주의 관리와 논쟁할 경우에 너무나 무력할 것이다.

---

*⁷ 소금 밀매자나 소금의 단속 규칙 위반자는 노예선을 짓는 수부로서 고역(苦役)에 복역시켰다.
*⁸ 등록세. 다음에 나오는 인지세(印紙稅)는 이에 덧붙여졌을 뿐이지, 전자를 폐지한 것은 아니다.

제11장 몰수형

일반 관행과는 반대로, 아시아에서보다도 유럽에서 엄격한 것은 몰수형이라는 특유한 제도이다. 유럽에서는 상품, 때로는 선박, 차량까지도 몰수한다. 그러나 아시아에서는 그 어느 쪽도 행해지지 않는다. 그 이유는 유럽에서 상인이 압제로부터 보호해 주는 재판관에게 의지할 수가 있으나 아시아에서는 독재적인 재판관 자신이 압제자가 될지도 모르기 때문이다. 상인이 그 상품을 몰수하려고 결심한 총독에게 무엇을 할 수 있겠는가. 그런 까닭에 압제 자체를 자제해 좀 더 부드럽게 행동해야 한다. 터키에서는 상품 수입에 대한 입국세만 매겨지고 그 뒤는 온 나라가 상인에게 개방된다. 밀수품이라도 몰수되거나 조세가 늘어나지 않는다. 중국에서는 상인이 아닌 사람들의 짐은 열어 보지 않는다.*9 몽골제국에서 밀수는 몰수 때문이 아니라 세금이 몇 배로 늘어남으로써 처벌된다. 아시아 도시에 사는 타타르의 여러 군주는 통과 상품에 대해서 거의 아무런 과세도 하지 않는다. 일본에서 밀무역의 범죄가 사형에 해당하는 것은, 외국과의 모든 연락을 금지할 이유가 있고, 밀무역이 이 나라로서는 상업법의 위반이기보다는 국가의 안전을 위해 만들어진 법에 대한 위반이기 때문이다.*10

제12장 조세 크기와 자유의 관계

일반 원칙은 다음과 같다. 국민의 자유에 비례해 무거운 조세를 징수할 수 있다. 노예성이 커짐에 따라 조세는 완화될 수밖에 없다. 이제까지 언제나 그러했다. 앞으로도 늘 그러할 것이다. 이것이 자연에서 도출된 원칙이므로 변치 않는다. 우리는 어느 나라에 가더라도 영국에서도 네덜란드에서도, 그리고 자유가 차츰 허물어져가는 모든 국가—터키에 이르기까지—에서도 그것을 볼 수 있다. 스위스는 이 원칙에서 예외인 것처럼 보인다. 왜냐하면 스위스에서는 전혀 조세를 내지 않기 때문이다.

그러나 거기에는 사람들이 알다시피 특수한 이유가 있고, 또 그 이유 자체

---

*9 《뒤 알드》 제2권 제37쪽. 〔원주〕

*10 외국과 교류하는 일 없이 무역을 하고자 일본인은 두 나라를 선택했다. 유럽의 무역을 위해서는 네덜란드, 아시아의 무역을 위해서는 중국. 일본인은 무역상이나 선원을 감옥 같은 곳에 억류해 참기 어려울 만큼 그들을 부자유스럽게 만든다. 〔원주〕

가 나의 주장을 확인해 주고 있다. 이 불모의 산지에서는 식량이 매우 비싼데다 인구가 매우 많으므로 터키인이 황제에게 주는 것보다 4배나 많은 것을 자연에 지급하고 있다.

아테네인이나 로마인과 같은 정복국의 국민은 모든 조세로부터 벗어날 수 있다. 그것은 피정복 국민 위에 군림하기 때문이다. 따라서 이 국민은 그 자유에 비례해서 조세를 물지는 않는다. 왜냐하면 이 점에 대해서 그들은 국민이 아니라 군주이기 때문이다. 그러나 일반 원칙은 여전히 변치 않는다.

제한국가에서는 조세가 과중한 데 대한 보상이 있다. 그것은 자유이다. 전제국가에서는*11 자유에 대한 대체물이 있다. 그것은 조세를 가볍게 하는 것이다.

유럽의 어떤 군주국에서는 국정(國政)의 성질상 다른 여러 주(州)보다 더 좋은 상태에 있는 주*12를 볼 수 있다. 이런 주들은 조세를 충분히 내고 있지 않는 것처럼 보인다. 왜냐하면 그런 지방은 그 통치의 좋은 결과로서 좀 더 많이 납부할 수 있는 능력이 있기 때문이다. 이 좋은 결과가 전파되고 멀리까지 퍼지게 되어 그것을 누리는 편이 나을 텐데, 이러한 좋은 결과를 낳는 이 통치 자체를 이런 지방에서 빼앗으려는 생각이 줄곧 (통치자들의) 머릿속에 떠오르는 것이다.

제13장 조세가 늘어나는 정체

대부분의 공화국에서는 조세가 늘어날 수 있다. 왜냐하면 국민은 자기에게 보상이 돌아온다고 믿고 조세를 납부할 뜻을 가지는 데다가, 그 제도의 특성 결과로써 보통 그 부담을 참아 낼 수 있기 때문이다. 군주정체에서도 조세는 늘어날 수 있다. 왜냐하면 정체의 제한이 거기에 부를 가져오는 힘을 가지기 때문이다. 그것은 군주 스스로가 법을 존중함으로써 그에게 주어지는 보상과 같다. 전제국가에서는 조세가 늘어날 수 없다. 왜냐하면 극도의 노예 상태를

---

*11 러시아에서는 조세가 가볍다. 전제주의가 이 나라에서 완화되고부터 조세는 늘어났다. 《타타르사》 참조. 〔원주〕
*12 프랑스의 지방의회가 열리는 모든 주(州)(Pays d'états). 〔원주〕 모든 주는 공무를 토의하는 주의회를 두고 주의 조세 분담금을 스스로 정하고 있었다. 그러나 이미 루이 14세 때 이 권리는 폐지되었다.

더 커지게 할 수 없기 때문이다.

제14장 조세 성격과 정체의 관계

인두세는 노예 상태에 대해서 좀 더 자연스럽다. 상품에 과하는 조세는 자유에 대해서 한결 더 자연스러운데 그것은 그 세가 사람에게 결부되는 것이 더 간접적이기 때문이다. 군주가 그 군대나 궁정에 속한 사람들에게 금전을 주지 않고 토지를 분배하고, 따라서 적은 조세만 징수한다는 것은 전제정체로서 자연스러운 일이다. 그러나 군주가 금전을 줄 경우 징수할 수 있는 가장 자연스러운 조세는 인두세이다. 이 인두세는 매우 적은 액수일 수밖에 없다. 왜냐하면 그 정체는 부정하고 포학한 까닭에, 거기에서 초래될 폐해 때문에 거기에서는 이런저런 많은 급별(級別)을 만들 수 없으므로, 조세는 반드시 가장 가난한 자가 낼 수 있는 비율에 따라서 규정되어야 하기 때문이다.

제한정체에 자연스러운 조세는 상품에 대한 조세이다. 이 세는 상인이 미리 납부하지만, 실제로는 사는 사람이 납부하는 것이기 때문에 그것은 상인이 사는 사람에게 빌려준 것이다. 따라서 상인은 한편에서는 국가의 일반적 채무자이고, 다른 한편에서는 모든 개인의 채권자로 간주되어야 한다. 상인은 사는 사람이 뒷날 그에게 낼 세를 미리 국가에 납부한다. 그리고 상품 때문에 선납한 세를 그는 사는 사람을 위해서 납부한 것이다. 그래서 정체가 제한적일수록, 자유 정신이 군림할수록, 재산이 안전할수록, 상인으로서 국가에 선납을 하고 개인에게 많은 세금을 빌려주기 쉬워진다. 영국에서는 상인이 수입하는 포도주 통마다 40 또는 60파운드를 국가에 빌려준다. 터키처럼 통치되는 나라에서 어떤 상인이 이런 일을 감히 할 것인가. 만일 그것을 한다 하더라도 의심스럽고 불안정하므로, 어떻게 불안정하고 파손된 재산을 가지고 그것을 할 수 있을 것인가.

제15장 자유의 남용

자유의 이러한 큰 이익은 자유 자체의 남용이라는 결과를 낳았다. 제한정체가 훌륭한 성과를 거두는 바람에 도리어 그 절도가 잊히고 말았다. 많은 조세수입이 올랐고 그것을 지나치게 올리고자 하는 생각 때문에 사람들은 그것을 선물해 준 것이 자유의 손이라는 사실을 잊어버리고, 모든 것을 거부하는 예속성을 지향했다.

자유는 지나친 조세를 낳게 했다. 그러나 이러한 조세의 결과는 예속성을 낳고, 예속성은 조세의 감소를 낳게 한다. 동방의 군주들이 포고를 발하는 것은 거의 해마다 제국의 어느 주(州)에 조세를 면하게 하기 위해서이다.*13 그들의 의지 표명은 은혜이다. 그러나 유럽*14에서 군주의 포고는 그것을 읽기도 전부터 사람들을 괴롭힌다. 왜냐하면 그 명령 가운데서 군주는 언제나 군주가 필요한 것만 이야기하고, 결코 우리의 필요에 대해서는 이야기하지 않기 때문이다.

동방 여러 나라의 정체 또는 때때로 풍토에 기인하는 덕분에 대신들이 가지고 있는 용납할 수 없는 게으름의 결과로 국민은 새로운 요구로 말미암아 줄곧 고통당하는 일은 결코 없다는 이점을 가지고 있다. 거기서는 결코 새 계획을 세우지 않으므로 공공 지출은 늘어나지 않는다. 그리고 그런 계획이 가끔 꾸며진다고 하더라도 금방 끝나는 계획이지, 시작되는 계획은 아니다. 국가를 다스리는 사람들은 국민을 끊임없이 괴롭히지 못한다. 그들 자신을 괴롭힐 수가 없기 때문이다. 그러나 우리의 경우 재정에 원칙을 세운다는 것은 불가능하다. 왜냐하면, 우리는 언제나 무엇인가를 하리라는 것을 알고는 있으나 무엇을 할 것인가는 절대로 모르기 때문이다. 우리 사이에서는 벌써 국고 수입의 현명한 분배자를 위대한 대신이라고는 부르지 않게 되고, 책사로서 융통성이 많은 대신을 그렇게 부르게 되었다.

제16장 이슬람교인의 정복

이슬람교인의 정복을 이상할 정도로 쉽게 한 것은 이렇게 지나친 조세였다.*15 국민은 그리스 황제들의 빈틈없는 탐욕이 생각해 낸 착취의 연속 대신 간단하고도 쉽게 낼 수 있고, 또 쉽게 받을 수 있는 과세에 순종했다. 이리하여 국민은 잃어버린 자유의 모든 불편에 의한 괴로움, 또 현실의 노예성의 모든 불쾌함을 당하는 부패한 정부에 복종하기보다 야만인에게 복종하는 편이

---

*13 이것은 중국 황제의 관행이다. [원주]
*14 프랑스.
*15 이들 조세의 크기와 기괴함, 아니 광포함을 역사책에서 찾아보라. 황제 아나스타시우스는 공기 호흡에도 세를 생각했다. [원주]

훨씬 행복했던 것이다.

제17장 군대 증강

새로운 병이 유럽에 전파되었다. 그것은 우리들의 군주에 감염되어 그들로 하여금 도에 지나친 많은 군대를 보유하도록 했다. 이 병은 몇 번이든지 걸리게 되므로 필연적으로 전염성이 된다. 왜냐하면 어떤 나라가 자기 나라의 군대를 증강하기가 무섭게 다른 나라도 갑자기 군대를 증강하게 되며, 이로써 얻어지는 것이란 공동의 파멸 말고는 없기 때문이다. 모든 군주는 국민이 절멸당하는 위기에 처했을 때 필요한 군대를 상비하고 있다. 그런데도 사람들은 이 만인 대 만인의 투쟁 상태[16]를 평화라 부른다. 이리하여 유럽은 힘이 약해져서, 개인은, 유럽에서 가장 부유한 3대 부유국[17]이 차지하는 것과 같은 상태에 있다 해도 생활할 수 없을 정도이다. 우리는 온 세계의 부와 무역을 장악하면서도 가난하고, 또 군인을 많이 소유한 까닭에 이제 군인 이외의 사람은 없게 될 것이다. 그리고 우리는 타타르인처럼 될 것이다.[18]

대군주는 작은 군주 군대를 빌리거나 사는 것[19]으로 만족치 않고 모든 방면에서 동맹에 돈을 들이려고 즉 언제나 그 돈을 버리려고 노력한다.

이러한 상태의 결과는 조세의 잇따른 증가이며, 이것이 장래에 걸쳐서 모든 구제 방법을 방해하고 있다.

즉 벌써 그 소득을 예정하고 전쟁하는 것이 아니라 자본을 가지고 전쟁을 하는 것이다. 평시에도 국가가 그 재원을 저당하여 스스로 파산을 초래하기 위해, 스스로 비상이라 일컫는 수단을 쓰는 일도 드물지 않다.[20] 이 비상이라는 수단이야말로 가장 방탕한 양가집 자제도 상상 못할 정도이다.

---

[16] 주로 균형을 유지하고 있는 것이 이 투쟁 상태임이 사실이다. 왜냐하면 그것은 여러 강국의 권력을 저지하고 있기 때문이다. [원주] 그러나 만일 그 균형이 깨어진다면 어떻게 될 것인가?

[17] 영국·프랑스·네덜란드.

[18] 그러기 위해서는 거의 전 유럽에 새로이 건설된 민군(民軍)을 이용해서 이를 정규 군대와 같이 크게 발전시키기만 하면 된다. [원주]

[19] 영국은 독일의 용병을 사서 대륙에서 싸우는 것이 일쑤였다. 사부아 공(公)은 영국의 지원 아래에 프랑스와 싸웠다. 루이 14세 및 15세는 스위스와 독일의 용병을 썼다.

[20] 존 로 은행이 루이지애나의 토지를 저당잡혀 지폐를 남발하고 프랑스 경제를 파멸로 이끈 것을 풍자한 것이리라.

제18장 조세 감면

큰 손해를 입은 여러 주에 조세를 면제한다는 동양 대제국의 원칙은 마땅히 군주국가에도 보급되어야 할 것이다. 이 원칙이 행해지고 있는 나라도 있다.*21 그러나 그것은 행해지지 않았을 때보다도 더 국민을 괴롭히고 있다. 왜냐하면 군주의 징수액에는 증감이 없으므로 국가 전체가 연대적으로 조세를 부담하는 것이 되기 때문이다. 납부가 저조한 마을의 부담을 줄여 주기 위해서 납부를 잘하는 마을의 부담을 무겁게 한다. 전자는 회복을 하지 않고, 후자는 파멸한다. 국민은 부당 징세의 두려움 때문인 납세의 필요와, 가중과세의 우려에 따른 납세의 위험 사이에 끼여 절망적인 상태가 된다. 잘 통치된 국가는 지출의 첫 항목으로서 천재지변에 대비하여 일정한 금액을 적립해야 할 것이다.

국가의 경우도 개인의 경우와 마찬가지로 토지 수입을 모두 소비할 경우에는 파산한다.

같은 마을 주민의 납세상의 연대에 대해서는 촌민 측에 탈세의 비밀 음모가 있을 수 있으므로, 그것은 합리적이라고 하는 사람도 있다.*22 그러나 단순한 상상에 따라서 그 자체로써 부정하고, 국가로서는 부담이 많은 제도를 설치해야 한다는 생각은 어디서 생겨났을까.

제19장 조세 청부와 직접 징수 가운데 군주 및 국민에게 어울리는 것

직접 징세는 자기 수입을 자기가 직접 경제적으로 올바르게 징수하는 선량한 가부장(家父長)의 관리이다. 직접 징세에 따라서 군주는 그 필요에 따라, 또는 국민의 필요에 따라 조세 징수를 마음대로 당기거나 늦출 수 있다. 직접 징세로써 군주는 국가를 위해 수세청부인의 막대한 이익을 덜 수 있다. 수세청부인은 수많은 방법으로 국가를 가난하게 만들고 있다. 직접 징세로써 군주는 국민에게 국민의 원한의 대상인 급격한 치부의 광경을 숨기게 된다. 직접 징세로써 징수된 돈은 몇몇 손을 거칠 따름이다. 그것은 직접 군주에게 들어가며, 따라서 좀 더 빠르게 국민에게 돌아온다. 직접 징세로써 군주는 국민에게 무수한 악법을 없앤다. 이 악법을 뻔뻔스럽고 탐욕스러운 수세청부인이 장래

---

*21 특히 프랑스.
*22 《로마 재정론》(1740년 파리 인쇄) 제2장 참조. 〔원주〕

의 재해가 되는 규정 속에서 현재의 이익을 보여 주며, 군주에게 강요하는 것이다.

돈을 가지고 있는 자는 언제나 지배자이므로 수세청부인은 군주에게조차 전제적으로 된다. 그는 입법자는 아니나 입법자를 강제해서 법을 만들게 한다. 솔직히 말한다면 새로 설정된 세는 처음에는 청부시키는 편이 때에 따라 유효하다. 탈세를 막기 위한 기술이나 여러 가지 고안을 수세청부인은 그 이해관계상 생각해 내게 되나, 수세관은 도저히 생각해 내지 못할 것이다. 그런데 징수 방법이 한 번 수세청부인에 따라 만들어진다면 직접 징세 제도를 만들어도 성공할 수 있다. 영국에서 오늘날 행해지는 소비세[*23]나 우편 수입의 관리법은 수세청부인으로부터 빌려 온 것이다.

공화국에서는 국가의 수입이 거의 직접 징수로 되어 있다. 이와 반대되는 제도가 로마 정체의 큰 결함이었다.[*24] 직접 징세가 행해지는 전제국가에서 국민은 훨씬 더 행복하다. 페르시아와 중국이 그 증거이다.[*25] 가장 불행한 것은 군주가 항구와 상업도시를 떠맡고 있는 나라의 국민이다. 군주 국가의 역사는 수세청부인들이 저지른 죄악으로 가득 차 있다.

네로는 수세청부인의 착취에 분개해 모든 조세를 폐지한다는 불가능하고도 고결한 안을 세웠다. 그는 직접 징수제를 미처 알지 못했다.

그는 네 가지 명령을 발표했다. 즉, 그때까지 비밀로 되어 있던 반수세청부인법(反收稅請負人法)이 공포되리라는 것, 수세청부인은 청구를 게을리한 세는 그 연도에 청구할 수 없다는 것, 그들의 주장은 형식도 거치지 않고 재판하기 위한 법무관을 설정한다는 것, 상인은 선박에 대해 어떤 세도 내지 않는다는 것.[*26] 여기에 이 황제의 태평시대가 있었다.

[*23] 영국에서 음료와 그 밖의 소비재에 징수하는 조세.
[*24] 카이사르가 아시아 주(州)에서 수세청부인을 제거하고 거기에 다른 종류의 관리법을 설치할 수밖에 없었다는 것은 디온이 우리들에게 가르쳐 주는 대로이다(제42편 제6장). 또 타키투스는 말한다《연대기》제1편 제76장). 마케도니아와 아카이아는 아우구스투스가 로마인에게 그 통치를 남겨 놓은 주이므로 따라서 이제까지의 방법으로 다스려졌는데, 황제가 그 관리에 따라서 통치된 주의 수에 참가하는 허가를 받았다. 〔원주〕
[*25] 샤르댕《페르시아 여행기》참조.
[*26] 타키투스《연대기》. 〔원주〕

제20장 수세청부인*27

수세청부인의 영리적인 직업이 거기서 더 나아가 그 부(富)로 말미암아 존경받는 직업으로 될 때 모든 것을 잃는다. 이것이 전제국가로서는 좋을 수도 있다. 그 이유는 때때로 그들이 행하는 직업이 총독 자신의 직무 일부분이기 때문이다. 그러나 공화국에서는 좋지 않다. 그것은 바로 로마공화국을 멸망시켰다. 그것은 군주정체에서도 좋지 않다. 물론 이 제도의 정신에 어긋나는 것은 없지만, 일종의 혐오가 다른 모든 신분의 사람들을 사로잡는다. 거기서는 명예에 따르는 자연적인 여러 방법이 이미 사람의 마음을 움직이지 않게 되고, 이리하여 이 정체는 그 원리에 타격을 받게 된다. 과거의 시대에도 파렴치한 방법으로 재산을 모으는 것을 볼 수 있었다. 그것은 50년 전쟁 재해의 하나였다. 그러나 그 무렵에는 그런 부가 가소로운 것으로서 여겨졌다. 그런데도 오늘날 우리는 그것을 감탄한다.*28

각 직업에는 그들의 몫이라는 것이 있다. 조세를 징수하는 자의 몫은 부(富)이며, 이 부의 보수는 부 자체이다. 영광과 명예란 영광과 명예 말고는 참된 행복을 알지 못하며, 보지도 않고 느끼지도 않는 그런 귀족을 위한 것이다.

존경과 후한 대우도 언제나 일에 쫓겨 밤낮없이 국가의 행복을 위해 감시하고 있는 대신이나 집정자를 위한 것이다.

---

*27 《페르시아인의 편지》 48 참조.
*28 수세청부인들은 이 문장이, 그들이 도의에 어긋난 재물을 모아 부자가 되었다고 자신들의 명예를 훼손하는 것이라는 이유로 몽테스키외에게 항의했다. 지은이는 이 구절이 직접 수세청부인을 공격한 것은 아니라고 주장한다.

제3부

제14편
법과 풍토의 관계

제1장 대의(大意)

정신적 특질, 마음의 여러 정념이 풍토마다 매우 다르다는 것이 진실이라면, 법 또한 이 성격의 차이에 대해 상대적인 것이어야 한다.*1

제2장 풍토에 따른 인간의 차이점

찬 공기는 우리 몸의 외부적 섬유의 말단을 죈다.*2 이것은 섬유들의 탄성(彈性)을 증가시키며 말단으로부터 심장으로 향하는 피의 귀환을 도와준다. 그것은 또한 섬유를 축소시킨다.*3 따라서 그것은 더욱 그 때문에 그 힘을 더하게 한다. 이와 달리 더운 공기는 섬유의 말단을 늦추고 그것을 늘어나게 한다. 따라서 그것은 그 힘과 탄성을 감소시킨다.*4

따라서 추운 풍토의 사람들은 좀 더 체력이 앞선다. 심장의 작용과 섬유 말단의 반작용이 잘 행해지고 있어서 체액*5은 보다 잘 균형을 유지하고 혈액

---

*1 몽테스키외의 이름으로 된 풍토 이론(Théorie des climats)의 대의이다. 그가 말한 바를 서술했다고 하는 지리학적 결정론(例, 데물랑의 《앵글로색슨의 우월은 무엇에서 유래하는가?》)과는 달리, 몽테스키외는 인간 이성의 발현인 법이 각종 조건에 따라서 어떻게 수정되는가, 또 그 조건들이 인간의 이성인 법에 따라 어떻게 변경되는가의 관련을 연구한 것이므로 이른바 결정론자는 아니다.
*2 이것은 눈으로 보면 알 수 있다. 추울 때 사람이 더 여윈 것같이 보인다. [원주]
*3 그것이 철을 축소시킨다는 것을 사람들은 알고 있다. [원주]
*4 여기에 옮겨 실은 몽테스키외의 역학적 생리학은 이해하기 어렵다. '외부적 섬유'란 무엇인가. Roustan은 "틀림없이 '외부적 세포'이다"라고 주장하고, 세포라는 말이 아직 생기지 않았기 때문에 섬유라는 표현을 썼다고 말하고 있다. 그러나 이것을 양쪽 끝에 출입구가 달린 속 빈 관이라고 생각할 수도 있다. 즉 데카르트가 《방법서설》에서 말한 혈액순환론에 나오는 혈관·근육·신경이 그것이다.
*5 체액(liqueur)은 humeur라고도 한다. 옛날 의학에서는 이것의 주된 것을 넷으로 삼고 있다. 혈액·점액·담액·흑담즙 등이 그것이다. 이 체액들이 완전히 균형을 이루고 있을 때는 육체가

은 심장을 향해 더 강하게 인도되므로 반대로 심장은 더 많은 힘을 갖는다. 이 큰 힘은 많은 결과를 자아낸다. 예를 들면 자기에 대한 좀 더 큰 신뢰감, 즉 더욱 많은 용기, 자기 우월에 관한 보다 많은 인식, 즉 복수에 대한 좀 더 작은 욕구, 보다 많은 자기 안전감, 즉 보다 많은 솔직성, 보다 적은 의심, 정략, 위계(僞計)를 만들어 낸다. 결국 그것은 매우 다른 성격을 만들어 낼 것이 틀림없다. 시험삼아 한 인간을 더운 방에 가두어 놓아 보라. 앞서 말한 여러 이유로 말미암아 그는 심장 쇠약 때문에 크게 고통받게 될 것이다. 이런 상태에서 그에게 대담한 행동을 권한다면 그는 매우 싫어할 것이라고 나는 생각한다. 그의 현재의 쇠약이 그의 정신을 의기소침하게 만들 것이다. 스스로 아무것도 할 수 없다고 느끼기 때문에 그는 모든 일을 두려워할 것이다. 더운 나라의 민족은 노인처럼 소심하다. 추운 나라의 민족은 젊은이같이 용감하다. 가장 우리 기억에 가까이 있는 최근의 전쟁*6을 떠올려보기로 하면—오랜 시간이 흐른 것은 뚜렷한 구별을 보여줄 수가 없기 때문에—우리는 북방 민족이 남국*7으로 옮겨졌을 때, 자기들의 풍토 속에서 용기를 발휘해서 싸울 수 있는 그들의 동포와 같은 정도로 훌륭한 활동을 할 수 없었다는 것을 곧 느낄 수 있을 것이다.

북방 민족의 근육의 힘은, 먹을거리로부터 가장 거칠고 나쁜 자양분이라도 끌어 낼 수 있게 한다. 여기에서 두 가지 결과가 나타난다. 첫째로 림프액, 또는 림프액의 구성 요소는 표면이 넓고 근육에 접해 있어서 근육을 기르는 데 좀 더 적당하다. 둘째로, 그들 구성 요소는 볼품없으므로 신경액에 섬세함을 주는 데는 그다지 적당치 않다. 따라서 이들 민족은 몸집은 크나 민첩함은 부족하다. 신경은 모든 방향으로 뻗쳐 피부 조직에 이르고 있어서 저마다 신경 다발을 이루고 있다. 보통 움직이는 것은 모든 신경이 아니라 몇몇 부분이다. 더운 지방에서는 피부 조직이 풀어져 신경의 말단이 열려 있으므로 가장 미약한 대상의 가장 작은 작용을 받기 쉽도록 되어 있다. 추운 지방에서는 피부 조직이 긴장되어 유두(乳頭)가 수축되어 있다. 작은 신경모(神經毛)도 말하자면 마비되어 있다. 감각은 매우 강하며, 신경 전체를 움직일 때밖에는 뇌까지

건강 상태에 있다.
*6 에스파냐 왕위계승전. (원주)
*7 예를 들면 에스파냐에서. (원주)

전해지는 일이 없다. 그러나 상상·취미·감성·활기는 무수한 작은 감각에 의존하고 있다.

　나는 양(羊)의 혀에서, 육안으로는 유두로 덮인 것처럼 보이는 부분의 외부 조직을 관찰했다. 현미경으로 보니 이 유두 위에는 작은 털, 일종의 솜털 같은 것이 보였다. 유두 사이에는 피라미드 모양의 돌기가 있고, 그 끝은 붓 같은 모양이었다. 이들 피라미드 모양의 돌기가 아마도 미각의 주요한 기관임이 틀림없다. 나는 이 혀의 절반을 얼려 보았다. 그랬더니 유두는 육안으로 보아도 매우 줄어든 것같이 보였다. 몇몇 유두의 열(列)은 전체가 피막(皮膜) 속에 기어들어가 버렸다. 나는 그 조직을 현미경으로 살펴보았지만 피라미드 모양의 돌기는 보이지 않았다. 언 혀가 녹아감에 따라 유두가 또다시 나타나는 것처럼 눈으로도 보였다. 현미경으로 보니 작은 털이 또 모습을 보이기 시작했다.

　이 관찰은 내가 앞에서 말한 것, 즉 추운 지방에서는 작은 신경은 그다지 열리지 않는다는 것을 증명한다. 그것은 피막 밑에 묻혀서 외적 대상의 작용으로부터 차단되어 있다. 따라서 감각은 그다지 활발치 않다. 추운 지방에서는 사람들이 쾌락에 대한 감수성이 거의 없을 것이다. 따뜻한 지방에서는 그것이 좀 더 클 것이고, 더운 지방에서는 극도에 이를 것이다. 기후는 위도로 구분되는 것처럼, 말하자면 감수성의 정도에 따라서도 구분될 수 있을 것이다. 나는 이탈리아와 영국에서 오페라를 본 적이 있다. 그것은 같은 흥행물, 같은 배우였다. 그런데 같은 음악이 두 국민에게 준 효과는 믿기 어려울 만큼 달랐다. 영국인은 아주 조용했고, 이탈리아인은 정신없이 들떴다.

　괴로움에 대해서도 마찬가지일 것이다. 괴로움은 육체의 어떤 (근육) 섬유가 찢김으로써 일어나게 된다. 자연의 창조주는 상처가 크면 클수록 이 고통이 강하게끔 만들었다. 그런데 북방 민족의 거대한 몸과 거칠고 큰 근육은 더운 지방 민족의 섬세한 근육보다 상해를 입기 어렵다는 것은 명백하다. 따라서 거기서는 영혼이 괴로움에 대해 한결 둔감하다. 모스크바인에게 감각을 주기 위해서는 그 가죽을 벗겨야 한다. 더운 지방에서 사람들이 갖는 이 감각의 섬세성은 그들의 영혼이 특히 양성(兩性)의 결합에 관계하는 모든 것에 따라서 최고도로 움직여지게 한다. 모든 것은 이 목표를 향한다. 북방 풍토에서는 연애의 외관이 느낄 수 있을 정도의 힘을 가질 둥 말 둥하다. 따뜻한 풍토에서는 연애가 수없이 많은 장식품을 수반하므로 일견 연애 자체일 것 같으면서도 아직 그렇지도 않은 여러 사항에 의하여 유쾌한 것이 된다. 좀 더 더운 풍토에서는 연애 그 자체를 좋아한다. 연애는 행복의 유일한 원인이고 생명이다.

　남쪽 지방에서는 섬세하고 취약하나 매우 다감한 육체가 후궁에서 끊임없이 생기고 가라앉는 연애에, 또는 후궁보다 더 많은 독립을 여자에게 주나, 그 대신 끝없는 분쟁이 따르는 연애에 몸을 맡긴다. 북쪽 지방에서는 건전하고 튼튼하기는 하나 둔중한 육체가, 정신을 활발하게 하는 모든 것—사냥·여행·전쟁·술—속에서 쾌락을 찾아낸다. 북방의 풍토에서는 악덕은 거의 찾아볼 수 없고 상당한 미덕을 가지며, 성실과 솔직성으로 가득한 사람들을 볼 수 있을 것이다. 남쪽 지방으로 가 보면 도덕 자체로부터 멀어지는 것처럼 느껴질 것이고, 또 좀 더 활발한 정념이 범죄를 증가시킨다. 사람들이 저마다 바로 이 정념을 부추길 수 있는 모든 수단을 남보다 뛰어나게 많이 얻으려고 한다. 따뜻한 지방에서는 풍습에서도, 악덕에서도, 또 덕성에서도 일정하지 않은 점을 볼 수 있다. 그곳에서는 풍토가 그것들을 고정시킬 만큼 명확한 성질을 가지고 있지 않다."*8

　풍토의 더위는 육체가 완전히 무력해질 정도로 심해질 수 있을 것이다. 그럴 때엔 쇠약이 정신에도 영향을 미친다. 호기심도, 고귀한 행동도, 너그러운 감정도 없다. 정신의 흐름은 완전히 수동적이다. 그곳에서는 게으름이 행복이다. 대부분의 형벌도 영혼의 작용에 비하면 참기 쉽고, 예속도 스스로를 인도하는 데 필요한 정신력에 비하면 참기 쉽다.

제3장 어떤 남방민족에게 나타나는 성격의 모순

　인도인은 본디 용기가 없는 민족이다.*9 인도에서 태어난 유럽인 아이들*10 마저 그들 풍토대로 용기를 잃고 있다. 그러나 이 일과 인도인의 잔인한 행동, 관습, 야만스러운 고행을 어떻게 일치시킬 수 있겠는가. 그곳 남자들은 믿기

---

　*8 여기서 몽테스키외가 문제로 삼는 민족은 유럽 민족이다. 북방 민족이란 영국·독일·네덜란드 사람, 남방 민족이란 이탈리아·에스파냐 사람, 따뜻한 지방 민족이란 프랑스 사람을 말한다.
　*9 타베르니에는 말한다. "100명의 유럽 병사는 1천 명의 인도병을 무찌르는 데 크게 어려움을 느끼지 않을 것이다."〔원주〕
　*10 인도에 정착하는 페르시아인도 3대째가 되면 인도인의 무관심과 겁 많고 나약함을 가지게 된다. 베르니에 《무굴제국》 참조. 〔원주〕

어려울 정도의 고난을 기꺼이 받고, 여자는 그 몸을 태운다. 이처럼 비상한 약함에 반해 비상한 강함이 있다.

자연은 이들 민족을 겁쟁이로 만드는 어떤 무력을 주었지만, 모든 것이 그들에게 극단적인 감명을 줄 만큼 강렬한 상상력 또한 그들에게 주었다. 그들로 하여금 죽음을 두렵게 만드는 기관(器官)의 예민함이 그들로 하여금 무수한 사물을 죽음 이상으로 두려워하게 만들고 있다. 그들에게 모든 위험을 피하게 하는 것도, 모든 위험을 저지르게 하는 것도 같은 감수성인 것이다. 올바른 교육이 정신적으로 성숙한 자보다 아이들에게 더 필요한 것같이, 이런 풍토의 민족은 우리 풍토의 민족들보다 더 지혜로운 입법자를 필요로 한다. 쉽게 또는 강렬하게 인상을 받는 사람일수록 적당한 방법으로 인상이 주어지고, 편견을 받지 않고 이성(理性)으로써 인도될 필요가 있다.

로마 시대에서 유럽의 북방 민족들은 기예(技藝)도 없고, 교육도 없고, 거의 법도 없이 살았다. 그러나 그런 풍토의 완강한 육체적 섬유(신경·혈관)에 결합된 양식에 따라서, 로마의 권력에 놀라운 지혜를 가지고 대항해 마침내 그들의 숲을 나와 그 권력을 타파했다.

제4장 동양 여러 나라에서 종교·풍속·생활양식·법률이 변하지 않는 원인

동양의 여러 민족으로 하여금 외계(外界)에 관한 가장 강렬한 인상을 받게 하는 이 감각 기관의 취약성에 육체의 게으름이 결합된, 또 정신으로 하여금 어떤 동작과 노력, 어떤 긴장도 못하게 하는 어떤 종류의 정신적 게으름을 가한다면, 한번 어떤 인상을 받은 영혼은 이제 그것을 바꿀 수 없게 된다는 사실을 알 수 있을 것이다. 이것이 동양에서는 법률·풍속, 그리고 생활양식─옷을 입는 방식 같은 작은 일마저─이 지금도 천 년 전과 다름이 없다는 것의 원인이다.

제5장 나쁜 입법자는 풍토의 결점을 돕는 자, 좋은 입법자는 이에 저항한 자*11

인도인은 휴식과 무(無)가 만물의 기초이고, 만물이 귀결되는 목표라고 믿는다. 따라서 그들은 아무것도 하지 않는 상태가 가장 완전한 상태이고 그들의

---

*11 이 장에 따라서 몽테스키외가 결정론자가 아님을 알 수 있다.

욕망의 목표라고 생각한다. 그들은 최고의 존재에 부동(不動)이라는 다른 이름을 주고 있다.*12 샴인은 지고의 행복*13이란 기관에 활기를 주거나 육체를 움직이거나 하는 일을 강제당하지 않는 데 있다고 믿는다. 심한 더위가 사람을 쇠약하게 만들고 괴롭히는 이들 지방에서는, 휴식이 말할 수 없이 기분 좋고 운동은 몹시 괴로우므로 이런 형이상학의 체계도 자연스럽게 보인다. 그리고 인도의 입법자 붓다*14가 인간을 극단으로 수동적인 상태에 놓았을 때, 그는 자기가 느낀 바에 따랐던 것이다. 그러나 그 가르침은 풍토의 게으름에서 생겼고, 그 자체도 게으름을 부추겼으므로 수많은 악을 불러왔다.

중국 입법자들은 사람을, 그들이 언젠가는 있어야 할 평온한 상태에서가 아니라 생활의 의무를 완수할 수 있는 적당한 행동으로 고찰하고, 그 종교와 철학과 법을 완전히 실용적인 것으로 했던 것인데, 그들 쪽이 훨씬 더 합리적이었다. 자연적 원인이 사람을 휴식으로 이끌면 이끌수록 도덕적 원인은 사람을 휴식으로부터 멀어지도록 해야 한다.

제6장 더운 풍토에서의 토지 경작

토지 경작은 인간의 가장 중요한 노동이다. 풍토가 사람으로 하여금 이 노동을 피하게 만들려고 하면 할수록, 종교나 법은 사람으로 하여금 그것을 부지런히 하게끔 만들어야 한다. 그러므로 토지를 군주에게 주어서 개인에게서 소유권의 정신을 빼앗는 인도의 법은 풍토의 나쁜 결과, 즉 몹시 자연적인 게으름을 키운다.

제7장 수도원제도

수도원(修道院)제도도 노동에 같은 폐해를 준다.

이것은 사람들이 행동보다 사변(思辨)으로 향하는 동양의 더운 나라에서 생겨났다. 아시아에서는 승려나 수도사의 수가 더운 풍토에서 더 많아지는 것

---

*12 파나마낵, *Kircher* 참조. (원주)
*13 라 뤼비에르 《샴왕국 여행기》. (원주)
*14 불타는 마음을 순수한 허무로 돌리고자 했다. "우리는 눈과 귀를 가지고 있으나, 완전함이란 보지 않고 듣지 않는 데 있다. 입과 손과 그밖의 것을 가지고 있으나 완전함이란 이런 것이 활동하지 않는 데 있다." 이것은 중국의 한 철학자와의 대화에서 인용된 것으로, 뒤알드 신부(제3편)가 전하는 바이다. (원주)

같다. 더위가 심한 인도는 그들로 가득 차 있다. 유럽에서도 이와 같은 차이를 찾아볼 수 있다.

풍토적인 게으름을 극복하기 위해서는 법이 노동없이 생활하는 모든 수단을 빼앗도록 노력해야 할 것이다. 그러나 유럽의 남부에서는 법이 이와 정반대의 일을 한다. 즉, 법은 놀며 지내고자 하는 사람들에게 사변적 생활에 알맞은 지위를 주고, 그 지위에 막대한 부를 결부시키고 있다. 이런 사람들은 주체 못할 만큼 풍부함 속에서 살고 있으므로 그 잉여를 하층민에게 주는 것은 마땅하다. 하층민은 재산의 소유를 잃어버리기 때문이다. 그들은 하층민이 재산을 잃은 보충을, 무위(無爲)를 즐기게 만듦으로써 행하는 것이다. 그래서 하층민은 자기의 가난 자체를 사랑하게 된다.

제8장 중국의 좋은 관습

중국 여행기*15는 해마다 황제가 밭을 가는 의식*16에 대해 말하고 있다. 이 공식적인 의식의 목적은 백성으로 하여금 부지런히 경작하게 만드는 데 있다.*17 그리고 또 황제는 해마다 가장 좋은 성적을 올린 농부에 대해 보고를 받고, 그는 제8급의 관리로 삼는다.

고대 페르시아*18에서는 Chorrem-ruz라는 이름의 달 제8일에는 국왕이 그 호사스러운 생활을 버리고 농부와 함께 식사했다. 이런 제도는 농업을 장려하기 위해서는 매우 좋다.

제9장 근면을 장려하는 방법

나는 제19편에서 게으른 국민은 보통 교만하다는 것을 쓸 작정이다. 그런데 결과를 가지고 원인에 대항시키고, 교만으로써 게으름을 없앨 수도 있을 것이다. 국민이 체면을 매우 문제시하는 유럽 남부에서는 자기 밭을 가장 잘 경작한 농부, 또는 그 기술에서 가장 큰 진보를 이룬 수공업자에게 상을 주는 것

---

*15 뒤 알드 신부 《중국지》. 〔원주〕
*16 많은 인도의 왕들도 똑같은 일을 행하고 있다. 라 뤼비에르 《샴왕국 여행기》
*17 제3 왕조의 3대 황제 벤트는 몸소 농사를 짓고, 궁전 안에서 황후 및 비(妃)는 몸소 누에를 쳤다《중국지》. 〔원주〕
*18 하이드 《페르시아인의 종교》. 〔원주〕

이 적당할 것이다. 이 방법은 어느 나라에서든 성공할 것이다. 그것은 오늘날 아일랜드에서, 유럽에서 가장 중요한 리넨 공장의 설립에 도움이 되었다.

제10장 절제에 관한 여러 민족의 법

더운 지방에서는 땀을 흘리기 때문에 혈액의 수분[19]을 많이 발산한다. 따라서 그것은 비슷한 액체로 보충되어야 한다. 거기서는 물이 큰 효용이 있다. 독한 술은 수분이 날아간 뒤에 남는 혈구[20]를 응고시킬 것이다.

추운 지방에서는 혈구의 수분이 땀을 흘리는 일 때문에 증발하는 일은 거의 없다. 그것은 풍부하게 남아 있다. 따라서 거기서는 혈액 응고를 초래하는 일이 없으므로 알코올 음료를 사용할 수 있다. 사람들은 체액으로 차 있다. 거기서는 혈액에 운동을 주는 독한 술이 적당한 것이 될 수 있다.

따라서 음주를 금한 마호메트의 법은 아라비아 풍토의 법이다. 실제로 마호메트 이전에도 물이 아라비아인의 보통 음료였다. 카르타고인에게 음주를 금한 법도 마찬가지로 풍토법이었다. 사실 이들 두 지방의 풍토는 거의 같다.

이같은 법이 추운 지방에서는 좋지 않을 것이다. 거기서는 풍토가 얼마쯤 국민적인 음주벽을 강제하는 것같이 여겨진다. 그것은 개인의 음주벽과는 전혀 다르다. 음주벽은 지구 전체에 풍토의 추위와 습기에 비례하여 뿌리를 내리고 있다. 적도에서 북극으로 이동해 보자. 음주벽이 위도에 따라 커짐을 알 수 있을 것이다. 같은 적도에서 반대 극으로 이동해 보라. 음주벽이 이쪽에서는 북으로 향했던 것처럼 이번에는 남을 향해 가는 것을 볼 수 있을 것이다.

음주벽이 사람은 물론 사회에도 거의 나쁜 영향을 끼치지 않고, 사람을 미쳐 날뛰게도 만들지 않고, 다만 멍청하게 만드는 데 지나지 않은 지방에 비해서 술이 풍토에 위배되고, 따라서 건강에 어긋나는 지방에서는 지나친 음주가 더욱 엄격히 처벌되는 것은 마땅하다.

---

[19] 베르니에는 라호르에서 카시미르에 여행했을 때 이렇게 썼다. "내 몸은 체나 마찬가지였다. 1파인트의 물을 마시자마자 순식간에 사지에서 손끝에 이르기까지 이슬같이 배출되어 버렸다. 나는 하루에 물을 10파인트나 마셨지만 조금도 해롭지 않았다." 베르니에의 《여행기》. 〔원주〕

[20] 혈액 속에는 적혈구·섬유 부분·백혈구 등, 이 모든 것을 포함하는 물이 있다.

따라서 주정뱅이를 그가 지은 과실에 대해서만이 아니라 취해 있다는 점에 대해서도 처벌하는 법률은 개인의 음주벽에 관해서만 적용되었고, 국민적인 음주벽에는 적용되지 않았다. 독일인은 관습에 따라서 마시고, 에스파냐인은 선택으로 마신다.

더운 나라에서는 섬유가 풀어지면서 많은 체액이 몸밖으로 빠져나가게 한다. 그러나 단단한 부분은 소모되기 어렵다. 섬유는 매우 약한 활동밖에 하지 않아 거의 탄성을 갖지 않으므로 그다지 소모되지 않는다. 그것을 회복하는 데는 적은 자양액밖에 필요하지 않다.

그러므로 거기서는 사람들이 음식을 매우 적게 먹는다.

온갖 생활양식을 만들어 낸 것은 서로 다른 풍토에서 서로 다른 욕구이다. 그리고 이들 생활양식의 다양성이 여러 종류의 법률을 만들어 냈다. 사람들이 서로 많은 교류[*21]를 갖는 국민은 그것에 알맞은 법률이 필요하며, 전혀 교섭을 갖지 않는 민족은 또 다른 법률이 필요하다.

제11장 풍토병에 관한 법

헤로도토스의 말에 따르면, 문둥병에 대한 유대인 법은 이집트인의 관행에서 빌려온 것이다. 사실, 같은 병은 같은 치료법을 필요로 했다.

이런 법은 그 병과 마찬가지로 그리스인이나 초기 로마인에게는 알려지지 않았다. 이집트와 팔레스타인의 날씨가 그런 법을 필요로 했다. 또 잘 퍼지는 이 병은 이런 법의 뛰어난 지혜와 조심성을 우리에게 충분히 느끼게 한다.

우리 스스로도 그 효과를 경험했다. 십자군은 우리에게 문둥병을 가져왔으나, 현명한 규칙이 제정되어서 이 병이 국민 대중에게 퍼지는 것을 막았다. 롬바르디아인의 법에 의하여, 이 병이 십자군 이전에 이탈리아에 퍼져서 입법자들의 주의를 끈 것을 알 수 있다. 롬바르디아왕 로타리스는 자기 집에서 쫓겨나 특별한 장소에 유폐된 문둥병자는 그 집을 떠난 때부터 죽은 자로 여겨지기 때문에 재산을 처분할 수 없다고 정했다. 문둥병자와의 모든 교류를 끊기 위해서 그들을 시민적 무능력자로 만든 것이다.

내가 알기에는, 이 병은 그리스 황제의 정복으로 말미암아 이탈리아에 전해

[*21] 아마도 육체와 관련된 것을 말하는 것 같다.

진 것이다. 그 군대 가운데는 팔레스타인이나 이집트의 병사가 있었던 것 같다. 어쨌든간에 그 전파가 십자군 시대까지 저지되었다.

폼페이우스의 병사가 시리아에서 돌아왔을 때 거의 문둥병과 다름없는 병을 가져왔다고 한다. 그때 만들어진 규칙은 오늘날 전해지지 않으나, 이 병이 롬바르디아인의 시대까지 저지되었으므로 어떤 규칙이 있었으리라고 생각된다.

2세기 전에 우리 선조가 모르는 병이 신세계로부터 우리 세계로 옮겨서, 생명과 쾌락의 뿌리에까지 인간을 공격했다. 남유럽의 가장 위대한 가문의 대부분이 이 병, 즉 창피해할 만큼 일상의 것으로 되었고, 이제는 다만 목숨을 빼앗는 운명적인 것으로 되어 버린 이 병으로 말미암아 망하는 것을 볼 수 있었다. 이 병을 영속시킨 것은 황금욕이었다. 사람들은 끊임없이 아메리카로 건너가 그곳에서 언제나 새로운 병균을 가지고 돌아왔다.

종교의 이유에서 죄에 대한 이 벌을 방치할 것을 요구하는 자도 있었으나, 이 재앙이 결혼 생활의 내부까지 이미 스며들어 죄없는 어린아이까지 오염되고 있었다. 시민의 건강에 유의한다는 것은 지혜로운 입법자가 할 일이기 때문에, 모세 법에 의하여 만들어진 법에 따라서 이 병의 감염을 막아 내는 것이 매우 현명한 일이었을 것이다.

페스트는 그 피해가 더욱더 빠른 병이다. 그 본거지는 이집트에 있고, 거기서부터 온 세계에 퍼진다. 유럽 대부분의 국가에서 페스트의 침입을 막기 위해 매우 좋은 규칙이 만들어졌다. 그리고 오늘날에 와서는 그것을 멈추는 훌륭한 방법이 고안되었다. 페스트에 걸린 지방 주위에 군대가 주둔해 모든 교통을 차단하는 것이다.

터키인은 이 점에 대해 아무런 단속 규칙도 갖지 않으며, 같은 도시에서도 그리스도교인은 위험을 면하고 그들 이외의 모든 사람들은 죽어 가고 있었다. 그들은 페스트 환자의 옷을 사고, 그것을 입고도 태연히 생활을 이어나간다. 엄격한 숙명론이 모든 것을 규정하고 있으므로 집정자는 태연히 방관하는 사람으로서, 신(神)이 이미 모든 것을 행했으므로 자기는 아무 할 일도 없다고 생각하고 있었다.

제12장 자살에 대비하는 법*22

로마인이 이유없이 자살했다는 것은 역사상으로 본 적이 없다. 그런데 영국인은 그들로 하여금 그런 결심을 하게 만드는 아무런 이유도 찾아볼 수 없는데 스스로 목숨을 끊는다. 아니, 그들은 행복의 낙원에 있으면서도 자살을 한다. 이 행동은 로마인에 대한 교육의 결과였다. 그것은 그들의 사고 방식과 관습에 따른다. 영국인에게는 그것이 병의 결과*23이므로, 그것은 육체 기관의 자연학적 상태에 의하여 다른 모든 원인과는 무관하다.

아마 그것은 신경액의 여과의 결합일 것이라고 생각된다. 육체 기관은 그 원동력이 늘 활동하지 않으면 자기 자신에 싫증을 낸다. 정신은 아무런 괴로움도 느끼지 않으나 생존에 특정한 불안을 느낀다. 고통은 국부적 질환이며, 그것은 우리로 하여금 이 괴로움이 사라지기를 바라게 한다. 인생의 부담은 일정한 위치에 있지 않은 악폐이며, 그것은 우리로 하여금 이 삶의 종식을 바라게 한다. 몇몇 나라들의 시민법이 자살을 굴욕적인 형벌에 처하는 이유를 가지고 있었던 것은 틀림없다. 그러나 영국에서는 정신이상의 결과를 벌할 수 없는 것과 마찬가지로 자살을 처벌할 수 없다.

제13장 영국 풍토에서 생기는 결과

풍토병에 영혼을 침범당해 모든 일에 대한 혐오, 삶에 대한 혐오까지 품게 되는 국민에게는, 즉 모든 것을 참기 어렵다고 느끼는 사람들에게 가장 알맞은 정체란 그들의 고뇌를 부르는 일에 관해 이를 단 한 사람에게 맡길 수 없는 정체, 사람보다 오히려 법이 통치하고 있으므로 국가를 변화시키기 위해서는 법 자체를 정복해야 할 정체일 거라는 것은 틀림없다.

또 이 국민이 그 풍토에서 같은 일을 오래 참을 수 없는 어떤 성급한 성격이 형성되었다고 한다면 우리가 지금 말한 정체가 가장 알맞을 것이다. 이 성급한 성질이 그 자체로서는 훌륭한 것이 못되나, 용기와 결부될 때 얼마든지 좋은 것이 될 수 있다.

---

*22 자살자의 행동은 자연법과 계시 종교에 어긋난다. 〔원주〕
*23 그것이 괴혈병을 수반하면 매우 복잡한 것이 될 수 있을 것이다. 후자는 특히 어떤 나라에서 사람을 방자한 것으로 만들고 그 자신을 참을 수 없는 것으로 만든다(프란시스 피라르의 《여행기》) 〔원주〕

이것은 경망함과는 다르다. 경망함은 사람으로 하여금 이유없이 시작하고, 이유없이 포기하게 만든다. 그것은 오히려 완고한 고집에 가깝다. 왜냐하면 그것은 일종의 고통감, 그 고통에 익숙해도 결코 덜해지지 않을 만큼 심한 고통감에서 오기 때문이다. 이 성격은 자유로운 국민에게 참주정체의 계획[*24]을 전복시키는 데 매우 적당하다. 폭정이란 그 시초에는 언제나 완만하고 약하지만 그러나 끝에 가서는 신속하고 맹렬한 것과 같다. 그것은 처음에는 도와주기 위해서 한 손을 뻗칠 뿐이지만 다음에는 수없이 많은 팔을 가지고 억누른다. 노예제는 늘 수면으로 시작된다. 그러나 어떤 정황에도 휴식을 갖지 않고, 줄곧 몸을 만져 보고 모든 데를 아프다고 느끼는 국민은 좀처럼 잠들 수 없을 것이다.

정치란 닳아서 미끄러운 둔한 줄 같은 것이므로 천천히, 꾸준히 다듬어야 겨우 그 목적에 이른다. 그런데 내가 지금 말한 사람들은 협상의 지연·상세함·냉담함에 견딜 수 없다. 그들은 다른 모든 국민보다 이 점에 성공하기 어려울 것이다. 그리고 무기에 따라 얻은 것을 협상으로 잃을 것이다.

제14장 풍토에서 생기는 그 밖의 결과

우리 선조 고대 게르만인은 감정이 매우 온화한 풍토에 살고 있었다. 그들의 법은 사물 속에서 본 것만을 찾아내고, 그 이상의 것은 아무것도 상상하지 않았다. 그래서 그 법은 남자에게 가해진 모욕을 상처의 크기로써 판단한 것처럼, 여자에게 가해진 능욕에 대해서도 그 이상 더 세밀한 판단은 내리지 않았다. 독일인 법은 이 점에 관해서 매우 기묘하다. 누군가가 여자의 머리를 노출시키면 6수(sou)의 벌금을 문다. 무릎까지의 다리를 들쳤을 때도 같은 액수이다. 무릎 위를 들치면 두 배를 문다. 법은 여자의 몸에 가해지는 모욕의 크기를 기하학 형태를 재듯이 측정한 것 같다. 이 법은 상상의 죄를 벌하지 않고 눈의 죄를 벌한 것이었다. 그러나 게르만 민족이 에스파냐로 옮겨갔을 때는 풍토가 필요로 하는 다른 법들을 찾아 냈다. 서고트인의 법은 그 아버지와 어머니, 형제자식, 또는 손자의 눈앞에서 말고는 자유인 여자의 피를 빼는 것을 의사에 대해서 금했다. 국민의 상상이 타오르자 입법자의 상상도 마찬가지로 열

[*24] 나는 이 말을 여기서는 기성권력, 특히 민주정체를 전복하는 계획의 뜻으로 해석한다. 이것은 그리스인과 로마인이 이 말에 준 뜻이다. (원주)

을 띠어갔다. 모든 일에 의심이 많아진 국민을 대신해 법이 모든 일에 혐의를 걸었다.

이런 법들은 따라서 양성(兩性)에 대하여 깊은 주의를 기울였다. 그러나 그 처벌에서, 공적 보복을 하는 것보다도 사적 보복을 만족시키도록 할 것을 생각했던 것 같다. 그러므로 대부분의 경우, 이런 법은 두 사람의 불의자를 피해를 입은 친족이나 모욕당한 배우자의 노예로 삼았다. 자유인 여자가 아내 있는 남자에게 몸을 맡겼을 경우, 그 아내의 손에 넘겨져 그의 마음대로 처분하게 했다.[*25] 그 법은 노예에 대해 주인 아내의 간통 현장을 목격했을 경우, 그녀를 포박해서 주인 앞에 끌고 갈 의무를 지게 했다. 그 법은 그녀의 자식에게 그녀를 탄핵하고, 그녀에게 죄가 있음을 증명하기 위해 그녀의 노예를 고문하는 것을 허용했다.

이와 같이 이 법은 좋은 치안을 형성하기보다도 어떤 종류의 체면을 지나치게 지키는 데 알맞았다. 그러므로 백작 줄리앙[*26]이 이런 종류의 모욕은 조국과 국왕의 멸망에 의하지 않고서는 소멸시킬 수 없다고 믿었다 해서 놀랄 것이 못된다. 또한 이와 똑같은 풍속을 가진 무어인이 쉽게 에스파냐에 정착하여, 거기서 몸을 보존하며 그 제국의 몰락을 늦출 수 있었다 해서 놀랄 것이 못된다.

제15장 풍토 차이에 따라 법이 국민에게 주는 서로 다른 신뢰

일본의 국민은 성격이 아주 흉악하므로 입법자나 집정자는 국민에게 아무런 신뢰도 가질 수 없었다. 즉 그들은 국민의 눈앞에 재판관과 위협과 벌만을 놓았다. 국민의 일거수일투족을 경찰의 조사에 맡겼다. 5인 가족 중 가장이 나머지 4인을 감독하는 법, 한 가지의 범죄 때문에 전 가족이나 한 구역 전체를 벌하는 법, 혹시 한 사람이 유죄일지도 모른다는 곳에서는 누구든지 무죄로 보지 않는다는 법, 이런 법은 모든 사람이 서로 경계하고, 각자가 저마다의 행동을 탐색하고 그 감시인·증거인·재판자가 되도록 하기 위해서 만들어졌다.

---

*25 《서고트 법》 제3편 제4항 제9절 (원주).
*26 백작 줄리앙은 서고트 왕 로드리게스 시대에 안달루시아 총독이었다. 전설에 따르면 711년, 복수를 하기 위해 무어인을 에스파냐로 끌어들였다.

인도의 국민은 이와 반대로 온화하고[27] 상냥하고 인정이 많다. 그래서 그 입법자들은 국민에게 큰 믿음을 가졌다. 그들은 근소한 형벌밖에 만들지 않았다.[28] 그리고 그것은 그다지 가혹하지 않았다. 엄중하게 집행되지도 않았다. 그들은 다른 나라에서 자식을 아버지에게 맡기듯이 조카를 백부에게, 고아를 후견인에게 맡겼다. 그들은 상속인이 사회에서 인정된 가치에 따라 상속을 정했다. 각 시민은 다른 시민의 선량한 성질을 믿어야 한다고 그들은 생각했던 것 같다.

그들은 쉽게 노예에게 자유를 준다.[29] 그들은 노예를 결혼시켜서 자기 자식처럼 다룬다. 행복한 풍토는 솔직한 풍속을 낳게 하고 온화한 법을 만들어낸다.

---

[27] 《베르니에》 참조. 〔원주〕
[28] 《교화적 편지》의 갠지스강에 사는 인도인들의 주요한 법 또는 관습을 참조. 〔원주〕
[29] 《교화적 편지》 〔원주〕

제15편
시민 노예제의 법과 풍토성의 관계

제1장 시민 노예제

고유한 의미에서의 노예제란 어떤 사람이 다른 사람의 생명과 재산의 절대적 지배자가 될 만큼 그 사람을 자기의 소유물로 하는 권리가 설정되는 일이다. 그것은 그 본성부터 나쁘다. 그것은 주인에게도 노예에게도 이롭지 않다. 노예에게도 이롭지 않다는 것은 그가 어떤 일도 덕성에 따라서 할 수 없기 때문이며, 주인에게도 유익하지 않다는 것은 그가 노예를 가짐으로써 모든 종류의 악습에 물들어, 알지 못하는 사이에 모든 정신적 덕성에 어긋나는 일에 익숙해져서 교만하고, 성급하고, 혹독하고, 화를 잘 내고, 음탕하고, 잔인하게 되기 때문이다. 전제국가에서는 사람들이 이미 정치적 노예제 아래에 있기 때문에 사사로운 노예제도는 다른 곳에서보다는 참을 수가 있다. 거기서는 저마다가 식량과 생명이 있으면 어느 정도 만족해야 된다. 따라서 거기서는 노예의 처지도 신민의 처지에 비해 그다지 괴롭지는 않다.

그러나 인간의 본성을 꺾거나 천하게 하지 않는 것이 무엇보다도 중요한 군주정체에는, 노예가 절대로 존재해서는 안 된다. 모든 사람이 평등한 민주정체나, 정체의 본성이 용인하는 한 모든 사람을 평등하게 하기 위해 법률이 노력해야 할 귀족정체에서는 노예란 국가구조의 정신에 어긋난다. 노예는 시민이 결코 가져서는 안 될 권세와 사치를 시민에게 주는 데 도움을 줄 뿐이다.

제2장 로마 시민이라는 범주 안에서 본 노예제 권리의 기원

노예제를 만든 것은 연민의 정이며, 그 때문에 이 감정이 다음 세 가지 방법으로 작용했다는 것[*1]을 누가 믿을 수 있겠는가.

[*1] 유스티니아누스 황제 《로마법 제요》(Institutiones Justiniani) 제1편. 〔원주〕

만민법은 승리자가 포로를 죽이는 일을 피하기 위해서 포로들이 노예가 되기를 바랐다. 로마인의 시민법은 채권자에게 자기 자신을 파는 것을 인정했다. 그리고 자연법은, 노예인 아버지가 이미 기를 수 없게 된 아이는 아버지와 마찬가지로 노예 신분이 되기를 바랐다.

법학자가 드는 이런 이유는 도무지 합리적이지 않다. 전쟁에서 필요한 때 이외에 죽이는 일이 허용된다는 것은 거짓이다. 그리고 어떤 사람이 다른 사람을 노예로 삼았을 때 실제로 그를 죽이지 않았으므로 죽이는 일이 긴급한 필요가 있었다고는 할 수 없다. 전쟁이 포로에게 줄 수 있는 권리는 포로의 몸을 구속하고 그들이 다시는 위해를 가하지 못하도록 하는 일뿐이다. 전쟁의 열기가 사라진 뒤에 그 포로들을 살인하는 냉혹한 행동은 세계의 모든 국민에 따라 배척당하고 있다.*2

둘째로, 자유로운 사람이 자기를 팔 수 있다는 것은 옳지 않다. 판다는 것은 대가를 예상한다. 노예가 몸을 팔면 그의 모든 재산은 주인의 소유가 될 것이다. 주인은 아무것도 주지 않고 노예는 아무것도 받지 않는 것이 될 것이다. 그는 노예에게 주어진 재산을 가질 것이라고 사람들은 말할 것이다. 그러나 노예 재산은 몸에 부속된 것이다. 자살이 조국으로부터 스스로를 빼앗는 일이 되므로 허용되지 않는다고 한다면, 자기 자신을 파는 일 또한 허용되지 않는다. 각 시민의 자유는 공공 자유의 일부이다. 이 자유는 민중국가에서는 주권의 일부이기도 하다. 시민 자격을 판다는 것은 인간으로서 상상도 할 수 없는 무법 행위이다.*3 자유는 예컨대 그 사는 사람에게 값이 있다 할지라도 그것을 파는 사람에게는 값이 없다. 민법은 사람들에게 재산 분할을 인정하지만, 그 민법이 이 분할을 해야 할 사람들의 일부를 재산으로서 계산에 넣는다는 것은 있을 수 없었다. 어떤 손해 행위를 포함하는 계약을 무효로 하는 민법이, 무엇보다도 큰 손해 행위*4를 포함하는 합의를 무효로 하지 않는 일이란 있을 수 없다.

노예제를 확립하는 셋째 방법은 출생이다. 이것은 위의 두 가지와 함께 무너진다. 왜냐하면 만약 사람이 자기를 팔지 못했다고 한다면 아직 태어나지 않

---

*2 포로를 잡아 먹는 국민을 인증하려고 생각하지 않는 한. (원주)
*3 내가 말하는 것은 엄밀한 의미의 노예제이므로 로마인 밑에서 행해졌던 것, 우리들의 식민지에 설치되었던 종류의 것을 가리킨다. (원주)
*4 자유의 상실.

은 자식을 판다는 것은 더더욱 못하기 때문이다. 만일 전쟁 포로를 노예로 삼을 수 없었다고 하면 그의 자식은 더더욱 노예로 삼을 수 없다.

범죄자의 처형을 합법적으로 보는 까닭은 그를 처벌한 법이 그의 이익을 위해 만들어진 것이기 때문이다. 예를 들면 살인자는 그를 처형하는 법률로부터 도움을 받는다. 그 법률은 그의 생명을 언제나 유지해 왔다. 따라서 그는 이 법률에 이의를 말할 수 없다. 노예에 대해서는 사정이 같지 않다. 노예제의 법률은 노예에게 결코 이로울 수가 없다. 그것은 모든 경우에서 그에게 불리하며, 그에게 유리하게 되는 일은 결코 없었다. 이 사실은 모든 사회의 근본 원칙에 어긋난다.

주인이 먹을 것을 주었으니 노예제의 법률은 노예들에게 이로울 수 있었지 않느냐고 사람들은 말할는지도 모른다. 그렇다면 노예 신분은 스스로 생활비를 벌지 못하는 사람에게만 한정지어야 할 것이다. 그러나 그런 노예는 누구도 원치 않는다. 어린이에 대해서는 어머니에게 젖을 준 자연이 그의 먹을 것을 공급해 주었다. 그리고 그 유년기의 나머지 기간은, 어린이의 내부에 스스로 유용한 사람이 될 최대의 능력이 갖추어진 나이에 이미 가까와져 있으므로, 그의 주인이 되고자 그를 기른 사람이 있다 할지라도 그것으로써 그에게 무엇인가를 주었다고는 도저히 말할 수 없을 것이다. 게다가 노예제는 자연법에 어긋나는 것과 마찬가지로 시민법에도 어긋난다. 사회 안에 없는 노예에게, 따라서 어떠한 시민법과도 관계가 없는 노예에게 어떤 시민법이 노예들의 도망을 금할 수 있겠는가. 노예는 가족의 법, 즉 주인의 법에 따라서만 구속될 수 있다.*5

제3장 노예제 권리의 다른 기원

노예제의 권리가 연민의 정에서 유래한다고 할 정도라면, 차라리 나는 노예제의 권리는 다른 관습으로 말미암아 어떤 국민이 다른 국민에게 품는 경멸에서 유래한다고 말하고 싶다.

로페즈 드 가마*6는 다음과 같이 말했다.*7

---

*5 라불라예(Laboulaye)에 따르면 몽테스키외는 여기서 그로티우스·보슈에·로크 등에 따라 그의 시대까지 지지되었던 이론에 항의한 것이다.
*6 1510?~1560? 에스파냐 역사가로 《서인도 전사(全史)》의 지은이.
*7 *Biblioth.* ang., xiii, part. II, art. 3. 〔원주〕

"에스파냐인은 산타 마르타*8 부근에서 주민들이 식량을 담은 바구니를 발견했다. 그것은 게·달팽이·매미·메뚜기였다. 정복자는 피정복자에게 이러한 것을 식량으로 하는 것을 범죄로 삼았다. 지은이는 이 사실에서—그들이 담배를 피우는 일, 에스파냐식으로 수염을 기르지 않았다는 것 외에—아메리카 원주민을 에스파냐인의 노예로 삼는 권리의 기초가 되었음을 고백하고 있다. 지식은 사람을 온화하게 하고 이성(理性)은 인류애로 이끈다. 편견만이 그것을 버리게 한다."

제4장 노예제 권리의 또 다른 기원

마찬가지로 나는, 종교는 포교를 쉽게 하기 위해서 이를 믿고 따르는 자에게 이를 신봉하지 않는 자를 노예로 만들 수 있는 권리를 준다고 말하고 싶다. 아메리카의 파괴자가 범죄를 저지르는 것을 도와주는 것은 이러한 사고 방식이었다.*9 그들이 그토록 많은 민족을 노예로 만드는 권리를 근거지은 것은 이런 관념 위에서였다. 왜냐하면 절대적으로 강도이고 또 동시에 그리스도교인이기를 바랐던 이 도적들은 매우 깊은 신앙심을 가지고 있었기 때문이다.

루이 13세*10는 식민지의 흑인을 노예로 삼는 법률에 무척 마음아파했다. 그러나 그것이 그들을 개종시키는 가장 확실한 수단이라는 설명을 듣고부터 이 법률에 동의했다.

제5장 흑인 노예제*11

만일 우리가 지닌, 흑인을 노예로 만드는 권리를 옹호해야 한다면 나는 다음과 같이 말할 것이다.

유럽 민족은 아메리카 민족을 뿌리 뽑아 버렸으므로 그 드넓은 토지를 개척하기 위해서 아프리카의 민족을 노예 상태에다 둘 의무가 있었다.*12 사탕은

---

*8 콜롬비아 북부 오래된 항구도시.
*9 솔리스 《멕시코 정복사》 및 가르실라소 데 라 베가 《페루 정복사》 참조. (원주)
*10 신부 라바 《아메리카제도 신여행》. (원주)
*11 18세기에 가장 큰 명예를 가져온 사상의 하나는 노예제 폐지 사상이다. 몽테스키외·레이나르·콩도르세가 유명한데, 몽테스키외가 선구자이자 대표자이다. 특히 이 장은 삼권 분립론과 아울러 《법의 정신》을 영원한 명작으로 만들었다.
*12 필요와 의무를 혼동한 표현을 일부러 썼다. 단 몽테스키외가 이런 이유를 들었다고 해서

노예를 시켜서 재배하지 않는다면 지나치게 값비싼 것이 될 것이다.[*13]

문제가 되는 것은 발끝에서 머리끝까지 검은 사람들이다. 그들의 코는 몹시 납작해서 그들에게 동정을 한다는 것은 거의 불가능할 정도이다. 매우 지혜로운 존재인 신이 영혼을, 특히 선량한 영혼을 새까만 육체에 깃들게 했다고는 생각되지 않는다.[*14]

인간성의 본질을 이루는 것이 피부색이라고 생각하는 것은 매우 자연스럽다. 그러므로 환관을 만드는 아시아 민족은, 흑인이 지닌 우리와의 공통점을 더욱 뚜렷하게 없애는 것이다. 피부 빛깔은 머리털 빛깔로 판단된다. 세계에서도 가장 뛰어난 철학자인 이집트인에게는 이 머리털 빛깔이 매우 중요한 뜻을 지녔으므로, 그들은 자기들 손안에 떨어진 붉은 머리털의 인간은 모조리 죽였던 것이다.

흑인이 상식이 없다는 것의 증거는, 그들이 문명국에서 매우 귀중히 여기는 금목걸이보다도 유리목걸이를 좀 더 중히 여기는 점이다. 이런 것들이 사람이라고 상상하는 것은 불가능하다. 왜냐하면 만약 우리가 그들을 인간이라고 생각한다면 우리는 그리스도교인이 아니라는 의심이 따르게 될 것이기 때문이다.[*15]

소심한 사람들은 아프리카인에게 행해지고 있는 부정을 너무 부풀리고 있다. 만일 그들이 말하는 것과 같다면, 그토록 많은 쓸모없는 협정을 서로 만들고 있는 유럽의 군주들 머릿속에 자비와 연민을 위해서 일반적 협정을 만들고자 하는 생각이 일어나지 않을 리가 없기 때문이다.[*16・*17]

그가 만들어 낸 것이라고 생각한다면 그를 바르게 이해한 것이 되지 못한다. 슈아죌(Choiseul)이 각지의 상업회의소에 보낸 편지 "흑인의 거래는 다른 어떤 거래보다도 보호할 만하다. 왜냐하면 그것은 경지의 주된 원동력이기 때문이다"라고 쒸어 있다. 돈을 번 노예 상인은 국왕에 따라 귀족의 대열에 참가했다.

[*13] 이것도 마찬가지로 그가 만들어 낸 말이 아니다. 보르도의 그 밖의 상인은 사탕에 대해, 그리고 그 뒤에는 면화에 대해 같은 말을 하고 있다.
[*14] 위의 두 가지 논의도 몽테스키외의 주위에서 실제로 이루어진 것이다. 흑인은 유럽인과 매우 다르기 때문에 똑같이 다루어서는 안 된다는 그럴 듯한 의견이다.
[*15] 스위프트식의 유머로 이치에 어긋나는 논리라 한다.
[*16] 이 예언은 제1공화국의 노예제 폐지 선언이 되어 나타났는데, 제1제정은 노예제를 부활했다.
[*17] 빈회의(1815년)에서 겨우 '협정'이 조인되었다.

제6장 노예제 권리의 참된 기원

이제 노예제 권리의 진정한 기원을 찾을 때가 왔다. 그것은 사물의 자연에 바탕을 두어야 한다. 그것이 사물의 자연에서 비롯하는 경우가 있는가 여부를 살펴보기로 하자.

모든 전제정체에서, 사람은 아주 쉽게 자기 몸을 판다. 거기서는 정치적 예속이 말하자면 시민의 자유를 없애고 있다. 페리는 모스크바인은 매우 쉽게 몸을 판다고 말했다.[18] 나는 그 이유를 잘 안다. 그들의 자유가 아무런 가치도 없기 때문이다.

아킴에서 누구나가 몸을 팔고자 노력한다. 대제후 중 몇몇 사람은 천 명이 넘는 노예를 가지고 있는데,[19] 이 노예들은 큰 상인으로서 그 밑에 또 많은 노예를 가지고 있고, 또 그 노예도 다른 많은 노예를 가지고 있다. 사람들은 그들을 상속하고 그들에게 상거래를 시킨다. 이런 나라에서는 자유인이 정부에 대해서 지나치게 약하므로 정부를 제압할 자의 노예가 되기를 바라는 것이다.

이것이 어떤 나라들에서 볼 수 있는 매우 온화한 노예제 권리의 정당하고도 이성(理性)에 알맞은 기원이다. 이 권리는 자유로운 인간이 자기 이익을 위해서 주인을 선택하는 자유로운 선택에 입각되어 있고, 이것은 두 당사자 사이의 합의를 이루는 것이므로 온화한 것이어야 한다.

제7장 노예제 권리의 다른 참된 기원

노예제 권리의 다른 기원, 그리고 특히 사람들 사이에서 볼 수 있는 저 잔혹한 노예제의 기원이 있다.

더욱이 육체를 소모하고 기력을 너무 심하게 약화하므로, 사람이 징벌의 불안에 따르지 않고는 고통스러운 의무를 완수할 마음이 나지 않는 지방이 있다. 따라서 거기서는 노예제도 그다지 이성에 어긋나지 않는다. 그리고 거기서는 노예가 주인에게 소심한 것과 같이 주인도 군주정체에 소심하므로 개인적 노예제는 다시 정치적 노예제를 동반한다.

아리스토텔레스는 자연적 노예의 존재를 증명하고자 했다.[20] 그러나 그가

---

*18 장 페리(Jean Perry) 《러시아의 현재 상황》. 〔원주〕
*19 댐피어(Dampier) 《여행기》. 〔원주〕
*20 《정치학》 제1편 제5장. 〔원주〕

말하는 바는 조금도 그것을 증명하지 못했다. 만일 그런 것이 있다고 한다면 그것은 지금 내가 말한 것이라고 나는 생각한다. 그러나 사람은 평등하게 태어나기 때문에 노예제가 어떤 지방에서는 자연의 이유에 입각한다고 하더라도 원칙적으로는 자연에 어긋난다고 해야 한다. 그리고 이런 지방과, 다행히도 그것이 이미 폐지된 유럽처럼 자연적인 이유로서 그것을 배척하는 지방을 분명하게 구별지어야만 한다. 플루타르코스는 《누마전기》에서 사투르누스 시대(신화적 황금시대)에는 주인도 노예도 없었다고 말하고 있다. 우리 풍토에는 그리스도교가 이 시대를 다시 오게 했다.

제8장 우리 사이의 노예제의 무용성(無用性)

따라서 자연적 노예제[*21]는 지상의 특정된 지방에 한정되어야 한다. 다른 모든 지역에서는 사회가 필요로 하는 노동이 아무리 가혹할지라도 모두 자유인의 손으로 할 수 있다고 생각된다.

나는 그리스도교가 유럽에서 시민적 노예제를 폐지하기 전에는 광산노동이 지나치게 가혹해서 노예나 죄수들만이 하는 것으로 받아들였기 때문에 이렇게 생각하는 것이다. 그러나 오늘날에는 누구나 알다시피 거기서 고용되는 사람들은 행복하게 생활하고 있다.[*22] 고용주들은 작은 특권을 가지고 이 직업을 장려했다. 노동의 증가와 수익의 증가를 결합시켜서, 그들로 하여금 그들이 놓일 수 있었던 어떤 처지보다도 자기들의 처지를 사랑하게 만들었다.

노동을 규제하는 것이 이성이고 탐욕이 아니라면 아무리 어려운 일일지라도 노동하는 사람의 힘에 맞도록 못할 일이란 없다. 사람이 여러 곳에서 노예에게 시키는 세찬 피로는 기계 발명과 응용하는 기술의 편의로써 이를 완화할 수 있다. 테메슈바르 주[*23] 터키인 광산은 헝가리 광산보다 풍부했는데도, 터키인들은 노예의 힘밖에 생각하지 않았기 때문에 많은 양을 생산하지 못했다.

내가 이 항목을 쓰게 만든 것이 이성인지 감정인지 나는 모른다. 지상에 자유로운 인간을 노동에 참가시키지 않는 풍토는 없을 것이다. 법률이 잘 만들

---

*21 농노제(servage)와 같다.
*22 이에 대하여 저지 독일의 하르츠 광산 및 헝가리 광산에서 행해지고 있는 것을 살펴볼 수 있다. (원주)
*23 루마니아 서부 도시, 16세기 중기부터 18세기 초까지 터키가 지배하고 있었다.

어져 있지 않았기 때문에 게으른 인간이 있었으며, 이들 인간들이 게을렀기에 사람들은 그들을 노예 상태로 두었던 것이다.

제9장 시민 자유가 널리 확립된 여러 국민

우리도 노예가 있었더라면 좋았을 것을 하는 소리가 날마다 들린다.

그러나 이 점을 바르게 판단하려면, 노예가 각 국민의 부유함과 향락적인 한 작은 부분에서 이로운가 여부를 검토해서는 안 된다. 물론 그들에게는 유익할 것이다. 그러나 다른 관점에서 볼 때, 이들 작은 부분을 이루는 사람들이라 할지라도 국민의 자유로운 부분과 노예 부분을 구성할 사람을 추첨으로 정한다고 한다면 아무도 노예를 추첨하기를 바랄 사람은 없을 것이다. 노예제에 가장 찬성한 사람들이 그것을 싫어할 것이고, 가장 가난한 사람들도 그것을 두려워하기는 마찬가지다. 그러므로 노예제에 찬성하는 부르짖음은 사치와 향락의 부르짖음이지 공공의 행복에 대한 사랑의 부르짖음은 아니다. 사람이란 누구나가 개인으로서는, 남의 재산·명예·생명의 지배자임에 매우 만족할 것이다. 그리고 인간의 모든 정념은 먼저 이 생각으로서 각성될 것이다. 누가 그것을 의심할 수 있겠는가.

이런 일에 대해서 각 개인의 욕망이 정당할 수 있는가를 알고 싶으면 모든 사람의 욕망을 살펴보도록 하라.

제10장 노예제 종류

노예제에는 두 종류가 있다. 물적인 것과 인적인 것이다. 물적 노예제란 노예를 토지에 결합하는 것이다. 타키투스가 전한 게르만인에게 노예[24]가 그러했다. 그들은 집안에서는 전혀 일거리가 없었다. 그들은 주인에게 일정한 곡물·가축·직물의 공물을 해마다 바쳤다. 그들의 노예제 목적은 다만 이것뿐으로 그 밖의 의무는 없었다.

이런 종류의 노예제는 지금도 아직 헝가리·보헤미아 및 저지대(低地帶) 독일의 여러 지방에서 행해지고 있다.

인적 노예제는 집안일에 관계하며, 주인의 일신에 더 많이 관계한다. 노예제

---

[24] 《게르만인의 습속》 제25장. 〔원주〕

에서도 가장 나쁜 것은 그것이 동시에 인적이고 물적인 경우이다. 스파르타에서 농노제도가 그것이었다. 그들은 집 밖에서 모든 노동에 종사하고도 집 안에서는 온갖 모욕까지 받았다. 이 노예제는 사물의 본질에 반대된다. 소박한 민족은 물적 노예만 갖는다.*25 그 아내나 자식이 가사노동을 하기 때문이다. 향락적인 국민은 인적 노예를 갖는다. 사치가 가내(家內) 노예의 노역을 필요로 하기 때문이다. 그런데 스파르타 노예제는 같은 사람에게 향락적 국민이 만든 노예제와 소박한 국민이 만든 노예제를 결합한 것이다.

제11장 노예제에 관하여 법이 할 일

사실, 노예제가 어떤 성질이든간에 시민법은 한편에서 그 폐해를 없애고, 다른 한편에서는 그 위험을 없애도록 노력해야 한다.

제12장 노예제 남용

이슬람교 여러 나라*26에서는 여자 노예의 생명과 재산뿐만 아니라 정조 또는 명예라 불리는 것 또한 그 소유자의 처분에 맡겼다. 국민 대부분이 오직 다른 사람의 향락에 봉사하기 위해서만 태어났다는 것은 이런 나라의 불행 가운데 하나이다. 이 노예제는 이런 노예가 누리고 있는 게으름으로 보상받고 있으나, 이것 또한 국가로서 새로운 불행이다. 동양의 후궁*27을, 거기 유폐된 사람들에게마저도 쾌락의 장소로 만드는 것은 이 게으름이다. 다만 노동만을 두려워하는 사람들은 이 게으른 장소에서 그들의 행복을 찾아볼 수 있다. 그러나 그 때문에 노예제 설립의 정신을 손상한다는 것도 알 수 있는 것이다.

이성(理性)은 주인의 권력이 그 힘든 노동에 속하는 사항 이상으로 확대되지 않기를 바란다. 노예제는 효용을 위해서 있어야 하지 향락을 위해서 있어서는 안 된다. 정결(貞潔)의 법은 자연권에 속하는 것이므로 세계의 모든 국민에 따라 존중받아야 한다.

만일 노예의 정결을 유지하는 법이, 자의적인 권력이 모든 것을 희롱하는 나

---

*25 타키투스는 "생활의 즐거움에 따라서 주인과 노예를 구별할 수는 없을 것이다"라고 말했다. 《게르만인의 습속》. 〔원주〕
*26 샤르댕 《페르시아 여행》 참조. 〔원주〕
*27 샤르댕 《이자구르 시장의 묘사》 참조. 〔원주〕

라에서 좋은 것이라면, 그것이 군주국에서는 얼마나 좋을 것인가. 또 공화국에서는 얼마나 좋을 것인가. 롬바르디아인의 법에 한 가지 규정이 있는데, 그것은 모든 정체에 좋은 규정이 되리라 생각된다.

"주인이 그 노예의 아내에게 손을 댄다면, 노예 부부는 두 사람 다 자유인이 될 것이다."*28

주인들의 조심성 없음을 지나치지 않을 정도의 엄격성을 가지고 예방하고 막아내기 위한 훌륭한 타협책이다.

로마인은 이 점에 대해서 좋은 단속방법이 없었던 것 같다. 그들은 주인들의 음행을 제멋대로 맡겨두었다. 그들은 어떤 의미에서 그들의 노예로부터 결혼 권리까지도 빼앗았다. 노예가 국민의 가장 천한 부분이기는 했으나, 아무리 천해도 그들에게 풍속은 갖게 해주어야 했다. 뿐만 아니라 그들로부터 결혼을 금한 일이 서민의 결혼을 타락시켰던 것이다.

제13장 많은 노예들의 위험

노예가 많다는 것은 정체에 따라서 다른 결과를 갖는다. 그것이 전제정체에서는 조금도 부담이 되지 않는다. 국가 전체의 정치적 노예제가 시민적 노예제를 느끼기 어렵도록 만들고 있다. 자유인이라 불리는 사람들도 여기서 그 호칭이 없는 사람들보다 그다지 자유롭지 못하다. 그리고 후자는 환관·자유민·노예 등의 자격으로 거의 모든 일을 손안에 쥐고 있으므로 자유인의 지위는 노예의 지위와 매우 접근해 있다. 따라서 거기서는 노예라고 하는 자가 많건 적건 거의 문제가 되지 않는다.

그러나 제한국가에는 노예가 너무 많지 않아야 하는 것이 매우 중요하다. 여기서는 정치 자유가 시민 자유를 귀중한 것으로 만들고 있으므로 시민적 자유를 갖지 못한 자는 정치 자유도 갖지 못한다. 그는 행복한 사회를 보지만 그 사회의 구성원이 될 수가 없다. 그는 남을 위해서만 안전이 작동하고, 그를 위해서는 제대로 기능하지 않음을 발견한다. 그는 그 주인의 영혼은 향상할 수 있는 것이나 자기의 영혼은 끊임없이 저하되지 않을 수 없게 되어 있음을 알게 된다. 자유인 안에서 살면서, 자기가 노예라는 것만큼 사람을 짐승처

---

*28 제1편 제32항 제5절. 〔원주〕

럼 여기게 하는 것은 없다. 이런 사람들은 마땅히 사회의 적이므로, 그들의 수가 많다는 것은 위험하다. 그래서 제한정체에서는 국가가 노예의 반란으로 혼란을 겪었지만, 전제국가에서는 그런 일이 매우 드물다*29는 것은 이상한 일이 아니다.

제14장 무장한 노예

노예를 무장시키는 것은 군주정체가 공화정체보다 위험이 적다. 거기서는 싸움을 좋아하는 국민과 귀족 단체가 무장한 노예들을 충분히 억제할 것이다. 공화정체에서는 단순 시민인 사람들이 무기를 들고 시민과 평등해졌다고 생각하는 사람들을 억제할 수 없을 것이다.

고트인은 에스파냐를 정복하고 그 지방에 퍼졌지만 얼마 지나지 않아 매우 약해졌다. 그들은 세 가지 중요한 규칙을 만들었다. 그들은 로마인과의 이민족 사이의 결혼을 금한 낡은 관습을 없앴다. 그들은 국고에 속하는 모든 자유민은 전쟁에 나가야 하고, 그것을 어기면 노예기 될 것이라고 정했다. 그들은 또한, 고트인 저마다가 그 노예의 10분의 1을 무장해 전장에 데리고 나올 것을 명령했다. 이 인원수는 남은 사람들에 비해 그리 큰 편이 아니었다. 게다가 이 노예들은 주인을 따라 전장에 가더라도 별개의 한 무리를 이루지는 않았다. 그들은 군대에 있으면서도 말하자면 본대대로 한 집안에 있었던 셈이다.

제15장 무장한 노예(계속)

국민 전체가 싸움을 즐길 때에는 무장한 노예란 더욱 무서워할 것이 못 된다.

독일인의 법에 따르면, 남몰래 물건을 훔친 노예는 자유인과 똑같은 형벌에 처해졌다. 그러나 그가 폭력으로 빼앗은 경우에는 그 물건을 돌려주기만 하면 되었다. 독일인들 사이에서는 용기와 힘을 원리로 하는 행동은 결코 미움의 대상이 되지 않았던 것이다. 그들은 전쟁에서 노예를 이용했다. 대부분의 공화국에서는 언제나 노예의 용기를 약화하려고 노력했다. 그러나 자신의 힘을 믿은 독일 국민은 노예의 대담성을 키우고자 했다. 언제나 무장하고 있으므로 그들

---

*29 맘루크(Mamelukes) 반란은 특수한 경우였다. 그것은 제국을 찬탈한 병단(兵團)이었다. (원주)

은 노예를 조금도 겁내지 않았다. 노예는 그들의 약탈이나 영광의 도구였다.

제16장 제한정체에서 취해야 할 예방 조치

노예에 대해 표시하는 인정은 제한정체에서 그들이 다수를 차지하기 때문에 생길 수 있는 위험을 막을 수 있다. 사람은 모든 것에 익숙해진다. 노예제에 대해서마저도 익숙해진다. 주인이 노예제보다 가혹하지 않은 한 그렇다. 아테네인은 노예를 매우 온정을 가지고 다루었다. 노예가 스파르타에서는 혼란을 일으켰지만, 그들이 아테네에서 소란케 했다는 말은 듣지 못했다. 초기 로마인은 노예에 대해서 불안이 있었던 듯하다. 그들에 대해서 인도(人道)의 모든 감정을 잃었을 때에, 포에니전쟁에 비교된 저 내란이 일어난 것이었다.*30

소박해서 스스로 노동에 종사하는 국민은, 노동을 포기한 국민보다 보통 더 많은 온정을 노예에게 갖는다. 초기 로마인은 그 노예와 더불어 생활하고 일하고 식사를 했다. 그들은 노예에게 대단한 온정과 공정(公正)을 가지고 있었다. 노예에게 가장 큰 형벌은 두 갈래로 벌어진 나무 쪽을 지고 이웃 사람들 앞을 지나가게 하는 것이었다. 이 풍속은 노예의 충실성을 유지하기에 충분했다. 법은 전혀 필요치 않았다.

그런데 로마인이 강해져서 노예가 이미 그 노동의 반려(伴侶)가 아니라 사치와 교만의 도구가 되자, 옛 풍속이 없어졌기 때문에 법이 필요해졌다. 적 속에 있듯이 노예들 속에서 사는 잔혹한 주인들이 안전을 확보하기 위해서는 무서운 법까지 필요로 했다. 실라니아눔 원로원 의결과 그 밖의 법은 주인이 살해되었을 경우에는 한 지붕 아래, 또는 사람의 소리가 들릴 정도로 집에서 가까운 곳에 있던 모든 노예는 구별없이 사형에 처할 것을 정했다. 이 경우, 노예를 구하기 위해 피난시킨 자는 살인범으로서 처벌받았다. 주인의 명령에 따라 그를 죽인 자마저도 유죄로 판정되었다.*31 주인의 자살을 막지 않았던 자도 처벌되었다. 주인이 여행중에 살해되었을 때는 그와 함께 남아 있었던 자와 달

---

*30 플로루스는 말했다. "시칠리아섬은 포에니전쟁보다도 노예전쟁 때문에 더 참혹하게 황무지가 되었다." [원주]

*31 안토니우스가 에로스에게 그를 죽이라고 명했을 때 그것은 그를 죽이라고 명한 것이 아니라 자살하라고 명한 것이다. 왜냐하면, 만일 그가 그 명령에 따랐다면 주인 살해범으로서 처벌되었을 것이기 때문이다. [원주]

아난 자도 사형에 처했다. 이 모든 법은 그 무죄가 증명된 자에게마저 적용되었다. 이런 법은, 노예에게 그 주인에 대해 엄청난 경의를 줄 것을 목적으로 했다. 이것은 시민정에 종속하는 것이 아니라 시민정의 결함 또는 미비(未備)에 종속하는 것이었다. 이것은 시민법의 공평에서 유래된 것은 아니다. 왜냐하면 그것은 시민법의 원리에 어긋나는 것이기 때문이다. 그것은 적이 국가의 내부에 있었다는 점이 다를 뿐이지 정확하게는 전쟁의 원리 위에 서 있었던 것이다. 실라니아눔 원로원 의결은, 사회는 불완전하더라도 유지되기를 바라는 만민법에 유래되었던 것이다.

집정자가 이런 가혹한 법을 만들지 않을 수 없게 된다는 것은 통치에서의 불행이다. 집정자가 복종을 어렵게 만들었기 때문에 불복종의 형벌을 더 무겁게 하거나 시민의 충성에 혐의를 걸지 않을 수 없게 되는 것이다. 신중한 입법자는 무서운 입법자로 되는 불행을 예방한다. 로마에서는 노예들이 법을 믿을 수 없게 되었기 때문에 법도 그들을 믿지 못했다.

제17장 주인과 노예 사이의 규칙

집정자는 노예가 의식(衣食)을 가질 수 있도록 주의해야 한다. 이것은 법으로 규정되어야 한다. 법은 노예가 병에 걸리거나 늙었을 때 보호를 받게끔 배려하여야 한다. 클라우디우스 황제는 병 때문에 주인에게 버림받은 노예는 병이 회복되면 자유로이 된다고 정했다. 이 법은 그들의 자유를 보증했다. 그러나 나아가서 그들의 생명을 보장해 주었어야 했다. 법이 주인에게 그 노예의 생명을 빼앗는 것을 허락하는 경우에는, 주인은 주인으로서가 아니라 재판관으로서 행사할 권리가 주어지는 것이다. 그러므로 법은 폭력 행위의 혐의를 제거할 수속을 정해야 한다.

로마에서 이미 아버지가 그 아들을 죽일 수 없게 되었을 때, 집정자는 아버지가 명하려는 형벌을 내렸다.*32 주인이 살생권을 가지고 있는 나라에서는 주인과 노예 사이의 이러한 관행이 합리적일 것이다. 모세의 법은 매우 가혹했다. 누가 노예를 때려서 그 즉시 죽게 되면 그는 처벌을 당한다. 그러나 노예가 죽지 않고 하루나 이틀 더 살게 되면, 벌을 받지 않는다. 노예는 그의 금전이기

---

*32 《알렉산더 황제의 법전》의 제3법 『부권에 관하여』 참조. 〔원주〕

때문이다.*33 시민법이 자연법으로부터 떠나야만 했던 이 국민은 뭐라고 말할 나위도 없는 국민이다.

그리스인의 법*34에 따르면 주인에게 말할 수 없이 가혹하게 다루어진 노예는 다른 주인에게 팔릴 것을 청구할 수 있었다. 로마에서도 말기에는 이런 법이 있었다.*35 노예에게 노여워하고 있는 주인과 주인에게 분노하고 있는 노예는 분리되어야 한다. 어떤 시민이 남의 노예를 학대할 때에는 노예로 하여금 재판관에게 고소할 수 있게 해야 한다. 플라톤 및 대부분의 민족의 법은 노예로부터 자연적 방위권을 빼앗고 있다. 그러므로 그들에게 시민적 방위권을 주어야 한다.

스파르타에서 노예는 모욕에 대해서도, 불법 행위에 대해서도 아무런 재판권이 없었다. 그들의 가장 큰 불행은, 다만 한 시민의 노예였을 뿐만 아니라 공공의 노예이기도 했다는 점이다. 그들은 한 사람에게 속한 것처럼 모든 사람에게 속해 있었다. 로마에서는 노예에 대한 위법 행위 가운데는 주인의 이익만 생각했다.*36 아킬리아법(lex Aquilia)의 판결 청구권 아래에 짐승이 입은 손상과 노예가 입은 손상을 혼동해서 그 가격이 떨어지는 일에만 신경썼다. 아테네에서는 타인의 노예를 학대한 자를 엄중히, 때로는 죽음으로써 벌했다. 아테네의 법이 자유의 상실에 다시 안전의 상실을 가하고자 하지 않았던 것은 정당하다.

제18장 해방

공화정체에서 노예가 많은 때에는 그 대부분을 해방해야 한다는 것을 쉽게 알 수 있다. 노예가 너무 많으면 억제할 수가 없고, 자유민이 지나치게 많으면 그들이 생활할 수가 없어서 국가의 부담이 되기 때문이다. 뿐만 아니라 국가는 자유민의 수효와 노예의 수효가 너무 많을 때에도 마찬가지로 위험에 빠질 가능성이 있다. 그러므로 법은 이런 사실에 주의해야 한다. 노예의 이익과 불

---

*33 《출애굽기》 제21장 제21~22절, "종은 주인의 재산이기 때문"이라는 것은, 주인은 그의 재산 손실로 충분히 처벌되었으니까 더 이상 처벌당할 필요가 없다는 뜻일 것이다.
*34 플루타르코스 《미신》. (원주)
*35 안토니누스 피우스의 법령집 《법학 제요》 제1편 제7장 참조. (원주)
*36 이것은 또 게르만의 여러 민족법의 정신이기도 했다. 그들 법전에서 그것을 알 수 있다. (원주)

이익을 위해서, 또는 해방을 방해하기 위해서나 그것을 쉽게 하기 위해 로마에서 제정된 여러 가지 법과 원로원 의결은, 이 점에 관해 사람들이 얼마나 당황했는가를 뚜렷이 나타내고 있다. 굳이 법을 만들려고 하지 않던 시대도 있었다. 네로 치세*37에 은혜를 모르는 자유민을 다시 노예로 삼은 것을 주인에게 허락해 주어야 한다는 요구가 원로원에 제출되었을 때, 황제는 서신을 보내어 개별 사건을 재판해야 할 것이지 어떤 일반적 규정을 설정할 것은 아니라고 선언했다.

좋은 공화국이 이 점에 관해 만들어야 할 규칙이 어떤 것인지 나는 이야기 할 수 없다. 그것은 어디까지나 사정에 따라서 정해지기 때문이다.

여기에 두세 가지 고찰을 하기로 한다. 매우 많은 수의 자유민을 한꺼번에 일반적인 법에 따라서 만들어서는 안 된다. 볼시니아인의 경우 자유민이 투표의 지배자가 되어서 본디의 자유인*38과 결혼하는 딸과 먼저 동침하는 권리를 그들에게 주는 더러운 법을 만들었던 사실은 누구나 다 알고 있는 바이다.

눈에 띄지 않게 새로운 시민을 공화국에 도입하는 여러 방법이 있다. 법은 노예 특유 재산(Peculium)을 장려해 노예로 하여금 그 자유를 살 수 있게끔 할 수 있다. 법은 노예의 신분에 기한을 붙일 수도 있다. 헤브라이 노예의 기한을 6년으로 한정한 모세의 법이 그것이다.*39 그 나이와 건강, 부지런함으로 생활 수단을 가질 수 있는 노예 중에서 일정한 수를 해마다 해방하는 것은 쉬운 일이다. 병폐를 그 뿌리부터 단절할 수도 있다. 많은 수의 노예는 그들에게 주어진 여러 직업에 관계되어 있으므로 이런 직업의 일부분, 예를 들면 상업 또는 항해업을 본디의 자유인에게 옮기는 것은 노예의 수를 줄이는 것이 된다.

많은 수의 자유민이 있을 때에는 시민법이, 그들이 그 주인에 대해서 지는 의무를 확정하든가, 해방 계약이 시민법을 대신해 그 의무를 확정해야 한다. 그들의 지위가 정치적 신분에서보다 시민적 신분에서 더 우대되어야 한다는 것은 명백하다. 왜냐하면 국가에서—민중적 국가에서도—권력이 하층 시민

---

*37 타키투스 《연대기》 제13편 제27장. 〔원주〕
*38 자유인에는 본디의 자유인(ingenuus)과 노예가 해방되어서 된 자유민(libertinus), 두 부류가 있었다.
*39 『출애굽기』 제21장. 〔원주〕

의 손에 들어가서는 안 되기 때문이다.

자유민이 그처럼 많았던 로마에서는, 그들에 관한 법률이 아주 훌륭했다. 그들에게는 작은 것밖에 주어지지 않았지만, 그들은 거의 어떤 일에서도 제외되지 않았다. 그들은 입법에도 얼마쯤 참여했으나, 행해질 결의에는 거의 영향력이 없었다.

그들은 공직이나 사제직에까지도 참여할 수 있었다.[*40] 그러나 이 특권은 그들이 선거에서 가졌던 불이익에 따라, 말하자면 무익한 것이 되었다. 그들은 군대에 들어갈 권리가 있었다.

그러나 병사가 될 수 있기 위해서는 국세조사의 일정한 등급에 등록되어 있어야 했다. 자유민이 자유인의 집과 결혼으로써 맺어지는 것을 방해하는 것은 아무것도 없었다.[*41] 그러나 원로원 의원의 집과 맺어지는 것은 그들에게 허용되지 않았다.

끝으로, 그들 자신은 자유인이 아니더라도 그들의 자식은 자유인이었다.

제19장 자유민과 환관

이처럼 공화정체에는 자유민의 지위가 자유인의 지위보다 그다지 낮지 않으므로 법이 그들로부터 그 지위에 대한 혐오를 없애도록 노력하는 것이 때때로 유익하다. 그러나 사치와 자의적 권력이 지배하는 1인 통치의 정체의 경우 이 점에 대해서는 어떻게 할 도리가 없다. 자유민은 거의 언제나 자유인의 위에 선다. 그들은 군주의 궁정에서, 대관(大官)의 저택에서 위세를 부린다. 게다가 그들은 그 주인의 덕성이 아니라 약점을 연구하므로 주인을 그 덕성이 아니라 약점에 따라서 다스리도록 만든다. 로마에서 황제 시대의 자유민가 그러했다.

주된 노예가 환관일 경우, 그들에게 어떤 특권을 주더라도 이를 자유민으로 보기란 어렵다. 왜냐하면 그들은 가족을 가질 수 없기 때문에 그 성질상 그들은 타인의 집에 딸려 있다. 그래서 일종의 의제(擬制)에 따라서만 그들을 시민으로 볼 수 있는 것이다.

그렇지만 그들에게 모든 관직을 주는 나라도 있다. 댐피어는 말한다. "통킹

[*40] 타키투스 《연대기》 제13편 제27장. (원주)
[*41] 《디온》 제56편 아우구스투스의 연설. (원주)

에서는 모든 문무관이 환관이다."*42 그들은 가족이 없다. 그러나 당연히 그들도 탐욕을 가지고 있다. 주인 또는 군주는 결국 그들의 탐욕 자체를 이용하는 것이다. 또 댐피어가 말하는 바에 따르면 이 나라에서는 환관이 아내 없이는 지낼 수가 없으므로 결혼한다고 한다.

그들에게 결혼을 허용한 법은 한편에서는 이 나라에서 이런 사람들이 받고 있는 존중과 다른 한편에서는 이 나라에서 여자들이 받고 있는 경멸에 전적으로 기초를 둔 것이다.

이와 같이 이런 사람은 가족을 갖지 않기 때문에 관직이 맡겨진다. 그들이 관직을 갖고 있기 때문에 결혼이 허용된다.

바로 이때, 남아 있는 감각 기관이 집요하게 잃어버린 감관(感官)의 대용을 하고자 하는 바람에 목숨을 건 모험은 일종의 향락이 된다. 그래서 밀턴에서 욕망밖에는 아무것도 남아 있지 않은 정령이 자기의 퇴화에 격분해 자기의 무정력(無精力) 자체를 사용하려고 하는 것이다.

중국 역사에는 환관으로부터 모든 문무 관직을 빼앗기 위한 많은 법을 볼 수 있으나 그들은 언제나 되돌아온다. 동양에서의 환관은 필요악으로 보인다.

---

*42 옛날에는 중국에서도 마찬가지였다. 9세기에 그곳을 여행한 두 명의 이슬람교 아라비아인은 어느 도시의 총독을 가리켜 환관이라 부르고 있다. 〔원주〕

제16편
가내 노예제 법과 풍토성의 관계

제1장 가내 노예제
노예는 집안을 위해서 만들어졌지만 그 가족의 일원은 아니다. 그래서 나는 그들의 노예제를 어떤 다른 나라에서 여자의 노예제와 구별해서 후자를 고유한 의미에서의 가내 노예제라고 부를까 한다.

제2장 남부 지방에서는 양성간에 자연스러운 불평등이 있다
여자는 더운 풍토에서는 여덟 살이나 아홉 살 또는 열 살이면 결혼 적령이 된다.[*1] 이와 같이 그곳에서는 유년기와 결혼 생활이 늘 함께 진행된다. 그녀들은 스무 살에 늙은이가 된다. 그러므로 그녀들에게는 이성(理性)이 결코 아름다움과 함께 존재하지 않는다. 아름다움이 지배권을 요구할 때 이성은 그것을 거부케 하고, 이성이 그것을 획득할 수 있을 때엔 이미 아름다움은 사라진다. 여자는 종속하지 않을 수 없다. 왜냐하면, 아름다움이 청춘에서도 그녀들에게 주지 않았던 지배권을 이성이 늙은 뒤에 줄 수는 없기 때문이다. 따라서 종교가 그것에 반대하지 않는다면 남자가 아내를 버리고 다른 여자를 맞아들여서 일부다처제가 생길 것은 뻔한 일이다.

온대 지방에서는 여자의 매력이 좀 더 잘 보존되어 결혼 적령이 늦으며, 나이를 더 먹은 다음에 아이를 가지므로 남편의 늙음은 말하자면 그녀들의 늙음과 동반한다. 그리고 그녀들이 결혼할 때는 단순히 오래 살았다는 것에 불

[*1] 마호메트는 카디자가 다섯 살이 되었을 때 결혼을 하고 그가 여덟 살이 되었을 때 동침했다. 아라비아 및 인도의 더운 지방에서는, 여자가 여덟 살이 되면 혼인 적령이 되고 다음 해엔 아이를 낳는다. 프리도《마호메트전》. 알제리 왕국에서는 아홉 살이나 열 살, 열한 살이면 아이를 낳는 여자를 볼 수 있다. 로지에 드 타시스《알제리 왕국사》.〔원주〕라블레에 따르면 "카디자가 마호메트와 결혼한 것은 마흔 살이었다. 예언자가 여섯 살 되는 상대와 결혼한 것은 아예샤이다."

과한 것이라 할지라도, 좀 더 많은 이성과 지식을 가지고 있으므로 마땅히 양성간에 평등이 생기게 되어 그 결과 일부일처제 법이 채용되었다.

추운 지방에서는 남성들이 독한 술을 늘 마시다보니 조절하고 제한하지 못하는 일이 흔히 벌어진다. 여성은 언제나 몸을 지켜야 하므로, 음주에 대해서도 삼가고 조심하는 것이 타고났으며, 따라서 남성보다 이성이라는 관점에서는 우위에 있다.

남자를 힘과 이성으로 특징지어준 자연은, 남자의 권력에 이 힘과 이성의 한계 이외의 한계를 마련해 주지 않았다. 자연은 여자에게 매력을 주었으되, 그 지배력은 이 매력과 더불어 끝나기를 바랐다. 그러나 더운 나라에서는 이 매력이란 생애의 초기에밖에 없으며, 그 생애의 온 과정을 통해 존재하는 것은 아니다.

이와 같이 한 사람의 아내밖에 인정하지 않는 법률은 아시아 풍토보다도 유럽 풍토에 좀 더 알맞다. 그것이 이슬람교가 아시아에서는 아주 쉽게 확립되었는데 유럽에서는 매우 퍼지기 어려웠다는 것, 그리스도교가 유럽에서는 유지되는데 아시아에서는 망했다는 것, 또 중국에서는 이슬람교인이 그처럼 크게 성장했는데 그리스도교인은 거의 늘지 않았다는 것 등이 그 원인이다. 인간의 이성은 언제나 그 바라는 바를 무엇이든지 행하고, 그 바라는 것은 무엇이든지 사용하는 이 최고의 원인에 종속하고 있다. 그 자신만의 특수한 어떤 이유에서 제국 안에 다처제를 허락했다. 우리 풍토에서 난폭한 이 법률은 테오도시우스·아르카디우스·호노리우스에 따라서 폐지되었다.

제3장 다처제는 부양 수단에 크게 의존한다

일부다처제가 한번 확립된 나라에서는 아내의 수가 많으냐의 여부가 남편의 재산과 부에 의존하는 바 크다고는 하나, 국가 안에 일부다처제를 만들게 하는 것이 재부라고는 할 수 없다. 미개인을 이야기할 때에 나는 설명하고자 하는데, 가난도 이와 같은 효과를 가져올 수 있다. 다처제란 강한 국민에게는 사치라기보다도 커다란 사치의 유인(誘因)이다.

열대적 풍토에서는 욕망이 적다. 그래서 처자를 부양하는 데 돈이 들지 않는다. 때문에 거기서는 좀 더 많은 아내를 거느릴 수가 있는 것이다.

제4장 다처제에 관한 여러 사정

유럽 여러 지역에서 계산된 것에 따르면 그곳에서는 여자보다도 남자가 더 많이 태어난다.*² 이에 반해 아시아와 아프리카의 보고는 남자보다 여자가 훨씬 더 많이 태어난다고 한다. 따라서 유럽에의 일처제 법과 아시아 및 아프리카의 다처제 법은 풍토와 특정한 관련을 가지고 있는 것이다. 아시아에서도 추운 지역에서는 유럽과 마찬가지로 여자보다 남자가 더 많이 태어난다. 라마승은 말한다. 이것이 그들 나라에서는 아내에게 남편을 여럿 가지는 것을 허락하는 법의 근거라고.*³

그러나 그 불균형 때문에 다처제 법 또는 다부제의 법을 채용할 필요가 있는 나라가 그렇게 많으리라고는 생각되지 않는다. 그것은 다만 다처제나 다부제가 어떤 나라들에서는 다른 나라보다 자연에 어긋남이 좀 더 적다는 뜻에 지나지 않는다.

반탐에서는 남자 한 사람에 여자가 열 사람이라는 말이 있는데, 이 보고가 사실이라면 그것은 다처제의 매우 특별한 경우일 것이라고 나는 생각한다.

위의 모든 예에서 나는 이런 관행을 시인하는 것이 아니라 그 이유를 말할 따름이다.

제5장 말라바르*⁴ 법의 근거

말라바르 연안의 나이르족에서는, 남자는 한 사람의 아내만 가질 수 있으나 여자는 이와 반대로 많은 남편을 가질 수 있다.*⁵

나는 이 관습의 기원을 쉽게 찾을 수 있을 것 같다. 나이르족은 귀족 계급으로서, 그것은 모두 이런 국민의 군인들이다. 유럽에서는 군인에게 결혼을 금지한다. 말라바르에서는 풍토가 유럽보다 너그러울 것을 요구하므로 결혼을 금지하는 대신 될 수 있는 대로 남자에게 방해가 되지 않도록 하는 정도로 그

---

*2 존 아버스넛(John Arbuthnot)은 영국에서 남자 수가 여자보다 많은 것을 보았다. 그러나 그것으로 모든 풍토에서도 같다고 결론짓는 것은 잘못이다. [원주]
*3 뒤 알드 《중국의 역사》 제4권 제4항. [원주]
*4 데칸반도 남서해안의 일부.
*5 프란시스 피라르의 《교화적 편지》. 말라바르 연안에서의 말레아미에 관한 것. 이것은 군인이라는 직업의 폐해로 간주되고 있다. 그리고 피라르가 말하듯이, 브라만족의 여자는 결코 여러 명의 남자와 결혼하지 않는다. [원주]

쳤다. 그래서 여러 명의 남자에게 한 사람의 여자를 주었던 것이다. 이것은 마땅히 가정에 대한 애착이나 가정의 배려를 줄어들게 하므로 이런 사람들에게 철저한 군인 정신을 갖게 만든다.

제6장 다처제 그 자체

다처제를 일반적으로, 그것을 조금이나마 용인할 수 있게 하는 정황과 관계 없이 살펴본다면 이 제도는 인류에 대해서도 양성(兩性)의 어느 편에 대해서도, 남용하는 사람에게나 남용의 대상이 되는 사람에게나 도움이 되지 않는다. 그것은 아이들에게도 이롭지 못하다. 그리고 그 큰 불편의 하나는 아버지와 어머니가 그들의 자식에게 같은 애정을 가질 수 없다는 것이다. 한 아버지와 어머니가 두 자식을 사랑하는 것만큼 스무 명의 자식을 사랑할 수는 없다. 한 아내가 남편을 여럿 가질 경우, 사정은 더욱 나쁘다. 왜냐하면 그럴 경우 부성애란 이미, 어느 자식이 내 자식일 것이라고 한 아버지가 믿으려고 할 때 또는 다른 아버지가 그렇게 믿을 수 있을 때의 판단에 바탕을 두고 있는 데 불과하기 때문이다.

모로코 국왕은 그 후궁으로 살결이 흰 여자, 까만 여자, 황색 여자를 두고 있다 한다. 가련한 자여. 그는 거의 한 가지 색깔도 필요가 없는 것이다. 아내를 많이 소유한다는 것이 늘 남의 아내에 대한 욕구를 막는다고는 할 수 없다.*6 색욕이나 탐욕이나 사정은 마찬가지이다. 보배를 손에 넣음으로써 욕심은 더 늘어날 뿐이다.

유스티니아누스 시대에 많은 철학자가 그리스도교 때문에 압박을 받고 페르시아의 코스로에스 근처에 은퇴했다. 아가티아스*7에 따르면 그들은 간통마저 삼가지 않는 사람들에게 일부다처제가 허락되어 있었다는 사실에 크게 놀랐다고 한다.

다처제는 자연히 부인하는 저 사랑(남색)과 통하는 것이라고 말할 수 없을 것이다. 왜냐하면 하나의 방종은 반드시 다른 방종을 이끌기 때문이다. 콘스탄티노플 혁명(1730년)에서 터키 황제 아크메트가 폐위되었을 때, 시민이 대로(大老 : Chiaya)의 저택을 약탈했으나 거기에서는 단 한 명의 여자도 찾아 볼 수

---

*6 동양에서 그처럼 조심하여 아내를 숨겨 두는 이유는 여기에 있다. 〔원주〕
*7 《유스티니아누스 황제의 생애와 사업》. 〔원주〕

없었다고 여행기는 전한다. 알제리에서는 대부분의 후궁에 여자가 없었을 정도였다고도*8 한다.

제7장 다처제에서 대우의 평등

다처제를 허용하는 법에서 대우 평등의 법이 생긴다. 마호메트는 아내 넷을 인정하되, 아내 사이에서 모두가, 식사도 의복도, 부부 사이의 의무도 평등해야 한다고 명령했다. 이 법은 아내를 셋 가질 수 있는 몰디브제도에서도 설치되어 있다.*9

모세 법은, 누군가가 그 자식을 여자 노예와 결혼시킨 뒤에 그 자식이 다시 자유인인 여자와 결혼했을 때는, 첫 아내로부터 의복·식사·동침의 의무를 아무것도 빼앗아서는 안 된다고 명령하고 있다.*10 새로운 아내에게 좀 더 많은 것을 주어도 좋으나 첫 아내에게 더 적게 주어서는 안 되는 것이었다.

제8장 여자와 남자의 분리

향락적이고 부유한 국민의 경우 사람들이 매우 많은 아내를 갖는다는 것은 일부다처제의 한 결과이다. 여자들의 남자로부터의 분리와 칩거는 당연히 이 다수라는 것에서 생긴다. 집안의 질서도 그것을 요구한다. 즉 빚 갚을 능력이 없는 채무자는 채권자들의 추적을 피하려고 노력하는 법이다. 자연의 충동이 엄청난 힘을 가지고 있기 때문에 도덕은 그에 대해서 거의 아무 일도 할 수 없다는 풍토가 있다. 남자를 여자와 함께 두면, 유혹과 타락은 동의어가 되어서 공격은 성공할 것이 틀림없고 저항은 제로가 될 것이다. 이런 나라에서는 계율 대신에 문의 빗장이 필요하다. 중국의 어떤 고전*11에서는 떨어진 방에 여자와 단둘이 있으면서도 상대에게 폭력을 휘두르지 않는 것을 덕성의 놀라움으로 보고 있다.

---

*8 로지에 드 타시스 《알제리 왕국사》. 〔원주〕
*9 프란시스 피라르 《여행기》. 〔원주〕
*10 《출애굽기》 제21장 제10~11절. 〔원주〕
*11 "자기 것으로 만들 수 있는 보석을 아무도 없는 곳에서 발견했거나 동떨어진 방에서 혼자 있는 미녀의, 도와 주지 않으면 곧 죽고 말 목소리를 듣는다는 것은 훌륭한 시금석이 될 것이다."(뒤 알드 신부의 저서 참조). 〔원주〕

제9장 가정과 국정(國政)의 관계

공화정체에서는 시민의 지위가 적당하고, 평등하며 안정되어 있다. 거기서는 모든 것이 정치적 자유의 향기를 떨친다. 여자에 대한 지배권이 거기서는 충분히 행해질 수 없을 것이다. 그리고 풍토가 이런 지배권을 요구했을 경우, 1인 통치제도가 가장 적당했다. 이것이 동양에서 민중적 정체의 성립이 언제나 어려웠던 이유의 하나이다.

이와 반대로 여자 노예제는 모든 것을 혹사하기를 좋아하는 전제정체의 원리에 매우 알맞다. 그러므로 아시아에서는 모든 시대에 가내 노예제와 전제정체가 보조를 맞추어서 행진했던 것이다.

무엇보다도 평온함이 요구되고, 극도의 복종이 평화라고 불리우는 정체에서는 여자를 유폐해야 한다. 그녀들의 간통이 남편의 목숨을 빼앗게 될는지도 모르기 때문이다. 신민의 행동을 심사할 겨를이 없는 정부는, 그 행동이 나타나고 느껴진다는 것만을 이유로 그들에게 혐의를 건다.

예컨대 우리나라 여자의 경박한 정신과 조심성 없음, 그 좋고 나쁨, 크고 작은 열정이 우리나라에서처럼 활발하고 자유롭게 동양 국가에 옮겨졌다고 상상해 보자. 한 순간도 마음놓고 있을 수 있는 가장이 있을 것인가. 곳곳에는 혐의자가 생기고, 또 많은 적도 생길 것이다. 국가는 흔들리고 피바다가 될 것이다.

제10장 동양의 도덕 원리

다처제의 경우에는, 가족이 통일되지 않으면 않을수록 법은 이들 분리된 부분을 하나의 중심에 결합해야 한다. 또 이해관계가 달라지면 달라질수록 법이 그것을 하나의 공통된 이익으로 돌려 줄 필요가 있다.

그것은 특히 유폐로써 행해진다. 여자는 다만 벽으로 남자와 분리되어야 할 뿐 아니라, 한 울타리 안에서도 남자와 분리되어서 집 안의 특별한 일가를 이루어야 한다. 여기서 여자로서의 모든 도덕의 실천, 즉 정숙·순결·자제·침묵·평화·종속·존경·사랑, 끝으로 그 성질상 이 세상에서 가장 좋은 것인 자기 가족에 대한 한결 같은 애착과 같은, 사상의 일반적 통일 등이 생겨난다.

여자는 본디 그녀들만이 가지는 매우 많은 의무를 다해야 하기 때문에, 다른 생각을 그녀들에게 줄지도 모르는 모든 것, 오락으로서 다루어지는 모든 것, 사업이라고 불리는 모든 것으로부터 그녀들을 떼어 놓기란 어렵다.

대부분의 동양 여러 나라에서는, 여자의 유폐가 엄중하면 엄중할수록 순결한 풍속을 찾아볼 수 있다. 큰 나라에는 반드시 대영주가 있다. 그들이 부유하면 부유할수록 처첩을 엄중한 울타리에 가두고, 사회로 되돌아가는 것을 금할 수가 있다. 터키·페르시아·몽골·중국·일본에서 여자의 풍속이 좋은 것은 이 때문이다. 인도에 대해서는 같은 말을 할 수가 없다. 수많은 섬과 토지의 상황이 이 나라를 수없는 소국(小國)으로 분리하고 있어서 내가 여기서 보고할 이유도 없지만, 아무튼 많은 원인이 그 나라를 전제주의 국가로 만들고 있다.

거기에는 약탈하는 빈민과 약탈당하는 빈민이 있을 뿐이다. 고관이라고 일컬어지는 사람들도 매우 적은 재산밖에 가지고 있지 않다. 부자라고 불리는 사람들도 겨우 먹고 살 수 있을 따름이다. 그러므로 여자의 유폐가 거기서는 엄중할 수가 없다. 그녀들을 유폐하기 위해 그처럼 어마어마한 경계를 취할 수는 없다. 따라서 여자들의 풍속 부패가 거기에서는 상상 밖이다.

풍토의 결함이 자유로이 방임되었을 때 어느 정도까지 문란을 일으킬 수 있는가를 볼 수 있는 곳이 바로 이곳이다. 자연의 힘, 정숙의 무력이 모든 이해관계를 넘어서는 곳이 바로 이곳이다. 파탄(말레이반도의 작은 토후국)에서는 여자의 음란이 너무 심하기 때문에*¹² 남자는 그녀들의 유혹에서 몸을 지키기 위해 어떤 방구(防具)를 걸치지 않을 수 없게 되어 있다.

스미스에 따르면, 아프리카 기니의 소왕국에서도 사정이 이와 같다고*¹³ 한다. 이런 나라에서는 양성(兩性)이 그 특유한 법마저 잃어버린 것 같다.

제11장 다처제와 관계 없는 가내 노예제

동양의 어떤 지역에서 여자의 유폐를 요구하는 것은 다처제뿐만 아니다. 그것은 풍토이다. 종교가 일처제밖에 허용하지 않는 고아와 인도의 포르투갈 식

---

*12 몰디브제도에서는, 아버지는 그 딸을 열 살이나 열한 살에 결혼시킨다. 그녀들에게 남자의 필요성을 참게 하는 것은 죄악이기 때문이라고 그들은 말한다(프란시스 피라르 《여행기》). 반탐에서 딸이 방탕한 생활을 하지 않기를 바란다면 그 딸을 열두 살이나 열세 살에 결혼시키지 않으면 안된다. 《동인도회사 설립에 도움이 된 여행기집》. 〔원주〕

*13 "여자들이 남자를 만나면 그들을 붙잡고, 그녀들을 경멸한다면 남편에게 일러바치겠다고 위협한다. 그녀들은 남자의 잠자리에 숨어들어가 그들을 깨운다. 남자가 거절하면 그 현장을 남에게 폭로하겠다고 하며 남자를 협박한다." 《기니 여행기》. 〔원주〕

민지에서 여자의 자유가 초래하는 무서운 사건, 범죄·불의·악행·독약·암살 등의 보고를 읽고 이를 터키·페르시아·몽골·중국 및 일본 여자의 풍속의 순수함, 결백함과 비교하는 사람들은, 아내를 한 사람만 갖는 경우에도 많은 아내를 갖는 경우와 같을 만큼 남자와 떼어놓는 것이 때때로 필요하다는 것을 알게 될 것이다.

이런 것들을 결정지어 주는 것은 풍토이다. 우리 북방 나라에서 여자를 유폐해 무슨 소용이 있겠는가. 거기서는 여자의 풍속이 자연적으로 선량하므로, 그 모든 정념은 평온하고 그다지 활발하지도 않으며 그다지 세련되지도 않다. 또 사랑도 심정에 대해 매우 규율 있는 지배를 하고 있기 때문에 약간의 단속으로 충분히 그녀들을 지도할 수가 있다.

사람들이 서로 교제를 해도 상관없다. 가장 매력있는 성(性)*14이 사교계를 장식하는 것처럼 보인다. 그리고 여자들은 단 한 남자의 쾌락에 자기를 맡기면서도 모든 사람의 즐거움에도 도움이 되는 풍토,*15 이런 풍토에서 생활한다는 것은 행복한 일이다.

제12장 자연스러운 수치심

모든 국민은 여자의 음란을 경멸한다. 그것은 자연이 모든 국민에게 그렇게 가르쳤기 때문이다. 자연은 방위를 설정함과 동시에 공격도 설정하여 양쪽에 욕정을 갖게 한 다음, 그 한쪽에는 용맹함을 주고 다른 쪽에는 수치를 주었다. 자연은 개인에게 자기 보존을 위해서는 긴 시간을 주면서도 자손을 남기기 위해서는 한순간밖에 주지 않았다. 그러므로 음란이 자연의 법에 따른다는 것은 진실이 아니다. 뿐만 아니라 그것은 자연의 법을 깨뜨린다. 이 법에 따르는 것은 부끄러움과 자제이다.

그리고 자기의 불완전을 느끼는 것은 지성적 존재의 본성에 속한다. 그래서 자연은 우리에게 수치심, 즉 우리의 불완전에 대한 부끄러움을 주었다. 그래서 어떤 풍토의 자연학적 힘이 양성(兩性)의 자연법 및 지성적 존재의 자연법을 깨뜨릴 때는, 풍토성을 극복해서 본디의 법을 다시 일으키는 시민법을 만드는 것이 입법자의 일이다.

---

*14 여자를 말한다.
*15 몽테스키외 시대 프랑스의 살롱을 묘사한 것임.

제13장 질투심

여러 민족에 대해서, 열정의 질투와 관습·풍속·법에서 생기는 질투를 명확히 구별해야 한다. 한쪽은 불타는 맹렬한 열병이고, 다른 한쪽은 냉정하지만 때로는 무서운 것으로서 무관심이나 경멸과 결합할 수가 있다.

한쪽은 사랑의 남용이므로 그 발생을 사랑 자체에서 끄집어낸다. 다른 한쪽은 오롯이 풍속, 국민의 생활양식, 국법 및 때로는 종교에마저 기초를 두고 있다.[*16] 이것은 거의 늘 풍토에 따른 물리적 힘의 결과이며, 또 동시에 이 물리적 힘의 요법이다.

제14장 동양의 가정

동양에서는 자주 아내를 바꾸기 때문에 아내가 살림을 맡아볼 수가 없을 정도이다. 그래서 가정을 환관에게 맡긴다. 환관에게 모든 열쇠가 맡겨지고 그들이 집안일을 처리한다. 샤르댕은 말한다. "페르시아에서는 마치 아이에게 주듯이 아내에게 그 옷을 준다." 이와 같이 그녀들에게 가장 알맞다고 여겨지는 의상의 배려, 다른 곳에서는 어디서나 그녀들이 배려해야 할 첫째의 임무로 되어 있는 이 배려가 그녀들에게는 전혀 관계가 없다.

제15장 협의이혼과 일방적 이혼

협의이혼(divorce)과 일방적 이혼(répudiation) 사이에는, 협의이혼이 두 사람의 불화로 서로 동의로써 행해지는 데 반해, 일방적 이혼은 다른 당사자의 뜻과 이익에 관계 없이 한쪽 당사자의 의사에 따라서 그의 이익을 위해 행해진다는 차이가 있다.

때로는 여자도 일방적 이혼을 해야 할 경우가 있는데, 여자의 몸으로서 그렇게 한다는 것은 매우 괴로운 일이라 해서 이 권리를 남자에게만 주고 여자에게는 주지 않는다는 법은 가혹한 일이다. 남편은 한 집안의 우두머리이다. 그는 처자식을 가두거나, 또는 그 본분을 다하게 하는 많은 수단을 갖고 있기 때문에 일방적 이혼은 그의 손에 있으므로 그 권력의 새로운 남용이 되는 데 지나지 않는 것 같다. 그러나 일방적 이혼을 하는 여자는 쓴 약을 복용하는

---

*16 마호메트는 그 교도들에게 그들의 처첩을 감시하도록 권고했다. 어떤 이슬람교 군주도 죽음을 앞두고 같은 말을 했다. 그리고 맹자도 이 교설을 가르치고 있다. (원주)

거나 다름이 없다. 그녀가 첫 결혼에서 그 매력의 대부분을 잃은 다음에 다시 또 다른 남편을 찾아야 한다는 것은 뭐라 해도 그녀로서는 큰 불행이다.

여성에게 젊은 시절 매력의 한 장점은, 늙어서도 남편이 그 쾌락의 추억으로 말미암아 친절하게 인도한다는 것이다.

그러므로 법이 남자에게 일방적 권능을 인정하는 모든 나라에서는, 그것을 여자에게도 인정해 주어야 한다는 것이 일반적 규칙이다. 뿐만 아니라 아내가 가내 노예제 아래에 생활하는 모든 지역에서는, 법은 아내에게만 일방적 이혼을 허용하고 남편에게는 협의이혼만을 허용해야 한다고 생각된다. 아내가 후궁에 있을 때, 남편은 생활양식의 불일치를 이유로 일방적 이혼을 할 수는 없다. 생활양식이 일치하지 않는 것은 남편의 책임이다. 아내의 불임을 이유로 하는 일방적 이혼은 아내가 하나밖에 없는 경우가 아니고는 일어날 수 없을 것이다.*17 아내를 여럿 둘 때에는 이 이유가 남편에게는 전혀 중요하지 않다.

몰디브 법은 일방적으로 이혼한 아내와 다시 결혼하는 것을 인정한다.*18 멕시코 법은 사형으로써 이런 종류의 재혼을 금했다.*19 멕시코 법이 몰디브 법보다 합리적이었다. 그것은 해소하는 마당에서도 결혼의 영속성에 대한 것을 생각하고 있었다. 이와 반대로 몰디브 법은 결혼도 이혼도 똑같이 가볍게 여기는 듯하다. 멕시코의 법은 협의이혼만 인정했다. 이것은 자발적인 뜻에 따라 헤어진 사람들에게 다시 결합하는 것을 허락하지 않는 특별한 이유였다. 일방적 이혼은 주로 성급한 열정의 충동에 기인하는 것 같으나 협의이혼은 의논한 결과인 것 같다.

협의이혼은 보통 큰 정치적 효용을 갖는다. 그러나 시민적 효용에 대해 말한다면, 그것은 남편과 아내의 이익을 위해 만들어져 있어서, 자식에게는 꼭 유리한 것이 되지는 않는다.

---

*17 이것은 불임을 이유로 하는 일방적 이혼이 그리스도교인 사이에서도 허용되어야 한다는 뜻이 아니다. (원주)
*18 프란시스 피라르의 《여행기》. 재혼할 때에는 다른 여자보다 헤어진 여자를 맞아들인다. 그것은 그럴 경우 비용이 적게 들기 때문이다. (원주)
*19 솔리스 《멕시코 정복사》. (원주)

제16장 로마의 일방적 이혼과 협의이혼

로물루스는 아내가 간통하거나 독약을 만들거나 또는 열쇠를 위조한 경우에는 남편에게 일방적 이혼을 허락했다. 그러나 아내에게는 일방적 이혼의 권리를 주지 않았다. 플루타르코스는 이 법을 매우 가혹하다고 말하고 있다.*20

아테네의 법*21은 남편과 같이 아내에게도 일방적 이혼권을 주었다. 또 사람들이 아는 바와 같이 초기 로마에는 로물루스 법에도 불구하고 아내는 이 권리를 가지고 있었으므로, 이 제도가 로마 사절이 아테네에서 가져온 것들 가운데 하나이고, 그것이 십이동판법 안에 삽입되었다는 것은 틀림없는 일이다. 키케로의 말에 따르면, 일방적 이혼의 이유는 십이동판법에서부터 시작했다고 한다. 이 법이 로물루스가 정한 이혼 이유의 수를 늘인 것만은 의심할 여지가 없다.

협의이혼권 또한 십이동판법의 한 규정, 또는 적어도 그 한 결과였다. 왜냐하면 아내 또는 남편이 따로따로 일방적 이혼권을 가졌을 때부터, 그들은 더욱 합의한 뒤에 서로의 의사에 따라서 헤어질 수 있었기 때문이다. 법은 협의이혼에 대해 이유의 제시를 요구하지 않았다.*22 그것은 사물의 본질상 일방적 이혼에는 이유가 필요하나 협의이혼에는 필요치 않다. 왜냐하면 법이 결혼을 파기할 수 있다고 정한 이유 중 무엇보다도 서로간의 불일치가 가장 강력한 이유이기 때문이다.

드니 달리카르나스·발레리우스 막시무스 및 겔리우스는 내가 생각하기에 진실 같지 않은 한 가지 사실을 보고하고 있다. 그들의 말에 따르면, 로마에서는 아내와 일방적으로 이혼하는 권한이 인정되었으나, 사람들이 새점(鳥占)에 대해 아주 큰 경의를 드러내고 있었기 때문에 카르빌리우스 루가가 그 아내를 불임의 이유로 일방적 이혼을 했을 때까지 520년 동안*23 아무도 이 권리를 행사하지 않았다는 것이다. 그러나 법이 모든 시민에게 이러한 권리를 주었는데도 아무도 그 권리를 행사하지 않는다는 것이 얼마나 기적인가를 알기 위해서

---

*20 《로물루스전》. (원주)
*21 그것은 솔론의 법이었다. (원주)
*22 유스티니아누스 황제는 이를 바꾸었다. 《신칙법(新勅法)》 (원주)
*23 드니 달리카르나스와 발레리우스 막시무스에 따라서다. 아울루스 겔리우스에 따르면 523년 동안이다. 이처럼 그들은 집정관에 관해서 달리 말하고 있다. (원주)

는, 인간 정신의 본성을 알면 그로써 충분하다. 코리올라누스가 유배지로 떠날 때, 그는 아내에게 자신보다 행복한 남자와 결혼하라고 권했다.*24 십이동판법과 로마인의 풍속이 법을 크게 확대했다는 것은 앞에서 말했다. 예컨대 아무도 일방적 이혼권을 행사하지 않았다고 한다면, 무엇 때문에 이혼사유의 확대가 행해졌겠는가. 그리고 또 만일 시민이 결코 이혼하지 않았을 만큼 새점을 존중했다고 한다면, 로마의 입법자들이 어째서 시민들보다 새점을 존중하지 않았던 것일까. 그리고 어떻게 해서 법이 끊임없이 풍속을 타락시켰던 것일까?

플루타르코스의 두 대목을 대조해 보면, 문제가 되는 이런 놀라운 사실의 의문점이 사라지고 만다. 국왕의 법은 앞에서 말한 세 가지 경우에서 남편에 대해 아내와 일방적으로 이혼할 것을 허용했다.*25 플루타르코스는 말한다.

"이 법은 그 밖에 다른 이유에서 일방적으로 이혼을 하는 자는 그 재산의 반을 아내에게 주고, 나머지 반은 케레스(농업의 여신)에게 바쳐야 한다고 명령을 내렸다."*26

그러므로 이 벌칙에 따를 생각만 있다면 언제든지 일방적으로 이혼할 수 있었던 것이다. 그러나 카르빌리우스 루가*27 이전에는 누구도 그렇게 하지 않았던 것이다. 플루타르코스는 또 말한다.*28

"이 루가는 로물루스의 230년 뒤 불임을 이유로 그 아내를 일방적으로 버렸다."

즉 일방적 이혼권과 일방적 이혼의 이유를 확대한 십이동판법의 71년 전에 그는 그 아내와 이혼한 것이다.

내가 인용한 저자들은 말한다. 카르빌리우스 루가는 그 아내를 사랑하고 있었다. 그러나 불임 때문에, 국세조사관이 공화국에 자식을 제공할 수 없으므

---

*24 《드니 달리카르나스》에서 코리올라누스의 어머니 벤투리아의 연설 참조. (원주) 코리올라누스는 로마의 명장. 호민관에서 탄핵되어 추방당하다가 원한을 품고 로마인의 적인 보리스크인 편이 되어 조국과 싸웠다.
*25 플루타르코스 《로물루스전》. (원주)
*26 플루타르코스 《로물루스전》. (원주)
*27 실제로는 불임의 이유가 로물루스 법에는 포함되어 있지 않다. 그러나 그는 재산 몰수만은 당하지 않은 것 같다. 왜냐하면 그는 국세조사관의 명령에 따랐기 때문이다. (원주)
*28 그의 《테세우스와 로물루스의 비교》에서. (원주)

로 아내와 이혼하겠다는 것을 그에게 서약시켰다. 그 일로 해서 그는 시민들로부터 미움을 받게 되었다고 한다.*29 카르빌리우스에 대해 시민이 품었던 증오의 참된 원인을 발견하기 위해서는 로마 시민의 천분(天分)을 알 필요가 있다. 카르빌리우스가 아내와 이혼했기 때문에 시민들의 미움을 샀던 것은 아니다. 그런 문제는 시민들이 마음에 두지 않는다. 그런데 카르빌리우스는 아내의 불임을 이유로 공화국에 자식을 제공하기 위해서 그녀와 이혼하겠다고 국세조사관에게 서약한 것이다. 이것은 국세조사관이 국민에게 가하고자 하는 하나의 굴레임을 국민들이 알아차린 것이다. 이 책의 뒤(제23편 제21장)에서 로마 시민이 이런 규칙에 언제나 가지고 있던 혐오감을 보여 줄 작정이다. 그런데 이런 저자들 사이에서 이러한 모순이 어떻게 해서 생긴 것일까? 그것은 플루타르코스가 사실을 검토했는데 다른 저자들이 기적을 이야기했기 때문이다.

---

*29 크레비에(Crévier)에 따르면 몽테스키외는 이 사건을 십이동판법 이전의 일로 알고 있는데, 그 시대에는 아직 국세조사관은 존재치 않았다.

제17편
정치 노예제 법과 풍토성의 관계

제1장 정치 노예제
정치 노예제는 이제부터 말하려는 바와 같이 시민 노예제나 가내 노예제와 마찬가지로 풍토성에 의존한다.

제2장 용기에 대한 민족 차이
심한 더위는 사람의 힘과 용기를 떨어뜨리는 반면에, 추운 풍토는 사람에게 오랜 시간이 걸리고 어려운, 위대하고 대담한 행동을 가능하게 하는 어떤 능력을 육체와 정신에 준다는 것은 이미 말한 바 있다. 그것은 오직 국민과 국민 사이에서만 적용되는 것이 아니라, 같은 나라 안에서도 어느 한쪽과 다른 한쪽 사이에서도 적용할 수 있다. 중국 북부 민족은 남부 민족보다 용감하고, 한국의 남부 민족은 북부 민족만큼 용감하지 못하다.

더운 지방 민족의 나약함이 거의 언제나 그들을 노예로 만들고 추운 지방 민족의 용기가 그들의 자유를 보존케 했음은 의심할 나위가 없다. 그것은 그 자연적 원인에서 생겨나는 한 결과이다.

아메리카 대륙에서도 이런 현상을 볼 수 있다. 멕시코 및 페루의 전제국가는 적도 가까이 있고, 거의 모든 소국의 자유 민족은 극지방 부근에 있었다. 그리고 오늘날도 그러하다.

제3장 아시아의 풍토
여행기는 전한다.*¹

"아시아 북부의 드넓은 대륙은 북위 40도 부근에서 북극에 이르고, 러시아

---

*1 《북방의 여행》 제8권 〈타타르사〉 및 신부 뒤 알드의 《중국의 역사》 참조. 〔원주〕

국경에서 태평양에 이르므로 매우 추운 기후에 속한다. 이 지역은 서쪽에서 동쪽으로 뻗친 산맥으로 나뉘어졌는데, 그 산맥은 북으로는 시베리아를, 남에는 대(大)타타르 지방을 남기고 있다. 시베리아는 몹시 추워서 두세 군데 지역을 제외하고는 경작할 수 없다. 그래서 러시아인은 이르티스강 기슭에 몇 군데의 식민지를 가지고 있으나 거기서 아무것도 재배하지 않는다. 이 지방에는 작은 전나무라든가 떨기나무밖에 자라지 않는다. 토착민은 캐나다와 마찬가지로 비참한 생활을 하는 붙박이 민족으로 나뉜다. 이 추위의 이유는, 한편으로는 땅이 높은 것에 기인되고, 다른 한편으로는 남에서 북으로 감에 따라 산이 평탄해져서 그 결과 북풍이 아무런 장애물 없이 곳곳에서 불어올 수 있기 때문이다. 이 바람은 노바 젬비아 군도(群島)를 아무도 살지 않는 땅으로 만들고, 시베리아에 불어 와서 그곳도 불모의 땅으로 만든다. 이와 반대로 유럽에서는 노르웨이와 라플란드의 산악이 이 바람으로부터 북방 여러 나라를 막는 훌륭한 성채가 되고 있다. 그 결과 북위 59도에 위치한 스톡홀름 땅에서 과실과 곡물과 야채가 나고 있다. 그리고 61도에 있는 아보 주변에서도, 또 63도, 64도에서마저 은광산이 있고 토지는 매우 기름지다."

여행기는 또 다음과 같이 전한다.

"대타타르 지방은 시베리아 남쪽에 있는데 이곳 또한 매우 춥다. 토지는 경작할 수 없고 다만 가축 떼를 위한 방목지가 있을 뿐이다. 거기에는 아이슬란드처럼 나무가 자라지 않고 덤불이 있을 뿐이다. 중국과 인도 부근에는 일종의 밤나무가 자라는 지방이 있는데, 거기에는 밀은 물론 벼도 자랄 수 없다. 중국의 타타르 지방에서는 43도, 44도 및 45도의 지역에서 일년 중 7, 8개월 동안 얼지 않는 곳은 거의 없다. 그런 까닭에 이 지방은 남프랑스보다 더워야 할 텐데도 아이슬란드와 같은 정도로 춥다. 태평양 방면의 네댓 군데의 도시와, 정치상의 이유로 중국인이 중국 근처에다 세운 몇몇 도시를 제외하면 도시라고는 전혀 없다. 대타타르의 나머지 부분에도 부샤르·투르키스탄·카타이에 있는 두세 군데를 제외하면 도시란 전혀 없다. 이곳이 몹시 추운 이유는 초석과 모래로 이루어진 초석토(硝石土)의 성질인데다 땅이 높기 때문이다. 장성(長城)의 북쪽 80리에 있고, 카밤후란의 호수에 가까운 어떤 장소가 베이징(北京) 부근의 해안보다 5천 보(步)가 높다는 것, 그리고 이 높이가 이 지방에서 거의 모든 아시아 대하(大河)의 원천을 이루고 있음에도 이곳은 물이 부족해서 강이나 호수 근처가 아니고는 살 수 없음[*2]을 베르비에스트 신부는 발견했다."

이런 사실을 인정한다면 다음과 같이 추론할 수 있다. 아시아는 고유한 의미에서 온대를 갖지 않는다. 그리고 여기서는 매우 추운 풍토에 있는 곳이 곧 매우 더운 풍토에 놓인 지방, 즉 터키·페르시아·인도·중국·한국 및 일본에 접하고 있다.

이와 반대로 유럽에서는 온대가 매우 넓다. 에스파냐·이탈리아의 풍토와 노르웨이·스웨덴의 풍토 사이에는 어떤 유사성도 없으므로, 유럽은 서로가 매우 다른 풍토 속에 위치하는 것이다. 그러나 여기서는 기후가 남에서 북으로 감에 따라 각국은 그 이웃나라와 거의 같아서 그 사이에 뚜렷한 차이는 없고, 앞서 말한 것처럼 온대가 매우 넓다는 것이 된다.

이로 말미암아 생기는 결과는, 아시아에서는 강한 국민이 약한 국민과 마주 대하므로, 호전적이고 용감하고 활동적인 국민이 유약하고 게으르고 소심한 국민과 직접 접촉하게 된다는 점이다. 그러므로 한편은 정복되고 다른 한편은 정복자가 되지 않을 수 없다. 이와 달리 유럽에서는 강한 나라가 강한 나라와 서로 마주하고 있다. 서로 인접한 나라들이 거의 같은 용맹성을 가지고 있다. 이것이 아시아의 무력(無力), 유럽의 강대함, 유럽의 자유, 아시아의 예속성의 큰 이유이다.

이제까지 이 원인을 알아차린 사람이 있었던지의 여부를 나는 알 수 없다. 아시아에서는 자유가 증가하는 일이 결코 없는 데 반하여 유럽에서는 사정에 따라서 자유가 커지기도 하고 줄어들기도 하는 것은 이 이유에 근거한다.

러시아의 귀족 계급이 그 군주 한 사람으로 말미암아 예속 상태에 빠졌지만, 거기에는 남방 풍토에서는 결코 볼 수 없는 단기(短氣)의 특색이 여전히 엿보인다. 고작 며칠 동안이라고는 하지만 거기서 세워진 귀족정체를 우리는 보지 않았는가. 북방의 다른 한 왕국[*3]은 그 법을 잃었으나 우리는 풍토를 믿을 수 있기 때문에 그 왕국이 결코 회복할 수 없도록 그 법을 잃은 것이 아니라고 생각해도 된다.

[*2] 타타르 지방은 평탄한 산으로 되어 있다. 〔원주〕
[*3] 덴마크와 1660년의 반란을 가리킨다. 이것이 군주정체에 절대 권력을 주었다.

제4장 이 일의 결과

이제까지 말한 것은 역사상의 사실과 일치한다. 아시아는 열세 번 정복되었다. 열한 번은 북방 민족에 따라서이고, 두 번은 남방 민족에 따라서이다. 고대에는 스키타이인이 세 번이나 정복했다. 이어서 메디아인, 고대 페르시아인이 각각 한 번, 그리스인·아라비아인·몽골인·터키인·타타르인·페르시아인 및 아프간인 등이 각각 한 번씩. 나는 상부 아시아만 이야기하는 것이지, 남부에 남는 지방에서 행해진 침략에 대해서는 이야기하지 않는다. 이 지방은 끊임없이 매우 큰 혁명에 시달리고 있다.

유럽에서는 이와 반대로 그리스 및 페니키아의 식민지 건설 이래 네 개의 큰 변동밖에는 알려지지 않았다. 첫째는 로마인의 정복이 불러온 것이고, 둘째는 바로 이 로마인을 멸망시킨 이민족의 숫자가 크게 늘어났기 때문이고, 셋째는 샤를마뉴 황제의 전승(戰勝)에 따른 것이고, 마지막은 노르만인의 침입으로 일어난 것이다. 이것을 자세히 검토한다면, 이런 변동에서도 유럽의 모든 부분에 일반적으로 퍼져 있는 어떤 힘을 발견할 수 있을 것이다. 로마인이 유럽을 정복할 때 겪은 어려움과, 아시아를 침입했을 때의 용이성을 사람들은 알고 있다. 북방의 여러 민족이 로마 제국을 전복할 때 겪었던 쓰디쓴 어려움, 샤를마뉴의 숱한 전쟁과 고생, 노르만인의 온갖 모험을 알고 있다. 파괴자들은 끊임없이 파괴당했다.

제5장 아시아 북부 민족과 유럽 북부 민족 정복의 결과의 차이

유럽 북부 민족은 자유인으로서 유럽을 정복했다. 아시아 북부 민족은 노예로서 아시아를 정복하고 그 주인을 위해 승리를 얻었다.

그 이유는 다음과 같다. 타타르 민족은 아시아의 본디 정복자였으나 스스로도 노예가 되었다. 그들은 줄곧 아시아 남부를 정복하고 제국을 이룩한다. 그런데 고국에 남아 있는 국민은 한 사람의 강한 우두머리 아래에 복종했다. 남부에서 전제군주가 된 이 수장은 북부에서도 그렇게 되기를 바라고, 정복한 신하에 대한 자의적 권력을 가지고 그것을 또 정복자인 신하에 대해서도 주장한다. 이 사실은 오늘날 중국령 타타르라고 불리는 드넓은 지역에서 뚜렷하게 볼 수 있다. 황제는 이 지역을 중국 자체와 거의 같을 만큼 전제적으로 지배하고 나날이 정복으로 그것을 확대하고 있다.

또 중국 역사에 따르면 황제[*4]가 타타르에 중국인의 식민을 보냈다는 사실을 알 수 있다. 이들 중국인은 타타르인이 되어 중국의 원수가 되었다. 그럼에도 그들은 타타르에 중국적인 지배 정신을 가져오게 했다.

정복을 한 타타르 민족의 일부가, 이번에는 그 자신이 쫓겨나서 노예제 풍토에서 얻은 예속 정신을 그 사막으로 가지고 돌아온다. 중국의 역사는 그 좋은 예를 보여 주고 있으며 또 우리 고대사도 마찬가지다.[*5]

타타르 민족과 제티크 민족(동남유럽에 이주한 스키타이 민족)의 정신이 언제나 아시아 제국의 정신과 닮았던 것은 이 때문이다. 아시아 제국에서는 여러 민족이 몽둥이에 따라서 지배받고 있다. 타타르 민족은 긴 채찍으로 지배받고 있다. 유럽 정신은 언제나 이런 풍속에 반대였다. 그리고 어느 시대이고 아시아의 여러 민족이 형벌이라고 부른 것을 유럽의 여러 민족은 모욕이라고 불렀던 것이다.[*6] 타타르인은 그리스 제국을 멸망시키고 정복한 지방에 예종과 전제 권력을 수립했다. 고트인은 로마 제국을 정복하고 곳곳에 군주정체와 자유를 수립했다.

그 《아틀란티카》에서 스칸디나비아를 그토록 찬양한 저 유명한 루드베크[*7]가, 그곳에 사는 여러 국민을 지구의 모든 민족 위에 놓아야 할 이 위대한 영예에 관해 이야기하고 있는지 어떤지 나는 모른다. 그것은 그들 국민이 유럽의 자유의, 따라서 오늘날 인류들 사이에 존재하는 자유의 거의 모든 원천이었다고 하는 것이다.

고트인 요르난데스[*8]는 유럽 북부를 인류의 대장간이라고 불렀다. 나는 그것을 차라리 남부에서 만들어진 쇠사슬을 부수기 위한 도구를 만드는 대장간이라고 부르겠다. 바로 거기서 저 씩씩한 국민은 형성되었으며, 그들은 자기 나

[*4] 제5왕조의 제5대 황제인 문제(文帝)를 가리킨다. (원주)

[*5] 스키타이인은 세 번 아시아를 정복했고, 거기에서 세 번 추방됨. 《유스티누스》. (원주)

[*6] 이것은 제23편 제20장에서 몽둥이에 관한 게르만인의 사고 방식에 관해 내가 말한 것과 어긋나지 않는다. 그들은 그것이 어떤 도구이든간에 때린다는 자의적인 권력 또는 행동을 언제나 모욕으로 간주했다. (원주)

[*7] 스웨덴 박물학자, 1630~1702년. 《아틀란티카》에 따라, 스칸디나비아가 플라톤의 아틀란티스임을 주장하고 있다.

[*8] 요르난데스(Jornandès) 또는 요르다네스(Jordanès). 6세기 가톨릭 주교며, 역사가였다. 고트인의 전통에 관해 참고가 되는 편찬물을 만들었고, 또 《고트인의 기원과 역사》를 저술했다.

라를 떠나서 폭군과 노예를 멸망시켰다. 그리고 사람들에게, 자연은 그들을 평등하게 만들었으니 그들의 행복을 위해서가 아니면 어떤 이유도 그들을 종속적으로 만들 수는 없다는 것을 가르쳐 주었다.

제6장 아시아의 노예상태와 유럽의 자유에 관한 새롭고 자연스러운 원인

아시아에서는 언제나 대제국을 볼 수 있었다. 유럽에서는 그것이 결코 계속 이어질 수 없었다. 그것은 우리가 알고 있는 아시아는 보다[*9] 넓은 평야를 가지고 있기 때문이다. 유럽에 비해서 바다로 좀 더 큰 부분으로 구분된다. 그리고 좀 더 남쪽에 위치하고 있으므로 수원(水源)은 더 잘 마르고 산은 눈으로 덮이는 일이 적으며, 강도 물이 잘 모이지 않아서[*10] 그다지 큰 장벽을 이루지 않는다.

따라서 아시아에서는 권력이 언제나 전제적이 된다. 왜냐하면, 만약 노예 상태가 극단적이 아니라면 분열이 먼저 생길 터인데, 분열은 이 지역의 자연이 허락할 수 없는 바이기 때문이다. 유럽에서는 자연적 분할이, 법의 지배와 국가 유지가 양립할 수 있는 중간 크기의 나라를 만들고 있다. 뿐만 아니라 거기서는 법의 지배가 매우 바람직해서 법이 없는 나라는 쇠퇴에 빠져 다른 모든 나라에 뒤떨어지게 될 것이다.

이것이 바로 자유의 정신을 만들고 또 법과 통상의 이익에 따르는 것 말고는, 외국 세력이 이들 각 부분을 정복하고 복종케 만드는 일을 매우 어렵게 하는 것이다.

반대로 아시아에서는 예종의 정신이 지배하며, 그것은 이제껏 그곳에서 떠난 적이 없다. 그리고 이 지방의 모든 역사에서 자유로운 정신을 특징지을 만한 표지란 단 하나도 찾아볼 수 없다. 거기서는 예종의 영웅적 정신밖에 찾아볼 수 없을 것이다.

제7장 아프리카와 아메리카

아시아 및 유럽에 대해서 내가 말할 수 있는 것은 위와 같다. 아프리카는 아시아의 남부 풍토와 같은 풍토에 있고, 같은 노예제 아래에 있다. 멸망되었다

---

*9 유럽보다.
*10 물이 모이기도 전에, 또는 모이더라도 없어지든가 증발해 버린다. (원주)

가 유럽과 아프리카의 여러 국민이 이주해 살게 된 아메리카*11는 오늘날 그 고유한 특성을 거의 보여줄 수 없다. 그러나 그 옛날 역사에 대해서 우리가 알고 있는 바는 우리의 원리에 꼭 맞는 것이다.

제8장 제국의 수도

앞서 이야기해 온 것으로부터 얻을 수 있는 결론의 하나는, 대군주로서는 그 제국의 중추를 바르게 선택하는 일이 중요하다는 것이다. 그것을 남부에 두는 군주는 북부를 잃을 위험을 만난다. 북부에 그것을 두는 자는 쉽게 남부를 보존할 수 있을 것이다. 나는 개개의 경우는 말하지 않겠다. 기계에도 이론의 결과를 바꾸거나 방해하는 마찰이 있고, 정책 또한 그러하다.

---

*11 아메리카의 작은 이민족들은 멕시코나 페루의 대제국보다 훨씬 복종시키기 어려우며 에스파냐 사람으로부터 인디오스 브라보스(Indios Bravos)라고 불린다. (원주)

제18편
법과 토지 성질의 관계

제1장 토지 성질이 법에 끼치는 영향

토질이 비옥한 나라는 자연적으로 종속제가 성립한다. 국민의 주요 부분을 이루는 농민은 그 자유를 그다지 소중히 여기지 않는다. 그들은 그들의 자기 일에 너무나 쫓기고 열중해 있다. 재산이 많고 부유한 농촌은 약탈을 두려워하고 군대를 무서워한다. 키케로는 아티쿠스에게 말했다.

"좋은 당(黨)을 만드는 것은 누구인가? 상인이나 농민이 군주정체에 반대한다고 우리가 상상하지 않는 한 그들인 것일까? 안락하게 지낼 수만 있으면 어떤 정체이든 마찬가지라고 하는 그들인 것일까?"

이리하여 1인 통치 제도는 땅이 기름진 지방에서 더욱 자주 볼 수 있고 다수 통치 제도는 그렇지 못한 지방에서 볼 수 있다. 그것은 때로 손해보상 같은 것이다.

불모의 땅이나 마찬가지인 아티카(아테네)에는 민중정체가 세워졌고 기름진 스파르타에는 귀족정체가 세워졌다. 왜냐하면 이 시대에는 그리스에서 사람들이 1인 통치를 조금도 바라지 않았기 때문이다. 그런데 귀족정체는 1인 통치의 그것과 좀 더 많은 관련이 있다.

플루타르코스는 말한다.

"외설 소동이 아테네에서 진압되자, 이 도시는 다시 본디대로의 분쟁 속에 빠져들어 아티카에 있는 땅의 종류만큼의 당파로 갈라졌다. 산에 있는 사람들은 온 힘을 다하여 민중정체를 바랐다. 평지의 사람들은 유력자들의 통치를, 바다에 가까운 사람들은 이 둘을 혼합한 정체를 지지했다."

제2장 토지 성질이 법에 끼치는 영향(계속)

이 기름진 땅은 강한 자에게 아무런 싸움도 걸 수 없는 평야이다. 때문에 사람들은 강자에게 복종한다. 그리고 강자에게 항복만 하면 자유의 정신은 그곳에 되돌아오지 못한다. 농촌의 재화는 충성의 담보이다. 그런데 산간 지방에서는 사람들이 가지고 있는 것을 지킬 수 있다. 그러나 지킬 수 있는 것이라 해야 조금밖에 없다.

자유 즉 사람들이 누리는 통치, 이것이 방위에 해당하는 유일한 재산이다.

따라서 자유는 자연이 좀 더 많이 은혜를 준 것같이 보이는 지방보다, 산이 많고 불우한 지방에 더 많이 군림한다.

산간의 국민들은 좀 더 제한적인 정체를 유지한다. 왜냐하면 그들은 정복당할 위험이 적으므로 쉽게 자기를 지킬 수 있기 때문이다. 그들을 공격하는 것은 어렵다.

그들에 대해서 무기 및 식량을 모아서 수송한다는 것은 매우 큰 비용이 든다. 그 지방에서는 그것을 전혀 공급하지 않는다. 따라서 그들에게 선전 포고를 한다는 것은 더욱 곤란하고, 그것을 계획하기란 한결 위험하다.

그래서 국민의 안전을 위해서 만들어지는 모든 법이 거기에서는 만들어질 이유가 적다.

제3장 가장 잘 경작된 지방

토지는 그 비옥함에 비례해서가 아니라 그 자유에 비례해서 경작된다. 그리고 지구를 상상으로 분할해 본다면 대부분의 시대에 가장 비옥한 부분에 사람이 살지 않는 땅이 있고, 토지가 모든 것을 거부할 것처럼 보이는 부분에 위대한 민족이 있음을 볼 수 있는 점에 놀랄 것이다.

어떤 민족이 나쁜 땅을 떠나서 좋은 땅을 찾아가는 것은 마땅한 일이나, 좋은 땅을 떠나서 나쁜 땅을 찾아간다고 하면 자연스럽지 못하다. 따라서 침략의 대부분은, 자연이 행복하게끔 만든 지방을 향해서 이루어진다.

스칸디나비아 민족의 도나우 강변으로의 이동은, 그에 대해 역사가가 말한 바로 미루어 그것은 절대로 정복이 아니라 다만 무인지(無人地)에의 이주에 지나지 않았음을 알 수 있다.

따라서 이 행복한 풍토는 그 이전에 다른 이주로써 주민이 없어지게 되었던 것이다. 그런데도 우리는 그곳에 일어난 비극적인 일에 대해서는 알지 못한다.

아리스토텔레스*¹는 다음과 같이 말했다.

"몇몇 유적으로 미루어 사르디니아는 그리스의 식민지였던 것 같다. 그것은 옛날에는 매우 풍성했다. 그리고 농업을 매우 사랑해서 크게 칭찬받은 아리스테우스*²가 그것에 법률을 주었다. 그러나 그뒤 그것은 말할 수 없이 쇠퇴했다. 왜냐하면 카르타고인이 지배자가 되어서, 그들은 거기서 사람을 성장시키는 데 이로운 모든 것을 파괴하고, 죽음의 고통을 가함으로써 토지 경작을 금했기 때문이다."

사르디니아는 아리스토텔레스 시대엔 전혀 부흥하지 않은 곳이었다. 그것은 오늘날에도 마찬가지이다.

페르시아·터키·모스크바공국·폴란드의 가장 기후가 온화한 지역들은 타타르 민족이 저지른 황폐함으로부터 회복될 수가 없었다.

제4장 국토의 비옥과 불모의 새로운 결과

불모의 땅은 사람을 부지런하고 성실하게 만들며 노고에 익숙하게 만들고 용감해서 전쟁하기에 알맞게 만든다. 그들은 정녕 그 땅이 거부하는 것을 얻어야만 한다. 기름진 국토는 안락함과 아울러 미래에 대한 약속과 생명 유지에 대한 어떤 애착을 준다.

작센(Sachsen)과 같이 농민이 부유한 지방에서 징집된 독일 군대는 다른 군대보다 좋지 않다는 것이 인정되고 있다. 군율은 엄격한 규율로써 이 불편을 보상할 수 있을 것이다.

제5장 섬 민족

섬 민족은 대륙 민족보다 자유를 좋아한다. 섬은 보통 면적이 좁아서*³ 다른 부분을 억압하기 위해서 주민의 일부를 사용하기란 어렵다. 바다가 섬을 대제국으로부터 격리하고 있어서 폭정은 섬에 손을 댈 수 없다. 정복자는 바다로 막아진다. 섬 주민은 정복에 휘말리는 일이 없다. 그래서 그들은 좀 더 쉽게 자기의 법률을 유지한다.

---

*1 또는 《경이담(De Mirabilibus)》을 쓴 사람. (원주)
*2 Aristaeus. 신화에 나오는 목동으로 처음으로 꿀벌을 키웠다고 한다.
*3 일본은 면적 넓이와 노예제도에 따라 이에 해당하지 않는다. (원주)

제6장 인간의 부지런함으로 이룩된 토지

인간의 부지런함으로 살 수 있게 되고 또 존재를 이어가기 위해 같은 부지런함을 필요로 하는 땅은 거기에 제한정체를 요구한다. 그 주된 예로서 세 영역, 즉 중국의 장난(江南) 및 저장(浙江)의 아름다운 두 지방, 그리고 이집트·네덜란드를 들 수 있다.

중국의 고대 황제는 결코 정복자가 아니었다. 그들이 영토를 넓히기 위해서 첫째로 행한 일은, 그들의 현명함을 가장 잘 증명해 주는 것이었다. 사람들은 제국의 가장 아름다운 모습을 드러내는 것을 보았다. 그 사람에 따라서 만들어진 것이다. 바로 이 이루 말할 수 없는 비옥함이, 유럽에 이 드넓은 지역을 행복의 땅으로 만들 관념을 준 것이었다. 그러나 제국의 이런 중요한 부분을 파괴로부터 지키기 위해 끊임없이 필요한 배려는 향락적인 민족의 풍속보다는 오히려 현명한 민족의 풍속을, 전제군주의 폭정적인 힘보다는 오히려 군주의 정통적인 권력을 요구하는 것이었다. 거기서는 지난날 이집트에서 그러했듯이 권력이 제한되어야 했다. 거기서는 오늘날 네덜란드에서 그러하듯이 권력이 제한되어야 했다. 자연은 네덜란드를, 자기 자신에 주의하고 무관심이나 방자한 자의(恣意)에 내맡겨지는 일이 없게끔 만들었던 것이다.

이렇게 사람을 저절로 노예와도 같은 복종으로 향하게 하는 중국의 풍토임에도, 또 제국의 지나치게 큰 면적에 따라서 생기는 잔학무도함에도 중국의 최초 입법자들은 매우 좋은 법률을 만들지 않을 수 없었다. 그리고 정체도 그것에 따르지 않을 수 없게 되었다.

제7장 인간의 부지런함

인간은 그 부지런함과 좋은 법률로 말미암아 대지를 그들의 거처로서 좀 더 알맞은 것으로 만들었다. 우리는 예전에 호수나 늪이 있었던 곳에 강이 흐르는 것을 본다. 그것은 자연이 만든 것은 아니나 자연에 따라서 유지되는 부(富)이다. 페르시아인이 아시아의 지배자였을 때,[*4] 그들은 어디든지 물이 없는 곳에 샘으로부터 물을 끈 자에게는 그 땅을 5대에 걸쳐 사용할 것을 허락했다. 그리고 토로스산(소아시아 남부의 산맥)에서 많은 개울이 흘러나왔으므

---

*4 폴리비우스 제10편 제25장. 〔원주〕

로 그들은 거기서 물을 끌어내는 데는 비용을 아끼지 않았다. 오늘날 그것이 도대체 어디서 오는지도 모르고 사람들은 그 물을 자기의 밭이나 채소밭 속에서 발견한다. 이와 같이 파괴적인 국가가 그 국가 자체보다도 오래 이어지는 재앙을 만들어 내듯이 그 국가와 더불어 멸망하는*5 일이 없는 선(善)을 이루는 부지런한 국민이 있다.

제8장 법의 일반 관계

법은 여러 민족이 생계를 획득하는 수단과 매우 큰 관계를 갖는다. 상업 및 항해에 종사하는 민족에게는 자기 땅을 일구는 것으로 만족하는 민족보다 더 폭넓은 법전이 필요하다. 후자에게는 가축 떼로 생활하는 민족보다 더 광범한 법전이 필요하다. 목축으로 생활하는 민족에게는 수렵으로 생활하는 민족보다 폭넓은 법전이 필요하다.

제9장 아메리카 토지

아메리카에 그토록 많은 미개 민족이 있는 까닭은, 그곳 토지가 사람이 그것을 먹고 살 수 있는 많은 과실을 자연적으로 생산하기 때문이다. 여자들이 집 주위에 땅을 조금 일구면 곧 옥수수가 자란다. 사냥과 고기잡이는 남자들을 배부르게 만든다. 게다가 목초를 먹는 동물, 소나 물소가 이곳에서는 육식 짐승보다 더 잘 자란다. 후자는 늘 아프리카의 지배권을 장악해 왔다.

유럽에서 토지를 갈지 않고 그대로 내버려두었다면, 이런 모든 이익은 얻을 수 없었을 것이라고 나는 생각한다. 떡갈나무나 그 밖에 열매가 열리지 않는 나무의 삼림 말고는 거의 아무것도 자라지 않을 것이다.

제10장 생활필수품을 얻는 방법과 그에 따른 인간 수의 관계

국민이 토지를 일구지 않을 경우, 인구 수가 어떤 비례*6로 그곳에 존재하는

---

*5 라불라예(Laboulaye)는 아라비아인이 관개(灌漑) 설비를 그대로 남긴 에스파냐가 그것이라고 한다.
*6 몽테스키외는 처음의 여러 판본에서는 이에 관한 공식을 부여하려고 시도했다. "미개인의 수와 국민 수의 비례는 미개인의 수와 농사의 수와, 농민의 수와 공예를 영위하는 사람의 수와의 복비(複比)이다."

가를 보기로 하자. 경작되지 않은 토지 생산물의 경작된 토지 생산물에 대한 비례는, 어떤 나라에서의 미개인 수효와 다른 나라에서의 농민 수효에 대한 비례와 같다. 그리고 토지를 일구는 국민이 나아가 공예까지 영위하는 경우, 그것은 상세한 설명이 필요한 비례에 따를 것이다. 미개인은 거의 대국민을 형성할 수 없다. 그들이 목축인일 경우, 일정한 수로 존속할 수 있기 위해서는 큰 국토를 필요로 한다. 그들이 수렵자라면 그들은 더욱 적은 인원수이므로 생활을 위하여 좀 더 작은 민족을 형성한다.

그들의 국토는 보통 삼림으로 가득차 있다. 그리고 거기서는 주민들이 배수(排水)를 하지 않으므로 그 국토는 늪과 못으로 가득차 있고, 거기에 저마다 사람 무리가 주거를 정하여 소국민을 이룬다.

제11장 미개 민족과 야만 민족

미개 민족과 야만 민족 사이에는 다음과 같은 상위가 있다. 즉 전자는 약간의 특수한 이유 때문에 서로 집합할 수 없는 흩어진 소국민이지만, 이에 대해 야만 민족은 보통 집합할 수 있는 소국민이다. 전자는 보통 수렵 민족이고 후자는 목축 민족이다. 이것은 아시아 북부의 사례에서 잘 알 수 있다. 시베리아의 여러 민족은 집단 생활을 할 수 없다. 왜냐하면 그들은 먹을 것을 얻을 수 없게 되었기 때문이다. 타타르인은 얼마 동안은 집단 생활을 할 수 있다. 그것은 그들의 가축 떼가 얼마 동안 모일 수 있기 때문이다. 그러므로 모든 유목민은 결합할 수 있다. 그리고 그것은 한 사람의 우두머리가 다른 많은 우두머리를 복종시켰을 때 행해진다. 그 뒤에 유목민은 두 가지 중 한 가지 길을 택해야 한다. 즉 뿔뿔이 흩어지든가 아니면 남쪽 어느 제국을 정복하러 나서든가 해야 하는 것이다.

제12장 토지를 경작하지 않는 국민의 국민법

이런 국민들은 한정된 경계 안에서 살지 않으므로 서로가 많은 싸움의 불씨를 가질 것이다. 그들은 우리가 상속 재산을 두고 다투듯이 미개간지를 가지고 다툴 것이다. 따라서 그들은 그 수렵, 어로, 가축 사료, 노예 약탈 등의 이해관계 때문에 자주 전쟁을 하게 될 것이다. 또 그들은 영토가 없으므로 시민법에 따라서 결정할 일이 적은 만큼, 만민법(萬民法)에 따라서 결정해야 할 일이 많을 것이다.

제13장 토지를 경작하지 않는 시민의 시민법

주로 토지의 분할은 시민 법전을 크게 한다. 이 분할을 행하지 않는 국민에게는 매우 적은 시민법밖에 없다.

이런 시민 제도는 법이라기보다 차라리 풍속이라고 부르는 편이 낫다. 이런 시민들 사이에서는 노인이 지나간 일을 기억하므로 큰 권위를 갖는다. 여기서는 재산으로 두각을 나타낼 수는 없고 용기와 지혜로서 이름을 떨칠 수 있다.

이들 시민은 방목지나 삼림으로 떠돌아 다니며 흩어진다. 거기서는 결혼이 우리 사이에서처럼 안정적이지 않다. 우리 지방에서는 결혼은 주소에 따라서 확정되고 아내는 집에서 떠나지 않는다. 그러나 이런 시민들은 쉽게 아내를 바꾸거나 많이 가지고 때로는 짐승처럼 무차별하게 접촉할 수 있다.

목축 민족은 그 생활 수단인 가축을 떠날 수 없다. 또 가축을 돌보는 아내와도 헤어질 수 없다. 따라서 이들은 모두 함께 움직여야 한다. 보통 요새지가 적은 대평원에서 살기 때문에, 그들의 처자나 가축이 적의 미끼가 될지도 모르므로 더욱 그렇다. 그들의 법은 약탈물 분배를 규정하고, 우리의 살리카 법과 같이 도둑에 대해 특별한 주의를 기울일 것이다.

제14장 토지를 경작하지 않는 국민의 정치적 상태

이런 민족은 많은 자유를 누리고 있다. 왜냐하면, 땅을 갈지 않으므로 땅에 정착하고 있지 않기 때문이다. 그들은 방황하며 떠돌아다닌다. 그리고 만일 어떤 우두머리가 그들로부터 자유를 빼앗으려 한다면, 그들은 먼저 다른 우두머리를 찾아가든가, 아니면 숲 속에 들어가 가족과 더불어 살 것이다. 이런 민족들에게는 인간의 자유가 너무나 크므로 필연적으로 시민의 자유를 가져오게 한다.

제15장 화폐를 사용할 줄 아는 민족

아리스티포스[*7]는 난파당해 헤엄쳐서 근처에 있는 해안에 상륙했다. 그는

[*7] 키케로 《국가론》. 아리스티포스는 소크라테스의 제자로 키레네학파의 시조. 행복을 쾌락의 기초 위에 수립했다.

모래 위에 기하학 그림이 그려져 있는 것을 보았다. 그는 야만 민족이 아니고 그리스 민족이 사는 나라에 이른 것이라 생각하고 기뻐했다.

단 혼자서 어떠한 사고로 낯선 민족이 사는 곳에 이르렀다고 치자. 그곳에서 만일 화폐를 보게 된다면 문명 국민이 사는 나라에 도착했다고 생각해도 좋다. 토지 경작은 화폐의 사용을 필요로 한다. 농경은 많은 기술과 지식을 전제로 한다. 그리고 사람들이 언제나 보다시피 기술과 지식과 욕망은 같은 보조로 나간다. 이 모든 것은 가치의 상징을 정하도록 이끈다. 급류와 분화(噴火)는 우리들에게 땅이 금속을 포함한다는 사실을 발견케 했다.*8 일단 그것을 가려낸 다음에는 사용하기가 쉬운 일이었다.

제16장 화폐를 사용할 줄 모르는 민족의 시민법

어떤 민족이 화폐를 사용하지 않을 때에 거기서는 거의 폭력에서 유래하는 부정(不正)밖에 모른다. 그리고 약한 사람들은 서로 동맹해 폭력에 맞서 몸을 지킨다. 거기서는 거의 정치적인 해결밖에 없다. 그러나 화폐가 제도화된 민족은 사람들이 간계(奸計)에서 유래하는 부정을 입기 쉬우며, 또 이 부정은 헤아릴 수 없는 방법으로 행해질 수 있다. 따라서 거기서는 사람들이 좋은 시민법을 갖는다. 그러므로 시민법은 악인이 되는 새로운 수단과 온갖 방법이 생김에 따라 그와 더불어 생겨난다.

화폐가 없는 곳에서는 도둑은 물품밖에 훔치지 않으며, 그 물품은 서로 비슷하지 않다. 화폐가 있는 곳에서 도둑은 표상(表象)을 빼앗으며, 이것은 언제나 서로 닮았다. 전자의 경우에는 도둑이 그의 유죄 증거를 언제나 몸에 지니고 있으므로 아무것도 숨길 수가 없다. 후자는 사정이 다르다.

제17장 화폐를 사용하지 않는 민족의 정법(政法)

땅을 경작하지 않는 민족의 자유를 가장 잘 보장해 주는 것은 화폐가 그들에게 아직 알지 못하는 것이라는 사실이다. 사냥이나 고기잡이나 목축 수확물은 너무 많이 모을 수도 보존할 수도 없으므로, 어떤 사람이 다른 모든 사람을 타락시킬 수 있을 정도의 상태로 만들기에는 충분하지 않다. 이것에 대하

---

*8 디오도루스는 목자가 이렇게 해서 피레네 산맥에서 금을 발견했다고 말했다. 〔원주〕

여 부(富)의 표상을 가지고 있을 경우에는, 사람은 이 표상의 더미를 쌓고 그것을 바라는 대로 다른 사람에게 분배할 수가 있다.

화폐가 없는 민족에서는 저마다가 사소한 욕구밖에 없으므로 그 욕구는 쉽사리 또 평등하게 충족될 수 있다. 따라서 평등은 패할 수 없는 것이 된다. 그러므로 그들의 우두머리도 결코 전제적일 수 없게 된다.

여행기가 우리에게 이야기하는 바가 진실이라면 내치즈라고 불리는 루이지애나 국민의 정체는 이것의 예외가 된다. 그들의 우두머리는 그 모든 국민의 재산을 마음대로 쓰고, 제멋대로 그들을 부린다.*9 그들은 그에게 자기 몫이라도 거부할 수가 없다. 그의 권력은 마치 터키의 전제 군주와 같기 때문이다. 추정(推定) 상속인이 태어나면 사람들은 그에게 모든 젖먹이를 바쳐서 그의 일생 동안 그에게 봉사케 한다. 마치 세소스트리스 대왕*10과 같다고 생각해도 좋을 것이다. 이 우두머리는 그 집안에서 일본이나 중국의 황제에 대해 행해지는 예의를 가지고 섬김을 받는다.

제18장 미신의 힘

미신의 편견은 다른 모든 편견보다 유력해서 그 이유는 다른 모든 이유에 이긴다. 그러므로 미개인은 본디 전제주의를 알지 못하지만 이 사람들은 그것을 알고 있다. 그들은 태양을 숭배한다. 그리고 그 우두머리가 자기를 태양의 형제라고 스스로 이르지 않았더라면 그들은 그를 자기들과 같은 하나의 천민에 지나지 않는다고 생각했을 것이다.

제19장 아라비아인의 자유와 타타르인의 노예제

아라비아인과 타타르인은 목축 민족이다. 아라비아인은 우리가 말해 온 상황을 자각하고 있으므로 자유롭다. 이에 타타르인(세계에서 가장 특이한 국민)은 정치적 노예제 안에 있다.*11 이 사실에 대해서는 이미 그 이유를 들었다. 여기서 새로운 이유를 들기로 하겠다.

---

*9 《교화적 서간》 제20집. 〔원주〕
*10 이집트 왕 람세스 2세를 가리킴. 이집트 및 누비아에서 신과 같이 존숭되었다.
*11 한(汗: 칸)의 즉위를 선포할 때 모든 국민은 "그의 말이 그에게 칼로써 도움이 되기를!" 이렇게 소리지른다. 〔원주〕

그들은 도시가 없고 삼림도 없으며 늪과 연못도 많지 않다. 그들의 강은 거의 언제나 얼어 있다. 그들은 드넓은 평원에 살고 있다. 그들은 목초지와 가축을 가지고 있다. 따라서 재산은 있다. 그러나 어떠한 종류의 피난소도 방어 시설도 없다. 군주는 패하면 목이 잘린다. 그 아들도 마찬가지이다.[*12] 그리고 그의 모든 국민은 승리자의 것이 된다. 국민들은 시민적 노예의 신분에 놓여지지는 않는다. 경작할 땅도 갖지 않고, 아무런 집안 일을 필요로 하지 않는 소박한 국민으로서는 시민적 노예가 부담이 될 것이기 때문이다. 그래서 그들은 국민을 늘린다. 그러나 시민적 노예제 대신 정치적 노예제가 마땅히 도입되었음은 명백한 일이다.

각종 유목민이 끊임없이 전쟁하고 서로 정복하는 나라, 우두머리의 죽음으로써 정복된 각 유목민의 정치적 집합체가 늘 파괴되는 나라에서 국민 일반은 거의 자유를 누릴 수가 없다. 왜냐하면 국민들 가운데 여러 차례 예속당하지 않은 부분이라고는 하나도 없기 때문이다.

피정복 민족도 그 상황에 따라서 패전 뒤에도 조약을 체결할 수 있는 경우에는 어느 정도의 자유를 유지할 수 있다. 그러나 타타르인은 언제나 방어 수단이 없으므로 한 번 패하면 절대로 조건을 얻을 수가 없었다.

제2장에서 경작된 평원의 주민은 거의 자유롭지 않다고 말했다. 여러 사정으로 말미암아 경작되지 않은 평원에 사는 타타르인을 같은 처지에 두었다.

제20장 타타르인의 만민법

타타르인은 동료들끼리는 온화하고 인정이 있는 듯하나 매우 잔혹한 정복자이다. 그들은 점령한 도시의 주민들을 베어 죽인다. 주민을 팔든가 병사에게 분배할 때는 마치 주민에게 은혜를 베푼 것처럼 생각한다. 그들은 인도에서 지중해에 이르기까지 아시아를 파괴했고, 페르시아의 동부를 이루는 지방 모두를 불모지로 만들었다.

이런 만민법(萬民法)이 생긴 원인은 다음과 같이 된다. 이들 국민은 도시가 없었다. 그들의 전쟁은 모두가 빠르고 격렬하게 행해졌다. 그들은 이길 수 있다

[*12] 그러므로 미리베이스가 이스파한의 주인공이 되었을 때 모든 왕족을 죽였다 해서 놀랄 바가 못 된다. [원주] Miriveis 또는 Mirwais, 아프간의 우두머리. 칸다하르의 태수. 1709년에 독립했다.

고 생각할 때는 싸우고 이기지 못하리라고 생각할 때는 강한 자의 군대에 참여했다. 이런 관습이 있었기 때문에 어떤 도시가 그들에게 저항할 수도 없으면서 그들을 저지하는 것을 가지고 그들은 그들의 만민법에 어긋나는 행위라고 생각했던 것이다. 그들은 도시를 주민의 결합체라고 생각하지 않고 그들의 무력을 피하는 데 알맞는 요새라고 생각했다. 그들은 에워싸서 공격하는 방법을 전혀 알지 못하기 때문에, 도시를 에워싸서 공격하기 위해서는 언제나 위험 속에 놓였다. 그러므로 스스로 흘린 피의 모든 복수를 피로써 갚은 것이다.

제21장 타타르인의 시민법

뒤 알드 신부는 말한다. 타타르인 사회에서 상속인은 언제나 막내아들이다. 그 이유는, 위의 아들들은 목축 생활을 할 수 있게 됨에 따라 일정한 수의 가축을 아버지로부터 받아서 집을 나가 새로이 살 곳을 찾는다. 그러므로 아버지와 함께 집에 남는 막내아들이 아버지의 본디 상속자가 되는 것이다.

이러한 관습이 영국의 두세 군데 작은 구(區)에서 행해진다는 것을 들은 일이 있다. 그것은 지금도 브리타니 주(州)의 로안 공령(公領)에서 볼 수 있다. 여기서는 이 관습이 평민지(平民地)*13에서 행해진다. 이것은 아마 브리타니의 어느 소민족으로부터 전해졌든가 또는 어느 게르만족으로부터 전래된 목축인법일 것이다. 카이사르와 타키투스에 따라, 게르만인이 토지를 그다지 경작하지 않았다는 것은 알려진 사실이다.

제22장 게르만 민족의 시민법

보통 살리카법이라고 불리는 살리족의 저 특별한 원문이, 어째서 토지를 전혀 경작하지 않든가, 아니면 적어도 조금밖에 일구지 않던 민족의 제도에 의거하는 것인가를 여기서 설명하기로 하겠다.

살리카법은 사람이 자식을 남기고 죽을 경우 남자가 여자보다 우선적으로 살리의 토지를 상속해야 한다는 것을 규정한다.

살리의 토지란 무엇이었던가를 알기 위해서는 프랑크인이 게르마니아를 떠나기 전에, 프랑크인들 사이에서 토지소유권 또는 토지사용권이 어떤 것이었

---

*13 귀족지가 아닌 토지를 roture(평민지)라고 부른다. 이 예는 처음 여러 판에는 나와 있지 않다.

던가를 알아 볼 필요가 있다.

에샤르*14에 따르면 Salique라는 말은 집을 뜻하는 Sala라는 말에서 유래한 것이므로 살리의 토지란 집의 토지라는 뜻이라고 명확하게 증명했다. 나는 더 나아가서 게르만인에게 집이란 무엇이었던가, 집의 토지란 무엇이었던가를 검토할 작정이다.

타키투스는 말한다. "그들은 도시에서 살지 않는다. 그래서 그들은 집이 서로 붙어 있는 것을 참을 수가 없다. 누구나 그 집 주위에다 담을 쌓고 폐쇄된 조그만 토지 또는 공간을 남겨 둔다." 타키투스의 말은 정확했다. 왜냐하면 이 민족의 법전*15 대부분의 법이 이 담을 부수는 자 또는 집안에까지 침입하는 자에 대한 여러 규정을 만들어놓고 있기 때문이다.

타키투스 및 카이사르에 따라서 우리가 아는 바에 따르면, 게르만인이 경작한 토지는 그들에게 오직 1년간만 주어진다. 그 뒤는 다시 공유지가 되었다. 그들은 집과 집 주위의 담*16 안에 있는 한 조각의 땅 말고는 세습 재산이 없었다. 남자의 소유가 된 것은 이 특별한 세습 재산이다. 사실 여자는 다른 집으로 시집을 가는 것이니까 이것이 여자에게 속할 리가 없었다.

살리의 토지는 그래서 게르만인의 집에 속했던 이 담 안의 땅이었다. 이것이 게르만인이 가졌던 유일한 토지소유권이었다.

프랑크인은 정복 뒤 새로운 영토를 얻었으나 이것도 여전히 살리의 토지라고 불렀다. 프랑크인이 게르마니아에 살고 있었을 때 그들의 재산은 노예·가축·말·무기 등이었다. 집과 그에 딸린 작은 땅이 거기에 살 남자에게 주어진 것은 당연하다. 그러나 정복 뒤 프랑크인이 큰 토지를 얻자 사람들은 딸과 그의 자식들이 거기에 대한 몫을 얻을 수 없다는 것은 잔혹하다고 생각했다. 그래서 딸과 딸의 자식에게 유언에 따라서 소유지를 양도하는 것을 아버지에게 허락하는 관행이 성립되었다. 사람들은 법을 침묵시켰다. 그리하여 이런 방식의 유언에 따른 상속이 잦았을 것이 틀림없다. 왜냐하면 그 서식이 만들어졌

---

*14 Echard는 《라인의 프랑크 살리카 부족법(Leges Francorum Salicae et Ripuariorum)》(1720)의 저자.
*15 《알레망 부족법》 및 《바이에른 부족법》 참조. 〔원주〕
*16 이 담은 Chartres를 뜻할 때는 Curtis라고 불리고 있다. 〔원주〕 Chartres란 여기서는 특허장이 아니라 토지 또는 상속 증서.

기 때문이다.

이런 서식 중에서 나는 묘한 것을 하나 발견했다. 한 할아버지가 그의 손자들이 아들 및 딸과 같이 그의 재산을 상속해야 한다는 것을 유언으로 남기고 있다. 살리카법은 도대체 어떻게 되었을까? 이 시대에서조차 이 법은 이미 지켜지지 않았든가, 아니면 딸에게 유언으로 상속하는 끊임없는 관행이 딸들의 상속 능력을 아주 보통의 경우로 생각하게끔 만들어 버렸던 것이 틀림없다.

살리카법은 결코 남성의 여성에 대한 일정한 우월성을 목적으로 삼지 않았으며 집이나 이름의 영속성이나 토지 이전을 목적으로 한 것은 더더구나 아니었다. 이런 것은 모두 게르만인의 머릿속에는 들어가지 않았다. 그것은 순수하게 경제적인 법으로서, 집과 집에 딸린 땅을 거기서 살 사람인, 따라서 집이 가장 필요한 남자에게 주었던 것이다.

우리는 여기서 살리카법의 상속 재산[*17] 편(篇)을 베끼기만 하면 된다. 이 매우 유명한 원문에 대해서는 많은 사람들이 이야기했으나 이것을 읽어본 사람은 매우 적다.

"① 사람이 자식 없이 죽었을 때는 아버지 또는 어머니가 이를 상속한다. ② 아버지도 어머니도 없을 때에는 형제 또는 자매가 이를 상속한다. ③ 형제도 자매도 없을 때는 어머니의 자매가 이를 상속한다. ④ 어머니에게 자매가 없을 때는 아버지의 자매가 이를 상속한다. ⑤ 아버지에게 자매가 없을 때는 가장 가까운 남자 친족이 상속한다. ⑥ 살리의 토지의 어떠한 부분도 여자에게 넘겨지는 일이 없이 남자에게 속한다. 즉 남자가 그 아버지를 상속한다."

처음의 다섯 항은 자식 없이 죽은 사람의 상속에 관한 것이고, 제6항은 자식이 있는 사람의 상속에 관한 것임이 분명하다.

사람이 자식 없이 죽었을 때, 법은 양성의 한쪽이 다른 쪽에 우선하는 것은 일정한 경우에 한한다고 정했다. 상속의 첫 2단계에서는 남자와 여자의 조건이 같았다. 제3과 제4단계에서는 여자가 우선했다. 그리고 제5단계에서는 남자가 우선했다.

이런 색다른 제도의 근원을 타키투스는 지적하고 있다. 그는 말한다.

"누이의 자식들은 외삼촌이 친아버지처럼 사랑한다. 이 혈연 관계를 좀 더

[*17] Alleu는 봉건법 용어로서, 《살리카법》에서는 상속 재산이라는 뜻이다. 특히 모든 부과세를 면제받은 땅, 자유지를 가리킴.

밀접한, 또 보다 신성한 것으로 보는 사람들도 있다. 그래서 그들은 인질을 잡을 때 이 관계를 택한다."

우리의 초기 역사가들*18이 프랑크 왕들의 그 누이 및 누이의 자식에 대한 사랑에 대해서 자주 이야기하고 있는 까닭은 이 때문이다. 누이의 자식을 집안에서 친아들과 다름 없이 여겼다면, 자식이 외숙모를 친어머니처럼 생각한 것은 마땅하다.

어머니의 자매는 아버지의 자매에 우선했다. 이것은 살리카법의 다른 법조문으로 설명된다. 여자가 과부로 되었을 때는, 그녀는 남편 친족의 후견 밑에 놓여졌다. 법은 이 후견에 관해서, 여자의 친족을 남자 친족보다 우선시켰다. 사실 집으로 들어가는 여자는 동성 사람들과 의좋게 지내므로 남자 친족보다 여자 친족과 더 깊이 맺어지는 것이었다. 게다가 또 어떤 남자가 다른 남자를 죽이고 그 매겨진 벌금을 낼 수 없을 때는 법은 그에게 그 재산을 양도할 것을 허락했다. 그리고 친족은 그 모자라는 것을 채워주어야 했다. 부모 및 형제 다음에 지급해야 할 자는 어머니의 자매였다. 마치 이 혈연이 가장 애정 깊은 무엇인가를 가지고 있는 듯이. 그런데 부담을 주는 친척 관계는 또 마찬가지로 이익도 주어야만 했다. 살리카법은 아버지의 누이 다음에는 가장 가까운 남자 친족이 상속해야 함을 정했다. 그러나 그 자가 제5친등(第五親等)을 넘는 친족인 때는 그는 상속하지 않았다. 그래서 제5친등의 여자가 제6친등의 남자를 배제하고 상속해야 했다. 그리고 그것은 재산 상속의 편 중 살리카법의 충실한 해설자인 라인 강변 프랑크인 법에서 볼 수 있으며, 이 법은 살리카법의 같은 편을 낱낱이 따르고 있다.

아버지가 아들을 남겼을 경우 살리카법은, 딸이 살리의 토지 상속에서 제외되고 그것이 남자의 소유가 되어야 함을 정했다.

살리카법이 무차별하게 딸을 살리의 토지로부터 물리친 것이 아니라 그녀의 형제가 그녀를 제외하는 경우만 물리친 것을 증명하기는 쉽다.

첫째 그것은 살리카법 자체 속에도 드러난다. 이 법은 여자는 살리의 토지 아무것도 손에 넣을 수 없으며, 남자만이 이를 자기 것으로 한다고 한 뒤에,

---

*18 그레고리우스의 책에서, 공트랑이 조카딸 잉군트에게 레오비길드가 저지른 학대에 대해 일으킨 분노 및 그녀의 오빠 실드베르가 그녀를 위해 복수하고자 행한 전쟁의 광경을 참조. 〔원주〕

그것 자체를 해석하고 제한해 "즉 아들이 아버지의 유산을 상속해야 한다"고 덧붙이고 있다.

둘째, 살리카법의 법조문은 라인 강변 프랑크인 법에 따라서 밝혀진다. 이 법도 재산 상속 편을 가지므로 살리카법의 같은 편과 매우 비슷하다.

셋째, 모두가 게르만 출신인 이들 이민족의 법은 서로의 다른 해석으로 도움이 된다. 그것들은 모두가 거의 같은 정신을 지니고 있으므로 더욱 그렇다. 작센인 법은 부모 유산은 아들이 상속하고 딸은 상속하지 않는다고 정해졌으나, 딸밖에 없을 때는 딸이 유산의 모두를 상속한다.

넷째, 살리카법에 따라서 딸이 남자에 따라서 제외될 경우를 기록한 두 가지 낡은 서식이 있다. 그것은 딸이 그 형제와 다투는 경우이다.

다섯째, 또 하나의 서식은 딸이 손자인 남자를 물리치고 상속한 것을 입증하고 있다. 즉 딸은 아들에 의한 경우 말고는 제외되지 않았던 것이다.

여섯째, 만일 딸이 살리카법에 따라서 토지 상속에서 일반적으로 제외되어 있었다고 하면, 제1왕조에서 여자의 토지와 재산에 대해서 줄곧 이야기하는 역사라든가 서식이나 증서를 설명할 수 없게 된다.

살리의 토지를 봉토라고 사람들이 말한 것은 잘못이다. 첫째, 이 항목(살리카법의)은 자유지(自由地)*[19]라는 표제로 되어 있다. 둘째, 초기에서는 봉토가 전혀 세습 대상이 아니었다. 셋째, 만일 살리의 토지가 봉토였다고 하면, 어떻게 마르쿨푸스*[20]가 그 상속에서 여자를 제외한 관습을 경건하지 못한 것으로 보았겠는가. 남자라도 봉토의 상속은 하지 않았는데. 넷째, 살리의 토지가 봉토임을 증명하기 위해 인용된 증서는 다만 그것이 세금 없는 토지임을 표시할 뿐이다. 다섯째, 봉토는 정복 뒤에 설정된 것이다. 살리의 관행은 프랑크인이 게르마니아를 떠나기 전부터 존재했다. 여섯째, 살리카법이 여성의 상속을 제한해 봉토 설정을 성립시킨 것은 아니고 봉토의 설정이 여성의 상속과 살리카법의 규정에 제한을 준 것이다.

이렇게 말하고 보면, 프랑스 왕위의 영구적 남성 상속제가 살리카법에서 생

---

*[19] Aleux는 상속 재산 일반을 가리키지만 부과세가 없는 자유지라는 뜻도 된다. 살리카 법의 이 항목에서는 상속 재산의 뜻인데 저자는 특히 자유지의 뜻으로 사용했다.

*[20] Marculfus. 7세기 프랑크인 수도사. 《법률 서식집》의 저자. 이것은 메로빙 왕조의 연구에 참고가 된다.

겨났다고는 믿기 어려울 것이다. 그러나 그것이 살리카법에서 온 것만은 의심할 여지가 없다. 나는 그것을 이민족의 여러 법전을 통해 증명한다. 살리카법과 부르고뉴인 법은, 딸에게 그 형제와 같이 토지를 상속하는 권리를 주지 않았다. 딸은 또한 왕위도 잇지 않았다. 이와 반대로 서고트인의 법은 딸이 그 형제와 같이 토지를 상속하는 것을 인정하고 있다.*21 왕위도 여자가 계승할 수가 있었다. 이런 민족에서는 시민법이 정법(政法)에 영향을 주었다.*22

이것은 프랑크인들 사이에서 정법이 시민법에 길을 양보했던 유일한 경우는 아니었다. 살리카법의 규정에 따르면 모든 형제가 평등하게 토지를 상속했다. 그리고 이것이 또 부르고뉴인의 법의 규정이기도 했다. 그래서 프랑크왕국과 부르고뉴왕국에서는, 부르고뉴인들 사이에서 다소의 폭력·살해·찬탈을 제외하면 모든 형제가 왕위를 이었던 것이다.

제23장 프랑크 왕의 장엄한 장식

토지를 전혀 경작하지 않는 민족은 사치의 관념조차 없다. 타키투스에서 게르만족의 감탄할 만한 검소함을 봄이 좋을 것이다. 그들은 인공적인 옷의 아름다움을 구하지 않았다. 자연에서 장식을 찾아내고 있었다. 그들의 우두머리가 되는 가문이 어떠한 상징에 따라서 식별되어야 한다고 하면, 또한 다름 아닌 자연에서 그것을 찾아야만 했었다. 프랑크인·부르고뉴인·서고트인의 왕은 왕관으로써 그 장발을 가졌다.

제24장 프랑크 왕의 결혼

앞서, 토지를 경작하지 않는 민족들 사이에서는 결혼이 다른 곳과 견주어서 훨씬 안정되어 있지 않고 또 보통 많은 아내를 갖는다고 말했다. 타키투스는 말한다. "게르만인은 모든 야만족 가운데 한 사람의 아내로 만족한 거의 유

---

*21 "게르만 민족은 공통된 관행도 가지고 있었으나 개별적인 것도 또한 가지고 있었다."고 타키투스는 말한다《게르만인의 습속》. 〔원주〕
*22 동고트인의 경우 왕위가 두 번 여자의 손에서 남자에게 옮겨졌다. 한 번은 아말라순타로부터 아탈라리쿠스에게, 또 한 번은 아말라프레다를 통해서 테오다트에게. 그것은 그들 사회에서 여자가 직접 통치를 못했기 때문은 아니다. 아말라순타는 아탈라리쿠스의 사후에 통치했고, 테오다트 선거 후에도 그와 더불어 통치했다.《카시오도루스》《아말라순타와 테오다트의 편지》참조. 〔원주〕

일한 민족이었다. 방탕함을 따르는 것이 아니라 귀족이라는 신분 때문에 많은 아내를 갖는 몇몇 사람들을 제외하고는 모두 그렇다."

이것은 제1왕조의 국왕들이 그토록 많은 아내를 가졌던 이유를 설명한다. 이런 결혼은 호색(好色)의 증거라기보다 위엄의 속성이었다. 그들로부터 이런 특권을 빼앗았다고 하면, 그것은 매우 아픈 곳에 상처를 입힌 셈이 되었을 것이다.*[23] 이것은 국왕의 예를 시민들이 모방하지 않았던 이유의 설명도 된다.

제25장 힐데리히

타키투스는 말한다.

"게르만인들 사이에서 결혼은 엄숙하다. 악덕이 거기서는 비웃음의 화제가 아니다. 유혹하거나 유혹당하는 것은 유행이라고도 생활양식이라고도 불리지 않는다. 이토록 인구가 많은 국민인데도 부부간의 정절을 어긴 예는 적다."

이것은 힐데리히*[24]의 추방을 설명한다. 그는 엄격한 풍속에 상처를 입혔다. 정복은 아직 그것을 바꿀 여유가 없었던 것이다.

제26장 프랑크 왕의 성년

토지를 일구지 않는 야만족은 고유한 의미에서 영토를 갖지 않으므로 이미 말한 바와 같이 시민법보다 오히려 만민법에 따라서 통치된다. 그래서 그들은 거의 늘 무장을 하고 있다. 그러므로 타키투스는 말한다. "게르만인은 무장하지 않고서는 어떠한 공사(公私)의 일도 행하지 않았다. 그들은 무기로 신호를 함으로써 그 소리에 따라 투표를 했다. 그들이 무기를 휴대할 수 있게 되면 그들은 회의에 따라 나가게 되고, 사람들은 그들 손에 투창을 쥐어 주었다. 이 순간부터 그들은 미성년에서 벗어나는 것이었다. 그들은 가족의 일원이었으나 이제 국가의 일원이 된 것이다."

동고트인의 왕은 말했다.*[25]

"독수리는 그 새끼의 날개와 발톱이 나게 되면 먹을 것을 주지 않는다. 그

---

*[23] 프레데게르(Fredégaire)의 《628년 연대기》 참조. 〔원주〕. 프레데게르는 메로빙 왕조의 프랑크인 연대기 저자. 그 연대기는 6, 7세기 프랑크 왕조에 관한 중요한 자료이다.
*[24] 힐데리히 1세는 그 호색으로 인해 그 나라(지금의 플랑드르와 피카르디)에서 쫓겨났다.
*[25] 《카시오도루스》에 나오는 왕 테오도리쿠스. 〔원주〕

새끼가 스스로 먹을 것을 찾아 나설 수 있게 되면 남의 도움은 이미 필요가 없다. 우리 군대에 있는 젊은이가 자기 재산을 관리하고 자기 생활의 방침을 정하기엔 지나치게 어리다고 여긴다면, 이것은 부끄러운 일이 아니겠는가. 고트인을 성년으로 만들어 주는 것은 용기이다."*26

실드베르 2세는 그의 백부 공트랑이 그를 보고 성년이니까 이제 스스로 통치할 수 있다고 선언했을 때, 열다섯 살이었다.*27

라인 강변 사람의 법에는, 이 열다섯 살이라는 나이와 무기를 휴대할 능력과 성년이 같다는 것을 알 수 있다. 거기에는 다음과 같이 기록되어 있다.

"만일 라인 강변 사람이 죽거나 또는 살해되었을 때 자식이 있다고 하면 그 아들이 열다섯 살이 되기 전에는 소송할 수 없고 또 소송당하지도 않는다. 만 열다섯 살이 되면 스스로 결투에 응해도 좋고 대리 투사를 선택해도 좋다."

즉 재판소에서 자기를 변호할 수 있을 만큼 정신이 성장하고, 결투에서 자기를 지킬 수 있을 만큼 육체가 발달해야 할 필요가 있었던 것이다. 소송에서도 마찬가지로 결투의 관행이 있었던 부르고뉴인들 사이에서도 성년은 열다섯 살이었다.

아가티아스의 말에 따르면 프랑크인의 무기는 가벼웠다. 그러므로 그들은 열다섯 살로 성년이 될 수 있었다. 그 뒤에 무기는 무거워졌다. 우리의 칙령이나 이야기에 나타나듯이 샤를마뉴 시대의 그것은 이미 매우 무거웠다. 봉토를 가지고*28 따라서 사람들은 스물한 살이 되지 않으면 성년이 군역에 근무할 의무를 가질 수 없었다.*29

제27장 프랑크 왕의 성년(계속)

게르만인은 성년이 되지 않으면 회의에 출석하지 않는다는 사실을 우리는 앞에서 보았다. 미성년자는 가족의 일원이기는 하나 국가의 일원은 아니었다. 그 결과 오를레앙 왕이며, 부르고뉴의 정복자인 클로도미르의 아들들은 어려

---

*26 Vertu는 '덕'이지만 여기서는 라틴어의 뜻인 '용기'로 사용했다. 이 대목은 초판에는 없다.
*27 그레고리우스는 말한다. "그가 575년 아버지의 뒤를 이었을 때 겨우 다섯 살이었다. 공트랑은 585년 그를 성년이라고 선언했다. 그러므로 그가 열다섯 살 때이다." (원주)
*28 서민들에게는 아무런 변화도 없었다. (원주)
*29 성왕(聖王) 루이는 이 나이에 이르러 처음으로 성년이 되었다. 이것은 1374년 샤를 5세의 포고로써 변경되었다. (원주)

서 회의에 출석하지 못했기 때문에 국왕으로 선언되지 못했다. 그래서 그들이 아직 왕은 아니었지만 무기를 지닐 수 있을 때가 되면 국왕으로 될 터였다. 그리고 그동안 그들의 조모인 클로틸디스가 국가를 통치하고 있었다.*30 그들의 삼촌인 클로타리우스와 실드베르가 그들을 죽이고 그 왕국을 나누어 가졌다. 이것이 원인이 되어서 그 뒤에는 미성년의 왕자가 그 아버지 죽음 뒤에 곧 왕으로 선포되게 되었다. 이리하여 공은 실드베르 2세를 실페릭의 잔학함으로부터 구출해 다섯 살에 왕으로서 선포했다.

그러나 이러한 변화 속에서도 국민 최초의 정신은 지켜졌다. 즉 국가의 행위가 미성년자인 국왕의 이름으로 행해지는 일은 없었다. 그래서 프랑크인들 사회에는 이중의 행정이 있었다. 하나는 미성년인 국왕의 일신에 대한 것이고, 다른 하나는 왕국에 관한 것이었다. 그리고 봉토에서도 일신상의 후견(tutelle)과 시민 행정상의 후견(baillie)*31 사이에는 차이가 있었다.

제28장 게르만인의 양자*32

게르만인 사회에서는 무기를 받음으로써 성년이 되었는데, 양자(養子)가 되는 것도 같은 상징에 따랐다. 그러므로 공트랑은 그의 조카 실드베르를 성년이라고 선언하고, 게다가 또 그를 양자로 삼기로 결심하고 다음처럼 말했다. "나는 너에게 나의 왕국을 준 증거로서 네 손에 이 투창을 쥐어 준다." 그리고 회의 쪽을 바라보며 "제군이 보는 바와 같이 내 아들 실드베르는 어른이 되었다. 그에게 복종하라."*33 동고트인의 왕 테오도릭은 에룰리*34인의 왕을 양자로 삼으려고 할 때 그에게 다음과 같은 글*35을 보냈다. "무기에 따라서 자식으로 맞아들일 수 있다는 것은 우리들의 아름다운 관습이다. 실로 용사만이 우리

---

*30 그레고리우스에 따르면 그녀는 클로도미르가 정복한 부르고뉴인 두 명을 골라서 클로도미르 왕국에 속하는 차르의 주교관구에서 그들과 같이 왕자를 교육시켰던 것 같다. [원주]
*31 tutelle은 사람에 대한 보호이고, baillie는 토지에 대한 보호이다.
*32 이 장은 처음의 여러 판에는 없고, 거기서는 공트랑과 실드베르 이야기가 제26장에 나와 있다.
*33 《그레고리우스》 참조. [원주]
*34 Heruli는 게르만의 한 부족으로, 그 왕 오도아케르의 지휘 아래에 476년에 서로마 제국을 멸망시켰다.
*35 《카시오도루스》 제4편. [원주]

들의 자식이 되기에 적합한 것이다. 이 행위의 힘이야말로, 그 대상이 되는 자는 언제나 모욕을 참기보다는 죽음을 택할 정도이다. 그러므로 국민의 관습에 따라서, 또 그대를 용사로 인정하고 이 창과 검, 그리고 말을 헌정하고 그대를 양자로 맞아들인다."

제29장 프랑크 왕의 피를 좋아하는 성미

프랑크인들 가운데서 클로비스만이 갈리아 원정을 꾀한 군주는 아니었다. 그의 많은 친척들도 그곳에 개개의 부족을 이끌고 갔으나 그가 가장 큰 성공을 거두었다. 또 그를 따른 자에게 막대한 식민지를 주었으므로 모든 부족에서 프랑크인이 그를 찾아가게 되었고, 따라서 다른 우두머리들은 그에게 맞서기엔 너무도 무력하게 되었다. 그는 집안의 다른 자를 모두 뿌리 뽑을 계획을 세우고 이에 성공했다. 그는 프랑크인이 다른 우두머리를 둘까봐 두려워했던 것이라고 그레고리우스는 말한다. 그의 아들들이나 그의 계승자들은 되도록 이 방법을 따랐다. 그래서 형제·숙부·조카, 심지어는 자식이나 아버지마저 집안을 전멸시킬 음모를 꾸몄다. 법은 줄곧 왕국을 분할했으나 공포와 야망과 잔인성이 그것을 통합하려 했다.

제30장 프랑크인의 국민회의

토지를 경작하지 않는 민족은 많은 자유를 누린다고 앞에서 말했다. 게르만인이 그 예이다. 카티투스는 그들이 왕이나 우두머리에게 매우 온화한 권력 밖에 주지 않았다고 말하고 있다. 그리고 카이사르도, 그들은 평시에도 공통된 집정관이 없이 각 마을에서 우두머리가 자기 마을 사람을 재판한다고 말하고 있다. 그러므로 프랑크족도 게르마니아에서는 전혀 국왕이 없었다. 이 사실은 또 투르의 그레고리우스(6세기 프랑크 성직자·역사가)가 잘 증명해 주고 있는 바이다.

타키투스는 말한다. "유력자들이 크고 작은 일에 대해 심의하고, 온 국민이 나라의 큰일을 심의한다. 그러나 국민이 심의하는 사항은 동시에 유력자에게 제출되도록 되어 있다." 이 관행은 모든 기록에서 볼 수 있듯이 정복 뒤에도 유지되었다.

타키투스는, 대죄는 집회에서 소송을 제기할 수 있었다고 말하고 있다. 정복 뒤에도 마찬가지여서 중신들은 거기서 재판받았다.

제31장 제1왕통에서 성직 계급의 권위

야만족에서는 성직자가 모든 권력을 갖는다. 왜냐하면 그들은 종교에서 받는 권위도 있지만, 이런 민족 사회에서는 미신이 주는 권력도 마찬가지로 지녔기 때문이다. 그러므로 타키투스의 책에서 볼 수 있는 바와 같이, 성직자가 게르만인 사회에서는 아주 큰 세력을 차지하고 있어서 국민회의를 주재하고 있었다. 징계하고 속박하고 때리는 것은 그들에게만 허락되었다. 그것을 그들은 군주의 명령에 따라서가 아니고, 또 벌을 주기 위해서도 아니며, 전사(戰士)의 수호자인 신의 계시에 따르는 것으로서 행했다.

그러므로 제1 왕통의 초기부터 주교가 재판관이 되는 것*36과, 그들이 국민회의에 나타나는 것, 국왕의 판단에 그토록 강한 영향을 주는 것을 보더라도, 또 막대한 재산이 그들에게 주어진다는 것은 결코 놀라운 일이 아니다.

---

*36 560년 클로타리우스의 《법령집》 참조. (원주)

제19편
국민의 일반정신·풍속·도덕을 이루는 원리에 관한 법

제1장 이 편의 주제
이 제목은 매우 범위가 넓다. 내 머리에 떠오르는 관념들 가운데 나는 사물 자체보다도 사물의 질서에 더욱 주의를 기울이게 될 것이다. 좌우로 헤치고 뚫고 나아가 진리를 찾아내야 한다.

제2장 가장 좋은 법을 받아들이는 데 필요한 국민의 마음가짐
게르만인에게는 바루스의 법정만큼 참을 수 없는 것은 없었다.*[1] 유스티니아누스 황제가 라지인*[2]의 사회에 그 왕의 살해자에 대한 소송을 하기 위해 설치한 법정도 그들에게는 두렵고 야만적인 것으로 보였다. 미트리다트*[3]는 로마인에 반대해서 연설할 때 특히 그들의 소송 수속을 공격하고 있다. 파르티아인들*[4]은 이 미트리다트 왕이 못마땅했다. 로마에서 교육을 받았기 때문에 붙임성이 좋아 누구에게나 친근해지기 쉬운 사람이 된 국왕*[5]이 그들은 못마땅했다.

자유 자체도 그것을 누리는 데 익숙지 못한 민족에게는 참을 수 없는 것으로 여겨진다. 그런 까닭에 맑은 공기도 늪지대에서 살아온 사람에게는 때로 해로운 것이다.

---

*1 그들은 변호사의 혀를 자르고 말했다. "독사여, 쉿 하는 소리를 내지 마라." 타키투스. (원주) 이것은 타키투스가 아니라 바루스(Varus)이다. 바루스는 아우구스투스 장군으로 게르만인의 장군 아르미니우스의 복병을 만나 3개 군단이 모두 전사했다.
*2 아르메니아의 북부에 살았던 민족.
*3 《유스티누스》 제38편. (원주)
*4 Parthis. 스키타이 민족의 하나. 히르카니아의 남부에 살았음. 전사·기병·궁수로서 유명함.
*5 보노네스(Vononés)를 가리킴. 아버지 프라테스가 아우구스투스에게 볼모로 보냈으나 프라테스가 죽자 파르티아인은 그를 맞으러 로마로 갔다.

발비라는 이름의 베네치아인이 페구*6에 갔을 때 국왕이 불러서 만나보게 되었다. 베네치아에는 왕이 없다는 말을 듣고 국왕이 크게 웃다가 그만 사레 들리는 바람에 궁인들에게 말을 하는 데 무척 애를 먹었다.*7 이런 민족에게 어떤 입법자가 민중정체를 제안할 수 있겠는가?

제3장 폭정

폭정에는 두 가지가 있다. 하나는 현실적이어서 통치가 말할 수 없이 사나운 데 있고, 다른 하나는 여론적이어서 통치하는 사람들이 국민의 사고방식에 어긋나는 사물을 만들 때 뚜렷이 느껴진다.

디온에 따르면 아우구스투스는 자기를 로물루스라고 부르게 하고자 했다. 그러나 그가 왕이 되고자 함을 시민이 두려워한다는 것을 알고 그 계획을 바꾸었다. 초기 로마인은 국왕의 존재가 못마땅했다. 그 까닭은 왕의 권력을 용인할 수 없었기 때문이다. 그런데 아우구스투스 시대의 로마인은 국왕의 생활양식을 용인하지 않았기 때문에 국왕을 바라지 않았다. 왜냐하면 카이사르나 삼두 정치의 집정관이나 아우구스투스는 사실상 국왕이었지만, 그들은 평등한 외관을 충분히 유지하고 있어서 그들의 사생활은 그 무렵 외국 왕들의 호화로운 사치와는 일종의 대조적인 면을 가지고 있었다.

그러므로 로마인이 왕을 바라지 않았다는 것은, 그들이 자기들의 생활양식을 유지하기를 바라고 아프리카나 동양에서의 그것을 채용하고 싶지 않았다는 것을 뜻한다.

디온의 말에 따르면, 로마인은 아우구스투스가 만든 너무 가혹한 몇몇 법 때문에 그에게 분개하고 있었으나, 당파싸움 결과 로마에서 쫓겨났던 배우 필라드를 그가 불러들이자마자 불만은 사라졌다고 한다.

이런 국민은 그 모든 법을 빼앗겼을 때보다도 한 사람의 희극배우가 쫓겨났을 때 더욱 절실하게 폭정을 느꼈던 것이다.

제4장 일반정신

많은 것들이 인간을 지배하고 있다. 즉 풍토·종교·법률·통치 원칙·과거 사

---

*6 미얀마의 벵골만에 임한 옛 왕국. 페구는 나라이름이기도 하다.
*7 발비는 1596년에 페구를 서술했다. 《동인도회사 설립에 도움이 된 여행기집》.〔원주〕

례·풍속·도덕 등이다.

그것들로부터, 그것들에서 유래하는 일반 정신이 이루어진다.

각 국민에게는 이 원인들 가운데 하나가 좀 더 큰 힘을 가지면 가질수록 다른 원인은 그것에 양보한다. 자연과 풍토는 거의 그것 자체로서 미개인을 지배한다. 생활양식이 중국인을 지배하고 있다. 법률이 일본에 폭정을 펴고 있다. 예전에는 도덕이 스파르타에 모범을 보여주었다. 한때 로마에서는 통치의 원칙과 고대로부터 내려오는 풍속의 순박함이 모범을 보여주기도 했다.

제5장 국민의 일반정신이 바뀌지 않도록 주의하는 방법

만일 이 세계에 사교적 기질, 즉 확 트인 마음을 가지고 생활을 즐기며, 자기 생각을 전하기를 좋아하고 또 잘 전하며, 활발해서 붙임성이 있고 명랑하고, 때로는 경솔해서 좀 점잖지 못하지만 그 대신 용기 있고 너그럽고 솔직하며 어느 정도 긍지를 갖춘 국민이 있다면,*8 그 덕성을 방해하지 않기 위해서는 결코 법률로써 그 생활양식을 구속할 것을 요구해서는 안 된다.

일반적으로 성질이 좋다면 조금 결함이 있더라도 무슨 상관이 있겠는가.

여성을 억제하고, 풍속을 고치는 법률을 만들어 사치를 제한할 수도 있을 것이다. 그러나 그 국민의 부(富)의 원천인 어떤 종류의 취미, 그 아래에 외국인을 끌어들이는 우아함 같은 것을 잃을지도 모를 일이다.

국민의 정신이 정체의 원리에 어긋나지 않을 경우에는, 입법자는 국민의 정신에 따라야 한다. 우리는 자유로이 자연의 천분에 따라서 일할 때 바로 최선을 행하기 때문이다.

본디 쾌활한 국민에게 현학의 정신을 주어도, 국가는 나라 안팎으로 아무런 얻을 바가 없다. 그들에게는 아무 일도 아닌 것을 진지하게, 또 진지한 일도 쾌활하게 하도록 내버려 두는 것이 좋다.

제6장 모든 것을 바로잡아서는 안 된다

"우리를 있는 그대로 내버려 두라." 지금 내가 그 개요를 말한 국민과 아주 닮은 한 나라의 어떤 신사는 말했다. "자연은 모든 것을 고쳐준다."

---

*8 여기와 다음 몇 장에서는 프랑스 국민이 문제가 되고 있다.

자연은 우리에게, 남을 손상할지도 모르고 또 자기 자신에 대해서도 경의를 잃게 만들기 쉬운 활기를 주었다. 이 활기 자체도, 사교계나 특히 여성과의 교제에 대한 취미를 자극함으로써 자연이 우리에게 얻게 만드는 우아함으로써 교정(矯正)되고 있다.

우리를 있는 그대로 내버려 두라. 우리의 솔직한 성격은 우리 속의 악의없는 좋은 본질들과 어울려서, 우리 사이의 사교적 기질을 방해해야만 하는 법률을 완전히 부적당한 것으로 만들어 버리고 있다.

제7장 아테네인과 스파르타인

이 신사는 덧붙여 말했다. 아테네인은 우리 민족과 어딘가 닮은 민족이었다. 그들은 정무에 쾌활성을 깃들이고 있었다. 농담이 극장에서나 의정 연단에서 사람들을 기쁘게 했다. 그들의 회의에서 볼 수 있는 활발함은 집정(執政)에서도 볼 수 있었다. 스파르타인의 성격은 중후하고 진지하고 무뚝뚝하고 말이 없었다. 스파르타인에게 우스운 말을 해봤자 그들로부터 이익을 얻을 수 없었던 것과 마찬가지로, 아테네인을 지겹도록 싫증나게 만들어 봤자 그들로부터 이익을 얻을 수는 없었다.

제8장 사교성이 있는 기질의 효과

국민들 사이의 왕래가 활발하면 할수록 그들은 쉽게 그 생활양식을 바꾸게 된다. 왜냐하면 저마다가 타인에게 더욱 더 좋은 구경거리가 되기 때문이다. 그리고 개인의 특이성도 좀 더 잘 관찰된다.

어떤 국민으로 하여금 교제하기를 좋아하게 만드는 풍토는 그 국민으로 하여금 변화를 환영하게 만든다. 그리고 국민으로 하여금 변화를 좋아하게 만드는 것은 국민에게 그 취미를 이룬다.

여성의 교제는 풍속을 어지럽히나 취미를 형성한다. 다른 사람보다도 더 남에게 호감을 주려는 바람이 옷을 꾸미게 하고, 실물보다 낫게 남들에게 호감을 주려는 바람이 유행을 낳게 한다. 유행은 중요한 문제이다. 자기 정신을 천박하고 경솔하게 하는 결과, 국민은 그 상업의 여러 부문을 끊임없이 키운다.[*9]

[*9] 《꿀벌의 우화》 참조. 〔원주〕 영국인 맨더빌의 철학적 우화. 18세기에 크게 유행했다.

제9장 국민의 허영과 오만

허영이 국가에게 좋은 태엽인 것은 오만이 위험한 태엽인 것과 같다. 그것을 알기 위해서는, 한편으로는 허영에서 생기는 수많은 이익, 즉 근면·기예·유행·예의를 차리는 태도·취미, 또 한편으로는 어떤 국민의 오만에서 나오는 수없는 폐해, 즉 게으름·빈곤·모든 방치, 그리고 우연히 정복한 여러 국민(아메리카 인디언)과 자국민의 파멸을 머리에 떠올려 보기만 하면 된다. 게으름은 오만의 결과이고 노동은 허영의 귀결이다. 에스파냐 사람의 오만은 그들로 하여금 일하지 않게 한다. 프랑스인의 허영은 그들로 하여금 남보다 더 잘 일할 수 있도록 만든다.

대체로 게으른 국민은 장엄하고 무게가 있다. 왜냐하면 노동하지 않는 사람들은 자기를 근로하는 사람들의 지배자라고 여기기 때문이다. 모든 국민을 살펴보라. 그러면 대부분에서 장중과 오만과 게으름이 보조를 같이하고 있음을 알 수 있을 것이다. 아킴 민족은 교만하고 게으르다. 100걸음을 걸어서 2파인트의 쌀을 나르기 위해서도 노예가 없는 자는 노예를 빌린다. 자기가 그것을 가지고 다니는 것을 불명예로 여기는 듯하다.

세상에는 자기가 일하지 않는다는 것을 증명하기 위해 손톱을 기르는 나라도 많다. 인도 여자는 글을 배우는 것을 부끄러움으로 알고 있다. 이는 탑 속에서 찬송가를 부르는 노예나 하는 일이라고 그녀들은 말한다. 어떤 부족에서는 여자들이 베를 짜지 않는다. 또 어떤 부족에서는 광주리와 멍석을 만들 뿐 방아를 찧어서는 안 된다. 또 어떤 부족에서는 여자들이 물을 길러 가서도 안 된다. 오만심이 거기서 그런 규칙을 만들고 있어서 그 규칙을 지키도록 하고 있다.

그러나 도덕적 여러 속성이 다른 속성과 결합함에 따라서 여러 결과를 자아낸다는 것은 두 말할 필요도 없다.

그러므로 오만한 마음도 거대한 야망, 강대한 사상 등과 결합해서 로마인 사회에 사람들이 알고 있는 바와 같은 결과를 낳게 했다.

제10장 에스파냐인의 성격과 중국인의 성격

국민의 여러 가지 성격에는 미덕과 악덕, 장점과 단점이 섞여 있다. 그 혼합이 잘 되었을 경우는 그 결과로서 커다란, 때때로 예상하지 못했던 이익이 생기는 것이고, 또 그 결과로서 큰 해가 되어, 또한 사람들이 상상도 하지 못했던 것을 생기게 하는 혼합도 있다.

에스파냐인의 정직함은 모든 시대에 널리 알려졌다. 유스티누스*10는 수탁물 보관에 관한 그들의 충실성을 말하고 있다. 즉 그들은 그것을 비밀로 지키기 위해서는 죽음까지도 달게 받아들인다. 예전에 지녔던 그 충실성을 그들은 오늘날도 가지고 있다.

카디즈(안달루시아 도시)에서 교역하는 모든 국민은 에스파냐인에게 그들의 재산을 맡기는데 그들은 그 때문에 후회한 일이 결코 없었다. 그러나 이 훌륭한 성질이 그들의 게으름과 결합하면 그들에게 나쁜 결과를 자아낸다. 즉 유럽의 모든 국민이 에스파냐인의 눈 앞에서 에스파냐 왕국의 모든 교역을 행한다.

중국인의 성격은 이것과는 다른 혼합을 형성하고 있어서, 그것은 에스파냐인의 성격과 대조를 이룬다. 그들의 불안정한 생활*11은 그들에게 바랄 만한 활동력과 이득에 대한 극단적인 욕심을 가지게 하므로 그 때문에 어떤 통상 국민도 그들을 믿을 수 없을 정도이다.*12 누구나가 다 아는 이 불성실이 그들에게 일본과의 교역을 유지케 했다. 유럽의 어떤 무역상도 감히 중국인 이름으로 일본과 무역을 하려고 하지 않았다. 중국 북부의 여러 해안 지방의 장점으로 말미암아 그것을 하는 것이 아무리 쉬웠다 해도 그랬다.

제11장 성찰

내가 이렇게 말한 것은 덕행과 악덕 사이에 있는 무한한 거리를 조금이라도 줄이기 위해서는 아니다. 절대로 그렇지 않다. 나는 다만 모든 정치적 악덕이 꼭 도덕적 악덕은 아니라는 것, 모든 도덕적 악덕이 반드시 정치적 악덕은 아니라는 것을 밝히고자 했을 뿐이다. 그리고 일반 정신을 저해하는 법을 만드는 자들은 이것을 절대로 잊어서는 안 된다.

---

*10 유스티누스는 에스파냐인이 '비밀'을 지키는 것을 말했을 뿐, 수탁물 관리에 관해서는 말하지 않았다.
*11 기후와 토지의 성질에 따라서. (원주)
*12 《뒤 알드 신부》 제2권. (원주)

제12장 전제국가의 생활양식과 풍속

전제국가에서는 절대로 풍속과 생활양식을 바꾸어서는 안 된다는 것이 중요한 원칙이다. 이보다 더 빠르게 혁명을 낳게 하는 것은 없을 것이다. 그 이유는 이런 나라들에는 말하자면 법이 없고 있는 것이라고는 풍속과 생활양식뿐이다. 때문에 이것을 뒤집어 엎으면 모든 것을 뒤집어 엎는 셈이 된다.

법은 만들어지지만 풍속은 계시된다. 후자는 좀 더 일반 정신에서 유래하고, 전자는 좀 더 특수한 제도에서 유래한다. 그런데 일반 정신을 어지럽히는 것은 특수한 제도를 변경하는 것과 같을 정도로, 아니 그 이상으로 위험하다.

각자가 상급자로서, 또는 하급자로서 자의적인 권력을 행사하는 바람에 그로 말미암아 괴로움을 받는 나라에서는 모든 신분에서 자유가 군림하는 나라에서보다 사람들은 서로 교제를 하지 않는다. 그래서 거기서는 생활양식이나 풍속의 변화가 적다. 보다 고정적인 생활양식은 법에 더 가깝다. 그러므로 군주나 입법자는 세계 어느 나라에서보다도 거기서는 풍속이나 생활양식을 어지럽혀서는 안 된다.

거기서는 여성이 보통 유폐되므로 사회적 영향력이 없다. 여자가 남자와 함께 생활하는 다른 나라에서는 매력을 발휘하려는 그녀들의 소망과 그녀들의 마음에 들고자 하는 남자의 욕망이 줄곧 생활양식을 바꾼다. 양성(兩性)이 서로 타락시키므로 저마다 특수한 본질적인 성질을 잃어버린다. 절대적이었던 것 속에 자의적인 것이 들어간다. 그리하여 그들의 행위와 생활양식은 나날이 변한다.

제13장 중국인의 품행

그러나 중국에서는 생활양식이 변하지 않는다. 거기서는 여자가 남자로부터 완벽하게 분리되어 있는 데다가 생활양식이나 풍속을 학교에서 가르친다. 여유 있는 인사 방법이 지식인이라는 것을 알려 준다. 이런 것이 일단 규칙으로서 점잖은 박사들에 따라서 정해지자 도덕 원리처럼 고정되어 다시는 변경되지 않았다.

제14장 국민의 풍속과 생활양식을 바꾸는 자연스러운 방법

법은 입법자의 개성이 깃든 명확한 제도이고, 풍속과 생활양식은 국민 일반의 제도라고 우리는 말했다. 거기서부터의 귀결은 풍속이나 생활양식을 바꾸고자 할 때에는 그것을 법에 따라서는 안 된다는 것이다. 그것은 너무도 전체적으로 보일 것이다. 그것은 다른 풍속, 다른 생활양식에 따라서 변경하는 편이 낫다. 그러므로 군주가 그 국민에게 큰 변화를 일으키고자 할 때엔, 법으로써 설정된 것은 법에 따라 개혁하고, 생활양식으로써 형성된 것은 생활양식에 따라 변경해야 한다. 생활양식으로 바꿔야 할 것을 법에 따라서 변경한다는 것은 매우 나쁜 정책이다.

러시아인으로 하여금 수염과 옷을 자르지 않을 수 없게 한 법과 도시에 들어가는 자의 긴 옷을 무릎까지 자르게 한 표트르 1세의 폭거는 폭정과도 같았다. 범죄를 막기 위해서는 방법이 있다. 그것은 형벌이다. 생활양식을 바꾸기 위해서도 방법이 있다. 그것은 모범이다.

이 국민이 쉽고 빠르게 문명화된 것은, 이 군주가 너무도 그 국민을 나쁘게 생각했다는 것이다. 그러나 이 국민은 그가 말했듯이 짐승이 아니었다는 것을 분명하게 보여 주었다. 그가 쓴 몹시 사나운 수단은 소용이 없었다. 온화한 방법으로도 마찬가지로 그의 목적은 이룰 수 있었을 것이다.

그는 스스로 그런 변혁 방법이 쉽다는 사실을 경험했다. 여자는 유폐되어 말하자면 노예였다. 그는 그녀들을 궁정으로 불러서 독일식 옷을 입히기 위해 그녀들에게 피륙을 주었다. 여성들은 곧 그 허영심과 정열을 이렇듯 부추기는 생활 방법이 마음에 들었다.

그리하여 그 생활 방법을 남자들의 마음에도 들게 했다.

이 변화를 더욱 쉽게 한 것은 그즈음의 풍속이 풍토와는 관계가 없었으므로 민족의 혼합과 정복으로 말미암아 거기에서 일어나게 된 것이었다.

표트르 1세는 유럽의 풍속과 생활양식을 유럽의 한 국민에게 줌으로써 그 자신도 예기치 않았던 용이성을 발견했다. 풍토의 지배력은 모든 지배력 가운데 으뜸이다.

그래서 그는 국민의 풍속과 생활양식을 바꾸기 위해서 법이 필요하지 않았다. 다른 풍속, 다른 생활양식을 권장하기만 하면 충분했던 것이다.

일반적으로 한 민족은 그 관습에 강한 애착을 갖는다. 그것을 난폭하게 빼앗으면 국민을 불행하게 만든다. 그러므로 그것을 바꾸지 말고 국민 스스로 바꾸도록 권장해야 한다.

필요에서 생긴 것이 아닌 형벌은 모두 폭정이다. 법은 순전한 권력 행위가 아니다. 그 성질상 아무래도 좋은 사항은 법의 영역에 속하지 않는다.

제15장 가정(家政)이 국정(國政)에 미친 영향
여성 풍속의 이런 변화는 틀림없이 러시아의 정체에 큰 영향을 주었을 것이다. 모든 것이 긴밀하게 결합되어 있다.

군주의 전제는 마땅히 여성의 예속성과 결합하므로 여자의 자유는 군주의 정신과 결합한다.

제16장 입법자들이 혼동한 인간을 지배하는 여러 원리
습속과 생활양식은 법이 설정하지 않거나 할 수 없었던, 또는 설정코자 원치 않았던 관행이다. 법과 풍속 사이에는 다음과 같은 차이가 있다. 즉 법은 좀 더 많이 시민의 행동을 규정하고 풍속은 좀 더 많이 인간의 행동을 규정한다. 풍속과 생활양식 사이에는 전자가 보다 많이 내부적 행동에 관계하고 후자는 보다 많이 외부적 행동에 관계한다는 차이가 있다.

때로는 국가에서 이런 것들이 혼동된다.*13 리쿠르고스는 법·습속·생활양식에 대해서 같은 법전을 만들었다. 그리고 중국의 입법자들도 같은 일을 했다.

스파르타와 중국의 입법자들이 법과 풍속과 생활양식을 혼동했다고 해서 놀랄 바 아니다. 이는 풍속이 법을 대신하고 생활양식이 풍속을 대신하기 때문이다. 중국의 입법자들은 그 국민이 평온하게 살아가는 것을 주된 목적으로 삼았다. 그들은 사람이 서로 존경해야 한다는 것, 각자가 남에게 힘입는 바가 크므로 어떤 점에서 다른 시민에 의존하지 않는 시민은 없다는 것을 언제나 느껴주기를 바랐다. 그래서 그들은 예의 규범에 가장 넓은 범위를 주었다.

이런 까닭에 중국인들 사이에서는 시골 사람들*14도 상류 사람들처럼 서로 예의를 지키는 것을 볼 수 있다. 이것은 부드러운 마음을 가지게 하므로 국민들간에 평화와 좋은 질서를 유지시키고 냉혹한 정신에서 오는 모든 결함을 없애는 데 매우 알맞은 수단이다. 사실 예의 규범에서 벗어난다는 것은, 자기의

---
*13 모세는 법과 종교를 아우르는 하나의 법전을 만들었다. 초기 로마인은 예로부터의 관습과 법을 혼동했다. (원주)
*14 뒤 알드 신부 《중국지》 제2권. (원주)

결함을 방치하는 수단을 구하는 일이 될 것이다.

이 점에 대해서는 예의가 공손함보다 낫다. 공손함은 타인의 결점에 아부하는 것이 되지만 예의는 우리의 결점이 드러나는 것을 막는다. 이는 사람을 타락하게 하는 것을 서로 막기 위해서 사람이 서로의 사이에 놓는 일종의 울타리 같은 것이다. 리쿠르고스 제도는 가혹했다. 그가 생활양식을 형성했을 땐, 예의를 목적으로 삼지 않았다. 그는 그 국민에게 주고자 했던 상무(尙武)의 정신을 목적으로 삼았다. 언제나 교정하고, 교정받고, 교육하고, 언제나 교육받는 사람들은 서로간에 예의를 지키기보다도 오히려 서로 덕행을 갈고닦는다.

제17장 중국 정체의 특성

중국의 입법자들이 행한 일은 이뿐이 아니다.[*15] 그들은 종교·법·습속·생활양식을 혼동했다. 이 모두가 도덕이었고, 이 모두가 덕성이었다. 이 네 가지 점에 관한 규정이 예(禮)라고 불리는 것이었다. 이런 예의 엄밀한 준수에서 중국 정부는 성공을 거두었다.

사람들은 예를 배우느라 젊은 시절 모두를 바쳤고, 예를 행하느라 온 생애를 썼다. 학자는 그것을 가르치고 관리는 그것을 권했다. 그리고 예가 인생의 모든 작은 행위까지 포함했기 때문에, 예를 엄밀하게 준수시키는 방법이 발견되었을 때, 중국은 잘 통치되었다.

두 가지 일이 중국인의 마음과 의식 속에 쉽사리 예를 새겨 넣을 수 있게 했다. 그 하나는 극단적으로 복잡한 그들의 문자이다. 이것이 인생의 매우 많은 시간을 정신으로 하여금 이런 예 때문에 점령되도록 한다.[*16] 왜냐하면, 이런 예를 포함한 책에 따라, 또는 그 책 때문에 읽는 방법을 배워야 했기 때문이다. 또 하나는 예의 규정이 아무런 정신적인 것을 갖지 않고, 다만 보통의 실천 규칙을 가지고 있을 뿐이므로 지적인 사항보다도 사람을 설득하고 감동시키기 쉽다는 것이다.

예로써 통치하는 대신 형벌의 힘으로써 통치한 군주는 형벌의 힘이 미치지 못하는 것, 즉 풍속을 주는 일을 형벌로 하여금 하게 하고자 했다. 형벌은 분명 사회로부터 풍속을 잃고 법을 깨뜨리는 시민을 제거할 것이다. 그러나 만일

[*15] 뒤 알드 신부가 훌륭한 단장을 보여준 고전서 참조. (원주)
[*16] 이것이 게으름을 멀리하게 하고 경쟁심, 지식 존중을 형성했다. (원주)

모든 사람이 풍속을 잃었다고 하면 형벌이 이를 회복시킬 수 있을까? 형벌은 확실히 일반적 악의 많은 결과를 지지할 것이다. 하지만 이 악 자체를 없애지는 않는다.

그러므로 중국 통치의 원리가 버림받고 중국이 도덕성을 잃어버렸을 때 국가는 무정부 상태에 빠져 혁명이 일어났다.

제18장 앞장의 귀결

이 일로 인한 결과로서 중국은 정복에 따라서는 그 법을 잃지 않는다고 말할 수 있다. 거기서는 생활양식·습속·법·종교가 같은 것이기 때문에 그것을 모두 한꺼번에 바꿀 수는 없다. 그리고 정복자와 피정복자 중 어느 하나가 변경해야 하기 때문에 중국에서는 언제나 정복자가 바꾸어야 했다. 왜냐하면 정복자의 풍속이 생활양식과 다르고, 생활양식이 법과 다르고, 법이 종교와 다르기 때문에 정복자가 차츰 피정복민에게 복종하는 편이 피정복민이 정복자에게 복종하는 것보다 쉬웠기 때문이다.

앞에서 또 하나의 아주 어려운 결과가 생긴다. 그것은 그리스도교가 중국에 뿌리를 내리는 것이 거의 불가능하다는 점이다.*17 순결의 맹세, 교회에서의 여성 집회, 그녀들의 성직자와의 필연적인 접촉, 성사(聖事)에 대한 여성들의 참가, 사제의 귀에 속삭이는 고백성사, 극단의 종교적 열정, 일부제(一婦制) 등은 모두가 이 나라의 공공 질서와 선량한 풍속을 어지럽히고 나아가서는 종교와 법에 타격을 준다. 그리스도교는 그 은혜를 베푸는 조직과 공공의 예배에 따라서, 같은 성사의 참가에 따라서 모든 통합을 구하는 듯이 보인다. 중국인의 예는 모든 분리를 명령하는 듯이 보인다. 그리고 이런 분리*18는 일반적으로 전제주의 정신에서 유래하는 것이기 때문에 군주정체나 모든 제한정체를 그리스도교와 좀 더 잘 결합시키는 이유가 여기에 있음을 알 수 있을 것이다.

제19장 중국인 사회에서 종교·법·습속·생활양식의 통일이 가져온 효과

중국의 입법자들은 제국의 평온을 통치의 주된 목적으로 삼았다. 순종이 그것을 유지하는 데 가장 좋은 수단이라고 그들은 생각했다. 이 사상에서 그

---

*17 중국의 집정자가 그리스도교의 금령에 대해 말한 이유 참조《교화적 서간》. 〔원주〕
*18 이 대목은 처음 여러 판에는 빠져 있다.

들은 조상들에 대한 존경심을 갖게 해야 된다고 믿고 그 때문에 온 힘을 기울였다. 그들은 부모와 조부모가 살아 있는 동안 및 사후에 그들을 존숭하기 위해 수많은 전례와 의식을 정했다. 죽은 조상을 이렇듯 존숭하기 위해서는 살아 있는 그들을 존숭하도록 이끌어야 했다. 죽은 부모와 조부모를 위한 의식은 종교와 보다 많은 관계를 가지며, 살아 있는 부모와 조부모를 위한 의식은 법·풍속·생활양식과 보다 많은 관계가 있었다. 그러나 이것은 같은 법전의 각 부분에 불과하고, 이 법전의 범위는 매우 넓었다.

부모에 대한 존숭은 필연적으로 부모를 상징하는 모든 것, 노인·주인·관리·황제와 결부되었다. 이 부모에 대한 존숭은 자식에 대한 사랑의 보답을 예상했다. 그리고 노인의 청년에 대한, 관리의 부하에 대한, 황제의 신민에 대한 같은 보답을 예상했다. 이 모든 것이 전례를 이루고, 전례(典禮)가 국민의 일반 정신을 이루었다.

보기에 전혀 관계가 없는 것처럼 여겨지는 사물이 중국의 기본 국가 구조에 대해 가질 수 있는 관계를 표시하기도 한다. 이 제국은 일가의 관리(管理·齊家)라는 관념 위에 형성되었다. 만일 아버지의 권위를 낮추거나 또는 그 권위에 대한 존경을 드러내는 의식을 생략한다면, 사람들이 부모처럼 여기고 있는 관리에 대한 존경을 약화시키는 셈이 된다. 그리고 관리는 그들이 자식처럼 생각해야 할 국민에 대해서 이미 이제까지와 같은 마음을 쓰지 않게 될 것이다. 군주와 신민들 사이에서 이 애정의 관계 또한 차츰 희박해져 갈 것이다. 이런 관행의 하나를 없애면 국가는 흔들린다. 며느리가 매일 아침 일어나서 시어머니에게 인사를 한다는 것도 그 자체로서는 아무래도 좋은 일이다. 그러나 이 같은 외면적인 실천이 모든 마음속에 감동시킬 필요가 있는 어떤 감정—그리고 그것은 모든 마음에서 우러나와 제국을 지배하는 정신을 이룩한다—으로 끊임없이 되돌아가게 한다는 데 주의를 한다면 이러한 특수한 행위가 행해질 필요가 있음을 알게 될 것이다.

제20장 중국인에 관한 역설(逆說)의 설명

기묘한 일이 있는데, 그것은 그 생활이 완전히 예로써 인도되고 있는 중국인이 그럼에도 세계에서 가장 부정(不正)한 국민이라는 점이다. 정직함은 본디 상업에 따르기 마련인 것인데, 부정함은 특히 상업에서 나타났다. 상업은 그들에게 정직한 마음을 일으키게 하지 못했다. 물건을 살 사람은 자기 저울을 가지고 가야만 한다. 그것은 상인마다 저울을 세 개씩 가지고 있기 때문이다. 즉 사기 위한 무거운 저울을 하나, 팔기 위한 가벼운 저울을 하나, 그리고 조심성 많은 손님을 위한 표준 저울을 하나 가지고 있다. 나는 이 모순을 설명할 수 있다고 생각한다.

중국의 입법자들은 두 가지 목적이 있었다. 즉 그들은 백성이 순종하고 평온할 것과 또 노동에 부지런하게 몸담기를 바랐다. 기후와 토지의 성질에 따라서 이 백성은 불안정한 생활을 하고 있다. 부지런함과 노동에 기대지 않고서는 그 생활은 보장되지 않는다. 모든 사람이 복종하고 모든 사람이 일할 때, 국가는 행복한 상태에 있다. 모든 중국인에게 이득에 대한 상상도 할 수 없을 정도의 탐욕을 준 것은 필요와, 아마도 풍토의 성질일 것이다. 그래도 법은 그것을 막으려고는 생각지 않았다. 폭력으로써 얻는 것이 문제가 되면 모든 것이 금지되었다. 책략이나 두뇌로 획득하는 경우에는 모두가 허용되었다. 그러므로 중국인의 도덕과 유럽의 도덕을 비교한다는 것은 그만두어야 한다. 중국에서는 저마다 자기에게 유익한 일에 주의를 해야만 했던 것이다. 사기꾼이 자기의 이익을 위해 마음을 쓴다면, 당할 사람도 자기 이익을 위해 마땅히 주의를 하여야 하는 것이다. 스파르타에서는 도둑질하는 것이 허용되었다. 중국에서는 속이는 것이 허용되었다.

제21장 법이 풍속 및 생활양식과 관계하는 방법

이와 같이 본디 따로따로인 것, 즉 법·풍속·생활양식을 혼동하는 것은 특이한 제도뿐이다. 그러나 그것들은 분리되어 있다고는 하나 또한 서로의 사이에는 큰 관계가 있다.

어떤 사람이 솔론에게 물었다. 아테네인에게 그가 부여한 법이 가장 좋은 법이었냐고. 그는 대답하기를 "나는 그들이 견뎌낼 수 있는 법 중 가장 좋은 것을 주었다."[*19] 했다. 좋은 말이다. 모든 입법자들이 음미해야 할 말이었다. 전지(全知)의 신이 유대 민족에게 "나는 너희에게 좋지 않은 규정을 주었다" 말했을 때, 그 규정이란 상대적 선량성을 갖는 데 불과하다는 뜻이다. 이는 모세

[*19] 플루타르코스 《솔론전》. 〔원주〕

법에 대해서 행해질 수 있는 모든 불평을 씻어 버리는 해면(海綿)과 같다.

제22장 법이 풍속 및 생활양식과 관계하는 방법(계속)

국민이 좋은 풍속을 가질 때는 법이 간단해진다. 플라톤은 말한다.[20]

"라다만투스[21]가 종교심이 매우 강한 식민(植民)을 지배했을 때, 각 고소 조항에 관해 선서를 명할 뿐으로써 모든 소송을 신속히 처리했다. 그러나" 하고 플라톤은 말을 덧붙이기를 "식민의 종교심이 낮은 경우에는 선서하는 자가 재판관이나 증인처럼 이해관계가 없는 자인 경우밖에는 선서에 의지할 수가 없다"고 했다.

제23장 법이 풍속을 따르는 방법

로마인의 풍속이 순박했던 시대에는 공금 횡령[22]에 대한 특별한 법이 없었다. 이 범죄가 나타나기 시작했을 때만 해도 그것은 매우 불명예스러운 것으로 생각되었기 때문에 횡령한 것의 반환을 언도받는다는 것이 무거운 형벌로 여겨졌을 정도였다. 스키피오의 판결이 그것을 나타낸다.[23]

제24장 법이 풍속을 따르는 방법(계속)

어머니에게 후견권을 주는 법은 미성년자의 보호에 대해서 더욱 많은 주의를 돌리는 것이고, 가장 가까운 상속자에게 주는 법은 재산 보전에 좀 더 많은 주의를 돌리고 있다. 풍속이 부패한 시민의 경우 후견권을 어머니에게 주는 편이 낫다. 풍속에 법이 신용을 두고 있는 민족은 후견권이 재산 상속자나 또는 어머니에게 주어지며, 때로는 그 둘 모두에게 주어진다.

로마법에 대해서 잘 생각해 보면, 그 법의 정신이 내가 말한 것과 일치한다는 것을 알게 될 것이다. 십이동판법이 만들어진 시대의 로마의 풍속은 훌륭했다. 상속의 이익을 가질 수 있는 자가 후견의 부담을 져야 한다는 생각에서 후견권은 미성년자의 가장 가까운 친척에게 주어졌다. 미성년자의 생명이 그

---

[20] 플라톤《법률론》제12편. (원주)
[21] Rhadamanthus. 유피테르의 아들, 지옥의 세 재판관 가운데 한 사람.
[22] Peculatus. 공금 관리자가 그것을 착복하는 것.
[23]《티투스 리비우스》제38편 제30장. (원주)

의 죽음으로 말미암아 이익을 받게 될 자의 손에 쥐어져 있어도 사람들은 미성년자의 생명이 위험에 처해 있다고는 생각지 않았다. 그러나 로마의 풍속이 바뀌어졌을 때 입법자도 또한 사고방식을 바꾸었다. 가이우스와 유스티니아누스는 말했다. "만일 미성년자 보충 지정에 있어서 유언자가, 보충자가 미성년자에 대해서 함정을 만들어 놓을 것을 두려워한다면, 그는 보통 보충 지정을 비워두고 미성년 보충 지정은 일정한 기한 뒤가 아니면 열어 볼 수 없는 유언서의 일부에 기록할 수 있다."*24 이는 초기 로마인이 알지 못했던 염려와 조심성이다.

제25장 법이 풍속을 따르는 방법(계속)

로마법은 결혼 전에 서로 증여하는 자유를 주었으나 결혼 뒤에는 그것을 허용하지 않았다. 그것은 로마인의 풍속에 바탕을 두었다. 그들은 겸양·질박·절제로써 결혼 생활을 이끌어갈 뿐이었지만, 부부 생활의 배려·만족·순탄함에 마음이 끌렸던 것이다.

서고트인의 법은, 남편은 그 결혼하는 상대에게 그 재산의 10분의 1 이상을 줄 수 없다. 결혼 뒤 1년 안에는 아무것도 줄 수 없다고 정했다. 이것 또한 그 나라의 풍속에서 유래했다. 입법자는 눈에 띄는 행동으로써 지나치게 선심을 쓰고 싶어하는 저 에스파냐식 오만심을 막고자 했던 것이다. 로마인은 그 법을 가지고 세계에서 가장 영속적인 지배, 즉 덕성의 지배에서 생기는 불편을 조금 억제했다. 에스파냐인은 그들의 법을 가지고 세계에서 가장 약하고 덧없는 폭정, 즉 미(美)의 폭정의 나쁜 결과를 막고자 했던 것이다.

제26장 법이 풍속을 따르는 방법(계속)

테오도시우스 황제와 발렌티니아누스 황제의 법은 로마인의 옛 풍속과 생활양식에서 일방적 이혼의 원인을 끄집어 냈다. 이 법은 그 원인 가운데 자유인답지 않은 방법으로 그 아내를 매질하는 남편의 행위를 넣었다. 이 원인이 그 뒤의 법에서는 삭제되었다. 그것은 풍속이 이 점에 대해서 변했기 때문이

---

*24 보통 보충 지정(la substitution vulgaire)이란 "갑이 상속하지 않는다면 나머지 을로써 갑을 보충하는" 것이다. 미성년자 보충 지정(la substitution pupillaire)이란 "갑이 성년 이전에 사망한다면 을로써 갑을 보충하는" 것이다. 〔원주〕

다. 동양 관행이 유럽 관행으로 바뀐 것이다. 유스티니아누스 2세 황후의 환관장은 학교에서 아동을 벌할 때의 방법(볼기때리기)을 사용한다고 하며 그녀를 위협했다고 역사가는 말한다. 세상에서 통용되거나 또는 통용하려는 풍속이 아니면 이런 어처구니없는 일은 상상할 수 없다.

우리는 법이 어떻게 풍속에 따르는가를 보았다. 이번에는 풍속이 어떻게 법을 따르는지 살펴보기로 하자.

제27장 법이 민족의 풍속·생활양식·성격 형성에 이바지하는 방법 *25

노예 국민의 관습은 그 예속의 일부이고 자유 국민의 관습은 그 자유의 일부이다.

나는 제11편*26에서 자유 국민에 관하여 이야기했다. 나는 그 국가헌법 원리를 표시했다. 이제 그 자유에서 생겨난 결과, 그것으로부터 만들어진 성격, 그것에 따르는 생활양식을 보기로 하자.

나는 풍토가 이 국민의 법·습속·생활양식을 만들어 내는 데 이바지하는 바 컸음을 부정하는 것은 아니다. 다만 나는 이 국민의 풍속과 생활양식이 법과 큰 관련을 가졌음을 주장하는 것이다.

이 국가에는 입법권과 집행권이라는 명료한 두 가지 권력이 있을 것이므로, 또 모든 시민은 거기서 그들 자신의 뜻을 가지고 그 독립을 뜻대로 주장할 터이므로, 대부분의 사람들은 이 두 권력 가운데 한쪽에 다른 한쪽보다 더 많은 애착을 드러낼 것이다. 그것은 대부분의 사람들이 두 권력에 똑같은 애정을 쏟을 만한 공정함을 보통 갖지 않기 때문이다.*27

그리고 모든 관직을 손안에 쥐고 집행권은 큰 기대를 주고 절대로 두려움을 주지 않게끔 할 수 있을 터이므로, 집행권으로써 이익을 얻는 자는 모두 그쪽으로 몸을 돌리게 될 것이고, 또 아무것도 얻을 기대가 없는 모든 사람들은 집행권을 공격할 것이다.

거기서는 모든 정념이 자유로우므로 증오·선망·질투·치부(致富) 및 명성에의 열망 등이 그 전모를 드러내게 될 것이다. 그리고 만일 그렇지 않으면 국가

---

*25 이 장에서 몽테스키외가 그리는 영국 국민의 사상은 널리 알려져서 때때로 인용되고 있다.
*26 제6장. 〔원주〕
*27 그 결과 집행권의 편을 드는 휘그당과 의회제도를 지지하는 토리당이 생겼다.

는 병에 좌절된 사람, 정력이 빠져 버렸기 때문에 정념을 갖지 못한 사람처럼 될 것이다.

양당파간의 증오는 영원히 이어질 것이다. 이유는 그 증오가 언제나 무력할 것이기 때문이다.

이런 당파는 자유인으로 이루어졌으므로 한쪽이 지나치게 우세해지면 다른 쪽은 약화되기 마련이다. 이에 대해 쓰러지는 몸을 팔로써 부축하듯 국민들이 모여 와서 다른 쪽을 일으켜 세운다는 결과를, 자유가 생기게 할 것이다.

각 개인은 언제나 독립적이므로, 자기의 자의와 호기심에 따를 터이므로 때때로 당파를 바꿀 것이다. 즉 한 당파를 떠나는 바람에 거기 있는 자기의 모든 벗을 버리고, 자기의 모든 적이 있는 다른 당파와 결합하는 일도 있을 것이다. 이리하여 이런 국민에게는 때때로 우정의 법은 물론, 증오의 법도 있을 수 있다.

이런 점에서는 군주도 개인의 경우와 같을 것이다. 그러므로 보통 신중하게 가르치는 원칙과는 반대로 가장 그의 기분을 상하게 한 자들에게 신임을 주고 그에게 가장 잘 봉사한 사람들을 물리치지 않을 수 없는 경우가 이따금 생겨날 것이다. 다른 군주가 선택으로 행하는 것을 그는 어쩔 수 없이 필요로써 행하기 때문이다.[*28]

사람들은 그 존재를 느끼고는 있으나 어떤 것인지는 거의 알지 못한다. 그리고 누군가가 그 모습을 속일지도 모르는 어떤 이익이 사라질까봐 두려워한다. 그리고 그 두려움이란 줄곧 대상을 크게 만들어 보이는 법이다. 국민은 자기의 지위에 불안을 느끼고, 가장 안전한 경우마저 위험하다고 생각할 것이다.

집행권에 대해 가장 거세게 반대하는 사람들은 그 반대하는 이기적인 동기를 표시할 수가 없다. 그래서 과연 자기들이 위험한가 어떤가를 정확히 알지 못하는 국민의 두려움에 부채질하게 되므로 차츰 더 불안은 심해진다. 그러나 이 일 자체가 국민으로 하여금 결국 그 당할 염려가 있는 진짜 위험을 피하게 하는 데 도움을 줄 것이다.

그러나 입법부는 국민의 신뢰를 얻고 있고 국민보다 견식이 있으므로, 나쁜 인상을 회복하고 그 격분을 진정케 할 수 있을 것이다.

---

*28 "이 나라에서는 대신들이 국왕이다." 이렇게 조지 2세는 말했다.

이것은 이 정체가, 국민이 직접적인 권력을 가졌던 고대 민주정체에 대해서 가지는 큰 이점이라 하겠다. 왜냐하면 웅변가들이 국민을 선동했을 때 그 선동은 언제나 그 효과를 나타내기 때문이다.

이리하여 국민에 준 두려움이 전혀 명확한 대상이 없을 때에는 헛된 소동과 욕지거리를 가져오는 데 불과할 것이다. 그러나 모든 정치 기관에 긴장을 가져오게 하고 모든 시민을 주의 깊게 만든다는 좋은 결과까지 낳게 될 것이다. 그러나 이 두려움이 기초법의 전복에 즈음하여 생긴다고 한다면, 그것은 남의 말을 듣지 않는 불길하고 잔인한 것이 되어서 파국을 불러오기도 할 것이다.

얼마 지나지 않아 끔찍한 정적(靜寂)이 생길 것이다. 그동안 모든 사람이 결합해 법을 파괴하는 권력에 맞설 것이다.*29

불안이 명확한 대상을 갖지 않을 경우, 어떤 외국의 권력이 국가를 위협하고 그 운명 또는 명예를 위험에 빠뜨린다면, 그때에는 작은 이익은 더욱 큰 이익에 길을 양보하고 모든 것이 집권을 위해 결합할 것이다.

기초법 침해에 즈음하여 논쟁이 생기거나 또는 외국의 권력이 나타난다고 하면 혁명이 일어날 것이다. 그러나 그것이 정치 형태나 국가 구조를 바꾸지는 않는다. 왜냐하면 자유가 만들어 내는 혁명*30은 자유의 확인에 지나지 않기 때문이다.

자유로운 국민은 구세주를 가질 수 있다. 예속된 국민은 다른 압제자를 가질 따름이다.

왜냐하면, 절대적인 지배자를 쫓아낼 만한 세력이 있는 자는 자신이 그 지배자로 될 만한 세력을 충분히 갖고 있기 때문이다.

자유를 누리기 위해서는 저마다가 그 생각하는 바를 말할 수 있어야 하고, 자유를 유지하고 보존하기 위해서도 각자가 그 생각하는 바를 말할 수 있어야 하기 때문에 이 국가에서 국민은 법률이 그에게 말하거나 쓰는 것을 명시적으로 금지*31하지 않는 모든 사항을 말하거나 쓸 것이다.

언제나 격분하는 이런 국민은, 인간의 정신에 절대로 큰 인상을 주지 않는

---

*29 1641년의 혁명 전에 이 '끔찍한 정적'의 시기가 있었다.
*30 분명히 루이 14세가 후원하는 잭 2세에게 맞서 일어난 1688년의 명예혁명을 가리킨다.
*31 검열제도는 1695년에 폐지되었다.

이성(理性)에 따라서보다도 자기의 정념에 따라서 더 쉽사리 인도될 수 있을 것이다. 그러므로 이를 다스리는 사람으로서 이 국민의 참된 이익에 어긋나는 계획을 행하게 만든다는 것은 쉬운 일일 것이다.

이 국민은 놀랄 만큼 그 자유를 사랑할 것이다. 왜냐하면 그 자유는 진실하기 때문이다. 그러므로 그 자유를 지키기 위해서 국민은 재산, 안락, 이익을 희생하고 또 매우 가혹한 과세, 즉 가장 절대적인 군주라 할지라도 그 신민에게 감히 부담시키지 않을 정도의 세금을 인수하게 되는 경우도 있을 수 있다. 그러나 이 국민은 그 부담에 복종해야 할 필요를 뚜렷이 알고, 그 이상은 지급하는 일이 없다는 근거 있는 희망 아래에 지급하기 때문에 조세는 무겁지만 그들은 부담을 느끼지 않을 것이다.

이와 반대로 느낌 쪽이 실제의 괴로움보다 훨씬 더 큰 나라도 있다.[*32] 그 국민은 확실한 신용 기관을 가질 것이다. 왜냐하면 자기 자신에게 꾸어서 자기 자신에게 지급하기 때문이다. 이 국민은 그 자연력을 초월한 사업을 기도하고, 그 정체의 신용과 본질만이 현실적인 것이 될 수 있는 의제적(擬制的)인 막대한 재부(財富)를 적에게 과시할 수도 있게 된다.[*33]

이 국가는 자유를 유지하기 위해서 국민들로부터 돈을 빌릴 것이다. 그러면 국민들은, 국가가 정복된다면 빌려 준 돈도 없어지리라는 것을 생각하기 때문에 자유를 옹호할 새로운 동기를 갖게 될 것이다.

이 민족이 섬에 산다고 하면 그들은 결코 침략자가 되지 않을 것이다. 왜냐하면 동떨어진 정복지는 그들을 약화하기 때문이다. 이 섬의 땅이 좋으면 더욱더 그들은 침략자가 되지 않을 것이다. 왜냐하면 그들은 부유해지기 위해서 전쟁을 할 필요가 없기 때문이다. 또 어떠한 국민도 다른 사람에게 의존하지 않을 터이므로, 저마다는 두세 명의 시민 또는 단 한 사람의 영광보다도 자기의 자유를 더 존중할 것이다.[*34]

여기서는 군인이 쓸모는 있으나, 때때로 나라를 위태롭게 하는 직업의 사람들로, 또 그 근무가 어려운 일일는지는 모르나 국민들에게는 성가신 사람들로

[*32] 그즈음의 프랑스.
[*33] 영국의 재무부 증권.
[*34] 이 점에 대해서는 몽테스키외가 지나치게 후했다. 이 섬의 해적은 엘리자베스를 두목으로 하여 이미 큰 식민제국을 건설하고 있었다.

보이게 될 것이다. 그래서 여기서는 문관의 지위가 더 존중된다.

자유와 법이 안락하게 만드는 이 국민은 파괴적인 편견에서 벗어나 상업 국민으로 되는 경향을 갖는다. 만일 노동자의 손이 큰 가격을 부여하는 상품을 만드는 데 소용되는 원료 중의 무엇인가를 갖는다면, 이 국민은 하늘의 은혜를 전면적으로 받는 데 알맞은 시설을 만들 수 있을 것이다.

이 국민이 북쪽에 위치하고 있어서 많은 여분의 산물을 가진다고 한다면, 한편 풍토에 적합하지 않은 많은 상품이 부족할 터이므로 남쪽의 여러 민족과 필연적이고 대규모적인 무역을 영유할 것이다. 그리고 유리한 무역에 따라서 그들이 은혜를 베풀려는 나라를 택해서, 그 선정한 국민과 서로 유리한 조약*35을 맺을 것이다.

한편에 있어 부유함이 극단적으로 되고 다른 한편에 있어 세금이 과중해지는 국가에서는, 어느 정도의 재산을 가지고서는 일하지 않으면 생활할 수 없을 것이다. 많은 사람들이 여행이나 건강을 구실로 하여 고국에서 빠져나와 노예제 나라에까지 풍요한 생활을 찾아갈 것이다.

상업 국민은 놀랄 만큼 많은 조그만 특수 이익들을 갖는 법이다. 따라서 그런 국민은 온갖 방법으로 침해하고 또 침해당할 수 있다. 이 국민도 더 없이 질투심이 강할 것이다. 그래서 자기의 번영을 즐기는 이상으로 남의 번영을 배아파할 것이다.

그리고 그 법은, 다른 문제에서는 온화하고 평이하나 이 나라에서 외국인이 행하는 통상이나 항해에 관해서는 매우 엄격해서 마치 적하고만 거래하는 것처럼 보인다.*36

만일 이 국민이 멀리 식민을 보낸다면, 이는 지배권을 넓히기 위해서보다 오히려 통상을 확대하기 위해서일 것이다.

사람은 자기 나라의 제도를 다른 곳에서도 만들고 싶어하므로 이 국민은 식민지의 백성에게 자기 자신의 정치 형태를 부여할 것이다. 그리고 이 정체가 가는 곳에는 번영을 불러올 것이므로 그 식민하는 삼림 안에도 크게 국민이 모여들 것이다.

---

*35 1703년 포르투갈과의 통상조약을 가리킴. 이 '상호간에 유익한 무역' 덕분에 포르투갈의 민족 산업은 파괴되다시피 한 정도의 타격을 입었다.
*36 항해조례(1651).

아마도 이 국민은 일찍이 인접한 한 국민을 정복한 적이 있을 것이다. 정복당한 국민은 그 위치, 양호한 항만, 부의 성질로 말미암아 이 국민에게 질투를 일으킬 것이다. 그러므로 이 국민은 상대에게 자기 자신의 법을 부여했다고는 하나 심한 종속적 지위에 놓일 것이다. 이리하여 그곳 국민은 자유로우나 국가 자체는 노예가 될 것이다.*37

이 정복된 국가는 매우 좋은 통치제도를 가질 것이나*38 만민법에 따라서 압제당할 것이다. 즉 하나의 국민에서 다른 국민에게 부여하는 여러 가지 법이 과해질 것이나, 그 법은 이 국가의 번영이 오직 일시적인 것에 지나지 않으며, 전적으로 한 주인을 위해서 맡겨지는 데 불과하다는 따위의 성질의 것으로 부여될 것이다.

이런 권세를 휘두르는 국민은 큰 섬에 살고, 큰 무역을 손에 쥐고 있으므로 해군력을 갖기 위한 온갖 종류의 편의를 가질 것이다. 그리고 그 자유를 유지하기 위해서는 요새도 육군력도 가질 필요가 없으므로 외적의 침입으로부터 국민을 지킬 해군이 필요해질 것이다. 그리고 그 해군은 다른, 육지 전투에 대비해서 예산을 쓸 필요가 있으므로 해군을 위해서는 넉넉한 예산이 없는 모든 강국의 해군보다도 우수해야 한다.

해상 패권은 그것을 장악한 민족에게 반드시 자연적인 오만성을 주었다. 왜냐하면, 그들은 곳곳에서 모욕을 줄 힘이 있다고 알고 있으므로 자기의 권력에는 대양과 같이 제한이 없다고 믿기 때문이다.

이 국민은 인접한 국가의 여러 문제에 아주 큰 영향력을 가질 수 있을 것이다. 왜냐하면, 그 위력을 정복에 사용하지 않기 때문에 그 정체의 불안정과 국내적 동요에서 그 필요가 있다고 여겨지는 이상으로 타국은 이 나라의 우정을 구하고 그 증오를 두려워하기 때문이다.

이리하여 집행권의 운명은 거의 언제나 국내에서는 위협당하고 나라 밖에서는 존경을 받게 된다.

이 국민이 어떠한 기회에 유럽의 외교 교섭의 중심이 되게 된다면 다른 국민보다 조금 많은 성실과 선의를 거기에 나타낼 것이다. 왜냐하면 그 대신들은

---

*37 아일랜드.
*38 이 나라의 종교와 정치를 말살하려는 크롬웰 이래의 영국 정책에 대해 몽테스키외는 공정성을 잃고 있다.

민중적 회의*39 앞에서 때때로 그 행동을 변명해야 하기 때문에 그들의 외교교섭은 비밀로 할 수가 없다. 그래서 이 점에 대해서는 좀 더 성실하기를 강제당하기 때문이다.

게다가 또 그들은 변칙적인 행동이 불러올 수 있는 사건에 관해서 말하자면 보증인이 될 터이므로, 그들로서 가장 안전하고 확실한 것은 가장 곧은 길을 취하는 일일 것이다.

만일 귀족이 어떤 시기에 국민 가운데서 지나친 권력을 가졌다고 하더라도, 군주가 백성의 힘을 끌어올림으로써 귀족을 약화하는 수단을 찾아냈다고 하면, 가장 심한 예속 상태의 시기는 귀족 계급의 쇠퇴 시기와 백성이 그 권력을 느끼기 시작한 시기의 중간*40이었을 것이다.

이 국민은 한때 어떤 전제 권력에 따라 굴복당했기 때문에 여러 경우에 전제 권력의 양식을 전하는 수가 있을 것이다. 그 결과 자유정체의 기본 위에 때때로 절대정체의 외형을 엿볼 수 있을 것이다.

이 국가에서는 저마다가 자신의 의지를 가질 것이므로, 따라서 스스로의 지식이나 자의로써 인도될 것이기 때문에 종교에 관해서는 각자가 어떤 종교이건 모든 종교에 대해 아주 큰 무관심을 나타내는 결과, 모든 사람이 나라의 지배적 종교를 믿게 되든가, 아니면 또 사람들이 종교 일반에 대해 몰두하게 되는 나머지 종파가 많이 분리되는 사태가 일어날 것이다.

이 국민들 가운데에는 전혀 종교가 없지만, 만일 어떤 종교를 믿게 될 때는 개종을 강제당하더라도 절대로 승복하지 않을 사람들이 있을 것이다. 왜냐하면, 그들은 곧 생명 및 재산과 마찬가지로 그 사고방식도 그들 자신의 것이어서 그중 하나를 빼앗을 수 있는 자는 다른 것도 더 쉽게 빼앗을 수 있다는 것을 알기 때문이다.

여러 종교 가운데 노예화의 길로써 그 확립이 기도된 것*41이 있다고 한다면 그런 종교는 거기서는 배척당할 것이다. 왜냐하면 우리는 사물을 그 관계나 그 부대물로써 판단하기 때문에 이런 종교는 결코 사물의 관념과 함께 머

---

*39 의회를 가리킨다. 프랑스인이 '불성실한 알비온'(그리스인이 영국인을 부르던 명칭)이라고 부르던 나라에 몽테스키외는 너무나 호의를 보이고 있다.
*40 튜더 왕조의 헨리 7세(1485~1509년)와 헨리 8세(1509~1547년)의 사이.
*41 튜더 왕조가 불관용과 폭력에 따라서 부흥을 꾀한 가톨릭교.

리에 떠오르는 일이 없기 때문이다.

이 종교를 믿는 사람들에 대한 법은 절대로 피비린내나는 것이 아닐 것이다. 자유는 결코 이런 종류의 형벌을 생각하지 않기 때문이다. 그러나 그것은 매우 징벌적인 법이어서, 냉정하게 행해질 수 있는 모든 괴로움을 줄 것이다.

성직자 세력은 몹시 약하기 때문에 다른 계급의 세력이 더 강하다는 일이 무수한 형태로 생겨날 수 있을 것이다. 그래서 성직자는 독자적인 계급[*42]이 되려고는 생각지 않고 오히려 속인과 같은 세금을 부담하고, 이 점에 대해서는 국민과 하나가 되기를 바랄 것이다. 그러나 여전히 백성의 존경을 모으려고 하기 때문에 더욱 은둔적인 생활, 조심스러운 행동, 깨끗한 풍속으로 평판을 높일 것이다.

이 성직자는 강제할 힘을 갖지 못하므로 종교를 보호할 수도, 종교에 따라서 보호받을 수도 없기 때문에 사람들을 설득하는 일에 노력할 것이다. 그들의 펜으로부터는 신의 계시와 섭리를 증명하기 위한 매우 훌륭한 저작이 생겨날 것이다.

사람들은 성직자의 회의를 피하고 또 열지도 못하게 하고, 그 폐해 자체를 스스로 고치는 것마저 허용하지 않으려고 할는지 모른다. 그리고 자유의 열에 들뜬 나머지 성직자가 개혁자로 됨을 허용하기보다는 오히려 그 개혁을 불완전한 그대로 내버려 두는 것을 좋아할는지 모른다.

헌법의 기초 부분을 이루는 영전(榮典)은 다른 나라보다도 고정적일 것이다. 그러나 한편으로 이 자유의 나라에서는 고관은 좀 더 국민에게 가까워질 것이다. 따라서 위계는 더 구분되고, 또 사람은 더 섞일 것이다.

통치자들은 말하자면 날마다 쇄신되고 개조될 권력을 갖게 되므로 그들에게 흥미를 주는 자들보다도 그들에게 이로운 자들을 더 중히 여길 것이다. 그러므로 거기서는 조정의 신하, 추종자, 아부하는 자, 요컨대 고관으로 하여금 그 텅빈 머리의 대가를 치르게 하는 모든 부류의 사람들을 찾아보기 힘들 것이다.

---

[*]42 Se séparer. 국민과 떨어진다. 즉 삼부회에서 볼 수 있는 것처럼 귀족 및 제3계급과 따로 하나의 새로운 계급을 이루는 것. 이 글은 프랑스의 성직자가 세금을 내지 않고 도락을 즐기며 지낼 수 있는 것을 비평한 것. 매우 난해했던지 이제까지의 번역에는 "성직자는 분리하는 대신에 오히려 속인과 같은 직무를 차지하고" 등 묘한 해석을 하고 있다.

거기서는 사람을 쓸모 없는 재능이나 속성에 따라서 존경하지 않고 실질적인 자격에 따라서 존경할 것이다. 그리고 이런 종류의 자격은 두 가지 밖에 없다. 즉 부와 개인의 재능이다.

거기서는 허영의 세련이 아니라 현실적 욕망의 세련됨에 따른 견실한 사치가 있을 것이다. 그리고 사람들은 사물 가운데, 자연이 거기에 둔 쾌락 말고는 좇지 않을 것이다.

거기서는 사람들이 큰 잉여를 누릴 것이다. 그러나 거기서 무익한 사물은 금지당할 것이다. 따라서 많은 사람들은 소비하는 기회보다도 많은 재산을 가지고 있기 때문에 기묘한 방법으로 그 재산을 쓸 것이다. 그러므로 이 국민에게는 취미보다도 식견이 더 많을 것이다.

사람들은 언제나 자기의 이익에 쫓기고 있으므로 무위에 기초를 두는 저 예양(禮讓)을 갖지 않을 것이다. 그리고 사실상 그럴 겨를도 없을 것이다.*43

로마인의 예양 시대는 자의적 권력 확립의 시대와 같다. 절대 정체는 무위를 생기게 하고 무위는 예양을 생기게 한다.

국민 가운데 서로 상대의 경우를 배려하고 남의 기분을 상하게 하지 말아야 할 사람들이 많으면 많을수록 예양이 많아지는 법이다. 그러나 우리를 야만족과 구별해야 하는 것은 도덕적인 예양보다도 풍속의 예양이다.

모든 남자가 저마다 생각대로 국가의 행정에 참여하는 국민의 경우, 여자는 거의 남자와 함께 행동하게 되지 않을 것이다. 따라서 여성들은 근심스럽게, 즉 소심하게 될 것이다. 이 소심함이 여성들의 덕성이 될 것이다. 이와 반대로 풍류를 모르는 남자는 완전히 그들의 자유의 향락과 여가를 남겨 주는 방탕함에 몸을 맡길 것이다.*44

거기서는 그들의 법이 어떤 특정인을 위해 만들어지지 않았기 때문에 각자는 자기 자신을 군주로 여기게 될 것이다. 그러므로 이런 국민에게는 사람들이 동포 시민이라기보다 오히려 동맹자일 것이다.

국가 구조가 모든 사람에게 참정권과 정치적 이해관계를 주는 나라의 경우 풍토가 많은 사람들에게 불안한 정신과 폭넓은 견해를 주었다고 한다면, 사람들은 정치에 관해서 많은 이야기를 할 것이다. 사물의 자연 및 운명의 장난,

---

*43 영국인은 그다지 정중하지는 않지만 절대로 무례하지도 않다. 《영국인에 관한 각서》 (원주)
*44 영미식 조업 단축.

즉 인간의 자의에서 생각해 볼 때, 거의 계산할 대상이 되지 않는 여러 사건을 헤아리느라고 일생을 보내는 사람들을 보게 될 것이다.

자유로운 국민에게는 개인의 의론의 좋고 나쁨은 대부분의 경우 아무래도 좋은 것이다. 그들이 토론을 한다는 것만으로써 충분하다. 거기서 자유가 생겨 나고 그 자유가 이런 토론의 결과를 보장해 준다.

마찬가지로 전제정체에서는 사람들의 토론이 좋든 나쁘든 똑같이 해롭다. 이 정체의 원리가 타격을 받는 데는 말 많은 자가 있다는 것만으로도 충분하다.

누구의 마음에도 들려고 바라지 않는 많은 사람들은 그들의 기분에 몸에 맡길 것이다. 대부분의 사람은 재치가 너무 많아서 재치 자체로 말미암아 괴로움을 당할 것이다. 모든 것에 대한 경멸 또는 혐오 가운데서 그들은 불행해지지 않을 만한 많은 이유를 가지면서도 불행할 것이다.

어느 시민도 다른 시민을 두려워하지 않기 때문에 이 국민은 교만할 것이다. 왜냐하면 왕자(王者)의 교만은 오롯이 그 독립에 기초를 두기 때문이다.

자유로운 민족은 교만하다. 다른 민족은 그보다도 쉽게 우쭐거리게 될 수 있다.

이렇듯 교만한 사람들은 대부분 자기네끼리만 살기 때문에 때때로 모르는 사람들 가운데 들어가면 소심해질 것이다. 그러므로 그들 가운데서 어색한 수치심과 오만의 기묘한 혼합을 찾아 볼 수 있을 것이다.

이런 민족의 성격은 특히 그 정신적 작품에 나타날 것이다. 그 작품들에서는 조용히 생각하는, 또는 다만 혼자서 생각하는 사람들을 볼 것이다.

사교는 우리에게 우스꽝스러움을 느끼는 법을 가르쳐 주고 은퇴는 우리로 하여금 악덕을 느끼는 데 더 알맞게 만든다. 그러므로 그들의 풍자적 저작은 잔혹할 것이다. 그러므로 이 나라에서는 한 사람의 호라티우스[*45]를 발견하기 이전에 많은 유베날리스[*46]를 보게 될 것이다.

말할 수 없이 전제적인 군주정체에서 역사가는 진리를 배반한다. 왜냐하면 그들은 진리를 말할 자유가 없기 때문이다. 극단적으로 자유로운 국가에서도

[*45] Horace(프) Horatius Flaccus. 아우구스투스 시대의 유명한 시인. 우아하고 고상한 취미의 작품을 만들어 냈다.
[*46] Juvénal(프) Juvenalis(42~125년). 풍자시인, 정력과 분노로 가득찬 시를 썼다.

그들은 그 자유 자체의 원인으로 진리를 배반한다. 자유는 언제나 분열을 일으키기 때문에 각자는 마치 전제군주의 노예가 되는 것과 마찬가지로 자기 당파의 편견의 노예가 된다.

  이 나라의 시인은 취미가 주는 그 어떤 섬세함보다도 때때로 창작의 독창적인 대담함을 가질 것이다. 거기에는 라파엘의 우아함보다도 미켈란젤로의 힘에 가까운 무엇인가가 발견될 것이다.*47

---

*47 밀턴보다도 셰익스피어.

제4부

제20편
상업법의 본질과 특성[*1]

제1장 상업

다음 주제는 좀 더 길게 다루어져야 하지만, 이 책의 성향으로 보아 그럴 필요는 없을 것 같다. 나는 조용한 강 위를 건너가고 싶으나, 급류에 휩쓸려 들어가고 만다. 상업은 파괴적인 편견을 버리게 한다. 그리하여 온화한 풍속이 있는 곳에는 어디에나 상업이 있고, 상업이 있는 곳에는 반드시 온화한 풍속이 있는 것이 일반적인 원칙이다.

따라서 우리의 풍속이 옛날에 비해 흉악하지 않다고 해서 놀랄 일은 아니다. 상업 덕분으로 풍속에 대한 지식이 가는 곳마다 사람들에게 스며들었다. 그들은 그러한 풍속을 서로 비교했다. 그리고 그 결과 온갖 이익을 취할 수 있게 되었다.

상업의 법은 풍속을 타락시킨다는 같은 이유로써, 이 법이 풍속을 개선한다고 말할 수 있다. 상업이 선량한 풍속을 타락시켰다[*2]는 것은 플라톤의 불평이었다. 그러나 우리가 매일 보는 바와 같이 그것은 야만적인 풍속을 개선하고 온화하게 한다.

[*1] 최초의 여러 판에서는 제20편에서부터 제2권이 시작되었다. 그리고 여기에는 베르길리우스의 장시 《아에네스》에서 인용한 명구 'Docuit quem maximus Atlas(자연과 그 위대한 법이 나에게 가르친 것)'가 보인다. 또 다음에는 '뮤즈의 여신에게 기원하는 것'이라는 기묘한 글이 실려 있었는데, 몽테스키외에게서 교정쇄의 정정을 위촉받은 야콥 베르네의 권고에 따라 삭제했다.

[*2] 카이사르는 갈리아 사람에 대해서, 마르세유에 근접하는 일과 이 도시의 상업이 그들을 타락시켰기 때문에, 예전에는 언제나 게르만인보다 앞서고 있었던 그들이 게르만인에게 뒤지게 되었다고 말했다. 《갈리아 전기》 (원주)

제2장 상업 정신

상업의 자연스러운 효과는 서로를 평화로 이끄는 것이다. 거래하는 두 국민은 서로 의존하게 된다. 한쪽이 사는 것으로 이익을 얻는다면 다른 쪽은 파는 것으로 이익을 얻는다. 그러나 모든 결합은 서로의 욕망에 근거한다.

그러나 상업 정신이 여러 국민을 결합하더라도 그것으로 인해 개인까지도 결합하는 것은 아니다. 사람들이 상업 정신만으로 움직여지는 나라[*3]들에서는 모든 인간 행위나 온갖 도덕적 덕성도 거래되며, 매우 사소한 사물, 또는 인도주의가 필요한 사물도 금전과 교환되고 주어진다.

상업 정신은 사람들 안에 깃든 어떤 종류의 착실한 정의감을 불러일으킨다. 이 감정은 한쪽 면에서는 강도 행위에 대립하고, 다른 면에서는 사람들로 하여금 자기 이익을 반드시 엄밀하게 따지기보다는 다른 사람의 이익을 위해 그것만을 무시할 수 있도록 하는 도덕적 덕성과도 대립한다.

이와 달리 상업의 기본 원칙을 완전히 잃어버리는 것은 강도 행위를 낳게 한다. 이것을 아리스토텔레스는 획득 방법에서 가르치고 있다. 이 강도 정신은 결코 어떤 종류의 도덕적 덕행과 대립하는 것은 아니다. 이를테면 상업국에서는 손님 환대가 매우 드문 반면에, 강도 행위를 하는 민족 사이에서는 제법 행해지고 있다.

타키투스의 말에 따르면, 게르만인 사이에서는 알고 모르고를 떠나 누구에게도 자기 집 문을 닫는 것은 신성모독 행위로 여겨진다. 다른 나라 사람을 환대한 자는 마찬가지로 환대해 줄 다른 집을 상대에게 제시할 것이다. 그리하여 그는 그곳에서도 같은 친절로 환대받을 것이다.

그런데 게르만인이 여러 왕국을 건설하자, 환대는 귀찮은 짐이 되었다. 그것은 부르고뉴인 법전의 두 가지 법률로써 짐작할 수 있다. 즉 그 하나는 다른 나라 사람에게 로마인 집을 가리키는 어떠한 야만인에게도 형벌을 지운다는 것이며, 또 다른 하나는 다른 나라 사람을 환대하는 자에게는 주민들이 저마다 그 할당액만큼 보상해야 한다고 정해져 있는 것이다.

[*3] 네덜란드. (원주)

제3장 백성들의 빈곤

빈곤한 백성에는 두 부류가 있다. 가혹한 정치가 그렇게 만든 백성들, 이런 사람들은 어떠한 덕성도 가질 수 없다. 왜냐하면 그들의 빈곤이 그 예속 상태의 일부를 이루기 때문이다. 그것이 편리한 생활을 업신여기고, 또한 그것을 모르기 때문에 빈곤한 백성들이다. 그러나 이 사람들은 위대한 일을 할 수 있다. 왜냐하면, 이 빈곤은 그들 자유의 일부를 이루기 때문이다.

제4장 여러 정체에서의 상업

상업은 국가구조와 관계가 있다. 일인 통치 제도에는 상업이 보통 사치에 기초를 둔다. 그리고 비록 그것이 현실적인 욕망에 기초를 둔다고 하더라도, 그 주된 목적은 그것을 행하는 국민에게 오만·쾌락·호기심을 북돋는 모든 것을 얻는 데 있다. 다수자의 정체에서 상업은 보다 많은 경우에 근검에 기초를 둔다. 무역업자는 지상의 모든 국민을 주시하여 한 국민에게서 얻는 것을 다른 국민에게도 날라다 준다. 티르*4·카르타고·아테네·마르세유·피렌체·베네치아 및 네덜란드 여러 공화국은 이러한 방법으로 상업을 영위했다.

이런 종류의 거래는 그 성질상 다수자의 정체에 관계하고, 군주정체에는 우연히 관계한다. 왜냐하면 그것은 많은 이익을 얻고, 다른 어떠한 국민보다도 적은 이익을 감수하기조차 하며, 끊임없이 이익을 얻음으로써 아주 적게 손해를 보상한다는 실천 위에 기초를 두는 것이다. 그러므로 이런 종류의 거래와 사치가 확립되어 돈씀씀이가 위대한 목표로밖에 보이지 않는 민족*5에 따라 영위될 수는 없기 때문이다.

이러한 관념에서 "나는 같은 민족이 동시에 세계의 지배자이며 도매상이 되기를 바라지 않는다"고 하는 키케로의 명문구가 나온 것이다. 사실 이러한 국가의 각 개인이나 국가 전체도 언제나 위대한 계획으로 머리를 가득 채우면서, 동시에 그 머리는 하찮은 계획으로 가득차 있어야 하는 결과가 된다. 그러므로 이것은 서로 앞뒤가 맞지 않는 생각일 뿐이다.

이렇게 말할 수 있다면, 그것은 근검한 상업으로 존립하는 국가에서도 위대

---

*4 고대 페니키아의 도시.
*5 여기에서는, 다른 면에서 상업을 번영시키고 있는 귀족이 상업을 비천한 직업으로 여기고 있다.

한 계획을 세울 수 없다든가, 또 거기에는 군주정체에서 찾아볼 수 없는 대범함이 없다는 말은 되지 않는다. 여기에 그 이유를 설명하기로 한다.

한 상업은 다른 상업으로 옮겨간다. 소상업은 중상업으로, 중상업은 대상업으로 옮겨간다. 그리고 아주 작은 벌이에 열중하던 자도 크게 버는 일에 똑같이 몰두하게 된다.

그뿐만 아니라 무역업자의 대계획은 언제나 필연적으로 공무와 서로 연관된다. 그런데 군주국에서는 대부분의 경우 상인들은 공무를 신용할 수 없는 데 비해, 공화국에서는 공무가 그들에게 확실한 것으로 여겨지는 것이다. 따라서 상업상의 대계획은 군주국에 편들지 않고 다수자의 정치 형태에 편들게 된다.

한마디로, 이런 국가에서 사람들이 갖고 있다고 믿는 자기의 소유권에 근거하여 보다 더 확실하게 모든 것을 계획하도록 하는 것이며, 또 이미 얻은 것에 안심할 수 있다고 믿음으로써 그 이상을 얻기 위해서 그것을 감히 내거는 것이다. 오직 획득 수단을 위해서 그런 위험을 무릅쓰는 것뿐이다. 또 이런 사람들은 자기 운명에 큰 희망을 기대한다.

나는 근검의 상업에서 완전히 제외되는 군주정체가 있다고 말하려는 것은 아니다. 그러나 군주정체는 그 본성으로 보아 이러한 상업에 그다지 적합하지 않다. 또 우리가 알고 있는 여러 공화국에 사치적 상업이 전혀 없다고 하는 것도 아니다. 그러나 이러한 상업은 공화국의 구조와 그다지 관계가 없는 것이다.

전제국가에 대해서는 이야기하는 것 자체가 헛된 일이다. 일반 원칙은 다음과 같다. 예속 상태에 놓인 국민은 얻기 위해서보다 보전하기 위해서 일한다. 반대로 자유로운 국민은 보전하기 위해서보다는 얻기 위해서 일한다.

제5장 경제성 있는 상업을 행한 국민들

거칠어만 보이는 바다 한복판에 있는 적절한 피난처 마르세유의 바람·암초·해변의 형세가 상륙 지점으로서 가리키는 장소, 그곳은 뱃사람들이 자주 드나드는 항구이다. 그 불모의 땅이 시민들을 경제성 있는 상업에 종사하게 했다. 자연이 거부한 것을 보충하기 위해서 그들은 부지런히 일해야만 했다. 또한 그들에게 번영을 가져오는 고객인 이민족 국민 사이에서 생활하기 위해서는 정직해야만 했다. 그들은 국가가 언제나 편안하기 그들은 중용을 지켜야 했다. 마지막으로 벌이가 적을수록 보다 확실히 유지할 수 있는 상업으로써 언제나 생활할 수 있기 위해서는 그들은 검소한 습관을 가져야만 했다.

폭력과 압제가 이르는 곳에서는 사람들이 늪과 연못으로 둘러싸인 습한 땅이나 섬, 얕은 해안, 나아가서 암초에까지 피난했는데, 경제성 있는 상업이 발생했다. 이렇게 해서 티르·베네치아·네덜란드의 여러 도시가 건설되었다. 도망자들은 거기서 자신의 안식처를 발견했다. 그리고 목숨을 부지하기 위해서 거기에 살면서 먹고살아갈 방법을 온 세계로부터 얻어낼 수 있게 되었다.

제6장*6 대항해의 상당한 결과

이따금 경제성 있는 상업을 영위하는 나라가 다른 나라의 상품을 입수하기 위해 자본 또는 재료로서 도움이 될 어느 나라의 상품을 필요로 할 때, 다른 상품에서 크게 이득을 낼 기대나 확신을 갖고, 그러한 상품의 어떤 것에서 아주 조금 벌든가, 또는 전혀 벌지 못하더라도 참는 경우가 있을 수 있다. 그러므로 네덜란드가 유럽의 남쪽에서 북쪽에 걸친 무역을 거의 독점했을 때, 북쪽으로 보낸 프랑스 포도주는, 말하자면 네덜란드의 북유럽 무역을 행하기 위한 자본이나 재료로서 이 나라에 도움이 되고 있었던 데 불과했다.

네덜란드에서는 어떤 종류의 상품은 먼 곳에서 수입되었음에도, 현지에서의 시세보다 비싸지 않게 팔리는 일이 때때로 있다는 것은 다 아는 사실이다. 그 이유는 다음과 같이 설명된다. 그 배에 바닥짐을 실어야 한다고 생각하는 선장은 대리석을 싣는다. 또 화물 정리를 위해서 목재가 필요할 때에는 그것을 산다. 그리고 이것으로써 손해만 보지 않는다면 그는 크게 이득을 보았다고 생각할 것이다. 네덜란드가 석재업·삼림업까지 행하는 것은 이 때문이다.

아무것도 가져오지 않는 상업이 이로울 수 있을 뿐만 아니라, 결손을 보고 있는 상업마저도 유익할 수 있다. 내가 네덜란드에서 들은 바로는 포경업은 일반적으로 대부분 수지가 맞지 않는다. 그러나 조선에 고용되는 사람들, 선구(船具)·선박부속품·식료품을 공급하는 사람들 또한 포경업과 주요 이해관계가 있는 사람들인 것이다. 그들은 포경에서 손해를 보더라도, 배에 필요한 여러 장비들로 이득을 보는 것이다.

---

*6 이 장은 처음의 여러 판에는 빠져 있다.

이 상업은 하나의 복권뽑기와 다름없다. 그리고 누구나가 복권이 맞지나 않을까 하는 기대를 건다. 모든 사람은 도박을 즐긴다. 그래서 가장 사려 깊은 사람들도 도박으로 인한 낭비와 불안, 싸움, 방심, 시간의, 아니 온 생애의 손실이 눈에 보이지 않는 경우에는 기꺼이 도박을 한다.

제7장 영국의 상업 정신

영국은 다른 나라 국민과의 사이에서는 일정한 관세*7를 거의 부과하지 않는다. 그 관세는 말하자면 각 의회 때마다 폐지하든가 부과하든가 하는 개개의 세금에 따라서 달라진다. 국민들은 이에 대해서도 그 독립을 보존하려고 바랐던 것이다.

그들은 자기 나라에서 행해지는 무역에 대해서 매우 질투심이 강하므로 조약으로 구속되는 일 없이 자기의 법에만 의존할 뿐이다.

다른 국민은 상업 이익을 정치적 이익에 양보했다. 그러나 영국 국민은 언제나 자기 상업의 이익에 그 정치적 이익을 양보했다.

영국 국민은 종교·상업 및 자유의 3대 사항을 세계에서 가장 잘 이용할 수 있었던 민족이다.

제8장 경제성 있는 상업은 때로 어떻게 방해되었는가

어떤 군주국*8들은 경제성 있는 상업을 영위하는 국가를 약화하는 데 매우 적합한 법을 만들었다. 그런 나라는 자기 나라에서 생산되는 상품 외에는 가지고 들어오는 것을 금지했고, 그들이 상품을 들여오는 나라에서 만든 선박에 따라서가 아니면 무역은 금지되었다.

이와 같은 법을 강요하는 국가는 스스로 쉽게 무역을 행할 수 있어야 한다. 그렇지 않으면 이 국가는 스스로도 같은 정도의 손해를 입을 것이다.

적은 이익을 감수하고 상거래의 필요상 어떤 의미에서 종속적인 나라와 거래하는 편이 낫다. 그 시야의 폭 또는 거래의 폭에 따라서 모든 여분의 상품을 어디에 배치할 것인가를 알고 있는 나라, 부유하고 많은 화물을 부담할 수 있는 나라, 그러한 대금을 재빨리 치르는 나라, 말하자면 좋든 싫든 정직한 나

---

*7 여기에서는 통상 조약을 뜻한다.
*8 프랑스.

라, 원칙상은 평화적이며 이익을 얻으려고 애쓰지만 정복하려 들지 않는 나라, 이러한 나라와 거래하는 편이 언제나 경쟁 상대가 되는 것이다.

그리고 모든 이익을 초래하지 않을 다른 나라들과 거래하기보다는 훨씬 낫다.

제9장 상업상 배제

참된 공리(公理)는 중대한 이유 없이 어떠한 국민도 자기 나라 무역에서 물리치지 않는다는 것이다. 일본인은 중국과 네덜란드 국민 말고는 통상을 하지 않는다. 중국인*9은 설탕 무역에서 1천 퍼센트의 이득을 보고, 때로는 교환으로 받는 화물에서 같은 정도의 이득을 본다. 네덜란드인도 거의 같은 이윤을 올리고 있다. 그러나 일본식 공리에 따라서 행동하는 국민은 모두 틀림없이 속고 만다. 왜냐하면 상품에 공정 가격을 매기고, 상품 사이에 진실한 관계를 설정하는 것은 경쟁이기 때문이다.

더욱이 국가는 일정한 가격으로 상품을 모두 사준다는 구실 아래에 한 국민에게만 자기 나라 상품을 판다는 약속에 얽매여서는 안 된다. 폴란드인은 그들의 소맥에 대해서 단치히시(市)와 이러한 계약*10을 했다. 인도의 많은 왕들은 향료에 대해서 같은 종류의 계약을 네덜란드와 맺었다. 그리고 이와 같은 협약은 확실히 생활 자료만 얻을 수 있다면 부유하게 될 희망을 버려도 상관없다는 가난한 국민, 또는 자연이 그들에게 부여한 물건의 사용을 포기하든가 또 그런 물건의 불리한 무역을 행하기 때문에 예속 상태에 빠진 국민에게만 적당한 것이다.

제10장 경제성 있는 상업에 알맞은 제도

경제성 있는 상업을 영위하는 여러 나라에서는, 그것은 그 신용에 따라서 새로운 가치의 본보기*11를 만들었다. 그러나 이것을 사치스러운 상업을 행하는 나라에 옮기는 것은 잘못이리라. 다만 한 사람이 다스리는 나라에 이것을 설치하는 것은 한쪽에 금전, 또 다른 쪽에는 권력을 상정한다. 즉 한쪽에는 아

―――――――――
*9 《뒤 알드 신부》 제2절. 〔원주〕
*10 그것은 처음 포르투갈인이 설치했다. 프랑수아 필라르의 《여행기》. 〔원주〕
*11 몽테스키외는 네덜란드 은행을 생각하고 있다.

무런 권력 없이 모든 것을 가질 수 있는 능력, 다른 쪽에는 전혀 아무런 능력도 없는 강한 힘을 상정하는 것이다. 이러한 정체에서는 재물을 가졌거나 가질 수 있었던 자는 군주 말고는 있을 수 없었다. 그래서 재보가 있는 곳에는 어디에서나 그것이 과대해지자마자 모두 군주의 재보가 된다.

같은 이유로, 일정한 상업을 위해서 결합하는 무역 상인들의 (특허)회사는 일인 통치 국가에 적합한 일은 별로 없다.*12 이러한 회사의 본성은 개개인의 부에 공공의 부(富)라는 힘을 부여하는 것이다.*13 그런데 이러한 국가에서는 이와 같은 힘을 군주에게서만 찾아볼 수 있다. 또 이러한 회사는 부지런하고 검소한 상업을 행하는 국가에도 반드시 알맞지는 않다. 그리고 만일 사업이 개인의 손으로 관리할 수 없을 정도의 크기가 아니라면, 배타성을 띠는 특권에 따라서 통상의 자유를 방해하지 않는 편이 더 좋을 것이다.

제11장 경제성 있는 상업에 알맞은 제도(계속)

경제성 있는 상업을 행하는 국가에서는 자유항을 설치할 수 있다. 국가 경제는 언제나 개인의 검소에 따라, 그 경제성 있는 상업에 검소를 부여한다. 우리가 말하는 제도로 말미암아 관세로 잃게 되는 것은 공화국의 산업적 재물에서 보충된다. 그러나 군주정체에서 이와 같은 제도를 설정하는 것은 이성에 어긋날 것이다. 그것은 사치를 조세의 부담에서 벗어나게 해주는 이외의 효과밖에는 없기 때문이다. 그것은 사치가 가져올 수 있는 유일한 이익 및 이 정치 형태에서 사치가 받을 수 있는 유일한 제한을 잃는 결과가 될 것이다.

제12장 통상의 자유

통상의 자유는 무역업자에게 주어진 바, 자기가 바라는 것을 행하는 권능은 아니다. 그러한 것을 시키면 오히려 통상의 예속이 될 것이다. 상인을 속박하는 것이 곧 통상을 속박하는 것은 아니다. 무역 상인이 수많은 제한에 부딪히는 것은 자유로운 나라들에서이며, 노예제가 있는 나라에서보다 법에 의한 감시를 덜 받을 수는 없다.

영국은 양털 수출을 금지했다. 석탄은 선박으로 수도에 운반되어야 한다. 또

---

*12 1748년판, 1749년판에서는 '적합하지 않다'.
*13 주식이나 어음의 발행을 통하여.

말은 거세해야만 수출할 수 있다. 유럽에서 통상하는 식민지의 선박은 영국에 닻을 내려야만 한다.*14 영국은 무역 상인을 속박한다. 그러나 그것은 통상의 이익을 위해서이다.

제13장 이 자유를 파괴하는 것

통상이 행해지는 곳에는 관세가 있다. 통상의 목적은 국가의 이익을 위해서 하는*15 상품의 수출이다. 그리고 관세의 목적은 마찬가지로 국가를 위해 하는 수출입에 대한 일정한 과세이다. 그러므로 국가는 관세와 통상 사이에서 중립을 지키도록, 또 이들 양자가 충돌하지 않도록 해야 할 것이다. 그것이 이루어지면 국민은 통상에서 자유의 은혜를 누릴 수 있다.

관세 청부제는 부정, 박해, 지나친 부과에 따라 통상을 파괴할 뿐만 아니라 그것과는 독립적으로 나타나는 장애, 요구하는 수속에 따라서도 더욱 통상을 파괴한다. 관세가 직접 징수제인 영국에서는 거래가 매우 쉽게 이루어진다. 한마디만 하면 어떤 큰 거래도 이루어진다. 상인은 많은 시간을 쓸 필요도 없고, 또 관세청부의 온갖 장애를 없애기 위해서나 그것에 굴복하기 위한 특별한 중개인에 의지할 필요도 없다.*16

제14장 상품 몰수에 관한 통상법

영국의 대헌장*17은, 전쟁의 경우에 보복 수단으로서가 아니면 외국 상인의 상품을 압류하고 몰수하는 것을 금하고 있다. 영국 국민이 이것을 그들의 자유의 한 조항으로 삼은 것은 훌륭한 일이다.

1740년 에스파냐(스페인)와 영국의 전쟁에서 에스파냐는 에스파냐 속령에 영국 상품을 수송하는 자를 사형에 처하는 법*18을 만들었다. 아울러 에스파냐 상품을 영국령 내에 운반하는 자에게도 같은 형벌을 내렸다. 이와 같은 명령은 일본 법에서만 그 선례를 찾아볼 수 있다고 생각한다. 그것은 우리의 풍

---

*14 1660년 항해조례. 보스턴·필라델피아 사람들이 그 선박을 지중해까지 곧바로 화물을 나르기 위해 보낸 것은 전쟁이 일어났을 때뿐이었다. (원주)
*15 '국가의 이익을 위해서'이다. 개인도 그것으로 이익을 얻지만.
*16 관세를 청부하게 하고 있었던, 프랑스 제도 비판.
*17 13세기 초 영국의 존 왕이 귀족들의 강요에 따라 서명한 문서.
*18 1740년 3월 카디즈에서 공포되었다. (원주)

속, 통상 정신에 어긋나며 형벌의 비례에 존재해야 할 조화에 어긋난다. 그것은 경찰 규칙 위반에 지나지 않은 것을 국사범으로 다루어, 우리의 모든 관념을 어지럽히는 것이다.

제15장 상인의 신체 구속

솔론은 이제 아테네에서 민사 채무 때문에 신체를 구속할 수 없다고, 규정했다.[19] 그는 이 법을 이집트에서 받아들였다.[20] 보코리스[21]가 그것을 만들고, 세소스트리스[22]가 부활시켰다.

이 법은 보통의 민사사건에서는 매우 좋은 것이다.[23] 그러나 상행위 사건에서는 그것을 지키지 않을 만한 충분한 이유가 있다. 왜냐하면 상인은 때때로 매우 짧은 기간에 거액의 돈을 위탁하든가, 지급하든가 또는 찾아와야 하므로 채무자는 언제나 일정한 기한에 그 약속을 이행하는 것이 필요하다. 그러자면 신체 구속을 인정해야 한다.

흔히 민사 계약에서 생기는 사건에서는, 법이 신체 구속을 인정해서는 안 된다. 왜냐하면 법은 한 시민의 자유를 다른 한 시민의 안락이나 변영보다 중요시하기 때문이다. 그러나 상업 계약에는 법은 한 시민의 자유보다는 공공의 번영을 중시해야 한다. 그러나 그것은 인도와 좋은 단속이 요구하는 제약과 제한을 방해하는 것은 아니다.[24]

제16장 훌륭한 법

생전이나 사후에 지급할 수 없는 자의 자식은 아버지의 채무를 갚지 않는 한 관직에 취임할 수 없고, 대평의회에도 참여할 수 없다고 규정한 제네바의 법은 매우 좋다. 그 결과로서 이 법은 상인에게 신용을 주고, 관직자에 대한 신

---

* 19 플루타르코스의 논문 〈높은 이자로 빌려 쓰지 말 것〉 제4장. 〔원주〕
* 20 《디오도루스》 제1편 제2부 제79장. 〔원주〕
* 21 보코리스(Bocchoris Bakenranef) 제24왕조의 이집트 왕. 에티오피아와의 싸움에 패하여 화형에 처해졌다.
* 22 세소스트리스(Sésostris). 람세스 2세를 말한다.
* 23 사람의 무기와 가래를 담보로 잡는 것을 금하고, 사람 자체를 볼모로 잡는 것을 허용한 그리스 입법자는 비난받아야만 했다.(《디오도루스》 제1편 제2부 제79장) 〔원주〕
* 24 채무에 의한 투옥은 채무자가 빚을 갚지 않을 때에는 종신형이 될 수 있었다.

용, 도시국가 자체에도 신용을 준다. 여기에서는 더욱 개인의 신용은 공공의 신용의 힘을 갖고 있다.

제17장*25 로도스법

로도스*26인은 이에 그치지 않았다. 섹스투스 엠피리쿠스*27에 따르면, 그들 사이에서는 자식이 그 상속을 포기함으로써 채무를 면할 수 없었다. 로도스법은 상업 입국의 국가에 주어진 것이다. 그래서 나는 생각하는데, 상업 자체의 관점에서도 여기에 다음과 같은 제한을 붙여야 했다.

즉 자식이 상업을 행하기 시작한 뒤에 아버지가 진 채무는, 자식이 얻은 재산에 영향을 미치지 않아야 한다고 믿는다. 그러나 상인은 언제나 그 채무를 알고 있어야 하며 끊임없이 그 재산 상태에 따라 행동해야 한다.

제18장 상업 재판관

크세노폰은 〈수입〉편에서 상업 감독관 가운데 소송을 누구보다 민첩하게 처리한 자에게 상여금을 줄 것을 바랐다.

그는 현대의 상사 재판권의 필요를 느꼈던 것이다.

상행위 사건은 형식화하기가 매우 어렵다. 그것은 매일의 행위이며 같은 성질의 다른 행위가 이에 이어진다. 그러므로 상행위 사건은 날마다 결정될 수 있어야 한다.

장래에는 큰 영향을 주지만 아직 드물게만 일어나는 일상의 행위는 이와는 사정이 다르다.

사람이 한 번 이상 결혼하는 일은 그리 흔하지 않다. 매일 증여나 유언을 하는 것이 아니다. 사람이 성년이 되는 것은 단 한 번뿐이다.

플라톤은 해상 상업이 없는 도시에서는 시민법은 절반낭 필요하다고 말했다. 이것은 사실이다.

상업은 같은 나라에 여러 민족, 많은 협정, 온갖 종류 재산, 많은 수의 취득 방법을 가져온다.

---

*25 이 장은 최초의 여러 판에는 빠져 있다.
*26 로도스(Rhodos)섬은 에게해에 있으며, 세계 7대 불가사의 하나인 아폴로 거상이 있다.
*27 《활사(活寫, Hypotyposes)》 제1편 제14장. 〔원주〕

그러므로 상업도시에서는 재판관은 좀 더 적고, 법은 좀 더 많다.

제19장 군주는 상업에 종사해서는 안 된다

테오필루스*[28]는 아내 테오도라 앞으로 가는 상품을 실은 배를 보고 그것을 불사르게 했다. 그는 아내에게 말하기를 "나는 황제이다. 그런데 너는 나를 갤리선의 우두머리로 만들고 있다. 만일 우리가 가난한 사람들의 일까지 한다면 그들은 무엇으로 생계를 유지할 수 있겠는가." 그는 다음의 문구를 덧붙일 수 있었을 것이다. '만일 우리가 독점을 하면 누가 막을 수 있겠는가, 우리가 꾸려나가는 이 장사는 조정의 신하들도 하고 싶어할 것이다. 그들은 우리보다 더 탐욕스럽고 더 부정(不正)할 것이다. 국민은 우리의 정의를 신뢰하지만 우리의 부유를 신뢰하지는 않는다. 백성들 가난의 원인인 많은 세금은 내 가난의 확실한 증거이다.'

제20장 군주는 상업에 종사해서는 안 된다(계속)

포르투갈인과 카스타야인이 동인도에서 지배력이 있었을 때, 상업은 아주 벌이가 많은 부분을 가지고 있었으므로 그들의 군주들은 그 부문을 손안에 넣는 것을 게을리하지 않았다. 그러나 그 덕분에 세계의 이 부분에서 그들의 식민지를 황폐화시켰다.

고아*[29]의 부왕(副王)은 어느 개인들에게 배타적인 특권을 주고 있었다. 그러므로 이와 같은 인간들을 국민은 전혀 신뢰하지 않는다. 그래서 상업은, 그것을 위임받는 사람이 끊임없이 바뀌기 때문에 중단된다. 누구도 이 상업을 키워 나가려고는 생각하지 않으며, 후계자에게 흠 없는 상태로 넘겨주려고도 생각하지 않는다. 이윤은 개인의 주머니에 들어가고 다른 데로 퍼지지 않기 때문이다.

제21장 군주정체에서 귀족의 상업

군주정체에서 귀족이 상업을 영위하는 것은 상업의 정신에 어긋난다. 황제

---

*28 비잔틴 황제. 재위 829~842.
*29 인도에 있던 포르투갈 식민지의 수도.

호노리우스 및 테오도시우스*30는 말했다. "그것은 도시에 유해하게 될 것이다. 더구나 상인과 서민 사이의 매매의 자유를 빼앗는 것이 된다."

귀족이 상업을 영위하는 것은 군주정체 정신에 어긋난다. 영국에서 귀족에게 상업을 허가한 관행은 이 나라의 군주정체를 약화하는 데 가장 공헌한 사항의 하나이다.*31

제22장 개인 차원에서의 고찰

어떤 나라들에서 행해지고 있는 데 느끼는 바 있어, 프랑스에서도 귀족에게 상업을 행하는 것을 장려하는 법이 있어야 한다고 생각하는 사람들*32이 있다. 그러나 그것은 상업에 아무런 이익도 되지 않으며 프랑스 귀족을 멸망시키는 수단이 될 것이다. 이 나라의 관행은 매우 지혜롭다. 여기에서 상인은 귀족이 아니지만 귀족이 될 수도 있다. 그들은 귀족의 현실적 불편은 없지만 귀족 신분을 얻을 희망을 갖고 있다. 그들은 그 직업에서 밖으로 진출하려면 그것에 충실하든가, 그것을 명예를 가지고*33 행하는 것보다 확실한 방법은 없다고 생각한다. 그리고 이것은 흔히 능력*34과 결부된다.

각자는 그 직업 내에 머물러 그것을 자손에게 전해야 한다고 규정하는 법은 전제국가*35를 제외하고는 유익하지 않고, 또 유익할 수도 없다.

전제국가에서는 아무도 경쟁심을 가질 수 없으며, 또 가져서는 안 된다.

자기 직업을 떠나 다른 직업으로 옮길 수 없는 경우에 저마다가 더 그 직업에 충실한다는 말은 성립되지 않는다.

나의 의견은, 자기 직업에 뛰어난 재간을 부린 사람이 다른 직업에도 진출할 수 있는 희망이 있는 경우에 더욱 더 그 직업에 충실할 수 있다는 것이다.

돈으로 귀족 신분을 살 가능성은, 그것에 성공할 수 있도록 상인을 크게 격

---

*30 호노리우스(재위 393~423)는 테오도시우스(379~395)의 아들.
*31 몽테스키외의 친구이며 선배인 생 피에르 신부는 프랑스의 부국책으로 귀족이 영국처럼 상업에 종사해야 할 것을 주장했다.
*32 '선인의 몽상'에서의 생 피에르 신부《영구평화론》의 저자)를 가리키고 있다.
*33 초판에서는 '명예를 가지고' 대신에 '성공적으로'라고 되어 있다.
*34 처음에는 영역본에 따라 Suffisance를 부유함이라고 번역했으나, 여기에서는 가르니에판과 플레이아드판의 주를 따라 (지적·정치적) 능력(Capacité)이라 해석했다.
*35 실제로 거기에서는 때때로 이같이 정하고 있다. 〔원주〕

려한다. 이와 같이 부에 덕성의 가치를 주는 것이 옳은지 나쁜지에 대해 나는 검토해 보지 않았다. 그러나 이것이 매우 유용할 수 있는 정체는 있다.

프랑스에서는 대귀족과 국민 사이에 법조인 계급이 있어, 전자와 같은 빚은 없지만, 그 모든 특권을 갖는다. 그것은 집단으로서는 법의 수탁자로서 영광 속에 있지만, 그 개개의 구성원은 평범한 존재로서 놓아 두는 신분이다.

더욱이 그것은 능력과 덕성이 아니고서는 이름을 드러낼 방법이 없는 신분, 영예로운 직업이지만 언제나 빛나는 하나의 직업의 모습을 부각시킨다. 즉 순전히 호전적인 귀족 계급의 모습을. 또한 그것은 어떤 부의 정도에 있는 재산을 이루는 것은 좋은 일이라고 생각하지만, 먼저 재산을 낭비하는 일*36부터 시작하지 않고 재산을 늘리는 것은 부끄러운 일이라고 생각한다.

이 계급은 모든 재산을 가지고 군주에게 봉사하고, 그 지위를 다른 자에게 양보했을 때엔 물려받은 자가 다시 그 모든 재산으로 군주에게 봉사한다. 그리고 전장에 가지 않았다고 누구에게나 비난받지 않도록 반드시 전장에 달려가, 부를 바랄 수 없을 때에는 영예를 얻은 것으로써 자기 스스로를 위로한다.

이러한 일들은 모두 필연적으로 이 왕국이 위대해지는 데 이바지해 왔다. 그리고 2, 3세기 이래 이 나라가 끊임없이 그 권력을 키워왔다면, 그 공은 모두 훌륭한 법에 돌려야 할 것이며 행복에 돌려서는 안 된다. 운은 이와 같은 항상성(恒常性)에서 비롯하지 않는 법이다.

제23장 상업에 종사하는 것이 불리한 나라

부는 토지 또는 동산으로 이루어진다. 각국의 토지는 그 주민이 차지하고 있다. 대부분의 국가는 외국인이 토지를 얻지 못하게 하는 법을 제정하고 있다.*37 더욱이 소유자가 없으면 토지는 개량되지 않는다. 그러므로 이런 종류의 부는 개개의 국가에 속한다. 그런데 화폐·증권·환어음·회사 주식·선박, 모든 상품과 같은 동산은 세계 전체에 속한다. 세계 전체는 이 점에서는 모든 국가를 성원으로 하는 단 하나의 국가에 지나지 않는다. 이러한 동산을 가장 많이 지닌 국민이 세계에서 가장 부유하다. 몇몇 국가는 그 막대한 액수를 가지고 있다. 그러한 나라는 저마다 그 상품과 노동자의 노동에 의하여 그러한 동

---

*36 문무 관직을 사는 일을 통해서.
*37 외국인의 상속재산을 몰수했던 외국인 소유 재산몰수권(droit d'aubaine)을 가리킨다.

산을 획득했다. 여러 국민의 탐욕은 온 세계의 동산을 서로 탈취하려고 한다. 이 때문에 다른 나라의 동산이 손에 들어오지 않고 자기 나라 동산의 거의 모두를 빼앗길 정도로 불행한 나라도 있을 수 있다. 그 나라의 토지 소유자도 외국인의 농노에 지나지 않을 것이다. 이 나라는 모든 것이 부족하고 아무것도 얻지 못할 것이다. 이러한 나라는 세계 어느 나라와도 통상하지 않는 편이 훨씬 더 나을 것이다. 왜냐하면 이 나라를 가난으로 이끈 것은 통상이기 때문이다.

수입하는 것보다 언제나 적게 상품 또는 식료품을 수출하는 나라는 그 균형은 유지되지만, 가난해진다. 즉 극도의 가난에 빠져 이제 아무것도 수입하지 못하게 될 때까지 끊임없이 적게 수입할 것이다.

상업국에서 갑자기 모습을 감춘 화폐는 다시 돌아온다. 왜냐하면 그것을 받은 국가는 그것을 빚지고 있기 때문이다. 그러나 앞에서 말한 나라에서는 화폐가 결코 되돌아오지 않는다. 왜냐하면 그것을 받은 국가는 아무런 채무도 지지 않기 때문이다.

폴란드가 이러한 예로 적당하다. 폴란드는 밭에서 나는 밀을 제외하면 우리가 세계의 동산(動産)이라고 부를 만한 것이 아무것도 없다. 몇몇 영주가 몇 개 주 전체를 소유한다. 그들은 농민을 압박해서 좀 더 많은 밀을 얻어 외국에 보내 자기들의 사치에 필요한 물건을 들여오려고 한다.

만일 폴란드가 어느 국민과도 통상하지 않는다면 백성들은 한결 행복할 것이다. 대공(최고 귀족)들은 그들이 밀만 갖고 있으므로, 그것을 그들의 농민들에게 생활을 위해 줄 것이다. 너무 큰 소유지는 그들에게 부담이 될 것이다. 모든 사람은 양 떼에서 털가죽이나 양털을 얻으므로 옷을 위해 큰 지출을 할 필요가 이제는 없을 것이다. 높은 귀족들은 언제나 사치를 좋아하지만 자기 나라 안에서만 그것을 찾아 낼 수 없기 때문에 빈민에게 될 수 있는 대로 노동을 시킬 것이다. 이 국민은 그렇게 되면 야만 상태에 빠지지 않는 한―그것은 법이 쉽게 막을 수 있다―번영할 것이라고 나는 단언한다.

이번에는 일본을 살펴보자. 이 나라는 막대한 양의 물건을 수입하므로 또한 그만한 양의 물건을 수출할 수 있다. 수입과 수출이 적은 나라 역시 이와 같이 사물의 균형을 유지할 것이다. 게다가 이런 종류의 팽창은 국가에 무수한 이익을 가져올 것이다. 좀 더 많은 소비·가공이 행해지는 좀 더 많은 원재료, 보다 많은 피고용자, 국력 증진을 위한 보다 많은 수단이 있을 것이다. 신속한 구원이 필요한 긴급 사태가 일어날 수 있는데, 그러한 구원을 이와 같이 부유한 국가는 다른 국가보다 빠르게 제공할 수 있다. 나라가 잉여 물자를 갖기는 어렵다. 그러나 잉여 물자를 유용하게 하고, 유용한 것을 필요로 하는 것은 상업의 본질이다. 그러므로 상업으로써 국가는 보다 다수의 국민에게 필요한 것을 제공할 수 있다. 마지막으로 한마디한다. 상업에 의하여 손실을 불러오는 것은 아무것도 필요로 하지 않는 국민이 아니라, 모든 것을 필요로 하는 국민이다. 누구와도 거래를 하지 않는 데 이익을 발견하는 것은 자신으로써 충족하는 백성들이 아니라, 국내에는 아무것도 갖고 있지 않은 백성들이다.

제21편
상업법의 세계적인 변혁에 따른 고찰

제1장 몇 가지 일반 고찰

상업은 중대한 변혁을 면하기 힘들지만, 약간의 자연학적 원인인 지세·풍토의 성질 등이 영구적으로 상업의 성질을 고정시키는 일은 있을 수 있다.

오늘날 우리는 우리가 그곳에 보내는 화폐로써만 인도와 무역을 행하고 있다. 로마인은 해마다 약 5000만 세스테르를 그곳으로 보냈다.[*1] 이 돈은, 오늘날의 우리의 돈도 그렇지만 상품으로 교환되어 그들의 서부로 갖고 돌아왔다. 인도에서 거래한 모든 민족은 그곳에 언제나 금속을 가져가고 거기에서 상품을 갖고 돌아왔던 것이다.

이 결과를 가져오는 것은 자연 그 자체이다. 인도인은 그들의 생활양식에 적응하는 기계를 갖고 있다. 우리의 사치는 그들의 사치일 수 없고, 또 우리의 욕망이 그들의 욕망일 수는 없을 것이다.

그들의 풍토는 우리나라에 오는 그 어떤 것도 요구하지 않으며, 또 허용하지도 않는다. 그들은 대부분 알몸으로 산다. 그들이 가지고 있는 옷은 적당한 것을 그 국토가 그들에게 공급한다. 게다가 그들에게 아주 커다란 지배권을 미치고 있는 그들의 종교, 우리가 즐겨 먹는 음식에 대해서 그들에게는 혐오를 일으키게 한다.

따라서 그들은 가치의 상징인 우리의 금속을 필요로 할 뿐이며, 그것과는 그들의 검소함과 그 국토의 성질이 풍부하게 그들에게 공급해 주는 상품과 바꿀 수 있다.

인도에 대해 말한 고대의 저자는, 시정(施政)과 생활양식, 습관에 대해서 인도를 그리고 있지만, 그것은 오늘날 우리가 보는 바와 다름없다. 인도는 현재 그러

[*1] 플리니우스 《박물지》 제6권 제23장. 스트라본 제6장. (원주)

한 것과 마찬가지로 과거에도 그러했고 앞으로도 그러할 것이다. 그리하여 모든 시대에 인도에서 거래하는 사람들은 그곳에 화폐를 가져갈 것이지만, 그곳에서 가지고 오는 일은 없을 것이다.

제2장 아프리카 여러 국민들

아프리카 해안의 대부분 백성들은 미개인이거나 야만인이다. 이것은 주로 거의 사람이 살 수 없는 넓은 지방이 살 수 있는 소국을 서로 고립시키고 있는 것에 기인한다고 나는 생각한다.

그들은 일을 하거나 기술은 없지만 자연에게서 직접 받을 수 있는 귀금속은 풍부하게 갖고 있다. 모든 개화인은 그들과 유리하게 거래할 수 있다. 즉 그들에게는 아무런 가치도 없는 것을 높이 평가해서 매우 비싼 대가를 그들로부터 받을 수 있는 것이다.

제3장 남부 국민과 북부 국민의 욕망은 서로 다르다

유럽에는 남부의 여러 민족과 북부 여러 민족과의 사이에 일종의 평형이 있다. 남부 민족은 생활을 위한 모든 편의를 갖추고 있고, 욕망은 아주 적다. 반면에 북부 민족은 욕망은 크지만 생활을 위한 편의는 아주 조금만 갖는다. 남부 민족에게는 자연이 많은 것을 부여했다. 그리고 국민들은 자연에 아주 조금만 요구한다.

북부 민족에게는 자연은 조금밖에 주지 않았다. 그래서 그들 국민은 자연에 많은 것을 요구하고 있다. 평형은 자연이 남부 여러 국민에게 부여한 게으름과 북부 국민에게 부여한 부지런함과 활동력으로써 유지된다.

그러므로 북부 국민은 어쩔 수 없이 많이 일해야 한다.

그렇지 않으면, 그들은 모든 것을 얻을 수 없으며 야만인이 될 것이다.

이것이 남부 국민에 대해서 노예제를 풍토화시킨 이유이다. 즉 그들은 쉽게 부(富) 없이 해 나갈 수 있으며 더욱이 자유 없이도 해 나갈 수 있는 것이다. 그러나 북부 국민은 자유가 필요하다.*2

그리고 이 자유는 그들에게 자연이 부여한 모든 욕망을 충족시키는 한결

---

*2 이 절은 본디 제2장의 마지막에 있었고, 그 대신 현재의 제4장의 마지막 두 절이 있었다.

많은 수단을 얻게 한다.

그러므로 북부 국민은 마지못해 자유로이 있느냐, 야만인이 되느냐 하는 상태에 있다.

거의 모든 남부 국민은 노예가 아니더라도 일종의 폭력 상태에 놓여 있다.

제4장 고대인의 상업과 현대 상업의 주요 차이

세계는 이따금 서로 다른 상태에 놓여져 그것이 상업의 모습을 바꾸었다. 오늘날 유럽의 상업은 주로 북쪽에서 남쪽으로 행해진다. 이 경우, 기후의 차이가 국민 서로간의 상품에 대한 커다란 수요를 일으키게 한다. 이를테면 북쪽으로 운반되는 남쪽 음료는 고대인에게는 거의 없었던 일종의 상품을 이루고 있다. 그 때문에 옛날에는 밀의 말(斗)로 재던 선박 적재량이 오늘날에는 술통으로써 측량된다.

우리가 알고 있는 고대의 상업은 지중해 어느 항구에서 다른 항구로 행해진 것으로 거의 모두가 남쪽에 국한된다. 그런데 같은 풍토의 국민들은 국내에 거의 같은 물건을 갖고 있으므로 풍토가 다른 국민들만큼 서로간에 교역의 필요가 없었다. 유럽의 상업은 그 때문에 옛날에는 지금만큼 범위가 넓지 않았다.

이러한 일은 인도 지방에 대한 우리 상업이 내가 서술한 것과 모순되지 않는다. 풍토가 크게 다르면 서로의 수요를 없애기 때문이다.

제5장 그 밖의 차이

상업은 어떤 때에는 정복자에게 파괴되든가 때로는 군주에 따라 저해되든가 하여, 지구상의 압박받는 곳을 피하고 숨쉴 곳을 찾아 그곳에서 휴식한다. 그래서 전에는 황야와 바다와 암석밖에 없었던 곳이 오늘날에는 번영하고, 오래전 번영했던 곳은 이제 황폐화가 되었다.

오늘날에는 이미 드넓은 삼림에 불과하며, 그곳의 국민은 나날이 줄어들며, 터키나 페르시아에 소량으로 팔리기 위해서 자유를 지키고 있는 데 지나지 않은 콜키스*3를 보면, 이 지방이 로마 시대에는 도시로 충만하고 거기에 상업

---

*3 콜키스(Colchis)는 소아시아의 한 지방. 그리스 영웅들이 아르고호를 타고, 황금 양털 가죽을 구하러 갔다고 전해진다.

이 세계의 모든 국민을 불러 모으고 있었다고는 결코 아무도 말하지 않을 것이다. 오늘날 이 지방에는 그 모습을 찾아볼 기념물조차도 전혀 보이지 않는다. 그 자취는 플리니우스와 스트라본의 저서에서나 찾아볼 수 있을 뿐이다.

상업사는 국민 교류의 역사이다. 그들의 갖가지 멸망, 인가(人家)와 황폐의 일정한 성쇠가 가장 큰 사건을 이룬다.

제6장 고대인의 상업

세미라미스의 막대한 재물*⁴은 하루 아침에 얻을 수 있는 것이 아니었으나, 그것은 아시리아인이 나중에 다른 여러 국민에게 빼앗긴 것과 같이 그들 자신도 다른 부유한 국민을 약탈했다고 우리가 믿게끔 한다.

상업의 효과는 부(富)이며, 부의 귀결은 사치이고, 사치의 결과는 기예의 완성이다. 세미라미스의 시대에서 찾아볼 수 있는 완성도에 다다른 기예는 이미 대상업의 확립을 우리에게 보여 준다.

아시아 여러 제국에는 사치의 대상업이 있었다. 사치의 역사는 상업사의 화려한 부분을 이룰 것이다. 고대 페르시아인의 사치는 메디아인의 그것이었다. 메디아인의 사치가 아시리아인의 그것이었던 것처럼.

몇 가지 대변동이 아시아에 일어났다. 페르시아의 동북부, 즉 히르카니아·마르기아나·박트리아 등은 옛날에는 번화한 도시로 가득했으나, 그러한 도시는 이제는 없다. 그리고 이 제국의 북부, 즉 카스피해와 흑해를 분리하는 지협도 지금은 없는 도시지만 국민들로 넘쳐났던 것이다.

에라토스테네스와 아리스토불루스가 파트로클루스*⁵에게서 들은 바로는, 인도의 상품은 옥수스강을 거쳐 흑해로 들어갔다. 마르쿠스 바로는 말하기를*⁶ 폼페이우스가 미트리다테스 왕과 싸웠던 시대에 들은 이야기로는, 7일 동안에 인도에서 박트리아인의 나라로, 옥수스강으로 흐르는 이카루스강으로 갈 수 있었다. 이 강에서 흑해로 통하는 파시스강으로 가려면 겨우 육로로 5일간

---

*4 《디오도루스》 제2편. (원주) Semiramis는 아시리아와 바빌로니아의 전설적 여왕으로, 남편 니누스보다 영광·용맹에서 뛰어났다.
*5 파트로클로스의 권위가 큰 것은 《스트라본》 제2편 이야기에서 볼 수 있다. (원주)
*6 《플리니우스》 제6편 제11장을 보라. 파시스강에서 키로스강으로 향하는 상품이 지나는 길은 《스트라본》을 참조할 것. (원주)

의 행정을 필요할 뿐이었다. 아마 이들 여러 지방에 살던 국민들을 통하여 아시리아인·메디아인·페르시아인의 대제국은 동양과 서양의 가장 멀리 떨어진 부분과 교류했던 것 같다.

이와 같은 교통도 이제는 완전히 사라졌다.*7 이들 여러 나라는 모두 타타르인으로 말미암아 황폐화되고, 이 파괴적인 국민은 아직도 그곳에 살며 황폐하게 만들고 있다. 옥수스강은 이제 카스피해로 흐르지 않는다. 타타르인이 방향을 바꾼 것이다.*8 그것은 메마른 모래 속으로 사라지고 말았다.

옛날에는 개화 국민과 야만 국민과의 사이의 울타리 역할을 했던 작사르트강(시르다리아)도 마찬가지로 타타르인에 의하여 방향이 바뀌져서, 이미 바다로는 흐르지 않는다.*9

셀레우쿠스 니카토르*10는 흑해와 카스피해를 연결하는 계획을 세웠다. 이 계획이 실현되면 이 시대에 행해진 상업에 많은 편익을 주었을 것이지만, 그가 죽고 나서 취소되었다. 두 바다를 갈라 놓은 지협에서 이 계획이 실현되었는지는 의문이다. 이 지방은 오늘날 거의 알려져 있지 않다. 거기에는 사람이 살지 않게 되었고 삼림으로 뒤덮여 있다. 물은 부족하지 않다. 왜냐하면 수많은 하천들이 코카서스산에서 이곳으로 흐르기 때문이다. 그러나 이 코카서스산은 지협의 북부를 이루고, 남쪽으로 두 개의 팔과 같은 것을 뻗치고 있어 일대 장애가 되었을 것이다. 특히 셀레우쿠스 니카토르 시대에는 수문을 만드는 기술이 전혀 알려지지 않았기 때문이다.

셀레우쿠스는 나중에 가서 러시아 황제 표트르 1세가 이룬 것과 같은 장소, 즉 타나이스강(돈강)이 볼가강에 접근하는 지협에서 두 강의 결합을 이룩하려고 바라고 있었으리라고 생각하는 사람도 있을 수 있을 것이다. 그러나 카스피해 북부는 그 무렵 아직 발견되지 않았다.

아시아의 여러 제국 사이에 사치의 상업이 행해지던 동안에 티르인은 전 세

---

*7 프톨레마이오스는 카스피해 동부에 흘러드는 아주 많은 하천을 쓰고 있는데, 그의 시대 이후 그 지방에는 많은 변화가 있었던 것이다. 러시아 황제의 지도에는 이 방면에 아스트라바트강을 나타내고 있는 것일 뿐이며 바탈시의 지도에는 나타나 있지 않았다. (원주)
*8 《북쪽 지방 여행기집》제4권 젠킨슨의 보고를 참조. (원주)
*9 거기에서 아랄호가 생겼다고 생각한다. (원주)
*10 셀레우쿠스 니카토르(Seleucus Nicator). 알렉산드로스 대왕의 뛰어난 장군의 한 사람. 시리아 왕이 되었으며, 셀레우쿠스왕조의 창시자(기원전 354~281년).

계에 걸쳐 경제성 있는 상업을 행하고 있었다. 보샤르*11는 그의 저서 《카나안》의 제1편에서 바다에 가까운 모든 고장에 티르인이 보낸 식민지의 전부를 열거하고 있다. 그들은 헤라클레스의 기둥(지브롤터 해협)을 넘어 대서양 연안에 식민지를 이룩했다.*12

이러한 시대에는 항해자는 어쩔 수 없이 해안을 따라 항해할 수밖에 없었다. 해안은 이른바 그들의 나침반이었다. 항해는 시간이 걸리고 어려웠다. 오디세우스의 항해는 모든 시 가운데서 가장 으뜸인 《일리아스》에 버금가는 가장 아름다운 시 《오디세이아》를 위한 풍부한 제재였다.

대부분의 국민이 그들로부터 떨어져 있는 국민에 대해서 작은 지식밖에 없었다는 것은 경제성 있는 상업을 행하는 여러 국민을 고무했다. 이들 국민은 그들과 되도록 모호하게 거래를 행했다. 그들은 지식이 있는 국민이 무지한 국민에게서 가능한 모든 이익을 얻었던 것이다.

이집트는 종교와 풍속으로 말미암아 외국과의 모든 교통에서 멀어져 있었기 때문에 외국 무역을 거의 하지 않았다. 이 나라는 기름진 땅과 무한한 풍요를 누리고 있었다. 그것은 당시에의 일본이었는데, 그 나라는 자급자족하고 있었다.

이집트인은 외국 무역에 전혀 집착하지 않았으므로 홍해의 상업은 거기에 어떤 항구를 지닌 모든 소국민에게 맡겼다. 그들은 이두메아인·유대인·시리아인이 그곳에 선대(船隊)를 가지는 것을 용인했다. 솔로몬은 이 항해에 이런 바다를 알고 있는 티르인을 고용하고 있었다.*13

요세푸스*14의 말에 따르면, 그 유대 국민은 주로 농업에만 종사해 바다는 잘 몰랐다. 그러므로 유대인이 홍해에서 무역을 행한 것은 우연에 지나지 않았다. 그들은 이두메아인에게서 엘라트와 에지옹게베르를 정복했다. 그리고 이 두 항구가 그들에게 이 무역을 제공한 것이다. 그들이 이 두 도시를 잃자 무역도 잃고 말았다.

---

*11 보샤르(S. Bochard)는 프랑스의 동양학자. 1599~1664.
*12 그들은 타르테수스를 건설하여 카디즈에 정착했다. 〔원주〕
*13 《열왕기(列王記)》 9, 《역대기(歷代記)》 하(下) 8. 〔원주〕
*14 아피안에게 반박하는 글. 요세푸스(F. Josephus, 약 37~약 100). 유대의 역사를 쓴 유대인 역사가. 〔원주〕

페니키아인은 유대인과 사정이 다르다. 그들은 사치의 상업을 하지 않았다. 그 상업은 정복의 덕택은 아니었다. 그들의 검소함, 재주와 슬기, 부지런함, 모험, 노고가 그들을 세계 모든 국민에게 필요하게 만들었던 것이다.

홍해 연안의 여러 국민은 알렉산드로스 원정까지는 이 바다와 아프리카의 바다에서만 교역했다. 알렉산드로스 휘하에서 행해진 인도양의 발견에 따른 세계의 놀라움은 이를 충분히 증명한다. 이미 말한 바와 같이*15 귀금속은 언제나 인도로 옮겨 가지만 결코 그곳에서 돌아오지 않는다.*16 홍해를 거쳐 금은을 가지고 돌아온 것이며, 인도에서가 아니었다.

덧붙이면, 이 항해는 아프리카의 동해안에서 행해졌다. 그리고 그 무렵의 항해술 상태는 멀리 떨어진 곳을 항해하지 않았다는 것을 충분히 나타낸다.

솔로몬과 예호샤팟(유대 4대 왕)의 선대(船隊)가 3년 만에 돌아온 것을 모르는 바는 아니다. 항해에 걸린 시간이 거리의 길이를 나타낸다고도 생각하지 않는다.

플리니우스와 스트라본에 따르면, 등나무로 만들어진 인도나 홍해의 배가 20일 동안에 항해한 거리를, 그리스나 로마의 배는 7일 동안에 항해했다. 이 비율로 나가면 그리스 및 로마 선대의 1년 항해는, 솔로몬 선대의 거의 3년 항해에 해당된다.

속도가 다른 두 척의 배는 그 속도에 비례하는 시간으로 항해하는 것은 아니다. 지연(遲延)은 때때로 좀 더 많은 지체의 원인이 된다. 해안을 따라 항해하며, 언제나 다른 위치에 있는 경우에 만(灣)을 나서기 위해 순풍을 기다리고, 전진하기 위해서는 또 다른 순풍을 기다려야 하는 경우에 좋은 범선은 온갖 유리한 날씨를 이용한다. 그에 비해 다른 배는 곤란한 장소에 머물러 며칠 동안 바람이 바뀌는 것만을 기다린다.

같은 시간에 그리스 및 로마의 선박이 항해한 거리의 3분의 1밖에 전진할 수 없었던 인도 배의 이 지연성은, 현대의 항해술에 언제나 보는 바에 따라서 설명될 수 있다. 등나무로 만든 인도의 배는 그리스·로마의 배보다도 물 위에 떠 있을 때 물에 잠긴 부분이 길지 않았다. 그것은 목조이며 쇠로써 접합되어

---

*15 이 편의 제1장에서. 〔원주〕
*16 유럽에서 세워지는 금과 은 사이의 비례는, 인도에서는 때때로 은 대신 금을 받는 일을 유리하게 만드는 일이 있다. 그러나 그것은 대단한 일이 아니다. 〔원주〕

있었다.

　이러한 인도의 배를 항구가 그다지 깊지 않은 현재의 몇몇 나라의 배와 비교할 수 있다. 베네치아의 배, 나아가서는 일반적으로 이탈리아,*17 발틱해, 네덜란드 지방*18의 배조차도 그러하다. 이러한 배는 그 나라의 항구에 드나들 수 있어야 하기 때문에 둥글게 만들어져 바닥이 넓다. 이에 대해서 훌륭한 항구를 지닌 다른 나라의 배는 바닥이 깊숙이 물에 잠길 수 있는 모양을 이루고 있다. 이 구조에 따라서 후자의 배는 바람을 향해서 범주하는데 비해 전자의 배는 거의 뒷바람을 받을 때 말고는 항해할 수 없다. 수중에 깊이 들어가는 배는 거의 어떤 바람에도 같은 방향으로 항해할 수 있다. 그것은 바람에 눌리는 배가 그 받침점(支點)이 되는 물에서 받은 저항과 키의 형상의 결과에 따라 뱃머리가 목적하는 방향으로 돌려져 있는 사이, 그 측면을 바람 쪽으로 돌리는 배의 길쭉한 형태로 인한 결과이다. 이리하여 배는 바람에 아주 가까이, 즉 바람이 불어 오는 방향으로 나아갈 수 있다.

　그러나 배 모양이 둥글고 바닥이 넓을 때, 따라서 그다지 깊숙이 수중에 들어가지 않을 때에는 받침점이 없다. 바람이 배를 밀면 배는 저항할 수 없고, 또 바람과 반대 방향으로 나아갈 수밖에 없다. 이 결과, 바닥이 둥근 구조의 배는 항해에 적잖은 시간이 걸린다. 첫째, 이러한 배는 바람을 기다리는 데 많은 시간을 쓴다. 때때로 방향을 바꾸어야 할 경우에는 특히 그러하다. 둘째로, 그 진행은 좀 더 느리다. 왜냐하면 받침점이 없으므로 다른 배만큼 많은 돛을 가질 수 없기 때문이다. 항해술이 이렇게 완성된 시대에, 기술이 어디든 전해지는 시대에, 기술에 따라 자연의 결함이나 기술 자체의 결함도 교정할 수 있는 시대에, 이와 같은 차이를 느낄 수 있게 한다면 고대인의 항해에서는 얼마나 더 그러했을까?

　나는 아직도 이 문제에서 떠날 수가 없다. 인도의 선박은 매우 작았다. 그리스·로마인의 선박은 허영심으로 만들게 한 장치를 제외하면 오늘날의 것보다 작다. 그런데 배가 작으면 작을수록 거친 날씨에는 위험이 그만큼 더 크다. 보다 큰 배라면 그저 가로로 흔들리게 하는 데 지나지 않은 열풍도 작은 배라

---

*17 그들은 거의 정박지밖에 갖지 않았다. 그러나 시칠리아는 아주 좋은 항구를 갖고 있다. (원주)
*18 나는 홀란드 주(州)에 대해서 말한다. 왜냐하면 홀란드 주의 항구는 충분히 깊기 때문이다. (원주)

면 가라앉게 된다. 어떤 물체가 다른 물체보다도 그 크기에서 우월하다면 그만큼 그 표면적은 상대적으로 작다. 그런 점에서 다음의 결과가 생긴다. 즉 작은 배는 큰 배보다도 그 배의 표면적과 적재에서는 큰 배보다도 그 배의 표면적과 적재할 수 있는 중량 또는 적하(積荷)에 대해 보다 작은 비례, 즉 보다 큰 차이가 있다. 다 아는 바와 같이, 거의 일반적인 관행에 따라서 배에는 담을 수 있는 물의 절반의 중량과 같은 중량의 화물을 싣는다. 한 배가 800톤의 물을 담을 수 있다고 가정하면 그 적하는 400톤일 것이다. 4백 톤의 물밖에 담을 수 없는 배의 적하는 200톤일 것이다. 이와 같이 첫 번째 배의 크기는, 그 적재 중량에 대하여 8대 4의 비례이며 둘째 배는, 4대 2의 비례이다. 커다란 배의 표면적이 작은 쪽의 표면적에 대하여 8대 6이라고 가정하면, 작은 쪽의 표면적의 그 적재 중량과의 비례는 6대 2일 것이다. 이에 대하여 큰 쪽의 배의 표면적의 그 적재 중량과 비례는 8대 4에 지나지 않는다. 그리고 바람이나 파도는 표면적에 대해서만 작용하므로, 큰 배는 그 중량에 의하여 작은 배보다는 풍파의 심한 정도에 대해서 좀 더 많이 저항할 것이다.

제7장[*19] 그리스인의 상업

초기 그리스인은 모두 해적이었다. 해상 지배권을 장악했던 미노스[*20]는 아마 약탈에서는 다른 그리스인보다 커다란 성공을 거두었을 뿐이다. 즉 그 해상 지배는 그의 섬 주변에 한정되었던 것이다. 그러나 그리스인이 위대한 국민이 되었을 때 아테네인은 사실상 해상 지배권을 얻었다. 왜냐하면 이 상업적 전승 국민은 그즈음 최대의 군주[*21]에게 명령하여 시리아·키프러스섬, 페니키아의 해군력을 물리쳤기 때문이다.

아테네가 얻은 이 해상 패권을 알아보도록 한다. 크세노폰은 말하고 있다.[*22]

"아테네는 해상 패권이 있지만 아티카 지방은 육지와 이어졌으므로 아테네

[*19] 이 장은 처음 현재의 제9장과 합해져 하나의 장을 이루고, 〈그리스인의 상업과 알렉산드로스 정복 후 이집트의 상업〉이라는 제목이 붙여져 있었다.
[*20] 크레타섬의 왕. 현명한 입법자, 지옥의 3판관 가운데 한 사람.
[*21] 페르시아의 왕. 〔원주〕
[*22] 《아테네 공화국에 대해서》 제2장. 〔원주〕

가 원정을 행하는 동안에 적은 이것을 노략질한다. 유력자들은 그들의 땅이 파괴되는 대로 내버려두고, 그 재산을 어딘가 다른 섬에 보내어 안전을 꾀한다. 하층민은 전혀 땅을 갖고 있지 않으므로 태평하게 지낸다. 그러나 만일 아테네인이 한 섬에 살면서 해상 패권을 가진다면, 해상의 주인공이면서 남에게서 피해를 입지 않고 도리어 남을 해칠 힘을 갖게 될 것이다."

마치 크세노폰은 영국에 관한 이야기를 하려고 한 것 같다.

야망의 설계로 머리가 가득찬 아테네는 해상 패권을 누리기보다 그것을 확장하는 데에만 주의를 기울인다. 그러나 영향력을 키우지 않고 질투심을 증대시킨 아테네는 하층민이 국고 수입을 나누어 가지고 있는데, 부자는 압제 속에 있었다고 하는 그러한 국정을 갖고 있었기 때문에 광산 생산물, 다수의 노예, 뱃사람의 인원 수, 그리스 여러 도시에 대한 권위, 또 그보다 더한 솔로몬의 훌륭한 제도가 이 나라에 약속했던 대상업을 행하지 않았다.

그 무역은 거의 그리스와 흑해에 한정되었으므로 이 나라는 그곳에서 생활자료를 얻었다.

코린트는 매우 좋은 위치를 차지하고 있었다. 그곳은 두 바다를 갈라 펠로폰네소스반도를 열고 닫았다. 그곳은 그리스의 관문이었고 그리스 국민들이 온 세상에 퍼져 있었을 때 가장 중요한 도시의 하나였으며, 또한 그곳은 그리스 민족의 도시였다. 코린트는 아테네보다도 더 커다란 상업을 행했다. 그리고 아시아의 상품을 받아들이기 위한 항구를 가졌고, 이탈리아의 항구를 받아들이기 위해 또 다른 항구를 가졌다. 왜냐하면 거슬러 부는 바람이 서로 충돌해 난파를 일으키는 말레아곶을 돌아가려면 커다란 어려움*23이 있었으므로 누구나 코린트로 가는 쪽을 택했다.

그리고 선박을 한 바다에서 다른 바다로, 또 육로로 옮기는 것까지도 가능했다. 어떤 도시에서도 예술상의 작품을 이토록 고도로 발전하게 한 곳은 없었다. 그러나 부유함이 불붙인 풍속의 부패를 종교가 마무리지었다.

코린트는 사랑의 신 아프로디테에게 신전을 세워주고 1000명이 넘는 미녀들이 바쳐졌다. 이 발상지에서 아테네 열전(列傳)에 따라 역사상 공적을 남긴 미녀들이 태어났다.

---

*23 《스트라본》 제8편 참조. (원주)

호메로스 시대에 그리스의 부(富)는 로도스·코린트·오르코메노스에 있었던 것으로 보인다.

호메로스는 말했다. "제우스는 로도스인을 사랑하고 그들에게 커다란 부를 주었다."*24 그는 코린트에게 풍요하다는 말을 남겼다.

마찬가지로 그는 황금을 많이 가진 도시를 이야기하려고 할 때, 오르코메노스를 인용했고 이에 이집트의 테베를 덧붙였다.

로도스와 코린트는 그 세력을 보전했으나, 오르코메노스는 그것을 잃었다. 헬레스폰트(다르다넬스), 프로폰티스(마르마라해)와 흑해에 가까운 오르코메노스의 위치는 이 도시가 황금 양털 가죽의 전설을 낳은, 이들 바다 연안의 상업에서 그 부를 이끌어 내고 있었다고 생각케 하는 것이 마땅하다. 그리하여 실제로 미니에이오스인*25이라는 이름이 오르코메노스에게 주어졌고, 다시 아르고호의 승무원에게 주어졌다. 그러나 그 뒤에 가서 이들 바다가 더 알려지게 되어 그리스인이 그곳에 많은 식민지를 세워 이러한 식민지가 야만인과 거래하기 시작했다. 동시에 모국과의 교통을 유지했으므로 오르코메노스는 쇠퇴하기 시작했고 끝내 그리스 도시의 무리에 편입되고 말았다.

그리스인은 호메로스 이전에는 거의 상호간이나 아주 적게 야만인과 교역했을 뿐이다. 그러나 그들이 새로운 국민들을 형성함에 따라 그 지배를 넓혀 갔다. 그리스는 일대 반도이며 그 온갖 곶〔岬〕은 바다를 물러나게 하고, 또한 만(灣)들은 마치 바다를 맞아들이기 위한 듯이 모든 방면에 열려 있는 것처럼 보였다.

그리스에 눈을 돌린다면 꽤 좁은 땅 안에 있는 드넓은 해안선을 볼 것이다. 그 수많은 식민지는 그리스 주위에 일대 원주를 이루고 있었다. 그리고 그리스는 거기에 이른바 야만이 아닌 세계의 모든 것을 보았던 것이다. 그리스가 시칠리아나 이탈리아에 침입하자 거기에 여러 국민을 만들었다.

흑해, 소아시아의 여러 해안, 아프리카 연안으로 항해하면서 같은 일을 행했다. 그 여러 도시는 새로운 여러 국민을 이웃으로 함에 따라 번영을 이루었

---

*24 《일리아스》 제2편 668행. 〔원주〕
*25 미니에이오스(Minyeios) 사람은 그리스의 전설 속에서 존재하는 한 종족. 오르코메노스의 전설 속에서 존재하는 국왕을 미니아스라 하며, 그의 자손이 황금 양털 가죽을 찾으러 왔던 아르고호의 영웅들이라 한다.

다. 그리고 훌륭하게도 수많은 섬들이 전초선 같이 더욱 그리스를 둘러싸고 있었다.

그리스가 이른바 세계에 제공한 경기, 모든 국왕이 공물을 바친 신전, 사람들이 모든 방면에서 모인 제전, 모든 인간의 호기심의 대상이 되었던 신탁, 끝내 그것에 우월하려고 생각하는 것은 결코 그것을 모른다는 정도에까지 다다른 취미와 예술, 이것들은 그리스에서 얼마나 번영의 원천이 되었던 것인가!

제8장 알렉산드로스와 그의 정복

알렉산드로스 치하에서 일어난 네 가지 사건이 상업에 큰 변혁을 일으켰다. 티르[26] 점령, 이집트 정복, 인도 정복 및 이 국토 남쪽에 있는 해양의 발견이 그것이다.

페르시아인의 제국은 인더스강까지 뻗어 있었다. 알렉산드로스보다도 훨씬 일찍 다리우스가 파견한 항해자들은 이 강을 내려가 홍해로 갔다. 그렇다면 어떻게 해서 그리스인이 남방에서 인도 무역을 행한 최초의 인간일까? 어째서 페르시아인은 그 이전에 그것을 하지 않았던가? 그들에게 매우 가까운 여러 해양, 그들 제국의 해안을 씻는 여러 해양은 그들에게 무슨 도움이 되었는가? 알렉산드로스가 인도를 정복한 것은 사실이다. 그러나 과연 어느 나라와 무역을 하기 위해 정복했던 걸까? 나는 이것을 살펴보고자 한다.

페르시아만에서 인더스강에 이르고, 또 남쪽 바다에서 파로파미수스 산맥에 이르기까지 퍼져 있었던 아리안 지방은 이른바 페르시아 제국의 속령이었다. 그러나 그 남부는 물이 없고 태양이 불타는 듯한 불모지이며 경작되지 않은 땅이었다. 전설에 따르면, 세미라미스[27]와 키루스의 군대는 이 사막에서 멸망했다고 한다. 그 함대로 하여금 뒤따르게 한 알렉산드로스도 그곳에서 육군의 꽤 많은 인원을 잃게 되었다. 페르시아인은 해안 모두를 이크티오파기 사람이라든가 오리타이 사람이라든가 그 밖의 야만족의 지배에 맡겨두었다. 더구나 페르시아인은 항해자는 아니었다.[28] 그리고 그들의 종교 자체가

---

[26] 페니키아의 해안도시. 상공업으로 유명하다. 진홍색 염료가 생산된다. 처음 네부카드네자르에게, 다음에는 알렉산드로스에게 정복되었다.

[27] 아시리아와 바빌론의 전설 속에서 존재하는 여왕.

[28] 여러 원소(元素)를 더럽히지 않기 위해서 그들은 하천을 항행하지 않았다. 하이드의 《페르

그들에게서 모든 해양 무역의 관념을 빼앗고 있었다. 다리우스가 인더스강 및 인도양에서 하게 한 항해는 조직된 계획이라기보다는 오히려 자기 권력을 행사하려는 군주의 일시적 기분이었다. 이 항해는 상업에서나 항해술에서나 성과가 없었다. 그 때문에 무지에서 벗어나기는 했어도 다시 그곳에 빠져들어간 것이다.

그것만이 아니다. 알렉산드로스의 원정 이전에는 인도 남부에서는 사람이 살 수 없다고 일반적으로 여겨졌다.[*29] 그것은 세미라미스는 겨우 20명, 키루스는 7명밖에 데려오지 말라고 했다는 전설의 결과였다.

알렉산드로스는 북쪽으로 침입했다. 그의 계획은 동쪽으로 진격함에 있었다. 그것은 남부가 대국민, 도시와 하천으로 들어차 있음을 발견하고 그는 그 정복을 시도해 그것을 이룩했다.

그때 그는 이미 육상에 건설한 식민지에 따라 결합시킨 것처럼 해상 무역으로 인도를 서양과 결합시키는 계획을 세웠다.

그는 히다스페스[*30]강에 함대를 건설하게 하고, 이 강을 내려가 인더스강으로 들어가서 그 어귀까지 항행했다. 그는 그 군대와 함대를 파탈라시에 남겨두고 스스로 두서너 배를 이끌고 해양을 시찰하여 항만, 정박소 병기창을 건조하려고 생각했던 장소를 선정했다. 파탈라에 돌아오자, 그는 그 함대와 헤어져 그것에 원조를 주든가 그것에서 원조를 받기 위해 육로를 택했다. 함대는 인더스강의 어귀에서 오리타이족・이크티오파기족의 나라들이나 카르마니아・페르시아의 해안을 따라 항행했다. 그는 우물을 파게 하고 도시를 세웠다. 그는 이크티오파기족에게 물고기를 먹지 못하게 금지했다.[*31] 그는 이 바다의

시아인의 종교). 오늘날에도 그들은 해상 무역을 하지 않는다. 그리고 해상에 나가는 자를 그들은 무신론자로 취급을 한다. (원주)

[*29] 헤로도토스 《멜포메네》 제44장은 다리우스가 인도를 정복했다고 한다. 그것은 아리안 지방 이상으로는 미칠 수 없다. 더구나 그것은 관념상의 정복일 뿐이다. (원주)

[*30] 옐름강의 옛 이름.

[*31] 이것은 1만 스타드에 미치는 해안에 살고 있었던, 물고기를 먹는 모든 종족을 가리키는 것은 아니다. 그런 짓을 하면 어떻게 알렉산드로스는 그들을 부양할 수 있었을까. 어떻게 그들을 복종시킬 수 있었을까. 네아르쿠스는 《인도 사정》 속에서 이 해안의 끝, 페르시아 쪽에서 물고기를 먹는 생활에만 의존하지 않는 민족을 발견했다고 했다. 알렉산드로스 명령은 이 지방 또는 더욱 페르시아에 가까운 다른 지방에 관한 것이라고 생각한다. (원주)

연안이 개화된 여러 국민에 의하여 살게 되기를 바랐다. 네아르쿠스[*32]와 오네세크리투스[*33]는 10개월 걸린 이 항해의 일지를 썼다. 그들은 수사의 도읍에 도착했다. 그곳에서 그들은 군대를 위해 잔치를 벌이고 있는 알렉산드로스를 만났던 것이다.

이 정복자는 알렉산드리아를 이집트 확보의 목적을 위해 건설했던 것이다. 이것은 그의 선배인 여러 왕들이 이집트를 폐쇄하기 위한 열쇠를 갖고 있었던 같은 장소에서, 그것을 열기 위한 열쇠였다.[*34] 그러나 그는 인도양의 발견만이 그 생각을 일으키게 할 수 있는 무역이라는 것은 조금도 생각하지 않았다.

이 발견 이후에도 그는 알렉산드리아에 대해서는 아무런 새로운 견해가 없었던 것처럼 보인다. 그는 일반적으로는, 인도와 그의 제국의 서부와의 사이에 무역을 수립하려는 계획을 확실히 가지고 있었다. 그러나 이 무역을 이집트를 통하여 행하려는 계획에 대해서는, 그것을 생각해 내기에는 그의 지식이 너무 부족했다. 그는 인더스강을 보았다. 그리고 나일강을 보았다. 그러나 그는 그 둘 사이에 있는 아라비아해에 대해서는 전혀 아는바 없었다.

그는 인도에서 돌아오자마자 새로운 함대를 만들어 율레우스·티그리스·유프라테스의 여러 강과 바다를 항행했다. 그는 페르시아인이 이들 강에 만들어 놓은 대폭포를 없애버렸다. 그는 페르시아의 내해(內海)가 대양의 한 만이라는 것을 발견했다. 인도양을 돌아본 것처럼 이 바다를 시찰한 일, 바빌론에 1000척의 배를 수용할 항구와 병기창을 건조시킨 일, 페니키아와 시리아에 500달란트를 보내서 연안에 흩어져 있는 식민지에 넣기 위해 사공을 불러들이려고 한 일, 최후로 유프라테스강과 그 밖에 아시리아의 여러 하천에 규모가 큰 공사를 일으킨 일들로 보아, 그의 계획은 바빌론과 페르시아만을 통하여 인도 무역을 행하는 데 있었다는 것은 의심할 여지가 없다.

어떤 사람들은 알렉산드로스가 아라비아를 정복하기를 바랐다는 구실 아래에 그는 그곳에 그의 제국의 중추부를 둘 계획을 품고 있었다고 말했다. 그

[*32] 알렉산드로스 휘하의 대장.
[*33] 기원전 그리스 역사가.
[*34] 알렉산드리아는 라코티스라 불리던 해안에 세워졌다. 고대의 여러 왕들은 그곳에 군부대를 두고 있었는데, 그것은 외국, 특히 모든 사람들이 알다시피 해적이었던 그리스인이 나라 안에 들어오는 것을 막기 위해서였다. 〔원주〕

런데 그는 그 알지 못하는 장소를 어떻게 해서 선정했을까?*³⁵ 게다가 또 이 곳은 세계에서 가장 불편한 장소였다. 그는 그의 제국에서 동떨어지고 말 것이다. 먼 곳까지 정복한 칼리프들은 곧 아라비아를 떠나 다른 곳에 정착하지 않았던가?

제9장 알렉산드로스 죽음 뒤 그리스 왕의 상업

알렉산드로스가 이집트를 정복했을 때 홍해는 그다지 알려지지 않았다. 이 바다에 이어지고, 아프리카 해안과 아라비아 해안에 이어지는 이 지역에 대해서는 아무것도 알려져 있지 않았다. 그 뒤에도 아라비아 반도를 일주하는 것은 불가능하다고 믿고 있었다. 각 방면에서 그것을 시도한 사람들도 그 계획을 포기하고 있었다. 사람들은 다음과 같이 말하고 있었다.

"아라비아의 남해안으로 항해하는 일이 어떻게 가능할까? 왜냐하면 북쪽에서 아라비아를 횡단한 캄비세스의 군대는 거의 전멸했고, 라구스의 아들인 프톨레마이오스가 바빌론의 셀레우쿠스 니카토르를 구원하기 위해 보낸 군대는 믿을 수 없을 정도의 어려움을 당하고 더위 때문에 밤이 아니면 진군할 수 없었다."

페르시아인은 항해에는 완전히 무지렁이였다. 그들은 이집트를 정복했을 때 자기 나라에 있었던 정신을 그곳에도 갖고 왔다. 그리고 이 점에 대한 페르시아인의 게으름은 색다른 것이어서 대양에서 티르인·이듀메인·유대인의 항해가 알려지지 않았을 뿐만 아니라, 홍해의 항해도 알려져 있지 않았다는 것을 그리스 왕들이 발견했을 정도이다. 이것은 네부카드네자르 왕이 처음으로 티르를 파괴한 것이 홍해 연안의 많은 소국민 및 도시의 파괴한 것과 아울러 사람들이 가지고 있었던 지식을 잃게 한 것이라고 나는 생각한다.

이집트는 페르시아 왕정 시대에는 홍해에 접하지 않았다. 그것은 나일강의 범람으로 양쪽이 모두 산맥에 둘러싸여 있는 길고 좁은 지협을 포함하고 있을 뿐이었다. 그러므로 홍해를 발견하고 대양을 다시 한번 발견할 필요가 있었다. 그리고 이 발견은 그리스 여러 왕들의 호기심을 불러 일으켰다.

그들은 나일강을 거슬러 올라가서 나일강과 바다와의 사이의 여러 지방에

---

*35 바빌로니아에 홍수가 난 것을 보고, 그는 그것에 근접해 있는 아라비아를 섬이라고 생각했다. 스트라본의 책 가운데 있는 아리스토불루스의 주장 제16편. [원주]

서 코끼리 사냥을 하고 육지에서 이 해안을 발견했다. 그리고 이 발견은 그리스인의 밑에서 이루어졌으므로 명칭은 그리스어이며, 신전은 그리스의 여러 신에게 바쳐졌다.

이집트의 그리스인은 매우 드넓은 상업을 영위할 수 있었다. 그들은 홍해의 여러 항구의 주인공이었다. 모든 상업 국민의 경쟁자인 티르는 이미 존재하지 않았다. 그들은 이 지방의 옛날부터의 미신*36에 피해를 입지는 않았다. 그래서 이집트는 세계의 중심이 되었다.

시리아의 여러 왕들은 이집트의 여러 왕들에게 인도 남부의 상업을 맡기고, 옥수스강과 카스피해를 통해 이루어지는 북방 상업에만 전념했다. 이 시대에는 이 바다가 북양의 일부분이라 믿었다. 그래서 알렉산드로스는 죽기 전에, 이 바다가 대양에 통하는 것은 흑해를 통해서인지 또는 인도 방면의 다른 동쪽 바다를 통해서인지를 발견하기 위하여 함대를 만들게 했다. 그의 뒤에 셀레우쿠스와 안티오쿠스는 이 바다의 발견에 특별한 주의를 기울였다. 그들은 어귀에 함대를 설치했다.

셀레우쿠스가 발견한 곳은 셀레우쿠스의 바다라 불렸고, 안티오쿠스가 발견한 곳은 안티오쿠스의 바다라 불렸다. 이 방면에 그들이 품었던 계획에 주의를 빼앗겨,*37 그들은 남쪽 바다를 소홀히 했다. 그것은 이집트의 프톨레마이오스 왕가가 홍해의 함대에 따라 거기에 이미 지배권을 확립하고 있었기 때문이거나, 또는 그들이 페르시아인 속에 항해에 대한 어쩔 수 없는 혐오를 발견했기 때문이다. 어떻든*38 간에 페르시아의 남부 해안에는 절대로 선원을 보내지 않았다. 알렉산드로스 왕의 치세가 끝나지 않고서는 거기에서 뱃사람을 볼 수가 없었다. 그러나 키프러스섬·페니키아·소아시아의 해양 다수 도시를 지배했던 이집트 왕은 해상의 모험을 행하기 위해서 모든 종류의 수단을 가지고 있었다. 그들은 시민의 소집을 강제할 필요는 없고, 다만 그것을 좇으면 되었다.

---

*36 그것들 때문에 외국인을 혐오하고 있었다. [원주]
*37 처음의 원문에는 '갈리아와 게르마니아에서 유럽의 뒤쪽을 공격할 희망을 가지고'라는 문구가 더해져 있다.
*38 1748년 원문에는 '최후로 이 방면의 모든 국민의 일반적 복종이 그들에게 더 이상 정복의 희망을 남기지 않았기 때문이라 한다'라는 문구가 덧붙여져 있다.

카스피해가 대양의 일부라고 믿었던 고대인의 완고함은 정말 놀랄 지경이다. 알렉산드로스, 시리아의 여러 왕, 파르티아인, 로마인의 원정도 그들의 사고방식을 바꾸게 할 수 없었다.*39 실제로, 인간이라는 것은 자신의 오류에서 될 수 있는 대로 늦게 눈뜨려고 하는 법이다. 처음에는 카스피해의 남부만이 알려졌으나, 그것은 대양으로 잘못 알았다. 그 해안을 따라 북쪽으로 나아감에 따라 이것은 대양이 육지에 들어와 있는 것이라고 사람들은 다시 생각했다. 해안을 따라, 진출하는 것도 동쪽은 야크사르테스까지, 서쪽은 알바니아 끝까지만 답사하였다. 이 바다의 북쪽은 진흙이 많았고 따라서 항해에 알맞지 않았다. 이러한 모든 사정에 따라서 이제까지 이 큰 호수는 대양으로만 생각했던 것이다.*40

알렉산드로스의 육군은 동쪽으로 인더스강에 흐르는 하천의 최후의 것인 히파니스강까지밖에 가지 않았다. 그래서 그리스인이 인도에서 행한 최초의 상업은 이 나라의 매우 작은 부분에서였다. 셀레우쿠스 니카토르는 갠지스강까지 진출했다. 그리고 그곳에서 이 강이 흘러 들어가는 바다, 즉 벵골만을 발견했다. 현대에서는 해양 항해로써 육지를 발견한다. 옛날에는 육지의 정복으로써 바다를 발견했던 것이다.

스트라본은 아폴로도루스의 증언이 있음에도 박트리아의 그리스 제왕이 셀레우쿠스 및 알렉산드로스보다도 더 멀리 갔다는 사실을 의심하는 것처럼 보인다. 비록 그들이 동쪽에 있어 셀레우쿠스보다 멀리 가지 않았다는 것이 사실이더라도 남쪽에서는 더 멀리 갔던 것이다. 그들은 시제르와 말라바르 연안의 여러 항구를 발견했는데, 그것이 내가 이제부터 이야기하는 항해의 원인이 되었다.*41

플리니우스는 우리에게 가르쳐 주고 있다. 인도의 항해는 세 가지 다른 방법으로 줄곧 행해졌다. 최초에 사람들은 시아그르 곶에서 인더스강 어귀에 있는 파탈레나섬으로 갔다. 그것은 알렉산드로스의 함대가 지나갔던 길임을 알 수 있다. 다음에는 보다 짧고 보다 확실한 길이 발견되어 사람들은 같은 곳에

---

*39 1748년 원문에는 '그런데도 그들은 카스피해를 놀랄 정도로 정확히 그려내고 있다'고 덧붙이고 있다.
*40 1748년 원문을 보다 명확히 하기 위하여 이 부분에서 많이 수정되었다.
*41 박트리아·인도·아리아나의 마케도니아인은 시리아 왕국을 떠나 국가를 이뤘다. (원주)

서 시제르로 갔다. 이 시제르는 박트리아 그리스 제왕이 발견하고 스트라본이 말하고 있는 시제르 왕국일 것이다. 플리니우스는 이 길이 좀 더 짧은 시간으로 갈 수 있었으므로 보다 짧다고 말할 수 있었던 것이다. 왜냐하면 시제르는 박트리아의 제왕이 발견한 것이므로 인더스강보다는 더 멀리 있었을 것이기 때문이다. 따라서 사람들은 어느 해안을 통해서 돌아가는 것을 피하고 또 특정한 바람을 이용했을 것이다. 마지막으로 상인들은 제3의 길을 택했다. 그들은 홍해 입구에 있는 항구인 카네스 또는 오켈리스로 가서 그곳에서 서풍을 타고 인도의 첫 상업 중심지 무지리스에 이르고 거기에서 다른 항구로 가는 것이었다.*42

홍해 입구에서 아라비아 펠릭스의 연안을 동북으로 거슬러 올라가서 시아그르에 가지 않고, 계절풍을 이용해 서쪽에서 동쪽으로 한 쪽에서 다른 쪽으로 직접 간 것을 알 수 있다. 계절풍의 변화는 이 지역의 항해 중에 발견되었다. 고대인은 계절풍과 무역풍*43을 이용할 때 이외에는 해안을 떠나지 않았다. 이러한 바람은 그들에게 나침반 구실을 했던 것이다.

플리니우스는 인도에 가려면 여름이 반쯤 지났을 때 출발하고 12월 말이나 1월 초에 돌아온다고 말한다. 그것은 완전히 현대 항해자의 일지와 일치한다. 아프리카반도와 갠지스강 바로 앞의 반도 사이에 있는 인도양의 부분에는 두 가지 계절풍이 있다. 첫째는, 서쪽에서 동쪽으로 부는 것으로 8월이나 9월에 시작된다. 둘째는, 동쪽에서 서쪽으로 부는 것으로 1월에 시작된다. 그러므로 우리도 프톨레마이오스의 함대가 출발한 시기에 아프리카에서 말라바르로 출발하고, 돌아올 때도 그들과 같은 시기에 돌아온다.

알렉산드로스의 함대는 파탈라에서 수사로 가는데 7개월이 걸렸다. 7월, 즉 현재에는 어떤 배라도 인도에서 돌아오기 위해서 결코 출항하지 않는 시기에 그 함대는 출발했다. 한 계절풍과 다른 계절풍 사이에는 틈이 있어 그 사이에 바람이 바뀌고, 북풍이 보통 바람과 섞이면 특히 해안 근처에서는 무서운 폭풍을 불러일으킨다. 이것이 6월·7월·8월로 계속된다. 알렉산드로스의 함대는 7월에 파탈라를 출발했으므로 충분히 폭풍을 체험했다. 더구나 풍향이 반대

---

*42 이 마지막 글과 다음 절은 1749년에 추가되었다.
*43 몬순(계절풍)은 1년 중 한동안은 한쪽에서 분다. 다른 시기에는 다른 쪽에서 분다. 그리고 무역풍은 1년 내내 같은 방향에서 분다. 〔원주〕

쪽으로 계절풍이 부는 시기에 항해했으므로 그 기간이 사뭇 길었다.

  플리니우스는 인도를 향하여 여름 마지막 무렵에 출발한다고 했다. 그러므로 알렉산드리아에서 홍해로의 항해에는 계절풍이 바뀌는 시기를 이용했던 것이다. 여기에서 항해술이 얼마나 조금씩 개선되어 가는가를 살펴보기 바란다. 다리우스가 인더스강을 내려가 홍해로 가기 위해 결행시킨 항해는 2년 반이 걸렸다. 알렉산드로스의 함대는 인더스강을 내려가 10개월 뒤에 수사에 이르렀다. 즉 3개월 동안 인더스강을 지나고, 7개월 동안 인도양을 항행했던 것이다. 그 뒤 말라바르 해안에서 홍해로의 항해는 40일 동안 이루어졌다.

  스트라본은 히파니스와 갠지스강 사이에 있는 지방에 대한 사람들의 무지를 설명하며, 이집트에서 인도로 가는 항해자 중에는 갠지스강까지 가는 사람은 아주 적다고 한다. 실제로 여러 함대는 그곳까지 가지 않았다. 그것은 서쪽에서 동쪽으로 부근 계절풍을 이용해 홍해 입구에서 말라바르 해안으로 갔다. 그것은 그 행로에 따른 여러 항구에 정박하고, 갠지스강 바로 앞의 반도를 코모린곶과 코로만델 해안을 거쳐 우회하려 하지 않았다. 이집트 왕과 로마인의 항해 계획은 같은 해에 오가는 것이었다.

  이런 이유로, 인도에서의 그리스인·로마인의 상업은 우리의 상업만큼 큰 것은 아니었다. 우리는 그들이 몰랐던 수많은 나라들을 알고 있다. 우리는 인도의 모든 국민과 교역하고, 그들 국민을 위하여 교역하며, 또 그러한 국민을 위해 항해하기조차 한다.

  그러나 고대인의 이 상업은 현재보다 훨씬 쉽게 행해졌다. 그래서 현대인이 구지라트와 말라바르 해안에서만 무역하고 남쪽 섬에는 가지 않고, 도민이 가져오는 상품에 만족한다면 희망봉의 여행길보다는 이집트의 길을 택해야 할 것이다. 스트라본은 말하기를, 타프로반(시칠리아섬)의 여러 국민과의 거래는 이렇게 해서 이루어졌다고 했다.

제10장 아프리카 회항*44

  나침반을 발명하기 전에 아프리카 회항을 네 번이나 시도한 것은 역사에서

---

*44 이 장은 1758년 결정판 이전에는 없었다. 이것은 글자 그대로 채용해 왔다. 제6장의 처음의 세 절과 첫머리는 앞장 마지막에 씌어진 고찰에서 차용한 것이다. 이 고찰은 몽테스키외가 많이 수정했다.

찾아볼 수 있다. 네코(이집트 왕)*⁴⁵가 파견한 페니키아인과 프톨레마이오스 라티루스의 노여움을 피했던 에우독소스는 홍해에서 출발해 성공했다. 크세르크세스(페르시아 왕)가 파견한 사타스페스인 및 카르타고인들이 파견한 하논은 헤라클레스의 기둥(지브롤터해협)에서 출발했으나 성공하지 못했다. 아프리카 회항의 주요점은 희망봉을 발견하여 다시 돌아오는 데 있었다. 그런데 홍해에서 출발하면 지중해에서 출발하는 것보다 항해 거리의 반만큼이나 가까운 곳에서 이 곳을 발견할 수 있었다. 홍해에서 이 곳에 이르는 해안은, 곶에서 헤라클레스의 기둥에 이르는 해안보다도 더 안전하다.*⁴⁶ 헤라클레스의 기둥에서 출발한 사람이 이 곳을 발견할 수 있었던 것은 나침반의 발명 덕분이었다. 이 나침반 덕분에 아프리카 해안을 떠나 아득한 대양*⁴⁷을 항해하여 세인트헬레나섬에 또는 브라질 해안으로 갈 수 있었던 것이다. 그러므로 홍해에서 지중해로 항행하기는 했으나, 지중해에서 홍해로 돌아온 일이 없었다고 하는 것은 마땅한 일이었다. 그러므로 그렇게 하면 다시 돌아올 수는 없으므로 우회하지 않고 동아프리카의 상업을 홍해를 통해서 행하고, 서해안의 상업은 헤라클레스의 기둥을 거쳐 행하는 것이 가장 자연스러웠던 것이다.

이집트의 그리스 제왕은 우선 홍해에 헤로움시가 있는 만의 안쪽에서 디라로 이르는, 즉 오늘날 바브엘만데브 해협이라 불리는 곳에 이르는 아프리카 해안을 발견했다. 그곳에서 홍해*⁴⁸ 입구에 있는 아로마티아곶까지의 해안은 항해자가 완전히 탐험하지 못했다. 그리고 그것에 대해 아르테미도로스가 말했다. 그의 말에 따르면, 이 해안의 여러 항구는 알려져 있었으나 그 거리는 알려져 있지 않았다. 그것은 이들 항구는 잇달아 육로에서 알려진 것으로, 사람이 항행한 것은 아니기 때문이다.

대양에 이어지는 해안이 시작되는 이 곳 너머는 에라토스테네스와 아르테미도로스가 우리에게 가르치고 있듯이 사람들은 아무것도 모르고 있었다.

---

*45 그는 정복하기를 바랐다. (원주)
*46 이것에는 내가 이 편의 제11장에서 하논의 항해에 대해서 말하는 것을 덧붙일 것. (원주)
*47 대서양에는 10·11·12월과 정월에는 북동풍이 분다. 그래서 배는 적도를 넘어 일반적으로는 동풍이지만 바람을 피하기 위하여 진로를 남쪽으로 택한다. 그렇지 않으면 열대에서 바람이 서쪽에서 동쪽으로 불고 있는 곳에 들어간다. (원주)
*48 오늘날 이 이름으로 불리는 이 만은, 고대인에게는 아라비아 내해라 불리었다. 그들은 대양의 이 만에 가까운 부분을 홍해라 불렀던 것이다. (원주)

스트라본의 시대, 즉 아우구스투스의 시대에 아프리카의 해안에 대해서 사람들이 알고 있었던 지식은 위와 같다. 그러나 아우구스투스 이후 로마인은 랍툼곶과 프라숨곶을 발견했다. 그것은 그것들이 아직 알려져 있지 않았기 때문이다. 그리고 이 두 가지 명칭은 로마 이름이라는 것을 알 수 있다.

지리학자 프톨레마이오스는 하드리아누스와 안토니누스 피우스의 치하에서 생활하고 있었다. 그리고《홍해의 주항(周航)》의 저자는 그것이 누구이든 그것보다 그다지 나중이 아닌 시대에 살고 있었다. 그 까닭은 어떻든간에 프톨레마이오스는 알려져 있는 아프리카를 남위 14도쯤에 있는 프라숨곶에 한정하고,《홍해의 주항》의 저자는 이 위도의 10도쯤에 위치하는 아프툼곶에 위치하고 있다. 후자는 그즈음 사람이 오가던 장소로서, 프톨레마이오스는 이미 교통이 없는 곳을 한계로 한 모양이다.

나에게 이 생각을 확신하게 한 것은, 프라숨곶 주변의 주민은 식인종이었다는 것이다. 프톨레마이오스는 아로마툼항과 랍툼곶과의 사이에 있는 다수의 도시에 대해서 이야기하고 있는데, 랍툼에서 프라숨에 이르는 사이에 대해서는 완전한 공백을 남기고 있다. 인도 항해의 막대한 이익은 아프리카 항해의 이익을 소홀히 하게 했을 것이다. 최후로 로마인은 이 해안에서는 결코 정규적인 항해를 한 일이 없다. 그들은 이들 항구를 육로와, 또 폭풍과 포착한 배에 따라 발견했던 것이다. 그러므로 오늘날에는 아프리카 해안은 잘 알려져 있지만 내륙은 그다지 알려져 있지 않았다. 그러나 고대인은 내륙은 잘 알고 있었으나 해안은 그다지 알지 못한 것이다.[*49]

프톨레마이오스 라티루스 집권기에 네코가 파견한 페니키아인과 에우독소스가 아프리카를 회항했다고 나는 말했다. 그러나 지리학자 프톨레마이오스 시대에는, 이 두 가지 항해는 꾸며낸 것이었다고 생각했을 것이다. 왜냐하면 프톨레마이오스는 내가 샴만이라고 믿고 있는 시누스 마그누스(Sinus Magnus : 거대한 만 또는 못)의 뒤에, 아시아에서 아프리카에 걸쳐 프라숨곶으로 끝나는 미지의 육지가 있기 때문이다. 그렇다면 인도양은 단지 호수에 지나지 않은 것이 되고 만다. 고대인은 인도 지방을 북쪽에서 탐사했는데, 동쪽으로 나아간

[*49] 스트라본과 프톨레마이오스가 아프리카의 여러 부분을 얼마나 정확히 서술하고 있는지를 보라. 이와 같은 지식은 세계 최강의 고대 국가, 카르타고와 로마가 아프리카의 여러 국민과 겪은 싸움, 맺은 동맹, 국내에서 행한 교역에서 얻은 것이다. [원주]

다음에 이 미지의 육지를 남방에 둔 것이다.

제11장 카르타고와 마르세유

카르타고에는 특이한 만민법이 만들어졌다. 이 나라는 사르디니아와 헤라클레스의 기둥 부근에서 교역하는 모든 외국인을 익사시켰다. 그 다스리는 방법도 이에 못지않게 기이했다. 이 나라는 사르디니아인에게 토지를 경작하는 것을 사형으로써 금했다. 이 나라는 그 부(富)로써 권력을 키우고 이어 그 권력으로 그 부를 넓혔다. 지중해에 이어지는 아프리카 여러 해안을 지배하던 카르타고는 대양의 해안을 따라 세력을 넓혔다. 하논은 카르타고 원로원의 명에 따라서 삼만의 카르타고인을 헤라클레스의 기둥에서 세르네에 이르는 토지에 널리 흩어 놓았다. 이 장소와 헤라클레스의 기둥까지의 거리가 같다고 하논은 말한다. 이 위치는 매우 주목할 만하다. 그것은 하논이 그 식민지를 북위 25도, 즉 카나리아섬에서 23도 남쪽으로 한정한 것을 나타내고 있다.

하논은 세르네[*50]에서 다른 항해를 했는데, 그 목적은 더욱 남방에 진출하여 발견하는 것이었다. 그는 이 대륙에 대해서 거의 조사하지 않았다. 그가 따라가서 항해한 해안의 넓이는 26일 동안의 항해 거리였다. 그리고 그는 식료품 부족으로 되돌아와야만 했다. 카르타고인은 하논의 이 두 번째의 모험을 전혀 이용하지 않았던 것 같다. 스킬락스[*51]는, 세르네를 지나서는 항행할 수 없다고 했다. 그곳은 바다가 얕고, 개펄과 해초로 가득차 있기 때문이라고 말하고 있다. 사실 이 근처에는 해초가 많다.[*52] 스킬락스가 말하는 대로 카르타고 상인들이, 저마다 50개의 노를 가진 60척의 함대를 이끌었던 하논이 극복한 어려움을 발견했는지도 모른다. 어려움은 상대적이다. 게다가 용기와 결의를 목적으로 하는 모험과 평상시에 행한 행동의 결과를 혼동해서는 안 된다.

하논의 여행기는 고대의 아름다운 짧은 시가이며 문장이다. 실제로 경험한 본인이 쓴 것이다. 그의 이야기에는 아무런 과장도 없다. 명장은 그 무훈을 솔

[*50] 고대인이 세계의 서쪽 끝에 둔 섬의 이름이지만 잘 알려지지 않다.
[*51] 《주항기(周航記)》 카르타고의 항 참조. (원주)
[*52] 《동인도회사 설립에 도움이 된 여행기집》 제1권 제1부 201쪽의 지도와 여행기 참조. 이 해초는 바다의 표면을 거의 다 덮고 있으므로 물을 거의 볼 수 없을 정도이다. 그래서 선박은 조금 센 바람이 없으면 도저히 빠져나갈 수 없다. (원주)

직하게 쓴다. 그들은 말보다도 그들이 행한 바에 따르는 것을 보다 영광으로 알기 때문이다.

그 내용도 문체에 알맞다. 그는 놀라운 것을 애써 쓰려고 하지 않는다. 그가 기후·지세·풍속·주민 생활양식에 대해서 말하고 있는 모든 것은 오늘날 아프리카 해안에서 흔히 볼 수 있는 것이다. 그러므로 이것은 현대 항해자 어느 한 사람의 일지와 다름없다.

하논은 함대에서 관찰했다. 낮에는 이 대륙에 넓은 침묵이 지배하지만 밤에는 온갖 악기 소리가 들리고, 이르는 곳마다 크게 또는 작게 불이 보인다. 현대의 견문기는 다음을 확인한다. 즉 거기에 쐬어 있는 바에 따르면 낮에는 이들 미개인은 태양의 더위를 피하기 위하여 삼림 속에 들어박히고, 밤에는 맹수를 피하기 위해 큰 불을 피운다. 그리고 그들은 무용과 음악을 매우 좋아한다.

하논은 화산을 묘사할 때, 오늘날 베수비우스 화산이 보여 주는 온갖 현상을 그리고 있다. 그리고 카르타고인을 따르기보다는 죽음을 택했으므로 그 털가죽을 카르타고에 갖고 돌아왔다는, 털이 많은 두 여인에 대한 이야기를 하고 있는데, 이 이야기도 사람들이 말하듯이 전혀 가능성이 없는 것은 아니다.

이 견문기는 카르타고의 기록이므로 더욱더 귀중하다. 그러나 이것이 카르타고의 기록이므로 더욱 꾸며낸 것이라고 여겨져 왔던 것이다. 왜냐하면 로마인은 카르타고를 멸망시킨 뒤에까지도 카르타고인에 대한 증오를 줄곧 품고 있었다. 그래서 그들은 창녀의 진실을 카르타고의 진실[*53]이라 말했는데, 로마의 진실이라 부르지 않기로 작정한 것은 전승에서였다.

현대인들 가운데에도 이 로마인다운 편견을 가지고 있는 사람이 있다.[*54] 하논이 쓴 여러 도시는 어떻게 되었는가. 플리니우스 시대에도 아무런 흔적조차 남아 있지 않았던 것이 아닌가 하고 그들은 말한다. 그런 것이 남아 있었다면 놀랄 만한 일이다. 하논이 이 해안에 세우려 했던 것은 코린트였던가 아테네였던가? 그는 상품 거래가 활발한 장소에 몇몇 카르타고인의 가족을 남기고 재빨리 그들을 야만인이나 맹수에 대비하여 안전한 장소로 옮겼다. 카르타고인의 재난은 아프리카의 항해를 중지시켰다. 그때의 가족은 소멸됐거나 야만인처럼 되었을 것이다. 나는 더 덧붙인다. 비록 이러한 도시의 흔적이 아직도 남

[*53] 카르타고의 진실(foi punique)은 지금도 정의에 어긋나고 믿지 못함을 뜻한다.
[*54] 도드웰, 그의 《하논의 주항에 대한 연구》 참조. (원주)

아 있다 하더라도 숲이나 늪과 연못 속에 그것을 발견하러 누가 갈 것인가. 그러나 스킬락스나 폴리비우스에 따라 카르타고인이 이러한 바닷가에 큰 식민지를 갖고 있었다는 사실을 알 수 있다. 이것이야말로 하논의 도시의 유적이며, 다른 곳에는 유적이 전혀 없다. 카르타고 자체의 유적도 이 밖에는 거의 남아 있지 않다.

카르타고인은 부(富)를 추구하여 쉼 없이 나아갔다. 그래서 만일 그들이 북위 4도 및 경도 15도의 지점까지 갔더라면, 그들은 황금 해안과 그 부근의 해안을 발견했을 것이다. 그들은 거기에서 미국이 다른 모든 나라의 부를 하락시킨 것처럼 보여지는 오늘날 이 해안에서 행해지는 상업보다도 훨씬 중요한 상업을 행했을 것이다. 그리고 그들은 여기에서 로마인이 결코 뺏을 수 없는 재물을 발견했을 것이다.

에스파냐의 부에 대해서는 매우 놀랄 만한 이야기가 전해지고 있다. 아리스토텔레스의 말을 믿는다면, 타르테수스에 이른 페니키아인은 그들의 배에 다 실을 수 없을 정도의 은을 발견했다. 그래서 이 금속을 사용해 아주 하찮은 도구를 만들게 했다. 카르타고인은 디오도루스가 전하는 바[*55]로는, 피레네산맥에서 매우 많은 금과 은을 발견했으므로 그것으로 그들은 배의 닻을 꾸몄다. 이러한 항간에 떠도는 말을 믿어서는 안 된다. 근거 있는 사실을 확인해 보자.

스트라본이 인용한 폴리비우스의 단편에 따르면 베티스강의 원천에 있던 은광에서는 4만 명이 일하고 있었으며, 로마인에게 하루 2만 5천 드라크마를 주고 있었다. 그것은 1마르크(8온스)에 대해 50프랑으로 해서 1년에 약 5백만 리브르가 될 수 있다. 이러한 광산을 사람들은 은산(Mons argentarius)이라 불렀다. 이는 그것이 그 무렵의 포토시(Potosi)[*56]였음을 나타내는 것이다. 오늘날 하노버의 광산은 에스파냐 광산에 고용되었던 노동자의 4분의 1도 고용하고 있지 않지만 생산액은 더 많다. 그러나 로마인이 가지고 있는 것은 동산(銅山)뿐이며 은산은 조금밖에 없었고, 그리스인은 아티카의 매우 빈약한 광산밖에 몰랐으므로 에스파냐 광산의 풍부함에는 틀림없이 놀랐을 것이다.

[*55] 제6편. (원주) 디오도루스의 제6편은 이미 보르텔이 지적하고 있듯이 존재하지 않는다. 그리고 제5편에서는 디오도루스가 페니키아인에 대한 것을 이야기하고, 카르타고인에 대한 것은 이야기하지 않는다.

[*56] 고대 페루의 도시. 은광이 유명하다.

에스파냐의 왕위계승전쟁 중에 로도스 후(侯)라는 사람—금광에서는 파산했으나 시료(施療) 시설에서는 벌었다는 사람*57—이 프랑스 조정에 피레네산맥의 광산을 채굴할 것을 제안했다. 그는 티르인·카르타고인·로마인을 인용했다. 그는 탐색을 허가받았고 탐색하여 가는 곳마다 캤다. 그리고 꾸준히 고집을 부렸으나, 아무것도 발견하지는 못했다.

카르타고인은 금과 은의 거래에서 지배자였으나 나아가서는 납과 주석의 거래에서도 지배자가 되기를 바랐다. 이런 금속은 대서양의 정면에 있는 갈리아의 여러 항구에서 지중해의 여러 항구로 육상 운반되었다. 카르타고인은 그것들을 남의 손을 빌리지 않고 인수하고 싶었다. 그래서 히밀콘을 보내 카시테리데스제도*58에 식민지를 만들었다.*59 그것은 실리제도라고 믿어지고 있다.*60

베티카(안달루시아의 옛이름)에서 영국에 이르는 이러한 항해는 어떤 사람에게 카르타고인이 나침반을 갖고 있었다고 생각케 했다. 그러나 그들이 해안을 따라간 것은 틀림없다. 히밀콘이 바에티스강(과달키비르강) 어귀에서 영국으로 항행하는 데 4개월 걸렸다고 한 말 이외의 증거를 나는 필요로 하지 않는다. 그뿐만 아니라 로마의 배가 미행하는 것을 보고 상대에게 영국행의 항로를 알리지 않기 위해*61 일부러 암초에 올려 놓은 카르타고의 수로 안내인의 유명한 이야기는, 이들 배가 서로 만났을 때 둘 다 해안에서 매우 가까이 있었음을 나타내고 있다.

고대인은 나침반이 없었다고는 하지만 그것을 갖고 있었다고 생각케 하는 항해를 한 일도 있을 것이다. 수로 안내인은 해안에서 멀리 있었으나 맑은 날씨에다 밤에는 언제나 북극성을 보고, 낮에는 일출 일몰을 볼 수 있었다면, 오늘날 나침반을 사용하고 있듯이 배가 나아가야 할 방향을 잡을 수 있었을 것이다. 그러나 그것은 우연의 경우로, 일정하고 규칙적인 항해는 아니었을 것이다.

---

*57 그는 그러한 시설 관리에 어느 정도 참가하고 있었다. 〔원주〕
*58 그리스어의 카시텔로스(주석)에서 나온 지명. 이 금속이 이곳에는 풍부하게 있었다.
*59 《페스투스 아비에누스》 참조. 〔원주〕 플리니우스에 따르면 이 히밀콘은 하논과 동시에 파견된 것 같다. 그리고 아가토쿨의 시대에 하논과 히밀콘이라는 둘 다 카르타고인의 두목인 인물 이름으로 보이므로 도드웰은, 같은 인물이리라. 그 무렵 카르타고는 번영하고 있었으므로 더 그러하리라고 생각했다. 《하논의 주항 연구》 참조.
*60 실리(Scilly). 영국 해협에 있으며 콘월 해안에 면한 섬.
*61 그는 그 때문에 카르타고의 원로원에서 상을 받았다. 〔원주〕

제1차 포에니전쟁을 종결시킨 조약에서 카르타고는 주로 바다의 지배권을 유지하는 데 유의하고, 로마는 육상의 패권을 유지하는 데 주의를 기울였음을 알 수 있다. 하논은 로마인과의 교섭에서 로마인이 시칠리아의 바다에서 손을 씻는 일조차 허락할 수 없다고 주장했다. 로마인은 그 아름다운 곳에서 앞으로 항행하는 것이 허용되지 않았다. 시칠리아·사르디니아·카르타고를 제외한 아프리카에서의 거래는 그들에게 금지되었다. 이 예외는, 여기에서는 로마인에게 유리한 거래는 제공되어 있지 않았음을 나타내는 것이다.

옛날에는 어업에 관해서 카르타고와 마르세유 사이에 여러 번 큰 전쟁이 있었다. 그러나 강화 뒤에는 그들은 경쟁적으로 경제성 있는 상업을 행했다. 마르세유는 재능에서 경쟁 상대와 필적하면서 그 권력에서는 상대보다 뒤떨어졌으므로 더욱 질투심을 불태웠다. 이것이 마르세유의 로마인에 대한 커다란 충성의 이유이다. 로마인이 에스파냐에서 카르타고인에게 행한 전쟁은 이제는 로마인의 병참 기지로 변한 마르세유가 쌓은 부(富)의 원천이었다. 카르타고와 코린트의 멸망은 더욱 마르세유의 영광을 드높였다. 그러므로 눈을 감고 공화국으로서의 입장을 결정해야 했던 내란만 없었더라면 마르세유는 로마인의 보호를 받으며 번영했을 것이다. 로마는 이 공화국의 상업에 대해서 아무런 질투심도 없었던 것이다.

제12장 델로스섬-미트리다테스

코린트가 로마인에게 멸망되었을 때 상인들은 델로스섬으로 물러났다. 종교적 동기에 따른 숭배가 이 섬을 안전한 장소로 여기게 했다. 그뿐만이 아니라 아프리카의 멸망과 그리스의 쇠퇴 이래 더욱 중요해진 이탈리아와 아시아의 무역에서, 이 땅은 매우 좋은 위치를 차지했다.

아주 옛날부터 그리스인은 우리가 이미 말한 바와 같이 프로폰티스(마르마라해의 옛이름)와 흑해에 식민을 보냈다. 이들 식민지는 페르시아인 치하에서도 그들의 법과 자유를 보존하고 있었다. 알렉산드로스는 야만인에 대해서만 그 원정을 기도했으므로 그들은 공격하지 않았다.*62 폰투스*63의 여러 왕은

---

*62 그는 아테네의 식민지에서 페르시아 왕 밑에서조차 민중정체를 누리고 있었던 아미수스시의 자유를 확인했다. 루쿨루스는 시노페와 아미수스를 공격했으나, 그들에게 자유를 돌려주고, 배에 피신해 있던 주민을 다시 불러오게 했다. (원주)

그러한 식민지의 대부분을 점령했으나 그들에게서 국정을 뺏지는 않은 것으로 보인다.*64

폰투스 여러 왕의 세력은 이들 그리스 식민지를 복종시키자 곧 커졌다.*65 미트리다테스는 가는 곳마다 군대를 고용하고 입은 손해를 끊임없이 보충하고,*66 노동자·선박·병기를 입수하고, 동맹국을 얻고 로마인의 동맹국 및 로마인 자신마저 매수했다. 아시아와 유럽의 야만인들을 고용하고,*67 오랫동안 전쟁을 하고, 따라서 그 군대를 훈련할 수도 있었다. 그는 그 군대를 무장시키고 로마인의 전쟁 기술을 가르치고 로마의 탈주병을 모아 대군단을 만들 수 있었다. 마지막으로 그는 몇 번이나 막대한 손해를 입고 큰 실패를 했으나 그래도 망하지 않을 수 있었다. 만일 역경을 극복해 위대한 군주가 이룩해 놓은 것을 번영한 시기에, 호색적이며 야만적인 국왕이 파괴해 버리지 않았더라면 그는 결코 망하지 않았을 것이다.

이와 같이 로마인은 그 강대함이 절정에 이르러 자기 자신 외에는 두려워하지 않은 듯이 보여지고 있을 때, 카르타고의 점령·필립·안티오코스·페르세우스의 패배가 이미 결정되어 있던 세계의 패권을 두고 미트리다테스가 다시 겨루려고 했다. 여태껏 이토록 재해가 많은 전쟁은 없었다. 쌍방 모두 강대한 힘을 갖고 서로 승리를 얻으므로, 그리스와 아시아의 여러 국민은 미트리다테스의 편으로서, 또는 그의 적으로서 멸망하고 말았다. 델로스는 이 공동의 불행에 휩쓸렸다. 상업은 어디에서나 실패했다. 국민들이 무너진 이상 모든 상업이 망하는 것은 매우 당연한 일이었다.

로마인은 내가 다른 대목에서 서술한*68 방식에 따라 정복자로 간주되고 싶지 않으므로 파괴자로써 행동하고 카르타고와 코린트를 파괴시켰다. 이와 같

---

*63 폰투스는 소아시아의 동부에 위치한, 흑해에 임한 왕국으로 미트리다테스 때에 특히 강해졌다.
*64 아피안이 그 《미트리다테스에 대한 전쟁론》에서 파나고레아인·아미수스인·시노피아인에 대해서 쓴 것을 참조. (원주)
*65 미트리다테스가 그 전쟁에 사용한 막대한 재산, 그가 감춘 재산, 부하의 배신으로 자주 잃은 재산, 그 사후에 발견된 재산에 대해서는 아피안 참조. (원주)
*66 그는 한 번에 17만의 군사를 잃었으나 새로운 군대가 곧 회복되었다. (원주)
*67 아피안의 《미트리다테스에 대한 전쟁론》 참조. (원주)
*68 《로마 성쇠 원인론》에서. (원주)

은 방법에 따라 로마인은 온 세계를 정복하지 않았더라면 아마 멸망하고 말 았을 것이다. 폰투스의 여러 왕은 흑해 그리스 식민지의 지배자가 되었을 때, 그들의 강대함의 원인이 되는 것을 파괴하려고 하지 않았다.

제13장 해군에 영향을 준 로마인의 특별한 기질

로마인은 육군만을 존중했다. 육군의 정신은 무슨 일이 있더라도 단호히 버티고 한 장소에서 싸우며 그곳에서 용감히 죽는 데 있었다. 그들은 해군의 관행은 존경할 수 없었다. 해군은 전투에 참가하여 도망하든가 되돌아오든가 언제나 위험을 피하고, 때때로 속임수를 쓰며, 힘을 쓰는 일은 아주 드물었다. 이것은 모두 그리스인의 정신에 속하지 않았으며, 로마인의 정신에 속하는 것도 아니었다.

그러므로 그들은 군단에서 한자리를 차지할 만큼 훌륭한 시민이 아닌 자만을 해군으로 보냈다. 해군은 보통 해방민이었다.

우리는 오늘날 육군을 이렇게 존경하지 않으며, 그렇다고 해군을 이렇게 경멸하지 않는다.

전자에서는 필요한 기술이 감소되고,[69] 후자에서는 그것이 커졌다.[70] 어떤 일은 그것을 잘 행하기 위해 필요한 능력의 정도에 비례해서 평가되는 법이다.

제14장 상업에 영향을 준 로마인의 특별한 기질

로마인에게는 상업에 대한 애착은 여태껏 인정되지 않았다. 그들이 카르타고를 공격한 것은 경쟁을 하는 국민으로서이며 상업을 하는 국민으로서가 아니었다. 그들은 상업을 영위하는 도시는, 비록 로마에 종속되어 있지 않더라도 도와주었다. 이리하여 그들은 많은 토지를 양보하고 마르세유의 권력을 키웠다. 그들은 야만적인 민족에 대해서는 모든 것을 두려워했으나, 교역을 하는 민족에 대해서는 아무것도 두려워하지 않았다. 더구나 그들의 특성, 영광, 군사 교육, 정체 형태가 그들을 상업으로부터 멀어지게 했다.

도시에서는 그들의 관심이 전쟁·선거·당쟁 소송에 빼앗기고, 농촌에서는 농사에 빼앗겼고, 그리고 주에서는 가혹한 폭정적인 통치가 상업과 양립하지 않

---

[69] 《로마 성쇠 원인론》 참조. [원주]
[70] 《로마 성쇠 원인론》 참조. [원주]

았다.

　로마의 정치 구조는 그들의 만민법만큼 무역에 대립되지는 않았다. 법학자 폼포니우스는 말했다. "우리와 우호 관계·호혜 관계·동맹 관계가 없는 여러 민족은 우리의 적이 아니다. 그러나 우리가 소유하는 것이 그들의 손안에 들어가면 그들은 그것의 소유자가 되고, 자유인은 그들의 노예가 된다. 그리하여 그들은 우리와 같은 조건에 선다."

　그들의 시민법은 역시 압박 그 자체였다. 콘스탄티누스의 법은 상류 계급의 삶과 결혼한 천한 신분의 자식들을 사생아로 선고한 뒤에, 소매 상품 가게를 가진 부인을, 노예·목노집 주부·여배우·매음집 주인의 딸 또는 투기장에서 결투하는 형을 받은 자의 딸과 동일시했다. 이것은 로마인의 옛날 제도에서 전해진 것이다.

　다음 두 가지 생각, 즉 그 하나는 상업이 국가에게는 이 세상에서 가장 유익한 것이라는 생각, 다음은 로마인은 세계에서 가장 좋은 시정(施政)을 갖고 있었다고 하는 생각, 이 두 가지 생각으로 머리가 가득차 있는 사람들[*71]은 로마인이 상업을 크게 장려하고 중시했다고 믿는 것을 나는 잘 알고 있다. 그러나 사실 로마인은 상업은 거의 생각지 않았던 것이다.

제15장 로마인의 이민족과의 상업

　로마인은 유럽·아시아·아프리카 일대에 큰 제국을 건설했다. 국민들의 무력(無力)과 포학한 법이 거대한 집합체의 모든 부분을 결합시켰다. 그즈음 로마의 정책은 복종하지 않았던 모든 국민과의 교통을 단절하는 일이었다. 그들에게 전승의 기술이 전해질까 두려워 스스로 그는 기술을 등한히 하게 했다. 또한 그들은 야만인과의 모든 상업을 막기 위한 법을 만들었다.

　발렌스와 그라티안은 말한다. "누구든지 술·기름 또는 다른 액체를 비록 그들이 그것을 맛보기 위한 것뿐이라도 야만인에게 보내어서는 안 된다."

　그라티안·발렌티니아누스·테오도시우스는 덧붙여 말한다. "그들에게 금을 보내어서는 안 된다. 그들이 갖고 있는 금도 술책을 써서 다 빼앗으라." 그 뒤로 그들에게 철을 보내는 것을 사형으로써 금지시켰다.

[*71] 성 피에르 신부를 풍자했다.

겁 많은 군주 도미티아누스는 갈리아에 심어진 포도나무를 뽑아 버리게 했다. 혹시 이 액체가 전에 이탈리아에 이민족을 끌어들인 것처럼 거기에 이민족을 끌어들이지나 않을까 하는 두려움에서였다. 그러나 프로부스와 율리아누스는 야만인을 결코 두려워하지 않았으므로 포도 재배를 부활시켰다.

로마 제국이 쇠퇴하자, 이민족 사람들은 로마인을 강제하여 교역소를 만들어 거래시켰는데, 그 일 자체가 로마인의 정신은 상업을 하지 않는 데 있음을 드러낸다.*72

제16장 로마인의 아라비아 인도와의 상업

아라비아 펠릭스와의 교역과 인도와의 교역이 로마인의 외국 무역의 두 가지 부문이었고 거의 유일한 것이었다.

아라비아인은 막대한 부를 가지고 있었다. 그것을 그들은 바다와 숲에서 끌어 냈다. 게다가 그들은 조금밖에 사지 않고 많이 팔았으므로 이웃 사람에게서 금이나 은을 모았다.

아우구스투스는 그들의 부를 알고 그들을 자기편으로 하든지 그렇지 않으면 적으로 만들려고 결심했다. 이 때문에 아우구스투스는 엘리우스 갈루스를 이집트에서 아라비아로 파견했다. 이 지휘관은 게으르고 온화하며 전쟁에 익숙하지 못한 국민을 발견했다. 그는 전투를 하고 포위하여 일곱 명의 병사를 잃었을 뿐이었다. 그러나 엘리우스 갈루스는 안내자의 배신, 행군·풍토·기아·목마름·질병, 그릇된 조치 등으로 군대를 잃고 말았다.

따라서 아라비아인과 교역하는 데에만 만족해야 했다. 다른 국민이 한 것처럼, 즉 그들의 상품 대신 금과 은을 그들에게 가져가야만 했다. 지금도 그들과의 교역은 같은 모양으로 행해진다. 즉 알레포의 대상과 수에즈의 왕실 선대가 막대한 금액을 그곳에 가져간다.*73

자연이 아라비아인을 상인으로 만들어 냈다. 그것은 그들을 전사로 만들지는 않았다. 그러나 이 평온한 국민이 프리타이 사람이나 로마인과 서로 맞닿게 되자 두 국민의 보조자가 되었다. 엘리우스 갈루스가 본 그들은 상업적 국민이었으나, 마호메트가 보기에 그들은 전사였다. 그는 그들에게 열광을 불어

---

*72 《로마 성쇠 원인론》 참조. 〔원주〕
*73 알레포와 수에즈의 대상이 우리의 화폐로 200만 리브르를 그곳에 이송한다. 〔원주〕

넣었다. 그리하여 그들은 정복자가 되었다.

인도에 대한 로마인의 상업은 막대한 것이었다. 스트라본이 이집트에서 찾아낸 바에 따르면, 로마인은 이 상업에 120척의 배를 사용했다. 이 상업도 로마인의 은에 따라서만 유지되었다. 그들은 거기에 해마다 5천만 세스테르(은화)를 보냈다. 플리니우스는 인도에서 가져온 상품은 로마에서 100배로 팔렸다고 말하고 있다. 그의 말은 너무나 막연한 경향이 있다고 나는 생각한다. 그만한 이윤이 한 번 올려지면 모든 사람이 그것을 얻기를 바랐을 것이다. 그리고 그때부터는 아무도 그런 이득은 얻지 못했을 것이다.

아라비아·인도와의 상업을 행하는 것이 로마인에게 이익이 되는지 아닌지는 문제가 될 수 있다. 그들은 그곳에 그들의 은을 보내야만 했다. 게다가 그들은 우리와 같이 아메리카라는 자원이 있어 보낸 것의 보충을 해 주는 것은 아니었다. 로마에 있어서 화폐의 법정가치[*74]를 높인 원인, 즉 악질 화폐(Billon)를 만든 원인 가운데 하나는, 은을 인도에 끊임없이 보냄으로써 로마에는 은이 부족했기 때문이다. 인도 상품이 로마에서 1백 배로 팔렸더라도 로마인이 갖게 되는 이윤은 로마인 자체에서 올려진 것이며, 제국을 부유하게 한 것은 아니었다.

또 한편 사람은 다음과 같이 말할 수 있을 것이다. 이 상업은 로마인의 항해를, 즉 그 세력을 증대시켰다. 새로운 상품은 국내 상업을 번성하게 하고 기술과 능력을 향상시키고 노동자에게 일을 주었다. 시민의 수는 새로운 생활 수단에 비례해 증가했다. 이 새로운 상업은 사치를 낳는 것이었다. 사치는 내가 먼저 증명한 것처럼 1인 통치에 알맞는 것과 같은 정도로 다수 통치에는 치명적이다. 사치의 확립은 로마인의 공화정체가 무너지는 것과 같은 시기였다. 로마에서의 사치는 필연적이었다. 세계의 모든 부를 자기 곁으로 끌어 당기는 도시는 그 사치로써 그러한 부를 되돌려 줄 필요가 있었다.

스트라본의 말에 따르면[*75] 로마인의 인도 무역은 이집트 여러 왕의 그것보

[*74] 몽테스키외가 화폐의 법정가치라 부르고 있는 것은 시세를 뜻한다. Billon이라 말한 것은 법정 품위 이하에서의 귀금속과 일반 금속의 합금, 다시 말하면 가치가 떨어진 화폐의 뜻으로 사용한다. 특히 구리나 은이 조금 섞인 동화(銅貨)를 말한다.
[*75] 제2편에서 그는 로마인이 거기에 120척의 배를 사용했다고 말하고, 제17편에서는 그리스의 여러 왕은 거기에 겨우 20척을 보낸 데 불과하다고 말하고 있다. [원주]

제21편 상업법의 세계적인 변혁에 따른 고찰

다 훨씬 큰 것이었다. 그러나 상업에 대해서 아는 바가 많지 않은 로마인이 그것을 눈 앞에 갖고 있었던 이집트의 여러 왕보다도 좀 더 많은 주의를 기울이고 있었다는 것은 매우 신기한 일이다. 그것에 대해 설명할 필요가 있다.

알렉산드로스가 죽은 뒤 이집트 여러 왕은 인도에 해상 상업을 벌였다. 이에 대해서 시리아의 여러 왕은 제국(帝國)의 가장 동쪽의 여러 주, 따라서 인도를 가지고 있었으므로 우리가 제6장에서 서술한 일부는 육로로, 일부는 하천으로 행해졌으며, 마케도니아인의 식민지 건설에 의하여 새로운 편의를 얻은 그 상업을 유지했다. 이와 같이 유럽은 이집트 또는 시리아에 따라서나 인도와의 통상을 유지했다. 시리아 왕국의 분열, 박트리아 왕국의 성립 원인을 이룬 시리아 왕국의 분열은 이 상태에 아무런 장애가 되지 않았다. 프톨레마이오스가 인용하고 있는 티르인 마리누스는 몇 사람의 마케도니아 상인에 따라 인도에서 행해진 발견을 서술하고 있다. 그들은 여러 왕들이 그 군사적 원정에서 발견하지 못했던 새 도로를 발견했던 것이다. 프톨레마이오스에서 보는 바와 같이, 그들은 베드로의 탑*76에서 세라까지 갔다. 상인에 따라 이루어진 교역소, 중국의 동북부에 위치하는 교역소의 발견은 하나의 기적이었다. 이처럼 시리아와 박트리아의 여러 왕 치하에서는 인도 남부의 상품은 인더스강, 옥수스강과 카스피해를 거쳐 서양으로 건너갔다. 그것에 대해서 더 동쪽 및 더 북쪽 지방의 상품은 세라·베드로의 탑, 그 밖의 시장에서 유프라테스강까지 운반되었다. 이들 상인은 거의 북위 40도 선에서 중국 서쪽에 있는 여러 지방을 지나 전진했던 것이다. 타타르인이 아직 황폐하게 만들지 않았으므로, 이들 지방은 오늘날보다는 개화되어 있었다.

그런데 시리아 제국이 그 상업을 육로로 확대했던 동안에 이집트는 그 해상 상업을 그다지 증대시키지는 않았다.

파르티아인이 나타나서 그 제국을 건설했다. 그리고 이집트가 로마 세력 아래에 있었을 때 이 제국은 매우 강대해 있었다. 그리하여 영토를 확장했다.

로마와 파르티아는 경쟁적인 2대 강국이었다. 이 둘은 어느 쪽이 지배하느냐를 위해서가 아니라, 어느 쪽이 살아 남느냐를 위해 싸웠다. 두 제국 사이에는 사람이 살지 않는 황야가 만들어졌고, 그 국경에는 언제나 군대가 출동하

---

*76 가장 좋은 지도는 베드로의 탑을 경도 100도, 위도 약 40도에 두고 있다. 〔원주〕

고 있었다. 상업이 행해지기는커녕 그곳에는 교통수단도 없었다. 야망·질투·종교·증오·풍속이 모든 것을 격리시켰다. 이와 같이 몇 가지 길이 있었던 서양과 동양 사이의 상업은 이제 하나의 길밖에 남지 않았다. 그리고 알렉산드리아가 유일한 시장이 되었으므로, 이 시장은 번창했다.

그들의 국내 상업에 대해서는 한마디로 끝마치려 한다. 그 주요 부문은 로마 국민의 생존을 위해 들여오는 밀이었다. 그러나 이것은 오히려 상업의 문제라기보다는 정치 문제였다. 이 경우, 선원은 어느 정도의 특권을 받았다. 왜냐하면 제국의 복지는 그들의 경계에 의존했기 때문이다.

제17장 서로마 제국 멸망 뒤의 상업

로마 제국은 침략당했다. 그리고 일반적 재앙 결과의 하나는 상업 파괴였다. 야만 민족은 처음, 상업을 약탈의 대상물로 간주한 데 지나지 않았다. 그리고 다음에도 상업은 농업이나 그 밖의 피정복 국민의 다른 직업 이상으로 존중되지는 않았다.

이윽고 유럽에는 이제 거의 상업이 없어졌다. 여러 곳에 지배권을 가지고 있었던 귀족 계급은 그런 일을 조금도 걱정하지 않았다.

서고트인의 법은 큰 강 강바닥의 절반을 한 개인이 차지하고, 다른 절반은 그물과 배를 위해 자유로 되어 있는 것을 허가했다. 그들이 정복한 나라들에는 상업이 극히 적었을 것이다.

이 시대에 외국인 재산 몰수권 및 난파선 약탈권*[77]이라는 당치도 않은 권리가 성립되었다. 외래자는 어떤 시민법에 의하여 그들과 결부되어 있지 않으므로 이 사람들에게 어떤 종류의 정의나 자비도 베풀어 줄 필요가 없다고 생각했던 것이다.

북쪽 여러 국민이 있던 좁은 경계 안에서는 모든 것이 그들에게는 밖으로부터 들어온 것이었다. 그리고 그들의 빈곤 생활은 모든 것을 그들의 부(富)에 이바지하는 것으로써만 여겼다. 정복 이전에 작은 크기의 많은 암초가 해안에 자리잡고 있었으므로, 이 암초 자체에서도 생활 자료를 끌어내고 있었던 것이다.

온 세계를 위한 법을 제정한 로마인은 난파선에 대해서는 매우 인도적인 법

---

*77 외국인 재산 몰수권(droit d'aubaine). 제20편, 제23장 참조. 난파선 약탈권(droit de naufrage). 좌초되거나 표류하는 배를 약탈하는 권리.

을 만들었다. 그들은 이에 대해 해안에 사는 사람들의 약탈을 억눌렀고 더 나아가서 세리들의 탐욕무도함도 억제했다.

제18장 특별한 규정

서고트인의 법은 통상에 편리한 규정을 정했다. 그것은 바다 저쪽에서 온 상인은 그들 서로간의 소송에 대해서는, 그들 나라의 법과 재판관에 따라 재판되어야 한다는 것이다. 저마다 고유의 법 아래에서 생활해야 한다는 것은 모든 복합 민족 사이에서 확립된 관행에 기초를 두고 있었던 것이다.

제19장 동방에서의 로마 세력 쇠퇴 뒤의 상업

이슬람교도가 나타나 정복하고 확장하고 또 분열했다. 이집트는 특별한 군주가 있었다. 이 나라는 계속해서 인도와 상업을 행했다. 인도의 상품의 지배자가 되어 이집트는 다른 모든 나라의 부를 끌어당겼다. 이집트의 술탄[*78]은 그 시대의 가장 강대한 군주였다. 이 군주들이 확고하고도 규율 있는 병력을 사용하여 십자군의 열정과 사나움, 거침을 어떻게 저지했는가를 역사는 보여주고 있다.

제20장 상업이 유럽에서 야만 상태를 돌파한 방법

아리스토텔레스 철학은 서양에 전해지면서 두뇌가 뛰어나고, 무지의 시대의 재사(才士)라고 하는 사람들에게 인기를 얻었다. 스콜라 철학자들 가운데에는 그것에 심취하여 그 연원을 복음서에서 찾는 것이 당연했음에도, 이자부(利子附) 대출(貸出)에 대한 많은 설명을 이 철학자로부터 채용한 사람이 많다. 그들은 이자부 대출을 무차별하게 모든 경우에 부정하다고 했다. 그 결과 상업은 천한 사람들의 직업이었음에 불과했는데 더 나아가서는 불성실한 사람의 직업이 되었다. 왜냐하면 마땅히 허용되어야 하거나 또 필요한 것을 금지할 때마다 그것을 행하는 사람들이 불성실하게 보였기 때문이었다.

상업은 당시 오욕에 싸인 민족[*79]의 손에 옮겨졌다. 이윽고 그것은 가장 부

[*78] 이슬람교 군주, 십자군이 이집트와 시리아의 군주를 그렇게 불렀던 것이다.
[*79] 몽테스키외는 이 표현에서 다만 유대인에게 가해진 배척을 지적한 데 그친다.

끄러운 폭리, 구국 임시세*⁸⁰의 독점 징수 및 금전을 얻기 위한 온갖 부정 수단과 구별되지 않게 되었다.

유대인은 재물을 거두어들여 부를 쌓았으나, 그들은 폭정을 행하는 군주들에게 약탈당했다. 이런 일은 사람들을 위로하기는 했으나 아무런 보탬이 되지는 않았다.

영국의 상황은 다른 나라들에서 행해진 것에 대한 관념을 제공할 것이다.

존 왕이 유대인의 재산을 손에 넣기 위하여 그들을 감옥에 가두었을 때, 적어도 눈알 하나 정도 빼앗기지 않은 자는 드물었다. 이것이 존 왕의 재판 관례였다. 그들 가운데 한 사람은 날마다 한 개씩 7개의 치아를 뽑혀, 8개째에는 은 1만 마르크를 헌납했다. 헨리 3세는 요크의 유대인 아론에게서 은 1만4천 마르크와, 왕비를 위해 1만 마르크를 억지로 빼앗았다. 이 시대에는 오늘날 폴란드에서 얼마쯤 절제를 가지고 하는 것을 완력적으로 하고 있었던 것이다. 국왕들은 그들의 국민은 함부로 할 수 없어 그 지갑을 뒤질 수 없었으므로, 그들 대신 시민으로 여기지 않았던 유대인들을 못살게 굴었던 것이다.

마침내 그리스도교를 신봉하는 유대인의 모든 재산을 몰수하는 관습이 퍼졌다. 이처럼 기괴한 관습의 존재를 우리는 그것을 압박하는 법률*⁸¹에 따라 알 수 있는 것이다. 이에 대해서는 여러 가지 매우 어이없는 이유가 주어져 있다. 유대인들을 시험하고 악마의 노예답게 아무것도 남지 않도록 해주기 위한 것이라고 주장했다. 그러나 이 몰수는 군주나 영주가 유대인에게 매기던 세금, 그리고 유대인이 그리스도교를 믿으면 걷어들일 수 없게 되는 세금에 대한 하나의 상속권*⁸²이었다. 이 시대에는 인간이나 토지 모두가 부동산으로 여겨졌다. 덧붙여서 이 민족이 시대의 변천에 따라 얼마나 수모를 당했는가를 지적하고 싶다. 어떤 때에는 유대인이 그리스도교인이 되기를 바라면 재산을 몰수당했다. 그리고 얼마 뒤에는 유대인이 그리스도교인이 되는 것을 바라지 않으면 화형에 처했다.

---

*80 구국 임시세(subside)란 국가의 필요에 의하여 징수되는 임시세.
*81 1392년 4월, 바빌에서 나온 칙령.〔원주〕
*82 프랑스에서 유대인은 노예민이며 재산 유증 불능이며, 그들의 재산은 영주가 상속했다.〔원주〕(역자 보충 : 재산 상속 불능(mainmorte)은 노예가 직계에만 재산을 상속시킬 수 있고, 자식이 없는 경우 영주가 재산을 상속하는 것)

그동안에 상업은 학대와 절망의 밑바닥에서 떠올랐다. 유대인은 각국에서 잇따라 쫓겨나 그들의 재산을 건지는 방법을 발견했다. 이것으로써 그들은 영구적으로 재산을 안전하게 숨겼다. 왜냐하면 유대인들을 추방하려고 생각하는 군주라도 그들의 돈까지 추방하려고는 생각지 않을 것이기 때문이다.

유대인들은 환어음*83을 발명했다. 그리고 이 수단으로 상업은 폭력을 피하고 여러 곳에서 유지될 수 있었다. 아주 부유한 상인은 눈에 보이지 않는 재산을 어디에나 보낼 수 있었는데, 그 재산은 아무 데에도 흔적을 남기지 않았기 때문이다.

신학자들은 마지 못하여 (금리에 관한) 그들의 원리를 제한했다. 그리하여 상업은 지금까지 폭력적으로 부정에 묶여 있었으나, 말하자면 정직의 품안으로 다시 돌아온 것이다.

이처럼 우리는 스콜라학자들의 인식 덕택으로 상업의 파괴에 따른 모든 재해*84를 입었던 것이지만 군주들의 탐욕 덕분으로 상업을, 말하자면 군주의 손이 닿지 않는 곳에 두는 어떤 것의 성립을 얻었던 것이다.

이때부터 군주는 그들 자신이 생각하는 것보다 더 현명하게 통치해야만 했다. 왜냐하면 이 경우에 함부로 권력을 휘두르는 것은 서투른 방책이라고 깨닫고, 번영을 가져오는 것은 양호한 통치 말고는 없다는 것을 경험으로 이미 알고 있었기 때문이다.

사람들은 마키아벨리즘에서 회복하기 시작했다. 그리고 매일 계속 회복할 것이다. 정무 회의에는 좀 더 많은 중용이 필요하게 되었다.

옛날 쿠데타라고 불리었던 것은 오늘날에는 그에 대한 두려움의 감정과는 달리 무분별하기 그지없는 것이리라.

열정은 악인이 될 것을 권하는데, 악인이 되지 않는 편이 이득이 된다는 것은 인간으로서 참으로 다행한 일이다.

---

*83 필립 오귀스트와 필립 르 롱의 치세 하에 프랑스에서 추방당한 유대인은 롬바르디아로 도망쳤다. 거기에서 그들은 외국 상인과 여행자에게 프랑스에서의 그들의 재산을 관리하고 있는 사람 앞으로의 '비밀편지'(역자 보충 : 환어음)를 주었다. 이 편지(어음)가 지급되었다는 것을 사람들은 알고 있다. [원주]

*84 레오(6세, 비잔틴 황제)의 제83신칙령 참조. 이것은 그의 아버지 바질의 법을 폐지하는 것이다. 이 바질의 법은 레오라는 이름 아래에 헤르메노풀루스(비잔틴 법학자) 속에 실려 있다. [원주]

제21장 두 군데 신세계 발견이 유럽에 끼친 영향

나침반은 세계를 열었다. 몇몇 해안만이 지금까지 알려져 있었을 뿐이었는데, 아시아와 아프리카가 발견되었다. 나아가서는 전혀 알려져 있지 않았던 아메리카가 발견되었다.

포르투갈인이 대서양을 항해하는 동안에 아프리카의 최남단을 발견했다. 그들은 드넓은 바다를 보았다. 그 바다는 그들을 동인도로 인도했다. 이 바다 위에서의 그들의 위난, 모잠비크·멜린다·캘리컷의 발견은 카모엔스에 따라 읊어졌다.*[85] 그는 《오디세이아》의 매력과 《아이네이스》의 웅장을 연상시키는 것이다.

베네치아인은 그때까지 터키의 영지를 통하여 인도 무역을 하고, 박해와 굴욕 속에 그것을 수행했다. 희망봉의 발견과 그 뒤에 행해진 발견으로 이탈리아는 이미 상업 세계의 중심을 벗어나게 되었다. 이 나라는 이미 세계의 한구석으로 밀려났다. 그리고 지금도 그러하다. 근동 무역조차 오늘날에는 여러 국민들이 두 인도에서 행하는 무역에 의존하므로 이탈리아는 그 주역에서 벗어난 것이다.

포르투갈인은 정복자로서 인도에서 교역했다. 현재 네덜란드인이 상업에 관해서 인도의 소군주들에게 부과하는 불편한 법은 그들보다 전에 포르투갈인이 먼저 제정했던 것이다.

오스트리아 왕가의 행운은 기적적이다. 샤를 5세는 부르고뉴와 카스티야, 아라곤을 상속했다. 그는 뒷날 제위에 올랐다. 그리고 그에게 새로운 종류의 강대함을 부여하기 위한 듯, 지구는 더 넓어졌다. 그에게 신하로 따르는 새로운 세계도 나타났다.

크리스토퍼 콜럼버스는 아메리카를 발견했다. 에스파냐는 그곳에 유럽의 소군주를 파견했을 정도의 병력을 파견했음에 불과했으나, 이 나라는 2대 제국과 그 밖의 큰 국가를 복종시켰다.

에스파냐인이 서쪽에서 발견하고 정복하고 있던 사이에 포르투갈인은 정복과 발견을 위해 동쪽으로 밀고 나아갔다. 두 나라는 서로 맞부딪쳤다. 두 나라는 교황 알렉산데르 6세에게 호소했다. 교황은 유명한 경계선을 긋고 대소송

---

*[85] 카모엔스는 리스본 출생의 포르투갈 시인. 바스코 다 가마의 항해를 주제로 한 《루시아데스》가 대표작. 《아이네이스》는 로마 건국의 전설을 읊은 베르길리우스의 장편 서사시.

을 재결했다.

그러나 유럽의 다른 나라들은 두 나라가 천천히 자기 몫을 맛보는 대로 내버려 둘 수 없었다. 네덜란드인은 포르투갈인을 동인도에서 내쫓았다. 그리하여 많은 국민들이 아메리카에 식민지를 만들었다.

처음 에스파냐인은 발견된 토지를 정복의 목적물로 여겼다. 그들보다 세련된 국민은 그러한 토지를 상업의 목적물로 생각하고, 이 원리에 따라서 그 시선을 집중시켰다. 몇몇 나라는 대단한 지혜를 가지고 자신을 이끌어 나갔고 상인의 회사*86에 하나의 주권을 주었다. 이들 회사는 원격지에 있는 나라를 주로 교역을 위해 통치하고 본국을 괴롭히는 일 없이 부속적인 대강국이 되었다.

거기에 이룩된 식민지는 그들의 국가 자체의 관리에 속한다고 생각하든, 또 그 국가 안에 설립된 상사 회사의 관리에 속한다고 생각하든간에 고대의 식민지에서는 그다지 유례를 찾아볼 수 없는 하나의 종속 상태 아래에 있다.

이들 식민지의 목적은, 모든 이익이 상호적인 이웃 제국과 행해지기보다는 더욱 좋은 조건과 무역을 하는 것에 있다. 그래서 모국만이 식민지에서 교역할 수 있다는 규정으로 되어 있다. 그런데 여기에는 커다란 이유가 있다. 왜냐하면 식민지 설립의 목적이 상업 확대이며 도시나 신제국의 건설은 아니었기 때문이다.

그래서 국외 식민지와의 모든 거래는 그 나라의 법에 따라서 처벌되어야 할 순전한 독점이라 간주되는 것이 유럽의 근본법이다. 그러므로 고대 국민의 법이나 예에 따라서 그것을 판단해서는 안 된다. 그것들은 여기에 거의 적용되지 않는 것이다.*87

더욱이 본국 사이에 행해지는 통상은 식민지에 거래의 허가를 포함하는 것이 아니라는 것도 밝혀져 있다. 왜냐하면 식민지는 언제나 수입금지의 상태*88에 있기 때문이다.

통상의 자유를 잃어버린 식민지의 이익은 본국*89의 보호에 따라서 분명히

---

*86 상인의 회사(compagnies de négociants)는 네덜란드·영국·프랑스의 '인도회사'를 가리킨다.
*87 제1차 포에니전쟁을 종결시킨 조약에 따라서 아는 바와 같이 카르타고는 예외이다. (원주)
*88 금지의 상태(Etat de prohibition)는 모국의 상품을 제외한 모든 국외 상품의 수입이 금지되는 식민지의 상태.
*89 본국(métropole)은 옛 사람의 말로 '식민지를 건설한 국가'를 뜻한다. (원주)

보상되고 있다. 본국은 무력으로 식민지를 방위하고 또는 법에 따라서 식민지를 유지한다. 여기에서 유럽의 제3의 법이 생긴다. 즉 어느 식민지와의 국외 상업이 금지되어 있을 때에는 조약에 의하여 규정된 경우를 제외하고 그 바다를 항해할 수도 없다.

여러 국민과 온 세계와의 관계는 개인과 국가의 관계와 같다. 세계 여러 국민은 개인과 같이 자연법과 스스로 만든 법에 따라서 지배된다. 한 백성이 다른 백성에게 토지를 양도할 수 있는 것과 마찬가지로 해양을 양도할 수 있다. 카르타고인은 로마인에게 일정한 한계를 넘어 항해하지 않을 것을 요구했으나, 그것은 그리스인이 페르시아 왕에게 언제나 해안에서 말이 한 번 질주할 수 있는 거리만큼 떨어져 있도록 요구한 것과 같다.*90

우리의 식민지가 매우 멀리 떨어져 있다는 것은, 안전을 생각할 때 결코 불편한 것은 아니다. 왜냐하면 본국이 그것을 방위하기 위해서는 멀다고 하지만, 본국의 경쟁 국민도 그것을 정복하기 위해서는 마찬가지로 멀기 때문이다.

그뿐만 아니라 이렇게 떨어져 있기 때문에 식민지로 옮겨가 살려는 사람들은 아주 다른 풍토의 생활양식과 일치할 수 없으므로, 본국에서 모든 생활의 편의품을 가져오지 않을 수 없다. 카르타고인은 사르디니아인과 코르시카인을 더욱 종속시키기 위해 식물을 심거나 씨를 뿌리거나 또는 그와 비슷한 일을 하는 것을 사형으로써 금했다. 그리고 그들에게 아프리카에서 식량을 보냈다. 유럽인들은 이처럼 가혹한 법을 만들지 않고도 같은 목적을 이루었다. 앙티유 제도의 우리 식민지는 이런 점에서는 매우 훌륭하다. 이들 식민지는 우리에게 없는 것, 가질 수 없는 것이 상업의 목적물이며, 우리가 상업의 목적물로 하고 있는 것을 원하고 있다.

아메리카 대륙을 발견한 결과는 아시아와 아프리카를 유럽과 연결 짓는 일이었다. 아메리카는 유럽에 동인도라 불리었던 아시아의 그 드넓은 부분과의 통상의 재료를 공급했다. 은(銀)—상징으로서 상업에 매우 유용한 이 금속—은 상품으로서 세계의 가장 커다란 상업의 기초가 되었다. 마침내 아프리카를 항해할 필요가 생겼다. 그것은 아메리카의 광산과 밭의 노동을 위해 인간을 제공했다.

---

*90 페르시아 왕은 조약에 따라 어떤 전함으로라도 키아네 암초와 켈리도네아섬을 넘어 항행하지 않는다고 약속했다. (원주)

유럽은 역사상 그 유례를 볼 수 없을 정도의 강대함에 이르렀다. 막대한 진출과 채무의 크기, 군대의 수를 보아도 그렇다. 또한 그것이 전혀 무용하며 다만 과시하기 위해서 갖고 있는데 지나지 않은 경우에도 그 유지비가 영속적인 것을 보면 그렇게 말할 수 있다. 중국의 국내 상업은 유럽 전체의 상업보다 규모가 크다고 뒤 알드 신부는 말하고 있다. 만일 우리 외국 상업이 내국 상업을 키우지 않는다면 그럴지 모른다. 유럽은 세계의 다른 세 부분의 상업과 항해를 하고 있다. 그것은 유럽에서 프랑스·영국·네덜란드가 항해와 상업에 있어 주류를 이루고 있는 것과 같다.

제22장 에스파냐가 아메리카에서 끌어낸 부

유럽이 아메리카의 상업에서 매우 큰 이익을 발견했다면, 에스파냐는 그곳에서 커다란 이익을 얻으리라고 믿는 것은 당연할 것이다.[*91] 에스파냐는 이 새로이 발견한 세계에서 그 이전에 존재했던 것과는 비교가 되지 않을 만큼 거액의 금액을 끌어냈다.

그런데 (아무도 상상하지 못했을 것이지만) 가난으로 말미암아 여러 곳에서 에스파냐는 실패했다. 샤를 5세의 뒤를 이은 필리프 2세는 누구나 알고 있는 그 유명한 파산[*92]을 하지 않을 수 없었다. 게다가 급여 지급로 말미암아 언제나 나쁜 군대가 불평에 휩싸여 반란을 일으킴으로써 이토록 괴로움을 당한 군주는 지금까지 거의 없었다.

이때부터 에스파냐 왕국은 끊임없이 쇠퇴했다. 그것은 이 부(富)의 성질 속에 내면적이며 육체적이라고 할 만한 결함이 있어, 이 부를 무익한 것으로 만들기 때문이다. 그리고 이 결함은 나날이 커져갔다.

금과 은은 가상의, 또는 상징의 부이다. 이러한 표징은 그 성질에 알맞게 매우 영속적이며 좀처럼 사라지지 않는다. 그것은 증가하면 할수록 그 가치를 잃는다. 왜냐하면 그것은 더욱 적은 것을 상징하는 일이 되기 때문이다.

멕시코와 페루의 정복 때 에스파냐인은 자연적 부를 버리고 상징의 부를 취했는데, 그것은 스스로 그 가치를 잃어갔다. 유럽에는 금은이 매우 적었다. 그

---

*91 이하는 20년 이상이나 전에 저자가 직접 쓴 소작품에 실려 있었다. 그것은 이 원고에 거의 전부 들어 있다. (원주)
*92 이 파산은 특히 군사비의 증가를 위한 것이었다고 가리키고 있다.

래서 갑자기 대량의 이 금속의 지배자가 된 에스파냐는 여태껏 가져 본 일이 없는 갖가지 희망을 안았다. 정복한 나라에서 발견된 부는, 그러나 그 광산의 부에는 비례하지 않았다. 원주민은 그 일부를 감추었다. 더구나 금은은 신들의 사원이나 국왕의 궁전의 장엄한 장식을 위해서만 사용했던 이들 국민은, 우리와 같은 탐욕으로써 금은을 찾지는 않았다. 최후로 그들은 광물에서 금속을 추출하는 비결을 알지 못했으며, 다만 불에 의하여 분해할 수 있는 광물에서 추출할 뿐이었다. 그리고 수은 사용법을, 아니 수은 자체도 알지 못했다.

그동안에 유럽의 금화·은화의 화폐량은 이윽고 몇 배로 늘어났다. 그러한 일은 모든 물가가 갑자기 몇 배로 오른 데서 나타났다.

에스파냐인은 광산을 찾아다니며 산을 뚫고 물을 길어 내고, 광석을 빻아서 분해하는 기계를 발명했다. 그들은 원주민의 생명을 가벼이 여겼으므로 가혹하게 그들을 노동시켰다. 화폐는 곧 유럽에서 두 배가 되자 에스파냐인의 이윤은 똑같이 반감했다. 즉 에스파냐는 해마다 같은 양의 금속을 얻은 데 불과하지만 그 금속의 가치는 절반으로 떨어진 것이다.

두 배의 기간에 화폐는 마찬가지로 두 배가 되고 이윤 또한 절반이 줄었다.

이윤은 절반이 넘게 줄기도 했다. 그 이유는 다음과 같다.

금을 광산에서 캐내고, 거기에 필요한 가공을 하여 유럽에 수송하기 위해서는 비용이 조금 필요하다. 그 비용을 64에 대한 1이라 가정하면, 화폐가 일단 두 배가 되고, 따라서 가치를 반감했을 때 비용은 64에 대한 2였다. 이리하여 에스파냐에 같은 양의 금을 이송한 함대는 현실적으로는 가치를 반감했으나 비용이 두 배가 든 물건을 운반한 것이다.

배(倍)에서 배로 문제를 더듬어 가면, 에스파냐의 부의 무력한 원인의 진행을 알 수 있을 것이다.

약 200년 전부터 아메리카의 광산은 발굴되어 왔다. 교역하는 세계에 현존하는 본위화폐량과 아메리카 발견 이전의 본위화폐량과의 비를 32대 1, 즉 다섯 번 배로 증가했다고 가정한다. 다시 200년 지나면 이 수량은 발견 이전의 수량에 대해 64대 1의 비율이 될 것이다. 즉 그것은 배로 늘어날 것이다. 현재 50킨타르(100킬로그램)의 금광석은 4, 5 또는 6온스의 금[93]을 생산한다. 2온스

---

[93] Frézier의 《여행기》 참조. (원주)

의 금밖에 얻지 못할 때에 광산업자는 겨우 비용을 보상할 수 있는 데 지나지 않는다. 200년 뒤에는 4온스밖에 캐지 못할 경우에도 광산업자는 그 비용을 보상할 수 있을 뿐이다. 따라서 금에 대해서는 아주 적게 이득을 올릴 것이다. 은에 대해서도 같은 문제가 생기는데, 은광업은 금광업보다 조금 유리하다는 점이 다를 뿐이다.

좀 더 이득이 많은 부광이 발견된다 하더라도 그것의 수확이 클수록 이득은 빨리 끝날 것이다.

포르투갈인은 브라질에서 매우 많은 금*94을 발견했으므로, 곧 에스파냐인의 이득은 필연적으로 매우 줄어들 것이다. 그리고 포르투갈인의 이득도 마찬가지로 줄어들 것이다.

인도를 택하라는 크리스토퍼 콜럼버스의 제안을 거부한 프랑수아 1세 참사부(參事府)의 완고함을 한탄하는 소리를 나는 여러 번 들었다.*95 그러나 사실상 이 참사부는 아마 부주의 덕분에 매우 현명한 일을 했던 것이다. 에스파냐는 손에 닿는 모든 것이 금으로 바뀌도록 소망하고, 그 뒤에 제발 나의 빈곤을 멈추게 해 달라고 기도하기 위해서 신들 곁으로 되돌아오지 않을 수 없었던 그 어리석은 왕과 같은 짓을 한 것이다.

많은 국민이 설립한 특허 회사나 은행은 금과 은이 그 특징 때문에 가치를 잃어버리고 말았다. 왜냐하면 새로운 의제에 따라 사람들은 화물의 상징을 증가시켰으므로, 금은은 이미 그 직능을 부분적으로밖에 다하지 않게 되어 가치가 더욱 떨어졌다.

이리하여 공채는 광산 대신이 되고 에스파냐인이 그들의 광산에서 끌어 낸 이득을 더욱 감소시켰다.

네덜란드인이 동인도에서 행한 무역에 따라 에스파냐인의 상품*96 가격을 조금 올린 것은 사실이다. 왜냐하면 네덜란드인은 동양의 상품과 교환하기 위

---

*94 앤슨 경에 따르면 유럽은 매년 200만 스털링의 금을 브라질에서 받고 있다. 이 금은 산맥 기슭의 모래 속이나 하천 바닥에서 발견되는 것이다. 내가 이 장의 첫째 주에서 말한 작은 저작을 만들었을 무렵에는, 브라질을 얻은 보수가 오늘날과 같이 중요한 사항은 아니었다. 〔원주〕
*95 콜럼버스가 죽은 것은 1506년, 프랑수아 1세의 즉위는 1515년이므로 이 소문은 꾸며낸 것이다.
*96 금과 은.

해서 은을 갖고 갔으므로, 그들은 유럽에서 과잉 상태로 되어 있었던 에스파냐인의 화물의 일부분에 대해 에스파냐인에게 한숨 돌리게 해 주었던 것이다.

그러므로 이 교역은 간접적으로만 에스파냐가 관계한 듯이 보이지만, 이 무역을 하는 국민과 마찬가지로 에스파냐에 유리한 것이다.

앞에서도 말한 모든 것에 의하여 금은을 도금 또는 그 밖의 사치품에 사용하기를 금하는 에스파냐 참사부의 명령을 짐작할 수 있다. 이 명령이야말로 네덜란드 여러 나라가 마치 양념의 소비를 금지하는 것과 같은 어리석은 명령이다.

나의 지론이 모든 광산에 미치는 것은 아니다. 비용 이상의 것을 조금이라도 끌어낼 수 있는 독일이나 헝가리의 광산은 아주 유리하다. 그들은 본국 안에서 몇 천 명의 사람들에게 일자리를 주고, 그 사람들은 거기에서 지나친 소비재를 소비한다. 그것은 그야말로 그 나라의 제조 공장이다.

독일과 헝가리의 광산은 토지 경작의 가치를 늘인다. 멕시코와 페루의 광산 작업은 그것을 파괴한다.

서인도(아메리카)와 에스파냐는 같은 주인 아래에 있는 두 국가이다. 그러나 서인도가 본국이며 에스파냐는 속국에 불과하다. 정책으로써 본국을 속국에 끌어당기려고 해도 헛일이다. 서인도는 언제나 에스파냐를 자기 앞으로 끌어당긴다.

해마다 서인도로 가는 약 5천만의 상품 중 에스파냐는 겨우 250만을 공급하는 데 불과하다. 따라서 서인도는 5천만의 무역을 하고 에스파냐는 250만의 무역을 하고 있는 것이다.

국민의 부지런함, 주민 수, 또 토지 경작에 의한 것이 아닌 우연히 얻은 공물은 나쁜 종류의 부(富)이다. 카디즈*97의 세관보다 막대한 금액을 받는 에스파냐 왕은 이 점에 대해서 아주 가난한 국가에서의 매우 부유한 개인에 지나지 않는다. 모든 것은 외국인 손에서 그에게 옮겨지고 그의 국민들은 거의 그것에 참가하지 않는다. 이 무역은 그의 왕국의 행운이나 불운과도 무관하다.

예컨대 카스티야의 몇몇 주가 카디즈의 세관 액수와 같은 금액을 국왕에게 제공한다면 그의 권력은 훨씬 더 커질 것이다. 그의 부는 나라의 부 이외의 다

---

*97 레온섬 안에 있는 대서양에 면한 군항.

른 것이 아닐 것이다. 그리고 이들 주가 다른 모든 주를 활기 있게 만들고 여러 주는 모두 함께 저마다의 부담을 짊어질 수 있게 될 것이다.

국왕은 커다란 보고(寶庫) 대신 위대한 국민을 갖게 될 것이다.

제23장 문제점

에스파냐는 스스로 아메리카 무역을 할 수 없으므로 이 무역을 외국인에 대해서 자유롭게 하게 하는 편이 낫지 않을까 하는 문제를 판정하는 것은 내가 할 일은 아니다. 나는 다만 이 무역에 대해서는, 에스파냐 정책이 허용할 수 있는 한 장애를 줄이는 편이 옳다고 말하겠다. 온갖 국민이 서인도(아메리카)에 가져가는 상품이 고가일 때에는 아메리카는 적은 외국 상품에 대해서 많은 그들의 상품, 즉 금은을 제공한다. 그러나 외국 상품이 싼 값일 때에는 그와 반대의 일이 일어난다. 이들 국민이 아메리카에 가져가는 상품이 거기에서 언제나 싼값이 될 수 있도록 이들 국민이 서로 헐뜯는다면 아마 좋을 것이다. 이상이 음미할 만한 여러 원리이다. 그러나 이것을 다른 고찰과 떼어 놓아서는 안 된다. 즉 아메리카의 안전, 단일 관세의 효용, 커다란 변화에 따르는 온갖 위험, 예견할 수 없는 것보다 위험이 적은 여러 가지 불편 등의 고찰과 떼어 놓아서는 안 된다.

제22편
화폐 사용에 관한 법

제1장 화폐 사용의 이유

야만인들처럼 아주 적은 상품밖에 없는 민족이나, 또 문명인 중에서도 2,3종의 상품밖에 없는 사람들은 교환을 통해 교역한다. 그 때문에 아프리카의 내륙지방 동북부에 소금과 황금을 물물교환하려고 가는 무어인의 낭인은 화폐가 필요 없다. 무어인은 그 소금을 한 무더기로 쌓아올린다. 흑인도 사금을 한 무더기 쌓아 놓는다. 황금이 충분하지 않으면 무어인이 그 소금을 줄이든가, 흑인이 그 황금을 더하든가 하여 두 당사자의 합의에 이르기까지 행해진다. 그런데 어느 민족이 아주 많은 양의 상품을 거래할 때에는 화폐가 필요하다. 왜냐하면 운반에 편리한 금속은 언제나 교환에 따라 거래하는 때에 소비되는 많은 비용을 절약하기 때문이다.

모든 국민이 서로 상반되는 욕망이 있는 경우에, 한쪽이 다른 쪽에 대해 매우 많은 상품을 구하려고 하는 데 비해 후자는 전자의 매우 적은 상품밖에 바라지 않는다. 더구나 다른 한 국민에게는 그것과는 다르게 여러 국민이 화폐를 소유하고 매매로써 교역하는 경우에는 보다 많은 상품을 원하는 국민은 금전에 의한 결제, 즉 초과액을 지급한다. 그래서 구입에서는 가장 많은 것이 필요한 국민의 수요에 비례해 상업이 행해지는 데 비해, 교환에서는 가장 적은 물품이 필요한 국민 욕망의 범위에서만 상업이 행해진다는 차이가 있다. 그렇지 않으면 후자는 그 계산을 지급하지 못하게 될 것이다.

제2장 화폐의 성질

화폐는 모든 상품의 가치를 대표하는 상징이다. 그 상징이 지속성을 갖고,[*1]

[*1] 에티오피아에서 사용하는 소금은 그것이 끊임없이 소모된다는 결점이 있다. 〔원주〕

사용에 의하여 쉽게 소모되지 않으며, 파괴되는 일 없이 분할할 수도 있도록 하기 위하여 사람은 어떤 금속을 선택한다. 상징이 쉽사리 운반할 수 있도록 삷은 귀금속을 택한다. 금속은 공동의 척도가 되는 일에 아주 적합하다. 그것은 같은 품위로 하기 쉽기 때문이다. 어떤 국가도 그것으로 결정짓는다. 형태가 품위와 중량을 보증하고, 또 둘이 한 번 보아서 식별할 수 있게 하기 위해서이다.

아테네인은 금속을 전혀 쓰지 않았던 시대에 소를 사용했다.*2 그리고 로마인은 암양을 사용했다. 그러나 소 한 마리는 다른 한 마리의 소와 같지 않으며, 금속 한 조각이 다른 한 조각의 금속과 같을 수는 없다. 화폐가 상품 가치의 상징인 것처럼, 지폐는 화폐 가치의 상징이다. 그러므로 지폐가 좋은 것이라면 그것은 화폐를 훌륭히 대표하며, 그 효과에 대해서는 전혀 차이가 없다.

화폐가 물건의 상징이며 그것을 대표하듯이, 저마다의 물건도 화폐의 상징이며 그것을 대표한다. 그리고 한편에 있어 화폐가 충분히 모든 물건을 대표하고, 다른 편에서 모든 물건이 화폐를 충분히 대표하여 서로 한쪽이 다른 쪽의 상징이라면, 즉 그 한쪽을 가지면 다른 쪽도 가질 수 있다는 그러한 상대적인 가치를 서로가 갖는다면 국가는 번영한다. 이것은 제한정체에서가 아니면 결코 생기지 않는다. 그러나 제한정체에서도 언제나 생긴다고는 할 수 없다. 이를테면 법이 부정한 채무자를 우대한다면 그에게 속하는 물건은 절대로 화폐를 대표하지 않으며 그 상징이 아니다. 전체정체에서 만일 물건이 거기에서 그 상징을 대표한다고 하면, 그것은 기적일 것이다. 폭정과 불신으로 말미암아 모든 사람이 거기에서는 자기의 화폐를 묻어 버린다.*3 그리고 물건은 화폐를 대표하지 않는다.

이따금 입법자는 물건이 그 성질상 금속 화폐를 대표할 뿐만 아니라, 금속 화폐와 마찬가지로 통화가 될 만한 방법을 썼다. 카이사르가 독재관이었을 때 채무자가 그 채권자에게 내란 이전의 가격으로 토지를 지급에 충당하는 것을

---

*2 헤로도투스는 말한다. 리디아 사람은 화폐 주조의 기술을 발견했다. 그리스인은 그들에게서 그것을 배웠다. 아테네의 화폐는 옛날의 소를 품질 보증의 도안으로 했다. 나는 드 꽘프록 백작의 서재에서 이 화폐 한 장을 보았다.
*3 각 가장은 매장한 보물을 갖고 있는 것이 알제리에서 예부터 전해 내려오는 관습이다(로제 드 타시의 《알제리아 왕국사》 제6편 제8장). 〔원주〕

허가했다. 티베리우스는 금속 화폐를 바라는 자는 가치의 두 배에 상당하는 토지를 담보로 제공함으로써 국고에서 그것을 취득할 수 있다고 정했다. 카이사르 치하에서는 토지는 모든 채무를 지급하는 통화였다. 티베리우스 아래에서는 토지의 1만 세스테르는 은 5000세스테르와 같은 통화가 되었다.

영국의 대헌장은 채무자 동산이 변제에 충분하고, 또 그러한 제공을 채권자에게 제의하는 경우에는, 그 채무자의 토지나 소득을 차압하는 것을 금하고 있다. 이처럼 영국인의 모든 재산은 금속 화폐를 대표하고 있었다.

게르만인 법에서는 모욕에 대한, 또는 형벌 대신으로서 배상을 금전으로 평가했다. 그러나 국내에는 금속 화폐가 아주 적었으므로 법은 화폐를 화물이나 가축으로 재평가했다. 색슨인 법에는 다음과 같이 정해져 있는데, 국민의 안락과 편의에 따라 얼마쯤 조절되었다. 첫째로, 법은 가축으로 수의 가치를 공표한다.*4 2트레미스의 수*5는 12개월 된 소 한 마리, 또는 새끼양을 가진 암양 한 마리에 해당하며, 3트레미스의 수는 16개월된 소 한 마리의 가치가 있었다. 이러한 국민에게 화폐는 가축·상품·식량이 되고, 또 이러한 물건이 화폐가 되는 것이었다.

화폐는 물건의 상징일 뿐만 아니라 나아가서는 화폐의 상징이며, 화폐를 대표한다. 그것을 우리는 환(換)의 장(이 편 제10장)에서 볼 것이다.

제3장 관념 화폐

화폐에는 현실 화폐와 관념 화폐가 있다. 문명 국민은 거의가 관념 화폐를 사용하는데, 그것은 그들의 현실 화폐를 관념 화폐로 바꿨기 때문이다.

그들의 첫 현실 화폐는 어떤 금속의 일정한 중량과 일정한 품위였다. 그러나 악의 또는 필요상 화폐 하나하나로부터 그 금속의 일부분을 없애면서 같은 명목을 내세운다. 이를테면, 중량 1리브르(파운드)의 은화에서 은 절반을 깎아내면서도 그 화폐를 역시 리브르라 부른다.

은 1리브르의 20분의 1이었던 화폐는 이미 이 리브르의 20분의 1이 아니더라도 여전히 이것을 1수라고 부른다. 이 경우 리브르는 관념적 리브르이며, 수는 관념적 수이다. 그리고 이 이하의 화폐 명칭에 대해서도 마찬가지이다.

---

*4 《색슨법》제18장. 〔원주〕
*5 수(sou)는 여기에서는 로마 제국의 금화. 트레미스는 아우레우스(aureus) 금화의 3분의 1.

이런 상태로 가면 리브르라는 이름의 돈이 본디의 리브르나 파운드의 아주 적은 부분일 뿐인 경우까지도 있을 수 있다.

이렇게 되면 리브르는 더욱더 관념적이 될 것이다. 이미 정확히 1리브르의 가치를 갖는 화폐를 주조하지 않고, 또 1수의 가치가 있는 화폐를 주조하지 않는 일까지 있을 수 있다.

그런 경우 리브르와 수는 순수한 관념 화폐인 것이다.

그렇게 되면 사람들은 저마다의 화폐에 제멋대로 몇 리브르라든가 몇 '수'라든가 하는 이름을 부여할 것이다. 명칭은 끊임없이 달라질 것이다. 왜냐하면 물건 그 자체를 바꾸는 일이 어려운 만큼 그와 반대로 물건을 다른 이름으로 부르는 일은 쉽기 때문이다.

그러므로 상업을 번영시키기 위해서는 모든 나라에서 현실 화폐를 사용하고 그것을 관념적으로 만들게 하는 온갖 행위를 하지 못하도록 규정하는 법이, 폐해의 원천을 뿌리 뽑는 것으로서 아주 좋은 법일 것이다.

모든 물건의 공통 척도인 것만큼 변동에서 벗어나야 한다는 법칙은 없다.

상거래는 그 자체가 매우 불확실한 것이다. 그러므로 그 물건의 성질상 어쩔 수 없는 불확실성에 더욱 새로운 이름을 덧붙이는 것은 커다란 해악이다.

제4장 금과 은의 양

문명 제국이 세계의 지배자인 때에 금과 은은 그런 나라에서 그것을 산출하든가 또는 그것이 있는 곳으로 찾으러 가든가 하는 일이 나날이 증가한다. 이와 달리 야만 민족이 지배하는 경우에는 오히려 줄어든다. 한쪽에는 고트인과 반달인이, 다른 한쪽에서는 사라센인과 타타르인이 문명 세계에 우르르 들이닥쳤을 때 이러한 금속이 얼마나 드물게 되었는가를 우리는 잘 알고 있다.

제5장 금과 은의 양(계속)

아메리카의 광산에서 캐낸 은이 유럽에 운반되고, 거기에서 다시 동양으로 옮겨져 유럽의 항해를 도왔다. 왜냐하면 그것은 유럽이 물물교환을 할 때 아메리카에서 받고, 물물교환에서 인도에 보내는 상품에 더해지는 한 상품이므로. 금은을 상품으로 여길 때, 그것의 좀 더 많은 양을 갖는 것은 교역상 매우 유리하다. 그러나 그것을 상징으로 간주할 때에는 결코 유리하지 않다. 그것은 질(質)을 떨어뜨리며, 상징으로서의 질은 희소성에 기인하기 때문이다.

제1차 포에니전쟁 이전에는 동과 은의 비율이 960대 1이었다.*⁶ 오늘날에는 약 73.5대 1이다. 만일 이 비율이 옛날과 같다면 은은 그 상징으로서의 직능을 보다 잘 감당할 것이다.

제6장 아메리카 발견 뒤 금리가 반감한 이유

가르실라소는 말한다.*⁷ "에스파냐에서는 서인도(아메리카 대륙) 정복 뒤 지금까지는 1할이었던 이자가 5푼*⁸으로 떨어졌다." 그렇게 되는 것은 마땅했다. 대량의 은이 갑자기 유럽으로 옮겨졌고, 곧 은의 수요가 줄었기 때문이다. 그러자 모든 물건의 가격이 오르고 은의 가격은 떨어졌다. 이리하여 비율은 깨지고 모든 낡은 채무는 사라졌다. 그것은 제도(시스템)의 시대*⁹를 상기시킨다. 서인도 정복 뒤, 은을 가진 사람들은 그들의 상품(은)의 가격 또는 임대료, 즉 이자를 마지못해 내려야만 했다.

이때부터 이자는 옛날 기준으로 회복할 수 없었다. 왜냐하면 은의 양은 유럽에서 해마다 증가했기 때문이다. 그뿐만 아니라 상업으로 얻은 부에 기초를 두는 몇몇 나라에서의 공급이 매우 낮은 이자를 발생하게 했으므로 개인간의 계약도 그것을 따라야 했다. 마침내 돈*¹⁰이 한 나라에서 다른 나라로의 은의 송부를 놀랄 만큼 수월하게 했으므로, 어느 장소에서 은이 희소해지면 반드시 은의 양이 많이 있는 모든 장소에서 그곳으로 보내졌다.

제7장 부의 표징 변동에 따라 정해지는 물건값

화폐는 상품이나 농산물의 가격이다. 그러나 이 가격은 어떻게 해서 정해지는가, 즉 어느 정도 분량의 은이 저마다의 물건을 대표하는 것일까?

세계의 금의 총량과 상품 총액을 비교하면 개개의 농산물이나 상품은 금

---

*6 은 1마르크를 40리브르, 구리 1리브를 20수로 하여, 마르크는 8온스, 리브르는 경우에 따라 12온스 또는 16온스가 된다. (원주)
*7 《서인도에서의 에스파냐인의 내란사》. (원주)
*8 1할 5푼이라 번역했지만, 직역하면 〈이율 10분의 1〉 (au denier dix), 〈이율 20분의 1〉 (au denier vingt)이다.
*9 프랑스에서 로(존 로)의 계획은 이렇게 불리고 있었다. (원주)
*10 〈돈〉(argent)은 여기서는 은이 아니고 화폐이며, 구체적으로는 불환 지폐의 뜻.

전체의 일정한 부분에 견줄 수 있을 것이다. 한쪽의 전체와 다른 쪽 전체의 비용은 한쪽 부분과 다른 쪽 부분과의 비율과 같다. 세계에 단 하나의 농산물 또는 상품밖에 존재하지 않으며, 또는 살 수 있는 상품이 단 하나밖에 존재하지 않고, 또 그것이 은과 같이 분할이 가능하다고 한다면, 이 상품은 은 총량의 어느 부분에 해당하며, 한쪽의 절반은 다른 쪽의 절반에 해당하며, 한쪽의 10분의 1, 100분의 1, 1000분의 1은 다른 쪽의 10분의 1, 100분의 1, 1000분의 1에 해당할 것이다. 그러나 인간 사이에서 재산을 이루는 것이 모두 다 상업에 제공되지 않으며, 그것의 표징(表徵)인 금속이나 화폐 또한 거기에 존재하지 않으므로 가격은 물건 전체와 표징 전체의 복비(複比)와, 시장에 존재하는 물건의 전체와 또 표징 전체와의 복비에 따라서 정해질 것이다. 그리고 오늘 시장에 없는 물건이 내일은 존재할 수 있으며, 오늘 그곳에 없는 표징이 또한 마찬가지로 내일 그곳에 되돌아오는 일이 있으므로 물건의 가격 결정은 언제나 근본적으로는 물건 전체의 표징 전체에 대한 비율에 의존한다.

이와 같이 군주나 집정자는 명령에 의하여, 1대 10의 비는 1대 20의 비와 같다고 정할 수가 없는 것과 마찬가지로, 상품의 가치를 정할 수는 없다. 율리아누스는 안티오키아(시리아의 수도)의 식량 가격을 내렸으므로 그것으로 말미암아 엄청난 기근이 일어났다.*11

제8장 부의 표징 변동에 따라 정해지는 물건값(계속)

아프리카 해안의 흑인은 화폐가 없는데도 가치 있는 표징을 갖고 있다. 이것은 순수하게 관념적인 표징이며, 저마다의 상품에 대해서 그들이 가진 욕망에 비례하여 마음속 평가의 정도에 그 기초를 두고 있다. 어떤 생산물 또는 상품은 3마큐트의 가치를 지닌다. 또 다른 것은 6마큐트, 또 다른 물건은 10마큐트의 가치가 있다. 그것은 마치 단순히 3·6·10이라고 하는 것과 다름없다. 가격은 모든 상품 사이의 비교에 따라 만들어진다. 따라서 그들은 특정한 화폐를 갖지 않지만 여러 상품이 다른 상품의 화폐인 것이다.

잠시 동안 물건은 이와 같은 평가 방법을 우리 세계로 옮겨 이 방법을 우리의 방법과 결합했다. 세계의 모든 상품이나 생산물, 또는 다른 모든 국가에서

---

*11 소크라테스의 《교회사》 제2편(소크라테스는 콘스탄티노플의 교회사의 연구자. 4, 5세기의 사람). (원주)

분리되어 있다고 여기고 있는 개별적인 한 국가의 모든 상품 또는 생산물은 일정 수의 마큐트의 가치가 있다. 다음에 이 국가의 은을 마큐트의 수와 같은 정도의 부분으로 분할하면, 이 은이 분할된 일부분은 1마큐트의 표징일 것이다.

한 나라의 은의 양이 두배가 된다고 가정하면 1마큐트에 대해서 두 배의 은이 필요할 것이다. 그러나 은을 두 배로 할 때 상품도 또 두배로 한다면 그 비례는 둘을 두 배로 하기 전과 같다.

아메리카 대륙 발견 이래 금은이 유럽에서 1대 20의 비례로 증가했다고 하면, 생산물 또는 상품의 가격도 1대 20의 비율로 상승했을 것이다. 그러나 만일 상품의 수가 1대 2의 비율로 증가했다고 하면, 이들 상품의 가격은 한쪽은 1대 20의 비례로 상승하고 또 다른 쪽은 1대 2의 비례로 하락한다. 따라서 가격은 1대 10의 비례로 있는 것에 불과할 것이다.

상품과 생산물의 양은 상업의 증가에 따라 커진다. 상업의 증가는 잇따라 생긴 은의 증가에 의하여, 또 새로운 육지와 새로운 해양과의 새로운 교통―그것은 우리에게 새로운 생산물, 또는 새로운 상품을 제공한다―에 따라 초래된다.

제9장 상대성을 띠는 금과 은의 희소성

금과 은의 절대적 풍부와 적음 외에 다시 이들 금속은 한쪽과 다른 쪽에 대한 상대성을 띠는 풍부 및 희소성에 있다.

구두쇠는 금과 은을 간직해 둔다. 그것은 그가 소비하는 것을 바라지 않고 소모되지 않는 표징을 좋아하기 때문이다.

그는 은보다도 금을 보존하기를 더 좋아한다. 왜냐하면 언제나 그는 잃는 것을 두려워하여 좀 더 분량이 적은 것 쪽이 숨겨 두기가 쉽다고 여기기 때문이다. 따라서 은이 많이 있으면 금은 자취를 감춘다. 왜냐하면 누구나 숨겨 두기 위하여 얼마쯤의 금을 갖고 있기 때문이다.

은이 적으면 금은 또 나타난다. 왜냐하면 은닉처에서 금을 끄집어 내지 않을 수 없기 때문이다.

따라서 은이 적으면 금은 풍부하며 은이 풍부한 때에는 금이 적다는 것은 하나의 규칙이다. 이러한 일은 상대성을 띠는 풍부 및 적음과 또 현실적 풍부 및 적음과의 차이를 나타내고 있다. 이에 대해서 나는 더 서술하려고 한다.

제10장 환(換)

이른바 환시세를 형성하는 것은 여러 나라들의 화폐의 상대성을 띠는 풍부 및 희소성이다.

환은 화폐의 현실적이고 일시적 가치의 결정이다.

은은 금속으로서 다른 모든 상품과 마찬가지로 어떤 가치를 갖는다. 나아가서 그것은 다른 상품의 표징으로 될 수 있는 또다른 가치를 지니게 된다. 그래서 만일 그것이 단순한 상품에 불과하다고 하면, 그 가격의 많은 것을 잃게 된다는 것은 의심할 여지가 없다.

은은 화폐로서, 군주가 어떤 관계에서는 정할 수 있으나 다른 관계에서는 정할 수 없는 가치를 갖는다.

군주는, 금속으로서 은의 어떤 양과 화폐로서 같은 양과의 사이에 비례를 설정한다. 그는 화폐에 사용되는 여러 금속 사이의 비례를 정한다. 또한 각종 화폐의 중량과 품위를 정한다. 마지막으로 그는 저마다의 화폐에 내가 이미 말한 관념적 가치를 부여한다. 나는 이 네 가지 관계에서의 화폐 가치를 적극적 가치(valer positive)라 부른다. 왜냐하면 그것은 법으로써 정해질 수 있기 때문이다.

각국 화폐는 이외에 타국 화폐와 비교될 수 있다는 의미에서 상대성을 띠는 가치를 갖는다. 환시세가 정하는 것은 이 상대적 가치이다. 그것은 실정적 가치에 크게 의존한다. 또한 그것은 상인들의 가장 일반적인 평가에 따라 결정되며 군주의 명령으로는 결정될 수 없다. 왜냐하면 끊임없이 변동하고 무수한 사정에 의존하기 때문이다.

이 상대적 가치를 정하기 위해서 여러 국민은 가장 많은 통화를 가진 국민을 주로 본받을 것이다. 만일 그 국민이 모든 다른 국민과 같은 정도의 통화를 갖고 있다면, 다른 국민은 이 국민의 기준에 따라 자국의 통화를 조절하는 것이 가장 좋다. 그래서 그러한 여러 국민 상호간의 조절은 거의 주된 국민과 일치할 것이다.

세계의 현상태에서는 우리가 앞에서 서술한, 이 국민은 네덜란드이다.*[12] 네덜란드와의 관계에서 환을 살펴보자.

---

*12 네덜란드인은 거의 전 유럽의 환시세를 그들 자신의 이익에 가장 적합한 방법으로 사람들 사이의 일종의 의결에 따라 정한다. (원주)

네덜란드에는 플로린이라 불리는 화폐가 있다. 이 플로린은 20수 또는 40드미 수(반 수우)또는 그로에 해당된다. 될 수 있는 대로 관념을 간단히 하기 위해 네덜란드에는 플로린이 없고 그로가 있을 뿐이라고 상상해 보자. 즉 1000플로린을 갖고 있는 사람은 4만 그로를 가진 셈이 된다. 그 밖의 경우에도 마찬가지이다. 그런데 네덜란드의 환시세는 다른 나라 각개의 화폐가 몇 그로에 해당하느냐를 아는 데 있다. 그리고 프랑스에서는 흔히 3리브르의 에퀴 화(은화)로 계산하므로, 환시세는 3리브르의 에퀴는 몇 그로에 해당하느냐고 묻는 일일 것이다. 만일 환시세가 54라면 3리브르의 에퀴는 54그로에 상당하며, 60이라면 그것은 60그로에 해당할 것이다. 프랑스에서 은이 적다면 3리브로의 에퀴는 보다 많은 그로에 상당할 것이다. 만일 은이 풍부하다면 그것은 좀 더 적은 그로에 해당할 것이다.

환시세 변동의 원인이 되는 희소 또는 풍부는 현실적인 희소나 풍부가 아니라, 상대성을 띠는 희소나 풍부이다. 이를테면 네덜란드인이 프랑스에서 자금이 필요한 이상으로 프랑스가 네덜란드에 자금이 필요한 경우에는, 화폐가 프랑스에서는 많다고 하며 네덜란드에서는 희소하다고 말한다. 반대의 경우에는 결과도 반대이다.

네덜란드와의 환시세가 54라 가정해 보자. 만일 프랑스와 네덜란드가 다만 하나의 도시를 이루고 있다 한다면, 우리는 1에퀴 화폐의 수수(授受) 때에 하듯이 할 것이다. 즉 프랑스인은 그 주머니에서 3리브르를 낼 것이다. 그리고 네덜란드인은 그 지갑에서 54그로를 낼 것이다. 그러나 파리와 암스테르담 사이에는 거리가 있으므로 나의 3리브르의 에퀴 화폐 대신, 네덜란드에 있는 54그로를 나에게 주는 사람은 네덜란드 앞으로의 54그로의 환어음을 나에게 주어야 한다. 이제 문제는 54그로가 아니라 54그로의 어음이다. 따라서 본위화폐의 희소 또는 풍부를 판단하려면 프랑스에서 프랑스 앞으로 54그로의 어음이 네덜란드 앞으로의 에퀴보다 많은가 아닌가를 알아야 한다. 만일 네덜란드인이 발행한 어음이 많이 있고 프랑스인이 발행한 에퀴가 적을 때에는, 정화(正貨)는 프랑스에서 희소하며 네덜란드에서는 풍부하다. 그래서 환은 뛰어오르고 나의 에퀴에 대해서 사람은 54그로보다 많이 주어야 한다. 그렇지 않으면 나는 그 에퀴를 주지 않을 것이다. 그리고 반대의 경우는 그 반대의 결과가 된다.

이처럼 환의 이동은 수지 계산을 형성하고 그것은 언제나 결제되어야 한다.

그리고 채무를 지고 있는 국가가 환으로 다른 국가에 지급을 하지 못하는 것은, 개인이 환전에 따라 채무를 지급하지 못하는 것과 다름없다.

세계에 프랑스·에스파냐·네덜란드 세 나라밖에 없고, 에스파냐의 몇몇 개인들이 프랑스에 은 10만 마르크의 채무가 있고, 프랑스의 몇몇 개인들이 에스파냐에 11만 마르크의 채무가 있고, 어떤 사정으로 에스파냐과 프랑스에서 각자가 갑자기 그 화폐를 끌어올리려 했다고 가정한다면, 그 환시세는 어떻게 될까? 이 두 국민은 서로 10만 마르크의 금액을 지급한 셈이 된다. 그러나 프랑스는 아직 에스파냐에 1만 마르크의 빚이 있고 에스파냐는 프랑스에 대해서 1만 마르크의 어음을 갖고 있지만, 프랑스는 에스파냐에 대해서는 전혀 어음이 없을 것이다.

만일 네덜란드가 프랑스에 대해서 이것과 반대의 경우에 차감액으로서 프랑스에 1만 마르크의 빚이 있다면, 프랑스는 에스파냐에 두 가지 방법으로 지급할 수가 있을 것이다. 즉 네덜란드의 채무자에 대한 1만 마르크의 어음을 에스파냐의 채권자에게 줌으로써, 또는 은 1만 마르크의 화폐를 에스파냐에 보냄으로써 가능하다.

그 결과로써 한 나라가 다른 나라에 어떤 금액의 화폐를 보낼 필요가 있는 경우, 그 일의 성질상 거기에 화폐를 운반하거나 환어음을 사거나 어느 쪽이나 좋다는 결과가 된다. 이 두 가지 지급 방법의 이로움과 이롭지 않은 것은 순전히 현재의 상황을 기준으로 한다. 정화(正貨)로 보내진 화폐와 네덜란드 앞으로의 같은 금액의 어음*13과 어느 쪽이 이 순간에 네덜란드에서 좀 더 많은 그로를 주는가를 조사해야 한다.

프랑스에서의 같은 품위, 같은 중량의 화폐가 네덜란드에서 같은 중량, 같은 품위의 화폐를 주는 경우에, 환은 평가(平價)라고 일컬어진다. 화폐의 현상에서 평가는 에퀴에 대해 약 54그로이다. 환이 54그로보다 이상이면 그것은 비싸다고 하며, 그 아래이면 싸다고 한다.

환시세의 일정한 사정 아래에 한 국가의 이득과 손해를 알기 위해서는, 그 나라를 채무자, 채권자, 매도인, 매수인으로서 저마다 살펴보아야 한다. 환이 평가보다 낮을 때에는 그 나라는 채무자로서 손해를 보지만, 채권자로서는 이

---

*13 수송비와 보험료를 공제하고. (원주)

득을 본다. 매수인으로서는 손해보고, 매도인으로서는 이득을 본다. 채무자로서 손해 보는 것은 명백하다.

이를테면 프랑스가 네덜란드에 일정액의 그로를 빚지고 있다고 하면, 프랑스 에퀴의 그로에 대한 가치가 적으면 적을수록 지급을 위해 더 많은 에퀴가 필요할 것이다. 이와는 달리 프랑스가 일정액의 그로의 채권자라면 에퀴의 그로에 대한 가치가 적으면 적을수록 프랑스는 더 많은 에퀴를 받을 것이다. 국가는 매수인으로서는 손해를 본다. 왜냐하면 같은 양의 상품을 사기 위해서는 언제나 같은 액의 그로가 필요하지만, 환이 내리면 프랑스의 각 에퀴에 주어지는 그로는 적어지기 때문이다. 같은 이유로 국가는 매도인으로서는 이득을 본다. 만일 내가 나의 상품을 네덜란드에 판다면 50그로로 1에퀴를 얻을 수 있을 때의 경우와 같은 에퀴를 얻기 위해 54그로가 필요할 때보다도 좀 더 많은 에퀴를 프랑스에서 얻을 것이다. 그리고 모든 일의 반대가 다른 국가에서 일어날 것이다. 네덜란드가 일정액의 에퀴의 채무자라면 이 나라는 이득을 보고, 채권자라면 손해를 본다. 또한 매도인이라면 손해를 보고 매수인이라면 이득을 보게 된다.

이 문제를 더 이야기할 필요가 있다. 환이 평가(平價) 이하인 경우, 이를테면 그것이 54가 아니고 50이라면 프랑스는 환으로 5만 4000에퀴를 네덜란드에 보내도 5만 에퀴의 상품을 사는 데 불과하며, 또한 네덜란드는 프랑스에 5만 에퀴의 환을 보내서 5만 4000에퀴의 상품을 사게 될 것이다. 그 결과 54분의 1의 차, 즉 프랑스에는 7분의 1을 넘는 손해가 생길 것이다. 그런 까닭으로 환이 평가인 경우에 비해 7분의 1만큼 많은 화폐나 상품을 네덜란드에 보내야 할 것이다. 이와 같은 채무는 더욱 환을 내리게 할 것이므로 해악은 자꾸만 커지고 마침내 프랑스는 파산하고 말 것이다. 이러한 일이 정말 일어날 듯이 보인다. 그러나 실제는 그렇지 않다. 그것은 내가 다른 대목에서 이미 세운 원리,*14 즉 국가는 언제나 균형을 향하여 변제 수단을 얻는다는 원리에 따르는 것이다. 그래서 국가는 지급 능력에 비례해 빚지는 데 불과하며 파는 수량에 따라 사들이는 것이다.

그러므로 위의 예에서 보면, 프랑스에서 환이 54에서 50으로 내려가면 네덜

---

*14 제20편 제23장 참조. (원주)

란드인은 지금까지는 1000에퀴의 상품을 사고 5만 4000그로를 지급했으나 프랑스인이 동의한다면 이미 50만 에퀴밖에 지급하지 않을 것이다. 그러나 프랑스의 상품은 어느새 뛰어올라 이윤은 프랑스인과 네덜란드인 사이에서 나뉘어질 것이다. 왜냐하면 상인은 이득을 볼 수 있을 때에는 쉽게 이윤을 나누기 때문이다. 그래서 프랑스인과 네덜란드인 사이에 일종의 이윤 교류가 행해질 것이다. 마찬가지로 프랑스인은 환이 54였을 때에는 네덜란드 상품을 5만 4000그로로 사서 1000에퀴로 지급했으나, 같은 상품을 사기 위해서 프랑스의 에퀴로 7분의 1만큼 여분으로 덧붙일 수밖에 없게 될 것이다. 그러나 프랑스의 상인은 자신이 받게 될 손실을 알고 있으므로 네덜란드 상품을 좀 더 싸게 사려고 할 것이다. 그래서 프랑스 상인과 네덜란드 상인 사이에 손실의 교류가 행해지며 국가는 자신도 모르는 사이에 균형을 되찾게 될 것이다. 그러므로 환의 하락은 걱정거리가 된 모든 불편을 낳지는 않을 것이다.

환이 평가보다 낮은 경우, 상인은 재산 손실 없이 자금을 외국에 보낼 수 있다. 왜냐하면 자금을 회수할 때 손해를 회복할 수 있기 때문이다. 그러나 돌아올 수 없는 정화(正貨)만을 외국에 보내는 군주는 늘 손해를 본다.

상인들이 어떤 나라에서 큰 거래를 할 때, 그 나라의 환은 반드시 오른다. 그것은 그들이 거기에서 많은 계약을 맺고 많은 상품을 사고, 그것을 지급하기 위해 외국으로 환어음을 발행하기 때문이다.

군주가 그 국가 안에서 은밀히 금을 긁어 모으면 화폐는 그곳에서 현실적으로는 적어지고 상대적으로는 많아질 것이다. 이를테면 만일 이 나라가 외국에서 많은 상품의 지급을 해야 한다면 화폐는 적어지지만 환은 내려갈 것이다.

모든 시장에서 환은 자연적으로 언제나 일정한 비례를 좇는 경향이 있다. 아일랜드에서 영국에 대한 환시세가 평가보다 낮고 영국에서 아일랜드에의 환시세가 평가보다 낮다면, 아일랜드의 네덜란드에 대한 환시세는 더욱더 낮을 것이다. 즉 아일랜드의 영국에 대한 환시세와 영국의 네덜란드에 대한 환시세와의 복비에서는 더 낮을 것이다. 왜냐하면 네덜란드인은 영국을 통하여 아일랜드에서 간접적으로 그의 자금을 받을 수 있으므로 직접 그것을 받기 위해서 좀 더 비싸게 지급하기를 바라지 않을 것이다. 이것은 마땅히 그래야만 한다고 나는 주장하지만 정확하지는 않다. 언제나 이러한 일을 변동시키는 갖가지 사정이 있다. 그래서 어느 시장에서 발행하는 경우와 다른 시장에서 발행하는 경우에서의 환 이윤의 차이는 은행가에 따라 이루어지는 솜씨이지만, 그것은 여기에서는 문제가 되지 않는다.

한 나라가 그 화폐 가치를 올리는 경우, 이를테면 이제까지 3리브로 또는 1에퀴라 불러 왔음에도 6리브로 또는 2에퀴라 부르는 경우, 이 새로운 호칭은 에퀴에 아무런 현실적인 것을 덧붙이지 않으므로 환에 따라 1그로라도 여분으로 얻을 수 없다. 그러므로 새로운 2에퀴로, 전의 1에퀴로 얻어진 것과 같은 금액의 그로밖에 얻어질 수 없을 것이다. 만일 그렇게 되지 않는다면 그것은 가치 이상의 결정 그 자체가 아니고 이것이 새롭다는 것, 갑작스럽다는 것의 결과에 이른다. 환은 기존 사실을 따르는 것으로서 일정한 시간 뒤가 아니면 이치대로 변동하지 않는다.

어느 국가가 단순히 법에 따라서 그 화폐 가치를 올리는 대신에 강한 화폐를 보다 약한 화폐로 만들기 위해서 다시 만들 때에는, 그 실행하는 동안에 두 종류의 화폐, 즉 구화인 강한 화폐와 새로운 화폐인 약한 화폐가 존재하게 된다. 그리고 강한 화폐는 유통이 금지되고 지금(地金)으로서 조폐국에서 밖에는 받아들여지지 않는다. 따라서 환어음은 새로운 화폐로 지급될 수밖에 없기 때문에 환은 새 화폐에 따라 결정된다고 생각된다. 이를테면 만일 프랑스에서 화폐를 절반으로 고쳐 만들었을 경우, 3리브로의 전의 에퀴가 네덜란드에서 60그로였다면, 새 에퀴는 30그로밖에 안될 것이다. 그러나 다른 면에서 환시세는 구화폐의 가치에 따라 결정될 것처럼 보인다. 왜냐하면 정화(正貨)를 갖고 있고 환어음을 받는 은행가는 조폐국에 구화를 갖고 가서 새로운 화폐로 바꾸어야 하고, 거기서 그는 손해를 보기 때문이다. 따라서 환은 새로운 화폐의 가치와 구화의 가치의 중간에 있을 것이다. 구화의 가치는 내려간다.

그것은 새 화폐가 이미 유통하고 있기 때문이기도 하고, 또 은행가는 구화를 그 금고에서 빠르게 빼내어 움직이게 하는 데서 이익을 가진다. 더구나 그것은 지급을 위해서 그렇게 하는 것을 강요받기조차 하기 때문에 엄격히 그 가치를 지킬 수 없기 때문이기도 하다. 또 다른 면에서 새 화폐의 가치는 오른다. 왜냐하면 은행가는 새 화폐로써 커다란 이익을 얻고 구화를 얻을 수 있는 상황에 있기 때문이다. 따라서 환시세는 앞에서 말한 바와 같이, 새 화폐와 구화 사이에서 정해질 것이다. 그렇게 되면 은행가는 구화를 국외에 내보내는 일에서 이익을 얻는다. 왜냐하면 그들은 구화에 의하여 정해진 환이 주는 것과 같은 이익, 즉 네덜란드에서 많은 그로를 얻고, 그 대신 새 화폐와 구화 사이에서 정해지는 환, 즉 보다 낮은 환을 가지기 때문이다. 그것이 많은 에퀴를 프랑스에서 얻게 한다.

3리브로의 구화가 현재의 환시세로 45그로에 상당하며, 이 구화를 네덜란드에 보내면 60그로를 얻을 수 있다고 가정한다. 그러나 45그로의 환어음으로 프랑스에서 3리브로의 에퀴를 얻을 수 있을 것이고 이 에퀴가 구화로 네덜란드로 가져가게 되면 다시 60그로로 될 것이다. 따라서 모든 구화는 화폐를 다시 만드는 국가 밖으로 나가고 그 이익은 은행가가 갖게 될 것이다.

이것을 수습하기 위하여 새로운 수단이 취해진다. 화폐를 다시 만드는 국가는 스스로 대량의 구화를 환을 정하는 국가에 보낼 것이다. 그리고 이것으로 신용을 얻어, 3리브르의 에퀴를 구화로 국외로 내보내 얻는 것과 거의 같은 정도의 그로를, 3리브르의 에퀴의 환으로써 얻을 수 있을 정도까지 환시세를 올릴 것이다. 내가 '거의'라고 하는 것은, 이윤이 적은 경우에는 수송비와 몰수의 위험 때문에 사람들은 정화를 국외에 내보내려는 마음을 일으키지 않을 것이기 때문이다.

이러한 일에 대해서는 뚜렷한 관념을 주는 것이 바람직하다. 베르나르 또는 다른 은행가로서 국가 공무를 맡아 보는 사람이 네덜란드에 그의 환어음을 제출하고, 현재의 환시세보다 1, 2 또는 3그로 비싸게 준다. 그는 끊임없이 송금한 구화에 의하여 외국에서 자금을 만들었다. 따라서 그는 앞에서 말한 점까지 환시세를 높였다. 그 사이에 그는 그 환어음을 처분한 결과 모든 새 화폐를 거둬들이고 지급할 필요가 있는 모든 은행가로 하여금 조폐국에 그 구화를 지참하지 않을 수 없게 만든다. 그뿐만 아니라 그는 모든 정화를 장악했으므로 이번에는 다른 은행가로 하여금 비싼 환시세로 그에게 어음을 주게끔 강요한다. 이 수단으로 해서 마지막 그의 이익이 처음의 손실을 대부분 보상하게 된다.

모든 이러한 환 매매 시기에 국가가 심한 위기에 시달리는 것은 틀림없다. 거기서는 정화가 매우 희소하게 될 것이다. 왜냐하면 첫째로, 그 대부분 유통을 금지해야 하기 때문이며, 둘째로는, 그 일부를 외국에 수송해야 하기 때문이다. 셋째로, 누구나 자기가 얻으려고 하는 이윤을 군주에게 바치려고 생각하지 않으므로, 모든 사람이 그것을 감추어 둘 것이다. 그래서 이 일을 느긋하게 하는 것은 위험하며, 또 이것을 조급히 하는 것도 위험하다. 사람들이 예상하는 이득이 엄청나다면 장애는 그것에 비례하여 점점 더 커진다.

앞에서 말한 바와 같이 환이 정화보다도 낮을 때에는 정화를 국외에 내보내어 이익을 얻을 수 있다. 같은 이유로 환이 정화보다 높을 때에는 그것을 복귀시키는 것이 이익이 된다.

그러나 환이 평가일 경우라도 정화를 내보내는 것이 이익이 되는 경우가 있다. 그것은 정화를 또다시 만들어내거나 다시 고쳐 만들기 위하여 외국에 보내는 경우이다. 그것이 되돌아왔을 때 국내에서 유통시키든 외국 환어음의 지급에 충당시키든간에 그 화폐로써 이익이 얻어진다.

만일 어느 국가에서 아주 많은 양의 주식을 가지고 있는 회사를 만들어, 2,3 개월 뒤에는 이러한 주식을 처음에 산 값의 20배에서 25배로 뛰어오르게 했다면, 또 그러한 국가가 은행을 만들어 그 은행권이 화폐의 직능을 다해야 하며, 이러한 은행권의 법정 가치가 주의 법정 가치에 상응하기 위해서 터무니없는 것이었을(이것이 로의 제도이다) 경우에는 이러한 주와 은행권은 마땅히 그것들이 출현한 것과 같은 방법으로 소멸하게 될 것이다. 많은 사람들에게 종으로 된 막대한 부를 얻는 수단(지폐)을 주지 않고는 주식을 갑자기 처음 가치의 20배나 25배로 끌어올릴 수는 없었을 것이다. 즉 누구나 자기 재산을 확보하려고 노력할 것이다. 그리고 환이 재산의 국적을 제거하는, 즉 그것을 자기가 바라는 장소에 옮기기 위해 가장 쉬운 길을 터놓고 있으므로, 사람들은 끊임없이 그 재산의 일부를 환시세를 결정하는 나라에 보낼 것이다. 끊임없이 외국에 보내는 계획은 환시세를 내리게 할 것이다. 제도(로)의 시대에 은화의 품위와 중량과의 비례에서 환시세는 1에퀴가 40그로였다고 가정하자. 수많은 지폐가 화폐가 되자, 1에퀴에 대해서 39그로밖에 주려고 하지 않았다. 이어 38그로, 37그로밖에 주어지지 않았다. 이것은 극단에 이르러 이제는 8그로밖에 주어지지 않다가, 마침내 환시세는 없어지고 말았다.

이런 경우에는 환시세를 프랑스에서의 정화와 지폐의 비례도 정해야 했던 것이다. 은의 중량과 품위에 의하여 은화 3리브르의 에퀴는 49그로에 상당하며 환은 지폐로 행해졌으므로, 지폐 3리브로의 에퀴는 8그로에 해당한 데 지나지 않는다고 나는 가정한다. 그 차이는 5분의 4였다. 즉 지폐 3리브르의 에퀴의 가치는 은화 3리브르의 에퀴보다 5분의 4만큼 적었던 것이다.

제11장 화폐에 관한 로마인의 조치

오늘날 프랑스에서 잇따라 두 사람의 장관의 재직중에 매우 커다란 권력 행위가 화폐에 관해서 행해졌다 하더라도 로마인이 한 권력 행위에는 미치지 못한다.

그것도 부패한 공화정체의 시대도 아니고 또 무정부에 불과했던 어느 공화정체의 시대도 아니고, 그 용기나 그 영지에서나 그 정체가 충실하고 이탈리아의 모든 도시를 정복한 뒤에 카르타고인과 패권을 겨루고 있었던 시대에서였다.

나는 여기에서 이 문제를 조금이나마 깊이 연구하게 된 것을 기뻐한다. 그것은 본보기라 불리어서는 안 되는 것이 본보기로 되지 않기 위해서이다.

제1차 포에니전쟁에서 구리 12온스여야 했을 아스(고대 로마의 청동화)는 이미 2온스에 불과했다. 그리고 제2차에서는 1온스에 불과했다. 이런 감소는 오늘날 우리가 화폐의 가치 인상이라는 것에 해당한다. 6리브르의 1에퀴에서 은의 절반을 제거하고 그것으로 2에퀴를 만드는 것이나, 그것을 12리브로 값을 올리는 것이나 바로 같은 일이다.

로마인의 제1차 포에니전쟁에서 이 일을 다룬 방법에 대해서는 기록이 전혀 남아 있지 않다. 그러나 제2차 포에니전쟁에서 그들이 행한 것은 놀라운 지혜를 보여준다. 공화국은 채무를 갚을 힘이 없었다. 아스는 구리 2온스였다. 데나리우스는 10아스였으므로 구리 20온스였다. 공화국은 구리 1온스의 아스를 만들었다. 국가는 그 채권자에게 절반 이득을 보았다. 국가는 이 구리 10온스로 1데나리우스의 반제를 행했다. 이 조치는 국가에 큰 충격을 주었을 것이므로 가능한 한 그 영향을 작게 할 필요가 있었다. 그것은 다시 부정을 내포했으므로 그 부정을 될 수 있는 대로 적게 해야만 했다. 그것은 시민에 대한 공화국의 부채 면제를 목적으로 하고 있었다. 그러므로 시민들 서로 간의 면채를 목적으로 한 것이 아니었다. 이것이 둘째 조치를 취하게 했다. 이제껏 10아스밖에 포함하지 않았던 데나리우스는 16아스를 포함해야 한다고 정해졌다. 이 이중 조치 결과 공화국의 채권자는 (채권의) 절반을 손해보았으나,*15 개인 채권자는 5분의 1밖에 손해보지 않았다.*16 상품은 5분의 1밖에 오르지 않았다.

―――――――――

＊15 그들은 20온스 대신 구리 10온스를 받았다.
＊16 그들은 20온스 대신 구리 16온스를 받았다. [원주]

화폐의 현실적 변화는 5분의 1에 지나지 않았다. 그 밖의 결과도 쉽게 알 수 있다.

따라서 로마인은 우리보다 잘 행동했다. 우리의 조치에서는 공공 재산도, 개인 재산도 똑같이 포함된다. 그것이 모두는 아니다. 로마인은 우리보다 훨씬 유리한 상황에서 그것을 행한 것을 볼 것이다.

제12장 로마인이 정화의 가치를 변동시킨 사정

옛날에는 이탈리아에 아주 조금밖에 금은이 없었다. 이 나라에는 금이나 은의 광산이 아주 적거나 전혀 없다. 로마가 갈리아인에게 점령되었을 때 거기에는 1천 리브르의 금이 있었을 뿐이다. 그러나 그동안 로마인은 많은 강대한 도시를 약탈하고 그러한 부를 갖고 돌아왔다. 그들은 오랫동안 구리 화폐밖에는 쓰지 않았다. 그들이 화폐를 만들기에 충족한 은을 가진 것은 피루스(에피루스의 왕)와의 강화 협상 뒤에야 가능했다. 그들은 이 금속으로 데나리우스 화폐를 만들었다. 그것은 10아스 또는 구리 10리브르(파운드)에 상당했다. 그 무렵 은과 구리에 대한 비는 1대 960이었다. 왜냐하면 로마의 데나리우스는 10아스 또는 구리 10리브르였으므로 그것은 구리 120온스에 해당했다. 그리고 같은 데나리우스가 8분의 1온스에 해당했으므로 우리가 말한 비례가 생긴 것이다.

로마가 그리스 및 시칠리아와 가장 가까운 부분인 이탈리아의 지배자가 되자 차츰 두 부유한 민족, 즉 그리스인과 카르타고인 사이에 섰다. 화폐는 로마에서 증가했다. 그리고 은과 구리와의 1대 960의 비례는 이미 깨졌으므로 로마는 화폐에 온갖 조치를 취했는데, 그것은 우리에게 알려지지 않았다. 우리에게 알려진 것은 다만 제2차 포에니전쟁 초기에 로마의 데나리우스는 이미 구리 20온스에 해당했을 뿐이며, 따라서 은과 구리의 비례는 이미 1대 160에 불과했다는 것 뿐이다. 가치 인하는 엄청났다. 왜냐하면 공화국은 모든 구리 화폐에 대해서 6분의 5의 이득을 보았기 때문이다. 그러나 그것은 사물의 본질이 요구한 것을 실행하고 화폐로 쓰인 금속 사이에 올바른 비례를 회복한 데 지나지 않았다.

제1차 포에니전쟁을 끝낸 강화 협상은 로마인을 시칠리아 주인으로 만들었다. 곧 그들은 사르디니아에 들어갔으며 에스파냐를 알기 시작했다. 로마의 은의 양은 더욱 늘어났다. 로마에서는 데나리우스를 20온스에서 16온스로 인하하는 조치가 취해졌다. 그것으로 은과 구리는 보다 자연스러운 비례를 되찾았다. 그 비례는 1대 160에서 1대 128이 되었다.

로마인의 행동을 살펴보라. 그들은 어떤 특별한 운영을 수행하거나 상황 선택을 할 때 탁월한 점을 발견할 수 있을 것이다.

제13장 황제시대의 화폐 조처

공화정체 시대의 화폐에 행해진 조처는 삭감 방법이었다. 국가는 그 결핍을 국민에게 털어놓고 국민을 속이려고 하지 않았다. 황제 시대에는 합금 방법이 취해졌다. 이 군주들은 주화의 일부를 깎아내거나 다른 합금을 섞어 화폐의 품위를 내려야만 했다. 간접적인 방법이어서 그것은 해악을 줄이고 그것을 건드리지 않는 듯이 보인다. 즉 선물의 일부를 손에 들고도 그 손을 감추는 것이었다. 급여나 봉사료의 감소를 말하지 않는 데도 그것들은 이미 줄어들었다.

오늘날에도 골동품 진열실에서 이른바 껍질로 싼 메달이라는, 구리를 뒤덮은 은박에 지나지 않은 옛날 돈을 볼 수 있다.[17] 이 돈에 대해서는《디온》제77편의 단편에서 서술되고 있다.[18]

디디우스 율리아누스 황제는 화폐를 평가절하하기 시작했다. 카라칼라 황제의 화폐는 절반 이상이 합금이었다. 알렉산드로스 세베루스의 화폐는 3분의 2가 합금이었다. 화폐의 품위는 계속 떨어졌다. 그리고 갈리에누스의 치하에서는 이미 은으로 도금한 구리밖에 볼 수 없었다.

이러한 난폭한 방식은 요즘 시대에는 절대 행해질 수 없다는 것은 틀림없다. 군주는 자기 자신을 속일 수는 있어도 다른 사람은 아무도 속일 수 없을 것이다. 환이 은행가에서 세계의 모든 화폐를 비교하여 그 올바른 가치를 정할 것을 가르쳤다. 화폐의 품위는 이미 비밀일 수 없다. 군주가 악질 화폐[19]를 만들기 시작하면 다른 모든 사람이 끊임없이 그것을 만든다. 강한 화폐는 느닷없이 국외에 나가 약해져서 돌아온다. 만일 군주가 로마 황제처럼 금을 약화시키지 않고 은만을 약화시킨다면 그는 갑자기 금이 자취를 감추는 것을 볼 것

---

[17] 주베르의《고대 화폐학》(파리, 1739년, 59쪽) 참조. 〔원주〕
[18] 《미덕과 악덕의 기술》〔원주〕
[19] 《악질 화폐》(billon) 제21편 제16장 참조.

이다. 그리하여 나쁜 은만을 가질 것이다. 앞은 전편에서 서술한 바와 같이[20] 강압적 권력 행위를, 적어도 커다란 권력 행위의 성공을 군주에게 빼앗았다.

제14장 환이 전제국가에 방해가 되는 이유

러시아는 전제주의에서 벗어나기를 바란다 하더라도 그렇게 할 수 없다. 무역의 성립은 환의 그것을 요청한다. 더구나 환 거래는 이 나라의 모든 법에 저촉된다.

1745년 여황제[21]는 유대인 추방 명령을 내렸다. 그것은 그들이 시베리아에 유형된 사람들과 병역에 복무한 외국인들의 금을 나라 밖으로 송부했기 때문이라는 것이었다. 이 제국의 모든 국민은 노예와 같이 허가 없이 국외로 나갈 수도 없고 재산을 반출할 수도 없다. 따라서 금전을 한 나라에서 다른 나라에 옮기는 수단이 되는 환은 러시아 법에 저촉된다.

상업 자체도 이 나라 법에 어긋난다. 국민은 토지에 얽매인 노예와 이들 노예의 주인이기 때문에 종이라든가 귀족이라고 불려지는 노예에 따라서만 구성되어 있다. 따라서 직공 및 상인을 이루는 제3계급으로서는 거의 아무도 남아 있지 않은 것이다.

제15장 이탈리아 몇몇 지방의 관행

이탈리아의 몇몇 지방에서는 피통치자가 정화(正貨, 금과 은)를 외국에 이전하기 위하여 땅을 파는 것을 금하는 법을 만들었다. 이러한 법은 각국의 부가 밀접하게 그 나라에 결부되어 있어 다른 나라로 옮기는 것이 매우 어려웠을 때에는 좋은 법이었는지 모른다. 그러나 환시세에 따라서도 부(富)가 어느 정도까지 특정 국가에도 속하지 않게 되고 또 한 나라에서 다른 나라에 옮기는 것이 아주 쉽게 된 이래, 자기 금은 마음대로 처분할 수 있으면서도 자기 장사를 위해 자기 땅을 처분하는 것을 허용하지 않는 법은 악법이다. 이 법이 악법인 이유는 그것이 토지를 희생해 동산에 이익을 주기 때문에, 또 외국인이 와서 그 땅에 정주하는 것을 꺼리게 하기 때문이며 또한 이 법을 회피할 수 있기 때문이다.

---

[20] 이 책 제21장. 〔원주〕
[21] 표트르대제의 딸 엘리자베스.

제16장 국가가 은행으로부터 끌어낼 수 있는 원조

은행가는 금을 바꾸기 위하여 존재하지, 그것을 빌리기 위해 있지는 않다. 군주가 그 화폐를 바꾸기 위해 은행가를 이용한다면, 그는 큰 거래만을 하는 것이므로 수수료로 그들에게 주는 최소의 이윤도 상당한 금액이 된다. 그러므로 은행가가 군주에게 큰 이윤을 요구한다고 하면 정치에 커다란 결함이 있는 것이라고 확신해도 좋다. 이와 달리 그들이 정화(正貨)를 미리 빌려주기 위해 이용될 때에는 그들의 기술은 자기 화폐에서 커다란 이윤을 얻는 데 있는 것이며, 그것으로써 그들을 폭리라고 비난할 수는 없다.*22

제17장 공채

어떤 사람들은 국가가 자기에게 빚을 지는 것은 좋다고 믿었다. 그들은 그것이 유통을 늘림으로써 부를 늘린다고 생각했기 때문이다.

내가 생각하는 바로는 사람들은 화폐를 대표하는 유통 증권, 또는 회사가 상업상 올린 또는 올릴 이윤의 상징인 유통 증권과 채무를 대표하는 증권을 혼동했던 것이다.*23

처음 두 개는 국가에 매우 이롭다. 그러나 나중의 것은 그렇게 될 수 없다. 거기에서 기대할 수 있는 모든 것은 그것이 개인에 대한 국민 채무의 좋은 담보라는 것, 즉 그것이 이 채무 변제를 확보하기 위한 일인 것이다. 그러나 다음과 같은 불편이 거기에서 비롯된다.

(1) 외국인이 채무를 대표하는 증권을 많이 가질 때에는 그들은 해마다 그 이자로서 막대한 액수를 국민에게서 끌어낸다.

(2) 이렇게 해서 채무자인 국민에게는 환은 매우 낮을 수밖에 없다.

(3) 채무 이자의 지급을 위해 징수되는 조세는 노무자의 품삯을 보다 높게 올림으로써 공업을 해친다.

(4) 국가의 진정한 수입을 활동적이고 부지런한 사람들에게서 빼앗고, 이것을 무위도식자에게 이전시킨다. 즉 조금도 일하지 않고 놀고 먹는 사람들이 편하게 해주고, 일하는 사람들에게는 어려움을 주는 것이다.

불편한 점은 이러하지만 편리한 점은 전혀 모른다. 열 사람이 토지 기본 또

---

*22 '여기의 오류는 명백하다. 은행가와 환전상은 결코 동일시되지 않으므로.' (Prichard의 주석)
*23 이 세 가지 증권은 은행권·주권·공채이다.

는 수공업에서 각각 1천 에퀴의 소득을 갖는다면, 그것은 국민에게는 5퍼센트로서 20만 에퀴의 자본을 나타낸다. 만일 열 사람이 그 소득의 절반, 즉 5천 에퀴를 남에게서 빚진 10만 에퀴의 이자를 지급하기 위해 사용한다 하더라도 국가에게는 역시 20만 에퀴가 된다. 대수학자의 말로 한다면, 200,000에퀴−100,000에퀴+100,000에퀴=200,000에퀴인 것이다.

사람들을 아마도 채무를 나타내는 증권이 부의 상징이라는 오류에 빠지기 쉽다. 이와 같은 증권을 유지하면서 몰락하지 않을 수 있는 것은 부유한 국가에만 해당된다. 국가가 몰락하지 않는다면 그것은 그 국가가 다른 데에서 커다란 부를 획득할 수 있기 때문이다. 해악에 대항하는 재원이 있으므로 해악은 없는 것과 마찬가지라고 사람은 말한다. 나아가서는 재원이 해악을 능가하므로 그것은 하나의 장점이다.

제18장 공채 지급

채권자로서의 국가와 채무자로서의 국가 사이에는 어느 정도 균형이 있어야 한다. 국가는 무한히 채권자일 수 있으나 어느 정도까지밖에 채무자일 수 없다. 이리하여 이 정도를 초월함에 이르러 채권자의 자격은 사라진다.

이 국가가 침해를 받은 일이 없는 신용을 계속 유지한다면 유럽의 한 나라[24]에서 매우 교묘하게 행해진 것을 할 수 있을 것이다. 그것은 많은 양의 정화(正貨)를 얻고 모든 개인에 대하여 그들이 이자를 내리는 것을 바라는 것이 아니면 상황에 응하라고 제의하는 일이다. 실제로 국가가 공채(公債)를 모집할 때 이율을 정하는 것은 개인이듯이, 상환할 때 이것을 정해야 하는 것은 국가이다.

이자를 내리는 것만으로는 충분하지 않다. 그것으로 인한 이익이 해마다 원금의 일부를 지급하기 위한 감채 기금을 구성해야 한다. 이것은 그 성과가 나날이 커지므로 더욱더 좋은 방법이다.

국가의 신용이 완전하지 않을 때, 그것은 감채(빚을 갚아 나가며 줄임) 기금을 만들려고 애써야 하는 새로운 이유가 된다. 왜냐하면 이 기금이 한번 설정되면 곧 그것은 신뢰를 회복하기 때문이다.

---

[24] 영국. (원주)

(1) 국가가 공화정체일 때에는 그 정체가 본질상 장기 계획을 세울 것을 허용하므로, 감채 기금의 자본은 그다지 큰 액수가 아니라도 좋으나, 군주정체에서는 이 자본은 보다 큰 액수라야 한다.

(2) 그 규칙은 국가의 모든 국민이 이 기금 설정의 부담을 짊어지도록 만들어져야 한다. 왜냐하면 그들 국민은 모두 채무 설정의 부담을 갖는 것이기 때문에, 즉 국가의 채권자도 그들이 제공하는 금액에 따라서 스스로 자기에게 지급하기 때문이다.

(3) 국가의 채무를 지급하는 자에게는 네 계급이 있다. 토지 소유자, 교역에 따라 그 사업을 행하는 자, 농부·직공, 끝으로 국가 또는 개인에 대한 연금 채권자. 이 네 계급 중 마지막 자는 긴급한 경우에는 그 형편을 참작할 필요가 없을 것처럼 보일지 모른다. 왜냐하면 이것은 국가에서 완전히 수동적인 계습인 데 대하여, 국가는 다른 세 계급의 능동적인 힘에 따라서 유지되기 때문이다.

그러나 일반적으로는 국가, 또는 개별적으로는 다른 세 계급이 지상의 필요를 갖는 공중의 신뢰를 파괴하는 일 없이는 이 계급에 보다 많이 부담을 주는 것은 불가능하다. 또한 공공의 신용은 모든 시민에게 결여되는 일 없이 보이면서 특정수의 시민에게만 결여될 수 없으므로, 채권자 계급은 언제나 대신들의 계획에 가장 위험을 돌보지 않고 참여해야 한다. 그리고 언제나 눈 밑과 손 가까이 있기 때문에 국가는 이 계급에 특별한 보호를 실시하며 채무자 측이 결코 채권자 측보다 유리한 지위를 차지하는 일이 없도록 해야 한다.

제19장 이자가 붙는 대출(貸出)

금전은 가치의 표징이다. 이 표징이 필요한 자가 이것을 빌려야 하는 것은 분명하다. 마치 그가 그 필요로 하는 모든 것을 빌려야 하듯이. 유일한 차이는 다른 것을 빌리거나 살 수는 있지만, 이에 대하여 물건 가격인 금전은 빌릴 수는 있어도 살 수는 없다는 점이다.[*25]

상업이 잘 행해지기 위해서 금전은 대가를 가져야 한다. 그러나 이 대가가 지나치게 많은 금액이어서는 안 된다. 그것이 너무 고가이면 상인은 그 거래에

---

*25 이 상품으로 간주되는 경우에 대해서 말하고 있는 것은 아니다. 〔원주〕

서 많은 이득을 볼 수 있기보다는 금리에 더욱 비용이 든다고 생각하여 아무 일도 꾀하지 않는다. 반면에 금전이 전혀 대가가 없으면 아무도 그것을 빌리지 않으므로 마찬가지로 상인은 아무 일도 꾀하지 않는다.

그런데 내가 누구나 돈을 빌리지 않게 된다고 말한 것은 잘못이다. 사회의 여러 사업은 끊임없이 이루어져야 한다. 여기에서 고리(비싼 이자)가 성립된다. 그러나 이것으로 인해 모든 시대의 사람들이 겪은 큰 혼란이 따르게 된다.[26]

마호메트 법은 고리와 이자부 대출을 혼동했다. 고리는 이슬람교국에서는 엄격한 금지에 비례하여 점점 커진다. 대주(貸主 : 돈을 빌려준 사람)는 위반의 위험을 차주에게 지급하게 하기 때문이다.

이러한 동방 제국에서는 대부분의 사람들이 확실한 것은 아무것도 없다. 어떤 금액의 현재 보유와 그것을 빌린 뒤에 되찾을 수 있는 희망과의 사이에는 거의 관련이 없는 것이다. 따라서 거기에서는 높은 이자가 변제 불능의 위험에 비례해서 커진다.

제20장 바다의 고리(高利)

바다에서 이자가 비싼 것은 두 가지 일이 원인이 된다. 바다의 위험, 이것에 따라서 사람들은 훨씬 많은 금은을 얻기 위해서가 아니면 그 금은을 빌려주는 위험을 무릅쓰지 않는다.

다음에는 상업이 차주에게 주는 대규모 다수의 거래를 빠르게 행하는 일의 쉬움이다. 이와 달리 뭍의 고리는 위의 두 가지 이유의 어느 쪽에도 기초를 두지 않으므로, 또는 입법자에 의하여 금지되고 또는 더욱 합리적이지만 정당한 한계로 한정된다.

제21장 로마에서의 계약에 따른 대출과 고리

상업을 위해 행해지는 대출 외에, 또 시민적 계약에 따른 일종의 대출이 있어 거기에서 이자 또는 고리가 생긴다.

로마에서는 국민이 나날이 그 세력을 키웠으므로 집정자들은 이에 아첨하

---

[26] usure=usura 화폐는 화폐를 낳지 않는다는 아리스토텔레스의 말에 따라 교회는 처음 모든 금리를 금지했다. 그 후 소비 대출 이외에 대해서는 차츰 완화되었으나 그래도 여러 제한이 있었다. 다음 절에서 '마호메트의 법은' 하는 것은 그리스도교에도 적용되는 것이다.

여, 국민이 가장 마음에 들어하는 법을 만들려고 애썼다. 집정자들은 밑천을 삭감하고,*27 이자를 줄이고, 이자 받는 것을 금하고, 민사 구속을 폐지했다. 마침내 호민관이 인기를 얻으려고 생각할 때마다 채무를 없애는 것이 문제되었다.

법에 또는 국민투표에 의한 이러한 끊임없는 변화는 로마에서 고리를 제도화했다. 왜냐하면 채권자는 국민이 그들의 채무자, 그들의 입법자, 그들의 재판관임을 보고 이미 계약에 신용을 두지 않았다. 국민은 신용을 잃은 채무자로서 커다란 이윤에 의하는 것이 아니면 그에게 돈을 빌려주도록 유혹할 수 없었다.*28 법은 이따금 시정하러 오는데 불과하지만, 국민의 호소는 끊임없으며 언제나 채권자를 위협했으므로 더욱 그러했다. 그 결과로서 모든 성실한 대출 방법은 로마에서 쓰러지고 언제나 뇌격을 받으면서 재생하는 괴물과도 같은 고리가 거기에 확립되기에 이르렀다. 이러한 해악이 생긴 것은 금리가 조금도 조정되지 않은 결과이다.*29 극단적으로 선한 법은 극단적인 악을 낳는다. 돈을 빌린 차주는 빌린 돈에 대해서, 또 법의 처벌 위험에 대해서 지급하지 않을 수 없는 것이다.

제22장 로마에서의 계약에 따른 대출과 고리(계속)

초기 로마인은 금리*30 비율을 규정하기 위한 법을 만들지 않았다. 이 점에 대해서 평민과 귀족과의 사이에 생긴 분쟁에서, 성산(聖山 : mons Sacer)의 폭동에서조차 한쪽에서는 성실이, 다른 쪽에서는 계약의 가혹함을 끌어다 쓴 데 불과했다.*31

그러므로 사람은 사적인 협정을 따랐던 것이다. 그리고 가장 보통인 협정이 연리 1할 2푼이었다고 나는 믿는다. 그 이유는 로마인의 옛날 말로는 6푼의 이자는 고리의 절반이라 불렸고, 3푼의 이자는 고리의 4분의 1이라 불렸기 때문

---

*27 갚아야 할 원금을 줄이고 부분적 파산을 공인하는 일.
*28 tenter á lui préter. 유혹하다(tenter)라는 동사의 드문 용례. '커다란 이윤의 희망에 의하는 것이 아니면 그 (국민)에게 빌려주려는 욕구를 주지 않았다'는 의미.
*29 처음 판에는 '키케로가 말하기를, 그의 시대에는 로마에서는 3할 5푼, 여러 주에서는 4할 5푼의 금리였다'고 부가 설명되어 있다.
*30 고리(usure)와 금리(intérêt)는 로마에서는 한 가지로 해석되었다. (원주)
*31 이것을 멋지게 서술한 드니 달리카르나스를 참조할 것. (원주)

에 전체 고리는 1할 2푼의 이자였음이 틀림없기 때문이다.

어떻게 해서 이렇게 심한 고리가 거의 상업을 하지 않는 국민들 사이에 성립할 수 있었느냐고 묻는다면 나는 말하겠다. 이 국민은 무급으로 전쟁터에 끌려나갔으므로 빈번히 돈을 빌릴 필요가 있었다. 그리고 끊임없이 만족스러운 원정을 했으므로 보통은 지급하기가 가능했다고. 그리고 이러한 일은 이 문제에 관해서 생긴 분쟁 이야기로써 명백해진다. 그러한 이야기에서는, 사람은 대주(貸主)의 탐욕을 부정하지는 않지만 불평을 말하는 차용인이 더 진지한 행동을 하면 지급할 수 있었을 것이라고 말하고 있다.

그래서 지금의 정세에 영향을 끼칠 만한 법이 만들어졌다. 이를테면 끝까지 참아 가야 하는 전쟁에 종군하는 사람들은 채권자에 의하여 소추(訴追)되지 않을 것이라든가, 채무 때문에 옥중에 있는 자는 석방될 것이라든가, 가장 빈곤한 자는 식민지로 끌려가게 될 것이라는 등을 정하는 법이 만들어졌다. 때로는 국고가 열렸다. 국민은 눈앞의 고통이 줄어 들자 진정했다. 그리고 국민은 지금부터의 일에 대해서는 아무것도 바라지 않았으므로 원로원도 국민을 만족시키려고 하지 않았다.

원로원이 이토록의 끈기로 금리를 옹호했던 시대에는 로마인의 빈곤과 검소함에 대한 사랑, 중용의 사랑이 심했다. 그러나 로마의 정체는 주된 시민이 국가의 모든 부담을 도맡고 하층 백성은 아무것도 지급하지 않게 되어 있었다. 그러면서 주된 시민들에게 채무자에게 공소를 제기할 권리를 빼앗고 그들의 부담을 이행하고, 공화국의 긴급한 수급에 응할 것을 요구하는 어떠한 방법이 있을까?

타키투스는 말한다.*³² 십이동판법은 이자를 연간 1푼으로 정했다고. 그가 잘못 알고 있다는 것, 그는 이제부터 말하는 다른 법을 십이동판법이라고 잘못 생각한 것이 분명하다. 만일 십이동판법이 이렇게 규정되었다면, 그 뒤 채권자와 채무자와의 사이에 생긴 논쟁에서 어떻게 그 권위가 이용되지 않았던 것일까. 이자부 대출에 관해서 이 법의 어떠한 흔적도 찾아볼 수 없다. 또 조금이나마 로마 역사를 아는 사람은 이와 같은 법은 10대관(十大官)의 작품일 수 없었다는 것을 잘 알 것이다.

---

*32 《연대기》 제6편 제16장. 〔원주〕

〈리키니아법〉은 십이동판법보다 85년 뒤에*33 만들어졌는데, 앞에서 말한 그 일시적인 법의 하나였다. 이 법은 원금에서 이자로 지급된 것을 삭제하고, 잔액은 세 가지 평등한 지급으로 치러져야 한다고 정했다.

로마 기원 398년, 호민관 두엘리우스와 메네니우스는 이자를 연 1푼으로 내리는 법을 통과시켰다. 타키투스가 십이동판법과 혼동한 것은 바로 이 법이다. 그리고 이것은 이율을 결정하기 위하여 로마에서 만들어진 최초의 법이다. 10년 뒤에는 이 금리가 절반으로 줄었다. 다시 그 뒤에는 금리를 완전히 폐지했다. 그리고 티투스 리비우스가 읽은 저자의 말을 들으면, 그것은 C. 마르티우스 루틸리우스와 Q. 세르빌리우스의 집정관 시대, 로마 기원 413년의 일이었다.

이 법에 대해서도 입법자가 사물을 극단으로 이르게 한 모든 법에 대해서 비롯된 것과 같은 결과가 나타났다. 그것을 회피하는 방법이 발견되었다. 이 법을 강화하고, 교정하고 완화하기 위해 많은 다른 법이 다시 만들어져야만 했다. 때로는 사람은 법을 떠나 관행을 따르고, 때로는 관행을 떠나 법을 따랐다. 그러나 나중에는 관행이 쉽게 우세를 보이지 않을 수 없었다. 어떤 사람이 돈을 빌릴 때 그를 위해 만들어진 법 자체가 장애가 되었다. 이 법은 구제하려는 자나 골탕먹이는 자나 똑같이 적으로 돌렸다. 법무관 셈프로니우스 아셀루스는 법대로 행동할 것을 채무자에게 허가했기 때문에 이미 용서할 수 없는 가혹한 기억을 되살리려고 기도한 때문으로 채권자들에게 살해되었다.*34

나는 로마시를 떠나 잠시 눈을 여러 주로 돌리기로 한다.

나는 다른 대목에서 로마의 주는 전제적이며 가혹한 통치로 말미암아 황폐하다고 말했다. 그러나 그것만으로는 충분치 않다. 주는 더욱 가공할 고리로써 황폐해져 갔던 것이다.

키케로는 말한다. 살라미스의 주민은 로마에서 돈을 빌리려고 했지만 가비니아 법 때문에 빌릴 수 없었다고. 이 법은 무엇이었는가를 검토해야 한다.

이자부 대출(貸出)이 로마에서 금지되자 법망을 뚫고 빠져나가기 위한 온갖

---

*33 로마 기원 388년. 《티투스 리비우스》 제6편 제25장. (원주)
*34 처음 여러 판에는 '술라 밑에서 C. 발레리우스 플라쿠스가 연 3푼의 금리를 허가하는 법을 만들었다' 덧붙여져 있었다.

수단이 연구되었다. 그리고 로마의 동맹 국민과 라틴 민족의 사람들은 로마인의 시민법을 따르게 되지 않았으므로, 라틴인이나 동맹 국민을 이용하여 그 명의를 빌려 채권자처럼 보였다. 그래서 법은 다만 채권자에게 한 가지 수속만을 밟게 했으나 채무자에게는 편하게 하지 않았다.

국민은 이 기만에 불평을 터뜨렸다. 그래서 호민관이 마리우스 셈프로니우스는 원로원의 권위로서 대출에 대한 한 로마 시민의 상호간에 고리를 금하는 법은, 시민과 동맹 국민 또는 라틴인 사이에도 똑같이 적용된다는 결의를 성립시켰다.

이 시대의 동맹 국민은, 아르노강과 루비콘강에까지 퍼져 로마 주역(州域)으로서 통치되지 않은 고유한 의미에서의 이탈리아 여러 민족을 의미했다.

타키투스는 고리를 막으려고 만들어진 법에 대한 새로운 기만이 끊임없이 행해졌다고 말한다. 동맹 국민의 명의로 더 이상 빌리든가 빌려주든가 하지 못하게 되자, 주지역의 인간을 둔갑시켜 그 명의를 빌리는 것은 쉬운 일이었다.

이와 같은 위반에는 새로운 법이 필요했다. 그래서 가비니우스는 선거에서 부패를 막는 것을 목적으로 한 유명한 법을 만들었을 때, 그것이 성공하는 가장 좋은 방법은 차금(돈을 빌리는 것)을 단념시키는 일이라고 생각했을 것이다. 여기에는 본디 두 가지 목적이 연결되어 있었다. 왜냐하면 선거 때에 금리는 반드시 올랐다. 그것은 표를 사기 위하여 금전이 필요했기 때문이다. 가비니아 법이 셈프로니우스 원로원 의결을 주역에 확대시킨 것은 분명하다. 사마리스인이 이 법 덕분으로 로마에서 돈을 빌릴 수 없었기 때문이다. 브루투스는 가공 명의로 그들에게 월 4푼으로*35 돈을 빌렸다. 그리고 그 때문에 두 가지 원로원 의결을 얻었다. 그 첫째 것 중에는 이 대부는 법률 위반으로는 여기지 않는다는 것, 시칠리아 총독은 사마리스인의 차용증서에 기재된 조항에 따라 판결한다고 되어 있었다.

가비니아 법에 따라서 주지역 사람들과 로마 시민 사이의 이자부 대출이 금지되었다. 로마 시민은 당시 온 세계의 돈을 손안에 가지고 있었으므로 터무니없는 고리를 미끼로 하여 로마인이 탐욕에 눈이 멀어 빌려준 돈을 떼어

---

*35 폼페이우스는 아리오바르자네스 왕에게 600달란트를 빌렸는데, 매달 30아티카 달란트의 지급을 받았다(키케로의 《아티쿠스에게 보낸 편지》 제5편 서간 21, 제6편 서간 1). 〔원주〕

먹힐 위험을 잊어버리도록 꾀할 필요가 있었다. 게다가 로마에는 집정자를 위협하고 법을 침묵시키는 유력자가 있었으므로 이 사람들은 돈을 빌리는 것과 터무니없는 고리를 탐하는 것에도 매우 대담했다. 그 결과 주역(州域)은 로마에서 세력이 있는 모든 인간들 때문에 번갈아 노략질당했다. 그리고 각 지사는 그 주에 들어가면 명령을 내려, 고리에 대해서 제멋대로의 금리를 매겼으므로 탐욕은 입법을 돕고 또 입법은 탐욕을 도왔던 것이다.

일은 언제나 진행되어야 한다. 국가 안에서 모든 것이 활동하지 않게 되면 국가는 멸망한다. 도시·동업단체·조합·개인도 돈을 빌려야 하는 경우가 있었다. 군대 약탈, 관리의 부정, 세리의 으름장, 기타 날마다 일어나는 나쁜 관행의 비용을 조달하기 위해서라도 사람들은 절실하게 돈을 줄 필요가 있었다. 왜냐하면 로마인은 여태까지 그렇게 부유하지도, 그토록 가난하지도 않았기 때문이다. 원로원은 집행권을 가지고 있었으므로 필요상, 또 때때로 은혜에 의하여 로마 시민에게서 돈을 꿀 수 있는 허가를 주었다. 그리고 이 때문에 원로원 의결을 만들었다. 그러나 이러한 원로원 의결까지도 법으로 말미암아 권위를 잃게 되었다. 왜냐하면 이러한 원로원 의결은 국민에게 새로운 이율을 요구하는 기회를 줄 가능성이 있기 때문이다. 그것은 원금 상실의 위험을 높여 나아가서 금리를 인상시켰다. 나는 언제나 말한다. 사람을 다스리는 것은 중용이며 지나침이 아니라는 것을.

가장 늦게 지급하는 자가 가장 적게 지급한다고 울피아누스는 말했다.

로마 공화제 파멸 뒤, 입법자를 지도한 것은 바로 이 원리이다.*36

---

*36 처음 여러 판의 원문. '이것의 이자는 정당하냐 하는 문제, 즉 채권자는 시간을 팔 수 있느냐, 채무자는 시간을 살 수가 있느냐의 문제를 결정한다.'

제23편
법과 주민 수의 관계

제1장 종의 번식으로 본 인간과 동물

오! 비너스여! 오오, '사랑(큐피드)'의 어머니여!
....

그대의 별이 다시 불러오는 아름다운 첫 햇살에서,
미풍은 사랑의 숨결을 느끼게 한다.
대지는 번쩍이는 색채로 그 가슴을 장식하고,
대기는 온갖 꽃 향기로 가득하다.
새는 그대의 힘에 움직여
교성(嬌聲)을 지르며 그대의 왕림을 축복한다.
아름다운 암소를 위하여 자랑스런 황소들이
들에서 뛰고, 강을 건넌다.
숲에, 산에, 강에, 바다에,
푸른 들에 사는 것은 모두
그대를 보고 사랑과 욕정에 불타며,
환희에 이끌려 생식한다.
나는 바라노라. 그대를 따르고,
살아 있는 자에게―주는 아름다운 나라에 살 것을*1

동물의 암컷은 끊임없는 번식력을 가지고 있다.
그러나 인류는 사물의 사고방식·성격·정념·공상·변덕, 아름다움을 유지하

---

*1 《루크레티우스》 최초의 부문. 〔원주〕

려는 마음, 임신 걱정, 많은 자식을 키우는 고생스러움 등 수많은 방법으로 번식을 방해한다.

제2장 혼인

아버지가 그 자식을 기르는 자연적인 의무가 혼인을 성립시켰다. 그래서 혼인은 이 의무를 다해야 할 자를 명백히 한다. 폼포니우스 멜라가 말하는 국민*2은 그 의무를 다해야 할 자를 서로 닮은 것에 따라서만 결정했다.

아주 개화된 국민에게 아버지란, 법이 혼인 의식으로 이 의무를 정한 자이다. 왜냐하면 법은 그 속에서 구하는 자를 발견하기 때문이다.

이 의무는 동물에게는 보통 어미만으로 다할 수 있는 정도에 그친다. 인간에게는 이 의무가 훨씬 커다란 넓이를 가진다. 인간의 자식은 이성이 있다.

그러나 이성은 그들 속에 서서히 나타나는 데 불과하다. 즉 그들은 기르는 것만으로 충분하지 않고 자식을 지도해야 한다. 이제 그들은 살아갈 수는 있을 것이다. 그러나 자신을 다스리지는 못한다.

야합(野合)은 종의 번식에 그다지 도움이 되지 않는다. 아버지는 자식을 기를 자연적 의무를 지는 것이지만, 이 경우에는 확실하게 정해져 있지 않다. 어머니에게는 양육의 의무는 남지만 수치, 후회, 여성이라는 구속, 법의 준엄성에 따른 수많은 장애를 발견한다. 대부분의 경우, 여자에게는 부양 능력이 없다.

매춘에 종사한 여성은 그 자식에게 교육을 시키기 어렵다. 이 교육의 어려움은 그녀들의 지위와 양립될 수 없다고까지 말할 수 있다. 더구나 그녀들은 몹시 타락해 있으므로 법의 보호를 받을 수 없다.

이러한 모든 일에서 공식 순결성은 종의 번식에 마땅히 결합하는 것이라고 결론 내릴 수 있다.

제3장 자식의 신분

혼인했을 경우에는 자식은 아버지의 신분을 좇고, 혼인하지 않았을 경우에

---

*2 가라만트인. (원주) 아프리카 주민. 아틀라스의 남쪽 지방에 살며 고대인이 알고 있었던 가장 남쪽의 민족.

는 자식은 어머니에게만 속한다는 것이 이성의 명령*3이다.

제4장 가문

아내가 남편 가문으로 옮기는 것은 거의 여러 곳의 관습이다. 그러나 그 반대가 타이완에서는 아무런 불편도 없이 행해지고 있다. 거기에서는 남편이 아내의 가문으로 들어간다.

이 법은 가문을 같은 성(姓)의 인간의 계승에 정하고 처음 이유와는 다르게 독립적으로 인류의 번식에 크게 공헌하고 있다. 가문은 하나의 재산이다. 가문을 영속시키지 않는 성의 자식을 갖는 사람은, 가문을 영속하려는 성의 자식을 가질 때까지는 결코 만족하지 않는다.

성(姓)이 사라질 리가 없다는 생각은 그러한 관념을 사람들에게 주지만, 각 가문에 그 존속을 연장하려는 욕구를 불러 일으키는 데는 아주 알맞다. 이름이 가문을 나타내는 국민이 있다. 이름은 사람을 나타내는 데 불과한 국민도 있다. 후자는 전자와 같은 이익을 가지지 않는다.

제5장 합법적 여성의 여러 범주

때로 법과 종교는 많은 종류의 시민적 남녀 관계를 정했다. 이슬람교인의 경우가 그러하며, 거기에는 여러 아내의 순위가 있고, 그 자식은 집안에서의 출생에 따라서, 또는 시민적 계약, 또는 어머니의 노예적 신분, 또 아버지 사후의 인지에 따라서도 구별된다.

법이 아버지의 행위를 시인하면서도 그 행위의 결과를 자식에게 비난하는 것은 이성에 어긋날 것이다. 그러므로 이들 모든 자식은 아버지를 상속해야 한다. 어떤 특별한 이유가 있어 이에 반대하는 경우에는 문제가 달라진다. 이를테면 일본에서는 황제(장군)에 따라 주어진 아내의 자식만이 상속한다. 이 나라에서는 정치가, 황제가 주는 재산이 분할되지 않을 것을 요구한다. 왜냐하면 그러한 재산은 우리의 옛날 봉토처럼 역무(役務)에 복무하게 되었기 때문이다.

한 사람의 적처(장가처)가 집안에서, 유럽에서 단 한 명의 아내가 가지고 있

---

*3 이 때문에 노예제 국가에서는 자식이 대부분 어머니의 신분을 좇는다. 〔원주〕

는 것과 거의 같은 권세를 누리는 나라가 있다. 거기에서 첩의 자식은 첫째 또는 주된 처의 자식으로 여긴다. 중국에서는 이렇게 정해져 있다. 효행과 엄격한 복상(服喪) 의식은 친모에게 치러야 할 것이 아니라 법이 정한 이 어머니에게 치러져야 하는 것이다.

이와 같은 의제(擬制)*4 덕분으로, 이미 사생아는 없다. 그러나 이러한 의제가 행해지지 않는 나라에서도 첩의 자식을 본처 자식으로 하는 법이 부자연스러운 법임은 명백하다. 왜냐하면 국민의 대다수가 법 때문에 피해를 입을 것이기 때문이다. 이들 나라에서는 사생아 또한 문제가 되지 않는다. 아내의 은둔 생활, 자물쇠, 내시, 속박 등은 남편에게 모든 부정을 아주 어렵게 하여 법은 그것을 불가능하다고 판단할 정도이다. 게다가 (불의의 자식이 태어나면), 어머니나 자식이나 같은 칼로 베어 죽인다.

제6장 각 정체에서의 사생아

다처제를 인정하는 나라에서 사생아는 거의 알려지지 않는다. 그것은 일처제가 정해져 있는 나라에서만 알려진다. 이러한 나라에서는 축첩을 비난해야만 했다. 그리고 거기에서 태어난 자식을 비난해야만 했다.

공화정체에서의 풍속은 순결함이 필요하므로 사생아는 군주정체에서보다 더욱 꺼림칙하다.

로마에서도 그들에게 너무나 가혹한 규정을 만들었다. 그러나 옛날 제도는 모든 시민에게 결혼하기를 강제했고, 또 혼인은 일방적 또는 협의 이혼의 허가로 완화되어 있었으므로 사람을 축첩으로 몰아넣는 것은 심한 풍속의 부패뿐이었다.

민주정체에서 시민의 자격은 주권을 짊어짐으로써 중요한 것이므로 거기에는 때때로 사생아의 신분에 관한 법이 만들어졌다. 그것은 이 문제 자체 및 혼인의 성질에 관계하기보다는 오히려 공화정체의 특수한 정치 구조에 관계했던 것은 주목할 만하다. 그래서 국민은 때로는 유력자에 대한 그들의 세력을 키울 목적으로 사생아를 시민으로서 받아들였다. 그래서 아테네에서는 이집

---

*4 아내는 큰마누라와 작은마누라, 즉 본처와 첩으로 구별된다. 그러나 자식에게는 그러한 구별은 없다. 뒤 알드 신부가 번역한 도덕에 관한 중국의 책에는 '이것이야 말로 천하의 큰 법이니라.'라고 쒸어 있다. [원주]

트 왕이 백성에게 보낸 밀의 보다 큰 몫을 없애려고 사생아를 시민 수에서 깎았다.

마지막으로 아리스토텔레스에 따르면, 많은 도시에서 시민 수가 충분하지 않을 때에는 사생아는 상속하고 시민 수가 충분하면 상속할 수 없었다고 한다.

제7장 아버지의 혼인 동의

아버지의 동의는 권력, 즉 그 소유권에 기인한다. 그것은 또 그 사랑, 이성 및 자식의 이성의 불안정에 기인한다. 자식의 이성은 젊음이 무지의 상태에 두고 정념이 도취의 상태에 두고 있기 때문이다.

소공화국, 또는 앞에서 서술한 특이한 제도에서는 시민의 자식 혼인에 대해서 자연이 이미 아버지에게 준 감독권을 집정자에게 부여하는 법이 존재할 수 있다. 공공 복지에 대한 사랑이 거기에서는 강해서, 다른 모든 사랑과 같은가 그것을 넘어설 정도이다. 그래서 플라톤은 결혼이 집정자에 따라 규정되기를 바라며, 스파르타에서는 집정자가 결혼을 감독했다.

그러나 보통 제도에서는 자식을 혼인시키는 것은 아버지의 일이다. 이 문제에 관한 그들의 신중함은 언제나 다른 모든 신중함보다 더할 것이다. 자연은 그 자식에게 상속인을 얻게 하려는 욕구를 이미 자기 자식을 만들고 싶은 욕망을 거의 잃어버린 아버지에게 준다. 자손을 만드는 여러 단계에서 그들은 모르는 사이에 미래 쪽으로 나아가는 것이다. 그러나 압제와 탐욕이 아버지의 권력을 찬탈하기에 이르면 어떻게 하면 좋을까. 토마스 게이지가 서인도에서 에스파냐인이 한 행동에 대해 말하는 바*5를 들어보자.

해마다 공물을 바치는 사람의 수를 늘이기 위해 15세가 되는 모든 그곳 원주민은 결혼해야만 한다. 그리고 원주민의 결혼 연령을 남자 13세, 여자 12세로 정하기까지 했다. 그것은 성적 매력은 나이를 보충한다*6는 가톨릭교회 법규를 근거로 하는 것이다. 그는 강제적으로 결혼시킬, 성에 눈뜬 남녀를 조사한 표가 만들어지는 것을 보았다. 그것은 부끄러운 일이었다고 그는 말하고 있다. 이와 같이 세상에서 가장 자유로워야 할 행위에서도 원주민은 노예였던 것

---

*5 Thomas Gage ; A New Survey of the West Indies, p.345. 〔원주〕
*6 Nisi Malitia Supplet Aetatem.

이다.

제8장 아버지의 혼인 동의(계속)

영국에서 여자는 때때로 법을 남용하여 어버이에게 의논하지 않고 제멋대로 결혼한다. 영국에서는 법이 수도원식 독신을 정하고 있지 않다. 그러므로 처녀들은 결혼해서 얻는 신분 말고는 얻을 수 없으며 결혼을 거부할 수 없다는 이유로써 이 관행은 다른 곳에서보다도 쓰일 수 있는 것이 아닌가 생각한다. 이와 달리 프랑스에서는 수도원식 제도가 설정되어 있어 처녀는 언제나 독신의 길을 가지고 있다. 그러므로 처녀들에게 아버지의 동의를 기다리라고 명령하는 법은 프랑스에서는 좀 더 적당할 수 있을 것이다. 이 관점에 따르면 이탈리아와 에스파냐에서 행해지는 관행은 보다 불합리할 것이다. 그곳에도 수도원식 제도가 설정되어 있고, 게다가 아버지의 동의 없이도 결혼할 수*7 있기 때문이다.

제9장 처녀

결혼으로만 쾌락과 자유를 누릴 수 있는 처녀, 생각하는 일을 굳이 하지 않는 머리를 갖고, 느끼는 것을 굳이 하지 않는 마음을 갖고, 보는 것을 굳이 하지 않는 눈을 갖고, 듣는 것을 굳이 하지 않는 귀를 갖고, 어리석음을 보이기 위해서만 모습을 나타내고, 쓸데없는 이야기와 설교에 빠진 처녀를 결혼시키는 것은 아주 쉽다. 그와 반대로 결혼할 뜻이 있어도 마음이 내켜하지 않는 것은 총각 쪽이다.

제10장 혼인을 결의시키는 것

두 사람이 기분 좋게 생활할 수 있는 곳이라면 어디서나 결혼이 이루어진다. 자연은 생존의 어려움으로 가로막히지 않는 한, 사람을 결혼으로 쏠리게 한다.
신흥 민족은 그 수를 크게 늘려간다. 독신 생활은 그들 나라에서는 큰 불편을 느끼겠지만 많은 자식을 갖는 일은 결코 불편하지 않다. 그들이 하나의 성숙한 국가를 이룩하게 되면 반대의 일이 일어난다.

---

*7 이것은 또 가톨릭교회 법규의 규정이다.

제11장 통치의 가혹성

전혀 아무것도 없는 가난한 사람들은 많은 자식들을 가지고 있다. 그것은 그들이 신흥 국민이기 때문이다. 즉 아버지는 자식에게 그 기술을 부여하기 위하여 한푼도 들지 않으며 자식은 나면서부터 이 기술의 도구가 되기까지 하는 것이다. 이러한 사람들은 부유한, 또는 미신적인 나라에서 번식한다. 왜냐하면 그들은 사회의 부담을 짊어지지 않고 도리어 그들 자신이 사회의 부담이기 때문이다. 그러나 가혹한 통치 아래에 산다는 이유만으로 가난한 사람들, 또 자기 밭을 생존의 기초라기보다는 탐관오리에게 시달리는 계기로 여기는 사람들, 이러한 사람들은 그다지 자식을 만들지 않는다고 나는 말한다. 그들은 자기들이 살기 위한 것조차 없다. 그런데 어떻게 해서 나누어 주려고 생각할 수 있겠는가. 그들은 자식이 병에 걸려도 돌볼 수 없다. 그런데 어떻게 유년기의 끊임없는 질병 속에 있는 자식을 키울 수 있을까?

백성이 가난하면 가난할수록 가족의 수가 많아지고, 조세 부담이 무거우면 무거울수록 사람들은 그것을 지급할 수 있다고 쉽게 말하는 것은 거짓이며 그것은 판단 능력의 부족을 드러내는 자의 궤변이다. 이 두 가지 궤변은 언제나 군주정체를 멸망시켜 왔다. 그리고 영구히 그 정체를 멸망시킬 것이다.

통치의 가혹성은 자연적 감정 자체에 의하여 그 감정을 파괴하기에 이르기까지 한다. 때문에 미국 여성들은 자기들의 자식이 이토록 잔혹한 주인을 갖지 않아도 되게끔 낙태하지 않았는가?

제12장 여러 나라의 여아와 남아

앞에서 말한 바와 같이, 유럽에서는 여아보다도 남아가 조금 많이 태어난다. 그러나 일본*8에서는 남아보다 여아가 조금 많이 태어난다는 사실이 지적되었다. 다른 조건이 같다면 유럽보다 일본 쪽이 아이를 많이 낳는 여자가 많고 따라서 인구가 많다.

여행기에 따르면 반탐*9에서는 남아 한 사람에 대해서 여아가 열 사람이라고 한다.

이와 같은 불균형은 그곳 집의 수와 다른 지역의 집의 수와의 비를 1대 5·5

---

*8 그 무렵의 일본 수도의 인구 조사를 보고하고 있는 켐페르 참조. 〔원주〕
*9 Bantam. 자바섬의 왕국.

로 한 것이므로 극단적이다. 그곳의 집은 좀 더 대규모일지 모르지만 이와 같은 커다란 집을 유지할 만큼 안락하게 사는 사람은 적다.

제13장 항구

남자가 수많은 위험을 무릅쓰고 멀리 떨어진 고장에 가서 죽기도 하고 살기도 하는 항구에서는 남자가 여자보다 적다. 그러나 다른 곳보다 어린이가 많다. 그것은 생활 자료를 손에 넣는 것이 쉽기 때문이다. 아마 어류의 기름성분이 생식에 도움이 되는 원료를 공급하는 데 좀 더 알맞기 때문일 것이다. 거의 어류만 먹는 일본*10과 중국*11의 인구가 많은 원인의 하나는 이것이리라. 만일 그렇다면 어류를 먹도록 강제하는 어떤 수도원식 규칙은 입법자 자신의 정신에는 어긋날 것이다.

제14장 다수 또는 소수의 일손이 필요한 토지 생산물

방목지에는 인구가 적다. 왜냐하면 거기에서는 적은 수의 인원 말고는 직업을 찾지 못하기 때문이다. 밀밭은 좀 더 많은 사람을 쓸 것이다. 그리고 포도밭은 훨씬 많은 사람이 필요하다.

영국에서는 목장의 증가가 주민을 줄어들게 한다는 불평이 때때로 있었다.*12 그리고 프랑스에서는 많은 포도밭이 인구가 많은 커다란 원인의 하나라고 지적되었다.

탄광이 연료를 제공하는 지방은 숲이 필요없고, 모든 토지가 경작될 수 있다는 이점을 다른 토지에 대해서 가진다.

쌀이 생산되는 지방에서는 논밭에 물을 대는 관개(灌漑)에 많은 노동이 필요하다. 그러므로 거기에서는 많은 사람이 고용된다. 그뿐만 아니라 일가의 생활 재료를 공급하는 데 다른 곡물을 생산하는 지방보다도 많은 땅이 필요하지 않다. 끝으로 가축 사육에 사용되는 땅에서는, 그 토지가 인간의 생존에

---

*10 일본은 섬으로 이루어져 있다. 많은 해안이 있고 바다에는 어류가 풍부하다. (원주)
*11 중국에는 강이 많다.
*12 버넷은 말한다. 대부분의 토지 소유자는 밀보다 양털의 판매에 의하여 많은 이윤을 얻었으므로 소유지를 폐쇄했다. 촌락(즉 국민)은 굶어 죽을 지경이 되어 반란을 일으켰다. 농지법이 제출되었고, 젊은 국왕은 이것을 주제로 삼아 논문을 쓰기도 했다. 토지를 둘러싼 사람들을 비난하는 몇 가지 선언이 발표되었다(《종교개혁사 제요》 44쪽, 83쪽). (원주)

직접 이바지한다. 다른 데에서는 짐승이 하는 노동을 여기에서는 인간이 한다. 그리고 토지 경작은 인간에게 커다란 제조업이 되고 있다.

제15장 공업*¹³과 주민 수의 관계

토지분배법이 있어 토지가 평등하게 분배되는 경우에는, 아주 적은 공업밖에 없어도 인구는 아주 많을 수 있다. 왜냐하면 각 시민은 그 토지의 노동 속에서 자기가 살아갈 것을 찾아 내고, 모든 시민들은 나라의 모든 산물을 소비하기 때문이다. 고대시대 공화제에서는 이러했다.

그런데 오늘날 여러 국가들의 토지는 불평등하게 분배되어 있고 그것을 경작하는 사람들이 쓸 수 있는 이상으로 산출하므로, 만일 이러한 국가에서 공업이 등한시되고 사람들이 농업에만 전념한다면 인구는 더 많아질 수 없다. 경작하고 또는 경작시키는 사람들은 여분의 산물을 갖는 셈이 되므로 아무 것도 그들로 하여금 다음 해에 노동하도록 유인할 수가 없는 것이다. 산물은 결코 일하지 않는 사람들에 따라 소비되지는 않을 것이다. 왜냐하면 이 사람들은 그것을 사는데 필요한 물건이 없을 것이기 때문이다. 따라서 공업을 일으키고 산물이 농경지와 공업자에 따라 소비되도록 해야 한다. 한마디로 말해서, 이런 국가는 많은 사람들이 자기에게 필요한 것 이상으로 경작하는 것이 필요하다. 그러기 위해서는 그들에게 잉여 물자를 얻으려는 욕망을 주어야 한다. 그런데 그것을 주는 자는 공업 기술자뿐이다.

기술을 단축시킬 것을 목적으로 하는 그러한 기계는 반드시 언제나 유익하지는 않다. 만일 어떤 공작품의 값이 알맞고 그것을 사는 사람에게나 제작한 노동자에게나 똑같이 알맞은 것이라면 그 제조를 간단히 하는, 즉 노동자의 인원수를 줄이는 그러한 기계는 해로울 것이다. 그러므로 수차(水車)가 여러 곳에 설치되어 있다면, 나는 그것을 사람들이 말하는 만큼 이로운 것이라고는 믿지 않는다. 왜냐하면 수차는 수많은 일손을 놀게 하는 결과가 되며 많은 사람들로부터 물의 사용을 빼앗고 많은 토지에 풍요를 잃게 했기 때문이다.

---

*13 aux arts. 직역하면 기예라는 뜻이지만, 여기에서는 공업 전반을 가리킨다.

제16장 종 번식을 보는 입법자의 관점

인구수 조절은 많은 사정에 의존한다. 자연이 모든 것을 이루게 하는 나라도 있다. 거기에서 입법자는 아무것도 할일이 없다. 풍토의 풍요가 충분한 인구를 조성할 때 법에 따라서 번식을 권하는 것이 무슨 도움이 되겠는가. 때로는 날씨가 토지보다도 증식에 아주 알맞을 때가 있다.

인구는 증식하고, 기근은 그것을 멸망시킨다. 중국의 경우가 그러하다.

그래서 거기에서는 아버지는 딸을 팔고 아이를 버린다. 통킹에서도 같은 원인이 같은 결과를 낳고 있다.

그리고 르노도가 견문담을 보여주고 있는 아라비아 여행가와 같이 이러한 원인을 윤회설에서 찾을 필요는 없다.

같은 이유로 타이완에서는 종교가 여자에게 서른 다섯 살이 되기까지는 아이를 낳는 것을 허용하지 않는다. 이 나이 전에 임신을 하면 여승이 그 배를 마구 때려 낙태시킨다.

제17장 그리스와 그 주민 수

동양의 어느 지방에서 자연학적 원인에 기인하는 이 결과를 그리스에서는 정체의 특질이 발생하게 했다.

그리스인은 저마다 그 정체와 그 법을 가진 도시로 이루어진 일대 국민이었다. 그러한 도시는 오늘날의 스위스·네덜란드·독일의 여러 도시와 마찬가지로 정복적이 아니었다. 저마다 공화국에서는 입법자가 안에서는 시민의 행복을, 밖에서는 근처의 여러 도시에 뒤지지 않는 위력[14]을 목적으로 삼았다. 작은 영토에 비해 안락함은 컸으므로 시민의 인원수가 증가하여 무거운 짐이 되는 것은 쉬운 일이었다.

그래서 그들은 끊임없이 식민지를 만들었다.[15] 또 오늘날 스위스인이 하고 있는 것처럼 돈으로 고용되어 전쟁터에 나갔다. 그렇듯 자식이 지나치게 늘어나는 것을 막을 수 있는 일은 무슨 일이든 적극적으로 참여했다.

그들 그리스인 사이에는 그 국가 구조가 기이한 공화국이 있었다. 복종당한 민족은 시민의 생활 재료를 공급하는 것을 강제당하고 있었다. 스파르타인은

---

*14 용기, 규율과 군사 훈련을 통하여. (원주)
*15 갈리아인도 같은 환경에 있었으므로 똑같이 행했다. (원주)

헤로토인에게, 크레타인은 페르시아인에게, 테살리아인은 페네스트인에 의하여 부양되고 있었다. 노예가 생활 자료를 공급할 수 있기 위해서는 자유인의 인원수는 일정수로 한정되어야 했다.

오늘날 우리는 정규군 수를 한정시켜야 한다고 말한다. 그런데 스파르타는 농민에게 부양되는 군대였다. 따라서 이 군대의 인원수를 제한해야만 했다. 그렇지 않으면 사회의 모든 이익을 쥐고 있는 자유인이 수없이 늘어났을 것이다. 그리고 농부들은 짓눌리고 말았을 것이다.

따라서 그리스의 정치가·정치학자는 특히 인구수를 조절하는 것에 많은 힘을 기울였다. 플라톤은 그것을 5천40으로 정하고 있다. 그리고 그는 영예와 수치, 노인의 훈계로서 번식을 필요에 따라 멈추든가 장려하든가 하는 것을 바라고 있었다. 그는 국가에 부담이 되지 않고 인구가 보충되어 가도록 결혼 횟수를 조절하려고까지 했다.

아리스토텔레스는 말한다. "나라의 법이 자식을 버리는 것을 금한다면, 저마다 낳아야 할 자식의 수를 제한해야 할 것이다."

법에 의하여 정해진 인원수 이상의 자식을 갖는 자에게는 태아가 이루어지기[*16] 전에 아내가 낙태하도록 그는 권한다.

크레타인이 어린이가 넘쳐나는 것을 막기 위하여 사용한 부끄러운 방법은 아리스토텔레스에 따라 전해진다.[*17] 그리고 나는 그것을 보고하려고 했을 때 수치심으로 몸을 떨었다.

다시 아리스토텔레스는 말한다. 법이 외국인이나, 사생아나 어머니만이 시민인 자를 시민으로 하는 데가 있다. 그러나 그러한 곳에서도 인구가 충분해지면 더는 그렇게 하지 않는다. 캐나다의 미개인은 포로를 화형해 처한다. 그러나 그들에게 주어야 할 빈 오두막이 있을 때에는 그들을 같은 국민으로 인정한다.

윌리엄 페티 경은 그의 계산으로는 영국인은 알제리에서 팔릴 때의 시세만큼의 값어치가 있다[*18]고 생각하고 있다. 이것은 영국밖에서는 적용되지 않는

[*16] 직역하면 '태아가 생명을 가진다'이다. 아리스토텔레스는 일정한 시기까지 태아는 생명을 갖지 않는다고 믿고 있었다.
[*17] 《정치학》 제2편 제7장에서 아리스토텔레스는 크레타섬의 입법자가 규제한 듯한 동성애에 대해서 암시하고 있다.
[*18] 60파운드. 〔원주〕

다. 인간 따위는 아무런 가치도 없는 나라가 있고 제로 이하로서 값어치가 되는 나라도 있다.

제18장 로마 이전 인구 상태

이탈리아·시칠리아·소아시아·에스파냐·갈리아·게르마니아는 거의 그리스와 마찬가지로 소국민들로 들어찼고 주민들로 넘쳐났다. 그러므로 주민수를 증가시키기 위한 법은 필요하지 않았다.

제19장 세계의 인구 감소

이들 모든 소공화국은 큰 공화국에 흡수 합병되었다. 그리고 어느덧 세계 인구는 감소했다. 로마인 전승(戰勝) 전후의 이탈리아와 그리스의 상태를 보면 알 수 있다.

티투스 리비우스는 말한다. "볼스크인은 그토록 여러 번 패한 뒤에 전쟁을 할 만한 병사를 어디에서 찾아낼 수 있었느냐고 사람들은 물을 것이다. 오늘날 약간의 병사와 약간의 노예를 제외하면, 마치 황야나 다름없는 이 지방에 옛날에는 수많은 사람들이 있었을 것이 틀림없다."

플루타르코스는 말한다. "신탁은 사라졌다. 왜냐하면 신탁이 내릴 장소가 파괴되었기 때문이다. 오늘날 그리스에 전사가 될 만한 인간은 3000명도 안 될 것이다."

스트라본은 말한다. "나는 에피루스와 그 주위의 지방을 서술하지 않을 것이다. 왜냐하면 이들 지방은 완전히 황폐해졌기 때문이다. 이 인구 감소는 아주 오래 전부터 시작되어 날마다 이어지고 있다. 그래서 로마의 병사는 버려진 집에 머무르고 있다."

그는 그 이유를 《폴리비우스》에서 찾아냈다. 후자에 따르면 파울루스 에밀리우스는 그 전승한 후 에피루스의 70개 도시를 파괴하고 거기에서 15만의 노예를 끌고 갔다.

제20장 종 번식을 위한 법을 만들어야 했던 로마인

로마인은 모든 국민을 파멸시키고 스스로 무덤을 팠다. 끊임없는 활동과 노력, 폭거 속에 꾸준히 사용되던 무기처럼 목숨을 단축시켰다.

그들이 시민을 잃어감에 따라 시민을 얻으려고 했던 노력,[*19] 그들이 행한 동맹, 그들이 준 시민권, 그들의 노예 속에 발견한 시민의 드넓은 모판에 대해서는 여기에 서술하지 않을 것이다. 여기서 말하는 것은 시민의 상실을 회복하기 위해서가 아니라 인구 상실을 회복하기 위해서, 그들이 행한 일에 대해서이다. 그리고 로마인은 그 법을 어떻게 그 계획에 조화시켰는가를 세계에서 가장 잘 알고 있는 민족이었으니까, 로마인이 이 점에 대해서 행한 것을 살펴보는 일은 아주 이로운 일이다.

제21장 종 번식을 내용으로 하는 로마인의 법

로마의 오래된 법은 시민을 결혼시키려고 매우 애썼다.

원로원과 민중은 이에 관해서, 아우구스투스가 디온이 전하는 연설 속에서 말하듯이 때때로 규칙을 만들었다.

드니 달리카르나스는 베이 사람들에게 몰살당한 305명의 파피우스 집안 사람들이 죽은 뒤, 이 집안 사람으로는 겨우 한 어린이밖에 남지 않았다는 것을 믿을 수 없다. 왜냐하면 각 시민에게 결혼해서 모든 자식을 키울 것을 명령하는 옛날 법이 아직 효력을 지니고 있었기 때문이다.

법과는 별개로 호구를 조사하는 총감은 혼인을 감시했다. 그리고 국가의 필요에 따라 수치와 벌로 혼인을 널리 권했다.

풍속이 부패하기 시작하면, 시민들은 혼인을 꺼리게 되는 경향이 있다. 깨끗한 쾌락에 이미 맛을 느끼지 않는 사람들에게 결혼은 고통을 느끼는 것에 불과할 뿐이다. 이것이 메텔루스 누미디쿠스가 호구 총감 시절에 행한 연설의 정신이다. "만일 아내를 갖지 않는 것이 가능하다고 하면 우리는 이러한 불행에서 벗어날 것이다. 그러나 자연이 여자와 함께 있어서는 행복할 수 없고 여자 없이는 자식을 만들 수 없다고 정한 것이므로, 순간적인 즐거움보다는 종족 보전을 존중해야 한다."

풍속의 부패가 호구조사제를 파괴했다. 호구조사제 그 자체가 풍속의 부패를 없애기 위하여 만든 것이지만, 이 부패가 일반화했을 때 호구조사는 더는 힘이 없었다.[*20]

[*19] 나는 이 문제를 《로마 성쇠 원인론》 제13장에서 다루었다. 〔원주〕
[*20] 이 책 제5편 제19장 참조. 〔원주〕

국내 분쟁, 삼대관제(三大官制) 추방은 로마가 이제까지 행한 어느 전쟁보다는 로마를 피폐시켰다. 아주 적은 시민밖에 남아 있지 않았다.*²¹ 게다가 대부분은 결혼하지 않았다. 이 제2의 불행(독신)을 구제하기 위해 카이사르와 아우구스투스는 호구조사제를 되살렸다. 그리고 스스로 호구 총감이 되려고까지 했다. 그들은 여러 규칙을 만들었다. 카이사르는 많은 자식을 가진 자에게 상을 주었다. 그리고 45세 아래로 남편이나 자식을 갖지 않은 여자에게는 보석을 착용하거나 가마를 타는 것을 금하게 했다. 이것은 독신을 허영심에 따라 공격하는 교묘한 방법이었다. 아우구스투스의 법은 더 거칠었다. 그는 결혼하지 않은 자에게 새로운 형벌을 책정했고, 결혼한 자, 자식을 가진 자에게는 상을 늘렸다. 타키투스는 이러한 법을 '율리아 법'이라고 불렀다. 여기에 원로원·인민·호구 총감이 만든 예전의 법을 합병시킨 것 같다.

아우구스투스의 법은 수많은 단점이 있었다. 그리고 제정된 지 34년 후에 로마의 기사들은 그에게 폐지를 요구했다. 그는 한쪽에 결혼한 자, 다른 한쪽에는 결혼하지 않은 자를 정렬시켰다. 그런데 후자 쪽이 수가 많았다. 이것은 시민을 놀라게 하고 어리둥절하게 했다. 아우구스투스는 고대의 호구 총감의 위엄을 보여 그들에게 다음과 같이 말했다.*²²

"질병과 전쟁이 우리에게서 이렇게까지 시민을 빼앗는 동안에, 보다 많은 혼인이 맺어지지 않는다면 과연 로마 거리는 어떻게 될 것인가. 도시는 집·주랑(柱廊 : 콜로네이드)·공공광장에 존재하는 것이 아니다. 도시를 이루는 것은 인간이다. 동화에서 보듯이, 인간이 지하에서 나와서 여러분의 일을 돌보는 것을 볼 수는 없을 것이다. 여러분이 독신으로 있는 것은 혼자서 생활하기 위해서가 아니다. 여러분 한 사람 한 사람이 식탁과 침대의 반려자를 두고 있어야 한다. 이것이야말로 치세에서 난행을 바라는 것이다. 여러분은 베스타의 무당*²³의 예를 인용하는 것이다. 좋다, 여러분의 정결이 법을 지키지 않는다면 베스타의 처녀와 마찬가지로 처벌할 것이다. 모든 사람이 여러분을 따라하든, 아

---

*21 카이사르는 내란 후 호구조사를 행했는데, 15만의 가장밖에 없었다. 플로루스의 《리비우스의 요약》. (원주)
*22 나는 이 연설을 요약했다. 그것은 견딜 수 없을 정도로 길다.
*23 베스타는 로마 신화에 나오는 불의 여신. 베스탈이라 불리는 무당은 좋은 집안에서 뽑힌 18명의 처녀로 베스타 신에 성화를 바친다. 임기 30년.

무도 그것을 흉내내지 않든간에 어쨌든 여러분은 나쁜 시민이다. 나의 유일한 목적은 공화국의 영속함이다. 나는 복종하지 않는 사람들의 법을 무섭게 했다. 그리고 상에 대해서 말하면, 그것은 덕성이 지금까지 이 이상의 상을 받았는지 모를 정도이다. 더 적은 상이라도 수많은 사람에게 생명을 내던지게 하는 것이 있다. 그런데도 이 상은 여러분에게 아내를 얻고 자식을 키우려는 마음을 일으키게 하지 않을까."

그는 법을 만들었다. 그것은 그의 이름에 따라서 '율리아'라 불리었고, 또 그 해 일부 집정관의 이름에 따라 파피아, 포페아라 불리었다. 그 병폐가 얼마나 컸는가 하는 것은 이 두 사람의 집정관 선거에서 나타났다.

디온이 말하는 바에 따르면, 그들은 결혼하지 않았고 자식도 없었다.

이 아우구스투스의 법은 정확히는 법전이며, 이 문제에 관해서 만들어질 수 있는 모든 규칙의 조직적 일체였던 '율리아법'은 이 속에 융합되어 좀 더 커다란 힘을 얻었다. 그것의 기도는 넓고 크며 많은 것에 영향을 주었으므로, 그것은 로마인 시민법의 가장 훌륭한 부분을 이룬다.

그 단장(斷章)은 울피아누스의 귀중한 단편 속에, '파피아법'에 대해서 쓴 저자들에게서 모은 《법률전서》의 법 속에, 이것을 인용한 역사가나 그 밖의 저자 속에, 그것을 폐지한 《테오도시우스법전》 속에, 저승에 대한 칭찬할 만한 열성과 이승에 대한 가공할 무지로써 이것을 비판한 가톨릭교회의 교부들 속에 흩어져 일부가 발견되었다.

이러한 법은 많은 항목이 있었다. 그리고 그 가운데 35항목이 알려져 있다. 그러나 될 수 있는 대로 직접 나의 주제로 돌아오기 때문에 아울루스 겔리우스가 제7이라 말하고 있는, 이 법이 주는 영예와 포상에 관한 항목에서부터 시작하기로 한다.

대부분은 스파르타의 식민지였던 라틴 여러 도시의 출신자이며, 이러한 도시에서 그 법의 일부를 빌리기조차 한 로마인은 스파르타인과 마찬가지로 노인에 대하여 모든 영예와 윗자리를 베푸는 경의(敬意)를 드러냈다. 공화국이 시민에게 부족을 알리면 혼인과 자녀 수에 대해서, 연공(年功)에 대하여 주어졌던 특권이 주어졌다. 그리고 태어날 수 있는 자식과는 별도로 혼인만으로도 얼마쯤의 특권이 주어졌다. 그것은 '남편의 권리'라 불렸다. 자식이 있는 자에게는 다른 특권이, 또 세 자녀를 가진 자에게는 보다 큰 특권이 주어졌다. 이

3자를 혼동해서는 안 된다. 이러한 특권에게는 기혼자가 언제나 누리는 것이 있었다. 이를테면 극장의 특별석이 이것이다. 자식이 있는 자, 그보다 많은 자식을 가진 자가 그들로부터 이것을 빼앗지 않는 경우에만 기혼자가 누리는 특권이 있었다.

이 특권은 매우 폭넓었다. 가장 많은 자식을 가진 기혼자는 영예의 추구에나, 그러한 영예 자체의 행사에서나 늘 우선권이 주어졌다. 가장 많은 자식을 가진 집정관은 가장 먼저 속간(束桿)[*24]을 잡았다. 그리고 그는 주(州)의 선택권을 가졌다.[*25] 가장 많은 자녀를 가진 원로원 의원은 의원 명부의 맨 처음에 이름을 올렸고, 원로원에서 가장 먼저 그의 의견을 진술했다. 자식을 가진 사람은 정규 연령에 이르지 않아도 관직에 오를 수 있었다. 왜냐하면 자녀 한 사람에 대해서 1년의 면제가 주어졌기 때문이다. 로마에서 세 자녀를 가진 자는 온갖 인적 부담에서 면제되었다. 세 자녀를 가진 자유인인 여자와 네 자녀를 가진 자유민인 여자는 로마의 옛 법이 그녀들을 거기에 묶고 있었던 영속적 후견에서 벗어났다.

포상이 있으면 또 형벌도 있었다. 결혼하지 않은 자는 타인(친족이 아닌 자)의 유언에 따라서 아무것도 받을 수가 없었다. 또 자식이 없는 기혼자는 그것의 절반밖에 받지 못했다. 플루타르코스는 이렇게 말했다. "로마인은 상속인을 얻기 위해서가 아니라 상속인이 될 수 있기 위해 결혼했다."

남편과 아내가 유언에 따라서 서로에게 줄 수 있는 이익은 법으로 제한되어 있었다. 부부 사이에 자식이 있으면 서로 유산의 모두를 줄 수가 있었다. 그러나 부부 사이에 자식이 없으면 그들은 혼인에 따라 상속 재산의 10분의 1을 받을 수가 있었다. 그리고 그들이 다른 혼인에 따른 자식을 가진 경우에는, 자녀 한 사람에 대해서 10분의 1의 상속 재산을 받을 수가 있었다.

또한 남편이 나라일 이외의 원인 때문에 아내와 동거하지 않았을 때에는 그는 그 상속인이 될 수가 없었다.

법은 살아 남은 남편이나 아내의 재혼을 위하여 2년을 주었다. 그 자식을 혼

---

*24 속간(faisceau, fascellum). 막대기를 묶은 사이에서 도끼날을 나타낸 것으로, 집정관 권위를 뜻한다.
*25 집정관은 임기가 만료되면 주지사가 된다. 그것을 이용하여 그들은 축재나 빚을 갚는 것이 예사였다. 그러므로 부유한 주를 선택하는 권리는 커다란 이권이었다.

인시키거나 또는 딸에게 지참금을 주는 것을 바라지 않는 아버지는 집정자에게 의하여 마지못하여 그렇게 해야만 했다.

혼인이 2년 넘게 미뤄질 것 같은 경우에는 약혼을 할 수가 없었다. 그리고 12세 미만의 여자를 아내로 삼을 수는 없었으므로, 10세까지는 여자를 약혼시킬 수 없었다. 법은 정당한 목적 없이 약혼의 구실 아래에 기혼자로서의 특권을 누리는 것을 허용하지 않았다.

60세 남자가 50세 여자와 결혼하는 것은 금지되어 있었다. 기혼자에게는 커다란 특권이 주어졌으므로, 법은 비생산적인 결혼이 행해지는 것을 바라지 않았던 것이다. 같은 이유로써 칼비잔 원로원 의결은 50세 이상 여자와 60세 이하 남자의 혼인을 불균형이라고 선고했다. 그 결과 50세 여자는 결혼하면 반드시 이러한 법의 벌을 받았다. 티베리우스는 파피아법의 엄격성을 가중시켜 60세 남자에게 50세 아래의 여자와의 혼인을 금했다. 그 결과 60세 남자는 어떠한 경우에도 혼인하면 반드시 처벌당했다. 그러나 클라우디우스는 티베리우스 밑에서 만들어진 이 법을 폐지했다.

이러한 모든 규정은 북방 풍토보다도 이탈리아 풍토에 더 적합했다. 북방에서는 60세 남자도 정력이 있고 50세 여자도 반드시 불임은 아니었다.

상대 선택에 불필요하게 제한을 받지 않기 위해 아우구스투스는 원로원 의원이 아닌 모든 자유인에게 자유민과 혼인하는 것을 허락했다. 파피아 법은 원로원 의원에게, 피해방 여자 또는 무대에 나타난 일이 있는 여자와의 혼인을 금했다. 그리고 울피아누스 시대부터 자유인이 방탕한 생활을 보낸 여자, 무대를 밟은 여자, 또는 공공 판결로써 죄의 언도를 받은 여자와 혼인하는 것을 금했다. 이것은 원로원 의결에 의하여 정해졌을 것이다. 공화정체 시대에는 이러한 종류의 법은 거의 만들어지지 않았다. 왜냐하면 호구 총감이 이런 종류의 문란함이 생기자마자 바로잡거나 발생하는 것을 막고 있었기 때문이다.

콘스탄티누스는 하나의 법을 만들고, 그 속에서 그는 원로원 의원뿐만 아니라 국가의 중요한 지위를 차지하고 있는 자를 파피아법의 금지 속에 포함했는데, 그보다 아래의 신분인 자에 대해서는 말하지 않았다. 이것이 당시의 법으로 되었다. 즉 콘스탄티누스 법에 포함된 자유인에게만 위의 결혼이 금지되었던 것이다. 그러나 유스티니아누스는 콘스탄티누스 법을 폐지하고 모든 부류의 사람들에게 위에 서술한 혼인을 허가했다. 이것으로써 우리는 참으로 비참한 자유를 얻었던 것이다.

　법의 금지를 어기고 결혼하는 자에 대한 벌칙은, 결혼하지 않은 자에 대해서 주어지는 벌칙과 완전히 같았다는 것은 분명하다. 이러한 결혼은 그들에게 어떠한 시민적 이익도 주지 않았다. 즉 아내가 죽으면 지참금은 몰수당했다.*26

　아우구스투스는 이러한 법이 능력이 없다고 선고한 자의 상속 재산, 유증 재산을 국고에 귀속시켰으므로 이러한 법의 원인은 정치적이고 시민적이기보다는 오히려 재정적인 듯 여겨졌다. 감당할 수 없다고 여겨지는 부담에 대하여 사람들이 이미 품었던 혐오는 끊임없이 국고의 탐욕의 희생이 되는데 대한 혐오로 증가되었다. 그 결과 티베리우스 정부는 이러한 법을 수정하지 않을 수 없게 되었고, 네로는 국고에 대한 밀고자의 포상을 줄이고, 트라야누스는 그들의 약탈을 멈추고, 세베루스는 다시 이들의 법을 수정하고 법학자가 이것들을 혐오할 것으로 여겨 그들의 판결에 그 가혹함을 버렸다.

　그뿐만 아니라 황제들은 그들이 남편의 권리, 자식을 가진 권리, 세 자녀를 가진 권리에 준 특권에 따라 이러한 법을 무력화했다. 그들은 그것에 그치지 않고 개인에게 이들 법의 벌칙 면제를 주었다. 그러나 공공의 복지를 위하여 만들어진 규칙은 면제를 인정해서는 안 된다고 생각했다.

　종교가 무리하게 처녀로 있을 것을 강요한 베스타의 무당들에게 자식을 가진 자의 권리라는 특권을 부여한 것은 이치에 닿아 있었다. 병사에게도 마찬가지로 남편의 특권이 주어졌다. 그들은 결혼할 수 없었기 때문이다. 황제를 특정한 시민법에서 면제하는 것은 관습이었다. 그래서 아우구스투스는 노예 해방 능력을 제한하는 법과, 유증 능력을 제한하는 법의 속박에서 면제되었다. 이것들은 모두 특수한 경우에 지나지 않았으나, 그 뒤에 면제는 거리낌없이 주어져 규칙이 예외에 불과한 것으로 되었다.

　철학의 여러 학파들이 이미 제국 내의 잡다한 일상사로부터 떠나는 정신을 도입하고 있었다. 공화정체 시대라면 모든 사람이 전쟁과 평화의 기술에 몰두했으므로 이와 같은 정신이 그토록 민심을 사로잡을 수는 없었을 것이다. 바로 거기에서 사변적 생활로 이끄는 모든 것에 결부되는 완전함의 관념이 나타난다. 그리고 거기에서 가정의 보살핌이나 번잡함으로부터의 도피가 나타난다.

---

*26 뒤에서 서술하는 제24편 제13장 참조.

그리스도교는 철학 뒤에 와서 철학이 준비한 사상을 이른바 확립시켰다.

그리스도교는 그 특질을 법규로 새겨놓았다. 그것은 제왕권이 언제나 교황권과 손을 잡는 것이기 때문이다. 《테오도시우스법전》을 보라. 그것은 그리스도교 황제들의 명령집에 불과할 뿐이다.

콘스탄티누스에게 빌붙은 한 예찬자는 이 황제에게 말했다. "폐하의 법은 악덕을 바로잡고 풍속을 규정하기 위해서만 만들어졌습니다. 폐하는 어리석은 자에게 올가미를 씌우는 이외의 목적을 가지지 않은듯이 보였던 옛법의 속임수를 없애버렸습니다."

콘스탄티누스가 행한 변혁은 그리스도교의 건설에 관한 사상과 그리스도교의 완전성의 사상에 기초해서 행해진 것은 확실하다. 이 첫째 목적에서 사교들에게 매우 커다란 권력을 주어, 교회 재판권의 기초가 되었던 그 법이 생겼다. 거기에서 자식의 재산 소유권을 아버지에게서 빼앗고 부권을 약화시킨 법이 생겼다. 신흥 종교를 넓히기 위해서는 자식의 종속성을 없앨 필요가 있다. 자식은 이미 지난 것에는 언제나 부모만큼 집착하지는 않는다.

그리스도교의 안전성이라는 목적으로 만들어진 법은, 주로 황제가 파피아법의 벌칙을 폐지하고 결혼하지 않은 자, 결혼했지만 자식이 없는 자나 똑같이 벌을 면하게 한 법이다.

어느 교회사가는 말한다. "이러한 법은 인류의 번식은 마치 우리 노력의 결과일 수 있는 것처럼 만들어진 것이다. 사람의 수는 신의 명령에 의하여 증감한다고 생각해야 할 것이다."

종교의 여러 원리들은 더할 수 없이 인류의 번식에 영향을 미쳤다. 어떤 경우에는 그것들이 번식을 부추겼다. 유대인·이슬람교인·게브르인[27]·중국인의 경우와 같이 그러하다. 어떤 때에는 그것들은 번식을 방해한 그리스도교로 개종한 로마인의 경우와 같다.

여러 곳에서 끊임없이 금욕의 설교가 행해졌다. 이것은 매우 적은 사람밖에 실행할 수 없으므로 한결 완전한 덕행인 것이다.

콘스탄티누스는 남편과 아내가 그 자식 수에 비례해서 서로 줄 수 있는 증여에 보다 큰 범위를 준 10분의 1법을 폐지하지 않았다. 그런데 소(小) 테오도

───────────────

＊27 게브르인(Guébres)은 이슬람교인에 정복된 페르시아의 조로아스터교.

시우스는 이 법마저 없앴다.

유스티아누스는 파피아법이 금지한 모든 혼인을 유효하다고 선언했다. 이 파피아법은 재혼을 권했던 것인데, 유스티아누스는 재혼하지 않으려는 자에게 이익을 주었다.

옛법에 따르면 저마다가 갖는, 결혼하여 자식을 낳는 자연권을 박탈할 수 없다. 따라서 결혼하지 않는다는 조건으로 유증을 받았을 경우, 또 주인이 노예에게 결혼하지 않겠다, 자식을 만들지 않겠다고 서약시켰을 경우, 파피아 법은 이 조건과 이 서약도 모두 무효화했다. 그러므로 우리 사이에 확립된 과부 생활을 지켜서(engardant viduité)라는 조항은 옛법과 양립되지 않는다. 이것은 완전성의 관념에 기초하여 만들어진 여러 황제의 칙령에서 정해진 것이다.

이교도 로마인이 혼인과 자식 수에 대해 준 특권 및 영예의 명시적 폐지를 정하고 있는 법은 없다. 그러나 독신이 우위를 차지하는 곳에서는 이미 결혼에 대한 경의는 있을 수 없었다. 그리고 혼인법 벌칙의 폐지에 의하여 수세청 부인에게 많은 이윤을 포기하게 할 수 있었으므로, 포상을 폐지하는 것은 더욱더 쉬웠음을 알 수 있다.

독신을 허용한 것 같은 정신주의적 이유가 마침내 독신 자체의 필요를 강요했다. 나는 여기에서 종교가 채용한 독신주의를 공격할 생각은 없다. 그러나 호색에 기인한 독신, 양성이 자연적 감정 자체로써 서로 타락시키며 양자를 보다 낫게 할 결합은 피하고, 양자를 언제나 보다 나쁘게 하는 결합 속에 생활하는 독신에 대해서는 누가 입을 다물고 있겠는가.

다음에 말하는 것은 자연에서 파생된 규칙이다. 이루어질 수 있는 결혼의 수를 줄이면 줄일수록 이루어진 결혼은 타락한다. 또 결혼한 사람이 적으면 적을수록 결혼에 대한 성실성은 적어진다. 마치 도둑의 수가 많으면 도둑질이 많듯이 그러한 현상이 일어난다.

제22장 친자 유기

초기 로마인은 친자 유기(親子遺棄)를 매우 훌륭히 단속했다. 드니 달리카르나스는 말한다. "로물루스는 모든 시민에 대해서 모든 남아와 최연장의 여아를 기를 의무를 가했다. 만약 자식이 불구나 기형아라면 가장 가까운 이웃 다섯 사람에게 이를 보인 뒤 내다버릴 것을 허용했다."

로물루스는 3세 아래에 어떤 자식도 죽이는 것을 허락하지 않았다. 그것으로써 그는 자식에 대한 생살권을 아버지에게 부여한 법과 자식을 버리는 것을 금한 법을 서로 잘 조화시켰던 것이다.
　시민에게 결혼하여 모든 자식을 키울 것을 명하는 법이 로마 기원전 277년에 행해지고 있었던 것도, 드니 달리카르나스는 보여준다. 즉 나이 어린 여아를 유기하는 것을 허용한 로물루스법을 관행이 제한해 버리는 것을 알 수 있다.
　로마 기원전 301년에 만들어진 십이동판법이 자식의 유기를 규정한 일에 대해서는, 키케로의 구절에 따라서 이것을 알 뿐이다. 그는 호민관 제도에 대해 서술하면서, 그것은 마치 십이동판법의 기형아[*28]와 같이 태어나자마자 곧 눌려 죽었다고 말한다. 그러므로 기형아가 아닌 자식은 살게 놔 두었던 것이다. 따라서 십이동판법은 그때까지 이 제도를 조금도 바꾸지 않았다.
　타키투스는 말한다. "게르만인은 결코 그 자식을 버리지 않는다. 그들에게는 좋은 법이 다른 장소에서 가지는 이상의 힘을 좋은 풍속에 갖고 있는 것이다." 로마인은 이 관습에 어긋나는 법을 가지고 있었는데, 사람들은 그것을 쫓지 않았다.
　자식을 버리는 것을 허용하는 어떤 로마법도 발견되지 않는다.[*29]
　자식의 유기는 아마 공화정체 끝 무렵에 초래된 병폐일 것이다. 즉 사치가 안락함을 잃게 했을 때, 분할된 부가 가난이라 불리었을 때, 아버지가 가족에게 준 것을 손실이라고 생각하고 가족을 자기 재산과 구별했을 때 생긴 병폐일 것이다.

제23장 로마 멸망 뒤의 세계 상태
　로마인이 시민 수를 늘이기 위하여 만든 규칙은 공화국 제도가 충실한 힘을 갖고 있어 시민을, 용기와 대담성에 의하여, 확신과 영광의 사랑에 의하여, 덕성에 의하여 벌충하기만 하면 좋았던 동안은 효과가 있었다. 그러나 이윽고

---

　*28 로마법에는 기형아를 괴물(monstrum)이라 했다. 부모가 죽일 때 내 자식이 아니고 괴물이었다고 생각하는 편이 편리했기 때문이다.
　*29 이에 대한 항은 《법학전서》 속에는 전혀 없다. 법전의 어떤 조항에도 그것에 대해서는 아무것도 말하고 있지 않다. 〈신칙법(新勅法)〉도 마찬가지이다. (원주)

어떤 지혜로운 법도 죽어 가고 있는 공화정체, 일반적 무정부상태, 군국정체, 가혹한 제정, 오만한 전제주의, 약체인 군주정체, 바보스럽고 멍청하며 미신적인 궁정이 잇달아 그 지위를 떨어뜨린 것을 재건할 수는 없게 되었다. 로마인이 세계를 정복한 것은 마치 그것을 약화하고 무방비인 채 야만인에게 인도하기 위해서인 듯하다. 고트인[*30]·게테인[*31] 사라센인·타타르인이 번갈아 그들을 괴롭혔다. 이윽고 야만 민족은 더 이상 야만족 말고는 격멸시킬 것이 없어졌다. 마치 신화시대에 범람과 대홍수 뒤에, 무장한 인간이 지하에서 나타나 서로 멸망시킨 것과 다름없었다.

제24장 유럽 인구 변화

유럽이 처한 상태가 회복될 수 있으리라고는 아무도 상상하지 않았을 것이다. 특히 샤를마뉴 치하에 그것이 이미 드넓은 한 제국을 형성함에 불과했던 때에는 그러했을 것이다. 그러나 그 무렵의 정체 특성에 따라서 그것은 수많은 작은 주권체로 갈라져 있었다. 그리고 그 마을 또는 거리에 살며 피지배자의 수에 따라서만 위대하고 부유하고 힘이 있고, 아니 안전하기조차 했으므로 영주는 그 작은 나라를 번영시키기 위하여 특별한 주의를 기울여 노력했다. 그것이 제대로 성공해 제대로 갖춰지지 않은 통치, 그 뒤 상업에 대해서 얻게 된 지식의 필요성, 끊임없이 일어난 전쟁과 투쟁에도 유럽 대부분의 지방에는 오늘날보다 많은 인구가 있었을 정도이다.

나는 이 문제를 철저하게 논할 틈이 없다. 그러나 모든 부류의 인간으로 구성되었던 십자군의 거대한 군대를 인용할 것이다. 푸펜도르프는 말한다. "샤를 9세의 치하에는 프랑스에 2천만의 인구가 있었다."

그 인구 감소를 불러온 것은 이렇게 많은 작은 나라들을 끊임없이 흡수 합병했기 때문이었다. 옛날에는 프랑스의 모든 마을이 수도였다. 오늘날에는 커다란 수도 하나밖에 없다. 예전에는 국가의 모든 부분이 권력의 중심이었다. 그러나 오늘날에는 모든 것이 하나의 중심에 의존한다. 그러므로 이 중심이 국가인 것이다.

[*30] 몽테스키외의 용어로 게르만인을 뜻한다.
[*31] 게테인(Gétes)은 고대 동남유럽의 스키타이민족. 나중에는 고트와 혼동됨.

제25장 유럽 인구 변화(계속)

사실 유럽은 2세기 전부터 항해를 크게 늘렸다. 그것은 유럽에 주민을 늘리고 또 잃게 했다. 네덜란드는 해마다 동인도에 많은 선원을 보내는데, 돌아오는 선원은 3분의 2에 불과하다. 나머지는 죽든가 동인도에 정착한다. 이 무역을 행하는 모든 다른 국민에게도 거의 같은 일이 일어날 것이다.

유럽을 다만 혼자서 동인도에 대규모 항해를 떠나 보내는 특수한 1개 국가라고 판단해서는 안 된다. 이 국가는 인구가 늘어날 것이다. 왜냐하면 근접한 제국이 이 항해에 참가하려고 애쓸 것이기 때문이다. 그런데 유럽의 종교*32와 드넓은 바다, 사막에 따라 세계의 다른 부분과 동떨어져 존재한다면, 이와 같이 인구가 보충될 수는 없다.

제26장 결론

이러한 모든 일에서 유럽은 오늘날에도 또한 인류의 번식을 부추기는 법을 필요로 하는 환경에 있다고 결론 내려야 한다. 따라서 그리스의 정치가가 언제나 국가를 괴롭히는 다수의 시민에게 적당한 방법에 대해서만 우리에게 이야기한다.

제27장 종 번식을 부추기기 위해 프랑스에서 만들어진 법

루이 14세는 열 명의 자식을 만드는 자에게 특별 연금을, 열두 명을 만드는 자에게는 보다 많은 연금을 약속했다.*33 그러나 기적을 행한 자에게만 상을 주는 것은 충분하지 않다. 종족의 번식으로 이끄는 어떤 일반적인 정신을 주기 위해서는 로마인과 같이 포상이나 벌을 제정해야만 했다.

제28장 인구 감소를 막는 방법

국가의 인구가 특수한 사건·전쟁·페스트·굶주림으로 줄어드는 경우에는 구제 방법이 있다. 남은 사람들은 노동과 근면의 정신을 계속 갖고 있을 것이다. 그들은 그 불행을 만회하려고 애쓰며, 닥친 재난 자체에 의하여 부지런해질 수 있다. 인구 감소가 내면적 결함과 악정에 의하여, 꾸준히 이어질 경우에

---

*32 거의 어디에서나 이슬람교인이 이것을 둘러싸고 있다. 〔원주〕
*33 결혼 장려를 위한 1666년 칙령. 〔원주〕

는 불치의 병이라 해야 할 것이다. 이런 경우에는 인간은 자기도 모르는 사이에 걸린 만성이 된 병으로 죽는다. 개인적 쇠약과 가난 속에, 또 정부의 포학과 완고함 아래에 태어나 자기가 죽은 원인도 알지 못하고 그들은 사라져 간 것이다. 전제 권력에 의하여, 또는 속인에 대한 것중의 극단적인 이익으로 말미암아 황폐화된 나라들은 인구 감소의 두 가지 커다란 예를 보여 준다.*34

아직 태어나지 않은 아기의 도움을 빌려 이와 같이 인구가 감소한 국가를 재건하려 해도 헛일이다. 이젠 그럴 시간이 없다. 사람들은 한적한 토지에서 용기도 노동 의욕도 잃고 있다. 국민이 살아갈 만큼 넓은 토지가 있는데도 일가를 이룰 만한 것을 거의 얻을 수 없다. 하층민은 이러한 나라에서는 가난에서조차 참가할 수 없는 것이다. 즉 그들은 넘치는 황무지를 이용할 수가 없는 것이다. 왜냐하면 성직자·제후·도시·귀족·유력자들이 남이 모르는 사이에 전국의 토지 소유자가 되어 있는 것이다. 그것은 물론 경작되지 않는다. 그것은 파멸된 집들에서 그들의 손에 들어와 목초지로 되었다. 그러므로 일하는 사람은 아무것도 갖고 있지 않다.

이와 같은 상태에서는 로마인은 그 제국의 일부에서 행한 것을 제국의 영토 전체에 걸쳐 행해야 할 것이다. 즉 주민이 부유함 속에서 행한 것을 그들의 빈곤 속에서 행하고, 땅을 아무것도 갖지 않은 모든 가족에게 분배하고, 땅을 개간하고 일구는 수단을 그들에게 주어야 한다. 이 토지 분배는 그것을 받는 사람이 있는 한, 생산적으로 이용될 수 있는 시간이 헛되지 않게 해야 할 것이다.

제29장 구제원

사람이 가난한 것은 아무것도 없기 때문이 아니라 일하지 않기 때문이다. 아무런 재산도 없고 일하고 있는 자는, 일하지 않고 100에퀴의 소득이 있는 자와 같은 정도로 안락하다. 아무것도 없지만 직업을 가진 자는, 10에이커의 밭을 소유하고 생활을 위해 그것을 경작해야 하는 자보다도 가난하지 않다. 자식들에게 자기의 기예를 상속 재산으로서 준 기술자는 그들에게 재산을 남겨 준 것이며, 그것은 자식의 수에 비례해 늘어나게 된다. 그러나 생활을 위하여 10에이커의 땅을 갖고 그것을 자식들에게 분배하는 자의 경우는 이와 같지

---

*34 에스파냐와 이탈리아를 풍자한 것이다.

않다.

　많은 사람들이 기예를 갖기만 한 상업국에서는 국가가 때때로 노인·병자·고아에게 필요한 것을 공급하게 된다. 제도가 잘 갖추어진 국가는 이 생활 자료를, 기예 자체를 기본으로 하여 거기에서 끌어내는 것이다. 즉 어떤 사람들에게는 행할 수 있는 여러 직업을 주고 다른 사람들에게는 일을 가르쳐 준다. 이것은 이미 하나의 일이다.

　길거리에서 알몸으로 있는 인간에게 물건을 조금 무상으로 베풀어도 그것은 결코 국가의 의무를 다한 것이 되지 않는다. 국가는 모든 시민에게 생활을, 즉 음식물, 적당한 옷, 건강에 해가 되지 않는 생활 양식을 보장해야 한다.

　오랑 젭*35은 왜 구제원을 세우지 않느냐는 물음에 이렇게 말했다. "나는 나의 제국을 구제원이 필요 없을 만큼 부유하게 할 것이다."*36 그러나 그는 먼저 그의 제국을 부유하게 하고, 그러고 나서 구제원을 세울 것이라고 말했어야 했다.

　국가의 부는 그 전체로서 많은 노동을 필요로 한다. 그러나 매우 많은 상업 부문 가운데에는 반드시 무엇인가 부진 상태에 시달리는 것이 있고, 따라서 그 부문의 어느 기술자가 한때나마 궁핍에 있는 것은 면치 못한다.

　이때야말로 국가는 국민이 고난을 막기 위해서이든, 또 폭동을 일으키는 것을 피하기 위해서든 빠른 구조를 가져올 필요가 있다. 즉 이 경우에는 구제원,*37 또는 이러한 가난을 예방할 수 있는 어떤 비슷한 결정을 할 필요가 있는 것이다.

　그러나 국민이 가난할 때 개별적 가난은 일반적 궁핍에 유래하므로, 그것은 이른바 일반적 궁핍이다. 온 세계의 구제원도 이러한 개별적 가난을 고칠 수는 없다. 그러기는커녕 구제원이 북돋우는 나태한 정신은 일반적 가난을 키우며 따라서 개별적 가난도 증대시킨다.

　헨리 8세는 영국 교회를 개혁하기 위해 수도원을 없앴다.*38 이것은 그 자체가 게으른 단체이며 또한 타인의 게으름을 부추기는 것이었다. 왜냐하면 무상

---

*35 Aureng-Zeb. 무굴제국 황제. 내정을 개혁하고 산업을 진흥한 것으로 이름이 높다.
*36 샤르댕의 《페르시아 여행기》 제8권 참조. 〔원주〕
*37 hôpital은 병원, hospice는 빈민구제원으로 18세기에는 이 구별이 없었다.
*38 버넷이 지은 《영국 종교개혁사》 참조.

의 접대를 행하므로 수많은 신사나 게으른 시민들이 수도원에서 수도원으로 돌아다니며 일생을 보내기 때문이다. 그는 나아가서 구제원도 없앴다. 거기에는 하층 사람들이 마치 신사가 수도원에서 찾아낸 것처럼 그들의 생활 수단을 발견하고 있었다. 이러한 개혁 이래 상공업의 정신이 영국에 확립되었다.[*39]

로마의 구제원에서는 모든 사람을 편안하게 살 수 있도록 했다. 일하는 자, 재능 있는 자, 수공업에 힘쓰는 자, 상업을 영위하는 자들을 제외하고는.

나는 부유한 국민은 구제원을 만들 필요가 있다고 말했다. 왜냐하면 거기에서는 경기가 헤아릴 수 없는 사고에 좌우되기 쉽기 때문이다. 그러나 일시적 구제 쪽이 영속적 시설보다는 훨씬 낫다는 것을 알 수 있다. 병폐는 일시적이며 사고와 같은 성질의 것이기 때문에, 특수한 사고에 적용되는 구제가 필요하다.[*40]

[*39] 몽테스키외의 게으른 자의 표본으로서 수도원 공격은 그대로 계몽철학자에게 이어졌다.
[*40] 원칙적으로 무상 지원에 따르지 않고 일자리를 마련해 주어 노동권을 보장하라는 몽테스키외의 이 주장은 튀르고 《Ateliers de charité》, 루이 블랑 《Ateliers nationaux》에 따라 계승되었다고 한다.

제5부

제24편
교의와 그 자체로 살펴본 종교에 관한 법

제1장 종교 일반

어둠 속의 가장 희미한 것, 나락 속의 가장 얕은 것을 식별할 수 있듯이 사이비 종교에서 가장 사회 복지에 알맞은 것, 즉 인간을 내세의 행복으로 이끄는 효과 따위는 없지만, 현세의 행복에 가장 이바지할 수 있는 종교를 찾아볼 수 있다.*¹ 따라서 나는 이 세상의 여러 종교를, 그것이 시민에게 가져다 주는 복지와 관련해서만 검토할 것이다. 그 근거가 하늘*²이든 또는 지상에 있는 것*³을 말하는 경우이든간에.

이 저작에서 나는 신학자가 아니고 정치 저술가이므로, 거기에는 좀 더 고상한 진리와의 관련을 살펴보지 않았기 때문에, 인간적인*⁴ 사고방식에서가 아니면 충분히 진실이 아닌 사항이 있을 수 있다고 생각한다.

나는 정치적 이익에 참된 종교의 이익을 양보시키려고 생각한 일이 없고, 이 두 가지 이익에 결합하려고 생각하고 있음을 이해하는 것은, 아주 조금이라도 공정한 마음을 지닌 사람이라면 가능할 것이다. 그런데 이것들을 결합하기 위해서는 먼저 그것들을 알아야만 한다.

인간에게 서로 사랑하라고 명하는 그리스도교는, 물론 각 민족이 가장 좋은 정치와 법률 및 가장 좋은 시민법을 가질 것을 바란다. 왜냐하면 이것은 그리스도교에서 인간이 주고받을 수 있는 가장 큰 복지이기 때문이다.

---

*1 이 항과 제1편 제1장·제2장에 나타난 신을 비교하라. 신은 이념의 근거로서 또 사회의 유용성에서만 필요한 존재이다. 그는 마르블랑쉬의 제자이다.
*2 그리스도교.
*3 몽테스키외에게 종교는 인류 사회 질서에 이바지할 수 있는 공동체 집단의 일부에 불과하다.
*4 신학과는 거리가 먼.

제2장 베일의 역설

베일*5은, 우상 숭배자보다는 무신론자가 되는 것이 더 낫다는 것을 증명하고자 했다. 바꿔 말한다면, 나쁜 종교보다는 전혀 종교가 없는 편이 덜 위험하다는 것이다. 그는 말한다. "사람들이 나를 존재하지 않는다고 말해 주는 편이, 나를 나쁜 놈이라고 부르는 것보다 더 낫다." 이것은 한낱 궤변에 불과하다. 그것은 신이 존재한다고 믿는 것은 매우 유익하지만 어떤 인간이 존재한다고 사람들이 믿는 것은 인류에게는 아무런 이익도 되지 않는다는 것에서 비롯한다. 신이 존재하지 않는다는 관념에 따라 우리의 독립 관념이 생긴다. 우리가 이러한 독립 관념을 가질 수 없다고 하면 반항 관념이 생긴다. 종교가 반드시 악을 벌주지 않는다고 해서 그것을 징벌적 유인이 아니라고 하는 것은, 시민법도 징벌적 유인이 아니라고 말하는 것과 같다. 일대 저작 속에 종교가 낳은 해악의 긴 사려를 모으는 것은 종교가 행한 선한 사례와 마찬가지이다. 따라서 전자를 열거하지 않는다면, 그것은 종교에 부당한 논의를 하는 일이다. 만일 내가 이 세상에서 시민법·군주정체·공화정체가 낳은 모든 해악을 이야기하려고 생각한다면 놀랄 만한 여러 사항을 말하는 것이리라. 비록 국민이 종교를 갖는 것이 무익하다 하더라도 군주가 종교를 갖고, 입법을 조금도 두려워하지 않는 이 사람들이 가질 수 있는 유일한 재갈을 입거품으로 하얗게 만드는 것이 무익하지는 않을 것이다.*6

종교를 사랑하고 또한 두려워하는 군주는 어루만지는 손에, 달래는 목소리에 굴복하는 사자이다. 종교를 두려워하고 증오하는 군주는 지나가는 사람들에게 덤벼드는 것을 막는 쇠사슬을 물어뜯고 있는 야수와 다름없다. 종교가 없는 군주는 물어 찢고 탐식할 때만 자기의 자유를 느끼는 그런 끔찍한 짐승이다.

문제는 어떤 인간이나 민족이 그 갖고 있는 종교를 남용하기보다는 전혀 종교가 없는 편이 더 나으냐 아니냐가 아니라, 사람들이 이따금 종교를 남용하는 것과 인간 사이에 전혀 종교가 없는 것과 어느 편이 더 해가 적으냐 하는 것이다.

---

*5 Bayle, 《혜성에 대한 사색》(Pensées sur la Cométe), 《사색의 계속》(Continuation des pensées) (원주)
*6 순전히 공리주의이다.

무신론에 대한 혐오를 줄여보려고 무신론자는 지나치게 우상 숭배를 한다. 고대인이 어떤 악덕의 제단을 세웠을 때, 그것은 그들이 그 악덕을 사랑한다는 것을 의미하지는 않았다. 오히려 그것은 그들이 그것을 미워하고 있음을 의미했다. 스파르타인이 두려움에 대해서 신전을 세웠을 때, 그것은 이 호전적인 국민이 전투를 할 때 스파르타인의 용기를 빼앗아 달라고 두려움에게 기원한 것은 아니다. 죄를 마음속에 불어넣지 않도록 기원한 신도 있고, 죄를 없애 달라고 기원한 신도 있다.

제3장 온건한 정체는 그리스도교에, 전제정치는 이슬람교에 좀 더 적합한가

그리스도교는 순수한 전제정체와는 인연이 없다. 그것은 복음서에서 온화함이 자주 주장되므로, 군주가 신하를 벌하든가 잔학 행위를 행할 때의 전제적 분노에 이 종교는 반대한다.

이 종교는 다처제를 금하므로 그리스도교국의 군주는 틀어박혀 있지 않고 국민과 그다지 떨어져 있지는 않다. 따라서 좀 더 인간적이다. 그들은 법을 좇는 마음가짐을 더 많이 갖고, 제멋대로 행동하는 것은 불가능하다는 것을 한층 더 이해할 수 있다.

이슬람교 군주가 끊임없이 죽음을 내리든가 받든가 하는 동안에 그리스도교인 사이에서는 종교가 군주를 좀 더 겁 많고 나약하지 않게, 따라서 더 잔혹하지 않게 하고 있다. 군주는 국민에게 기대하고, 국민은 군주를 의지한다. 이 얼마나 훌륭한 일인가? 그리스도교는 저승의 행복만을 목적으로 하는 듯 보이면서도 이승에서도 우리를 행복하게 한다.

에티오피아에서는 드넓은 제국과 풍토의 결함으로 말미암아 전제정체가 성립하지 못했고, 그리스도교가 아프리카 한복판에 유럽의 풍속과 그 법을 일으켰다.

에티오피아 황태자는 공국(公國)에 책봉되어 다른 신하에게 사랑과 복종의 모범을 보여 주었다. 그 가까이에서는 이슬람교가 센나르[*7] 국왕의 자식들을 가둬두고 있다. 국왕이 죽으면 고문부(顧問府)는 옥좌에 오르는 사람을 위해 그들을 살해한다.

---

*7 Sennar. 나일강 상류에 있는 뉴비아왕국의 도시명.

한편에서는 그리스·로마의 왕이나 장군들의 끊임없는 학살을, 또 다른 편에서는 아시아를 노략질한 유명한 정복자 티무르 베그와 칭키즈 칸을 눈앞에 놓고 보자. 그렇게 하면 그리스도교 덕택으로 나라를 다스릴 때에는 일정한 정치와 법률을, 전쟁에는 일정한 만민법이 주어져 있어 우리가 그것에 크게 빚지고 있음을 알게 될 것이다. 이 만민법이 있기 때문에 우리 사이에서는 다음의 중요한 것을 패전국에서 빼앗지 않는 것이다. 즉 인명·자유·법·재산, 게다가 정복자는 자기 이익에 어긋나지 않은 한 언제나 종교를 뺏지 않는다.*8

유럽 국민은 전제적·군국적이 된 로마 제국에서 국민과 군대, 또 군대가 서로 분열했던 만큼은 분열되지 않았다고 말해도 좋다. 즉 그들은 한쪽에서는 군대가 서로 싸우고 있었으면서도, 다른 쪽에서는 도시의 약탈, 토지 분할이나 몰수가 군대에게 허용되어 있었다.

제4장 그리스도교 성격과 이슬람교 성격의 결과

그리스도교와 이슬람교의 차이 때문에 그 이상의 문제는 음미할 필요도 없이, 그 한쪽을 믿으면 다른 쪽을 버려야 한다. 왜냐하면 종교가 풍속을 순화해야 한다는 것은 어느 특정한 종교가 진심이라는 것보다도 훨씬 더 명백하기 때문이다. 종교가 정복자에게 주어질 때 그것은 인간성에 불행하다. 이슬람교는 칼에 대해서만 이야기하고 이 교리를 세운 파괴적 정신으로써 아직도 인간에게 작용하고 있다.

이집트 목인왕(牧人王)의 한 사람인 사바코 이야기는 칭찬할 만하다. 테베의 신이 그의 꿈속에 나타났다. 그리고 이집트의 모든 사제를 죽이라고 그에게 명했다. 그는, 신들이 이미 그가 통치하는 것을 바라지 않는다고 판단했다. 그 까닭은 그들이 평소의 생각과는 전혀 달리 이렇게 그에게 명했다고 생각했기 때문이다. 그래서 그는 에티오피아에 몸을 숨겼다.

제5장 가톨릭교는 군주정체에, 개신교는 공화정체에 더 적합한가의 여부

어떤 종교가 한 국가 안에서 발생해 형성되는 경우에, 그것은 보통 그것이 수립된 정체의 계획을 따른다. 왜냐하면, 그것을 받아들이는 사람들이나 받아

---

*8 라블레는 이것을 에스파냐의 유대인·무어인 추방을 비판한 것이라 본다.

들이게 하는 사람들은 그들이 태어난 국가의 정치 사상 이외의 것은 거의 없기 때문이다. 그리스도교가 2세기전 그것을 가톨릭과 개신교로 나뉘는 그 불행한 분열을 당했을 때, 북방 여러 민족은 개신교를 받아들이고, 남방 민족은 가톨릭교에 머물렀다.

그것은 북방 민족은 남방 민족에게는 없는 독립과 자유의 정신을 가지고 있고,*9 언제까지나 가질 것이기 때문이다. 또 지상의 우두머리가 전혀 없는 종교는 그것을 지닌 종교보다도, 이 풍토의 독립심에 좀 더 적합하기 때문이다.

개신교가 수립된 나라들 자체에도 혁명은 국가의 구성에 따라 행해졌다. 루터는 대왕후(大王侯)들을 자기 편으로 삼았으므로 외형적 우월이 전혀 없었던, 그런 성직적 권위를 그들에게 맛보게 하는 것은 아마 불가능했을 것이다. 칼뱅은 공화국에 살고 있는 국민이나 왕정 아래에 신음하는 시민을 자기 편으로 하고 있었으므로, 지위의 우월이라든가 영예 같은 것을 설정하지 않는 편이 훨씬 유익한 일이었다.*10

이 두 종파는 저마다 자기가 가장 완전하다고 자부할 수 있었다.

칼빈파는 자기야말로 예수 그리스도가 말한 것보다도 잘 일치한다고 생각하고, 루터파 쪽에서는 자기야말로 사도가 행한 것에 좀 더 잘 합치한다고 생각했기 때문이다.

제6장 베일의 다른 역설

베일은 모든 종교를 매도한 뒤 그리스도교를 비난하려고 했다. 그는 감히 말한다. "참된 그리스도교인은 존속 가능한 국가를 만들지 못할 것이다." 왜 만들지 못할까? 그들은 자기 업무를 충분히 알고 있고, 그것을 다하기 위하여 매우 커다란 열의를 가진 시민이 될 것이기 때문이다. 또 그들은 자연적 방위권을 매우 잘 알 것이기 때문이다. 그들이 종교에 대한 의무를 믿으면 믿을수록 조국에 의무가 있음을 알 것이다. 그리스도교 원리가 마음속에 충분히 새

---

*9 이 의론은 Mme de Staël 및 Michelet에게 다루어져 개신교를 받드는 게르만 민족은, 가톨릭을 받드는 라틴 민족보다 우월하다는 형태로 확대되었다.
*10 칼뱅의 종교개혁 사상은 민주적·수평적이며, 몽테스키외에 따르면 사도보다도 그리스도교의 교리에 가깝다고 한다.

겨지면 군주국의 거짓 명예, 공화국의 인간적인 덕성, 전제국가의 노예적인 두려움보다도 훨씬 강력한 것이기 때문이다.

이 사람이 그리스도교 전설을 위한 명령과 그리스도교 자체를 구별할 수도 없었다는 것은 놀라운 일이다. 그리고 그 자신의 종교의 정신까지도 알지 못했다는 사실에 책임을 져야 된다. 입법자가 법을 준 대신에 조언을 주었을 경우에는, 그 조언이 만일 법으로써 명령된다면 그 법의 정신에 어긋나리라는 것을 알고 있었기 때문이다.

제7장 종교에서의 완전한 법

신법(神法)에 대조되는 인법(人法)은 머리에 작용하게끔 만들어진 것이므로 율법을 주어야 하며, 조언을 주어서는 안 된다.*11

종교는 마음에 작용하게끔 만들어진 것이므로 많은 조언을 해 주어야 하며, 아주 조금만 율법을 주어야 한다.

이를테면 종교가 선을 위한 것이 아니고 지선(至善)을 위한 규율, 좋은 것을 위해서가 아니라 완전한 것을 위한 규율을 줄 때, 그것은 법이 아니고 조언인 편이 적당하다. 왜냐하면 완전함은 인간의 보편성은 물론 사물의 보편성과도 관계가 없기 때문이다. 그뿐만 아니라 만일 이것이 법이라면 처음에 낸 법을 지키게 하기 위해서는 무한히 다른 법이 필요하다.

독신은 그리스도교의 조언이었다. 그러나 그것을 특정한 부류의 인간*12에 대해서 법으로 했을 때, 강제적으로 이 법을 인간에게 지키게 하기 위해서 날마다 새로운 법이 필요하게 되었다.*13

입법자는 완전을 사랑하는 사람이라면 조언으로써 실행했을 것을 규율로써 인간에게 실행시키려고 했기 때문에 자신도 애를 먹고 사회를 피폐하게 만들었다.

---

*11 신학상의 용어로서 조언(concil)과 율법(précepte)은 구별된다. 전자는 다만 권하는 것, 후자는 명령이다. 앞장은 언뜻 그리스도교 관점에서 베일을 공격한 듯이 보이지만 사실은 가톨릭교가 법률에 개입하는 것을 공격하기 위한 서곡으로 되어 있다.
*12 사제와 수도자.
*13 뒤팽의 《성직 저술가 총서》 제5권 참조. (원주)

제8장 도덕법과 종교법의 관련성

불행하게도 신이 준 것이 아닌 종교를 가진 나라에서는 언제나 종교가 도덕과 일치해야만 한다.

왜냐하면 종교는 거짓이라도 사람들이 인간의 성실성에 대해서 가질 수 있는 가장 좋은 보증인이기 때문이다.

미얀마 페구 지방 사람들의 종교의 주요점은 죽이지 말라, 훔치지 말라, 간음하지 말라, 자기가 바라지 않는 바를 베풀지 말라, 이웃에 가능한 한 선을 베풀어라 하는 것이다.*14

그들은 이것만 지키면 어떤 종교도 구원받는다고 믿는다. 그 결과, 이 민족은 오만하고 가난하지만 온화하며 불행한 자에 대해 동정심을 가지고 있다.

제9장 에세네파*15

에세네파*16는 사람에 대하여 정의를 지키고, 어떠한 일이 있어도 사람을 해치지 않고, 부정한 자를 미워하고, 모든 사람에게 약속을 지키고 명령하는 데에도 겸양함을 잃지 않으며, 언제나 진리의 편이 되고 모든 부정한 이득을 피하는 것을 맹세했다.

제10장*17 스토아파

고대 철학의 여러 학파는 여러 종류의 종교라고 말할 수 있다. 그중에서도 스토아파만큼 그 모든 원리가 인간에게 알맞고, 군자를 육성하는 데 적합한 것은 이전에는 없었다. 그러므로 만일 내가 그리스도교인이라는 것을 잠시 잊어버릴 수 있다면, 나는 제논파*18의 파괴를 인류의 불행 가운데 하나로 꼽을 것이다.

---

*14 《동인도회사 설립에 도움이 된 여행기집》 제3권 제1부 63쪽. (원주)
*15 에세네(Essene)는은 마카베오 시대 유대교의 한 종파. 엄격하고 순수한 교리는 원시 그리스도교와 일치한다.
*16 프리도의 《유대인의 역사》 (원주)
*17 《정치평론》(Revue politique) 1874년 11월 14일자 Despois의 논문에 따르면, 이 장은 몽테스키외의 청년 시절의 작품 《의무의 개론》(Traité général des Devoirs)에서 취해진 것으로 보인다.
*18 궤변학파인 엘레아의 제논의 것이 아니고, Citium의 제논이다. 기원전 4세기의 사람. 스토아학파의 개종.

이 학파는 쾌락과 고통의 경시라는 진정 위대한 개념만을 그 무엇보다 촉구했다.

이 학파만이 시민을 만들 수 있었다. 또한 이것만이 위인을 만들었고, 이것만이 위대한 황제를 만들었다.

잠시 계시적 진리를 제외하고 전체 자연 속을 찾아보면 여러 안토니누스[19] 이상으로 위대한 대상을 찾아낼 수는 없을 것이다. 사실 인간을 다스리는 데 율리아누스만큼 적합한 군주는 그 뒤로는 좀처럼 찾아보기 힘들다. 그러나 그 율리아누스조차도(어쩔 수 없이 이렇게 던진 한 표는 나를 그의 종교 배반의 공범자로는 하지 않을 것이다.) 따르지 못한다.

스토아학파가 부(富)·인간 권세·고통·번민·쾌락을 헛된 것으로 생각하는 동안 그들은 인간의 행복을 위하여 일하고, 사회 의무를 수행하는 일에 오롯이 몰두하고 있었다. 그들은 자신들 안에 있다고 믿는 그 성령을, 인류를 지켜보는 자애가 깃들인 하나의 신으로 간주했던 것 같았다.

사회를 위하여 태어난 이 사람들은 모두 사회를 위해 일하는 것이 그들의 운명이라고 믿었다. 그들에 대한 보수는 모두 그들의 내부에 있고, 자기 철학만으로도 행복했으며, 타인의 행복만이 그들의 행복을 늘릴 수 있다고 생각되었으므로, 그것은 그들에게 괴로움은 아니었다.

제11장 명상

인간은 자기를 보존하고 기르며, 자기를 입히고, 모든 사회적 행위를 하기 위해 만들어져 있으므로, 종교는 그들에게 지나치게 명상적인 생활을 주어서는 안 된다.[20]

이슬람교인은 습관처럼 사변적이 된다. 그들은 하루 다섯 번씩 기도한다. 그리고 번번이 이 세상에 속하는 모든 것을 배후에 버리는 흉내를 내야 한다.

이것이 그들에게 옳고 그름에 대한 훈련을 시킨다. 엄격한 숙명의 교의가 주는 모든 것에 대한 그 무관심을 이에 부가한다.

그뿐만 아니라 다른 원인이 모여 그들에게 초탈의 관념을 불러넣는다면, 이를테면 통치의 가혹함에, 토지 소유권에 관한 법 등이 제행무상(諸行無常)을

---

[19] Les Antoninus. 96년부터 192년에 걸쳐 통치한 7인의 로마 황제.
[20] 이것이 붓다(Foë)와 노자(Laockium) 교리의 난점이다. 〔원주〕

느끼게 한다면 모든 것이 마지막이다.
　가우르인의 종교(조로아스터교)는 이전에 페르시아 왕국을 번영시켰다. 그것은 전제정체의 나쁜 결과를 바로잡았다. 이슬람교나 오늘날 이 같은 제국을 파멸시키고 있다.

제12장 고행(苦行)
　죄의 보상인 고행(pénitences)은 나태의 관념이 아니라 노동 관념과 결합해야 한다.
　이상의 관념이 아니라 선(善)의 관념과, 탐욕의 관념이 아니라 검소의 관념과 결합해야 한다.

제13장 씻을 수 없는 죄
　키케로가 전하는 대사제의 책 어느 구절에 따르면 로마에는 씻을 수 없는 죄가 있었던 것 같다.
　그리고 바로 이것이 기초하여 조지무스[21]가 콘스탄티누스 황제의 개종의 동기를 왜곡하는 데 매우 적당한 이야기를 조작하여, 율리아누스도 그의 《황제론》 속에서 이 동일한 개종에 대해서 신랄한 조소를 퍼붓고 있는 것이다.
　이교(異敎)는 약간의 심한 죄밖에는 금하지 않고, 손은 막아도 마음이 방임했으므로 씻을 수 없는 죄가 있을 수 있다. 그러나 온갖 정념을 억제하고 행동뿐만 아니라 욕구나 사유마저도 감시하고, 얼마쯤의 쇠사슬로 우리를 묶지 않고 수많은 실로 묶고, 인간적 정의를 포기하고 별개의 정의를 만들어 내어 우리를 끊임없이 참회에서 사랑으로, 또 사랑에서 참회로 여기저기 끌고 다니게끔 되어 있다. 재판관(신)과 죄인 사이에 위대한 중재인(그리스도)을, 바른 자와 중재인 사이에 위대한 재판관을 두는 종교, 이러한 종교는 씻을 수 없는 죄를 가져서는 안 된다.
　그러나 이 종교가 모든 사람에게 두려움과 희망을 준다고는 하지만 그 성질상 씻을 수 없는 죄가 없더라도 죄많은 일생은 씻을 수 없을지 모른다는 것.

---

*21 조지무스(Zozimus). 5세기의 비잔틴 역사가이며 그리스도교에 대한 적의로 유명하다. 그에 따르면 콘스탄티누스가 그리스도교로 개종한 것은 그가 독살한 자기 아들의 죽음을 보상하기 위한 것에 불과했다.

새로운 죄와 새로운 속죄로써 끊임없이 신의 자비를 농락하는 것은 매우 위험할 것이라는 것, 여태껏 모두 갚은 일이 없는 신에 대한 낡은 빚을 걱정하며 새로운 빚을 만들고, 신의 인내 한도를 넘어 아버지의 애정이 끝나는 점까지 이르는 것을 두려워해야 한다는 것을, 이 종교는 충분히 감지하게 한다.

제14장 종교가 시민법에 미치는 영향

종교나 시민법은 주로 인간을 좋은 시민이 되게끔 노력해야 하므로, 둘 가운데 하나가 이 목적에서 벗어날 때에는 다른 하나는 더욱더 이것을 지향해야 할 것은 명백하다. 종교가 덜 억압적일수록 시민법은 더욱더 엄격해야만 한다.

따라서 일본에서는 지배 종교가 거의 교의가 없고 극락이나 지옥도 약속하지 않으므로, 법은 그것을 보충하기 위하여 색다른 엄격성을 가지고 만들어졌으며, 또한 좀 더 색다른 정확성을 가지고 집행되고 있다.

종교가 인간 행위에서 필연의 교의를 세울 때에는 법의 형벌은 보다 엄중하며 치안은 더 세심해야 한다. 그것이 없으면 신세를 망칠 사람들이 이러한 동기로써 결연한 태도를 되찾기 위해서 그러하다. 그러나 종교가 자유적 교의를 세우고 있을 때는 문제가 다르다.

영혼의 게으름에서 이슬람교적 예정설의 교의가 생기며, 이 예정설의 교의에서 영혼의 게으름이 생긴다. 사람들은 말했다. 이것은 신의 명령 안에 있다고. 그러므로 가만히 있어야 한다고, 이러한 경우에는 종교 속에 잠자고 있는 사람들을 법으로써 일깨워야 한다.

시민법이 허용하는 것을 종교가 벌하는 경우에, 또 종교가 벌하는 것을 시민법이 허용하지 않는 것은 위험하다. 둘 가운데 어느 쪽인가가 둘 사이에 존재해야 할 관념의 조화와 균형의 결함을 반드시 나타내기 때문이다.

이런 까닭으로 칭기즈 칸 아래의 타타르인 사이에서는 작은 칼을 불 속에 넣든가 채찍에 기대거나, 말을 재갈로 때리거나, 한 개의 뼈로 다른 뼈를 부수는 일은 죄가 되거나 심지어는 사형에 처하기도 했다. 그런데도 그들은 약속을 깨뜨리든가 남의 물건을 뺏든가 사람을 모욕하든가 죽이든가 하는 것은 죄가 된다고는 믿지 않았다. 한마디로 말해서, 아무렇게 해도 무방한 하찮은 것을 필요하다고 여기게 하는 법은 필요한 것은 아무렇게나 상관없다, 대수롭지 않다고 여기게 하는 결함이 있다.

타이완 사람들은 지옥을 믿었다. 그러나 그것은 일정한 계절에 나체로 가지 않았던 자, 명주가 아니고 삼베 옷을 입은 자, 굴을 따라간 자, 새의 노래로 점치지 않고 행동한 자를 벌하기 위해서였다. 그러므로 그들은 술주정이나 여자와의 난행은 죄라고 여기지 않는다. 그들은 아들의 방탕은 신들의 마음에 든다고까지 믿었다.

종교가 부수적 사물에 의하여 면죄할 경우, 그것은 인간 사이의 최대의 용수철을 무익하게 잃게 되는 셈이다. 인도인은 갠지스강의 물은 모든 부정을 씻는 힘이 있다고 믿었다. 이 강변에서 죽는 자는 지옥의 형벌을 면하고 극락 정토에서 살 수 있다고 믿었다. 그래서 멀리 떨어진 지방에서 죽은 이의 재로 가득찬 단지를 보내 와서 그것을 갠지스강에 던져 넣는다. 생전에 유덕한 생활을 했는지의 여부는 아무런 상관이 없다고 생각하고, 죽으면 갠지스강에 던지기만 하면 된다.

포상의 나라 관념은 필연적으로 처벌의 나라 관념이 따른다. 그리고 사람이 다른 쪽을 두려워하지 않고 한쪽을 바랄 때, 시민법은 더는 힘이 없다. 저승에서 틀림없이 상을 탈 수 있다고 믿는 자는 입법자로서는 처치 곤란하다. 그들은 죽음을 너무나 경시할 것이다. 집정자가 과할 수 있는 가장 큰 처벌도 한순간에 끝나면 자기 행복이 시작되는 것이 확실하다고 믿는 인간을 법으로 억제할 방법이 있을까?

제15장 시민법이 거짓 종교를 교정하는 방법

오래된 것에 대한 존경·우직·미신이 때로는 비의식(祕儀式)·제식으로 풍속을 어지럽힐 우려가 있는 것을 만들어 냈다. 그 예는 이 세상에 꽤 많다. 아리스토텔레스는 이 경우에 법은 가장이 교당에 가서 그 아내와 그 자식을 위하여 이러한 의식을 행하는 것을 허용한다고 한다.

종교에 대하여 약속을 방어하는 훌륭한 법이라 할 수 있다.

아우구스투스는 젊은 남녀가 나이 든 근친이 함께 있지 않는 경우에는 어떠한 야간 의식에 참여하는 것을 금지했다. 그래서 그는 목신제(牧神祭)[22]를 부활했을 때 청년이 알몸으로 뛰는 것을 허용하지 않았다.

---

[22] 목신제(lupercalia)는 목축신 판(Pan)을 축하하여 로마에서 매년 2월 15일에 열리는 축제. 이 때 청년이 알몸으로 로마 거리를 뛰어다니며 군중을 가죽 끈으로 때린다.

제16장 종교법이 정체의 결함을 바로잡는 방법

다른 한편 법이 무기력해져 있을 때 종교가 국가를 지탱하는 일도 있다.

즉 국가가 때때로 내란에 시달릴 때, 종교가 이 국가의 어느 부분을 '언제나 평화를 유지할지어다' 이렇게 정한다면 큰 공헌이 된다. 그리스에서 엘레아인은 아폴론의 사제로서 영원한 평화를 누렸다. 일본의 신성한 도시 메아코*23는 언제나 평화롭다. 종교가 이 규칙을 뒷받침하는 것이다. 그리고 이 제국은 지상에 오직 하나만 있는 것같이 보이며, 외국으로부터는 아무런 힘도 빌리지 않고 있으며 빌리려고도 생각하지 않는다. 그리고 그 내부에는 언제 전쟁에 의하여 파괴되지 않는 상업을 가지고 있다.

전쟁이 공동의 협의로써 이루어지지 않고 법이 전쟁을 종결시키고 예방하는 어떤 수단도 정하고 있지 않는 나라에서는, 국가의 존립에 없어서는 안 될 일, 즉 파종이나 그와 같은 일을 국민이 할 수 있도록 종교는 평화나 휴전의 시기를 정한다.

아라비아 여러 부족 사이에서는 해마다 4개월간 온갖 적대 행위가 중지된다. 매우 작은 분쟁도 불경건하다고 여겼다. 각 영주가 프랑스에서 전쟁하든가 강화하든가 하던 시대에 종교는 일정한 시기에 행해져야 할 휴전*24을 정했다.

제17장 종교법이 정체의 결함을 바로잡는 방법(계속)

국가 안에 커다란 증오의 씨가 있을 때, 종교는 많은 조정 수단을 제공해야 한다. 아라비아인은 강도와 같은 민족이어서 언제나 서로 손해와 부정을 주고받고 했다. 마호메트는 다음과 같은 법을 만들었다. "누군가가 그 형제가 흘린 피를 용서한다면, 그는 손해배상을 위하여 그 불법 행위자를 소추할 수 있을 것이다. 그러나 배상을 받은 뒤에 그에게 해를 가한다면 심판의 날에 가혹한 형벌을 받을 것이다."

게르만인 사이에서는 증오나 원한을 근친에게서 이어받았다. 그러나 그것은 영구적이지는 않았다. 살인도 일정 수의 가축을 제공함으로써 보상되었다. 그리고 가족 전체가 변상을 받았다. 타키투스는 말한다. "이것은 매우 이로운 일

---

*23 플레이아드 판(版)의 주석에 말하기를 "메아코는 미야코 또는 교토. 일본의 옛날 종교적·지적 수도. 천황의 거주지." 가르니에 판의 주석 78에서는 "메아코. 그것은 교토이다."
*24 이것을 〈신의 휴전〉(Trêve de Dieu)이라 하며, 성자 루이 9세가 시작한 것이다.

이다. 왜냐하면 원한은 자유로운 국민에게 더욱 위험하기 때문이다." 그들 사이에 세력이 대단했던 사제들은 이 중재(仲裁)를 맡고 나섰다고 나는 믿는다.

말레이인 사이에는 조정법이 정해지지 않으므로 사람을 죽인 자는, 죽은 이의 친족이나 벗에게 살해될 것을 확신하고 그 분노에 자포자기하여 만나는 사람마다 모두 죽인다.[*25]

제18장 종교법이 시민법의 효과를 가지는 방법

초기의 그리스인은 때때로 여기저기 흩어졌던 작은 민족으로, 바다에서는 해적질을 일삼고 육상에서는 강도질을 하는, 정부나 법도 없는 민족이었다. 헤라클라스와 테세우스의 위대한 업적은 이 신흥 민족이 처해 있던 상태를 나타낸다. 그 무렵의 종교는 살인에 대한 혐오를 주기 위하여 행한 것 이상의 그 무엇을 할 수 있었을까?

종교는 분명히 공언했다. 폭력으로 살해된 자는, 살인자에게 먼저 분노하고 상대의 가슴에 불안과 두려움을 불어넣고 살아생전 늘 다녔던 장소를 양보해 달라고 조른다. 살인자를 접촉하거나 그와 이야기하는 자는 오욕되고 유언할 수 없게 된다. 살인자는 도시에서 쫓겨나야 한다. 그리고 속죄 의식이 행해져야 한다.

제19장 교리가 사회에 유익하거나 위험한 것은, 그 진실과 허위보다는 오히려 그 이용과 악용에 있다

가장 진실하고 가장 신성한 교리도 그것이 사회의 원리와 결부되어 있지 않을 때에는 매우 나쁜 결과를 낳는다. 이와는 반대로 가장 거짓과 같은 교리도 이러한 원리와 결부하게 되면 훌륭한 결과를 가질 수 있다.

공자의 종교는 영혼의 불멸을 부정한다. 그리고 제논의 교파도 이런 것은 믿지 않는다. 그런데 어찌된 일일까, 이 두 교파[*26]는 그 나쁜 원리에서 올바르지

[*25] 아모크라는 이름으로 알려져 있는 난폭한 성격의 정신병.
[*26] 중국의 한 철학자는 붓다의 교리에 대해서 다음과 같이 논한다. "이 교파의 책에는, 우리의 육체는 우리의 집이며, 영혼은 거기에 사는 불멸의 주인이라고 쓰고 있다. 그러나 만일 우리 부모의 육체가 집에 불과하다면 흙덩어리에 대해서 사람이 가진 것과 같은 모멸의 마음으로써 이것을 바라보는 것은 당연하다. 그것은 사람의 마음에서 효행의 덕을 빼앗아 버리는 것이 아니고 무엇일까? 또한 그것은 육체를 경시하는 마음을 일으키게 하고 육체

않지만 사회에 대한 영향에서 말하면 훌륭한 결과를 낳은 것이다.

그리스도교와 불교는 영혼의 불멸을 믿는다. 그러나 이토록 신성한 교리에서 두 종교는 놀라운 결과를 끌어냈다.

거의 온 세계에 걸쳐, 또 모든 시대를 통하여 영혼 불멸의 교리는 잘못 해석되어 아내·노예·신하·친구에게 저승에 가서 존경과 사랑의 대상을 섬기기 위해 자살하라고 권했다. 서인도에서는 그렇지 않았다. 그러나 오늘날에도 여전히 일본과 인도네시아의 마카사르, 덴마크 기타 지구상의 몇몇 장소에서는 그러하다.

이러한 관습은 영혼 불멸의 교리에서 나왔다기보다는 오히려 육체 부활의 교리에서 생겨나는 것이다.

거기에서는 사후에도 생전과 마찬가지로 같은 개인이 같은 욕망과 감정, 같은 열정을 가질 것이라고 말하고 있다.

이런 관점에서 본다면, 영혼 불멸의 교리는 인류에게 깊은 감명을 준다.

왜냐하면 단순한 영혼 이전(移轉)의 관념은 새로 수정한 관념보다는 일반인이 쉽게 이해할 수 있기 때문이다.

종교는 교리를 세우는 것만으로는 충분하지 않다. 그 영향의 통제도 해야 한다. 이것이야말로 그리스도교가 앞에서 서술한 교리를 훌륭하게 정립하는 것이다.

이 종교는 우리에게 이미 경험한, 또는 이미 알고 있던 나라로 들어가는 것을 우리가 바라게 한다.

모든 것이 육체의 부활에 이르기까지 우리를 정신적 관념으로 이끄는 것이다.

제20장 교리가 사회에 유익하거나 위험한 것은, 그 진실과 허위보다는 오히려 그 이용과 악용에 있다(계속)

고대 페르시아인의 성전은 이렇게 말했다.

"만일 성인이 되려고 생각한다면 그대의 자식들을 교육할지어다. 그들이 행하는 모든 선행은 그대에게 돌아올 터이므로."

를 보전하는 데 필요한 동정과 애정을 거부하는 것이다. 그러므로 불교신자의 자살은 그 수가 많다."《뒤 알드 신부》 제3권 제52쪽, 중국의 한 철학자의 저작에서 발췌 인용). (원주)

이 경전은 사람들에게 일찍 결혼하기를 권했다.

왜냐하면 자식은 심판의 날에 피안의 세계로 건너가는 다리가 될 것이며, 따라서 자식이 없는 자는 건널 수 없을 것이기 때문이다. 이 교리는 엉터리였으나 매우 유익했다.

제21장 윤회

영혼 불멸의 교리는 세 부분으로 나뉘어진다. 즉 순수한 불멸의 교리, 단순한 영혼 이전의 교리, 윤회의 교리, 다시 말하면 그리스도교인의 이론, 스키타이인의 이론, 인도인의 이론을 말한다. 앞의 두 가지에 대해서는 이미 서술했다.

셋째 이론에 대해서는 그것이 좋게도 나쁘게도 설명되었으므로 인도에서는 좋은 결과와 나쁜 결과를 낳았다.

그것은 유혈에 어떤 종류의 혐오감을 주므로 인도에서는 살인이 아주 적다. 그래서 거기에서는 거의 사형이 행해지지 않는데, 그러므로 모든 사람이 조용하고 편안하다.

다른 면으로는, 그곳에서는 남편이 죽으면 아내는 자기 스스로 그 몸을 불태운다. 즉 죄 없는 사람만이 자살을 한다.

제22장 아무렇지도 않은 것에 종교가 일으키는 혐오의 위험

인도에서 만들어 낸 종교적 편견이 각종 카스트(4성계급)로 하여금 서로 미워하게 만들고 있다. 이러한 명예는 주로 종교에 기초하며 카스트적 차별은 시민적 차별을 구성하지 않는다. 만일 국왕과 식사를 함께 하면 자기 명예가 더럽혀졌다고 믿는 인도인도 있다.

이런 종류의 차별은 타인에 대한 특정한 반감과 연결되어 있다. 그것은 계급의 차별에서 생기게 되는 감정과는 아주 다르다. 계급 차별은 우리 사이에서는 하급자에 대한 사랑을 포함한다.

종교의 법은 악덕에 대한 모멸 이외의 모멸을 갖게 하든가, 특히 타인에 대한 사랑과 연민에서 사람을 멀리하는 것을 피해야 한다.

이슬람교와 힌두교는 그 안에 수많은 민족을 포함하고 있다. 힌두교인은 이슬람교인을 미워하고, 이슬람교인들은 힌두교인들을 미워한다. 그것은 이슬람교인은 쇠고기를 먹고 힌두교인은 돼지고기를 먹기 때문이다.

제23장 제전

종교가 노동에 휴식을 명할 때에는 종교가 명예롭게 설계한 존재의 위대함 보다는 인류의 필요를 더 고려해야 한다.

아테네에서는 제전(祭典)이 지나치게 많아 커다란 불편을 불러왔다. 유력한 국민에게는 그리스의 모든 도시가 분쟁의 중재를 의뢰해 왔으므로 정무를 충분히 할 시간이 없었다.

콘스탄티누스가 일요일을 휴일로 정했을 때 그는 이 명령을 도시에 내린 것이며, 농촌 사람들에게 내린 것은 아니었다. 그는 도시에서는 휴식이 유용하지만 농촌에서는 노동이 필요하다는 것을 알고 있었다.

같은 이유로서 상업으로 유지되는 나라에서 제전의 수는 그 상업 자체와 관계를 이루어야 된다. 지리적으로 개신교 국가는 가톨릭 국가보다 더 노동이 필요하다.[27] 그러므로 제전 폐지는 가톨릭 국가보다 개신교 국가에 더 적합했다.

댐피어는, 사람들의 오락은 풍토에 따라 변한다는 것을 지적했다. 더운 지방에서는 맛있는 과일들이 많이 생산되므로 야만인은 곧 필요품을 얻을 수 있어 놀기에 더 많은 시간을 소비한다. 그러나 추운 지방의 원주민[28]은 그다지 여가 시간이 없다. 끊임없이 물고기를 잡고, 짐승을 사냥해야만 한다. 그래서 그들 사이에는 춤이나 음악이나 잔치가 적다. 이러한 사람들 사이에 정착하는 종교는 제전의 설정에서 특히 이 점을 고려해야 할 것이다.

제24장 지방 종교법

여러 종교에는 많은 지방적 법이 있다. 그러므로 몬테수마[29]가 에스파냐인의 종교는 에스파냐에 좋고, 멕시코의 종교는 그들의 나라에 좋다고 강력하게 주장했을 때, 그가 부조리한 말을 한 것은 아니었다.

왜냐하면 실제로 입법자들은 그들이 전에 자연이 이룬 것을 배려하지 않을

---

[27] 가톨릭교인은 남방에 보다 많고, 개신교인은 북방에 더 많다. (원주)
[28] 캐나다와 파타고니아의 원주민.
[29] 1519년 코르테스가 정복했을 때의 멕시코 황제.

수 없었기 때문이다.

윤회설은 인도의 풍토에 알맞다. 극도의 더위가 모든 경작지를 없어지게 한다. 그곳에서는 매우 적은 가축밖에 기를 수 없다. 그러므로 농경용으로 그것이 부족할 위험은 늘 있다. 소는 그곳에서는 그다지 번식하지 않는다. 그것은 많은 병에 걸리기 쉽다. 따라서 소를 보전하는 종교법은 이 나라의 정치에 아주 적합하다.

초원이 뜨거운 태양에 없어지는 사이에 벼와 채소는 거기에서 쓸 수 있는 물에 따라 잘 자란다. 따라서 이러한 식료밖에 허용하지 않는 종교법은 이와 같은 풍토에서는 삶에 매우 유익하다.

그곳 가축의 고기는 맛이 좋지 않다. 그리고 가축에서 짜는 젖이나 버터도 사람들 생활 자료의 일부이다. 그러므로 소를 먹든가 죽이든가 하는 것을 금하는 법은 인도에서는 매우 합리적이다.

아테네는 놀랄 만큼 많은 국민들이 있었는데, 그 영토는 불모지였다. 그래서 여러 신에게 특정한 작은 선물을 바치는 자는, 소를 희생으로 하는 자보다 신들을 공경한다는 것이 종교적 핵심이었다.

제25장 종교를 한 나라에서 다른 나라로 이동하는 일의 어려움

위의 결과로써 어느 종교[30]를 한 나라에서 다른 나라로 옮기려면 아주 많은 어려움이 뒤따른다.

불랑빌리에는 말한다. "아라비아에는 돼지가 매우 적을 것이다. 거기에는 거의 숲이 없고, 이 동물의 사료에 알맞는 것이 거의 없다. 게다가 물과 음식물의 염분이 국민을 피부병에 걸리게 한다." 그러나 돼지를 금지하는 지방적 법은 다른 지방에서는 적당하지 못할 것이다. 다른 데에서는 돼지가 거의 보편적으로 필요한 식료이기 때문이다.

나는 여기에서 한 가지 살펴보고자 한다. 상크토리우스의 관찰로는 사람이 먹는 돼지고기는 땀을 내게 하는 일이 적고, 더욱 이 식료는 다른 식료의 땀을 내는 작용을 크게 방해하기까지 한다. 그는 그 감소가 3분의 1에 이르는 것을

---

[30] 여기에서는 그리스도교에 대해서 말하는 것이 아니다. 왜냐하면 제24편 제1장의 마지막에 서 서술한 바와 같이 그리스도교는 더할 나위 없는 선이므로(역자 보충 : 이 주석은 처음 여러 판에는 없다).〔원주〕

발견했다. 게다가 몸에 땀을 내는 그 부작용으로 피부병을 일으키고, 또 이것을 악화하는 것을 사람들은 알고 있다. 따라서 돼지의 식용은 사람들이 이러한 병에 걸리기 쉬운 풍토, 이를테면 팔레스타인·아라비아·이집트·리비아에서는 금지되어야 할 것이다.

제26장 종교를 한 나라에서 다른 나라로 이동하는 일의 어려움(계속)

샤르댕에 따르면 페르시아에는 제국의 경계에 있는 쿠르강[*31]을 제외하면 항행할 수 있는 강은 전혀 없다. 그러므로 하천을 항행하는 것을 금한 가우르인(페르시아의 배화교인)의 옛법은 그들의 나라에서는 아무런 불편이 없었던 것이다. 그러나 다른 나라였더라면 상업을 파괴했을 것이다.

목욕은 더운 풍토에서는 널리 성행한다. 그 결과 이슬람교법과 인도 법은 이것을 명하고 있다. 인도에서는 흐르는 물속에서 신에게 기도하는 것이 매우 칭찬할 만한 행위이다. 그러나 다른 풍토에서는 어떻게 이러한 일을 할 수 있을까?

풍토에 기초를 두는 종교는, 풍토가 너무나 다른 나라에서는 뿌리를 내릴 수 없었다. 그것을 거기에 옮겨 전파한다해도 그것은 곧 없어지고 말기 때문이다. 인간적으로 말한다면[*32] 그리스도교와 이슬람교의 경계를 정한 것은 풍토라고 볼 수 있다.

위의 결과로써 본다면, 종교는 특수한 교리와 일반적 예배를 가지는 것이 거의 언제나 적당하다고 할 수 있다. 예배의 실행에 관한 법에는 세밀한 규정이 필요없다. 이를테면 일반적인 고행을 명해야 하며 특정한 고행을 명해서는 안 된다. 그리스도교는 수많은 양식에 따라서 행해진다. 금욕은 신법에 속하지만 특수한 금욕은 국가법에 속한다. 그러므로 그것을 바꿀 수 있다.

[*31] 쿠르강(le fleuve Kur)은 옛날의 키루스강(le Cyrus)이며, 카스피해로 흐른다.
[*32] 지나치게 대담하다고 사람들이 생각하는 입론(立論)을 완화시키기 위해서 '신의 섭리를 달리 말한다면' 하는 뜻으로 이렇게 말했다.

제25편
종교 설립과 그 대외정책에 관한 법

제1장 종교에 느끼는 감정
경건한 사람과 무신론자는 언제나 종교에 대해서 이야기한다. 한쪽은 그가 사랑하는 것을 말하고, 다른 쪽은 두려워하는 것을 말한다.

제2장 여러 종교에 느끼는 애착의 동기
세계의 여러 종교는 그것을 믿는 사람에게 그것에 대한 균등한 애착의 동기를 주지는 않는다. 그것은 그런 종교가 인간의 사고방식과 느끼는 방식에 조화하는 방법에 크게 의존한다.

우리는 곧잘 우상 숭배의 경향을 가지고 있다. 그러나 우상 숭배적 종교에 크게 애착을 가지고 있는 것은 아니다.

우리는 정신적 관념을 그다지 좋아하지 않지만 정신적 존재를 숭배하게 하는 종교에는 깊이 애착을 느낀다. 이것은 기쁨의 감정이며, 다른 종교에 따라 놓여진 저속성에서 신성을 높인 종교를 택할 정도로 자기는 머리가 좋다고 하는, 자신 속에서 발견하는 만족에서 얼마쯤은 유래하는 것이다.

우리는 우상 숭배를 거칠고 촌스러운 국민들의 종교라 여기고, 이와 달리 정신적 존재를 대상으로 하는 종교는 문명 국민의 종교라고 생각한다.

우리가 감정으로 느낄 수 있고 예배함으로써 존경할 수 있는 그런 높은 정신적 관념을 부가할 수 있는 교리의 경우에는, 그것은 우리에게 종교에 대한 커다란 애착을 느끼게 한다. 왜냐하면 앞에서 서술한 동기가 우리의 감성적 사물에 대한 자연적 성향에 연결되어 있기 때문이다. 그래서 가톨릭 교도는 이런 종류의 예배를 개신교인보다는 많이 갖고 있으므로, 개신교가 그들의 종교에 애착하며 훨씬 강하게 그 보급에 더 전력한다.

에페소스의 국민은 교의회(敎議會 : concille) 신부들이 동정녀 마리아를 '신의 어머니'라 불러도 좋다고 정하자마자*¹ 기쁨에 날뛰었다. 사람들은 주교들의 손에 입을 맞추었고 무릎을 얼싸안았다. 모두가 환호성에 넘쳐흘렀다.

지적인 종교가 더욱 신에 의하여 이루어진 선택의 관념, 이 종교를 믿는 자와 그렇지 않은 자와의 차별의 관념을 우리에게 줄 때, 그것은 우리를 이 종교에 결부시킨다. 이슬람교인 한편에 그들을 신의 단일성의 복수자라고 생각케 하는 우상 숭배 민족이 없다고 하면, 또 다른 한편으로는 자기들은 하느님에게서 특별히 보살핌을 받고 있다 믿게 하는 그리스도교인이 없다고 한다면 좀처럼 선량한 이슬람교인으로 될 수 없을 것이다.

많은 의식이 따르는*² 종교는 그런 의식이 덜한 종교보다는 더 사람을 이끈다. 사람은 언제나 마음을 점령하는 사항에 크게 집착하는 법이다. 그 증거로 이슬람교인과 유대인의 완고한 집요성과, 야만인·미개인이 종교를 바꾸는 용이성을 보라. 후자는 사냥과 전쟁에 쫓겨 종교의식 따위에 신경을 쓸 겨를이 없는 것이다.

인간은 희망과 두려움의 관념에 극도로 사로잡히기 쉽다. 그러므로 지옥도 극락도 없는 그러한 종교는 그다지 그들의 마음에 들 수 없을 것이다. 그것은 외국 종교가 일본에 쉽게 정착한 사실, 그것이 열의와 애정을 갖고 거기에 받아들여졌다는 것으로써 증명된다.*³

종교가 사람을 끌기 위해서는 순결한 도덕을 지녀야 한다. 인간은 개별적으로는 사기꾼이지만 총괄적으로는 매우 정직하다. 그들은 도덕을 좋아한다. 그래서 이토록 중대한 제목을 다루는 것이 아니면, 이것은 연극에 참으로 잘 나타난다고 말하고 싶을 정도이다. 도덕이 시인하는 감정은 대중에게 인기가 있고, 도덕이 배척하는 감정은 그들의 마음에 들지 않은 것은 확실하다.

예배의 외관이 몹시 장엄할 때 그것은 우리 마음에 들며 종교에 커다란 애착을 느끼게 해 준다. 교당의 부(富)와 성직 계급의 부는 모두 우리를 크게 감격하게 한다.

---

*1 교의회는 이 호칭을 강제성을 띤 것으로 했다.
*2 이것은 전편의 마지막 두 번째 장에서 내가 말한 것과 모순되지 않는다. 여기서 나는 종교에 느끼는 애착의 동기를 말하고, 거기에서는 종교를 보다 일반의 것이 되게 하는 방법을 서술했다. 〔원주〕
*3 그리스도교와 인도의 여러 종교. 후자는 지옥과 극락이 있지만 이에 비해서 신도는 그것을 갖고 있지 않다. 〔원주〕

이와 같이 사람들의 가난 자체가 그들을 이 종교에 애착하게 만드는 동기가 되며, 이러한 것이 그들 가난의 원인이 된 사람들에게 구실을 주었다.

제3장 교당

모든 개화된 국민은 거의 집에서 산다. 그러므로 그들은 마땅히 신을 위해 집을 짓고, 거기에서 신을 예배하며, 두려움이나 희망을 가질 때마다 신을 찾으려는 관념이 생긴다.

실제로 신에게 가까이 갈 수 있고, 자기들의 결점과 불행을 모조리 털어놓을 수 있는 장소보다 더 인간에게 위안을 주는 것은 없다.

그러나 이토록 자연스런 감정도 땅을 일구는 국민에게만 솟아나는 것이다. 그리고 자신의 집이 없는 국민이 교당을 세우는 것은 볼 수 없다.

칭키즈 칸이 이슬람교 교당에 그토록 커다란 경멸감을 나타낸 것은*4 이 때문이다. 이 군주는 이슬람교인에게 질문하여 그들의 교리를 모두 인정했다. 메카 순례의 필요를 정한 교리를 제외하고는, 그에게는 신을 어디에서나 예배할 수 없다는 것이 전혀 이해되지 않았다. 타타르인은 집에서 살지 않으므로 교당을 알지 못했다.

교당이 없는 국민은 종교에 그다지 애착심을 갖지 않는다. 타타르인이 모든 시대를 통하여 몹시 관용했던 것은 그 때문이다.*5 로마 제국을 정복한 야만인이 그리스도교를 믿는 데 조금도 망설이지 않았던 것도 이 때문이다. 또한 아메리카 대륙의 미개인이 그들 자신의 종교에 집착이 매우 약한 것은 이 때문이다. 그리고 우리 선교사가 파라과이에 교회를 세운 이후에 그들이 우리의 종교에 매우 열중하고 있는 것도 이 때문이다.

신은 불행한 사람들의 은신처이며, 죄인만큼 불행한 자는 없으므로 교당은 그들의 피난처인 것이라고 사람들은 마땅히 생각하기에 이르렀다. 그리고 이 관념은 그리스인에게는 더욱더 자연스럽게 여겨졌다. 그들 사이에서 살인자는, 사람이 있는 도시에서 쫓겨나 교당 말고는 집이 없고 여러 신 외에 보호자가

---

*4 부카라의 이슬람교 교당에 들어가자, 그는 성전 《코란》을 집어들어 말의 다리 밑으로 내던졌다. 《타타르 역사》 제3부 273쪽. 〔원주〕
*5 이 정신적 경향은 일본인에게도 전해졌다. 그들은 그 기원을 타타르인에게 가지고 있다. 이것을 증명하기는 쉬운 일이다. 〔원주〕

없는 것처럼 보여졌다.

처음에는 이것이 과거의 살인자에게만 해당되었다. 그러나 그것에 대죄인을 포함시켰을 때 사람들은 심한 모순에 빠졌다. 그들이 인간을 배반했다면 당연히 신들도 배반했으리라고 생각했기 때문이다.

이러한 피난처는 그리스에 차츰 더 늘어났다. 타키투스는 말한다.

"교당은 갚을 능력이 없는 채무자와 나쁜 노예로 가득차 있었다. 관리는 치안을 펴는 데 너무 힘이 들었다. 사람들은 인간의 범죄를 신들의 의식처럼 보호했다. 마침내 원로원은 어쩔 수 없이 그 다수를 제거해야만 했다."

모세의 법은 매우 현명했다. 과실에 의한 살인자는 무죄였다. 그러나 그들은 피해자 친족의 눈앞에서는 제거되어야만 했다. 그래서 모세는 그들을 위하여 피난처를 세웠다. 대죄인들은 피난처에 수용될 가치가 없었다. 그들은 그것을 얻지 못했다. 유대인들은 휴대용으로 끊임없이 장소를 바꾸는 이동식 신전밖에 없었다. 그것은 피난처의 관념을 배제했다. 그들이 나중에는 교당을 가진 것은 사실이다. 그러나 죄인이 모든 방면에서 그곳에 모여 들면 신에게 봉사를 할 수 없게 됐을 것이다. 살인자가 그리스에서처럼 나라 밖으로 추방되었더라면 그들이 이방인의 신들을 숭배할 우려가 있었을 것이다. 이러한 모든 것을 고려한 결과 설치된 것이 피난 도시이며, 거기에서는 사제장이 죽을 때까지 머무를 수 있었다.

제4장 사제

포르피리에 따르면 아주 옛날의 사람들은 채소를 공물로 했음에 지나지 않았다. 이렇게 간단한 예배에는 각자가 그 집에서 사제가 될 수 있었다.

신의 뜻에 들게 하려는 자연적인 욕구가 의식을 복잡하게 했다. 그 때문에 농업에 종사하는 사람들은 그 모든 것을 행하여 그 세부까지 수행할 수가 없게 되었다.

사람은 신들에게 특별한 장소를 바쳤다. 그러자 그곳을 관리하는 사람이 필요해졌다. 마치 각 시민이 자기 집이나 집안일을 돌보는 것과 같았다. 그러므로 사제가 전혀 없는 민족은 대부분 야만인이다. 페달리아인이 그러했다. 볼구스키인[*6]

[*6] 시베리아민족.《북방 여행기집》제8권의 에브라르 이스브란트 이데스의 〈견문기〉참조. 〔원주〕

은 지금도 그렇다.

　신들을 섬기는 사람들은 존경받아야 했다. 특히 신들의 뜻에 가장 맞는 장소에 접근하는 데 필요한, 그리고 일정한 의식을 치르는 데 필요한 육체적 청정에 대한 특정한 관념을 조성하고 있는 국민에게는 더욱 그러했다.

　신들에 대한 예배는 끊임없는 근행(勤行)을 필요로 하므로 대부분의 사람들은 성직자를 독립된 동업 단체로 여기게 되었다. 그래서 이집트인·유대인·고대 페르시아인은 특정한 집을 정하고 신에게 봉사를 줄곧 행하게 했다. 성직 계급을 정무에서 멀리 하려고 생각했을 뿐만 아니라, 나아가서 가정의 번잡에서도 해방시키려고 생각한 종교도 있었다. 그리고 이것이 그리스도교의 주류인 가톨릭교의 규율이 되었다.

　여기에서는 독신 법의 결과에 대해서 이야기할 생각은 없다. 그러나 성직 단체가 지나치게 팽창하는 데 비례하여 일반적인 사회는 작아지게 되므로 이 법이 유해하게 될 것은 분명하다.

　인간 오성(悟性)의 성질상 종교에 대해서 우리는 모두 노력을 전제로 하는 것을 사랑한다. 그것은 도덕의 관점에서 우리가 모두 엄격한 성질을 띠는 것을 이성적으로 사랑하는 것과 같다. 독신주의는 그것이 이성적으로 사랑하는 것과 같다. 독신주의는 그것이 가장 부적당하다고 여겨지며 가장 난처한 결과를 낳게 할 수 있는 국민 사이에서 가장 환영받았다.

　유럽의 남쪽 나라에서는 기후의 성질상 독신주의 법은 좀 더 지키기 힘든데도 그것이 유지되고, 북쪽 나라에서는 정념이 더 강렬하지 않은데도 이 법이 물리쳐졌다. 그것만이 아니다. 인구가 적은 나라에서는 독신 제도가 용인되고, 인구가 많은 나라에서는 배척되었다. 위의 모든 고찰은 독신제의 커다란 확장에만 관한 것이며, 독신제 자체에 관한 것은 아님이 분명하다.

제5장 법이 성직계급의 재산에 가해야 할 제한

　저마다의 집은 망할 때가 있다. 따라서 저마다의 집 재산은 영구적인 목적이 없다. 그러나 성직 계급은 망하는 일이 있을 수 없다. 따라서 재산은 영구히 그것에 결부되고 밖으로 나가는 일은 없다.

　저마다의 집은 커질 수 있다. 그러므로 그 재산도 늘어날 수 있어야 한다. 성직 계급은 가족이며 커져서는 안 된다. 그러므로 그 재산은 제한되어야 한다.

우리는 성직 계급의 재산에 대해서 그 한계에 관한 규정을 제외하고 레비인의 규정을 유지했다. 실제로 우리 사이에서는 어떤 종교 단체도 이 이상을 얻는 것이 허용되지 않는다는 한계가 어느 정도이냐 하는 것은 언제까지나 알려지지 않을 것이다.

끝날 줄 모르는 이 획득은 국민의 눈에 매우 부조리하게 보이므로 그것을 변호하려는 자는 바보가 아니면 천치라고 여겨질 정도이다.

시민법은 때로는 기성의 악폐를 바꾸는 데 지혜가 있음을 발견하는 일이 있다. 왜냐하면 그것들은 시민법이 존중해야 할 사물과 연결되어 있기 때문이다. 이 경우에는 간접 규정이 그 사물을 직접 공격하는 규정보다도 입법자의 양식을 더욱 많이 드러낸다.

성직 계급의 획득을 금지하는 대신, 성직 계급 자신이 획득을 싫어하도록 애써야 한다. 권리를 남기고 사실을 없애야 한다.

유럽 여러 나라에서는, 영주 특권에 대한 고려가 그들을 위하여 예속민에 따라 취득한 부동산에 보상세(補償稅)*7를 제정하게 한 군주의 이익은, 같은 경우에 영세 소유권세*8를 군주를 위해 요구하게 했다. 카스틸랴에는 이와 같은 권리(따라서 이 세금)가 없으므로 밑천을 들이지 않고 이득을 보았다. 아라곤에서는 일종의 영세 소유권세가 있으므로 성직 계급의 부동산 취득은 좀더 적었다.*9 프랑스에서는 이 세금과 보상세가 있으므로 성직 계급의 취득은 더욱 적다. 그래서 이 나라 번영의 일부분은 이 두 가지 세금의 행사 덕택이라고 할 수 있다.

이러한 세금을 증가시켜라, 그리고 가능하다면 법인에 의한 부동산 소유를 막아라.*10

---

*7 노예민이 자식없이 죽은 경우 그 상속자가 되는 영주의 권리(droit de mainmorte)가 폐지되었을 때, 영주를 위하여 그 보상으로서 정해진 세금.
*8 영세 소유권(또는 세금 : droit d'amortissement)을 상속할 수 없는 노예민이 재산의 완전한 소유자가 될 수 있는 권리이며, 그 대상으로서 내는 세금이기도 하다.
*9 노예민의 부동산에 완전한 소유권이 인정되지 않는 데다 상속도 할 수 없기 때문에 그 재산은 그가 예속하고 있었던 성직 단체의 소유가 되었다.
*10 가르니에판(版)의 주석 86에 따르면, 몽테스키외는 여기에서 1747년 성직 계급의 부동산 취득을 허가제로 한 〈법인토지소유령 (Edit de mainmorte)〉을 생각하고 있었던 것이 아닐까 한다.

성직 계급의 오래된, 필요한 재산을 신성 불가침하게 하라. 그것을 성직 계급과 마찬가지로 고정적·영구적이 되게 하라. 그러나 그 손에 새로운 재산이 들어가지 않도록 하라.

로마 사람들은 성직 계급과의 어떤 분쟁에서, 거기에 보내진 하나의 각서에 대해서 지금도 기억하고 있다. 그 각서에는 다음과 같은 원칙이 씌어져 있었다. "성직자도 국가의 지출에는 함께 나누어 내야 한다, 구약성서가 그에 대해서 뭐라 하든지간에."

이 문구를 보고 사람들은 이 각서를 쓴 사람은 종교의 말보다는 세금 징수원의 말을 더 잘 이해하고 있다고 결론을 내렸다.

제6장 수도원

조금이라도 상식이 있다면 끝없이 생존하는 수도원이 그 재산을 종신적으로 팔든가, 또는 종신적으로 빚지는 일이 허용되어서는 안 된다는 것을 알 수 있다. 물론 친족(상속인이 될)이 없는 자, 그것을 갖고 싶지 않은 자의 모든 상속인이 되기를 사람들이 바라지 않는 한, 이러한 사람들은 국민과 내기를 하고 있는 것이다. 그러나 그들 자신이 적으로 되어 있다.

제7장 미신의 사치

플라톤은 말했다. "신들의 존재를 부정하는 자, 또는 그 존재는 인정하지만 신들이 이 세상의 일에 관계하지 않는다고 주장하는 자, 마지막으로 희생을 바치면 신들을 간단히 달랠 수 있다고 생각하는 자들은 모두 신에게 불경건한 자들이다. 세 가지 의견은 똑같이 유해한 의견이다." 플라톤은 이것으로써 자연의 광명(영지)이 이제까지 종교에 관해서 행했던 가장 합리적인 것을 말한 것이다.

외관적 예배의 장엄함은 국가의 정체와 많은 관계가 있다. 선량한 공화국에서는 허영심의 사치를 탄압했을 뿐만 아니라 미신의 사치도 탄압했다. 종교에도 절약법을 만들었다. 솔론의 수많은 법, 키케로가 채용한 장례식에 관한 플라톤의 수많은 법, 희생에 관한 누마의 몇 가지 법은 모두 이에 속한다.

키케로는 말한다. "새와 하루 만에 그려진 그림은 신에게 바치기에 아주 좋은 선물이다." 어느 스파르타인은 말한다. "우리는 흔한 물건을 바친다. 날마다

신들을 숭상할 수단을 갖기 위해서."*11

인간이 신에게 예배를 하기 위해서 가져야 할 배려는 이 예배의 장대함과는 완전히 별개이다. 신이 경멸하라고 명하는 것을 우리가 소중히 하고 있는 것을 신에게 드러내고 싶지 않으면, 우리의 재물을 신에게 바치는 것을 그만두자.

플라톤은 존경할 만한 말을 했다. "불경건한 자의 공물을 신들은 어떻게 생각할까, 선인이라면 정직하지 못한 자의 선물을 받는 것을 부끄러워하기 때문에."

공물이라는 구실 아래, 종교는 국가가 세금으로 징수하지 않았던 물건을 국민에게 강요해서는 안 된다. 그리고 플라톤이 말하듯이 결백하고 경건한 사람들은 그들에게 알맞는 공물을 바쳐야 한다.

종교가 장례식의 지출을 장려하는 것도 좋지 않다. 온갖 재산을 평등하게 하기 위해서 재산의 차별을 없애는 일과 모든 재산이 평등해진 순간 만큼 자연스러운 일이 있을까?

제8장 사제장의 위치

종교가 많은 사제를 갖고 있을 때 그들이 한 사람의 수장을 두고 사제장 직을 설정하는 것은 마땅하다. 군주제에서는 국가의 여러 단체를 조금이라도 분리해야 하며, 한 인물에게 모든 권력을 집중해서는 안 되므로 사제장의 지위는 국가 원수의 지위와 분리하는 것이 좋다. 같은 필요는 전제정체에서는 생기지 않는다. 그 본래의 성질이 같은 인물에게 모든 권력을 결합시키는 데 있기 때문이다. 그러나 이 경우, 군주가 종교를 그가 만든 법과 마찬가지로 그의 의지의 결과라고 여기는 일이 생길 수 있다. 이러한 불편을 막기 위해서는 종교의 기념물, 이를테면 종교를 단단히 자리 잡게 하는 신성한 서적 등이 있어야 한다. 페르시아 국왕은 종교의 수장이다. 그러나 코란이 종교를 규제한다. 중국 황제는 최고의 신주이다. 그러나 모든 사람의 손에 책이 쥐어져 있어 그 자신도 여기에 따라야 한다. 어느 황제가 이러한 책을 금지하려고 했기 때문이었다. 책은 폭정에 이겼다.

---

*11 리쿠르고스의 말이라고 플루타르코스는 주장한다.

제9장 종교에 관한 관용*12

우리는 여기서 정치를 논하는 자이지 신학자는 아니다. 더구나 신학자 자신에게도 어떤 종교를 관용하는 것과, 그것을 시인하는 것 사이에는 매우 다른 점이 있다.

국가 법이 여러 종교를 인정해야 한다고 믿었던 때에는 그러한 종교도 또 서로 관용하는 것을 강제할 필요가 있다. 탄압받은 종교는 어느 것이나 그 자신이 탄압자가 되는 것은 원칙이다. 왜냐하면 어떤 우연에 따라서 그것이 압박에서 벗어날 수 있자마자 자기를 탄압한 종교로서가 아니라 폭정으로서 공격하기 때문이다.

그러므로 법은 이러한 여러 종교에 대해서 국가 질서를 흩뜨리지 않을 뿐더러 서로 분쟁을 일으키지 않도록 요구하는 것이 유익하다. 시민이 국가 자체를 동요시키는 일이 없었다고 해서 결코 법을 만족시키는 것은 아니다. 나아가서 어떠한 시민에게도 폐를 끼치지 않는 것이 필요하다.

제10장 종교에 관한 관용(계속)

다른 데 뿌리를 뻗는 일에 대단한 열의를 나타내는 것은 비관용적 종교 말고는 거의 없다. 그도 그럴 것이 다른 종교를 인정하고 받아들일 수 있는 종교는 다른 종교의 선전에 대한 것은 거의 생각하지 않는다. 그러므로, 국가가 이미 확립된 종교에 만족하고 있을 때에는 다른 종교의 설립*13을 인정하지 않는 것은 매우 좋은 시민법일 것이다.

따라서 종교에 관한 정법의 근본 원리는 다음과 같다. 국가에 새로운 종교를 받아들이냐 않느냐를 자유로 결정할 수 있는 경우에는 그것을 설정해서는 안 된다. 국내에 그것이 설정되어 있을 때에는 그것을 받아들여야 한다.

---

*12 관용(Tolérance)은 자유(Liberté)가 아니다. 후자는 한낱 권리이며 전자는 다만 용인에 불과하다. 몽테스키외 시대는 아직 관용을 싸워서 얻는 시대이며, 신교의 자유를 구하는 때에 이르지 않았다.

*13 이 장의 전문에서 나는 결코 그리스도교에 대해서 서술하고 있는 것은 아니다. 왜냐하면 다른 대목에서 말했듯이 그리스도교는 최고의 복지이기 때문이다. 전편 제1장의 본문 및 《법의 정신의 변명》제2부 참조. (원주)

제11장 종교 변경

자기 나라의 지배적 종교를 파괴하거나 또는 바꾸려는 군주는 매우 큰 위험을 무릅쓰는 결과가 된다. 그의 통치가 전제적이라면 이런 종류의 국가에는 신기한 일이 아닌, 폭정의 어떠한 것보다도 혁명을 보는 일이 많다. 혁명은 국가가 종교·풍속·생활양식을 한순간에, 즉 군주가 새로운 종교를 설립하는 명령을 공포함과 마찬가지로 신속히 그것을 바꿀 수 있는 것이 아니라는 데에서 일어난다.

더구나 전통 종교는 국가 구조와 결부되어 있지만 새로운 것은 그것과 결부되어 있지 않다. 전자는 풍토와 조화를 이루지만 새로운 것은 때때로 그것과 친숙해지지 않는다. 그뿐만이 아니다. 시민들은 그들의 법에 싫증을 내고 기존의 정체에 경멸을 느낀다. 그것은 한 종교에 대한 확고한 신앙을 두 종교에 대한 의혹으로 바꿔 놓는 셈이 된다. 요컨대 적어도 잠시 동안 국가는 나쁜 시민과 나쁜 신자가 주어지는 셈이 되는 것이다.

제12장 형법

종교에 관해서는 형법을 피해야 한다.*¹⁴ 형법이 두려움을 느끼게 하는 것은 사실이다. 그러나 종교도 두려움을 주는 자기의 형법을 가지고 있으므로 한쪽의 두려움은 다른 쪽에 따라 사라진다. 이 두 가지의 서로 다른 두려움 사이에서 사람들의 영혼은 잔인하게 된다.

종교는 아주 커다란 위험과 매우 커다란 약속을 주고 있다. 그러므로 이러한 것이 우리의 정신을 사로잡는 경우에는, 우리에게 종교를 버리도록 강제하려고 집정자가 어떤 일을 할 수 있더라도 우리에게서 종교를 빼앗으면 아무것도 뒤에 남지 않을 듯이 생각되며, 또 종교를 남겨 두면 아무것도 빼앗기지 않은 것처럼 생각된다.

따라서 종교를 사람의 영혼에서 떼어 놓는 데 성공하려면 영혼을 이 커다란 대상으로 가득 차게 하든가 그것이 영혼에 더욱 중요성을 갖는 순간에 그것을 접근시키든가 하면 안 된다. 어떤 종교를 공격하려면 은혜로운 삶에 대한 편견으로써, 재산 추구의 관점을 바라보는 편이 확실하다. 그 밖의 정념이 우

---

*14 이것은 제12편에서 다룬 문제이다.

리의 영혼에 작용하고 있을 때, 종교가 불러일으키는 정념이 침묵 속에 있을 때에 권고하는 것, 또는 잊게 하는 것과 분노케 하는 것에 따라서가 아니라 냉정함을 유지시켜 주는 것을 따라야 할 것이다. 그래서 종교의 변화에 관한 일반 원칙은 타일러서 권하는 말이 형벌보다도 더 강하다는 것이다. 인간 정신의 특징은 사용된 형벌의 서열 자체에 나타났다. 일본의 그리스도교인 박해를 떠올려 보라.[*15] 사람들은 긴 행복보다도 잔혹한 형벌에 더 반항했다. 긴 형벌은 두려움을 주기보다는 권태를 주며, 좀 더 어렵지 않은 듯이 보이기 때문에 도리어 극복하기 어렵다.

요약해서 말하면, 형법은 파괴로서밖에는 효과를 가진 일이 없다는 것을 역사는 충분히 가르쳐 주고 있다.

제13장 에스파냐 포르투갈에서 종교재판관에게 올리는 경건한 건의[*16]

얼마 전 종교재판소 판결[*17]로 리스본에서 화형에 처해진 18세 유대인 처녀에 대한 다음과 같은 짤막한 글을 쓴 사람이 있다. 내가 생각건대 이것은 이제까지 쓰인 것 가운데에서 가장 무익하다. 이렇게 명백한 사항을 증명하려고 하는 경우에는 상대를 설득할 수 없는 것이 확실하다.

필자가 공언하는 바에 따르면, 자기는 유대인이지만 그리스도교를 존중한다. 그것은 그리스도교인이 아닌 군주로부터 이 교를 박대하기 위한 그럴 듯한 구실을 기필코 빼앗기를 갈망하기 때문이다.

그녀는 종교재판관에 말한다. "당신들은 일본 황제가 그 영토 안의 모든 그리스도교인을 약한 불로 천천히 태운 일의 부당성을 꾸짖고 있다. 그러나 황제는 당신들에게 대답하리라. '우리는 제군을, 우리와 같은 신앙을 갖지 않는 제군을 제군 스스로 제군과 같은 신앙을 갖지 않은 사람들을 다루는 것과 마

[*15] 《동인도회사 설립에 기여한 여행기집》 제5권 제1부 192쪽 참조. (원주)
[*16] 《페르시아인의 편지》 제19 참조. 그리스도교로 개종하고 다시 본디의 종교로 되돌아간 유대인 및 이슬람교인에 대한 종교재판은 1204년에 시작되어 1804년에 폐지되었고, 1814년에 부활하여 1822년에 이르러 겨우 끝났다.
[*17] auto-da-fé=acte de foi. 그리스도교 신앙의 승인이라는 뜻인데, 사실은 종교재판의 판결문의 공표와 형의 집행이다. 리스본에서 행해진 최근의 오토다페라는 것은 1745년에 행해져서 유럽에 대단한 반향을 주었다. 그러나 처형된 것은 흔히 〈유대 희곡〉이라 불리는 《포르투갈 희곡》의 저자 Antonio José라는 남성이며 18세 처녀는 아니었다.

찬가지로 다루는 것뿐이다. 그러므로 우리를 근절시키는 일을 방해하는, 또 우리로 하여금 제군을 근절시키는 제군의 무력에 대해서만 불평을 하면 된다……'라고."

"그러나 털어놓고 말하자면, 당신들은 일본 황제보다 훨씬 더 잔혹하다는 말을 들어 마땅하다. 당신들은 우리를, 당신들이 믿는 것을 믿고 있음에 불과한 우리를, 당신들이 믿는 것의 모두를 믿지 않는다고 해서 사형에 처한다.*18 당신들이 스스로 알고 있듯이 우리는 이전의 신이 가장 사랑했다는 그 종교를 믿는다. 우리는 신이 이 종교를 지금도 사랑한다고 생각한다. 그에 대하여 당신들은, 신은 이미 그것을 사랑하지 않는다고 생각한다. 당신들이 이와 같이 판단하기 때문에 신은 사랑했던 것을 지금도 사랑한다고 믿는, 그러한 마땅히 용서되어야 할 오류에 빠진 사람들을 베어 죽이든가 화형에 처하든가 하는 것이다."*19

"당신들은 우리에게도 잔혹하지만 우리 자식들에게는 더욱 그러하다. 당신들이 그들을 화형에 처하는 이유는, 자연법과 모든 민족의 법이 여러 신과 같이 숭상하라고 가르치고 있는 사람들*20이 주는 권고를 그들이 따르고 있기 때문이다."

"이슬람교가 확립되기 위해 사용한 수단이 당신들에게 준, 이슬람교인에 대한 당신들의 우월성을 당신들은 스스로 포기하고 있다. 이슬람교인이 그 신자 수를 과시할 때, 그것은 힘으로써 얻은 것이다. 또 그들은 그 종교를 쇠에*21 따라서 확대한 것이라고 당신들은 말한다. 그럼 왜 당신들은 당신들의 종교를 불에*22 의지해 수립하는가?"

"당신들이 우리를 당신들 곁에 불러들이려 할 때 우리는 당신들이 거기에서

---

*18 유대인은 구약성서를 진리라 인정하고 모세와 예언자의 계시를 인정하는 점에서 그리스도교인이 믿는 것을 믿고 있는 데 불과하며, 신약을 인정하지 않고 예수를 믿지 않는 점에서 그리스도교인이 믿고 있는 것의 모두를 믿지 않는 것뿐이다.
*19 복음을 전한다는 섭리는 신의 여러 계획의 질서 속에 있는 것이며, 이리하여 그것은 신의 불변성 자체의 결과라는 것을 모르는 것이 유대인 맹목의 원천이다. 〔원주〕
*20 양친을 말한다.
*21 칼의 뜻.
*22 화형.

나왔다고 자랑하고 있는 원천*23을 당신들에게 거부하는 것이지만, 당신들은 그것에 대답하여 당신들의 종교는 새롭지만 신성하다고 말한다. 그리고 당신들은 이 종교가 이교도의 박해와 당신들의 순교자의 선혈에 의하여 보급된 것으로써 증명한다. 그런데 오늘날 당신들은 디오클레티아누스*24 황제의 역할을 하고, 우리에게 그 무렵 그리스도교인의 역할을 시키고 있는 것이다."

"엎드려 당신들에게 간청한다. 우리, 즉 당신들과 우리들 유대인이 섬기는 신의 이름에 따라서가 아니라 당신들이 주장하는 바에 따르면, 당신들이 따를 수 있는 모범을 보이기 위해서 인간으로 나타났다고 하는 그리스도의 이름으로 우리는 당신들에게 애원한다. 그 사나이가 아직 이 세상에 있다면 스스로 행동했을 것처럼*25 당신들도 우리에게 행동하기를. 당신들은 우리가 그리스도교인이 될 것을 바라지만 실제로는 그리스도교인일 것을 바라지 않는 것이다."

"당신들이 그리스도교인일 것을 바라지 않더라도 부디 인간이기를 바란다. 즉 자연이 우리에게 주는 정의의 약한 빛밖에 갖고 있지 않기 때문에 당신들이 당신들을 이끌기 위한 종교를 갖지 않고, 당신들을 계발하기 위한 계시를 갖지 않는 경우에 당신들이 하듯이 우리를 다루어 주기 바란다."

"만일 하늘이 당신들을 사랑하여 진리를 보여 주었다고 한다면, 그것은 당신들에게 커다란 은혜를 베풀어 준 것이다. 그런데 유산을 받지 못한 자를 미워하는 것이 아버지의 유산을 이어받은 자식의 도리일까?"

"만일 당신들이 이 진리를 터득했다면 예의 당신들이 제출한 방법에 의하여 그것을 우리의 눈에서 감추어서는 안 된다. 진리의 특성은 우리의 심정, 우리의 두뇌에 대한 그 정복에 있으며, 당신들이 형벌로써 그것을 받게 할 때 무의식중에 나타나는 그 무기력한 목소리에는 없다."

"만일 당신들이 도리를 아는 사람이라면, 우리가 당신들을 속이려고 하지 않는다고 해서 우리를 처형해서는 안 된다. 그리스도가 신의 아들이라면 우리가 그의 비적(祕蹟)을 모욕하지 않은 것을 당신들이 칭찬하리라고 희망한다.

---

*23 아브라함의 자손이라는 것.
*24 284년부터 305년에 걸쳐 그리스도교를 박해한 로마 황제.
*25 그리스도가 살아 있었다 하더라도 반드시 믿을 수는 없다. "전하는 바에 따르면, 예수에게는 완전히 대립된 개종 권고의 두 가지 규칙이 있어 그것을 모조리 실행할 수가 있었다. '그대에게 반대가 아닌 자는 그대의 편이다.—나의 편이 아닌 자는 나의 적이다.' 심한 투쟁에는 이런 종류의 모순이 어쩔 수 없이 따르게 마련이다." (르낭《예수전》14장.

그리하여 우리들, 즉 당신들과 우리가 섬기는 신은 그가 전에 우리에게 준 종교를 지금도 우리에게 주고 있다고 믿기 때문에, 이 종교를 위해 우리가 죽음을 감수한 데 대해 우리를 벌하지는 않으리라고 믿는 바이다."

"당신들이 생활하는 이 시대야말로 자연적 광명이 지금까지보다도 훨씬 빛나고, 철학이 사람들의 정신을 일깨우는, 당신들의 복음서의 도덕이 가장 잘 알려지고, 인간 상호의 여러 권리, 양심의 상호적 지배력이 가장 잘 세워진 시대이다. 따라서 주의를 게을리하여 당신들의 정념이 되려고 하는 편견에서 만약 당신들이 깨어나지 않는다면 당신들은 죽어야 낫는 병자, 온갖 광명이나 교육도 베풀 여지가 없는 인간이라고 하지 않을 수 없다. 당신들과 같은 사람에게 권위를 주는 국민은 한편으로 어리석기까지 하다."

"우리의 생각을 솔직하게 말하련다. 당신들은 우리를 종교의 적이라고 여기기보다는 오히려 당신들의 적으로 여기고 있다. 왜냐하면, 당신들이 그 종교를 사랑한다면 추악한 무지로 그것이 더럽혀지는 것을 참지 못할 것이다."

"우리는 당신들에게 어떤 일을 알려야겠다. 후세에 누군가가, 우리가 살고 있는 이 시대에 대해 유럽의 여러 민족이 문명화되었느냐고 묻는다면, 사람들은 당신들을 예로 들어 야만적이었다고 증명할 것이다. 그리하여 사람들이 당신들에게 가지는 관념은 당신들의 시대를 허물이 되게 하는 그러한 것이며, 당신들의 동시대인 모두에게 증오가 미칠 것이다."

제14장 일본이 그리스도교를 그토록 증오하는 이유

나는 일본인의 잔인성을 서술했다.*[26]

신앙을 버리라는 말을 들었을 때 그리스도교가 사람의 마음에 일으킨 완고함을 집정자는 매우 위험한 것으로 여겼다. 즉 대담하고 뻔뻔스러움이 커졌다고 생각했던 것이다. 일본 법은 아주 작은 불복종까지도 처벌한다. 그리스도교의 포기는 명령된 것이며, 그것을 포기하지 않는 것은 불복종이었다. 그러므로 그 죄는 처벌받았다. 그리고 불복종의 계속은 더욱 다른 벌에 해당된다고 여겨졌다.

일본인은 형벌이 군주에게 행해진 모욕의 복수로 여긴다. 우리 순교자들의

---

*26 제6편 제13장. (원주)

환희의 노랫소리는 반역 행위라 생각했다. 즉 순교자라는 이름은 집정자를 격노하게 만들었다. 그들의 생각으로는 그것은 반역자를 의미했던 것이다. 그래서 이런 이름을 얻지 못하도록 그들은 전력을 다했다. 그때 사람들의 마음은 거칠게 되고 죄를 인도하는 재판소와 고난을 참는 피고와의 사이에, 시민법과 종교법 사이에 무서운 투쟁이 벌어졌던 것이다.

제15장 선교

동양의 모든 국민은 이슬람교인을 제외하면 모든 종교를 그 자체에서 구별이 없는 것이라고 믿는다. 그들이 다른 종교가 정착하는 것을 두려워한다고 하면 그것은 통치에서의 변화로서만 그렇다. 일본에서는 많은 교파가 있고, 국가는 아주 오랜 옛날부터 한 사람의 우두머리 신관(神官)을 갖고 있는데 종교에 대해서는 결코 싸움이 없다. 샴인도 사정은 다르지 않다. 칼무크인은 더 나아가서 모든 종류의 종교를 관용하는 것을 신조로 삼았다. 캘커타(인도 왕국)에서는 모든 종교가 선량하다는 것이 국가의 원칙이다.

그러나 그런 일로써 풍토・법・습속・생활양식이 전혀 다르고, 멀리 떨어진 나라에서 전래된 종교가 그 신성함이 약속하는 모든 성공을 거둘 수 있다는 결과로는 되지 않는다. 그것은 특히 전제적 대제국에서는 그렇게 말할 수 있다. 거기에서는 최초의 외국인을 관용한다. 왜냐하면 사람들은 군주의 권력을 손상하듯이 보이지 않는 것에는 주의를 기울이지 않기 때문이다. 그곳의 인간은 모든 일에서나 매우 무지하다. 그래서 유럽인은 그가 전하는 신지식으로 사람의 환심을 살 수 있다. 처음에는 그것으로 좋다. 그러나 그가 조금 성공을 거두자마자 논쟁이 생긴다. 그리고 얼마쯤의 관심을 가질 수 있는 사람들이 그것을 알자 국가는 그 성질상 특히 평온을 구하고 최소의 소란도 그것을 뒤엎는 일이 있을 수 있으므로, 사람은 곧 새로운 종교와 그것을 설교하는 인간을 쫓아낸다. 설교하는 인간끼리의 싸움이 폭발하면 그것을 권장하는 사람들마저 의견이 일치되지 않는 종교에 혐오를 느낀다.[*27]

[*27] 중국에서 있었던 예수회와 도미니크단, 이 두 교단의 추악한 싸움을 풍자한 것.

제26편
법이 판정하는 사물 질서 관계에서의 법

제1장 개요

인간은 여러 가지 법에 지배를 받는다. 자연법, 종교법인 신법, 종교 치안의 법이며 카논법이라고도 불리는 교회법에 따라서, 각 국민은 세계의 한 시민이라는 의미에서, 세계의 시민법으로 여기는 만민법에 따라서, 모든 사회를 건설한 그 인간적 영지를 대상으로 하는 일반적 정법에 따라서, 각 사회에 관한 개별적 정법에 따라서, 어떤 국민이 다른 국민에 대해서 폭력을 휘두르기를 바랐고 이를 행할 수 있었고 또는 해야만 했던 것에 기초를 둔 정복법에 따라서, 시민이 다른 어떤 시민에 대해서도 자기의 재산·생명을 지킬 수 있도록 하는 각 사회의 시민법에 따라서, 최후로 사회는 여러 가지 가족으로 나뉘어져 있어 그것이 개별적 통치를 필요로 하는 데에서 생기는 가법(家法)에 따라서 지배된다.

이렇게 여러 다른 법 질서가 존재한다. 그리하여 인간 이성의 탁월성은 이 질서의 어느 것에 사람이 판정을 내려야 할 사물이 주로 관련하는가를 올바르게 알고, 인간을 지배해야 하는 온갖 원리 속에 혼란을 일으키지 않는 데 존재한다.

제2장 신법과 인법

인법(人法)에 따라서 규정되어야 할 것을 신법(神法)으로 규정해서는 안 되며, 신법에 따라서 규정되어야 할 것을 인법으로 규정해서도 안 된다.

이 두 가지 법은 그 기원·목적·성질에 따라 다르다.

인법이 종교법과 성질을 달리 하는 것은 만인이 인정하는 바이며, 이것은 일대 원리이지만 이 원리 자체가 다른 약간의 원리를 좇는다. 그것을 탐구해야만 한다.

(1) 인법의 본성은, 우연히 일어나는 모든 일에 지배되며 인간 의지가 변함에 따라 바뀌는 데 있다. 이와는 반대로 종교법의 본성은 결코 변하지 않는 것에 있다. 인법은 선을 규정하며, 종교는 최선을 규정한다. 선은 다른 대상을 가질 수 있다. 왜냐하면 수많은 선이 존재하기 때문이다. 그런데 최선은 유일무이하며 변할 수 없다. 법을 바꿀 수 있는 것은 법이 다만 선량한 데 불과하다고 여기기 때문이다. 그런데 종교가 제정한 것은 최선이라고 언제나 상정되는 것이다.

(2) 법이 아무것도 아니고, 또는 원수(元首)의 변덕스러운 한때의 의지에 불과한 국가도 있다. 이러한 국가에서 만일 종교법이 인법과 같은 성질이라면 종교법은 또 아무것도 아닌 셈이 될 것이다. 그러나 사회에서는 무언가 움직이지 않는 것이 필요하며, 그리고 이 종교가 움직이지 않는 바로 그것이다.

(3) 종교의 주된 힘은 사람이 그것을 믿는 데서 생긴다. 또 인법의 힘은 사람이 이를 두려워하는 데서 생긴다. 종교에서는 오래된 것이 알맞다. 왜냐하면 우리는 때때로 사물이 먼 시대의 것임에 따라 그것을 믿는다. 그것은 그러한 시대에서 끌어내어진 그러한 사물을 부정할 수 있을 만한 그에 따르는 관념이 우리에게는 없기 때문이다. 이와는 반대로 인법은 이 참신함으로 이익을 거둔다. 그것은 그 법을 지키게 하기 위한 입법자의 특별한 관심을 알리는 것이다.

제3장 자연법에 어긋나는 시민법

플라톤은 말한다. "만일 노예가 자기 몸을 지키려고 자유인을 죽인다면 그는 주인을 죽인 자로서 다루어져야 한다. 이것이야말로 자연적 방위를 벌하는 시민법이다."

헨리 8세 치하에서 증인과 대질시키는 일없이 사람을 유죄라고 판결한 법은 자연적 방위에 어긋난다.

실제로 유죄를 선고하기 위해서는 불리한 증언 대상이 되는 자가 '피고소인'이라는 것을 증인이 알고, '그대가 말하고 있는 것은 내가 아니라'고 피고가 말할 수 있는 것이 필요하다.

같은 치세에 만들어진 법은 다른 남자와 좋지 않은 관계를 가진 처녀가 국왕과 결혼하기 전에 그것을 국왕에게 고백하지 않을 때 이것을 유죄로 삼았는데, 이 법은 자연적 수치의 방위권을 침범하는 것이다. 처녀에게 이와 같은 신고를 요구하는 것은 남자에게 자기 생명을 지키려고 노력하지 말라고 요구하는 것과 마찬가지로 부조리하다.

처녀가 자기의 임신을 관리에게 신고하지 않았는데 그 아기가 죽으면, 그 처녀를 사형에 처하는 앙리 2세의 법은 이것에 뒤지지 않을 정도로 자연적 방위에 어긋난다. 아기의 생존에 유의해 줄 만한 가장 가까운 근친 여성의 한 사람에게 그것을 알리도록 그녀에게 강제하는 것만으로도 충분했을 것이다.

자연적 수치심의 고민 속에서 따로 어떤 고백을 그녀는 할 수 있을까. 게다가 이러한 위험에는 생명의 상실이라는 관념은 거의 그녀의 마음속에 남아 있지 않았다.

일곱 살 소녀에게 남편을 선택할 것을 허용한 영국의 법이 크게 화제가 된 적이 있다.*1 이 법은 두 가지로 불쾌감을 자아낸다. 첫째로, 이 법은 자연이 정신(판단력)에게 주는 성숙기에 대해서나, 자연이 육체에 주는 성숙기에 대해서나 전혀 고려하지 않았다.

로마에서는 아버지가 그 딸에게 남편과 일방적으로 이혼하는 것을 강제할 수 있었다, 그가 스스로 혼인에 동의했을 경우에도 그러하다. 그러나 이혼이 제3자의 손에 놓여진다는 것은 자연에 어긋나는 것이다.

이혼이 자연에 적응해 있다면 두 당사자, 또는 적어도 그 한쪽이 그것에 동의할 경우에만 그런 것이다. 그러므로 둘 다 그에 동의하지 않는 경우에는 끔찍한 이혼이라고 해야 할 것이다. 요컨대 이혼의 권능은 결혼 생활의 불편을 느끼고 그 불편을 없애는 것이 자기의 이익이 되는 시기를 아는 사람들 말고는 주어지지 않는다.

제4장 자연법에 어긋나는 시민법(계속)

부르고뉴의 왕 공드보는 절도를 저지른 자의 아내나 아들이 그 범죄를 고발하지 않으면*2 노예로 한다고 정했다.*3 그 법은 자연에 반대되는 것이었다.

어떻게 아내가 남편의 고발자가 될 수 있을까. 또 어떻게 아들이 아버지의 고발자가 될 수 있을까. 하나의 범죄 행위를 벌하려고 하다가 그는 더욱더 범

---

*1 베일은 그의 《칼뱅주의 역사의 비판》에서 이 법을 말하고 있다. 293쪽. 〔원주〕
*2 피해자에게 절도의 보상을 하기 위하여.
*3 《부르군트법》 제47편.

죄적인 행위를 명령한 것이다.*4

레세수인토스의 법은 간통한 아내의 자식 또는 그 남편의 자식에게 그녀를 고발하고 집의 노예들을 고문하는 것을 허용했다. 그것은 도리에 어긋나는 법이다. 풍속을 유지하기 위하여 이 법은 풍속의 원천인 자연을 뒤집어 엎었다.

우리나라 무대에서는 젊은 주인공(이폴리트)이 그 계모(페드르)의 죄를 밝히는 데 대해서, 그 죄 자체에 대한 것과 같은 혐오를 나타내는 것을 보고 기뻐한다. 그는 경악 속에서 규탄되고, 심판받고, 죄를 선고당하고, 추방되고, 오욕을 입으면서도 페드르*5를 증오할 피에 대해서 굳이 고찰하려고는 하지 않는다.

그는 가장 친애하고 가장 그리는 것, 그의 마음에 호소하는 모든 것, 그를 분노하게 할 수 있는 모든 것을 버리고, 전혀 당치도 않은 신들의 보복에 몸을 맡긴다.

이 기쁨을 우리에게 이야기하는 것은 자연의 말소리이다. 그것은 모든 말소리 가운데에서 가장 즐거운 것이다.

제5장 자연법의 원리를 수정하고 시민법의 원리에 따라 판단하는 경우

아테네의 어떤 법은 자식에게 가난에 빠진 아버지를 부양할 의무를 지게 했다. 그러나 창부에게서 태어난 자식, 아버지의 불미스러운 관계로 말미암아 정결을 상실당한 자식, 생계를 유지할 일을 아버지로부터 물려받지 못한 자식은 제외했다.

이 법이 보는 바로는 첫째 경우에는, 아버지가 불확실한 것이 자식의 자연적 의무도 불확실하게 했다. 둘째 경우에는, 아버지는 그가 부여한 자식의 인생을 더럽히고 자식의 명예를 빼앗아 자식에게 할 수 있는 가장 큰 피해를 입혔다. 셋째 경우에는, 자식의 인생을 생계 곤란 때문에 견디기 힘든 것으로 만들었다.*6 법은 이미 아버지와 자식을 두 사람의 시민적 관점에 따라서 규정했

---

*4 이 항은 처음에 앞 장의 마지막에 있었다.
*5 라신의 《페드르》는 의붓자식에게 사랑을 고백했으나 거절당하자 노하여 남편에게 그 아들을 헐뜯어서 살해하게 한다.
*6 초판에는 이 뒤에 '법은 자식의 자연스러운 의무를 정지시켰다. 왜냐하면 아버지가 그의 자연스러운 의무를 침범했으므로'가 덧붙여져 있다.

다. 좋은 공화정에는 특히 풍속이 필요하다고 생각했다.

솔론의 법은 처음의 두 경우에는 좋은 것이라고 나는 생각한다. 자연이 자식에게 어느 것이 자기 아버지인지 알게 하지 않는 경우에나, 자연이 아버지를 무시할 것을 자식에게 명하고 있는 것처럼 보이는 경우에나. 그러나 셋째 경우에는 이해하기 어렵다. 이 경우, 아버지는 시민적 규율을 위반했음에 지나지 않기 때문이다.*7

제6장 상속 순서는 정법이나 시민법의 원리에 따르며, 자연법의 원리에 따르지 않는다

보코니아 법*8은 외동딸일지라도 여자를 상속인으로 정하는 것을 허용하지 않았다. 이토록 부정한 법은 지금껏 없었다고 성 아우구스티누스는 말했다. 마르쿨푸스*9의 한 문례는 딸에게 아버지의 상속을 허용하지 않는 관습을 경건하지 못하다고 규정했다.

유스티아누스는 딸을 희생하는 남자의 상속권을 야만이라고 말했다. 이러한 사상은 자식이 아버지를 상속할 권리를 자연 법칙의 결과로 여기고 있는데서 생겼는데, 사실은 그 결과는 아닌 것이다.

자연법은 아버지에게 그 자식을 양육할 것을 명한다. 그러나 그 자식을 상속인으로 할 것을 명하고 있지는 않다. 재산 분할, 그 분할에 관한 법, 그 분할 재산을 얻은 자의 사후 상속, 그러한 모든 것은 사회에 의하여, 따라서 정법 또는 시민법으로서 규정될 수 있었다.

정치적 또는 시민적 질서가 자식이 아버지에게 상속하는 것을 요구하는 일이 때때로 있는 것은 확실하다. 그러나 반드시 상속을 요구하지는 않는다.

우리의 봉토(封土) 법은 장남이나 남자쪽의 최근친이 모든 것을 얻고, 여자는 아무것도 얻지 못한다고 해야 하는 여러 이유가 있었다. 또 롬바르디아인의 법은 자매·사생아, 그밖의 친족, 나아가서 그런 것이 없는 때에는 국고가 여자와 함께 상속하는 일에 대해서 여러 이유가 있었다.

중국의 몇몇 왕조에서는 황제의 형제가 황제를 상속하고 그 자식은 상속하

---

*7 이 항은 1709년에 부가되었다.
*8 Lex Voconia. 이 법에 대해서는 제27편에 저자가 상세히 서술하고 있다.
*9 Marculfus. 7세기 프랑스의 수도사. 계약이나 공문서의 문례집의 저자.

지 않는다고 규정되었다. 황제가 되려면 어느 정도의 경험이 있기를 바라고, 미성년이라는 사실이 걱정되고, 환관이 잇따라 어린애를 왕위에 즉위시키는 것을 예방해야 했었다면, 이와 같은 상속 순서를 세우는 것이 적당했다. 그러므로 어떤 저자*[10]들이 이들 형제를 찬탈자로 부르는 것은 그들의 나라(유럽) 법에서 얻은 관념에 기초해서 판단한 것이다.

누미디아의 관습에 따라 겔라의 형제 델사스가 왕위를 잇고, 왕자인 마시니스는 상속하지 않았다. 그리고 오늘날에도 바르바리 지방의 아라비아인 사이에서는 마을마다 추장이 있는데, 그 추장의 상속인으로서 오래된 관습에 따라 백부나 다른 친족이 선정된다.

순수하게 선거적인 군주제가 있다. 그리고 상속 순서가 정법 또는 시민법에 기초해야 한다는 것이 명백하므로 어떤 경우에는 상속권을 자식에게 주고, 어떤 경우에는 그 밖의 상속받을 수 있는 자에게 주는 것이 이성에 맞는 것인가를 결정하는 것은 이러한 법의 일이다.

다처제가 행해지는 나라에서 군주는 많은 자식을 갖는다. 그 수는 나라에 따라 다르다. 국왕 자식에 대한 보양이 국민에게 불가능한 나라도 있다. 그런 나라에서는 국왕의 자식들이 상속하지 않고 그 자매의 자식이 상속한다고 정할 수가 있었다.

자식이 유별나게 많은 것은 국가를 무서운 내란의 위험에 빠뜨리기도 한다. 자매의 자식들에게 왕위를 주는 법은 아내를 한 사람밖에 갖지 않는 경우, 군주의 자식 수보다 많아지지는 않으므로 이와 같은 불편을 예방한다.

국가적인 이유나 종교상의 어떤 원칙에는 특정한 집안이 언제나 군림하기를 바라는 나라가 있다. 이를테면 인도에서 카스트(4성계급)의 질투심과 혈통을 잃는 두려움이 그것이다. 거기에서는 왕의 혈통을 이은 군주를 반드시 가질 수 있기 위하여 왕의 큰누나 자식을 취해야 한다고 생각했다.

일반적 원칙은 다음과 같다. 자식을 부양하는 것은 자연법의 의무이다. 자식에게 상속시키는 것은 시민법이나 정법의 의무이다. 여기서 세계 여러 나라의 서자에 관한 서로 다른 규정이 생긴다. 그러한 규정은 각국의 시민법 또는 정법을 따르는 것이다.

---

*10 제2 왕조의 뒤 알드 신부.

제7장 자연법의 규범 사항을 종교의 규율로써 결정해서는 안 된다

아비시니아인은 매우 견디기 힘든 50일간의 정진 수행을 하는데, 그것은 그들을 몹시 쇠약하게 만들어 잠시 동안은 움직일 수 없을 정도이다. 그래서 터키인*¹¹은 아비시니아인이 정진 수행을 한 뒤에 공격하는 것을 잊지 않는다. 종교는 자연적 방위를 위해 이러한 종교의식에 제한을 가해야 할 것이다.

신은 유대인에게 안식을 명했다. 그러나 적이 이날을 택해 공격을 가했을 때에 전혀 방위하지 않는 것은*¹² 매우 위태로운 일이었다.

페르시아 왕 캄비세스가 펠루시움*¹³을 에워싸고 공격했을 때, 이집트인은 신성한 것이라고 여기는 짐승을 전선에 많이 배열했다. 그러자 위수부대의 병사는 굳이 활을 쏘지 않았다.

자기 방위가 모든 규범에 앞서는 것임을 누가 모를까.

제8장 시민법의 원리에 따라 규정하는 사물을 이른바 카논법의 원리에 따라 규정해서는 안 된다

로마인의 시민법에 따르면 신성한 장소에서 사물을 훔치는 자는 절도죄로 벌받는 데 불과하다. '카논법'에 따르면 그는 신성모독죄로써 처벌당한다.*¹⁴ '카논법'은 장소에 주목하고 시민법은 물건에 주목한다. 그러나 장소에만 주의를 기울이는 것은 절도의 본질과 정의나, 신성모독의 본질과 정의도 돌보지 않는 것이다.

남편이 아내의 부정을 이유로 부부 별거를 청구*¹⁵할 수 있듯이, 아내도 옛날에는 남편의 부정을 이유로 별거를 청구했다.*¹⁶ 로마법의 규정에 어긋나는

---

* 11 《동인도회사 설립에 도움이 된 여행기집》 제4권 제1부 35쪽 및 103쪽.
* 12 폼페이우스가 교당을 포위했을 때의 그들이 보인 행동과 같다. 《디온》 제37편 제16장. 〔원주〕
* 13 포트 사이드가 있는 곳.
* 14 페스트에 걸린 짐승들이 이것은 신이 내린 벌이라고 생각하고 각자가 저지른 죄를 고백한다. 당나귀가 교회 밭의 풀을 먹은 것을 알았을 때, 이 엄청난 신성모독의 죄를 죽음으로써 보상하게 했다. 라퐁텐 《페스트에 걸린 짐승들》
* 15 이제까지의 번역은 모두 séparation을 이별이라 번역하고 있다. 가톨릭교는 부부의 별거(séparation)를 허용하지만 이혼(divorce)은 인정하지 않는다.
* 16 보마누아르(Beaumanoir) 《보베지의 옛 관행(Ancienne Coutumes de Beauvaisis)》 제18장 제6절. 〔원주〕

이 관행은 교회의 법정에 도입되었지만, 거기에서는 카논법의 격률밖에 돌보아지지 않았던 것이다. 물론 결혼을 순수하게 정신적인 관념에서만, 또 내세의 사물과의 관계에서만 살펴본다면 위반에는 남녀의 구별이 없다. 그런데 거의 모든 민족의 정법·시민법은 이 두 가지를 구별했는데, 그것은 이유가 있는 일이다. 이러한 법은 남성에게는 요구하지 않는 정도의 억제와 정조를 여성에게는 요구했다. 왜냐하면 정결을 깬다는 것은 여성에게는 온갖 덕성의 포기를 전제로 하기 때문이다. 여성은 혼인법을 파기함으로써 그 자연적 종족의 지위를 벗어난다. 자연은 여성의 부정을 얼마쯤의 명확한 표징으로써 표기했기 때문이다. 또 아내의 사생아는 필연적으로 남편에게 속하고 남편의 부담이 되는 것과는 달리, 남편의 사생아는 아내에게 속하지 않고, 아내의 부담이 되는 것은 아니기 때문이다.*17

제9장 시민법의 원리에 따라 규정되어야 할 것과 종교법의 원리에 따라 규정되는 것은 다르다

종교법은 좀 더 많은 숭고성을 갖고, 시민법은 좀 더 많은 폭을 가졌다.

종교에서 끌어내어진 최고선의 법은 그 속에서 그것을 지키는 사회의 선량함을 목적으로 하기보다는, 그것을 지키는 개인의 선량함을 목적으로 한다. 이와는 달리 시민법은 개인의 선량함보다는 인간 일반의 도덕적 선량함을 좀 더 많이 목적으로 한다.

따라서 종교에서 직접 태어나는 관념이 아주 존경할 만한 것일지라도 그것은 반드시 시민법의 원리로서 도움이 될 만한 것은 아니다. 왜냐하면 후자는 사회의 일반적 복지라는 다른 원리를 갖고 있기 때문이다.

로마인은 국가 안에 여자의 풍속을 유지하기 위한 여러 규정을 정했다. 즉 그것은 정치적 제도였다. 군주정이 성립했을 때 이에 대해서 시민법을 만들고, 그것을 시민정의 원리에 따라 제정했다. 그리스도교가 발생하자 만들어진 새로운 법은, 풍속의 일반적 선량함보다는 혼인의 신성함과 관계가 있었다. 시민 상태에서의 양성 결합보다는 정신 상태에서의 그것이 고찰되었다.

---

*17 《페르시아인의 편지》에서의 몽테스키외는 여성해방론자였다. 〈서간〉 141의 페르시아 우화와 마지막 〈서간〉 152는, 모두 버릇 없는 남성에게 아내가 부정으로써 보복하는 것은 정의라고 규정하고 있다.

최초의 '로마법'에 따르면, 남편이 아내가 간통죄 선고를 받은 뒤에 집으로 데려가면 그는 아내의 방탕한 행위의 공범자로 벌을 받았다. 유스티니아누스는 다른 정신에서 그는 2년 동안은 수도원에 아내를 되불러오기 위해 갈 수도 있다고 규정했다.

남편을 보낸 아내가 그의 소식을 접하지 못하게 되었을 때에는, 초기의 시대에는 그녀가 쉽게 재혼할 수 있었다. 왜냐하면 그녀는 이혼할 권리를 손에 쥐고 있었기 때문이다. 콘스탄티누스의 법은 아내가 4년간 기다려야 하며, 그 뒤에는 남편의 소속 대장 앞으로 이혼장을 보낼 수 있다. 그리고 남편이 돌아와도 그녀를 간통죄로 고소할 수는 없다고 규정했다. 그런데 유스티니아누스는 남편이 떠난 뒤 아무리 시간이 지나도 대장의 공술과 서면에 따라서 남편의 사망을 증명하지 않으면 아내는 재혼할 수 없다고 규정했다. 유스티아니누스는 혼인의 해소 불능을 목적으로 했다. 그러나 지나치게 그것을 목적으로 했다고 말할 수 있다. 그는 소극적 증거로 충분할 때에는 소극적 증거를 요구했다. 그는 매우 어려운 일, 즉 멀리 떨어져 많은 사고에 노출된 남자의 운명의 보고를 요구했다. 남편의 죽음을 추정하는 것이 매우 부자연스러울 경우에 그는 범죄, 달리 말하면 남편의 탈주를 추정했다. 그는 여자를 혼인 밖에 둠으로써 공공 복지를 해쳤다. 또 그녀를 수많은 위험에 드러내 놓음으로써 개인 이익마저도 해쳤다.

유스티니아누스의 법은 이혼 원인 가운데 수도원에 들어갈 때 부부의 합의를 넣었는데, 이것은 완전히 시민법의 원리와는 달랐다. 이혼 원인이 혼인 이전에 예측할 수 없었던 어떤 종류의 사고에 기인하는 것은 마땅하다. 그런데 정결을 지키고 싶다는 이 요구는 예측할 수 있었다. 왜냐하면 그것은 우리의 마음속에 있는 것이기 때문이다.

이 법은 그 성질상 영구적인 어떤 신분 속에 불안정을 부추긴다. 이 법은 다른 혼인의 희망 아래에만 어떤 혼인의 해소를 인정한다는 이혼의 근본 원리에 어긋난다. 마지막으로 종교적 관념에 따라 이것을 보아도, 이 법은 제사를 드리지 않고 신에게 희생을 주는 데 지나지 않는다.

제10장 허용하는 시민법에 따라야 하는 경우와 금지하는 종교법을 따라서는 안 되는 경우

다처제를 금하는 종교가 이를 허용하는 국가에 들어오게 될 때는 정치의 관점에서만 말한다면, 그 나라의 법은 집정자 또는 남편이 어떤 방법으로 아내들에게 그 시민적 신분을 회복시키고 그녀들에게 배상하지 않는 한, 많은 아내를 갖는 남자가 이 종교를 믿는 것을 허가해서는 안 된다고 생각한다. 그렇지 않으면 그녀들의 환경은 비참해질 것이다. 그녀들은 다만 법에 따랐을 뿐인데, 사회의 가장 큰 이익을 빼앗기고 말 것이다.

제11장 내세에 관한 재판소의 격률로 인간의 재판소를 규정해서는 안 된다

고백장(告白場; tribunal de la pénitence)의 관념에 따라 그리스도교 수도사들로 이루어진 종교재판소는 모든 좋은 정책과 반대되는 존재이다. 그것은 곳곳에서 반감을 불러일으켰다. 그래서 만일 그것을 설립하려고 결의한 사람들이 이런 반항 자체에서 이익을 끌어내지 않았다고 한다면 그것은 반항에 굴복했을 것이다.

이 재판소는 모든 정체에서 감당하기 힘든 것이다. 군주정에는 그것이 밀고자와 배신자를 만들 수 있는 데 지나지 않는다. 그리고 공화정은 불성실한 인간을 만드는 데 불과하다. 전제국가에서도 그것은 이 국가와 마찬가지로 파괴적이다.

제12장 내세에 관한 재판소의 격률로 인간의 재판소를 규정해서는 안 된다(계속)

이 재판소의 악습의 하나는 같은 죄로 고발당한 두 사람 가운데, 부인하는 자는 사형에 처해지고, 자백하는 자는 벌을 면하는 것이다.

이것은 수도원적 관념에 따른 것으로, 이 관념에 따르면 죄를 부인하는 자는 회개하지 않는 자이며 지옥에 빠져야 할 자로 여겨진다. 또 자백하는 자는 회개하는 자로써 구제받을 자로 보인다. 그러나 이러한 구별은 인간의 재판소와 관계 없다. 인간적 정의는 행위밖에 보지 않고 인간에 대하여 하나의 계약, 즉 무해의 계약을 가질 뿐이다.

신의 정의는 사상을 보기 때문에 두 가지 계약을 갖는다. 즉 무해의 계약과 뉘우침의 계약이다.

제13장 종교법을 따르는 혼인과 시민법을 따르는 혼인

종교가 혼인에 개입했다는 것은 모든 나라, 모든 시대에 일어난 일이다. 특정한 사물이 부정 또는 불법이라 여겨지고, 더구나 그것이 필요했던 경우에는 그것을 정당화하고, 다른 경우에는 그것을 비난하기 위해 종교에 호소할 필요가 있었다. 다른 면에서 혼인은 모든 인간의 행위 가운데에서 가장 사회가 관심을 갖는 것이므로 마땅히 그것은 시민법에 따라서 규정되어야만 했다.

혼인의 특성, 그 형식과 약정방식, 그것에서 생기는 자식―그것은 모든 국민에게 혼인이 특별한 축복의 대상이 되는 것을 이해시키고, 혼인에는 반드시 결부되지 않지만 특정한 은총에 의존한다고 여겨진다―에 관한 모든 것은 종교의 영역에 속한다.

재산과의 관계에서 이 결합의 결과, 상호 이익, 새 가정, 새 가정을 낸 집, 새 가정에서 생겨날 가정에 관한 모든 것은 시민법에 속한다.

혼인의 큰 목적 가운데 하나는, 불법적인 결합의 온갖 불확정을 없애는 데 있으므로, 혼인에 될 수 있는 대로 공정성을 주기 위하여 종교는 그것에 도장을 찍고, 시민법도 그것에 도장을 덧붙인다. 이처럼 혼인이 유효하기 위해서 종교가 요구하는 조건 외에 시민법은 또 다른 조건을 요구할 수 있다.

시민법에 이와 같은 권력을 갖게 하는 것은 그것이 부가적인 의무이며 모순된 의무가 아니라는 것이다. 종교법은 일정한 의식을 요구하고, 시민법은 아버지의 동의를 요구한다. 이 경우 시민법은 여분의 무엇인가를 요구하지만, 이에 반대하는 그 어떤 것을 요구하지는 않는다.

여기에서 생기는 결과로써 혼인이 불가분의 것이냐 아니냐를 결정하는 것은 종교법의 일이라는 것이다. 왜냐하면 종교가 혼인을 불가분이라 결정하고, 시민법이 그것을 해소할 수 있다고 정했다고 한다면. 그것은 서로 모순되는 두 가지 사항일 것이기 때문이다. 때로 혼인에 대한 시민법 규정은 절대적으로 필요한 것은 아니다. 혼인을 파기하지 않고 혼인을 맺을 사람들을 벌하는 것으로 만족했던 법에 따라서 정해진 규정이 그것이다.

로마의 '파피아법'은 금지된 그러한 결혼을 부정이라 선고했는데, 거기에 대해서는 다만 형벌을 부과했을 뿐이었다.*18 그리고 마르쿠스 안토니우스 황제

---

*18 이것에 이어 제23편 제21장에서 내가 말한 것을 참조하라. 〔원주〕

의 연설을 바탕으로 만들어진 원로원 의결은 그러한 혼인을 무효라고 선언했다. 즉 혼인도 아내도 결혼비용도, 남편도 없어진 것이다. 시민법은 정황에 따라 결정된다. 때로는 그것이 악을 바로잡는 일에 따라서 주의를 기울이고, 때로는 그것을 예방하는 일로서도 주의를 기울인다.

제14장 자연법에 따라 규정되는 친족간 혼인과 시민법에 따라 규정되는 친족간 혼인

친족간의 혼인 금지에 대해서는 자연법이 멈추고 시민법이 출발하는 점을 정확히 결정하는 것은 아주 미묘한 문제이다. 이 때문에 몇 가지 원리를 세워야 한다.

아들과 어머니의 혼인은 상황을 혼란스럽게 하며, 아들은 끝없이 어머니에게 존경을 바쳐야 한다. 또한 아내는 남편에게 끝없이 존경을 바쳐야 한다. 그러므로 어머니와 아들의 결혼은 어떤 경우에나 두 사람의 자연적 상태를 뒤집어엎을 것이다.

그뿐만이 아니다. 자연은 여자에게는 자식을 가질 수 있는 시기를 빠르게 하고, 남자에게는 그것을 늦게 했다. 그리고 같은 이유로써 여자는 보다 빨리 이 능력을 잃고 남자는 좀 더 늦게까지 이 능력을 갖는다. 만일 어머니와 아들 사이의 혼인이 허용된다면, 남편이 자연의 뜻에 부응할 수 있을 때 아내는 이미 그것에 부응할 수 없는 일이 언제나 일어난다.

아버지와 딸 사이의 혼인도 앞선 예와 마찬가지로 자연에 어긋나는 바이다. 그러나 전자만큼은 아니다. 왜냐하면 그것은 앞서 열거한 두 가지 장애가 없기 때문이다. 그러므로 타타르인은 딸과는 혼인할 수 있지만,[19] 어머니와는 결코 혼인하지 않는 것을 《여행기》에서 볼 수 있는 바이다.[20]

자식의 정결을 배려한다는 것은 아버지에게는 언제나 자연의 의무였다. 자식을 결혼시키는 배려를 부담하고 있는 아버지는 그들에게 가장 완전한 육체와 가장 깨끗한 정신을 지니게 해주어야만 했다. 이것이 혼인하는 상대의 욕구를 좀 더 충족시킬 수 있는, 또 애정을 주는 데 가장 알맞은 전부이다. 아버

---

[19] 이 법은 그들 사이에서는 아주 오래되었다. 프라크스크는 그 《사절》 속에서 말한다. 아틸라는 그의 딸 에스카와 혼인하기 위해 한 장소에 머물었다. 이것은 스키타이인의 법에서 '허용된 일'이라고 그는 말한다. 제22쪽. 〔원주〕

[20] 《타타르 역사》 제3부 256쪽. 〔원주〕

지는 자식의 습성의 유지를 언제나 배려하고 있으므로 자식을 타락시킬 수 있는 모든 일에 대해서 자연적 반감을 갖고 있을 것이다. 혼인은 결코 타락이 아니라고 말하는 사람이 있으리라. 그러나 혼인 전에 그에 대해 서로 이야기해야 한다. 사랑받도록 해야 한다. 유혹해야 한다. 우리에게 혐오의 정을 일으키게 하는 것은 이 유혹이다.

그러므로 교육해야 할 자와 교육받아야 할 자 사이에는 넘을 수 없는 장벽을 설치하고, 정당한 원인이 있더라도 모든 종류의 부정을 피해야 한다. 무엇 때문에 아버지는 그 딸과 혼인해야 할 사람이 딸에게 접근하여 가깝게 행동하는 것을 그토록 방해하는 것일까?

형제와 자매간의 근친혼을 꺼리는 것도 같은 기원에서 나왔을 것이다. 부모가 그 자식의 습성과 그 집을 순결하게 유지하려고 바라는 것만으로 그 자식에게 두 성의 결합에 그들을 인도할 수 있는 모든 것에 대한 혐오를 불어넣는 데 충분하다.

사촌끼리의 혼인 금지도 같은 기원을 가진다. 원시 시대, 즉 성스러운 시대, 사치를 전혀몰랐던 시대에 모든 자식은 집에 머물고 그곳에서 결혼했다. 그것은 대가족을 위하여 아주 작은 집밖에 필요하지 않았기 때문이다. 두 형제의 자식들, 즉 사촌형제는 형제로 여겨지고, 서로 형제라 생각했다. 따라서 형제자매간의 혼인의 금기는 사촌 사이에도 존재했다.

이러한 원인은 매우 강력하고 자연적이므로, 아무런 교섭도 없이 거의 온 세계를 통해 이루어졌다. 타이완의 주민에게 사촌의 혈족 결혼이 불륜이라고 가르친 것은 로마인이 아니다. 그것을 아라비아인에게 가르친 것도 로마인이 아니다. 몰디브인에게도 가르치지 않았다.

몇몇 국민들이 부자간, 형제자매간의 혼인을 배척하지 않았다는 것은 우리가 제1편에서 본 바와 같이 지적 존재는 반드시 언제나 그 법을 좇지 않았기 때문이다. 그것은 도무지 믿을 수 없는 일이기는 하지만 종교적 관념이 때때로 인간을 이러한 어리석음에 빠뜨렸던 것이다. 아시리아인·고대 페르시아인은 그 어머니와 결혼했는데, 전자는 세미라미스에 대한 종교적 존경에서 그렇게 했으며, 후자는 조로아스터종교가 이런 종교의 결혼을 즐겨 했기 때문이었다. 이집트인이 그들의 자매와 결혼한 것은 광란적인 이집트 종교의 결과이며, 그것은 여신 이시스를 위하여 이러한 결혼을 거룩한 것으로서 축복했던 것이다. 종교 정신은 우리로 하여금 위대한, 그리고 곤란한 것을 노력해서 하는 데 있으므로, 가짜 종교가 신성한 것으로 만들어졌다고 해서 그런 것을 자연적이라고 판단해서는 안 된다.

부자간, 형제자매간의 결혼이 집안에서 자연적 정결의 유지를 위해 금지된다는 원리는, 자연법에 따라서 금지되는 결혼과 시민법으로 금지될 수 있는 결혼이 어느 것인가를 우리에게 발견하게 하는 데 도움이 될 것이다.

자식은 아버지의 집에 살고 또는 사는 것으로 여겨지며, 사위는 장모와, 장인은 며느리와 또는 그 처의 딸과 함께 살며 또는 사는 것으로 여겨지므로, 이러한 사람들 사이의 혼인은 자연법에 따라서 금지된다. 이 경우에는 상징이 현실과 같은 효과를 갖는다. 왜냐하면 그것은 같은 원인을 가지기 때문이다. 시민법은 이와 같은 혼인을 허가할 수 없으며 또 허가해서는 안 된다.

이미 서술한 바와 같이 어떤 국민들은, 사촌은 흔히 같은 집에 살므로 형제로 여기고 있다. 그러나 거의 이런 관행을 모르는 국민도 있다. 전자에서는 사촌끼리의 혼인은 자연에 어긋나는 것이라고 생각할 것이며, 후자에서는 그렇지 않을 것이다.

그러나 자연법이 지방적 법일 수는 없다. 그러므로 이러한 혼인이 금지되고 또는 허용될 때에는, 그것은 시민법을 바탕으로 사정에 따라 허용되든가 금지되든가 하는 것이다.

처남·매부와 시누이·올케가 같은 집에 산다는 것은 필연적인 관행은 아니다. 따라서 그들 사이의 혼인은 집안의 정결을 유지하기 위해 금지되지 않는다. 그래서 그것을 금하고 또는 허용하는 법은 자연법이 아니고 시민법이며, 사정에 따라 정해지고 각국의 관행에 의존한다. 이것은 법이 오랜 습속과 생활양식에 의존하는 경우이다.

시민법은 특정한 나라에서 받아들여진 관행에 따라서 혼인이 자연법으로 금지된 그것과 같은 사정에 있을 때에는 이것을 금한다. 그리고 혼인이 이 경우에 해당되지 않으면 그것을 허가한다. 자연법의 금지는 불변이다. 왜냐하면 그것은 부모와 자식은 반드시 같은 집에서 함께 산다는 불변의 사실에 의존하기 때문이다. 그런데 시민법의 금지는 우발적이다. 왜냐하면 그것은 우발적 사정, 즉 사촌이나 그밖의 사람이 우연히 같은 집에 사는 것과 같은 사정에 의존하기 때문이다. 그러한 일은 어떻게 해서 모세법, 이집트법, 그 밖의 많은 국민의 법이 사촌끼리의 혼인을 허용하고, 이에 대해서 같은 혼인이 그 밖의 국민에게 금지되어 있는가를 설명한다.

인도에서는 이런 종류의 혼인을 인정해야 할 매우 자연적인 이유가 있다. 그곳에서는 백부는 아버지로 여기며, 조카를 마치 자신의 자식처럼 부양하고 혼인시킬 의무를 가진다. 이런 것은 이 국민의 성격에서 생기는 것이며 선량하고 인정이 넘치는 일이다. 이 법, 또는 이 관행은 다시 다른 법, 또는 그 관행을 생기게 했다. 남편이 아내를 잃으면 반드시 아내의 자매를 얻는다. 그리고 이것은 매우 자연스러운 일이다. 왜냐하면 새 아내는 그 자매의 자식의 어머니가 되며 잔인한 계모가 되지 않기 때문이다.

제15장 시민법의 원리에 따른 사항을 정법의 원리에 따라 정하면 안 된다

인간은 자연적인 독립을 포기하고 정법 아래에서 생활하듯이, 재산의 자연적 공유를 포기하고 시민법 아래에서 생활한다.

정법은 인간에게 자유를 주었다. 시민법은 소유권을 주었다.

이미 말한 바와 같이 국가의 지배는 다름 아닌 자유법에 따라서, 소유권에 관한 법에 따라서만 결정되어야 할 일을 결정해서는 안 된다. 사익은 공익에 양보해야 한다는 것은 난폭한 결정이다. 즉 그것은 국가의 지배가 문제되는 경우에는, 즉 시민의 자유가 문제되는 경우에만 일어날 수 있는 것으로, 재산에 소유권이 문제되는 경우에는 생기지 않는다. 왜냐하면 저마다가 시민법이 그에게 주는 소유권을 불변적으로 유지하는 것은 언제나 공익이기 때문이다.

키케로는 국가가 설립된 것은 각자가 그 재산을 보존하기 위해서만 만들어진 것이므로 토지균분법은 부정한 것이라고 주장했다.

그러므로 규범으로써 이렇게 정했다. 그러나 공공 이익이란 결코 개인에게서 그 재산을 빼앗고, 또는 정치적 법이나 규칙에 따라서 개인 재산의 최소의 부분마저도 삭제하는 것은 결코 아니다. 이 경우에는 소유권의 수호신인 시민법에 엄중히 따라야 한다.

따라서 국가가 개인의 재산을 필요로 하는 경우에는 결코 정법의 엄격함에 따라 행동해서는 안 된다. 이 경우야말로 시민법이 우선이며, 그것은 어머니의 눈으로 각 개인을 전 국가, 그 자체처럼 보는 것이다.

정무 담당자가 공공 건물, 새 도로를 만들려고 한다면 배상을 해야 한다. 이 점에 관해서 국가는 개인과 교섭하는 개인과 같다. 국가는 시민을 강제하여 그 상속 재산을 매각시키고, 자기 재산의 양도를 강제당하는 일은 없다고 하는, 시민법에서 주어진 큰 특권을 뺏는 것만으로 충분하다.[*21]

로마를 멸망시킨 국민들이 그 정복 자체를 남용한 뒤에, 자유의 정신이 그들을 공평의 정신으로 복귀시켰다. 가장 야만적인 법을 그들은 규칙적인 한도로 집행했다. 만일 그것을 의심하는 자가 있다면 12세기[*22] 판례에 대해서 쓴 보마누아르의 훌륭한 저서를 읽으면 된다.

그의 시대에는 오늘날과 같이 공평하고 바른 도리로 일을 수행했다.[*23] 그는 말한다. "공평하고 바른 도리가 재건될 수 없을 경우에는 될 수 있는 대로 구도(舊道) 가까이에서 어떤 이익을 끌어 내는 사람들의 비용으로 보상이 이루어졌다." 그 무렵에는 시민법에 따라서 결정되었던 것이 오늘날에는 정법으로 결정되고 있다.

제16장 정법의 규정에 따라 결정해야 할 경우에 시민법의 규정에 따라 결정해서는 안 된다

만일 국가의 소유권에서 생기는 규정과 국가의 자유에서 생기는 규정을 혼동하지 않는다면, 이 문제의 모든 난점은 쉽게 해결될 것이다.

관청 소유 재산은 양도할 수 있는가, 또는 할 수 없는가. 이 문제는 정법으로 결정되어야 하며, 시민법으로 결정되어서는 안 된다. 시민법에 따라서 결정되면 안 되는 까닭은, 국가에서 재산의 처분을 규정하는 시민법이 있는 것이 필요한 것과 마찬가지로 국가를 존속하기 위하여 관청 소유 재산이 있는 것이 필요하기 때문이다.

따라서 만일 관청 소유 재산을 양도한다면 국가는 다른 관청 소유 재산을 위하여 새로운 자금을 만들게 될 것이다. 그러나 이 방책은 나아가서 국정을 뒤집어엎는 결과를 가져온다. 왜냐하면 사물의 성질상 관청 소유 재산을 만

[*21] 수용을 위한 배상이라는 관행은 대혁명 이후의 일이다. (원주)
[*22] '12세기'가 아니라 '13세기' (원주)
[*23] 영주는 농민에게서 징수하기 위해 수금원을 임명했다. 귀족들에게는 백작이 할당금을 부과하고, 교회인에게는 사교가 그것을 부과했다(《보마누아르》 제25장 제13·17절).

들 때마다 피지배자는 언제나 좀 더 많이 지급하고 주권자는 언제나 보다 적게 받는 것을 강요당하므로, 한마디로 해서 관청 소유 재산은 필요하며 양도는 필요하지 않다.

상속 순서는 군주정에는 국가의 이익에 기초를 두고 있다. 국가 이익은 이 순서가 확정되어 있을 것을 바라고 있다. 이미 말한 바와 같이 모든 것이 자의적(恣意的)으로 되어 있기 때문에 불확정한 전제정에서 생길 불행을 피하기 위해서이다.

상속 순서가 확정되어 있는 것은 현 왕실의 이익을 위해서가 아니고, 왕실이 있다는 것이 국가에는 이익이 되기 때문이다. 개인의 상속을 규정하는 법은 이익을 목적으로 하는 시민법이다. 왕위 계승을 규정하는 법은 정법이며, 그것은 국가의 이익과 그 보전을 목적으로 한다.

그러한 일의 귀결로써, 정법이 국가 통치에서 상속 순서를 정하고 이 순서가 끝나고 없어졌을 때, 어떤 나라의 것이든 시민법에 입각하여 상속을 청구하는 것은 부조리하다*24고 말할 수 있다. 특수 사회가 다른 사회를 위해 법을 만드는 일은 없다. 로마인의 시민법이 다른 어떤 시민법 이상으로 적용된다는 일도 없다. 로마인도 국왕을 재판했을 때 그 시민법을 행사하지는 않았다. 그리고 그들이 재판할 때 사용한 규범은 아주 버릴 만한 것이므로 그것들을 결코 부활시켜서는 안 된다.

그러한 일에서 다시 다음의 결론이 나온다. 정법이 어느 가족으로 하여금 상속을 포기시킨 경우, 시민법에 기초한 원상 회복을 적용하려고 하는 것은 부조리하다. 원상 회복은 법 속에 있다. 그리고 법 속에 생활하는 사람들에게는 좋은 것이 될 수 있다. 그러나 그것은 법을 위해 있는 사람들, 법을 위해 생활하는 사람들에게는 좋지 않다.

왕국·국민·세계의 법률을 개인 사이에서의 낙숫물 홈통에 대한 법률―키케로의 표현을 사용한다면― 을 결정하는 경우와 같은 규범에 따라서 결정하려 하는 것은 부조리하다.

---

*24 에스파냐 왕위 계승 전쟁(1667)의 원인이 된 루이 14세의 주장을 풍자하고 있다. 이 주장은 네덜란드에서 행해졌던 상속권을 근거로 한다. 이 편 제23장 참조.

제17장 정법의 규정에 따라 결정해야 할 경우에 시민법의 규정에 따라 결정해서는 안 된다(계속)

도편 추방제(陶片追放制 ; ostracism)는 정법의 규정에 의하여 검토해야 하며, 시민법의 규정으로 검토해서는 안 된다. 그리고 이 관행은 민족 정체를 해칠 수 있기보다는 반대로 이 정체의 너그러움을 증명하는 데 매우 알맞다. 그리고 우리 사이에서 추방은 언제나 형벌이지만, 만일 우리가 도편 추방의 관념과 형벌의 관념을 구별할 수 있었더라면 이것을 우리 스스로 느꼈을 것이다.

아리스토텔레스는 말한다. "이 관행에는 인도적이고 민중적인 것이 있다고 누구나 인정하고 있다." 이 재판 방법이 행해지고 있었을 때와 장소에서, 사람들이 그것을 버릴 만한 것으로 생각하지 않았다고 한다면 이렇게 떨어져 있는 거리에서 사물을 보고 있는 우리의 탄핵자·재판관·피고 자신과는 다른 사고 방식을 취해야 할 것이다.

그리고 이 국민의 재판은 이 재판을 받은 사람에게 영예를 주었다는 것, 아테네에서 공적이 없는 사람에게 이것이 남용되었을 때, 곧 이것의 행사가 중지되고 만 것*[25]에 주의한다면 우리는 이에 대해 그릇된 관념을 안고 있었다는 것, 또 새로운 영예로 한 시민을 채움으로써 그 시민의 영예가 발생될 우려가 있는 나쁜 결과를 예방하는 법은 훌륭한 법이라는 것을 잘 알 것이다.

제18장 서로 모순되는 듯이 보이는 법은 같은 질서에 속하는지 아닌지를 조사해야 한다

로마에서는 남편이 자신의 아내를 남에게 빌려주는 것이 허용되었다. 플루타르코스는 이것을 우리에게 명백히 말하고 있다. 카토가 그 아내를 호르텐시우스에게 빌려준 것을 우리는 알고 있다. 그러나 카토는 자기 나라 법을 깨뜨리는 그러한 인물은 결코 아니었다.*[26]

다른 면에서 아내의 난행을 너그러이 봐주고 그녀를 재판에 회부하지 않고, 또는 유죄의 언도 뒤 다시 그녀를 맞이한 남편은 처벌받았다. 이런 법은 서로 모순처럼 보이지만 결코 모순되지 않는다.

---

*25 그것은 입법자의 정신에 어긋났다. (원주)
*26 실제로 카토는 아내와 이혼하고 호르텐시우스의 사후에 다시 아내를 얻은 것이며, 빌려준 것은 아니다.

로마인에게 아내를 빌려주는 것을 허용한 법은 분명히 공화국에게, 만약 이런 말을 사용해도 좋다면, 씨가 좋은 자식을 주기 위해서 설정된 스파르트적 제도이다. 다른 면의 법은 풍속을 유지하는 것을 목적으로 하고 있었다. 최초의 것은 정법이며, 둘째 것은 시민법이다.

제19장 가법에 따라 결정되어야 할 것을 시민법에 따라 결정해서는 안 된다

서고트인의 법은, 노예가 간통 현장을 목격했을 때에는 남녀를 묶어 남편과 재판관에게 보낼 의무가 있다고 정했다. 공적·가내적·개인적 보복의 임무를 이처럼 비천한 인간의 손에 맡긴 놀랄만한 법이다.

그러나 이 법은 동양의 후궁 말고는 적당하지 않을 것이다. 거기에서는 울타리 속의 부정을 제거하는 임무를 가진 노예는 부정이 행해지자마자 의무를 어긴 셈이 된다. 그가 범인들을 잡는 것은 그들을 재판받게 하기보다는 스스로 재판을 받아 부정 행위가 행해진 정황에서, 그의 게으름의 혐의가 풀릴지 안 풀릴지를 조사받기 위해서이다.

그러나 여자가 전혀 감시당하고 있지 않는 나라에서는, 시민법이 집을 관리하는 그녀들을 노예의 규문(糾問)에 복종하게 하는 것은 어리석은 일이다.

이렇게 죄를 따져 묻는 일은 어떤 특정한 경우에는 가혹한 법령이 될 수 있을지 모르지만 결코 시민법으로 될 수는 없다.

제20장 만민법에 따라 결정되어야 할 것을 시민법의 원리에 따라 결정해서는 안 된다

자유는 주로 법이 명하지 않는 일을 하도록 강제되지 않는다는 것에 존재한다. 그리고 사람이 이 상태에 있는 것은 오로지 시민법으로 지배받기 때문이다. 즉 우리는 시민법 아래에서 생활하기 때문에 자유로운 것이다.

이것에서 다음 일이 생긴다. 상호간에 결코 시민법 아래에 생활하고 있지 않는 군주는 자유롭지 못하기 때문이다.

그들은 힘으로 지배받는다. 그들은 끊임없이 강제하고 또는 강제될 수 있다. 이 결과로써 그들이 강제로 체결한 조약도 임의로 체결한 것과 마찬가지로 구속력을 가진다. 시민법 아래에 생활하는 우리가 법이 요구하지 않는 계약을 맺는 것을 강제받았을 때, 우리는 법의 덕택으로 폭력의 결과를 취소할 수 있다.

그런데 군주는 언제나 강제를 하든가 강제당하는 상태에 있으므로 폭력으로 체결당한 조약에 불평할 수가 없다.

그것은 마치 자기의 자연적 상태에 불평하는 것과 다름없다.

그것은 또한 그가 다른 군주에 대해서는 군주이며, 다른 군주는 그에게 시민일 것을 바라는 것과 같다. 즉 사물의 성질에 어긋나려고 바라는 것과 같다.

제21장 만민법에 따라 결정되어야 할 것을 정법에 따라 결정해서는 안 된다

정법은 모든 사람이 그 거주하는 나라의 형사·민사재판소의 지배 아래에 놓여 주권자의 비판을 좇을 것을 요구한다.

만민법은 군주가 서로 사절을 보낼 것을 바랐다. 그리고 사물의 성질에서 파생된 이유는 이러한 사절이 그 파견된 나라의 주권자에게나 그 재판소에게나 종속되는 것을 허용하지 않았다. 그들은 그들을 파견하는 군주의 목소리이며, 이 목소리는 자유로워야 한다. 어떠한 장애도 그들의 행동을 방해해서는 안 된다. 그들은 독립적인 인간을 대신해서 이야기하는 것이기 때문이다. 그러므로 만일 그들이 범죄 때문에 처벌당할 수 있다면 사람은 그들에게 죄를 덮어씌울지도 모른다. 만일 그들이 채무 때문에 체포될 수 있다면 사람은 그들의 채무를 조작해 낼지도 모른다. 이럴 때는 자연적 자존심을 갖는 군주가 모든 것을 두려워해야 하는 사람의 입을 통해서 이야기하는 셈이 될 것이다. 그러므로 대사(大使)에 관해서는 만민법에서 파생된 이유에 따라야 하며, 정법에서 생기는 이유에 따라서는 안 된다. 만일 그들이 그 대표적 직능을 남용한다면 그들을 본국에 송환함으로써 그 대표적 직능을 종식시킨다. 그들을 그 주인 앞에서 탄핵할 수도 있다. 그것으로써 그들 주인은 재판관이나 공범자가 된다.

제22장 잉카 황제 아타우알파의 불행한 운명

내가 지금 확립한 원리는 에스파냐인에 의하여 잔혹하게도 위반되었다. 잉카 황제 아타우알파는 만민법을 따르지 않으면 재판할 수 없었던 것이다.*27 그런데 에스파냐인은 정법과 시민법에 따라 그를 재판했다.

---

*27 아타우알파는 페루의 마지막 황제. 피사로의 술책에 넘어가 1533년 그의 명령으로 교살되었다.

그들은 그가 부하를 몇 사람 죽였다는 것, 많은 아내를 가지고 있었다는 것 등등의 하찮은 이유로 그를 탄핵했다.

그리고 가장 어리석은 일은 그를 그 나라의 정법·시민법으로 단죄하지 않고 에스파냐의 정법·시민법으로 단죄한 사실이다.

제23장 정법이 국가를 파괴하게 되는 사정에 처하게 될 때, 국가를 보전하기 위해서는 때때로 만민법이 되는 다른 정법에 따라 결정해야 한다

국가에서 일정한 상속 순서를 정한 정법이 이 법의 목적인 국가에서 파괴적이 되는 경우에는, 다른 정법이 이 순서를 변경할 수 있을까를 의심해서는 안 된다. 그리고 이 법이 첫째 법에 반대이기는커녕 주요한 점에서 그것은 그것에 완전히 알맞은 것이다. 왜냐하면 그러한 법은 둘다 '국민의 복리는 최고의 법이다'라는 원리에 의존할 것이기 때문이다.

대국이 다른 대국의 속국이 되면 약해지고 본국까지도 약하게 만든다고 나는 말했다.*[28] 아는 바와 같이 국가는 그 우두머리를 국내에 가지고 있고 국가 수입이 잘 관리되며, 그 화폐가 외국을 부유하게 만들기 위하여 유출되지 않는 것을 이익으로 한다. 통치해야 하는 자가 다른 나라의 규범에 물들어 있지 않는 것이 중요하다. 그것들은 기존의 규범만큼 적당하지 않으므로. 게다가 인간이라는 것은 놀랄 정도로 자기의 법, 자기의 습관에 애착을 기울이는 법이다.

그것들은 각 국민의 복지로 되고 있다. 그것들을 변경해 커다란 반란과 유혈이 따르지 않는 일은 드물다. 그것은 모든 나라의 역사가 보여주는 것이다.

그 결과 어느 대국의 왕위 계승자가 다른 대국의 소유인 경우에는,*[29] 전자는 마땅히 그를 계승에서 배제할 수 있다. 왜냐하면 계승의 순서가 바뀌는 것은 두 나라 어느 쪽에서도 유리하기 때문이다. 그러므로 엘리자베스 치세의 시초에 만들어진 러시아법은 다른 왕국의 원수가 될지도 모르는 모든 계승자

---

*28 이것에 대해서는 제5편 제14장, 제8편 제16~20장, 제9편 제4~7장, 제10편 제9장 제10장 참조. (원주)

*29 루이 14세의 주장에 대한 풍자. 에스파냐 왕 펠리페 4세의 죽음에 즈음하여 그 딸인 프랑스 왕비 아리테레의 군대는 플랑드르와 프랑슈 콩테 상속의 권리가 있다고 주장하여 싸움을 벌였다.

를 매우 조심스럽게 배제하고 있다. 그러므로 포르투갈법은 혈통의 권리에 따라서 왕위를 주장할 모든 외국인을 배척했다.

국민이 배제할 수 있다면, 그 국민은 포기시키는 권리를 갖고 있다. 만일 그 국민이, 특정한 결혼이 독립을 잃게 하고 또는 국토 분할에 빠뜨릴지 모르는 결과를 갖지 않을까 두려워하는 경우에는, 그 국민은 마땅히 혼인의 계약자들과 그들에게서 태어날 사람들에게 그 나라에 대해서 그들이 갖게 될 모든 권리를 포기시킬 수 있는 것이다.

그리고 포기하는 자나 포기로써 이익을 얻는 자나 국가는 그들을 배제하는 법을 만들어 둘 수 있었으므로 어떠한 경우이든 불평을 말할 수는 없을 것이다.

제24장 경찰 규칙은 다른 시민법과 별개의 질서에 속한다

집정자가 처벌할 범죄인이 있지만, 또 교정할 범죄인도 있다. 전자는 법의 권력에 복종시키고 후자는 집정자의 권위에 복종시킨다. 전자는 사회에서 배제되고, 후자는 사회 규율을 따라 생활하도록 강제당한다.

경찰권의 집행에서 벌하는 자는 법보다 오히려 '집정자'이다. 범죄 재판에서는 벌하는 자는 집정자보다는 오히려 '법'이다. 경찰 사항은 순간마다 일어나는 사항이며, 일반적으로 보잘것없는 사건이다. 따라서 절차는 그다지 필요하지 않다. 경찰의 행위는 신속하며 날마다 되풀이해서 생기는 사항에 행해진다. 그러므로 커다란 처벌은 그것에는 적당하지 않다.

경찰권은 언제나 작은 사항을 주로 다룬다. 그래서 커다란 범례는 그것을 위하여 설정되지는 않는다. 그것은 법보다 오히려 규칙으로 지배된다. 경찰권에 속하는 사람들은 언제나 집정자의 눈 아래에 있다. 따라서 만일 그 사람들이 지나치면 그것은 집정자의 죄가 된다. 그러므로 법의 심한 침범과 단순한 경찰법을 혼동해서는 안 된다. 이러한 것들은 별개의 질서에 속한다.

이것으로써 다음과 같이 말할 수 있다. 화기를 휴대하면 죽음으로써 처벌되며, 그것을 악용하는 것은 휴대하는 것보다 치명적이지 않다는 이탈리아의 한 공화국*30에서는 사람들이 사물의 자연성에 따르지 않았던 것이다.

다시 이렇게도 말할 수 있다. 부정 행위 현장을 들킨 빵장수를 꼬챙이로 찔

---

*30 베네치아.

러 죽이는 형벌에 처한 그 황제의 행위는 터키 황제의 행위이며, 그 정의 자체를 유린함으로써 정의일 수 있다.

제25장 그 자체 성질에서 끌어내는 특수한 규정에 따라야 할 사물과 관련된 경우에는 시민법의 일반 규정에 따라서는 안 된다

항해 중에 같은 배의 선원 사이에서 약정된 모든 시민적 채무가 무효라고 하는 법은 좋은 법일까 아닐까. 프랑수아 피라르는 그의 시대에 이 법은 포르투갈인은 전혀 지키지 않았으나 프랑스인은 지켰다고 말한다. 단기간 동안만 같이 있고 군주를 섬기고 그에게서 보급을 받고 있으므로 아무것도 부족하지 않은 사람들, 여행이라는 목적 이외의 목적이 없는 사람들, 이미 사회 속에 있지 않고 배의 시민인 사람들에겐 시민사회의 부담을 지탱하기 위해서만 초래된 이러한 채무를 결정지어서는 안 된다.

이와 같은 정신에서 로도스인의 법은 언제나 해안을 따라 항해하던 시대의 것인데, 폭풍우가 몰아칠 동안 배 안에 머문 자들은 선박과 짐을 부릴 수 있는 권리를 취득하고, 배를 포기한 자는 아무것도 얻지 못한다고 규정했던 것이다.

제6부

제27편
상속에 관한 로마법 기원과 변천

상속에 관한 로마법

 이 문제는 아주 오래된 고대 제도에서 시작되었다. 그래서 이를 깊이 밝히기 위하여 로마인의 초기 법 가운데 내가 아는 한에서는 아직 아무도 거기에서 찾아내지 못하고 있는 것을 탐구하는 것을 허용해 주기 바란다.

 로물루스가 소국가의 토지를 시민들에게 분배한 것은 잘 알려져 있다. 나는 거기에서부터 상속에 관한 로마법이 유래했다고 생각한다.

 토지 분할법은 한 집의 재산이 다른 집에 이전되지 않는 것을 요구했다. 그 결과, 두 종류의 법정 상속인만이 존재하게 되었다. 즉 자식과 부권 아래에 생활하는 모든 자손인 가내 상속인(néritierssiens), 그리고 가내 상속인이 없을 경우엔 남계의 가장 가까운 친족인 종족(宗族 : agnate)이다.

 그 결과, 같은 혈족(cognate)이라 불리는 여계(女系) 친족에게는 상속할 수 없게 되었다. 왜냐하면 그들은 재산을 다른 집으로 옮길 것이기 때문이다. 그래서 이처럼 정해진 것이다.

 다시 그로부터 다음의 결과가 생겼다. 즉 자식은 어머니의 것을 상속해서는 안 되며, 어머니도 자식의 것을 상속해서는 안 된다. 그와 같은 상속은 일가의 재산을 다른 집으로 이전하는 것이기 때문이다. 그래서 이러한 자는 십이동판법에서는 제외되었다. 이 법은 종족에게만 상속할 수 있게 했다. 어머니와 자식 사이에는 종족 관계가 없었다.

 그런데 가내 상속인 또는 그것이 존재하지 않는 경우에는 가장 가까운 종족, 그것이 남자이건 여자이건 어느 편이든 상속할 수 있었다. 왜냐하면 어머니 쪽의 친족은 상속할 수 없기 때문에 여자 상속인은 혼인하더라도 재산은 반드시 본디 집으로 돌아가기 때문이다. 그 때문에 십이동판법에서는 상속인이 남자이건 여자이건 구별하지 않았던 것이다.

그 결과, 남계의 손자는 조부의 재산을 상속할 수 있었으나 여계의 손자는 이를 상속할 수 없었다. 왜냐하면 재산을 다른 집에 옮기지 않기 위해서는 그들보다 종족을 택하기 때문이다. 따라서 딸은 아버지의 재산을 상속했으나 그녀의 자식은 조부의 재산을 상속하지 못했다.

이와 같이 초기 로마인은 토지 분할법에 적합할 경우에는 여자도 상속받을 수 있었으나, 이 법에 저촉될지 모르는 경우에는 여자들이 상속받을 수 없었다.

초기 로마인들의 상속법은 이와 같았다. 이 법은 정체의 자연스러운 파생물이며 또 토지 분할에서 비롯된 것이다. 그러므로 외국에서 비롯된 것이 아니고, 그리스의 여러 도시에 파견된 사절이 가져온 법 속에 포함된 것도 아니라는 것은 명백하다.

드니 달리카르나스가 말한 바에 따르면, 세르비우스 툴리우스는 토지 분할에 관한 로물루스와 누마의 법이 폐지된 것을 보고 그것을 부활시키고 옛 법에 새로운 활력을 주기 위하여 새 법을 만들었다고 한다. 따라서 우리가 여기에서 서술한 이런 법은 토지 분할의 결과로서 만들어진 것으로, 로마의 이들 세 입법자의 작품인 것은 의심할 여지가 없다.

상속 순서는 법적으로 정해진 것이므로 시민은 개인 의지에 따라 이것을 문란하게 해서는 안 되었다. 초기 로마에서 시민은 유언이 허용되지 않았다. 이처럼 임종할 때 선행의 권리를 박탈당했다는 것은 가혹한 일이었던 것이다.

이 점에 관해 법을 개인 의지와 조화시키는 수단이 발견되었다. 자기 재산을 국민 회의에서 처분하는 것이 허용된 것이다. 그래서 저마다의 유언은 이른바 입법권에 근거한 행위로 되었다.

십이동판법은 유언자에게 그 상속인으로서 그가 바라는 시민을 선택하는 것을 허용했다. 로마법이 유언 없이 (ab intestat) 상속할 수 있는 자의 수를 그토록 엄중히 제한한 이유는 토지 분할법 때문이었다. 그 법이 유언할 권리를 그토록 크게 넓힌 이유는, 아버지는 자식을 매각할 수도 있는 데다 나아가 자기 재산의 상속을 자식에게서 뺏을 수도 있었기 때문이다.[1] 이들은 서로 다른 원리에서 출발한 것이므로 서로 다른 결과가 되는 것이다. 바로 이것이 이 점

---

*1 드니 달리카르나스는 누마의 법에 따라 부친에게 그 아들을 세 번 팔 것을 허락하는 법은 로물루스의 법이며, 10대관이 아님을 입증하고 있다. (원주)

에 관한 로마법의 정신이다.

아테네의 옛 법은 시민이 유언하는 것을 허용하지 않았다. 솔론은 자식을 가진 자를 제외하고는 그것을 허용했다. 그런데 로마의 입법자들은 부권의 관념으로 머리가 꽉 차 있어 자식에게 손해를 끼칠 경우라도 유언하는 것을 허용했다. 아테네의 옛 법이 로마법보다 줄곧 한결같았음은 인정해야 한다. 로마에서 제한없는 유언이 인정되자, 그것은 조금씩 토지 분할에 관한 정치 규정을 파괴했다. 그것은 무엇보다도 버려야 할 빈부의 차별을 가져왔다. 수많은 몫이 한 사람에게 집중되었다. 그로 말미암아 몇몇 시민만이 지나치게 소유하고 다른 많은 사람들은 아무것도 갖지 못했다. 그래서 잇달아 자기 몫을 빼앗긴 국민은 끊임없이 토지의 새로운 분배를 요구했다.*2 국민은 검소·검약·빈곤이 로마인의 특질로 되었던 시대에도 그 사치가 극도에 이른 시대와 마찬가지로 토지 분배를 요구했다.

로마에서 유언은 본디 국민 회의에서 만들어지는 법과 같았으므로, 종군하는 자는 유언할 권리가 없었다. 그래서 국민은 병사들에게 그들이 종군하지 않으면 국민 앞에서 행했을 유언을 몇몇 전우 앞에서 행할 수 있도록 그 권한을 주었다.

국민 대회의는 1년에 두 번만 열렸다. 그런데 국민의 수나 이 회의에 제기되는 사무량은 늘어 갔다. 그래서 모든 국민을 대표할 성년 몇 명이 로마 시민 앞에서 유언하는 것이 적당하다고 생각했다. 다섯 사람의 선출된 시민 앞에서 상속인은 유언자로부터 그 집, 즉 그 유산을 샀다. 그 중 한 시민은 유산의 가격을 계산하기 위하여 저울을 가지고 있었다. 왜냐하면 로마인은 아직 화폐가 없었기 때문이었다.

아마도 이 다섯 명의 시민은 국민의 다섯 계급을 대표하고, 무산자로 이루어진 제6 계급은 포함되지 않았던 모양이다.

이러한 매매는 유스티니아누스와 함께 터무니없는 것이었다고 생각해서는 안 된다. 결국 터무니없는 것으로 되고 말았으나 처음에는 그렇지 않았다. 그 뒤의 유언을 규정한 대부분의 법은 그 기원이 이러한 매매에서 시작하고 있다. 그 증거는 울피아누스의 단편에서 뚜렷이 찾아볼 수 있다. 언어장애인·청각장

---

*2 국민이 요구한 것은 토지의 새로운 분배가 아니라 정복한 토지의 공유와 공정한 분배였다.

애인·낭비자는 유언할 수가 없었다. 청각장애인은 집을 살 사람의 말을 들을 수가 없으므로, 언어장애인은 지명하는 말을 할 수 없으므로, 낭비자는 모든 사물의 관리를 금지당해 그 집을 팔 수 없기 때문에 제외되었다. 그 밖의 예는 생략한다.

유언은 국민 회의에서 행해졌으므로, 그것은 시민법의 행위라기보다는 오히려 공법 행위였다. 그 결과 아버지가 그 권력 아래에 있는 아들에게 유언하는 것조차 허용할 수가 없었다.

대부분의 국민에게 유언은 보통의 계약 이상으로 중대한 형식을 갖추지 않았다. 왜냐하면 양자 모두 계약자 의지의 표현에 지나지 않으며, 그것은 동시에 사법에 속했기 때문이다. 그런데 유언이 공법에서 나온 로마에서는 유언은 다른 행위에 비하여 보다 큰 형식을 취했다. 그것은 로마법에 따라서 지배받는 프랑스의 여러 지방에서 오늘날에도 아직 존속하고 있다.

이미 서술한 바와 같이 유언은 국민의 법이므로 그것은 명령하는 힘을 가지고 '직접' 또는 '명령하는' 말로 이루어져야만 했다. 그 결과, 명령하는 말에 따라야만 유산을 증여하거나 이전할 수 있다는 규칙을 세웠다. 또한 어떤 경우에는 보충 지정(substitution)을 하여 유산이 다른 상속인에게 이전되어야 할 것을 명령할 수가 있었다. 그러나 신탁 유증(fideicommis), 즉 의뢰 형식으로 어떤 사람에게 유산 또는 그 일부를 교부하는 것을 위촉할 수는 없었다.

아버지가 아들을 상속인으로 지정하지도 않고 이것을 박탈하지도 않을 때에 그 유언은 파기되었다. 그러나 딸은 이것을 지정하지 않고 또는 그 자격을 박탈하지 않더라도 유언은 유효했다. 나는 그 이유를 알 수 있다. 즉 아버지가 아들을 상속인으로 지정하지 않고 그 자격을 빼앗지 않았을 때에는 유언없이도 아버지가 상속해야 할 그 손자에게 손해를 준 셈이 된다. 그러나 딸은 지정하지 않고 그것을 박탈하지 않더라도 딸의 자식들에게는 아무런 손해도 주지 않는다. 그들은 결코 유언 없이 어머니에게 상속받지 않을 것이다. 왜냐하면 그들은 가내 상속인도 종족도 아니기 때문이다.

초기 로마인의 상속법은 토지 분할 정신에 따르는 것 말고는 고려하지 않았으므로, 거기에서 여자의 부를 충분히 제한하지 않아 사치의 길로 빠지는 통로가 열렸다. 사치는 이러한 부와 언제나 불가분의 관계에 있다. 제2차 포에니전쟁과 제3차 포에니전쟁 사이에 사람들은 이 폐단을 느끼기 시작하여, 보코니아법을 만들었다. 그러나 그에 대해서 아주 적은 자료밖에 남아 있지 않고 매우 어수선하게만 서술되어 있으므로 여기에 그것을 해명하려고 한다.

키케로는 이 법의 한 단편을 우리를 위하여 보존해 주었는데, 그에 따르면 여자는 결혼을 했건 안했건 상속인으로 지정하는 것이 금지되어 있다.

티투스 리비우스의 《개설(Epitome)》[*3]도 이 법을 언급하고 있지만 이 이상 서술하고 있지 않다. 키케로에 따라서나 성 아우구스티누스에 따라서나 딸은 외동딸이든 무엇이든간에 모두 이 금지 안에 포함되었던 것 같다.

대(大)카토는 전력을 다하여 이 법을 받아들이게 하는 데 애썼다. 아울루스 겔리우스는 카토가 이때에 행한 연설의 일부를 인용한 적이 있다. 카토는 여자가 상속하는 것을 금함으로써 사치의 원인을 예방하려고 했던 것이다. 마치 그가 오피아법을 옹호함으로써 사치 자체를 막으려고 한 것처럼.

유스티니아누스와 테오필루스의 《법학 제요》에는 보코니아법의 유증 능력(遺贈能力)을 제한하는 내용이 실려 있다. 이 저서를 읽으면, 이 장이 상속인이 수령을 거부할 경우에 유산이 유증으로써 줄어드는 것을 피하기 위하여 만들어졌음을 알 수 있다. 그러나 그것이 보코니아법의 정신은 아니었다. 우리가 본 바와 같이 이 법은 여자가 상속받지 못하게 하는 것을 목적으로 하고 있었다.

이 법의 유증 능력을 제한하는 것도 이 목적에 들어 있었다. 왜냐하면 만일 누가 그가 바란 것만큼 유증할 수 있었다고 한다면, 여자는 상속 재산으로서 얻을 수 없는 것을 유증으로서 받을 수 있었을 것이기 때문이다.

보코니아법은 여자의 지나친 부를 막기 위하여 만들어졌다. 따라서 여자에게서 뺏을 필요가 있었던 것은 지나치게 큰 유산이지 사치를 유지할 수 없을 정도의 유산은 아니었다.[*4] 법은 상속이 금지된 여자에게 주어져야 할 일정한 금액을 정했다. 키케로는 그 사실을 우리에게 전하기는 했으나 그 금액이 어느 정도인지는 전혀 말하지 않았다. 그러나 디온이 그것을 10만 세스테르스라고 말했다.

보코니아법은 부를 바로잡기 위하여 만들어졌지, 가난을 바로잡기 위하여 만들어진 것은 아니다. 그러므로 키케로는 말한다. 이 법은 호구 조사에 등록

[*3] 《신의 나라》 [원주]
[*4] 이 절의 끝 부분과 다음 9절은 초판엔 없다.

된 사람들에 대해서만 규정하고 있는 것이다.

이런 사실은 법을 회피하는 구실을 주었다. 알다시피 로마인은 극도로 형식주의자였다. 그리고 이미 말한 바와 같이 공화국의 정신은 법의 문구를 그대로 따르는 일이었다. 자기 딸에게 유산을 줄 수 있도록 하기 위하여 호구 조사에 등록하지 않은 아버지도 있었다. 그래도 법무관은 그것은 법의 문구에 어긋나지 않으므로 보코니아법에 위배되는 것이 아니다라고 재판했다.

아니우스 아셀루스라는 사람은 외동딸을 상속인으로 지정했는데, 그는 그렇게 해서 별일 없이 이를 성취했다고 키케로는 말한다. 보코니아법은 그가 그렇게 하는 것을 막지 않았다. 왜냐하면 그는 호구 조사에 등록되어 있지 않았기 때문이다. 벨레스는 법무관 재임중 아니우스의 딸에게서 유산을 박탈했다. 그러자 키케로는 주장했다. "벨레스는 매수되었다. 그렇지 않다면 그는 다른 법무관들이 인정한 상속 순서를 뒤집어엎지는 않았을 것이다."

그럼 로마의 전체 자유인이 포함된 호구 조사에 등록되지 않은 시민이란 어떠한 시민이었는가. 드니 달리카르나스가 전한 세르비우스 툴리우스의 제도에 따르면, 호구 조사에 등록되지 않은 모든 시민은 노예로 되었다고 한다. 키케로도 이러한 인물은 자유를 잃는다고 말했다. 같은 것에 대해 조나라스도 말하고 있다. 따라서 보코니아법의 정신에 따라 호구 조사에 등록되지 않는다는 것과, 세르비우스 툴리우스 제도의 정신에 따라 호구 조사에 등록되지 않는다는 것과의 사이에는 구별이 있었을 것이다.

사람들은 처음 다섯 계급에는 저마다 그 재산에 비례해 놓여졌으나, 이것에 등록되지 않은 사람들은 보코니아법의 정신에 따르면 호구 조사 속에 존재하지 않는 것이었다. 여섯 계급 속에 등록되지 않은 사람들, 또는 호구 총감에 의하여 이른바 ærarii[5]의 수 가운데 기입되지 않은 사람들이 세르비우스 툴리우스의 제도에 따르면 호구 조사 속에 존재하지 않는 사람들이었다. 자연의 힘은 이토록 강한 것으로, 보코니아법을 빠져나가기 위하여 천민이나 인두세가 과해지는 사람들과 함께 제6 계급에 투입되는 치욕을 마다 않고, 심지어 세리트인의 표[6]에 옮겨지는 것조차 동의한 아버지도 있었을 정도이다.

로마법이 신탁 유증을 허용하지 않았다는 것은 앞서 서술했다. 보코니아법

---

[5] 청동 직공을 말하며 병역 의무와 투표권이 없는 최하급의 로마 시민.
[6] 호구 총감이 투표권을 빼앗긴 시민을 등록하는 표.

을 빠져나가려는 희망이 이 신탁 유증을 가져오게 한 이유이다. 즉 법률상 유산을 받을 능력이 있는 상속인을 지정하고, 법으로써 배척되는 사람에게 유산을 교부할 것을 그에게 의뢰했다. 이 새로운 처리 방법은 서로 다른 몇 가지 결과를 가져왔다. 어떤 자는 유산을 정직하게 교부했다. 그중에서도 섹스투스 페두케우스(Sextus Peduceus)의 행위는 유명했다. 그는 막대한 유산을 물려받았다. 이 유산을 교부할 것을 의뢰받았다는 사실을 알고 있는 자는 온 세상에 그 자신 말고는 아무도 없었다. 그는 유언자의 아내를 찾아가서 그녀에게 남편의 모든 재산을 주었다.

다른 자들은 당연하게 유산을 자기 것으로 만들었다. 세크틸리우스 루푸스의 예도 또한 유명하다. 왜냐하면 키케로가 쾌락주의자에 대한 논쟁에서 이 예를 썼기 때문이다. 그는 말한다. "나는 젊은 시절 세크틸리우스의 부탁으로 그와 그의 친구들에게로 갔다. 그의 딸 파디아에게 교부할 것인지 아닌지를 그들에게 묻기 위해서였다. 몇 명의 청년과 나이 지긋한 사람들이 모였다. 그러나 아무도 보코니아법에 따라서 받아야 할 것 이상을 파디아에게 주어야 한다는 사람은 없었다. 그래서 세크틸리우스는 크나큰 유산을 받았다. 그러나 만약 그가 공리보다는 정의를 택했더라면 그는 단 1세스테르스도 차지하지 않았을 것이다." 키케로는 그에 덧붙인다. "나는 자네들처럼 쾌락주의자라도 이 유산을 딸에게 돌려주었으리라고 생각된다. 그러나 돌려주면 자네들은 자네들의 원리에 따르지 않는 결과가 된다." 나는 여기서 몇 가지를 살펴보고자 한다.

입법자가 자연의 명령에 거역하는 법을 제정하게 된다는 것은 인간성에 대한 불행이다. 보코니아법이 그 예였다. 그것도 그럴 것이, 입법자는 시민의 처지보다도 사회의 처지에서, 인간의 처지보다도 시민의 처지에서 법을 제정하기 때문이다.

이 법은 시민이나 인간보다도 공화국에 대한 것만 생각하였다. 어떤 자가 유산을 딸에게 교부할 것을 한 친구에게 의뢰했다고 하자. 법은 유언자의 자연스러운 감정을 무시하고 딸의 효심도 무시하고 있다. 법은 유언을 교부할 것을 위탁받은 자에게 아무런 생각도 없다. 그래서 그는 나쁜 시민이 된다. 유산을 그냥 갖고 있자니 불성실한 인간이 된다. 법을 빠져나가려고 생각하는 것은 선량하게 타고난 사람들뿐이다. 법을 빠져나가기 위해서 택할 수 있는 것은 다만 성실한 사람들뿐이다. 왜냐하면 탐욕과 쾌락을 이겨내야 하기 때문이다. 그리고 이렇게 승리할 수 있는 것은 다만 성실한 사람들뿐이다. 이 경우에 그들을 나쁜 시민으로 여기는 것은 아마 가혹하기까지 하리라. 그 법이 성실한 사람에게만 법망을 뚫고 빠져나가는 것을 강제하는 경우에는 입법자는 그 목적의 대부분을 이루었다고 해도 좋다.

보코니아법이 만들어진 시대의 풍속은 아직 옛부터 내려온 순박함을 유지하고 있었다. 때로는 로마인의 공적 양심이 법에 관심을 쏟기도 했다. 그래서 법을 지킬 것을 서약했다. 그 결과 어떤 의미에서는 성실함과 성실함이 싸우게 되었다. 그런데 그 이후 로마인의 풍속이 타락하자 신탁 유증에 보코니아법이 지켜지기 위하여 갖는 힘보다도, 오히려 신탁 유증이 보코니아법을 빠져나가기 위해 갖는 힘 쪽이 작아지게 되었다.

내란이 일어나 수많은 시민들이 죽었다. 아우구스투스 치하의 로마는 거의 사람이 살지 않는 지경이었다. 로마의 인구를 늘여야만 했다. 그래서 파피아법을 만들었다. 이 법에는 시민을 혼인시켜 자식을 만들도록 장려할 수 있는 것은 그 무엇도 빠뜨리지 않았다. 그 주된 수단의 하나는 법의 기도에 찬성하는 사람들에게는 상속의 희망을 증가시키고, 법의 기도에 응하지 않는 사람들에게는 그것을 줄이는 일이었다. 그래서 보코니아법이 여자에게 상속하지 못하도록 하고 있는 데 반해, 파피아법은 일정한 경우에는 이 금지를 폐지했다.

여자, 특히 자식을 가진 여자는, 남편의 유언에 따라 유산을 받을 수 있게 되었다. 그녀들은 자식을 가진 경우에는 타인의 유언에 따라서 유산을 받을 수가 있었다. 이것은 모두 보코니아법의 규정에 어긋나는 것이었다. 그러나 이 법의 정신이 완전히 버려진 것이 아니라는 점은 주의할 만하다. 이를테면 '파피아법'은 한 명의 자식을 가진 남자에 대해서는 타인의 유언에 따라서 모든 유산을 받을 것을 허용했으나, 여자에 대해서는 자식을 셋 가진 경우 말고는, 이런 은혜를 베풀지 않았다. 파피아법은 세 사람의 자식을 가진 경우에만 여자에게 타인의 유언에 의한 상속을 할 수 있는 것으로 한 것과, 친족의 상속에 대해서는 옛 법과 보코니아법에 모든 효력을 유지시켰다는 일에 주의해야 한다. 그러나 그것은 오래 지속되지 않았다.

로마는 국민의 부로 말미암아 해를 입고 풍속이 달라졌다. 여자의 사치를 금하는 것은 이제 문제가 아니었다. 아울루스 겔리우스는 하드리아누스 치하의 사람인데, 그는 그의 시대에 보코니아법이 거의 없어지고 있었다고 말한다. 이 법은 로마시의 사치 아래에 파묻혔다. 그래서 니제르 황제 아래에 살았던 바울의 《잠언》과 알렉산더 세베루스 시대에 살았던 울피아누스의 《단편》에 보면 아버지 쪽의 자매는 상속할 수 있었다는 것과, 그리고 보코니아법의 금지 경우에 해당되는 자는 좀 더 먼 계급의 친족뿐이었다는 것을 알 수 있다.

로마의 옛 법은 너무 엄하고 모질게 보이기 시작했다. 법무관은 이미 공정·절도·예의의 이유 말고는 감동하지 않았다.

이미 말한 바와 같이 로마의 옛 법에 따르면 어머니는 그 자식의 유산에 대해서 아무런 배당이 없었다. 보코니아법은 그녀들을 거기에서 배제하는 새로운 이유가 되었다. 그런데 클라우디우스 황제는 자식을 잃은 데 대한 위안으로 어머니에게 그 자식의 유산을 주었다. 하드리아누스 황제 아래에 구성된 테르톨리아 원로원은 어머니가 자유인이라면 세 명의 자식을 갖는 경우에, 어머니가 자유민이라면 네 명의 자식을 갖는 경우에는 그에게 유산을 주기로 했다. 이 원로원 의결은 파피아법의 확장에 불과했던 것은 분명하다. 파피아법은 같은 경우라면 타인에 의하여 주어진 유산을 여자가 상속하는 것을 허용하고 있었다. 마침내 유스티아누스는 그 자식의 수와는 관계 없이 여자에게 상속권을 인정했다.

여자의 상속을 방해하는 법을 제한시킨 같은 원인이, 여계 친족의 상속을 방해하던 법을 조금씩 뒤집어엎었다. 이러한 법은 훌륭한 공화정의 정신에는 매우 타당했다. 거기서는 여성이 부나 그 부의 기대를 사치를 위해 이용하지 못하도록 해 두어야 한다. 이와는 반대로 군주제의 사치는 혼인 비용이 큰 부담이 되므로 여자가 줄 수 있을지 모르는 부에 의하든가, 또는 여자가 얻게 될지 모르는 상속의 기대에 의하든가 하여 혼인하려는 마음을 일어나게 할 필요가 있다. 따라서 군주정체가 로마에 성립되었을 때, 상속에 관한 모든 제도는 변경되었다.

법무관은 남계 친족이 없을 때에는 여계 친족으로 하여금 상속받게 했다. 옛 법에 따르면 여계 친족은 결코 상속이 허용되지 않았다. 오르피티아 원로원 의결은 자식이 어머니를 상속할 수 있게 했다. 발렌티니아누스·테오도시우스·아르카디우스 등의 여러 황제들은 여계 손자가 조부를 상속할 수 있게 했다. 유스티니아누스 황제는 상속에 관한 옛 법의 잔재를 모조리 없애버렸다. 그는 세 종류의 상속인, 비속(卑屬)·존속(尊屬)·같은 계열의 친족을 정하고 남성이건 여성이건, 여계 친족이건 남계 친족이건 아무런 구별을 하지 않았다. 그리고 이 점에 대해서 남아 있던 모든 구별을 없앴다. 그는 스스로 옛 법의 장애라 부르는 것을 멀리함으로써 자연, 그 자체를 좇고 있다고 믿었던 것이다.

제28편*¹
프랑스인의 시민법 기원 및 변천

In nova fert animus mutatas dicere formas corpora……

Ovid, Métam., (L.I.v.1)*²

제1장 게르만족 법의 서로 다른 성질

프랑크인은 그 나라를 벗어나 그 국민의 현인에게 살리카법을 만들게 했다. 라인강변 프랑크인 부족은 클로비스 치하의 살리계(系) 프랑크족과 합병했지만 그 관행을 문자로 나타내게 했다. 그는 또한 그의 왕국에 종속해 있었던 바바리아인이나 아르만인의 관행도 수집했다. 게르마니아는 여러 국민의 유출로써 크게 약화되었으므로 프랑크인은 그 전방을 정복한 뒤에 그들을 지배했다. 튀링겐인의 법전도 테오도릭이 만든 것으로 보인다. 왜냐하면 튀링겐인 또한 그의 신하였으므로. 프리슬란트인은 샤를 마르텔과 페팡이 정복했으므로 그들의 법은 이들 군주 이전에 생긴 것은 아니다. 맨 처음 작센인을 굴복시킨 샤를마뉴는 그들이 현재까지 지키고 있는 법을 주었다. 이 두 법전이 정복자의 손에서 나온 것임을 알기 위해서는 그저 그것을 읽기만 하면 된다. 서(西)고트인·부르고뉴인·롬바르디아인은 저마다 왕국을 건설하자 피정복 국민에게 그들의 관행을 좇게 하기 위해서가 아니라, 그들 스스로 그것을 좇기 위하여 법을 문자로 기록했다.*³

살리카법과 리푸아리아법, 아르만인·바바리아인·튀링겐인·프리슬란트인의

---

*1 영역서에 따르면 "개인 편지로 미루어 보아 몽테스키외는 이 편에 대해 상당한 심혈을 기울여 그 때문에 머리가 희어졌다"고 되어 있다.
*2 로마 시인 오비디우스에서 인용. "나의 혼은 나로 하여금 물체의 새로운 변화를 노래하게 한다."
*3 살리카법의 서적 참조. 라이프니츠는《프랑크인 기원론》에서 말한다. "이 법은 클로비스 치세 이전에 제정되었으나 프랑크인이 게르마니아에서 나오기 전에 만들어졌을 리는 없다. 왜냐하면 프랑크인은 그 무렵에는 라틴어를 몰랐기 때문." (원주)

법에는 훌륭한 단순성이 있다. 거기에서는 독특한 생경함, 다른 정신으로 인해 조금도 약화되어 있지 않은 정신을 찾아볼 수 있다. 그러한 법은 거의 변하지 않았다. 왜냐하면 그러한 국민은 프랑크인을 제외하면 게르마니아에 머물렀기 때문이다. 프랑크인 자신도 거기에 그 제국의 큰 부분을 건설했다. 따라서 그들의 법은 완전히 게르만다웠다. 서고트인·롬바르디아인·부르고뉴인의 법은 그와는 사정이 다르다. 그 법들은 특징을 잃었다. 왜냐하면 이들 국민은 새로운 주소에 정착하자 그 특징을 잃었던 것이다.

부르고뉴인 왕국은 정복한 국민의 법이 큰 변화를 받을 만큼 오래 존속하지는 않았다. 공드보와 지기스몽은 그들의 관행을 수집했는데 거의 그들 국왕의 마지막 사람이었다. 롬바르디아인의 법은 변화보다는 오히려 이것저것 덧붙여졌다. 로타리스법에 이어 그리모알드·루이프랑·라시스·에스틸프 등의 여러 법이 나타났는데, 그것들은 새로운 형식을 취하지 않았다. 서고트인의 법은 이와는 사정이 다르다. 그들의 국왕은 그러한 법을 개정하기도 하고 성직자로 하여금 개정시키기도 했다.

제1 왕통(메로빙거 왕조)의 여러 왕은 확실히 살리카법과 리푸아리아법에서 그리스도교와 절대 양립할 수 없는 것을 제거했지만, 그 기조는 고스란히 남겨 두었다. 이 같은 경우를 서고트인 법에 대해서는 말할 수 없다.

부르고뉴인의 법과 특히 서고트인의 법은 신체형을 인정했다. 살리카법과 리푸아리아법은 그것을 받아들이지 않았다. 이러한 법은 더욱더 그 장점을 보존했다. 부르고뉴인과 서고트인은 그 여러 주가 심각한 위험에 맞닥뜨렸으므로 옛 주인을 회유하고 그들에게 가장 공정한 시민법을 주는 것에 애썼다. 그런데 프랑크의 여러 왕들은 자기 권력에 자신이 있었으므로 이러한 생각은 하지 않았다.

작센인은 프랑크인의 지배 아래에 생활했는데, 제어하기 어려운 기질을 가졌고 집요하게 반항했다. 그들의 법에서는 다른 만민법전(蠻民法典)에서는 볼 수 없는 정복자의 가혹성이 발견되었다.

그 법의 벌금형에는 게르만법의 정신이 엿보이며 신체형에는 정복자의 정신이 발견된다.

그들은 국내에서 죄를 저지를 경우 신체형을 가했다. 게르만법의 정신을 좇는 것은, 그들이 그 영토 밖에서 범하는 죄의 처벌에서만이다.

그 법에는 그들의 죄는 조금도 배려하지 않는다고 선언하고 있으며, 그들은 교회로 피신할 수도 없었다.

서고트인의 궁정에서는 사교(司敎)가 절대 권력을 잡았다. 아주 중요한 사건은 종교 회의(Conciles)에서 결정되었다. 오늘날 종교 재판의 모든 규범, 모든 원리 및 목표는 서고트인의 법전에 따르고 있다. 즉 옛날 사교들이(서고트인을 벌하기 위하여)만든 법을 수도사들이 유대인에게서 베낀 것에 불과한 것이다.

다른 면에서 부르고뉴인에 대한 (부르고뉴 왕) 공드보의 법은 매우 정당하게 보인다. 로타리스나 그 밖의 롬바르디아 군주의 법은 더욱더 그렇다. 그러나 서고트인의 법, 레세스쉬앵드·생다쉬앵드·에지가의 법은 유치하고 졸렬하며 얼빠진 것이다. 그것들은 전혀 목적을 이루지 못했다. 미사여구만 가득하고 내용은 텅 비었다. 실질은 경박하고 체재는 거창하다.*4

제2장 이민족의 법은 모두 속인법이었다

일정한 지역에 결부되지 않은 것이 이들 이민족 법의 한 특질이다. 즉 프랑크인은 프랑크인의 법으로 재판받고, 아르만인은 아르만인의 법, 부르고뉴인은 부르고뉴인의 법, 로마인은 로마인의 법으로 재판받았다. 그런데 이 시대의 사람들은 여러 피정복민의 법을 통일화하려고 생각하기는커녕 피정복 국민의 입법자가 되려는 일조차 생각하지 않았다.

나는 이것의 기원을 게르만족 여러 국민의 습속에서 발견했다. 이들 여러 국민은 늪과 연못·호수·삼림으로 나뉘어 있었다. 카이사르의 책 《갈라아 전기》를 보더라도 그들이 분리를 좋아했음을 알 수 있다. 그들이 로마인에 대해서 지니고 있었던 두려움이 그들을 결합시킨 것이다. 이들 혼합된 여러 국민에게 개인은 그가 소속된 국민의 관행·습관에 따라 재판되어야 했다. 이들 모든 국민은 개별로는 자유이며 독립된 존재였다. 그들을 혼합시켰을 때에도 그 독립성은 남아 있었다. 즉 조국은 같았으나 국가는 저마다 달랐다. 영토는 같았으나 민족은 잡다했다. 즉 속인법(屬人法) 정신은 이들 국민이 그 나라를 나오기 전부터 그들 속에 존재했던 것이며, 그들은 그 정신을 그들의 피정복지에 가지고 갔던 것이다.

---

*4 라블레는 저자가 서고트법이 너무 엄격하다고 말한다. 즉 이 법은 Fuer Juzgo(Forum judicum) 의 이름 밑에 에스파냐어로 번역되어 오늘날에도 에스파냐법의 기초가 되고 있다.

이 관행은 마르퀼프의 문장에서, 이민족 법전에서, 특히 리푸아리아인 법에서, 제1 왕통의 여러 왕의 명령에서 성문화된 것을 볼 수 있다. 제2 왕통 카롤링거 왕조에서 작성된 《칙령집(capitulaires)》*5은 이것에서 비롯된다. 자식은 아버지의 법에 따르고 아내는 남편의 법을 좇고, 과부는 다시 자기 법으로 돌아가고, 자유민은 주인의 법을 따랐다. 그뿐만이 아니다. 각자는 나름대로 그가 바라는 법을 가질 수가 있었다. 그러나 로타르 1세의 명령은 이 선택이 공표되기를 요구했다.

제3장 살리카법과 서고트법·부르고뉴 법의 주요한 차이

부르고뉴인의 법과 서고트인의 법은 공정했다고 나는 말했다. 그러나 살리카법은 그렇지 않았다. 그것은 프랑크인과 로마인 사이에 감당하기 힘든 차별을 만들었다. 어떤 사람이 프랑크인, 만인 또는 살리카법 아래에서 생활하는 자를 죽였을 경우에는 피해자의 친족에게 200수의 속죄금을 지급해야만 했다. 그러나 토지 소유자인 로마인을 죽였을 때에는 100수의 속죄금을, 공납자인 로마인을 죽였을 때에는 겨우 45수의 속죄금을 지급했다. 그러나 국왕의 봉신(封臣)인 프랑크인을 죽였을 때의 속죄금은 600수였다. 그러나 국왕의 배식자(陪食者)*6라도 로마인이라면 300수를 지급하면 되었다. 따라서 이 법은 프랑크인 영주와 로마인 영주 사이에, 또 보통 지위의 프랑크인과 로마인 사이에 가혹한 차별을 만들었다.

또한 그것만이 모두가 아니다. 만일 많은 사람들을 모아 프랑크인 집을 습격해서 그를 죽였을 때에는, 살리카법은 600수의 속죄금을 지급하라고 명했다. 그러나 로마인 또는 자유민*7을 습격했을 때에는 그 반액의 속죄금 지급로 충분했다. 같은 법에 따라서 로마인이 프랑크인을 사슬로 잡아맸을 때에는 30수의 속죄금을 내야 했다. 그러나 프랑크인이 로마인을 그렇게 했을 때에는 15수의 속죄금을 내기만 하면 되었다. 로마인에게 겁탈당한 프랑크인은 62수 반의 속죄금을 받았다. 그러나 프랑크인에게 겁탈당한 로마인은 30수의 속죄금을

---

*5 몽테스키외가 제2 왕통이라 부르는 카롤링 왕조의 법률 명령집.
*6 유력한 로마인은 궁정에서 봉사했다. 궁정에서 자란 많은 주교들의 전기를 통해 그것을 알 수 있다. 글을 쓸 수 있는 것은 로마인뿐이었다. 〔원주〕
*7 Lidus. 그 신분은 예속민(serf)보다 위였다. 《아르망인의 법》제95장). 〔원주〕

받는 데 지나지 않았다. 이러한 일은 모두 로마인으로서는 참을 수 없었을 것이다.

어느 저명한 저술가(뒤 보스 신부)는 〈갈리아에서 프랑크인의 정착〉이라는 학설을 발표했다. 그것은 프랑크인이 로마인의 가장 좋은 벗이었다는 가정을 따른다. 그렇다면 진실로 프랑크인은 로마인의 가장 좋은 벗이었단 말인가! 로마인에게 가공할 피해를 입힌 그들, 로마인에게서 두려운 해를 당한 그들이? 그렇더라도 프랑크인이 로마인의 벗이었단 말인가! 무기로 그들을 굴복시킨 뒤 그 법으로써 냉혹하게 이들을 압박한 그들이? 그들은 중국을 정복한 타타르인이 중국인의 벗이었던 것처럼 그들 또한 로마인의 벗이었던 것이다.

몇몇 가톨릭 주교가 아리우스파의 여러 왕을 멸망시키기 위하여 프랑크인을 이용하려 했다고 해서 그들이 이민족 아래에 생활하려고 생각했다고 결론지을 수 있는가. 또 프랑크인이 로마인에 대해서 특별한 경의를 드러냈다고 결론지을 수 있는가. 나는 여기에서 매우 서로 다른 결론을 끌어낼 수 있다. 프랑크인은 로마인을 두려워하지 않게 될수록 더욱 그들을 용서하지 않았다고 말할 수 있다.

뒤 보스 신부[*8]는 역사가에게 달갑지 않은 원천, 즉 시인이나 웅변가에게서 그 학설을 끌어낸 것이다. 그러나 이처럼 일반 대중을 상대로 한 작품을 바탕으로 해서 학설을 세워서는 안 된다.

제4장 로마법이 프랑크인이 지배하는 지방에서 사라지고, 고트인·부르고뉴인이 지배하는 지방에서 유지된 이유

위의 서술은 이제껏 애매하기 그지없던 다른 여러 사항에 밝은 빛을 조금 던질 것이다. 오늘날 프랑스로 불리는 지방은 제1 왕통 시기에서는 로마법 또는 테오도시우스 법전 및 거기에 살고 있었던 이민족[*9]의 갖가지 법에 따라서 지배받고 있었다.

프랑크인 지배에 있던 지방에서는 살리카법은 프랑크인을 위하여, 테오도시우스법전은 로마인을 위해서 만들어졌다. 서고트인 지배의 지방에서는 알라리

[*8] Du Bos (l'abbé Jean Baptiste) 프랑스의 고고학자·역사가. 1670~1742. 《갈리아에서 프랑스 왕조 건설의 비판적 역사》의 저자.

[*9] 프랑크인·서고트인·부르고뉴인. (원주)

크의 명령에 따라서 집성된 테오도시우스법전이 로마인 사이의 소송을 규제했고, 우럭이 성문으로 편찬시킨 이 국민의 관습법이 서고트인 사이의 소송을 결정했다. 그러나 왜 살리카법은 프랑크인의 여러 지방에서는 거의 일반적인 권위를 얻었는가. 또 왜 로마법은 거기에서는 조금씩 사라져버리게 되었는가. 서고트인의 지배지에서는 로마법이 널리 퍼지고 일반적인 권위를 가졌기에 알 수 없는 일이다.

그에 대하여 나는 대답한다. "로마법은 프랑크인·야만인 또는 살리카법 아래에서 사는 것이 큰 이익이 된다는 이유로써 프랑크인 지배에서는 행해지지 않게 된 것이다." 그래서 모든 사람이 로마법을 버리고 살리카법 아래에서 살고 싶어한 것이다. 로마법은 다만 성직자들에 따라서만 유지되었다. 그들은 법을 바꾸어 봐야 아무런 이익도 없었기 때문에 행하지 않았던 것이다. 신분이나 계급의 차이는 속죄금의 크기에만 존재했을 뿐이었다. 그에 대해서는 다른 대목에서 서술하겠다. 그런데 몇 가지 특별법이 성직자에게 프랑크인과 마찬가지로 유리한 속죄금을 주었다. 따라서 그들은 로마법을 유지했다. 그 때문에 그들은 아무런 손해도 받지 않았다. 게다가 로마법은 그들에게 적합했다. 그것은 그리스도교신자인 황제들의 작품이었기 때문이다.

다른 면에서, 서고트인의 영지에서는 서고트법은 서고트인에 비해 로마인에게 시민으로서 누려야 하는 아무런 이익을 주지 않았으므로 로마인으로서는 자기들의 법을 피해 다른 법 밑에서 살아야 할 아무런 이유가 없었다. 그래서 그들은 로마법을 지키고 서고트인의 법을 채용하지 않았다.

이것은 우리의 탐구가 진전됨에 따라 더욱 확실해진다. 공드보법은 아주 공평했다. 그 법은 부르고뉴인에게 로마인보다 더 큰 이익을 주지 않았다. 이 법 전문(前文)에 따르면 이것은 부르고뉴인을 위하여 만들어졌고, 또 로마인과 부르고뉴인 사이에 생길 수 있는 사건을 규정하기 위하여 만든 것 같다. 그리고 둘째 경우의 재판은 등분 재판제(mi-parti)였다. 그것은 그 무렵의 정치적 방책에서 생기는 특수적 이유 때문에 필요했다. 로마법은 로마인 사이에 생길 분쟁을 규제하기 위하여 부르고뉴에 존속했다. 로마인은 프랑크인의 지방처럼 그 법을 버릴 이유가 없었다. 아고바르가 루이 유화왕(柔和王)에게 보낸 유명한 편지로서도 짐작할 수 있듯이 살리카법이 부르고뉴에 완전히 확립되어 있지 않았기에 더욱 그러하다.

아고바르는 이 군주에게 부르고뉴에 살리카법을 확립할 것을 요구했다. 살리카법은 이 나라에 제정되지 않았던 것이다. 이와 같이 로마법은 옛날 이 왕국에 종속했던 많은 지방에 존속했다. 그리고 지금도 존속하고 있다.

로마법과 고트법 또한 마찬가지로 고트인이 정착한 지방에서 계속 유지되었다. 거기에서는 살리카법은 결코 받아들여지지 않았다. 페팡과 샤를 마르텔이 이 지방에서 사라센인을 구출했을 때, 이들 군주에게 항복한 도시나 주(州)는 자기의 법을 지키기 원해서 그것을 허가받았다. 이것은 모든 법은 속인적인 그때의 관행에도 로마법을 마침내 이들 지방에서의 물적·속지적(屬地的) 법으로 여기게 되었다.

이것은 864년 피스트에서 발포된 샤를 대머리왕의 명령에 따라서 입증된다. 이 명령은 로마법에 의하여 재판되는 지방과 재판하지 않는 지방을 구별하고 있다.

피스트의 명령은 두 가지 사실을 증명한다. 하나는 로마법으로 재판한 지방도 있고 그렇지 않은 지방도 있다는 것. 둘째는 로마법으로 재판한 지방은 이 동일한 명령에 의하여 주지하다시피 바로 오늘날에도 로마법에 따르고 있는 지방이라는 것. 이와 같이 관습법 프랑스(France countumiére) 지방과 성문법 프랑스 지방의 구별은 피스트의 명령 시대에 이미 확립되었던 것이다.

나는 군주정체의 시초에서는 모든 법이 속인적이었다고 말했다. 따라서 피스트의 명령이 로마법 지방과 그렇지 않은 지방을 구별하는 경우, 그것은 다음 사실을 뜻한다. 로마법이 아닌 지방에서는 매우 많은 사람이 어느 하나의 야만족의 법 아래에서 생활하기를 선택한 결과, 그러한 지방에서는 이미 로마법 아래에서 생활하기를 택하는 사람이 거의 없게 됐다는 것, 그리고 로마법 지방에서는 이민족의 법 아래에서 생활하는 것을 택한 사람이 적었다는 것.

나는 여기서 새로운 것을 말하고 있음을 잘 알고 있다. 그러나 그것이 사실이라면 그것은 매우 오래된 것이다. 요컨대 그러한 것을 말한 자가 나이든 발루아들*10이든 비뇽들*11이든 그런 것은 전혀 상관 없다.

---

*10 1607~1692. 1664년 왕실 역사 편수관에 임명되었다.
*11 1589~1656. 1642년 왕실 사서관이 되었다.

제5장 로마법이 프랑크인이 지배하는 지방에서 사라지고, 고트인·부르고뉴인이 지배하는 지방에서 유지된 이유(계속)

공드보의 법은 부르고뉴에서 로마법과 함께 오랫동안 이어져왔다. 그것은 루이 유화왕 시대에도 부르고뉴에서 행해졌다. 아고바르의 편지는 이 점에 대해서 전혀 의심을 남기지 않는다. 마찬가지로 피스트의 명령이 서고트인이 점령하던 지방을 로마법 지방이라 부르고 있다. 이 사실은 878년, 즉 피스트의 명령이 있고 나서 14년 뒤에 루이 말더듬이왕 아래에 열린 트루아의 주교구 회의(synode)로써 증명된다.

그 뒤 고트법·부르고뉴법은 그들 지방에서마저 소멸되었다. 그것은 만민의 속인법을 여러 곳에서 소멸시킨 일반적인 원인에 따라서였다.

제6장 로마법이 롬바르디아인 영토에서 유지된 이유

모든 사실이 나의 원리와 일치한다. 롬바르디아인의 법은 공평했다. 그래서 로마인은 그들의 법을 버리고 롬바르디아인의 법을 채용하는 데 어떤 이익도 찾아내지 못했다. 프랑크인 아래에 있었던 로마인에게 살리카법을 택하게 한 것과 같은 동기는 이탈리아에서는 전혀 일어나지 않았다. 그래서 로마법은 거기서 롬바르디아법과 함께 유지되었다. 롬바르디아법이 로마법에게 자리를 양보하는 일마저 생겼다. 그것은 주된 귀족의 법으로 존속했다고는 하지만, 마침내 대부분의 도시는 공화국이 되었고 귀족들은 쓰러지던가 멸망당했다. 이들 새 공화국의 시민은 결투 재판*12을 설정하거나 기사도의 관습·관행과 사뭇 연결된 여러 제도를 갖는 법을 채용할 기분이 아니었다. 그 무렵에는 이미 이탈리아에서 매우 강력했던 성직 계급은 거의 모두가 로마법 아래에서 생활하고 있었으므로, 롬바르디아법을 좇는 사람의 수는 계속 줄었다.

게다가 또 롬바르디아법은 이탈리아에 온 세계 지배의 관념을 상기시키는 로마법의 위엄을 갖지 못했고, 또 확대되지도 않았다. 롬바르디아법과 로마법은 이미 공화국이 된 도시의 법규를 보완하는 일에나 이바지할 수 있을 뿐이었다. 그런데 몇 가지 경우에만 규정하는 데 불과한 롬바르디아법과 모든 경우를 포괄하는 로마법은 과연 어느 쪽이 좀 더 잘 보완될 수 있었을까?

---

*12 사법 당국의 명에 따라서 왕 당사자 또는 그 대리로 싸울 자에 의한 결투로, 그 결과가 소송을 결정했다(Litté).

제7장 로마법이 에스파냐에서 사라진 이유

에스파냐에서는 다른 상황이 펼쳐졌다. 그곳에서는 서고트법이 승리를 거두고, 로마법이 망했다. 생다쉬앵드와 레세스쉬앵드가 로마법을 금하여 재판소에서는 이 법을 인용조차 못하게 했다. 레세스쉬앵드는 고트인과 로마인 사이의 결혼 금지를 폐지한 법도 제정했다. 이 두 법이 같은 정신을 갖고 있었음은 명백하다. 즉, 이 왕은 고트인과 로마인 사이가 멀어지는 주요 원인을 없애고 싶어했다. 그는 서로의 혼인을 금지하는 것과 서로 다른 법 아래에서 생활하도록 하는 것만큼 그들의 사이를 떼어 놓는 것은 없다고 생각했다.

그러나 서고트 왕이 로마법을 금지하기는 했지만, 이들 왕이 남갈리아에 가지고 있던 영지에서는 이 법이 여전히 남아 있었다. 그 지방들은 왕국의 중심에서 멀리 떨어져 있어, 매우 독립적으로 생활하고 있었다. 672년 왕위에 오른 《반바왕 전기》에 따라서, 그 지방의 토착민들이 우위를 차지하고 있었음을 알 수 있다. 따라서 로마법은 그곳에서 좀 더 큰 권위를 가졌고, 고트법은 상대적으로 좀 더 작은 권위를 가졌다. 에스파냐법은 그들의 생활 양식이나 실정에 적합하지 않았다. 아마도 국민은 로마법을 고집하기까지 했을 것이다. 왜냐하면 국민은 거기에 자기의 자유 관념을 연결했을 것이기 때문이다. 그뿐만 아니다. 생다쉬앵드와 레세스쉬앵드의 법은 유대인에게 무서운 규정을 포함하고 있었다. 그런데 그 유대인은 남갈리아에서는 강력했다. 《반바왕 전기》의 저자는 이 지방을 유대인의 유곽이라 부르고 있다. 이슬람교인이 이 지방에 왔을 때, 그들은 그곳에 불려갔던 것인데, 로마인이나 유대인을 제외하고 과연 누가 감히 이슬람교인을 그곳에 불러올 수 있었겠는가? 고트인이 가장 먼저 이슬람교인에게 탄압당했다. 그들이 지배 국민이었기 때문이다. 프로코피우스에 따라서 이 재앙을 만난 고트인은, 나르본느 골에서 에스파냐로 물러간 것을 보면 알 수 있다. 바로 이 불행에 즈음하여 그들은 그 무렵 발전하고 있던 에스파냐의 여러 지방으로 피난했던 것으로 보인다. 그리하여 남갈리아에서 서고트법 아래에서 생활하던 사람의 수는 크게 줄었다.

제8장 가짜 칙령

저 하찮은 편찬자 브누아 레비트는 로마법의 사용을 금한 서고트법을, 그 뒤 샤를마뉴가 만든 것으로 된 한 칙령으로 만들려고 하지 않았던가? 그는 이 특수법을 일반법으로 만들었다. 마치 로마법을 온 세계에서 뿌리 뽑고 싶은 것처럼.

제9장 만민법과 칙령이 사라진 과정

살리카법·리푸아리아법·부르고뉴법·서고트법은 차츰 프랑스에서는 시행되지 않게 되었다. 그 까닭은 다음과 같다.

봉토가 세습되고 부속 봉토[*13]가 확대되자, 이제 이 법들이 통하지 않는 많은 관행들이 생겼다. 그러나 대부분의 사건을 벌금으로 규정하려는 이들 법의 정신은 잘 유지되었다. 물론 화폐 가치가 변했기 때문에 벌금 또한 바뀌었다. 그래서 영주가 그의 소(小)법정에서 지급해야 할 벌금을 정할 특허장(chartres)[*14]이 많이 발견된다. 이처럼 그 자체는 지켜지지 않았으나, 법의 정신은 지켜졌던 것이다.

더욱이 프랑스는 정치적 종속보다 오히려 봉건적 종속을 인정하는 수없는 작은 영지로 나뉘어 있었으므로, 단 하나의 법만이 인정되기는 매우 어려웠다. 그리고 그것을 지키게 하려고 해도 지킬 수가 없었을 것이다. 재판 행정과 정무를 감시하는 순찰사(巡察使 ; missi dominici)를 각 주에 보내는 관행도 거의 실시되지 않았다. 특허장을 보면, 새로운 봉토가 생겼을 때도 왕은 그곳에 순찰사를 보내는 권리를 포기한 것처럼 여겨진다. 이리하여 거의 모두가 봉토로 되자 이런 관리들은 이제 소용이 없어졌다. 이미 공통의 법이 사라진 것이다. 왜냐하면 공통의 법을 지키게 할 사람이 없었기 때문이다.

그래서 살리카법·부르고뉴법·서고트법은 제2 왕통 마지막에는 아주 무시되었다. 그리고 제3 왕통 카페 왕조 초에는 말하는 사람조차 거의 없었다.

최초의 두 왕통 아래에서는 국민의 집회, 즉 영주와 주교의 집회가 자주 열렸다. 자유도시는 아직 문제가 되지 않았다.

그 집회에서는 성직 계급을 규정하려고 시도했다. 말하자면 성직 계급은 정복자 아래에서 조직되어 특권을 가진 집단이었다. 그 집회에서 만들어진 것이, 우리가 칙령이라고 부르는 법이다. 그리고 네 가지 일이 생겼다. 봉건법이 확립되고, 교회 재산의 대부분이 그 봉건법의 지배를 받았다. 성직자는 더욱더 분

[*13] Arriére-fief. 주된 봉토에 종속하는 봉토를 말한다. fief servant 또는 fief mouvant라고도 한다.
[*14] Chartre 또는 Charte. 토지 소유권이나 상속 재산의 증서.

리해 나가서, 그들만이 유일한 개혁자가 아닌 개혁법을 무시했다.*15 교의회(敎議會)의 종규(宗規)와 교황의 교령(敎令)*16이 집성되었다. 그리고 성직 계급은 자기들이 주선하여 만든 이 법을 좀 더 순수한 원천에서 나온 것처럼 받아들였다. 대영지라 설정된 뒤로 국왕은 이제 앞에서 말했듯이 자기들한테서 나간 법을 지키게 하기 위해서 주에 사절을 보내지는 않았다. 그래서 제3 왕통 아래에서는 아예 칙령 이야기를 들을 수 없게 되었다.

제10장 만민법과 칙령이 사라진 과정(계속)

여러 칙령이 롬바르디아법·살리카법·바바리아법에 덧붙여졌다. 그 이유는 연구 과제가 되어 왔으나, 그것은 그 자체에서 알아내야 한다. 칙령에는 많은 종류가 있었다. 어떤 것은 국정, 또 어떤 것은 경제 정책에 관한 것이었는데, 대부분은 교회 정책에 관련 있었고, 소수가 시민 정책에 관한 것이었다. 이 마지막 종류의 칙령은 시민법에, 즉 각 국민의 속인법(屬人法)에 덧붙여졌다. 칙령 중에 로마법에 어긋나는 규정은 아무것도 설정되지 않았다고 말하는 것은 이 때문이다. 실제로 경제, 교회, 또는 국정에 관한 칙령은 로마법과는 아무런 관계도 없었다. 그리고 시민 정책에 관한 칙령도 이민족의 법 말고는 다른 것과 관계가 없었는데, 그것은 설명, 수정, 확대 또는 축약된 이민족의 법률에만 언급되었다. 그러나 속인법에 덧붙인 이들 칙령은, 칙령의 본체 그 자체를 무시하게 만들었다. 무지의 시대에는 저작의 개요를 뽑아 기록하는 일이 흔히 그 저작 자체를 매장해 버리는 법이다.

제11장 만민법·로마법·칙령을 잘못 활용하게 되는 다른 원인들

게르만 여러 민족이 로마 제국을 정복했을 때, 그들은 그곳에서 문자를 사용하는 것을 발견했다. 그들은 로마인을 흉내내어, 자기들의 관행을 문서로 꾸며서 그것을 법전으로 삼았다.*17 샤를마뉴 치세에 이은 실정(失政), 노르만인

---

*15 샤를 대머리왕은 844년의 칙령 제8조에서 이렇게 말하고 있다, "주교들은 교회법을 만들 권리가 있다는 구실 아래, 이 칙령에 반대해서도 안되고, 이것을 무시해서도 안된다." 그는 이미 칙령의 몰락을 예견하고 있었던 것 같다. (원주)

*16 décrétales 교황에 건의된 자문에 대한 교황의 답서이다.

*17 그것은 이들 법전의 몇몇 전문(前文) 속에 명시되어 있다. 작센법과 프리슬란트법 속에서는, 지방에 따라서 다른 규정까지 발견할 수 있다. 이들 관행에는 사정이 요구하는 특별 규

의 침략, 그리고 내란은 전쟁에서 이긴 국민을 다시 본디의 어둠 속으로 몰아넣었다. 사람들은 이제 쓸 줄도 읽을 줄도 몰랐다. 이로 인해 프랑스와 독일에서 성문 이민족법(成文異民族法)과 로마법과 칙령을 잊어버리게 되었다. 문자의 사용은 이탈리아에서 더 잘 유지되었다. 교황과 그리스 황제가 지배하던 그곳에는 몇몇 번창한 도시가 있었고, 그 무렵 영위되던 유일한 상업이 행해졌었다. 이탈리아에 가까이 있는 덕택에, 옛날에는 고트인·부르고뉴인이 지배하던 갈리아 여러 지방에서는 로마법이 더 잘 보존되었다. 이 법이 이 땅의 속지법(屬地法)이고 하나의 특권이었으므로 더욱 그러했다. 에스파냐에서 서고트법이 쓰이지 않게 된 것은 문자를 몰랐기 때문이라고 생각된다. 그리고 많은 법이 사라지면서 여러 곳에서 관습(법)이 만들어졌다.

속인법(屬人法)은 몰락했다. 속죄금 및 이른바 평화금(freda)은, 이들 법의 조문보다 오히려 관습으로 규정되었다. 이리하여 군주정치가 성립되었을 때 게르만인이 관행에서 성문법으로 이행한 것처럼, 몇 세기 뒤에는 성문법에서 불문법의 관행으로 복귀했던 것이다.

제12장 지방 관습, 만민법과 로마법의 변천

몇 가지 역사적 자료로, 제1 및 제2 왕통 때 이미 지방적 관습이 존재했다는 것을 알 수 있다. 그 역사적 자료에는 '토지 관습', '오래된 관행', '관습', '여러 법', '여러 관습' 등에 대해 언급되어 있다. 저자들 중에는 관습이라고 불린 것은 만민법(蠻民法)이고, 법이라고 불린 것은 로마법이라고 믿는 사람이 있다. 그러나 나는 그런 일은 있을 수 없다는 것을 입증한다. 페팡 왕은 법이 존재하지 않는 곳에서는 어디서나 관습에 따라야 하지만, 관습이 법에 우선해서는 안 된다고 정했다. 그런데 로마법이 만민법전에 대해서 우선권을 갖고 있었음은 모든 옛 역사적 자료, 특히 되풀이하여 그 반대의 말을 하고 있는 만민법전을 뒤집는 것이다. 이민족의 법은 이런 관습이 아니라 오히려 속인법이었으며, 그런 관습을 도입한 것은 이들 법 자체였다. 이를테면 살리카법은 속인법이었지만, 일반적으로 또는 거의 일반적으로 살리계 프랑크인이 살던 곳에서는 비록 이 법이 속인법이기는 했어도 그 살리계 프랑크인에 관해서는 하나의 속지

정이 덧붙여졌다. 작센인에게 가혹한 법이 바로 그것이다. (원주)

법이 되었고, 다른 곳에 사는 프랑크인에게만 속인법이었던 것이다.

그런데 만일 살리카법이 속지와 같은 곳에서 많은 부르고뉴인·아르만인 또는 로마인까지도 자주 사건을 일으켰다면, 그 사건은 그들 국민의 법에 따라서 해결되었을 것이다. 그리하여 그런 법의 어떤 사항과 일치하는 다수의 판결은 그 지방에 새로운 관행을 도입했을 것이다. 바로 이것이 페팡의 명령을 충분히 설명하는 것이다. 이러한 관행이 살리카법이 결정하지 않을 경우에는 그 땅의 프랑크인에게도 자연스럽게 영향을 미칠 수 있었겠으나 그러한 관행이 살리카법에 우선할 수 있었다면 자연스러운 것이라고는 할 수 없다.

이처럼 각지에는 하나의 우세적인 법과, 그 우세한 법에 모순되지 않을 때는 그 법률을 보충하는 관행이 있었다.

그러한 관행이 속지가 아닌 곳에서 법을 보충하게 되는 경우도 생겼다. 예를 들면, 만일 살리카법이 속지적인 곳에서 한 사람의 부르고뉴인이 부르고뉴법에 따라서 재판받을 경우, 그런 경우가 법조문 속에서 발견되지 않았다면 그는 그 땅의 관습에 따라서 재판받았으리라는 것은 의심할 여지가 없다.

페팡 왕 시대에는 기성 관습은 법만큼의 힘이 없었다. 그러나 곧 관습이 법을 파괴했다. 새로운 규칙은 현존하는 병폐를 지적하는 좋은 약이므로, 페팡 시대에 벌써 관습이 법보다 중시되기 시작했다고 생각할 수 있다.

내가 한 말은, 피스트의 명령에서도 볼 수 있듯이, 어떻게 하여 로마법이 아주 일찍부터 속지법이 되기 시작했는가, 또 이미 설명한 트루아의 종교회의에서 볼 수 있듯이, 어떻게 하여 고트법이 그 땅에서 계속 시행되었는가를 설명해 준다. 로마법은 일반적 속지법이 되고, 고트법은 특수한 속인법이 되었던 것이다. 따라서 로마법은 속지법이었다. 그러나 로마법이 속지법으로서 서고트인이나 부르고뉴인의 여러 주에서 존속했던 반면, 어떻게 하여 이민족의 속인법은 어디서나 몰락했는가? 이에 대한 나의 대답은, 로마법 자체도 그 밖의 속인법과 거의 같은 운명을 겪었다는 것이다. 만일 그렇지 않았다면 로마법이 속지법이었던 여러 주에서, 우리는 유스티니아누스법을 가지고 있는 대신, 지금도 테오도시우스법전을 가지고 있을 것이다. 이들 여러 주에 남은 것이라고는 로마법 지방 또는 성문법 지방이라는 이름과, 국민이 자기네 법에 대해서 특히 그 법을 하나의 특권이라고 생각할 경우에 갖는 애착과, 그 무렵 사람들의 기억 속에 간직된 로마법의 규정들이다. 그러나 그것만으로도 유스티아누스의 법전이 편찬되었을 때 그것이 고트인이나 부르고뉴인 영토의 여러 주에서 성문법으로서 받아들여지는 결과를 가져오는 데 충분했다. 이와는 달리 프랑크인의 옛 영토에서는 이 법이 문자로 쓰인 형태로서 받아들여졌을 뿐이었다.

제13장 살리카법 또는 살리계 프랑크인법과 라인강변 프랑크인 및 그 밖의 만민법의 차이

살리카법은 소극적인 증명의 관행을 인정하지 않았다. 다시 말해서 살리카법에 따르면, 청구나 탄핵을 하는 자는 그것을 증명해야 하며, 피고는 부정하는 것만으로는 불충분했다. 이것은 세계의 거의 모든 국민의 법과 일치한다.

라인강변 프랑크인의 법은 전혀 다른 정신을 갖고 있었다.*18 그것은 소극적 증명에 만족했다. 그래서 청구나 탄핵을 받는 자는 대부분의 경우 일정한 수의 증인과 더불어 그의 책임으로 돌려지고 그런 일을 한 적이 없다고 선서함으로써 무죄를 증명할 수 있었다. 선서할 증인의 수는 일의 중대성에 따라서 늘어났다. 그것은 때로 72명에 이르기도 했다. 아르만인·바바리아인·튀링겐인·프리슬란트인·작센인·롬바르디아인·부르고뉴인의 법은, 이 리푸아리아인의 법과 같은 방식에 따라 만들어졌다.

살리카법은 소극적 증명을 인정하지 않는다고 나는 말했다. 그러나 그것을 인정한 경우가 한 번 있었다. 그런데 이 경우에도 그 소극적 증명을 적극적 증명의 협력 없이 인정한 것은 아니었다. 원고는 그 청구를 증명하기 위해서 자기 증인의 진술을 들려주고, 피고는 무죄를 증명하기 위해서 자기 증인의 진술을 들려주었다. 그러면 재판관은 원고와 피고의 증언에서 진실을 가려내는 것이었다.

이 방법은 라인강변의 프랑크인 법이나 그 밖의 이민족 법의 방법과는 크게 달랐다. 이들 법에서 피고는 자기의 무죄를 선서하고, 또 자기 친족에게 자기가 진실을 말하고 있음을 선서시킴으로써 자기의 무죄를 증명했다. 이런 법은 소박함과 천성의 어떤 솔직함을 가진 국민 말고는 적합하지 않았다. 입법자는 이런 법의 남용을 막아야만 하게까지 되었다. 이에 대해서는 다음에 설명한다.

---

*18 이것은 여러 게르만민족은 공통 관행과 개별 관행을 갖고 있었다고 한 타키투스의 말과 일치한다《게르만인의 습속에 대해서》 제28장). 〔원주〕

제14장 그 밖의 다른 점

살리카법은 결투[*19]에 의한 증명을 인정하지 않았다. 리푸아리아법 및 거의 모든 이민족의 법은 이것을 인정하고 있었다. 결투법은 소극적 증명을 설정한 법의 자연적 귀결이며, 그 교정법이었다고 나는 생각한다. 어떤 사람이 소송했을 때, 그것이 선서에 따라서 부정하게 회피되려 하고, 또 회피된다면 자칫 면목을 잃게 된 무사의 처지로서, 자기가 당하는 부정과 거짓 선서의 기도에 대해 결투를 신청하는 것 말고는 달리 무슨 방법이 있었겠는가? 그러나 살리카법은 소극적 증명의 관행을 인정하지 않았기 때문에 결투에 의한 증명이 필요하지 않았고, 따라서 그것을 인정하지도 않았다. 그러나 리푸아리아법과 그 밖의 이민족 법은 소극적 증명의 관행을 인정했으므로 어쩔 수 없이 결투에 의한 증명을 설정해야만 했다.

이 문제에 관한 부르고뉴 왕 공드보의 유명한 두 가지 규정을 말하려고 한다. 그러면 그 규정이 사물의 본질에서 생긴 것임을 알게 될 것이다. 이민족 법의 문구에 따르면, 선서를 남용하려고 하는 자의 손에서는 선서를 빼앗아야만 한다. 롬바르디아인들 사이에서 로타리스법은 선서로 자기 변호를 한 자는 다시 그 이상 결투로써 성가신 일이 생기지 않는 경우를 인정했다. 이 관행은 널리 퍼졌다. 거기서 어떤 폐해가 생겼는가, 또 무슨 이유로 옛날 방법으로 되돌려야 했던가 하는 것은 나중에 설명하겠다.

제15장 성찰

이민족의 법전에 가해진 변화와 그 법전에 덧붙인 규정, 또 칙령의 주요 부분에서, 결투에 의한 증명이 사실상 소극적 증명의 결과가 아니라는 정문(正文)을 발견할 수 없다고 말할 생각은 없다. 특수한 사정은 몇 세기가 지나는 동안 어떤 특수한 법을 만들게 할 수는 있다. 내가 말하는 것은 게르만인법의 일반적 정신, 그 본성, 그 기원에 대해서이다. 내가 말하고 있는 것은 이런 법에 따라서 표시되고, 또 확정된 이들 국민의 옛 관행에 대해서이다.

[*19] 직역하면 1대 1의 싸움(combat singulier). 이 편 제6장의 결투 재판(combat judiciaire)과 같다.

제16장 살리카법으로 만든 뜨거운 물에 의한 증명

살리카법은 뜨거운 물에 의한 증명 방법을 인정했다. 그러나 이 증명은 너무나 잔혹해서 이 법은 그 엄격함을 완화하기 위한 편법을 썼다. 그것은 뜨거운 물로써 증명을 하기 위해 소환된 자에게 상대편의 동의를 얻어서 자기 손을 돈으로 살릴 수 있도록 허가한 것이다. 탄핵한 자는 법이 정하는 일정한 돈을 받고, 피고가 그 죄를 짓지 않았다고 선서하는 증인 몇 명의 선서로 만족할 수 있었다. 그러나 이것은 살리카법이 소극적 증명을 인정한 매우 특수한 경우였다.

법이 이 증명을 허용하기는 했지만, 명령이 아니라 합의에 따른 것이었다. 법은 피고가 소극적 증명으로 자기를 변호하는 것에 동의한다는 탄핵인에게 일정한 배상금을 주었다. 즉, 피고의 선서를 믿는 것은 탄핵인의 자유였다. 그것은 부정 또는 손해를 허용하는 것이 그의 자유인 것과 같았다.

판결 이전에 두 당사자의 한쪽은 무서운 증명법에 대한 두려움으로, 그리고 다른 한쪽은 눈앞에 놓인 조그만 배상금을 받음으로써 싸움을 멈추고 증오를 끝내도록 법은 완화책을 마련한 것이다. 이 소극적 증명이 한번 완료되면 다른 증명은 필요치 않았다는 것, 따라서 결투의 관행은 살리카법의 특별 규정의 결과일 수 없었다는 것은 분명하다.

제17장 우리 조상들의 사고방식

우리 조상들이 이처럼 시민의 명예·재산·생명을 이성(理性)의 관할보다 우연의 관할에 속하는 것을 의존시키고, 또 무엇도 증명되지 않는 무죄나 유죄와 아무런 관계도 없는 증거를 사용한 것을 알면 사람들은 놀랄 것이다.

일찍이 제압받은 일이 없는 게르만인은 완전한 독립을 누렸다. 살인·절도·모욕이 원인이 되어 집안끼리의 전쟁이 벌어졌다. 그러나 이 관습은 전쟁을 몇 가지 규칙 아래에 둠으로써 수정되었다. 즉 전쟁은 집정자의 명령으로, 그리고 그 감시 아래에서 수행되었던 것이다.[20] 그것은 서로 마구 살상하는 일반적 방종보다는 바람직한 일이었다.

오늘날 터키인이 내란의 첫 승리를 신이 결재하여 내린 판결로 보듯이, 게르

---

*20 이민족의 여러 법전 참조. 더 현대에 가까운 무렵에 대해서는 보마누아르의 《보브와즈의 옛 관행》을 보라. (원주)

만족도 개인적인 분쟁에서 전투의 결과를, 죄인이나 찬탈자를 벌 주려고 줄곧 주의를 기울이고 있는 신의 판결이라고 생각했다.

타키투스에 따르면 어떤 게르만인은 다른 국민과 전쟁하려고 할 때, 포로를 붙잡아 자기 나라 사람과 싸움을 붙여 그 결과로 전쟁의 승패를 점쳤다고 한다.

전쟁이 공적인 논쟁을 해결할 수 있다고 믿는 민족이, 한 걸음 나아가 전쟁이 사사로운 개인 사이의 논쟁을 해결할 수 있다고 생각하는 것은 마땅하다.

부르고뉴 왕 공드보는 모든 왕 가운데 누구보다도 결투의 관행에 권위를 주었다. 이 군주는 그의 법 자체 속에서 그 이유를 설명하고 있다. "지금으로부터 나의 국민이 분명치 않은 사실을 선서하거나, 확실한 사실에 대해서 거짓 선서를 하지 못하게 하기 위해서"라고. 성직자들이 결투를 허가하는 법을 경건하지 못하다고 선언한 데 대해서, 부르고뉴인의 법은 선서를 규제한 법을 신성 모독으로 여겼던 것이다.

결투에 따른 증명은 경험에 입각한 어떤 이유를 갖고 있다. 전쟁만을 일삼은 국민에게 비겁하고 나약하다는 것은, 그 밖의 악덕을 생각하게 한다. 다시 말해서 겁많고 나약하다는 것은 그 사람이 지금까지 받아 온 교육에 반항한다는 것, 명예감이 둔하다는 것, 다른 사람을 지배하는 여러 원리에 따라서 인도되고 있지 않다는 것을 증명하는 것이다. 또 그것은 다른 사람들의 경멸을 신경 쓰지 않고, 그들의 존경까지도 고맙게 생각하지 않는다는 것을 나타낸다. 조금이라도 귀하게 태어났다면, 체력과 그에 따르는 기량이 결핍되어 있지 않을 것이고, 용기와 부합되는 체력이 부족할 까닭도 없다. 명예를 중시한다면 명예를 얻는 데 꼭 있어야 할 사항에 사람들은 평생을 걸고 몸을 단련할 것이기 때문이다. 체력·용기·용맹이 존경받는 호전적인 국민에게 정말로 버려야 할 범죄란 속임수·간책(奸策)·흥정에서 생기는 범죄, 즉 겁많고 나약한 데서 생기는 범죄이다.

불에 의한 증명에 관해서는, 피고가 뜨거운 쇠 위에 손을 대거나, 아니면 뜨거운 물에 손을 담갔다가 그 손을 자루에 싸서 봉인한 예가 있다. 만일 사흘 뒤 화상 자국이 남지 않으면 그 피고에게 무죄가 선고되었다. 무기를 다루는 데 익숙한 국민의, 단단한 못이 박힌 피부에는 3일 뒤까지 뜨거운 쇠나 뜨거운 물의 자국이 생길 까닭이 없다는 것은 분명하지 않은가? 그리고 상처가 나타나면, 검증을 받은 자가 유약한 사나이라는 증거가 되었다. 우리 농민은 못 박힌 굳은 손으로 뜨거운 쇠를 자유로이 만진다. 또 여성이라 하더라도, 노동한 여자의 손은 능히 뜨거운 쇠를 견딜 수 있었다. 그러나 귀부인에게는 그녀를 지키기 위해 대신 싸워줄 사람이 얼마든지 있었다. 그런데 사치가 없었던 국민에게는 중류 계급이 없었다.

튀링겐인의 법에 따르면, 간통 혐의로 고소된 여성은 그녀를 위해 대신 싸워줄 사람이 나타나지 않을 경우에만 뜨거운 물로써 검증을 받았다. 또 리푸아리아 법[*21]은, 억울함을 호소하기 위한 증인을 찾지 못할 경우에만 이 검증을 인정했다. 그러나 친척 가운데에서 누구도 피고를 변호해 주려고 하지 않는 여자나 자기의 성실함에 대해서 아무런 증거도 대지 못하는 남자는, 그것만으로도 그 죄를 입증하고도 남음이 있었다.

그래서 나는 다음과 같이 말한다.

결투에 의한 검증이나 뜨거운 쇠·물에 의한 검증이 실시되던 시대에는, 이들 법과 습속 사이가 잘 조화를 이루어서, 그 법은 그것이 부정한 것만큼은 부정이 나오지 않았다. 그것이 형평의 권리를 침해한 것만큼은 형평을 해치지 않았던 것이다. 그것은 폭정적이었다기보다는 비합리적이었다.

제18장 결투에 의한 증명이 퍼져 나간 과정

아고바르가 루이 유화왕(柔和王)에게 보낸 편지로, 결투에 따른 증명은 프랑크인의 관행이 아니었다는 결론을 내릴 수 있었다. 왜냐하면 아고바르는 이 군주에게 공드보법의 폐해를 설명한 다음, 부르고뉴에서는 프랑크인의 법에 따라서 사건을 재판해야 한다고 요구했기 때문이다. 그러나 한편 이 시대에는 프랑스에서 결투 재판이 실시되었다는 것이 알려져 있으므로, 사람들은 어리둥절했다. 그러나 이것은 내가 하는 말로 설명이 된다. 즉 살리계 프랑크인의 법은 이 증명을 인정하지 않았지만, 리푸리아(라인강변) 랑크인의 법은 이 증명을 받아들였던 것이다. 성직자들이 뭐라고 아우성치든 결투 재판의 관행은 프랑스에서 나날이 퍼져 나갔다. 그리고 이런 관행을 생기게 한 것은 대부분

[*21] Loi des Ripuaires. 살리카법전과 비슷한 게르만법의 기념물이다. 그러나 그 시민법의 부분은 살리카법보다 넓다. 마찬가지로 왕권이나 교회의 권위도 더욱더 중시되고 있다. Ripuaires는 라인강변(ripa는 라틴어로 강변의 뜻)에 살고 있던 민족의 이름이다.

성직자들이었음을 나는 곧바로 증명할 수 있다.

이 증명을 우리에게 제공해 주는 것은 롬바르디아법이다.

"오래 전부터 하나의 버려야 할 습성이 스며들어왔다(황제 오토 2세의 명령 전문에 씌어 있다). 그것은 어떤 유산 상속 특허장이 위조라고 공격받았을 때 그 특허장을 제출한 자가 그것이 진짜라고 복음서를 두고 선서하면, 그 이상 아무런 재판 없이도 그자는 유산 상속인이 된다는 것이다. 즉 거짓 선서자라도 취득할 수 있는 습성이다."

황제 오토 1세가 로마에서 왕관을 썼을 때(962년), 교황 요한 12세가 교의회(敎議會)를 열었으므로, 이탈리아의 모든 영주는 황제가 이 파렴치한 악풍을 교정하기 위한 법을 만들어야 한다고 떠들어댔다. 교황과 황제는 이 사건을 곧 라베나에서 열릴 교의회에 회부해야 한다고 판단했다. 거기서도 영주들은 같은 요구를 했으며 그 아우성은 배로 늘어났다. 그러나 몇 사람이 빠졌다는 구실로 이 사건은 다시 미뤄졌다. 오토 2세와 부르고뉴 왕 콘라드는 이탈리아에 이르렀을 때, 베로나에서 이탈리아의 여러 영주들을 만났는데 영주들의 거듭된 간청에 따라, 황제는 모든 사람의 동의를 얻어 다음과 같은 내용의 법을 제정했다. 즉 "유산 싸움에서 당사자의 한쪽이 특허장을 위조라고 주장할 때, 사건은 결투로써 결정되어야 한다. 이와 같은 규칙은 봉토 문제에 관한 경우에도 지켜져야 한다. 교회도 같은 법을 따라야 하고, 교회는 그를 대신 결투자에 따라 싸워야 한다. 이것으로 알 수 있는 것은, 귀족이 결투에 의한 증명을 요구한 것은 교회에 도입될 증명 방법의 불편 때문이다."

이런 귀족의 아우성에도, 폐해 자체의 부르짖음에도 귀를 기울이지 않고, 주인으로서 발언하고 행동하기 위해 이탈리아에 온 오토의 권위도 본체만체하고, 성직자들은 두 차례의 교의회에서 완강히 거부했다. 마침내 귀족과 군주들의 협력에 따라 억지로 성직자들을 양보시켰으니 결투 재판의 관행은 귀족의 특권(교회의), 부정에 대한 방벽(교회에 대한), 귀족 재산의 보장으로 여겨야 한다는 것이다. 그리고 이때부터 이 방법은 퍼질 수밖에 없었다는 것이다.

더욱이 이것이 시행된 것은 황제가 강력하고 교황이 무력했을 때, 오토 같은 훌륭한 황제들이 이탈리아에 와서 제국의 위엄을 회복했을 때였다는 데 주목해야 할 것이다. 내가 위에서 설명한 것 즉 소극적 증명 제도가 결투 재판법을 불러왔다는 것을 증명해보려고 한다. 두 오토 황제 앞에서 귀족들이 호소한 악풍이란 유산 상속 특허장이 가짜라고 공격받은 성직자가 복음서를 놓고 그것은 가짜가 아니라고 선언함으로써 소극적 증명으로 자기를 막는 파렴치한 행위였다. 법의 악용에 무력함을 바로잡기 위해서 무엇이 이루어졌던가? 결국에는 결투의 관행이 되살아난 것이다. 그때의 성직 계급과 속인 사이의 분쟁에 대해 명확한 관념을 주기 위해서, 오토 2세의 칙령에 대하여 성급하게 설명했다. 그 이전에도 로타르 1세의 칙령이 있었다. 그것은 같은 제소, 같은 분쟁에 대하여 재산의 소유권을 확보하고자 할 때는 공증인은 특허장이 가짜가 아니라는 것을 선서해야 한다는 것, 공증인이 죽었을 때는 특허장에 서명한 증인으로 하여금 선서시켜야 한다는 것을 명령한 것이었다. 그러나 병폐의 뿌리는 여전히 남아 있었다. 그래서 어쩔 수 없이 앞서 말한 방법을 썼던 것이다.

이 시대 전에 샤를마뉴가 연 총회에서 국민은, 이 세속적 현상에서는 탄핵인이나 피고가 거짓 선서를 하지 않는다는 것은 매우 힘든 일이므로, 오히려 결투 재판을 부활시키는 편이 좋다는 것을 황제에게 진언한 것을 나는 알고 있다. 황제는 그대로 했었다.

결투 재판의 관행은 부르고뉴에서 퍼지고, 선서의 관행은 그곳에서 제한되었다. 이탈리아 왕 테오도릭은 동고트인들의 결투를 폐지했다. 생다쉬앵드와 레세스쉬앵드법은 결투의 관념까지도 없애려고 했던 것 같다. 그러나 이들 법은 나르본느 골에는 거의 받아들여지지 않았으며, 거기서는 결투가 고트인의 특권으로 여겨졌을 정도이다.

동고트인이 그리스인에게 멸망한 뒤, 이탈리아를 정복한 롬바르디아인은 결투 관행을 다시 이 나라에 갖고 들어왔다. 그러나 그들의 법은 처음 그것을 제한했다. 샤를마뉴, 루이 유화왕, 두 오토 황제는 여러 일반적 칙령을 제정했다. 그것은 롬바르디아법에 삽입되고 살리카법에 덧붙여졌는데, 처음엔 결투를 형사 사건으로, 다음에는 민사 사건으로 확대시켰다. 사람들은 어떻게 해야 좋을지 알지 못해 갈팡질팡했다. 선서에 따른 소극적 증명에는 여러 가지 불편이 있었지만, 결투에 따른 증명에도 불편이 있었다. 그래서 둘 가운데 어느 쪽엔가 충격을 받으면 그에 따라 방법도 바뀌어 갔다.

한편 성직자들은 모든 세속 사건에서 사람이 교회와 제단에 의지하기를 좋아했다.*²² 그러나 자존심이 강한 귀족들은 칼로써 자기 권리를 지키기를 바랐다.

나는 귀족들이 크게 불평하는 관행을 가져온 것이 성직 계급이라고 말하고 있는 것은 아니다. 이 관습은 이민족의 법 정신 및 소극적 증명 제도에서 비롯된 것이었다. 그러나 많은 범죄인들로 하여금 죄를 면하게 하는 데 공헌한 수법은, 범죄인을 두려워하게 만들고 허위 선서인을 겁에 질리게 하기 위해서 교회의 신성(神聖)을 이용해야 한다는 생각을 갖게 했으므로, 성직자는 이 관행과 거기에 결부된 방법을 지지했다. 왜냐하면 성직자는 소극적 증명을 반대했기 때문이다. 그런 증명이 종교 재판에서는 결코 인정되지 않았다는 것은 보마누아르에서 보는 바와 같다. 이것은 그 폐지에 크게 공언했으며, 또 이 점에 관한 이민족 법전의 규정을 약화하는 데 도움이 된 것은 의심할 것도 없다.

이것은 내가 여러 번 설명한 소극적 증명 관행과 결투 재판 사이의 관계를 좀 더 잘 감지시킬 것이다. 속인의 재판소에서는 이것을 둘 다 인정했다. 그러나 종교 재판에서는 둘 다 배척했다.

결투에 따른 증명을 선택하는 데서, 국민은 그 호전적 정신에 따랐다. 왜냐하면 결투를 신의 판결로서 제도화하면서도, 동시에 신의 판결로 여기고 있던 십자가·차가운 물 및 뜨거운 물에 따른 증명을 폐지했기 때문이다.

샤를마뉴는 그 자식들 사이에 무언가 다툼이 일어나면, 십자가 재판*²³으로 처리하라고 명령했다. 루이 유화왕은 이 재판을 종교 사건에만 한정했다. 그러나 그 아들 로타리우는 모든 경우에 그것을 폐지했다. 그는 그것과 함께 차가운 물에 의한 증명도 폐지했다.

일반적으로 인정된 관행이 매우 적었던 시대에, 이들 증명법이 몇몇 교회에서 부흥되지 않았다고는 말하지 않겠다. 필립 오귀스트 왕의 특허장이 그것을 말하고 있으니 더욱 그렇다. 내가 말하는 것은, 이런 증명법이 그다지 시행되지 않았다는 것이다. 보마누아르는 성 루이 시대와 그 조금 뒤까지 살았는데,

---

*22 재판상의 선서는 당시 교회 안에서 시행되었다. 그리고 제1 왕통 때, 국왕의 궁전에는 그곳에서 재판되는 사건을 위해 특별히 마련된 제단이 있었다.〔원주〕

*23 십자가에 의한 증명이 정확히 어떤 것이었는지는 분명치 않다. 그러나 박식한 사람들에 따르면, "이 재판을 받는 자는 팔을 십자가형으로 벌리고 그 십자가 아래에 앉아, 일정한 시간이나 상대편과 같은 시간만큼 이 자세를 유지하지 못하면 유죄 선고를 받았다"고 한다.(Littré)

그는 여러 증명법을 열거하고 결투 재판의 증명에 대하여 이야기하고 있지만, 이 증명에 대해서는 전혀 설명이 없다.

제19장 살리카법·로마법 및 칙령을 망각한 새로운 이유

살리카법·로마법 및 칙령의 권위를 떨어뜨린 온갖 이유는 이미 설명했다. 나는 결투에 의한 증명이 널리 보급된 것이 그 주된 원인이었다고 덧붙여둔다.

살리카법은 이 관행을 조금도 인정하지 않았으므로, 아무 쓸모없는 존재가 되어 없어져 버렸다. 로마법도 그것을 인정하지 않았으므로 아주 없어졌다. 사람들의 관심은 오로지 결투 재판법을 제정하고, 이에 대한 좋은 판례를 만드는 것에만 온 힘을 기울였다. 칙령의 규칙도 필요없게 되었다. 이리하여 많은 법이 어느 사이엔가 그 권위를 잃었다. 그것들을 대신한 다른 법은 보이지 않는다.

이런 국민은 성문법이 필요 없었다. 그래서 그 성문법은 간단히 망각 속에 빠질 수 있었던 것이다.

두 당사자 사이에 무언가 분쟁이 생기면, 결투를 명령하면 되었다. 그러기 위해서는 아주 큰 능력이 필요치 않았다.

모든 민사·형사 소송은 사실로 환원된다. 그 사실에 대해서 결투가 실시되었다. 결투로 재판된 것은 사건의 근본이 되는 안건뿐만 아니라 부대 사건이나 중간 사건도 또한 그랬다는 것은 그 예로 보여 주고 있는 보마누아르의 말 그대로이다.

제3 왕통 초에는, 법제가 모두 준비 절차에 관한 것이었음을 나는 발견한다. 모든 것은 체면(point d'honneur)에 따라서 지배되었다. 재판관에게 복종하지 않는 자가 있으면, 재판관은 자신이 받은 모욕에 대한 보상을 요구했다. 부르제에서는 재판관이 어떤 사람을 소환했을 때, 그자가 오지 않으면 그는 이렇게 말했다. "나는 그대를 부르러 보냈다. 그대는 올 만한 가치가 없다고 생각했다. 이 모욕의 보상을 하라." 그래서 결투가 실시되었다. 루이 뚱보왕은 이 관습을 고쳤다.

오를레앙에서는 모든 채무 관계 소송 때, 이 결투 재판이 실시되었다. 루이 연소왕(年少王)은 금액이 5수를 넘지 않을 경우에는 이 관습을 행하지 못하도록 했다.

이 명령은 지방에 적용되는 법이었다. 왜냐하면 성 루이 시대에는 금액이 12 드니에 이상이면 가능했기 때문이다. 보마누아르가 어떤 법조인 귀족에게 들은 바에 따르면, 옛날에는 소송 사건에서 자기 대신 싸우기 위해 일정 기간 결투자를 살인 청부인으로서 고용할 수 있는 나쁜 관습이 프랑스에 있었다고 한다. 결투 재판의 관행이 그즈음 널리 보급되었던 것이 틀림없다.

제20장 체면의 기원

이민족의 여러 법전에서는 많은 수수께끼가 발견되었다. 프리즈인의 법은, 지팡이로 맞은 사람에게 반 수의 속죄금을 내야 했다. 그러나 아무리 작더라도 상처를 입히면 그 이상의 속죄금을 주어야 했다. 살리카법에 따르면 한 자유인이 다른 자유인을 지팡이로 세 번 때리면 3수를 냈지만, 피가 나게 했을 때는 마치 칼로 벤 것처럼 처벌받아 15수를 지급해야만 했다. 다시 말해서, 형벌은 상처의 크고 작음에 따라서 정해졌던 것이다. 롬바르디아인의 법은 1격·2격·3격·4격에 대해 저마다 다른 속죄금을 정해 놓았다. 오늘날에는 한 번 때리거나 10만 번 때리거나 마찬가지이다.

롬바르디아인의 법에 기재된 샤를마뉴 황제의 율령은, 결투가 허가된 사람들은 지팡이를 가지고 싸워야 한다고 정해져 있다. 아마도 그것은 성직 계급에 대한 배려에서, 그리고 결투의 관행이 지나치게 퍼졌으므로 피비린내를 적게 하려고 했던 데서 나온 것 같다. 루이 유화왕의 칙령은 지팡이로 싸우느냐, 무기로 싸우느냐의 선택을 인정하고 있는데, 그 뒤 예속민들만 지팡이로 싸우게 되었다.*24

우리는 이미 여기서 우리의 체면에 관한 여러 조항이 생기고 형성되는 것을 본다. 고발인은 먼저 재판관에게 아무개가 이러이러한 행위를 했다고 고발한다. 그러면 후자는 그가 거짓말을 했다고 대답한다. 이에 따라서 재판관은 결투를 명령한다. 주장이 거부되면 결투해야 한다는 규범이 성립했다.

일단 결투를 하겠다고 선언하면, 다시는 취소할 수가 없었다. 만약 그런다면 그는 형벌을 받았다. 거기서 다음의 규칙이 생겼다. 즉 남자가 한마디로 약속했을 때, 명예는 그 한마디의 철회를 허락하지 않는 것이다.

---

*24 《보마누아르》 참조. (원주)

귀족들은 말을 타고 서로 무기로써 싸웠다. 천민은 땅에서 지팡이를 가지고 싸웠다. 그래서 지팡이는 모욕의 도구가 되었다. 왜냐하면 지팡이로 얻어 맞은 사람은 천민 취급을 받았기 때문이다.

얼굴을 드러내 놓고 싸운 것은 천민뿐이었다.[*25] 따라서 얼굴에 타격을 받을 수 있는 자도 그들뿐이었다. 그러므로 뺨을 얻어맞는다는 것은 피로써 설욕해야 하는 모욕이 되었다. 뺨을 얻어맞은 자는 천민 취급을 받았기 때문이다.

게르만 여러 민족도 우리 못지않게 체면에 얽매였다. 오히려 우리보다 더하기까지 했다. 그래서 촌수가 아주 먼 친족까지도 모욕 사건에는 매우 적극적으로 참가했다. 그러므로 그들의 법전은 모두 이 점에 기초를 두고 있다.

롬바르디아인의 법에 따르면, 종자를 거느린 자가 치욕과 조소를 퍼부을 목적으로 아무 방비도 없는 자를 쳤을 때는 그를 죽였을 경우에 지급해야 하는 속죄금의 절반을 지급해야 한다. 또 같은 동기로 상대편을 묶었을 때는 같은 속죄금의 4분의 3을 내야 한다고 정하고 있었다. 그래서 다음과 같이 말할 수 있을 것이다.

우리 조상들은 모욕에 매우 민감했지만, 특정한 종류의 모욕, 이를테면 일정한 도구로 몸의 일정한 곳에, 또는 일정한 방식으로 타격을 받는 모욕은 아직 잘 알지 못했다. 그것은 모두 얻어맞는 모욕 속에 포함되어 있었다.

그리고 그런 경우 폭행의 정도가 바로 모욕의 정도가 되었던 것이다.

제21장 게르만인 체면에 대한 새로운 고찰

타키투스는 말한다. "게르만인에겐 전투 때 그 방패를 잃는다는 것이 큰 부끄러움이었다. 그래서 그런 불행 뒤에는 많은 사람들이 스스로 목숨을 끊었다." 그래서 옛 살리카법은, 방패를 잃어버렸다고 욕을 먹은 사람에게 15수의 속죄금을 내게 했다.

샤를마뉴는 살리카법을 고쳐서, 그런 경우에 3수의 속죄금만 내게 했다. 그렇다고 해서 이 군주가 군기(軍紀)의 약화를 바랐다고 의심해서는 안 된다.

이 변화가 무기의 변화에서 온 것은 분명하다. 그리고 이 무기의 변화에서 많은 관행의 기원을 찾을 수 있다.

[*25] 그들은 방패와 지팡이만 들었다. 《보마누아르》 (원주)

제22장 결투 습속

우리들의 여성에 대한 관계는 감각의 쾌락과 결부된 행복, 사랑하고 사랑받는 매력, 그리고 그녀들의 마음에 들려고 하는 욕구에 기초를 두고 있다. 왜냐하면 여성은 개인 재능을 구성하는 사물의 일부에는 매우 견식있는 재판관이기 때문이다. 마음에 들고 싶다는 일반적 욕구가 여자에 대한 아첨(galanterie)을 낳는다. 이것은 연애가 아니라, 연애에 대한 재치 있고 가벼운 끊임없는 거짓말이다.

각 국민, 각 세기에서 서로 다른 여러 상황에 따라, 사랑은 위의 세 가지[*26] 가운데 하나를 향해 나머지 둘을 앞질러 나가는 것이다. 그런데 내 생각으로는 우리의 결투 시대에 마땅히 세력을 차지할 것은 여자에 대한 아첨의 정신이었던 것이다.

나는 롬바르디아인의 법에서 다음과 같은 규정을 발견한다. 결투자의 한 사람이 마법의 풀을 몸에 지니고 있으면, 재판관은 그것을 치우게 하고 이제 그와 같은 풀을 몸에 지니고 있지 말 것을 선서하게 한다. 이 법은 세상 일반의 통념에 기초를 두고 있을 뿐이다. 다시 말해서, 이들 여러 가지 요술을 상상케 한 것은, 많은 것을 생각케 하는 두려움인 것이다. 결투 때 결투자는 머리꼭대기에서 발끝까지 무장하고 있었으므로, 또 공격용이나 방어용의 무거운 무기를 지니고 있으면 이런 종류의 단련되고 견고한 무기는 무한한 이익을 주었으므로, 어떤 결투자가 마력을 가진 무기를 지녔다는 소문은 많은 사람을 괴롭혔을 것이 틀림없었다.

여기서 기사도(騎士道)라는 이상한 체제가 생겼다. 모든 사람들은 다음과 같은 관념을 받아들였다. 사람들은 가공의 작품 속에 편력하는 기사, 강신술사(降神術師), 요정, 날개가 달렸거나 지혜가 있는 말(馬), 눈에 보이지 않거나 상처입힐 수 없는 인간, 위인의 출생이나 교육에 관심을 가진 마법사, 마법에 걸렸거나 마법이 풀린 궁전 같은 것을 보았다. 말하자면 우리의 세계 속에서 별개의 세계를 보았던 것이다. 그리고 자연의 일상 운행은 오로지 비속한 인간에게나 있는 것으로 보았던 것이다.

성이나 보루나 강도가 들끓는 지방에서, 언제나 무장한 편력 기사는 부정을

[*26] 감각의 쾌락, 서로 사랑하는 매력, 이성(異性)의 마음에 드는 것.

무찌르고 약자를 돕는 데서 자신의 명예를 찾았다.

여기서 다시 우리의 가공 작품에서, 힘과 보호의 관념과 결부된 연애의 관념에 기초를 둔 여자에 대한 아첨이 생기는 것이다.

이와 같이 부덕(婦德)이 미와 유약함에 연관된 것을 보고 그 부덕을 위해 위험 앞에 몸을 드러내고, 인생의 일상 행위에서는 부덕의 마음에 들려고 하는 이상한 인간을 사람들이 생각해 냈을 때 여자에 대한 아첨이 생긴 것이다.

우리의 기사도 이야기는 마음에 들려는 이 욕구를 칭찬했다. 그리하여 그것은 유럽의 일부 지방에 옛사람은 몰랐다고 할 수 있는 여자에게 아첨하는 정신을 퍼뜨렸다.

드넓은 로마시의 놀라운 사치는 감각의 쾌락 관념을 아름답게 보이게 했다. 그리스 전원에서의 어떤 평온 관념이 사랑의 감정을 드러내게 했다. 여성의 덕과 미(美)를 보호하는 편력 기사라는 관념이 여자에게 아첨하는 관념이 되었다.

이 정신은 마상 경기의 관행으로 이어졌다. 이 마상 경기는 무용(武勇)과 연정을 하나로 결부시켜 다시 여자에게 아첨하는 정신이 중요하게 되었다.

제23장 결투 재판이라는 법제

아마도 결투 재판이라는 기괴한 관행이 원리에 요약되는 것을 보고 싶거나 이런 기묘한 법제의 기초가 보고 싶다는 호기심을 불태우는 사람도 있을 것이다. 본디 합리적인 인간은 그 편견까지도 원칙 아래에 둔다. 결투 재판만큼 양식에 어긋나는 일도 없다.

그러나 이런 관행이 한 번 정해지자 그것은 일종의 신중성을 가지고 이루어졌다. 이 시대의 법제에 통하고 싶으면, 재판상의 절차에 매우 큰 변화를 준 성(聖) 루이의 여러 규정을 주의해서 읽어야 한다.

데퐁텐은 이 군주와 같은 시대 사람이었다. 보마누아르는 그 뒤에 썼다.

그 밖의 학자는 또 그 이후의 존재이다. 따라서 옛날 방식은 그에 대한 개정 속에서 찾아야 한다.

제24장 결투 재판에서 설정된 규칙

몇 사람의 탄핵인이 있을 때는 사건이 한 사람에 따라서 소추되도록 탄핵인들끼리 서로 의견을 일치시켜야 했다. 만일 그들이 합의에 이르지 못하면 피소당한 자가 그들 가운데서 공소를 제기할 자를 한 사람 선정했다.

귀족이 서민을 제소했을 경우, 그는 방패와 몽둥이를 들고 걸어서 출두해야 했다. 만일 그가 말을 타고 귀족의 무기를 들고 왔을 때는 말과 무기를 몰수당했다. 그리고 속옷 바람으로 서민과 싸우게 만들었다.

결투에 앞서서 심판관은 세 가지를 공시했다. 첫째는 당사자들의 친족들은 철수해야 했다. 둘째는 일반 사람들은 침묵을 지키라는 명령을 받았다. 셋째는 당사자의 어느 편에게나 구원을 하는 것이 금지되었다. 이에 따르지 않는 자는 중형을 받았으며, 만일 도움을 줘서 결투자의 한쪽을 지게 했을 때는 사형까지도 받았다.

재판소 직원은 울타리를 경비했다. 만일 당사자 중 한쪽이 화해를 요구했을 때는, 두 당사자가 그 순간에 처했던 상황을 자세히 관찰했다. 그것은 화해가 되지 않을 경우에는 당사자가 본디 위치로 돌아갈 수 있게 하기 위해서였다.

범죄나 또는 그릇된 판결에 대한 결투 계약이 맺어졌을 경우, 화해는 영주의 동의 없이는 실행될 수 없었다. 그리고 당사자의 한쪽이 졌을 때도, 백작의 승인 없이는 다시 화해가 이루어질 수 없었다.[*27] 마치 현대의 사면장[*28]과 비슷했다.

그러나 죄가 사형에 해당되고, 영주가 뇌물로 매수되어 화해에 동의했을 때는, 그는 60리브르의 벌금을 지급했다. 그리고 그가 지녔던 범인 징벌권은 백작에게 귀속되었다.

그러나 결투를 신청할 수도 허락할 수도 없는 사람들도 많았다. 그때는 사정을 심리하여 대신 결투할 자를 선정할 수 있도록 허가했다. 그리고 대리 결투자가 그 본분을 다하는 데 모든 관심을 쓰도록 하기 위해, 지는 경우엔 그의 주먹을 자르도록 규정했다.[*29]

앞의 세기에 리슐리외가 결투를 절대적으로 금하는 법을 만들었지만, 아마도 전사(戰士)의 손을 잃게 함으로써 전사로서의 자격을 잃게 했다면 그것만으로도 충분했을 것이다. 인간으로서의 자랑거리를 잃어버린 뒤에 살아 남는

---

*27 직신(直臣 ; grand vassal)은 특별한 권리를 갖고 있었다. 〔원주〕
*28 Lettré de grâce. 왕이 형벌을 사면하는 서장.
*29 이 관행은 《칙령집》 속에서 볼 수 있는데, 보마누아르 시대에도 남아 있었다. 〔원주〕

것만큼 슬픈 일은 없기 때문이다.

사형에 해당되는 죄에서 결투가 대리 결투자에 따라 수행될 경우, 당사자는 승부를 볼 수 없는 장소에 갇혔다. 그리고 당사자는 저마다 대리 결투자가 졌을 때 처형에 쓰일 밧줄에 묶여 있었다.

결투에 졌다고 해서 반드시 다툼 사건도 지는 것은 아니었다. 이를테면 중간 사건에 대해서 싸웠을 때는 중간 사건만 졌을 뿐인 것이다.

제25장 결투 재판의 관행에 가해진 제한

결투의 약속이 그다지 중요하지 않은 민사 사건에서 이루어졌을 경우에 영주는 두 당사자에게 그것을 철회시켰다. 만일 사실이 뚜렷이 알려진 일이라면, 이를테면 어떤 사람이 시장 한가운데에서 살해되었을 경우에는, 증인은 물론, 결투에 의한 증명도 명령되지 않았다. 재판관은 두루 아는 사실에 따라서 판결을 내렸다.

영주의 법정에서 흔히 똑같은 판결이 내려져 그 관행이 널리 알려져 있을 경우에는, 영주는 당사자끼리의 결투에 따른 판결을 거부했다. 관습이 결투의 다양한 결과로 말미암아 바뀌는 일이 없도록 하기 위해서였다.

결투의 신청은 자기와 혈통의 누군가, 그리고 헌신을 맹세한 주군(seigneur lige)을 위해서 말고는 할 수 없었다.

피고인의 기소가 취소되면, 다른 친족이 결투를 신청할 수 없었다. 그렇지 않으면 싸움은 끝낼 수가 없었을 것이다.

친족이 그 죽음의 복수를 하려던 사람이 갑자기 나타나면, 이미 결투는 문제가 되지 않았다. 부재(不在)로 사실 확인이 불가능한 때도 마찬가지였다.

살해된 사람이 죽기 전에 탄핵된 사람을 변호하고 다른 자를 지명했다면, 결투는 이루어지지 않았다. 그러나 그가 아무도 지명하지 않았을 때는, 그의 진술은 죽음을 앞둔 관용으로밖에 여기지 않았다. 다시 말해서 소추를 계속하게 된 것이다. 만약 귀족끼리의 경우라면 전투를 벌이는 일까지 있었다.

싸움이 벌어지는 경우, 친족 중 한 사람이 결투의 보상*[30]을 주었거나 또는 받았을 경우에는, 싸움의 권리는 소멸된다. 두 당사자는 일상적인 재판 진행을

---

*30 gage de betaille. 결투 약속. 그 상징으로 흔히 장갑이 사용되었다. (원주)

바란 것으로 여기는 것이다.

그 결과 싸움을 이어간 당사자는 손해 배상 명령을 받았을 것이다.

이와 같이 결투 재판의 실시는 싸움이라는 일반적 투쟁을 1대 1이라는 개별적 투쟁으로 변화시켰고, 재판소로 하여금 그 권위를 회복시켰으며, 이제 이민족의 법으로만 지배받는 사람들을 시민 상태로 되돌리는 이점을 갖고 있었다.

예지에 찬 일이 매우 광기어린 방법으로 운영되는 일이 잦고, 어리석은 일이 매우 현명하게 운용되기도 했다.

범죄로 제소된 자가 그 범죄를 저지른 자는 바로 고소인 자신이라는 것을 분명히 증명했을 때, 더 이상 결투 신청은 인정되지 않았다. 왜냐하면 확실한 처벌보다 결과가 아직 불확실한 결투를 선택하지 않을 죄인은 없기 때문이다.

중재인이나 교회 재판소에서 결정되는 사건에는 결투가 없었다. 아내의 예증재산(豫贈財産)*31에 대해서도 마찬가지로 결투는 실시되지 않았다.

보마누아르는 말한다. "여자는 결투할 수 없다." 만일 여자가 대리 결투자를 지명하지 않고 누군가를 제소했을 때는, 결투 신청이 받아들여지지 않았다. 게다가 또 여자가 제소하려면 남편의 허가를 얻어야 했다. 그러나 이런 권력 없이도 여자는 소송 제기를 당할 수 있었다.

고소인이나 피소인이 15세 아래일 때는 결투가 이루어지지 않았다. 그러나 후견인이나 재산 감독인*32이 절차의 위험을 무릅쓴다면, 미성년의 소송 사건에서도 결투를 명령할 수 있었다.

나는 예속민(Serf)에게 결투가 허가된 경우는 다음과 같다고 생각한다. 그는 다른 예속민과 결투했다. 제소당했을 때는, 자유인 귀족하고도 결투했다. 그러나 그가 이런 사람을 제소했을 경우, 상대는 결투를 거부할 수 있었다. 그리고 예속민의 주인은 그를 법정에 데리고 갈 권리까지 있었다.

예속민은 주인의 특허장, 또는 관행에 따라서, 모든 자유인과 결투할 수 있었다. 그리고 교회는 그 예속민을 위해서 이 권리를 속인 교회에 대해 경의의 표시를 요구했다.

---

*31 donaire. 결혼 때 남편이 아내에게 양도한 재산. 남편이 죽으면 아내가 그 수익권을 갖는다.
*32 미성년의 신체 감독을 후견(tutelle)이라고 하고, 재산 감독을 식읍(食邑) 감독(baillie)이라고 한다.

제26장 당사자 한 사람과 증인 한 사람의 결투 재판

보마누아르의 말에 따르면, 증인이 자기에게 불리한 진술을 하려는 것을 본 사람은, 상대가 거짓이나 남을 모함하는 증언을 했다고 재판관에게 말해 그 구원자(증인을 말한다)를 회피할 수 있었다고 한다. 그리고 만일 증인이 싸움을 계속하고 싶어 한다면, 그는 결투를 신청했다. 이렇게 되면 증인 심문은 문제가 아니었다. 왜냐하면 만일 증인이 지면, 그 소송 당사자는 거짓 증인을 냈다는 결정이 내려져 그 소송에서 지기 때문이다.

제2의 증인을 심문해서는 안 되었다. 왜냐하면 그가 그 증언을 진술한다면, 사건은 두 증인의 진술로서 이미 끝난 것이 되기 때문이다. 그런데 제2의 증인을 저지하면 제1의 증인의 진술은 쓸모없게 된다.

제2의 증인이 이와 같이 거부되면, 그 당사자는 다른 증인으로 하여금 진술시킬 수 없었으며, 따라서 그 소송에 지는 것이다. 그러나 결투 신청이 없을 경우에는 다른 증인을 내세울 수 있었다.

보마누아르의 말에 따르면, 증인은 그의 당사자에 대해서 진술하기 전에 다음과 같이 말할 수 있었다. "나는 당신을 위해서 결투하고 싶지도 않고 내 요량대로 싸우고 싶지도 않다. 그러나 만일 당신이 나를 방위한다면, 나는 기꺼이 진실을 말하겠다." 당사자는 증인을 위해서 어쩔 수 없이 결투하게 되었다. 그리고 만일 그가 결투에서 지더라도 그의 소송은 진 것이 아니라,[*33] 증인이 내쳐지는 것이다.

이것은 해묵은 관습이 수정되었다고 나는 본다. 내가 그렇게 생각한 까닭은 증인에게 결투를 신청하는 관행은, 바바리아법에도 부르고뉴법에도 아무런 제한 없이 설정되어 있기 때문이다.

아고바르와 성(聖) 아비투스가 극력 반대한 공드보의 칙령에 대해서는 이미 설명했다. 이 군주는 말한다. "피고인이 자기가 범죄를 저지르지 않았다고 선서해 달라기 위해 증인을 내세울 때는, 탄핵인은 증인의 한 사람에게 결투를 신청할 수 있을 것이다. 왜냐하면 증언하겠다고 나서서 진실을 안다고 선언한 자는, 진실을 지키기 위해서 결투하는 일에 거부감을 보이지 않을 것이 정당하기 때문이다." 국왕은 결투를 피하기 위한 그 어떤 구실도 용서하지 않았다.

---

*33 그러나 만일 대리 결투자가 결투하면 패배한 대리 결투자는 주먹을 잃었다.

제27장 당사자 한쪽과 영주의 중신 한 사람의 결투 재판. 오판 상소

결투에 의한 재판의 본질은 영구적으로 사건을 끝내는 데 있다. 그러므로 재판을 다시 한다거나 다시 공소를 제기하는 일과는 양립되지 않으므로, 로마법 및 카논(교회)법에 따라서 정해진 상소(上訴), 즉 어떤 재판소의 판결을 고쳐 달라기 위한 상급 재판소에의 상소는 프랑스에서는 시행되지 않았다.

오로지 체면으로 지배되는 호전적 국민은, 이와 같은 소송 형식을 알지 못했다. 그리고 이 국민은 언제나 같은 정신으로 재판관과 당사자에게 사용할 수 있었던 방법을 채용했다.

상소는 국민에게 무기에 의한 투쟁의 도전이었다. 그리고 유혈로써 끝나야 하는 일이었다. 그것은 서면상의 다툼에 대한 도전이 아니었다. 그러나 그런 것은 후세에 이르러서야 알려졌다.

그래서 성 루이는 그 《법령집(Établissements)》에서, 상소는 반역과 부정을 포함한다고 말하고 있다. 그러기에 보마누아르도, 만일 어떤 사람이 영주에게 받은 침범을 제소하고 싶을 때는 자기 봉토를 포기한다는 것을 영주에게 알려야 했다. 그리고 그런 뒤에야 그 영주를 종주권이 있는 영주(seigneur suzerain)에게 제소하여 결투를 신청했다고 말하고 있다. 마찬가지로 영주도 그 신하를 백작에게 제소할 때는, 신종(臣從)의 맹세를 포기했다.[*34]

자기의 영주를 잘못된 재판 때문에 제소한다는 것은, 그 재판이 잘못이나 악의로써 이루어졌다고 주장하는 것이었다. 그런데 자기의 영주에게 이와 같은 말을 하는 것은 반역죄를 저지르는 것과 같았다. 그래서 재판소를 설치하고 이를 관리하는 영주를 그릇된 판결 때문에 제소하는 대신, 사람들은 그 재판소 자체의 구성원인 중신(重臣)을 고소했다. 이로써 반역죄를 피할 수 있었다. 즉 제소인은 그와 나이와 신분이 비슷한 사람만 모욕할 수 있을 뿐이었다. 그런 사람이라면 언제라도 모욕의 보상을 할 수 있었다.

중신의 재판이 오판이었다[*35]고 말하는 데는 많은 위험이 뒤따랐다. 판결이 내리기를 기다렸을 경우에 중신들이 그 판결을 옳다고 주장할 때는, 그들 모두와 결투를 해야 했다. 모든 재판관이 의견을 다 진술하기 전에 제소해도, 판

[*34] renoncer á l'hommage. 신하에게 충성과 의무의 맹세를 풀어준다.
[*35] fausser le jugement. 현대어로는 불공정한 재판을 한다는 뜻이지만, 여기서는 그릇된 판결에 대해서 소송을 제기한다는 뜻이다.

결과 의견이 같은 모두와 싸울 수밖에 없었다. 이 위험을 피하기 위해서는, 영주에게 각 중신들이 소리 높여 의견을 진술하도록 명령해 달라고 탄원했다. 그러고는 첫 번째 사람이 의견을 진술하고, 두 번째 사람이 막 똑같은 말하려고 할 때 먼저 사람에게 "네 놈은 엉터리다, 악당이다, 중상자다." 이렇게 말한다. 그러면 그자와만 결투하면 되었다.

데퐁텐은 오판을 제소하기 전에, 세 사람의 재판으로 하여금 의견을 진술시켜야 했다고 말하고 있다. 그러나 그 세 사람 모두와 결투해야 한다고는 말하지 않았으며, 그들의 의견에 찬성하는 모든 자와 싸워야만 한다고는 더더욱 말하지 않았다.*36 이와 같은 차이(보마누아르와 데퐁텐의)가 생긴 이유는, 이 시대에는 정확히 같은 관행은 거의 없었다는 데 있다. 즉 보마누아르는 클레르몽 백작령에서 실시된 것을 보고한 것이고, 데퐁텐은 베르두아에서 실시된 것을 전한 것이다.

중신 또는 봉신(封臣)의 한 사람이 판결을 지지한다고 선언했을 때는, 재판관은 결투 신청을 시키고, 상소인으로부터는 그 상소를 지키겠다는 다짐을 받았다. 그러나 피소된 중신은 그런 다짐을 주지 않았다. 왜냐하면 그는 영주의 가신이라, 상소를 막거나 아니면 60리브르의 벌금을 영주에게 내야 했기 때문이다.

상소자가 재판이 잘됐다는 것을 증명하지 못하면, 그는 영주에게 60리브르의 벌금을, 또 그가 제소한 중신에게도 같은 벌금을, 그리고 판결에 공공연히 동의한 사람들 저마다에게도 같은 금액의 벌금을 지급했다.

죽음에 해당되는 범죄 혐의를 확실하게 받은 자가 결박되어 유죄 선고를 받았을 때는, 오판을 이유로 상소할 수 없었다. 왜냐하면 그는 살아남기 위해서나 화해를 마련하기 위해서 상소할 것이 틀림없기 때문이다.

만일 누군가가 재판이 잘못됐다, 틀렸다고 말하면서도 그 재판을 바로잡는 일, 즉 결투를 신청하지 않을 때는 그 말에 대해서 귀족은 10수의 벌금을, 예속민은 5수의 벌금형을 받았다.

재판관이나 중신은, 비록 결투에 지더라도 목숨을 잃거나 팔다리를 잃지 않아도 되었다. 그러나 그들은, 상소한 자의 사건이 죽음에 해당하는 것일 때는 사형에 처해졌다.

---

*36 그는 다만 그들 각자에게 벌금을 냈다고만 말하고 있을 뿐이다. 적어도 이 인원수가 필요했다. (원주)

이 오판을 이유로 중신을 제소하는 것은, 영주 자신을 제소하는 일을 피하기 위해서였다. 그러나 만일 영주가 중신이 없거나, 충분한 인원을 갖지 못했을 경우에는, 그는 돈으로 종주권을 가진 영주로부터 중신을 빌릴 수 있었다. 그러나 이들 중신도 본인이 희망하지 않을 때는 재판을 강요당하지 않았다. 그들은 다만 조언을 하기 위해서 왔을 뿐이라고 말할 수 있었다. 그리고 이런 특별한 경우에는 영주가 스스로 재판하여 판결을 선고하는 것이므로, 만일 오판을 이유로 그를 상소하는 자가 있다면 결투 신청을 받는 것은 그 자신이었다.

만일 영주가 너무 가난해서 종주권을 가진 영주로부터 중신을 빌릴 여유가 없거나, 그런 청구를 게을리했거나, 또는 후자가 그것을 주지 않겠다고 거부했을 때는, 영주가 혼자서 재판할 수는 없으므로, 또 판결을 내릴 수 없는 법정에서 변론하도록 아무도 강요될 수 없으므로, 사건은 종주권이 있는 영주의 법정으로 옮겨지게 된다.

이것이 재판권과 봉토가 분리된 중요한 원인의 하나였다고 나는 믿는다. 여기서 봉토와 재판관은 별개라는 프랑스 법률가의 원칙이 생겼다. 그것은 가신이 없는 수많은 봉신이 있었고 그들은 자기 재판소를 가질 힘이 없었기 때문이었다. 그래서 모든 사건은 그 종주권이 있는 영주의 법정으로 옮겨졌다. 그들은 재판권을 잃었다. 왜냐하면 그들은 재판권을 요구할 권력도 의사도 없었기 때문이었다.

판결에 동의한 모든 재판관은, 판결을 선고할 때 그 자리에 참석해야만 했다. 그것은 오판 상소를 하려는 자가 그들에게 동의하겠는가 어떤가를 물을 때 그들이 다 같이 좋다(Oui)고 대답할 수 있기 위해서였다. "왜냐하면" 하고 데퐁텐은 말한다. "이것은 예의와 성실의 문제이다. 거기에는 회피나 연기의 여지는 없다." 이와 같은 생각에서 사형 언도를 하려는 모든 배심원이 같은 의견이어야 한다는, 오늘날에도 영국에서 시행되는 관행이 생겼다고 나는 믿는다.

따라서 판결은 다수 의견에 따라서 언도되어야만 했다. 그리고 찬성과 반대가 같은 수일 때는, 범죄의 경우에는 피고에 유리하게, 채무의 경우에는 채무자에 유리하게, 상속 재산의 경우에는 피고에 유리하게 선고했다.

데퐁텐은 말한다. "중신이 네 사람밖에 없기 때문에"[37] 법정에 나가지 않는

---

[37] 적어도 이 인원수가 필요했다. (원주)

제28편 프랑스인의 시민법 기원 및 변천 577

다든가, 모두 없거나 또는 가장 현명한 사람이 없어서 법정에 나가지 않는다든가 할 수는 없다. 이것은 마치 한창 전쟁을 할 때 곁에 부하가 일부밖에 없기 때문에 주군을 돕지 못한다는 것과 마찬가지이다. 그러나 법정에 권위를 주고, 가장 용감하고 가장 현명한 가신을 재판관으로 선택하는 것은, 영주의 의무였다." 내가 이것을 인용하는 것은, 싸우고 아울러 재판한다는 가신의 의무를 느끼게 하기 위해서이다. 그리고 재판하는 것은 싸우는 것과 똑같다고 할 정도로 매우 중요한 의무였다.

영주가 자기 자신의 법정에 가신을 제소했다가 졌을 때, 그는 신하 중 한 사람을 오판의 이유로 제소할 수 있었다. 그러나 신하는 그가 바친 충성의 맹세에 따라서 영주에게 경의를 나타내야 하고, 영주는 신하에게 받은 충성의 맹세로써 가신에게 온정을 베풀어야 하므로 다음과 같이 구별하는 관습이 생겼다. 즉, 영주가 일반적으로 판결이 잘못되었다, 틀렸다고 말했을 때와 또는 그의 신하를 개인적으로 직책에서 잘못을 저질렀을 경우 탄핵했을 때는 다음과 같았다. 전자의 경우에 영주는 자기 자신의 법정을 모욕했으므로, 말하자면 자기 자신을 모욕한 거나 다름없으며, 거기에는 결투의 약속이 있을 수 없었다. 그런데 후자의 경우에는 결투를 약속할 수 있었다. 왜냐하면 그는 가신의 명예를 공격했기 때문이다. 그리고 둘 가운데 패배한 자는 공공의 평화를 유지하기 위해서 생명과 재산을 잃었다.

특수한 경우에만 필요했던 이런 구별은 차츰 확대되었다. 보마누아르에 따르면, 오판을 이유로 상소하는 자가 중신의 한 사람을 개인적 탄핵으로 공격했을 경우에는 결투가 실시되었다고 한다. 그러나 판결을 공격했을 뿐일 때는 제소당한 중신의 한 사람은 사건을 칼로써 결판을 내거나, 법에 따라서 내거나 하는 자유를 갖고 있었다. 그러나 보마누아르 시대의 지배적인 정신은 결투 재판을 제한하는 데 있었고, 또 중신에게 내려진 판결을 결투로 방위하느냐 하지 않느냐의 자유는, 이 시대에 확립된 명예의 관념에도, 또 영주의 법정을 지키겠다고 영주에게 한 약속에도 다같이 어긋나는 것이므로, 보마누아르의 이 구별은 프랑스에서는 새로운 법률의 원리였다고 나는 믿는다.

나는 모든 오판의 상소가 결투로 결정되었다고는 말하지 않겠다. 이 상소도 다른 상소의 경우와 마찬가지였다. 내가 제25장에서 설명한 예외를 떠올려 주기 바란다. 이 경우에 결투 계약을 취소할 것인가의 여부를 정하는 것은 상급 재판소의 임무였다.

국왕의 법정에서 내려진 판결을 오판이라고 상소할 수는 없었다. 왜냐하면 국왕과 서로 맞설 자가 없었고 그를 상소할 수 있는 자가 없었기 때문이다.

게다가 국왕은 가장 높은 지위에 있었으므로, 그의 법정에 복종하지 않아도 괜찮은 자는 아무도 없었다.

이 기본 규칙은 정법(政法)으로서 필요했지만, 나아가 시민법으로서도 그 무렵 재판 절차의 폐단을 줄였다.

영주는 자기 법정이 오판으로 상소당하는 것을 두려워하거나 또는 자기 법정을 상소하려고 하는 자가 있는 것을 보았을 경우에는, 상소당하지 않는 편이 재판을 위하여 이익일 때는 국왕의 법정에 그 판결을 오판으로 상소할 수 없는 사람들을 파견해 달라고 요청할 수 있었다.

그래서 데퐁텐에 따르면, 국왕 필립은 코르비 수도원장의 법정에서 어떤 재판을 하기 위해 그의 고문 전원을 파견했었다고 한다.

그러나 만일 영주가 국왕의 재판관을 얻을 수 없을 경우에는 그가 국왕에 직속돼 있으면, 그의 법정을 국왕의 법정 안으로 옮길 수 있었다. 또 만일 그와 국왕 사이에 어떤 중간적인 영주들이 있으면, 그는 자기의 종주권을 가진 영주에게 부탁해 그 영주가 그 위의 영주로, 그렇게 해서 마침내 국왕에게 부탁할 수 있었다.

이러한 이 시대에는 오늘날과 같은 상소의 관행이 없었고 그 관념조차 없었지만, 역시 국왕에게 상소할 수 있었던 것이다.

다시 말해서 국왕은 언제나 모든 하천이 흘러나오는 근원이고, 모든 하천이 흘러들어가는 바다였던 것이다.

제28장 재판 거절의 상소

영주의 법정에서 당사자에게 재판이 지연되거나 회피되고 또는 거절되었을 때는, 재판 거절에 대해서 상소가 이루어졌다.

제2 왕통 시대에 백작은 자기 아래에 많은 관리들을 거느리고 있었다. 그들의 신분은 종속적이었으나 재판관은 그렇지 않았다. 이 관리들은 그 재판소[*38]

[*38] 영주가 재판을 하기 위해서 소집한 법정은 사법 회의(plaid placitum), 중죄 재판소(assise)등의 이름으로 불렸다.

에서 백작과 마찬가지로 최종심으로서 재판했다. 그 모든 차이는 재판권의 분배에 있었다. 이를테면 백작은 사형 선고를 하고 자유와 재산의 회복에 대해서 재판할 수 있었지만, 백호대장(百戶隊長)*39은 그렇게 하지 못했다.

같은 이유로 국왕에게 보류된 중요 사항이 있었다. 그것은 직접 정치적 질서에 관한 것이었다. 국왕이 대가신(大家臣)과 함께 재판한 주교·수도원장·백작, 그 밖의 고문들 사이에 있었던 분쟁이 그것이다.

어떤 저술가들도 이야기했지만, 사람들이 백작의 재판소에서 국왕의 사절, 즉 순찰사의 재판소에 상소를 했다는 것은 근거가 없는 일이다. 백작과 국왕의 사절은 대등하게 서로 독립된 재판권을 갖고 있었다. 그 차이는, 사절은 1년에 4개월간 재판소를 열고, 백작은 나머지 8개월을 열었다는 것이다.

재판소*40에서 유죄 선고를 받은 자가 그곳에 재심을 청구해 다시 졌을 때 그는 15수의 벌금을 내거나, 그 사건을 판결한 재판관에게 열다섯 대의 매를 맞았다.

백작이나 국왕의 사절이 고관대작을 체계가 서는 행동이나 말로 복종시킬 만한 힘이 없다고 깨달았을 때는, 그들에게 국왕의 재판소에 출두하겠다는 보장을 하게 했다.*41 그것은 사건을 재판하기 위해서이지, 재심하기 위해서는 아니었다. 나는 메츠의 칙령(757년)에서, 국왕의 법정에 오판에 대한 상소를 하는 것은 인정되지만, 그 밖의 모든 상소는 금지되고 처벌받는 것을 알게 되었다.

판관(échevin)*42의 판결에 복종하기를 거부하고, 그러고도 상고하지 않는 자가 있으면 복종할 때까지 감옥에 가두었다. 그러나 상고를 하면 그자는 엄중한 호송 아래에 국왕 앞에 끌려나가고, 그 사건은 국왕의 법정에서 다루어졌다.

재판 거절에 대한 상소는 거의 문제가 될 수 없었다. 왜냐하면 이 시대에는 재판소를 개정할 권리를 가졌던 백작과 그 밖의 사람들이 법정을 여는 데 성실하지 못하다는 불평이 있기는커녕, 도리어 그들이 지나치게 성실하다는 불

---

*39 Centenier. 백작 밑에 있던 사법 관리. 처음에는 100가족쯤의 우두머리였으므로 이런 이름이 붙었다.
*40 Placitum. 〔원주〕 placitum은 사법 회의로, 중죄 재판소와는 구별되는데, 여기서는 같은 뜻으로 사용되고 있는 것 같다.
*41 그것은 문례, 특허장, 칙령에 따라서 표시되고 있다. 〔원주〕
*42 백작 밑에 있는 관리. Scabini. 〔원주〕

평만 있었기 때문이다. 그래서 백작이나 그 밖에 누구거나 사법 관리에 해마다 3회 이상 법정을 열지 못하도록 금지하는 명령이 내려졌다. 그들의 게으름을 고치는 것이 아니라 그 활동을 막을 필요가 있었던 것이다.

그러나 수많은 소영주령(小領主領)이 이루어지고, 가신의 여러 단계가 설정되었을 때, 일부 가신들의 법정을 여는 데 대한 게으름이 이런 종류의 재판 거절 상소*43를 발생시켰다. 그래서 막대한 벌금이 종주권을 가진 영주의 주머니에 굴러들어갔는데, 그것이 더욱 재판 거절 상소를 촉진시켰다.

결투 재판의 관행이 차츰 퍼지자 장소와 때에 따라 중신을 모으기가 어려워져, 재판을 게을리 하는 경우가 생겼다. 그래서 재판 거절에 대한 상소가 생겼다. 이런 종류의 상소는 흔히 우리 역사상 주목할 만한 시기가 되었다. 왜냐하면 이 시대 대부분의 전쟁은 정법(政法)의 침범이 동기였다는 것, 오늘날의 전쟁이 보통 만민법(萬民法)의 침범을 원인이나 구실로 삼고 있는 것과 다름없기 때문이다.

보마누아르는, 재판이 거절되는 경우에도 결코 결투는 실시되지 않았다고 말한다. 그 이유는 다음과 같다. 영주 자신에게 결투를 신청할 수는 없었다. 그에게 경의를 바쳐야 하기 때문이었다. 영주의 중신에게도 결투를 신청할 수 없었다. 왜냐하면 사건은 명백하고, 휴정이나 지연의 날짜를 헤아리기만 하면 되었기 때문에 아무런 판결도 없었다. 그러나 판결에 대해서는 오판의 상소를 할 수 있었다. 마지막으로, 중신의 범행은 당사자를 해치듯이 영주도 해치는 일이었다. 그러나 영주와 그 중신 사이에 결투가 벌어지는 것은 규칙을 어기는 일이었다.

그러나 상급 재판소에서의 재판 거절은 증인이 증명했으므로, 증인이 결투를 신청받을 수 있었으나, 이것으로 영주나 그 재판소가 해를 입지는 않았다.

첫째, 재판 거절이 영주의 중신 재판을 늦추거나 또는 일정 기간이 지난 뒤에도 판결을 내리는 것을 피한 것에서 비롯될 경우에는, 영주의 중신이 재판 거절로 패권을 잡고 있는 종주(宗主)에게 상소당했다. 그리고 만일 그들이 지면, 그들은 영주에게 벌금을 냈다. 영주는 그 중신들에게 아무런 원조를 해 줄 수 없었다. 오히려 그들이 그에게 각 60리브르의 벌금을 낼 때까지 그 봉토를

─────────
*43 재판 거절의 상소는 일찍이 필립 오귀스트 왕의 시대부터 발견된다. 〔원주〕

차압했다.

둘째, 영주가 재판 거절을 했다면, 이것은 영주의 법정에 재판을 하는 데 충분한 중신이 없거나, 그가 중신을 소집하지 않았거나 또는 자기 대신 소집할 자를 정하지 않은 것이다. 재판 거절의 상소는 종주 영주에게 제소되었다. 그러나 영주에게 경의를 나타내어 제소자는 소환되고 영주는 소환되지 않았다.

영주가 상급 재판소에서 재판받기를 요구하여 재판 거절의 상소에 대해서 승소한다면, 사건은 그에게로 되돌려지고 그는 60리브르의 벌금을 받았다. 그러나 재판 거절이 증명된다면 그는 다툼 사건의 재판권을 잃게 되는 벌을 받았다. 그리고 본안은 상급 재판소에서 재판되었다. 사실, 재판 거절 상소는 이 이외의 목적으로 이루어지는 것은 아니었다.

셋째, 영주가 자기 법정에 제소되었을 때,*44 이것은 봉토에 관한 사건 말고는 일어날 수 없지만, 일정 기한이 지난 뒤에는 영주 스스로가 군주(Souverain)의 이름으로 중신들 앞에 불려나가게 되었다. 이런 경우에는 군주의 허락이 필요했다. 중신들은 그들 자신의 이름으로는 소환하지 않았다. 자기의 영주를 소환할 수는 없었기 때문이다. 그러나 그들은 자기의 영주를 대신하여 소환할 수는 있었다.

때로는 재판 거절의 상소가 오판의 상소를 발생하게 했다. 그것은 영주가 재판 거절의 상소를 했음에도 판결을 내리게 했을 경우였다.

그 영주를 잘못하여 재판 거절로 상소한 가신은, 영주가 바라는 것만큼의 벌금을 지급하라는 선고를 받았다.

겐트(Ghent : 벨기에의 도시)의 주민들은 플랑드르 백작이 법정에서 그들에 대한 재판을 지연시켰다는 이유로 백작을 국왕 앞에 재판 거절로 상소했다. 그런데 이 나라의 관습이 허가하는 기간을 아직도 그가 모두 다 소비하지 않았다는 것이 알려졌다. 그래서 겐트의 주민들은 백작 앞으로 그 사건을 반송했다. 백작은 6만 리브르가 될 때까지 주민들의 재산을 압류했다. 그러자 그들은

---

*44 이것이 루이 8세의 치세 때 드 네르와 플랑드르의 여백작 영주 쟌누아의 유명한 소송 사건이다. 그는 40일간 사건을 재판하도록 그녀에게 독촉했다. 그러나 그 후 그녀의 재판 거절로 국왕의 법정에 상소했다. 그녀는 플랑드르에서 자기의 중신들에게 사건을 재판시키겠다고 대답했다. 국왕의 법정은, 이 사건을 플랑드르에 반송하지 않고 여백작 영주를 소환한다는 결정을 내렸다. (원주)

이 벌금을 줄여 달라기 위해서 왕의 법정으로 되돌아갔다. 그러나 백작은 그가 바란다면 그 이상의 벌금을 받아도 상관없다는 판결을 받았다. 보마누아르는 이 재판에 참가했었다.

넷째, 가신의 신체나 명예, 또는 봉토에 속하지 않는 재산에 관해서 영주가 가신을 상대로 사용해야 하는 소송에서는, 재판 거절의 상소는 문제가 되지 않았다. 왜냐하면 사건은 영주의 법정에서 재판되지 않고, 그의 종주 법정, 즉 상급 재판소에서 재판되었기 때문이다. 그리고 가신은 그 영주의 신체에 대해서 판결을 내릴 권리가 없기 때문이라고 데퐁텐은 말했다.

나는 이러한 사실에 대해서 명확한 개념을 주려고 매우 애썼다. 그때의 저술가들의 책은 혼란스럽고 모호하기 짝이 없어서, 정말 이런 사실들을 그 혼돈 속에서 끌어낸다는 것은 발견하는 것 못지 않게 힘든 일이었다.

제29장 성 루이의 치세 시대

성(聖) 루이[*45]는 그의 직할령의 재판소에서는 결투 재판을, 이에 관해서 내린 칙령 및 그의 《율령집》에 따르면 폐지한 것 같다.

그러나 그는 그릇된 판결에 대한 상소의 경우를 제외하고는 부하 소영주의 법정에서는 이를 폐지하지 않았다.

판결을 내린 재판관에게 결투 재판을 요구하지 않고는, 사람들이 자기 영주의 법정을 오판을 이유로 제소할 수 없었다. 그런데 성 루이는 결투 없이 오판에 대해 소송을 제기하는 관행을 도입했다. 이 변화는 혁명이나 다름없었다.

그는 직할령의 여러 영지에서 내린 판결은 오판을 이유로 소송을 제기하지 못한다고 선언했다. 왜냐하면 그것은 반역죄와 같기 때문이다. 하기야 이것이 영주에게 하나의 반역죄가 된다면, 하물며 국왕에게는 더 말할 것도 없는 셈이다. 그러나 그는 그의 여러 법정에서 내린 판결에 대해 그것이 잘못되었거나 악의에 따라서 이루어졌다는 이유로서가 아니라, 그것이 어떤 손해를 주었다는 이유로 그에 대한 수정을 청구할 수는 있다고 정했다. 이와는 반대로 소영

---

*45 성 루이(Saint Louis)는 프랑스 왕 루이 9세(1215~1270)를 말한다. 1297년에 그는 성인 반열에 모셔졌다. 그의 치세 동안의 칙령 규칙을 집성한 것을 《성 루이 율령집(Etablissements de Saint Louis)》이라고 한다. 이 편찬물은 법률의 효력은 없었지만, 법학자에게는 큰 영향을 주었다. 이 속에 절대 왕정의 일반 원리가 내포되어 있다.

주의 법정 판결에 불만을 표시하려고 할 때는, 어쩔 수 없이 오판을 이유로 상소하도록 정했다. 《율령집》에 따르면, 위에서 말한 것처럼 국왕 직할령의 법정을 오판을 이유로 상소할 수는 없었다. 같은 재판소에 수정을 청구해야만 했다. 그 경우 대관(代官)이 청구받은 수정에 응하지 않을 때는 국왕은 그의 법정에 상소하거나, 또는 《율령집》을 그 자체대로 해석한다면, 국왕에게 청원이나 탄원을 할 수 있도록 허가했다.

성 루이는 영주들의 법정에서 오판이 내려졌을 때는 오판 상소를 할 수 있도록 허가하고, 상소는 국왕이나 종주(宗主 : Suzerain)의 재판소에 제출해야 한다고 정했다. 그것은 그곳에서 결투에 따라서가 아니라, 그가 규칙을 정한 어떤 형식 절차에 따라 증인에 따라서 결정하기 위해서였다.

이리하여 영주의 법정에서처럼 오판 상소를 할 수 있거나, 또는 직할령의 법정에서처럼 그것을 할 수 없거나간에, 그는 결투라는 우연에 몸을 맡기지 않더라도 상소할 수 있게 정했다.

데퐁텐은 이처럼 결투 재판 없이 행해진, 그가 직접 본 최초의 두 건의 예를 전하고 있다. 그 하나는 국왕 직할령에 있는 생 캉탱 법정에서 있었던 일이고, 또 하나는 퐁튀 법정에서 있었던 일이다. 여기에는 백작이 참석해서 이제까지의 법이론을 주장했다. 그러나 이 두 사건은 모두 법에 따라서 재판되었다.

사람들은 아마 이렇게 물을 것이다. "어째서 성 루이는 소영주들의 법정에는 자기 직할령의 재판소에 설정한 소송 절차와 다른 절차를 명령했던가?" 그 이유는 다음과 같다. 성 루이는 그 직할령의 법정을 위해서 규정을 만드는 데 아무런 방해도 받지 않았다. 그러나 다음과 같은 이제까지의 특권을 누리고 있는 영주들에 대해서는 참작을 해야만 했다. 그 특권이란, 영주의 법정을 오판을 이유로 상소하는 위험에 맞닥뜨리지 않고서는 그 사건을 영주의 법정에서 결코 분리시킬 수 없다는 것이다. 성 루이는 이 오판 상소의 관행을 유지했다. 그러나 결투를 하지 않더라도 오판 상소를 할 수 있도록 정했다. 즉 변화가 그다지 두드러지지 않도록 그 자체를 폐지하면서, 그 말만 남겨 놓았던 것이다.

이것이 영주들의 법정에서 널리 받아들여진 것은 아니었다. 보마누아르는 이렇게 말한다. "이 시대에는 두 가지 재판 방법이 있었다. 하나는 국왕의 《율령집》에 따르는 것이고, 나머지 하나는 종래의 재판 절차에 따르는 것이다. 영주는 이 재판 절차의 어느 쪽인가를 따를 권리가 있었는데, 어떤 사건에서 그 한쪽을 택해 버리면, 다시 다른 쪽으로 되돌아갈 수는 없었다."

그는 덧붙여 말한다.

"클레르몽 백작은 새 재판 절차에 따랐으나, 그의 부하들은 종래의 방법을 지켰다. 그러나 그가 희망했다면 언제든 종래의 것을 부활시킬 수 있을 만한 권력은 쥐고 있었다. 그만한 권력도 없었다고 한다면 그는 부하들보다 약한 권위를 갖고 있었다는 증거가 될 것이다."

프랑스는 그즈음 국왕의 직할령 지방과, 소영주의 지방이라고 불리는 즉 소영주령의 두 가지로, 또는 성 루이의 《율령집》의 용어를 사용한다면, 국왕이 지배하는 지방과 그밖의 지방으로 나뉘어져 있었다. 국왕이 직할하는 여러 지방을 위해서 법령을 내릴 때에는, 다만 자기만의 권리를 행사할 뿐이었다. 국왕은 자기 통치 아래에 소영주들의 영지에도 관계가 있는 법령을 만들 경우에는, 그들과 협동하거나 또는 그들의 도장이나 서명을 받고 작성했다. 그렇지 않으면 소영주들은 그것이 자기 영지의 복지에 어울리느냐에 따라서 받아들일 지를 결정했기 때문이다. 배종자(陪從者 ; arriére vassal)와 대가신(大家臣 ; grand vassal) 사이에도 소영주와 국왕 사이와 같았다. 그런데 《율령집》은 영주들에게 매우 중요성을 가진 사항에 대해서 규정한 것이지만, 그들의 동의를 얻어서 나간 것이 아니기 때문에 그것을 받아들이는 것이 이익이라고 믿은 영주에 따라서만 받아들였다. 성 루이의 아들 로베르는 클레르몽에 있는 그의 백작령에 《율령집》을 받아들였다. 그러나 그의 부하들은 그들의 영지에서 이것을 시행해야 한다고는 전혀 생각하지 않았다.

제30장 상소 고찰

상소는 결투를 거는 것이었으므로, 곧바로 실행되어야 했다. 보마누아르는 말한다. "만일 당사자가 상소하지 않고 법정을 떠나면, 그는 상소권을 잃고 판결을 타당한 것으로 승인한 것이다." 이것은 결투 재판의 관행이 제한된 뒤에도 여전히 존속했다.

제31장 상소 고찰(계속)

서민은 영주의 법정을 오판을 이유로 제소할 수 없었다. 우리는 이것을 데퐁텐에 따라서 알 수 있다. 그리고 그것은 《율령집》에서도 확인된다. "그래서 영주와 백성들 사이에는 하느님 이외에 재판관이 없다"고 데퐁텐은 다시 말한다. 오판을 이유로 영주의 법정을 상소하는 권리를 서민들로부터 빼앗은 것은, 결투 재판의 관행이었다. 이것은 참으로 진실인데, 특허장, 또는 관행에 따라서 결투할 수 있는 권리를 가졌던 서민은,*46 영주의 법정을 오판을 이유로 상소하는 권리를 갖고 있었던 것이다. 예컨대 재판을 한 중신들이 기사였다고 하더라도 그랬다.*47 그래서 데퐁텐은 서민에게 오판을 이유로 상소당한 기사가 서민과 결투하는 불명예를 피하기 위한 편법을 몇 가지 보여주고 있다.

결투 재판의 관행이 쇠퇴하기 시작하고 새로운 상소의 관행이 실시되기 시작하자, 자유인은 영주 법정의 부정에 맞서는 구제 수단을 갖고 있는데, 서민은 그것을 갖지 못한다는 것은 불합리하다고 여겨졌다. 그래서 고등 재판소는 그들의 상소를 자유인의 상소처럼 받아들였다.

제32장 상소 고찰(계속)

영주의 법정이 오판으로 상소당했을 경우, 영주는 그 법정의 판결을 변호하기 위해서 종주이며 영주인 그 앞에 직접 출두했다. 마찬가지로 재판 거절 상소의 경우에도 종주이며 영주인 그 앞에 소환된 당사자는 그 영주와 함께 갔다. 그것은 만일 재판 거절이 증명되지 않을 경우에는, 영주가 그 재판권을 회복할 수 있기 위해서였다.

그 뒤에 이르러, 두 가지 특수한 경우에 지나지 않았던 일들이 온갖 상소의 발생으로 모든 사건에 대해서 일반적인 것이 되었다. 그러자 영주가 그 자신의 법정 이외의 법정에서, 그 자신의 사건 이외의 사건 때문에 하는 수 없이 평생을 보내게 된다는 것은 불합리하다고 여겨졌다. 이로써 발루아(왕가)의 필립(1332년)은 대법관(bailli)만이 소환될 수 있다고 정했다.

그리고 상소의 관행이 다시 더욱 잦아지자, 당사자가 그 상소를 변호하게 되었다. 즉 재판관의 행위가 당사자의 행위로 된 것이다.

＊46 데퐁텐의 제22장 제7조와 제21조는 오늘날까지 매우 잘못 설명되고 있다. 데퐁텐은 영주의 재판과 기사의 재판을 대립시키고 있지 않다. 그것은 같은 것이었다. 그러나 그는 보통의 서민과 결투의 특권을 가진 서민을 대립시키고 있다. 〔원주〕

＊47 기사는 언제나 재판관의 수에 포함할 수 있다. 〔원주〕

재판 거부의 상소에서는, 영주가 그 사건을 자기 법정에서 재판시키는 권리를 잃는 데 지나지 않는다고 나는 말했다. 그러나 만일 영주 자신이 당사자로서 공격을 받았을 경우에는, 그것은 매우 빈번해졌지만, 그는 소환을 받은 국왕이나 영주에게 60리브르의 벌금을 냈다. 여기서 생긴 것이 상소가 일반적으로 수리된 뒤, 만일 영주의 재판관의 선고가 수정되었을 때는, 그 영주에게 벌금을 물린다는 것이 관행으로 되었다.

이 관행은 오랫동안 존속했으며 루시용의 명령으로 확인되었는데, 그 자체의 부조리 때문에 마침내 없어져 버렸다.

제33장 상소 고찰(계속)

결투 재판의 관행에서, 재판관의 한 사람을 오판으로 상소한 자는 결투로 이기는 수는 있었지만, 소송에 이길 수는 없었다. 실제로 유리한 판결을 받는 당사자가 타인의 행위로, 그것을 빼앗겨서는 안 되었다. 따라서 결투에 이긴 오판의 상소인은 다시 당사자와 싸워야만 했다.

그것은 판결이 좋았느냐 나빴느냐를 알기 위해서가 아니라—결투가 이 판결을 사라지게 했으므로 이제 판결은 문제가 아니었다—청구가 정당한가 아니한가를 결정하기 위해서였다. 여기서 우리의 판결 선고 방법이 생긴 것이 틀림없다. 법정은 상소를 취소하고, 상소의 원인을 취소한다.

실제로 오판을 이유로 상소한 자가 졌을 때, 상소는 없어졌다. 그가 이기면 판결은 파기되고 상소도 파기되었다. 그러므로 새로운 판결 수속을 밟아야만 했다.

이것은 참으로 진실이었으며, 사건이 증인 심문에 따라서 재판될 경우에는 이 선고 방법은 쓰이지 않았다.

드 라 로슈 플라방의 말에 따르면, 고등법원의 심문부 창설 초기에는 이 형식을 쓸 수 없었다고 한다.

제34장 소송 절차가 비밀로 된 이유

결투는 공개 절차의 형식이 나오게 했다. 즉 공격도 방어도 똑같이 사람들에게 알려졌다. 보마누아르는 말한다. "증인은 모든 사람 앞에서 그 증언을 진술해야만 한다."

부티예의 주석자가 옛날 법률 전문가들의 손으로 쓰인 옛 소송 서류에서 알았다고 하는 바에 따르면, 옛날 프랑스에서는 형사 소송이 공개되어 로마의 공개 재판과 다름없는 형식으로 행해졌다고 한다. 이것은 그 무렵 일반적이었던 문자의 무지와도 관련이 있었다. 문자 사용은 사상을 확정하고, 비밀을 유지하게 한다. 그러나 문자를 쓰지 않을 때는, 한 사상을 계속 고정시키려면 다만 소송 절차의 공개가 있을 뿐이었다.

그러나 재판관에 따라서 재판이 이루어지게 되었다는 것, 또는 재판관 앞에서 한 주장에는 불명확한 점이 생길 수 있었으므로 법정이 열릴 때마다 재판관은 지난 일을 돌이켜 봄으로써(par record) 절차라고 부르는 것에 따라서 그 기억을 새로이 할 수 있었다.*48 그리고 이 경우에는 증인에 대한 결투 신청은 허락되지 않았다. 그렇게 되면 사건이 결코 끝나지 않기 때문이다.

그 뒤 비밀의 소송 형식이 나왔다. 모든 것은 공개적이었는데, 그것은 모두 비밀이 되었다. 심문도, 증거 조사도, 검진(檢眞)*49도, 대질도, 검사의 논고도 모두 비밀이었다. 그리고 이것이 오늘날까지도 관행이 되었다. 최초의 소송 형식은 그 무렵의 정체에 알맞았다. 새로운 소송 형식이 그 후에 성립된 정체에 적당했던 것처럼. 부티예의 주석자는 이 변화의 시기를 명령*50이 내려진 1539년 쯤으로 보고 있다. 내 생각에 이 변화는 서서히 이루어져, 영주들이 옛 재판 소송을 그만두고 성 루이의 두 《율령집》에서 나온 재판 방법이 완성됨에 따라서 소영주령에서 소영주령으로 전해진 것 같다. 사실 보마누아르의 말에 따르면, 증인의 말을 공개적으로 들을 수 있는 것은 결투 신청을 할 수 있는 경우뿐이었다. 그 밖의 경우에는 증인의 진술은 비밀로 되었고 그 진술은 문서에 기록되었다.

그러므로 수속이 비밀로 된 것은 결투 신청이 없어졌을 때부터인 것이다.

제35장 소송비

옛날 프랑스의 세속 재판소(cour laie)에서는 소송비의 선고가 없었다. 재판에서 진 당사자는 영주나 중신에 대한 벌금으로 충분히 벌을 받았다. 결투 재판

---

*48 법정에서 이미 행하여지고, 말해지고, 명령된 것을 증인에 따라서 입증했다. 〔원주〕

*49 récolement. 증인에게 그가 진술한 것을 다시 읽어 주고, 수정하고, 덧붙이고, 만일의 경우에는 삭제시키는 행위이다.

*50 종교 재판소의 권한을 제한한 프랑수아 1세의 빌리에 코트레의 명령.

에 의한 소송 절차 방법을 따르는 범죄의 경우엔, 져서 생명과 재산을 잃은 당사자는 한도껏 벌을 받았다. 결투 재판에서는 소송에 때로는 일정하고 때로는 영주의 의사에 따른 벌금이 있었다. 이러한 것들 때문에 소송의 승패를 두려워하게 되었다. 결투로만 승패가 결정된 사건에도 사정은 이와 같았다. 소송으로 주된 이득을 얻은 것은 영주였으므로, 중신을 소집하는 데나 그들을 재판할 수 있는 상태에 두는 데 주로 지출을 맡아야 하는 것도 영주였다. 더욱이 사건은 대부분 그 자리에서 곧바로 종결되었고, 그 뒤에 발견되는 수많은 문서가 필요없었으므로 당사자에게 소송비를 줄 필요도 없었다.

상소의 관행이야말로 소송비를 주는 관행이 생기게 하는 것이다. 그러므로 데퐁텐은 말하고 있다. "성문법에 따라서 상소했을 경우, 즉 성 루이의 새로운 법을 따랐을 경우에는 소송비가 주어졌다. 그러나 오판이 아닐 때 상소하는 것을 허가하지 않았던 일상의 관행에서는 소송비가 주어지지 않았다. 그리고 만일 사건이 영주에게 반송되면, 벌금과 계쟁물(係爭物)의 1년과 하루의 소지를 허용받는 것에 지나지 않았다."

그러나 새로이 상소가 쉬워져 상소가 늘어났을 때, 한 재판소에서 다른 재판소로 상소가 자주 행해짐으로 인해 당사자가 그 거주지 밖으로 끊임없이 이동하게 되었을 때, 소송 절차의 새로운 기술이 소송을 많게 하여 그것을 영구화했을 때, 아주 정당한 청구로 면할 수 있을 정도로 학문이 세련되었을 때, 소송인이 다만 뒤를 쫓아오게 하기 위해서 달아나고 있다는 것을 알았을 때, 고소가 비용만 너무 들게 되어 피고 측이 안심할 수 있게 되었을 때, 의론이 많은 말과 문서 속에 파묻혀 버렸을 때, 온 국토가 정의와는 거리가 먼 법의 앞잡이들로 가득찼을 때, 불신 행위가 지지받지 못하던 장소에서 조언을 얻었을 때 등, 그런 경우에 소송인을 소송비에 대한 두려움으로써 막을 필요가 생겼던 것이다. 소송인은 판결을 받기 위해서나, 판결을 회피하기 위해서 사용한 수단을 위해서나 소송비를 내야만 했다. 샤를 미남왕(美男王)은 이 점에 대해서 인간적인 명령(1324년)을 내렸다.

제36장 원고관

살리카법, 리푸아리아법, 그 밖의 이민족 법에 따르면 범죄에 대한 벌은 금전상의 것이었으므로, 그때에는 오늘날처럼 언제나 소추를 임무로 하는 원고관(原告官 : 검사)은 존재하지 않았다. 사실 모든 것은 손해 배상의 책임을 져야 한다는 결론에 이르렀다. 그리고 모든 소추는 민사적이었다. 그래서 개인은 저마다 그것을 할 수 있었다. 한편 로마법은 범죄 소추를 위한 민중적인 형식을 갖고 있었으나, 그것은 원고관의 직무와 조화를 이룰 수 없었다.

결투 재판의 관행도 이 사상과 맞서지 않았다. 왜냐하면 누가 원고관이 되어 모든 사람의 대리 결투자가 되고, 또 모든 사람과 결투할 생각을 하겠는가?

나는 무라토리가 롬바르디아법에 삽입한 문례집 속에서, 제2 왕통에는 공적인 당사자의 소송 대리인이 있었음을 발견했다. 그러나 문례집을 통독해 보면 이 관리들과 오늘날 우리가 원고관이라고 부르는, 즉 검찰총장, 국왕이나 영주와 검사의 사이에는 뚜렷한 차이가 있었음을 알게 될 것이다. 전자는 시민 사무관리라기보다는 오히려 정치·가정 사무관리를 위한 공공 대리관이었다. 사실 이 문례 속에서는 그들이 범죄 및 미성년자·교회, 그리고 사람의 신분에 관한 사건을 소추하는 임무를 띠고 있었다는 것을 발견할 수는 없다.

원고관 제도는 결투 재판의 관행과 맞서지 않았다고 나는 말했다. 그런데 그 문례의 하나에서, 결투하는 자유를 가진 공적 소송 대리인이 발견된다. 무라토리는 이 문례를 앙리 1세의 명령 바로 뒤에 두었다. 그 명령 뒤에 이 문례가 만들어졌다. 그 명령은 말하고 있다. "만일 아버지·형제·조카 그 밖의 친족을 살해하는 자는 그들의 유산 상속권을 잃고, 그 유산 상속권은 다른 친족에게 이전되며, 또 그 자신의 재산은 국고의 소유가 될 것이다." 그런데 국가에 귀속된 이 상속 재산의 소추를 위해서, 국고의 권리를 주장하는 공공의 소송 대리인이 결투의 자유를 가졌던 것이다. 이 경우는 일반 원리에 들어갔다.

우리는 이들 문례에서 공공의 소송 대리인이 다음과 같은 자를 고소하는 것을 본다. 즉 도둑을 잡아서 백작 앞에 끌고 가지 않은 자, 백작에 대한 반란 또는 집회를 꾀한 자, 백작이 죽이라고 맡긴 자의 생명을 살려준 자, 도둑을 바치라는 백작의 명령에 복종하지 않은 교회의 소송 대리인,[*51] 국왕의 비밀을 제3자에게 흘린 자, 무기를 들고 황제의 사절을 추격한 자, 황제의 편지를 모욕한 자,—이자들은 황제의 소송 대리인이나 황제에게 고소되었다—군주의 화폐를 받지 않겠다고 거부한 자. 맨 마지막의 경우는 결국 이 소송 대리인은

＊51 교회의 대소인은 도둑이 제단 아래에 숨었을 때, 피난처의 권리를 옹호했다.

법이 국고의 소유라고 정한 것에 대해 청구 소송을 하는 셈이다.

그러나 범죄 소추에는 결투가 사용되었거나, 화재, 재판관이 그 자리에서 살해된 경우, 사람의 신분·자유·예속에 관한 경우에서나 결코 공공의 소송 대리인의 모습은 볼 수 없다.

이들 문례는 롬바르디아법을 위해서뿐만 아니라 덧붙여진 여러 칙령을 위해서도 만들어졌던 것이다. 따라서 그것이 이 문제에 대해서 제2 왕통의 관행을 보여주는 것은 의심할 여지가 없다.

이들 공공의 소송 대리인은 여러 주(州)에서 국왕의 사절과 마찬가지로 제2 왕통과 더불어 사라진 것이 분명하다. 그 이유는, 이미 일반적인 법도 일반적인 국고도 없어졌기 때문이다. 또한 여러 주에는 이제 재판소를 열 백작이 없어지고, 따라서 백작의 권위 유지를 주임무로 삼는 관리도 없어졌기 때문이다.[*52]

결투의 관행은 제3 왕통 때 한층 더 자주 행해졌으므로, 원고관 설치를 허가하지 않았다. 따라서 부티예는, 농사대전(農事大全 : Somme Rurale)에서 사법 관리를 설명할 때는 대법관(bailli)·봉토인(hommes féodaux)·집달리(sergent)를 들고 있을 뿐이다. 그때의 소추 방법에 대해서는 《율령집》과 《보마누아르》를 보면 된다.

마조르카 왕 제임스 2세의 법에서, 오늘날 우리의 검찰총장이 가진 직무를 가졌던 국왕의 검사직이 창설된 것을 나는 보았다. 이 직은 우리의 재판 형식이 바뀐 뒤에야 비로소 생긴 것이 명백하다.

제37장 성 루이의 《율령집》이 망각된 이유

순식간에 생겨서 늙고 죽은 것이 《율령집》의 운명이었다.

이에 대해서 몇 가지 고찰해 보기로 한다. 성 루이의 《율령집》이란 이름 아래에 우리가 갖고 있는 법규는, 왕국 온 영토에 걸쳐서 법이 되기 위해 만들어진 것은 결코 아니었다. 이 법전의 서문에는 그렇게 이야기되지만, 이 편찬물은 모든 시민적 사건, 유언에 따르거나 또는 생존자 사이의 재산 처분, 여성의 지참금 및 이득, 봉토의 이득 및 특권, 경찰 사건 등에 대해서 규정한 일반

---

*52 이 절은 처음의 여러 판에는 없다.

적 법전이다. 그런데 각 도시나 소도시, 마을 등이 저마다 관습법을 갖고 있던 시대에, 시민법의 일반 법전을 드러내놓는 것은 왕국의 각 지방 생활을 지배하던 모든 개별법을 한순간에 뒤집어 버리려고 하는 것과 다름없었다. 모든 개별적 관습법으로 하나의 일반적 관습법을 만드는 것은, 군주가 여러 곳에서 복종만을 발견하는 오늘날에도 무분별한 짓이 아니겠는가?*53 왜냐하면 불편이 이익과 같을 때는 변혁하지 말아야 하는 것이 진실이라면, 이익이 작아지고, 불편이 커질 때는 더욱더 변혁을 해서는 안될 것이기 때문이다. 그런데 당시의 프랑스 왕국의 상태, 즉 각자가 그 주권과 그 권력의 관념에 취해 있던 상태에 주의를 기울인다면, 기존법과 관행을 여러 곳에서 바꾸는 기도가 통치하는 사람들의 정신에 떠오르지 않았다는 것을 잘 알 수 있다.

앞서 내가 설명한 것은 이 《율령집》이라는 법전이, 뒤캉주에 따라서 인용되고 있는 아미앙 시청의 한 사본에 쓰인 것처럼, 고등법원에서 무인 귀족이나 법조인에 따라 확인되지 않았음을 증명하고 있다. 그 밖의 사본에 따르면, 이 법전은 1270년 성 루이가 십자군으로서 튀니스로 출발하기 전에 준 것으로 되어 있다. 이 사실은 다른 사실보다 정확하지는 않다. 왜냐하면 성 루이는 뒤캉주가 지적했듯이, 1269년에 떠났기 때문이다. 그것으로 그는, 이 법전이 그의 부재 중에 발표되었을 것이라고 결론지었다. 그러나 그런 일은 있을 수 없다고 나는 생각한다. 성 루이가 왜 혼란의 씨이자 때에 따라서는 변경이 아니라 혁명이 일어날지도 모르는 일을 하는 데 자기가 없는 기간을 택했단 말인가? 이와 같은 일은 무엇보다도 직접 실행할 필요가 있었다. 그것은 약체의, 더욱이 이 사업의 실패를 바라는 영주들로 구성된 섭정직이 감당해 낼 일이 아니었다. 그런 사람들은 생 드니의 수도원장 마티우와, 네르의 백작 시몽 드 클레르몽, 그가 죽은 경우에는 에브뢰의 주교 필립, 퐁튀의 백작 장 등이었다. 이미 제29장에서 보았듯이, 퐁튀 백작은 그 영지에서 새 재판 절차가 실시되는 데 반대했던 것이다.

셋째로, 나는 말한다. 현존의 이 법전이 재판 절차에 관한 성 루이의 《율령집》과는 별개의 것일 가능성이 크다는 일이다. 이 법전은 《율령집》을 인용하고 있다. 그러므로 이것은 《율령집》에 대한 2차 저작물이지 《율령집》 그 자체는 아

---

*53 그러나 이것은 대혁명이 일어나게 된 계기의 하나가 됐다.

니라는 것이다. 흔히 성 루이의 율령에 대해서 말하고 있는 보마누아르도, 이 각 군주의 개개의 율령을 인용하는 데 그치고 《율령집》이라는 편찬물을 인용하고 있지는 않다.*54

이 군주 치하의 저술가인 데퐁텐은, 재판 수속에 관한 이 군주의 율령이 실시된 이후, 첫 두 사례에 관해서 마치 옛날 일처럼 이야기하고 있다. 따라서 성 루이의 율령은 여기서 말한 편찬물 이전의 것이었다. 그리고 이 편찬물이 첫머리에 무지한 사람이 붙인 오류투성이의 서문을 달고 나타난 것은, 성 루이의 생애 마지막 해이거나, 아니면 아예 이 군주가 죽은 뒤였을 것이다.

제38장 성 루이의 《율령집》이 망각된 이유(계속)

그러면 성 루이의 《율령집》이라는 이름 아래에 우리가 갖고 있는 이 편찬물은 무엇인가? 알기 어렵고 모호하고 아무렇게나 해석될 수 있는 이 법전은 무엇인가? 거기서는 프랑스법이 줄곧 로마법과 혼합되고, 거기서 발언하는 것은 입법자 같지만, 잘 보면 법률가일 뿐이다. 거기서는 시민법의 모든 경우와 모든 문제에 대한 법률 집성이 발견된다. 이것이 무엇인가를 알려면, 우리의 생각을 그 시대로 옮겨갈 필요가 있다.

성 루이는 그 시대 법률과 제도의 폐해를 보고, 국민에게 그 법제에 혐오감을 갖게 하려고 애썼다. 그는 자기 직할령과 영주들의 영토에 있는 재판소를 위해서 많은 규칙을 만들었다. 그리하여 매우 큰 성공을 거두었으므로, 보마누아르는 이 군주가 죽은 뒤에 곧 책을 냈는데, 성 루이에 따라서 정해진 재판 방법은 많은 영주들의 법정에서 시행되었다고 전하고 있다.

이처럼 이 군주는 목적을 이루었다. 영주 재판소를 위한 그의 규정은, 왕국의 일반법이 되기 위해서 만들어진 것이 아니라, 각자가 따를 수 있고, 그렇게 하는데 이익까지 발견할 범례로서 만들어진 것이다. 그는 좀 더 나은 것을 제시하고 나쁜 관행을 없앴다. 그의 법과 영주 법정은 좀 더 자연스럽고 한결 합리적이고, 도덕과 종교와 공공의 평화와 신체·재산의 안전에 더욱 적합한 소송 방법이 발견되자, 이것을 채용하고 다른 것을 버렸다.

강제해서 안될 때는 권유하고, 명령해서 안될 때는 지도하는 것이 가장 좋

---

*54 Etablissements란 가르니에판의 주석 121에 있듯이, 성 루이 시대에는 '법(lois)과 명령(ordonnances)'의 뜻으로 해석된다. 따라서 《판례집》이라는 번역은 적절하지 않은 것 같다.

은 방책이라고 한다. 이성(理性)과 미인은 자연스러운 지배력이 있다. 폭군다운 지배력까지 있다. 사람은 그에 저항하지만, 그 저항은 곧 상대에게 승리를 안겨주게 된다. 조금만 참으면 그는 무조건 항복하게 되는 것이다.

성 루이는 프랑스 법제에 싫증을 내게 하려고 그때의 법률가에게 로마법에 관한 책을 번역시켰다. 데퐁텐은 우리가 가진 첫 법률 실무서의 저자이지만, 이 로마법을 크게 이용했다. 그의 저작은 프랑스의 옛 법제, 성 루이의 법이나 법령과 로마법의 성과이다. 보마누아르는 로마법은 그다지 이용하지 않았지만, 프랑스의 옛 법제를 성 루이의 여러 규정과 조화를 이루도록 했다.

이 두 가지 저작, 그중에서도 특히 데퐁텐의 그것과 같은 정신으로, 어느 대법관이 오늘날 《율령집》이라고 부르는 법제의 저작물을 만들었다고 나는 믿는다. 이 책의 속표지에는, 그것이 파리와 오를레앙과 소영토 법정의 관행에 따라서 만들어졌다고 써서 있다. 또한 서문에는 이 책이 왕국 모든 국토와 앙주와 소영토 법정의 관행을 다루고 있다고 밝히고 있다. 보마누아르와 데퐁텐의 저작이 클레르몽과 베르망드와의 두 백작령을 위해서 만들어졌듯이, 이 저작은 파리·오를레앙 그리고 앙주를 위해서 만들어진 것이 분명하다. 보마누아르에 따르면 많은 성 루이의 법이 소영토의 법정에 침투한 모양이므로, 편찬자가 그의 저작이 소영지의 법정에도 관계가 있다고 말한 것은 일리가 있다.*55

이 저작을 만든 자가 성 루이의 법 《율령집》과 함께 나라의 관습을 편찬한 것은 분명하다. 이 저작은 매우 귀중하다. 왜냐하면 그것은 앙주의 옛 관습과, 당시 시행되던 성 루이의 법령과, 프랑스의 옛 법제를 포함하기 때문이다.

이 저작과 데퐁텐·보마누아르의 저작의 차이는, 이 저작이 입법자처럼 명령적인 어조로 이야기한다는 것이다. 그러나 그래서 더 좋았다. 왜냐하면 그것은 성문 관습(成文慣習)과 법의 편찬물이었기 때문이다.*56

이 편찬물에는 본질적인 결함이 있었다. 이것은 두루뭉술한 법전을 형성하여 거기에 프랑스법과 로마법의 잡동사니가 생겼다. 그것은 전혀 관계가 없고, 때론 모순되는 것을 결부시킨 것이다.

---

*55 이 속표지와 서문만큼 모호한 것은 없다. 첫째, 이것은 파리·오를레앙 그리고 영토의 법정 관행이며, 다음에 이것은 왕국의 모든 세속 법정과 프랑스 재판구라는 관행이며, 그 다음에 이것은 왕국 전토와 앙주 영토의 법정 관행이다. 〔원주〕

*56 처음 여러 판에서는 이 장은 여기에서 끝나고, 다음 두 절은 제39장의 처음에 있었다.

봉토인의 프랑스 법정, 다른 재판소에 대한 상소가 없는 판결, '나는 유죄를 선고한다'든가, '나는 무죄를 선고한다'든가 하는 말에 따른 선고 방법은, 로마의 민중적 재판과 매우 비슷했다는 것을 나는 알고 있다. 그러나 사람들은 이 옛 법제를 그다지 쓰지 않았다. 사람들은 오히려 그 뒤 황제들이 행한 법제를 이용했다. 그리고 이 편찬에서도 프랑스 법제를 규정하고, 제한하고, 바로잡고, 확장하는 데 여러 곳에서 그것을 사용했다.

제39장 성 루이의 《율령집》이 망각된 이유(계속)

성 루이에 따라서 채용된 재판 형식은 시행되지 않았다. 이 군주는 그것 자체, 즉 최량의 재판 방법보다는 오히려 예부터의 재판 수속을 보충하는 방법을 목표로 삼았다. 주된 목적은 새로운 법제를 만드는 일이었다. 그러나 새 법제의 불편이 드러났을 때, 곧 다른 법제가 이어서 나타났다.

이처럼 성 루이의 법은 프랑스 법제를 바꾸었다기보다 오히려 그것을 바꾸기 위한 수단이었던 것이다. 그 법은 새로운 재판소를 열었다. 또는 오히려 거기에 이르기 위한 길을 열었다. 이리하여 모든 사람들이 일반적 권위를 가진 재판소에 쉽게 접근할 수 있게 되었을 때, 이제까지는 개별적인 한 소영토의 관행을 형성한 데 지나지 않았던 관례가 일반적 법제를 이루었다. 《율령집》 덕분에 보편적인 판결을 얻을 수 있게 되었다. 이것은 지금까지의 왕국에는 전혀 없었던 것이다. 건물이 완성되었을 때 발판이 허물어진 것과 같은 상태로 되었던 것이다.

이와 같이 성 루이가 만든 법은 입법의 걸작에서 논의되지 않았을 것이 틀림없다. 변혁을 준비하려면 때로는 몇 세기가 걸린다. 결과가 무르익어 혁명이 일어난다.

고등재판소는 종심(終審)으로서 왕국의 거의 모든 사건들을 재판했다. 종전에 이 재판소는 시민 질서와의 사이에 사건이 갖는 관계보다, 오히려 정치 질서와의 사이에 갖는 관계에서 즉 공작·백작·남작·주교·수도원장들 사이의 사건, 또는 국왕과 가신 사이의 사건만을 재판했다.*[57] 곧 이것은 상설적인 것이 되고, 언제나 열 수 있게 만들었다. 마침내 많은 재판소가 설치되어 모든 사건

---

*57 그 밖의 사건은 보통 재판소가 판결했다. (원주)

을 해결할 수 있게 되었다.

고등법원이 고정된 집합체가 되자, 그 판결에 대한 편찬이 시작되었다. 장 드 모크는 필립 미남왕 치세에 오늘날 《파리고등재판소 판례집(Registres Olim)》*58이라고 부르는 서적을 편찬했다.

제40장 교회의 재판형식이 채용된 이유

그런데 기존 재판 형식이 포기되었을 때, 로마법의 형식이 아니라 교회법(카논법)의 재판 형식이 어떻게 채용되었는가? 그것은 사람들이 교회법의 형식에 따르는 성직자의 재판소는 언제나 눈앞에 두고 있고, 로마법의 형식에 따르는 재판소는 본 적이 없었기 때문이다. 더욱이 종문 재판권(宗門裁判權)과 세속 재판권의 한계는 그 무렵에 거의 알려져 있지 않았다. 두 법정에 무차별하게 제소하는 사람도 있었다.*59 또 두 법정에 무차별로 제소되는 사건도 있었다. 세속 재판권은 봉건적인 사항과 종교를 해치지 않는 경우의 속인이 저지른 범죄의 재판권만을 자기 것으로서 배타적으로 지키고 있었던 것 같다.*60 왜냐하면 규약이나 계약 문제로 세속 재판소에 가야 하는 경우에도 당사자는 마음대로 성직자의 재판소에 제소할 수 있었기 때문이다. 즉 성직자의 재판소는 판결을 세속 재판소에 강제할 권한은 없었지만, 파문이라는 수법을 이용하여 그에 따르게 만들었던 것이다. 세속 재판소에서 재판 수속을 변경하고 싶을 경우에 성직자의 재판 절차를 채용한 것은 그들이 그것을 알고 있었기 때문이다. 그리고 로마법의 재판 절차를 채용하지 않은 것은, 그것을 알지 못했기 때문이다. 왜냐하면 절차에 대해서 사람은 실제로 시행되는 것밖에는 알지 못하는 법이다.

제41장 종문 재판권과 세속 재판권의 성쇠

시민 권력은 수많은 소영주의 손안에 있었으므로, 종문 재판권으로 봐서

---

*58 Olim은 옛날이라는 뜻의 라틴어이며, 1254년부터 1318년에 걸친 파리고등법원 판결을 모은 기록이다.
*59 과부, 십자군 병사와 그 토지를 위해서 교회 소작을 하는 사람들. (원주)
*60 성직자 재판소가 선서를 구실로 이것마저 빼앗은 것은, 필립 오귀스트 왕과 성직자, 귀족 사이에 교환된 유명한 조약으로써도 알 수 있다. 그것은 롤리에르의 《명령집》에도 있다.

는 나날이 그 영역을 넓히기는 쉬운 일이었다. 그러나 성직자의 재판권은 소영주의 재판권을 무력하게 만들었다. 성직자의 재판권으로 국왕의 재판권에 힘을 주는 데 공헌했으므로, 국왕의 재판권은 조금씩 성직자의 재판권을 제한하고, 후자는 전자에게서 점차 밀려나갔다. 고등법원은 그 소송 절차의 형식에, 성직자 재판소의 형식에 있는 가장 좋고 이로운 것을 채용해 버렸으므로 이윽고 그 결정밖에 눈에 띄지 않게 되었다. 그리고 국왕의 재판권은 나날이 세력을 더해 갔으므로, 끊임없이 그와 같은 결점을 고쳐나가는 힘을 지니게 되었다. 사실 그 결정들은 참기 어려운 것들이었다. 나는 그것을 일일이 열거하지 않고, 보마누아르나 부티에나 프랑스 왕의 《명령집》을 참조하도록 권한다. 더 직접적으로는 공공의 이익에 관계 있는 결함에만 이야기하겠다. 우리는 그 결함들을, 그것을 교정한 여러 판결을 통해서 이미 알고 있다. 지독한 무지가 그것을 가져왔다. 그러나 일종의 광명이 나타나자 사라져 버렸다. 성직자의 침묵으로 미루어 성직자들도 그 개혁을 지향했다고 추정할 수 있다. 인간 정신의 본질로 볼 때 이는 칭찬해도 좋은 일이다. 재산의 일부를 교회에 주지 않고 죽은 자는 누구나—이것을 성직자의 은어로는 '참회하지 않고 죽는다 (mourir déconfés)'고 한다—영성체와 매장이 거부되었다. 유언 없이 죽었을 경우에는 친족들은 고인이 만일 유언을 했다면 교회에 주었을 것이 틀림없는 기부금액을 결정하기 위한 재정자(裁定者)를, 그들과 함께 주교에게 지명해 달라고 요청해야만 했다. 혼인만 하더라도 성직자가 동침허가를 하지 않으면 첫날밤에도, 그 다음 날 밤에도 함께 잘 수 없었다. 실로 이 사흘 밤이야말로 꼭 선택해야 할 밤이었을 것이다. 왜냐하면 다른 밤을 위해서는 그다지 많은 기부를 하지 않았을 것이기 때문이다. 고등법원은 성직자의 모든 위협과 갈취를 바로잡았다. 라고의 《프랑스법 난어 사전(難語辭典)》 속에서는 고등 법원이 아미앙의 주교에 대해서 내린 판결(1409년 3월 19일)이 발견된다.

 나는 처음 장(章)으로 되돌아간다. 어떤 시대, 어떤 치세에서, 국가 안의 여러 단체가 그 권력을 키우고, 또 서로 남보다 어떤 우위를 차지하려고 애쓰고 있을 때, 그들의 기도를 그들이 타락했다는 확실한 증거로 여긴다면 흔히 과오를 저지르게 될 것이다. 인간 본성과 뗄 수 없는 관계에 있는 불행을 극복하고 절도를 지킨 위인은 매우 드문 법이다. 그리고 자기 힘을 자제하는 것보다 그것에 따르는 편이 언제나 쉽기 때문에, 상류 계급에서는 매우 사려있는 사람보다 매우 유덕(有德)한 사람을 발견하는 편이 쉬울 것이다.

인간은 남에게 힘을 발휘하면서 큰 기쁨을 느낀다. 선(善)을 사랑하는 사람들까지도 자기 자신을 무척 사랑하고 있으므로, 자기의 선의를 의심할 필요가 있을 정도로 불행하지 않은 사람은 아무도 없다. 그리고 진실로 우리의 행위는 매우 많은 일에 연결되어 있어서, 선을 행하는(faire be bein) 편이 그것을 잘하는(le faire bein) 것보다 훨씬 쉬운 법이다.

제42장 로마법의 부흥과 그 결과·재판의 변화

1137년 유스티아누스 황제의 《법률전집(Digeste)》이 다시 발견되자, 로마법은 되살아나는 듯이 보였다. 그것을 가르치는 학교가 이탈리아에 세워졌다. 이미 그 전에 《유스티아누스법전》과 신칙법(新勅法 : Novelles)이 있었다. 앞서 말한 것처럼 로마법은 이탈리아에서 크게 환영을 받아, 롬바르디아법의 형세를 시원찮게 만들어 놓았다.

이탈리아 학자가 유스티아누스법을 프랑스에 갖고 왔다. 프랑스에서는 《테오도시우스법전》만 알려져 있었다. 그것은 이민족의 갈리아 정착 뒤에 간신히 유스티아누스법이 만들어졌기 때문이었다(530년쯤). 이 법은 얼마쯤 반대에 부딪쳤다. 그러나 그것은 극복되었다. 교황들이 카논법을 보호하기 위해서 집행한 파문에도 이겨냈다. 성 루이는 유스티아누스의 여러 저술을 번역시켜서, 이 법에 위세를 주려고 노력했다. 그의 번역 원고는 지금도 우리나라 도서관에 남아 있다. 그리고 이미 설명했듯이, 《율령집》에서는 이것이 크게 이용되었다. 필립 미남왕은 유스티아누스의 법을 다만 그 썬 이성(理性)으로서만 프랑스 관습법에 따라서 통치되던 여러 지방에서 가르치게 했다. 그리고 로마법이 법이었던 여러 지방에서는 그것이 법으로서 채용되었다.

결투 재판에 따른 소송 방법은, 재판하는 사람이 그리 큰 능력이 필요없다고 앞에서 말했다. 사건은 저마다의 장소에서 전통으로 이어진 몇 가지 간단한 관습에 따라 결정되었다. 보마누아르 시대에는 두 가지 재판이 행해지고, 어떤 곳에서는 대법관에 따라서 재판이 실시되었다.[*61] 제1의 형식에 따르는 경우에는, 법관은 그들 재판구의 관행에 따라서 재판했다. 제2 형식에서는, 대법

[*61] 자유도시에서는 평민은 다른 평민이 재판했다. 그것은 대신이 자기들끼리 재판한 것과 같았다.

관에게 같은 관행을 보여 주는 것은 박식가나 경험 많은 노인이었다. 이 모든 것은 아무런 학식도, 능력도, 연구도 필요로 하지 않았다. 그러나 《율령집》이 라는 어려운 법전과 그 밖의 법제 저작물이 나타나고 로마법이 번역되었을 때, 로마법을 학교에서 가르치기 시작했을 때, 일정한 소송 기술, 일정한 법률 기술이 이루어지기 시작하고 법률 실무가, 법학자가 나타나기 시작했을 때, 법관이나 박식가들은 이제 재판할 힘이 없어졌다. 법관은 영주의 재판소에서 물러나기 시작했다. 영주는 그들을 소집할 열의가 없어졌다. 이 경향에 박차를 가한 것은, 새로운 재판 형식이 귀족에게는 매우 흐뭇하고, 무인(武人)에게는 재미있고 눈부신 행위인 결투 대신에 그들이 모르는, 아니 알고 싶지도 않은 절차에 지나지 않았다는 것이다.

법관에 의한 재판 수속은 차츰 시행되지 않게 되었고, 대법관에 의한 재판 수속이 널리 퍼졌다. 본디 대법관은 재판을 하지 않았다. 그들은 심리만 한 뒤 박식가의 판결을 선고했던 것이다. 그러나 이제 박식가들이 재판할 힘을 잃었으므로 대법관이 스스로 재판했다.

이것은 교회 재판관의 수속이 눈 앞에 있었으므로 그만큼 쉽게 행해진 것이다.

교회법과 새 시민법은 법관을 폐지하는 데 똑같이 협력했다.

이리하여 프랑스 군주정치에서 언제나 지켜온 관행, 재판관은 결코 혼자서 재판하지 않는다는 관행이 사라져 버렸다. 그것은 살리카법, 여러 칙령, 제3 왕통 최초의 절차에 관한 작자를 통해서 사람들이 아는 일이다.

반대의 폐해는 지방 재판소에서만 일어났는데, 많은 장소에 재판관의 자문역이자 본디 박식한 대신인 대리관(lieutenant)의 설치로서, 또는 신체형에 해당할 수 있는 사건에서는 자격이 있는 두 사람을 배석시켜야 하는 재판관의 의무로서 완화되고, 또 어떤 의미에서는 체계를 바로 세운 것이다.

그리고 마지막으로 이 폐해는 상소가 매우 쉬웠기에 별다른 영향이 없었다.

제43장 로마법의 부흥과 그 결과·재판의 변화(계속)

이처럼 소영주에게 스스로 그 법정을 열지 못하게 금한 것은 법이 아니었다. 대법관을 창설하라고 명령한 법은 없었다. 그들이 재판권을 얻은 것은 법에 따라서가 아니었다. 이것은 모두 조금씩, 그리고 사물의 힘에 따라서 이루어졌다.

로마법, 재판소의 판결, 새로 성문이 된 관습의 대계(大系)에 관한 지식은 무식한 귀족이나 국민이 감당할 수 없는 연구를 필요로 하고 있었다.

이 문제에 대해서 우리가 갖는 유일한 명령은 소영주에게, 그 대법관을 평범한 사람들 가운데 선출하라고 명령한 것(1287년)이었다. 이 명령을 대법관 창설의 법으로 여기는 것은 적절하지 않다. 이 명령은 거기에 쓰인 이외의 것을 말하는 것은 아니기 때문이다. 더욱이 그것이 주고 있는 이유로써 그것이 명령하는 것을 뚜렷이 드러내고 있다. 즉, "대법관을 일반인들 중에서 채용해야 한다고 하는 것은, 그들이 부정한 행위로 처벌받을 수 있기 때문"이다. 이 시대 성직자의 특권은 두드러졌다.

소영주가 옛날에 누리다가 이제 누리지 못하게 된 여러 특권이 찬탈물로서 그들에게서 몰수되었다고 생각해서는 안 된다. 그 대부분은 무관심 때문에 잃었다. 그 밖의 것은 포기되었다. 왜냐하면 온갖 변화가 몇 세기에 걸쳐서 일어났는데 그러한 특권은 이 변화와 양립될 수 없었기 때문이다.

제44장 증인에 의한 증거

관행 이외에 다른 규칙이 없었던 재판관은, 발생하는 문제들을 보통 증인에 따라 조사했다.

결투 재판이 차츰 시행되지 않게 되었으므로, 사람들은 문서에 따라서 조사와 심문을 했다. 그러나 문서에 기록된 말로 한 증거는 결코 말로서의 증거 이상은 될 수 없었다. 그것은 다만 소송 비용을 높일 뿐이었다. 그래서 이와 같은 조사·심문의 대부분을 쓸데없는 것으로 만드는 규정을 만들었다.[*62] 공공의 장부가 여러 가지 작성되고 그것으로 작위·나이·정적(正嫡)·혼인 등 대부분의 사실이 증명되었다. 문서는 매수하기 어려운 증인이다. 관습법이 문서로 편찬되었다. 이것은 모두 합리적이었다. 즉 피에르가 폴의 아들이냐 아니냐 하는 것은, 긴 사문(査問)으로 사실을 증명하려고 하기보다는 세례 등기부로 조사해 보는 편이 쉽다. 어떤 지방에 매우 많은 관행이 있을 때는 개개인에게 각 관행을 증명하라고 강제하는 것보다는, 그것을 모두 하나의 법전으로 수록해 두는 편이 쉽다. 마지막으로 100리브르가 넘은 채무에서는, 문서에 의한 증거

---

*62 나이와 혈족 관계의 증명법은 《율령집》 참조. 〔원주〕

가 없는 한 증인에 의한 증거 수리를 금하는 유명한 칙령이 만들어졌다.*63

제45장 프랑스의 관습법
이미 말했듯이 프랑스는 글자로 나타내지 않은 관습법에 지배되었으며, 각 소영주의 특수한 관행이 시민법을 형성했다. 각 소영주령은 보마누아르가 말하듯이,*64 저마다 시민법을 갖고 있었다. 더욱이 그 법은 매우 특수해서 이 시대의 지식은, 그것도 대지식인으로 여겨야 할 이 저자는 "프랑스 왕국 전체 영토를 통해 모든 점에서 같은 법에 지배받는 소영주령이 두 군데가 있으리라고는 믿지 않는다" 말하고 있다.

이와 같은 놀라운 다양성에서는 하나의 주된 기원이 있으나, 또 하나의 기원도 있다. 제1의 기원에 대해서는 내가 지방적 관습법의 장(章)*65에서 설명한 것을 떠올려 주기 바란다. 제2의 기원은 결투 재판에의 갖가지 사건 속에서 그것을 발견할 수 있다. 결투로 끊임없이 일어나는 우발 사건은 마땅히 새로운 관행을 제시할 것이기 때문이다.

이러한 관습법은 노인들의 기억에 스며들어 있었다. 그러나 그것은 서서히 법률과 같은 관습법으로서 만들어졌다.

① 제3 왕통 시초에 국왕은 앞에서 내가 설명한 방법으로 개별적인 특허장을, 또는 일반적인 특허장까지도 주었다. 필립 오귀스트 왕의 규칙집이나 성 루이가 만든 규칙집이 바로 그것이다. 마찬가지로 대가신(大家臣)은 그 아래에 여러 영주와 협력해 그들의 공작령이나 백작령 재판소에서 상황에 따라 일정 종류의 특허장이나 규칙을 주었다. 귀족의 재산 분배에 관한 부르타뉴 백작 죠프루아의 규칙집, 공작 라울이 준 노르망디의 관습법, 티보 왕이 준 샹파뉴의 관습법, 몽포르 백작 시몽의 법 등등이 그것이다. 이것은 얼마쯤의 성문법을, 그리고 이제까지의 것보다 일반적인 성문법을 만들게 했다.

② 제3 왕통 초에는, 거의 모든 하층인은 예속민이었다. 온갖 이유로 말미암아 국왕과 소영주들로 하여금 예속인들을 해방하게끔 했다.

영주들은 예속민을 해방함으로써 그들에게 재산을 주었다. 그리고 그 재산

---
*63 1566년 샤를 9세 치하에서 만들어진 무랑의 칙령.
*64 보베지의 관습법 서문. (원주)
*65 제12장.

의 처분을 규정하기 위해서 시민법을 만들어 줄 필요가 있었다. 소영주들은 예속민을 해방시킴으로써 자기 재산을 포기했다. 따라서 소영주들은 자기 재산의 대체물로서 미뤘던 여러 권리를 규정할 필요가 있었다. 이 두 가지 것은 모두 해방 특허장에 따라서 규정되었다. 그리고 이 특허장은 우리나라 관습법의 일부를 구성했다. 그리고 이 부분은 문서로 만들어 편찬했다.

③ 성 루이의 치세 및 그 후계자들의 치세 아래서, 데퐁텐·보마누아르 등과 같이 노련한 법조 실무가들은 그 대관지(代官地)의 관습법을 문서로 만들어 편찬했다. 그들의 목적은 재산의 처분에 대한 그때의 관행을 표시하는 것보다 오히려 하나의 재판 절차를 만드는 데 있었다. 그러나 거기에는 모든 것이 표시되어 있다. 그리하여 이 개인적인 저자들은 그들이 한 말의 진실과 다 알고 있는 것에 따라서만 권위를 지녔지만, 그들이 우리 프랑스 법의 부흥에 매우 크게 도움이 된 것은 의심할 수 없다. 이 시대의 우리 성문 관습법은 이와 같다.

여기서 우리는 중대한 시기에 이르게 된다. 샤를 7세와 그 후계자들은 왕국 전토를 통해서 각종 지방적 관습을 문서로 작성해 편찬하게 하고, 그 편찬에서 지켜야 할 방식을 규정했다. 그런데 이 편찬은 주마다 이루어지고, 각 영(領)으로부터 각지의 성문이나 불문의 관행이 주의회에 제출되었으므로, 보류된 개인의 이익을 해치지 않고 행할 수 있는 한, 관습법을 좀 더 일반적인 것으로 만드는 데 노력이 기울어졌다.*66 이리하여 우리나라의 관습법은 세 가지 특질을 얻었다. 그것은 문자화되고, 보다 일반적이 되었으며, 국왕의 권위를 나타내는 날인을 받은 것이다.

이러한 많은 관습법이 다시 편찬되었을 때, 현행의 법제와 양립할 수 없는 모든 것을 없애거나 또는 이 법제에서 끌어낸 많은 것을 덧붙여서 크게 달라졌다.

관습법은 로마법에 대해서 일종의 반대를 포함하고 있어, 이 두 법은 지배하는 지역을 저마다 달리하는 것처럼 여겨지지만, 그러나 로마법의 많은 규정이 우리 관습법 속에, 특히 관습의 새로운 편찬이 우리 시대와 그다지 멀지 않은 시대에 행해졌을 때, 우리 관습법 안에 들어온 것은 사실이다. 그 시대의 로마법은 문관(文官)이 될 모든 사람들의 지식의 대상이었다. 그 시대 사람들

---

*66 La Thaumassiére. 파리 관습법. 벨리 관습법 편찬 때에도 이와 같이 했다. 〔원주〕

은 알아야 할 것을 알지 못하고, 알지 말아야 할 것을 알고 있는 것을 자랑으로 삼지는 않았으며, 유연한 정신은 자기 선전을 하기보다는 자기의 직업을 익히는 데 도움을 주었다. 그리고 부녀자라도 끊임없이 즐기는 속성은 없었다.

이 편의 마지막에서 나는 더 견해를 펼쳐야 했는지도 모른다. 또, 더 상세한 점을 논하여 상소가 시작된 이래 우리 프랑스 법제의 커다란 뼈대를 형성해 온 바 매우 완만하게 이루어진 모든 변화의 자국을 더듬어 두었어야 했는지도 모른다. 그러나 만일 그랬더라면 나는 큰 저작 속에 더 장대한 저작을 넣는 격이 됐을 것이다. 나는 마치 고국을 떠나 이집트에서 피라미드를 훑끗 보고 돌아온 저 골동품 애호가나 다름없을 뿐이다.

제29편
법을 만드는 방법

제1장 입법자 정신

나는 다음과 같이 말한다. 그리고 내가 이 책을 쓴 것은 오로지 이를 증명하기 위함이었던 것으로 생각한다. 즉, 중용의 정신이 입법자의 정신이어야 한다. 정치적 선(善)은 도덕적 선과 마찬가지로 언제나 두 극단 사이에 있다. 그 예는 다음과 같다.

재판의 여러 방식은 자유를 위해서 반드시 필요하다. 그러나 그 수가 매우 많아져서 그것을 정한 법 자체의 목적을 손상할 수도 있다. 즉 사건은 끝날 줄 모르고, 재산 소유권은 미확정인 채로 남을 것이다. 심리를 하지 않고 당사자의 한쪽에 다른 쪽의 재산을 주거나, 또는 심리 결과 두 당사자를 파멸시키게도 될 것이다.

또한 시민은 그들의 자유와 안전을 잃어버릴 것이다. 그래서 고소인은 이제 상대의 죄를 증명하는 수단이 없어지고, 피고인도 자기의 무고함을 밝힐 수단이 사라지게 된다.

제2장 입법자 정신(계속)

아울루스 겔리우스에서 세실리우스는, 부채를 갚을 능력이 없는 채무자를 도막내는 것을 채권자에게 허락한 십이동판법을 언급하며, 그 잔혹함 때문에 이 법을 변호했다. 잔혹한 법 덕분에 채무자는 그 능력 이상으로 돈을 빌리지 않게 된다는 것이다.[*1] 그렇다면 더 잔혹한 법이 가장 좋은 법이겠는가? 선은 극단에 존재하는가? 또 사물의 모든 관계는 파괴되어야 하는가?

---

*1 세실리우스는 이 형벌이 과해진 것을 본 적도 읽은 적도 없지만, 아마도 이런 형벌은 결코 제정되지 않았을 것이라고 말했다. 몇몇 법학자의 의견에 따르면, 십이동판법은 팔린 채무자의 대금 분할에 대해서 말하고 있을 뿐이라고 하는데, 이것이 사실인 것 같다. [원주]

제3장 입법자 의도에서 멀어진 듯 보이는 법이 적합한 경우가 흔하다

반란이 일어났을 때, 어느 편에도 가담하지 않은 모든 자들을 파렴치하다고 선언한 솔론의 법은 무척 이상하게 보였다.

그러나 그 무렵 그리스가 놓여 있던 상황을 고려해야만 한다. 그리스는 아주 조그만 나라들로 나뉘어져 있었다.

내부 분열로 신음하는 공화국에서 가장 조심스러운 사람들이 안전한 곳에 몸을 숨겨, 그것으로 사태가 구제될 수 없는 지경에 이르는 것을 두려워하고 있었다.

이들 조그만 나라에 일어난 반란에서는, 시민 대부분이 투쟁에 가담하거나 또는 투쟁했다. 우리의 여러 대군주국에서는, 당파가 몇몇 사람들로 이루어지고 백성은 한가하게 살고 싶어한다.

후자의 경우, 반란자를 다수의 시민에게 데리고 가는 일은 자연스러운 일이다. 그러나 전자의 경우, 신중하고 침착한 소수의 사람들 사이로 반란자를 데리고 가야 할 것이다.

어떤 술의 발효에서 단 한 방울의 다른 술로 멈출 수도 있는 법이다.

제4장 입법자의 의도에 어긋나는 법

법 가운데는 입법자가 잘 이해하지 못했기에 그 입법의 목적 자체에 반대되는 것이 있다. 프랑스에서 녹봉이 붙은 성직(bénéfice)을 두고서 경쟁하는 두 사람 가운데 한 사람이 죽었을 때는, 그 성직은 살아 남은 자의 것이 된다고 정한 사람들의 의도는 물론 싸움을 없애는 데 목적이 있었다. 그런데 거기서 반대의 결과가 생겼다. 성직자들은 서로 공격하고 치면서 불독처럼 사생결단으로 물어뜯었다.

제5장 입법자의 의도에 어긋나는 법(계속)

내가 여기서 설명하고자 하는 법은 에스키네스[*2]가 전한 다음의 서약에서 발견된다. "나는 선서한다. 나는 암픽티오니아 동맹에 가맹한 도시를 결코 파괴하지 않을 것이다. 나는 그 도시의 강물 방향을 절대로 바꾸지 않을 것이다.

[*2] Aeschines(BC 389~314) 데모스테네스의 경쟁자인 아테네 웅변가.

만일 그와 같은 짓을 하는 시민이 있으면, 나는 그 시민에게 싸움을 선언하고 그 도시를 파괴할 것이다." 이 법의 마지막 항은 제1항을 확인하고 있는 듯이 보이지만, 실제로는 그와 반대이다. 암픽티온*3은 그리스의 여러 도시를 결코 파괴되지 않기를 바라고 있는데도, 그의 법은 이들 도시의 파괴에 문을 열어 놓았다. 그리스인에게 훌륭한 만민법(萬民法)을 확립하기 위해서는, 그들이 그리스 도시를 파괴한다는 것은 흉악한 짓이라고 생각하는 습관을 갖게 했어야만 했다. 그는 파괴자까지도 파괴해서는 안되었던 것이다. 암픽티온의 법은 옳았다. 그러나 신중하지는 못했다. 그것은 이 법에 대한 악용 자체로 증명된다. 마케도니아의 필립은 그리스인이 법을 어겼다는 구실 아래에 그리스의 여러 도시를 파괴하는 권력을 손에 넣지 않았던가? 암픽티온은 다른 형벌을 가할 수도 있었을 것이 아닌가? 이를테면, 파괴자인 일정 수의 도시 집정자 또는 침범자인 군대의 우두머리를 사형에 처한다거나, 파괴자인 국민은 일정 기간 그리스인의 특권을 누리지 못하게 한다거나, 파괴된 도시가 부흥될 때까지 벌금을 물도록 하거나 했으면 좋았을 것이 아닌가? 특히 법은 손해 배상을 규정했어야만 했다.

제6장 같아 보이는 법이 언제나 꼭 같은 효과가 있지는 않다

카이사르는 60세스테르스 이상의 돈을 자기 집에 간직해 두지 못하도록 법으로 금했다. 이 법은 로마에서 채무자와 채권자를 화해시키는 데 매우 알맞은 것처럼 보였다. 왜냐하면 가난한 자에게 돈을 빌려 주도록 부자에게 강요하고, 가난한 자로 하여금 부자를 만족시킬 수 있도록 했기 때문이다. 같은 제도가 있었던 시대에 프랑스에서 만들어진 같은 법은 폐해가 무척 많았다. 만들어진 상황이 두려운 것이었기 때문이다. 그 제도는 자기 돈을 투자하는 모든 수단을 빼앗은 뒤, 자택에 그것을 저장하는 수단까지도 강제로 빼앗았다. 그것은 폭력에 따른 탈취와 다름없었다. 카이사르는 화폐를 국민 사이에 유통시키기 위해서 그 법을 만들었다. 그러나 프랑스 장관은 화폐가 단 한 사람의 손에만 들어가게 하기 위해서 그 법을 만들었다. 전자는 화폐 대신 땅이나 개인에 대한 저당권을 주었다. 후자는 법이 그것을 받아들이도록 강요했기에 그 자체

---

*3 Amphictyon. 데우칼리온의 아들로 암픽티오니아의 창설자로 여겨졌다. 몽테스키외는 그를 암픽티오니아 동맹의 상징적 수호자로서, 그가 주석하는 법의 입법자로 보았다.

의 성질로는 가치가 전혀 없는 증권을 화폐 대신 제공했다.

제7장 같아 보이는 법이 언제나 꼭 같은 효과가 있지는 않다(계속). 법을 올바르게 만들 필요성

도편(陶片) 추방법은 아테네·아르고스·시라쿠사에서 만들어졌다. 시라쿠사에서 그것은 수많은 폐단을 가져왔다. 그 법은 조심성 없이 만들어졌기 때문이다. 유력한 시민들은 무화과 잎을 손에 들고 서로 추방했다.[*4] 그 때문에 조금이나마 재능 있는 사람은 정무에서 떠났다. 아테네에서는 입법자가 그 법에 줄 발전과 제약을 알고 있었으므로, 도편추방은 칭찬할 만했다. 아테네에서는 한 사람 이상을 추방하는 일은 결코 없었다. 매우 많은 투표가 필요했으므로, 그 존재가 필요한 인물을 추방하기는 어려웠다.

이 추방은 5년마다 실시되었다. 실제로 도편추방은 같은 시민들에게 두려움을 느끼게 할 정도의 큰 인물 말고는 적용해서는 안 되었기에 일상적인 사건을 다루지 말아야 했다.

제8장 같아 보이는 법의 동기가 언제나 똑같지는 않다

프랑스에서는 상속보충지정(相續補充指定 : substitution)에 관한 대부분의 로마법을 받아들이고 있다. 그러나 상속보충지정이 프랑스에서는 로마법에서와 아주 다른 동기를 갖는다. 로마에서 유산은 상속인이 해야 할 일정한 희생, 그리고 교황의 법에 따라서 규정되었던 일정한 희생과 연결되어 있었다. 그 결과 로마인은 상속인 없이 죽는 것을 매우 불명예스러운 일로 여기고, 노예를 상속인으로 정하는 상속보충지정(Substitution vulgaire)을 맨처음 만들었다. 이 법은 지정 상속인이 유산을 받지 않을 경우에만 시행되었는데, 이것은 그 큰 증거이다. 그것은 상속 재산을 같은 이름의 가문에 영구히 전하는 것을 목적으로 한 것이 아니라, 상속 재산을 받을 누군가의 발견을 목적으로 했다.

[*4] ostracismus는 그리스어의 오스트라콘(陶片)에서 나온 말로서 도편(도자기 파편)에 의한 추방을 말하는데, 이 장에 있듯이 무화과 또는 올리브의 잎사귀를 사용하는 추방도 있었다. 이것은 정확히는 pétalisme(나뭇잎 추방)이라고 한다.

제9장 그리스법과 로마법은 자살을 벌했으나, 그 동기는 서로 달랐다

플라톤은 말한다. "자기와 밀접하게 결합되어 있는 자, 즉 자기 자신을 집정자의 명령이나 치욕을 피하기 위해서가 아니라 나약하기 때문에 죽인 자는 처벌될 것이다." 로마법은 이 행위가 나약한 정신과 삶의 고통을 참는 힘이 없어서 비롯된 것이 아니라, 어떤 범죄의 절망 때문에 한 짓일 때는 이 행위를 처벌했다. 로마법은 그리스법이 유죄로 보는 경우를 무죄로 하고, 무죄를 보는 경우를 유죄로 했다.

플라톤의 법은 스파르타의 제도에 바탕해서 만들어졌다. 거기서 집정자의 명령은 절대적이고, 치욕은 가장 큰 불행이며 나약함은 가장 큰 범죄였다. 로마법은 이 모든 훌륭한 관념을 포기하고 있었다. 그것은 재정상의 법에 지나지 않았다.

공화정치 시대에는 로마에 자살자를 처벌하는 법이 없었다. 이 행위는 언제나 역사가에 따라서 좋은 의미로 풀이되며, 이 행위를 한 자에 대한 처벌은 그곳에서는 결코 발견되지 않았다.

최초의 황제들 시대에, 로마의 명문은 끊임없이 재판에 따라서 뿌리 뽑혔다. 자발적인 죽음으로 단죄를 예방하는 관습이 생기기 시작했다. 거기에는 하나의 큰 이익이 있었다.

즉 자살자는 매장될 장소를 갖게 하는 명예를 얻고 유언이 집행되었다. 이것은 자살자를 처벌하는 시민법이 로마에 없었기 때문이다.

그런데 황제가 잔인한 것과 마찬가지로 탐욕스러워졌을 때 그들은, 없애 버리려고 생각한 상대편이 재산을 보전하는 수단까지도 남겨 주지 않았다. 그래서 그들은 다른 범죄를 후회하며 스스로 목숨을 끊는 것도 범죄라고 선언했다.

황제들의 동기에 대해서 내가 하는 말은 진실이다. 스스로 목숨을 끊은 자의 재산은, 자살의 원인이 된 범죄가 몰수를 수반하는 것이 아닐 경우에는 그것을 몰수하지 않는다고 그들은 동의했을 정도이다.

제10장 서로 다르게 보이는 법이 때로는 같은 정신에서 유래한다

사람을 재판소에 소환하려면 오늘날에는 그 사람의 집으로 간다. 그러나 이것은 로마에서는 시행되지 못했다.

재판에 소환하는 것은 폭력 행위이며, 신체 강제와 같았다. 그래서 오늘날 민사상의 부채 때문에 패소 선고를 받은 사람을 그 집으로 신체 강제를 하러 갈 수 없듯이, 재판에 소환하기 위해서 그 사람의 집에 갈 수 없었다.

로마법은 물론, 우리의 법도 모든 시민은 피난처로서 자기 집을 가지며, 그곳에서는 아무런 폭력도 받을 수 없다는 원리를 똑같이 인정하고 있다.

제11장 어떤 방법으로 두 가지 다른 법을 비교할 수 있는 방법

프랑스에서 위증자는 사형에 처해졌지만, 영국에서는 그렇지 않다. 이 두 법의 어느 쪽이 좋은가를 판단하기 위해서는, 프랑스에서는 범죄자에게 고문을 행하지만 영국에서는 그렇지 않다는 것을 덧붙여서 말해야 한다. 그리고 프랑스에서는 피고가 증인을 내세우지 않고, 변소 사정(辯疏事情 : faits justficatifs)이라는 것을 인정하는 일이 매우 드물지만, 영국에서는 모든 방면으로부터 증언이 허용되었다고 볼 수 있다. 프랑스의 세 가지 법은 매우 종합적이고 조리 있는 하나의 체계를 이루고 있다. 영국의 세 가지 법도 이에 못지않게 종합적이고 조리 있는 체계를 만들고 있다. 범죄자에 대한 고문을 허락하지 않는 영국법은 피고로부터 그 범죄의 자백을 받아내는 희망이 조금밖에 없다. 그러므로 제3자의 증언을 모든 방면에서 구하고, 사형의 두려움 때문에 증인이 힘을 잃게 하는 일은 감히 하지 않는다. 프랑스법은 또 하나의 수단(고문)이 있으므로, 증인을 위협하는 것을 그토록 두려워하지 않는다. 오히려 이성(理性)은 그들을 위협할 것을 요구한다. 또한 프랑스법은 한쪽 증인의 말밖에 듣지 않는다. 그것은 원고관(검사)이 제출하는 증인이다. 그리고 피고의 운명은 오직 그들의 증언에 달려 있다.

그런데 영국에서는 양쪽의 증인을 모두 인정하며, 사건은 그들 사이에서 토론된다. 여기서는 위증의 위험성이 한결 적다. 피고는 위증에 대한 방책이 있다. 이와는 반대로 프랑스법은 그것을 조금도 주고 있지 않다. 따라서 이 두 법의 어느 쪽 체계가 좀 더 조리에 맞는가를 판단하기 위해서는 이 법들을 하나하나 비교할 것이 아니라, 이 법들을 총체로서 다루어 전체를 함께 비교해 보아야 한다.

제12장 같아 보이는 법이 실제로는 다르다

그리스법과 로마법은 장물 은닉자를 도둑과 마찬가지로 처벌했다. 프랑스법도 마찬가지이다. 그러나 전자는 합리적이지만 후자는 그렇지 않다. 그리스와 로마에서는, 도둑이 벌금형에 처해졌으므로 장물 은닉자도 같은 형벌로 처벌해야만 했다.

왜냐하면, 어떤 손해에 어떤 방법으로든 기여하는 모든 사람은 그것을 보상해야 하기 때문이다. 그런데 우리 나라에서는 절도의 형벌이 사형이므로, 극단적으로 나아가지 않고는 은닉자를 도둑과 마찬가지로 처벌할 수는 없었다. 훔친 물건을 받은 자는 그것을 악의 없이 받을 수도 있지만 도둑질을 하는 자는 언제나 죄가 있다.

전자는 이미 저질러진 범죄의 단죄를 방해하고, 후자는 이 범죄를 저지른다. 전자는 모두가 수동적이지만 후자의 행위는 좀 더 능동적이다. 도둑은 많은 장애를 극복하고, 그 정신은 법에 보다 오랫동안 저항해야 한다.

법학자들은 프랑스의 법보다도 심했다. 그들은 은닉자를 도둑보다 나쁘다고 여겼다. 은닉자가 없으면 절도는 오래 숨길 수 없을 것이라고 그들은 말한다.

이것 또한 형벌이 벌금형이었던 때에는 올바를 수 있었다. 즉 사건의 문제가 주어진 손해라면, 장물 은닉자는 보통의 도둑보다 배상 능력이 있었기 때문이다.

그러나 형벌이 사형이 되었으니 별개의 원리에 따라서 규정되어야만 했을 것이다.

제13장 법을 그 제정 목적에서 분리해선 안 된다. 도둑질에 관한 로마법

도둑이 훔친 물건을 숨길 생각으로 어떤 장소에 운반해 가기도 전에 그 훔친 물건과 함께 붙잡혔을 때, 로마에서는 이것을 현행 도둑(vol manifest)이라고 불렀다. 도둑이 그 뒤에 발견되었을 때는 비현행 도둑이었다.

십이동판법은 현행 도둑이 성년이면 태형을 가하여 노예로 삼고, 미성년이면 태형만 가한다고 정했다.

이 법은 비현행 도둑에게 훔친 물건의 두 배에 이르는 벌금형에 처했을 뿐이다.

포르키아법이 시민에게 태형을 가하고 노예로 삼는 관행을 폐지하자 현행 도둑은 훔친 물건 값의 4배가 되는 벌금형을 선고받았고, 비현행 도둑은 이제까지대로 두 배의 벌금을 물어야만 했다.

이런 법이 이 두 가지 범죄의 결과, 형벌에 이러한 구별을 만든 것은 이상하게 느껴진다. 실제로 도둑이 훔친 물건을 목적지에 옮기기 전에 붙잡혔거나 나중에 붙잡혔거나, 그 상황은 범죄의 죄질을 조금도 바꾸지는 않는다. 절도에 관한 로마법의 모든 이론은, 스파르타 제도에서 가져왔음을 나는 의심할 수 없다.*5 리쿠르고스는 스파르타 시민에게 재빠른 재주와 위계와 활동력을 줄 목적으로 어린 아이들에게 절도를 가르치라, 그리고 현장에서 붙잡히는 얼빠진 놈은 회초리로 매우 치라고 명령했다. 이것이 그리스에 이어 로마에서 현행범과 비현행범 사이에 커다란 구별을 낳게 했다.

로마에서는 도둑질한 노예를 타르페이아의 바위에서 떠밀어 떨어뜨렸다. 이때는 스파르타 제도와 관계가 없었다.

절도에 관한 리쿠르고스의 법은 결코 노예를 위해서 만들어지지 않았다.

로마에서는 미성년자가 절도 중에 붙잡히면, 법관은 스파르타에서 한 것처럼 실컷 회초리로 때리게 했다. 이것은 모두 먼 곳에 그 기원을 두고 있다. 스파르타인은 이 관행을 크레타인으로부터 가져왔다.

그러므로 플라톤은 크레타인의 그러한 제도가 전쟁을 위해서 만들어진 것임을 증명하려고 '사사로운 투쟁에서, 또 숨기지 않으면 안 되는 절도에서, 고통에 견디는 능력'을 인용하고 있다.

시민법도 정법도 언제나 같은 하나의 사회를 위해서 만들어지고 시민법은 정법에 의존하므로, 한 나라의 시민법을 다른 나라에 옮기고자 할 때는 미리 그 두 나라가 같은 제도와 같은 정법을 가졌느냐 그렇지 않느냐를 검토하는 것이 적당할 것이다.

따라서 절도에 관한 법이 크레타인으로부터 스파르타인에게 옮겨졌을 때는 그 정체나 정치도 동시에 채용되었으므로, 그러한 법은 두 나라 어느 쪽에서도 합리적이었다.

그러나 그것이 스파르타에서 로마로 옮겨졌을 때는, 로마의 정체가 스파르타의 정체와 같지 않았으므로, 그 법은 로마에서는 언제나 기묘했을 뿐만 아니라 그 밖의 시민법과는 아무런 연관도 없었다.

---

*5 현대의 역사가는 이제 이것을 사실로 인정하고 있지 않다.

제14장 법을 그 제정 사정에서 분리해서는 안 된다

아테네에는 도시가 포위되었을 때, 쓸모없는 인간은 모두 죽이라고 명령한 법이 있었다. 이것은 매우 끔찍한 정법이자 잔인한 만민법(萬民法)의 결과였다. 그리스에서는 공략된 도시의 주민은 시민으로서 자유를 잃고 노예로 팔렸다. 도시 점령은 완전한 파괴를 뜻했다. 이것이 완강한 방위와 부자연스러운 행위뿐만 아니라, 나아가서는 이따금 만들어진 이와 같은 처참한 법의 기원인 것이다.

로마법은 의사가 부주의하거나 서투를 때 처벌받을 수 있다고 정했다. 이 경우의 법은 조금 지위가 높은 의사는 유배를 보내고, 지위가 좀 낮은 자는 사형시켰다. 그러나 우리의 법은 이와는 다르다. 로마법은 우리의 법과 같은 사정 아래에서 만들어진 것이 아니다. 로마에서는 바보나 멍청이라도 의사 노릇을 할 수 있었다. 우리나라에서는, 의사란 학문을 하고 일정한 칭호를 취득할 의무가 있다. 따라서 그들은 그 기술을 알고 있는 것으로 생각된다.

제15장 법이 스스로를 바로잡는 것이 때로는 적당하다

십이동판법은 밤도둑이나 낮도둑이 추적당할 때 저항하면 죽여도 좋다고 허가하고 있다. 그러나 이 법은 도둑을 죽이는 자는 고함 소리를 지르고, 시민들을 부르라고 명령했다.

그리고 이 방법은 스스로 복수하는 것을 허락하는 법이 반드시 요구해야 하는 일이다. 이것은 행위가 이루어지는 순간에 증인을 부르고, 재판관을 부르는 결백의 부르짖음이다. 사람들은 그 행위를 알 필요가 있다.

그것이 이루어진 순간에, 모든 것이 사실을 말하고 있을 때, 분위기와 안색, 열정과 침묵도 사실을 말하고, 저마다의 말이 유죄 또는 무죄를 선고하고 있을 때는 그 행위를 알아야 한다.

시민의 안전과 자유에 이토록 어긋난 일이 될 가능성이 있는 법은 시민들의 눈앞에서 집행되어야 한다.

제16장 법을 만들 때 지켜야 할 사항

자기 국민이나 다른 국민에게 법을 부여할 수 있을 만한 재능의 소유자는, 그 작성 방법에 어떤 주의를 기울여야 한다.

법의 문체는 간단해야 한다. 십이동판법은 그러한 예의 모범이다. 어린아이들도 그것을 외우고 있었다. 유스티니아누스 황제의 신칙령*6은 매우 산만해서 요약해야 했다.

법의 문체는 쉬워야 한다. 직접적인 표현은 언제나 완곡한 표현보다 이해하기 쉽다. 비잔틴 제국의 법에는 위엄이 없다. 거기서는 군주가 수사학자처럼 말하고 있다. 법의 문체가 과장됐을 때, 사람들은 법을 허세의 창작물로밖에 보지 않는다.

법의 말은 모든 사람들에게 똑같은 관념을 불러일으키는 것이 중요하다. 추기경 리슐리외는 장관을 국왕에게 탄핵할 수 있음은 인정했지만, 밝혀진 것이 중대한 일이 아니면 탄핵자가 처벌된다고 정했다. 이래서는 모든 사람이 자기에게 불리한 어떤 진실을 말할 수 없었을 것이 틀림없다. 왜냐하면 중대한 일이란 완전히 상대적이어서, 어떤 사람에게 중대한 일도 다른 사람에게는 중대하지 않기 때문이다.

호노리우스*7의 법은, 해방된 자를 노예로 산 자, 또는 이를 괴롭히려고 했다고 추정되는 자를 사형에 처했다. 이런 모호한 표현은 결코 써서는 안 된다. 즉, 어떤 인간에게 주어진 고민은 완전히 그 사람의 감수성 정도에 의존한다.

법이 무언가를 고정시켜 두어야만 할 경우에는, 될 수 있는 대로 그것을 금액으로 정하는 것은 피해야 한다. 수많은 원인이 화폐 가치를 변동시킨다. 그래서 화폐의 명목은 옛날과 같더라도, 이제 그것은 같은 물건이 아니다. 길에서 만난 모든 사람의 뺨을 때리고 십이동판법이 정한 25수의 속죄금을 상대에게 보여 준 로마의 무례한 사람 이야기는 모두가 아는 바이다.

어떤 법에서 사물의 관념을 확정했을 때는 결코 모호한 표현으로 되돌아가서는 안 된다. 루이 14세의 형사소송령*8에는 국왕이 몸소 재판하는 소송사건*9을 정확히 열거한 뒤, 다음과 같은 문구를 덧붙였다. '언제나 국왕의 판사

---

*6 Novellae Constitutiones Just를 말한다. 프랑스에서는 그냥 Novelles라고도 한다. 먼저 유스티니아누스 황제는 법전(Digesta)을 편찬시켰으나 다시 Novellae를 만들어 이것을 보충했다.
*7 395~433. 서로마 황제.
*8 (1960년의). 이 칙령의 의사록 속에, 이것에서 비롯된 여러 이유가 발견된다. ordonnance criminelle. 프랑스 왕의 법령에 세 가지가 있다. 오르도낭스는 전국에 내린 것, 데클레는 특수한 것. 데클라라시옹은 앞의 두 가지에 대한 설명이다. 오르도낭스에 유명한 것이 많으며, 1670년의 것은 형사 소송에 관한 것으로서 형사소송령이라고 한다. [원주]
*9 Cas royaux. 종래에는 《왕의 사건》(왕의 재판권에 종속하는 사건)이라고 번역되어 있으나 정

가 재판한 사건.'

이래서야 모처럼 빠져나온 자기만의 생각 속으로 다시 빠져들어가고 만다.

샤를 7세의 칙령에는, 왕국의 관습법을 어기고 판결이 난 다음 3·4·6개월 뒤에 다시 상소하는 소송 당사자가 있다고 한다. 상소는 곧바로 해야 한다. 그러나 검사에게 형사상이나 민사상의 기만이나 사기가 있을 때, 또는 상소자를 면책해야 할 커다란 명백한 원인이 존재할 때는 제외한다고 되어 있다. 이 법의 마지막 부분은 첫 부분을 파괴하고 있다. 그 파괴의 방법은 대단해서, 그 뒤 30년 동안 상소가 제기되었다.

롬바르디아인의 법은, 수녀복을 입은 여성은 예컨대 신에게 몸을 바치지 않았더라도 결혼할 수 없다고 정해 놓고 있다. 이 법에 따르면, "다만 반지만으로 여성을 자기에게 속박한 남편이, 다른 여성을 취하는 것이 반드시 죄가 되지 않을 수 없다면, 하물며 신이나 성모의 배우자 되는 자는……"하는 것이 그 이유이다. 나의 의견으로는, 법에서는 현실에서 현실로 이론을 옮겨가야지, 현실에서 비유로, 또는 비유에서 현실로 논해서는 안 된다고 생각한다.

콘스탄티누스 황제의 어떤 법은 주교의 증언만으로 충분하고 그 밖의 증인은 들을 필요가 없다고 정하고 있다. 이 군주는 매우 간결한 길을 택했다. 그는 사건에 판단을 내리는 데는 사람을 따르고, 사람을 식별하는 데는 그 격식을 따랐던 것이다.

법을 지나치게 정밀하고 묘하게 만들어서는 안 된다. 그것은 중용의 오성을 가진 사람들을 위해서 만들어지는 것이다. 그것은 논리의 기술이 아니라, 가부장(家父長)의 쉬운 이치이다.

어떤 법에서 예외·제한·수정이 필요하지 않을 경우에는, 그런 것을 전혀 설정하지 않은 편이 훨씬 낫다. 그처럼 자세한 설명은 새로운 길을 열어준다.

충분한 이유 없이 법을 바꾸어서는 안 된다. 유스티니아누스 황제는 남편이 2년 동안 부부 관계를 하지 못할 경우, 아내는 남편과 이혼해도 지참금을 잃지 않는다고 정했다. 그런데 그는 남편이 가엾어져서 법을 고쳐, 이 불행한 자(성불능자)에게 3년 동안의 유예를 주었다. 그러나 이런 경우는 2년이나 3년이나 마찬가지였으며, 3년이라고 2년보다 나을 것이 없다.

확히는 본디 소영주의 재판권에 옮겨진 것. 차츰 국왕이 빼앗은 것이므로 '언제나 국왕의 판사가 재판한 사건'이라는 문구를 붙이면 전문이 거의 헛소리가 되어 버린다.

일부러 법의 이유를 설명할 때는, 그 이유가 법에 알맞아야 한다. 어떤 로마법은 눈먼 사람은 소송할 수 없다는 것이 있다. 그것은 사법관의 영예의 표지를 볼 수 없기 때문이라고 말하고 있다. 좋은 이유가 얼마든지 발견되는데도 이런 나쁜 이유를 든 것은, 일부러 한 짓이 틀림없다.

법학자 폴은 어린아이는 7개월째에 완전히 태어난다. 피타고라스의 정리가 그것을 증명하는 듯이 보인다고 말하고 있다. 이런 일을 피타고라스의 정리에 따라서 판단한다는 것은 기묘하고 엉뚱한 이야기이다.

몇몇 프랑스 법학자는 말했다. "국왕이 어떤 땅을 획득할 경우에는, 그곳 교회는 주교가 공석일 경우 국왕의 권리에 종속한다, 왜냐하면 임금님의 관은 둥글기 때문이다……."*10

나는 여기서 국왕의 권리를 논할 생각은 없고, 또 이 경우 시민법이나 교회법의 입장은 정법의 입장에 양보해야 하느냐 어떠냐를 논할 생각도 없다. 그러나 나는 말하고 싶다. 이처럼 경의를 표해야 할 권리를 옹호하기 위해서는, 엄숙한 규범으로써 해야 한다고. 어떤 위계의 상징 위에 이 위계의 물적 권리의 기초를 두는 것을 일찍이 본 사람이 있었던가?

다빌라*11가 전하는 바에 따르면, 샤를 9세는 14세 초에 루앙의 고등법원에서 성년이라는 선언을 받았다. 그 까닭은, 법은 피후견인의 재산의 반환 및 관리에 관해서는 기일을 순간에서 순간으로 계산해야 한다고 정하고 있는 데 반해서, 영예를 얻을 때는 개시된 해로서 만 1년으로 간주하고 있기 때문이라고 한다. 나는 오늘날까지 아무런 불편이 없는 듯이 보이는 이 규정을 비판할 생각은 없다. 다만 내가 말하고 싶은 것은, 재상 드 로피탈이 주장한 이 이유는 올바르지 않았다는 것이다. 시민의 통치가 영전(榮典)에 지나지 않는다는 것은 잘못이다.

추정에 대해서는, 법의 추정은 인간의 그것보다 우월하다. 프랑스 법은 상인이 파산 전 10일 안에 행한 모든 행위를 사기 행위로 여긴다. 이것은 법의

---

*10 이 익살은 파리 대주교라는 고귀한 지위에 있던 천한 성직자 de Harlay의 말에 기초를 둔 것으로 보인다. 그는 "régale의 권리는 제왕의 왕관이 둥근 것과 결부되어 있다(잡수시는 권리는 금화의 동그라미에 결부되어 있다)" 주장했다.
*11 Davila(Enrico Caterino). 이탈리아의 역사가, 유명한 《프랑스 내란사》의 저자. 이 장에서 다루는 것은 이 책 96쪽에 있다.

추정이다.*¹² 로마법은 아내가 간통한 뒤에도 집에 두는 남편을 처벌했다. 다만 남편이 소송 결과를 두려워했기 때문에, 또는 그 자신의 치욕에 부주의했기 때문에 이렇게 결심했을 경우에는 그렇지 않았다. 이것은 인간의 추정이다. 즉, 재판관은 남편 행동의 동기를 추정하여 매우 모호한 방법에 따라서 판정해야만 했다. 재판관이 추정할 경우에는 판결은 자의적이 된다. 그러나 법이 추정할 경우 그것은 재판관에게 일정한 규칙을 준다.

플라톤의 법은 앞에서 말했듯이, 불명예를 피하기 위해서가 아니라 나약해서 자살하는 자를 처벌한다고 정했다. 이 법의 결함은 범죄자로부터 그로 하여금 그런 행위를 시킨 동기에 관한 자백을 얻지 못하는 유일한 경우에, 그와 같은 동기를 바탕으로 재판관으로 하여금 판결을 내리게 한다는 점에 있다.

쓸모없는 법이 필요한 법을 약화하는 것과 마찬가지로, 회피할 수 있는 법은 법제를 약화시킨다. 법은 효과가 있어야만 한다. 그리고 개개의 협정에 따라서 법과 다른 협약을 맺는 것을 허용해서는 안 된다.

팔시디우스 법(Falcidia lex)은, 로마에서 상속인은 반드시 유산의 4분의 1을 가져야 한다고 명령하고 있다. 그런데 다른 하나의 법은 유언자가 상속인이 4분의 1을 보유하지 못하도록 금하는 것을 허락했다. 이것은 법을 등한시하는 일이다. 그렇게 해서 팔시디우스 법은 쓸모없는 것이 되었다. 왜냐하면 유언자가 상속인에게 은혜를 베풀 생각이 있을 때, 후자는 팔시디우스 법을 필요로 하지 않았고, 은혜를 베풀지 않을 생각일 때 유언자는 상속인으로 하여금 팔시디우스 법의 이용을 금했기 때문이다.

법을 만들려면, 그것이 사물의 자연과 어긋나지 않도록 연구해야만 한다. 오랑주 공의 인권을 박탈할 때, 필립 2세는 오랑주 공을 죽이는 자나 그 자손에게는 2만 5천 에퀴와 귀족의 신분을 주겠다고 약속했다. 더욱이 이러한 것을 왕 자신의 입으로, 그리고 신의 종인 그가 그와 같은 행위에 대해 귀족 신분을 약속하다니!

그와 같은 행위를 신의 종 자격을 가진 자가 명령하다니! 이것은 모두 명예 관념, 도덕 관념, 종교 관념을 똑같이 뒤집는 것이다.

어떤 최선의 것을 생각해 내어 그것을 구실로 삼더라도, 나쁘지도 않은 것

---

*12 이 법은 1702년 11월 18일에 반포한 것이다. (원주)

을 금해야 하는 일은 드물다.*13

　법에는 청정함이 필요하다. 인간의 사악함을 벌주기 위해서 만들어진 것이므로, 스스로 가장 큰 결백함을 지녀야 한다. 서고트인의 법에서는 다음과 같은 어처구니없는 청원이 발견된다. 이 청원은, 유대인이 돼지고기를 먹지 않는다는 조건 아래에서 돼지고기로 요리한 온갖 것을 유대인에게 억지로 먹이자는 것이다. 이는 매우 잔인한 일이었다. 그것은 유대인을 그들의 법에 어긋나는 법에 복종시킨 것이며, 유대인의 법 가운데 그들을 식별하는 표징이 될 수 있는 것 말고는 보유하지 못하게 했던 것이다.

제17장 법을 그릇되게 만드는 방법

　로마 황제는 우리의 군주와 마찬가지로, 그들의 의사를 칙령(decret)과 포고(édit)로써 나타냈다. 그러나 로마 황제는 재판관이나 사인(私人)이 그 소송에 대해 서면으로 자기들에게 질문하는 것을 허가했다. 그리고 그들의 대답은 칙답(勅答 : rescrits)이라고 불렸다. 우리의 군주는 이런 것을 하지 않는다. 로마 교황의 교령(敎令 : décrétale)은 본디 칙답이다. 이것은 나쁜 종류의 입법임이 분명하다. 이러한 방법으로 법의 조력을 구하는 자는 입법자에게는 나쁜 안내인이다. 사실은 언제나 왜곡되어 진술된다. 율리우스 카피톨리누스는 말한다.

　"트라야누스는 흔히 이런 종류의 칙답을 내리기를 거부했다. 그것은 어떤 결정, 더욱이 흔히 특수한 은혜가 모든 경우에 확장되어서 해석되는 것을 피하기 위해서였다."

　마크리누스는 이러한 모든 칙답을 폐지하기로 결심했다. 그는 콤모두스·카라칼라, 그 밖에 모든 저능한 군주의 대답이 법으로 간주되는 것을 보고 있을 수 없었던 것이다. 그러나 유스티니아누스는 이와 다른 생각을 가졌으며, 그의 편찬물을 이러한 칙답으로 가득 채웠다. 로마법을 읽는 사람들은 이런 종류의 가정과 원로원 의결, 평민회의 의결, 황제의 일반 명령 및 사물의 성질, 부녀자의 섬약, 미성년의 무력, 공익에 근거를 둔 모든 법을 충분히 구별해 주기 바란다.

＊13 재혼을 금하는 그리스도교를 풍자한 것이다. 그리스도의 가르침에 근거한 최고의 선이라는 관점에서 본다면, 재혼은 최후의 심판 때에 이중 결혼과 같은 결과가 되므로 나쁘다는 것이다.

제18장 획일된 관념

획일된 특정한 관념은 때로 위인의 마음을 사로잡기도 한다. 이를테면 그것은 샤를마뉴를 감동시켰으나 틀림없이 소인의 마음을 움직인다. 그들은 거기에서 일종의 완성을 발견하는데, 그것을 발견하지 않는 것은 불가능하기에 그것을 인식하기에 이른다. 즉, 경찰에서의 같은 저울, 거래에서의 같은 조치, 국가에서의 같은 법, 그 모든 지방에서의 같은 종교. 그런데 그것은 예외 없이 언제나 적당한가?

획일화의 폐해는 현상 감수의 폐해보다 언제나 작은가? 그리고 천재의 위대함은 오히려 어떤 경우에는 획일성이 필요하고 어떤 경우에는 다양성이 필요한가를 아는 데 존재하는 것이 아닐까? 중국에서 중국인은 중국의 예법에 따라서 통치되고, 타타르인은 타타르의 예법에 따라서 통치된다. 더욱이 이것은 세계에서 가장 평온을 목적으로 하는 국민이다. 서민들이 법을 준수한다면, 법이 같은가 그렇지 않은가는 아무래도 좋은 일이다.

제19장 입법자(권위자)

아리스토텔레스는 플라톤에 대한 질투심, 또는 알렉산드로스에 대한 열정을 만족시키고 싶어했다. 플라톤은 아테네 국민의 폭정에 분개했다. 마키아벨리는 그의 우상인 발렌티노 공[*14]에 대한 생각으로 머리가 가득차 있었다. 스스로 생각한 것보다 오히려 읽은 것에 대해서 이야기한 토머스 모어[*15]는, 모든 국가를 그리스 도시의 단순함으로써 통치하기를 바랐다. 해링턴은 많은 저자가 왕관이 없는 곳에는 어디서나 무질서를 발견하고 있을 때,[*16] 영국 공화제밖에 보지 않았다. 법은 언제나 입법자(권위자)의 정념과 편견을 만난다. 때로는 법이 그것을 뚫고 나아가서 그 빛깔에 물들고, 때로는 그곳에 머물러 그것과 병합한다.[*17]

---

*14 세자르 보르디아를 말한다.
*15 그 《유토피아》에서. (원주)
*16 그 《오세아나》에서.
*17 몽테스키외에 따르면 《법의 정신》은 Prolem Sine Matre Creatam(어머니 없이 생겨난 자식)이다. 그러나 이 책을 쓰면서 그는 플라톤의 《공화국》《법률론》, 아리스토텔레스의 《정치학》, 마키아벨리의 《군주론》, 토머스 모어의 《유토피아》, 해링턴의 《오세아나》 등을 참고했을 것이다. 그러면서도 몽테스키외가 이들 입법자(권위자)에 대해서 자기의 독자성을 주장한 것이 이 장이다.

제30편
군주정치 확립 관계에서 프랑크인의 봉건법 이론

제1장 봉건법

이 세상에 한 번 일어났으나 아마도 두번 다시는 일어나지 않을 사건을 내가 만일 묵살한다면, 나의 저작에는 커다란 구멍이 뚫릴 것이다. 온 유럽에 걸쳐서 갑자기 나타나 그때까지 알려져 있던 법과는 전혀 관계 없는 법, 착한 일과 나쁜 일을 수없이 되풀이한 법, 영지(領地)는 양도되어도 여러 권리는 남긴다는 법, 같은 사물과 같은 인물에 대해서 많은 사람에게 다양한 영주권을 주면서도 그 영주권 전체의 중압을 경감한 법, 너무나 확장된 여러 제국 안에 온갖 경계를 만드는 법, 무정부 상태의 경향을 가진 규율을, 그리고 질서 및 조화의 경향을 가진 무정부 상태를 만들어 낸 법을 만일 내가 묵살한다면, 나의 저작에는 커다란 구멍이 뚫릴 것이다.

이 작업을 시작하기로 한다면, 그 나름의 전문 저작이 필요할 것이다. 그러나 이 책의 성질로 미루어, 독자는 여기서 그러한 법의 개념보다도 오히려 그 개관을 발견할 것이다.

봉건법은 훌륭한 전망을 보여 준다. 예나 다름없는 떡갈나무가 높이 치솟아 있다. 멀리서도 눈은 그 초록에 물든 물결치는 나뭇잎을 바라본다. 가까이 가면 그 우람한 둥치가 보인다. 그러나 그 뿌리는 전혀 볼 수 없다. 그것을 보려면 흙을 파야만 한다.

제2장 봉건법의 연원

로마 제국을 정복한 민족은 게르마니아에서 나왔다. 그들의 습속을 그린 고대의 저자는 얼마되지 않지만, 우리에게는 매우 권위 있는 저자 두 사람이 있다. 카이사르는 게르만인과 싸우고 게르만인의 습속을 서술했다. 그리고 그 습속에 따라서 전략을 썼다. 이 문제에 관해 카이사르가 쓴 몇 쪽는 몇 권과 맞먹는다.

타키투스는 게르만인의 습속에 대한 정확한 저작을 완성했다. 짧기는 하지만, 이 저작은 모든 것을 보았기에 모든 것을 요약한 타키투스의 저작이다.

이 두 저자가 쓴 저작은 우리가 갖고 있는 이민족의 법전과 매우 일치하기에, 카이사르와 타키투스를 읽으면 여러 곳에서 이런 법전이 발견되고, 이런 법전을 읽으면 여러 곳에서 카이사르와 타키투스가 발견될 정도이다.

봉건법을 탐구하다가 정도(正道)에서 우회로로 벗어나 어두운 미궁에 빠져 들어가더라도, 나는 실끝[*1]을 단단히 쥐고 있어서 끝까지 나아갈 수 있다고 믿는다.

제3장 가신제의 기원

카이사르는 말한다. "게르만인은 조금도 농업에 전념하지 않고, 많은 사람이 우유·치즈 및 고기만으로 살아간다. 아무도 자기 고유의 토지나 경계를 갖지 않았으며, 각 국민의 군주와 집정자는 개인에게 갖고 싶어하는 토지의 할당량을 갖고 싶어하는 곳에다 정해 주고, 다음 해에는 다른 곳으로 옮기도록 강제한다."

타키투스는 말한다. "군주는 저마다 그에게 종속되어 가는 곳마다 그를 따르는 무리를 거느린다." 이 저자는 그의 말인 라틴어로 이 사람들의 신분과 관련된 명칭을 그들에게 주고, 그들을 가신(家臣 : comites)이라고 불렀다. 그 가신들 사이에는 군주 아래에서 어떤 특별 대우를 받으려는 이상한 경쟁이 있고, 군주들 사이에도 그 가신의 수와 용기에 대해서 같은 경쟁이 있었다.

타키투스는 덧붙인다. "언제나 스스로 선발한 청년들에게 에워싸여 있는 것은 위엄이요, 권력이다. 그것은 평시에는 장신구가 되고, 전시에는 성과 요새가 된다. 자기 가신의 수와 용기로 남을 넘어설 경우에는, 자기 국민들 사이에서나 이웃 여러 민족 사이에서 명성이 높아진다. 즉 선물을 받게 되고 여기저기에서 사절이 찾아온다. 흔히 명성이 전쟁의 승패를 결정한다. 전투에서 용기가 뒤지는 것은 군주에게는 치욕이다. 또 군대도 군주의 용기에 엇비슷하지 않다는 것은 치욕이다. 군주를 죽이고 살아 남는 것은 영원한 치욕이요 야비한 행

[*1] 테세우스처럼.

위이다. 가장 신성한 임무는 군주를 지키는 데 있다. 어떤 도시가 평화로울 때는, 군주들은 전쟁을 하는 여러 도시로 간다. 그렇게 함으로써 그들은 많은 동지를 가진다. 후자는 그들로부터 군마와 무서운 투창을 받는다. 그다지 맛은 없지만, 수북이 퍼담은 식사가 일부러 찾아온 그들에 대한 일종의 급료이다. 군주는 전쟁과 약탈로서만 그 은혜를 베풀 수 있다. 이 사람들에게 토지를 경작하고 수확을 기다리라고 설득하는 것보다, 적을 공격하여 전쟁의 위험에 노출되도록 설득하는 편이 훨씬 더 편할 것이다. 그들은 유혈로 얻을 수 있는 것을 땀으로 얻는 일은 없을 것이다."

이와 같이 게르만인들에게는 가신은 있었지만 봉토(封土 : fief)는 없었다. 군주는 줄 만한 땅이 없었기에 봉토가 없었던 것이다. 아니 오히려 봉토는 바로 군마·무기·식사였던 것이다. 가신은 존재했다.

왜냐하면 약속에 따라서 구속을 받은 신의의 사람, 전쟁을 위해서 고용되고, 그 뒤 봉토가 주어진 데 대해서 한 것과 거의 같은 봉사를 한 사람이 존재했기 때문이다.

제4장 가신제의 기원(계속)

카이사르는 말한다. "군주 한 사람이 회의 때 원정 계획을 세웠다고 선언하고, 부디 나를 따르라고 요청할 경우, 그를 우두머리로 받들겠다는 자와 그의 계획을 승인하는 자들은 일어서서 그에게 원조를 제의한다. 군주들은 군중에게 칭송받는다. 그러나 그 약속을 지키지 않을 때는 군중의 신뢰를 잃고, 사람들은 그들을 도망자·배신자로 여긴다."

여기서 카이사르가 말하는 것, 앞 장에서 우리가 타키투스에 대해서 한 말이 제1 왕통 역사의 싹이다.

여러 왕이 원정 때마다 새로운 군대를 다시 만들고, 그 밖의 군대를 설득하여 새로운 사람들을 불러모아야 했다는 것, 많은 것을 얻으려면 많은 것을 버려야 했다는 것, 토지나 노획품의 분배로써 끊임없이 얻어야 했다는 것, 그 토지나 노획품을 끊임없이 주어야 했다는 것, 그들의 영토는 끊임없이 팽창하고 또 끊임없이 줄어야 했다는 것, 자식 한 사람에게 한 왕국을 주는 아버지는 반드시 거기에 보고(寶庫)를 덧붙여 주어야 했다는 것, 국왕의 보고는 군주정치에 필요한 것으로 여겨졌다는 것, 국왕은 자기 딸의 지참금이라도 다른 국왕의 동의 없이는 외국인에게 그것을 나누어 줄 수가 없었다는 것 등은 그다지 놀라운 일이 아니다. 군주정치는 끊임없이 다시 감아야 하는 태엽처럼 진행되었던 것이다.

제5장 프랑크인의 정복

프랑크인이 갈리아에 들어가자마자 그 나라의 모든 땅을 점령하고 그것을 봉토로 삼았다는 것은 진실이 아니다. 어떤 사람들은 그렇게 생각했다.*2 왜냐하면 제2 왕통 마지막 단계에서는 거의 모든 토지가 봉토, 부속 봉토 또는 그 어느 쪽인가의 부속지가 된 것을 그들은 보았기 때문이다. 그러나 여기에는 특수한 원인이 있었으며, 그것을 계속해서 설명하려고 한다.

저자들이 위의 것에서 끌어내려고 한 결론은, 즉 이민족은 곳곳에서 농노제(農奴制)를 설정하기 위해 일반 규칙을 만들었다고 하는 것은 그 원리와 마찬가지로 잘못되어 있다.

만일 봉토가 임면제(任免制)였던 시대에 왕국의 모든 땅이 봉토 또는 봉토의 부속지이고, 또 왕국의 모든 사람이 가신이나 그들에게 종속하는 예속민이었다면, 재산을 가진 자는 언제나 권력까지 가진 자가 된다. 그러므로 국왕은 봉토, 즉 그 무렵에 존재하던 유일한 재산을 끊임없이 처분했으므로, 터키에서 황제 권력과 같은 자의적인 권력을 가졌을 것이다. 그러나 그것은 역사와 완전히 반대가 된다.

제6장 고트인·부르고뉴인·프랑크인

갈리아 땅은 게르만민족에게 침략당했다. 서고트인은 나르보네즈와 거의 모든 남부 지방을 점령했다. 부르고뉴인은 동쪽으로 향하여 지방에 정착했다. 그리고 프랑크인은 나머지 부분을 거의 다 정복했다.

이들 이민족이 저마다 정복지에서 자기 고향의 습속·기질·관행을 간직한 것은 의심할 것도 없다. 왜냐하면, 국민은 한순간에 사고방식이나 행동을 바꾸지 않기 때문이다. 이 국민들은 게르마니아에서 땅을 그다지 경작하지 않았다. 타키투스 및 카이사르에 따르면 그들은 목축 생활에 전념한 것 같다. 그래

---

*2 이를테면 블랑빌리에(Boulainvilliers)이다. 제10장 참조.

서 이민족 법전의 규정은 거의 모두가 가축에 관한 것이다. 프랑크인의 역사를 쓴 로리콘*3은 목자였다.

제7장 갖가지 토지 분배법

고트인과 부르고뉴인이 여러 구실 아래에 제국 내부에 침입했으므로, 로마인은 그들에게 어쩔 수 없이 생활 재료를 공급해야만 했다. 먼저 그들에게 곡물을 주었다. 그 뒤에는 오히려 토지를 주는 쪽을 택했다.

로마의 집정자들은 국토 분할에 관해서 황제의 이름으로 그들과 협정을 맺었다. 이에 대해서는 서고트인 및 부르고뉴인의 편년사(編年史)와 법전에서 볼 수 있다.

그러나 프랑크인은 그러한 계획에는 따르지 않았다. 살리카법 및 리푸아리아법에는 이런 토지 분배에 관한 흔적이 전혀 눈에 띄지 않는다. 그들은 정복했다. 갖고 싶은 것들을 다 차지했다. 그래서 자기들끼리 규정을 만들었다.

그러므로 부르고뉴인·서고트인의 갈리아 지방에서의 방법과 같은 서고트인의 에스파냐에서의 방법, 아우구스투스와 같은 오도아케르*4가 지휘한 외국 지원군이 이탈리아에서 한 방법과, 프랑크인이 갈리아에서, 반달인이 아프리카에서 한 방법을 구별하자.

전자는 원주민과 협정을 맺었고, 따라서 그들과 토지 분배를 함께했다. 후자는 그런 것을 전혀 하지 않았다.

제8장 갖가지 토지 분배법(계속)

이민족이 로마인의 토지를 대대적으로 빼앗았다는 관념을 주는 것은, 서고트인과 부르고뉴인의 법에 이들 두 국민이 토지의 3분의 2를 가졌다고 쓰였기 때문이다. 그러나 이 3분의 2는 그들에게 지정된 일정한 지역에서만 차지한 데 지나지 않았다.

공드보는 부르고뉴인의 법에서, 그의 국민은 정착할 때 토지의 3분의 2를 받았다고 말하고 있다.

---

*3 그에 대해서는 아무것도 알려져 있지 않다. 아마도 익명의 수도사였을 것이다.
*4 오도아케르는 아틸라의 대신의 아들로서, 이탈리아를 정복하고, 476년에는 아우구스투스를 무찔러서 로마 황제의 칭호를 폐지했다. 그 부하에게 정복한 토지의 3분의 1을 분배했다.

그리고 이 법 제2의 보칙에는, 앞으로 이 나라에 오는 사람들에게는 그 절반밖에 주지 않는다고 쓰여 있다. 따라서 모든 땅이 즉시 로마인과 부르고뉴인들 사이에 분배된 것은 아니었다.

이 두 규정의 문구에는 같은 표현이 발견된다. 따라서 그것은 서로 보충하여 설명한다. 그리고 제2의 규정을 토지의 일반적 분배에 관한 것이라고 해석할 수 없듯이, 제1의 규정도 이런 뜻으로 해석할 수는 없다.

프랑크인은 부르고뉴인과 마찬가지로 절제 있게 행동했다. 그들은 정복한 모든 범위에 걸쳐서 로마인을 박탈한 것은 아니었다. 모두 빼앗았다면 그처럼 드넓은 토지를 그들은 어떻게 할지 몰랐을 것이다. 그들은 그들에게 적당한 토지만 빼앗고 나머지는 그대로 두었던 것이다.

제9장 토지 분배에 관한 부르고뉴인 법과 서고트인 법의 올바른 적용

그 토지 분배는 결코 폭군적 정신으로 행한 것이 아니라, 같은 국토에 살아야 하는 두 국민이 서로의 필요에 부응한다는 관념에서 행해졌음을 염두에 두어야 한다.

부르고뉴인의 법은, 각 부르고뉴인이 로마인의 주소에서 손님의 자격으로 대우를 받아야 한다고 정하고 있다. 이것은 게르만인의 습속과 일치한다. 타키투스가 전하는 바에 따르면, 게르만인은 세계에서 손님 환대를 가장 좋아하는 국민이었다.*5

이 법은, 부르고뉴인은 토지의 3분의 1을 가져야 한다고 정하고 있다. 그것은 이 두 국민의 특성에 따라서, 그들이 생활 자료를 얻는 방법과 일치했다. 목축이 주업인 부르고뉴인은 많은 땅이 필요했지만, 농노는 그다지 필요없었다. 그리고 토지 경작의 힘든 일을 할 로마인이 좀 더 적은 토지와 좀 더 많은 농노를 가질 필요가 있었다. 숲은 절반씩 분배되었다. 왜냐하면 이 점에서는 필요가 같았기 때문이다.

부르고뉴인의 법전에서는, 각 이민족이 로마인의 주소에 배치된 것을 볼 수 있다. 따라서 분배는 일반적이 아니었다. 그러나 토지를 준 로마인의 수는 그것을 받은 부르고뉴인의 수와 거의 같았다. 로마인은 가능한 최소한의 손해를

---

*5 "부르고뉴인의 환대는 억지스러운 환대이며, 주인으로부터 집을 몰수하는 점이 다르지만" 하고 라블레는 주석을 달고 있다.

입었다.*6 부르고뉴인은 전사(戰士)이고, 사냥꾼이고, 목자였으므로 황무지를 갖고 싶어 하지 않았다. 로마인은 농경에 가장 적합한 토지를 가지고 있었다. 부르고뉴인의 가축떼는 로마인의 밭을 기름지게 만들었다.

제10장 농노제

부르고뉴인의 법에는, 그들이 갈리아에 정착했을 때 토지의 3분의 2와 농노의 3분의 1을 얻었다고 말하고 있다. 그러므로 농노제는 갈리아의 이 지방에 부르고뉴인이 침입하기 전에 이미 확립되었던 것이다.

부르고뉴인의 법은 두 국민에 대해서 규정했을 때, 그 양쪽의 귀족·자유인, 그리고 이민족을 뚜렷이 구별하고 있다. 따라서 노예제는 로마인에게 특유한 것이 아니었고, 자유인과 귀족제는 이민족에게 특유하지도 않았다.

이 법은 만일 부르고뉴인 자유민이 그 주인에게 일정한 금액을 납부하지 않았고, 또 로마인으로부터 3분의 1 토지 분배를 받지 않으면, 그는 종래대로 그 주인집의 노예*7로 여긴다고 말한다. 따라서 토지를 소유한 로마인은 자유였다. 왜냐하면 그는 남의 집 노예가 아니며, 토지의 3분의 1 분배는 자유의 표징이었기 때문이다.

살리카법전·리푸아리아법전만 펼쳐보아도, 로마인은 프랑크인 아래에서 갈리아의 다른 정복자 아래서보다 더한 예속 상태에서 생활했던 것은 아니었음을 알 수 있다.

드 불랑빌리에 백작은 그 학설의 주요점에서 오류를 저질렀다. 그는 프랑크인이 로마인을 노예와 같은 상태에 두기 위한 일반적 규정을 만들었다는 것을 증명하지는 않았다.*8

그의 저서는 조금도 부자연스러움 없이 그가 속하는 오랜 귀족 특유의 소박함과 솔직함 그리고 순진함 아래에 쓰였으므로, 누구나 그가 말한 훌륭한 점과 그가 빠지고 만 오류를 판단할 수 있다. 따라서 나는 이 책을 검토하지 않

---

*6 이와 같은 낙관적 해석은 의문으로 여겨지고 있다. 또 무엇에 입각해서 몽테스키외는 부르고뉴인을 목자로 보았는지도 의문시되고 있다.

*7 famille(집). 여기에서는 라틴어 어의에 따라서 같은 인물에 속하는 노예를 통틀어 이르는 말이다.

*8 《프랑스의 옛 통치에 대한 역사적 각서》에서. 저자가 죽은 후 1727년에 출판되었다.

을 것이다. 그는 재주와 슬기보다 재지가 있고, 지식보다 예지가 있었다는 말로만 그치겠다. 그리고 그 지식도 경멸할 만한 것은 아니었다. 왜냐하면, 우리 역사와 우리 법에 대해서 중요한 점을 알고 있었기 때문이다.

드 불랑빌리에 백작과 뒤 보스 신부는 저마다 하나의 학설을 세웠다. 그 하나는 제3 계급에 대한 음모이고, 나머지 하나는 귀족에 대한 음모였던 것으로 보인다.

태양이 그 아들 파에톤에게 전차를 주어 조정하는 법을 가르칠 때 이렇게 말했다.

"너무 높이 올라가면 천국에 불이 난다. 너무 낮게 내려가면 지상이 재가 될 것이다. 너무 오른쪽으로 가지 마라. 뱀자리에 빠질 것이다. 너무 왼쪽으로 가지 마라. 견우성 자리로 들어가 버릴 것이다. 중도를 걸어가거라."

제11장 농노제(계속)

정복 시대에 일반적 규칙이 만들어졌다는 관념을 준 것은, 제3 왕통 초에 수많은 종류의 농노제가 프랑스에서 발견되었다는 것이다. 그리고 이들 농노제에 끊임없는 진화가 이루어진 것을 미처 깨닫지 못했기에, 사람들은 암흑 시대에 일찍이 존재한 적이 없는 일반적인 법을 공상으로 만들어냈다.

제1 왕통 초에는 프랑크인들 사이에서나 로마인들 사이에 수많은 자유인이 있었다. 그러나 농노의 수가 줄곧 늘어났으므로, 제3 왕통 초에는 모든 경작자와 거의 모든 도시 주민이 농노가 되었을 정도이다. 그래서 제1 왕통 초에는 도시에 로마 시대와 거의 같은 행정, 부르주아의 여러 단체, 원로원, 재판소가 있었다. 그러나 제3왕통 초에는 한 사람의 영주와 많은 농노 말고는 거의 아무것도 발견되지 않았다.

프랑크인·부르고뉴인·고트인이 잇달아 침입했을 때, 그들은 금·은·옷·남자·여자·어린아이, 군대가 운반해 갈 수 있는 것은 거의 다 약탈했다. 모든 것을 깡그리 쓸어가서 군대가 서로 나누어 가졌다. 역사의 총체가 증명하는 바에 따르면, 맨 처음 정착 뒤, 즉 맨 처음 약탈 뒤 그들은 주민과 협정을 맺고 그들에게 모든 정치적·시민적 권리를 가지게 했다. 이것이 그 무렵의 만민법(萬民法)이었다. 전시에는 모든 것을 빼앗고, 평시에는 모든 것을 허용한 것이다. 만일 그렇지 않았더라면, 어떻게 우리는 살리카법과 부르고뉴법에서 인간의 일반적 예속과 모순되는 매우 많은 규정을 발견할 수 있었겠는가?

그런데 정복할 무렵에는 하지 않았던 일을 정복 뒤에 존속한 만민법(萬民法)이 했다. 즉 저항·반란 도시의 점령은 결과적으로 주민의 예속을 가져왔다. 그리고 여러 정복 국민이 서로 벌인 전쟁 이외에, 프랑크인들 사이에서는 왕국의 온갖 분할이 끊이지 않았으며, 형제나 조카들 사이에는 끊임없이 내란이 일어나고, 그 내란에는 언제나 이 만민법이 집행되었다는 특수 상황이 있었다. 그래서 노예제는 그 밖의 여러 나라에서보다 프랑스에서 훨씬 더 일반적이 되었다. 그리고 이것이 영주 특권에 대해서 우리 프랑스 법과 이탈리아·에스파냐의 법 사이에 존재하는 차이의 원인이라고 나는 믿는다.

정복은 한때의 사건에 지나지 않았다. 그리고 그때 사용된 만민법이 얼마쯤 예속을 낳게 했다. 같은 만민법의 몇 세기에 걸친 행사가 노예제를 크게 넓히게 되었다.

테오도릭은 오베르뉴의 국민들이 자기에게 충실하지 않다는 것을 알고 이의 분할에 대해서 프랑크인에게 말했다.

"나를 따르라. 나는 금·은·포로·옷·양떼를 실컷 노획할 수 있는 곳으로 여러분을 데리고 가겠다. 그리고 여러분들은 거기서 모든 인간을 여러분의 나라로 끌고 가도 좋다."

공트랑과 힐페리히 사이에 강화가 성립된 뒤, 부르주를 포위 공격하던 사람들이 귀국 명령을 받았을 때, 그들이 어찌나 많은 노획품을 갖고 돌아갔던지 그 나라에는 인간도 양떼도 거의 남지 않았을 정도였다.

이탈리아 왕 테오도릭의 정신과 정책은 다른 이민족 왕보다 언제나 뛰어났는데, 그는 군대를 갈리아에 보낼 때 장군에게 이렇게 써 보냈다.

"로마법에 따라서 도망친 노예를 그 주인에게 돌려줄 것을 나는 명령한다. 그러나 자유의 옹호자는 노예의 신분 포기를 도와서는 안 된다. 다른 왕들은 점령한 도시의 약탈과 파괴를 마음대로 해도 좋다. 나의 정복은 나의 국민들이 국민이 되는 것이 너무 늦었다고 한탄하도록 이루어져야 한다."

그는 프랑크인과 부르고뉴인의 여러 왕들이 미움을 받게 하고 싶어 했다는 것, 그들의 만민법(萬民法)을 풍자했다는 것은 분명하다.[*9]

[*9] 이 절과 다음 절은 처음의 여러 판에서는 발견되지 않는다.

이 만민법은 제2 왕통에서도 존속했다. 페팡의 군대가 아퀴텐에 들어갔을 때, 수많은 노획품과 농노를 이끌고 프랑스로 돌아왔다고 《메츠의 연대기》는 말하고 있다.

내가 무한한 권위를 인용할 생각이라면 할 수 있다. 그리고 그와 같은 불행을 보고 자비심이 움직였으므로, 많은 거룩한 주교들이 두 사람씩 묶여 있는 포로를 보고 그들의 자유를 사기 위해 교회 돈을 쓰고 제기(祭器)까지 팔았으므로, 또 성스러운 수도사도 이에 힘을 기울였으므로 성자전(聖者傳)에서야말로 이 문제에 관한 가장 큰 해명이 발견된다. 이 전기 작가들에 대해서는, 때로 신의 섭리 안에 있었더라면 신이 확실히 이루어 놓았을 일을 조금 지나치게 믿는다고 비난할 수 있을 것이다. 아무튼 그들의 전기 덕분에 그때의 풍속이나 관행에 대해서 크게 지식을 얻을 수 있는 것이다.

우리 역사와 법의 여러 자료를 들여다보면, 모든 것이 아득한 큰 바다와 같고, 더욱이 그 표면은 끝이 없는 것처럼 보인다. 이 모든 차갑고 메마르고 무미하고 생경한 기사를 읽지 않으면 안 된다. 탐욕스럽게 먹지 않으면 안 된다. 사투르누스의 신이 신화에서 돌을 탐욕스럽게 먹었듯이.

자유인이 일구던 드넓은 땅은 유증을 못하게 되었다.[*10] 나라가 그곳에 사는 자유인을 잃었을 때, 많은 농노를 가진 사람들이 큰 영토를 차지하거나 또는 양도받아 그곳에 촌락을 만들었다. 그것은 여러 특허장에서 볼 수 있다. 한편 수공업을 영위하던 자유인은 노예가 되어 수공업을 해야만 했다. 이와 같이 노예 제도가 수공업과 농업에 잃은 것을 되찾아 주었다.

토지 소유자가 스스로 농노가 됨으로써 교회의 위엄을 빌릴 생각으로, 자기의 토지를 교회에 주고 소작료를 바쳐 그것을 빌리는 방식이 예삿일이 되었다.

제12장 이민족에게 분배된 토지는 조세를 내지 않았다

단순하고 가난하고 자유롭고 호전적이며 가축떼를 기르는 것 말고는 전혀 산업이 없는 백성들이, 오두막에 따라서만 자기의 토지와 결부된 백성들이 우두머리를 따르는 것은, 약탈을 하기 위해서이고 세금의 납부나 징수 같은 어이없는 일을 하기 위해서가 아니었다. 가렴주구(苛斂誅求 ; maltôte)의 기술은 언

---

*10 자유인이 노예가 되었기 때문에 재산을 상속할 수 없게 되었다.

제나 나중에, 인간이 그 밖의 기술의 은혜를 누리기 시작했을 때 발명되는 법이다.

1아르팡의 밭에 대해서 포도주 한 항아리라는 일시적인 과세는, 힐페리히와 프레데공드의 악정의 하나였지만, 그것은 로마인에게만 해당되었다. 사실, 이 조세 장부를 찢은 것은 프랑크인이 아니라 성직자였다. 이 시대의 성직자는 모두 로마인이었다. 세금은 주로 도시 주민을 괴롭혔다. 그런데 도시에는 거의 모두 로마인이 살고 있었다.

그레고아르 드 투르는 말한다. 어떤 재판관은 힐페리히 치세에, 실드베르 시대에는 자유인이었던 프랑크인에게 과세했기 때문에, 이 군주가 죽은 뒤 어쩔 수 없이 교회로 달아나지 않을 수 없었다고. Multos de Francis, qui, tempore Childeberti regis, ingenui fuerant, publico tributo subegit(실드베르 시대에 자유인이었던 많은 프랑크인에게 그는 공과금을 부과했다). 그러므로 농노가 아닌 프랑크인은 세금을 지급하지 않았다.

이 문구를 뒤 보스 신부가 어떻게 번역했는가를 보고 놀라지 않는 문법가는 없다. 그는 당시에 자유민(affranchis)이 자유인(ingénus)이라고도 불렸다는 데 주목한다. 이에 따라서 라틴어의 ingenui(자유인)를 affranchis de tributs(면세 받은 사람)라는 말로 옮기고 있다. 이 표현은 affranchis de soins(일을 면제받은 사람), affranchis de peines(고통에서 해방된)라는 식으로 프랑스어에서는 쓰일 수 있지만, 라틴어에서 ingenui a tributis, libertini a tributis, manumissi tributorum이라는 표현은 매우 이상하다.

그레고아르 드 투르는 말한다. "파르테니우스는 프랑크인에게 세금을 매겼기 때문에, 하마터면 그들에게 살해될 뻔했다." 뒤 보스 신부는 이 문구에 애를 먹고, 문제의 사항을 예사로 가정하여 그것은 가중과세(加重課稅)였다고 말한다.

서고트인의 법에는, 이민족이 로마인의 토지를 빼앗았을 경우, 재판관은 그 토지에 대해 지속적으로 세금을 납부할 수 있도록 이민족에게 그것을 매각하라고 명령한 것으로 보인다. 따라서 이민족은 토지에 대한 세금을 내지 않았던 것이다.

뒤 보스 신부는 서고트인이 세금을 내고 있었다는 것으로 해명해 둘 필요가 있었으므로, 이 법의 말뜻이나 의의를 떠나서, 고트인의 정착과 이 법 사이에는 로마인에게만 관계되는 증세(增稅)가 있었다고, 상상만을 근거로 주장하고 있다. 그러나 사실에 이처럼 자의적인 권력을 행사하는 것은 아르두앵 신부*11 이외는 허용되지 않는 일이다.

뒤 보스 신부는, 로마 시대의 군사적 은급지(恩給地)에 세금을 매겼다는 것을 증명하기 위한 법을 《유스티아누스 법전》에서 찾으려고 한다. 거기서 그는 프랑크인에 대한 봉토(封土)나 은급지에 대해서도 마찬가지였다고 결론짓는다. 그러나 우리의 봉토가 로마인의 이 제도에서 기원했다는 의견은 오늘날 무시되고 있다. 이 의견은 로마 역사가 잘 알려져 있고 우리의 역사는 매우 조금밖에 알려지지 않았던 시대, 그리고 우리의 옛 자료가 먼지에 파묻혔던 시대에만 유력했을 뿐이다.

뒤 보스 신부가 프랑크인들 사이에서 실행되던 것을 우리에게 가르쳐 주기 위해 카시오도루스를 인용하기도 하고, 이탈리아, 그리고 테오도릭에 따르고 있던 갈리아 지방에서 실시되던 것을 사용하기도 했는데, 이는 잘못이다. 이들은 혼동되어서는 안 된다. 나는 언젠가 출판하게 될 특별 저작*12에서, 동고트인의 군주정치 구상은 그 무렵 그 밖의 이민족에 따라서 건설된 모든 군주정치의 구상과 완전히 다르다는 것을 보여줄 것이다. 그리고 어떤 일이 동고트인들 사이에서도 실시되었다고 말할 수 있는 것이 아니라, 반대로 동고트인들 사이에서 실시되던 것이 프랑크인들 사이에서는 실시되지 않았다고 생각할 정당한 이유가 있음을 보여줄 것이다.

방대한 지식 속에서 헤매는 사람들에게 가장 어려운 일은, 증거를 문제와 관계없는 곳에서 찾는 일과, 천문학자처럼 말한다면 태양의 위치를 발견하는 일이다.

뒤 보스 신부는 칙령과 만민의 역사와 법을 함부로 썼다. 그는 프랑크인이 세금을 바쳤다고 말하고 싶을 때는, 농노에 대해서만 이해할 수 있는 것을 자유인에게도 적용시켰다. 또 그들의 병역에 대해서 말하고 싶을 때는, 자유인에게만 관련 있는 일을 농노에게도 적용했다.

---

*11 1646~1729. 예수회 학자이며 수도사, 호라티우스나 베르길리우스의 걸작을 포함해서 대부분의 그리스·라틴의 작품을 12세기 수도사의 위작이라고 주장했다. 그의 저서 대부분은 교회의 금서가 되었다.
*12 몽테스키외는 테오도릭의 역사를 쓸 계획을 갖고 있었다.

제13장 프랑크인 군주정체에서 로마인·갈리아인이 진 부담

정복된 로마인·갈리아인이 로마 황제 아래에서 부담하던 세금을 계속 냈는지 내지 않았는지 검토할 수 없는 것은 아니었지만, 의론을 좀 더 빨리 진행하기 위해서 나는 아래와 같이 말하는 것으로 끝마치려고 한다. 즉 그들은 처음에는 세금을 냈더라도 곧 면제되어, 그와 같은 조세는 군역으로 바뀌었다. 그런데 솔직히 말해서, 프랑크인이 처음에는 그토록 세금을 가혹하게 거두고 재물을 빼앗는 편이었다면 어째서 갑자기 그런 행위를 그만 두었는지 이해할 수 없는 것이다.

루이 유화왕 법령의 하나는, 프랑크 왕국에서 자유인이 놓였던 상태를 우리에게 아주 잘 설명해 준다. 무어인의 압박을 피한 고트인이나 이베르인의 여러 무리가 루이의 영지에 받아들여졌다. 그들과 맺은 협정에는 아래와 같이 적혀 있다. '다른 자유인과 마찬가지로 그들도 그들의 백작과 함께 군대에 나아갈 것, 행군에서는 그 백작의 지휘 아래에 위병 근무를 하고 정찰 활동을 할 것, 칙사나 국왕의 궁정에 오가는 사절에 수송용 말과 차량을 제공할 것, 그 밖의 점에서 그들은 아무런 부과금도 받을 수 없으며, 다른 자유인과 몇 가지로 대우를 받을 것.'

이것이 제2 왕통 초기에 생긴 새로운 관습이었다고는 말할 수 없다. 그것은 적어도 제1 왕통의 중기나 말기에 속하는 것이 틀림없다. 864년의 한 법령이 특히 이야기하는 바에 따르면, 자유인이 군역을 맡고, 게다가 우리가 이미 말한 거마 비용까지 부담하는 것은 예전부터의 관습이었다. 이 부담은 그들 고유의 것이었으며, 봉토를 보유한 사람들은 나중에 내가 증명하듯이 이러한 부과금에서 면제되었다.

이뿐만 아니라 이들 자유인에게 과세를 금하는 규칙이 있었다. 네 개의 장원을 가진 자는 반드시 전쟁에 나가야만 했다. 세 개만 가진 자는 하나만 가진 자와 결합하며, 후자는 전자의 4분의 1 비용을 물고 자기 집에 남았다. 마찬가지로 저마다 두 개의 장원을 가진 두 사람의 자유인을 결부시켜, 두 사람 가운데 전쟁에 나가는 자는 집에 남는 자로부터 비용의 반액을 지급받았다.

아울러 자유인이 지닌 토지나 지배지에 대해서 봉토의 여러 특권을 부여하는 수많은 특허장이 있었다. 이에 대해서는 나중에 다시 상세히 설명하겠다.*13 그런 토지는 백작이나 그 밖에 국왕의 관리가 토지에 요구하는 모든 부담이 면제된다. 그리하여 그 부담이 모두 특별히 열거되어 있는데도 과세 문제가 전혀 나오지 않는 것을 보면, 세금을 징수하지 않은 것이 틀림없다.

로마의 세금과 재물 포탈이 프랑크 왕국에서 스스로 소멸되는 것은 아주 쉬운 일이었다. 그것은 매우 복잡한 기술이며, 이들 소박한 민족의 관념이나 계획에는 맞지 않았다. 예컨대 오늘날 타타르인이 유럽을 침공한다면, 이들에게 우리가 가진 징세 청부인이란 대체 무엇인가를 이해시키는 것은 매우 힘든 일일 것이다.

《루이 유화왕 전기》의 분명치 않은 저자는, 샤를마뉴가 아퀴텐에서 설정한 프랑크 국민의 백작, 그 밖의 관리들에 대해 설명할 때 이렇게 말하고 있다. 즉 황제는 그들에게 국경의 경비, 왕위에 속하는 직할지의 군사권 및 감찰권을 주었다는 것이다. 이것은 제2 왕통에서 군주의 수입 상태를 보여 주는 예이다. 군주는 직할령을 가지고 있었다. 그리고 그것을 자기의 노예들에게 경작시켰다. 그러나 로마 황제 시대에는 자유인의 신체나 재산에 매겨진 임시세(indictio)·인두세(人頭稅), 그 밖의 세금은 국경을 경비하거나 전쟁에 나가는 의무로 바뀌었다.

같은 전기에 따르면, 루이 유화왕이 아버지인 샤를마뉴를 만나러 독일에 갔을 때, 샤를마뉴가 물었다. "국왕인 그대가 어째서 이렇게 가난할 수 있느냐?" 그러자 루이는 대답했다. "국왕은 이름뿐이고, 영주들이 저의 직할지를 거의 모두 손에 쥐고 있습니다." 샤를마뉴는 젊은 군주가 경솔하게 주어 버린 것을 다시 빼앗는다면 그들의 애정을 잃을 것으로 염려하여, 사찰관을 보내 사태를 회복해주었다.

주교들은 샤를 대머리왕의 형제 루이에게 편지를 보내어 말했다. "성직자의 집을 끊임없이 찾아다니고, 그들의 노예들로 하여금 수송 때문에 지치지 않도록, 자기의 토지를 소중히 하시오." 그들은 다시 이렇게도 말했다. "생계를 바로 잡아 사절을 받아들일 수 있게 하시오." 그리고 보면 국왕의 수입이 그즈음 그들의 직할령에 존재하고 있었음은 명백하다.

---

*13 뒤에 나온다. 본편 제20장 참조. [원주]

제14장 센서스(census)

이민족들이 고향을 나섰을 때, 그들은 자기들의 관행을 글로써 편찬하려고 했다. 그러나 로마자로 게르만어를 쓰기는 어려웠으므로, 그들의 법을 라틴어로 공포했다.

정복과 그 진전의 혼란 속에서 상황이 많이 달라졌다. 그것을 어떻게든 표현하기 위해서는, 새로운 관행과 가장 유사점이 있는 옛 라틴어를 사용하지 않을 수 없었다. 그래서 로마의 옛 cens(국세조사·소득·세)의 관념*[14]을 불러일으킬 수 있는 것을 census, tributum 등으로 불렀다. 그리고 사물이 cen와 아무런 관계가 없을 때는, 게르만어를 되도록 로마자로 써서 표현했다. 이렇게 하여 fredum(평화금)이라는 말이 만들어졌는데, 이에 대해서는 다음 장에 상세히 설명하겠다.

census와 tributum이라는 말이 이처럼 자의적으로 쓰였으므로, 그것은 제1 왕통 및 제2 왕통에서 이 말들이 갖고 있던 뜻을 얼마간 모호하게 만들었다. 그래서 현대의 저작 중에 특수한 학설을 가진 자는, 이 시대의 문서 속에서 이 말을 발견했을 때, census라고 불린 것이 정확히 로마인의 cens라고 판단했다. 그래서 그들은 거기에서 우리의 첫 두 왕통의 여러 왕들이 로마 황제의 지위에 앉아, 그들의 행정에 아무런 변경도 가하지 않았다는 결론을 끌어냈다. 그리고 제2 왕통 때 징수되던 어떤 세금은 어떤 우연과 어떤 개정에 따라서 다른 세금으로 바뀌었으므로, 그들은 그것에 근거해서 이런 세금을 로마인의 cens였다고 결론지었다. 그리고 근대의 여러 규칙이 제정된 이후 국왕의 직할령이 절대적으로 양도할 수 없는 것임을 보았으므로, 그들은 로마인의 cens를 대표하며 국왕 직할령의 일부를 형성하지 않은 이들 조세를 순전한 찬탈이라고 말했다. 그 밖의 결론은 생략한다.

과거 시대의 것을 오늘날의 관념으로 해석한다는 것은, 오류의 뿌리 가운데서도 가장 흔하고 많은 경우이다. 옛날의 모든 세기를 현대화하고 싶어 하는 이런 사람들에게, 이집트의 사제들이 솔론에게 한 말을 인용한다.

"오, 아테네인이여, 여러분은 어린아이에 지나지 않는다."

＊14 센서스(census)는 매우 흔한 말이었기 때문에, 강에 다리나 나룻배가 있을 때는 하천 통행세를 나타내기 위해서 사용했다. 〔원주〕

제30편 군주정치 확립 관계에서 프랑크인의 봉건법 이론 633

제15장 센서스는 농노에게만 부과되고 자유인에게는 부과되지 않았다

국왕·성직자·영주는 저마다 그 영지의 농노들에게 정규의 세금을 징수했다. 나는 이것을 국왕은 칙령(de Villis)으로, 성직자는 만민 법전(蠻民法典)으로, 그리고 영주는 샤를마뉴가 정한 규칙으로서 증명하겠다.

그런 세금을 census라고 불렀는데, 이는 경제적 조세이지, 재정적 조세가 아니었다. 오로지 사적 부과금이었으며 공적 부담이 아니었다.

그 무렵 census라고 부르던 것은 농노에게 내려진 세금이었다고 나는 말한다. 이것을 나는 마르퀼푸스의 한 문례로서 증명한다. 이 문례는 자유인으로 census의 장부에 기입되지 않은 자에게 주어지는, 성직자가 되는 데 대한 국왕의 허가를 포함한다. 그것을 나는 다시 샤를마뉴가 작센 지방에 보낸 백작에게 준 사령으로서 증명한다. 이 사령은 작센인이 그리스도교에 귀의함으로서 얻은 그들의 해방을 포함하며, 실은 자유인이라는 특허장이다.

이 군주는 그들에게 예부터의 시민적 자유를 되찾아 census를 바치지 않도록 면제해 주었다. 그러므로 농노라는 것과 census를 바친다는 것과는 같으며, 자유라는 것과 census를 바치지 않는다는 것과 같았다.

왕국 안에 받아들여진 에스파냐인을 위해서 반포된 같은 군주에 의한 하나의 특허장(lettres-patentes)에 따라서, 백작이 그들에게 census를 과하거나 그들로부터 그 토지를 빼앗는 것을 금하고 있다. 누구나 알고 있듯이, 프랑스에 온 외국인은 노예 취급을 받았다. 그리고 샤를마뉴는 에스파냐인이 토지 소유권을 얻고 싶어했으므로 그들이 자유인으로 여기기를 바라고, 그들에게 census를 부과하는 것을 금했다.

같은 에스파냐인을 위해서 주어진 샤를 대머리왕의 칙령은, 그들을 다른 프랑크인과 마찬가지로 다룰 것을 명령하고, 그들로부터 census를 징수하는 것을 금했다. 즉 자유인은 그것을 내지 않았던 것이다.

〈피스트의 칙령〉 제30조에서는, 국왕이나 교회의 많은 경작 노예가 그 장원의 부속지를 성직자나 그와 같은 신분을 가진 자에게 매각하고, 자기 자신을 위해서는 한 채의 오두막만 남겨 놓음으로써 census의 납부를 면제할 수 있었던 폐습을 개혁하고 있다. 그리고 이 조문에는 사물을 원상태로 회복하도록 명령하고 있다. 따라서 census는 노예의 세금이었던 것이다.

다시 거기서 생기는 결론으로서, 군주정체에는 일반적인 census는 존재하지 않았다고 할 수 있다. 그리고 그것은 많은 문서에 따라서 분명하다. 왜냐하면 "옛날, 정당하게 국왕의 cens가 징수되던 모든 곳에서 이것을 징수할 것을 명령한다"는 칙령은 무엇을 뜻하는 것일까? 샤를마뉴가 특파 사절에게, 옛날 국왕의 영지에 속한 모든 cens의 정확한 조사를 명령하는 칙령 및 cens가 요구된 사람들이 낸 cens의 처분을 정하는 칙령은 무엇을 뜻하는 것일까? 어떤 뜻을 다음의 칙령에 포함해야 할 것인가? 거기에는 "우리가 cens를 징수하는 것이 통례였던 공납지(貢納地)를 취득한 자는"이라고 되어 있다. 마지막으로 어떤 뜻을 다른 칙령에 포함해야 할 것인가? 거기에서는 샤를 대머리왕이 cens가 아득한 옛날부터 국왕에 속하던 연공지(年貢地 : terres censuelles)에 대해서 말하고 있다.

얼른 보기에 내가 설명한 것과 어긋나는 듯이 보이지만, 실은 그것을 확인하고 있는 몇몇 문서가 있다는 데 주목해야 한다. 앞에서 보았듯이 군주정체에서 자유인은 일정한 차량을 공급하는(일정한 수송을 부담하는) 의무가 있을 뿐이었다. 내가 지금 인용한 칙령은 이것을 census라 부르고, 노예가 지급하는 cens와 대립시켰다.

게다가 피스트의 칙령은, 자기의 신체와 그 거처를 위해서 국왕에게 cens를 지급할 의무가 있다고 기근 동안에 몸을 판 자유인에 대해서 말하고 있다. 국왕은 그들은 다시 매수되어야 한다고 명령하고 있다. 그것은 국왕의 서장(書狀)에 따라서 해방된 사람들이 일반적으로 말하여 충분하고 완전한 자유를 얻지 못하고 인두세(census in capite)를 지급했기 때문이며, 여기에 쓰여 있는 것은 이런 부류의 사람들에 대해서이다.

그러므로 로마인의 국가에서 나온 일반적·보편적인 census라는 관념에서 벗어날 필요가 있다. 이에 따라서 영주 특권도 마찬가지로 찬탈에서서 비롯된다고 상상했던 것이다. 프랑스 왕국에서 cens라고 불린 것은, 이 말의 남용은 별도로 치고, 주인이 노예에게 징수한 개별 단위의 세금이었다.

이토록 많은 인용으로 인해 발생했을 치명적인 따분함에 대해서 독자 여러분의 용서를 빌고 싶다. 만일 뒤 보스 신부의《갈리아에서 프랑스 군주정체의 수립》이라는 책이 언제나 내 눈 앞에 없었다면, 더 짧게 설명했을 것이다. 널리 알려진 저자의 나쁜 책만큼 인간 지성의 진보를 늦추는 것은 없다. 왜냐하면, 가르치기도 전에 먼저 오해를 풀어야만 하기 때문이다.

제16장 근위 무사(leudes) 또는 가신(vassaux)

게르만인들 중에 군주의 모험에 참여하려고 달려온 지원병에 대해서는 이미 설명했다. 이같은 관행은 정복 뒤에도 이어졌다. 타키투스는 그들을 동료 compagnons(comites)라는 이름으로 표시하고, 살리카법은 국왕에게 충성을 맹세한 사람이라고 불렀다. 또한 마르퀼푸스의 문례는 국왕의 직속 부하(antrustions)라고 이름짓고, 우리의 초기 역사가들은 근위의 무사, 그 뒤의 역사가는 가신(家臣 : vassaux)·영주(seigneurs)라고 불렀다.

살리카법과 리푸아리아법에는 프랑크인을 위한 수많은 규정이 발견되는데, 직속 부하[15]에 대해서는 약간의 주장이 눈에 띌 뿐이다. 이 직속 부하에 대한 규정은 그 밖의 프랑크인에게 만들어진 규정과는 다르다. 이 법에는 여러 곳에 프랑크인의 재산에 관한 규정이 있지만, 직속 부하의 재산에 대해서는 어떤 언급도 없다. 이것은 직속 부하의 재산이 시민법보다 오히려 정법(政法)에 따라서 규정되고, 또 그것은 군대에 대한 분배이지 한 집안의 세습 재산이 아니었기 때문이다.

근위의 무사(leudes)를 위해서 보류된 재산은 여러 저작자와 여러 시대에 재무재산(biens fiscaux)이라든가, 은급지(bénéfices)라든가, 명예(honneurs)라든가 봉토(fiefs)라고 불렀다.

처음에 봉토는 박탈할 수 있는(amovible) 것이었음은 의심할 것도 없다. 그레고아르 드 투르에 따르면, 쉬네지질과 갈로망은 왕실 창고[16]에서 받던 것을 모두 빼앗기고, 소유지로서 갖고 있었던 것밖에 그들에게 남지 않았다고 한다. 공트랑은 그 조카 실드베르를 왕위에 앉혔을 때, 그와 비밀 협의를 하여 누구에게 봉토를 줄 것인가, 누구에게서 그것을 빼앗을 것인가를 그에게 지시했다. 마르퀼푸스의 문례에 따르면, 국왕은 교환하기 위한 것으로 그의 왕실 창고에 갖고 있던 은급지뿐만 아니라 다른 자가 갖고 있던 은급지까지 주었다. 롬바르디아인의 법은 은급지를 소유지와 대립시켰다. 이 점에 대해서는 역사가·문례·이민족 법전, 우리에게 남아 있는 모든 사료가 일치하고 있다. 마지막으로 〈봉토의 서(Livre des fiefs)〉를 쓴 사람들은 우리에게 가르쳐 주었다. 처음에 영주들

---

[15] antrustions에 대해서는 본편 제25장 참조.
[16] fisc는 군주의 창고, 개인 재산. 그가 가신에게 은급지로서 준 것. 따라서 이 말은 봉토(fief)와 동의어가 되었다.

은 자신들이 원할 때 봉토를 몰수할 수 있었으나, 이어 1년 동안 그것을 보유하게 하고,*17 나중에는 종신적으로 그것을 주었다.

제17장 자유인의 병역

두 부류의 사람들이 병역의 의무가 있었다. 즉, 가신인 근위 무사는 봉토가 있음으로 의무가 있었고, 프랑크인·로마인·갈리아인인 자유인은 백작 아래에 복무하고, 백작이나 관리에게 지휘를 받았다.

자유인이라고 불린 사람들은 은급지나 봉토도 없었고, 경작지의 노예적 노동에도 종사하지 않은 사람들이다. 그리고 그들이 갖고 있던 토지는 자유지(terres allodiales)라고 부르는 것이었다.

백작*18은 자유인을 소집하여 전쟁에 데리고 나갔다. 그들은 부하 가운데 대관(代官 : vicaires)이라고 부르는 관리를 데리고 있었다. 그리고 모든 자유인은 백 명으로 이루어진 백인대(百人隊)로 나뉘고, 그 백인대가 대촌(大村 ; bourg)이라고 부르는 것을 형성했으므로, 백작은 다시 그 부하에 백인대장이라고 부르는 관리를 두었다. 이렇게 하여 대촌의 자유인, 즉 백인대를 전쟁에 인솔해 나갔던 것이다.

이 백인대의 구분은 프랑크인이 갈리아에 정착한 뒤였다. 그것은 저마다 각 지역에서 생기는 절도 행위에 책임을 지도록 강제할 목적으로, 클로테르와 실드베르가 만들었다. 이것은 이 군주들의 명령에서 볼 수 있다. 이런 종류의 단속 방법은 오늘날에도 영국에서 엿보인다.

백작이 자유인을 전쟁에 끌고 나갔듯이, 근위 무사도 자기의 가신들을 전쟁에 데리고 나갔으며, 주교·수도원장 또는 그 대리인은 그들의 가신을 데리고 나갔다.

주교들은 몹시 난처했다. 그들은 자기들의 행동을 인정할 수 없었다. 그들은 샤를마뉴에게 앞으로는 전쟁에 나가는 것을 자기들에게 강제하지 말아 달라고 부탁했다. 그러나 이 부탁이 받아들여지자, 그들은 자기들이 공공의 숭배

---

*17 이것은 일종의 임시 점유(précaire)였다. 영주가 다음해에 그것을 갱신하지 않았다는 것은 Cuja가 지적한 대로이다. [원주]

*18 comte. 국왕 관리 영지 한 구역의 총괄 책임을 맡는다. 그 후 제1계급의 소영주령, 즉 국왕에 직속하는 영지의 자격자가 되었다. 다음 장과 제31편 제28장 참조.

를 잃게 되었다고 트집을 잡았다. 그래서 군주는 이 점에 관한 자기의 의도를 어쩔 수 없이 해명해야만 했다. 아무튼 그들이 전쟁에 나가지 않게 된 시대에, 그들의 가신은 백작에 따라서 전쟁에 끌려간 것을 나는 발견하지 못했다. 이와 달리 국왕 또는 사교가 심복(fidéles)의 한 사람을 골라 그들을 인솔시킨 것을 나는 보았다.

루이 유화왕의 칙령에서, 국왕은 가신을 세 부류로 구별했다. 즉 국왕의 가신, 주교의 가신, 그리고 백작의 가신이다. 근위 무사나 영주의 가신은 왕실에서의 그 어떤 사정이 근위 무사 스스로 그들을 인솔하지 못하게 막는 경우 말고는, 백작에 따라서 전쟁에 끌려 나가지 않았다.

그런데, 누가 근위 무사를 데리고 갔던가? 그것은 언제나 총신(寵臣)의 선두에 서는 국왕이었던 것은 의심할 것도 없다. 바로 그 때문에 여러 칙령에서 국왕의 가신과 주교의 가신 사이에서 언제나 대립을 볼 수 있는 것이다. 우리의 국왕은 용감하고 호탕하며 활발하여, 결코 교회군(敎會軍)을 지휘하기 위해서 군대에 있었던 것은 아니었다. 더불어 이기고, 더불어 죽기 위해서 국왕이 선택한 것은 이런 인간들이 아니었다.

그러나 근위 무사도 마찬가지로 그들의 가신을 거느렸다. 그리고 그것은 샤를마뉴의 다음 칙령으로 잘 알 수 있었다. 거기에는 자기 소유지의 안이거나, 그 누구의 은급지 안이거나 네 개의 장원을 가진 모든 자유인은 싸움터로 나가거나 그 영주를 따라야 한다고 명령하고 있다. 샤를마뉴는 소유지가 하나밖에 없는 자는 백작의 군대에 들어가고, 영주에게서 은급지를 받고 있는 자는 영주와 더불어 나아가야 한다고 말하려고 한 것이 분명하다.

그런데 뒤 보스 신부의 주장에 따르면, 《칙령집》에서 개개의 영주에 종속하는 사람들에 대해서 이야기하는 경우는, 오로지 노예가 문제가 되는 것이라 한다. 그리고 그는 서고트인의 법과 이 국민의 관행을 근거로 삼는다. 칙령집 자체를 근거로 하는 편이 더 나았을 텐데도 말이다. 내가 지금 인용한 칙령은 명백히 그 반대의 것을 말하고 있다. 샤를 대머리왕과 그의 형제들이 맺은 조약도 마찬가지로 자유인에 대해서 말하고 있지만, 그 사람들은 자기의 선택대로 영주나 국왕을 골라 그에 따를 수 있었다. 그리고 이 규정은 다른 많은 것과 부합된다.

그러기에 세 가지 군대가 있었다고 결론을 내릴 수 있다. 국왕의 근위 무사 또는 총신―그들 스스로 자기 밑에 다른 총신 부대를 갖고 있었다―의 군대. 두 번째로는 주교와 그 밖에 성직자의 군대, 마지막으로 자유인을 거느린 백작의 군대.

나는 결코 가신이 백작에게 종속할 수 없었다고 말하지 않았다. 특수한 지휘권을 가진 자는 좀 더 일반적인 지휘권을 가진 자에게 종속하는 것이기 때문이다.

백작이나 국왕의 특파 사절은 가신들에 대해서, 그들이 봉토의 의무를 다하지 않았을 경우에는 ban 즉 벌금을 부과할 수 있었다는 것이 발견되었다.

마찬가지로 국왕의 가신이 약탈했을 때, 국왕의 징계에 복종하기를 바라지 않는다면 백작이 징계를 내려 복종시켰다.

제18장 이중 역무

그 어떤 군사 권력 아래에 있는 자는, 시민 권력에도 복종하는 것이 군주정체의 기본 원리였다. 그래서 815년 루이 유화왕의 칙령은, 자유인에 대한 백작의 군사적 권력과 그 시민적 재판권이 같은 보조를 취하게 하고 있다. 따라서 자유인을 전쟁에 데리고 나간 백작의 placita(plaids 또는 assies)는 자유인의 재판소라고 불렸다. 자유에 대한 문제를 재판할 수 있는 것은 백작의 재판소뿐이고, 그의 관리의 재판소가 아니라는 원칙은 아마 여기에서 유래했을 것이다. 이처럼 백작은 주교나 수도원장의 가신을 전쟁에 데리고 나가지 않았다. 왜냐하면 그들은 그의 시민적 재판권에 복종하지 않았기 때문이다. 이와 같이 그는 근위 무사의 가신을 전쟁에 데리고 나가지 않았다. 그것은 《영국법의 난어사전(難語辭典)》에 따르면, 작센인이 coples라고 부르던 자를 노르만인은 comtes, compagnons라고 불렀다. 왜냐하면 그들은 국왕과 더불어 재판장의 벌금을 분배했기 때문이라고 한다. 이와 같이 모든 시대에 모든 가신들의 영주에 대한 의무는, 무기를 드는 것과 영주의 법정에서 서로 같거나 비슷한 사람을 재판하는 일이었음을 알 수 있다.

이 재판권을 이처럼 전쟁에 인솔하는 권리와 결부시킨 이유의 하나는, 전쟁에 인솔한 자는 왕실 창고의 조세를 지급하게 했다는 것이다. 그 조세는 자유인이 부담하는 약간의 수레(수송)의 역무와, 일반적으로 나중에 설명하는 재판상의 일정한 이익으로 이루어진다.

영주는 그 봉토에서 재판할 권리가 있었다. 그것은 백작이 백작령에서 재판할 권리가 있었던 것과 같은 원리에 따라서이다. 그리고 분명히 말해서, 백작령은 여러 시대에 일어난 변화를 따랐다. 둘 다 같은 의도, 같은 관념에 입각해서 다스려졌다. 한마디로 백작은 그 백작령에서는 근위 무사이고, 근위 무사는 그 작은 영지에서는 백작이었다.

백작을 재판관으로 여기고 공작을 무관으로 여겼을 때, 사람들은 정확한 관념을 갖지 못했다. 둘 다 똑같이 무관이자 문관이었다. 그 차이는, 프레데게르에 따라서 알 수 있듯이 그 위에 공작이 없는 백작이 있었지만, 공작은 부하로서 많은 백작을 갖고 있다는 것뿐이다.*19

아마도 사람들은 프랑크인의 통치가 그 무렵에는 매우 가혹했다고 생각할 것이다. 왜냐하면 같은 관리가 피통치자에 대해서 군사 권력과 시민 권력, 나아가서는 재정 권력까지 동시에 갖고 있었기 때문이다. 이것이야말로 내가 앞의 여러 편에서 전제정체 특징의 하나라고 말한 바로 그것이다.

그러나 백작이 단독으로 재판해, 터키에서 지방 총독이 했듯이 판결을 내렸다고 생각해서는 안 된다. 백작은 사건을 재판하기 위해서 plaids나 assises같은 재판소를 소집했다. 그리고 거기에는 명사들이 초청되었다.

문례집·이민족법·칙령집에서 재판에 관한 것을 잘 이해하려면, 백작·gravion 및 백인대장의 직능은 같았다고 말할 수 있다. 재판관·rathimburges 및 échevins는 다른 이름의 한 인물이었다. 이것은 백작의 보조자였으며, 백작에게는 보통 이런 보조자가 7명이나 있었다. 그리고 재판을 하기 위해서는 12명이 필요했으므로, 그는 그 인원수를 명사들로 채웠다.

그런데 누가 재판권을 갖고 있더라도 국왕·백작·gravion·백인대장·영주·성직자는 결코 단독으로 재판하지 않았다. 그리고 이 관행은 게르마니아의 숲에 그 기원이 있었지만, 봉토가 새로운 형태를 취했을 때도 여전히 유지되었다.

백작은 재정권을 함부로 쓰지 못하도록 되어 있었다. 자유인에 대한 군주의 권리는 매우 간단해서 이미 말했듯이, 그것은 일정한 공공의 기회에 징발되는

---

*19 《마르퀼푸스》 제1편 문례8 참조. 이것은 공작 파트리스. 또는 백작에게 시민적 재판권과 징세권을 주는 특허장을 포함하고 있다. 〔원주〕 파트리스는 콘스탄티누스가 창설한 작위. 흔히 외국의 군주에게 주어졌다. 그러므로 페팡과 샤를마뉴는 파트리스였다.

일정한 수송을 위한 수레에 지나지 않았다. 그리고 재판상의 권리에 대해서는, 가벼운 죄를 예방하는 몇 가지 법이 있었다.

제19장 만민의 속죄금

게르만민족의 법과 절차를 알지 못하면, 우리의 정법(政法)에 조금도 통찰력을 가질 수 없다. 그러므로 그 습속과 이 법을 탐구하기 위해 여기서 잠시 살펴보기로 한다.

타키투스에 따르면, 게르만인은 두 가지 극형밖에 알지 못했던 것 같다. 즉 배신자는 교수형에 처하고, 겁쟁이들은 물에 빠뜨려 죽게 했다. 이것이 그들의 유일한 공적인 범죄였다. 어떤 사람이 남에게 침해를 가하면, 모욕이나 손해를 입은 자의 친족은 싸움에 가담했다. 그리고 증오심은 배상으로 진정되었다. 이 배상은 공격받은 자가 받을 수 있는 경우에는 그 사람에게 지급되었다. 그리고 모욕이나 손해가 친족에게 공통적이든지, 또는 모욕당하거나 손해를 입은 자가 죽어서 배상이 친족에게 귀속되었을 때는 그 친족에게 지급되었다.

타키투스가 설명하는 방법에 따르면, 이 배상은 두 당사자의 합의로 이루어졌다. 그래서 이민족 법전에서는 이들 배상을 속죄금이라고 부르는 것이다.

서로 원수인 두 집안이, 말하자면 자연 상태에서 그 어떤 정법이나 시민법에 따라서 구속됨 없이 만족할 때까지 제멋대로 복수를 할 수 있는 상태에 국민을 방치해 둔 것은, 프리슬란드인의 법 이외에서는 발견되지 않는다. 그리고 이 법도 완화되었다. 즉, 그 생명이 요구되는 자도 자기 집 안에서는 평화를 누릴 것이고, 교회와 재판이 행해지는 장소를 오갈 때도 안전할 것이라는 규정이 정해졌다.

살리카법의 편찬자는 프랑크인의 옛 관행을 인용했는데, 약탈하기 위해서 시체를 파낸 자는 피해자의 친족이 그를 인간 사회로 되돌려 주는 데 동의할 때까지 인간 사회에서 완전히 쫓겨났다. 그리고 그때까지는 그에게 빵을 주거나 집에 들여놓거나 하는 일은 모든 사람에게, 심지어 그의 아내에게까지도 금지되었다. 그러므로 그런 자는 타인에게, 또는 타인은 그에게 이 상태가 화해(속죄금)에 따라서 끝날 때까지 자연 상태에 있었다.

이것을 제외하면 여러 이민족의 현자들은 두 당사자의 합의에서 기대하기에는 지나치게 시간이 많이 걸리고, 너무나 위험한 일을 스스로 결정지으려고 생각했음을 알 수 있다. 그들은 어떤 손해나 모욕을 받은 자가 받아야 할 속죄금에 정당한 가격을 매기는 데 유의했다. 이 모든 이민족의 법은 이점에 놀라운 정확성을 보여 주었다. 거기에는 세심한 주의로서 여러 경우가 구별되어 있고, 온갖 사정이 참작된다. 법은 공격받은 자의 처지에서 냉정한 때에 그가 청구했을 배상을 그를 대신해서 청구한다.

이러한 법의 제정으로 게르만민족은, 타키투스 시대에 아직 그 속에 있었던 것으로 여겨지던 자연 상태를 벗어났던 것이다.

로타리스는 롬바르디아법 안에서, 상처 입은 자가 만족했을 때 원한이 끝날 수 있도록 상해에 대한 옛 관습의 속죄금을 증액한다고 선언했다. 실제로 롬바르디아인은 가난한 국민이었지만 이탈리아를 정복함으로 부유해졌다. 예의 속죄금은 가치를 잃었으며, 그 때문에 화해는 이제 이루어지지 않게 되었던 것이다. 이와 같은 고려가 다른 정복 민족이 손에 넣음으로써 오늘날 우리가 가진 갖가지 법전을 만들도록 강제했음을 나는 의심하지 않는다.

주요한 속죄금은 살인자가 죽은 자의 친족에게 내야 하는 속죄금이었다. 신분의 차이가 속죄금에도 차이를 만들게 했다. 그래서 앵글인의 법에서는, 귀족(adalingue)의 죽음에 대한 속죄금은 600수이고, 자유인의 죽음에 대한 속죄금은 200수였으며, 노예(예속민)의 경우는 30수였다. 어떤 사람의 생명에 정해진 속죄금의 크기는 그 사람이 가진 커다란 주권의 하나였다. 왜냐하면, 그것은 그의 일신에 특별 대우를 하고 있을 뿐만 아니라, 난폭한 국민들 사이에서 좀더 큰 안전을 그를 위해 설정한 것이기 때문이다.

바바리아인 법은 이를 충분히 알려준다. 즉, 이 법은 아질로르핑 집안 다음가는 명문이기 때문에 두 배의 속죄금을 받은 바바리아 집안 이름으로 부르고 있다. 아질로르핑 집안은 공작 가문이며, 공작은 그들 가운데에서 선출되었다. 그들은 4배의 속죄금을 받았다. 공작에 대한 속죄금은 아질로르핑 집안 사람들에 대해서 정해진 것보다 3분의 1이 많았다. 법은 말한다. "그는 공작이기 때문이다. 그에게는 그의 친족보다 큰 명예가 주어진다."

모든 속죄금은 화폐 가치로 정해졌다. 그러나 이들 국민은 특히 게르마니아에 있었을 때는 거의 화폐가 없었으므로, 가축·곡물·가구·무기·개·매(鷹)·토지 등을 제공할 수 있었다. 법이 이런 물건의 가치를 정해 놓은 일조차도 흔했다. 그것은 매우 적은 화폐를 갖고 있었을 뿐인데, 어떻게 그들 사이에 그토록 많은 벌금형이 제정되어 있었던가를 설명해 준다.

따라서 이런 법은 손해·모욕·범죄의 차이를 정확히 표시하는 데 노력했다. 그것은 각자가 어떤 점까지 자기가 침해받았고 또 모욕받았는가를 정확히 알고, 받아야 할 배상도 정확히 알고, 특히 그 이상 배상을 받을 수 없다는 것을 알기 위해서였다.

이런 상황에서 보면, 배상을 받은 뒤에 복수한 자는 결국 큰 범죄를 저지른 결과가 된다는 것을 쉽게 이해할 수 있는 일이다. 이 범죄는 사적인 공격과 마찬가지로 공적인 공격까지도 포함했다. 즉 그것은 법 자체의 모독이었다. 이런 범죄에 대해 입법자들은 결코 처벌하기를 게을리하지 않았다.

이 국민들이 시민 정치에서 그들의 독립 정신의 어떤 것을 잃고, 국왕이 국내에 더 나은 치안을 세우려고 노력했을 때, 그 무엇보다도 위험한 것으로 여겨진 범죄가 또 있었다. 그것은 배상하지 않거나, 또는 그것을 받지 않거나 하는 일이었다. 여러 이민족 법전에서 입법자가 이 점에 강제적이었음을 볼 수 있다. 실제로 배상받기를 거부한 자는 자기의 복수권을 간직하려고 바라는 자였고, 배상하기를 거절한 자는 피해자에게 그 보복권을 유보시킨 자이다. 그리고 이것은 현자들이 게르만인의 제도 가운데 개혁한 점이다. 이 제도는 화해 (속죄금)를 권유하기는 했지만 강제하지는 않았다.

나는 배상을 받고 안 받고에 대해 입법자가 피해자의 자유에 맡긴 살리카법의 조문에 대해서 말했다. 시체를 약탈한 자에 대해서 친족이 배상을 받고, 그 사람이 인간 사회에서 생활할 수 있게 되기를 요구할 때까지, 사람들과의 교제를 금한 것은 이 법이었다. 신성한 사물에 대한 존경이 살리카법의 편찬자로 하여금 옛 관행과 접촉시키지 않았던 것이다.

절도 행위 중에 살해된 도둑이 친족이나, 간통죄 때문에 별거 뒤에 이혼당한 여자의 친족에게 속죄금을 준다는 것은 부당했을 것이다. 바바리아인의 법은 이런 경우에 결코 속죄금을 주지 않았으며, 복수를 요구한 그 친족을 처벌했다.

이민족 법전에서 무의지적 행위에 대한 속죄금을 발견하기란 어렵지 않다. 롬바르디아인의 법은 거의 언제나 합리적이었다. 이 법은 이런 경우, 그 사람의 너그러운 마음에 따라서 속죄금은 지급되어야 하며, 친족은 복수할 수 없다고 정했다.

클로테르 2세는 매우 현명한 명령을 내렸다. 그는 도둑맞은 자가 몰래 또는 재판관의 명령 없이는 속죄금을 받지 못하도록 금했다. 지금부터 이 법의 동기를 살펴볼 것이다.

제20장 그 뒤에 영주 재판권이라고 부른 것

살인·침해·모욕에 대해서 상대편 친족에게 지급해야 할 속죄금 이외에, 이 민족 법전에 보호금(fredum)이라고 부르는 일정한 세금[20]을 다시 내야 했다. 나는 이에 대해서 여러 가지 설명을 하겠지만, 그 관념을 주기 위해서 나는 이것을 복수권에 맞서 주어지는 보호의 보수라고 말해 둔다. 오늘날에도 여전히 스웨덴어에서 fred는 평화를 뜻한다.[21]

이런 난폭한 민족에게는 재판을 한다는 것이 능욕을 가한 자를 능욕 받은 자의 복수로부터 보호하고, 후자로 하여금 마땅히 받아야 할 만족을 억지로 받게 하는 것이나 다름없었다. 이리하여 게르만인에게는 다른 모든 민족과는 다르게, 재판이 범죄자를 그가 능욕한 자에 대해서 보호하기 위해 실시되었다.

이민족 법전은 보호금이 청구되어야 하는 경우를 표시했다. 이 법전은 친족이 복수할 수 없는 경우에는 보호금을 정하고 있지 않다. 사실 복수가 없는 곳에는, 복수에 맞서는 보호금이 있을 수 없었다.

그래서 롬바르디아인의 법에서는, 누군가가 우연히 자유인을 죽였을 때, 그는 죽은 자에 대한 값은 지급했지만 보호금은 내지 않았다. 그럴 뜻 없이 사람을 죽였을 때는, 친족에게 복수권이 없었기 때문이다.

그래서 라인강변인의 법에서는, 어떤 사람이 목재나 사람이 만든 세공물에 따라서 살해되었을 때는 세공물이나 목재가 유죄로 간주되었으나, 친족은 그 물건을 자기가 사용하기 위해서 가졌지만 보호금은 요구할 수 없었다.

마찬가지로 가축이 사람을 죽였을 때도, 같은 법은 보호금 없는 속죄금을 정하고 있다. 죽은 자의 친족이 침해받은 것은 아니기 때문이다.

마지막으로 살리카법에 따르면, 어떤 과실을 저지른 12세 미만 어린아이는

---

[20] 법이 이 세금을 결정하지 않을 때는, 보통 속죄금으로서 사람들이 주는 것의 3분의 1이었다는 것은 라인강변인의 법에서 볼 수 있는 바와 같다. (원주)

[21] 독일어의 Friede도 마찬가지이다.

보호금 없이 속죄금을 지급했다. 그는 아직 무기를 휴대할 수 없으므로, 피해자나 친족으로부터 복수를 요구받을 처지에 있지 않았기 때문이다.

보호금을 내는 자는 죄를 저지른 자이며, 폭행으로 잃었지만 보호로서 회복할 수 있는 평화와 안전을 위해 그것을 내는 것이다. 그런데 어린아이는 이 안전을 잃지는 않았다. 그는 성인이 아닌 만큼, 그를 인간 사회로부터 추방할 수 없었기 때문이다.

이 보호금은 지배하는 지역 안에서 재판하는 자에게 주어지는 지역세였다. 그러나 라인강변인의 법은 재판하는 자가 스스로 그것을 요구하는 것을 금했다. 재판에 이긴 자가 이것을 받아서, 이 법이 말하는 바에 따르면, 라인강변인 사이에 평화가 영속되기 위해서 그것을 국고로 가져가도록 정했던 것이다.

보호금 액수는 그 보호의 규모에 비례했다. 이리하여 국왕의 보호를 받기 위한 보호금은, 백작이나 그 밖의 재판관의 보호를 받기 위한 보호금보다 많았다.

나에게는 이미 영주 재판권이 발생되었다. 봉토가 큰 영지를 몇 개나 포괄하고 있었다는 것은, 수많은 역사 자료로써 짐작할 수 있다. 내가 이미 말했듯이, 국왕은 프랑크인의 분배에 속하는 토지에 대해서는 아무것도 징수하지 않았지만, 봉토에 대해서는 더욱더 아무 권리도 가지지 못했다. 봉토를 얻은 자는 이 점에 대해서 가장 폭넓은 향유를 얻었던 것이다. 그들은 거기서 모든 과실과 수익을 얻었다. 그 가운데 가장 중요한 것의 하나는, 프랑크인의 관행에 따라서 수납된 재판 수익금(freda)*22이었으므로, 봉토를 가진 자는 또한 재판권을 가졌고, 그 재판권은 친족에 대한 속죄금, 영주에 대한 수익금에 따라서만 행사된다는 결과가 생겼다. 재판권은 법이 정하는 속죄금을 지급시키는 권리와, 법이 정하는 벌금을 요구하는 권리 바로 그것이었다.

근위 무사나 심복을 위해서 하는 봉토의 확인 또는 영구적인 이전, 또는 교회를 위해서 봉토의 여러 특권을 기록하는 문례에 따르면, 봉토가 이 재판권을 갖고 있었음을 알 수 있다. 이것은 또 수많은 특허장에, 국왕의 재판관이나 관리가 영지에 들어가 거기서 어떤 재판 행위를 집행하거나, 어떤 재판상의 수익을 청구하거나 하는 데 대한 금지가 포함된 것으로도 표시되어 있다. 국

---

*22 샤를마뉴의 법령 De Villis 참조. 이 법령에서 그는 freda를 이른바 Villae 또는 국왕 직할령의 큰 수입 속에 포함시키고 있다. (원주)

왕의 재판관이 어떤 영지 안에서 아무것도 요구할 수 없게 되자, 그들은 이제 그 영지에 들어가지 않게 되었다. 그리고 이 영지의 소유주는 국왕의 재판관이 그곳에서 하던 직무를 맡았다.

국왕의 재판관이 당사자에게 그들 앞에 출두한다는 보장을 제공하라고 강제하는 것은 금지되었다. 따라서 보장을 요구하는 것은 영지를 받은 자가 할 일이었다. 칙사는 이제 숙사를 청구할 수 없다고 정해졌다. 사실 그들은 이제 거기서 아무런 직무도 갖지 못했다.

따라서 재판권은 옛 봉토, 새 봉토에서 봉토와 불가분의 권리, 봉토의 일부를 이루는 수익이 많은 권리가 되었다. 이로 말미암아 재판권은 모든 시대에서 이와 같이 간주되어 왔으며, 거기서 생긴 원칙이 프랑스에서는 재판권을 가산(家産)과 관련된 것이라고 했다.

어떤 사람은 재판권의 기원을 국왕이나 소영주가 수행한 노예 해방에 있다고 믿었다. 그러나 게르만 민족과 그 자손의 여러 민족이 노예를 해방시킨 유일한 민족이 아니며, 가산적 재판권을 확립한 유일한 민족이다. 게다가 마르퀼프*23의 문례는 초기에 이들 재판권에 종속했던 자유민을 우리에게 보여 준다. 따라서 노예는 영지 안에 있었으니 재판권 아래에 있었던 것이고, 봉토에 포함되어 있었으니 봉토의 기원이 되지는 않았던 것이다.

더 간편하게 지름길을 택한 사람도 있었다. 소영주들이 재판권을 빼앗았다는 것이며, 이것은 그들이 내세우는 유일한 항의였다. 그러나 군주의 권리를 빼앗은 것이 이 지상에 게르마니아에서 나온 민족뿐이었던가? 주권자에게 찬탈 행위를 한 민족은 그 밖에도 많이 있음을 역사는 충분히 가르쳐 주고 있다. 그러나 거기서 영주 재판권은 생기지 않았다. 따라서 게르만인의 관행, 관습의 뿌리에서 그 기원을 찾아야만 했다.

소영주들이 여러 종류의 재판권을 행사하고 찬탈하기 위해서 취한 방법에 대한 루아조의 상상(그의 저작을 읽어 주기 바란다)*24은 영주들은 세계에서도 가장 세련된 사람들이며, 그들은 전사(戰士)가 약탈하듯이 하지 않고 마을의 판사와 검사가 각자의 영역을 서로 훔치듯이 훔친 것이 되지 않을 수 없었다.

---

* 23 7세기 프랑크인 수도사. 《법문례》의 저자. 이것은 메로빙거 왕조 시대의 연구에 매우 쓸모가 있다.
* 24 Loyseau : 《촌락재판권재요》 [원주]

그 전사들은 왕국의 모든 주에서, 또 많은 왕국에서 하나의 일반 정치(政治)의 대략적인 체계를 세웠다고 할 수 있을 것이다. 루아조는 마치 이전 사람들을 그 자신이 자기 서재에서 추론하듯이 추리시키고 있었다.

나는 이것을 다시 말하겠다. 만일 재판권이 봉토의 부속물이 아니었다면 궁정에서든 군대에서든, 어째서 봉토의 의무가 국왕이나 영주를 섬기는 일이었던가 하고.

제21장 교회의 영지 재판권

교회는 아주 큰 재산을 가졌다. 국왕이 그들에게 fiscs 즉 큰 봉토를 준 것을 우리는 보았다. 그리하여 우리는 재판권이 가장 먼저 교회의 영지에서 설정된 것을 발견한다. 이렇게 이상한 습관은 대체 어디에 그 기원을 두었던가? 이 특권은 여건의 성질 속에 있었다. 성직자의 재산이 이 특권을 갖고 있었던 것은, 이 재산에서 특권을 빼앗지 않았기 때문이다. 교회에 봉토가 주어져서 근위무사에게 주었더라면, 그 무사가 가졌을 특전은 교회에 맡겨진 것이다. 그래서 교회의 봉토는 이미 알고 있듯이, 그것이 속인에게 주어졌다면 국가가 그에게 부과했을 의무를 부담한 것이 된다.

교회는 따라서 그 영지 안에서 속죄금을 납부시키고, 보호금을 요구하는 권리를 얻었다. 그리하여 이런 권리는 필연적으로 국왕의 관리가 영지 안에 들어와서 이 보호금을 요구하거나 그곳에서 모든 재판 행위를 막는 권리를 포함하고 있었다. 그러므로 성직자가 얻은 그 영지 안에서의 재판권은 문례나 특허장, 법령의 표현에서는 특면(特免 : immunité)이라고 부르게 되었다.

라인강변인의 법은, 교회의 자유민에 대해서 그들이 해방된 교회 안 이외의 곳에서는 재판하기 위한 집회를 금지했다. 따라서 교회는 자유인에 대해서도 여러 가지 재판권을 가졌으며, 군주정치의 초기부터 이미 사법회의(plaid)를 열었던 것이다.

성자전(聖者傳)에는 클로비스가 어떤 거룩한 인물에게 6리 2(1리그는약 3마일)의 영지에 대한 권력을 주고, 그곳을 모든 재판권으로부터 제외시켰다고 나와 있다. 나는 물론 이것을 거짓말이라고 생각한다. 그러나 이것은 오래된 거짓말이다. 생활의 배경과 거짓말은 시대의 습속과 법에 관련된다. 그리고 여기서 탐구하는 것은 이런 습속이며 법이다.

클로테르 2세는, 멀리 떨어진 곳에 영지를 가진 주교나 명문 귀족에 대해서 재판하거나 또는 재판의 수익을 받을 자를 현지에서 선택하지 못하도록 명령했다.

이 군주는 또한 교회의 재판관과 자기 관리의 권한을 규정하고 있다. 802년 샤를마뉴 법령은 사교와 수도원장에게, 그들의 재판관이 가져야 할 자격을 정해 놓았다. 같은 군주의 다른 법령은, 교회의 토지를 경작하는 사람들에 대해서는 국왕의 관리도 재판권을 행사하지 못하도록 금했다. 다만 이 사람들이 탈세, 또는 공과(公課)를 피하기 위해서 그 신분을 얻었을 때는 반드시 그렇지도 않았다. 프랑스에서 집회한 주교들은, 교회의 가신들이 그 특면을 받을 수 있다고 선언했다. 806년 샤를마뉴의 법령은, 교회는 그 영지 안에 사는 모든 사람들에 대한 형사 및 민사 재판권을 갖는다고 정하고 있다. 마지막으로 샤를 대머리왕의 법령은 국왕의 재판권, 영주의 재판권, 교회의 재판권을 구별하고 있다. 그래서 나는 이에 대해서 더 말할 것이 없다.

제22장 이런 재판권이 제2 왕통 말기 전에 확립되어 있었다

제2 왕통의 무질서 속에서 가신들은 자기 봉토에서의 재판권을 빼앗았다고 한다. 그러나 그것은 일반적 명제를 검토하기보다는 확립하기를 좋아하는 사람들이 하는 말이다. 가신이 어떻게 갖고 있었던가를 발견하는 것보다, 그들은 갖고 있지 않았다고 말하는 편이 더 쉬웠던 것이다. 그러나 재판권은 결코 그 기원이 찬탈에 있지는 않다. 그것은 원인이 된 법칙에 유래하지, 그 부패에 유래하는 것은 아니다.

바바리아인의 법은 말한다. "자유인을 죽인 자는, 그 자유인에게 친족이 있을 때는 친족에게 속죄금을 지급하고, 만일 친족이 없을 때는 공작 또는 생전에 비호를 받은 사람에게 지급해야 한다." 은급지에 대해서 비호를 받는다는 것이 어떤 것인가는 사람들이 다 아는 일이다.

아르만인의 법에는 "노예를 빼앗긴 자는 속죄금을 받기 위해서, 그 유괴자가 종속하는 군주를 찾아갈 수 있다"고 씌어 있다.

실드베르의 포고에는 "백인대장이 자신에 속하지 않은 다른 백인대(百人隊)에서, 또는 나의 심복의 경계 안에서 도둑을 발견하면서도 거기서 도둑을 쫓아내지 않을 때는, 그 도둑을 출두시키거나 아니면 서약으로 무죄를 밝혀야만

한다"고 되어 있다.

따라서 백인대장의 관할지와 심복의 관할지 사이에는 구별이 있었다.

실드베르의 이 포고는 같은 해에 나온 클로테르의 율령에 대한 설명이 된다. 율령은 같은 경우에는 동일한 사실에 대해서 주어진 것이며, 말의 구절만 다를 뿐이다. 포고에 '나의 심복의 경계 안에서(in terminis fidelium nostrorum)'로 되어 있는 것을, 율령에서는 in truste라고 말하고 있으므로, 이 in truste를 다른 국왕의 영지를 뜻하는 것이라고 믿는 비뇽·뒤캉주의 견해는 빗나간 것이다.

프랑크인과 롬바르디아인을 위해서 만들어진 이탈리아왕 페팡의 율령에서, 이 군주는 재판권의 행사 때 직무를 더럽히거나 판결을 내리는 것을 지체하는 백작, 그 밖의 관리에게 형벌을 내린 뒤, 봉토를 가진 프랑크인 또는 롬바르디아인이 재판하고 싶어하지 않을 경우가 생길 때는, 그 사람이 속하는 관할구의 재판관은 그의 봉토를 몰수하고 그동안 스스로, 또는 특사를 보내 재판해야 한다고 명령하고 있다.

샤를마뉴의 어떤 법령은, 국왕이 도처에서 보호금을 거두었던 것이 아님을 보여 준다. 같은 군주의 다른 법령은 이미 성립되어 있던 봉건적 규칙 및 봉건 법정을 우리에게 보여 준다. 루이 유화왕의 다른 법령은, 봉토를 가진 자가 재판하지 않거나 또는 사람이 재판을 못하도록 방해할 때는, 재판이 열릴 때까지 무조건 자기 집 안에 틀어박혀 있어야 한다고 규정했다. 나는 다시 샤를 대머리왕의 두 가지 법령을 인용하겠다. 하나는 861년의 것인데, 거기에는 개인의 갖가지 재판권이 성립된 것과 재판관 및 그 밑에 있는 관리가 발견된다. 나머지 하나는 864년의 것으로, 여기서 이 국왕은 그 자신의 영지와 개인의 영지를 구별했다.

봉토의 원 양도라는 것은 없다. 왜냐하면 봉토는 누구나 다 알 듯이 정복자들 사이의 분배로 성립된 것이기 때문이다. 따라서 원 계약에 따라서 재판권이 처음에는 봉토에서 부착되어 있었다고 증명할 수는 없다. 그러나 이런 봉토의 확인 또는 영구적 양도의 문례에서 이미 말했듯이, 재판권이 그곳에서 성립되어 있는 것을 발견하므로, 이 재판권은 봉토의 본성에 속하고 그 주된 특권의 하나였음이 틀림없다.

교회의 가산적 재판권을 그 영내에 정하는 사료가 근위 무사나 심복의 은급지 또는 봉토의 가산적 재판권을 증명하는 사료보다 우리에게 많이 남아 있는 데는 두 가지 이유가 있다. 첫째 이유는, 우리에게 전해지는 사료의 대부분은 수도사가 자기 수도원의 이익을 위해서 보존하거나 수집했다는 것이다. 둘째 이유는, 교회의 자산은 특별한 양도, 또는 기존 질서에 대한 위배로 말미암아 형성된 것이므로, 그 때문에 특허장이 필요했다. 이에 대해서 근위 무사에게 해준 양도는 정치적 질서의 귀결이었으므로, 특별한 특허장을 가질 필요가 없었고, 하물며 그것을 보존한다는 것은 더욱 필요하지 않았던 것이다. 흔히 국왕이 왕홀(王笏)을 앞세워 인도하는 데 만족하기까지 했다는 것은 《성(聖) 모르전》에서 볼 수 있는 바와 같다.

그러나 마르퀼프의 제3 문례는 특면(特免)의 특권, 따라서 재판의 특권은 성직자에게나 속인에게나 공통이었다는 것을 충분히 증명하고 있다. 왜냐하면 이 문례는 그 둘을 위해서 만들어졌기 때문이다. 클로테르 2세의 율령에 대해서도 같은 말을 할 수 있다.

제23장 뒤 보스 신부의 《갈리아에서의 프랑크 왕국 건설》에 대한 일반 관념

이 편을 끝내기 전에, 뒤 보스 신부의 저서를 얼마쯤 검토하는 것도 나쁘지 않을 것이다. 왜냐하면 나의 사상은 영구적으로 그의 사상과 반대이며, 만일 그가 진리를 발견했다면 나는 그것을 발견하지 않았기 때문이다.

이 저서는 많은 사람들을 매혹했다. 왜냐하면, 그것은 온갖 술법을 다하여 쓴 것이기 때문이다. 거기에서는 문제점이 영구적으로 가정되어 있기 때문이다. 증거가 없으면 없을수록 확실성의 정도가 풍부해지기 때문이다. 수많은 추측이 원리로서 세워졌기 때문에, 그리고 그 원리의 결론으로서 다른 추측이 추출되었기 때문이다. 독자는 곧 자기가 의심한 것을 잊어버리고 믿기 시작한다. 그리고 무한한 지식이 체계 안이 아니라 체계 옆에 장식되어 있으므로, 시녀에게 정신을 빼앗기고 공주님을 잊어버린다. 그뿐 아니라 이렇게 탐구해서 아무것도 발견하지 못했다는 말만으로는 일이 끝나지 않게 된다. '길이 멀다'라는 말만 들어도 그만 도달한 것으로 믿고 싶어진다.

그러나 잘 보면, 눈에 띄는 것은 진흙발을 가진 거상(巨像)이다. 그리고 이 거상이 거대한 것은 바로 그 발이 진흙이기 때문이다. 만일 뒤 보스 신부의 대략적인 체계의 기반이 훌륭했다면, 그것을 증명하려고 굳이 살인적으로 따분한 세 권을 휘갈기지 않아도 되었을 것이다. 그는 그 주제에서 모든 것을 발견했을 것이다. 그래서 관계도 없는 것을 모든 방면으로 찾아다니지 않더라도, 이성 자체가 이 진실을 다른 진실과 연계하는 것을 맡아주었을 것이다. 역사와 우리나라의 법은 "쓸데없는 고생을 하지 마라. 우리가 그대를 위해서 증언하마" 그에게 말했을 것이다.

제24장 뒤 보스 신부의 《갈리아에서의 프랑크 왕국 건설》에 대한 일반 관념(계속). 이 대략적인 체계의 기본 고찰

뒤 보스 신부는, 프랑크인이 정복자로서 갈리아에 들어왔다는 모든 종류의 관념을 없애버리고 싶어한다. 그에 따르면, 우리의 여러 왕은 국민에게 초대 받아 로마 황제 대신 그 권리를 계승한 데 지나지 않는다.

이와 같은 주장은 클로비스가 갈리아에 들어가서 도시를 약탈하고 점령한 시대에는 해당되지 않는다. 그것은 또 그가 로마의 지휘관 시아그리우스를 패배시키고, 그가 지배하던 토지를 점령한 시대에도 해당되지 않는다. 그것은 클로비스가 이미 폭력으로 갈리아 지역 대부분의 지배자가 되고, 국민의 선택과 애정으로 나라의 나머지 부분에도 군림해 달라고 초대되었을 시대에만 관계될 수 있을 뿐이다. 더욱이 그가 받아들여진 것만으로는 충분하지 않다. 그는 초대받은 것이 되어야 하는 것이다. 뒤보스 신부는 국민이 로마인의 지배 아래에서 또는 자기 자신의 법 아래에서 생활하는 것보다, 클로비스의 지배 아래에서 생활하기를 더 바랐다는 것을 입증해야 한다. 그런데 뒤보스 신부에 따르면, 갈리아에서 아직도 이민족에게 침략되지 않은 지방의 로마인들에는 두 부류가 있었다. 하나는 아르모리크(브르타뉴 지방의 켈트 이름) 연방에 속하며 스스로 이민족에 대해서 방위하고, 또 자기의 법에 따라 스스로 통치하기 위해서 황제의 관리를 추방했다. 또 하나의 로마인은 로마의 관리에게 복종하고 있었다. 그런데, 뒤 보스 신부는 아직 제국에 복종하던 로마인이 클로비스를 초대했다는 것을 증명하고 있는가? 전혀 하고 있지 않다. 아르모리크인의 공화국이 클로비스를 초대하여, 그 어떤 조약이라도 맺은 것을 증명하고 있는가? 이 또한 전혀 하고 있지 않다. 이 공화국의 운명이 어떻게 되었는가 하는 것을 말할 수 있기는커녕, 그는 그 존재조차 보여 줄 수 없을 것이다.

그는 이 나라의 흔적을 호노리우스 시대에서 클로비스의 정복 때까지 더듬어 왔고, 이 시대의 모든 사건을 경탄할 만한 재주를 부려 이와 결부시켜 놓고 있지만, 그 어느 책에도 이 나라의 모습은 눈에 띄지 않는다. 왜냐하면 조지무스의 문구에 따라서, 호노리우스 황제의 치하에서 아르모리크 지방과 갈리아의 다른 주가 반란을 일으켜 일종의 공화국을 형성했음을 증명하는 것과, 갈리아에 대한 여러 차례의 평정에도 아르모리크인이 여전히 특수한 공화국을 형성하여 이것이 클로비스의 정복 때까지 존속했다는 것을 증명하는 것과는, 아주 큰 차이가 있기 때문이다. 그러나 그의 대계를 확립하기 위해서는 매우 강력하고 아주 큰 정확한 증거를 갖추어 놓아야 할 것이다. 왜냐하면 한 나라에 정복자가 들어가서 그 대부분을 무력과 폭력으로 복종시키는 것을 보았을 때, 그리고 그 뒤 곧 국가 전체가—항복의 방법에 대해서 역사는 아무 말도 하고 있지 않지만—항복했을 때, 사건은 그 시작했을 때와 마찬가지로 끝났다고 믿어야 할 매우 정당한 이유가 있다.

이 점에서 잘못을 저질렀다면, 뒤 보스 신부의 모든 체계가 눈사람처럼 녹아 버리는 것을 보기란 쉬운 일이다. 그리고 그가, 갈리아는 프랑크인에게 정복당한 것이 아니라 프랑크인은 로마인에게 초대를 받았다는 원리에서 무언가 귀결을 꺼낼 때마다, 그것은 거짓말이라고 언제나 말할 수 있다.

뒤 보스 신부는, 클로비스에게 수여된 로마의 여러 영전(榮典)에 따라서 그의 원리를 증명한다. 클로비스는 군의 통령(統領 : magister militiae)의 직위를 아버지 힐페리히에게서 계승했다고 주장한다. 그러나 이 두 직위는 온전히 그가 창설한 것이다. 뒤 보스 신부가 근거로 삼고 있는 성 레미기우스가 클로비스에게 보낸 편지는, 그의 직위에 대한 축사일 뿐이다. 그 문서가 쓴 목적이 알려져 있는데, 어째서 신부는 알려져 있지 않은 목적을 거기에 부여하는가?

클로비스는 그 치세 말기에 아나스타시우스 황제에 따라서 집정관에 임명되었다. 그러나 단 1년 동안의 권력이 그에게 어떤 권리를 주었겠는가? 뒤 보스 신부에 따르면, 같은 면허장으로 아나스타시우스 황제는 클로비스를 지방 총독에 임명한 증거가 있다고 한다. 그러나 나는, 그가 그렇게 하지 않은 증거가 있다고 말할 것이다. 아무런 근거도 없는 사실에 대해서는, 그것을 부정하는 자의 권위는 그것을 주장하는 자의 권위와 맞먹는다. 그뿐만 아니라 나에게는 그것을 부정하는 하나의 이유가 있다. 그레고아르 드 투르는 집정관직에 대해서는 말하고 있으나, 지방 총독에 대해서는 전혀 아무 말도 없다. 그리고 이 지방 총독의 직책도 약 6개월 더 계속될 수 있었을 뿐일 것이다. 클로비스는 집정관에 임명된 뒤 1년 반 만에 죽었다. 지방 총독 직책을 세습이라고 주장하는 것은 불가능하다. 마지막으로 주장한다면, 집정관직과 지방 총독 직책이 그에게 주어졌을 때, 그는 이미 군주국의 지배자였다. 그리고 그의 모든 권리는 확립되었던 것이다.

　뒤 보스 신부가 인용하는 제2의 증거는, 유스티아누스 황제가 갈리아에 대한 제국의 모든 권리를 클로비스의 자식들과 손자들에게 양도했다는 것이다. 이 양도에 대해 나는 할 말이 많다. 프랑크인의 여러 왕이 이에 보인 관심은, 그들이 그 조건을 집행한 방법으로 판단할 수 있다. 더욱이 프랑크인의 여러 왕은 갈리아의 주인이었다. 평화를 애호하는 주권자였다. 유스티아누스 황제는 그곳에 한 치의 땅도 갖고 있지 않았다. 서로마 제국은 망한지 이미 오래이고, 동로마 황제는 갈리아에 대해서 다만 서로마 황제를 대표하는 것으로서 권리를 가진 데 지나지 않았다. 이것은 권리에 대한 권리였다. 프랑크 왕국은 이미 건설되어 있었다. 프랑크인의 정착 규칙은 만들어졌다. 왕국 안에 사는 개인의, 그리고 여러 민족의 상호 권리가 인정되었다. 각 민족의 법은 제정되었으며, 더욱이 문장으로 쓰여져 편찬되기까지 했다. 이미 성립되었던 국가에 대한 이 제3자의 양도가 대체 무슨 소용이 있는가?

　뒤 보스 신부는 국가의 무질서, 혼란, 전면적인 실추, 정복의 약탈 속에서 정복자에게 꼬리를 흔드는 것을 상습으로 삼는 모든 가톨릭 주교들의 헛소리를 늘어놓아 무슨 말을 하려고 하는가? 수도사와 추종자의 아첨은, 아첨하지 않을 수 없게 되어 있는 약함 이외에 무엇을 보여 주는가? 수사(修辭)와 시가(詩歌)는 이러한 기예의 사용 자체를 제외하면 무엇을 증명하는가? 그레고아르 드 투르가, 클로비스가 저지른 갖가지 암살을 설명한 뒤, "그러나 신은 날마다 클로비스의 발 아래에 적을 굴복시킨다. 그는 신의 길을 걷기 때문이다." 이렇게 말하는 것을 보고, 대체 누가 놀라지 않겠는가? 성직자가 클로비스의 개종을 매우 기뻐했다는 것, 그것을 이용하여 크게 수지가 맞았다는 것을 누가 의심할 수 있겠는가? 그러나 동시에 국민이 정복의 모든 재화를 입었다는 것, 그리고 로마의 통치가 게르만의 통치에 굴복했다는 것을 누가 의심할 수 있겠는가? 프랑크인은 모든 것을 바꾸고 싶어하지는 않았고, 또 그렇게 할 수도 없었다. 게다가 그와 같은 병적 사고 방식에 사로잡힌 정복자는 지금까지는 그리 많지 않았다. 그러나 뒤보스 신부의 결론이 모두 옳기 위해서는, 프랑크인은 로마인의 사회에 아무런 변혁도 가하지 않았을 뿐만 아니라, 그들 자신을 변혁할 필요가 있었을 것이다.

뒤 보스 신부의 방법을 사용해서 나도 그와 마찬가지로, 그리스인은 페르시아를 정복하지 않았다고 증명해 보이고 싶다. 먼저 나는 그리스 몇몇 도시가 페르시아인과 맺은 조약에 대해서 설명할 것이다. 프랑크인이 로마인의 용병이었던 것처럼, 페르시아인에 고용되었던 그리스인에 대해서 이야기할 것이다. 알렉산드로스가 페르시아의 국토에 침입해 튀루스를 포위하고 점령하여 파괴했더라도, 시아그리우스 사건과 마찬가지로 그것은 특수한 사건에 지나지 않았다.

그러나 유대인 대사제가 어떻게 그를 맞이하러 갔는가 보라.[*25] 유피테르 아몬의 신탁을 들으라.[*26] 고르디움에서 그의 미래가 어떻게 예언되어 있었던가 상기하라.[*27] 모든 도시가 진주군 환영을 합창하는 것을 보라. 페르시아의 귀족이나 총독이 떼를 지어 바치는 화환을 보라. 알렉산드로스는 페르시아의 옷을 입는다. 그것은 클로비스 집정관의 복장과 같다. 다리우스는 그에게 그 왕국의 절반을 선사하지 않았던가? 다리우스는 참주(僭主)로서 부하에게 살해되지 않았던가? 다리우스의 어머니와 아내는 알렉산드로스의 죽음을 한탄하며 울지 않았던가? 킨티우스 쿠르티우스(알렉산드로스 전기 작자), 아리안《아나파즈》라는 제목의 알렉산드로스 전기 작자), 플루타르코스는 알렉산드로스와 같은 시대 사람인가? 인쇄술의 발명은 이 저자들에게 부족한 예지의 빛을 우리에게 주지 않았던가? 이상이 《갈리아에서의 프랑크 왕국 건설》의 역사이다.

[*25] 대주교 자도스는 장엄하게 알렉산드로스를 예루살렘에서 맞이했던 모양이다. 그리하여 후자는 성스러운 책에서 그의 정복을 예언하는 내용을 보았다고 한다. 빈틈없는 알렉산드로스는 대주교의 발 아래에 엎드려, 꿈에서 당신과 똑같은 사람이 아시아 제국을 자기에게 예언하는 것을 보았다고 말했다.

[*26] 아몬은 이집트의 태양신이며, 그리스인은 유피테르와 동일시했다. 이 유피테르 아몬의 신탁은, 알렉산드로스를 그의 아버지의 아들이, 아니 그리스도가 여호와와 마리아의 합작이듯이, 그의 어머니와 신과의 합작이라고 말했다.

[*27] 갈라티아 고르디움의 지혜의 매듭을 알렉산드로스가 칼로 잘랐다는 전설을 풍자한 것이다.

제25장 프랑스 귀족

뒤 보스 신부는, 우리의 군주정체 초기에는 프랑크인들 사이에 시민의 등급이 하나밖에 없었다고 주장한다. 우리의 주류 가문의 귀한 혈통을 모욕하는 이 주장은, 우리를 내내 지배한 3대 왕통도 마찬가지로 모욕하는 것이다. 위대한 왕가의 기원이 이렇게 망각과 어두운 밤의 시간 속에 잠겨 버리는 것은 아닐까? 역사는 이들 왕가가 천한 가족이었던 시대를 분명히 밝힐지도 모른다. 그리고 힐데리히·페팡·위그 카페가 귀족이 되기 위해서는, 그들의 기원을 로마인이나 작센인들 사이에서, 즉 피정복 민족 사이에서 구해야 하는 것일까?

뒤 보스 신부는 그의 견해 기초를 살리카법에서 찾고 있다. 이 법은 어떤 프랑크인의 죽음에 대해서나 200수의 속죄금을 주었다. 그러나 로마인들은 국왕의 배식자(陪食者)—그 죽음에 대해서는 300수의 속죄금이 주어졌다—와, 토지를 소유한 로마인—그에게는 100수가 주어졌다—과, 공납자(貢納者)인 로마인—그에게는 45수밖에 주어지지 않았다—을 구별했다. 그리고 속죄금의 차이가 주요한 종별이 되어 있었으므로, 프랑크인들 사이에는 하나의 시민 계급밖에 존재하지 않았고, 로마인들 사이에는 세 가지 계급이 있었다고 그는 결론짓는다.

그의 오류 자체가 그에게 그 오류를 발견시키지 않았다는 것은 참으로 놀라운 일이다. 정말이지, 만일 프랑크인의 지배 아래에 살고 있던 로마 귀족이, 프랑크인의 가장 명문가나 가장 위대한 대장보다 더 많은 속죄금을 얻거나 한결 중요한 인물이었다면, 그것은 매우 이상한 일이었으리라. 정복 민족이 자기 자신에게 이렇게 경의를 표하지 않고 피정복 민족에 대해서 그토록 경의를 표시했다는 데에는 어떤 개연성이 있는가? 그뿐만 아니라, 뒤보스 신부는 여러 계급의 시민들이 그들 속에 있었다는 것을 증명하는 다른 여러 만민법(蠻民法)을 인용한다. 이 일반적 규칙이 바로 프랑크인에게 없었다면, 참으로 이상한 일일 것이다. 이것은 그가 살리카법의 조문을 오해했거나 또는 잘못 적용했다—이것이 사실상의 경우이지만—는 것을 그에게 생각케 했어야 할 것이다.

이 법을 펼쳐 보면, 왕의 직속 부하, 즉 그의 총신이나 가신의 죽음에 대한 속죄금은 600수이고, 국왕의 배식자인 로마인의 죽음에 대한 속죄금은 300수에 지나지 않았음을 알 수 있다. 또 보통 신분인 프랑크인의 죽음에 대한 속죄금은 200수이고, 보통 신분인 로마인의 죽음에 대한 속죄금은 100수에 지나지 않았다는 것이 거기서 발견된다. 그리고 공납자인 로마인, 즉 예속민 또는 자유민의 죽음에 대해서는 45수의 속죄금이 지급되었다. 그러나 이에 대해서 나는 말하지 않겠다. 프랑크인 예속민이나 프랑크인 자유민의 죽음에 대해서도 마찬가지로 나는 말하지 않겠다. 이 제3 계급 사람들은 여기서는 문제밖이기 때문이다.

뒤 보스 신부는 어떻게 했는가? 그는 프랑크인의 제1급 사람들, 즉 왕의 직속 부하에 관한 조항에 대해서는 입을 다물었다. 그리고 다음에, 죽었을 때 속죄금이 200수인 보통 신분의 프랑크인과, 그의 이른바 로마인의 제3 계급 사람들, 즉 그 죽음에 대해서 서로 다른 속죄금이 지급되는 사람들을 비교하여, 프랑크인에게는 한 계급의 시민밖에 없고, 로마인에게는 세 가지 계급의 시민이 있었다고 말하고 있는 것이다.

그에 따르면, 프랑크인들 사이에는 단 한 계급의 시민밖에 없었으므로, 부르고뉴인들 사이에도 또한 한 계급의 시민밖에 없었더라면 그에게는 편리했을 것이다. 왜냐하면 부르고뉴 왕국은 우리 군주정치의 주요 부분 가운데 하나를 이루고 있었기 때문이다. 그런데 그들의 법전에는 세 종류의 속죄금이 있다. 하나는 귀족인 부르고뉴인이나 로마인에 대한 것이고, 둘째는 보통 신분의 부르고뉴인이나 로마인에 대한 것, 셋째는 두 민족에서의 하급 신분을 가진 사람에 대한 것이다. 그러나 뒤 보스 신부는 이 법을 전혀 인용하지 않았다.

그가 모든 방면에서 공격해 오는 문구를 어떻게 피하고 있는가를 보면 참으로 기이한 느낌이 든다. 고관·영주·귀족의 이야기가 나오면 그는 말한다. "그것은 단순한 영예이지 계급의 구별이 아니다. 그것은 의례에 관한 사항이지 법률상의 특권은 아니다." 또 그는 말한다. "문제의 사람들은 국왕의 고문들이었다. 그들은 로마인일 수도 있었다. 그러나 프랑크인들 사이에는 단 한 계급의 시민밖에 없었다." 한편 하층 계급의 어떤 프랑크인 이야기가 나오면, 그것은 노예라고 말한다. 이런 식으로 그는 실드베르의 명령을 해석하는 것이다. 이 명령을 논하기 위해 나는 걸음을 멈출 필요가 있다. 뒤 보스 신부는 이 명령을 유명하게 만들었다. 그가 두 가지를 증명하기 위해서 그것을 이용했기 때문이다. 그 하나는, 이민족들의 법에서 발견되는 모든 속죄금은 바로 신체형에 부가된 민간 차원의 배상이었다는 것, 이것은 모든 옛 사료를 밑바닥에서부터 뒤집는 것이다. 그 둘은, 모든 자유인은 직접 또는 즉시 국왕에 따라서 재판받았다는 것, 이것은 그 무렵의 사법 질서를 우리에게 알려 주는 수없는 문구나 근거로써 부정되고 있다.

국민집회(國民集會)에서 만들어진 이 명령에는, 만일 재판관이 유명한 도둑을 발견하면, 그것이 프랑크인(Francus)일 경우에는 묶어서 국왕에게 보내야 한다. 그러나 좀 더 약한 인물(debilior persona)이면 그 자리에서 교수형에 처해야 한다고 씌어 있다. 뒤 보스 신부에 따르면, Francus란 자유인이며, debilior persona는 노예이다. Francus라는 말은 여기서 무엇을 의미할 수 있는가는 잠시 제쳐놓자. 그리고 먼저 '좀 더 약한 인물'이라는 말을 어떻게 해석할 수 있는가 검토해 보자. 어떤 말에서나 비교는 모두 반드시 세 가지 정도, 즉 최대와 좀 더 작은 것과 최소를 상정한다. 만일 여기서 자유인과 노예만이 문제라면, 다만 노예라고 말할 뿐이지 좀 더 작은 권력의 사람이라고는 말하지 않았을 것이다. 따라서 앞에서 '좀 더 약한 인물'이라고 한 것은 노예를 뜻하는 것이 아니라, 그 이하는 노예가 되는 사람을 뜻하는 것이다. 이런 정황에 따르면, Francus는 자유인을 뜻하는 것이 아니라 강력한 사람을 의미할 것이다. 여기서 Francus는 이런 의미로 씌어 있다. 왜냐하면 프랑크인들 중에는 언제나 국내에서 보다 큰 힘을 가졌고, 재판관이나 백작이 징계하기가 더욱 어려운 사람들이 있었기 때문이다. 이 설명은 범죄인이 국왕에게 송치되어야 하는 경우와, 그렇지 않은 경우를 전하고 있는 많은 칙령과 일치한다."

테간이 쓴 《루이 유화왕전》에 따르면, 주교들이 이 황제의 굴욕의 주범들이었다. 특히 노예민이었던 주교, 이민족에게서 태어난 주교가 그랬다. 이 군주가 농노의 신분에서 끌어올려 프랑스의 대주교로 만들어 준 예봉을 테간은 다음과 같이 욕하고 있다. "황제는 그토록 은혜를 베풀어 주고 얼마나 보복을 당했는가. 그는 너를 자유로 만들어 주었으나 귀족으로 만들지는 않았다. 왜냐하면 너에게 자유를 준 뒤에 너를 고귀하게 만들 수는 없었기 때문이다."

이 문구는 매우 명시적으로 시민의 두 계급을 보여 주는데, 뒤 보스 신부는 전혀 당황하지 않는다. 그는 다음과 같이 대답한다. "이 대목은 루이 유화왕이 예봉을 귀족 계급에 넣을 수 없었다는 것을 뜻하는 것은 아니다. 예봉은 프랑스의 대주교로서 제1급에, 즉 귀족 계급보다 위의 계급에 속했던 것이 틀림없다." 이 말이 그것을 뜻하는 것이 아닌지 어떤지의 결정은 독자에게 맡긴다. 여기서 문제가 되는 것이, 귀족에 대한 성직자의 상석권(上席權)인지 어떤지도 독자에게 맡긴다. 뒤 보스 신부는 이어서 말한다. "이 말은 다만 자유인으로 태어난 시민은, 귀인(貴人)이라는 특별 명칭으로 불렸다는 것을 증명할 뿐이다. 세상의 관용법에서는, 귀인과 자유인으로 태어난 사람은 오랫동안 같은 의미를 가졌다." 이것은 놀랍다. 최근 몇몇 서민이 귀인의 자격을 얻은 데 입각하여, 《루이 유화왕전》의 한 대목이 이런 부류의 사람들에게 적용되는 것인가? "그리고 아마도" 하고 그는 다시 덧붙인다. "예봉은 프랑크 민족의 노예가 아니라, 시민이 몇 개의 계급으로 나뉘어 있던 작센민족, 또는 그 밖에 게르만민족의 노예였던 것이다." 그러니 뒤 보스 신부의 '아마도' 덕분에 프랑크 민족에는 귀족이 없었던 것 같다. 그러나 그가 '아마도'를 이토록 서툴게 쓴 적은 없었다. 앞에서 보았듯이, 테간은 루이 유화왕에 반대한 사교들을 구별하고 있다. 어떤 자는 노예 출신이었다. 그리고 어떤 자는 이민족에 속했다. 예봉은 노예에 속하고, 이민족에 속하지는 않았다. 게다가 예봉 같은 노예가 작센인이나 게르만인이었을 것이라고 어째서 말할 수 있는지 나는 모른다. 노예는 집도 없고, 따라서 민족도 없다. 루이 유화왕은 예봉을 해방했다. 그리고 피해방 노예는 그 주인의 법을 취했기 때문에 예봉은 프랑크인이 된 것이며, 작센인이나 게르만인이 된 것은 아니다.

나의 공격이 끝났으므로, 이번에는 수비를 하겠다. 나에 대한 반론으로서, "국왕의 직속 부하 집단은 자유인 계급과 종별된 한 계급을 이루고 있었던 것은 확실하지만, 봉토는 처음에는 임면제(任免制)였다. 그리고 다음에 종신제가 되었으므로 세습 귀족을 만들어 낼 수는 없었다. 왜냐하면 세습되는 봉토와 특권이 연관되어 있지 않았기 때문이다"라고 말하는 사람이 있을 것이다. 아마 이러한 반론 때문에 드 발루아(1664년 사료 편찬관이 되었음)가 프랑크인들에게는 한 계급의 시민밖에 없었다고 생각하게 만들었던 것으로 보인다.

이런 생각을 뒤 보스 신부는 그에게서 차용했는데, 그러나 엉터리 증거를 늘어놓은 결과 그것을 망쳐 버렸다. 그것은 어찌 됐든, 뒤 보스 신부로서는 이 같은 반론은 할 수 없었을 것이다. 왜냐하면 로마 귀족에 세 가지 계급을 설정하여 제1계급에 국왕의 배식자(陪食者) 자격을 주어, 이 칭호는 직속 부하의 칭호보다도 세습 귀족을 나타내는 것이라고는 말할 수 없었을 것이기 때문이다. 그러나 나는 직접적인 회답을 해야 한다. 국왕의 직속 부하 또는 총신에게는, 그들이 봉토를 갖고 있었기 때문에 그렇게 된 것이 아니라 그들이 직속 부하나 총신이었기 때문에 그들에게 봉토가 주어진 것이다. 독자는 이 편 처음 여러 장에서 설명한 것을 떠올려 봐야 한다. 그들은 그 뒷날과 같은 봉토를 그 무렵에는 갖고 있지 않았다. 그러나 그들은 어떤 봉토는 갖고 있지 않았더라도, 다른 봉토는 갖고 있었다. 왜냐하면, 봉토는 출생 때 주어졌기 때문에, 또 흔히 국민 집회에서 주어졌기 때문에, 그리고 마지막으로 봉토를 갖는 것이 귀족에게 이익이 되었듯이 그들에게 그것을 주는 것은 국왕에게도 이익이 되었기 때문이다. 이러한 집안은 그 총신이라는 영전(榮典), 또 봉토에 충성을 맹세할 수 있는 특권으로써 구별되었다.

다음 편(제23장)에서는, 그때의 사정에 따라 어떻게 하여 이 커다란 특권을 누릴 수 있도록 허가되었고, 따라서 귀족 계급에 들어갈 수 있도록 허가된 자유인이 있었던가를 보여 줄 것이다. 공트랑 및 그 조카 실드베르 시대의 사정은 이렇지 않았다. 그리고 샤를마뉴의 시대에는 그러했다. 그러나 일찍이 이 군주의 시대로부터 자유인이 봉토를 갖기가 불가능하지는 않았다고는 해도, 앞에서 인용한 테간의 말에 따르면, 피해방 노예는 완전히 거기서 제외되어 있었던 것처럼 보인다. 뒤 보스 신부는 옛날의 프랑스 귀족이 어떤 것이었나에 대한 관념을 우리에게 주기 위해 터키로 가는데, 루이 유화왕이나 샤를 대머리왕 아래에서 사람들이 한탄했듯이, 태생이 천한 인간을 영예나 고위직으로 끌어 올렸다고 사람들이 한탄한 적이 터키에도 있었다고 우리에게 말할 것인가? 샤를마뉴 시대에는 그런 불평이 없었다. 왜냐하면 이 군주는 언제나 옛 집안과 새로운 집안을 구별했기 때문이다. 그것을 루이 유화왕도 샤를 대머리왕도 하지 않았다.

사람들은 뒤 보스 신부 덕분에 여러 뛰어난 저술을 얻었음을 잊어서는 안 된다. 그 저술에 따라서 그를 판단해야지, 이 책으로 판단해서는 안 된다. 뒤 보스는 여기서 커다란 오류에 빠졌다. 왜냐하면, 그는 그 주제보다 드 불랑빌리에 백작의 책에 더 주의를 기울이고 있었기 때문이다. 나의 모든 비판으로 다음의 성찰만은 잊지 말아야 할 것이다. 이 위인이 이런 잘못을 저지르는데, 하물며 나 같은 사람은 얼마나 더 조심해야 하겠는가.

제31편
프랑크인 봉건법 이론과 그 군주정체 변천 관계

제1장 관직 및 봉토 변화

 백작은 처음 그 관할지에 1년 임기로 파견된 데 지나지 않았다. 곧 그들은 그 직위를 끊임없이 매수했다. 클로비스의 손자들 치세에 이미 그러한 예가 발견되었다. 페오니우스라는 자는 오제르시(市)의 백작이었다. 그는 계속 그 자리에 눌러앉기 위해서 아들 뭄몰루스에게 돈을 갖고 공트랑을 찾아가게 했다. 조심성 있는 아들은 자기를 위해서 돈을 주고, 아버지 지위를 손에 넣었다. 국왕들의 은혜는 이미 썩기 시작했던 것이다.
 왕국의 법에 따르면, 봉토는 임면제였지만, 그렇다고 봉토가 기분에 따라서 자의적으로 주어지거나 몰수되지는 않았다. 그리고 그것은 보통 국민 집회에서 다루어진 주요 사항의 하나였다. 부패가 이런 일에 스며들 것은, 이미 앞선 경우와 마찬가지로 충분히 생각할 수 있다. 그리고 백작령을 계속 보유한 경우와 마찬가지로, 돈의 힘으로 봉토의 보유를 이어나갔음은 충분히 생각할 수 있는 일이었다.
 이 편에서는(제7장) 군주가 일정 기간만 한 증여와는 별도로 영구적으로 행한 증여도 있었음을 보여 줄 것이다. 궁정은 일찍이 한 증여를 취소하려는 사건이 일어났다. 이는 국민들 사이에서 불만을 불러일으켰다. 그리하여 그로 말미암아 프랑스 사상 유명한 혁명이 일어났다. 그 첫 시기가 바로 브룬힐드의 처형[1]이라는 놀랄 만한 광경이었다.
 이 왕비는 많은 왕들의 딸이고 자매이며, 어머니인, 로마의 조영관(造營官) 또는 지방 총독에 걸맞는 공영건조물로 오늘날에도 그 이름이 알려져 있고, 정무에 대한 놀라운 천부의 재질을 타고 매우 오랫동안 존경을 받아 온 재질

---

[1] 아우스트라시아의 프랑크인 왕 시게베르의 왕후. 심복의 배신으로 클로테르 2세에게 붙잡혀서 말에 묶여 능지처참을 당했다.

에 찬 이 왕비가, 아직도 국민들 사이에 권위가 충분히 굳어지지 않은 왕*²에 따라서, 갑자기 그토록 긴 시간에 걸쳐서 그토록 굴욕스럽고 잔인한 처형을 받으리라고는 전혀 생각지 못했다. 만일 어떤 특별한 원인으로 그녀가 국민의 불만을 사지 않았던들 처음에는 매우 이상한 일로 보였을 것이다. 클로테르는 그녀가 국왕을 열 명이나 죽였다고 문책했다. 그러나 그 가운데 두 사람은 클로테르 자신이 죽게 했던 것이다. 다른 몇 사람의 죽음은 운명의 죄이거나 아니면 다른 왕비(프레데공드)의 악행의 죄였다. 그런데 프레데공드한테는 그녀의 침대에서 죽도록 허용해 주었을 뿐더러, 그녀의 끔찍한 범죄에 대한 처벌에 반대까지 했던 국민이, 브룬힐드의 죄에는 매우 냉혹하게 대했다.

그녀는 낙타 위에 태워져서 온 군대 속을 끌려다녔다. 이것은 그녀가 군대의 인기를 잃어버렸다는 확실한 증거였다. 프레데게르는 말한다. 브룬힐드의 총신 플로테르는 여러 영주의 재산을 빼앗고, 그것으로 왕의 창고를 가득 채웠다. 또 그는 귀족 계급에게 굴욕을 주었다. 그러므로 아무도 자기의 지위를 확보할 자신감을 가질 수 없게 됐고, 군대는 그에 대해서 음모를 꾸몄으며, 그는 천막 안에서 칼에 찔려 죽었다. 그런데 브룬힐드는 총신의 죽음에 복수했고, 또 같은 계획의 수행 때문에 나날이 국민들의 미움을 사게 되었다.

클로테르는 단독으로 통치하겠다는 야망을 품고 가장 무서운 복수심에 사로잡혀서, 브룬힐드의 자식들이 세력을 얻으면 자기는 파멸할 것이 틀림없다는 생각에 스스로 음모에 가담했다. 그리고 그는 비굴했기 때문인지, 정세 때문에 어쩔 수 없이 그렇게 되었던 건지, 자신이 브룬힐드의 탄핵자가 되어 이 왕비를 무서운 본보기로 만들었던 것이다.

바르나셰르는 브룬힐드에 대한 음모의 중신이었다. 그는 부르고뉴의 궁재(宮宰)*³에 임명되었다. 그는 종신 자리에서 면직되지 않을 것을 클로테르에게 요구했다. 이로써 궁재는 이제 프랑스의 여러 영주가 놓여 있던 처지를 벗어나게 되었다. 그래서 이 권력은 왕권에 대해 독립적인 것이 되기 시작했다.

국민을 특별히 분노하게 만든 것은 브룬힐드의 해로운 섭정정치(攝政政治)였다. 법이 아직 그 힘을 유지하는 동안에는 아무도 봉토를 몰수당하는 데 불평을 털어놓을 수가 없었다. 왜냐하면 법은 그것을 그자에게 영구적으로 준

---

*2 클로테르 2세, 힐페리히의 아들이며, 다고베르의 아버지.
*3 maire. 이 관직의 성질과 역사에 대해서는 이 편 제5장 참조.

것이 아니었기 때문이다. 그러나 탐욕·음모·부패가 봉토를 주게 했을 때, 흔히 부정한 방법으로 손에 넣은 것이 또 같은 방법으로 탈취되는 데 대해 사람들은 불평을 쏟아냈다. 만일 공공의 복지가 증여 취소의 동기였다면, 아마 사람들은 아무 말도 하지 않았을 것이다. 그러나 공명이라는 깃발 아래에 부패 행태가 날뛰었다. 왕실의 재정적인 권리가 주장된 것은, 실은 왕실 재정의 재보를 아무렇게나 낭비하기 위해서였다. 선물은 이제 봉사의 보수도 기대도 아니었다.

브룬힐드는 부패한 정신으로 낡은 부패의 악폐를 바로잡으려고 했다. 그녀의 변덕은 유약한 정신의 변덕이 아니었다. 근위 무사나 대관은 멸망이 눈앞에 다가오는 것을 느끼고 그녀를 멸망시켰던 것이다.

우리는 그 무렵에 작성된 모든 기록을 갖고 있기는커녕 거의 없다. 그리고 연대기 작자들은 그 시대의 역사에 대해서, 마을 사람들이 오늘날 우리 시대 역사에 대해서 가진 지식 정보밖에 알고 있지 못하므로, 그들에게서 얻을 수 있는 것은 매우 빈약하다. 그러나 우리는 악폐 개혁을 위해서 파리의 교의회(教議會)에서 제정된 클로테르의 칙령을 갖고 있었다. 이것은 군주가 혁명을 일으킨 불평을 끝냈음을 보여 주는 것이다. 한편 그는 이 칙령에서 그의 선임자인 여러 왕에 따라 실시되고 또는 확인된 모든 증여를 확인하고, 한편에서는 근위 무사 또는 총신에게서 빼앗은 모든 것들이 그들에게 반환되어야 한다고 명령했다.

이것은 왕이 이 교의회에서 행한 유일한 양보는 아니었다. 그는 수도사의 특권을 해치기 위해서 행해진 일은 교정되어야 한다고 명령했다. 그는 주교 선거에서 궁정의 세력을 약화시켰다. 그는 마찬가지로 재무 개혁도 실시했다. 즉 그는 모든 새로운 연공(年貢)의 폐지를 명령하고, 공트랑·시게베르·힐페리히가 죽은 뒤에 설정된 그 어떤 통행세도 징수하지 말라고 명령했다. 바꾸어 말하면, 그는 프레데공드와 브룬힐드의 섭정 시대에 이루어진 모든 것을 폐지한 것이다. 그는 자기의 가축떼를 개인의 숲속으로 몰고 가지 말라고 명했다. 그리고 개혁이 더욱더 일반적이며 시민의 사항에까지도 미치고 있었음을 우리는 곧 알게 될 것이다.

제2장 시민정치 개혁

이제까지 우리는 국민이 주인 선택이나 감독에 대해서 초조함과 경솔의 조짐을 나타내는 것을 보아왔다. 국민이 주인으로서 서로의 다툼을 규율하고, 그들에게 평화의 필요를 강요하는 것을 보아왔다. 그러나 여지껏 보지 못했던 일을 국민은 실행했다. 즉, 국민은 자기의 현상에 시선을 돌렸다. 그 법을 냉정히 검토하고 그 결함을 보충했다. 폭력을 막고, 권력을 규정했다.

프레데공드와 브룬힐드의 남성적이고 대담하고 오만한 섭정정치는, 이 국민을 놀라게 했다기보다 오히려 각성시켰다. 프레데공드는 같은 범죄의 반복으로 그녀의 끔찍한 잔혹행위, 그녀의 독살과 암살을 정당화했다. 그 행동의 자취를 더듬으면, 그녀의 침범은 공적이라기보다 사적이었다. 프레데공드는 보다 많이 나쁜 짓을 했다. 브룬힐드는 보다 많이 두려워하게 만들었다. 이와 같은 위기에 서서, 국민은 봉건정치에 질서를 부여하는 것만으로는 만족하지 않았다. 그 시민정치가 확보되기를 바란 것이다. 왜냐하면 시민정치는 봉건정치보다 더욱더 부패했기 때문이다. 그리고 이 부패는 보다 오래된 것이었으며, 말하자면 법의 악폐보다 오히려 습속의 악폐에 유래하고 있었으므로 더욱더 위험했다.

그레고아르 드 투르의 역사 및 그 밖의 기록은, 한편에서는 잔인하고 야만적인 국민을, 또 한편에서는 그에 못지않게 잔인하고 야만적인 왕들을 우리에게 보여 준다. 그 군주들은 살인자이고, 부정하며, 잔혹했다. 왜냐하면 국민 전체가 그러했기 때문이다. 때로 그리스도교가 그들의 행동을 온화하게 만들 것처럼 보였지만, 그것은 그리스도교가 범죄자를 협박하는 두려움에 따라서 그러했을 뿐이다. 교회는 그 여러 성인에게 기적이나 이상한 일을 하게 하여 국왕들로부터 몸을 지켰다. 국왕들은 결코 벌받을 행위를 하지 않았다. 왜냐하면, 그들은 신성모독자에 대한 형벌을 두려워했기 때문이다. 그러나 그 밖의 경우에는, 또는 격정에 사로잡혀서 또는 냉정하게 모든 종류의 범죄와 부정을 범했다. 왜냐하면 그런 범죄, 그런 부정으로는 반드시 처벌받지 않았기 때문이다.

프랑크인은 살벌한 국왕을 인정했다. 왜냐하면 그들 자신이 살벌했기 때문이다. 그들은 그 왕의 부정과 약탈에도 놀라지 않았다. 왜냐하면 그들 또한 왕과 마찬가지로 약탈자였고 부정했기 때문이다. 많은 법이 만들어졌다. 그러나 국왕은 그 많은 법을 뒤집는 pré ceptions*4(특별 명령)이라고 부르는 일종의 서장에 따라서 그런 법을 쓸모없게 만드는 것이었다. 그것은 거의 로마 황제의 칙답(勅答 : rescrits)과 같았다. 국왕이 그들로부터 이 관행을 채용한 것만 하더라도, 또는 자신의 본성에서 그것을 끌어냈다고 하더라도 그렇다. 그레고아르 드 투르에 따르면, 그들은 예사로 살인을 하고 피고의 진술조차 듣지 않고 죽였다. 그들은 불법 혼인에 대해서 특별 명령을 내렸다. 상속 재산을 양도하기 위해서도 특별 명령을 내렸다. 친족의 권리를 빼앗기 위해서도 이 명령을 내렸다. 수녀와 결혼하기 위해서도 이 명령을 내렸다. 사실상 그들은 멋대로 법을 만들지는 않았다. 그러나 그들은 이미 만들어진 법의 집행을 정지했다.

클로테르의 명령은 이 모든 불만에 보상했다. 그러나 앞으로는 아무도 진술을 하지 않고 처형당할 수는 없었다. 친족은 언제나 법에 따라서 정해진 순서에 따라서 상속해야만 했다. 딸·과부 또는 수녀와 결혼하기 위한 모든 특별 명령은 무효가 되었다. 그리고 그런 것을 손에 넣고 사용한 자를 엄벌했다. 만일 이 명령의 제13조와 이하 2조가 시간의 경과로 사라져 버리지 않았더라면, 그가 이 특별 명령에 대해서 규정한 것을 우리는 아마 더 정확히 알 수 있었을 것이다. 우리는 이 13조의 첫 부분밖에 갖고 있지 않다. 그리고 그것은, 특별 명령은 지켜져야 한다고 명령하고 있다. 이것은 그가 같은 법에 따라 이제 막 폐지한 특별 명령에 대해서 이해할 수 없게 한다. 우리는 같은 군주의 또 하나의 법령을 갖고 있다. 그것은 그의 명령에 관계되는 것으로서, 이와 마찬가지로 특별 명령의 모든 악폐를 하나하나 바로잡고 있다.

발뤼즈가, 날짜도 없고 공포된 곳의 이름도 없는 이 법률을 보고 이것을 클로테르 1세의 것으로 본 것은 사실이다. 그러나 이것은 클로테르 2세의 것이다. 그렇게 보는 세 가지 이유를 설명한다.

첫째, 국왕은 그의 아버지와 조부가 교회에 준 특면을 보유한다고 거기에 씌어 있다. 그러나 클로테르 1세의 조부인 힐페리히는 그리스도교인도 아니고 왕국이 세워지기 이전에 살았던 사람인데, 어떤 특면을 교회에 주었겠는가? 그런데 이 명령을 클로테르 2세의 것이라고 한다면, 그의 조부는 클로테르 1세 바로 그 사람이다. 이 사람이라면 자기 아들 크람느를 그 처자와 함께 불태워

---

*4 이것은 국왕이 법에 어긋나는 어떤 일을 하거나 또는 허용하기 위해서 재판관에게 보낸 명령이었다.〔원주〕

죽인 죄를 속죄하기 위해 교회에 막대한 기부를 했을 것이다.

둘째, 이 칙령이 교정하고 있는 폐해는 클로테르 1세가 죽은 뒤에도 남아 있어 공트랑의 무기력한 치세, 힐페리히의 잔혹한 치세, 프레데공드와 브룬힐드의 지긋지긋한 섭정 시대를 통해서 그 절정에 이르기까지 했다. 그렇다면 국민은 어떻게 하여 그토록 엄숙하게 추방된 불평의 꼬투리를 참고, 그런 불평의 꼬투리가 끊임없이 부활하는 데 조금도 반대하지 않을 수 있었겠는가? 힐페리히 2세가 다시 폭정을 시작했을 때, 재판에서는 옛날처럼 법과 관습에 따라야 한다는 명령을 그에게 강요하여 내리게 했을 때에 했던 일을, 어째서 국민은 그때는 하지 않았던가?

마지막 셋째로, 모든 불평 처리를 위해서 만들어진 이 칙령은 결코 클로테르 1세에 대한 것일 수는 없다. 왜냐하면 그의 치세에는 이 점에 대해서 왕국 안에서는 불평이 없었고, 그의 권력은 국내에서 매우 굳건했다. 특히 이 칙령이 만들어진 것으로 되어 있는 시기에는 더욱 그랬다. 이와 달리 이 칙령은, 클로테르 2세 치세에 발생해 왕국의 정치 상태에 혁명을 일으킨 여러 사건과 매우 잘 부합된다. 이제 법으로써 역사를, 역사로써 법을 밝혀야 한다.

제3장 궁재의 권위

클로테르 2세는 바르나셰르에게 종신토록 궁재(宮宰)의 지위를 빼앗지 않겠다고 약속했다. 혁명은 생각지 않은 결과를 낳았다. 전에 궁재는 국왕의 궁재였으나, 지금의 궁재는 왕궁의 궁재가 되었다. 국왕이 선임했을 국민이 그를 선임했다. 혁명 전 클로테르는 테오도릭에 따라서, 란데릭은 프레데공드에 따라서 궁재가 되었는데, 그 뒤부터는 국민이 그 선임권을 가졌다.

그러므로 어떤 저자들처럼, 이 궁재들은 브룬힐드가 죽기 전에 이 직위를 갖고 있었던 자, 즉 국왕의 궁재와 왕궁의 궁재를 혼동해서는 안 된다. 부르고뉴인의 법에 따르면, 부르고뉴에서는 궁재의 직위가 국가 요직의 하나가 아니었다. 프랑크인의 초기 왕들 아래서도 최고 현직의 하나는 아니었.

클로테르는 관직과 봉토를 가진 사람들을 안심시켰다. 그리고 바르나셰르가 죽은 뒤 이 군주가 트로와에 소집한 영주들에게, 그의 지위에 누구를 앉히기를 바라느냐고 묻자, 그들은 하나같이 아무도 선임하지 않는다고 외쳤다. 그리고 그에게 은총을 바라면서 그의 수중에 몸을 맡겼다.

다고베르는 그의 아버지처럼 모든 왕국을 통일했다. 국민은 그를 신뢰하고 그에게 궁재를 주지도 않았다.

이 군주는 신변의 자유를 느끼고, 한편으로는 그 전쟁의 승리로 자신감을 얻었으므로 브룬힐드의 계획을 다시 실천했다. 그러나 그의 이 계획은 보기좋게 실패했으며, 군주가 믿었던 아우스트라시아의 신하들은 슬라보니아에서 적과 싸우지도 않고 패하여 자기 영지로 돌아가 버렸다. 그래서 아우스트라시아의 변경은 이민족의 먹잇감이 되고 말았다.

당황한 군주는 아우스트라시아인들에게 제의하여, 아우스트라시아를 그 주고(州庫)와 더불어 그의 아들 시게베르에게 물려 주고, 왕국과 궁정의 지배권을 쾰른의 주교 퀴니베르와 아달지즈 공작에게 맡길 결심을 했다. 프레데게르는 이때 만들어진 협정에 관해 상세히 말하지는 않았다. 그러나 국왕은 모든 협정을 특허장에 따라 확인했다. 그리고 즉각 아우스트라시아는 위험에서 벗어났다.

다고베르는 죽을 때가 가까워지는 것을 느끼자, 아내 낭트실드와 아들 클로비스를 에가에게 부탁했다. 네우스트리아와 부르고뉴의 가신들은 이 젊은 군주를 그들의 왕으로 선출했다. 에가와 낭트실드가 궁정을 다스렸다. 그들은 다고베르가 몰수한 모든 재산을 다시 돌려 주었다. 그러자 모든 불평은 아우스트라시아에서 그쳤듯이 네우스트리아와 부르고뉴에서도 그쳤다.

에가가 죽은 뒤, 왕비 낭트실드는 부르고뉴의 영주들에게 권하여 플로아샤투스를 그들의 궁재로서 선출했다. 플로아샤투스는 부르고뉴 왕국의 주교들과 주요 영주들에게 편지를 보내어, 그들에게 그 관직과 지위를 영구히, 즉 종신토록 보유케 하겠다고 약속했다. 플로아샤투스는 그 약속을 선서로써 확실하게 했다. 《왕실 감독관의 서》 저자는 이때를 궁재에 의한 왕국 통치의 효시로 보았다.

프레데게르는 부르고뉴인이었으므로, 우리가 말하는 이 혁명 시대의 부르고뉴 궁재에 관하여 아우스트라시아나 네우스트리아 궁재보다 더 상세히 논하고 있다. 그러나 부르고뉴에서 맺어진 협정은, 같은 이유로 네우스트리아 및 아우스트라시아에서도 맺어졌던 것이다.

국민들은 세습되는 권력을 가진 왕보다도 자기들이 선출하고, 이에 대해 조건을 부과할 수 있는 궁재에게 권력을 맡기는 편이 확실하다고 믿었다.

제4장 궁재에 관한 국민의 특성

국왕을 가진 국민이 왕권을 행사할 자를 선거하는 정체(政體)란 참으로 이상하게 보인다. 그러나 사람들이 놓여 있던 정세와 관계없이 이 점에 관한 프랑크인이 가지고 있는 관념의 원천은 매우 멀다고 나는 믿는다.

그들은 게르만인의 후예였다. 타키투스의 말에 따르면, 게르만인은 왕을 선출할 때 고귀함으로 결정하고, 지휘자(dux)를 선출할 때는 능력(virtus)[*5]을 보았다.[*6] 이것이 바로 제1 왕통의 국왕 및 궁재이다. 국왕은 세습되는 것이고, 궁재는 선거로 선출했다.

국민집회에서 자기가 일어나 어떤 계획 수행의 수령으로서 입후보하여, "무사들아, 나를 따르라" 말하는 군주의 대부분은, 그 한 몸에 국왕으로서의 권위도 궁재로서의 권력도 모두 지니고 있었던 것은 의심할 여지가 없었다. 그들의 고귀함은 그들에게 왕위를 주었다. 그리고 그 능력이 그들을 우두머리로 받드는 많은 지원자들을 거느리고, 그들에게 궁재로서의 권력을 준 것이었다. 우리의 초기 국왕이 재판소나 집회의 수위(首位)에 서고, 이들 집회의 동의를 얻어서 법을 만든 것은, 국왕으로서의 위엄에 따라서이다. 국왕이 원정을 나가고 군대를 지휘한 것은, 지휘자나 우두머리로서의 위엄에 따른 것이다.

이 점에 관한 초기 프랑크인의 특질을 알려면, 아르보가스트[*7]의 행동에 눈을 돌리기만 하면 된다. 랑티니아누스가 그에게 군의 지휘권을 주었더니, 이 장군은 황제를 궁중에 가두어 놓고 그 누구도 황제에게 문무간에 그 어떤 사건도 말하지 못하도록 금했다. 아르보가스트는 그즈음에 벌써 나중에 페팡이 했던 일을 하고 있었다.

제5장 궁재가 군의 지휘권을 얻게 된 이유

국왕이 군대를 지휘하는 동안에는, 국민은 지도자를 선임할 생각을 하지 않는다. 클로비스와 그의 네 아들은 프랑크인의 선두에 서서, 그들을 승리에서 승리로 이끌었다. 테오도베르의 아들로 유약하고 병든 젊은 군주 티보가 궁정

[*5] 프랑스어에서는 덕이지만, 라틴어에서는 힘·용기·재주·가치 등을 의미한다.
[*6] 《게르만인의 습속에 대해서》 제7장. (원주)
[*7] Arbogaste, 로마 황제 발렌티니아누스 2세의 장군. 황제를 암살한 뒤, 테오도시우스에게 패배하여 자살했다.

에 머무른 군주의 시초였다. 그는 나르세스를 공격하는 이탈리아 원정을 거부하고는, 프랑크인이 스스로 두 사람의 우두머리를 골라서 출진하는 것을 전송한다는 궁지에 빠졌다. 클로테르 1세의 네 아들 중에서는 공트랑이 가장 군대의 지휘를 게을리했다. 그 밖의 왕들도 차츰 이 예를 따랐다.

그리하여 위험 없이 남의 손에 지휘권을 넘겨 주기 위해서, 그들은 그 지휘권을 많은 우두머리나 공작에게 주었다.

거기에서부터 수없이 많은 불상사가 일어났다. 이미 규율은 사라지고 없었다. 그리고 사람들은 더는 복종을 몰랐다. 군대는 이제 다만 자기 나라에 대해서만 두려움이 되고, 적국에는 가기도 전에 벌써 노획품이 산더미처럼 쌓였다. 그레고아르 드 투르는 자신의 저작에서 이들의 이런 재해를 생생하게 그리고 있다.

공트랑은 말했다. "어떻게 우리가 승리할 수 있겠는가, 우리 조상이 얻은 것을 지킬 수도 없는 우리가? 우리 국민은 이제 옛날의 우리 국민이 아니다."[*8] 기묘한 일이다. 이 국민은 클로비스 성자 시대에 벌써 쇠퇴기에 들어섰던 것이다.

마침내 사람들이 단 한 사람의 공작(지휘자)을 만든 것은 마땅한 일이었다. 이제 자기 의무를 깨닫지 못하는 수많은 소영주나 근위 무사에 대해서 권위를 가진 공작을, 군율을 회복하고 이제 자기 자신에 대해서가 아니면 전쟁을 할 수 없는 국민을 지도하여, 적과 맞서게 하는 공작을 만드는 것은 마땅한 일이었다. 사람들은 이 권력을 궁재(宮宰)에게 주었다.

궁재의 첫 직무는 왕실 재무관리였다. 그들은 다른 관리와 협력하여 봉토의 정치적 관리를 두었는데, 마침내 단독으로 그것을 장악하게 되었다. 뿐만 아니라 그들은 군의 사무 관리권과 군대 지휘권도 얻었다.

그리하여 이 두 가지 직무는 필연적으로 다른 두 가지 직무와 연관되었다. 이 시대에는 군을 소집하는 것은 이것을 지휘하는 것보다 더 어려웠다. 그리고 은혜를 다스리는 사람을 제쳐놓고, 그 누가 이런 권위를 가질 수 있었겠는가? 분방하고 무예를 숭상하는 국민에게는 강제하기보다 권유해야 했다. 소유주의 죽음으로 비어 있는 봉토를 주거나, 편파를 두려워하게 만들거나 해야 했

[*8] 그레고아르 드 투르, 《프랑크 역사》 제8편 제30장, 10편 제3장. [원주]

다. 즉 궁정의 주계총관(主計總管)의 직권을 쥔 자가 군의 총수가 되어야 했던 것이다.

제6장 제1 왕통 국왕 쇠퇴의 제2기

브룬힐드의 처형 이래, 궁재는 국왕 아래에 왕국의 권리자였다. 그리고 그들이 전쟁의 지휘권을 갖고 있었다고는 하지만 국왕은 군의 선두에 서고, 궁재도 국민도 국왕 아래에서 싸웠던 것이다. 그런데 테오도릭과 그의 궁재에 대한 페팡 공작의 승리는 국왕의 쇠퇴를 마무리지었다. 힐페리히와 그의 궁재 랭프로와에 대해서 샤를마르텔이 거둔 승리는 이 쇠퇴를 확정시켰다. 아우스트라시아는 네우스트리아와 부르고뉴를 두 번 무찔렀다. 그리고 아우스트라시아의 궁재직은 페팡 집안에 속해 있었으므로, 이 궁재직은 다른 모든 궁재직의 위에 있었다. 따라서 이 집안은 다른 모든 집안보다 우월했다. 전승자들은 누군가 세력 있는 자가 국왕을 사로잡아 소란을 피울 것을 두려워했다. 그래서 그들은 국왕을 형무소 같은 궁성 안에 가두어 두었으며, 1년에 한 번씩 국왕을 국민들에게 보여 주었다. 궁성 안에서 국왕은 여러 명령을 내렸지만, 그것은 궁재의 명령이었다. 국왕은 다른 나라 사절에 회답을 주었지만, 그것은 궁재의 회답이었다. 이것이 역사가가 말하는, 예속된 국왕에 대한 궁재의 지배 시대였다.

페팡 집안에 대한 국민의 열광은 엄청났으며, 마침내 아직도 유년기에 있는 그의 손자까지도 궁재에 선출할 정도였다. 국민은 그를 다고베르 국왕 위에 세워, 하나의 유령 위에 또 하나의 유령을 앉혔던 것이다.

제7장 궁재 밑의 중요 관직과 봉토

궁재는 관직의 임면제를 부흥하려고 하지 않았다. 그들의 지배는 이 점에 대해서 귀족 계급에 준 보호의 덕분이었다. 그래서 중요한 관직은 내내 종신적으로 주어지고, 이 관행은 차츰차츰 확립되어 갔다.

그러나 봉토에 대해서 나는 특수한 고찰을 해야만 했다. 이 시대에 벌써 대부분의 봉토가 세습되고 있었음을 의심할 수 없다.

안들리의 조약에서 공트랑과 그의 조카 실드베르는, 그들의 선임자인 여러 왕이 그들의 신하 및 교회에 했던 증여를 그대로 유지하기로 약속했다. 또 왕비·왕녀·태후는 왕실 창고에서 받은 것을 유언으로 영구히 처분할 수 있도록 허가했다.

마르퀼푸스는 그의 《문례(文例)》를 궁재 시대에 썼다. 거기에는 국왕이 그 사람 자신에게 했거나 또는 그 상속자에게 한 증여 등을 많이 기록하고 있어, 그 가운데 어느 것이나 쉽게 찾아볼 수 있다.

그리고 이 문례는 인생의 보통 행위에 대한 영상이므로, 그것은 제1 왕통의 끝 무렵에는 봉토의 일부가 이미 상속자의 손에 들어가 있었다는 것을 증명한다. 이 시대에 양도할 수 없는 영지의 관념이 존재했을 까닭이 없다. 그 관념은 매우 근대적이었으며, 그 무렵은 이론상으로나 실제상으로나 알려져 있지 않았기 때문이다.

이에 대해서는 곧 증거로써 적극적인 사실을 보여 줄 것이다. 그리고 만일 내가 이제 군대를 위한 은급지(恩給地)도 없고, 그 유지를 위한 아무런 토지 기본도 없었던 시대를 보여 준다면, 옛날의 은급지는 양도해 버렸다는 결론을 내릴 수밖에 없을 것이다. 그 시대는 샤를마르텔의 시대이다. 그는 새로운 봉토를 설정했는데, 그것은 처음의 것과 확실히 구별되어야 한다.

정체에 파고들어온 부패나, 아니면 국왕이 끊임없이 보상을 해 주지 않을 수 없게 되는 정체 자체에 따라서 국왕이 영구적인 증여를 시작했을 때, 국왕이 백작령보다 오히려 봉토를 영구적으로 증여하기 시작한 것은 마땅하다. 얼마간의 토지를 내놓는 것은 대단한 일이 아니다. 그러나 요직을 포기한다는 것은 권력 자체를 잃는 것과 다름없었다.

제8장 자유 소유지가 봉토로 바뀐 이유

자유 소유지를 봉토로 바꾸는 방법은, 마르퀼푸스의 어떤 문례에서 발견된다. 토지 소유자가 그 토지를 국왕에게 바치면, 국왕은 바친 이에게 그에 대한 용익권(用益權)이나 은급으로 되돌려 준다. 그리고 본디 토지 소유자는 그 상속인을 국왕에게 지정한다.

이처럼 자유 소유지의 성질을 소유자가 바꾼 이유를 알아 내기 위해서는, 지난 11세기에 걸쳐 먼지와 피와 땀에 묻힌 우리 귀족 계급의 옛 특권, 심연 속에서 찾아야만 한다.

봉토의 보유자는 매우 큰 이익을 갖고 있었다. 그들이 입은 손해에 대한 속죄금은 자유인의 속죄금보다 더 많았다. 마르퀼푸스의 《문례집》에 따르면, 국왕의 가신을 죽인 자는 600수의 속죄금을 내야 한다는 것이, 국왕의 가신에게 주어진 특권이었던 듯하다. 이 특권은 살리카법에 따라, 또 리푸아리아법에 따라서 정해져 있었다. 그리고 이 두 법이 국왕 가신의 죽음에 대해 600수를 명령한 것과는 반대로, 프랑크인·이민족 또는 살리카법 아래에서 생활하는 자유인의 죽음에 대해서는 200수, 로마인의 죽음에 대해서는 100수밖에 속죄금을 주지 않았다.

이것이 국왕의 가신이 지녔던 유일한 특권은 아니었다. 우리는 다음 사실을 알아야만 한다. 재판에 소환되어 출두하지 않거나, 재판관의 명령에 따르지 않은 자는 국왕 앞으로 불려갔다. 그래도 여전히 게으름을 고집한다면, 그는 국왕의 보호를 받을 수 없었다. 그러면 아무도 그를 집 안에 들여놓을 수가 없었으며, 또 그에게 빵을 주지도 못했다. 그런데 그가 보통 신분이라면 그의 재산은 완전히 빼앗겼다. 그러나 만일 그가 국왕의 가신이라면 재산은 몰수되지 않았다. 보통 신분인 자는 게으름에 따라서 복죄(服罪)한 것으로 여겼으나, 국왕의 가신은 전혀 그렇지 않았다. 보통 신분인 자는 아주 작은 범죄에서도 뜨거운 물로 조사를 받았지만, 국왕의 가신은 살인한 경우를 말고는 그렇지 않았다. 마지막으로, 국왕의 가신은 재판 때 다른 동료 가신에게 불리한 증언을 하도록 강제될 수 없었다. 이러한 특권은 끊임없이 늘어 갔다. 그리고 카를로망(샤를마뉴 대제의 형제)의 칙령은 국왕의 가신에게는 그들 스스로 선서하도록 강제할 수는 없었지만, 다만 가신 스스로가 선서할 것을 강제할 수는 있다는 명예를 주고 있다. 더욱이 영예를 가진 자가 군대에 나가지 않았을 때, 그에게 내려지는 벌은 군복무를 하지 않은 기간만큼 고기와 술을 못 먹는 것이었다. 그런데 백작을 따라 싸움터에 나가지 않은 자유인은 60수 속죄금을 물었으며, 그것을 다 낼 때까지 노예의 신분에 놓여졌다.

그러므로 쉽게 생각할 수 있는 일이지만, 국왕의 가신이 아닌 프랑크인, 그보다도 로마인은 그렇게 되려고 애를 썼으며, 그 소유지를 빼앗기지 않기 위해서 자유 소유지를 국왕에게 바쳐서 그것을 봉토로서 되돌려받고, 그 상속인을 국왕에 지명하는 관행을 생각해 냈던 것이다. 이 관행은 끊임없이 실시되었으며, 특히 제3 왕통의 혼란기에 실시되었다. 이때는 모든 사람이 보호자를 필요로 했고, 다른 영주들과 한덩어리가 되어 이른바 봉건왕정으로 들어가고 싶어했다. 왜냐하면 그들에게는 이제 정치적 군주정체가 사라지고 없었기 때문이다.

이것이 제3 왕통 아래서도 이어진 사실은 많은 특허장에 따라서도 알 수 있다. 사람들이 그 자유 소유지를 증여했다가 같은 행위로 그것을 되찾거나, 또는 그것을 자유 소유지라고 선언한 다음에는 봉토로서 인정하거나간에 그러하다. 이러한 봉토는 반환 봉토라고 불렸다.

그것은 봉토를 가졌던 사람들이 그것을 선량한 가부장(家父長)으로서 관리했음을 뜻하지 않는다. 그리고 자유인이 봉토를 갖는 데 크게 노력했다고는 하지만, 그들은 이런 종류의 재산을 오늘날 우리가 용익권을 관리하듯 취급하고 있었다.

이것이 이제까지 본 적 없는 세심한 군주 샤를마뉴가, 자유 소유지의 편리를 위해서 봉토를 타락시키지 못하도록 많은 규칙을 만든 이유이다. 그것은 다만 그의 시대에는 대부분의 은급지가 아직 종신적이었다는 것, 따라서 사람들은 은급지보다 자유 소유지를 더 소중히 여겼음을 증명하는 데 지나지 않는다. 그러나 그것은 사람들이 자유인보다는 더욱더 국왕의 가신이 되고 싶어했다는 것을 부정하지는 않는다. 사람들은 봉토의 특정 부분을 처분하기 위한 이유는 가질 수 있었지만, 그 영예로운 지위 자체를 봉토와 더불어 잃고 싶지는 않았던 것이다.

샤를마뉴가 어떤 칙령에서, 몇몇 장소에서는 자기 봉토를 소유지로서 증여하고 그 뒤에 그것을 다시 소유지로서 사들이는 사람들이 있다는 것을 한탄했음을 나는 잘 알고 있다. 그러나 나는 사람들이 용익권보다 소유권을 더 좋아하지 않았다고는 말하지 않는다. 내가 말하는 것은 다만 자유 소유지를 상속인에게 이전할 수 있는 봉토로 바꿀 수 있을 경우, 즉 내가 앞서 말한 문례의 경우가 그것이지만, 사람들은 그렇게 하는 데 매우 큰 이익을 발견하고 있었다는 것이다.

제9장 교회의 재산이 봉토로 바뀐 이유

왕실 창고의 토지 재산은, 프랑크인을 새로운 원정에 끌어들이기 위해 국왕이 할 수 있는 증여에 도움이 되는 이외의 목적이 없었던 것이 틀림없다. 그리고 그 원정이 한편에서는 왕실 창고의 토지 재산을 증가시켰던 것이다. 이것이 내가 말한 것처럼 국민의 정신이었다. 그런데 증여는 다른 과정을 걸었다. 클로비스의 손자 힐페리히의 연설이 남아 있는데, 그 안에서 그는 그의 토지 재산 거의 모두가 이미 교회로 넘어갔다고 한탄하고 있다. "나의 왕실 창고는 가난해졌다. 나의 재산은 교회에 이전되어 버렸다. 이제는 주교들이 군림하고 있다. 그들은 권세를 마음대로 휘두르고 있다. 나는 떳떳하지 못하다."

영주들을 감히 공격하지 못했던 궁재가 교회에서 부(富)를 채운 이유가 바로 여기에 있다. 그리고 페팡이 네우스트리아에 들어가기 위해서 내세운 이유 가운데 하나는, 교회의 모든 재산을 빼앗는 국왕, 즉 궁재의 침해를 막기 위해서 사제들의 초청을 받았기 때문이라는 것이었다.

오스트리아의 궁재, 즉 페팡 집안은 교회를 네우스트리아나 부르고뉴의 궁재보다 훨씬 온화하게 다루었다. 이것은 우리의 연대기에 매우 명료하게 나와 있다. 거기서는 수도사들이 페팡 집안의 신앙심과 기부를 온갖 말로 칭찬하고 있다. 그들은 스스로 교회의 주요 지위를 차지하고 있었다. 힐페리히가 사교들에게 "까마귀는 까마귀의 눈을 파먹지 않는다" 말했듯이.

페팡은 네우스트리아와 부르고뉴를 정복했다. 그런데 궁재들이나 국왕들을 멸망시키기 위해 교회에 대한 압박을 구실로 이용했으므로 그 대의명분과 모순되지 않고는, 교회를 약탈하며 국민을 희롱하고 있다는 사실을 나타낼 수가 없었다. 그러나 2대 왕국의 정복과 반대당의 파괴는, 그의 대장들을 만족시키는 데 충분한 수단을 그에게 제공했다.

페팡은 성직자 계급을 보호하여 군주정체의 주인이 되었다. 그리고 그의 아들 샤를마르텔은 성직자를 압도함으로써만 그 권력을 유지할 수 있었다. 이 군주는 왕실 재산과 왕실 창고 재산의 부(富)가 종신적으로 또는 소유권으로서 귀족에게 주어져 있고, 성직자가 부자들과 가난한 자들한테서 받아 자유 소유지마저 대부분 취득한 것을 보고, 교회 재산을 몰수할 결심을 했다. 그리고 최초의 분배 봉토는 이제 존재하지 않았으므로, 그는 새로이 봉토를 만들었다. 그리고 자기와 그 대장들을 위해서, 교회의 재산과 교회 그 자체를 차지했다. 그리고 보통 병과는 달라서 그것이 극단적이었으므로, 더욱더 치료하기 쉬웠던 악폐를 완전 소멸시켰다.

제10장 성직자의 부

성직자들만이 수지가 맞는다는 말이 있듯이, 제3 왕통 기간 동안 왕국의 모든 재산을 몇 번이나 주었을 것이 틀림없을 정도의 기부를 성직자들은 받았다. 국왕·귀족 및 백성들은 성직자에게 그들의 모든 재산을 주는 수단을 발견했으나, 이에 못지않게 그들로부터 빼앗는 수단도 발견했다. 신앙이 제1 왕통에서 교회를 세우게 했지만, 무예를 숭상하는 정신은 그것을 군인에게 주고, 군인은 그것을 자식들에게 분배했다. 얼마나 많은 토지가 성직자의 손아귀에서 나왔던가? 제2 왕통의 국왕은 꼭 쥔 손을 벌려서 다시 막대한 기부를 했다. 그러자 노르만인이 들어와서 약탈과 침략을 하고, 특히 사제나 수도자들을 박해했으며, 교회당을 뒤지고, 교회라고 여겨지는 곳마다 눈독을 들였다. 왜냐하면, 노르만인은 그들의 우상 파괴와 그들을 잇달아 북방으로 피난하게 만든 샤를마뉴의 모든 만행을 성직자들 탓으로 돌렸기 때문이다. 그것은 40년이나 50년이 지나도 잊을 수 없는 원한으로 남았다. 성직자가 미우면 그 옷까지 밉다는 정세 아래에서, 성직자는 얼마나 많은 재산을 잃었던가! 그래도 그 반환을 요구하는 성직자는 거의 없었다. 따라서 제3 왕통의 신앙심으로 보아 아직도 여러 가지 기부나 토지를 주어야 했다. 그 무렵 널리 퍼지고 믿어졌던 바로는, 속인들이 아주 선남선녀였더라면, 그 모든 재산을 잃었을 것이다.[9] 그러나 성직자에게 욕심이 있다면, 속인에게도 욕심이 있었다. 막 죽어가는 자가 (천국과 교환으로) 성직자에게 금품을 주었는데도, 그의 상속인은 이를 되찾고 싶어했다. 영주 대 주교, 영주 대 사제의 관계는 오로지 싸움뿐이었다. 그리하여 성직자들은 심하게 압박받았을 것이 틀림없었다. 왜냐하면 그들은 몇몇 영주들의 보호 아래에 들어가야만 했기 때문이다. 그러나 영주들도 한때는 그들을 보호했으나 나중에는 그들을 압박했다.

이미 제3 왕통 시대에 성립한 좀 더 좋은 정치에서는 사제들로 하여금 그들의 재산을 키우는 것을 가능하게 만들었다. 칼뱅교인이 나타나 교회 안에 있는 금은으로 만든 모든 물건을 화폐로 만들어 버렸다. 어떻게 하여 성직자는 그 재산을 보장받았을까? 그 생활은 보장되지 않았다. 그들은 소송 문제를 다루고 있었다. 그런데 그들의 기록은 불살라졌다. 언제나 핍박을 일삼는 귀족에

---

*9 다시 말해서, '만일 그들이 유언자의 유언대로 교회에 기부할 만큼 바보였다면'이란 뜻이다.

게, 이미 갖고 있지 않은 물건, 또는 몇 겹으로 저당에 넣어 버린 물건의 반환을 요구해 봐야 무슨 소용이 있었던가? 성직자들은 끊임없이 손에 넣었다. 그러고는 다시 끊임없이 토해냈다. 그리고 지금도 여전히 손에 넣고 있다.

제11장 샤를마르텔 시대의 유럽 상황

샤를마르텔은 성직자 계급으로부터 재산을 되찾으려고 계획했는데, 그러기에 매우 편리한 사정이 있었다. 그는 무사들로부터 두려움과 사랑을 받고 있었다. 그리고 그는 그들을 위해서 일했다. 그에게는 사라센인에 대한 전쟁이라는 구실이 있었다. 아무리 성직자에게 미움을 받더라도, 그는 더 이상 성직이 필요 없었다. 그러자 로마 교황으로서는 그가 필요한 인물이었으므로, 교황은 그에게 악수를 청했다. 그레고아르 3세가 그에게 파견한 유명한 사절은 누구나 다 알고 있었다. 이 2대 권력은 서로 상대편이 없으면 해나갈 수 없었으므로, 긴밀히 결합되어 있었다. 로마 교황은 롬바르디아인 및 그리스인으로부터 보호를 받으려면 프랑크인이 필요했다. 샤를마르텔은 그리스인을 굴복시키고 롬바르디아인을 괴롭혔다. 그는 자기 나라에서 좀 더 큰 존경을 받기 위해서, 그리고 이미 가진 칭호나 지금부터 그와 자식들이 가질지도 모르는 칭호에 관록을 붙이기 위해서 로마 교황이 필요했다. 그러므로 그의 계획이 실패한다는 것은 있을 수 없었다.

성 유세는 오를레앙의 주교였는데, 어떤 환상을 보았다. 그리고 그것이 여러 군주들을 놀라게 했다. 이 일에 대해서는 랑스에 모인 주교들이 샤를 대머리왕의 영토에 침입했던 루이 제르마니크(루이 유화왕의 3남)에게 보낸 편지를 소개할 필요가 있었다. 왜냐하면 그것은 당시의 사태와 인심 상태가 어떠하였나를 우리에게 보여주는 데 매우 알맞기 때문이다. 주교들은 성 유세가 천국에 끌려갔을 때, 지옥 밑바닥에서 샤를마르텔이 최후의 심판 때 예수 그리스도와 함께 출석하게 되어 있는 성자들의 명령으로 고통당하고 있는 것을 보았다. 그는 교회의 재산을 박탈, 그것으로 교회에 기부한 모든 사람들의 죄를 한 몸에 뒤집어써버렸기 때문에, 시기보다 빨리 이 형에 처해졌던 것이다. 페팡 왕은 이것을 계기로 해서 교의회(敎議會)를 열었다. 그리고 그가 회복할 수 있는 모든 교회 토지 재산을 반환하도록 명령했다. 그러나 아퀴텐 공 베프르와의 분쟁 때문에 그 일부밖에 반환하지 못했으므로, 나머지에 대해서 교회에 임시

점유증(臨時占有證 : lettres précaires)을 주게 하고, 속인은 교회로부터 차용한 재산에 대해서 십일조를 납부하며, 집 한 채마다 12드니에를 지급하도록 정했다. 샤를마뉴는 교회의 재산을 절대로 사람들에게 주지 않았다. 그뿐만 아니라 그는 자기에게나 자기 계승자에게도 절대로 그것을 주지 않겠다고 약속하는 칙령을 만들었다. 주교들이 주장하는 이 모든 것은 문서에 기록되어 있고, 주교 가운데 몇 사람은 두 국왕의 아버지인 루이 유화왕이 그런 말을 하는 것을 듣기도 했다고 적어 보냈다.

사교들이 말하는 페팡 왕의 규칙은, 레프틴에서 열린 교의회에서 작성되었다. 거기서 교회는 다음과 같은 이익을 발견했다. 교회 재산을 받은 사람은 한때 그것을 보유하는 데 지나지 않으며, 게다가 교회는 그 재산에서 십일조를 받으며 교회 소유인 집 한 채마다 12드니에를 받게 된 것이다. 그러나 이것은 임시변통의 치료법이었으며, 병폐는 여전히 남아 있었다.

그러나 그것마저도 반대에 부딪혔다. 그래서 페팡은 다른 칙령을 만들어야만 했다. 그는 은급지를 가진 자에게 십일조와 부과금을 납부하게 하고, 다시 주교관이나 수도원 건물을 유지하라고 엄명을 내려서, 이에 반대하는 자는 주어진 재산을 잃게 만들었다. 샤를마뉴는 페팡의 여러 규칙을 새로 고쳤다.

주교들이 이 편지에서 말하고 있는 말, 즉 샤를마뉴가 자기나 계승자가 앞으로 교회의 재산을 군대에 분배하지 않는다고 약속했다는 것은, 이 점에 대한 성직자의 두려움을 가라앉히기 위해 803년 엑스 라 샤펠에서 작성된 이 군주의 칙령과 일치한다. 그러나 이미 해 버린 증여는 여전히 유효했다. 주교들은 참으로 마땅하게도 이렇게 덧붙여 말한다. "루이 유화왕은 샤를마뉴의 행동을 본받아 교회의 재산을 군대에 분배하지 않았다."

그러나 묵은 악폐는 극단에 이르러, 루이 유화왕의 자식들의 지배 아래에서는, 속인들이 주교의 동의없이도 사제를 자기들의 교회 안에서 임명하고 추방했다. 그리고 교회는 상속인들 사이에 분배되었다. 이렇게 교회가 무례하게 취급받아도, 주교들은 거기서 성유물(聖遺物)을 옮겨놓는 것 말고는 그 어떤 수단을 갖지 못했다.

콩피에뉴의 칙령은, 왕의 특사는 주교와 더불어 수도원 소유자의 동의를 얻어서, 또는 그 입회 아래에 모든 수도원의 시찰을 할 수 있다고 규정했다. 그리고 이 일반적인 규정은 폐해가 일반적이었음을 증명하고 있다.

교회 재산 반환을 위한 법이 전혀 없었던 것은 아니다. 로마 교황이 수도원 재건에 대한 주교들의 게으름을 비난했을 때, 주교들은 샤를 대머리왕에게 편지를 보내어, 자기들에게는 책임이 없으므로 이런 비난은 아프지도 가렵지도 않다고 말했다. 그리고 많은 국민 집회에서 약속되고, 결의되고, 명령된 것을 왕에게 독촉했다. 실로 그들은 그것을 아홉 가지나 제시하고 있다.

이런 식으로 사람들은 서로 논쟁을 벌였다. 거기에 노르만인이 끼어들었다. 그리고 모든 사람들의 의견을 모았다.

제12장 십일조(dîmes) 설정

페팡 왕 아래에서 만들어진 여러 규칙들은, 교회에 실제적인 구제보다는 구제에 대한 희망을 주었다. 그리하여 샤를마르텔이 공적 재산의 모두가 성직자의 손안에 있는 것을 발견했듯이, 샤를마뉴는 성직자의 재산이 군대의 손안에 있는 것을 발견했다. 그러나 이미 군대에 준 것을 반환시킬 수는 없었다. 더욱이 당시의 정세가 그것을 그 본디 성질상 그 이상으로는 실행 불가능하게 만들고 있었다. 한편 사제·사원·교화(敎化)가 없어졌기 때문에, 그리스도교를 멸망시켜서는 안 되었다.*10

그 결과 샤를마뉴는 십일조를 설정했는데, 이것은 새로운 종류의 재산으로서 교회에 특별히 주어진 것이었으므로, 나중에라도 그 찬탈을 구별하기가 더욱 쉽다는 이점(利點)을 성직자들에게 부여했다.

이 설정은 훨씬 더 옛 시대의 것이라고 말하려는 사람들이 있었다. 그러나 그들이 제시하는 전거는 오히려 그것을 인증하는 사람들에게 불리한 증거를 보여 주는 듯이 여겨진다. 클로테르의 율령은 다만 교회 재산에 대해서는 어떤 종류의 십일조를 징수하지 않는다고 이야기할 뿐이다. 따라서 그 무렵은 교회가 십일조도 징수하기는커녕, 교회의 희망은 어떻게든 이 조세를 면하고 싶다는 것뿐이었다. 십일조 납부를 명령하고 있는 585년에 열린 마콩 교의회는 확실히 옛 시대에 이것이 납부되었다는 것을 말하고 있지만, 그때에는 납부되고 있지 않았다는 것도 보여주는 것이다.

샤를마뉴 이전에도 성직자가 성서를 펼쳐서, 〈레위기〉의 시여(施與)와 기부

---

*10 샤를마르텔 시대에 일어난 여러 내란에서, 프랑스의 교회 재산은 속인에게 주어졌다. "성직자는 제 힘으로 사는 대로 방치되었다"고 성(聖) 르미 전기에서 말하고 있다. 〔원주〕

를 설교했다는 것을 누가 의심하겠는가? 그러나 내가 말하는 것은, 이 군주 이전에는 십일조(dimes)는 설교되었는지 몰라도 결코 설정되어 있지는 않았다는 것이다.*11

앞에서 설명했듯이, 페팡 왕 치하에 정해진 여러 규칙은, 성직자의 재산을 봉토로서 지닌 사람들에게 십일조 납부와 교회의 수리를 명령했다. 그 공정하고 이론의 여지없는 법에 따라서 국민의 유력자들에게 모범을 보일 것을 강제한 것은 대단한 일이다.

샤를마뉴는 그 이상의 일을 했다. 〈De Villis〉 법령으로 그는 자기의 토지에도 십일조 납부를 명령했다. 이것은 더욱 큰 모범이었다.

그러나 하층의 백성들은 모범을 보여 주어도 좀처럼 자기 이익을 포기하지 않았다. 그래서 프랑크푸르트 종교회의는, 십일조를 지급해야 하는 좀 더 긴급한 이유를 하층 백성들에게 제시했다. 이 회의에서 하나의 교회령을 작성했는데, 그 설명에 따르면 이러했다. "얼마 전 기근 때 보리 이삭이 쭉정이였는데 그것은 악마들이 먹었기 때문이며, 십일조를 납부하지 않은 것을 비난하여 악마의 소리가 들려왔다. 그러한 결과로 교회 재산을 가진 모든 사람들에게 십일조 납부가 명령되는 것이며, 한 걸음 더 나아가 모든 사람에게 십일조 납부를 명령하는 바이다."

샤를마뉴 계획은 처음에는 성공하지 않았다. 그것은 이 세금이 부담할 수 없는 것으로 여겨졌기 때문이다.

유대인의 십일조는 그들의 국가건설 계획에 들어 있었지만, 이쪽의 십일조는 군주정체 건설을 위한 부담과는 전혀 관계 없는 것이었다. 롬바르디아인의 부가 규정에는 시민법에 따라 십일조를 승인하기가 매우 어려움을 보여 준다. 여러 교의회 종규(宗規)에 따라서, 이것을 교회법으로써 승낙하는 일이 어렵다는 사실을 추정할 수 있다.

국민은 마침내 이 조세를 매수할 수 있다는 조건으로 십일조에 동의했다. 루이 유화왕과 그의 아들 로테르 황제의 율령은 이를 허락하지 않았다.

십일조의 설정에 대한 샤를마뉴의 법은 필요의 산물이었다. 종교만이 거기에 참여하고, 미신은 조금도 참여하지 않았다.

---

*11 에르베시우스도 악마가 십일조를 납부라고 말했다는 바보 같은 이야기를 인용하여, 십일조는 본디 신자가 스스로 한 기부이지 결코 세금이 아니었다고 주장하고 있다.

십일조를 교회 수입과 빈민, 주교와 성직자를 위해서 4개 부분으로 나눈 샤를마뉴의 유명한 분류는, 교회가 잃어버린 고정적이고 영속적인 지위를 그가 다시 부여해 주려 했음을 잘 나타내고 있었다.

그의 유언은 그가 조부 샤를마르텔이 한 악업의 보상을 하고 싶어했음을 알게 해 준다. 그는 자기의 동산을 3등분했다. 그리고 셋 중의 두 부분을 그의 제국의 21개 대주교 주재 도시를 위해서 21로 분할했다. 그리고 주교구 사이에 다시 세분되도록 했다. 나머지 3분의 1은 네 부분으로 나누었다. 그 하나는 그의 자식들과 손자들에게 주고, 또 하나는 이미 주어진 3분의 2에 부가시켰다. 나머지 두 부분은 자선 사업에 사용되었다. 그는 교회에 준 이 막대한 혜택을 종교 행위라기보다는 정치적 급여로 생각했던 것 같다.

제13장 주교직과 수도원장 성직 녹봉 임명권

교회가 가난해졌으므로, 국왕들은 주교직이나 그 밖의 녹봉이 붙은 성직 (bénéfices)에 대한 임명권을 포기했다. 군주들은 성역자(聖役者 : ministres)들의 임명에는 그다지 관심을 보이지 않게 되었다. 그리고 수도원장 지원자들도 군주의 소매 끝에 매달리는 일이 적어졌다. 이리하여 교회는 빼앗겼던 재산에 대한 대가를 받았던 것이다.

그러므로 루이 유화왕이 로마의 국민에게 로마 교황을 선거하는 권리를 가지게 한 것은, 그의 시대 일반 정신의 결과였다. 그는 로마의 주교좌(主教座 : siége de Rome)는 물론 다른 주교좌에 대해서와 같은 태도를 취했던 것이다.

제14장 샤를마르텔의 봉토

샤를마르텔이 교회 재산을 봉토로서 주었을 때, 그것을 종신적으로 주었는지, 영구적으로 주었는지를 나는 알아낼 생각이 없다. 내가 아는 모든 것은, 샤를마뉴와 로테르 1세 시대에는 이들 재산 가운데 상속인에게 이전되고 그들 사이에서 분배되는 것이 있었다는 것이다.

게다가 그 일부는 자유 소유지로서 주어지고, 나머지는 봉토로서 주어졌다는 것도 나는 알고 있다.

앞에서 설명했듯이, 자유 소유지의 소유자도 봉토의 보유자도 마찬가지로 역무(役務)가 부과되었다. 그것이 아마도 어느 정도까지 샤를마르텔이 봉토로서 준 것과 마찬가지로 자유 소유지로서 준 이유였을 것이다.

제15장 샤를마르텔의 봉토(계속)

봉토는 교회 재산으로 바뀌고, 그 교회 재산은 봉토로 바뀌었으므로, 봉토와 교회 재산이 서로의 그 무엇을 띠게 된 것은 눈여겨볼 만하다. 그리하여 교회 재산은 봉토의 특권을 갖고, 봉토는 교회 재산의 특권을 가졌다. 이 시대에 생긴 교회 안에서의 귀빈의 명예권 같은 것이 그것이다. 그리고 이 권리는 오늘날, 이른바 봉토라고 부르는 것보다 언제나 영주의 상급 재판권(haute justice)에 속했으므로, 가산 재판권(家産裁判權)은 이 권리와 같은 때 설정되었다는 결과가 된다.

제16장 왕권과 궁재권의 혼합. 제2 왕통

문제의 순서 때문에 나는 시간 순서를 마구 헝클어뜨려 버렸다. 그래서 페팡 왕 때 카롤링 왕조로 넘어간 왕관에 관한, 저 유명한 시기에 대해서 설명하기 전에 샤를마뉴에 대해서 말했다.

이 왕위의 이전은 보통 사건과는 달라서, 그것이 일어난 시대에서보다는 오늘날에 더 주목을 끄는 것이다.

국왕은 아무런 권위도 없었으나, 그들에게는 가문이 있었다. 국왕의 자격은 세습적이었고, 궁재(宮宰)의 자격은 선거를 따랐다. 궁재는 말기에 가서 메로빙거 가문 중에서 그들이 희망하는 자를 왕좌에 앉히기는 했어도, 왕을 다른 가문에서 고른 적은 없었다. 그리고 일정한 가문에 왕관을 주는 낡은 법은 프랑크인의 마음에서 사라져 버리지는 않았다. 왕국 안에서 국왕의 일신은 거의 알려지지 않았지만, 왕권은 그렇지 않았다. 샤를마르텔의 아들 페팡은, 이 두 가지 자격을 혼합하는 것이 적당하다고 믿었다. 그러나 이 혼합은 왕권이 세습이냐 아니냐 하는 문제에 끊임없이 불확정한 것을 남겨 준다. 그러나 그것은 왕권에 큰 권력을 결합한 사람에게는 충분했다. 그때, 궁재의 권위는 왕의 권력과 결부되었다. 이 두 권위의 혼합에서 화해가 이루어졌다. 전에는 궁재를 선거로 뽑고 국왕은 세습이었다. 하지만 제2 왕통 초기에 왕위는 국민이 뽑기 때문에 선거적이고, 반드시 같은 집안에서 뽑아야 했기 때문에 세습적이 되었다.

르 코앙트 신부*12는 모든 사료가 입증하는데도, 교황이 이 대개혁을 승인한 것을 인정하지 않았다. 그의 주장 가운데 하나는, 교황의 행위가 부정한 것이 되리라는 이유 때문이다. 역사가가 사람이 한 일을, 하지 말아야 할 일을 기준으로 판단한다는 것은 참으로 기가 막히는 일이다. 이와 같은 논법으로 한다면 앞으로 역사는 기록되지 않을 것이다.

그것은 고사하고, 페팡 공작의 전승시(戰勝時) 이래로 그의 집안이 군림하고, 메로빙거 집안은 군림하지 못했다는 것은 확실하다. 그의 손자 페팡이 왕관을 썼을 때는, 의식(儀式)이 하나 불어나고 유령이 하나 사라진 데 지나지 않았다. 이로써 그는 왕의 복식(服飾) 말고는 아무것도 얻지 못했다. 국민들 사이에는 아무런 변화도 없었다.

내가 이 이야기를 한 까닭은, 다만 변혁의 결과에 지나지 않는 것을 가지고 변혁으로 여겨 오류에 빠지는 일이 없도록, 오직 변혁의 시기를 정하기 위해서였다.

위그 카페가 제3 왕통 초에 왕관을 썼을 때는, 좀더 중대한 변화가 있었다. 왜냐하면 국가가 무정부 상태에서 통치로 옮겨졌기 때문이다. 그런데 페팡이 왕위에 앉았을 때는, 하나의 통치에서 같은 통치로 옮긴 데 지나지 않았다.

페팡이 왕위에 앉았을 때, 그는 오직 칭호만 바꾸었을 뿐이었다. 그런데 위그 카페가 왕위에 앉았을 때는 사정이 바뀌었다. 왜냐하면 큰 봉토가 왕위와 결합하여 무질서를 끝냈기 때문이다.

페팡이 왕위에 앉았을 때, 국왕의 칭호는 가장 큰 관직과 결합했다. 위그 카페가 즉위했을 때는, 국왕의 칭호가 가장 큰 봉토와 결합되었다.

제17장 제2 왕통에서 국왕을 선거한 특수 사정

페팡의 대관식 문례 중에서, 샤를루아 카를로망도 성유(聖油)를 받고 축성(祝聖)되었다는 것, 그리고 프랑스 영주들은 다른 가문의 군주를 결코 선거하지 않는다는 것, 이를 어기면 비적 수여(祕籍授與)의 성무 정지(聖務停止 : interdiction)와 파문의 벌을 받는다는 기록이 발견되었다.

샤를마뉴와 루이 유화왕의 유언에 따르면, 프랑크인은 국왕의 아들 중에서

---

*12 Le pére Le Cointe(417~485), 《프랑스 교회 연대기》 전8권을 썼다.

선택한 모양이었다. 이것은 위의 조건과 매우 잘 들어맞는다. 그리고 황제의 지위가 샤를마뉴 가문 이외의 집안으로 옮겨갔을 때, 제한부·조건부였던 재판권은 순수하고 간단한 것이 되었으며, 그 결과 사람은 옛 정체(政體)에서 벗어났다.

페팡은 죽을 때가 다가왔음을 느끼자, 세속적·종교적 영주들을 생드니에 소집해(758년) 왕국을 그 아들 샤를루아 카를로망에게 나누어 주었다. 우리는 이 회의 기록을 갖고 있지 않았다. 그러나 거기서 결정된 것은 카니시우스에 따라서 알려진 옛 역사 수집의 저자와, 발류즈가 지적했듯이 메츠의 《연대기》 저자를 통해서 알 수 있다. 그리고 거기에는 이른바 서로 상반되는 두 가지 사항이 발견되었다.

즉, 그는 명문 귀족의 동의로 분할을 했다. 그런 다음 그것을 가부권(家父權)에 따라서 했던 것이다.

이것은 내가 이미 설명한 것, 즉 이 왕통에서는 국민의 권리는 왕가 중에서 선택하며, 그것은 정확하게 말하여 선거권이라기보다는 오히려 제외권(除外權)이었음을 증명한다.

이런 종류의 선거권은 제2 왕통의 여러 사료로써 확인된다. 샤를마뉴가 세 아들에게 나누어 준 제국의 분할에 관한 칙령이 그것이다. 거기서 그는 그들에 대한 분배를 결정한 뒤에 다음과 같이 말하고 있다.

"만일 세 형제 가운데 하나가 남아를 갖고, 그 아이가 아버지의 왕국을 잇는 데 적합한 자로서 국민으로부터 선택된다면, 그의 삼촌들은 모두 동의해야만 한다."

이와 같은 규정은 루이 유화왕이 237년에 엑스 라 샤페르 회의에서 그의 세 아들 페팡·루이 및 샤를 사이에 실시한 분할에서도 발견되며, 또 같은 황제가 그 20년 전에 로테르·페팡·루이 사이에 행한 다른 분배에서도 발견되었다. 다시 루이 말더듬이왕이 콩피에뉴에서 즉위했을 때, 그곳에서 한 서약에서도 발견되었다. "신의 은총과 국민의 선거에 따라서 국왕으로 정해진 나 루이는 서약한다. ……" 내가 말하고 있는 것은 890년, 보종의 아들 루이를 아를 왕국의 왕으로 선거하기 위해서 열린 발랑스의 교의회 기록에 따라서 확인된다. 거기서 루이는 선거된다. 그를 선출하는 주된 이유로서, 그가 황제의 가문에 속한다는 것, 샤를 뚱보왕이 그에게 국왕의 지위를 주었다는 것, 그리고 아르눌 황제가 왕장(王杖)으로 사제를 통하여 그에게 왕위를 주었다는 것을 들고 있다.

아를르 왕국은 다른 왕국과 마찬가지로 샤를마뉴의 제국에서 분리되었고, 또 그에게 종속한 왕국이며 선거되고 세습되는 왕국이었다.

제18장 샤를마뉴

샤를마뉴는 귀족의 권리를 그 한계 안에 머물게 하고, 성직자와 자유인을 압박하지 못하도록 막으려고 했다. 그는 국가의 여러 등족(等族)들을 훌륭하게 조절했으므로 여러 등족들은 서로 균형을 잡았으며, 그 자신이 주인공이 되었다. 모든 것은 그의 타고난 재능의 힘에 따라서 결합되었다. 그는 귀족을 끊임없이 이 원정에서 저 원정으로 이끌어가서 계획을 세울 겨를을 주지 않았으며, 그의 계획에 따르는 일에 모든 귀족이 정신을 못 차리게 만들었다. 제국은 우두머리의 위대함으로 유지되었다. 즉 그는 군주로서 위대했으며, 인간으로서는 더더욱 위대했다. 그의 자식들인 여러 왕은 그의 제1 신하이자 그의 권력의 도구였으며, 복종의 모범이 되었다. 그는 칭찬할 만한 여러 규칙들을 만들었다. 그뿐만 아니라 그것을 집행했다. 그의 천재성은 제국의 모든 부분에 널리 퍼져나갔다. 이 군주의 여러 법에서는 모든 일을 이해하는 예견의 정신과, 모든 것을 이끌어가는 그 어떤 강력한 힘을 볼 수 있었다. 의무를 면하기 위한 구실은 제거되었고, 게으름은 징계받았으며, 폐해는 개혁되거나 예방되었다. 그는 처벌 방법을 알고 있었다. 그리고 무엇보다 용서할 줄도 알았다.

계획에서는 원대하고, 수행에서는 정직했으며, 가장 위대한 일을 쉽게, 어려운 일은 빠르게 실천하는 방법을 그 누구도 이처럼 고도로 가진 사람은 없었다. 그는 끊임없이 드넓은 제국을 돌아보고 쓰러지려는 곳에는 어디나 기둥을 바쳤다. 사건은 모든 방면에서 잇달아 일어났지만, 그는 모든 방면에서 그것을 종식시켰다. 이 사람만큼 위험을 무릅쓰고 일을 할 줄 아는 군주는 없었다. 이 사람만큼 위험을 잘 피할 줄 아는 군주는 없었다. 그는 모든 위험을 개의치 않았다. 특히 위대한 정복자가 거의 언제나 겪는 위험, 즉 음모를 두려워하지 않았다. 이 비범한 군주는 매우 온화했다. 그의 성격은 부드럽고, 태도는 솔직했다. 그는 궁중 사람들과 더불어 생활하기를 좋아했다. 그러나 여자와의 쾌락에 지나치게 탐닉했던 단점은 있지만, 언제나 스스로 통치하고 평생을 일 속에서 보낸 군주에게는 한결 많은 변명의 가치가 있다. 그 지출에는 훌륭한 규칙을 세웠다. 즉 그는 직할령을 예지와 주의와 절약으로 경영했다. 가부장이 된 자는 이 군주의 법에서 집을 다스리는 법을 배울 수 있을 것이다. 그의 《법령집》에서는 그가 부를 얻은 순수하고 신성한 원천을 볼 수 있었다. 이제 한마디 밖에 덧붙일 말이 없다. 그는 자기 직할령의 날짐승 사육장에서 나오는 알과 정원의 불필요한 풀을 매각하라고 명령했다. 그런데 그 전에 그는 롬바르디아인의 모든 부와 세계를 약탈한 훈(Hun)족의 막대한 보물을 국민들에게 분배해 주었던 것이다.

제19장 샤를마뉴(계속)

샤를마뉴와 그 바로 뒤의 계승자들은, 먼 지방에 임명된 사람들이 모반을 일으키지나 않을까 하여 매우 두려워했다. 그들은 성직자들이 아주 유순하게 자신들을 따라주기를 바랐다. 그래서 그들은 독일에 많은 주교구를 설정, 이에 큰 봉토를 연관시켰다. 몇몇 특허장에 따르면 이들 봉토의 특권을 내용으로 하는 조건은 그런 양도 증서에 흔히 씌어 있는 조건과 다르지 않았던 것 같다. 오늘날 독일의 유력한 성직자들은 주권이 수여되어 있음을 볼 수 있지만, 아무튼 이것은 그들이 작센인 앞에 내민 장기의 말이었다. 근위 무사의 무관심이나 게으름에서 기대할 수 없는 것을, 주교의 활동적인 열의와 주의에 기대해야 한다고 그들은 믿었다. 그뿐만 아니라 이런 부류의 가신은 정복한 국민을 황제들에게 반역하기 위해서 이용하기는커녕, 국민으로부터 몸을 지키기 위해서 황제들을 필요로 할 것이다.

제20장 루이 유화왕[*13]

아우구스투스가 이집트에 갔을 때, 알렉산드로스의 무덤을 열게 했다. 사람들은 그에게, 프톨레마이오스 집안의 무덤을 열지 말지에 대해 물었다. 그는, 내가 만나고 싶은 것은 왕이지, 죽은 자가 아니라고 대답했다. 이와 마찬가지로 이 제2 왕통의 역사에서 사람들이 찾는 것은 페팡과 샤를마뉴이다. 그들이 보고 싶어하는 것은 왕이지, 죽은 자가 아니다.

---

*13 처음 몇 판의 제목은 〈샤를마뉴의 계승자들〉이었다.

자기의 열정에 희롱당해 자기의 덕성에까지 속은 군주, 자기의 힘도 약함도 결코 알지 못하고, 사람들에게 두려움도 사랑도 받을 수 없었으며, 가슴에는 조그만 악덕밖에 없고, 머릿속은 모든 결점으로 가득찬 왕이, 샤를마뉴가 쥐고 있던 제국의 고삐를 쥔 것이다.

　그 아버지의 죽음에 대해서 온 세계가 눈물에 젖어 있을 때, 모든 사람이 샤를을 찾으면서 이제 그를 보지 못하는 충격에 휩싸여 있을 때, 아버지의 옥좌에 앉기 위해 부랴부랴 발걸음을 옮기면서, 그는 자매들의 부정에 조력한 사람들을 묶기 위해서 심복 부하들을 앞질러 보냈던 것이다. 그 일은 피비린내 나는 비극을 불러왔다. 참으로 경솔하고 무분별한 행위였다. 그는 첫 작업으로서 궁정에 도착하기 전에 집안의 부끄러움을 내보이고, 옥좌에 앉기 전에 사람의 마음을 반역시켰던 것이다.

　그는 관용을 빌러 온 조카인 이탈리아 왕 베르나르의 눈을 도려내게 했으므로, 조카는 2, 3일 뒤에 죽어 버렸다. 그것이 그에게 적을 만들게 했다. 이에 대한 두려움으로 그는 형제들을 삭발시켜 수도원에 처넣자는 결심을 한다. 그러나 그것이 더더욱 적의 수를 늘렸다. 이 마지막 두 가지 일에 대해서 그는 사람들에게 심한 비난을 받았다. 그의 적들은 그가 황제 즉위일에 아버지에게 했던 엄숙한 약속과 서약을 어겼다고 비난했다.

　세 자식을 낳은 황후 이르망가르드가 죽은 뒤, 그는 쥬디트와 결혼해 아들 하나를 더 얻었다. 그리고 곧 죽음이 머지 않은 남편의 애정에다 쪼글쪼글하게 늙은 왕의 모든 결점을 뒤섞어, 그는 한 집안을 혼란에 빠뜨렸다. 그것이 군주정체의 몰락을 자초했다.

　그는 자식들에게 준 분배를 끊임없이 바꿨다. 더욱이 그 분배가 그 자신과 자식들의 서약, 영주들의 서약으로 잇달아 확인된 것인데도 그랬다. 그것은 마치 신하의 충성을 시험해 보고 싶어 하는 듯했다. 복종에 혼란·불안·오해를 불어넣으려고 노력하는 것과 다름없었다. 그것은 왕후들의 갖가지 권리를 혼동하게 하는 것이었다. 특히 성새가 적고, 권력의 첫 보루가 주종간에 교환된 서약이었던 시대에 그랬던 것이다.

　황제의 자식들은 자기 몫의 분배를 유지하기 위해서 성직자들을 찾아다니고, 그들에게 전대 미문의 특권을 주었다. 그 특권은 허울좋은 것이었다. 성직자들은 그 사례로서 황제에 대한 반역을 인정하게 되었다. 아고바르는 루이 유화왕에게, 자기가 로테르를 로마에 보낸 것은 황제로 선언하기 위해서였다는 것, 그 자식들에게 분배를 해 준 것은 3일의 단식과 기도로 하늘과 의논한 뒤였다고 밝혔다. 이런 미신적인 군주가 미신 자체로써 공격을 받고 무엇을 할 수 있었겠는가? 이 군주의 투옥과 공개 참회로, 주권이 두 차례에 걸쳐서 받은 타격이 어떤 것이었는가를 알기는 어렵지 않다. 사람들은 국왕을 실각시키려고 하다가, 그 대신 왕권을 실추해 버렸다.

좋은 점을 많이 가졌고, 예지도 있으며, 태어날 때부터 선(善)을 사랑한 군주, 한마디로 샤를마뉴의 자식이 대체 어떻게 하여 그토록 흉포하며 그토록 화해하기 어렵고, 그를 상처 입히는 데 그토록 열심이고, 그의 굴욕에 대해서 그토록 무례하고, 그를 멸망시키는 데 그토록 굳은 결의를 가진 적을 가졌다는 것을 이해하는 데 우리는 먼저 어려움을 느낀다. 그리고 실제로, 만일 근본에서 그들보다 성실한 사람들이었던 그의 자식들이 일정한 계획에 따라 서로 일치할 수만 있었더라면, 그의 적은 두 번이나 그를 완전히 멸망시킬 수 있었을 것이다.

제21장 루이 유화왕(계속)

샤를마뉴가 국민에게 심은 힘은 루이 유화왕 아래서도 존속하며, 국가가 그 위엄을 간직하고 외국의 모멸을 막는 데 충분했다. 군주의 사고력은 약했지만, 모든 국민은 무예를 받드는 기상으로 가득 차 있었다. 권위는 안에서 쇠퇴했지만, 밖에서는 국력이 줄어든 것으로 보이지 않았다.

샤를마르텔·페팡 및 샤를마뉴가 잇달아 군주국을 다스렸다. 전자는 무인의 탐욕에 아첨하고, 나머지 두 사람은 성직자의 과욕에 아부했다. 루이 유화왕은 그들의 불만을 샀다.

프랑스의 국가 조직에서는, 국왕·귀족 및 성직자가 그 손아귀에 국가의 모든 권력을 쥐고 있었다. 샤를마르텔·페팡 및 샤를마뉴는 때로 이 두 집단의 한쪽과 이해관계에 따라서 결합하여 다른 쪽을 견제했지만, 거의 언제나 두 집단과 좋게 지냈다. 그런데 루이 유화왕은 이들 집단의 어느 쪽에서도 호의를 얻지 못했다. 그는 주교들에게 엄격하게 여겨지는 여러 규칙을 발포해 그들의 비위를 건드렸다. 왜냐하면, 그는 정세를 주교들의 희망을 멀리 벗어난 곳에 날라다 놓았기 때문이다. 시의(時宜)를 잃은 좋은 법이라는 것이 있다. 주교들은 그 무렵 사라센인이나 작센인에 대항하여 전쟁에 나아가는 데 길이 들어 있었으므로, 수도원 정신과는 거리가 멀었다. 한편 귀족에 대한 모든 신뢰감을 잃었으므로, 그는 천한 인간을 등용했다. 그는 귀족으로부터 관직을 빼앗고, 그들을 궁정에서 내쫓았으며, 외국인이나 갑자기 출세한 자들을 불러들였다. 이렇게 귀족·성직자의 2대 집단과 손을 끊었으므로, 그는 그들로부터 버림을 받았다.

제22장*14 루이 유화왕(계속)

그러나 군주국을 특히 약화시킨 것은, 이 군주가 왕실의 영토를 무턱대고 주어 버린 일이다. 이점이야말로 우리는 우리의 가장 안식 있는 역사가의 한 사람인 니타르, 샤를마뉴의 손자이자 루이 유화왕의 편을 들려고 달려와서 샤를 대머리왕의 명령으로 역사를 쓴 니타르의 말을 들어 보아야 한다.

그는 말한다. "아델라르라는 자가 잠시 동안 황제의 정신에 매우 강한 영향력을 미쳐서, 이 군주가 모든 일을 그의 뜻에 따랐을 정도이다. 이 총신의 교사를 받아 황제는 왕실 창고의 재산을 탐욕으로 가득 찬 사람들에게 모두 주었으며, 그것 때문에 국가는 파산해 버렸다."

이처럼 황제는 아퀴텐에서 했다고 내가 말한 것을, 온 제국에 걸쳐서 해 버렸던 것이다. 처음의 실패는 샤를마뉴가 수습해 주었지만, 나중 것은 그 누구의 손으로도 감당할 수 없었다.

그 뒤로 국가는 샤를마르텔이 궁재(宮宰)의 지위에 앉았을 때와 같은 쇠약 상태에 놓여 있었다. 사태는 매우 절망적이었으며, 어떤 권력 행사도 국가 재건에 도움이 되리라고는 보이지 않았다.

왕실 창고는 매우 가난해져서, 샤를 대머리왕의 치하에는 관직에 앉아도 누구 하나 보수를 받지 못했다. 돈을 내지 않으면 아무도 안전을 얻을 수 없었다. 노르만인을 멸망시킬 수 있는 경우에도, 오히려 돈을 받고 그들을 놓아 주곤 했다. 힝크마르(랑스의 대주교, 806~882)가 루이 말더듬이왕에게 해준 첫 번째 충고는 국민 회의에서 왕실 관리비를 요구하는 일이었다.

---

*14 이 장은 처음 몇 판에는 없다.

제23장 루이 유화왕(계속)

성직자들이 루이 유화왕의 자식들을 보호해 준 것을 후회해야 할 일이 생겼다. 루이 유화왕은 이미 말했듯이, 교회 재산을 명령서로 속인들에게 준 적은 결코 없었다. 그런데 곧 이탈리아에서는 로테르가, 아퀴텐에서는 페팡이 샤를마뉴의 계획을 버리고 샤를마르텔의 계획을 다시 받아들였다. 성직자들은 왕자들을 황제에게 제소했다. 그들은 스스로 약화시켜 놓은 권력에 매달린 것이다. 아퀴텐에서는 조금은 조심스러워졌지만, 이탈리아에서는 복종의 기미가 전혀 보이지 않았다.

내란은 루이 유화왕의 생애를 괴롭혔지만, 그것은 그가 죽은 뒤에 끊임없이 일어난 여러 내란의 불씨에 지나지 않았다. 삼형제인 로테르·루이 및 샤를은 저마다 명문 귀족을 자기 편에 끌어들여 부하로 삼으려고 애를 썼다. 그들은 자기 편에 붙으려고 하는 사람들에게 명령서로 교회 재산을 주었다. 즉, 귀족을 매수하기 위해서 성직자들의 재산을 넘겨준 것이다.

《칙령집》에서 알 수 있듯이 성직자들은, 이들 왕자들의 집요한 요구에 어쩔 수 없이 승낙했다는 것, 자발적으로 준 것이 아니라 억지로 빼앗겼다는 것이다. 거기서 알 수 있는 것은, 성직자들은 자기들이 국왕들보다 귀족들에게 더 학대받는 것으로 생각했다는 것이다. 다시, 샤를 대머리왕은 성직자가 자기들의 이익을 위해서 아버지를 물러나게 했기 때문에 성직자가 미우면 법의까지 밉다는 격이든, 아니면 더없이 겁쟁이였기 때문이든, 성직자의 재산에 대한 가장 큰 적이 된 듯했다.

아무튼 《칙령집》에서는 재산 반환을 요구하는 성직자와, 반환을 거부하고 피하고 미루는 귀족과의 끊임없는 분쟁과, 둘 사이에 끼인 국왕의 모습을 볼 수 있다.

이 시대의 사태는 가엾다기보다는 어리석은 광경이라고 할 수 있다. 루이 유화왕이 교회에 자기 소유 영지를 후하게 기부하는 동안에, 그의 자식들은 성직자의 재산을 빼앗아 속인에게 뿌려주고 있었다. 수도원을 신설한 손이 옛 수도원을 벗겨먹었던 것이다. 성직자는 안락의 땅을 발견할 수 없었다. 부유한 성직자가 되었는가 하면 곧 빈털터리 성직자가 되었다. 그러는 동안에 왕권은 끊임없이 손해만 보았다.

샤를 대머리왕 치세 말기와 그 치세 뒤에는 교회 재산의 반환에 대한 성직자와 속인들 사이의 분쟁은 이제 문제가 되지 않았다. 주교들이 계속 불만의 소리를 지른 것은, 856년의 칙령에서 볼 수 있는 샤를 대머리왕에 대한 그들의 진언에서, 그리고 858년 루이 제르마니크에게 그들이 쓴 편지에서도 볼 수 있다. 그러나 그들은 온갖 제의를 하고, 약속을 요구했다가도 회피당했으므로, 요구하는 것을 손에 넣을 희망이 전혀 없었던 것이 분명했다.

이제 문제가 되는 것이라고는, 다만 교회와 국가 서로에게 주어진 손해를 일반적으로 보상하는 일뿐이었다. 국왕은 근위 무사들로부터 결코 그들의 자유인을 빼앗지 않는다는 것, 그리고 앞으로는 재산을 영장에 따라서 주지는 않는다는 것을 약속했다. 이리하여 성직자와 귀족의 이익은 일치하는 듯이 보였다.

끔찍한 노르만인의 약탈은 이미 말했듯이 이런 분쟁을 끝내는 데 크게 도움이 되었다.

국왕은 나날이 권력을 잃어 갔으며, 그것은 이미 말한 것과 이제부터 설명하는 것에 원인이 있지만, 성직자에게 몸을 맡기는 수밖에 남은 길이 없다고 생각했다. 그러나 성직자는 이미 국왕을 약하게 만들고, 국왕은 성직자를 약화시키고 있었다.

샤를 대머리왕과 그 계승자들이 성직자에게 호소하여, 국가를 지지하고 그 실추를 막아 달라고 부탁했으나 모두가 헛일이었다. 그들은 국민이 군주에게 가져야 할 존경심을 유지하기 위해서, 국민이 성직자 계급에게 가져야 할 존경심을 이용했으나 소용없었다. 교회법의 권위에 따라서 그들의 법에 권위를 주려고 노력했으나 아무런 도움도 되지 않았다. 시민적 형벌에 교회적 형벌을 결부시켰으나 그것도 되지 않았다.

백작의 권위에 맞서기 위해서 각 주교에게 주(州)의 국왕 특사 자격을 주었으나 그다지 소용이 없었다. 성직자가 만들어 낸 해악을 성직자가 되찾기란 불가능했다. 그리하여 앞으로 내가 설명하고자 하는 불행들이 왕위를 무너뜨렸던 것이다.

제24장 자유인이 봉토를 소유할 수 있게 되었다

이미 말했듯이 자유인은 그들의 백작 아래서, 그리고 가신은 그들의 영주 아래에서 저마다 싸움터로 나갔다. 그 결과, 국가의 여러 계급이 서로 균형을 유지했다. 그래서 근위 무사는 가신이 있었다고는 해도 백작이 제약할 수 있었다. 백작은 국가의 모든 자유인을 지휘했기 때문이었다.

처음에 자유인은 봉토를 받고 충성 맹세를 할 수 없었지만, 그 뒤에는 그렇게 할 수 있게 되었다. 그리고 이 변화는 공트랑의 치세로부터 샤를마뉴의 치세에까지 이루어졌다.

이것은 공트랑·실드베르 및 브룬힐드 왕비 사이에 맺어진 조약과 샤를마뉴가 자식들에게 행한 분배 및 루이 유화왕에게 행한 분배와의 비교로서 증명된다.

이 세 가지 문서는 가신들에 관해서 거의 같은 규정을 포함하고 있다. 그리고 이들 문서에서는 아주 똑같은 여러 점이 거의 똑같은 상황 아래에서 규정되었으므로, 이 세 가지 조약의 정신 및 내용은 거의 같다.

그러나 이들 문서에서는 자유인에 대한 근본 차이가 발견된다. 앙들리의 조약은, 그들이 봉토를 받고 충성 맹세를 할 수 있다고는 결코 말하고 있지 않다.

이와는 반대로 샤를마뉴와 루이 유화왕의 분배에서는, 자유인이 봉토를 위해서 충성 맹세를 할 수 있다는 명시적인 조항이 발견된다. 이것은 앙들리의 조약 이후에 새로운 관행이 생기고, 그것으로 자유인이 커다란 특권을 누릴 수 있게 되었음을 보여 주는 것이다.

이것은 샤를마르텔이 교회의 재산을 병사들에게 분배하고, 그 일부는 봉토로서, 또 일부는 자유 소유지로서 나누어 주었기 때문에, 봉건법에 하나의 혁명이 이루어졌을 때는 그에 따라 마땅히 일어났어야 했다.

아마도 이미 봉토를 갖고 있던 귀족은 새로운 증여를 자유 소유지로서 받는 것을 좀 더 유리하다고 생각했고, 자유인은 그것을 봉토로서 받을 수 있으면 참으로 다행이라고 생각했을 것이다.

제25장 제2 왕통이 쇠퇴한 주요 원인. 자유 소유지의 변화

샤를마뉴는 앞장에서 설명한 분배(806년)에서, 그가 죽은 뒤 모든 왕의 가신은 그 왕의 왕국 안에서만 은급지를 받아야 하며, 다른 왕의 왕국에서 받아서는 안 된다, 그 대신 자유 소유지는 그것이 어느 왕국에 있거나 보유할 수 있다고 규정했다. 그리고 덧붙여서 모든 자유인은 그 영주가 죽은 뒤, 세 왕국의 어디서나 봉토를 받고 충성 맹세를 할 수 있다, 그리고 영주를 가진 적이 없는 자유인도 또한 같다고 그는 말했다. 817년에 루이 유화왕이 그 아들에게 한 분배에서도 같은 규정이 발견되었다.

그러나 자유인은 봉토를 받고 충성 맹세를 했다고는 해도, 백작의 군대는 그 때문에 조금도 약화되지 않는다. 자유인은 그 자유 소유지에 대해서 군세를 납부하고 네 개의 장원에 대해서 한 사람의 비율로 군역에 복무할 사람을 내거나, 아니면 그를 대신해 봉토의 의무를 다할 사람을 고용해야만 했다. 이 점에 대해서는 몇 가지 악습이 생겼는데, 서로 설명하는 샤를마뉴의 법령, 이탈리아 왕 페팡의 법령으로도 알 수 있듯이 그런 악습은 교정되었다.

역사가들이 한 말, 즉 퐁트네[*15] 전투가 왕국의 파멸 원인이 되었다는 것은 매우 당연한 사실이다. 이날의 안타까운 결과를 언뜻 살펴보는 것을 이해해 주기 바란다.

이 전투 얼마 뒤에 삼형제 로테르·루이·샤를은 조약을 하나 맺었는데, 그 속에서 프랑스인의 정치 조직을 바꿔야만 했던 몇 가지 조항이 발견되었다.

이 조약 중 국민에 관한 부분에 대해 샤를이 국민에게 한 선언에서 그는 말한다. "첫째, 모든 자유인은 국왕이나 제후나 그 밖에 자기가 좋아하는 자를 영주로 선택할 수 있다."

이 조약 전에는, 자유인은 봉토를 받고 충성 맹세를 할 수는 있었지만, 그의 자유 소유지는 여전히 국왕의 직접 권력 아래, 즉 백작의 재판권 아래에 있었다. 그리고 그가 충성 맹세를 한 영주에게는 그에게서 얻은 봉토에 비례해 종속하는 데 지나지 않았다. 이 조약 이후, 모든 자유인은 그 자유 소유지를 국왕이든지 다른 영주든지 그의 선택에 맡길 수 있었다. 그러므로 봉토를 받고 충성 맹세를 한 사람에게는 문제가 없었다. 문제는 그 자유 소유지를 봉토로 바꾸고, 말하자면 시민적 재판권에서 빠져나와 선택하고 싶어한 국왕이나 영주의 권력 아래에 들어간 사람들에 대해서였다.

이렇게 하여, 전에는 백작 밑의 자유인으로서 단순히 국왕의 권력 아래에 있었던 사람들이, 어느새 서로의 가신이 되었다. 왜냐하면 자유인은 누구나 국왕 또는 그 밖의 영주 가운데 자기가 희망하는 사람을 영주로서 선택할 수 있었기 때문이다.

---

*15 Fontenay 또는 Fontanet. 841년 6월 25일, 여기서 로타르가 그 형제 루이 제르마니크와 샤를 대머리왕에게 패배했다.

둘째로, 사람이 영구적으로 소유하는 토지를 봉토로 바꾸었을 때, 이 새 봉토는 이제 종신적일 수가 없었다. 그래서 잠시 뒤에 하나의 봉토를 소유자의 자식들에게 물려 주기 위한 일반적인 법이 생겼다. 이 법은 조약을 맺은 세 군주의 한 사람인 샤를 대머리왕의 것이다.

왕국의 모든 사람이 삼형제의 조약 이래, 국왕이나 다른 영주 중에서 희망하는 자를 영주로서 선택하는 자유를 가진 사실에 대해서 내가 설명하는 것은, 이후에 만들어진 것은 그 무렵에 만들어진 법령으로 확인된다.

샤를마뉴 시대에는, 가신이 영주로부터 물건을 받았을 때, 그것이 1수의 가치밖에 없더라도 그는 영주를 버릴 수가 없었다. 그런데 샤를 대머리왕 아래에서는, 가신들이 그 이익이나 변화에 따라서 행동해도 처벌되지 않았다. 더욱이 이 군주는 이 점에 대해서 매우 확실하게 자기 생각을 밝혔으므로, 그는 가신들에게 이 자유를 제한하기보다는 오히려 그것을 누릴 수 있도록 권하는 것처럼 보였다. 샤를마뉴 시대에서는 은급지가 물적(物的)이라기보다 인적(人的)이었다. 그 뒤로 그것은 인적이라기보다 물적이 되었다.

제26장 봉토의 변화

봉토에서도 자유 소유지 못지않은 변화가 생겼다. 페팡 왕 아래에서 만들어진 《콩피에뉴의 칙령》에 따르면, 국왕으로부터 은급지를 받은 자가 그 은급지의 일부를 자신의 여러 가신들에게 나누어준 사실을 알 수 있다. 그러나 그런 부분은 전체와는 아무런 구별이 되지 않았다. 즉, 국왕이 전 은급지를 빼앗을 때는 이 부분도 빼앗았던 것이다. 그래서 근위 무사(국왕의 가신)가 죽으면, 그 가신도 부속 봉토를 잃었다. 그리고 봉토의 새로운 수령자가 뒤를 이었으며, 그 사람 또한 새로운 가신을 두는 것이었다. 이처럼 봉토에 종속하는 것은 부속 봉토가 아니라 인간이었다. 한편 가신은 국왕에게 돌아갔다. 왜냐하면 그는 영구적으로 가신에게 부속되었던 것이 아니기 때문이다. 그리고 부속 봉토도 마찬가지로 국왕에게 돌아갔다. 왜냐하면 그것은 봉토 자체였으며, 봉토의 부속물이 아니었기 때문이다.

봉토를 빼앗는 것이 가능했던 그 시대의 가신은 이와 같았다. 봉토가 종신적이었던 동안에도 또한 그랬다. 봉토가 상속인에게 이전되고 부속 봉토도 상속인에게 이전했을 때, 이것은 바뀌었다. 국왕에게 직접 종속했던 것이 이제 간접으로 국왕에게 종속하는 데 지나지 않았다. 그래서 왕권은, 말하자면 1단계, 때로는 2단계 흔히 몇 단계씩 후퇴했다.

《봉토의 서(書)》에는 국왕의 가신은 봉토로서, 즉 국왕의 부속 봉토로서 줄 수 있었으나 가신이나 소가신(petis vavasseurs)은 그와 같이 봉토로서 줄 수는 없었다는 것을 볼 수 있다. 그렇기 때문에 그들은 준 것을 언제라도 되돌려 받을 수 있었다. 게다가 이러한 양도는 봉토처럼 자식들에게 이전되지 않았다. 왜냐하면 이런 양도는 봉건법에 따라서 실시된 것으로 여겨지지 않았기 때문이다.

밀라노의 두 원로원 의원이 이 '서(書)'를 쓰던 시대의 가신 상태와, 페팡 왕 시대의 가신 상태를 비교해 보면, 부속 봉토는 봉토보다 오랫동안 그 본디의 성질을 보유했음을 알게 될 것이다.

그런데 이 원로원들이 이 '서'를 다 쓰고 났을 때 이 원칙에는 매우 일반적인 예외가 규정되어 버렸으므로, 그 예외가 원칙을 거의 폐지해 버렸을 정도이다. 그 이유는 만일 소가신에게 봉토를 받은 자가 그를 따라 로마에 원정을 갔다면, 그는 가신의 모든 권리를 얻었다. 마찬가지로 그가 봉토를 얻기 위해서 소가신에게 돈을 주었다면, 후자는 그 돈을 반환할 때까지 봉토를 그에게서 빼앗을 수도 없고, 그가 그것을 자신에게 이전하는 것을 막을 수도 없었던 것이다. 그 결과 이 원칙은 이제 밀라노의 원로원에서는 지켜지지 않았다.

제27장 봉토의 다른 변화

샤를마뉴 시대에는, 어떤 전쟁을 위해서거나 소집에 응하지 않으면 중벌을 받았다. 변명은 전혀 통하지 않았다. 그리고 만일 백작이 누군가를 면제해 주면, 그 백작 자신이 처벌되었다. 그런데 삼형제의 조약은 이 점에 대해서 하나의 제한을 규정했다. 말하자면 귀족을 국왕의 손에서 벗어나게 해 주었다. 전쟁이 방어전일 경우 말고는 국왕을 따라서 싸움터에 나갈 의무는 없었다. 다른 전쟁의 경우에는, 자기 영주를 따르든지 또는 자기 일에 종사하든지 자유였다. 이 조약은 5년 전에 두 형제 샤를 대머리왕과 게르마니아 왕 루이와의 사이에 맺어진 조약과 관계가 있었다. 이 조약에 따라서 두 형제는 그들 가운데 한쪽이 다른 쪽을 침해했을 때는, 그들의 가신들이 그들을 따라 싸움터로 나아가는 것을 면제해 주기로 했다. 그것을 두 군주가 맹세하고, 그리하여 그들이 서로의 군대에게 맹세시켰던 것이다.

퐁트네 전투에서 일어난 10만에 이르는 프랑스인들의 죽음은 살아 남은 귀족들에게, 국왕들의 분배에 대한 사적인 분쟁 때문에 귀족들은 아주 없어질 것이며, 이들 국왕들의 야심과 질투심은 아직 남아 있는 귀족들의 피를 모조리 흘리게 할 것이라는 생각을 갖게 했다.

그래서 외적의 침입으로부터 국가를 방위하는 경우 외에는, 군주를 따라 전쟁하러 나가도록 강제하지 않는다는 법이 만들어졌다. 이 법은 몇 세기에 걸쳐서 계속 실시되었다.

제28장 요직 및 봉토의 변화

봉토의 변화는 따로따로 손상을 받은 것이 동시에 모두가 썩은 듯이 보였다. 앞에서 설명한 대로 처음에도 몇몇 봉토는 영원히 양도되었다. 그러나 그것은 특수한 경우이며, 봉토 일반은 여전히 고유 성질을 지니고 있었다. 그러므로 군주가 몇몇 봉토를 잃었더라도, 그 대신 다른 봉토를 손에 넣었다. 마찬가지로 이미 말한 바이지만, 군주는 지금까지 요직을 영원히 양도한 적이 없었다.

그런데 샤를 대머리왕은 일반 규칙을 만들었는데, 그것은 요직이나 봉토에 똑같이 영향을 미쳤다. 그는 그《칙령집》에서, 백작의 직위는 백작의 자식들에게 물려준다고 정했다. 그리고 이 규정은 다시 봉토에 대해서도 실시된다고 정했다.

곧 알게 되듯이, 이 규정은 더 확대되었다. 그래서 요직과 봉토는 먼 친족에게까지 옮겨졌다. 그 결과, 지금까지 국왕에게 직접 종속되어 있던 대부분의 영주는 이제 간접으로 종속되게 되었다.

예전에 국왕의 사법회의(재판소)에서 재판했던 백작, 자유인을 전쟁에 데리고 나간 백작은 국왕과 그 자유인 사이의 중간 존재가 되었으며, 왕권은 다시 한걸음 후퇴했다.

그뿐만이 아니라 여러 칙령에 따르면, 백작은 백작령에 부속한 은급지와, 그들 밑에 가신들을 갖고 있었다. 백작령이 세습적이 되자, 백작의 가신은 이제 국왕의 직접 가신이 아니었다. 백작령에 부속된 은급지도 이제 국왕의 은급지가 아니었다. 백작은 한결 강대해졌다. 왜냐하면 그들이 이미 갖고 있던 가신은 백작으로 하여금 다른 가신을 손에 넣는 것을 가능하게 만들었기 때문이었다.

제2 왕통 말기에 군주정체가 이로써 얼마나 쇠퇴했는가를 알려면, 제3 왕통 초에 일어난 일만 알아보면 된다. 그 무렵에는 부속 봉토가 늘어나는 것이 대가신들을 절망에 빠뜨리고 있었다.

형이 아우에게 분배를 주면, 아우는 형에게 충성을 맹세하고, 따라서 그 분배는 다만 부속 봉토로서 군주에 종속하는 데 지나지 않게 되는 것이 왕국의 한 관습이었다.

필립 오귀스트 왕·부르고뉴 공·느베르·블로뉴·생폴·당피에르 등 여러 백작, 그리고 그 밖의 영주들은, 앞으로 봉토가 상속 등으로 분할되더라도 그 전체가 어떤 다른 영주 없이 여전히 같은 영주에게 종속한다고 선언했다. 그러나 이 명령은 일반적으로 지켜지지 않았다.

왜냐하면 이미 다른 곳에서 말했듯이, 이 시대에는 일반적 명령을 만들기가 불가능했기 때문이다. 그러나 우리 관습법의 매우 많은 부분이 이것으로 바로잡아 고쳐졌다.

제29장 샤를 대머리왕의 치세와 봉토

앞에서 설명했듯이, 샤를 대머리왕은 요직이나 봉토 소유주가 아들을 남기고 죽을 경우, 그 관직이나 봉토는 그 아들에게 주어질 것이라고 정했다. 여기서 생긴 폐해와 각 지방에서 이 법이 확장된 발자취를 더듬는다는 것은 꽤 힘든 일이다. 《봉토의 서》에 따르면, 황제 콘라트 2세의 치세 초기에는, 그의 통치권 아래에 있는 지방의 봉토가 결코 손자에게는 이전되지 않았다고 적혀 있다. 봉토는 마지막 보유자의 자식들 가운데 영주가 선택한 자에게만 이전되었다. 이처럼 봉토는 자식들 가운데 영주가 선택하는 자에게만 주어졌던 것이다.

이 편 제17장에서, 제2 왕통 당시 왕위가 어째서 어떤 점에서는 선거의 성격을 지니고, 어떤 점에서는 세습의 성격을 지니는가를 설명했다. 왕위는 세습이었다. 국왕은 반드시 이 왕통 가운데에서 선출되었기 때문이다. 그것은 다시 세습되었다. 왕의 자식들이 이어나갔기 때문이다. 왕위는 선거의 성격을 지니었다. 국민이 그 자식들 가운데에서 선택했기 때문이다. 사물은 언제나 점차로 진행하며, 어떤 정법(政法)은 반드시 다른 정법과 관계를 맺는 것이므로, 사람들은 봉토의 상속을 왕위 계승에서 따랐던 것과 같은 정신을 가지고 따랐다.

이런 까닭으로 봉토는 상속권 및 선거권으로 자식들에게 이전되었다. 그래서 어느 봉토나 왕위와 마찬가지로 선거의 성격을 지니면서도 세습의 성격을 지니었던 것이다.

이와 같이 영주 한 사람에 의한 봉토 상속자 선택권은 《봉토의 서》 저자들의 시대, 즉 황제 프레데릭 1세[*16]의 치세에는 남아 있지 않았다.

제30장 샤를 대머리왕의 치세와 봉토(계속)

《봉토의 서》에 따르면, 황제 콘라트가 로마로 떠날 때, 그를 섬기던 가신들은 자식에게 이전되는 봉토가 손자에게도 이전될 수 있도록, 또 정당한 상속인 없이 죽은 사람의 형제는 그들의 같은 아버지에 속해 있던 봉토를 상속할 수 있도록 법을 만들어 줄 것을 그에게 청원했다. 이 청원은 그대로 받아들여졌다.

《봉토의 서》 같은 대목에는 다음과 같이 덧붙여 말하고 있다. 그리고 그 저자들은 황제 프레데릭 1세 시대에 살고 있었음을 상기해야 한다.

"옛날 법률가의 변함없는 의견은, 같은 항렬의 친족 사이에서 이루어지는 봉토의 상속은 친부모 형제를 넘어서는 전해질 수 없다는 것이었다. 그러나 오늘날에 이르러 새로운 법에 따라서 직계로는 그것이 무한히 전해지듯이, 이제 그것을 7촌 사이가 되는 친족에까지 미치게 했다." 이와 같이 콘라트의 법은 조금씩 확대되어 갔다.

이 모든 것을 전제로 한다면, 프랑스 역사를 한번만 읽어 보아도 봉토의 영구성은 독일에서보다 프랑스에서 훨씬 더 빨리 확립되었음을 알 수 있을 것이다. 1024년 황제 콘라트 2세가 통치하기 시작했을 때, 독일의 상황은 아직 877년에 죽은 샤를 대머리왕 치하의 프랑스와 마찬가지였다. 그러나 프랑스에서는 샤를 대머리왕의 치세 이래 많은 변화가 일어나서, 샤를 단순왕(單純王)은 제국(帝國)에 대한 그의 부정할 수 없는 권리를 두고 외국의 한 왕가와 싸울 힘이 없었다. 그리하여 마지막으로 위그 카페 시대에 이르자, 그즈음의 왕가는 모든 소유령을 빼앗기고, 왕위를 지탱할 수조차 없게 되었다.

샤를 대머리왕의 정신 박약이 프랑스 왕국에도 영향을 끼쳐 왕국을 약하게

[*16] 프레데릭 바르바로사(1152~1190).

만들었다. 그러나 그의 형인 게르만 왕 루이와 그를 상속한 사람 가운데 어떤 자가 위대한 소질을 갖고 있었으므로, 그들 국가의 힘은 더 오래도록 지속할 수 있었다.

어떻게 말해야 좋을지 모르지만, 아마도 독일 국민의 점액질(무슨 일에도 흔들리지 않는) 기질과 감히 이런 표현을 쓴다면, 그들의 흔들림 없는 정신이 프랑스 국민의 변덕스러운 기질보다 더 오랫동안, 봉토를 자연스러운 경향에 의한 것처럼 한 집안에 정착된 사물의 처분 방법에 저항했던 것 같다.

그뿐만 아니라 독일 왕국은 노르만인과 사라센인이 벌인 특별한 전쟁 때문에 프랑스 왕국처럼 황폐했지만 멸망하지는 않았다. 독일에는 프랑스보다 부(富)가 적고 약탈할 만한 도시가 많지 않았으며, 설치고 다닐 해안이 적은 대신 건너야 할 늪지대와 헤치고 들어가야 할 숲이 많았다. 소유령이 사라질 위기에 직면하지 않았던 독일의 여러 군주들은, 가신을 필요로 하는 일이 매우 적었다. 바꾸어 말하면, 그들에게 의존할 일이 많지 않았다. 그러므로 만일 독일 황제들이 어쩔 수 없이 대관식을 하러 로마에 가거나, 마지못해 이탈리아에 줄곧 원정하지만 않았더라도, 그들의 봉토는 다른 나라들보다 오래도록 처음 상태를 유지했을 것이다.

제31장 제국이 샤를마뉴 가문 밖으로 옮겨간 이유

샤를 대머리왕의 혈통을 물리치고, 이미 게르만 왕 루이의 서계(庶系)로 옮겨가 있던 제국은, 912년 프랑코니아 공작 콘드라의 선거에 따라서 다시 다른 가문으로 옮겨갔다. 프랑스에서 군림하여 거의 촌락의 쟁탈조차 하지 못한 가계(家系)는, 더는 제국을 두고 다툴 힘이 없었다. 우리는 샤를 단순왕과 콘라트의 뒤를 이은 황제 앙리 1세와의 사이에 맺어진 하나의 협정을 갖고 있다. 이것을 본의 약정이라고 부른다. 두 군주는 라인강 한가운데 띄운 배에서 서로 영원한 우정을 맹세했다. 그들은 꽤 훌륭한 절충책(mezzo-termine)을 썼다. 샤를은 서프랑스 왕의 칭호를 얻고, 앙리는 동프랑스 왕의 칭호를 가졌다. 샤를은 게르마니아 왕과 약정했지, 황제와 약정한 것은 아니었다.

제32장 프랑스 왕위가 위그 카페 가문으로 옮겨간 이유

봉토의 세습과 부속 통토의 일반적 성립이 국가 통치(gouvernement politique)

를 없애버리고, 봉건정치를 형성했다. 일찍이 국왕을 따르던 수많은 종사(從士) 무리들 대신에, 이제 국왕은 몇 사람의 가신을 가진 데 지나지 않았고, 다른 자들은 그 가신에게 종속했다. 국왕은 이제 직접 행사할 수 있는 권력이 거의 없었다. 많은 다른 권력, 더욱이 매우 강대한 권력의 손을 통해야 하는 권력은 그 자리에 그대로 멈춰서거나 목적지에 이르기도 전에 없어졌다. 이렇게 해서 높아진 가신들은 이제는 복종하지 않았다. 더욱이 복종하지 않기 위해 그들의 배신(陪臣 : arriére vassal)을 이용하기까지 했다. 국왕들은 직할령을 빼앗긴 채, 랑스와 라옹의 두 도시에 제한됨으로써 결국 자신들의 뜻대로 되었다. 나무는 가지를 너무 많이 뻗었다. 그래서 뿌리가 말랐다. 왕국은 오늘날의 독일 제국처럼 소유령이 없었다. 왕위가 가장 강대한 가신 한 사람에게로 넘어갔다.

노르만인은 왕국을 약탈했다. 그들은 뗏목이나 조각배를 타고 들이닥쳐, 항구를 거쳐 강을 거슬러 올라와 양쪽 강변 지방을 마구 약탈했다. 오를레앙과 파리의 두 도시가 이 비적들을 막았다. 그래서 그들은 센강이나 루아르강에서는 앞으로 더 나아가지 못했다. 이 두 도시를 갖고 있던 위그 카페는 왕국의 불행한 나머지 지방에 대한 두 열쇠를 쥐고 있었던 셈이다. 그래서 왕관을 그에게 주었는데, 그것을 방위할 수 있는 것은 그뿐이었기 때문이었다. 그와 마찬가지로, 그 뒤 터키와의 국경을 흔들림 없이 지키던 오스트리아 왕가에게 독일 제국을 넘겼다.

제국은 봉토의 세습이 하나의 관용으로서 성립했을 뿐인 시대에 샤를마뉴의 가문에서 빠져나가 버렸다. 봉토 세습은 프랑스보다 독일에서는 더 늦게 실시되었다. 그렇기 때문에 한 봉토로 여겨진 독일 제국은 선거의 성격을 띠게 되었다. 이와는 달리 프랑스의 왕위가 샤를마뉴의 가문에서 다른 가문으로 옮겨졌을 때, 봉토는 실제로 세습되었다. 왕위도 하나의 대봉토로서 또한 세습되었다.

그러나 이미 발생하던 모든 변화, 그 뒤에 일어나는 모든 변화를 이 변혁의 시기에 귀착시킨 것은 큰 잘못이다. 모든 것은 두 사건에 집약된다. 즉, 왕위가 바뀌었다. 그리고 왕위가 하나의 대봉토와 결합한 것이다.

제33장 봉토의 영구성이 낳은 몇 가지 결과

봉토의 영구성이 낳은 결과로서 장자권(長子權)이 프랑스인들 사이에 확립되었다. 이 권리는 제1 왕통 시대에는 행해지지 않았다. 즉, 왕위는 형제들 사이에 분할되었다. 면세지(免稅地)*17도 마찬가지로 분할되었다. 그러나 봉토에에 대한 책임에서 벗어날 수 있는 것도, 한평생 가지고 있을 수 있는 것도, 상속되는 것도 아니었기에 분할될 수 없었다.

제2 왕통에서는, 루이 유화왕이 있었거나 장자 로테르에게 준 황제 칭호가, 이 군주에게 동생들에 대한 상위권을 주는 것으로 상상케 했다. 두 국왕은 해마다 황제를 만나러 가서 그에게 선물을 바치고, 그로부터 좀 더 큰 선물을 받게 되어 있었다. 그들은 공동의 사무에 대해서 그와 협의하게 되어 있었다. 이것이 로테르에게 권리 주장을 하게 하여 그와 같은 재앙을 가져다 준 원인이 되었다. 대주교 아고바르가 이 군주를 위해서 몇 차례 편지를 썼을 때 그는 루이 유화왕이 취한 조치를 방패 삼아, 사흘 동안의 단식과 성체 비적(聖體祕蹟)의 집행과 기도 및 시행으로 신에게 의논했다. 그런 뒤 왕이 로테르를 제위에 앉혔다고 주장하고, 왕이 국민에게 서약을 시켰으니 국민은 서약을 어길 수가 없으며, 또 왕은 로테르를 교황의 승인을 얻기 위해서 로마에 파견했다고 말했다. 대주교 아고바르는 위의 모든 일들을 강조했지만, 장자권은 말하지 않았다. 그는 황제가 2남, 3남에 대한 분배를 규정하고, 장남을 특별히 우대했다고 분명히 말하고 있지만, 장자를 우대했다는 것은 동시에 그가 2남, 3남을 우대할 수도 있다는 말이 된다.

그런데 봉토가 세습이 되었을 때 장자권은 봉토의 상속에서 확립되고, 같은 이유로 왕위의 계승에서도 확립되었다. 왕위는 대봉토이기 때문이다. 분할하게 한 옛 법은 이제 존속하지 않았다. 즉 봉토에는 역무(役務)가 부과되었으므로, 그 소유주는 역무를 맡을 만한 처지에 있어야만 했다. 그래서 장자권이 확립되었다. 이리하여 봉건법의 주의가 정법이나 시민법의 주의를 타파했다.

봉토는 보유자의 자식에게 이전되므로, 영주는 그것을 처분하는 자유를 잃게 되었다. 그래서 그 손실을 메꾸기 위해 영주는 우리나라의 관습법에 언급된, 이른바 봉토 반환 면제세(droit de rachat)*18라는 세제를 만들었다. 이 세금은 처음에는 직계도 납부했으나, 관행에 따라 방계만 납부하게 되었다.

이윽고 봉토는 상속 재산으로서 남에게 이전할 수 있게 되었다. 그것이 영

---

*17 alleu. 보통은 자유지로 번역된다. 봉토(fief)에는 일정한 의무가 부과되지만, 여기에는 아무런 조건도 없다. 봉건제도가 진행됨에 따라 면세지는 적어졌다가 대혁명으로 없어졌다.
*18 다시 말해서 봉토 상속세.

내 봉토 매매세(領內封土賣買稅 : droit de lods et ventes)를 발생시키고, 왕국 전체에 설정되었다. 이러한 세는 처음에는 자의적이었으나 그 허가를 주는 관행이 일반화되자 각 지방에서 일정한 것이 되었다.

봉토 상속세는 상속인의 변경이 있을 때마다 납부해야 했다. 그래서 처음에는 직계도 납부해야 했다. 하기야 일반 관습으로는 이 세금이 1년 수입액으로 정해져 있었다. 그래서는 가신에게 지나치게 부담이 되어 무겁고 힘겨웠으며, 말하자면 봉토를 침해하는 것이 되었다. 그래서 가신은 흔히 그 충성의 의식에서 봉토 반환 면제(봉토 상속)의 대상으로서 영주는 앞으로 일정 금액만 요구한다는 약속을 했는데, 이 금액은 화폐의 가치 변동으로 아무런 중요성이 없게 되었다. 이리하여 봉토 상속세는 오늘날 거의 없는 거나 마찬가지가 되었으며, 이와는 달리 영내 봉토 매매세는 그대로 남아 있었다. 이 세는 가신이나 그 상속인에게는 아무런 관계도 없고, 예견도 기대도 할 수 없는 우연의 사고이므로 상속의 경우 같은, 그런 종류의 약정은 이루어지지 않았으며 여전히 가격에 대한 일정 비율이 납부되었다.

봉토가 종신적이었던 때에는, 이것을 영구히 부속된 봉토로서 소유하기 위해 그 일부를 증여할 수는 없었다. 단순한 용익권자(用益權者)가 물건의 소유권을 처분했다면 불합리했을 것이기 때문이다. 그런데 봉토가 영구적이 되자, 그것은 관습으로 정해진 일정한 제한 아래에서 허가되었다. 이것을 봉토를 경시한다(se jouer de son fief)고 말했다.

봉토의 영구성으로 봉토 상속세가 성립되었으므로, 남자가 없는 경우에는 여자도 봉토를 상속할 수 있었다. 그것은 영주가 여자에게 봉토를 주면, 남편도 아내와 마찬가지로 세금을 납부해야만 했으므로, 봉토 상속세를 받는 경우를 늘린 것이 되는 셈이었다.*19 그러나 이 규정은 왕위에는 적용될 수 없었다. 왕위는 그 누구에게도 종속되어 있지 않으므로, 이에 대한 상속세는 있을 수가 없었다.

툴루즈 백작 기욤 5세의 딸은 백작령을 상속하지 않았다. 그런데 그 뒤 알레오 노르는 아퀴텐을 상속하고, 마틸드는 노르망디를 상속했다. 그리고 이 시대에는 여자 상속권이 충분히 확립되었던 모양으로, 루이 약왕(弱王)은 알

---

*19 그러므로 영주는 과부에게 재혼을 강제했다.[원주]

레오 노르와 이혼 뒤, 그녀에게 기엔느를 돌려주는 데 아무런 이의도 없었다. 나중의 이 두 가지 예는 처음의 예가 있은 뒤 얼마 안 돼 일어났으므로, 여자에게 봉토를 상속하는 일반법은 툴루즈 백작령에서는 왕국의 다른 여러 주보다 늦게 도입된 것이 틀림없다.*20

유럽의 여러 왕국의 헌법은 그 왕국이 건설된 무렵의 봉토가 놓여 있던 현상에 따랐다. 프랑스 왕이나 독일 황제의 지위는 여성에게 상속되지 않았다. 왜냐하면 이 두 군주국의 건설 때는, 여성은 봉토를 상속할 수 없었기 때문이다. 그런데 봉토의 영구성 확립에 이어서 건설된 여러 왕국, 이를테면 노르만인이나 무어인의 정복으로 건설된 나라들, 그리고 독일의 경계 저편에서 또는 가까운 근대에 그리스도교의 확립으로 다시 생긴 그 밖의 여러 나라들*21에서는 여자도 상속권이 있었다.

봉토권을 주고 빼앗을 수 있었을 때는, 봉토를 주어진 의무를 다할 수 있는 자에게 주었으므로 미성년자는 문제가 되지 않았다. 그런데 봉토가 영구적이 되자, 성년에 이를 때까지 영주가 봉토를 가졌다.*22 그것이 그들 자신의 수익을 늘리기 위해서였든지, 아니면 피후견자에게 무기 조작의 교육을 시키기 위해서였든지, 아무튼 그렇게 했다. 이것이 바로 우리 관습법이 미성년 봉토 수익 향유권(grade-noble)이라고 부르는 것이며, 이것은 후견(tutelle)의 원리와는 다른 원리에 따르는 것으로 그것과는 전혀 별개의 것이다.

봉토가 종신적이었던 때에는, 사람들은 봉토 덕분에 보호를 받았다. 그리하여 왕권에 따라서 집행된 현실적인 인도(引渡)는, 오늘날 충성 맹세(hommage)가 하듯이 봉토를 확인했다. 우리는 백작이나 아니 칙사(勅使)까지도 여러 주에서 충성 맹세를 받은 자를 보지 못했다. 그리고 그런 직능은 법령집을 통해서 우리에게 전해진 이런 관리의 임무에서는 발견되지 않는다. 관리는 확실히 이따금 모든 신하에게 성실 맹세(serment de fidélité)*23를 시켰다. 그러나 이 서

---

*20 대부분의 명문 귀족은 그 집안 특유의 상속법을 갖고 있었다. 드 라 토마시에르(M. de la Thaumassiére)가 파리의 여러 문벌에 대해서 서술한 것을 참조하라. [원주]
*21 스칸디나비아 여러 나라와 러시아.
*22 미성년자가.
*23 성실 맹세는 무사뿐만 아니라 서민들도 한다. 《직업요람(職業要覽 ; Livre des métiers)》을 보면, 동업자가 선출한 길드의 관리(juré)는 마을의 행정관서를 찾아가 행정관 앞에서 〈복음서〉 또는 성자의 유물을 두고 직업 감독, 규정(規程) 준수를 선서한다. 약속을 지킬 것을

제31편 프랑크인 봉건법 이론과 그 군주정체 변천 관계 701

약은 그 뒤에 생긴 충성 맹세와는 성질이 아주 다르며, 성실 맹세는 충성 맹세에 따르는 행위이다. 그것은 어떤 때는 그 뒤에, 어떤 때는 그에 앞서서 행했는데, 모든 충성 맹세에 다 따른다고는 할 수 없다. 이것은 충성 맹세만큼 장엄한 것이 아니고, 그것과는 완전히 별개의 것이었다.*24

백작이나 칙사는 그 밖의 필요에 따라서 그 믿음이 의심스러운 가신에게 이른바 피르미타스(firmitas 恒心)의 보장을 하게 했다. 그러나 이 보장은 충성 맹세가 될 수는 없었다. 왜냐하면 국왕들도 서로 이것을 주었기 때문이다.

쉬제 신부가 고대의 전승에 따라서 프랑스 왕이 영주들의 충성 맹세를 다고베르의 단(壇)에서 받는 관습에 대해서 말했을 때, 그가 그의 시대의 관념이나 언어를 여기에서 사용했을 것은 틀림없다.

봉토를 상속인에게 이전했을 때, 초기에는 우연한 사항에 지나지 않았던 가신의 승인이 정규 행위가 되었다. 그것은 화려한 방법으로 수행했으며, 무엇보다도 많은 방식을 통해 수행했다. 승인은 주군과 가신 사이의 상호 의무의 기억을 길이길이 전해야 했기 때문이다.

충성 맹세는 앞에서 말했듯이 많은 봉토가 영구적으로 주어진 시대인 페팡 왕 시대에 확립되기 시작했다고 믿지 않는 것은 아니다. 그러나 나는 신중하게 믿을 것이다. 더욱이 프랑크인의 옛 연대기 저자들, 바비에르 공 타시용이 페팡에게 한 성실 행위의 의식(儀式)을 서술할 때 자기들의 시대에 견문한 관행에 따라서 말할 만큼 어리석은 자가 아니었을 것이라는 가정 아래에서만 그것을 믿을 것이다.

제34장 봉토의 영구성이 낳은 몇 가지 결과(계속)

봉토가 파면이 가능하거나 또는 종신적이었을 때, 그것은 정법(政法) 이외에는 거의 속하지 않았다. 그 때문에 이 시대의 시민법에서는 봉토법을 언급하

신에게 맹세하므로 이것을 어기면 서약을 어긴 죄는 될지언정 주종간의 약속을 내용으로 하는 충성 맹세와는 다르기 때문에 반역죄는 되지 않는다.

*24 뒤 캉주(du Cange)는, Hominium이라는 말과, Fidelitas라는 말에 대해서, 옛 충성의 맹세를 특허장을 인용해 증거로 삼고 있다. 거기에서는 위에서 말한 차이가 발견되며, 많은 전기를 볼 수 있다. 충성 맹세를 할 때에는 가신은 무릎을 꿇고 영주의 손바닥에 자신의 손을 얹은 채 선서를 했다. 성실 맹세를 할 때에는 복음서를 두고서 선 채 선서를 했다. 또한 충성 맹세는 영주만 받을 수 있었지만, 성실 맹세는 영주의 관리도 받을 수 있었다.

는 일이 매우 적었다. 그런데 그것이 세습되고, 증여·매매·유증의 대상이 되자, 정법에도 그리고 시민법에도 속하게 되었다. 봉토가 병역의 의무로서 고찰될 때, 정법에 관련했다. 거래에서 재산으로 고찰될 때, 그것은 시민법에 관련했다. 이것이 이 봉토에 대한 시민법을 낳았다.

봉토가 세습적이 되었으므로, 상속 순위에 대한 법은 봉토의 영구성과 관련되었다. 이리하여 로마법 및 살리카법의 규정에도, "고유 재산은 소급되지 않는다"고 한 프랑스 법의 규정이 생겼다. 봉토의 역무를 다하는 데 조부나 종조부 등은 영주에게는 반갑지 않은 가신이었을 것이 틀림없다. 그러므로 프랑스 법의 이 규칙은 부틸리에가 우리에게 가르쳐 주듯이, 처음에는 봉토에만 적용되었을 것이다.

봉토가 세습되었으므로 봉토의 역무를 감시할 영주는, 봉토를 상속할 여자, 내 생각으로는 경우에 따라서 남자도, 영주의 동의 없이는 결혼할 수 없다는 것을 요구했다. 그 결과, 혼인 계약은 귀족에게는 봉건 규정인 동시에 시민 규정이 되었다. 영주가 보는 앞에서 집행되는 이와 같은 행위에서는, 봉토의 역무가 상속인이 수행할 수 있도록 사람들은 장래의 상속에 대한 온갖 규정을 정했다. 그리하여 부아이에나 오프레리우스가 지적했듯이, 혼인 계약으로 장래의 상속을 정하는 자유는 처음 귀족만이 가졌던 것이다.

우리의 옛 프랑스 법제에서 하나의 수수께끼가 되어 있는, 혈족의 오랜 권리에 근거하는 상속 재산 환매권(相續財産還買權 : retrait lignager)[*25] 은 봉토가 영구적일 때 비로소 생겨날 수 있었음은 더 이상 말할 것도 없다.

Italiam, Italiam…… 나는 대부분의 저자가 시작한 곳에서 나의 봉토론을 마친다.[*26]

[*25] 사망자의 친족이 일정한 기간에, 사망자가 전에 매각한 상속 재산을 취득자에게 대가를 다시 환불한다는 조건으로 되찾을 수 있는 권리.

[*26] 베르길리우스의 《아이네이스》의 유명한 귀절. "이탈리아가 보인다. 이탈리아가……" 몽테스키외가 지금은 공리가 된, 역사를 법으로, 법을 역사로 밝히라는 훈칙을 제창했을 때, 그는 과학에 새로운 수평선을 열었던 것이다. 그가 이 저서를 끝맺으면서, "나는 대부분의 저자가 시작한 곳에서 나의 봉토론을 마친다"고 말했을 때, 그는 스스로 자기 학설의 응용과 좋은 기회의 예를 처음으로 보여 준 것이다.

몽테스키외 생애와 사상

몽테스키외 생애와 사상
하재홍

1. 출생

18세기 프랑스의 법학자이자 문학가이며 계몽사상가인 몽테스키외는 1689년 몽테뉴가 태어난 보르도에서 겨우 10마일 떨어진, 라 브레드 성에서 법조계의 귀족 가문인 스콩다 집안 혈통으로 태어났다. 아버지 자크 드 스콩다는 16세기 무렵 왕에 봉사하여 작위를 받은 상당한 재산을 가진 유서 깊은 무관 가문 출신이었고, 어머니 마리 프랑수아 드 페늘은 영국 출신의 신앙심 깊은 부인이었다. 그녀는 라 브레드의 값비싼 포도주 생산지에서 남편을 도와 재산을 크게 늘렸다.

1696년 그녀가 죽자, 라 브레드 남작령은 일곱 살 된 맏아들 몽테스키외에게 넘어갔다. 그는 처음에는 집에서, 나중에는 마을에서 교육받다가 1700년 파리에서 가까운 모(Meaux)의 교구에 있는 콜레주 드 쥬이에 들어갔다. 이 학교는 보르도의 유명한 가문들이 후원하고 있었으며, 소유자 오라토리오회 사제들이 계몽적이고 근대화한 방식으로 견실한 교육을 실시하고 있었다.

1705년에는 보르도로 돌아와 보르도 대학에서 법률학을 전공했고, 1708년 법학사가 되어 곧 보르도 고등법원 소속의 변호사가 되었다. 1713년까지는 파리에 머물면서 법률 연구를 계속했다. 그해 보르도로 돌아온 그는 아버지의 죽음과 더불어 큰아버지의 보호를 받게 된다.

1715년, 큰아버지의 뜻을 좇아 군인 가문인 위그노의 한 상속녀 잔느와 결혼한다. 부유한 프로테스탄트였던 그녀는 지참금으로 10만 리브르를 가져왔고, 얼마 뒤 딸 2명과 아들 장 바티스트를 낳았다. 몽테스키외는 부인의 사업 솜씨를 높이 평가하고, 파리로 떠날 일이 있을 때마다 기꺼이 재산관리를 부인에게 맡겼다. 그러나 그는 부인에게 그다지 충실하지도 헌신하지도 않았던 것 같다.

1716년엔 큰아버지의 죽음과 함께 그로부터 몽테스키외 남작령과 법관직을 상속받아 보르도 고등법원 평의관에 임관했다. 그 직책은 어느 정도 명예직으로 연금을 받긴 했지만 이름뿐인 자리였다.

몽테스키외는 스물일곱의 젊은 나이에 사회적·재정적으로 안정을 얻었다. 1726년까지 이 자리에 재직했으나, 이미 1716년에 성격상 정치적 지위에 있는 것이 맞지 않다고 판단하여 보르도 학술원 회원으로 들어갔다.

법학과 역사뿐만 아니라 자연과학에도 큰 관심이 있던 그는 1717년에서 1723년에 이르기까지 이 학술원에 간헐열·바다 운동·화석·포도꽃·메아리 등에 대한, 즉 물리학·동식물학 등에 대한 여러 편의 논문을 제출했다.

1721년에는 《페르시아인의 편지 *Lettres persanes*》를 출간함으로써 가까운 친구들을 놀라게 했다. 이 책은 2명의 페르시아인 여행자의 눈을 통해 프랑스, 특히 파리 문명을 날카롭게 풍자한 내용을 담았다. 엄청난 성공을 거둔 이 작품은 바로 얼마 전에 끝난 루이 14세의 통치를 조롱하는가 하면 모든 사회계급을 놀림감으로 삼았으며, 선사시대 혈거인의 우화를 통해 자연상태에 관한 토머스 홉스의 이론을 논의했다.

또 소박하기는 하지만 새로운 인구통계학에 독창적으로 이바지했으며, 이슬람교와 그리스도교 비교를 자주 시도했다.

이밖에 얀센주의자로 알려진 국교도와는 거리가 먼 가톨릭 집단을 비난하는 로마 교황 칙서 《우니게니투스 대칙서 *Unigenitus*》에 관한 논쟁을 거론하면서, 로마 가톨릭 교리를 풍자했다. 한마디로 이 책은 새로운 시대를 예고하는 활력 넘치고 대담하며 성상(聖像)을 파괴하는 듯한 비판정신을 담고 있었다. 이 책의 익명의 저자는 곧 밝혀졌고, 몽테스키외는 크게 유명해졌다. 파리에서 움트던 여러 새로운 사상이 가장 재기발랄하게 표현된 셈이었다.

이후 몽테스키외는 사회적 성공과 함께 학문적 성취에 힘을 쏟았다. 1722년 파리로 가서 베릭 공작의 도움으로 궁정에 들어갔는데, 베릭은 추방된 스튜어트 공으로 보르도 군사령관으로 있을 때 몽테스키외를 알았다.

궁정 생활의 분위기는 오를레앙 공작의 방탕한 섭정에 따라 좌우되었지만, 몽테스키외는 그 사치스러움을 경멸하지는 않았다. 이 기간 동안 영국의 정치가 볼링브룩 자작과 친해졌는데, 그의 정치적 견해는 이후 몽테스키외가 영국

헌법을 분석하는 데 반영되었다. 그러나 파리에서 그는 보르도 의회의 판에 박힌 활동에 점차 흥미를 잃어 갔다. 또 자신보다 지적 수준이 낮은 이들이 궁정에서 더 성공하는 것을 보자 분노를 느꼈다.

이처럼 그는 정치 활동보다는 연구를 좋아하는 전형적인 법복 귀족으로, 12년간이나 평범한 법률가로서 지위를 지켜가며 맡은 일을 해나갔다. 결국 1726년 정치에서 완전히 손을 떼고 학문에 뜻을 두기로 마음 먹었다.

몽테스키외(1689~1755)

시장가치가 있는 사무실을 1726년에 팔아치운 일은, 도시생활 동안 탕진한 재산을 다시 회복시켜 준 동시에, 파리 시민이라는 그의 주장을 뒷받침해 그가 프랑스 한림원에 들어가는 데 도움이 되었다.

1727년 10월 학술원에 자리가 생기자, 몽테스키외는 강력한 후원자들과 그의 주장을 확고하게 밀어 준 랑베르부인의 살롱 덕분에 1728년 1월 24일 한림원 회원으로 선출되었다.

그는 이처럼 공식으로 재능을 인정받았기 때문에 그것을 누리기 위해 파리에 머물 수도 있었다. 그러나 그는 대부분의 귀족보다 뒤늦기는 했지만 외국여행을 통해 자기 교양을 완성하기로 마음먹었다.

몽테스키외는 부인이 라 브레드에서 자기 영지에 대한 전권을 행사하도록 남겨둔 채, 1728년 4월 베릭의 조카이자 나중에 파리에서 영국 대사로 활동한 월그레이브 경과 함께 빈으로 갔다.

몽테스키외는 18세기의 그 어떤 작가보다 여행기를 매우 흥미롭게 썼다. 빈에서는 군인이자 정치가인 사보이의 외젠 공을 만나 프랑스 정치에 관해 토론했다. 흥미롭게도 광산을 탐사하기 위해 헝가리를 들렀다가 오는 경로를 밟

앉다.

또한 이탈리아에 들러 베네치아의 즐거움을 한껏 만끽한 뒤 다른 도시도 둘러 보았다.

노트를 손에 들고 피렌체의 화랑들을 세심하게 둘러보면서 미적 감각을 다듬었다. 로마에서는 프랑스 장관 폴리냐크 추기경의 소문을 듣고, 출판되지 않은 그의 라틴어 시 〈반(反)루크레티우스〉를 읽었다.

나폴리에서는 의심스런 눈으로 도시의 수호성인의 피가 흘러내리는 장면을 목격하기도 했다. 그리고 이탈리아에서부터 독일을 거쳐 네덜란드로 갔다가 체스터필드 경을 알게 되어, 그와 함께 영국으로 가서 1731년 봄까지 머물렀다.

몽테스키외는 영국에서 폭넓은 친분관계를 유지했다. 궁정에 참석하고 웨일스 공에게 접대도 받았으며, 나중에는 그의 요구로 프랑스 노래선집도 만들었다.

리치먼드 공작과 몬터규 공작과 친하게 사귀었는가 하면 왕립학회 회원으로 선출되었다. 의회의 토의에 참여하고 당시의 정치 잡지를 읽었으며, 프리메이슨 단원으로도 가입했다. 장서용으로 많은 책을 사들이기도 했다. 그가 영국에 머문 기간은 생애에서 가장 중요하고 소득이 많은 시기였다.

여행 기간 동안 몽테스키외는 파리에서 즐기던 사회적 쾌락을 회피하지는 않았지만, 진지한 야심은 더욱 강해졌다. 1731년 라 브레드로 돌아온 다음부터는 주로 작품 활동에 몰두했다.

여행 중 그는 특히 영국에 1년 반 동안이나 머물면서 포프·월폴·스위프트 등 많은 명사들과 만났다. 그러나 영국 정치 제도에는 깊은 관심을 보였던 반면에 영국인들에게는 냉담하게 비판했다.

귀국 뒤에는 라 브레드에 있는 자기 집 정원을 영국 양식으로 개조했으며, 이곳 라 브레드와 파리 두 집에서 나누어 생활했다. 파리에서는 랑베르 부인·탕상 부인·조프랑 부인·데팡 부인 등의 살롱을 드나들며 사교와 학구적인 생활을 보냈다.

한때 외교관이 되려고 생각했지만 프랑스로 돌아온 뒤로는 학문에 전념하기로 결심했다. 그는 라 브레드에 머물면서 2년 동안 서둘러 글을 썼다.

1734년 출판되었지만 회수된 《보편 군주 *La Monarchie universelle*》 말고도 영국 헌법에 관한 에세이와 《로마인의 위대함과 쇠락의 원인 고찰 *Considérations sur*

라 브레드 성 몽테스키외가 태어난 곳. 그는 평생을 파리와 보르도의 라 브레드 성을 오가며 작품 활동을 했다.

les causes de la grandeur des Romains et de leur décadence》(1734)을 썼다. 그는 영국 전통에 따라 2권을 동시에 출판하려고 생각했는데, 이는 볼테르가 지적했듯이 영국인은 자신을 로마인과 비교하는 것을 기뻐했기 때문이다.

학문적 포부는 여기에 그치지 않았다. 그는 얼마 동안 법률과 정치학에 관한 대작을 기획했다. 《로마인의 위대함과 쇠락의 원인 고찰》이 출판된 뒤, 나빠진 시력에도 아랑곳하지 않고 이 새롭고 엄청난 과제를 시작했다.

그 내용을 노트에 정리했는데 그 가운데 〈지리학 2권 *Geographica tome* II〉의 노트만이 남아 있다. 그는 여러 명의 비서를 계속 고용했으며 한꺼번에 6명을 고용한 적도 있으나, 그들을 독자와 서기로 이용했을 뿐 작가로 이용하지는 않았다.

이와 같은 방대하고도 끈질긴 노력은 흔히 재치가 넘치되 성급하고 천박하다고 알려진 그의 성격과는 완전히 다른 것이었다. 그는 세상 사람들이 자신의 작업을 눈치채지 못하게 했으며 단지 몇몇 친구만이 그가 무엇에 몰두하고 있는지 알 뿐이었다.

그는 대부분 라 브레드에서 작업하면서 영지 관리에 힘쓰는 토지 귀족으로서의 특권을 유지했으나, 자주 파리를 방문해 사교생활을 즐기기도 했다.

파리에서는 왕립도서관을 제2의 서재로 이용했으며 프랑스 한림원에 참석했고, 살롱에 드나들었으며 이탈리아와 영국의 방문객들과도 만났다. 동시에 지속적이고도 차분하게 스스로 대작이 되리라 믿고 있는 책을 준비해 1740년에 이르러 주요부분의 초안을 잡았고 거의 집필을 끝냈다.

1743년 원문은 사실상 완성되었지만, 1746년 12월까지 2번에 걸쳐 다시 철저하고 세밀하게 수정해 출판을 위한 사실상의 준비를 끝냈다. 제네바의 J. 바리요를 출판인으로 선정했지만, 끊임없이 수정을 가하고 몇 개의 장을 새로 쓴 뒤, 1748년 겨울 드디어 《법의 정신 또는 법이 각국의 정부 구성·풍습·기후·상업 등의 구성과 맺는 관계에 관하여 *De l'esprit des lois, ou du rapport que les lois doivent avoir avec la constitution de chaque gouvernement, les moeurs, le climat, la religion, le commerce, etc.*》를 출판했다. 이것은 4절판의 1,086쪽 31권에 이르는 방대한 분량이었다.

화려한 명성이 그의 주위를 떠나지 않았다. 만나는 모든 이들이 그의 상냥함과 점잖음을 칭찬했다. 얼빠진 듯하지만 재능있는 젊은 무명의 문인들에게 그는 친절하게 도움을 주는 믿음직스런 친구였다.

《백과전서 *Encyclopédie*》 편집자들이 그에게 협조를 구했으리라는 것은 당연히 예상할 수 있는 일이었는데, 실제로 달랑베르는 그에게 민주주의와 독재에 관한 항목을 써 달라고 부탁했다.

그러나 몽테스키외는 자신은 이미 그 주제에 관해 이야기한 바 있으며 취미에 관해 글을 쓰고 싶다면서 그 제의를 거절했다. 그 결과, 25년 전쯤에 초안을 잡아 두었다가 손을 본 《취미에 관한 에세이 *Essai sur le goût*》가 그의 마지막 저서가 되었다.

1754년 말, 도시 생활을 청산하고 라 브레드에 정착하기 위해 파리의 집을 처분하러 갔다가 폐렴에 걸려, 그로부터 겨우 2주일 만인 1755년 2월 10일 예순여섯의 나이로 삶을 마친다.

2. 시대 배경

1688년 명예혁명부터 미국 독립과 혁명을 거쳐 자유주의 단계로의 이행을 완수할 때까지 약 100년 동안, 프랑스 사회 전반을 지배한 것은 콜베르주의로 불리던 '중상주의(重商主義)'였다.

중상주의는 수출 장려, 산업 육성, 인구 증가, 사치품 수입 제한 등을 강력히 요구한 독일 관방주의 이론에 근원을 둔 것으로서, 초기 자본주의 시대 또는 상업 자본주의 시대에 상업 자본이 봉건 사회 말기의 정치 체제인 절대주의와 결부한 형태이며, 자본주의의 조국인 영국에서 가장 전형적으로 나타났다.

상아로 만든 몽테스키외의 흉상 루브르 박물관 소장

중상주의가 주장한 '복지국가'는 이상으로서는 훌륭한 것이었으나, 인격을 갖춘 군주에게만 기대할 수 있는 국가 형태였다. 또한 당시 프랑스의 제대로 갖추지 못한 정치 조직 및 국민을 총동원시키는 식의 보호 정책 상태에선 개인의 자유는 전체를 위해 무시될 수밖에 없었다. 인간은 다만 인구 증식의 도구이자 국가 발전의 수단에 지나지 않은 것으로 여겨졌다.

그러나 차츰 산업혁명의 물결이 근대 산업을 발달시키고 개인을 경제적으로 여유롭게 만들자 이와 반대되는 사상이 고개를 들기 시작했다. 사실 중상주의는 정치적으로도 경제적으로도 중세 봉건제도 타파에 목표를 두고 있었던 만큼, 자유주의 운동의 모태였다고 할 수 있다.

자유주의는 그리스의 향락적 국가관을 타파하고 모든 사회 기능을 행복에서 자유 쪽으로 돌리게 했던 단테의 사상을 바탕으로 하여, 사회계약설과 자유법 사상을 발전시킨 근간이었다. 단테의 국가론과 마찬가지로 중상주의 복지관도 중농주의의 자유방임 사상에 따라 타파되었다. 중상주의가 사회본위 사상이었던 것에 비해 중농주의는 개인본위 사상이었다. 18세기는 개인주의의 형성기라는 것을 고려하면, 중농주의가 18세기 후반 프랑스 사회의 지배 사상으로 입지를 굳힌 것이 당연하다.

케네의 경제학설에 따라 발전하게 된 그 무렵 프랑스에서 중농주의는 아주 진보된 자유주의 사상이었다. 그 당시 중농주의 학파들은 오히려 학파라기보다 결사집단이라 할 만했고, 미라보·느무르·리비에르·트론 등 유력한 관료들이 이에 동참하고 있었다. 결국 중농주의는 프랑스 혁명을 일으켰다.

중농주의는 그 시절 수출산업 신장을 위해 프랑스 경제의 90퍼센트를 지배하던 농업을 희생시킨 콜베르의 중상주의를 비판하면서 형성되었다. 이것은 농업 생산의 발전을 목표로 삼아 정책적으로는 조세제도를 개혁해 농업 자본의 축적과 대농경영(大農經營) 실현을 주장했고, 상업에서는 특히 곡물 거래의 자유를 강조했다.

그리하여 중농주의의 조세 개혁은 지주계급의 지대(地代) 수입에만 과세한다는 단일세론(單一稅論)으로 집약되었으며, 그 통제배제(統制排除)의 주장은 자유방임 정책으로 체계화되었다.

여기서 자유방임을 경제학적으로 해석한다면, 그것은 자유경쟁의 원칙을 뜻한다. 이리하여 중농주의는 경제학의 시조 애덤 스미스에서 완성을 보게 된다. 그러나 정치 사상면에서 자유주의를 완성하는 데 크게 이바지한 것은 독일의 계몽철학자들이며, 대표적인 예가 칸트이다.

그러므로 몽테스키외가 주장한 정치적 자유는 칸트에 이르러 완성됨으로써 자유주의 입헌법치국가를 성립시키게 된다.

끝으로 중농주의의 특징을 든다면 다음과 같다.

첫째, 자연법 사상을 탈피한 귀납적·과학적 실증주의이다. 둘째, 국가계약설을 벗어난, 즉 국가를 법적·국가적·제한적인 자유 평등을 수립한 상태로 본다. 셋째, 민주적 혁명주의나 독재적 전제주의가 아닌 개명(開明) 군주주의를 주장했다.

3. 《법의 정신》까지의 사상 형성 과정

1721년 익명으로 발표된 《페르시아인의 편지》는 서간체의 풍자문학 작품이다. '이것은 빵처럼 팔릴 것이라'는 데모레 신부의 예언대로, 이 책은 청년 몽테스키외에게 한 번에 큰 문명(文名)을 선사했다. 이 책은 갈랑에 의한 《아라비안나이트》의 번역(1704~1717), 타베르니에의 《터키·페르시아·인도 기행》 (1616~1619) 등과 마찬가지로, 동양풍이 유행한 것을 배경으로 서유럽인들의 기호가 세계로 폭넓게 뻗어나가던 시대 풍조에 부합된 것이었다.

이 책은 '리카'와 '우스베크'라는 페르시아인 두 사람이 유럽 여행을 하면서 고향에 있는 친구와 편지를 교환하는 형식을 취해, 유럽의 풍속 제도를 경쾌하고 묘하게 비판하고 있다.

보르도에 있는 몽테스키외의 동상

이 책은 시대 취미에 알맞을 뿐만 아니라 시국을 본질적으로 파악하면서도 기지와 박식함이 번득여, 파리인들에게는 '가벼우면서도 가장 깊은 책'이라는 찬양을 받으며 판을 거듭했다. 내용은 주로 정치 문제를 중심으로 프랑스인들의 자부심을 비웃고, 일생을 가톨릭 교도로 일관해 온 그가 가톨릭을 배척하는 반면 프로테스탄트를 숭상하며, 루이 14세의 실정을 비난하는 대신 독일제국의 발흥을 예언했다.

1728년부터 1731년까지 집필되고 1734년 출간된 《로마 성쇠 원인론》은 단순한 역사라기보다는 역사를 소재로 한 논문에 속하는 것으로, 보쉬에의 《만국사론(萬國史論)》에 이어 역사철학이 담긴 책으로 알려져 있다. 그러나 보쉬에가 '신의 섭리'로 역사를 설명하려는 데 비해 몽테스키외는 인간의 행위를 결정하는 '물질적·정신적인' 자연의 원인만을 고찰하고 있다. 사료(史料)의 사용법에서는 근대적인 비판이 결여되어 있지만, 역사철학만은 완전히 근대적이라 할 수 있다.

《로마 성쇠 원인론》은 가톨릭 시대의 전후(前後) 4세기에 걸친 시기를 다룬 책이다. 여기에서 몽테스키외는 로마의 발흥이 현대 민족국가처럼 대국민군(大國民軍)에만 의존한 것이 아니라, 국민 전체 위에 국가의 기초를 평등히 두었다는 데서 비롯된 것이라 했다. 따라서 근본 원인은 국가 조직에 관한 문제로 귀착함을 강조하고, 중상주의의 부국강병주의를 거부함으로써 반군국주의 사상에 대해 언급했다.

4. 《법의 정신》에 대하여

1748년 11월, 몽테스키외의 나이 쉰아홉이 저물 무렵, 제네바의 바리오 서점을 통해 《법의 정신》이 익명으로 출간되었다. 그때는 루이 14세가 서거하고 절대왕조가 몰락의 길을 걷던 시기였다. 《법의 정신》은 이처럼 혼란스러운 시기에, 몽테스키외가 40여 년의 세월을 바친 끝에 탄생한 대작이었다. 이 책에서 몽테스키외는 여러 나라의 법제도를 논하고 그 제도들에 공통되는 '법의 정신'을 탐구했다.

그즈음 대다수의 법률가들은 법률의 올바른 모습을, 시대나 지역을 초월하는 보편된 자연법으로 보고 인간관이나 사회관에서 그 모습을 이끌어내고자 했다.

그러나 몽테스키외는 경험주의적인 연구 방법을 법의 분야에 적용했다. 그는 수많은 다양한 법이나 풍습을 연구하여 법의 원리를 정립했다.

몽테스키외는 법의 올바른 모습이란 다음 세 가지 조건에 맞아야 한다고 말했다. 즉 법의 상호관계 조건, 자연적 조건, 정신적 조건에 맞아야 한다는 것이다. 그는 이를 '법의 정신'이라고 불렀다.

법의 상호관계 조건이란 법의 목적과 효과가 서로 합치하는 것이다.

자연적 조건이란 그 지역의 자연과 상관성이 있는 것이다.

정신적 조건이란 그 지역에 사는 사람들의 생활과 상관성이 있는 것이다.

한편 권력자는 법을 남용하기 쉽다. 이럴 때에는 설령 법의 정신에 맞는 법이라 해도 적절히 운용되기는 어렵다.

따라서 몽테스키외는 권력을 억제하는 구조가 필요하다는 결론을 내렸다.

그 구조가 바로 삼권분립의 원리이다.

그때까지는 로크의 이론이 권력분립 이론의 주류를 이루었다.

그러나 몽테스키외는 로크의 구분에서 더 나아가 권력을 크게 세 가지로 나누었다. 그것이 입법권·재판권·집행권이다.

입법권이란 법을 만드는 권리이다. 이 권리는 의회에 있다.

재판권이란 법의 운용을 감시하는 권리이다. 이 권리는 재판소에 있다.

집행권이란 공적인 의결사항을 집행하는 권리이다. 이 권리는 군주에게 있다.

《페르시아인의 편지》(1721) 속표지

그리고 위 세 가지 권력은 서로가 서로를 억제하는 힘을 갖고 있다. 따라서 권력이 치우치는 일이 없다.

즉, 몽테스키외가 주장한 삼권분립의 원리는 평민과 귀족(당시 재판소의 중요한 관직은 귀족들이 차지했다)과 군주의 사회적 균형을 도모하는 이론이었다.

《법의 정신》은 사상규제의 칼날을 피해 외국에서 익명으로 출판되었지만, 곧 온 유럽에 널리 퍼져 평판이 자자했다. 삼권분립의 원리는 미합중국 헌법에서 실현되었으며 프랑스 인권선언의 기본원리가 되기도 했다.

《법의 정신》은 현재 법사회학이나 비교법학 등의 선구자인 것이다.

앞에서 말한 《페르시아인의 편지》나 《로마 성쇠 원인론》은 이 작품을 쓰기 위한 준비 작업에 불과했다. 이 책의 개정판 출간을 며칠 앞두고 '이 책에 온

정력을 쏟아 죽음에 임박한 경지에까지 이르게 되었다. 앞으로는 더 일을 하지 않고 휴식만 취하겠다'라고 스스로 다짐할 정도로 그는 여기에 평생의 노력을 쏟았던 것이다. 그러면서도 그가 실제로 집필을 시작한 것은 1743년에 와서였고, 집필 기간 또한 4년에 불과했다. 《법의 정신》은 익명인 대신 '어머니 없이 생긴 아들'이라는 표어가 붙어 있다.

출간하기 전 그는 탈고된 원고를 먼저 크레비용, 폰테네이 등의 친구들에게 보여 주었으나 한결같이 반대에 부딪혔다. 그의 《서한》 340쪽에 따르면, 프랑스에서 발간하기를 포기하고, 1746년 끝 무렵에 이 책을 네덜란드에서 인쇄할 예정이었다. 그때 그가 구상한 것은 30편이었는데 그중 26편은 완성되었으나 이를 29편으로 축소하고, 인쇄 중에 제30편·제31편을 넣을 예정이었다. 그러나 전쟁 때문에 네덜란드나 영국에서의 출판을 단념하고 1747년 여름 스위스 제네바로 원고를 갖고 갔다. 인쇄의 감수 교열은 자콥 베르네가 담당했다.

1748년 3월 16일에 2권 중 제1권이 완성되었으나, 봉건법에 대한 2편(제2권을 구성하는 제30편, 제31편)은 아직 완성하지 못한 상태였다. 하지만 너무 방대해질 것을 우려하여 다른 부분과의 균형상 이의 처리에 주저하게 되었다.

초판에는 틀린 글자가 많았을 뿐더러 용지와 활자도 저자의 마음에 들지 않았으나, 출판업자 바리오에겐 돈이 없었으므로 이를 받아들일 수밖에 없었다. 그러나 얼마 뒤 바리오가 병으로 죽자, 1749년에는 출판업자들의 숱한 교섭 쇄도로, 초판을 발행한 지 2년도 안 된 1750년 초에는 이미 22판을 기록하게 되었다.

이 책이 출간된 뒤 그에게 닥친 가장 큰 시련은 교회측의 발매금지령이었다. 1750년 출간된 《법의 정신 변호론》은 제수이트파의 공격, 스피노자적 숙명론의 타락이라는 비난에 변호하기 위해 쓴 것이다. 서문에서 몽테스키외는 ① 이 책은 종교와 관련이 없는 것이 아니며, ② 일부다처제·풍토이론·종교적 관용·신성모독·결혼·금리 문제와 관련해 위험한 책이 아니고, ③ 그의 비난자들이 방법을 잘못 선택했다고 반박했다.

《서한》 491쪽에 따르면, 그는 《드 트레브》와 《교회 통신》 두 신문의 공격을 받고 있는 이 책이, 교회의 금서목록에 끼지 않도록 주(駐)로마대사 니베르네 공작에게 부탁했다.

또 《서한》 518쪽에는 소르본 대학의 발매금지령을 모면하려는 그의 노력이 여실하게 드러나 있다. 그러나 애쓴 보람도 없이 로마 교황청은 이 책에 유죄판결을 내리고 금서목록에 집어넣었다.

다행히 곧 마르 제르브에 따라 금서목록에서 풀리게 된다. 이 책은 출간 뒤 교회의 수없는 공격을 받았고, 또한 조국 프랑스에서는 정권 지지자에서부터 반대자에 이르기까지 사람들의 한결 같은 냉대를 감당해야만 했다. 그러나 외국, 특히 영국에서는 열렬한 환영을 받았다.

그렇다면 《법의 정신》의 역사적 의의는 무엇인가?

이 책은 6부 31편으로 구성된 몽테스키외의 대표작으로, 정치학이기보다는 오히려 사회과학 일반이라고 하는 편이

《로마 성쇠 원인론》(초판 발간, 1734) 속표지

옳을 것이다. 《로마법 계승으로서의 프랑스 및 여러 봉건국가의 법에 관한 연구로서의 정치·풍토·종교·교역 등에 관한 법의 정신 또는 그 연구》라는 긴 본디 제목이 가리키듯이, 이 책은 세계 여러 나라 각 시대의 다양한 법률을 배후로 그를 꿰뚫는 '법의 정신'을 추적해 나가면서, 법은 인간 이성(理性)이지만 정체(政體)의 성질과 원리·지세(地勢)·풍토·종교·상업·생활양식 등과 관계를 갖는다고 주장한다.

이어서 그는 이러한 것을 토대로 법을 고찰하는 일이 법의 정신을 연구하는 올바른 태도라고 서술했다. 권력 분립을 주장한 11편 6장 '영국헌법'에서는 정치 자유를 직접적인 목적으로 하는 영국 헌법을 찬양했다. 따라서 정치적 자유 주장, 고문과 노예제도 반박 등을 포함한 인도적인 이 책의 성격이 진보적

인 부류의 공감을 크게 불러일으키고, 저자를 계몽사상가의 대열에까지 끼게 한 것은 마땅한 일이었다. 사실 그는 디드로의 《백과전서》에는 큰 관계가 없었음에도 협력하는 태도만은 버리지 않았다.

그리하여 이 책은 법률의 다양함과 그 원인의 탐구라는 19세기에 이르러 결실하게 될 상대적·역사적 고찰 방법과 모든 문화 현상의 역사적·사회적 고찰의 길을 터 주었다. 뿐만 아니라 그의 사상은 프랑스혁명 우파의 이론적 기둥이 되었으며, 가깝게는 우리나라 자유민권 사상의 형성에 큰 몫을 차지했다. 그것이 이 책의 역사적 의의이다.

통일과 질서가 결여돼 있다는 평을 때때로 듣기는 해도, 란슨처럼 카르티지어니즘(데카르트의 철학설)으로 이를 변명하는 사람도 있거니와 어떤 반박에도 이 책이 사회학·비교법학·정치학 등 분야에서 차지하는 고전의 위치는 흔들 수 없는 것이다.

몽테스키외의 모든 저서에 공통으로 흐르는 근본 사상은 실증주의라 하겠다. 그는 언제나 사회 현상의 필지적(必至的) 관계와 필연적 발전 법칙을 생각해 냈다. 그의 실증주의는 스피노자에 가깝지만, 유물론이 아닌 유심론이란 점에서 그와 구별된다. 또한 그는 사회현상을 언제나 법칙 면에서 이해하려 했다. 이러한 몽테스키외의 실증주의 방법은 뒤에 중농학파인 콩도르세·생시몽을 거쳐 콩트에 와서 완성되어, 현대 프랑스 사회학의 방법 체계를 이룬다.

《법의 정신》의 주요 논지는 크게 ① 법의 본질론 ② 정체론 ③ 정치적 자유론으로 나눌 수 있다.

A 법의 본질론
먼저 '법의 본질'에 대해 그는 법과 사물의 관계를 밝힌 다음 자연법과 실정법을 논하고 있다.

법이란 가장 일반적 의미에서는 사물의 성질에서 발생하는 필연 관계이다. 그러므로 법과 사물 사이에는 필연 관계가 존립되어 있다. 따라서 최초에 하나의 원시이성(原始理性)이 존재함을 전제로 한다.

만물을 창조한 신의 여러 법칙은 곧 만물을 보존하는 여러 가지 법칙이다. 법칙 없이 세계는 잠시도 존속할 수 없다. 법률의 제정 이전에 이미 가능적 정의 관계가 있었다. 그러므로 실정법이 명령하거나 금지하거나 하는 외에는 정(正)도 부정(不正)도 없다고 하는 것은, 원을 그리기도 전에 모든 반지름은 다르다고 주장하는 것과 같다. 그러므로 실정법에 앞서는 '형평의 관계'를 인정해야만 한다. 실정법은 그 관계를 확인하는 것일 뿐이다.

인간 세계는 본디 불법적인 법을 가진다고 하지만 물질 세계처럼 그렇게 정확히 그 법에 따라가지는 않는다. 그것은 개별 존재로서의 인간은 일정한 성질을 갖고 있으므로 그 결

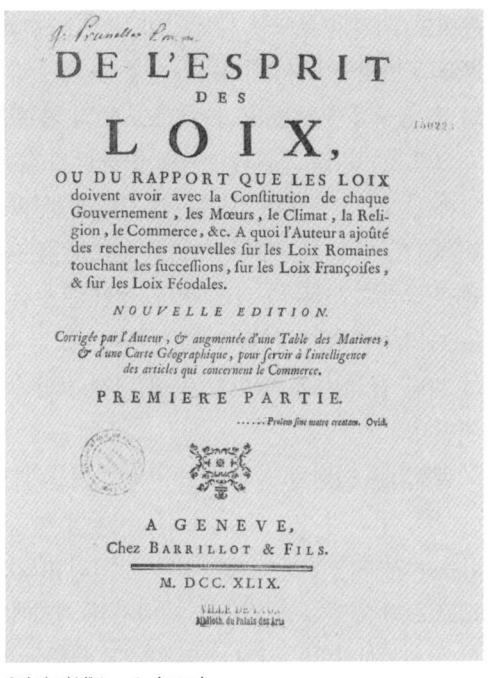

《법의 정신》(1748) 속표지

과 오류에 빠지기 쉽고 성질상 자주적으로 행동하기 때문이다. 그러므로 인간은 원시법을 착실히 따르지 않을 뿐 아니라, 자신이 만든 법까지도 침해할 때가 있다.

인간은 유한한 존재이자 이지적 존재여서 모든 유한한 이지적 존재가 그렇듯이 무지와 오류에서 자유로울 수 없다. 인간은 자기 욕망의 사사로운 지시에 따라 살며, 때로는 자기의 불완전한 지식마저 잃고 정욕의 지배를 받는가 하면, 이따금 창조주의 존재마저 망각한다.

그래서 신은 인간이 의무를 기억하도록 '종교법'을 두었다. 또한 인간들은 자기의 존재조차 잊는 수가 있기 때문에 철학자들이 '도덕법'으로 그들을 규율하며, 인간이 사회에서 타인들의 존재를 잊을 수도 있기에 입법자들이 공법과 사법으로써 자기의 의무를 준수하도록 했다.

자연법은 종교법·도덕법·공법·사법의 발생 이전에 존재하는 법이다. 오롯이 인간의 구조와 존재에서 파생된 것이기 때문이다. 자연 상태에서 인간은 어떤 지식을 얻기 전에는 지식의 기능을 지니지 못하므로 자기의 보존만을 생각할

뿐이고, 자기의 무력함 외에는 아무것도 느끼지 못한다. 그러한 인간들은 두려움과 불안만을 느끼며 자기의 열등함 외에 평등을 의식치 못하므로 서로 공격할 것을 생각지 않는다. 그러므로 '제1의 자연법은 평화'이다.

그러나 인간은 자기의 무력함을 깨달은 다음에는 곧 자기 욕망의 감정을 깨닫게 된다. 그러므로 '식물추구(食物追求)는 제2의 자연법'이다.

'제3의 자연법은 자연스러운 애호성(愛好性)'이다. 이는 서로간의 두려움이 인간을 결합시키는 동류(同類) 상호간에 느끼는 감정이다.

'제4의 자연법은 사회 안에서 생활하려는 욕망'을 말한다. 인간은 모든 동물이 지닌 감각·충동 말고도 지식을 갖고 있어 서로간의 사회적 결합의 동기를 지닌다.

실정법은 어떻게 발생하는가? 인간이 사회성을 갖추게 되면, 그들 개인간에는 평등이 사라지고 모든 사회는 자기의 힘을 느끼는 까닭에, 개인 및 사회 사이에는 저마다 투쟁 상태가 빚어져 인정법(人定法)이 발생한다. 이것을 세계 전체로 보면 만민법(萬民法)이, 지배자와 피지배자 사이에는 정치법이, 각 구성원 사이에는 시민법이 생겨 서로 규제를 한다. 이것이 각 법의 개념이다.

한 국가의 법은 그 나라의 지세(地勢)·기후·풍토·위치·면적·주민의 직업 그리고 그 헌법이 허용하는 개인적 자유의 정도, 종교·주민의 성향·부(富)·인구·상업·풍습·생활양식에 관련되어야 하며 이것이 전반적인 '법의 정신'이다.

B 정체론

몽테스키외는 정체(政體)를 (1) 공화정체 (2) 군주정체 (3) 전제정체로 크게 나누었다. 공화정체는 다시 국민 전체가 주권을 갖는 민주정체, 국민 일부가 주권을 갖는 귀족정체로 나누었다. 군주정체는 정립된 법에 의거한 1인 통치 형태이고, 전제정체는 법에 의거하지 않고 통치자 1인의 의지와 자의에 따라 통치하는 정치 체제로 규정했다.

그는 정체의 문제를 '성질'과 '원리' 두 가지 면에서 고찰했다. 성질에 관한 이론은 정체의 법이론, 즉 정체 조직의 논리적 내용이고, 원리에 관한 이론은 정치론, 즉 정체 조직 운용의 원리이다. 그러므로 '성질'은 구조의 문제이며, '원리'는 인간 감정의 문제로 여겼다.

'군주 없는 귀족 없고 귀족 없는 군주 없다.' 그는 정체의 성질을 논할 때 군

인권선언문 인간의 자유에 관한 기본 헌장 가운데 하나인 이 선언문은 1789년에 작성되었으며 '모든 인간은 자유롭고 평등한 권리를 가지고 태어난다'고 진술하고 있다. 《법의 정신》은 인권선언에 큰 영향을 미쳤다.

주정체의 근본법을 말로 요약하여, 만일 성직자·귀족·도시 등의 특권을 폐지한다면 민주정체가 생기거나 전제정치가 생겨날 것이라고 했다. 그러므로 군주정체는 새 법을 공포하고 옛 법을 폐지하는 권한을 가진 정치 단체 즉, '법의 수탁자(受託者)'가 필요함을 지적했다.

또한 그는 '정체의 원리'에 대하여 다음과 같이 말했다.

정체의 근본 원리가 되는 것은 '그 조직을 활동시키는 인간의 감정'이다. (순수한 정치적 의미에서의) '덕성'은 공화정체의 원리이며, 예를 들어 조국애·평등애 등이 이에 속한다. 따라서 민주정체는 덕성을 그 제1원리로 하므로 이를 잃어버릴 때 민주정체가 망하며, 귀족정체는 '절제'가 그 덕성이다.

군주정체의 으뜸가는 원리는 명예이다. 공화정체에서는 야심이 해로운 존재이나, 군주정체에서는 좋은 결과를 초래한다.

전제정체에서 덕성은 추호의 필요도 없으며 명예는 위험한 것이고 오직 '두려움'만이 요구되나, 이를 그 제1원리로 해야 한다. 그러므로 전제정체에서의 국민은 동물과 조금도 다름 없고 형벌과 굴종이 있을 따름이다. 그러나 종교 앞에는 주권자도 국민도 똑같이 복종해야만 한다.

군주정체에는 명예 존중의 교육이 요청되며, 민주정체에서는 부(富)의 평등 분배가 법률의 목적에 합당하고, 귀족정체에서는 부와 권력의 절제가 입법의 목적이며, 귀족의 특권 보호를 법률의 제1목적으로 해야 함은 군주정체의 특색이다. 이것이 몽테스키외의 입법과 교육에 관한 논지이다.

뿐만 아니라 아리스토텔레스가 혁명을 개탄했고, 보댕이 혁명을 불가피한 것으로 본 데 반해, 몽테스키외는 '정체의 해체나 와해는 언제나 그 정체 원리의 풀어짐에 따른다' 또는 '공화정체는 최소의 영지(領地)에 적합하며, 군주정체는 중간 크기의 영지에 맞고, 전제정체는 최대의 영지에 어울린다'는 식의 사고를 하고 있었으므로, 정체의 영구성을 찬성하지는 않았다. 즉 그는 정체의 상대성, 그 변화의 필연 내지 필요성을 인정하고 주장했던 것이다.

C 정치적 자유론

정치사상사에서 몽테스키외의 참된 가치는 그의 정치적 자유론에 있다. '자유라 함은 인간이 자기 자신의 의사에 따라 행동하고 있다는 신념에 있다.' 그는 먼저 자유의 본질을 이렇게 규정한 다음, 자유를 정치적 자유와 시민적 자유로 구분했다. 그는 '정치적 자유라 함은 국가에서, 즉 법이 존재하는 사회에서 원하는 것을 할 수 있고 원치 않는 것을 강제당하지 않는 것이다'고 밝혔다.

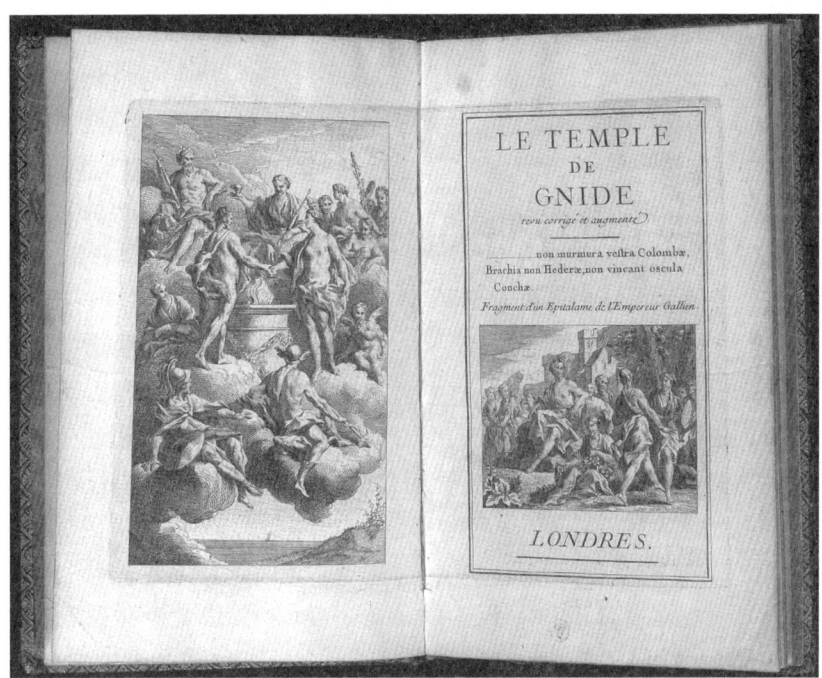

《그니드의 신전》(1742, 증보판) 1724년 초판 발간.

또 정치적 자유를 다시 '권력 분립에 따라 보장된다'는 헌법에 관한 자유와 '훌륭한 형사법(刑事法)과 경찰법에 따라 보장된다'고 본 시민에 관한 자유로 나누었다.

정치적 자유에 관해 그는 삼권분립을 주장했다. 첫째 입법권, 둘째 '만민법(萬民法)에 관한 사항의 집행권', 셋째 재판을 하는 즉, 단순히 국가의 집행권이라고만 명명한 '시민법에 관한 사항의 집행권'이 그것이다.

이 세 권력은 저마다 독립 기관에 따라 행사되어야 하고, 그 조직은 첫째, '입법권은 국민 전체'에 귀속되어야 한다고 했다. 그러나 몽테스키외는 대표자 선거에 관해 1인 1표제를 반대하고 특권의 정도에 비례하여 표의 수를 결정하여 배분할 것을 주장했다. 둘째, 권력의 겸유를 막기 위해 '집행권은 군주'에게 위임할 것을 주장했다. 그는 '심의란 다수인의 행위이며, 실행은 1인의 행위'로 보았다. 셋째, 재판권에 대해서 그는 영국의 배심제도를 높이 평가해 재판관은 피고와 동등한 지위의 자(者)로 선임될 것을 주장하며, 재판권을 상설 원

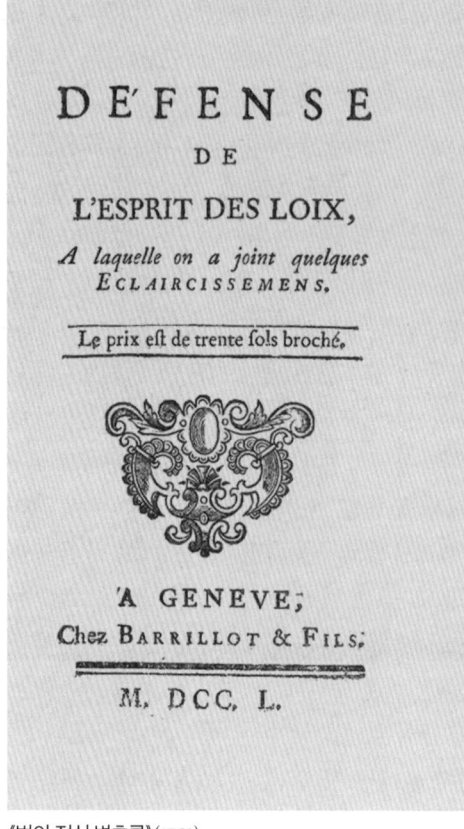

《법의 정신 변호론》(1750)

로원에 부여하는 것을 반대했다. 그러면서도 귀족은 국민의 일반 재판소에서 재판받지 않고 상원에서 받도록 하는 것이 합당한 일이라고 했다.

그의 '권력 균형론'은 삼권의 균형을 말함이 아니라, 재판권은 무(無)로 돌리고, 입법권과 집행권의 균형만을 고려했다. 즉 그는 사법권의 법령 심사권을 생각하지 못했다. 그러므로 그의 권력 균형론의 요점은 집행권에 대한 입법권의 우위를 인정치 않았으며, 이에 대해 입법권은 집행권을 '조사하는 권능'을 가짐으로써 충분하다는 것이었다. 따라서 집행권은 입법권을 저지하는 기능을 가져야 하며, 만일 그렇지 못한 경우 입법권은 반드시 독점화한다고 하여 집행권에 모든 무조건 거부권을 귀속시키고, 입법권에는 장관 탄핵제로써 그 균형을 보장해야 한다고 했다.

그뿐만 아니라 그는 기후·습도·토지 비옥도 정치적 자유의 관련에 대해서, 추운 기후는 정력과 활기·자유정부에 적합하고, 따뜻한 기후는 게으름·노예·전제정부와 관련되는 점이 많다고 했다. 그리고 유럽은 토지가 좁은 까닭에 자유국에 적합하며, 아시아는 산맥과 하천이 웅대하고 지역이 드넓어 전제정치에 맞는다고 구분했다.

그 밖에도 그는 법을 국민정신·습속·생활양식·상업·화폐·인구·종교 등 인문 환경과 관련해 고찰했다. 그리하여 그리스도교는 제한정체에, 이슬람교는 전제정체에 어울린다고 지적하면서, 정책은 그 사회의 여러 가지 인문 환경과

들어맞아야 한다고 했다.

《법의 정신》은 18세기 최대의 저작이며, 정치학 분야에서 이와 견줄 만한 것은 아리스토텔레스의 《정치학》 정도뿐이라고 평가될 만큼 역사적 가치가 매우 높다.

《법의 정신》은 정치이론사와 법률사에서 가장 훌륭한 책 가운데 하나이다. 저자는 이전의 모든 사조를 섭렵했지만, 그 어느 것에도 치우치지 않았다. 그가 다룬 다양한 주제는 모두 뛰어나지만 특히 다음 세 가지 주제에 관한 연구가 돋보인다.

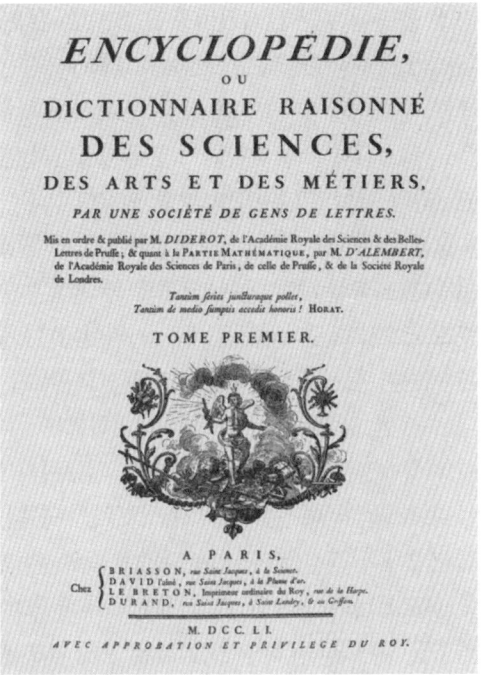

《백과전서》(1751) 표지
몽테스키외는 달랑베르로부터 집필 의뢰를 받았으나 거절한 바 있다. 그러나 그는 《백과전서》에 많은 협조를 했다.

첫 번째는 정치이론가에게 반드시 필요한 주제로 정부의 분류이다. 이전의 이론가들이 군주정·귀족정·민주정으로 나누던 전통적 구분법을 버리고, 자신의 고유한 분석틀에 따라 각 정부 형태에 활동원리를 배정하여 공화정은 덕, 군주정은 명예, 독재정은 공포에 기초한다고 보았다. 그의 정의에 따르면, 이러한 분류는 정치권력의 소재가 아니라 정부의 정책수행 양식에 의거한다. 또 이 분류는 역사에 근거하면서 폭넓게 기술(記述)하는 접근법을 취하고 있다.

두 번째는 가장 잘 알려진 주제인 권력분립 이론을 색다르게 다룬다. 그는 정치권력을 입법권·행정권·사법권으로 나누면서, 국가 안에서 가장 효과적으로 자유를 촉진하는 방법은 독립적으로 행동하는 서로 다른 개인이나 집단에게 이 세 권력을 맡기는 것이라고 주장했다. 그러한 국가의 모델은 영국이었는데, 그는 볼링브룩의 논쟁서에 나타난 대로 휘그당 당수 로버트 월폴에 반대하는 토리당의 관점에서 영국을 바라보았다. 이 이론을 서술한 장(이 책에서 가장 유명한 부분인 11권 6장)은 1734년 쓴 이래 한 번도 수정하거나 교정하지 않았던 부분이다. 그것은 곧바로 18세기 정치 저작 가운데 가장 중요한 문헌으로 부각되었다. 비록 이 장의 정확성에 관해서 최근에 논란이 있었지만 그 무렵에는 감탄의 대상이었고 영국에서까지 권위를 인정받았다. 또 이 장은 인권선언과 미국 헌법에도 영향을 미쳤다.

몽테스키외의 가장 유명한 이론 중 세 번째 부분은 기후가 정치에 영향을 미친다는 학설이다. 독서를 통해 만난 학설들과 여행 경험, 비록 소박하지만 보르도에서 했던 실험 등에 기초해서 그는 주로 더위와 추위 같은 기후조건이 개인의 신체구조와 결과적으로 사회의 지적 풍토에 미치는 효과를 강조했다. 이러한 영향은 원시사회를 제외하고는 극복할 수 있는 것이라고 주장했다. 이 영향에 저항하는 것이 입법자의 의무이다.

비판자들이 대부분 깨닫지 못했지만, 몽테스키외는 기후가 이른바 '일반정신'의 2차 원인을 엮어 내는 다양한 요소 가운데 하나일 뿐이라고 조심스럽게 주장하고 다른 요소들, 그중에서도 특히 중요한 법률·종교·정부지침 등은 물리적인 것과는 거리가 멀고, 그 영향은 기후의 영향과 비교해 볼 때 문명이 진보함에 따라 증가한다고 강조했다.

몽테스키외는 사회를 하나의 전체로 다루어야 한다고 보았다. 그리고 종교 자체는 원인으로 보든 결과로 보든 하나의 사회적 현상이며, 어떤 신앙이든 그 유용성이나 해로움은 교리의 참 여부와 완전히 무관하게 논의할 수 있다. 이 경우에도 다른 경우와 마찬가지로 몽테스키외는 독단성이 배제된 방법을 선호했다. 이 때문에 독자들은 때때로 몽테스키외가 존재하는 모든 것이 비록 개선될 필요는 있지만, 오롯이 나쁜 것일 수 없다고 주장한 것으로 오해하기 쉽다.

그러나 몽테스키외는 과감하게 생략하고 성급하게 요약하면서도 어떤 특정한 것, 이를테면 독재·노예제·불관용 등은 본디 나쁜 것이라고 생각했다. 비록 인간의 권리를 일일이 열거하려 하지 않았고 그러한 시도조차 인정하지 않았지만, 그는 인간 존엄성에 대해서는 굳건한 확신을 지니고 있었다.

마지막 순간에 추가되는 바람에 다른 부분과 부조화를 보이고 있는 《법의 정신》 후반부에서는 법률사에 몰두하여, 프랑스가 성문법 지역과 관습법 지역으로 나뉜 경위를 설명하려 애썼고, 또 많이 논의되는 프랑스 귀족제의 기원에 관한 논의에도 기여했다. 여기서 그는 신중함과 상식뿐만 아니라 전거(典據)를 문헌학에 근거하여 다루면서 이전에 없던 학자로서의 참된 능력도 보여주었다.

《법의 정신》이 나온 뒤 매우 다양한 방면에서 칭찬이 쏟아졌다. 스코틀랜드 철학자 데이비드 흄은 런던에서, 이 저작은 모든 시대에 걸쳐 칭송받으리라고 썼다. 이탈리아인 친구는 그 책을 읽으면서 감동의 황홀경에 빠졌다고 말했으며, 스위스의 과학자 샤를 보네는 뉴턴이 물리세계의 법칙을 발견했듯이, 몽테스키외는 정신세계의 법칙을 발견했다고 평가했다. 그 자신도 그

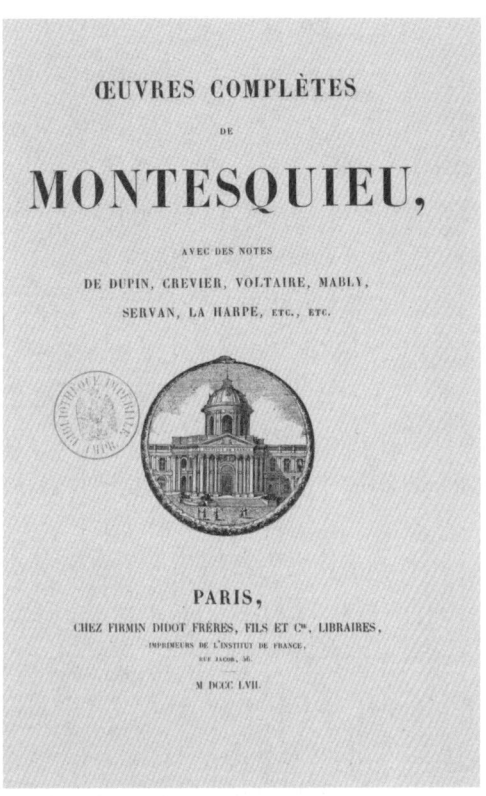

《몽테스키외 작품집》(1758) 속표지

렇게 여겼지만 계몽주의 철학자들은 그를 계몽주의자로 받아들였다.

그럼에도 이 저작 또한 약점이 적지 않다. 먼저 삼권 분립론 자체도 시대적으로 새로운 논리가 못 되는 것이었으며, 기후 풍토론은 너무 유치했고, 자유론의 개념 규정도 명확하지 않은 데다가, 정치적 자유론 또한 미흡한 구석이 한두 군데가 아니었다. 또 종교론도 시대를 능가할 만한 이론은 아니었을 뿐만 아니라, 법 일반에 대해서는 이미 출간 당시에 스피노자주의라는 공격을 면치 못했다.

그러나 그는 법을 정체의 원리와 연관시켜 생각할 수 있었으며, 사회 현상을 법칙에 근거하여 이해하려 했고, 합리주의를 배격하여 실증주의의 활로를 열어 주었다는 점에서 높이 평가되어야 한다. 특히 그의 권력 분립론과 권력 균형론의 의의는 결코 경시되어서는 안 된다.

이 책은 논쟁을 불러일으켰고, 이 책을 반박하는 여러 논문과 소책자들이 나왔다. 소르본과 프랑스 성직자 회의가 퍼부은 공격은 다행히 무마되었지만, 로마에서는 프랑스 외교관과 자유주의 고위 성직자들의 중재활동과 교황의 호의에도 몽테스키외의 반대자들이 승리하는 바람에 그 책은 1751년 '금서목록'에 들어갔다. 몽테스키외는 실망했지만 한때의 좌절에 지나지 않을 뿐이었다. 그는 이미 《법의 정신 변호론 Défense de L'Esprit des lois》(1750)을 출판했다. 섬세하고 해학이 넘치면서도 강렬하고 날카로운 이 책은 그의 글 가운데 가장 훌륭했다. 마침내 그는 세계적 명성을 누리게 되었다.

40여 년 각고의 결실을 맺은 뒤 그는 완전 탈진 상태에 빠져 그 뒤로는 이 책에 대한 비난·공격을 비호하기 위해 쓴 《법의 정신 변호론》 말고는 집필 활동을 거의 못하고, 만년에는 실명(失明)에 가까운 상태로 세상을 떠났다. 그가 세상을 떠난 뒤 그의 노트에서 발견된 '인류를 사랑하는 일은 신을 사랑하는 일'이란 한마디만으로도 그가 인류애로 가득찬 인도주의자였음을 분명히 알 수 있다. 그의 장례식은 그가 평생 그리스도인이었으므로 생트 쉬르피스 교회에서 그리스도교식으로 치렀고, 주검도 그곳에 안치되었다. 그의 학술상 업적을 기념하기 위하여 프랑스 한림원·프러시아(독일) 한림원·영국 황실협회의 주선으로 기념비가 세워졌다. 프레데릭 왕은 달랑베르를 통해 그에게 조사(弔辭)를 바쳤으며, 런던 〈이브닝 포스트〉 신문은 그의 죽음을 '인류의 벗'을 잃은 것이라고 하며 슬퍼했다.

몽테스키외 연보

1689년   1월 18일, 샤를 루이 스콩다 몽테스키외는 라 브레드 성에서 태어남. 샤를 루이는 그 뒤 세 살까지 마을 제분업자의 집에 맡겨져서 자람.

1696년(7세)   10월 16일, 어머니 마리 프랑수아 죽음. 샤를 루이는 그 유산과 라 브레드의 남작 지위를 상속받음.

1700년(11세)   8월 11일, 쥬이 학교에 사촌인 두 형제와 함께 입학함. 이 학교는 오라토리오회가 경영하여 자유주의 교육으로 알려져 있어, 프랑스 서남부로부터 입학하는 사람이 많았음. 재학중 운문 비극 〈브리토마르〉를 씀.

1705년(16세)   8월 11일, 쥬이 학교 졸업. 이후 3년 동안 보르도 대학에서 법률학을 전공함.

1708년(19세)   8월 12일, 보르도 대학에서 법학사 학위를 받음. 같은 달 18일, 보르도 고등법원 소속의 변호사 자격을 얻음.

1709년(20세)   법률실무 수업을 위해 파리로 나옴(~1713). 〈키케로론〉을 쓴 것이 이 해인 듯함. 파리에 머무르는 동안 쥬이 학교에서 교사로 있었던 파리 오라토리오회 사서(司書)인 데모레 신부의 지도로 널리 진보학자·문학자들과 교제하여 퐁트넬·풀레레·불랑빌리에 백작 등을 알게 됨. 이 해는 겨울이 특히 추웠으며 기근이 심했음.

1711년(22세)   대부분의 이교도들의 우상숭배는 엄벌해야 한다는 생각이 잘못되었음을 증명하기 위해 편지체 작품 《이교도의 사제》를 집필함.

1713년(24세)   11월 15일, 아버지 자크 드 스콩다가 죽었다는 소식을 받고, 라 브레드로 돌아감. 9월 케네르 신부의 《신약성서에 관한 윤리적 고찰》을 얀세니즘의 잘못을 저지른 것으로 탄핵하는 클레멘스 11세의 대칙서가 공포됨. 4월 유트레히트조약 맺음.

1714년(25세) 3월 24일, 보르도 고등법원 평의관(評議官)이 됨. 이 해 라슈타트 조약이 체결되고, 에스파냐 계승전쟁이 끝남.

1715년(26세) 4월 30일, 군인의 딸인 칼뱅파 집안의 잔느 드 라르티그와 결혼함. 그녀는 10만 리브르의 결혼지참금을 가지고 왔으며, 집안 살림을 돌보는 데 뛰어난 재주가 있었음. 9월, 루이 14세가 별세하자 어린 나이의 루이 15세가 즉위함. 오를레앙 필립 공이 섭정이 됨. 몽테스키외는 〈국채에 관한 의견서〉를 제출함.

1716년(27세) 2월 10일, 장남 장 바티스트 태어남. 4월 3일, 보르도 아카데미 회원에 선출되고, 18일에 취임 연설을 함. 24일, 큰아버지인 보르도 고등법원장관 장 바티스트가 별세함에 따라, 영지·작위·관직을 모두 상속받음. 이후 라 브레드 남작과 아울러 몽테스키외 남작으로 이름을 밝힘. 6월, 아카데미에서 〈로마인의 종교정책〉을 발표함. 7월, 평의관직을 팔고 40세 이상이라는 나이 제한이 면제되어 장관에 취임함. 9월, 아카데미에 해부학 연구를 위해 연간 300리브르의 상금을 마련함. 11월 〈관념의 체계에 대하여〉를 발표함. 이 해 존 로가 '뱅크 제너럴'을 설립함.

1717년(28세) 1~3월, 파리에서 머묾. 5월, 장녀 마리 카트리느 태어남. 11월, 다음 연도의 아카데미 회장에 선출되어 〈아카데미 개회사〉를 연설함. 12월쯤 〈성실예찬〉을 썼으며, 곧 《페르시아인의 편지》를 쓰기 시작한 것으로 생각됨.

1718년(29세) 5월과 8월, 보르도 아카데미에 자연과학 현상논문을 발표함. 이 해에 로의 은행은 왕립은행이 됨.

1719년(30세) 1월, 〈메르퀴르〉 잡지와 같은 해 〈학자통신〉 잡지에 〈고금의 지구사 취의서〉를 발표하고, 세계 학계에 협력을 호소함. 연말, 로의 미시시피회사 주가가 절정에 이르렀다가 이후 폭락함.

1720년(31세) 파리에 머묾. 5월, 보르도 아카데미에 현상논문을 발표함. 8월, 〈물체의 투명에 대하여〉를 논문 응모 없이 스스로 연구발표를 함. 이 해 로의 재정정책이 파탄, 재무총감 사임함.

1721년(32세) 봄 또는 초여름, 《페르시아인의 편지》가 암스테르담의 자크 데볼드 서점에서 익명으로 출판되어 큰 성공을 거둠. 그 뒤 파리의 사교계에 드나들기 시작함. 저작노트 《나의 수상(隨想)》을 쓰기 시작함. 11월, 보르도 아카데미에서 3년 동안의 성과인 〈박물학적 관찰〉을 발표함. 이 해 영국에 월폴의 휘그당 내각 성립됨.

1722년(33세) 파리에 머묾. 이로부터 몇 년간 샹티이 성, 드 랑베르 후작 부인의 살롱, 수비즈 저택, 크뤼브 드랜틀솔 등의 문학모임에 출석함.

1723년(34세) 1~8월, 파리에 머묾. 11월, 보르도 아카데미에서 〈상대적 운동론〉을 낭독함. 이 해 섭정 오를레앙 공 별세함. 부르봉 공 재상이 됨.

1724년(35세) 파리에 반 년 동안 머묾. 《그니드(크니도스)의 신전》《크세노크라테스로부터 페레스에게 보내는 편지》《술라와 에우크라테스의 대화》를 집필함. 이 해 봄, 장남 장 바티스트는 파리의 루이 르 그랑 학교에 입학함. 몽테스키외의 지병인 눈병이 악화되어 이후 매일 눈을 씻음.

1725년(36세) 1~2월, 파리에 머묾. 장인 별세로 보르도에 돌아오나 아내와의 관계는 매우 차가워짐. 5월, 《그니드의 신전》을 국왕의 허가를 받아 간행함. 8월, 보르도 아카데미에서 집필중인 《의무론》의 중간발표를 함. 그 구상은 웅대하여, 그의 스토아 학파 찬미와 정치철학에 대한 관심을 나타내고 '정치론'은 이에 덧붙여진 것인 듯함. 8월, 〈존경과 명성에 대하여〉를 낭독함. 11월 11일, 보르도 고등법원의 개회에 즈음하여 임시 제1장관으로서 '재판의 공정'을 논함을 연설함. 매관제(賣官制)에 따라 성립하는 재판제도를 비판하는 이 연설은 법원의 개회일에 해마다 배포되었다고 함. 12월, 파리로 나옴. 연말의 대차대조표는 포도주의 판로 축소 때문에 적자를 냄. 7월, 아우 조제프가 보르도 시내의 상 스랑 수도원장이 되고, 이후 보르도에서는 이 수도원에서 머묾.

1726년(37세) 전 해부터 계속 파리에 머묾. 6월 초, 갑자기 보르도에 돌아온 것은 보르도 고등법원 장관이 사법부(司法部) 담당 장관에게 보낸 거듭된 귀임 명령의 독촉이 있었기 때문인데, 내면적으로는 그가 열렬히 사랑한 여성의 좋지 못한 과거를 알게 된 충격 때문이라고 함. 6월, 재정을 다시 일으켜 세우기 위해 장관직을 장 바티스트 달브사르에게 1대에 한한다는 조건으로 팔아 넘김. 8월 25일, 아카데미 폐회에 즈음하여 〈라 폴스 공 찬사〉 등의 연설을 함. 〈에스파냐의 부(富)에 관한 고찰〉(《법의 정신》 제21편 제22장에 포함)은 이 해 또는 다음 해의 집필임. 이 해 부르봉 공작이 실각하고, 플뢰리 추기경이 재상이 됨.

1727년(38세) 연초에 파리로 나와 4년간 라 브레드에 돌아가지 않음. 〈1725년 2월 27일의 고문회의 법령(포도의 신규 재배를 금지함)에 반대하는 의견서〉를 제출, 각하됨. 2월, 차녀 마리 드니즈 태어남. 12월, 플뢰리 등의 반대에도 프랑스 한림원의 제1차 표결에서 회원으로 선출됨. 이 해 광신적 얀센주의자(경련파)의 집단 히스테리 사건이 일어나 전국에 파급됨.

1728년(39세) 1월 5일, 프랑스 한림원의 제2차 표결에서 회원에 당선됨. 1월 24일, 아카데미 가입 연설. 4월 5일, 벨비크 원수의 조카 볼그레브 백작이 영국대사로서 빈에 부임할 때 동행하여 유럽 여행을 떠남. 5월 20일, 《여행기》를 쓰기 시작함. 8월, 베네치아로 들어가 그림과 건축의 걸작을 접함.

1729년(40세) 1~4월, 로마에 머묾. 4~5월, 나폴리로 들어가 나폴리의 학문적 분위기에 접하고, 민중의 빈곤과 미신을 경험함. 5~7월, 로마에 머묾. 30년 간의 포교에서 돌아온 제수이트회의 푸케로부터 중국 사정을 들음. 7월, 볼로냐·브레네르 고개를 지나 8월, 뮌헨으로 들어가 독일의 여러 도시를 차례로 찾음. 10월, 네덜란드로 향하여 체스터필드 경의 배로 헤이그를 출발하여 11월 3일, 런던에 도착함.

1730년(41세) 영국 의회를 방청하고 의회정치의 현실을 접함. 먼저 빈에서

벨비크 원수에게 외교관 등용을 의뢰했으나 2월 프랑스 외무부 장관 쇼브랑에게 같은 의뢰를 함. 3월 9일, 영국 왕립협회 회원이 되고 5월에는 웨스트민스터에서 프리메이슨에 입회함. 10월 5일, 켄싱턴 궁전에서 조지 1세 부부를 만남. 10월, 주영(駐英) 프랑스대사 드 브로이 백작은 몽테스키외가 프랑스 궁정 및 정부를 비판하는 언사를 본국에 보고함.

1731년(42세) 5월 초순, 보르도로 돌아옴. 귀국 뒤 프랑스 한림원의 모임에 출석했으나, 이후 2년간 라 브레드에서 연구생활을 보냄. 8월과 12월, 보르도 아카데미에서 〈광산론〉 등을 보고함. 이 해 〈몇몇 군주의 성격과 그들 생애의 몇몇 사건 고찰〉(이 무렵 계획된 〈군주론〉의 일부라고 일컬어짐) 집필을 시작함. 《덴마크 이야기》의 집필도 시작한 듯함.

1732년(43세) 12월, 보르도 아카데미 개회식에서 〈로마 주민의 절제와 고대 로마인의 부절제(不節制) 비교론〉을 발표함. 이 해에 미국 13식민지가 성립됨.

1733년(44세) 봄에 파리로 나와 5월 2일, 프랑스 한림원에 참석. 9월,《로마 성쇠 원인론》을 네덜란드에서 인쇄중이라고 편지로 알림. 〈유럽에서의 세계 왕국 성찰〉도 동시에 인쇄했으나 루이 14세를 비판했기 때문에 대부분을 회수함.

1734년(45세) 6월,《로마 성쇠 원인론》을 익명으로 간행하고 파리판도 발간함. 10월, 라 브레드로 돌아옴. 11월, 보르도 아카데미에서 〈관념의 형성과 발전〉을 발표함. 이 해 연말 또는 다음 해 초에 《법의 정신》의 집필을 시작함. 볼테르,《철학 서한》의 간행으로 체포장이 나와 도망침. 뒤보스의《갈리아에서 프랑스 왕제 성립의 비판적 역사》출판.

1735년(46세) 5월부터 다음해 9월, 파리에 머묾. 그 뒤 파리와 보르도의 라 브레드 사이를 오갔으나, 파리에서 머무는 기간이 길었음. 프랑스 한림원에 참석하고 탕상 부인·데팡 부인·조프랑 부인·랑베르 부인 등의 살롱에 드나들며 당시의 문학가·사상가와 교제함. 이 해 리네《자연의 체계》출판.

1736년(47세)　장남 장 바티스트를 위해 보르도 고등법원 평의관직을 삼.

1738년(49세)　장녀 마리 카트리느, 이웃 마을의 소귀족과 결혼함. 지참금은 1만 리브르. 이 해 볼테르의 《뉴턴 철학요강》 출판.

1739년(50세)　5~9월, 학술원 원장. 이 해 흄의 《인성론》 출판.

1740년(51세)　장남 장 바티스트, 마리 카트리느 테레즈 드 몽드와 결혼함. 이들 부부는 30만 리브르를 유산으로 상속받은 것 외에 몽테스키외 집안은 6천 리브르를 보조할 것을 조건으로 함. 이 해 프로이센의 프리드리히 2세 즉위. 12월, 오스트리아 계승전쟁이 시작됨.

1741년(52세)　12월, 바르보에게 보내는 편지에서 비로소 《법의 정신》의 집필에 대해 말함.

1742년(53세)　2월, 바르보에게 보내는 편지에서 《법의 정신》 18편을 완성했으나 체력의 감퇴를 호소함. 부르봉 공의 동생 샤를레 양의 요구로 동양의 궁정을 무대로 한 소설 《아르사스와 이스메니》(1783년 《유작집》에 수록)를 집필함. 《그니드의 신전》 증보판 간행.

1743년(54세)　9월~46년 8월까지 보르도의 라 브레드에서 생활. 전쟁으로 포도주 시장이 폐쇄되었고 재정 궁핍이 닥침. 7380리브르를 빌림.

1744년(55세)　지방 생활 속에서 《법의 정신》은 진척되고 초고 검토와 수정 작업을 행함. 이 해 영국과 프랑스 사이의 식민지 전쟁이 일어남.

1745년(56세)　2월, 바르보 집에서 《법의 정신》을 낭독하고 그때의 비판을 참고로 하여 전면 검토를 행함. 차녀 마리 드니즈가 친척인 고도프루아 드 스콩다와 결혼했는데, '몰락해 가는 우리 가계를 재흥하는' 거래였다고 한다. 이 해 퐁파두르 부인이 루이 15세의 애인이 됨.

1746년(57세)　8월, 파리에 머묾. 모펠튜이의 추천으로 베를린 왕립 학술원 회원이 됨. 연말 《법의 정신》 원고를 거의 완료하고 마지막 정서에 들어감. 이 해 디드로의 《철학 단편》 출판.

1747년(58세)	6월, 전 폴란드 왕, 로렌 공 스타니슬라스 레크잔스키를 뤼네빌로 방문함. 7월, 제네바 공화국의 국무서기관 피에르 뮤사르의 중개로 제네바의 바리오 서점이 《법의 정신》의 출판을 인수받아 인쇄를 시작함. 교정과 출판 사무의 감독을 제네바 아카데미의 문학가 자콥 베르네에게 위탁함.
1748년(59세)	《법의 정신》의 인쇄 진행중 로마법과 프랑스법의 역사 부분을 어떻게 처리할 것인가 고심하던 끝에, 3개월이나 걸려 시민법을 다룬 제28편을 완성했고 9월, 제30편과 제31편을 탈고함. 따라서 이 세 편의 배치는 논리적인 순서를 따르지 못했음. 10월 말 전권 인쇄를 마치고, 11월에 익명으로 발간함. 이보다 앞서 8월, 고등법원 장관직을 1대만 하기로 계약하고 샀던 달브사르가 죽고, 장남 장 바티스트가 이 장관직에 취임하기를 꺼렸기 때문에 평의관직과 함께 해마다 지급하는 것을 조건으로 총액 13만 리브르로 매각함. 11월 이후 《법의 정신》에 대한 칭송의 편지가 국내외에서 쇄도함. 이 《법의 정신》의 출판은 계몽주의의 사상적 승리를 도모하는 사건이라 생각되고 있음. 이 해 《로마 성쇠 원인론》 결정판 출판함.
1749년(60세)	1월, 《법의 정신》의 위조판이 파리에서 나옴. 4월, 제수이트회파의 신문 〈쥬르날 드 트레브〉에 《법의 정신》의 비판이 실림. 징세 청부인 크로드 뒤팡도 비판서를 간행. 5월, 파리에서 탕상 부인의 감독 아래에 제2판을 발간. 10월, 얀센주의자의 〈누벨 제크레지아스틱〉도 몽테스키외의 종교관에 격렬한 비판을 퍼부음.
1750년(61세)	2월, 특히 얀센주의자의 비판에 응하기 위해 《법의 정신 변호론》을 제네바의 바리오 서점에서 익명으로 간행(파리에서 인쇄한 듯). 그 뒤 여러 가지 비판이 이루어졌고, 제삼자의 반비판도 나와 '《법의 정신》 논쟁'으로 발전함. 1월에는 로마 교황청의 금서목록성성(禁書目錄聖省)에 고발되어 몽테스키외는 양해운동을 이어갔다. 8월, 파리 대학 신학부(소르본)는 뷔퐁의 《박물지》, 포프의 시 번역과 아울러 《법의 정신》을 검열 대상

	으로 했으나 결과는 발표되지 않았음. 파리에서 제3판 발간.
1751년(62세)	로렌 공 스타니슬라스가 낭시 아카데미를 창설하고 몽테스키외를 회원으로 함. 몽테스키외는 계몽군주의 승리를 나타내는 우의적 단편 《리지마크》를 보냄. 12월 29일, 몽테스키외 지지자의 노력에도, 로마 교황청은 다음해 3월 22일 《법의 정신》을 금서로 규정함.
1752년(63세)	8월, 파리 대학 신학부는 또 《법의 정신》의 검열을 행하고 이단의 의심이 있는 17개의 명제를 들음. 몽테스키외는 1754년 6월 15일에 이에 답함. 신학부는 이단으로 판결함.
1753년(64세)	11월, 달랑베르가 《백과전서》에 민주주의와 전제(專制)의 2항 집필을 의뢰하나 거절함. 몽테스키외는 〈기호〉의 집필을 하겠다 말하고 《취미론》을 썼으나 미완성으로 끝남. 1759년 《백과전서》 제7권에 볼테르의 집필 항목 〈기호〉에 덧붙여 발표됨.
1754년(65세)	《페르시아인의 편지》 결정판 발간. 8월, 아우 조제프 죽음. 연말에 만년을 고향에서 보내기로 결정하고 주거와 가재 등을 정리하기 위해 파리로 나감.
1755년(66세)	1월 29일, 파리에서 유행성 감기가 악화되어 의식이 몽롱해짐. 2월 5일, 카스텔 신부가 불려오고, 예수회 루트 신부에게 고백성사를 행했으며, 교구의 사제로부터 성체배수(聖體拜受) 등을 받고 2월 10일에 세상을 떠남. 다음 날 생트 쉬르피스 교회 본당에 묻힘.
1757년	몽테스키외 유지에 따라 정정된 《법의 정신》 제4판 발간. 〈머리말〉이 붙고 소르본과 로마 교황청, 흄 등의 지적에 근거하여 수정함.
1758년	최초의 《작품집》 발간. 출판장소와 출판인이 위장되어 있지만 실제로는 몽테스키외의 전 비서인 모로가 출판인이고 편집에는 리셰와 장 바티스트가 협력하고 있었음.

하재홍(河在洪)

경남 창원 출생. 서울대학교 법과대학 공법학과 졸업. 하재홍 법률사무소 대표변호사, 한국가정법률상담소 상담변호사 역임. 현 경기대학교 법과대학 교수이다. 옮긴책으로는 밀의 《자유론》《공리주의론》, 논문 〈교토 의정서와 우리의 대응방안〉이 있다.

World Book 13
Montesquieu
L'ESPRIT DES LOIS
법의 정신
몽테스키외/하재홍 옮김
1판 1쇄 발행/2007. 12. 25
1판 7쇄 발행/2020. 5. 1
발행인 고정일
발행처 동서문화사
창업 1956. 12. 12. 등록 16-3799
서울 중구 마른내로 144(쌍림동)
☎ 546-0331~6 Fax. 545-0331
www.dongsuhbook.com

＊

이 책의 출판권은 동서문화사가 소유합니다.
의장권 제호권 편집권은 저작권 법에 의해 보호를 받는 출판물이므로
무단전재와 무단복제를 금합니다.
사업자등록번호 211-87-75330

ISBN 978-89-497-0448-7 04080
ISBN 978-89-497-0382-4 (세트)